KRETA

Eberhard Fohrer

INHALT

ZENTRALKRETA

Iráklion und Umgebung

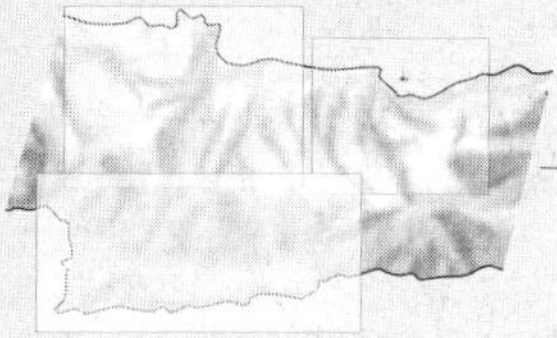

Bucht von Mália & Lassíthi-Hochebene

Der Süden Zentralkretas

OSTKRETA

Ágios Nikólaos und Umgebung

Kretische Riviera & Die Ostküste

Der Südosten

WESTKRETA

Réthimnon und Umgebung

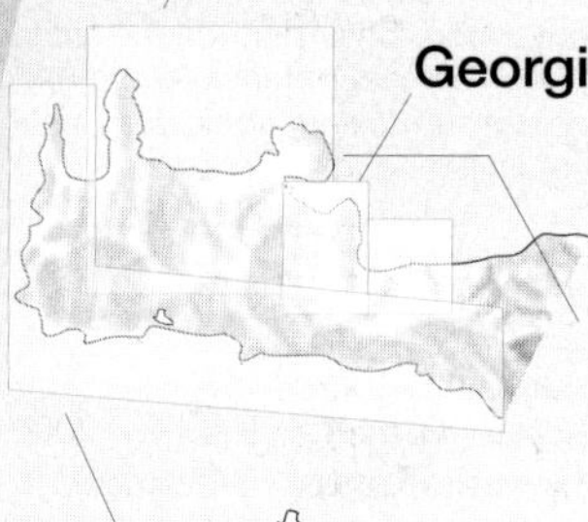

Georgioúpolis und Umgebung

Chaniá und Umgebung

Die Westküste & Der Südwesten

Text & Recherche: Eberhard Fohrer
Lektorat: Sabine Senftleben
Redaktion und Layout: Karsten Luzay, Sven Talaron, Dirk Thomsen
Fotos: siehe Fotonachweis unten
Illustrationen: Katerina Marinova
Covergestaltung: Karl Serwotka
Covermotive: unten: Südküste zwischen Agía Rouméli und Loutró
oben: Kafeníon in Anógia (beide Fotos: Eberhard Fohrer)
Karten: Hana Gundel, Günther Grill, Matthias Patrzek, Kim Vanselow

Fotonachweis

Alle Fotos von **Eberhard Fohrer** außer
S. 33, 155, 567, 582 (**Lucie Büchert-Fohrer**); S, 119 (**Exception-Biking**); S. 693 (**Alfons Gellweiler**); S. 348 (**Hans-Albrecht Haffa**); S. 749 (**Frank Hoppe**); S. 50 (**Jörg Steber**); S. 243 (**Sigrid Wrona**).
Farbfotos von **Eberhard Fohrer**, außer „Vasílis Skoulás" von **Sigrid Wrona**.

Für Textbeiträge und Mithilfe bei Recherchen danke ich herzlich:

Franz Jaeger & Sigrid Wrona (Mávros Kólimbos), Gunnar & Luisa Schuschnigg (Kapetanianá), Claudia Marenbach (Kalíves), Jannis Alexandridis (Móchlos), Rudolf Sydow, Hannelore & Günter Kuklinski, Hans-Albrecht Haffa, Lucie Büchert-Fohrer, Dominic & Emily Fohrer, Ralf Buschmann und Winfried Botta sowie ganz besonders allen fleißigen Leserbriefschreibern (→ S. 761).

Vielen Dank außerdem an Diethard Brohl für sein unermüdliches Korrekturlesen.

Die mit GPS-Gerät aufgezeichneten Wanderungen wurden von Gunnar & Luisa Schuschnigg durchgeführt, drei stammen von Eberhard Fohrer.

ISBN 3-89953-303-8

Aktuelle Infos online unter www.michael-mueller-verlag.de

16. überarbeitete und aktualisierte Auflage 2006

Georgioúpolis und Umgebung 541

Chaniá und Umgebung 567

Die Westküste 636

Der Südwesten 644

Anhang: Insel Gávdos 739

Verzeichnis der Wanderungen

Zentralkreta

Ostkreta

Westkreta

Mittels **GPS kartierte Wanderungen** – Waypoint-Dateien zum Downloaden unter: *www.michael-mueller-verlag.de/gps/homepage.html*

Zeichenerklärung für die Karten und Pläne

mehrspurige Straße	Kirche/Kapelle	Ausgrabung
Asphaltstraße	Kloster	Moschee
Piste	Schloss/Festung	Windmühle
Wanderweg	Turm/Kastell	Information
Strand	Allg. Sehenswürdigkeit	Parkplatz
Gewässer	Flughafen/ -platz	Post
Grünanlage	Campingplatz	Bushaltestelle
Gatter	Badestrand	Taxistandplatz
Aussichtspunkt	Höhle	Krankenhaus
Berggipfel	Leuchtturm	Museum

KARTENVERZEICHNIS

WANDERUNGEN

(GPS mittels GPS kartierte Wanderungen)

Was haben Sie entdeckt?

Haben Sie einen außergewöhnlichen Strand gefunden, eine freundliche Taverne weitab vom Trubel, ein nettes Hotel oder einen schönen Wanderweg?

Wenn Sie Ergänzungen, Verbesserungen oder neue Tipps zum Kreta-Buch haben, lassen Sie es uns bitte wissen! Wir freuen uns über jeden Brief.

Schreiben Sie an:

Eberhard Fohrer
Stichwort „Kreta“
c/o Michael Müller Verlag
Gerberei 19
91054 Erlangen
E-Mail: eberhard.fohrer@michael-mueller-verlag.de

Alltäglicher Plausch in einem der vielen Bergdörfer ...

Kreta erleben

Wer Griechenlands südlichste Region betritt, lässt Mitteleuropa hinter sich. Kretas Lebensgefühl ist anders. Vergessen Sie Hektik und Stress – „sigá, sigá“ (langsam, langsam) heißt das Motto. Die Kreter haben Zeit, ihr Leben ist geradezu darauf ausgerichtet, sich Zeit zu nehmen. Zeit zum Essen, für den Wein, zum Plaudern, zum Musizieren, zum Kennenlernen ... Die einfachen Dinge sind es, denen hohe Wertschätzung zukommt, nicht schicke Restaurants, Designerklamotten und Sportwagen. Kein Kreter mag Zwänge, Bürokratie und Hierarchie. Hoch im Kurs stehen dagegen Spontaneität, Großzügigkeit und Aufrichtigkeit. Das schlichte, naturnahe Leben, eine Einladung zum Rakí, die üppige, oft auch raue Inselnatur, die herzliche Gastfreundschaft und die allgegenwärtige Sonne – auf Kreta kann man wieder leben lernen. Genießen Sie es und nehmen Sie etwas davon mit nach Hause. *Kaló taxídi*: Gute Reise!

... für Naturliebhaber

Majestätische Bergregionen und tiefe Schluchten, ländlich-ruhige Hochebenen und grüne Flusstäler, versteckte Höhlen und menschenleere Halbinseln, urige Küstendörfer und kleine vorgelagerte Inseln, kilometerlange Sandstrände und abgelegene Felsbuchten – die Palette der Eindrücke ist imposant und vielfältig. Der erste Eindruck, noch aus der Luft: Kreta ist ein Gebirge im Meer! Nur wenige Sekunden lang erspäht man das markante Profil der Insel, bevor die Maschine über dem tintenblauen Meer von Iráklion niedergeht. Wie ein mächtiger Riegel liegt die lang gestreckte Insel am Südrand der Ägäis. Überall erblickt man Berge und Bergformatio-

... und imposante Bauten aus vielen Jahrhunderten

nen, in den niederen Lagen überzogen von einem Netz von silbrig-grünen Olivenbäumen, darüber dominiert oft der nackte Fels. Vier mächtige Gebirgsstöcke beherrschen das Landschaftsbild: In Zentralkreta steigt das gewaltige *Ída-Massiv* an, von dem es heißt, dass hier der mächtige Göttervater Zeus aufgewachsen sein soll. Im Westen bilden die *Lefká Óri*, die „Weißen Berge", eine imposante Hochgebirgskulisse. Im Osten umgibt der steile Kranz der *Díkti-Berge* die Hochebene von Lassíthi mit ihren einst tausenden von weiß betuchten Windmühlen. Und die *Thriptí-Berge* bestimmen schließlich den schmalen äußersten Osten Kretas. Nach Norden gleiten die kretischen Berge in hügligen Ausläufern sanft ab und bilden große Küstenebenen, in denen fast alle wichtigen Städte und die großen Urlauberzentren liegen. Anders im Süden, speziell im Südwesten. Hier enden die Zweitausender in jähen, schroffen Abstürzen: Steilküsten mit eingelagerten Sand- und Kiesstränden, winzige Dörfer zwischen hohen Felswänden, in die die Sonne gnadenlos hineinprallt. Manche Orte und Strände sind nur per Boot, über holprige Staubpisten oder zu Fuß zu erreichen. Küstenwanderungen und die tief eingeschnittenen Schluchten mit ihrer teils üppigen Vegetation, die sich über viele Kilometer durch die steilen Berghänge fressen, bieten hier großartige Landschaftserlebnisse. Die weltberühmte *Samariá-Schlucht*, oft als Europas längste Schlucht bezeichnet, ist nur einer der vielen Höhepunkte.

... für kulturell Interessierte

Kreta wirkt manchmal wie ein einziges Freilichtmuseum. Entdeckungen lassen sich hier überall machen: minoische Paläste und römische Zisternen, venezianische Wassermühlen und byzantinische Fresken, frühchristliche Wohnhöhlen und modrige Eremitenbehausungen, türkische Brunnen und Minarette, verfallene Kastelle und verwitterte Inschriftentafeln, antike Keramikscherben, uralte Gräber, Tier- und

Menschenknochen ... Gerade diese Vielfalt ist es, die den Reiz dieser historisch reichen Insel ausmacht.

Wer Kreta in der geschäftigen Hauptstadt *Iráklion* betritt, sollte natürlich zunächst die beiden Highlights nicht auslassen: das Archäologische Nationalmuseum mit der größten minoischen Sammlung der Welt und den weltberühmten minoischen Palast von *Knossós*. Die anderen Hinterlassenschaften der Minoer finden sich fast alle in der Inselmitte sowie im Osten Kretas: die Paläste von *Mália, Festós, Agía Triáda* und *Zákros*, die Siedlungen *Archánes, Gourniá* und *Roussolákos*, der Hafen *Kommós* sowie verschiedene Heiligtümer, Gutshäuser und der Tempel von *Anemospiliá*. Völlig ungeschützt liegen sie seit Jahrtausenden in den küstennahen Regionen, untrügliches Anzeichen dafür, dass sie keine äußeren Feinde fürchten mussten. Ganz anders dagegen die versteckt angelegten Siedlungen der *Dorer*, die seit 1100 v. Chr. im Rahmen großer Völkerwanderungsbewegungen bis nach Kreta vordrangen und sich im Schutz der Berge niederließen. Der Besuch von *Lató* und *Dríros* etwa bietet einen reizvollen Kontrast zu den weltoffenen minoischen Anlagen.

Im Westen wurde nur vergleichsweise wenig Minoisches entdeckt, dafür gibt es zahlreiche Relikte aus den verschiedensten anderen Zeitepochen: Von den dorischen Städten *Áptera* und *Polirrinía* über die Ausgrabungen von *Archéa Eléftherna* und *Falássarna* bis zu den Klöstern *Arkádi, Agía Triáda* und *Préveli* und zahlreichen freskengeschmückten byzantinischen Kirchen und Kapellen. Und natürlich darf man *Réthimnon* und *Chaniá* nicht auslassen, die von allen Städten der Insel über die meiste historische Bausubstanz verfügen – antike, venezianische, türkische und griechische Elemente gehen eine stimulierende Verbindung ein.

... für Badeurlauber

Kilometerlange Strände aus Sand und Feinkies, ruhige Buchten mit türkis schimmerndem Wasser, weiche Dünen, in denen man bis zu den Knien im Sand versinkt, Einsamkeit pur, aber auch endlose Liegestuhl- und Sonnenschirmparaden – dies alles findet man auf Kreta. Man muss nur wissen, wo.

Im Norden zwischen Iráklion und der *Bucht von Mália* dominieren hauptsächlich lange, oft recht schmale Sandstrände. Sie fallen meist flach ins Wasser ab und sind touristisch voll erschlossen, teilweise reihen sich hier die Unterkünfte und Tavernen wie an einer Perlenkette. Im mittleren Süden Kretas erstreckt sich dagegen der herrliche, bisher nur punktuell bebaute Strand von *Kómo*. Einen weiteren langen Südküstenstrand findet man bei *Léntas*, bekannt als letzte Hippiebastion Kretas. Um die lebhafte Touristenstadt *Ágios Nikólaos* und an der benachbarten Lagune von *Eloúnda* im Osten Kretas gibt es nur kleinere Badegelegenheiten. Reizvoll sind jedoch etwas weiter östlich die sandigen Strände in der Bucht von *Kaló Chorió*. Im äußersten Osten liegt *Sitía* mit einem langen, schmalen Sandstrand mitten in der Stadt sowie die weitgehend unerschlossene Ostküste mit mehreren schönen Bademöglichkeiten: der berühmte Palmenstrand von *Vái*, die wenig besuchten Strände bei *Palékastro* und die reizvolle Bucht von *Káto Zákros*. Im Südosten findet man kilometerlange Kiesstrände um *Ierápetra* und mehrere ordentliche Sandstrände bei *Makrigialós*, wo der Pauschaltourismus tonangebend ist. Wer sich davon absetzen will, findet reichlich Möglichkeiten, z. B. im freundlichen *Mírtos*, in *Keratókambos*, aber auch ganz abgelegen im äußersten Osten bei *Xerókambos*.

Westkreta besitzt zahlreiche Sand- und Kiesstrände, sowohl an der Nord- wie auch an der Südküste. Im Norden dominieren hauptsächlich lange, hellbraune Sand-

In den Dünen von Elafonísi im Südwesten Kretas

strände mit wenig markantem, meist flachem Hinterland. Sie fallen meist flach ins Wasser ab und sind fast alle touristisch erschlossen, vor allem östlich von *Réthimnon* und westlich von *Chaniá* stehen zahlreiche große Badehotels. Noch relativ wenig bebaut sind dagegen der lange Sandstrand zwischen *Réthimnon* und *Georgioúpolis* und der Kiesstrand im *Golf von Kíssamos*. Die weitgehend unerschlossene Westküste besitzt die beiden herrlichen Strände von *Falássarna* und *Elafonísi*, vor allem letzterer wird intensiv von Mietwagenfahrern frequentiert. Im Süden sind die Strände in Felsbuchten versteckt, landschaftlich eindrucksvoller, wilder und ursprünglicher. Bisher sind sie noch weitgehend eine Domäne der Individualreisenden. Vor allem *Paleochóra* und *Plakiás* besitzen lange Sandstrände, weitere Strände findet man um *Loutró*, *Soúgia* und *Frangokástello*.

... für Wanderer

Die üppigen Szenerien der kretischen Natur haben schon Generationen von Wanderern begeistert. Tatsächlich bietet die dünn besiedelte Insel fast überall hervorragende Möglichkeiten, das mediterrane Ambiente zu Fuß zu erleben. Viele, z. T. überwucherte und kaum mehr begangene Pfade verbinden die Dörfer miteinander und garantieren dabei herrliche Eindrücke. Das eigentümliche Erlebnis der absoluten Stille, unterbrochen nur durch das Geläut vereinzelter Ziegenglocken, Bienensummen und Zikadenschrillen, findet man oft schon wenige Meter außerhalb der gängigen Ortschaften.

In der Inselmitte lockt vor allem der Aufstieg zum *Tímios Stavrós* im Ída-Gebirge, mit 2456 m der höchste Berg Kretas. Weitere schöne Wanderrouten findet man in den *Asteroúsia-Bergen*, die steil zur Südküste hin abfallen. Im Osten Kretas zieht es Wanderer auf die *Lassíthi-Hochebene*, in die *Thriptí-Berge* östlich von Ágios Nikólaos und an die *Ostküste* mit dem berühmten „Tal der Toten“.

Mit Abstand begehrteste Wanderregion der Insel ist jedoch der Südwesten. Hier erstrecken sich die majestätischen Bergzüge der *Lefká Óri*, durchquert von einem guten Dutzend tiefer Schluchten, die sich bis zur Südküste hinunterziehen. Die berühmteste ist die fast 14 km lange *Samariá-Schlucht*. Sie ist eins der populärsten Ausflugsziele der Insel geworden und wird in der warmen Jahreszeit täglich von tausenden Besuchern durchwandert. Weit weniger überlaufen sind die anderen Schluchten: *Arádena, Eligiás, Ímbros, Tripití, Agía Iríni, Asfendoú, Kallikrátis* u. a. Das Besondere: Man kann sie alle nur zu Fuß erleben und befindet sich dort noch in weitgehend unberührter Natur. Entstanden sind sie in Folge der starken Erosion des verkarsteten Felsgesteins, die vor allem wegen der großen Höhe und Steilheit der Berge nachhaltig wirken kann. Dazu kommen die zahlreichen sonnigen Küstenpfade, die Wanderungen von Paleochóra bis Chóra Sfakíon ermöglichen.

Im praktischen Reiseteil dieses Führers finden Sie zahlreiche Wanderbeschreibungen auf der ganzen Insel.

Kreta auf einen Blick

- *Größe* Kreta ist die größte Insel Griechenlands, nach Sizilien, Sardinien, Zypern und Korsika die fünftgrößte im Mittelmeer – etwa 8300 qkm groß, 260 km lang und zwischen 15 und 60 km breit.
- *Höchste Erhebungen* Höchster Gipfel ist mit 2456 m der **Tímios Stavrós** im Ída-Gebirge (Zentralkreta), gefolgt vom ganze 4 m niedrigeren **Páchnes** in den Lefká Óri (Westkreta).
- *Ebenen* Größte Ebene ist mit 140 qkm die **Messará-Ebene** im Süden Zentralkretas. Weitere große Ebenen liegen um Chaniá und Réthimnon.
- *Bevölkerung* Mit etwa 560.000 Einwohnern ist Kreta relativ dünn besiedelt. Ein Großteil der Inselfläche ist gebirgig und kaum bewohnt. Die größten Städte sind **Iráklion** (140.000 Bewohner) und **Chaniá** (70.000 Bewohner), in weitem Abstand gefolgt von **Réthimnon** (23.000 Einw.), **Ierápetra** (10.000 Einw.), **Sitía** (9000 Einw.) und **Ágios Nikólaos** (7000 Einw.). Sie liegen, mit Ausnahme von Ierápetra, alle an der verkehrsmäßig gut erschlossenen Nordküste. Hauptstadt ist seit 1972 wieder Iráklion, nachdem es jahrhundertelang Chaniá war.
- *Verkehr* Kreta besitzt zwei große Häfen, nämlich **Iráklion** und die **Soúda-Bucht** (bei Chaniá), außerdem weitere Häfen in Kíssamos, Réthimnon, Ágios Nikólaos und Sitía. Es gibt drei Zivilflughäfen: **Iráklion**, **Sternes** (auf der Akrotíri-Halbinsel bei Chaniá) und **Sitía**. Internationale Maschinen fliegen bisher nur Iráklion und Chaniá an.
- *Wirtschaft* Nur etwas mehr als 30 % der Bodenfläche werden landwirtschaftlich genutzt. **Olivenöl**, **Oliven**, **Trauben** und **Zitrusfrüchte** sind die wichtigsten Exportgüter, aber auch **Gurken**, **Tomaten** und **Zucchini** werden ausgeführt. **Industrie** gibt es in kleinem Maßstab nur um Iráklion. Immense Bedeutung kommt dem **Tourismus** zu, der bereits weite Teile der Insel ökonomisch bestimmt, jährlich besuchen mehr als zwei Mio. Urlauber die Insel. Im Bezirk Iráklion stehen 53 % aller kretischen Gästebetten, in Lassíthi 24 %, im Nómos Réthimnon 12 % und im Nómos Chaniá ganze 11 %.
- *Verwaltung* Kreta ist einer der zehn Regierungsbezirke Griechenlands und mit 13 Abgeordneten im Parlament vertreten. Unterteilt ist die Insel in vier Verwaltungsbezirke, so genannte Nómoi: **Chaniá** (Hauptstadt Chaniá), **Réthimnon** (Hauptstadt Réthimnon), **Iráklion** (Hauptstadt Iráklion) und **Lassíthi** (Hauptstadt Ágios Nikólaos).
- *Universität* Die **University of Crete** umfasst fünf Fakultäten in Réthimnon (Sprachen, Philosophie, Soziologie, Psychologie, Pädagogik, ca. 3000 Studenten) und vier in Iráklion (Physik, Mathematik, Chemie, Medizin, ca. 5500 Stud.). In Chaniá befindet sich die **Polytechnische Hochschule**.

Im Überblick: Die Regionen Kretas

Zentralkreta

In der geschäftigen Hauptstadt *Iráklion* betreten fast alle Reisenden zum ersten Mal die Insel. Im hügligen Hinterland der Stadt erstreckt sich das größte zusammenhängende Weinanbaugebiet Griechenlands. Aber auch archäologisch ist die Region bedeutend. Außer *Knossós*, dem weltberühmten minoischen Palast, ist vor allem *Archánes* zu erwähnen, denn dort wurde der unumstößliche Beweis erbracht, dass die Minoer ihren Göttern (zumindest einen) Menschen geopfert haben. Flankiert wird die sonnendurchglühte Region im Westen vom mächtigen *Ída-Gebirge*. Mit 2456 m ist der *Tímios Stavrós* der höchste Gipfel der Insel. In diesem Massiv soll Zeus, der Göttervater, aufgewachsen sein. Beliebtester Anlaufpunkt ist *Anógia* – Zentrum der Hochgebirgsweiden für gut hunderttausend Schafe. Bergwanderer laufen oder fahren weiter auf die *Nída-Hochebene* und zur berühmten Zeus-Höhle. Das *Díkti-Massiv* im östlichen Mittelkreta ist von der Nordküste und von Ágios Nikólaos leicht zu erreichen. Die grandiose Fahrt hoch hinauf endet in der völlig flachen und fast kreisrunden Hochebene von *Lassíthi* – hier ist Zeus geboren!

Einige Highlights im Zentrum der Insel

- **Iráklion**: Die Hauptstadt Kreta ist reizvoller als ihr Ruf und besitzt das wichtigste Museum der Insel (→ S. 167)
- **Knossós**: die bekannteste Ausgrabung Kretas, größter Palast der Minoer (→ S. 225)
- **Ída-Gebirge**: Im höchsten Bergmassiv Kretas soll Göttervater Zeus aufgewachsen sein. Anlaufpunkte sind u. a. das Bergdorf Anógia, die Nída-Hochebene und die berühmte Zeus-Höhle. Dazu kommt die Besteigung des höchsten Bergs der Insel (→ S. 240)
- **Archánes**: Das hübsche Städtchen im Inselinneren besitzt einige interessante Ausgrabungen und eine bedeutende Winzergenossenschaft (→ S. 260)
- **Liménas Chersonísou** und **Mália**: Zentren des Pauschaltourismus, gleichzeitig Hochburgen des Nachtlebens (→ S. 269 und 282)
- **Hochebene von Lassíthi**: Die fast kreisrunde Hochebene im Díkti-Massiv bietet einen reizvollen Kontrast zur Küste (→ S. 295)
- **Léntas**: Ziel für Rucksacktouristen, am nahen Strand von *Dytikós* ist freies Zelten erlaubt (→ S. 326)
- **Festós und Agía Triáda**: zwei große minoische Ausgrabungen im Süden Kretas (→ S. 332 und 335)
- **Strand von Kómo** und **Pitsídia**: herrlicher Sandstrand und ländlich gebliebenes Dorf im Hinterland, beliebtes Ziel für Individualtouristen (→ S. 343 und 353)
- **Mátala**: legendäre Wohnhöhlen, bizarre Sandsteinfelsen und eine malerische Sandbucht (→ S. 349)
- **Zarós**: wasserreiches Bergdorf mit der einzigen Forellenzucht Kretas (→ S. 363)
- **Agía Galíni**: einer der meistbesuchten Urlaubsorte an der Südküste (→ S. 366)
- **Strand von Akoúmia**: langer, trotzdem weitgehend unbekannter Sandstrand im Süden (→ S. 380)

Der Süden ist von der weiten *Messará-Ebene* geprägt, einer der fruchtbarsten Regionen der Insel, die schon den Minoern und später den Römern als wichtiger Standort diente. Die legendären Wohnhöhlen von *Mátala* sind eine der vielen Attraktionen der Region.

Ostkreta

Der Osten Kretas ist großteils trocken und steinig, doch auch hier wird der Boden mit ausgedehnten Olivenbaumpflanzungen wirtschaftlich genutzt. Beherrscht wird das Landschaftsbild durch die *Thriptí-Berge*, die zwar nur knapp 1500 m hoch, aber wild und wenig erschlossen sind. Mit *Ágios Nikólaos* hat sich eine quirlige Touristenstadt etabliert, die aber trotz des Rummels Atmosphäre vermittelt. Die riesige *Mirabéllo-Bucht*, der legendäre *Palmenstrand von Vái* und der minoische Palast von *Káto Zákros* sind weitere Höhepunkte. Bei *Ierápetra* laden endlose graue Kiesstrände zum Baden ein, reizvoll ist das ruhige Landstädtchen *Palékastro*, ebenfalls mit schönen Stränden im Umkreis. Im äußersten Südosten kann das abgelegene *Xerókambos* auf neuen Asphaltstraßen erreicht werden und bietet noch viel Platz für Individualisten.

Einige Highlights im Osten

- **Ágios Nikólaos**: beliebtes Touristenzentrum mit dunkelgrünem Binnensee (→ S. 386)
- **Panagía i Kerá**: byzantinische Kirche mit prachtvollem Innenleben, über und über mit Wandmalereien ausgeschmückt (→ S. 398)
- **Spinalónga**: ehemalige Leprainsel nördlich von Ágios Nikólaos (→ S. 410)
- **Móchlos**: ruhiges, abseits vom Durchgangsverkehr liegendes Örtchen an der Nordküste (→ S. 425)
- **Thriptí-Berge**: reizvolle Wanderregion (→ S. 422)
- **Kloster Toploú** und **Kloster Kapsá**: zwei besonders sehenswerte Klöster auf Kreta (→ S. 439 und 474)
- **Vái**: legendärer Palmenstrand im äußersten Osten (→ S. 441)
- **Palékastro**: kleines Landstädtchen, reizvolles Ziel für Individualreisende, schöne Strände und Wandermöglichkeiten im Umkreis (→ S. 443)
- **Káto Zákros**: ein minoischer Palast, das „Tal der Toten" und ein wenig besuchter Strand (→ S. 451)
- **Insel Chrisí**: vor Ierápetra, kleine Insel mit herrlichen Sanddünen (→ S. 465)
- **Xerókambos**: schöner, gänzlich abgelegener Strand mit verstreut liegenden Unterkünften (→ S. 456)

Westkreta

Der Westen ist der gebirgigste, grünste und feuchteste Teil der Insel – letzteres verursacht durch die beständigen Westwinde, die in der kühlen Jahreszeit die ersehnten Regenfälle mit sich bringen. Die majestätischen *Lefká Óri* (Weiße Berge) beherrschen das Bild. Ihre nackten Felsgipfel steigen auf fast 2500 m an. Zur Südküste hin sind sie durchbrochen von gewaltigen Einschnitten – die *Samariá-Schlucht* und ihre Nachbarschluchten gehören zu den eindrucksvollsten Phänomenen der Insel. Die weit ausladenden kretischen Zypressen standen hier einst als dichte Wälder, Reste davon sind noch erhalten. Nur wenige Passstraßen führen durch die einsamen Höhen zu den kleinen Orten an der Libyschen See hinunter, die beliebte Reiseziele für Individualisten sind.

Aber auch an der Nordküste findet man interessante Ziele, allen voran *Réthimnon* und *Chaniá*, die beiden unbestritten schönsten Städte der Insel. Der Nordwesten ist mit seinen lang gestreckten Halbinseln *Rodópou* und *Gramvoúsa* und der beschaulichen Region um das Städtchen *Kíssamos* ebenfalls einen Abstecher wert, genau wie die Strände von *Gramvoúsa, Falássarna* und *Elafonísi* an der Westküste.

Einige Highlights im Westen

- **Réthimnon** und **Chaniá**: Die beiden sehenswerten Städte besitzen noch viele Relikte aus venezianischer und türkischer Zeit (→ S. 486 und 567)
- **Kloster Arkádi**: Nationalheiligtum in den Bergen, hier sprengten sich 1866 hunderte von eingeschlossenen Kreter in die Luft, um sich nicht den Türken ergeben zu müssen (→ S. 521)
- **Argiroúpolis**: sehenswerter Ort mit spektakulären Wasserfällen (→ S. 536)
- **Georgioúpolis** und **See von Kournás**: beliebter Ferienort mit langem Sandstrand und dem einzigen natürlichen Süßwassersee Kretas (→ S. 541 und 547)
- **Halbinsel Drápanos**: interessante Entdeckungen in kleinen Dörfern abseits vom Touristenstrom (→ S. 549)
- **Kalíves**: Küstenort bei Chaniá, der noch nicht vom Massentourismus erfasst ist (→ S. 554)
- **Golf von Kíssamos** mit den Halbinseln **Rodópou** und **Gramvoúsa**: im äußersten Nordwesten lässt es sich geruhsam Urlaub abseits vom Rummel machen (→ S. 619)
- **Gramvoúsa**, **Falássarna** und **Elafonísi**: reizvolle Strände an der Westküste (→ S. 627, 636 und 642)
- **Paleochóra** und **Soúgia**: kleine Küstenorte im bergigen Südwesten, ideal für Individualurlauber und Wandervögel (→ S. 646 und 663)
- **Gávdos**: einsame Insel vor der Südwestküste (→ S. 739)
- **Samariá-Schlucht**: weltberühmte Schlucht in den Weißen Bergen (→ S. 675)
- **Loutró**: Das winzige Dorf an der Südküste kann nur per Schiff oder zu Fuß erreicht werden (→ S. 693)
- **Plakiás**: beliebter Badeort in einer großen, malerischen Bucht an der Südküste (→ S. 719)
- **Préveli**: berühmtes Kloster, benachbart ein prächtiger Palmenstrand (→ S. 734)

Geologie

Kreta hat nicht nur kulturell oder touristisch viel zu bieten, vielmehr verbirgt sich hinter der eindrucksvollen Landschaft auch eine spannende geologische Geschichte. Und diese Geschichte ist noch lange nicht zu Ende.

Die südlichste Insel Griechenlands ist Teil eines großen Gebirgsbogens, der sich im Tertiär aufgefaltet hat und vom westgriechischen Festland über den Peloponnes und die südgriechischen Inseln bis tief in die Türkei hinüberschwingt. Wegen seiner exponierten Lage am Bruchrand des Ägäischen Beckens haben sich die tertiären Hebungen und Senkungen auf Kreta sehr stark ausgewirkt und eine komplizierte Oberflächenstruktur geschaffen. Heute ist der Südrand der Ägäis der geologisch aktivste Teil Europas. Die Veränderungen in der Erdkruste laufen dort für geologische Verhältnisse sehr rasch ab; aber Geologen rechnen in Jahrmillionen und deshalb sehen wir als kurzlebige Lebewesen nur eine Blitzaufnahme der geologischen Geschichte. Allerdings kann man rekonstruieren, was früher geschah – und auch voraussehen, was in Zukunft geschehen wird.

- **Tektonik**: Verantwortlich dafür, dass Kreta heute eine Insel ist, ist letzten Endes der kleinste und jüngste der Ozeane unseres Planeten, das *Rote Meer*. Indem das Rote Meer als sich spreizender Baby-Ozean die arabische Platte nach Norden geschoben und dabei den Kaukasus aufgeworfen hat, wurde die kleine anatolische Platte (entspricht etwa der Türkei) seitlich weg nach Westen gedrückt. Die *ägäische Platte* wird seit 14 Mio. Jahren praktisch zwischen der Türkei und dem adriatischen Block (Italien) eingequetscht und versucht seitdem, sich nach Süden in die Länge zu ziehen. Dabei bewegt sich die Ägäis immer weiter auf Afrika zu, die Entfernung Kretas zu Afrika hat sich in den letzten 13 Mio. Jahren um 400 km verringert! Gleichzeitig ist die Kruste der ägäischen Platte wie ein Kaugummi, der lang gezogen wird, immer dünner geworden und immer weiter unter den Meeresspiegel gesunken und so finden wir heute in der Ägäis ein Meer von Inseln, die praktisch die Bergspitzen des größtenteils untergegangenen ägäischen Landes darstellen. Das südliche Ende der ägäischen Platte befindet sich etwa 100 km südlich von Kreta, wo sich das *Hellenische Grabensystem* (Hellenic Trench) gebildet hat, eine über 4000 m tiefe Rinne. Dort schiebt sich die Ägäis mit etwa 3 cm pro Jahr über die ozeanische Kruste des längst untergegangenen Tethys-Ozeans (heute Teil Afrikas), die nördlich von Kreta in den Tiefen des Erdmantels verschwindet und dort eingeschmolzen. wird. Das Ergebnis dieser relativ schnellen Überlagerung ist, dass Griechenland so stark wie kein anderes Land Europas von *Erdbeben* heimgesucht wird: Fast täglich zittert die Erde, vor allem in der Region am Golf von Korinth. Das vorerst letzte schwere Beben in Kreta hatte im Mai 2002 eine Stärke von 5,4 auf der Richter-Skala und erst am 8. Januar 2006 wurde bei einem Seebeben zwischen der Halbinsel Peloponnes und Kreta die Stärke von 6,9 gemessen. In etwa 10 Mio. Jahren wird Kreta nach langer Reise gegen den afrikanischen Kontinent stoßen!
- **Paleogeografie Kretas**: Kreta ist heute eine längliche Insel von 250 km Länge. Das war nicht immer so. Noch vor wenigen Millionen Jahren sah die Landkarte ganz anders aus. Vor mehr als 15 Mio. Jahren, als das Rote Meer begann, Arabien nach Norden zu schieben, war Kreta an das griechische und türkische Festland angeschlossen. Als vor 13 Mio. Jahren mit zunehmender Ausdünnung die Ägäis langsam unter den Meeresspiegel sank, gab es zunächst große Binnenseen, danach brach das Meer aber überall in der Ägäis ein, nur die Bergspitzen blieben als Inseln. Auch Kreta wurde seit 11 Mio. Jahren in weiten Teilen überflutet. Vor 10 Mio. Jahren wurden die kretischen Inseln schließlich für immer vom Peloponnes getrennt, spätestens seit 9 Mio. Jahren gibt es auch keine Landverbindung zwischen Kreta und Kárpathos mehr. Nördlich von Kreta dehnte sich die Kruste besonders weit aus, es entstand das Kretische Meer. Wo heute Kreta ist, gab es zu dieser Zeit also lauter kleine griechische Inseln, die im Meer trieben und alle Tiere und Pflanzen mit sich genommen hatten. Für diese begann nun eine lange Zeit, in der sie isoliert von den Festlandformen neue Arten bilden können. Die kleinen Inseln Kretas veränderten ihre Form in 6–7 Mio. Jahren nur wenig, sodass einige Pflanzen und Tiere (besonders Schnecken) auf diesen Inseln tatsächlich eigene Arten bilden konnten, die heute noch in den betreffenden Regionen leben.

Höhlenwohnungen in den fossilreichen Sandsteinklippen bei Mátala

Erst seit 4 Mio. Jahren hat sich das Land bei Kreta wieder langsam gehoben, die tiefen Rinnen des Hellenischen Grabens bildeten sich vor 3 Mio. Jahren. Kreta tauchte schließlich vor 2 Mio. Jahren in seinen heutigen Umrissen auf, die heutigen Küstenlinien entstanden erst in den vergangenen 1 Mio. Jahren. Noch heute heben sich Teile Kretas weiter, unterschiedlich schnell. Es wird von verschiedenen Blocks gesprochen, vergleichbar mit Eisschollen, vielleicht fünf oder sechs, deren Grenzen allerdings noch nicht genau bekannt sind. Diese Blocks wippen leicht und heben sich stetig, meist ohne schwere Erdbeben: in Westkreta bis zu 5 mm im Jahr, in Gávdos 2–3 mm, in Zentralkreta kaum und in Ostkreta 1–2 mm pro Jahr. Die kleine Insel Koufonísi vor Südostkreta ist erst vor geologisch sehr kurzer Zeit aus dem Meer aufgetaucht und hebt sich heute noch immer mit 2 mm pro Jahr. Besonders in Westkreta sind *antike Hafenanlagen* aufgrund der tektonischen Hebung im Lauf der Zeit trocken gefallen und mussten aufgegeben werden. Der Hafen von Falássarna ist ein eindrucksvolles Beispiel hierfür. Aber auch der antike Hafen im Norden von Gávdos musste im Mittelalter stillgelegt werden.

▸ **Kretische Gesteine**: Es gibt zwei Sorten von Gesteinen in Kreta: die präneogenen, die vor der Öffnung des Roten Meeres entstanden sind, und die postalpinen, die danach erst gebildet wurden. Sie unterscheiden sich auf den ersten Blick.

Die *präneogenen Kalksteine* (Perm bis Oligozän) sind raue, stabile, blaugraue Felsen mit hellen Flecken und rötlichen Eiseneinschlüssen, sie haben tiefe Spalten und bilden stellenweise auch Gebirgshöhlen. Die kretischen Hochgebirge und die meisten heute verkarsteten Landschaften sind aus solchen Gesteinen aufgebaut. Die Erde, die durch die Verwitterung dieser Gesteine entsteht, ist rot vom Eisen und wenig fruchtbar.

Die *postalpinen Kalksteine* (Neogen und Quartär) sind in der Regel heller, gelblich, weicher, sie bröckeln leichter und sind anfällig gegen Erosion. Aus ihnen entsteht gelbe lehmige Erde. Sie finden sich eher in den niederen Lagen, nahe den Küsten und zwischen den Hochgebirgen.

Neben den Kalksteinen gibt es noch die große *Gruppe nicht-kalkhaltiger Gesteine*, die fast allesamt präneogenen Ursprungs sind. Bodenschätze gibt es allerdings auf Kreta kaum, wenn man von Baumaterial wie Gips absieht.

Die präneogenen Gesteine wurden im Lauf der Jahrmillionen so gründlich übereinandergefaltet und verschoben, dass die geologische Karte Kretas heute ein auch für Spezialisten praktisch unentwirrbares Mosaik geworden ist. Die postalpinen Gesteine dagegen blieben meist relativ friedlich an den Stellen, wo sie abgelagert wurden, sodass wir heute ziemlich genau rekonstruieren können, in welchen Gegenden Kreta noch vor 5 Mio. Jahren überflutet war.

Zeugen der Vergangenheit: Versunkene Städte

Bis heute ist die Insel nicht zur Ruhe gekommen. Schon seit Jahrtausenden finden Niveauveränderungen statt. Bereits in historischer Zeit, nämlich in den ersten nachchristlichen Jahrhunderten, hat sich der Westen Kretas um etwa 8 m gehoben, während die Küsten im Osten unter dem Meeresspiegel versanken. Beweis dafür sind die antiken Hafenstädte, die laut der Überlieferung am Meer lagen – so z. B. *Falássarna* im äußersten Westen, dessen Ruinen heute 140 m landeinwärts über dem Meer stehen, während man die Grundmauern des antiken *Oloús* bei Eloúnda/Ostkreta nur wenige Meter unter dem Meeresspiegel sehen kann. Die gehobene Küstenlinie im Westen kann man sehr deutlich bei einer Bootsfahrt entlang der steilen Südküste von Paleochóra nach Chóra Sfakíon beobachten.

Charakteristische Landschaftsformen

Neben den zahlreichen Sand- und Kiesstränden, die sich um die ganze Insel verteilen, besitzt Kreta auch einige ganz spezifische Eigenheiten.

- **Strände**: Im Norden dominieren hauptsächlich lange, hellbraune Sandstrände mit wenig markantem, meist flachem Hinterland. Vor allem zwischen *Iráklion* und *Ágios Nikólaos* haben zahlreiche große Badehotels ihre Plätze gefunden, außerdem östlich von *Réthimnon* und westlich von *Chaniá*. Fast jährlich kommen neue dazu, ein Ende des Touristenbooms ist nicht abzusehen. Die kleinen, abgelegenen Ziele sind rar geworden und die Küste wird allmählich zugebaut – trotzdem gibt es auch hier noch schöne Stellen.

Im Süden sind die Strände in Felsbuchten versteckt, landschaftlich eindrucksvoller, wilder und ursprünglicher. Bisher sind sie noch eher eine Domäne der Rucksackreisenden, aber der Pauschaltourismus ist im Vormarsch – *Agía Galíni, Mátala, Paleochóra* und *Plakiás* sind die Vorreiter. Wer sich von den Massen absetzen will, findet hier aber noch reichlich Möglichkeiten.

Der Westen und der Osten sind Reiseziele für Individualisten. Im Westen führt eine Panoramastraße hoch über dem Meer entlang, die dortigen Strände von *Gramvoúsa, Falássarna* und *Elafonísi* gehören diesbezüglich zu den Höhepunkten auf Kreta, sind aber durch den mittlerweile erheblichen Ausflugstourismus und ihre exponierte, den beständigen Westwinden ausgesetzte Lage in ihrer Sauberkeit beeinträchtigt. Der Osten ist bis auf die schönen Strände von *Palékastro* und die Bucht von *Káto Zákros* fast unzugänglich, es gibt keine durchgehende Küstenstraße und kaum Stichpisten.

- **Ebenen**: Nur ein Bruchteil der Insel ist flach, hauptsächlich an der Nordküste um die Städte. Die größte Ebene ist aber die wunderschöne *Messará-Ebene* an der Südküste bei Mátala, eine großartige Kultur-, fast Gartenlandschaft mit kilometerweiten Oliven-, Obst- und Gemüseplantagen. Dahinter schraubt sich das mächtige Ída-Gebirge in die Höhe. Schon die Minoer hatten hier eines ihrer Zentren, die Römer danach ihre Kornkammer auf Kreta.
Vermutungen gehen dahin, dass die Messará-Ebene in vorgeschichtlicher Zeit eine tief eingeschnittene Meeresbucht war, ebenso wie die flache Wespentaille Kretas im äußersten Osten zwischen Pachiá Ámmos und Ierápetra. Der äußerste Osten um Sitía bildete damals vielleicht sogar eine eigene Insel.

Eine der vielen mächtigen Schluchten im Südwesten

- **Hochebenen**: eine ganz besondere Eigenheit Kretas. Ob Omalós, Lassíthi oder Nída – überall findet man diese kreisförmigen Ebenen in den Bergen, gut abgeschirmt durch die bis zu 2000 m hohen Felswände ringsum. Hier hat sich die von den Hängen hinuntergespülte Erde gesammelt und bildet fruchtbare Böden für Kleinkulturen. Nach der Schneeschmelze und heftigen Winterregen steht das Wasser im Frühjahr oft mehrere Meter hoch, bevor es in die tiefen Karstspalten abfließt. Und sogar im Hochsommer liegen die Temperaturen hier oben ein ganzes Stück niedriger als an der Küste – eine erfrischende Abwechslung.

Die *Omalós-Hochebene* in den Weißen Bergen Westkretas ist in erster Linie Ausgangspunkt für die populäre Wanderung durch die Samariá-Schlucht. Von der *Nída-Hochebene* im Zentrum der Insel besteigt man den Tímios Stavrós, den höchsten Gipfel Kretas. Vor allem Obst wächst schließlich in der berühmten *Lassíthi-Hochebene*: Weiß bespannte Windmühlen pumpten früher Wasser aus den Höhlen im durchlässigen Kalkgestein herauf, mittlerweile sind es weitgehend Motorpumpen. Trotzdem ist die reizvolle Ebene ein großer Anziehungspunkt für Touristen, vor allem wegen der sagenhaften Geburtshöhle des Zeus.

- **Schluchten**: Sie sind ebenso charakteristisch für Kreta wie die Hochebenen. Ein gutes Dutzend tiefer Einschnitte durchzieht den bergigen Südwesten der Insel – eine Folge starker Erosion, die vor allem wegen der großen Höhe und Steilheit der Berge nachhaltig wirken konnte. Speziell die Region der *Sfakiá* (= Schluchten) ist ein wildes und dünn besiedeltes Gebiet, in dem man herrliche Wanderungen unternehmen kann. Die Schluchten werden nach der Schneeschmelze von reißenden Sturzbächen überflutet und münden alle im Meer – die berühmteste, die über 13 km lange *Samariá-Schlucht*, ist eins der populärsten Ausflugsziele der Insel geworden. Weit weniger überlaufen sind die anderen Schluchten: *Arádena, Eligiás, Ímbros, Tripití, Agía Iríni, Asfendoú, Kallikrátis* u.a. Man kann sie alle nur zu Fuß erleben und befindet sich dort noch in weitgehend unberührter Natur.

- **Höhlen**: Im verkarsteten Felsgestein Kretas sind 3500, teils kilometertiefe Tropfsteinhöhlen dokumentiert, von denen erst ein Bruchteil erschlossen ist. Oft fungierten sie über Jahrhunderte hinweg als Kultorte, schon die Minoer hatten darin Heiligtümer eingerichtet. Während der türkischen Besetzung Kretas dienten die Höhlen oft als Versteck, so z. B. die Höhlen von *Melidóni* (bei Pérama) und *Mílatos* (östlich von Mália), im Zweiten Weltkrieg fanden hier häufig Partisanen Zuflucht. Viel besuchte Touristenattraktionen sind mittlerweile die Höhlen *Idéon Ándron* im Ída-Gebirge und *Diktéon Ándron* oberhalb der Lassíthi-Ebene, die beide mit Zeus in Verbindung gebracht werden. Andere können nur im Rahmen einer anstrengenden Wanderung erreicht werden, so die *Kamáres-Höhle* oberhalb vom gleichnamigen Bergdorf. Die kretische Abteilung der Griechischen Speläologischen Gesellschaft hat viele der Höhlen erforscht und oft die versteinerten Knochen von ausgestorbenen Tieren entdeckt. Leider haben Touristen in den letzten Jahrzehnten schwere Schäden angerichtet, Tropfsteine abgebrochen o. Ä.

Pflanzenwuchs

Wo sich früher riesige Zypressen- und Zedernwälder ausbreiteten, kommt heute der nackte Karstfels zum Vorschein, gesprenkelt von einem unübersehbaren Meer von silbrig-grünen Olivenbäumen. Dazwischen wuchern Macchia und kniehohe Phrygana mit zahllosen duftenden Kräutern. Bis zu zehn Meter hohe Agaven, wilde Johannisbrotbäume, üppige Weinhänge und Oleander setzen Kontraste.

Die Vegetation Kretas zeigt sich auf den ersten Blick spärlich, die Berge sind verkarstet und kahl, denn vor allem während der türkischen Herrschaft wurden die ehemals dichten Wälder systematisch abgeholzt. Jedoch finden sich vor allem im bergigen und teilweise schwer zugänglichen Westen noch größere zusammenhängende *Waldgebiete* und auch in den zahlreichen Schluchten gedeiht häufig artenreiche Vegetation. Dazu kommen viele Millionen von silbrig-grünen *Olivenbäumen*, die das Gesicht der Insel prägen und deren Öl – abgesehen vom Tourismus – die Grundlage der Inselwirtschaft bildet. Und trotz der großen Trockenheit in den Sommermonaten sind heute über 2000 verschiedene Pflanzenarten auf der Insel heimisch, denn Kreta ist eine Art natürliches Treibhaus und gehört zu den vegetationsreichsten Gebieten im Mittelmeer. Vor allem gegen Ende der Regenzeit im März/April zeigt sich die Natur von ihrer schönsten Seite. Die großen Weide- und Karstflächen verwandeln sich dann in reine Blütenmeere. Weißgelbe Margeriten, leuchtend roter Klatschmohn und weiße Narzissen bilden riesige Blumenfelder, die sich im Wind bewegen, über allem hängt das vibrierende Summen der emsigen Insekten. Wenn der Winter feucht war, wächst alles doppelt so gut. Kreta im Frühling und Kreta im Sommer – zwei gänzlich verschiedene Gesichter.

Wasser auf Kreta: Quell des Lebens

An vielen Stellen im kretischen Hochgebirge entspringen starke Quellen, die sich in Schluchten tiefe Furchen zum Meer gegraben haben. Obwohl die Insel im Hochsommer verdorrt und die meisten Wasserläufe ausgetrocknet sind (noch in der venezianischen Epoche soll es fast fünfzig Flüsse auf Kreta gegeben haben!), findet man an vielen Stränden glasklare und eiskalte Bäche, die meist von dichter Vegetation begleitet werden – herrlich erfrischend und eine wohltuende Abwechslung zum Meerwasserbad. Schönste Stellen in dieser Hinsicht sind *Georgioúpolis* an der Nordküste zwischen Réthimnon und Chaniá (dort liegt auch der einzige natürliche Süßwassersee Kretas), der Palmenstrand von *Préveli* an der Südküste bei Plakiás und die *Samariá-Schlucht* im gebirgigen Südwesten. An den Stränden der Südwestküste sprudeln außerdem unterirdische Süßwasserquellen, so z. B. am *Glikanéra-Strand* zwischen Chóra Sfakíon und Loutró und bei der Kapelle *Ágios Pávlos* östlich von Agía Rouméli). Allerdings ist der Grundwasserspiegel Kretas in den letzten Jahren kontinuierlich abgesunken (→ Umwelt).

Vegetationstypen und Standorte

Vom zarten Alpenveilchen bis zur Strandnarzisse, vom spröden Bambusschilf bis zur mächtigen Wildzypresse reicht die Spannbreite der kretischen Flora. Immer wieder entdeckt man feuchte und fruchtbare Oasen mit großem Artenreichtum in der macchiaüberzogenen, karstigen Felslandschaft. Die artenreichste Flora besitzt die westlichste und regenreichste Region, der Kreis Chaniá.

Vielleicht der älteste Olivenbaum der Welt – in Áno Voúves bei Kolimbári

Im Frühsommer blühen überall prächtige Disteln, z.B. diese Mariendisteln

▸ **Bäume und Wälder**: Im Altertum war Kreta für seine riesigen Urwälder aus *Zypressen* und *Zedern* bekannt, die damals angeblich die ganze Insel bedeckt hatten. Spätestens in den Jahrhunderten der türkischen Besetzung wurde dem ein radikales Ende bereitet. Zwar fällten bereits die *Minoer* eifrig die kräftigen Stämme, um ihre Paläste mit dauerhaften, aber trotzdem elastischen Säulen (Erdbeben!) auszustatten. Doch während der *venezianischen Epoche* (1204–1669) war es den Kretern unter Todesstrafe verboten, auch nur einen einzigen Baum abzuholzen. Der Grund dafür: Die mächtige Republik Venedig besaß keinerlei Wälder und benötigte das Holz dringend für ihre Flotte. Die kontrollierte Ausbeutung der wertvollen Waldbestände war deshalb allein dem Staat vorbehalten – und es scheint, als ob die Venezianer pfleglich damit umgingen: In Reiseberichten aus dem 16. Jh. wird die Insel jedenfalls als über und über grün und mit herrlichen Wäldern bedeckt beschrieben.

Der endgültige Kahlschlag der kretischen Wälder erfolgte wohl erst in *türkischer Zeit*. Viele Kreter zogen sich damals aus den wirtschaftlich brachliegenden Städten in die Berge zurück – und sie benötigten Holz zum Hausbau, Platz für Siedlungen und Äcker sowie ausgedehnte Weideflächen für ihre Ziegen und Schafe. Jetzt kam die große Zeit der Landspekulanten. Unter Duldung bzw. wohlwollendem Desinteresse der türkischen Machthaber brannten sie weite Waldstriche ab und verkauften das neue Weideland Gewinn bringend an Viehhalter. Auch die türkischen Militärs entfachten während der zahllosen Revolten der Kreter große Brände in den Waldgebieten, um den Aufständischen die Verstecke zu nehmen.

Bis heute kommt die Erneuerung der kretischen Waldbestände nur schleppend voran: Gründe dafür sind Gleichgültigkeit und Nachlässigkeit, die starke Überweidung durch Ziegen sowie die nach wie vor massive Bodenspekulation. Alljährlich ereignen sich schwere *Waldbrände*, nicht wenige werden absichtlich gelegt – 1994 brannte das baumreiche Tal von Soúgia fast völlig ab, ebenso die Roúvas-Schlucht bei Zarós, 1999 die Küste zwischen Agía Galíni und Préveli. Vor allem die Südküste und der äußerste Osten Kretas sind über weite Strecken trockene Macchia-, Phrygana- und Felswüsten ohne Baum und Strauch. Trotzdem präsentiert sich Kreta heute wieder hier und dort üppig grün. Kilometerweite Kastanienhänge, tiefe Bachtäler mit riesigen Platanen, sogar prächtige Palmenhaine an Flussläufen prägen manche Regionen. Die größten zusammenhängenden Waldgebiete findet man heute im Westen – an den Hängen der *Weißen Berge*, in der *Samariá-Schlucht*, im südlichen Teil der Westküste und an den Straßen, die von Kíssamos südwärts verlaufen. Neben den erwähnten Kastanien stehen hier vor allem die weit ausladenden, dunkelgrünen Bergzypressen. Die anspruchslosen Aleppokiefern sind dagegen pinienähnliche Bäume, die oft um die minoischen Ausgrabungsstätten gepflanzt sind und auch bei Aufforstungsmaßnahmen gerne verwendet werden.

Wiederaufforstungsmaßnahmen: für Kreta essentiell

Bei Fahrten über die Insel erkennt man immer wieder Versuche, die gelichtete Baumvegetation neu zu beleben. Nicht alle Maßnahmen sind allerdings von Erfolg gekrönt. Gelungen ist jedoch Anfang der Achtziger die großflächige Aufforstung oberhalb des kleinen Örtchens *Vlátos* an der Straße von Kíssamos zum Strand von Elafonísi. Mit Hilfe des bayerischen Landwirtschaftsministeriums und der deutschen Bundeswehr wurden damals Bäumchen (samt Forstmeister) aus Deutschland eingeflogen, die inzwischen prächtig gedeihen (→ S. 632). Weitere Aufforstungsgebiete sind z. B. der Eichenwald *Hamoprína* im Hinterland von Mália und ein Mischwald bei *Ethiá* im Süden Zentralkretas.

- **Macchia**: Sammelbegriff für die verschiedensten immergrünen Bäume (krüppelwüchsig) und Sträucher, die als dorniger Verhau von 2-4 m Höhe überall dort die Felsen überwuchern, wo außer Kräutern kaum noch etwas wächst. Sie ist als verarmte Ersatzgesellschaft für den Wald entstanden und für den Fußwanderer fast undurchdringlich. Für Kreta ist sie sehr wichtig, da sie die weitere Verkarstung aufhält. *Dornginster, Myrte, Stechwinden, Lorbeer, Wacholder, Mastixsträucher*, diverse verkrüppelte Baumarten, darunter *Kermeseichen, Johannisbrotbaum* und *Erdbeerbaum*, u. v. m. gehören dazu.
- **Phrygana**: Oberbegriff für unzählige kugelige Büsche und Sträucher bis höchstens Kniehöhe, die weite Felsregionen Kretas bedecken, insgesamt etwa 25 % der gesamten Inselfläche. Die Phrygana entspricht der Garigue im westlichen Mittelmeer, umfasst aber zahlreiche, nur auf Kreta endemische Pflanzen. Sie ist charakteristisch für Regionen, in denen eine Überweidung durch Ziegen stattgefunden hat, und ist die typische Vegetation der Insel, die man überall sieht – und vor allem spürt, denn sie ist extrem dornig und stachlig. Die Dornen schützen die Pflanzen und garantieren ihnen das Überleben. Kräuter ohne Dornen und Stacheln nutzen dies häufig aus, indem sie sehr nah an oder sogar in den dornigen Pflanzen wachsen. Phrygana überzieht einen Großteil der kretischen Weidegebiete und wächst auch in extremen Trockenregionen, sehr arme Böden können sogar steppenartig ausgebildet sein. Wichtige Vertreter sind *Salbei, dornige Wolfsmilch, Asfodelos* und *Dornbibernelle. Euphorbien-* und *Zistrosenarten* können in Phrygana *und* Macchia auftreten.
- **Kräuter**: *Oregano, Thymian, Majoran, Salbei, Basilikum, Bohnenkraut, Rosmarin* u. v. m. – als knöchelhohe Büschel duften sie überall in der Phrygana, an Felshängen und auf Plateaus. Wer ein Auge dafür hat, kann sich leicht seinen Jahresbedarf mit

nach Hause nehmen. Kräuter werden aber auch auf allen Märkten preiswert und reichlich angeboten – allerdings meist nicht Wildkräuter, sondern aus systematischem Anbau stammende und oft auch gespritzte Pflanzen, die nicht immer aus Kreta stammen. Die Wildkräuter sind jedoch das eigentlich Interessante: Reichlich Wind und Sonne, der hohe Mineralgehalt der kargen Böden und die spaltenreichen Kalk- und Schiefergesteine bieten ihnen ideale Wachstumsbedingungen. Ihr Wirkstoffgehalt ist hoch und wegen der fehlenden Industrie sind sie kaum mit Schadstoffen belastet. Ihre ausgeprägt antioxidative Wirkung schützt vor den Freien Radikalen, die Krebs verursachend sind.

- **Blumen**: Im Frühjahr bildet der knallrote *Klatschmohn* überall leuchtende Felder, es gibt endemische Abkömmlinge von *Alpenveilchen, Glockenblumen, Tulpen* und *Pfingstrosen,* außerdem einige hundert andere Arten mehr. Die lilafarbene *Bougainvillea* und der leuchtend rote *Hibiskus* sind die häufigsten Zierblumen. In der Phrygana blühen im Frühjahr zahlreiche seltene *Orchideenarten,* die großteils unter Naturschutz stehen.
- **Vegetation in Schluchten und an Wasserläufe**n: Meist sind Bäche und Quellen schon von weitem an den üppig ausladenden *Platanen* oder den dichten Wänden aus kräftigem *Pfahlrohr* (Riesenschilf) zu erkennen. Auch *Oleanderbüsche, Keuschstrauch* und *Aronstabgewächse* sind auf feuchte Standorte angewiesen, von denen es auf Kreta erstaunlich viele gibt.
- **Dünenvegetation**: ist auf Kreta in ausgeprägtem Maße nicht mehr zu finden. Die meisten Arten sind zu trittempfindlich, um nicht vor den Touristenschritten zu kapitulieren. Doch *Stranddistel, Schneckenklee, Hornmohn* und *Narzissen* haben an einigen Stellen überlebt.
- **Wegränder**: Hier findet man meterhohe *Agaven, Riesenfenchel, Spritzgurken, Natternkopf, Mariendisteln,* verschiedene *Ginsterarten* u. v. m.

Die wichtigsten Baumarten Kretas

Obwohl vieles ausgerottet und abgeholzt wurde, ist die Artenvielfalt erheblich. Konsequente Naturschutzmaßnahmen könnten noch einiges bewahren helfen, z. B. den herrlichen Palmenstrand von Préveli.

Aleppokiefer: hohe Nadelbäume, die vor allem an den Hängen der Weißen Berge und in der Samariá-Schlucht wachsen. Sie sind verwandt mit den Pinien, die eher im westlichen Mittelmeer auftreten.

Kretische Dattelpalme (Phoenix theophrastii): Nach der Legende sind die Samen für diesen Baum von den Sarazenen auf die Insel gebracht worden. Die Wissenschaft sagt dagegen, dass dieser Baum schon lange vorher auf Kreta heimisch gewesen sei. Inzwischen soll ein größerer Bestand auch an der Südwestküste Anatoliens entdeckt worden sein. Achtung: Es handelt sich nicht um Dattelpalmen, ihre Früchte sind nur dattelähnlich und nicht genießbar. Prachtvolle Haine dieser Palmen prägen einige der landschaftlich reizvollsten Stellen Kretas, z. B. den berühmten Strand von Vái und den versteckt unterhalb vom Kloster Préveli ins Meer mündenden Lauf des Megalopótamos. Der explosionsartig anwachsende Ausflugs- und Wildzelt-Tourismus hat ihr Vorkommen gefährdet – Vái ist seit Jahren eingezäunt, Préveli sollte auf gleiche Weise geschützt werden.

Essigbaum: schnell wachsende Bäume mit gefiederten Blättern. Sie werden gerne in Städten angepflanzt, da sie sehr schnell wachsen und somit innerhalb kürzester Zeit als Schattenspender zur Verfügung stehen.

Eukalyptusbaum: mächtige, hoch gewachsene Stämme mit aromatisch duftendem Blattwerk, von denen die Rinde in Fetzen herunterhängt. Wegen ihrer starken Wasseraufnahme werden sie überall dort gepflanzt, wo viel Feuchtigkeit aufgesogen werden muss. Das Dörfchen Georgioúpolis an der Nordküste zwischen Chaniá und Réthimnon liegt in einem ganzen Wäldchen davon. Sie sind ursprünglich nicht auf Kreta heimisch, sondern stammen aus Neukaledonien (bei Australien).

Feigenbaum: große, weit ausladende Bäume, die ursprünglich nur in der Phrygana zu finden waren. Inzwischen werden sie jedoch auch in den Dörfern angepflanzt. Die Früchte sind im Spätsommer reif.

Granatapfelbaum: Der Granatapfelbaum hat flammend rote Blüten und äußerlich apfelähnliche Früchte mit vielen Kernen. Er stammt ursprünglich aus Persien und ist Symbol der Fruchtbarkeit und des Lebens. Der vitaminreiche Saft wird frisch getrunken oder für Gelee, Süßspeisen oder als Konzentrat in Sirup verwendet.

Johannisbrotbaum: Die markanten Bäume mit ihren immergrünen, lederartigen Blättern sieht man vor allem im Hinterland von Réthimnon und im Osten der Insel häufig. Der süßliche Duft ihrer schwarzen, länglichen Schoten erfüllt vor allem zur Zeit der Ernte im Frühherbst die Luft. Sie werden unter anderem als Tierfutter, zur Papierherstellung und für medizinische Zwecke verwendet, man kann sie aber auch essen. Johannisbrotbäume wachsen wild, werden aber auch gezielt angepflanzt.

Esskastanie: diese prächtigen Bäume sind ein wirklicher Schmuck für die Landschaft, wenn sie gehäuft auftreten. Die größten kretischen Vorkommen liegen um Élos im äußersten Westen Kretas, aber auch an der Straße nach Soúgia (zwischen Sémpronas und Éliros) stehen mächtige Bäume. Ihre Blüte fällt in den Frühsommer, die großen stachligen Früchte sind im September und Oktober zu sehen.

Maulbeerbaum: nicht allzu große Bäume mit weit ausladendem Blattwerk. Ihre großflächigen Blätter bieten reichlich Schutz vor der Sonne, darum stehen sie oft vor Dorfkafenia. Aus ihren kleinen, schwarzen Beeren brennt man Mournóraki, Blätter und Zweige dienen als Tierfutter.

Olivenbaum: Auch wenn es kaum noch Wald gibt – diese genügsamen, oft uralten Bäume mit ihren knorrigen, wettergegerbten Stämmen stehen buchstäblich überall. Schon die Minoer kultivierten die wild wachsenden Ölbäume und heute besitzt Kreta geschätzte 30–35 Mio. davon, ein Drittel des gesamtgriechischen Bestands. Gut 90 % der kretischen Oliven gehören zur Sorte *Koroneíki*, in höheren Lagen gedeiht die *Tsounáti*. Durch häufige Neuanpflanzungen wächst ihre Zahl weiterhin. Mindestens vier Jahre braucht ein junger Baum, bis er erstmals verwertbare Früchte produziert, dann kann aber oft länger als hundert Jahre geerntet werden. Die arbeitsintensive Erntezeit dauert von November bis Januar, den Rest des Jahres muss der Baum nur gut gewässert werden. Olivenöl ist das mit Abstand wichtigste Exportgut Kretas (→ S. 35).

Tamarisken wachsen als einzige Bäume direkt am Meer

Pinie: Die einzige einheimische Kiefernart ist die Britische Hartkiefer namens „Pinus brutia“.

Platane: hohe und weit ausladende Laubbäume, die viel Schatten geben. Sie brauchen viel Wasser und stehen meist an Bachläufen, z. B. in Fódele (bei Iráklion) und Vríses (zwischen Chaniá und Réthimnon).

Tamariske: meist schlanke Bäumchen mit nadelartigen, aber weichen Blättern. Sie sind die einzigen Bäume, die direkt am

Meer wachsen, da sie Salzausscheidungsdrüsen besitzen. Man sieht sie besonders häufig an Strandpromenaden und Stränden, z. B. am Weststrand von Paleochóra.

Steineiche: immergrüne Bäume, deren dornige Blätter eine dicke, lederartige Außenschicht besitzen. Jedes Blatt lebt drei Jahre, bevor es braun wird. Die Borke wird zum Färben benutzt, das Holz ergibt eine hochwertige Holzkohle.

Wacholder: kräftige, kleine Bäume mit nadelartigen Blättern, ebenfalls zu finden an zahlreichen Stränden. Der Zedernwacholder, der z. B. auf der Insel Chríssi (vor Ierápetra) wächst, wird oft mit der Zeder verwechselt, die es auf Kreta nicht gibt.

Zypresse: nicht zu vergleichen mit den schlanken Bleistiftbäumen der Toskana. Kretische Wildzypressen sind weit ausladende, oft mächtige Bäume, die vor allem im Gebirge Westkretas bis zu 40 m hoch werden können und sehr widerstandsfähig gegen Trockenheit sind. Von den ehemaligen Wäldern sind nur noch Restbestände vorhanden, z. B. einige Prachtexemplare in der Samariá-Schlucht um die Kapelle Ágios Nikólaos. Die Minoer nutzten sie für den Bau ihrer Tempel.

Sträucher, Blumen und Kräuter

Hierüber könnten Botaniker ganze Abhandlungen füllen, gibt es auf Kreta doch mehr als ein Drittel aller 6000 Pflanzenarten Griechenlands, von denen über 300 sogar endemisch sind, d. h. nur auf Kreta wachsen. Die extremen Höhenunterschiede, die tiefen, schützenden Schluchten und die isolierte Lage Kretas haben einer Vielzahl verschiedenster Pflanzen aus unterschiedlichen Klimazonen das Überleben ermöglicht.

Agave: Diese gewaltigen, kakteenartigen Pflanzen stammen eigentlich aus Mexiko. Am auffallendsten ist ihr markanter, bis zu 10 m hoher Blütenstand, der wie ein Baum aus der Knolle von dicken, schwertartigen Blättern emporwächst. Die Blüte findet im Juni statt, danach stirbt die Pflanze ab.

Asfodelos: Die Totenblume der eleusischen Gefilde bedeckt oft ganze Hänge. Sie wird bis zu 60 cm hoch, hat kleine weiße oder rosa Blüten und lange, schmale Blätter. Da sie von Tieren wegen ihrer Giftstoffe nicht gefressen wird, bleibt sie in der steppenartigen Phrygana häufig die vorherrschende Pflanze.

Bougainvillea: Die bunte und üppig ausladende Kletterpflanze stammt ursprünglich aus Brasilien. Sie wird aber mittlerweile überall auf Kreta angepflanzt und besonders gern zur Verschönerung von Balkonen, Terrassen und Hausfassaden usw. verwendet. Violett, rosa und rot sind die häufigsten Farben der blütenähnlichen Tragblätter, die übrigens keine Blüten sind, sondern die kleinen, weißen Blüten schützend umgeben.

Drachenwurz: eine der markantesten Pflanzen Kretas, die in größeren Populationen z. B. im Südwesten um Arádena, Samariá-Schlucht und Frangokástello wächst. Unheimlich und bedrohlich wirkt das bis zu 1 m hohe Aronstabgewächs mit seinem tütenförmigen purpurfarbene Hochblatt, das einen langen spitzen, ebenfalls purpurfarbenen „Stachel" umschließt. Frühe Darstellungen von Dracunculus vulgaris, so der lateinische Name, hat man schon auf minoischen Sarkophagen entdeckt.

Feigenkaktee: Vorsicht! Hauchdünne, aber sehr unangenehme Stacheln bedecken die knapp faustgroßen, wohlschmeckenden Früchte dieser großen Kakteen, die angeblich Christoph Columbus als erster nach Europa brachte. Sie wachsen häufig in großen Mengen an Felshängen und reifen im Frühherbst, wobei sie je nach Reifegrad gelb bis rot gefärbt sind.

Griechischer Bergtee: wächst in Südgriechenland und Kreta und wird *Malothíra* genannt (von den italienischen Begriffen male = Schmerz, Leid und tirare = ziehen, kann also Krankheiten „herausziehen"). Blasse, wollige Stängelpflanzen bis ca. 50 cm Höhe mit zitronengelben Blüten, von Juni bis August sind viele Berghänge übersät damit. Man gewinnt einen heilkräftigen Kräutertee daraus, der in vielen Läden angeboten wird. Die Volksmedizin empfiehlt ihn bei Harnverhalten und Verdauungsstörungen sowie bei Erkältungen und Atemschwierigkeiten, auch auf den Herzkreislauf soll er positiv wirken.

Hibiskus: bis zu 2 m hohe Sträucher, deren auffallende, knallrote Blüten bis zu 15 cm Durchmesser und lange, herausragende Staubgefäße besitzen. Werden oft in Hotelanlagen oder an Straßenrändern als Ziersträucher gepflanzt und blühen fast das ganze Jahr über.

Hórta: spinatähnliches Wildgemüse. Die kretischen Frauen sammeln es in großen Bündeln und es wird in vielen Tavernen serviert.

Keuschstrauch (auch Mönchspfeffer): Dieser Strauch bis zu 3 m Höhe wächst vorzugsweise an Flussläufen und anderen feuchten Standorten, z. B. an den Ufern des Kournás-Sees bei Georgioúpolis. Er hat kleine lila Blüten in Ährenform und kugelige, rötlich-schwarze Früchte, die anstatt Pfeffer verwendet werden können. Ihr Verzehr half angeblich den Mönchen, keusch zu bleiben.

Mariendistel (→ Foto, S. 26): Die elegante, bis 1m hoch wachsende Distel ähnelt der wilden Artischocke. Ihre Blätter sind weiß gefleckt – der Legende nach Milchtropfen der Gottesmutter, die Jesus auf der Flucht vor Herodes stillte.

Mastixstrauch: immergrüner Strauch, die reifen Früchte sind schwarz und kleiner als Erbsen. Aus Mastix gewinnt man Harz für medizinische Zwecke und zur Herstellung von Süßigkeiten und Getränken.

Meerzwiebel: Ein schlanker Stiel mit kleinen, weißlichen Blüten bis über 1 m Höhe und eine kindskopfgroße Knolle, die ein Stück aus dem Boden ragt, sind die unverwechselbaren Erkennungsmerkmale dieser Pflanze, die im Frühherbst besonders auffällt. Sie ist ein Symbol der Fruchtbarkeit und des Glücks und wurde früher zu Silvester an die Türen gehängt, um die bösen Geister abzuhalten.

Mittagsblume (Hottentottenblume): Sie stammt ursprünglich aus Südafrika und wird häufig an Uferpromenaden angepflanzt. Sie ist leicht an ihren dickfleischigen, im Querschnitt dreieckigen Blättern und ihren karminroten Blüten zu erkennen, die sie erst gegen Mittag öffnet.

Oleander: Die uralte Kulturpflanze ist schon auf den minoischen Fresken aus dem 2. Jt. v. Chr. abgebildet. Blüht leuchtend rosa im Juni, hauptsächlich an Straßen- und Wegesrändern sowie in ausgetrockneten, steinigen Flussbetten. Besonders schön z. B. im „Tal der Toten" bei Káto Zákros (→ S. 449), aber auch – zusammen mit Ginster – an vielen Stellen der New Road (Nordküste).

Riesenfenchel: Bis zu 4 m Höhe erreicht die „Ferula communis" mit ihren verstreuten Schirmchen aus gelben Blüten. Ein be-

Faszinierend in seiner Andersartigkeit: der kretische Drachenwurz

sonderes Erkennungsmerkmal ist der dicke Stiel. Da das darin enthaltene Mark nur ganz langsam verbrennt, ohne dass das Feuer aus dem Schaft dringt, weiß die Mythologie zu berichten, dass der Titanensohn Prometheus auf diese Weise das Feuer vom Himmel auf die Erde geschmuggelt haben soll. Früher benutzten Matrosen Riesenfenchel zum Anzünden ihrer Pfeife an Deck, da der Wind die Glut nicht so leicht auslöschen konnte. Wächst häufig an Straßenrändern.

Salbei: Salbei wächst bis in 1000 m Höhe, die Berge Kretas sind übervoll davon. Seit der Antike gilt er als eine der wichtigsten Heilpflanzen und wurde mit Langlebigkeit in Verbindung gebracht. Die Römer empfahlen ihn als Gegenmittel bei Schlangenbissen. In der kretischen Küche wird er zum Räuchern der Würste verwendet, auch zum Befeuern der traditionellen Holzöfen. Er wird als Tee *(faskómilo)* getrunken, der Honig seiner Blüten passt ausgezeichnet dazu. „Einen blühenden Salbeizweig pflückte er und zum Himmel stieg der Duft, der die Berge entzückte mit seinem Aroma" (Níkos Kazantzákis, Odyssee).

Thymian: das am häufigsten vorkommende Hartlaubgehölz der Macchia, in der Antike als „Armenkraut" bekannt, da jeder Zugang dazu hatte. Eine der begehrtesten Pflanzen für Bienen, der aus Thymian gewonnene Honig ist eins der beliebtesten kretischen Produkte. Auch als Gewürz genutzt sowie früher (und auch heute noch) als Mittel gegen Asthma. Gurgeln mit Thymiansud und -tee sind gut gegen Halsweh und Husten. Und wenn die Kreter Probleme mit dem Zahnfleisch hatten, rieben sie es früher mit Thymian ein.

Diktamos: ein König unter den kretischen Kräutern

Der kleine, auf Kreta endemische Lippenblütler – zu deutsch „Kretischer Eschenwurz" – mit wollig-blassgrünen Blättern und violetten Blüten gehört zu den Oreganogewächsen. Er wächst ursprünglich an den Steilhängen der kretischen Berge bis in 1600 m Höhe (seinen Namen hat er vom Díkti-Gebirge, wo er früher besonders häufig vorkam), inzwischen wird er aber auch schon in den Ebenen gezogen. Der Diktamos wird auf Kreta wegen seiner Heilkraft sehr geschätzt. Er wird als Allheilmittel angewandt, z. B. bei Erkältung, Grippe, Beschwerden im Magen-/Darmtrakt, aber auch als Beruhigungs- und Stärkungsmittel. Äußerlich angewendet wird ihm dank des enthaltenen Thymols die Beschleunigung der Wundheilung nachgesagt (Aristoteles berichtet, dass Tiere Diktamos fraßen, wenn sie verwundet waren), er soll desinfizierend wirken und gekaut hilft er gegen Mundgeruch. Sogar bei der Geburtseinleitung soll er hilfreich sein – schon Hippokrates empfahl die Pflanze als „Geburtshelfer" und Eileithýia, die minoische Göttin der Fruchtbarkeit, Liebe und Geburtshilfe, trug einen Kranz aus Diktamos. Und auch als Aphrodisiakum wird er verwendet, deshalb sein volkstümlicher Name *Érondas*. Man findet ihn abgepackt in vielen Kräuterläden (hauptsächlich in Réthimnon), mit etwas Glück auch offen auf Märkten. Diktamos wird vor allem als Tee getrunken, man kann ihn aber auch als Tinktur zu sich nehmen (ca. 15–20 Gramm pro Liter Wein oder Rakí, zehn Tage stehen lassen, filtern und löffelweise trinken).

Kulturpflanzen

Schon die Minoer haben vor 4500 Jahren Olivenöl produziert, Kreta ist damit das älteste überlieferte Olivenanbaugebiet der Welt. In minoischer Zeit war aber auch schon der Weinanbau bekannt, wie man u. a. aus der Entdeckung einer minoischen Weinpresse in Vathípetro bei Iráklion schließen konnte. Bis heute sind Oliven und Trauben die tragenden Pfeiler der kretischen Landwirtschaft geblieben, ergänzt durch den intensiven Treibhausanbau von Tomaten, Gurken und Bananen. Oliven werden auf der ganzen Insel angebaut, die wichtigsten Olivenanbaugebiete liegen um Kolimbári im Westen und Sitía im Osten. Hinter Iráklion erstreckt sich das größte zusammenhängende Weinbaugebiete Griechenlands. Im Hinterland von Chaniá reifen Orangen in unübersehbaren Plantagen, in der riesigen Messará-Ebene im Süden Zentralkretas wird Gemüse angebaut und Bananen gedeihen hauptsächlich im Südosten um Ierápetra, ein Meer von Treibhäusern sorgt dort für die schnelle Reife.

Der Olivenbaum: Ein Geschenk der Götter

Die griechische Mythologie erzählt, dass der Olivenbaum durch einen Streit der Götter entstand. Poseidon, der Beherrscher der Meere, und Athene, die Göttin der Weisheit, wollten beide die Region Attika beherrschen. Zeus stellte ihnen daraufhin folgende Aufgabe: Wer dem attischen Volk ein Geschenk von unvergänglichem Wert machen könne, dem würde er die Herrschaft zusprechen. Poseidon stieß daraufhin mit Gebrüll seinen Dreizack in den Fels, auf dem später die Akropolis von Athen stehen sollte, woraufhin eine sprudelnde Quelle entsprang. Athene aber pflanzte still und bescheiden den ersten Olivenbaum. Damit schenkte sie den Menschen Öl gegen Hunger, als Heilmittel, zur Körperpflege, als Symbol des Friedens und als bedeutendes Handelsgut. Damit wurde sie Herrscherin Attikas und die Schutzpatronin Athens.

▸ **Über Olivenöl** (von Lucie Büchert-Fohrer): Mit Olivenöl ist es wie mit Wein – jedes Öl ist ein bisschen anders. Qualität und Geschmack sind von vielen Faktoren abhängig, z. B. der Olivensorte, der Bodenbeschaffenheit, dem Erntezeitpunkt, dem Gewinnungsverfahren und noch vielem mehr. Die Herstellung eines guten Olivenöls ist eine komplexe Angelegenheit. Auf Kreta wird hauptsächlich die *Koroneíki-Olive* kultiviert. Diese Sorte bringt kleine Früchte hervor, die zur Ölgewinnung besonders gut geeignet sind. Von seiner Charakteristik her besitzt dieses typische kretische Öl eine mittlere Fruchtigkeit, ist ein bisschen samtartig, hat eine leichte Spur von Bittermandel, ist manchmal etwas zitronig im Abgang und besitzt – als erstes zu erkennen – einen frischen, grasigen Geruch. In höheren Lagen der Bezirke Chaniá und Réthimnon wird auch noch die *Tsounáti-Olive* kultiviert, die die ursprüngliche Olivensorte der Insel ist. Auch aus ihr gewinnt man ein gutes Öl, doch ist es sehr

Ab Ende November werden die Oliven geerntet (hier bei Kolimbári)

viel fragiler, weswegen man sich auf Kreta weitgehend für die Kokoneíki-Olive entschieden hat. Als beste Anbaugebiete gelten die Regionen von Kolimbári im Westen und Sitía im Osten.

Die meisten Menschen verbinden mit der Gewinnung von Olivenöl das Wort Pressung. Doch trifft das nur noch selten zu, da das Öl nicht nur auf Kreta, sondern in allen produzierenden Ländern mehr und mehr mit modernen Gewinnungsverfahren *extrahiert* und nicht mehr gepresst wird. Auf dem Etikett steht deshalb entweder „Kaltpressung" oder „Kaltextraktion" und „ausschließlich mit mechanischen Verfahren gewonnen". Der Aufdruck „Kaltpressung" oder „Kaltextraktion" darf nur verwendet werden, wenn das Öl durch mechanische Pressung oder Zentrifugation bei höchstens 27°C gewonnen wurde. Welche Methode besser ist, darüber wird gestritten. Das moderne Extraktionsverfahren hat jedenfalls den Vorteil, dass das Öl sehr schnell und unter fast vollständigem Ausschluss von Sauerstoff gewonnen werden kann, was der Qualität und auch der Hygiene sehr zugute kommt. Ein großes Problem beim Pressen ist vor allem die Reinigung der Matten, denn man bekommt sie fast nie vollständig sauber – und Rückstände, wenn auch nur minimal, mindern die Qualität des Öls.

Da auf Kreta mittlerweile fast überall mit Extrahierung gearbeitet wird, sieht man die alten Pressen und Mühlsteine oft nur noch als Dekoration. Eine der letzten Mattenpressen im Raum Chaniá arbeitet in Vafés (→ S. 562) im Apokóronas-Gebiet und in einer neuen Olivenölfabrik bei Kalíves hat man kürzlich versucht, die alten Kunststoffmatten durch Metallmatten zu ersetzen. Fragen Sie ruhig einmal nach, ob Sie eine Mühle von innen ansehen dürfen. Das wird Ihnen sicher meistens gewährt werden. Aber am beeindruckendsten ist es natürlich, einmal die Ernte mitzuerleben auf einer dann touristenfreien Insel, mit vielen netten Kretern und einem unglaublich intensiven Geruch in den Mühlen. Die Erntezeit dauert je nach Region von Ende November bis Anfang Januar, im feuchteren Westen beginnt sie generell früher als im Osten. Der Durchschnittsertrag eines Baumes besteht aus etwa 20 kg Oliven, woraus etwa 4–5 Liter Öl erzeugt werden können.

Wenn Sie mehr über Olivenöl wissen möchten ...

Das äußerst komplexe Thema Olivenöl können wir hier nur kurz anreißen. Bei weitergehendem Interesse schicken wir Ihnen gerne eine selbst erstellte Broschüre zu, in der ausführlich auf alle wesentlichen Aspekte rund um das kretische Olivenöl eingegangen wird, insbesondere auch auf chemische und gesundheitliche Gesichtspunkte (Schutzgebühr 5 €, zzgl. Versand, Bestellungen per E-Mail unter info@eberhardfohrer.de).

Avocados: Die Kreter experimentieren schon lange mit diesen eigentlich tropischen Früchten. Plantagen gibt es z. B. in der Messará-Ebene, um Argiroúpolis bei Réthimnon und bei Doulianá im Umland von Kalíves. Das Öl der Avocado wird in der Kosmetik sehr geschätzt, da es nicht wie viele andere Pflanzenöle nur als Mischgrundlage, sondern selber als Wirkstoff verwendet wird. Auf Kreta werden z. B. Körpermilch, Seife, Shampoo, Sonnen- und Gesichtscreme auf Avocadoölbasis hergestellt (→ Argiroúpolis, S. 537).

Bananen: eine besondere Spezialität Kretas, denn diese kleinen und sehr süßen Bananen gibt es nirgendwo sonst in Griechenland. Vor Jahrzehnten wurden die ersten Schösslinge aus dem Nahen Osten eingeführt, inzwischen werden sie im ganzen Ostteil der Insel angebaut, teils im Freien,

Die kleinen und süßen Bananen gehören zu den wichtigsten Wirtschaftsgütern Kretas

teils in Gewächshäusern. Ihre größte Konzentrationen findet man um Árvi, Keratókambos, Mírtos und Ierápetra (Südküste), aber auch bei Mália und Pachiá Ámmos an der Nordküste und bei Falássarna im äußersten Westen. Etwa 2 m hoch sind die Bananenstauden mit ihren großen, lappigen Blättern, die an ihrem saftigen Grün zu erkennen sind. Empfindlich sind die Bananen gegen Temperaturschwankungen, Wind und Feuchtigkeit. Es ist deshalb wesentlich schwieriger, die Bananen im Freien anzubauen. Die kleinen, geschützt liegenden Orte an der Südküste um Ierápetra bieten gute Möglichkeiten.

Getreide, Kartoffeln und Hülsenfrüchte: können wegen des schlechten Bodens und des Fehlens zusammenhängender Nutzungsflächen nur in sehr bescheidenem Maße angebaut werden (→ Wirtschaft).

Mandeln: vor allem in der weiten Ebene von Neápolis nach Ágios Nikólaos hinunter sind Mandelbäume großflächig vertreten. Im Februar steht hier alles in voller Blüte.

Orangen, Mandarinen und Zitronen: hauptsächlich in der Ebene von Chaniá zu finden. Auf dem Weg zur Omalós-Ebene (Einstieg zur Samariá-Schlucht) fährt man kilometerweit durch die dunkelgrünen Haine. Die Ernte der saftigen Früchte findet mehrmals jährlich statt, die schönen Blüten sind im März/April zu sehen (→ Essen & Trinken).

Olivenbäume: siehe oben.

Rosinen: Im September werden in den großen Weinbaugebieten überall auf großen Gestellen Weintrauben getrocknet, um Sultaninen daraus zu machen. Den Werdegang von grün bis dunkelbraun kann man dann täglich mitverfolgen. Sie gehen vor allem in den EU-Export.

Wein: Die leichten Lehmböden Kretas und die lange Sonnenscheindauer bieten ideale Bedingungen für den Rebenwuchs. Die Tradition des Weinbaus reicht deshalb bis in minoische Zeit zurück, Kreta gilt damit als ältestes Weinanbaugebiet Europas. In der venezianischen Epoche wurde der Anbau forciert und im 15. Jh. exportierte man die kretischen Malvasier-Trauben in weite Teile Europas, sogar bis auf die Kanarischen Inseln. Während der jahrhundertelangen Herrschaft der moslemischen Türken kam die Weinwirtschaft dann fast völlig zum Erliegen. Inzwischen besitzen viele Dörfer wieder große Weinfelder, oft im Terrassenbau bis in Höhen von 1000 m. Das größte zusammenhängende Weinbaugebiet erstreckt sich heute um **Pezá** südlich von Iráklion, links und rechts der Straße nach Mátala. Es wurde nach dem Zweiten Weltkrieg systematisch angelegt und ist durch die umliegenden Berge vor den trockenen Winden aus Afrika geschützt. Eine weitere Anbauzone liegt um **Sitía** im Osten.

Auf Kreta reifen traditionelle Traubensorten (Kotsifali, Mandilaria, Vilana, Liatiko u. a.) in weitgehend unveränderter Form, beeinträchtigt allerdings seit 1974 durch das Auftreten der Reblaus, von der die Insel bis dahin verschont geblieben war. Bisher ist es den kretischen Weinproduzenten nicht geglückt, ihre Weine international zu platzieren. Kreta gilt als „Schlafender Riese" mit großem Potenzial, doch fehlt es – bis auf einige Ausnahmen – noch an innovativen Kellereien (→ Essen & Trinken).

Tierwelt

Nutztiere wie Ziegen, Schafe und Maulesel sind ein alltägliches Bild. Auch der Artenreichtum an Vögeln fällt auf, Insekten kreuchen und fleuchen in Mengen, viele bunte Käfer und Schmetterlinge lassen sich auf Kreta beobachten, ebenso zahlreiche Schneckenarten. In den Bergen sieht man mit etwas Glück sogar Adler und Geier kreisen, denn in Kreta gibt es (zusammen mit Nordgriechenland) mehr Greifvogelarten als irgendwo sonst in Europa. Hochwild in freier Wildbahn ist dagegen wegen des fehlenden Waldes und der Jagdleidenschaft der Kreter schwer dezimiert.

Berühmteste Tiergattung der Insel ist die Kretische Wildziege *Ibex* oder *Agrími* (wiss. Name: Capra aegagrus creticus), gerne auch „Kri-Kri" genannt (dies war eine kleine Wildziege, die von einem Schäfer großgezogen und nach USA verschenkt wurde). Wie man aus zahlreichen Wandbildern entnommen hat, lebte sie bereits in minoischer Zeit auf Kreta. Im 20. Jh. war sie lange vom Aussterben bedroht und auch heute soll es erst 1000–2000 Exemplare geben. Die Agrimiá leben in freier Wildbahn hauptsächlich in den unzugänglichen Felshängen um die Samariá-Schlucht. Es sind prächtige Tiere mit rehbraunem Fell und kurzen Haaren, die Männchen tragen ein mächtiges, weit geschwungenes Gehörn und können bis zu 15 m weit springen. Man bekommt sie kaum zu Gesicht, da sie nachts äsen und sich tagsüber meist verstecken. In den Stadtparks von Réthimnon und Chaniá kann man einige in armseligen Gehegen ihr Leben fristen sehen. Ihre Jagd ist streng verboten, doch die wenigsten kretischen Jäger halten sich daran. Auch die Vermischung mit normalen Ziegen gefährdet den Bestand der Rasse, ebenso der Mangel an Nahrung im überlaufenen Nationalpark Samariá. Inzwischen sind aber auf drei unbewohnten Felseninseln vor der Nordküste Reservate aufgebaut worden, nämlich auf *Ágii Theódori* bei Chaniá, *Día* vor Iráklion und *Ágii Pándes* vor Ágios Nikólaos. Da sich die Wildziegen dort reinrassig vermehren und in Ruhe leben

Die kretische Wildziegen leben v.a. auf den Inseln vor der Küste

können, scheint der Bestand jetzt gesichert. Tipp: Wer sich mit der Tierwelt Kretas näher beschäftigen will, sollte das Naturhistorische Museum in Iráklion besuchen, dort erhält man in schön gestalteten Ausstellungsräumen einen guten Überblick.

Ein Hundeleben auf Kreta

Überall auf Kreta fallen dem aufmerksamen Beobachter herrenlose Hunde und Katzen auf. Sie treten oft in ganzen Rudeln auf, sind harmlos und verängstigt, die Hunde suchen sich oft ein Herrchen, das sie eine Zeit lang begleiten. Von den Einheimischen kümmert sich kaum jemand um diese armen Geschöpfe – sie werden verjagt, und wenn die „Plage" überhand nimmt, wird kurzerhand Gift ausgelegt. Hunde werden ausschließlich als zähnefletschende Wachhunde gehalten und müssen nicht selten ihr ganzes Leben lang bei wenig Nahrung an der Kette liegen. Falls Nachwuchs kommt, bringen viele Hundebesitzer die Welpen um oder setzen sie irgendwo aus. In Sachen Tierpflege und Achtung vor dem Leben der Haustiere ist Griechenland absolutes Entwicklungsland. Auf Kreta kommt der ehemaligen deutschen Krankenschwester Silke Wrobel das große Verdienst zu, entscheidend zur Verbesserung dieser Verhältnisse beigetragen zu haben. Gegen große Widerstände in Bevölkerung und Administration hat sie bei Chaniá das Tierheim „Arche Noah" aufgebaut und mit Hilfe des Tierarztes Thomas Busch und zahlreicher ehrenamtlicher Helfer verwundete Tiere gesund gepflegt, an Herrchen nach Deutschland vermittelt und vor allem sterilisiert, um die unkontrollierte Vermehrung zu stoppen. Mittlerweile haben sich Silke Wrobel und Thomas Busch getrennt und es gibt nun zwei deutsche Vereine, die sich intensiv um die vernachlässigten kretischen Haustiere kümmern (→ S. 595). Durch die Übernahme einer **Flugpatenschaft** kann jeder Kretareisende dazu beitragen, das Elend der Haustiere auf Kreta zu lindern – allein beim Verein „Arche Noah Kreta" konnten 2004 etwa fünfhundert Paten gewonnen werden (Informationen unter www.archenoah-kreta.com). Hinweis: Einige Tierärzte warnen vor der Verbringung kretischer Tiere nach Deutschland, da diese parasitäre Erkrankungen einschleppen könnten, gegen die die hiesigen Hunde keine Abwehrkräfte besitzen, z. B. die „Leishmaniose". Eine Erkrankung des Menschen ist dabei ebenfalls möglich, Stichwort „Kala-Azar" (Viszerale Leishmaniose). Empfohlen werden von diesen Ärzten stattdessen Geldspenden und Patenschaften bei Tierheimen vor Ort.

Tierschutz auf Kreta: **Iráklion**, „Zoofili Dhrasi Iraklio", Ansprechpartnerin: Verena Wels GR-71000 Athanati/Iráklion, ✆ 2810-542626, Handy 694-5424365; **Malia**, Cretan Animal Welfare Group, Tierheim „The Haven", Gayner Vlastou, Xylomaheria, GR-70007 Mália, ✆ 6944-690368, ℻ 28970-31144, www.cawg-greece.com; **Ágios Nikólaos**, „Friends of the Animals", Ann Adamaki, Eloúnda Heights, GR-72053 Eloúnda. ✆ 6934-419821, www.helptheanimals-crete.com; **Móchlos**, Tierfreunde Móchlos, Maria Tsagarakis, GR-72057 Móchlos/Sitía, ✆ 28430-94660, ℻ 94179, www.mochlos.net; **Réthymnon**, „Friends of the Animals of Rethymnon", P.O.Box 258, GR-74100 Réthimnon, ✆ 697-5720313, www.animals.rethymnon.org; **Chaniá**, Tierheim der Arche Noah Kreta, Nerokoúros/Chaniá, ✆ 28210-79020, Arche Noah Infotelefon in Deutschland 05482/926692, www.archenoah-kreta.com (→ S. 571 und 595); **Paleochóra**, Anna Tzortzaki Dittmann, ✆ 28230-42206; **Sitía**, Tierschutzverein Sitía, Maria Vseniamaki, ✆ 28430-22256.

• *Bienen* Jedes noch so kleine Dorf hat seinen Imker, der seine Bienenstöcke meist weit abseits der gängigen Wege aufstellt. Bei Wanderungen stößt man immer wieder darauf. Frischer Honig wird überall verkauft und eignet sich gut als Mitbringsel.

• *Fische* schwimmen in den Süßwassergewässern von Kreta so gut wie keine mehr, auch das Meer ist nicht mehr sehr fischreich (→ Wirtschaft). Dafür gibt es in Zarós am Südrand des Ída-Gebirges eine **Forellenzucht**.

• *Fledermäuse* Diese kleinen, schwarzen Säugetiere mit ihren faszinierenden Flugbewegungen kann man abseits dichter Bebauung in den Abendstunden häufig bei der Insektenjagd beobachten.

• *Greifvögel* Folgende Greifvogelarten leben auf Kreta: Gänsegeier, Bartgeier, Habicht, Sperber, Mäusebussard, Steinadler, Habichtsadler, Rötelfalke, Turmfalke, Eleonorenfalke, Wanderfalke, Zwergohreule, Waldkauz, Waldohreule, Raufußkauz.
Vor allem Adler und Geier sieht man im Gebirge oft kreisen. Der Gänsegeier hat eine Körpergröße von ca. 95–105 cm und eine Flügelspannweite von 240–270 cm. Er besitzt einen langen, spärlich gefiederten und flexiblen Hals, sodass er mit seinem Schnabel tief in das Kadaverfleisch eindringen kann.
Größer ist nur noch der Bartgeier mit seiner mächtigen Spannweite von bis zu 2,80 m (er wird auch „Lämmergeier" genannt, was aus dem Irrglauben resultiert, dass er Lämmer schlägt). Er ist der einzige Vogel der Welt, der sich von Knochen ernährt, und ist so ein perfekter Verwerter und „Recyclist" von Aas. In Kreta galt er früher als Symbol der intakten Natur, doch durch das Vordringen der menschlichen Zivilisation ist er vom Aussterben bedroht. Auf Kreta leben heute noch etwa 170 Geierpaare, das sind zwei Drittel des griechischen Gesamtbestands. Die Hauptgefahren für den seltenen Greifvogel sind Landveränderungen und illegale Jagd sowie Gifte zur Bekämpfung von streunenden Hunden und Krähen.
Der ebenfalls vom Aussterben bedrohte Eleonorenfalke lebt in kleinen Kolonien auf abgelegenen Landzungen und Kreta vorgelagerten Inseln und fliegt im Winter nach bis nach Madagaskar.

• *Heuschrecken* Die bizarren Fangheuschrecken in mehreren Arten sind unter dem Namen **„Gottesanbeterin"** bekannt u4nd lauern in typischer „Gebetshaltung" auf ihre Opfer. Manchmal werden sie allerdings selber Opfer, denn sie neigen dazu, in Swimmingpools zu fliegen, wo sie dann jämmerlich ertrinken.

• *Insekten* Sie hört man nicht nur, sondern spürt sie leider auch. Ein Mücken abweisendes Mittel sollte unbedingt im Gepäck sein. Vor allem feuchte Stellen sind Ballungszentren dieser unangenehmen Biester, z. B. Georgioúpolis und Frangokástello. Ansonsten wird einen das aufdringliche Gekreisch der Millionen **Zikaden** den ganzen Sommer verfolgen. Erst im September sterben die nur wenige Zentimeter großen, schwarzen Tiere – im Oktober wirkt die Stille schon beinahe unheimlich.

• *Meeressäugetiere* **Delfine** sind in den Meeren bei Kreta noch relativ häufig anzutreffen, einige Arten sind allerdings hochgradig bedroht durch italienische Hochseeflotten, die mit Treibnetzen arbeiten. Auch gibt es noch **Wale** in den offenen Gewässern des Mittelmeers, nämlich Finnwale, Schnabelwale, Pilotwale, Killerwale und Pottwale. Fast ausgerottet sind inzwischen die **Mönchsrobben** (*Monachus monachus*). Die einzige Robbenart im Mittelmeer lebt heute nur noch in Griechenland und Mauretanien, jeweils noch ca. 250 Tiere (1996). Die Robben leben ständig im Meer, nur ihre Jungen bekommen und säugen sie an Land (Juli bis September), und zwar brauchen sie dafür eine völlig ungestörte Felshöhle. Solche gibt es auch an Kretas Küsten, aber durch die vielen Ausflugsbootsfahrten an abgelegene Küstenabschnitte und Buchten haben die Robben keine Chance mehr. Dazu kommt, dass die kurz vor dem Aussterben stehenden Tiere heute immer noch von Fischern und Jägern erschossen werden.

• *Meeresschildkröten* Schildkröten der Art **Caretta caretta** leben und paaren sich seit Jahrtausenden im Mittelmeer. Zwischen Juni und September legen sie an bestimmten Stränden Kretas ihre Eier ab, u. a. am **Kómo Beach** bei Pitsídia und am langen Sandstrand **östlich von Réthimnon**. Die Weibchen kommen dafür nachts zwischen 12 und 4 h an den Strand, graben eine Grube in den Sand und legen etwa hundert Eier hinein. Dann bedecken sie das Nest mit Sand. Etwa 55 Tage müssen die Eier ungestört liegen bleiben, dann schlüpfen die Kleinen aus, meist nachts. Sie begeben sich sofort auf ihren Weg ins Meer und werden dabei von dem helleren Horizont des Wassers angezogen. Wenn die Schild-

Die Meeresschildkröten legen ihre Eier auch an Touristenstränden ab

krötenmamas durch Lichtquellen oder Geräusche irritiert werden, machen sie unverrichteter Dinge kehrt und verlieren ihre Eier vielleicht im Wasser. Auch die geschlüpften Kleinen verfehlen bei Störungen den richtigen Weg und sterben an Erschöpfung oder Wassermangel. Wenn sie aber den Weg gefunden haben, kommen sie immer wieder an diesen Strand zurück, um ihre Eier zu legen. Die Meeresschildkröten bedürfen im Zeitalter des Massentourismus dringend des Schutzes, denn die Zahl der Nester ist in den letzten Jahren rapide zurückgegangen. **Gehen Sie nicht nachts an die genannten Strände, benutzen Sie keinesfalls künstliche Lichtquellen und beschädigen Sie nicht die Nester** (meist wurden diese von Naturschützern mit Käfigen umgeben).

Informationen zur „Caretta caretta" gibt **Archelon** (Sýllogos gia tin Prostasía tis Thalássias Chelónas), PO Box 30, Gr-74100 Réthimnon, Kreta, ✆/℻ 28310-72288 (Athen: ✆ 210-5231342), www.archelon.gr. Es besteht auch die Möglichkeit, ein Jungtier zu adoptieren.

• *Raubsäugetiere* Auf Kreta leben der Europäische **Dachs**, das **Wiesel** und der **Steinmarder**, alle in historischer Zeit vom Menschen eingeschleppt. Vor 1-2 Mio. Jahren gab es keine Raubsäugetiere in Kreta außer einem heute ausgestorbenen Fischotter. Zwei italienische ZGologinnen fingen 1996 im Ída-Gebirge zum Erstaunen der Wissenschaft eine männliche **Wildkatze** (Felis Silvestris Libyca), die man seit einem halben Jahrhundert für ausgerottet hielt.

• *Reptilien* Sehr häufig sieht man die hübschen **Riesensmaragdeidechsen** und die **Ägäischen Mauereidechsen**.

Auf Kreta leben vier Schlangenarten: **Leopardnatter**, **Würfelnatter**, **Balkan-Zornnatter** und **Europäische Katzennatter**. Die ersten drei sind ungiftig, bei der letzten handelt es sich um eine giftige Trugnatter – allerdings liegen die Giftzähne bei dieser Art so weit hinten im Rachen, dass es bei einem Biss nicht unbedingt gefährlich werden muss.

In stillen Gewässern (vor allem in den teilweise stark verschmutzten Sümpfen am Almirós-Fluss bei Georgoúpolis) leben **Süßwasserschildkröten** (*Mauremys caspica*).

Und mancher Kreta-Urlauber wird sich vielleicht darüber wundern, dass er „mitten in Europa" plötzlich ein Chamäleon vor seiner

Nase spazieren sieht. Allerdings ist das **Europäische Chamäleon** (Chamaeleon chamaeleon) recht selten und wegen seines guten Tarnkleids nur schwer auszumachen.

• *Schnecken* Neben den Insekten gehören die Schnecken zu den häufigsten und charakteristischsten Tieren Kretas. Über **130 Landschneckenarten** leben hier. Die großen Arten werden überall auf Kreta mit Vorliebe gegessen, die vielen kleinen sind der Bevölkerung kaum bekannt. Alle Schneckenarten haben Strategien entwickelt, um dem ständig drohenden Wasserverlust zu entgehen. Viele graben sich im Sommer tief in den Boden ein, heften sich fest an Kalkfelsen an, überleben die Hitze in Felsspalten oder sogar als Ei. Am auffälligsten sind die weißen Arten, die vor allem in Dünengebieten im Sommer an den Halmen von trockenen Pflanzen hoch kriechen und sich festheften, um der Bodenhitze zu entgehen.

Wissenschaftlich interessant sind die **Kleinen Weißen**, mit 2 cm hohem und nur 4 mm breitem Gehäuse, die in den Bergen an den Felsen leben. Oft übersommern sie in Gruppen, fest an die Felsen geklebt. Sie heißen *Albinaria*, haben in Kreta etwa 30 verschiedene Arten gebildet und werden an verschiedenen Universitäten Europas genetisch untersucht, ähnlich wie die *Drosophila*-Fliegen.

• *Skorpione* Es gibt zwei große Skorpionarten in Kreta, eine **schwarze** und eine **gelbe**. Die schwarzen Tiere sehen gefährlicher aus als sie sind – von den gelben aber sollte man sich nicht unbedingt stechen lassen. Sie leben unter Steinen. Der Stich tut sehr weh, etwas heftiger als ein Bienenstich, ist aber nicht tödlich. Für Leute mit entsprechenden Allergien gibt es Mittel in den Apotheken (Skorpion = *skordíli*).

• *Spinnen* Neben den Skorpionen und der Europäischen Katzennatter gibt es noch ein weiteres Gifttier auf Kreta und zwar die **„Schwarze Witwe"** (Latrodectus tredecimguttatus), eine schwarze Kugelspinne mit roten oder weißlichen Punkten. Allerdings geht von ihr kaum Gefahr aus, da sie recht beißfaul ist und man sie nur selten zu Gesicht bekommt.

• *Vögel* Lauschen Sie einmal mit geschlossenen Augen der Geräuschkulisse der Vögel. Sie werden sich nach Hause versetzt fühlen, wenn Sie den **Buchfinken**, **Grünfinken**, **Blau-** und **Kohlmeisen**, **Tauben**, **Spatzen**, **Amseln** und **Schwalben** zuhören. Oder setzen Sie sich in Chaniá am Abend auf die Dachterrasse, die **Mauersegler** werden Ihnen nur so um die Ohren schwirren. Aber es gibt auch Arten, die wir bei uns selten oder gar nicht zu sehen bekommen. Sehr häufig ist im Osten die **Samtkopfgrasmücke**, im Westen das **Schwarzkehlchen**. Ansonsten gibt es **Stieglitze**, **Wiedehopf** und **Alpendohle**, **Kolkrabe** und **Kormoran**, **Silber-** und **Graureiher** sowie mehrere **Eulenarten**. Die Liste der gefiederten Tiere ließe sich endlos fortführen. Nur in einer Region ist die Zahl der Arten überraschend gering: am Meer. Die einzigen Möwen, die Ihnen vor Augen kommen, werden wohl **Silbermöwen** sein, auch Watvögel sind im Sommer nur vereinzelt zu beobachten.

• *Ziegen und Schafe* Ihre Zucht ist weit verbreitet. Für die empfindliche Vegetation bedeuten sie allerdings pures Gift. Vor allem Ziegen fressen alles ab und verhindern oft Aufforstungsmaßnahmen. Schafe sind dagegen eher wählerisch.

Nationalpark Samariá: Refugium für Wildtiere und -pflanzen

Im eingezäunten Nationalpark um die Samariá-Schlucht in den Weißen Bergen Westkretas leben auf einer Fläche von etwa 4850 ha noch viele seltene Tierarten, wie z. B. die kretische Wildziege Agrími, der majestätische Steinadler, der Habichtsadler und der Zwergadler, außerdem Gänsegeier und Bartgeier (vom Aussterben bedroht), Siebenschläfer und Dachs. Auch mehr als 450 verschiedene Pflanzenarten sind hier zu finden, darunter 70 auf Kreta endemische. Leider ist der Zaun mittlerweile an vielen Stellen beschädigt oder gar nicht mehr vorhanden, sodass der Schutz der Tiere und Pflanzen nicht mehr gewährleistet ist.

Die Lastkarren der Bauern sind allgegenwärtig

Wirtschaft und Ökologie

Kreta ist keine reiche Insel. Bodenschätze gibt es nicht, deswegen auch kaum nennenswerte Industrie. Etwa 60 % der Landbevölkerung leben vom Olivenanbau, von der Bewirtschaftung ihrer kleinen Felder und der Zucht von Schafen, Ziegen, Schweinen und Geflügel.

Große Bedeutung kommt bei dem Fehlen von Alternativen dem Dienstleistungssektor und Handel zu. Vor allem der ständig wachsende Tourismus schafft viele Arbeitsplätze und Möglichkeiten zur Eigeninitiative, z. B. Vermietung von Privatzimmern, Tavernen, Souvenirläden, Reiseagenturen, Fremdenführer, Bootsausflüge und Surfbrettverleih. Wen also das äußerst üppige Angebot in den Badeorten abstößt, möge bedenken, dass viele Einheimische ihre Existenz darauf aufbauen. Ohne Tourismus wären viele Kreter – wie früher – zur Auswanderung gezwungen. Mittlerweile werden aber auch viele Arbeiten, hauptsächlich die schweren körperlichen, an billige Kräfte aus Osteuropa vermittelt. Vor allem Albaner arbeiten zu Tausenden auf Kreta, z. B. in den Gewächshäusern und bei der Olivenernte.

▸ **Acker-, Gemüse- und Obstanbau**: Die Bodenbestellung ist schwierig, da auf dem hüglig-steinigen Inselterrain größere zusammenhängende Flächen fehlen, die mit Maschinen bearbeitet werden können. Zum anderen liegt die Vegetationsgrenze sehr niedrig, denn über 600 m wachsen nur noch dorniges Gestrüpp, wilde Weinreben und Olivenbäume. Weiterhin entscheidend ist das noch weithin ausgeprägte System der Erbteilung und Aussteuer. Die ständige Zersplitterung des Landes unter die gleichberechtigten Söhne und die Mitgift für die Töchter verhindern jegliche Bodenakkumulation. So bewirtschaften zwar viele Bauern ihr eigenes Land, aber an EU-Maßstäben gemessen, ist Kreta praktisch nicht konkurrenzfähig. Auch der Aufbau von Landwirtschafts-Kooperativen ist nicht zuletzt wegen des Festhaltens am ererbten Land und ausgeprägtem Individualismus bisher nur schwer möglich. Kreta produziert hauptsächlich für den Eigenbedarf.

Der Beruf des Köhlers ist noch nicht ausgestorben

In größerem Maßstab können nur Olivenöl, Sultaninen, Tomaten, Gurken und Zitrusfrüchte ausgeführt werden. Vor allem der Export von Olivenöl nimmt beständig zu und ist neben dem Tourismus der bedeutendste Faktor der Inselwirtschaft. Dazu kommt der intensive Anbau in Treibhäusern an der Südküste, was die Ausfuhr von Tomaten und Gurken das ganze Jahr über ermöglicht. Wein wird in größerem Maßstab nur im Hinterland von Iráklion und um Sitía angebaut, um seine internationale Reputation hat er noch zu kämpfen. Mit Unterstützung des Landwirtschaftsministeriums wird außerdem seit Jahren versucht, das Obst- und Gemüseangebot zu erweitern (→ Vegetation/Kulturpflanzen). Getreide kann nur in der Messará-Ebene angebaut werden, der Großteil muss zu hohen Preisen aus anderen EU-Ländern eingeführt werden.

- **Viehzucht**: Sie beschränkt sich meist auf Schaf- und Ziegenhaltung sowie ein paar Schweine und Hühner im eigenen Stall. Rinder gibt es nur wenige. Eine große Rolle spielt die *Weidewirtschaft*. Die Zahl der Schafe und Ziegen geht weit in die Hunderttausende, fast die Hälfte der Insel gilt als Weideland. Auch auf Kreta ist der Gegensatz zwischen „nomadisierenden" Hirten und ökologischem Landschaftsschutz (Wiederaufforstung, Urbarmachung für Anbau) ein großes Problem. Die Schafe und vor allem die gefräßigen Ziegen weiden das Grün so gründlich ab, dass die verkarsteten Böden sich kaum erholen können und schwere Erosionsschäden die Folge sind. Um neues Weideland zu schaffen, ist Brandstiftung für manche Viehbesitzer ein probates Mittel.
- **Fischerei**: Die Fischbestände im gesamten Mittelmeer (wie auch weltweit) gehen seit vielen Jahren drastisch zurück. Die kretischen Fangflotten müssen oft wochenlang vor die afrikanische und türkische Küste fahren, um zufrieden stellende Erträge zu erzielen. Nach wie vor versucht man zwar, mit (verbotenem) Dynamitfischen

und verkleinerten Maschenweiten die Fänge zu vermehren – die Folge ist jedoch, dass zahllose Jungfische getötet werden, bevor sie sich fortpflanzen können, was die Zahl der Fische noch weiter sinken lässt. Der Löwenanteil muss mittlerweile aus aller Welt eingeführt werden – es kann also sein, dass die leckere Fischportion, die Ihnen vorgesetzt wird, aus Senegal, Kanada oder gar Argentinien stammt. Für die Erholung der angeschlagenen Populationen wären strenge Fangverbote und -beschränkungen auf Jahre hinaus unerlässlich.

- **Köhlerei**: Weil die Touristen Souvláki und Grillfisch so gerne mögen, haben Köhler auf Kreta immer noch ihr Auskommen. Die Tavernenwirte an der Küste brauchen während der Saison ständig Nachschub an guter Holzkohle. Die kretischen Köhler hacken und zersägen das Holz von Zypressen und anderen alten Bäumen, schichten es zu großen Haufen und verbrennen es in einer langwierigen Prozedur zu Kohle. Vor allem an den Hängen des *Ída* im Hinterland von Réthimnon sieht man die schweißüberströmten Köhler oft bei ihrer harten Arbeit, z. B. um *Melidóni*.
- **Industrie**: gibt es nur im Großraum Iráklion, wobei in erster Linie die heimischen Produkte wie Oliven, Trauben und Obst zu Seife, Öl, Spirituosen, Wein und Konserven verarbeitet werden. Ansonsten spielt inzwischen die *Baustoffindustrie* eine große Rolle, vor allem Steinbrüche und Zementwerke, Sand- und Kalkgewinnung werfen Gewinn ab. Dank des expandierenden Tourismus werden überall auf der Insel Neubauten in großem Maßstab errichtet, die meisten davon in Eigenregie mit Hilfe von Familie und Freunden, Bauunternehmen gibt es nur wenige. Beton wird auf Kreta hergestellt, Ziegel mittlerweile auch. Konstruktionen mit viel Holz vermeidet man, denn es muss teuer eingeführt werden.

Bauen auf Kreta

Vielleicht haben Sie sich schon gelegentlich über die vielen halbfertigen Betonskelette gewundert, die in Kreta überall nicht gerade zum Reiz der Landschaft beitragen. Der Grund dafür ist einfach: Die internationale Erdbebenskala weist Kreta als besonders gefährdetes Gebiet aus (Stufe 2). Dies bedingt (!) eine Bauweise mit Stahlbetonskelett, durch die der Bau bis zu einer Stärke von 6,5 auf der Richterskala abgesichert werden kann. Das letzte Erdbeben – mit einer Stärke von 5,4 auf der Richterskala – ereignete sich im Mai 2002 und erst am 8. Januar 2006 wurde bei einem Seebeben zwischen Peloponnes und Kreta sogar die Stärke von 6,9 gemessen. Das südliche Griechenland gilt als das am stärksten von Beben heimgesuchte Gebiet Europas, da hier die afrikanische und europäische Platte aufeinandertreffen – an den Plattengrenzen kommt es zu starken Spannungen, die sich schlagartig in Beben entladen.

- **Handwerk/Kunsthandwerk**: siehe eigenes Kapitel S. 54.
- **Tourismus**: Kreta ist in den letzten Jahrzehnten einer der wichtigsten Stützpfeiler des internationalen Tourismus in Europa geworden. Die „Sonnenscheingarantie“ von Mai bis Oktober zieht jedes Jahr Millionen von Erholungssuchenden an. Im Gesamtwirtschaftsvolumen Kretas macht das Geschäft mit den Urlaubern aber nur etwa 30 % aus – etwa zwei Drittel dessen, was mit dem Kreta-Tourismus verdient wird, bleibt im Ausland hängen.

Nach einer Studie von OANAK, einer Institution, die sich mit der Entwicklung Ostkretas beschäftigt, könnte Kreta mit einer besseren Organisation der Landwirt-

„Ambre Solaire" in den Bergen Kretas

schaft, insbesondere dem Verkauf von Olivenöl, recht gut auch ohne großen Tourismus bestehen. Trotzdem träumt die Vielzahl der Kreter nach wie vor davon, einen eigenen Laden oder eine Taverne zu besitzen, um von den alljährlichen Urlauberströmen zu profitieren. Allerorten baut man Häuser aus, stockt auf, baut an. Zahlreiche Küstenstriche und Badeorte wurden in den letzten Jahren flächendeckend bebaut. Vor allem an der Nordküste nutzen Investoren jeden freien Quadratmeter, fast jährlich entstehen neue imposante Großhotels. Hochhäuser sind zwar nicht erlaubt, trotzdem sind die Auswüchse nicht zu übersehen. Wo sich noch vor wenigen Jahren menschenleere Strandlandschaften ausdehnten, steht heute Hotel an Hotel, Pension neben Pension. Vor allem zahlreiche ehemalige Gastarbeiter versuchen, sich eine Existenz im Tourismusgewerbe aufzubauen. Sie haben oft lange Jahre in Stuttgart, Duisburg oder Mannheim gelebt, sprechen gut Deutsch und kennen die Ansprüche der Fremden. Dazu kommen die vielen Frauen aus Mitteleuropa, die im Urlaub auf Kreta ihre Partner kennen gelernt haben und dort geblieben sind.

Aber auch immer mehr Bauern ziehen mittlerweile das leichte und eher einträgliche Tourismusgeschäft dem schwierigen Bearbeiten des steinigen Bodens vor. Junge Leute verlassen in Scharen die ärmlichen Bergdörfer und verdingen sich als Kellner in einer Strandkneipe oder als Zimmermädchen im Hotel. Die Folgen liegen auf der Hand: Vor allem die Küsten sind mittlerweile ökonomisch völlig abhängig vom

Tourismus. Lebensmittel müssen aus anderen Inselteilen oder vom Festland eingeführt werden, die Preise steigen. Wer sich nicht im Tourismus engagiert, kann leicht Gefahr laufen, mit dem erhöhten Preisniveau nicht mehr Schritt halten zu können. Besonders auffällig ist das Gefälle des Lebensstandards zwischen Küste und Landesinnerem. Während das Leben am Meer fast überall vom ständigen Touristen- und damit Devisenstrom geprägt ist, herrscht schon wenige Kilometer landeinwärts Armut vor. Die Dörfer entvölkern sich zusehends durch die Abwanderung der jungen Generation, die wenigen Alten ernähren sich mühsam von ihren kargen Feldern, Olivenbäumen und Schafen. Für viele Frauen ist der Verkauf ihrer Websachen an Touristen die einzige Einkommensquelle (dass sie nicht mehr alles selber fertigen, sondern „fertigen lassen" und sogar einführen, ist allerdings die Folge der gestiegenen Nachfrage). Wenn der Tourismus einmal irgendwo Einzug gehalten hat, versuchen die Einwohner meist mit großer Kompromisslosigkeit, den Ort für die Fremden attraktiv zu machen. Das Geschäft mit den Urlaubern bedeutet Geld und Wohlstand, allerdings oft für den hohen Preis des sozialen Unfriedens. Der gegenseitige Konkurrenzdruck macht vielen Dorfgemeinschaften zu schaffen, denn der Kampf um das Geld der Fremden bringt erhebliche Konflikte mit sich. Trotzdem ist die Gastfreundschaft nicht überall blankem Geschäftsinteresse gewichen – im Gegenteil, je herzlicher man die Feriengäste empfängt und bewirtet, desto eher stellt sich dauerhafter Erfolg ein.

In diesen Kontext passt folgende Leserzuschrift: „Wir sind extra abends – also nach Abschluss der täglichen Businvasionen – in zwei bekannte Bergdörfer gefahren, um die unverfälschte Dorfatmosphäre zu erleben. Dort wurden wir massiv von Kindern im Alter von 5–11 Jahren beschimpft und auf verschiedene Art ziemlich handgreiflich belästigt. Wir denken dazu: ‚Kindermund tut Wahrheit kund!' Kinder drücken aus, was unterschwellig gefühlt und gedacht wird. Die Erwachsenen haben sich vom Tourismus abhängig gemacht, nur sind sie damit anscheinend nicht glücklicher geworden. Wir können uns gut vorstellen, dass das soziale Gefüge hier und dort aus dem Gleichgewicht geraten ist."

Umwelt

So manches fällt auf Kreta auf: zähe Teerbatzen garnieren diverse Strände, Autowracks und wilde Müllhalden zieren Straßenränder, Talmulden und Schluchten, Abwässer fließen ungeklärt ins Meer, Plastikmüll verrottet allerorten.

Generell lässt sich sagen, dass die Umweltproblematik in der öffentlichen Meinung noch nicht den Platz gefunden hat, der ihr im sensiblen Ökosystem Kretas zusteht. Viele Inselbewohner stehen dieser Problematik völlig gleichgültig, oft sogar negativ, nicht selten auch einfach unwissend gegenüber. Die Ansätze einer neuen Umweltsensibilität sind jedoch bereits vielerorts zu erkennen – vor allem in der jüngeren Generation. So werden die Besitzer abgestellter Autowracks mittlerweile strafrechtlich verfolgt und bei Abgabe von Nummernschildern wird geprüft, wo das Fahrzeug geblieben ist. Dazu zählt aber vor allem auch das Aufkeimen einer griechischen (und kretischen) Umweltbewegung, die viele Verstöße wachsam registriert und sich tatkräftig engagiert, z. B. beim Schutz der Schildkrötenstrände auf Kreta (→ S. 38) und bei der Verhinderung des Containerhafens auf Gavdopoúla, der kleinen Nachbarinsel von Gávdos (→ S. 742). Auch in Griechenland wird eine nachhaltige Umweltpolitik in den nächsten Jahren unabdingbar werden. Ein großes

Problem sind dabei allerdings die Finanzen, denn Griechenland gehört nicht gerade zu den vermögenden Ländern und Mittel für Umweltschutz gibt es bisher noch sehr wenige. EU-Subventionen werden in erster Linie für den Aufbau der landwirtschaftlichen Infrastruktur verwendet, mittlerweile immerhin auch zusehends für Umweltprojekte, z. B. für den Aufbau von Solaranlagen und Windkraftwerken. Mit dieser Alternativenergie hat Kreta ein sehr gutes Beispiel in Europa gesetzt, wie natürliche Ressourcen verwendet werden können. So gibt es immerhin schon mehr als 100 Windrotoren auf Kreta, die in Spitzenzeiten 7–8 % der notwendigen Energie produzieren können. Konterkariert werden diese Bemühungen leider durch das Ölkraftwerk, das derzeit in der abgelegenen Bucht von *Atherinólakos* im äußersten Südosten Kretas gebaut wird (→ S. 459). Nach Meinung von Umweltschutzgruppen handelt es sich dabei um die größte Naturzerstörung, die jemals auf Kreta stattfand. Ende 2005 wurde zudem bekannt, dass eine Gruppe chinesischer und griechischer Investoren plant, bei Timbáki im Süden Zentralkretas einen riesigen *Containerhafen* zu errichten, um die chinesischen Importe für Südosteuropa zu koordinieren (→ S. 399).

- **Wasser**: Kreta leidet keinerlei Mangel an Wasser, denn die Mittelmeerzyklone, die sich im Golf von Genua bilden, regnen sich im Westen Kretas an der 2 km hohen Wand der Lefká Óri ab. 2000 mm im Jahr Regenfälle führen alljährlich zu reißenden Flüssen und haben Naturwunder wie die Samariá-Schlucht geschaffen. Trotzdem ist eins der größten Probleme der seit Jahren beständig absinkende *Grundwasserspiegel* der Insel. Die Grundlagen für diese verhängnisvolle Entwicklung wurde bereits in den letzten Jahrhunderten durch die systematische Dezimierung der wertvollen Waldbestände gelegt. Kreta verwandelte sich seitdem in weiten Teilen in eine versteppte Steinwüste. Die vehemente Überweidung durch Ziegen, das Abbrennen großer Waldbestände, der völlig unkontrollierte Wirtschaftswegebau und der nicht vorhandene Wille zu flächigen Aufforstungen verhindert heute jegliche Regenerierung von Wald und Macchia und hat zur Folge, dass Kreta von immer schwereren Überschwemmungen in den Küstengebieten heimgesucht wird. Das Fehlen größerer Waldbestände bewirkt, dass der von der Erosion ausgehöhlte Boden die im Winter sturzbachartig niedergehenden Regenmengen nicht aufnehmen kann, das Wasser fließt sofort ab. Wasser, das noch vor zehn Jahren vom Niederschlagsort einen Tag bis zur Küste brauchte, rast heute, beladen mit einer Erosionsfracht von tonnenschwerem Erdreich, in sechs Stunden ins Meer, das diese Sedimentierungsmengen nicht mehr absorbieren kann. Meeresflora und -fauna werden so sekundär geschädigt. Wesentlich sichtbarer ist jedoch die Schädigung des Ökosystems Kreta: So gut wie alle Berge sind mit tiefen Erosionsrinnen zerfurcht und in den Küstenregionen sind die Flussläufe meterhoch mit Plastikgirlanden geschmückt. Der rapide schwindende Ertrag der der Erosion weichenden Weideflächen führt so zum subventionierten Bau von Wirtschaftsstraßen für die Fütterung und das Melken der subventionierten Weidetiere mit subventioniert abgepacktem Viehfutter. Der schnelle Abfluss des Regenwassers beinhaltet zudem eine immer größere Abhängigkeit von unterirdischen Reservoirs. In manchen Gebieten muss Wasser aus einer Tiefe von 500 m und mehr nach oben gepumpt werden, gleichzeitig versiegen in anderen Regionen höher gelegene Wasserspeicher, da sie sich durch die hohe Ablaufgeschwindigkeit nicht mehr auffüllen können. In küstennahen Gebieten führt die Absenkung des Grundwasserspiegels zum Eindringen von Meerwasser in die Wasser führenden Schichten, womit sie ganz und gar ungenießbar werden. Der in den letzten Jahrzehnten überall erfolgte Aufbau „moderner" *Monokulturen*, hauptsächlich riesiger Olivenplantagen, schädigt den Wasserhaushalt um ein Weiteres.

Subventionierte, stark bewässerungsabhängige Olivenbäume produzieren subventioniertes Olivenöl und werden in der trockenen Jahreszeit mit Millionen Kubikmetern Trinkwasser bewässert, während aus den Städten Iráklion, Chaniá und Réthimnon ca. 150.000 Kubikmeter Abwässer täglich im Meer entsorgt werden, anstatt die geklärten Abwässer zur Bewässerung der Landwirtschaft zu nutzen. Dazu kommt der in den letzten Jahrzehnten explosionsartig angewachsene *Tourismus*. Sanitäre Anlagen sorgen für immensen Trinkwasserverbrauch, danach fließen die Abwässer vieler touristischer Anlagen ungeklärt ins Grundwasser zurück und ins Meer.

Fazit: Kreta zeigt sich extrem anfällig für die starken jahreszeitlichen Schwankungen der Regenmengen. In den Monaten des geringsten Angebots an Frischwasser, im Sommer, ist der Verbrauch durch landwirtschaftliche Bewässerung und Tourismus am höchsten, in den regenreichen Wintermonaten dagegen am niedrigsten. Man unternimmt jedoch nichts, um diese Diskrepanz durch geeignete Maßnahmen auszugleichen. Der jahrtausendealte Reichtum Kretas ist bedroht – wo kein Wasser ist, da ist auch kein Leben.

▸ **Müll**: Der frühere, völlig gedankenlose Umgang mit Müll weicht hier und dort langsam einer gewissen Einsicht, dass es so nicht weitergehen kann, doch ist dies von Gemeinde zu Gemeinde völlig verschieden. Zudem fehlt es an Geld und einer übergeordneten Organisation. Zwar wird mittlerweile der *Hausmüll* in fast allen, noch so abgelegenen Bergdörfern gesammelt und abgeholt, doch wird er noch weitgehend auf wild angelegten Halden in der freien Natur abgeladen. Vor allem die Entsorgung von *Sperrmüll* ist bisher ein ungelöstes Problem, denn es gibt keine Metallverarbeitungsanlagen, um ausrangierte Autos und andere Metallobjekte zu zerschreddern. Alte Kühlschränke, PKW etc. landen deshalb oft in der nächsten Schlucht. Und auch beschädigte Plastikfolien von Treibhäusern und die mit Pflanzenschutzgiften verseuchten Abfälle finden dort ihre letzte Ruhe und gefährden das Grundwasser. Wenn die wilden Müllkippen dann überquellen, brennt man sie nicht selten rigoros ab, wobei Dioxine und andere Giftstoffe freigesetzt werden. In den letzten Jahrzehnten hat Schilddrüsenkrebs auf Kreta stark zugenommen, wobei allerdings nicht nur der Dioxinausstoß als Ursache genannt wird, sondern auch die Tschernobylwolke, die über Kreta hinweggezogen ist. Eine der wichtigsten Zukunftsaufgaben ist es zweifellos, auf ganz Kreta organisierte und nach Umweltkriterien geführte *Deponien* anzulegen. Ohne erhebliche Subventionierung wird dies allerdings kaum möglich sein. Ebenso dringend müsste die *Müllvermeidung* angedacht und gesetzlich geordnet werden: Wasser wird bisher in Plastikflaschen ohne Pfandsystem verkauft, Limonade in wahnwitzigen Mengen von Aludosen und im Supermarkt wird auch der kleinste Artikel per Plastiktüte weitergereicht.

Positiv ist zu vermerken, dass in manchen Gemeinden, z. B. in Iráklion, begonnen wurde, mit getrennten Behältern für Papier, Glas und Blech den Abfall zu sortieren. Geplant ist außerdem, den *Biomüll* aus Großhotels zu Humus zu verarbeiten.

▸ **Straßenbau und Bebauung der Küstenregionen**: Der ohne Rücksicht auf ökologische Erfordernisse vorangetriebene Bau von Wirtschaftswegen sowie die touristische Expansion schädigen die Natur Kretas erheblich. Bislang völlig unberührte Gebiete und Bergregionen wurden binnen weniger Jahre von breiten Pisten durchzogen und noch immer werden neue Fahrstraßen in die Berge gesprengt. Am Anfang steht oft Brandstiftung von Hirten. Im verbrannten Wald weiden dann, trotz offiziellen Verbots, große Ziegenherden und verhindern jegliche Wiederbewaldung. Diese Ziegen werden vor Ort gemolken und die Milch wird von den Besitzern einmal pro Tag mit Pickup-Trucks abgeholt. Jahrhundertealte Schlupfwinkel von Fauna und Flora sind damit gefährdet, zahlreiche Arten vom Aussterben bedroht.

Was kann ich als Urlauber tun?

- Sprechen Sie Hotelbesitzer, politisch Verantwortliche und andere einflussreiche Kreter auf das Müllproblem an. Reden Sie von der dringenden Notwendigkeit gesetzlich verordneter Müllvermeidung, machen Sie **Fotos** von wilden Müllhalden und schicken Sie sie an alle möglichen Verantwortlichen, vor allem in der **Hotelbranche**. Schreiben Sie Berichte und Artikel, wenn Sie Journalist/in sind und für eine Zeitung oder Zeitschrift arbeiten. Wenn sich in Kreta irgendetwas an der Müllsituation ändern könnte, dann nur über die Gemeinschaft der kretischen Hotelbesitzer, die auf der Insel viel Einfluss haben.
- Weisen Sie im Hotel darauf hin, dass es Sie empfindlich stört, wenn **Abwässer** einfach ins Meer geleitet werden, und dass Sie deshalb hier keinen Aufenthalt mehr buchen werden. Dafür muss man dies allerdings erst einmal feststellen, denn meist treten die Rohre erst im tieferen Meer zutage, etliche Meter vor dem Badestrand.
- Verbrauchen Sie so wenig **Wasser** wie möglich: Zähneputzen nur mit Becher; während des Einseifens beim Duschen Wasser abstellen; spülen Sie im Apartment nicht unter laufendem Wasser ab, sondern benutzen Sie den Stöpsel im Becken; darauf achten, dass keine Hähne tropfen.
- Lassen Sie zum Ende Ihres Urlaubs nach Möglichkeit nicht Berge von **Zeitungen, Zeitschriften, Büchern** zurück und vergrößern damit den Müllberg Kretas.
- Nehmen Sie **Sondermüll** wie ausrangierte Batterien usw. wieder mit nach Hause zurück und entsorgen sie dort.
- Verstreuen Sie nirgendwo in der freien Natur Ihren **Müll**, reißen Sie keinerlei **Pflanzen** aus und machen Sie keinesfalls **Feuer**.
- Verzichten Sie im Supermarkt auf die zahllos angebotenen Plastiktüten, bringen Sie eine eigene **Stofftragetasche** mit.
- Verzichten Sie auf dubiose Wassersportarten, insbesondere auf die hoch umweltbelastenden **Jet-Skis** („Wassermotorräder"), die zudem eine enorme Lärmbelästigung darstellen.
- Schonen Sie **ökologisch sensible Zonen**, indem Sie die Wege dort nicht verlassen.
- Mehr als 90 % aller Kretaurlauber **reisen im Flieger an** – und deren Kraftstoffverbrennung hat bekanntermaßen wesentlichen Anteil an der globalen Klimaerwärmung. Falls Sie nicht auf den Flieger verzichten können oder wollen, aber trotzdem Verantwortung für die Folgen Ihres Handelns übernehmen wollen, gibt es eine interessante Möglichkeit: Flugpassagiere zahlen freiwillig für die von Ihnen verursachten Klimagase. Das Geld wird zum Beispiel in Solar-, Wasserkraft-, Biomasse- oder Energiesparprojekte investiert, um dort Treibhausgase einzusparen, die eine vergleichbare Klimawirkung haben wie die Emissionen aus dem Flugzeug. Finanziert werden in erster Linie Projekte in Entwicklungsländern. Details finden Sie auf der Website **www.atmosfair.de**

In Küstenregionen sind es dagegen oft Spekulanten aus der Tourismusbranche, die von Bränden profitieren, da sie die verwüsteten Gebiete billig aufkaufen können. Die flächendeckende Bebauung weiter Teile der flachen *Nordküste* mit Hotelanlagen und anderen Unterkünften hat erhebliche Auswirkungen für Flora und Fauna: Der typische Strandbewuchs geht ein, die Meeresschildkröten werden von ihren angestammten Eiablageplätzen vertrieben und sind vom Aussterben bedroht (→ S. 38). Der ungehemmte Wasserabfluss im Winter (→ oben) und die damit verbundene Erosion führen vor allem an der Südküste zu starken Zerstörungen durch heftige Sturzfluten, Erdrutsche und Einstürze. Die Strände an der Westküste Kretas (z. B. Falássarna Gramvoúsa) leiden zudem unter starken Teerablagerungen – hervorgerufen durch Frachter, die auf offener See ihre Tanks reinigen. Sehr erfreulich ist dagegen, dass der Tourismus hier und dort positive Wirkungen zeigt. So hatten

Die Glocke im Johannisbrotbaum (gesehen bei Frangokástello) ▲

In den Weißen Bergen (Lefká Ori) oberhalb der Samariá-Schlucht ▲▲

Blick vom Amári-Becken auf den Psiloritis ▲

▲▲ Der europäische Fernwanderweg E4 durchquert die Insel der Länge nach

▲ Im Bergdorf Péfki im Südosten Kretas

▲ Im "Tal der Toten" zwischen Zákros und Káto Zákros (Ostkreta)

Die byzantinische Kirche Panagía i Kerá gehört zu den bedeutendsten Sakralbauten der Insel ▲▲
Meilenweit vom Trubel an der Küste: Blick über die Lassíthi-Hochebene ▲

▲▲ Zitrusfrüchte gedeihen vor allem im Westen Kretas
▲ Bananen sind eine leckere Spezialität von Mália (Ostkreta)

Kleine Bilder:
In den steinigen Bergen Kretas sprießen oft wunderbar zarte Blume

sich die viel besuchten Ausflugsstrände von Elafonísi und Préveli in den letzten Jahren in traurige Müllhalden verwandelt, werden nun aber – nicht zuletzt aus Angst, dass die Tagesgäste sonst wegbleiben – gewissenhaft sauber gehalten.

Institut für Meeresbiologie von Kreta (HCMR)

Kreta besitzt eins der modernsten Institute für Meeresbiologie im Mittelmeerraum, gegründet 1987 als unabhängige Forschungsorganisation durch das griechische Ministerium für Entwicklung. Erforscht wird die Umwelt und Ökologie des Meeres, Fischerei, Aquakultur und Genetik. Die Untersuchungen des Fischbestands im östlichen Mittelmeer, der Lebensbedingungen im Zusammenhang mit der Meeresverschmutzung (auch durch den Tourismus) sowie der Überfischung bieten ein weites Arbeitsfeld, es werden aber auch Fischfarmen eingerichtet und sogar ein eigenes Forschungsschiff mit siebenköpfiger Mannschaft wird eingesetzt. Derzeit errichtet man auf dem Gelände der ehemaligen US-Base bei Goúrnes ein hochmodernes Aquarium. Details auf der Website www.hcmr.gr

Traditionen

Landflucht, Tourismus, TV und Internet haben alte Sitten und Gebräuche weitgehend zum Verschwinden gebracht. Nur noch zu den hohen Feiertagen werden die althergebrachten Trachten getragen. Lebendig geblieben ist dagegen die kretische Musik.

Trachten

Die früheren Trachten waren von Dorf zu Dorf verschieden und oft türkisch oder nordafrikanisch geprägt. Heute tragen nur noch die alten Männer im Bergland gelegentlich die *wráka*, die weiten, schwarzen Pumphosen in Schaftstiefeln *(stivánia)* oder Wickelgamaschen, dazu das um den Kopf gewundene schwarze Fransentuch, das *saríki* oder *mandíli*. Die wráka gibt es seit dem 16. Jh. auf Kreta, sie soll ursprünglich die Kleidung afrikanischer Piraten gewesen sein. Die prächtigen kretischen Westen mit ihren komplizierten Stickereien und die breite rote Bauchbinde, in der das *bouniálo*, ein silbernes Messer steckte, sieht man dagegen nicht mehr. Die Schafhirten benutzen allerdings nach wie vor oft den *sakkoúla*, einen farbenfrohen und handgewebten Rucksack. Die reich geschmückten Frauentrachten (*sákkos* und *phoústa*) sind heute ebenfalls völlig verschwunden, Dorffrauen (vor allem die Alten und Witwen) zeigen sich meist in schwarzen Kleidern und Kopftüchern, die den Kopf verhüllen, die jungen Leute tragen überall westeuropäische Kleidung. Die alten Trachten werden nur noch zu folkloristischen Anlässen getragen.

Kretische Musik

Kretische Musik ist wild und ungebändigt. Etwas ganz anderes als die eher brave Boutsoúki-Musik auf dem griechischen Festland! Im komplizierten 7/8- oder 9/8-Takt quirlen endlose Melodiefolgen, manchmal monoton und archaisch, manchmal fast ekstatisch. Der orientalische Einfluss ist nicht zu überhören.

Die Hauptrolle spielt die *Lýra*, das traditionelle dreisaitige Streichinstrument aus Maulbeerholz. Sie sieht einer Geige ähnlich, wird aber aufs Knie gesetzt und über-

Livemusik ist auf jedem Fest dabei, musiziert wird oft in der klassischen Trioform

nimmt die Melodieführung. In unendlich vielen Variationen und Verzierungen wird ein Thema immer wieder wiederholt und abgewandelt, das *Laoúto* (eine Art Laute) und das *Tamboúras* (Bouzoúki) dienen als Begleitung. Oft ist auch Gesang dabei, dann wechseln sich Sänger und Lyra in der Melodieführung ab. Die Strophen bestehen meist aus *mantinádes*, 15-silbigen Zweizeilern mit viel Witz und Geist, die oft spontan erfunden werden. Für jeden Anlass gibt es Mantinádes, schon Kinder üben sich darin. Je nach Lust und Laune können solche Musikstücke beliebig lang ausgedehnt werden. Diese ursprüngliche Form des Musizierens wird man auf den meisten kretischen Festen antreffen. Auch bei der Jugend ist trotz Popmusik noch immer großes Interesse vorhanden. In den Städten gibt es sogar ganze Lýra-Orchester.

Aus den Weißen Bergen in Westkreta stammen die *Risítika*-Balladen (rísa = Wurzel), die zur Zeit der türkischen Besetzung entstanden und den leidenschaftlichen Wunsch nach Freiheit ausdrückten. Sie wurden auch später, z. B. während der deutschen Besetzung im Zweiten Weltkrieg, immer wieder gesungen und beschworen alten Kampfgeist und Gefühle herauf.

Zu den bekanntesten kretischen Musikern gehören der zu Weltruhm gelangte Lyraspieler *Nikos Xiloúris* aus Anógia, der jedoch schon mit 43 Jahren an Krebs starb, sein charismatischer Bruder *Psarántonis,* der seinem Bruder nicht nachsteht und noch heute viele Konzerte in ganz Griechenland gibt, sowie dessen Sohn *Georgios,* außerdem der Lyraspieler *Vasílis Skoulás,* der ebenfalls aus einer Musikerfamilie in Anógia stammt. Dazu kommt noch der Liedermacher *Iánnis Markópoulos* aus Iráklion. Ihre Tonträger sind überall erhältlich.

Kretische Tänze

Im Tanz drücken die Kreter Gefühle und ihren Seelenzustand aus. Aber nicht nur Freude, sondern auch Trauer, Wut und Schmerz kommen an die Oberfläche. Nicht ungewöhnlich sind deshalb Einzeltänzer, die, mitgerissen von der Lýra-Musik, spontan aufstehen und eine Einlage geben. Auch ältere Kreter sieht man dabei oft.

Die Kreter treffen sich zum Essen und anschließendem Tanz in den so genannten *Krítika Kéntra*, von denen es bei jeder größeren Stadt mehrere gibt. Aus gutem Grund liegen sie meist einige Kilometer außerhalb, denn der Lärmpegel ist erheblich und die Lýra- und Laoútomusik wird meist elektrisch verstärkt. Wenn man sich etwas im Hintergrund hält, kann man dort die Kreter in ihrem Element erleben. Oft schäumt die Stimmung über und eine Aufforderung, beim Tanz mitzumachen, sollte man nicht ausschlagen. Die Preise in diesen Zentren sind allerdings erheblich, denn man trinkt teuren Wein, Sekt oder Whisky.

- *Sírtos* Diese schnellen Reigentänze im typischen 7/8-Takt werden in ganz Griechenland getanzt. Allein auf Kreta gibt es zahlreiche Versionen, die in jeder Gegend anders getanzt werden. So heißt der Sírtos von Chaniá z. B. **Chaniótikos**, der von Réthimnon **Rethimniótikos** usw. Beim Sírtos bilden die Tänzer einen offenen Kreis, indem sie sich bei den Händen oder Schultern fassen. Der erste in der Reihe bestimmt, was getanzt wird, und präsentiert dabei sein ganzes Können. Traditionell ist der Tanzkreis nie geschlossen, wie man es heute als Zugeständnis an die Touristen manchmal sieht. Der weltberühmte **Sirtáki** ist übrigens kein kretischer Tanz. Er wurde von Míkis Theodorákis eigens für Anthony Quinn im Film „Aléxis Zórbas" komponiert, da dieser den Pentozális nicht erlernen konnte, und ist eine stark vereinfachte Variante des Sírtos.
- *Pentozális* Der vielleicht bekannteste kretische Tanz ist der Pentozális (Fünfschritt) aus Ostkreta, dessen Ursprünge wahrscheinlich bis in minoische Zeit zurückreichen (Kriegstanz der Kureten?). Ähnlich wie beim Sírtos bilden mehrere Tänzer eine Reihe, fassen einander an den Schultern und beginnen mit unbeweglichem Oberkörper anfangs sehr langsam die recht kompliziertten Schrittfolgen. Dem Ersten in der Reihe fällt dabei die Führung zu. Allmählich steigern sich Geschwindigkeit und Leidenschaft, wobei der Vortänzer je nach Können mehr oder minder akrobatische Sprünge ausführt. Er schlägt sich auf die Absätze, löst sich aus der Reihe, tanzt ein kurzes Solo und wird vom nächsten in der Reihe abgelöst. Vor allem das Wilde und Ungezügelte dieses Tanzes macht seinen Reiz aus.
- *Soústa* der einzige Paartanz der Insel, seinen Ursprung hat er wahrscheinlich in Réthimnon. Auf Hochzeiten kann man ihn gelegentlich sehen.

Kretische Feste

Die Kreter feiern gerne und ausgiebig. Irgendwo wird man sicher Gelegenheit haben, eins der zahllosen Feste, meist am Feiertag eines Heiligen oder aus politischem Anlass, mitzuerleben.

In den größeren Orten herrscht dann oft Volksfestatmosphäre. Überall wird gegessen und getrunken, am Dorfplatz spielen stundenlang Musikanten mit Lýra, Laoúto und dem Tamboúras. Vor allem die kirchlichen Feste – *Panagíria* (Einzahl: Panagíri) genannt – werden mit großer Anteilnahme aller Bewohner gefeiert.

▸ **Ostern**: das wichtigste Fest aller Griechen. Voller Inbrunst werden die Hinrichtung Christi und seine anschließende Auferstehung nachempfunden. Die Kreter kommen dazu aus der ganzen Welt auf ihre Heimatinsel zurück, alle Fähren und Flugzeuge sind für Tage ausgebucht. Die Vorbereitungen beginnen bereits in der 49-tägigen Fastenzeit, die am Rosenmontag einsetzt. Das Fasten wird jedoch kaum noch irgendwo streng eingehalten, am ehesten noch in ländlichen Gebieten. Die ganze Karwoche über finden Messen statt. Am Karfreitag wird Christus zu Grabe gelegt, nach dem Trauergottesdienst ziehen große Prozessionen durch den Ort. Die Feierlichkeiten gipfeln in der Auferstehungsmesse am Samstag kurz vor Mitternacht. Mit dem Ruf *Christós anésti* (Christus ist auferstanden) entzünden um Mitternacht alle Gläubigen ihre Kerzen – ein wunderschönes Schauspiel. Ein ausgelassenes Freudenfeuerwerk schließt sich an. Danach geht man im Familienverband groß essen: zuerst die rot gefärbten Eier, die das Blut Christi symbolisieren, dann eine Suppe aus Innereien vom Lamm, die so genannte *Magirítsa*. Am Ostersonntag wird schließlich das Ende der Fastenzeit ausgiebig gefeiert, zahllose Lämmer sind dafür geschlachtet worden und brutzeln jetzt an Spießen über Holzkohlenfeuern, überall wird getanzt und gesungen.

Wichtig: Ostern wird im griechisch-orthodoxen Kirchenjahr nach dem Julianischen Kalender errechnet und fällt fast immer auf einen anderen Termin als bei uns. Die beiden Daten liegen meist ein oder zwei Wochen auseinander, können aber auch bis zu fünf Wochen differieren. Die Daten der nächsten Jahre (Karfreitag bis Ostersonntag): 21.–23. April 2006, 6.–8. April 2007 und 25.–27. April 2008.

Weitere wichtige Feste:

- *6./7. Januar* **Fest der Theophanie**, eines der höchsten Feste im orthodoxen Kirchenjahr. Erinnert wird damit an die Taufe Christi im Jordan durch Johannes den Täufer und wie sich dabei erstmals die Gottessohnschaft Christi offenbarte. In allen Orten wird das Wasser feierlich gesegnet. In den Küstenorten wirft der Papás, in den Städten der Bischof, ein wertvolles Kreuz ins Wasser, das von jungen Männern im erbitterten Wettkampf wieder heraufgetaucht wird. Mit den „Heiligen Drei Königen" bzw. den Weisen aus dem Morgenland hat dieses Fest nichts zu tun.
- *Karneval und Fastenzeit* Der **Karneval** wird wie bei uns mit Umzügen und Masken gefeiert, besonders ausgiebig in den Städten, vor allem in Réthimnon. Am **Rosenmontag** fährt man hinaus, dann beginnt die 49-tägige Fastenzeit **Megáli Sarakósti**. An diesem Tag werden nur Fisch, ungesäuertes Brot und Chalvá, ein Gebäck aus Honig und Sesam, gegessen. Die Fastenzeit endet nach der Auferstehungsmesse in der Nacht vom Karsamstag zum Ostersonntag mit der Innereiensuppe *Magirítsa*.
- *25. März* **Mariä Verkündigung**, gleichzeitig nationaler Gedenktag an den Aufstand von 1821 **(Unabhängigkeitstag)**, der mit Militärparaden gefeiert wird.
- *23. April* **Fest des heiligen Georg**, einer der wichtigsten Heiligen der orthodoxen Kirche, Schutzpatron der Hirten und Bauern, aber auch des Militärs (er war römischer Offizier unter Kaiser Diokletian, nahm den christlichen Glauben an und starb als Märtyrer). In allen Kirchen, die ihm geweiht sind, finden Feste statt, vor allem in den ländlichen Gebieten im Inselinneren wird aufwändig gefeiert. Im Kloster Epanosífi, südlich von Choudétsi (Kreis Iráklion), zelebriert der Erzbischof die Messe, berühmt ist auch die Ágios-Geórgios-Feier von Asigoniá, südlich von Argiroúpolis (Kreis Chania). Volksfeste gibt es bei Réthimnon und Chaniá.
- *1. Mai* **Frühlingsfest**, Blumenkränze werden an die Haustüren gehängt und bleiben dort bis zum 24. Juni, um dann im Sonnwendfeuer verbrannt zu werden (die Asche benutzt man früher als Arznei). Man fährt hinaus und isst im Freien, oft werden Hammel geschlachtet. Achtung: dieser Feiertag ist ein beweglicher Feiertag, er kann auch z. B. eine Woche später stattfinden.
- *Christi Himmelfahrt* **Tís Analipséos** wird 40 Tage nach Ostern mit Gottesdiensten, Volksfesten und Feuerwerk gefeiert. Gemäß dem Volksglauben öffnet sich um Mitternacht der Himmel, um Christus aufzunehmen.
- *Pfingsten* 50 Tage nach Ostern wird **Pentikósti** gefeiert. Am Samstag davor werden die Gräber der Verstorbenen besucht – an diesem Tag sind die Seelen der Jünger, die mit Jesus nach Ostern 50 Tage auf der Erde weilten, „nach Hause" gegan-

Auf den Festen sieht man noch häufig die traditionellen Trachten

gen. Pfingstmontag ist Tag der heiligen Dreifaltigkeit, in allen Agía-Triáda-Kirchen werden dann Feste veranstaltet.

• *21. Mai* Fest des **heiligen Konstantin und der heiligen Helena** in allen gleichnamigen Kirchen. Kaiser Konstantin siegte 312 im „Zeichen des Kreuzes" gegen seinen Widersacher Maximus und bahnte damit die Entwicklung zur christlichen Staatsreligion an. Er und seine Mutter Eleni wurden heilig gesprochen.

• *20.–27. Mai* Gedenkfeiern für die kretischen **Widerstandskämpfer** des Zweiten Weltkriegs im ganzen Bezirk **Chaniá**. Am 21. Mai 1941 haben deutsche Fallschirmspringer die Insel überfallen. Besonders großes Fest im Dorf Kándanos am Weg nach Paleochóra, das von den deutschen Truppen völlig zerstört wurde.

• *21. Juni* Sommersonnenwende und längster Tag des Jahres.

• *24. Juni* **Geburtstag Johannes des Täufers** („Ai Jánnis o Vaptístis"), große Sonnwendfeuer werden entzündet, vor allem die jungen Männer springen dreimal darüber, früher wurden dazu Sprüche rezitiert, die alles Übel verjagen sollten. Da Johannes Heilkräfte nachgesagt werden, sammelt man an diesem Tag Heilkräuter und Gewürze.

• *29. Juni* **Fest von Petrus und Paul** in allen Kirchen, die diesen Heiligen geweiht sind.

• *15.–31. Juli* großes **Weinfest** im Stadtpark von **Réthimnon**, Weinproben und Tänze.

• *20. Juli* **Tag des Propheten Elias** (Profítis Ilías), dem zahlreiche Gipfelkapellen geweiht sind und nach dem auch viele Berge in ganz Griechenland benannt sind. Elias ist mit einem Feuerwagen gen Himmel gefahren und wird als christlicher Nachfolger des Sonnengottes Helios (Namensähnlichkeit!) angesehen.

• *25.–30.Juli* **Sultaninenfest** in **Sitía**, im äußersten Osten Kretas.

• *27. Juli* **Fest des heiligen Panteleímonas**, besonders ausgiebig wird in Fournés bei Chaniá gefeiert.

• *5.–7. August* **Verklärung Christi**, große Prozession zur Gipfelkapelle des Joúchtas (bei Archánes) mit anschließendem Fest.

• *15. August* Das Fest der **Panagía**, das bei den Katholiken Mariä Himmelfahrt heißt, wird in Griechenland **Mariä Entschlafung** genannt, da die Mutter von Jesus nach orthodoxem Glauben nicht leiblich gen Himmel gestiegen ist, sondern ein Engel ihre Seele geholt hat. Es ist eins der größten Feste der orthodoxen Kirche und wird überall in Griechenland und auf Kreta ausgiebig gefeiert. Daran denken, dass an diesem Tag alle Geschäfte geschlossen sind. Besonders ausgiebig wird gefeiert in Alíkambos (bei Georgioúpolis), Mochós (bei Malia), Neápolis und in den Klöstern Goniá und Chrissoskalítissa. Mitte August wird auch im Bergdorf **Anógia** ein großes, mehrtägiges Fest gefeiert (→ dort).

- *25. August* Tag des **heiligen Titus**, Begleiter des Apostels Paulus und Schutzheiliger der Insel, große Prozession in **Iráklion**.
- *29. August* **Enthauptung Johannes des Täufers**. Zweitägiges Kirchenfest auf der Halbinsel **Rodópou** (westlich von Chaniá), Gläubige pilgern in mehrstündigem Fußmarsch zur kleinen Kapelle Ágios Ioánnis.
- *31. August* **Niederlegung des Gürtels der Maria**, großes Fest in Psichró auf der Lassíthi-Ebene.
- *14. September* Die **„Kreuzaufrichtung"** wird vor allem in den Dörfern des Ída-Gebirges und der Thriptí-Berge gefeiert.
- *7. Oktober* Zum Andenken an den **Eremiten Johannes** wird an diesem Tag im Kloster **Gouvernéto** auf der Akrotíri-Halbinsel gefeiert. Feierliche Prozession hinunter zur Höhle des Eremiten beim ehemaligen Kloster Katholikó.
- *26. Oktober* **Fest des heiligen Demétrios** in allen Kirchen, die diesem populären Heiligen geweiht sind.
- *28. Oktober* **Óchi-Tag**, griechischer Nationalfeiertag im Gedenken an das Nein (Óchi) der griechischen Regierung zur Kapitulationsaufforderung durch Mussolini von 1940.
- *7.–9. November* **Nationalfeiertag Kretas** im Gedenken an den 8. November 1866, an dem sich die von Türken belagerten Kreter im Kloster Arkádi gemeinsam in die Luft sprengten und zahlreiche Türken mit in den Tod rissen. Hauptsächlich im Kloster **Arkádi** und in **Réthimnon**.
- *1. November* Fest des **heiligen Minás**, des Schutzpatrons von **Iráklion**. Messe und Prozession.
- *6. Dezember* **Nikolaustag**, Namenstag des **Ágios Nikólaos**, des Schutzpatrons der Seeleute.
- *Weihnachten* nicht so ausgiebig gefeiert wie Ostern. Auch Geschenke gibt es in der Regel erst zu Silvester. Weihnachtsbäume stehen inzwischen aber auch auf Kreta.
- *Silvester/Neujahr* Der 1. Januar ist Todestag des **Ágios Wassíli** (heiliger Basilius), eines der wichtigsten Heiligen der orthodoxen Kirche. Er lebte im 4. Jh. als Erzbischof in Cesarea (im heutigen Kappadokien) und ist einer der Begründer des griechischen Mönchswesens. Seine Regeln werden noch heute weitgehend befolgt. Da er das Entsagen von allen irdischen Gütern als Ideal propagierte und selber vorlebte, findet in Griechenland an diesem Tag die Bescherung der Kinder statt (vergleichbar unserem Weihnachten). Am Silvesterabend ziehen die Kinder singend von Haus zu Haus und bekommen auch dort kleine Geschenke. Nach Feiern im Freundeskreis ist man spätestens um 23 Uhr wieder zu Hause und wartet im Kreis der Familie auf das neue Jahr. Dann wird der Neujahrskuchen („vassiló-pítta") angeschnitten. Wer die Glücksmünze darin findet, wird im neuen Jahr viel Glück haben.

Kunsthandwerk

Das traditionelle Handwerk wird nur noch selten gepflegt, denn es ist zeitaufwändig und lohnt sich kaum mehr. Eine gewisse Neubelebung hat jedoch der Tourismus bewirkt.

Einige Dörfer sind bekannt für die Herstellung spezieller Stücke kretischer Tradition. Jedoch liegen sie selten direkt an der Küste, für einen Besuch muss man schon ein ganzes Stück ins bergige Hinterland fahren.

▶ **Keramik**: Nur noch in zwei Dörfern, nämlich in *Thrapsanó* (Kreis Iráklion) und in *Margarítes* (Kreis Réthimnon), werden auf der Drehscheibe die mannshohen Tonpithoi für die Vorratshaltung geformt. Sie gehen auf uralte minoische Vorbilder zurück. Die meisten Töpfer sind jedoch dazu übergegangen, Gebrauchskeramik für den Alltag herzustellen, die aber gegenüber der Plastik-Konkurrenz nur bedingt Chancen hat (Blumentöpfe usw.). Deshalb gibt es inzwischen immer mehr kitschige bis hübsche Souvenirstücke, die speziell für touristische Bedürfnisse hergestellt werden (Vasen, Figuren, Teller usw.).

▶ **Weben**: Hauptsächlich in den Bergdörfern weben die Frauen am eigenen Webstuhl noch überall Teppiche und Decken aus Schafswolle, häkeln und besticken filigran verzierte Vorhänge und Tücher. Diese Arbeiten sind dank dem Interesse der Touristen eine wichtige Einnahmequelle geworden – neben ihrer schmalen Rente ist er

Der eigene Webstuhl ist in vielen Dörfern eine wichtige Einnahmequelle

für die älteren Frauen oft der einzige Verdienst. Leider kann man nicht mehr überall sicher sein kann, wirklich kretische Stücke in der Hand zu halten, denn ein nicht unerheblicher Teil der Ware besteht mittlerweile aus Kunstfaser und ist „made in Taiwan". Besonders bei sehr billigen Stücken sollte man aufpassen, denn umsonst arbeitet heute kein Kreter mehr. Die schönen *Wandteppiche* mit ihren byzantinischen Mustern unterschieden sich früher von Dorf zu Dorf. Heute gibt es einen großteils einheitlichen Stil mit einfachen geometrischen Mustern und leuchtenden Farben. Noch vor wenigen Generationen lernten die jungen Mädchen das Weben von ihren Müttern, doch mittlerweile gibt es immer weniger Frauen, die die alte Kunst noch beherrschen. Das „Kentro Kritikis Laikis Techni" (Zentrum für kretische Volkskunst) in Réthimnon hat es sich deshalb zur Aufgabe gemacht, jungen Frauen die Kunst des Webens wieder näher zu bringen (→ S. 499).

- **Leder**: Der Lederbearbeitung kommt auch heute noch große Bedeutung zu. Dank ausgeprägter Schaf- und Ziegenzucht herrscht kein Mangel an Rohstoff und vor allem in *Chaniá/Westkreta* können Ledersachen aller Art (Schuhe, Stiefel, Taschen, Gürtel, Handschuhe u. a.) preiswert eingekauft werden. Kretisches Leder wird häufig in EU-Länder exportiert und taucht auf mitteleuropäischen Flohmärkten wieder auf. Auch hierbei kann man leider nicht mehr sicher sein, echtes Material zu bekommen.
- **Ikonen**: Die überall erhältlichen Ikonen sind *nicht* „antik", egal wie altehrwürdig sie aussehen. Ikonen, die vor 1830 entstanden sind, gelten zudem als Antiquität und dürfen *nicht ausgeführt* werden. Trotzdem sind auch die neu hergestellten Kopien historischer Ikonen hübsch und oft sorgfältig gemacht, z. T. wird dabei versucht, die alten Farbmischungen so original wie möglich herzustellen. Berühmt ist die Ikonen-Werkstatt des Kloster Chrissopígi bei Chaniá, wo auch neue Originale hergestellt werden.

Hinweise auf Orte, wo kretisches Kunsthandwerk hergestellt wird auf S. 127.

Die Kirche

Die griechisch-orthodoxe Kirche ist ihrer Überzeugung nach in der ganzen Christenheit die einzige, die den christlichen Ursprüngen treu geblieben ist und so die richtige (orthós = gerade, richtig) Lehre verkündet. Bis heute erkennt sie nur Lehrentscheidungen der ersten sieben Konzile an (325 bis 787 n. Chr.), als die Kirche noch eine ungeteilte Einheit war. Ihr wichtigstes theologisches Werk ist „Quelle des Wissens" von Johannes von Damaskus und stammt aus dem 7. Jh.

Die Entstehung der orthodoxen Kirche geht ins frühe Mittelalter zurück, als der römische Papst Nikolaus I. (858–867) den Anspruch erhob, Oberhaupt der ganzen Kirche zu sein, und zwar als Nachfolger von Petrus und als Stellvertreter Jesu Christi. Damit hatte sich die Westkirche in den Augen des Ostens von der einen, alten und ökumenischen Kirche getrennt. Die Lehre vom Primat der lateinischen Kirche und die monarchistischen Tendenzen der Papstkirche wurden zum Dauerzwist. 1054 kam es zum großen Schisma, bei dem die Kirchengemeinschaft zwischen Rom und Byzanz endgültig aufgehoben wurde. Die Verkündung der „Unfehlbarkeit" der päpstlichen Aussage in Glaubenssätzen vom ersten Vaticanum 1870 macht es bis heute unmöglich, die Kluft zu überwinden.

Viele Kreter fühlen sich ihrer Kirche eng verbunden

Die kretisch-orthodoxe Kirche ist direkt dem Patriarch von Konstantinopel (Istanbul) unterstellt. Sie hat einen Erzbischof in Iráklion und ist in sieben Diözesen unterteilt, der jeweils ein Bischof vorsteht. Bischof und Gläubige bilden zusammen eine Einheit, in der der Bischof Führer, Vater und Bruder der Gläubigen ist. Stellvertreter des Bischofs sind seine Priester, die Papádes. Bewusst sind Bildungs- und Standesschranken zwischen Priester und Gläubigen niedrig gehalten. Ein *Papás* darf verheiratet sein (sobald er allerdings die Priesterweihe erhalten hat, darf er nicht mehr heiraten), hat dann natürlich auch Kinder und lebt mitten im Dorf. Seine theologisch-wissenschaftliche Vorbildung ist meist bescheiden und geht oft über einen sechswöchigen Schnellkurs nicht hinaus (es gibt jedoch verschiedene Kategorien von Papádes). Der Papás spricht und denkt wie alle in der Gemeinschaft. Was zählt, ist seine Lebenserfahrung: Er soll den Menschen ein Vorbild sein, ihnen Rat geben und helfen, den rechten Weg zu gehen. Dafür ist keine Bildung, sondern Frömmigkeit notwendig. Sein Gehalt ist (je nach Ausbildungsgrad) knapp bemessen, deshalb muss auch er seine Felder bewirtschaften, hat Weinstöcke oder ein

paar Schafe – wie alle im Dorf. Für Zuwendungen in Naturalien oder bar ist er stets dankbar, Taufe, Trauung und Beerdigung sind solche Gelegenheiten. Dafür gibt es jedoch keine Kirchensteuer.
Kirche, Glauben und Leben haben auf Kreta eine enge Verbindung. Man geht gerne in die Kirche, sie ist ein wichtiger Treffpunkt und der Mittelpunkt des dörflichen Lebens. Der Gottesdienst ist ein zwangloses Miteinander ohne steife Förmlichkeiten und wirkt auch in Augenblicken höchster Feierlichkeit noch natürlich. Die strenge Hierarchie zwischen Priestern und Gläubigen, die sich in der katholischen Kirche z. B. in der Vergebung der Sünden im Rahmen der Beichte zeigt, gibt es in der Orthodoxie nicht. Die griechischen Priester dürfen keine Sünden vergeben, denn auch sie gehören zu den Sündern. Die Vergebung kann nur durch eigene Reue erlangt werden. Trotzdem ist eine Hierarchie durchaus vorhanden, was man z. B. daran erkennt, dass Laien nicht hinter die sog. „Ikonostase" treten dürfen. Diese Ikonostase ist eine mit Ikonen geschmückte hölzerne oder gemauerte Wand, die den Altarraum vom restlichen Kirchenraum trennt. Die Interpretation der Ikonostase als Schranke widerspricht jedoch diametral ihrer ursprünglichen Bedeutung als Zeugnis der Vereinigung des Göttlichen mit dem Menschlichen – vom Priestertum aller Gläubigen ist deshalb auch die Orthodoxie weit entfernt.

Freiheit oder Tod

Die heutige Popularität der orthodoxen Inselkirche versteht man, wenn man ihre mutige Vorkämpferrolle in den Jahrhunderten der türkischen Besetzung kennt. Selbst in diesen Zeiten schwerster Unterdrückung ging von ihr immer ein ungebrochener Behauptungswille aus, hielt sie kretischen Geist und orthodoxen Christenglauben unerschütterlich aufrecht. Vor allem die Klöster auf Kreta waren Hochburgen des Widerstands – manchmal im Verborgenen, manchmal offen. Und sie waren sogar Zufluchtsorte der treibenden Kräfte von Revolten, oft auch kämpften die Klosterinsassen offen mit der Waffe. Die Äbte und Mönche halfen den Widerstandskämpfern in jeder Weise: In den Klöstern konnten sie sich treffen und neue Pläne schmieden, hier hatten sie immer etwas zu essen, ein Versteck, Nachschub an Waffen und Munition, geistlichen Zuspruch. Aber die Mönche taten noch mehr – sie richteten in den Klöstern geheime Schulen ein und unterrichteten die Kinder unter Lebensgefahr in der griechischen Sprache. Dass im 18. und 19. Jh. die griechisch/kretische Kultur nicht ausgelöscht und von der türkischen überdeckt wurde, ist zum großen Teil ihnen zu verdanken.
Zu den bedeutendsten Kirchenleuten Kretas wird noch heute der hoch verehrte Abt Gavriíl (Gabriel) des *Klosters Arkádi* gezählt. 1866, als das Kloster von türkischen Truppen rettungslos umzingelt war, ging er lieber mit Hunderten von Kretern gemeinsam in den Tod, als Frauen und Kinder den Muslims auszuliefern.

Kirche und Widerstand, diese große Tradition klingt bis heute nach: Noch im Zweiten Weltkrieg hat z. B. das *Kloster Préveli* an der Südküste eng mit kretischen Widerstandskämpfern und dem englischen Geheimdienst zusammengearbeitet und den alliierten Truppen die Evakuierung von einem Strand unterhalb des Klosters ermöglicht. Ähnliche Aktivitäten unternahm auch das *Kloster Toploú* bei Vái, dessen Abt und mehrere Mönche von der deutschen Wehrmacht erschossen wurden.

▸ **Problemfeld Orthodoxie**: Die im Kasten skizzierten kämpferischen Zeiten sind heute vorbei. Die orthodoxe Kirche lebt jedoch nach wie vor in der Vergangenheit, denn seit der siebten ökumenischen Synode von 787 hat sie ihre Lehre nicht mehr grundlegend verändert. Dementsprechend versucht sie, soziale Reformen zu verhindern, wo sie kann. Wegen ihrer starken Stellung im Staat hat sie dabei auch oft Erfolg – gleichgültig, ob es um Scheidungsrecht, Familienplanung oder Eheschließung geht. Bezüglich letzterer musste sie allerdings eine Niederlage hinnehmen, denn seit 1983 gibt es die standesamtliche Trauung gleichberechtigt neben der kirchlichen. Überhaupt gingen in den 1980er Jahren die Bestrebungen der sozialistischen PASOK-Regierung dahin, Staat und Kirche so weit wie möglich zu trennen und den umfassenden Einfluss der Orthodoxie zu dämpfen. Dies führte 1987 sogar soweit, dass von Papandréou die Frage der Enteignung der Kirche aufgerollt wurde, die in Griechenland riesige Ländereien ihr eigen nennt. Was die Orthodoxe Kirche mit ihrem Reichtum macht, ist unbekannt. Zu den unterbezahlten Papádes dringt er jedenfalls nicht vor. Interessanterweise hat die griechisch-orthodoxe Kirche auch keine sozialen Ambitionen, die Mönche verweigern jegliche karitative Arbeit und hängen mystisch-asketischen Ideen nach. Ziel ihrer weltfernen Selbstverleugnung ist das Licht Gottes.

Ikonostássia

Diese Miniaturkirchen und Betsäulen aus Stein oder Metall, auch *Proskinitíria* genannt, findet man über ganz Kreta verstreut, meist an Straßenrändern, in übersichtlichen Kurven etc. Sie beherbergen eine kleine Ikone und ein Öllämpchen und signalisieren, dass an dieser Stelle ein Unfall oder ein denkwürdiges Ereignis geschehen ist.

Viele, vor allem junge Kreter wollen sich heute dem starken Einfluss der Kirche entziehen. Einerseits erkennt man die Kirche als Wahrerin der Tradition zwar an, kritisiert aber gleichzeitig ihre dogmatische Starre, ihre Bemühungen sich zu bereichern und die Einmischung in alle privaten Lebensbereiche.

Doch auch innerhalb der Orthodoxie gibt es eine andere Seite: Der heute über neunzigjährige *Bischof Irinäos* von Kíssamos ist ein Beispiel dafür, wie fortschrittlich und sozial eingestellt auch ein orthodoxer Bischof sein kann. U. a. ist er maßgeblicher Gründer der kretischen Volksreederei ANEK, die in den 1960er Jahren die ausschließlich profitorientierten Festlands-Reedereien verdrängte und einer Schifffahrtspolitik Platz machte, die kretischen Bedürfnissen Rechnung trug. In der Diözese von Irinäos steht auch die *Orthodoxe Akademie von Kreta,* nämlich bei Kolimbári am Fuß der Halbinsel Rodópou. Ihr – in der Orthodoxie einzigartiges – Anliegen ist es, in einen umfassenden Dialog mit der Welt zu treten, und zwar keineswegs nur in geistlichen Angelegenheiten. Näheres dazu und ein kleines Porträt des Bischofs auf S. 615.

Der Besuch vieler Kirchen und Klöster ist auf Kreta für Touristen problemlos möglich. Man sollte sich eine solche Gelegenheit nicht entgehen lassen. Lesen Sie aber dazu bitte vorher die Hinweise im Abschnitt „Reisepraktisches".

Sitten und Gebräuche

Wie in allen Mittelmeerländern ist auch auf Kreta die Großfamilie traditionell eine der wichtigsten Institutionen der Gesellschaft. Als Gründe für ihre hervorgehobene Stellung kann man vor allem nennen: die isolierte Insellage, eine Schutzhaltung gegenüber der ständigen Überfremdung durch Eroberer und die überwiegend agrarisch-kleinräumig strukturierte Wirtschaft ohne nennenswerte Industrie. Im Fall einer wirtschaftlichen Notlage einzelner Mitglieder übernimmt der Familienverband die soziale Absicherung, nicht der Staat.

Heute hat sich allerdings manches geändert und die Familiensitten gleichen sich denen im übrigen Europa langsam an. Arbeitsemigration, Landflucht und die Möglichkeit, in Touristenorten leichtes Geld zu verdienen, haben das Entstehen der Kleinfamilie begünstigt und das allmähliche Aussterben der Großfamilie eingeleitet. Wenn die Kinder im Ausland arbeiten, kommen sie nur zu den großen Feiertagen wie Ostern und Panagía zurück. Wer dagegen im Tourismus tätig ist, lebt meist an der Küste, wohin die alten Eltern nicht immer folgen können und wollen, und kommt nur in den Wintermonaten ins Heimatdorf. Die Kinderzahl liegt inzwischen bei unter zwei pro Paar. Griechenland wendet sich eindeutig den modernen mittel- und westeuropäischen Ländern zu – und nicht den östlichen Nachbarn, die jahrhundertelang die Ehe- und Moralvorstellungen geprägt haben. Nach wie vor werden aber

Kreter in traditioneller Festtracht

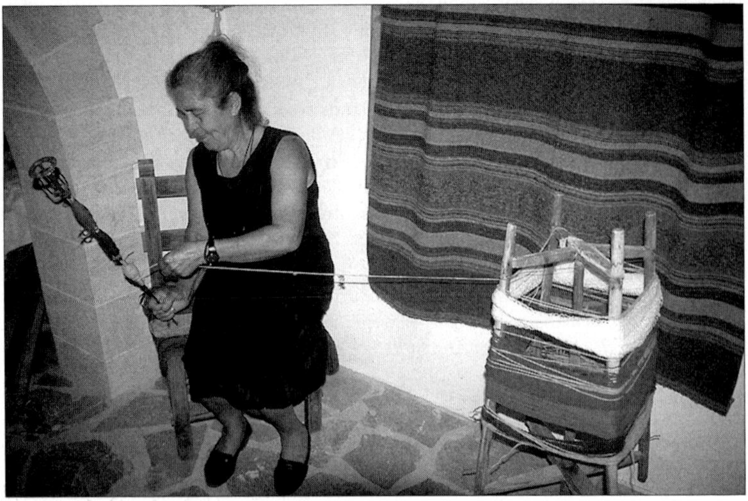

Im Volkskunstmuseum von Péfki

die Mehrzahl aller touristischen Unternehmen, vor allem Unterkünfte und Restaurants, ausschließlich auf Familienbasis betrieben. Das prägt Atmosphäre und Ambiente entscheidend – nicht zuletzt deswegen ist Kreta als Reiseziel beliebt.

• *Heirat/Mitgift* Eine wichtige Aufgabe des Familienvorstands ist es, für das Erbe der Söhne und die Mitgift der Töchter zu sorgen. Die Heirat der Töchter ist ein entscheidender Akt, bei dem vor allem in ländlichen Gebieten noch oft die Eltern den Heiratskandidaten auswählen. Ansehen, Besitz und die Mitgift (*príka*) spielen die größte Rolle, Liebe nicht unbedingt. In traditionsreichen Familien ist es sogar üblich, dass der älteste Sohn solange nicht heiraten darf, bis seine Schwestern unter der Haube sind. Im Falle des Ablebens des Vaters muss er für ihren Unterhalt sorgen.

Wichtig ist nach wie vor, dass die Tochter unberührt in die Ehe geht – zumindest muss nach außen der Schein gewahrt bleiben. Weiterhin entscheidend ist die Höhe der Mitgift. Je mehr die Familie der Tochter mitgeben kann, desto höher ist ihre Chance, in „bessere" Verhältnisse einzuheiraten. In der Regel werden Geld, ein Stück Land und – wenn möglich – ein Haus mitgegeben. Früher musste sich dabei der Vater oft schwer verschulden, vor allem, wenn mehrere Töchter zu versorgen waren. Seit 1983 ist jedoch die Pflicht zur Mitgift offiziell abgeschafft – für wirtschaftlich schwächere Familien eine große Erleichterung.

• *Gastfreundschaft* Hier hat der Tourismus vieles zerstört. Bezeichnend ist, dass das Wort **xénos** (= Fremder) auch mit der Bedeutung „Gast" verwendet wird. War es früher eine fast heilige Pflicht, dem fremden Ausländer den Schutz der Familie oder des Dorfes anzubieten, ihn zu bewirten und ein Schlafquartier zu verschaffen, trifft man diesen uralten Brauch heute nicht einmal mehr in abgelegenen Dörfern. Viel zu oft wurden die freundlichen Gastgeber ausgenutzt, bisweilen für ihre Uneigennützigkeit ausgelacht. Schließlich haben auch die Kreter vor allem in den viel besuchten Orten gemerkt, dass an Touristen Geld zu verdienen ist, eine Einladung ist vollkommen überflüssig. Natürlich sind sie auch heute meist freundlich und man wird sicher auch hier und dort einmal eingeladen. Mit der echten **filoxénia** hat das aber meist nichts mehr zu tun. Wenn Sie irgendwo eingeladen werden, sollten Sie dem nach Möglichkeit Folge leisten. Auch wenn man angebotene Speisen und Getränke ablehnt, ist das nicht gerade höflich.

• *Ehrgefühl* Die Kreter sind temperamentvoll und in ihren Gefühlen meist sehr direkt. Vor allem ihr Ehrgefühl, das **filótimo**, ist sehr ausgeprägt – dementsprechend leicht kann es verletzt werden. Gegenüber Fremden ist man offen und freundschaftlich eingestellt. Doch sollte man immer aufpassen, wie weit man mit Kritik geht. Wenn man z. B. im Hotel Grund zur Klage hat und erregt reklamiert, kann es leicht passieren, dass sich der Hotelier verletzt fühlt – stattdessen sollte man versuchen, die Angelegenheit so zu steuern, dass die Erledigung für ihn zur Ehrensache wird.

• *Blutrache* Ausgestorben ist sie noch nicht, doch wird in der Regel versucht, es nicht zum Schlimmsten kommen zu lassen. Entstanden ist sie aus dem Bestreben der Familienverbände, unter keinen Umständen als schwächlich zu gelten. Leicht wäre man sonst in den Ruf gekommen, man könne sein Eigentum nicht verteidigen. Jede Verletzung der Familienehre musste deshalb sofort gesühnt werden. Ein verhängnisvoller Kreislauf war die Folge, der sich endlos fortsetzte – denn die andere Partei dachte genauso. Die letzte „Vendetta" im größeren Stil fand angeblich von 1943 bis 1952 statt und kostete über zwanzig Menschenleben. Am längsten hat sie sich in der wilden **Sfakiá** erhalten, dem kahlen Hochgebirge im Südwesten Kretas. Wenn heute größere Unstimmigkeiten zwischen zwei Familien herrschen, greift man gern zum Mittel der Heirat, um die beiden Sippen aneinander zu binden.

• *Feste* Die größten privaten Feste sind die **Taufe** und vor allem die **Hochzeit**! Erst seit 1983 gibt es die standesamtliche Trauung – die kirchliche Trauung ist aber bei weitem die wichtigere. Die so genannte „Krönung" vor dem Altar symbolisiert die Vereinigung der Ehepartner vor Gott. Zu dem riesigen Essgelage am Nachmittag werden nicht selten Dutzende von Gästen geladen. In kleineren Dörfern ist es üblich, dass jeder kommt! Dann wird gegessen und getrunken, bis man nicht mehr kann. Auch zufällig Vorbeikommende werden freundlich überredet, Platz zu nehmen.

• *„Bekanntschaften"* Der Zwang, unberührt in die Ehe zu gehen, gilt nicht für kretische Männer. Dementsprechend wollen sich viele junge Kreter bei Touristinnen das holen, was ihnen die eigenen Mädchen oft auch heute noch standhaft verweigern. Die Westeuropäerinnen haben dagegen den

Hier wird scharf geschossen

Ruf, es mit der Moral nicht so genau zu nehmen. Allein reisende Frauen signalisieren bereits durch ihr Alleinsein, dass sie für Abenteuer bereit sind. Wer als Frau auf Erlebnisse solcher Art nicht erpicht ist, sollte genau aufpassen, auf welche Einladungen sie eingeht und was sie damit vielleicht schon „verspricht". Andererseits sollten männliche Alleinreisende mit kretischen Mädchen/Frauen aus den unter „Heirat" erwähnten Gründen eher zurückhaltende Kontakte pflegen.

• *Schusswaffen* Angesichts der zahllosen kleinen Löcher in den Orts- und Verkehrsschildern und besonders während aller großen Feste wird man feststellen, dass viele Kreter gerne und häufig schießen. Seit langer Zeit sind sie daran gewöhnt, Waffen zu tragen, um gegen die jeweiligen Besatzer zu kämpfen. Auch in ruhigen Zeiten blieb das so, die Waffen wurden vom Vater auf den Sohn vererbt und heute ist Waffenbesitz fast schon zum Statussymbol geworden. Rund 1,5 Millionen nicht angemeldeter Gewehre und Pistolen gibt es in Griechenland, die Hälfte davon wird in Kreta vermutet. Ein gefährlicher Brauch, bei dem es jedes Jahr mehrere Todesopfer gibt, ist das in die Luft Schießen bei Hochzeiten und anderen großen Festen, nicht selten fallen dabei bis zu 10.000 Schüsse. Natürlich ist das Schießen offiziell verboten, aber dieser Brauch ist so tief verwurzelt, dass die Polizei praktisch machtlos ist. Mittlerweile versuchen die Behörden gegen den unkontrollierten Waffenbesitz vorzugehen – ab 2006 drohen empfindliche Strafen für nicht registrierte Waffen. Viele Waffen sollen noch aus der deutschen Besatzungszeit stammen, vom Revolver bis zum Schnellfeuergewehr ist alles vertreten. In einer Höhle des Psiloritis-Gebirges soll sogar noch ein deutscher Panzer versteckt sein, der regelmäßig gewartet wird und noch funktionstüchtig ist ...

• *Volta* Sicher bis ans Ende aller kretischen Tage wird die Volta überdauern – das allabendliche Hin- und Herflanieren auf einer bestimmten Straße. Hauptsächlich in größeren Orten und Städten gehört es zum festen Ritual. Meistens im Familienverband geht es auf und ab, wobei die jungen Töchter besonders behütet werden. Oder mehrere Freundinnen flanieren Hand in Hand, wobei die jungen Männer eifrig hinter ihnen her flachsen. Vor allem an Wochenenden putzt man sich besonders heraus: Die Volta ist die ideale Gelegenheit, sich ins beste Licht zu rücken – und gleichzeitig ein neugieriges Auge auf die anderen zu werfen. Die männliche Jugend führt die Volta übrigens heute auch gerne auf Zweirädern durch.

Lesetipps

Über Kreta sind ganze Regale voller Literatur erschienen. Im Folgenden nur ein paar Empfehlungen, die mir aus dem einen oder anderen Grund bemerkenswert erscheinen. Leider ist vieles nur noch über Bibliotheken erhältlich.

Auch die kretischen Buchläden sind recht gut bestückt mit deutschsprachiger Literatur über die Insel. Wer also zu Hause nichts Geeignetes findet, kann sich vor Ort noch einmal in Ruhe umsehen. Allerdings ist auch viel „zweite Wahl“ darunter.

• *Archäologie/Kunstgeschichte* **Der Faden der Ariadne**, Leonard Cottrell, Efstathiadis Group, Athen 1984. Nur auf Kreta erhältlich. Ein älteres Buch, trotzdem geeignet, um in locker präsentierter Form einen ersten Überblick über die gewaltigen archäologischen Entdeckungen Schliemanns und Sir Arthur Evans zu bekommen. Cottrell, früherer BBC-Korrespondent im Mittelmeer, hat noch etliche der Knossós-Ausgräber und andere wichtige Kreta-Archäologen persönlich gekannt und kann so viel Interessantes über die großen Entdeckungen berichten. Obwohl in einigem überholt, vermittelt Cottrells Buch die Faszination, die Anfang des 20. Jh. die Ausgräber auf Kreta gepackt haben muss. Cottrell gehört zu denen, die Sir Arthur Evans Leistungen unumwunden anerkennen.

Kreta – Archanes, J. und E. Sakellarákis, Ektodike Athenon 1991. Der Archánes-Band des berühmten Entdeckers des Menschenopfers von Anemospiliá ist mittlerweile vergriffen. In wissenschaftlich exakter, aber gut verständlicher Schreibweise wird die Hauptgrabung von Sakellarákis beschrieben, einbezogen in den aktuellen Erkenntnisstand bezüglich der archäologischen Forschung über die Minoer. Das Buch ist hervorragend übersetzt, dazu mit guten Fotos, rekonstruierenden Farbzeichnungen und beispielhaften Karten versehen.

Kreta – das Leben im Reich des Minos, Paul Faure, Philip Reclam jun. Verlag 1983 (vergriffen). Der Archäologe Faure hat auf Kreta Ausgrabungen durchgeführt und legt mit diesem Buch seine Anschauung der minoischen Kultur dar. Unter Berücksichtigung aller archäologischen Funde und Erkenntnisse versucht er, ein umfassendes Bild der Minoer darzustellen. Natürlich muss dabei vieles Hypothese bleiben, doch das meiste, was über die Minoer geschrieben wird, ist hypothetisch. Für den Laien ist dieses Buch vielleicht schon etwas zu weitgehend, außer er will sich intensiver mit den minoischen Problemen beschäftigen.

Kreta, von den Anfängen bis zur kreto-venezianischen Kunst, Klaus Gallas, DuMont, 8. Auflage 1995, nur über Bibliotheken. Ein äußerst aufwändig gestaltetes Buch, für ausgeprägtes kunsthistorisches und archäologisches Interesse ein Muss. Detailliert und wissenschaftlich exakt werden Ausgrabungen sowie zahlreiche Kirchen und Klöster aus byzantinischer und venezianischer Zeit beschrieben, ergänzt durch zahlreiche präzise Grund- und Seitenriss-Skizzen, die weitgehend nach vor Ort erstellten Vorlagen des Autors angefertigt wurden. Einige wichtige Objekte und neuere Ausgrabungen fehlen allerdings.

Klöster und Zeugnisse byzantinischer Zeit auf Kreta, Nikos Psilakis, Iráklion 1994, nur auf Kreta erhältlich. Dieses sehr schön aufgemachte Buch ist eine Fundgrube für jeden, der sich für die Klöster Kretas und ihre Geschichte interessiert. So gut wie alle Klöster sind eingehend beschrieben, sehr gute Farbfotos runden das Werk ab.

Der Diskos von Phaistos, Thomas Balistier, Verlag Dr. Thomas Balistier, auch auf Kreta erhältlich. Die Entzifferung der Schriftzeichen auf dem rätselhaften Diskos ist bis heute nicht gelungen. Informativ, sachlich und durchaus ins Detail gehend gibt der Autor auf etwa 100 Seiten einen Überblick über die vielfältigen Forschungsbemühungen und Lösungsversuche.

Das Grab von Níkos Kazantzákis in Iráklion

Níkos Kazantzákis: Kretas Literaturperle

1883 in Iráklion geboren, wird er zum bedeutendsten griechischen Schriftsteller der Neuzeit. In seiner Kindheit erlebt er noch die kretischen Aufstände gegen die Türken, die er später mehrfach in Romanen verarbeitet. Nach dem Jurastudium in Athen geht er nach Paris und studiert Philosophie. 1919 tritt er für kurze Zeit in den griechischen Staatsdienst ein, danach arbeitet er bis zum Zweiten Weltkrieg als Schriftsteller. Ausgedehnte Reisen führen ihn durch ganz Griechenland und weite Teile Europas, in die Sowjetunion, in die arabischen Länder und bis nach Japan und China. 1945 wird Kazantzákis für wenige Monate Minister im griechischen Kabinett, später arbeitet er bei der UNESCO. 1946 erscheint sein Buch „Alexis Zorbas", das ihm weitgehend finanzielle Unabhängigkeit verschafft. Ende der 1940er Jahre geht er nach Antibes in Südfrankreich, wo er bis zu seinem Tod lebt und arbeitet. 1957 stirbt er 74-jährig in Freiburg.

Alle seine Werke zeichnen sich durch eine kraftvolle und leidenschaftliche Sprache aus, die immer wieder aus dem kulturellen Erbe seiner Heimat Kreta schöpft. Seine zahlreichen Reisen lassen ihn zum eigenwilligen und weltoffenen Kosmopoliten werden. Als scharfer Kritiker der griechisch-orthodoxen Kirche, die er als unsozial und dogmatisch anprangert, entwirft er das ungestüme und naturhafte Gegenbild des *Aléxis Zorbás* und ringt um seine ureigene metaphysische Wahrheit, wendet sich Buddha und dem mitfühlenden Geist des Franz von Assisi zu, verehrt Lenin, Albert Schweitzer und Nietzsche. Die heilige Synode der griechisch-orthodoxen Kirche fordert deshalb von der griechischen Regierung ein Verbot seiner Bücher und wendet sich mit der Bitte um geistliche Sanktionen gegen Kazantzákis an das Patriarchat in Konstantinopel – beides jedoch ergebnislos. 1963, sechs Jahre nach Kazantzákis' Tod, drückt der Patriarch Athenagoras sogar öffentlich seine Wertschätzung für den kretischen Schriftsteller aus.
Kazantzákis erhielt 1956 den Weltfriedenspreis, seine Werke sind in zahlreiche Sprachen übersetzt. Posthum erschien sein autobiografischer Roman „Rechenschaft vor El Greco", den er in seinem letzten Lebensjahr schrieb.

• *Belletristik* Neuauflagen der Bücher von Níkos Kazantzákis gibt es auf Kreta in Deutsch vom Efstathiadis-Verlag.

Alexis Zorbas, Níkos Kazantzákis. „Das" Kreta-Buch schlechthin darf natürlich in keinem Rucksack oder Koffer fehlen. Obwohl es eigentlich über Kreta wenig, dafür viel über Kazantzákis offenbart. Ein ganz persönliches Buch Kazantzákis'. Aléxis ist die leibhaftige Verkörperung des natürlichen Menschen, der sich nimmt, was er kriegen kann, sich seine Moral selbst schreibt und dadurch erst der wirkliche Mensch wird. Traurigkeit und Wehmut schimmern oft durch diese grandiose Erzählung voll Leidenschaft, zu der die kretische Kulisse bestens passt.

Freiheit oder Tod, ders. Das „kretischste" Buch von Kazantzákis erzählt mit tiefem Mitgefühl den Kampf um die Unabhängigkeit während der Besetzung Kretas durch die Türken. Derb, ungestüm und leidenschaftlich sind die Personen des Romans, allen voran Kapitän Michalis, der alljährlich mit seinem Pferd mitten ins türkische Caféhaus von Megalokástro (= Iráklion) reitet, um die satten Agas bei ihrer Wasserpfeife zu stören.

Griechische Passion, ders. Eindrucksvolle Schilderung eines kleinen Dorfs zur Zeit der Türkenherrschaft, über das unvermutet eine Tragödie hereinbricht. Nach diesem Roman wurde ein Film im kretischen Dorf Kritsá gedreht (→ S. 396).

Die Chronik einer Stadt, Pándelis Prevelákis, Bibliothek Suhrkamp, Bd. 748, vergriffen. Ein kleines Büchlein, bereits 1938 geschrieben. Der Dichter und Professor Prevelákis, ein enger Freund Kazantzákis', erzählt darin mit viel Poesie Geschichten und Anekdoten über seine Heimatstadt Réthimnon. So erfährt man beispielsweise etwas über den versandeten Hafen der Stadt und den großen Bevölkerungsaustausch zwischen Türken und kleinasiatischen Griechen (1923), der von den kretischen Türken ganz und gar nicht freudig aufgenommen wurde.

Der Koloss von Maroussi, Henry Miller, rororo Tb. 10758. Im Jahre 1939, kurz vor der Besetzung durch die deutsche Wehrmacht, besucht Henry Miller Griechenland – ohne seinen Homer im Reisegepäck. Von seinem daraus entstandenen Buch hat Miller 50 Seiten Kreta gewidmet. Diese 50 Seiten haben es in sich. In kraftstrotzender, fast überschäumender Sprache, mit beißender Ironie, Kaltschnäuzigkeit und grenzenloser Fantasie schafft er sein Bild der Insel, die bei ihm zur glühenden Vision wird.

Die zwei Gesichter des Januars, Patricia Highsmith, Diogenes Tb. 20176, vergriffen. Die gefeierte Meisterin des psychologischen Kriminalromans erzeugt in ihren Werken atemberaubende Spannung bis zur letzten Seite. Dieser Highsmith-Roman spielt in Athen und auf Kreta. Handlungsorte sind u. a. Iráklion, Knossós, Chaniá und Agía Galíni, kretische Elemente und Atmosphäre sind in die fesselnde Handlung eingewoben. Der Roman wurde auch eindrucksvoll verfilmt.

Die Elemente, Harry Mulisch, Rowohlt Tb 13114. Der kleine Roman des holländischen

Bestsellerautors spielt auf Kreta. Hauptperson ist Dick Bender, ein erfolgreicher Werbemanager, der mit seiner Frau und seinen beiden Kindern Urlaub in einer Luxusvilla auf Kreta macht. Bis er eines Tages den Zorn der griechischen Götter auf sich zieht ... Ein echter Mulisch, skurril und voller existenzieller Fragen.

Eleni, Gage Nicholas, dtv-Taschenbuch 10733. Spielt zwar nicht auf Kreta, sondern am griechischen Festland, ist aber trotzdem eine geeignete Hintergrundlektüre zur jüngeren Geschichte Griechenlands und Kretas. Der Band rückt in Romanform den oft glorifizierten Partisanenkampf etwas zurecht. Eleni ist eine Griechin, die wie viele andere im Bürgerkrieg von den Partisanen ermordet wurde, weil sie sich weigerte, ihre Kinder für die Umerziehung in der kommunistischen Partei herzugeben. Geschrieben ist der Roman von Elenis Sohn.

Bericht von einem vorbestimmten Mord, Jorgi Jatromanolakis, dtv-Taschenbuch 12909. Während eines Seminars im Jahr 1990 werden zwei Physikprofessoren und eine Studentin von einem Doktoranden erschossen. Monate später wird seine Leiche im Díkti-Massiv im Osten Kretas entdeckt, wo gemäß dem Mythos Zeus geboren wurde. Der kretische Autor deckt als anonym bleibender Erzähler die Hintergründe der Tat auf, taucht dabei immer tiefer ein in das verwirrende Geschehen.

Schattenhochzeit, Ioanna Karystiani, Suhrkamp. Der angesehene Wissenschaftler Kyriakos Roussias kehrt aus den USA nach Kreta an den Ort seiner Kindheit zurück. Dort erfährt er, dass seine Familie in der Tradition einer seit Generationen währenden Blutrache steht. Auch sein Vater wurde von der feindlichen Familie ermordet – weil er vorher eines deren Mitglieder umgebracht hatte. Als es zur Begegnung mit dem Mörder seines Vater kommt, muss er zeigen, wo er steht ...

Der kretische Gast, Klaus Modick, Eichborn. Ein spannender zeitgeschichtlicher Roman mit Thrillercharakter über Kreta im Zweiten Weltkrieg – die Besetzung durch die Deutschen und die „Verwandlung" eines Deutschen zum Kreter. In einer zweiten Handlungsebene beschäftigen sich dreißig bis vierzig Jahre später die Kinder der Protagonisten mit der Vergangenheit ihrer Eltern.

Tote trinken keinen Raki, Kreta-Krimi vom langjährigen Inselkenner Klaus Eckhardt (www.kreta-klaus.de), Balistier Verlag. Jakob Ostermann alias Jakovos Antolis ist Privatdetektiv in Agía Galíni. Er soll den Mord an Aristidis Rousakis aufklären, der ausgedehnten Grundbesitz an der Südküste sein eigen nennt, ihn aber keinesfalls verkaufen will. Nach seinem Tod sollen ihn jedoch seine Söhne beerben ...

Die letzten echten Kreter, Dimitris Papadakis, Kalendis Verlag. Nur auf Kreta erhältlich. Erzählungen aus dem kretischen Leben vor der touristischen Invasion – Eigenheiten und Traditionen der Kreter, liebevoll erzählt.

Einstieg in den kretischen Alltag und **Führung durchs kretische Labyrinth**, Frank Althaus, Cretasommer Verlag. Erhältlich auf Kreta. Kleine, liebenswerte Geschichten voller Charme und Witz über Kreta und seine Menschen. Der Autor („Frangiskos") lebt seit langem auf Kreta.

Sorbas war ganz anders, Arn Strohmeyer, Simmering Verlag. Seit über 30 Jahren bereist Strohmeyer Kreta – von den Hippiezeiten im Mátala der sechziger Jahre bis zur Einführung des Euro, vom sagenhaften Atlantis bis zu der Besetzung Kretas durch die Nazis und ihren noch heute existenten Hinterlassenschaften, vom geheimnisvollen Labyrinth des Minotaurus bis zur Kneipenphilosophie von Léntas reicht das Spektrum seiner Essays, mit denen er die Summe seiner vielfältigen Kreta-Erfahrungen zieht.

Wohin der Stier Europa brachte, **Das Wasser der Unsterblichkeit**, **Wäre Hades schön**, der Möhwald Druck + Verlag in Sindelfingen hat 2005 diese drei Bücher des kretischen Autor Zacharias G. Mathioudakis veröffentlicht, in dem er mit Gedichten, Märchen, Kurzgeschichten, Fabeln und Essays die alte kretische Erzählkunst wieder neu belebt. Herr Mathioudakis publiziert seit langem in Deutsch.

• *Biografien* **Nikos Kazantzakis – Leben und Werk**, Georgis I. Panagiotakis, Kreta 2002. Faktenreiche und reich bebilderte Zusammenfassung des Leben des kretischen Schriftstellers, dazu eine ausführliche Würdigung seiner Werke und interessante Abschnitte zur religiösen und politischen Identität Kazantzákis'.

• *Geologie* **Field guide to the geology of Crete**, Natural History Museum of Crete, University of Crete, Iráklion 2000. Nur auf Englisch und nur in Griechenland bzw. Kreta erhältlich, z. B. im Naturhistorischen Museum. Geologische und tektonische Entwicklung Kretas, Gesteinsbildung und Gesteinsschichtung sowie Erkenntnisse über Tiere und Pflanzen vergangener Erdzeitalter. Im Rahmen eines Streifzugs durch Kreta werden mit vielen Fotos und genauen Beschreibungen Höhepunkte der Geologie auf Kreta dargestellt.

• *Geschichte/Zeitgeschichte* **Geschichte von Kreta**, Theoharis E. Detorakis, Iráklion 1994, auf Englisch und seit Ende der Neunziger auch auf Deutsch erschienen, nur auf Kreta erhältlich. Das dickleibige Werk von einem Professor der „University of Crete" gibt einen umfassenden Überblick über die kretische Geschichte von den Anfängen bis zum Zweiten Weltkrieg.

The Cretan Runner, George Psychoundakis, Efstathiadis Group Athen, nur in Englisch und nur auf Kreta erhältlich. Ein ehemaliger Partisan beschreibt den gemeinsamen kretisch-britischen Untergrundkampf gegen die deutschen Besatzer im Zweiten Weltkrieg. Die „kretischen Läufer" hielten durch Übermittlung von Botschaften die Verbindung zwischen den Widerstandsgruppen in den verschiedenen Inselteilen aufrecht. Oft waren sie tagelang unterwegs, immer auf der Hut vor den Besatzern und Verrätern in den eigenen Reihen. Psychoundakis hat es im Lauf seiner abenteuerlichen „Karriere" bis nach Ägypten und Israel verschlagen. Das Vorwort stammt übrigens von Patrick L. Fermor, einem der Entführer des deutschen Generals Kreipe (→ S. 2589.

Dokumente zur Schlacht und zum Widerstand auf Kreta 1941–45, George Panagiotakis, deutsche Ausgabe, ISBN 9608657032. Der ehemalige Widerstandskämpfer von der Lassíthi-Hochebene legt Zeugnisse zur Zeit der deutschen Besetzung Kretas vor. Zu beziehen über http://cretashop.gr

Andartis – Monument für den Frieden, K. Raeck u. a., Edition Hentrich 1995, hg. vom Stadtmuseum Düsseldorf, vergriffen. Die Berliner Künstlerin Karina Raeck errichtete Anfang der neunziger Jahre zusammen mit einheimischen Hirten auf der Nída-Hochebene ein großes Denkmal für die kretischen Partisanen. Die hier vorgelegte Dokumentation zum Entstehungsprozess der Skulptur ist ausgesprochen lesenswert und mit aussagekräftigen Fotos schön aufgemacht. Ergänzt wird sie durch zahlreich eingeflochtene Risítika-Balladen aus den Bergen Westkretas (→ S. 53) und eine ausführliche, im deutschen Sprachraum längst überfällige Darstellung der deutschen Besatzungsherrschaft im Zweiten Weltkrieg und ihrer unmenschlichen Maßnahmen gegen die kretische Zivilbevölkerung. Ein Buch, das jeder mit Gewinn lesen wird, der in die Seele Kretas blicken will.

Der Dichter, die Insel und der Krieg, Arn Strohmeyer (ISBN 3-927723-44-4). Eine lesenswerte Bewertung von Erhart Kästners Buch „Kreta", das lange zu den beliebtesten Büchern deutscher Kretareisender gehörte. Was viele Leser Kästners nicht wussten, nicht wissen wollten oder verdrängten – der „Dichter im Waffenrock" war 1943/44 im Auftrag der deutschen Wehrmacht im besetzten Griechenland und auf Kreta unterwegs, um den deutschen Landsern Hellas näher zu bringen. In den kretischen Idyllen, die er gut beschützt von den Waffen der Hitler-Wehrmacht beschrieb, verschwieg er konsequent alles, was mit irgendwelchen Kriegsereignissen zusammenhing. Auch nach dem Krieg revidierte Kästner seine Texte nicht. Strohmeyer geht diesem „merkwürdigen Phänomen des fast vollständigen Ausblendens direkt erlebter Realität nach". Sein Text war lange überfällig.

Erhart Kästners Buch „Kreta": ein Deutscher im Dienste der Wehrmacht

1941 wurde Kästner (1904–74), der vor dem Krieg Sekretär Gerhart Hauptmanns war, nach Athen versetzt. Bald darauf erhielt der von den Nazis wohlwollend geförderte Schriftsteller den Auftrag, den deutschen Truppen Griechenland literarisch näher zu bringen. So reiste er 1943 mit Chauffeur, Dolmetscher und Sonderausweisen versehen durch das besetzte Kreta, besuchte Dorfbürgermeister und Ausgrabungsstellen, durchwanderte und überflog die Insel, kletterte auf Berge und besichtigte Höhlen. Der Erstdruck seiner so entstandenen Schilderungen ging im letzten Kriegsjahr verloren, doch 1946 wurde noch einmal nachgedruckt. 1975 legte der Insel Verlag das Buch in weitgehend unveränderter Form noch einmal auf – geplant war gewesen,

dass Kästner den Text überarbeiten sollte, doch er starb. Nur das letzte Kapitel konnte er noch neu gestalten.
Das Buch gehörte lange Zeit wohl zu den beliebtesten über Griechenland bzw. Kreta aus deutscher Feder und tatsächlich beschreibt Kästner darin vieles, was auch heutige Reisende noch in Kreta bezaubert. Allerdings, die teils stark idealisierende Darstellung ist nicht jedermanns Sache und manches wirkt folkloristisch überfrachtet, z. T. auch seltsam konturlos und nebulös. Andererseits sind viele seiner Beobachtungen und Einschätzungen durchaus zutreffend. So ist es insgesamt ein schönes und lesenswertes Buch geblieben. Was jedoch sauer aufstoßen kann, ist dass Kästners „Kreta" ein weltfernes Niemandsland widerspiegelt. Jeglicher Bezug zu Kriegshandlungen fehlt, die widerrechtliche Besetzung Kretas findet bei ihm einfach nicht statt, verbrannte, bis auf die Grundmauern zerstörte Dörfer und Hinrichtungen gibt es nicht, die Deportation der kretischen Juden durch die Wehrmacht ist keiner Erwähnung wert. Zu denjenigen *„... die seit der Antike Kreta besessen, den Herren von Byzanz, den Arabern, den Venezianern, den Türken ... „* (S. 108) gehören bei Kästner die Deutschen offensichtlich nicht. Er rühmt: *„Die Sfakioten, große und schöne Menschen, als Viehdiebe berühmt und gefürchtet, eine Art Raubritter der Berge, mit Ehrbegriffen eigener Art, haben sich niemals gebeugt, den Venezianern und Türken nicht."* (S. 102). Auch den Deutschen nicht, ist man geneigt, hinzuzufügen – und dafür wurden sie, während Kästner seine Idylle schuf, reihenweise erschossen. Das von ihm geschilderte Bild der Insel kann so nur Stückwerk bleiben, die tatsächlichen Lebensumstände der Kreter werden verschwiegen. Ich weiß nicht, wessen Geistes Kind Kästner war, doch dass er dem Nationalsozialismus wohl nahe stand, erkennt man in einem anderen seiner Bücher („Ein Buch aus dem Kriege", Berlin 1943). Darin vergleicht er begeistert die deutschen Soldaten mit Gestalten aus Homers Ilias: *„Auf den offenen flachen Eisenbahnwagen ... saßen, standen und lagen die Helden des Kampfes, prachtvolle Gestalten. Ihre Körper waren von der griechischen Sonne kupferbraun gebrannt, ihre Haare weißblond. Da waren sie, die 'blonden Achaier' Homers, die Helden der Ilias. Wie jene stammten sie aus dem Norden, wie jene waren sie groß, hell, jung, ein Geschlecht, strahlend in der Pracht seiner Glieder."*
Mag man in der Kriegssituation noch Verständnis für die gänzlich apolitische Diktion Kästners haben, so vermisse ich in dem 1975 neu aufgelegten Kretatext doch stark eine detaillierte Erklärung des historischen Kontextes, in dem das Buch zustande kam. Kästner schien das nicht für nötig befunden zu haben (obwohl er dreißig Jahre Zeit dafür hatte), der Verlag auch nicht. Fast zynisch mutet in diesem Zusammenhang die Schlussbemerkung an: „Das Kretabuch ist kein Reiseführer, sondern ein Kunstwerk aus der Gunst eines besonderen geschichtlichen Augenblicks." Ich nehme an, dass man einen heutigen Nachdruck anders gestalten würde.

Hinweis: In „Zeitzeichen" 3/2004 sieht Thomas Prieto Peral Kästners Bücher ganz anders. Den Text können Sie im Internet abrufen:
http://zeitzeichen.skileon.de/content/download/0403_prieto-peral.doc

Erhart Kästner, **Kreta**, Insel Taschenbuch, Band 117, Frankfurt a. M. 1975.
Lektüre zur Vertiefung: Arn Strohmeyer, **Der Dichter, die Insel und der Krieg** (→ Lesetipps/Geschichte).

Schatten ohne Mann. Die deutsche Besatzung Kretas 1941-1945, Ulrich Kadelbach, Verlag Dr. Thomas Balistier 2002. Tausende von Kretern wurden von den deutschen Besatzern als „Partisanen" erschossen, viele willkürlich und ohne Standgericht. Kadelbach beschäftigt sich vor Ort und an Hand von Dokumenten aus dem Bundesarchiv sowie Gerichtsprotokollen mit Einzelfällen. Collageartig aneinandergereiht, wird das Gemeinsame deutlich: alle mutmaßlichen Täter berufen sich auf Befehlsnotstand oder leugnen jegliche Schuld, keiner bekennt sich zu seiner Verantwortung.

• *Kinder* **Millie auf Kreta**, Dagmar Chidolue, Dressler Verlag und Fischer-TB. Die unterhaltsamen Erlebnisse der pfiffigen siebenjährigen Millie vermitteln kindgerechte Informationen zur Insel. Ab sechs Jahre.

• *Kulinarisches* **Gesund mit der Kreta-Diät**, Ingeborg Münzing-Ruef, Stefanie Latzin, Heyne Ratgeber 5297. Eins von mittlerweile vielen Büchern, die sich mit dem „Geheimnis" der kretischen Küche auseinandersetzen wollen, denn nirgends isst man gesünder als auf Kreta (→ Reisepraktisches von A bis Z/Essen und Trinken). Erläuterungen zu den Essgewohnheiten der Kreter und ihren Nahrungsmitteln, dazu zahlreiche Originalrezepte – auf dass wir hundert Jahre alt werden!

Die sensationelle Kreta-Diät, von Dr. med. Peter Schleicher, Mosaik Verlag. Dasselbe Thema, dazu Rezepte des Starkochs Eckart Witzigmann, der sich ebenfalls der kretischen Küche verschrieben hat.

Kräuter, Gemüse und Früchte, Myrsini Lambraki, erschienen im Selbstverlag, Iráklion 2001. Nur auf Kreta erhältlich. „Der Schlüssel zur mediterranen Diät" – viel Wissenswertes zu den Pflanzen Kretas und ihrer kulinarischen Verwendung, schön aufgemacht incl. zahlreicher Rezepte.

• *Natur* **Die wilden Blumen Kretas**, George Sfikas, Efstathiadis Verlag Athen, 1989. Nur auf Kreta erhältlich. Der Autor hat etliche Werke über die Botanik Griechenlands publiziert, vieles ist übersetzt worden, so auch dieses Standardwerk zur Flora Kretas. Exakte wissenschaftliche Texte, durchgehend vierfarbig.

Die Flora Kretas, Marina Clauser, Bonechi Verlag Florenz, 2000. Auf Kreta erhältlich. Reich bebilderte Darstellung der wichtigsten Pflanzen Kretas, gegliedert nach Vegetationsstandorten. Nützlich zum Auffinden vor Ort.

Medizinal-Pflanzen Griechenlands, George Sfikas, Efstathiadis Verlag Athen, 1995. 55 Pflanzen werden in Wort und Bild beschrieben, dazu wird ihre Heilwirkung erläutert samt Gebrauch und Zubereitung Eine Fundgrube für alle einschlägig Interessierten und Öko-Freaks.

Birds & Mammals of Crete, George Sfikas, Efstathiadis Verlag Athen, 1998. Nur auf Kreta erhältlich. Über 200 Vogelarten und 30 Säugetiere werden kurz beschrieben, dazu Hinweise zu Aufenthaltsorten, Brutstätten etc.

Die Samariaschlucht und ihre Pflanzen, hg. von Antonis Alibertis im Selbstverlag, 1994. Nur auf Kreta erhältlich. Kleiner, kundiger Führer zur berühmtesten Schlucht Kretas, Wegbeschreibung und zahlreiche Erläuterungen zu den hier wachsenden Pflanzen (mit Farbfotos).

Orchideen auf Kreta, Kasos und Karpathos, Horst und Gisela Kretzschmar, Wolfgang Eccarius, Selbstverlag der Autoren 2002. Ein Feldführer durch die Orchideenflora der Inseln der Süd-Ägäis, dokumentiert mit hervorragenden Farbbildern und fachmännischen Beschreibungen.

Olivenöl, Die Kultur der Olive, von Nikos und Maria Psilakis, nur auf Kreta erhältlich. Wissenswertes und Interessantes rund um das „grüne Gold" Kretas, dazu 150 Rezepte.

• *Reisebeschreibungen* **Wind auf Kreta**, David Mac Neil Doren. Englische Erstausgabe 1974, auf deutsch 1983 im Efstathiadis Verlag erschienen. David und seine Frau haben Ende der Sechziger sechs Jahre auf Kreta gelebt. Das Buch beschreibt persönlich und freimütig ihre Erfahrungen und Erlebnisse. David Mac Neil Doren „erlebt" die Insel, ihre Landschaften, Dörfer und Menschen. Er lernt die Kreter von ihren guten und von ihren schlechten Seiten kennen, wandert kreuz und quer über die Insel, wohnt in mehreren verschiedenen Orten und wird in den Jahren der Diktatur schließlich als unerwünschter Ausländer abgeschoben. Neben den Schilderungen des noch unberührten Kreta vor den großen Touristenströmen baut er immer wieder Wissenswertes und Interessantes ein – keine Bücherweisheiten, sondern empfundenes, erlebtes Wissen. Das Buch gibt es in den meisten kretischen Buchhandlungen, auch im deutschen Buchhandel ist es erhältlich.

Den tapferen Freiheitskämpfern gegen die Türken sind überall auf Kreta Denkmäler gesetzt

Geschichte

Kreta liegt im Schnittpunkt dreier Welten: Europa, Afrika und Asien. Von Asien und Afrika befruchtet und nach Europa ausstrahlend, gilt die Insel als Keimzelle europäischer Kultur.

Die erste hoch entwickelte Zivilisation auf europäischem Boden taucht ab 2000 v. Chr. aus dem Dunkel der Geschichte. Die *Minoer* bauen glanzvolle Paläste, schaffen farbenfrohe Fresken, hämmern fein ziselierten Goldschmuck. Vielleicht mehr als doppelt so viele Einwohner wie heute feiern rauschende Feste voller Lebensfreude. Jahrhundertelang leben sie gänzlich unbefestigt und ohne ernst zu nehmende Feinde als stärkste Macht im östlichen Mittelmeer. Dann die rätselhafte Katastrophe: Die Paläste verbrennen, die Mykener kommen vom Peloponnes, die Zivilisation der Minoer verschwindet unter meterdicken Staub- und Erdschichten.
Seitdem teilt Kreta das Schicksal so vieler Inseln– eine eigenständige Kultur und stolzes Nationalbewusstsein, aber von äußeren Feinden besetzt, unterdrückt, ausgebeutet. Die Byzantiner, Sarazenen und Venezianer fallen über die wehrlose, aber strategisch äußerst wichtige Insel her. Danach folgen Jahrhunderte, die geprägt sind vom türkisch-griechischen Gegensatz, Jahrhunderte der Gräuel und Katastrophen. Kreta wird zum Spielball der Großmächte – hohe Admirale liefern sich hier ihre Seeschlachten, beginnen mit ihren stolzen Federbüschen glänzende Karrieren ...

Seit 1913 ist Kreta griechisch. Doch 1941 landet die deutsche Wehrmacht und wieder müssen die Kreter ihre Insel verteidigen. Vierzig Jahre danach die vorerst letzte Invasion – der internationale Tourismus. Er verändert die Insel tief greifend, aber nicht wirklich nachhaltig. Im Kern bleibt Kretas Identität unangetastet.

Die Mythologie

Der Ursprung der Geschichtsschreibung. Die Bewohner des östlichen Mittelmeers überlieferten ihre faszinierenden Bilder von der Entstehung der Welt, von den Titanen, Göttern und Menschen in den vorchristlichen Jahrtausenden ausschließlich mündlich.

Erst aus dem 8. Jh. v. Chr. sind *schriftlich niedergelegte* Geschichten über die Entstehung der Götter, den Minos und seine Insel bekannt – über 700 Jahre, nachdem das kretisch-minoische Reich den Untergang gefunden hatte. Demzufolge sprechen aus den uns bekannten Mythen vor allem die Vorstellungen und Gedanken der antiken Festlandsvölker, die im Verlauf der *Griechischen Völkerwanderung* (= Dorische Wanderung) von Norden kommend nach Griechenland einfielen. Eventuell vorhandene minoische Überlieferungen sind dabei überdeckt und verändert worden, wurden aber auch sicher bewusst verfälscht. Vor allem die wenig markante eigene Rolle haben die Festlandsgriechen wohl „poliert". Die Mythen sind also griechisch verfremdet und es ist fast unmöglich, die minoischen Elemente zu isolieren, die vielleicht Aufschluss geben könnten über tatsächliche Ereignisse auf der Insel. Doch unbestritten ist in der griechischen Mythologie, dass auf Kreta mit der Geburt des Zeus die griechische Götterwelt und damit überhaupt erst die eigene Geschichte beginnt.

Erster Akt

Am Anfang ist das Chaos. Gäa, die Erdmutter, entspringt ihm und gebiert ohne männliche Hilfe Uranos, den Himmel, Pontos, das Meer, und Ourea, die Berge.

Gäa vermählt sich mit ihrem Sohn Uranos und sie zeugen die Titanen. Uranos ist jetzt unumschränkter Weltherrscher, aber mit steigender Kinderzahl fürchtet er um seine Macht. Gäa darf nur noch schwanger werden, aber die Sprösslinge nicht mehr in die Welt setzen. Gäa schmiedet daraufhin mit dem jüngsten der Titanen, *Kronos*, einen Komplott gegen Uranos. Im Schlaf beraubt ihn Kronos seiner Männlichkeit. Uranos ist damit des Herrscheramtes nicht mehr würdig, Kronos wird sein Nachfolger. Er heiratet seine Schwester *Rhea* und zeugt mit ihr wieder eifrig Nachkommen. Aber wie Uranos fürchtet auch er bald um seine Macht, vor allem weil die Kinder aus der Art geschlagen sind und menschenähnliche Züge tragen. So verschlingt er kurzerhand jedes Neugeborene! Als unsterbliche Götter leben sie jedoch im Bauch von Kronos weiter. Die entsetzte Rhea ist damit natürlich nicht einverstanden und ein neues Komplott gegen den gefräßigen Herrscher nimmt seinen Lauf. Gäa, die Gütige und Expertin in Sachen Komplott, hilft ihr dabei. Sie geben Kronos einen in Windeln gewickelten Stein als „Neugeborenes" zu fressen. Rhea aber versteckt sich in der Psichró-Höhle des Díkti-Gebirges auf Kreta (oder war es vielleicht die Idäische Höhle im Ída-Gebirge?) und gebiert *Zeus*. Dieser wird von der Ziegennymphe Amalthia und der Biene Melissa mit Milch und Honig genährt und großgezogen.

Zeus ist ein schlauer Gott. Er flößt Kronos heimlich Brechmittel ein, dieser muss sich übergeben und schenkt dabei den Geschwistern des Zeus, unter anderem Hades und Poseidon, wieder das Tageslicht. Zeus und seine Verbündeten besiegen schließlich Kronos und Zeus, als unumstrittener Chef, nimmt seine Schwester Hera zur Frau und verteilt die Erde – Hades bekommt die Unterwelt, Poseidon wird Herr der Meere usw. Der griechische Götterstaat erhält damit seine dauerhafte Struktur, der Olymp (in Nordgriechenland) wird „Regierungssitz". Zeus der Göttervater vertreibt sich seine Zeit im Folgenden hauptsächlich mit amourösen Abenteuern. Dabei kommt ihm zugute, dass er sich in jede beliebige Gestalt verwandeln kann. Eines Tages sitzt er auf dem höchsten Berg Kretas und erblickt an fernem Gestade die schöne phönizische Prinzessin *Europa*. Europa pflückt gerade Blumen, da steht mit schnaubenden Nüstern und zottigem Fell plötzlich ein mächtiger Stier vor ihr. Gutmütig trottet er hin und her, Europa wird zutraulich und beugt sich über ihn, streichelt ihn. Da plötzlich springt der Stier in die Höhe, fällt in Trab, wird immer schneller und rast auf das Meer zu. Europa krallt sich angstbebend fest, der Stier stürzt sich in die Fluten und schwimmt hinüber nach Kreta. In der kleinen Sandbucht von Mátala geht er an Land und lässt Europa von seinem Nacken gleiten. Er schüttelt das Wasser ab, erhebt sich – und plötzlich steht Zeus vor der verwirrten Europa. Man begibt sich glücklich, Europa allerdings mit einigem Widerstreben ob der ruppigen Entführung, in die nahe gelegene Messará-Ebene und lagert unter einer weit ausladenden Platane. Hier verbringen die beiden ihre erste Nacht und Europa wird schwanger. Sie gebiert drei Söhne: *Sarpedon*, *Rhadamanthys* und – *Minos*!! Hier taucht Minos das erste Mal auf – ein Halbgott, nach dem Sir Arthur Evans, der Entdecker des Palastes von Knossós, die gesamte frühkretische Kultur benannt hat. Zeus hat jedoch bald genug von Europa und zieht weiteren Liebesabenteuern entgegen. Europa wird Gattin des Kreterkönigs Astarios und dieser adoptiert die drei Söhne aus der Verbindung mit Zeus. Ende des ersten Aktes.

Von einer Platane, die heute im Ausgrabungsgelände von Górtis steht, sagt man, dass dort die Hochzeitsnacht von Zeus und Europa stattgefunden habe (→ S. 323).

Zweiter Akt

Als Jüngling steigt Minos hinauf zur Geburtshöhle des Zeus. Neun Jahre bleibt er oben in der Bergeinsamkeit.

Zeus unterrichtet ihn in seiner Höhle in der Kunst des Regierens und gibt ihm zum Schluss noch einen Schwung Gesetzestafeln mit. So bestens ausgerüstet, kommt Minos wieder von den Bergen, vertreibt seine beiden Brüder und wird Alleinherrscher von Kreta. Souverän baut er mit Hilfe seiner gewaltigen Flotte die Herrschaft über das ganze östliche Mittelmeer aus, äußere Feinde muss er kaum fürchten. Um auch noch anderen kretischen Thronanwärtern den Mut zu nehmen, erfleht er von seinem Onkel *Poseidon* ein Wunder: Er solle doch einen weißen Stier aus dem Meer emporsteigen lassen. Als Dank wolle er ihn ihm anschließend opfern. Doch als der Stier wirklich ans Ufer steigt, ist er so über alle Maßen schön und kräftig, dass Minos ihn bei Nacht und Nebel in der Herde verschwinden lässt und einen anderen, schmächtigeren Stier opfert. Poseidon merkt das natürlich und rächt sich auf seine Weise. Er lässt *Pasiphae*, die wollüstige Gattin des Minos, in heißer Liebe zum weißen Stier entbrennen. Jetzt kommt der sagenhafte Genius, Erfinder und Alleskönner *Dädalos* ins Bild. Angeblich aus Athen stammend, gelangt er wegen einer Blutschande nach Kreta. An ihn wendet sich die begierige Pasiphae und er kann ihr auch helfen – er baut ein sinnreiches Holzgestell, spannt eine Kuhhaut darüber und lässt die Königin hineinsteigen. Dann schiebt er das Ding auf die Weide – der Stier bespringt sofort die vermeintliche Kuh und begattet Pasiphae! Neun Monate später ist es soweit: Pasiphae bringt ein gesundes Kind zur Welt, einen Knaben mit riesigem Stierkopf, ein Ungeheuer! Minos tobt, lässt das Stierwesen aber wegen der herzrührenden Klagen seiner Tochter Ariadne nicht umbringen, sondern in ein riesenhaftes Labyrinth einsperren, das der große Dädalos konstruieren muss. Der Stiermensch wird fortan *Minotauros* genannt. Das sagenhafte Labyrinth des Minotauros ist ein riesiges Bauwerk mit verwinkelten Irrgängen, zahllosen Räumen und dunklen Ecken. Dädalos hat Großartiges geleistet. Ist es der Palast von Knossós? Wahrscheinlich nicht, aber es passt so wunderschön in die ganze Geschichte ...

Der Minotauros

Klappe, Minos die zweite. Die Geschichte blendet um aufs griechische Festland. *Herakles,* der sagenhafte Sohn des Zeus mit der Alkmene, taucht auf. Er hat in vorübergehender geistiger Umnachtung seine Kinder getötet. Als Buße wird ihm vom Orakel von Delphi aufgetragen, zehn Heldentaten zu vollbringen. Eine davon ist das Einfangen des Kretischen Stieres. Das glückt Herakles auch, er bringt ihn auf den Peloponnes, wo der Stier tobend durch die Landstriche zieht und verwüstet, was ihm vor die Hörner kommt. Zufällig hält sich gerade *Androgeos,* der Sohn des Minos, am Hof des Königs Ägeus von Athen auf. Bei der Jagd nach dem Stier wird er hinterrücks ermordet, wohl aus Neid auf seinen soeben errungenen Sieg im Fünfkampf bei den Panathenäischen Spielen. Als Minos das erfährt, sendet er sofort eine Kriegsflotte gegen Athen aus und siegt nach langem Kampf. Damit ist er der unumschränkte Herrscher im östlichen Mittelmeer und über ganz Griechenland. Die Athener müssen sich unterwerfen, als Sühne für das Verbrechen an seinem Sohn verlangt Minos Menschenopfer. Alle neun Jahre sollen sieben Jünglinge und sieben Jungfrauen dem Minotauros zum Fraß vorgeworfen werden.

Bei der dritten dieser traurigen Fahrten geht *Theseus,* der junge Sohn des Königs Ägeus mit an Bord. Er will den Minotauros töten und damit diese furchtbare Geißel Athens endgültig ausschalten. Mit seinem Vater vereinbart er, dass er im Fall eines glücklichen Ausgangs weiße Segel setzen wird, im Falle seines Todes werde die Besatzung schwarze Segel aufziehen ... Obwohl *Ariadne,* die Tochter des Minos, schon mit dem Gott Dionysos verlobt ist, verliebt sie sich bei Theseus' Ankunft sofort in den hoch gewachsenen, kühnen Recken mit dem langen, wehenden Haar.

Auf den Rat des Dädalos gibt sie ihm ein Wollknäuel mit auf den Weg, dessen Ende sie am Tor des Labyrinths befestigt. Nur so kann Theseus überhaupt aus dem Irrgarten wieder herausfinden. Außerdem gibt sie ihm merkwürdige Pillen aus Pech und Haaren, die er dem nimmersatten Minotauros in den Rachen werfen soll. Diese sollen ihn unpässlich machen und vom Kampf ablenken. Theseus geht tatsächlich ins Labyrinth und spult den Faden langsam hinter sich ab. Lange hört und sieht man nichts – dann steht er plötzlich wieder am Eingang und schwenkt triumphierend den Skalp des toten Ungeheuers!

Im allgemeinen Durcheinander flieht Theseus mit Ariadne zum Hafen, zerstört, wieder auf Rat des Dädalos, die Böden aller minoischen Schiffe und nimmt Kurs Richtung Heimat. Auf der Kykladeninsel Náxos werden die Liebenden getrennt. Vielleicht erschießt Artemis Ariadne mit einem Pfeil, vielleicht holt sich Dionysos selber seine Braut wieder zurück. Theseus vergisst in seinem Gram über den Verlust seiner Geliebten, das weiße Segel zu setzen. Sein Vater Ägeus wartet schon sehnsüchtig und voller Bangen auf die Rückkehr. Da – ein winziges Schiff am Horizont, das muss er sein! Langsam kommt es näher und plötzlich erkennt Ägeus: Das Schiff hat schwarze Segel! Theseus ist tot. Voller Schmerz über den vermeintlichen Tod seines Sohnes stürzt er sich von einer hohen Klippe ins Meer, das seitdem das *Ägäische* genannt wird.

Und Dädalos? Minos lässt ihn und seinen Sohn sofort ins Labyrinth werfen, als er den Verrat entdeckt. Aber Dädalos ist nicht umsonst ein großer Erfinder. In jahrelanger Arbeit sammelt er Wachs und die Federn der im Palast nistenden Vögel. Und eines Tages schweben zwei sehr seltsame Vögel vom heutigen Agiá Galíni an der kretischen Südküste (→ S. 366) langsam Richtung Meer – *Dädalos* und *Ikaros* auf dem Weg übers große Meer nach Sizilien. Anfangs geht alles gut, aber plötzlich kommt der übermütige Ikaros trotz der Warnungen seines Vaters der Sonne zu nahe. Das Wachs schmilzt und Ikaros stürzt tief ins Meer ...

Dädalos der Zweite

Wir schreiben Samstag, den 23. April 1988, 7.05 Uhr. Von einem Strand nahe Iráklion startet das Tretflugzeug *Dädalos 88*. 3 Std. und 54 Min. bleibt es in der Luft, bis es sicher am Strand von Périssa auf der Insel Santoríni landet. Bis Sizilien hat es Kanélos Kanellópoulos, seines Zeichens griechischer Radrennmeister, nicht geschafft. Aber immerhin die 119 km bis Santoríni. Allein mit der Muskelkraft seiner Beine treibt er eine in USA entwickelte Propellermaschine in ca. 5–7 m Höhe über das Ägäische Meer. Niemals zuvor konnte ein Mensch nur mit Hilfe seiner Muskelkraft so lange und so weit fliegen – außer Dädalos natürlich.

Dritter Akt und Schluss

Über Kamikos auf Sizilien herrscht König Kokalos. Er nimmt Dädalos als Künstler an seinem Hof auf.

Aber Minos rastet nicht, überall sucht er nach Dädalos und dazu benutzt er jeden Trick. Er setzt einen hohen Goldpreis aus für denjenigen, der einen Faden durch eine Muschel ziehen könne. Auch Kokalos hört von der Aufgabe. Er gibt sie an Dädalos weiter und dieser träufelt eine Honigspur durch die Muschel und bindet den

Faden an einer Ameise fest. Das Tierchen leckt sich behände durch die gewundenen Gänge der Muschel. Als der König Minos erfährt, dass die Aufgabe bei Kokalos gelöst worden ist, weiß er Bescheid. Mit einem großen Heer zieht er gegen ihn ins Feld – und wird im Kampf getötet.

Ein anderer Mythos erzählt, dass König Minos zu Kokalos kommt und die Auslieferung des Dädalos fordert. Während Kokalos sich zurückzieht, um darüber nachzusinnen, bereiten seine Töchter dem Minos ein Bad. Sie haben Dädalos aber lieb gewonnen, vor allem, weil er ihnen immer so schönen Schmuck macht, und wollen ihn auf gar keinen Fall ausliefern. So leiten sie kochendes Wasser ins Bad und verbrühen Minos, bis er den Tod findet.

Was kann man aus diesen Mythen herauslesen?

Der geschichtliche Kern schimmert immer wieder durch die Legenden:

- *Prinzessin Europa kommt aus dem Osten nach Kreta: Einwanderung der Minoer;*
- *die Athener müssen dem Minotauros Menschenopfer darbringen, d. h. sich den minoischen Herrschern von Kreta unterwerfen. Diese Oberherrschaft Kretas über das östliche Mittelmeer ist geschichtliches Faktum;*
- *Theseus kann endlich den Minotauros besiegen: Die mykenischen Griechen können sich aus der Unterwerfung lösen;*
- *und dass die Geschichte des Minos auf Sizilien endet, könnte schließlich auf minoische Flüchtlinge hindeuten, die nach der Eroberung durch die Mykener ins westliche Mittelmeer flüchteten.*

Außerdem haben sich die späteren griechischen Dichter anscheinend bemüht, den Minos und sein Reich so schlecht wie möglich erscheinen zu lassen. Menschenopfer, ein blindwütiger Minotauros, der große Künstler Dädalos auf der Flucht ... In anderen Quellen wird König Minos im Gegensatz dazu als weise und gerecht geschildert, nach seinem Tod wird er als führender Richter in den Hades aufgenommen.

Die Geschichte

Anhand der chronologisch geordneten Funde im Archäologischen Nationalmuseum von Iraklion kann man die vorantike und antike Entwicklung bestens verfolgen.

Neolithikum (Jungsteinzeit) 6000 – 2600 v. Chr.

Die Anfänge liegen im Dunkeln. Wahrscheinlich sind die ersten Siedler zwischen 6000 und 5000 v. Chr. nach Kreta gekommen – aus Anatolien in Kleinasien, vielleicht auch über Afrika. Ob sie bereits auf Ureinwohner treffen, ist umstritten. Anfangs leben sie halbnomadisch in Höhlen, später können sie aber aus gebrannten Tonziegeln schon schlichte Behausungen herstellen. Auch einfache Ton- und Steingefäße hat man gefunden, sogar kleine Figuren, Idole und Tiernachbildungen.
Die ersten Siedlungen liegen in Zentral- und Ostkreta: bei *Knossós, Mália, Festós* und *Sitía*. Evans hat unter dem Palast von Knossós eine 6–8 m starke Schicht mit

Das große Treppenhaus im Palast von Knossós

neolithischem Wohnschutt entdeckt. Die dort entdeckten menschlichen Spuren – die bisher ältesten Kretas – datiert man etwa ins Jahr 5150 v. Chr.

Die Minoer

Seit etwa 3000 v. Chr. beginnt eine neue Epoche für Kreta. Große Einwandererströme ergießen sich über die Insel, vermutlich aus dem kleinasiatischen Raum, wo schon frühe Hochkulturen existieren. Dank ihrer überlegenen Zivilisation können sie die einheimische Bevölkerung leicht unterwerfen bzw. assimilieren. Aus der Verschmelzung der beiden Volksgruppen entstehen die so genannten „Minoer", die Kreta über ein Jahrtausend hinweg zum Zentrum einer hoch entwickelten Kultur machen. Sie werden eine umfassende Herrschaft über das östliche Mittelmeer errichten.

Vorpalastzeit 2600 – 2000 v. Chr.

Die neuen Einwanderer bringen eine Fülle neuer Techniken und neue Kenntnisse mit.

Sie können Kupfer bearbeiten und stellen damit Waffen und Werkzeuge her. Außerdem führen sie die Töpferscheibe ein und entwickeln darauf verschiedene Stile, am bekanntesten der so genannte *Flammende Stil* – verschiedenfarbige Oberflächen, entstanden durch ungleichmäßiges Brennen. Auch die Steinschneidekunst wird perfektioniert. Die Herstellung von individuellen Siegelsteinen ist die hervorragendste Leistung der frühen Minoer. Anscheinend besaß jeder sein eigenes Siegel. Sie dienten zum Verschließen von Truhen und Türen, aber auch als Amulette.

Vor allem aber betreiben die neuen Herren der Insel bald einen schwunghaften Seehandel mit Ägypten, Kleinasien und Mesopotamien. Ein reger Kulturaustausch mit den höher entwickelten Kulturen auf dem asiatischen Festland findet statt, eine Art primitive Hieroglyphenschrift entwickelt sich. Ackerbau und Viehzucht sind bekannt, man wohnt bereits in festen, verputzten Häusern. Die Toten bestattet man in großen Kuppelgräbern. Die besterhaltene Siedlung aus dieser Zeit hat man zwischen Ierápetra und Mírtos gefunden.

Ältere Palastzeit 2000 – 1700 v. Chr.

Die einfache Agrargesellschaft entwickelt sich zu einer differenzierten Gesellschaftsordnung. Es entstehen große Machtzentren auf Kreta. Wahrscheinlich Sklaven errichten die gewaltigen Paläste von Festós, Knossós, Mália und Káto Zákros.

Wichtigstes Indiz dafür, dass die Minoer damals ihre Herrschaft schon über das ganze östliche Mittelmeer ausgedehnt hatten und keine Feinde fürchten mussten, ist die Tatsache, dass sowohl die Paläste als auch die umgebenden Siedlungen gänzlich unbefestigt waren! Oder anders herum: Vor wem mussten sich die Nachbarn der Minoer schützen, die sich allesamt hinter massiven Wehranlagen verschanzten? Waren es die mächtigen Bewohner der Insel Kreta, die raubend und plündernd durch die Ägäis zogen? Bis heute ist dieser Punkt von den Historikern nicht geklärt.

Bedeutendster Palast muss im Gegensatz zum später dominierenden Knossós der Palast von Festós gewesen sein. Nur hier hat man die wunderschöne, hauchdünne „Eierschalen-Keramik" gefunden, die nach dem bedeutendsten Fundort, der *Kamáres-Höhle* im südlichen Ída-Gebirge, benannt ist. Ihre Toten bestatten die Minoer in großen Tonkrügen (Pithoi) oder Tonsarkophagen (Larnakes).

Auf die schon früher aufgetretene Hieroglyphenschrift stößt man bei Ausgrabungen aus dieser Epoche häufiger, vor allem aber werden erste Tontäfelchen mit der

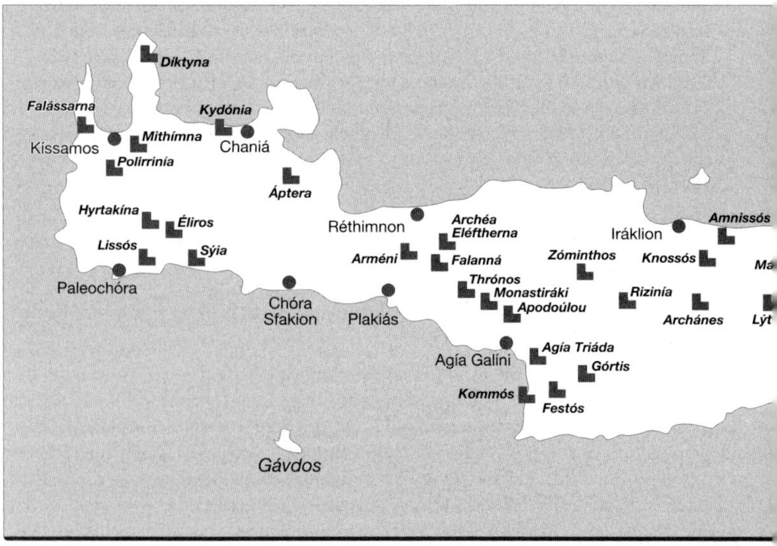

berühmten *Linear-A-Schrift* entdeckt. Bis heute ist diese Silbenschrift nicht entziffert. In einer rätselhaften Katastrophe werden um 1700 v. Chr. alle Paläste bis auf die Grundmauern zerstört – aller Wahrscheinlichkeit nach durch ein Erdbeben.

Erdbeben auf Kreta

Erdbebengefährdetes Gebiet ist Kreta bis heute. Historiker haben Beben in den Jahren 66, 365, 1246, 1304, 1508, 1665 und 1856 nachweisen können. Das letzte schwere Beben fand 1926 statt und hat unter anderem Teile der Küstenlinie um 20 cm gehoben. Alte Kreter erinnern sich noch daran. Im Mai 1992 war es wieder soweit – ein Beben mit der Stärke 6,1 auf der Richterskala ließ vorübergehend die Erde erzittern. 1993 wurde der Westen Kretas wieder durch Erdstöße erschüttert, im Mai 2002 das Zentrum der Insel. Die Minoer wussten also, warum sie ihre Paläste mit Holzsäulen und Fachwerk errichteten, denn Holzkonstruktionen reagieren flexibler als spröder Stein und brechen nicht so schnell.

Jüngere Palastzeit 1700 – 1450 v. Chr.

Der Höhepunkt der minoischen Kultur. Die Paläste werden mit mehreren Stockwerken, Treppenanlagen und großen Höfen prächtiger als je zuvor wieder aufgebaut.

Farbenfrohe Fresken schmücken die Gänge und Innenräume, religiöse Riten und Feste, vor allem der seltsame Stierkult, spielen eine große Rolle im Leben der Oberschicht. Homer schreibt später von neunzig Städten, die damals bereits auf Kreta existiert haben sollen. Handel und Handwerk blühen, die Flotte beherrscht das Mittelmeer und kretische Kaufleute stoßen wahrscheinlich bis Skandinavien vor. Der Lebensstandard ist entsprechend hoch, die Vorratsgefäße in den Palästen sind bis zum Rand gefüllt. Zentrum der Insel ist unbestritten *Knossós,* aber auch eine typische Handwerkersiedlung ist noch erhalten, nämlich *Gourniá* (östlich von Ágios Nikólaos), außerdem eine weitere Stadtsiedlung namens *Eliá* (bei Palékastro im äußersten Osten), von der angenommen wird, dass sie damals nach Knossós die zweitgrößte Stadt Kretas war.

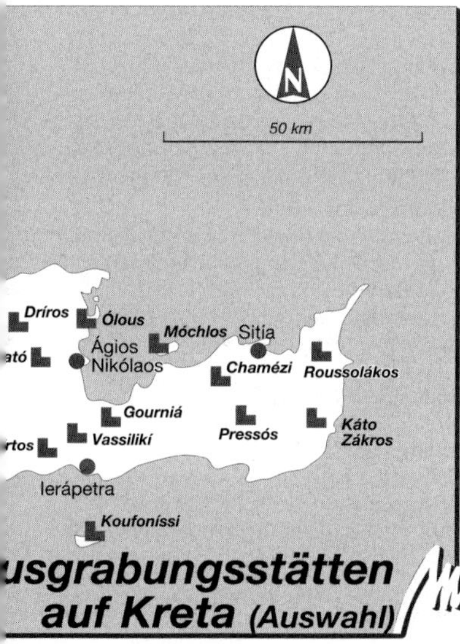

In Knossós herrscht der „Minos", wahrscheinlich kein Eigenname, sondern ein Herrschertitel ähnlich wie der des Pharao in Ägypten. Insgesamt 22 Minos-Könige soll es gegeben haben, man hat in Knossós den Thronsaal mit dem ältesten Thron Europas gefunden! Auffallend ist immer wieder die *Stellung der Frauen.* Mit entblößten Brüsten und viel Selbstbewusstsein sind sie als Statuetten und Fresken dargestellt – weltgewandt, elegant und mit wertvollem Schmuck. Die Frauen wurden allem Anschein nach verehrt, führten ein freies, selbstbestimmtes Leben und saßen vielleicht sogar an den Schalthebeln der Macht.

Irische Eichen und grönländisches Eis – der Vulkanausbruch von Santoríni und seine Folgen

Der Zeitpunkt der Katastrophe

Bereits seit Jahrzehnten beschäftigen sich Wissenschaftler der unterschiedlichsten Disziplinen mit der Frage nach dem Zeitpunkt des Vulkanausbruchs von Santoríni. Auf drei internationalen Kongressen wurden die Forschungsergebnisse, die mit Hilfe unterschiedlicher naturwissenschaftlicher und archäologischer Datierungsmethoden gewonnen wurden, vorgetragen und diskutiert. Zu einem endgültigen Ergebnis ist man dennoch bis heute nicht gekommen, da alle Datierungsmethoden mit erheblichen Problemen zu kämpfen haben.

Dendrochronologie (Zeitbestimmung durch Holz): Bestimmte Baumarten, z. B. Eichen, bilden je nach Witterungsbedingungen (Licht- und Wassermenge) unterschiedlich dicke Jahresringe. Die Abfolge dieser Ringe ergibt ein charakteristisches Muster, das bei allen Bäumen gleich ist, sich aber zeitlich nie exakt wiederholt. Durch Untersuchungen großer Mengen von Holzproben, die bis in prähistorische Zeit zurückreichen, kann man diese dann aufs Jahr genau datieren.
Auf den vegetationsarmen Kykladen fand man zwar kaum Holzproben, jedoch hatte der Vulkanausbruch weitreichende Folgen: Durch den enormen Ausstoß von Vulkanasche gelangte diese auch in die Erdatmosphäre und verminderte den Einfall von Sonnenlicht. Auch weit von Santoríni entfernte Bäume, wie z. B. Eichen in den irischen Hochmooren, reagierten auf diese „Verdunklung" mit dünneren Jahresringen. Das Problem ist jedoch, dass in der Bronzezeit mehrere große Vulkanausbrüche stattfanden (u. a. in Island), und über die Herkunft der Asche, die den Himmel verdunkelte, können die Bäume leider nichts erzählen.

Ablagerungen in grönländischen Gletschern: Die mit ungeheuerer Macht hochgeschleuderte Asche fiel auch in weit entfernten Gebieten wieder zu Boden. Ein Teil landete auf den großen Gletschern in Grönland und wurde beim Weiterwachsen der Gletscher im Eis eingeschlossen. Durch die jährliche Frühjahrsschmelze der Gletscher entstehen im Sediment der Endmoränenseen ebenfalls eine Art „Jahresringe", durch die man den Zeitpunkt der Ascheeinlagerung bestimmen kann. Ähnlich wie bei den Baumringen kann man so zwar den Zeitpunkt ziemlich genau festlegen, weiß aber nicht, welcher Vulkan ausgebrochen ist.

C14-Methode (Radiocarbon-Datierung): Jede lebende Materie nimmt radioaktive Grundstrahlung aus der Atmosphäre auf. Stirbt die Materie, wird die Strahlung wieder abgegeben, ein Prozess, der sich über einen unendlich langen Zeitraum erstreckt. Bekannt sind jedoch die so genannten Halbwertzeiten, d. h. die Zeitspanne, die es dauert, bis sich die Strahlung jeweils halbiert hat. Durch Messen der Reststrahlung kann man so den Zeitpunkt errechnen, an dem der Zerfallsprozess begonnen hat.
Auch diese Datierungsmethode bringt etliche Probleme mit sich. Hauptproblem ist, dass die Zerfallskurve nicht regelmäßig verläuft und man so als Messergebnis nur einen größeren Zeitraum erhält. Auch sind nicht alle Materialien zur Radiocarbon-Datierung gleich gut geeignet. Die besten Messergebnisse lassen sich mit Tierknochen erzielen, von denen man in der verschütteten Siedlung Akrotíri auf Santoríni jedoch keine gefunden hat. Die für Santoríni ermittelten Radiocarbon-Daten schwanken daher um bis zu 800 Jahre.

Man sieht also, dass die naturwissenschaftlichen Datierungsmethoden viele Fragen offen lassen. So kann man zwar anhand der Dendrochronologie und der

Gletschereinlagerungen einen großen Vulkanausbruch um 1625 v. Chr. nachweisen, der oft mit Santoríni in Verbindung gebracht wird – ohne gesicherte Daten aus Akrotíri wird dieses Datum jedoch hypothetisch bleiben. Für die Frage nach den Folgen des Ausbruchs für Kreta ist man daher weiterhin auf archäologische Befunde angewiesen.

Zerstörte der Vulkan die kretischen Paläste?

Durch den Ausstoß immenser Mengen von Magma während des Ausbruchs war unter dem Vulkankegel ein gigantischer Hohlraum entstanden, in den die Reste des Vulkans hineinstürzten, sodass ein großer Einsturzkrater entstand. Lange Zeit ging man davon aus, dass dieser plötzliche Einbruch eine riesige Flutwelle erzeugte, die die Paläste auf Kreta zerstörte. In jüngerer Zeit ist man sich jedoch nicht mehr sicher, ob der Einsturz plötzlich erfolgte, sondern nimmt mehr ein langsames „Abbröckeln" an, das sicherlich keine Flutwelle erzeugte. Die These, dass es keinen Zusammenhang zwischen dem Vulkanausbruch und der Zerstörung der Paläste gibt, wird auch auf Grund zahlreicher archäologischer Belege immer wahrscheinlicher. Etliche kretische Paläste und Siedlungen wurden durch Feuer zerstört – ein Zusammenhang mit einer Flutwelle ist hier kaum herzustellen. Darüber hinaus weist vieles darauf hin, dass die Paläste und ihre Bewohner den Vulkanausbruch um geraume Zeit überlebt haben. Vor allem die Keramikfunde sprechen hier eine deutliche Sprache: Akrotíri orientierte sich nicht nur bei seiner eigenen Keramikproduktion am Vorbild Kretas, sondern importierte auch Keramik von dort. So fand man in Akrotíri etliche Gefäße im Stil der Phase spätminoisch I A, dann bricht die Entwicklung dort jedoch ab, während sie in Kreta noch weiterläuft und den so genannten Meeresstil (spätminoisch I B) hervorbringt, mit allerlei Seegetier bemalte Gefäße, von denen sich in Akrotíri kein einziges Stück finden ließ.

Auch wenn der Vulkanausbruch die Bewohner der Paläste nicht vernichtete, ja wahrscheinlich nicht einmal ernsthaft gefährdete, so hat er sie doch offenbar erschreckt. In verschiedenen Ausgrabungen fand man Bimsstein, der auf Kreta angeschwemmt worden war und den die Bewohner in den Schreinen der Götter als Weihgaben niedergelegt haben. Der Schutz der Götter wurde ihnen aber anscheinend nur sehr halbherzig gewährt – zwar blieben sie von dem Vulkanausbruch verschont, dafür vernichtete einige Generationen später eine weitere Katastrophe sämtliche Paläste bis auf Knossós. Ob diese Katastrophe allerdings natürliche Ursachen hatte (Erdbeben o. Ä.) oder durch Menschen, beispielsweise mykenische Eroberer, verursacht wurde, wissen wir bis heute nicht. *Martina Brockes*

Künstlerisch sind neben den lebensechten Fresken der hervorragende Goldschmuck und die überreichlich mit plastischen Ornamenten ausgestattete Keramik hervorzuheben. Die Linear-A-Schrift wird von der *Linear-B-Schrift* abgelöst – diese hat man entziffern können! 1953 schaffte dieses Kunststück der junge Engländer Michael Ventris, dessen Mutter Griechin war. Er selber war ganz und gar kein Archäologe, sondern Architekt. Auch seine Methode war weniger ein Ergebnis systematischer Altertumsforschung, sondern eher ein logischer Geniestreich. Er benutzte nämlich eine militärische Dechiffriertechnik aus dem Zweiten Weltkrieg – und hatte Erfolg! Allerdings sind die enträtselten Texte auf Tontafeln nicht sehr aufschlussreich. Es handelt sich weitgehend um Inventarlisten und Abrechnungen aus den Wirtschaftsräumen der Paläste (zu sehen im Archäologischen Nationalmuseum von Iráklion). Man hat in der Linear-B-Schrift eine frühe Form des mykenischen Griechisch erkannt. Daraus kann man schließen, dass bereits damals Festlandsgriechen auf Kreta in führenden Positionen gewesen sein müssen. Vielleicht bereitet sich zu dieser Zeit schon die späte Eroberung und Machtübernahme vor.

Minoische Rätsel

Der geheimnisvolle Untergang der minoischen Kultur zwischen 1450 und 1400 v. Chr. ist nur ein Rätsel von vielen. Je mehr die Archäologen finden, desto unsicherer werden die bisherigen Ergebnisse. Sicher ist, dass der Boden Kretas noch voller unentdeckter Geheimnisse steckt. Vieles andere ist Hypothese und wissenschaftlich nicht endgültig geklärt.

Die Paläste: Ihre eigentümliche Architektur – gänzlich unbefestigt, Wohnräume in Kellerlage, Lichtschächte anstatt Fenster, weiches Material als Treppenbelag u. a. – hat immer wieder Anlass zu Spekulationen über die Funktion der gewaltigen Anlagen gegeben. Während der französische Archäologe Faure vermutete, es handle sich um *Heiligtümer*, in denen eine Priesterschaft lebte, hat der deutsche Geologe Wunderlich die Theorie aufgestellt, die minoischen Paläste könnten *Grabanlagen* gewesen sein.

Stierkult: Der Stier war allem Anschein nach ein heiliges Tier der Minoer. Überall auf Fresken, Siegelringen und Steinreliefs tauchen Stierabbildungen auf, die berühmten stilisierten Stierhörner schmückten wahrscheinlich die Mauern aller Paläste und auch in der Mythologie spielt der Stier eine herausragende Rolle. Vielleicht verehrten die Minoer mit dem Stier den Sonnen- oder Himmelsgott (der mit Gewittern wie ein zorniger Stier tobt). Vielleicht brachten sie ihn aber auch der aufgebrachten Erdgottheit als Opfer, um sie zu besänftigen (Erdbeben!). Die rituelle Opferung von Stieren hat man mehrfach nachweisen können. Auf dem Sarkophag von Agía Triáda ist eine solche Szene in allen Einzelheiten dargestellt.

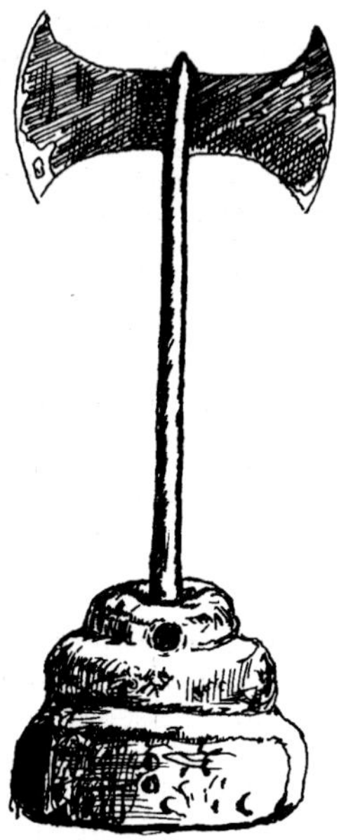

Auf Fresken und Siegelsteinen hat man eigenartige Darstellungen von *Stierspringern* gefunden – sie warten auf den anstürmenden Stier, packen ihn im letzten Moment an den Hörnern und schwingen sich in einem hohen Salto auf seinen Rücken. Junge Männer und Frauen (!) sollen diese wahrhaft akrobatischen Leistungen vollbracht haben. Fachleute bezweifeln heute, dass diese Sprünge überhaupt möglich seien. Vielleicht muss man ihre Darstellung als *symbolische* Überwindung der brutalen Kraft des Stieres durch den Menschen sehen? Sicher wurden jedoch an den minoischen Höfen kultische Stierspiele veranstaltet. Die jungen Akrobaten waren vielleicht Berufssportler, die ihre Künste vor versammeltem Hofstaat darboten. Jedenfalls hatten die Spiele einen deutlich religiösen Hintergrund, wobei man aber nicht weiß, wer eigentlich im Mittelpunkt stand – der Stier oder der Akrobat.

Stellung der Frau: Selbstbewusst stehen sie da, die minoischen Frauen auf den farbenprächtigen Wandgemälden, frei und selbstbestimmt wirken sie. Männliche Herrscher – der Minos also – sind dagegen nirgendwo abgebildet, ihre Existenz ist lediglich durch den Dichter Homer schriftlich überliefert, der allerdings einige hundert Jahre nach der Blütezeit der Minoer lebte. Manche Wissenschaftler haben das zum Anlass genommen, vom minoischen *Matriarchat* zu sprechen und vermuten eine Herrschaft der Frauen im minoischen Kreta. Jedoch stehen überzeugende Belege dafür aus und lediglich die Fresken können dieser Theorie als Stütze dienen. Die Frage ist ungeklärt und wird es wohl noch lange bleiben.

Doppelaxt: wahrscheinlich das heilige Zeichen der Minoer (ähnlich dem Kreuz der Christen). In allen Palästen, vor allem im Palast von Knossós, war es dutzende Male in Pfeiler und Wände geritzt. Die Ursprünge dieses Kultsymbols sind uralt und gehen in die Zeit bis vor 10.000 v. Chr. zurück. Wahrscheinlich kam es aus Kleinasien herüber nach Kreta. Seine Bedeutung ist jedoch ungeklärt. Vielleicht galt es als Zeichen starken göttlichen Beistands. Als geklärt gilt dagegen, dass die Doppelaxt für die Bezeichnung Labyrinth verantwortlich war. Die Doppelaxt wurde nämlich mit einem vorgriechischen Wort labrys bezeichnet. Wahrscheinlich nannten die späten Griechen den Palast von Knossós „Labyrinth" = das Haus der Doppeläxte. Die allen minoischen Palästen gemeinsame verwinkelte und undurchsichtige Architektur hat so die heutige Bedeutung des Wortes Labyrinth hervorgebracht. Auch der Mythos vom Minotauros wurde von den Griechen in einem minoischen Labyrinth angesiedelt.

Kultbecken: In jedem der minoischen Paläste auf Kreta hat man sie gefunden. Breite Stufen führen zu einem kleinen, sorgfältig mit Alabaster verkleideten, quadratischen oder rechteckigen Raum unterhalb des Bodenniveaus. Diese so genannten Lustrationsbecken lagen meist in unmittelbarer Nähe der Herrscherräume (in Knossós direkt im Thronsaal) und müssen eine wichtige Rolle im Kult gespielt haben. Vielleicht fanden darin bestimmte Salbungszeremonien statt, deren Zweck heute nicht mehr zu erkennen ist.

Menschenopfer: Auf dem Hügel *Anemospília* am Fuß des Berges Joúchtas bei Archánes hat man vor einigen Jahren den nun unwiderruflichen Beweis gefunden – in diesem Tempelheiligtum ist ein Mensch geopfert worden! Der Tempel stürzte wahrscheinlich während des Erdbebens von 1700 v. Chr. gerade in dem Moment ein, in dem die Opferzeremonie stattfand und hat den furchtbaren Moment über Jahrtausende konserviert. War es nur ein einmaliger, verzweifelter Versuch der Priester, das schreckliche Erdbeben doch noch aufzuhalten und die Götter gnädig zu stimmen? Ein neuer Fund bei Archéa Eléftherna im Hinterland von Réthimnon scheint dem zu widersprechen. Mehr dazu bei Archánes, S. 264, und Archéa Eléftherna, S. 529.

Herkunft der Minoer: Seit dem 19. Jh. wird Kretas Frühgeschichte ausgegraben. Die spektakuläre Entdeckung des Palastes von Knossós durch Sir Arthur Evans machte Anfang des 20. Jh. Schlagzeilen und beschwor einen Ausgrabungsboom herauf. Je mehr aber gefunden wird, auf desto unsichererem Boden stehen die Theorien über die Frühzeit der Insel. So ist man sich heute nicht mehr sicher, ob wirklich Einwandererströme aus Kleinasien die minoische Hochkultur initiiert haben. Zahlreiche neueste Funde zeigen, dass die Insel bereits während des Neolithikums dicht besiedelt gewesen sein muss, und deuten eher auf eine kontinuierliche Entwicklung seit der Jungsteinzeit hin.

Um 1450 gehen die Paläste in einer furchtbaren Katastrophe unter. Was damals passierte, ist bis heute ein Rätsel. Die Explosion des Vulkans auf der Insel *Santoríni* (100 km nördlich von Kreta, heute steht nur noch der markante Kraterrand), übrigens der größte bis heute bekannt gewordene Vulkanausbruch aller Zeiten, wurde lange als Ursache angenommen. Binnen einer halben Stunde soll damals eine riesige Flutwelle über Kreta hinweggefegt sein und alle Siedlungen in Küstennähe vernichtet haben. Jedoch können jüngere Forschungen einen engen zeitlichen Zusammenhang der beiden Katastrophen nicht belegen – hauptsächlich, weil man Probleme bei der Datierung hat und das exakte Datum des Santoríni-Ausbruchs nicht feststeht. Für den Untergang der minoischen Stadtzentren und Paläste werden heute eher starke Erdbeben als Ursache angesehen. Zunehmend diskutiert wird in der Forschung auch die Invasion der Mykener oder anderer Feinde.

Einzig der Palast von Knossós wird noch einmal vollständig aufgebaut. Um 1400 geht er endgültig unter. Ob durch eine feindliche Invasion, ein neues Erdbeben oder sogar eine Revolution der Kreter ist ebenfalls nicht geklärt.

In mühsamer Kleinarbeit suchen Archäologen nach Spuren der Geschichte

Nachpalastzeit 1400 – 1100 v. Chr.

Einige der Paläste werden in kleinerem Maßstab noch einmal aufgebaut, aber die Macht der Minoer ist gebrochen.

Die mykenischen Eroberer sind jetzt endgültig die Herren der Insel, die kretische Mittelmeerherrschaft geht zu Ende. Im Folgenden scheint es zu einer Art Mischkultur der Mykener und der Minoer gekommen zu sein, deren Zentrum sich allerdings zunehmend auf das griechische Festland verlagerte. Dort werden die großen „Kyklopen"-Festungen *Mykéne, Tíryns* u. a. errichtet. Auf Kreta gründen die Minoer einige neue Orte in Ostkreta, Kunst und Kunsthandwerk existieren weiter, werden aber zusehends von den gröberen mykenischen Einflüssen überdeckt und verändert.

Dorische Epoche 1100 – 480 v. Chr.

Im 13. Jh. v. Chr. kommt es auf dem Festland zu großen Völkerwanderungen.

Vom Epiros aus fallen die Dorer in Zentralgriechenland ein, zerstören die Burgen der Mykener und dringen um 1100 auch in Kreta ein. Sie bilden die neue Oberschicht und richten eine Art Klassenstaat nach dem Vorbild der Spartaner ein – nur sie selber haben politische Rechte und Ämter, die einheimische Bevölkerung muss Heeresdienst leisten, die Bauern werden zu Hörigen gemacht. Ein Teil der Kreter lässt sich nicht auf dieses System ein und flüchtet in abgelegene Bergregionen (die so genannten *„Eteokreter"* – echte Kreter). Die Dorer besiedeln ehemalige Städte wieder, gründen aber auch viele neue Siedlungen. Ihre stark befestigten Burgen bauen sie auf steile Hügel nahe den Küsten – eine kriegerische Epoche mit heftigen Kämpfen um die Vorherrschaft auf der Insel beginnt. Die Dorer bringen auch die Eisenbearbeitung mit, d. h. die neuen Waffen sind jetzt aus Eisen.
Doch die große Zeit Kretas ist vorbei. Athen und Sparta auf dem Festland sind jetzt die Mächte, die die griechische Geschichte bestimmen. Kreta wird Provinz. Einzig

auf dem Gebiet des Rechtswesens scheint Kreta eine gewisse Bedeutung behalten zu haben. Das Stadtrecht von *Górtis* (in der Messará-Ebene, beim heutigen Ágii Déka) ist das älteste erhaltene Stadtrecht der antiken Welt und scheint weithin bekannt gewesen zu sein.

Klassische und Hellenistische Zeit 480 – 67 v. Chr.

Kreta ist zur Bedeutungslosigkeit herabgesunken. Die einzelnen Stadtstaaten stehen in ständigen Kämpfen untereinander, Górtis übertrifft Knossós an Macht.
Im letzten Jahrhundert v. Chr. benutzen vor allem Piraten die Häfen der Insel als Stützpunkte und stören die Handelsschifffahrt empfindlich – ein Grund dafür, weshalb sich die aufstrebende römische Weltmacht für Kreta zu interessieren beginnt.

Die Römer auf Kreta 67 v. Chr. – 330 n. Chr.

Der römische Feldherr Quintus Caecilius Metellus unterwirft die Insel. Das erste Mal seit mehr als tausend Jahren setzen wieder fremde Eroberer den Fuß auf kretischen Boden!

Dies wird ihnen wegen der Uneinigkeit der Stadtstaaten umso leichter gemacht. Einige begrüßten die Römer sogar als Verbündete. Die Insel wird Teil einer römischen Provinz, die Siedlung *Górtis* mit Theatern, Thermen und großen Tempelanlagen zur mächtigen Hauptstadt ausgebaut. Die Ruinen sind heute noch zu bewundern. Ganz Kreta wird mit einem Straßennetz überzogen und durch intensiven Getreideanbau in der fruchtbaren Messará-Ebene sogar für das ferne Rom bedeutsam.

Auch das Christentum hält seinen Einzug. Um das Jahr 60 n. Chr. unternimmt der Apostel *Paulus* von Palästina aus eine Romreise, um sich vor dem Kaiser gegen Anschuldigungen zur Volksverhetzung zu rechtfertigen. Er landet dabei in Kalí Liménes an der kretischen Südküste und tauft die ersten Kreter. Die ungünstigen Nordwinde verhindern das geplante Überwintern im Hafen von Fínix bei Loutró, das Schiff wird bis Malta verschlagen. Nach Kerkeraufenthalt und Rehabilitierung in Rom kommt Paulus im Jahr 65 erneut nach Kreta. Sein Begleiter *Titus* (griech.: Títos) bleibt in Górtis zurück und wird der erste Bischof der Insel (noch heute wird er als Schutzheiliger Kretas verehrt). Kreta muss damals fast schlagartig christlich geworden sein. Trotzdem wettert Paulus in einem ihm zugeschriebenen Brief an Titus:
„Es hat einer von ihnen mal gesagt – ihr eigener Prophet übrigens –, alle Kreter sind Lügner meistens, böse Tiere und faule Bäuche. Strafe sie deshalb hart!“
Ab Mitte des 2. Jh. werden die Christen auch auf Kreta verfolgt. Der Ort *Ágii Déka* bei Górtis ist nach den zehn Bischöfen benannt, die hier hingerichtet wurden, weil sie sich weigerten, den römischen Göttern zu opfern. Ihre Gräbergruft liegt gleich neben dem Ruinenfeld von Górtis und kann ebenfalls besichtigt werden.
Aber auch die Zeit des großen römischen Reiches neigt sich seinem Ende zu. 395 zerfällt es in das *West- und Oströmische Reich*. Kreta fällt an die Oströmer, die ihren Regierungssitz in Byzanz (dem heutigen Istanbul) haben.

Erste byzantinische Epoche 330 – 826

Die byzantinischen Jahrhunderte sind geprägt vom sich ausbreitenden Christentum. Überall entstehen Kirchen, so auch auf Kreta. Die bedeutendste ist die Kirche des *Ágios Títos* bei Górtis, deren Ruinen nahe bei den Ausgrabungen des römischen Gortis stehen. Ansonsten liegt Kreta bedeutungslos am Rande des Weltgeschehens, während die arabische Welt zur Herrschaft drängt.

Arabische Eroberung 826 – 961

„La ilaha illa 'llah" – Es gibt keinen Gott außer Allah. Dieser Schlachtruf sarazenischer Piraten ist bald im ganzen östlichen Mittelmeer gefürchtet.

824 muss Abu Hafs Omar, ehemaliger Oberbefehlshaber im maurischen Spanien, mit seinen sarazenisch-arabischen Truppen aus Spanien fliehen. Sie landen schließlich an der kretischen Südküste. Die Legende erzählt, dass Omar hinter ihnen die Schiffe verbrennen lässt, es gibt kein Zurück! Erbarmungslos zerstören sie die Kirchen und machen nieder, was sich ihnen in den Weg stellt. Die Überlebenden müssen Fronarbeit leisten und ihrem Christenglauben abschwören. Viele Inselbewohner fliehen in die Weißen Berge, ins Ída- und Díkti-Gebirge und führen einen Partisanenkrieg gegen die Eroberer – es wird nicht das letzte Mal sein. Die lange Leidensgeschichte der Kreter beginnt.

Die Byzantiner können sich lange nicht aufraffen, den Arabern ernsthaft entgegenzutreten, 135 Jahre lang beherrschen diese die Insel und das Meer im großen Umkreis. Abu Hafs lässt an der Stelle des späteren Iráklion eine starke Festung errichten – *Rabd el Chandak.*

Erst 960 landet der byzantinische Feldherr Nikephóros Phokás mit einer gewaltige Streitmacht westlich von Rabd el Chandak. Der folgende Feldzug ist in den zeitgenössischen Quellen mit zahlreichen Anekdoten ausgeschmückt, deren Wahrheitsgehalt nicht immer klar ist. So wird erzählt, dass die Kreter, die aus den Bergen zu den Byzantinern stoßen, von einer 40.000 Mann starken sarazenischen Entsatzarmee wissen, die gerade an der Südküste landet. Die Byzantiner marschieren ihnen in Eilmärschen entgegen, legen einen Hinterhalt und machen die Sarazenen bis auf den letzten Mann nieder. Die Köpfe, so wird weiter berichtet, schichten sie in zwei Kreisen vor die Mauern von Rabd El Chandak, die, die übrig bleiben, verwenden sie als Kanonenkugeln.

Die Stadt fällt am 7. März 961. Wer sich kampflos ergibt, darf sein Leben behalten. Große Teile der Bevölkerung werden in die Sklaverei geführt.

Zweite byzantinische Epoche 961 – 1204

Da die kretische Bevölkerung stark dezimiert ist, werden Söldnerveteranen und Siedler aus Kleinasien auf der Insel ansässig gemacht. Rabd el Chandak wird neu aufgebaut und befestigt. Die Byzantiner nennen es jetzt *Chandax.* Zwölf Adelsfamilien teilen sich die Herrschaft über Kreta.

In diese Zeit fällt auch die Kirchenspaltung in die römische und orthodoxe Kirche (→ S. 56). Die Kreter nehmen den orthodoxen Glauben an.

Die Venezianer auf Kreta 1204 – 1669

Es ist die Zeit der Kreuzzüge. Im 4. Kreuzzug (1202–1204) wird von den vereinten westeuropäischen Heeren statt dem arabischen Palästina Byzanz angegriffen.

Sie erobern Konstantinopel und teilen das Reich auf. Die *Republik Venedig* kauft für eine lächerlich geringe Summe unter anderem die Insel Kreta. Aber Jahre vergehen, bis die Venezianer sie in Besitz nehmen. In der Zwischenzeit setzen sich die Erzrivalen der Venezianer, die *Genueser,* auf Kreta fest. 15 Kastelle können sie in der kurzen Zeit aus dem Boden stampfen und Venedig braucht fünf Jahre, um sie zu vertreiben.

Die vier Jahrhunderte unter der Herrschaft Venedigs werden zur kulturellen Blütezeit Kretas – aber für den hohen Preis der Entmündigung und Ausbeutung der Bevölkerung. Der venezianische Adel organisiert die Wirtschaft neu und presst mit überhöhten Steuern das Letzte aus den ohnehin armen Bauern und Hirten. Gleichzeitig wird der orthodoxe Glaube unterdrückt und Kreta einem katholischen Erzbischof unterstellt, denn die Venezianer erkennen im großen Einfluss der griechisch-orthodoxen Kirche eine Gefahr für ihre Vorherrschaft. Das Ergebnis: Während in den venezianischen Städten Prachtbauten errichtet werden, Kunst und Wissenschaften blühen, jagt auf dem Land ein Aufstand den anderen, insgesamt zehn Revolutionen innerhalb der ersten 150 Jahre! Nach dem gescheiterten Aufstand der Bauern der Lassíthi-Hochebene vertreiben die Venezianer alle Bewohner und erklären die gesamte Ebene zur Sperrzone. Sogar venezianische Siedler solidarisieren sich in dieser Zeit mit den Kretern gegen die Willkürherrschaft des Adels und gehen zahlreiche „Mischehen“ ein.

Seit Anfang des 15. Jh. steht eine neue Gefahr drohend am Horizont – die Türken! 1453 fällt Konstantinopel (das frühere Byzanz) und die Türken nähern sich immer mehr dem venezianischen Machtbereich. In rücksichtslosen Frondiensten werden die Kreter angetrieben, die venezianischen Festungen *Gramvoúsa*, *Spinalónga* und *Soúda* auszubauen. Die dafür benötigten Gelder werden mit abermals erhöhten Steuern eingetrieben.

Kretische Renaissance

Viele Künstler und Wissenschaftler fliehen 1453 aus Konstantinopel nach Kreta. Die Insel wird zu einem Sammelbecken byzantinischer Kultur, die neue Impulse von der venezianischen Renaissance erhält. Wichtigster Konzentrationspunkt ist die *Ekateríni-Kirche* in Iráklion, ein Glied der berühmten Berg-Sinai-Schule, der damals wichtigsten Hochschule des christlichen Ostens. Theologie, Philosophie, Recht, Rhetorik, Literatur und Malerei werden hier gelehrt.

Vor allem die kretische Literatur kann sich entwickeln. Im umfangreichen Versepos *Erotókritos* von Vitzéntzos Kornáros aus Sitía wird erstmals die griechische Volkssprache literarisch verwendet. Noch heute stehen dieses und andere Stücke der Literatur aus dieser Zeit in Griechenland in hohem Ansehen.

Auch die Ikonen- und Freskenmalerei gelangt zu einem Höhepunkt. *Michaíl Damaskinós* wird der bedeutendste Vertreter der „Kretischen Schule“, die den strengen byzantinischen Formenkanon mit kretischen Elementen bereichert und sogar moderne Stilmittel der italienischen Frührenaissance verarbeitet. Einige Werke von Damaskinós sind heute in der Ekateríni-Kirche ausgestellt.

1541 wird der berühmte *El Greco* (eigentlich Doménicos Theotokópoulos) auf Kreta geboren. Er gilt heute als der bedeutendste Maler Griechenlands. Zwar hat er die meisten seiner Gemälde in Toledo/Spanien gemalt, doch kann man in seinen bizarren, langgliedrigen Figuren kretische Eigenart erkennen.

Die Türken kommen 1645 – von den Kretern herbeigesehnt, um die verhassten Venezianer zu vertreiben. Doch zu spät erkennen sie, dass sie dem Teufel mit dem Beelzebub auf dem Leib rücken wollen. Viel zu spät verbünden sie sich mit den Venezianern, um den Kampf gegen den größeren, gemeinsamen Feind zu beginnen.

Das venezianische Kastell von Iráklion

Noch 1645 fällt Chaniá, im nächsten Jahr Réthimnon nach nur 23-tägiger Belagerung. Erst drei Jahre später haben die Türken die 100 km nach Iráklion zurückgelegt – den verzweifelten Widerstand der Kreter und Venezianer kann man daran ermessen. 1648 beginnt die Belagerung von Iráklion. Der Endkampf um Kreta hat begonnen! Freiwillige aus aller Welt strömen nach Iráklion, um den letzten Vorposten der Christenheit im östlichen Mittelmeer vor dem Zugriff des Islam zu retten. Der Papst erlässt einen Verteidigungsaufruf, der französische König schickt Truppen, die deutschen Herzogtümer ebenfalls. Der venezianische Statthalter Morosini, nach dem der Brunnen im Zentrum von Iráklion benannt ist, leitet die Verteidigung. Mit unglaublicher Hartnäckigkeit rennen die Türken an – 21 Jahre dauert das Gemetzel. Die Türken verlieren 120.000 Mann, die Venezianer 30.000 – aber 1669 ist Iráklion am Ende. Fast kein Stein steht mehr auf dem anderen, aber Morosini kann in den Kapitulationsverhandlungen noch den ehrenvollen Abzug der letzten Verteidiger erreichen. Bis 1715 können die Venezianer mit Hilfe kretischer Aufständischer ihre befestigten Stützpunkte *Spinalónga* und *Soúda* noch halten (das Kastell *Gramvoúsa* im Nordwesten nur bis 1691), doch dann sind die Kreter allein. Kreta ist türkisch – und was die Türken in den nächsten zwei Jahrhunderten hier aufziehen, gehört zu den düstersten Kapiteln der kretischen Geschichte.

Die Türken auf Kreta 1669 – 1898

Nach den Türkenkriegen ist die Bevölkerung Kretas stark dezimiert, die wirtschaftlichen Grundlagen sind weitgehend zerstört. Angeblich ist die Hälfte aller Ölbäume vernichtet.

Doch die türkischen Kolonisatoren kümmern sich zunächst wenig um Wirtschaft und Handel, versuchen stattdessen, mit überhöhten Steuern die Bevölkerung zur Ader zu lassen, und treiben intensiven Raubbau bzw. lassen ihn zu. Weite, bis dahin intakte Waldgebiete werden von Bodenspekulanten abgeholzt, Städte und Häfen verfallen. Weil die hohe Besteuerung keinerlei wirtschaftlichen Anreiz bietet, liegen viele Ländereien brach – solange, bis die Türken alle still gelegten Landgüter mit einer hohen Sondersteuer belasten. Erst im 18. Jh. kommt es wieder zu verstärkter Produktion, vor allem von Olivenöl, das für die Seifenherstellung gebraucht wird. Frankreich, das mit dem Osmanischen Reich ein Wirtschaftsabkommen hat, ist Hauptabnehmer und auch auf Kreta selber entstehen zahlreiche Seifenfabriken.

Die Türken treiben währenddessen energisch die *Islamisierung* Kretas voran – jeder Kreter soll Moslem werden. Dabei verwenden sie verschiedene Druckmittel und Anreize, hauptsächlich Steuererleichterung und wirtschaftliche Privilegien, sodass tatsächlich der Großteil der Bevölkerung zum moslemischen Glauben übertritt. Da die Türken nur wenige Frauen mitgebracht haben, kommt es auch häufig zu Ehen mit kretischen Frauen, wodurch die Kinder automatisch Moslems werden. Sogar ganze Ortschaften treten geschlossen zum Islam über, ebenfalls meist wegen der zu erwartenden Steuernachlässe. Überliefert sind aber auch Methoden, mit denen widerstrebende Gemeinden „überzeugt" wurden: Zunächst kreisen Truppen das Dorf ein, dann wird vom Dorfoberhaupt eine schriftliche Erklärung gefordert, der Ort wünsche dem Islam beizutreten. Falls dieser sich weigert, wird er auf der Stelle getötet und dann von seinem Stellvertreter dasselbe gefordert. Falls dieser sich ebenfalls weigert, wird auch er getötet und ein neuer Stellvertreter ernannt, von dem dasselbe gefordert wird ... In der Regel fand sich recht bald einer, der die Erklärung für das Dorf unterschrieb. Viele Kreter behalten unter dem Deckmantel des Islam ihren alten Glauben bei und arbeiten im Stillen gegen die neuen Machthaber.

Wer bei dem entwürdigenden Spiel nicht mitmachen will, flieht in die Berge – *Hayins* auf türkisch, *Kléftes* (Spitzbuben) auf griechisch, werden die Aufständischen in den Weißen Bergen, im Ída- und Díkti-Gebirge genannt. „Spitzbuben" deshalb, weil sie sich gegen die türkische Einkreisung nur mit Raubüberfällen die nötige Nahrung erwerben können. Vor allem die *Sfakiá*, die Provinz der Weißen Berge, ist ein Sammelpunkt der Partisanen und kann von den Türken nie eingenommen werden, denn die Samariá-Schlucht ist ein zu idealer Ort, um Landetruppen aus dem Süden aufzulauern, und jedes Mal, wenn die Türken von Chaniá zum Omalós hinaufziehen, holen sie sich auf den steilen Felspfaden blutige Köpfe. Die Widerstandskämpfer, die die Türken gefangen nehmen können, werden von ihnen mit einem entsetzlichen Folterinstrument namens „Cinkeli" grausam hingerichtet.

1770 kommt es zum größten Aufstand gegen die Türken, angeführt von Iánnis Vláchos, genannt *Daskalojánnis* (Lehrer Iánnis) aus Anópolis (bei Chóra Sfakíon). Er ist ein reicher Schiffsreeder und stellt sein ganzes, nicht geringes Vermögen in den Dienst des Aufstands. Unterstützt und zum Kampf ermutigt wird er durch die Russen, die damals mit den Türken im Krieg stehen. Die Rebellion konzentriert sich auf die Sfakiá. Etwa 2000 Kreter stehen schließlich unter Waffen und vertreiben die dortigen Türken, darunter auch die verhassten Steuereintreiber. Der Pascha von Chaniá setzt daraufhin 15.000 Soldaten in Marsch, diese verwüsten die Dörfer der Sfakiá und versklaven alle Einwohner, derer sie habhaft werden können. Die Widerstandskämpfer ziehen sich in die Berge zurück, doch da versprochene Hilfslieferungen der Russen ausbleiben, können sie den harten Winter kaum überstehen. Den Türken gelingt es schließlich, Daskalojánnis unter Vorspiegelung von Friedensverhandlungen nach Iráklion zu locken, wo sie ihn am 17. Juni 1771 vor einem großen Spiegel öffentlich häuten. Sein Bruder muss bei der Prozedur zusehen und verliert darüber den Verstand. Die Geschichte von Daskalojánnis ist heute noch in

Kretischer Klefte auf der Platia 1866 in Chaniá

ganz Kreta und vor allem in der Sfakiá gut bekannt. Sein Denkmal steht in Iráklion auf dem nach ihm benannten Platz und in Anópolis.

Seit Beginn des 19. Jh. häufen sich die Unruhen. Die Kreter schließen sich der griechischen Freiheitsbewegung an. 1821 entbrennt auf dem Peloponnes der *griechische Aufstand* gegen die Türken. Er wird nach anfänglichen Erfolgen der griechischen Freiheitskämpfer von ägyptischen Truppen, die die bedrängten Türken zu Hilfe gerufen haben, schnell niedergeschlagen. Seit 1827 schalten sich die europäischen Großmächte in den griechisch-türkischen Krieg ein. 1832 müssen sich die Türken aus Griechenland zurückziehen, der unabhängige griechische Staat kann proklamiert werden. Bezüglich Kreta können sich die Großmächte aber zu keinem gemeinsamen Vorgehen aufraffen. Die Insel wird den Ägyptern zugesprochen, ab 1840 sind wieder die Türken da.

Der kretische Freiheitskampf tritt jetzt in seine erbittertste Phase, vor allem die Klöster haben daran großen Anteil. Sie bieten den Partisanen Verstecke und sind Zentren der griechisch-kretischen Kultur. Auch die Mönche selber kämpfen mit der Waffe gegen die türkischen Usurpatoren. 1866 wird das Kloster Arkádi bei Réthimnon zum Symbol der kretischen Freiheitsbewegung, als sich mehrere hundert Kreter unter Führung des Abts Gavriíl (Gabriel) selbst in die Luft sprengen und zahlreiche Türken, die gerade das Kloster stürmen, mit in den Tod reißen. „Freiheit oder Tod" haben die Kreter auf ihre Fahnen geschrieben und sie meinen es ernst.

Hilfe kommt schließlich aus dem befreiten Griechenland. Die vereinigten griechisch-kretischen Truppen können die Türken in ihre Festungen zurückwerfen. 1898 werden bei einem Feuergefecht in Iráklion per Zufall 18 englische Soldaten getötet, die zur Beobachtung dort stationiert sind.

Jetzt greifen die Großmächte endlich ein. Sie besetzen die Insel und die Türken müssen Kreta endgültig verlassen. Kreta erhält autonomen Status, allerdings unter dem Protektorat der vier Schutzmächte Italien, Russland, Großbritannien und Frankreich. Im Dezember 1898 landet Prinz Georg von Griechenland in der Soúda-Bucht und wird als Hochkommissar eingesetzt. Der Jubel ist unbeschreiblich. Níkos Kazantzákis lässt seinen „Alexis Zorbas" sagen:

„Hast Du jemals ein Volk in seiner kollektiven Verrücktheit toben sehen, im Anblick der Freiheit? ... Ich, und wenn ich tausend Jahre leben sollte ... könnte das, was ich an jenem Tag sah, nie wieder vergessen. Und wenn es jedem Menschen möglich wäre, sich sein Paradies im Himmel auszusuchen, nach seinem Geschmack ... würde ich zu Gott sagen: Lass, lieber Gott, mein Paradies ein mit Myrten und Flaggen geschmücktes Kreta sein! Lass den Augenblick, in dem der Fuß des Prinzen Georg Kreta betritt, ewig währen."

Das autonome Kreta 1898 – 1913

Der autonome Status kann jedoch nur Zwischenlösung sein. Die Kreter wollen nicht unter dem Kommando der vier Großmächte stehen. Sie fordern den Anschluss an Griechenland und abermals brechen Unruhen aus.

Ihr Wortführer wird *Elefthérios Venizélos,* ein gebürtiger Kreter aus Mourniés bei Chaniá, damals Justizminister Prinz Georgs. 1905 putscht er zusammen mit zahlreichen Offizieren im „Aufstand von Thérissos" und der selbstherrlich regierende Prinz muss das Feld räumen. Neuer Hochkommissar wird der frühere griechische Ministerpräsident Zaimis.

Der energische Venizélos macht auf dem Festland Karriere. 1910 wird er zum griechischen Premierminister gewählt. Er führt die allgemeine Schulpflicht ein, lässt Gewerkschaften zu und initiiert eine allgemeine Bodenreform. Aber Kreta hat er nicht vergessen – seit 1912 ruft er ohne verfassungsmäßige Grundlage kretische Abgeordnete ins Parlament. Und er betreibt den Krieg der Balkan-Liga (Griechenland, Serbien, Montenegro und Bulgarien) gegen die Türkei. Diese ist durch ihren gleichzeitigen Krieg mit Italien in Nordafrika geschwächt und muss klein beigeben. In den Londoner Friedensverhandlungen erhält Griechenland Makedonien, Epirus sowie die ostägäischen Inseln und Kreta zugesprochen. **Am 30. Mai 1913 ist Kreta endgültig mit Griechenland vereinigt**!

Nach Venizélos sind heute noch zahllose Straßen und Plätze in Kreta benannt, sein Bild hängt neben dem des jeweiligen Regierungschefs in jedem offiziellen Gebäude. Er war bis heute der bedeutendste Politiker Kretas und hat den Anschluss an Griechenland vollbracht. Sein würdevolles Grabmal thront hoch über Chaniá am Fuß der Akrotíri-Halbinsel (→ S. 596).

Von 1913 – 1941

Den Ersten Weltkrieg erlebt Kreta nur am Rande, aber 1919 sehen die griechischen Militärs und Politiker die große Möglichkeit, Griechenland bis weit nach Kleinasien hinein auszudehnen und vor allem Istanbul zu erobern.

Sie beginnen einen *Krieg gegen die Türkei,* den sie 1922 mit Pauken und Trompeten verlieren. Die griechischen Truppen müssen Kleinasien fluchtartig verlassen, Smyrna (das heutige Izmir) brennt und die griechische Zivilbevölkerung kann sich nur noch zum Teil auf die vorgelagerten Inseln retten, der Rest wird von den türkischen Truppen niedergemetzelt.

In den *Friedensverhandlungen von Lausanne* gelingt Venizélos ein gigantischer Bevölkerungstausch. Alle in der Türkei lebenden Griechen sollen nach Griechenland umsiedeln, während sämtliche in Griechenland lebenden Türken in die Türkei gehen müssen. 600.000 Türken verlassen daraufhin das Land, zum großen Teil gegen ihren Willen, wie Pandélis Prevelákis in seiner *Chronik einer Stadt* eindrucksvoll beschreibt (→ Lesetipps), während 1,35 Mio. Griechen kommen. Die meisten lassen sich in den Großstädten nieder und gründen eigene Stadtviertel. Nach Kreta gehen fast 20.000 Griechen, mindestens die Hälfte lässt sich in Iráklion nieder. Damals wird die Vorstadt Néa Alikarnassós gegründet, die man heute bei der Fahrt vom Flughafen ins Stadtzentrum durchquert.

In den Jahren bis zum Zweiten Weltkrieg keimt allmählich der Tourismus auf und für Archäologen aus der ganzen Welt sind die Entdeckungen von Sir Arthur Evans das Startsignal für Ausgrabungen auf der ganzen Insel.

Vom Zweiten Weltkrieg bis heute

1941 wird das griechische Festland von den deutschen Truppen erobert. Die britischen Verteidiger ziehen sich nach Kreta zurück.

Am 20. Mai und den folgenden Tagen landen deutsche Fallschirmtruppen und Gebirgsjäger auf der Insel – eine riskante Luftlandeoperation, bei der die Angreifer hohe Verluste erleiden, da die Briten und ihre alliierten Hilfstruppen gut auf die Invasion vorbereitet sind und dank ihrer Dechiffriermaschine Enigma die geplanten Landeorte genau kennen. Reichsmarschall Göring, der hier seine Fallschirmjäger, meist junge Männer um die zwanzig, bewusst „verheizt" hat, wird seine dezimierte Eliteeinheit nie mehr geschlossen einsetzen können – die Eroberung Kretas stellt sich als Pyrrhus-Sieg heraus, der den deutschen Vormarsch im Osten verzögert. Erst nach über einer Woche haben die Deutschen die Flughäfen fest in der Hand, sodass Nachschub landen kann. Die „Schlacht um Kreta" ist damit entschieden, die britischen Truppen setzen sich an die Südküste ab, wo sie von schnell zusammengetrommelten Schiffen nach Ägypten evakuiert werden. Insgesamt 4465 deutsche Soldaten, 1527 Alliierte und schätzungsweise 5000 Griechen finden den Tod in dieser einen Woche. Der Soldatenfriedhof des Commonwealth bei Soúda und der deutsche bei Máleme erinnern daran. Dem bedrückenden Eindruck der langen Gräberreihen wird man sich auch heute noch kaum entziehen können.

Bis 1944 bleibt Kreta in deutschen (und italienischen) Händen, der Westen sogar bis Mai 1945. Und die Kreter greifen wieder zu den Waffen, um die Besatzer zu bekämpfen. Ein erbitterter Partisanenkrieg beginnt, der der deutschen Wehrmacht schwer zu schaffen macht. Mit Hilfe britischer Agenten starten die kretischen Widerstandskämpfer immer wieder Guerilla-Aktionen. Einer der größten Erfolge ist die Entführung des deutschen Generals Kreipe in einer britisch-kretischen Gemeinschaftsaktion. Die Partisanen bringen ihn sicher durch 22 deutsche Straßenkontrollen und schließlich auf ein britisches Boot an der Südküste (→ Archánes, S. 258). Die leitenden deutschen Stellen beantworten den Widerstand, von dessen Entschiedenheit sie völlig überrascht werden, mit schwersten Repressalien wie der Zerstörung ganzer Dörfer und der Erschießung kretischer Zivilisten nach der Regel „zehn Kreter für einen toten Deutschen". General Student, Oberbefehlshaber der deutschen Truppen, gibt sogar einen Befehl heraus, dass für jeden gefallenen deutschen Soldaten 50–100 „Kommunisten" getötet werden müssten, wobei die Tötungsart eine möglichst grausame sein müsse. So wird im Juni '41 das Dorf *Kándanos* dem Erdboden gleichgemacht, im September '43 werden 440 Bewohner von *Áno Viános* als angebliche Partisanen erschossen, am 15. August '44 alle männlichen Einwohner des Bergdorfs *Anógia*, die auffindbar sind, eine Woche später wird *Gerakári* vollkommen zerstört. Dazu kommen der Diebstahl und die Vernichtung landwirtschaftlicher Güter. Eine griechische Kommission schreibt später dazu: „Die Produkte der Insel wurden nach Nordafrika geschickt – solange die Deutschen dort gekämpft haben – und nach Deutschland. Wenn etwas nicht verkonsumiert oder verschickt werden konnte, haben es die Deutschen oft lieber vernichtet, als es der Bevölkerung zu überlassen." Und auch die „Endlösung der Judenfrage" betreibt die Wehrmacht auf Kreta mit Eifer: Noch Mitte 1944 werden im jüdischen Viertel von Chaniá mehrere hundert Menschen verhaftet und deportiert. Der dafür verantwortliche General Bruno Bräuer wird deshalb 1946 in Athen zum Tode verurteilt.

Wir taten unsere Pflicht und wir sind dem Allmächtigen dankbar, dass er uns das grosse Glück geschenkt hat, Gefolgsmänner Adolf Hitlers zu sein...
Hermann Göring
am 19.7.1940

DANKBAR... für die Gunst ein Gefolgsmann Adolf Hitlers zu sein... bist Du es noch immer, Soldat? Wo ist Adolf Hitler...? In Sicherheit! DAHEIM! Und Du... sein GEFOLGSMANN?... VERLASSEN! Auf einer Insel! Der Rache der Freiheitskämpfer preisgegeben!

VON DEINEM FÜHRER ABGESCHRIEBEN !!!

Bist Du dem Allmächtigen noch immer dankbar, dass Du verlassen wurdest, so wie hunderttausende GEFOLGSMÄNNER auf der Strasse von STALINGRAD nach SEWASTOPOL...?

Wenn Griechenland und Albanien geräumt werden, HAST DU ZURUCKZUBLEIBEN... und daheim wird eine kleine Frau umsonst auf Dich warten...

WENN DU nicht auch den Weg der Vereinten Nationen einschlägst, den Weg zur Befreiung Europas, den Weg zur Befreiung des deutschen Volkes!

Die ALLIIERTEN sind nah... in Zypern, in Syrien, längs der ganzen Mittelmeerküste...

DER WEG NACHHAUSE IST DER WEG DER ALLIIERTEN BEFREIUNGSARMEEN!!!

Vertrieb: Die R.A.F. und die U.S.A.A.F.

Flugblatt der Alliierten

1945 verlassen die letzten deutschen Truppen Kreta, zurück bleiben zerbombte Städte, niedergebrannte und entvölkerte Dörfer, zerstörte Straßen. In nüchternen Zahlen: 3474 Kreter wurden exekutiert und vierzig Ortschaften total zerstört, ebenso viele liegen zu mehr als der Hälfte in Schutt und Asche. Der kretische Schriftsteller Níkos Kazantzákakis zieht nach Kriegsende monatelang durch Kreta, um festzuhalten, was die Zivilbevölkerung unter den Deutschen erleiden musste. Im Nachwort zu seinem Bericht resümiert er: „Die erwiesenermaßen unmenschliche Härte gegenüber den Einwohnern Kretas ist wahrlich nicht zu entschuldigen für ein Volk, das für kultiviert gehalten werden wollte, das geleitet war von einem tiefen Hass gegen die Kreter, was nicht zu rechtfertigen, wohl aber zu erklären ist." Nachlesen kann man einige der Verbrechen der deutschen Wehrmacht auf Kreta im Buch „Andartis – Monument für den Frieden" von K. Raeck u. a. (→ Lesetipps). Die Historikerin Marlen von Xylander beschreibt darin detailliert die „Sühnemaßnahmen" gegenüber der Zivilbevölkerung und führt zahlreiche Quellen an.

Die Verbrechen auf Kreta reihen sich ein in eine große Zahl weiterer Massaker von Wehrmachtsteilen und SS in ganz Griechenland. Der Rechtsstreit über Entschädigungszahlungen von 56 Millionen DM zuzüglich Zinsen für die über 200 griechischen Opfer der Waffen-SS im mittelgriechischen Dístomo (bei Delphi), den der Areopag, das oberste Gericht Griechenlands, im Jahr 2000 im Sinne der Kläger entschieden hatte, kumulierte im Herbst 2001 in der angedrohten Zwangsversteigerung des Goethe-Instituts in Athen. Nur der Einspruch der griechischen Regierung unter Konstantinos Simítis – erfolgt unter massivem Druck der deutschen Regierung – verhinderte dies. Die Beschwerde vor dem Europäischen Gerichtshof für Menschenrechte wurde 2002 abschlägig beschieden mit dem Argument, in Griechenland dürfe nicht ohne Zustimmung des griechischen Justizministers in deutsches

Vermögen vollstreckt werden (http://www.geocities.com/hellasunterdemhakenkreuz/EU-Gericht_12.12.02.htm). In Griechenland sind noch 65.000 Entschädigungsklagen gegen Deutschland anhängig, ebenso sind aus Sicht der Kläger noch Rückzahlungen deutscher Schulden aus der Besatzungszeit fällig, die nach Expertenansicht über drei Milliarden US-Dollar betragen (Hintergrundinfos: http://www.argolis.de/Distomo.htm, http://www.geocities.com/hellasunterdemhakenkreuz)

Der „Kreta-Tag": falsch verstandene Traditionspflege

Noch bis 1998 wurde von den Fallschirmjägern der Luftlande- und Transportschule der Bundeswehr im oberbayerischen Altenstadt der 20. Mai, der Tag des Angriffs auf Kreta, offiziell als „Kreta-Tag" gefeiert. Das Gedenken an die alten Kameraden wurde mit einer Kranzniederlegung vor dem Fallschirmjäger-Denkmal in der Kaserne begangen, gelegentlich auch mit Paraden. Auch Kampflieder aus dem Zweiten Weltkrieg wurden gesungen, „Rot scheint die Sonne" und „Auf Kreta bei Sturm und bei Regen". Das Verheizen von Soldaten bei einem sinnlosen Einsatz und der Terror gegen die Zivilbevölkerung kamen dabei nicht zur Sprache, vielmehr wurden die militärische Leistung und die beispiellose Kameradschaft herausgestellt. Oberst Friedrich Jeschonnek schaffte den Kreta-Tag 1999 ab und ließ ihn durch Diskussionen über Hintergründe und Zusammenhänge der fatalen Operation ersetzen. Inoffiziell wird er aber wohl bis heute gefeiert. Siehe dazu auch den Artikel aus dem „Stern" 51/97 (www.antifa-kok.de/hintergrund/rexstern.htm).

Der folgende erbarmungslose *Bürgerkrieg* zwischen den Kommunisten und der von Großbritannien unterstützen konservativen Regierung, der von Juni 1946 bis Oktober 1949 ganz Griechenland erschüttert, verschont auch Kreta nicht. Viele der kommunistischen Partisanen werden von Regierungstruppen hingerichtet, die wenigen, die dem Zugriff entgehen, werden erst 1975 amnestiert. Zwei der ehemaligen Widerstandskämpfer halten sich dreißig Jahre in den Bergen versteckt – einer von ihnen hat noch in den 1980er Jahren Touristen zu den Höhlen geführt, in denen sie damals gelebt hatten.

Mit Hilfe internationaler Organisationen, vor allem der UNO und der Rockefeller Foundation, werden Wirtschaft, Handel und Verkehr im Land wieder aufgebaut – wohl nicht ganz ohne Hintergedanken, denn 1951 tritt Griechenland in die Nato ein und Kreta wird zum wichtigsten Stützpunkt der 6. US-Flotte im östlichen Mittelmeer. Heute stehen auf dem Nato-Stützpunkt auf der Halbinsel *Akrotíri* bei Chaniá Raketen und auch deutsche Bundeswehrsoldaten sind wieder auf Kreta stationiert, diesmal als Verbündete. Während sich die Kreter mit der Präsenz der Nato noch eher anfreunden können, sorgen die unbeliebten US-Basen, u. a. bei Timbáki/Messará-Ebene, immer wieder für politischen Zündstoff.

Die Kreter und die Politik

Die kretische Einstellung zur Politik und zu Politikern ist noch heute von ihrer Geschichte geprägt, die über weite Teile hinweg eine Geschichte der Unterdrückten war.

Die Kreter lehnen alles ab, was irgendwie mit staatlicher Bevormundung, übertriebener Autorität oder strengem Konservativismus zusammenhängt. Sie wählen aus

Tradition die Partei, von der sie sich die meiste Freiheit versprechen. Der griechische Staat wird zwar akzeptiert, aber nicht geliebt. Man fühlt sich in erster Linie als Kreter. Als am 8. Dezember 1974 in einem gesamtgriechischen Referendum darüber abgestimmt wurde, ob Griechenland eine Monarchie oder eine konstitutionelle Demokratie sein soll, wurde folgendermaßen abgestimmt:

Griechenland:
für Monarchie: 30,8 %; *gegen*: 69,2 %

Kreta:
für Monarchie: 9,0 %; *gegen*: 91,0 %!

Auch die gesamtgriechischen Parlamentswahlen im Oktober 1981 zeigten auf Kreta eine ähnliche Tendenz: Als bei der so genannten „Wende"-Wahl Karamánlis und seine konservative „Nea Demokratia" abgewählt und stattdessen der fortschrittliche, links stehende PASOK mit ihrem Ministerpräsidenten *Andréas Papandréou* gewählt wurde, die den Nato-Austritt und die Auflösung der amerikanischen Stützpunkte in Griechenland auf dem Programm hatte, betrug der Anteil der kretischen PASOK-Anhänger 60 %, im Gegensatz zu 48 % im übrigen Griechenland. Mit einem ähnlichen Ergebnis endete auch die Wahl von 1985, obwohl Papandréou seine Wahlversprechen nicht einlösen konnte und *Konstantin Mitsotákis*, der damalige Vorsitzende der Nea Demokratia, aus Chaniá stammt und ein sehr einflussreicher Mann auf der Insel ist.

„Captain" Michalis Argirakis am Óchi-Tag
(→ S. 54 und 266)

Griechische Geschichte seit 1967 im Überblick

1967–74: Militärdiktatur in Griechenland

1974: Sturz der Militärregierung wegen ihres Versagens in der Zypernkrise. Neuer Ministerpräsident wird der konservative **Konstantin Karamánlis**, der den unblutigen Übergang zur Demokratie sichert. Die Monarchie wird per Volksabstimmung abgeschafft, König Konstantin geht ins Exil. Griechenland wird parlamentarisch-demokratische Republik mit einer starken Stellung des Präsidenten.

1981: Griechenland wird Vollmitglied der EG. Die Mehrheit der Griechen ist mit der amerikafreundlichen Politik von Karamánlis nicht einverstanden, sie wählen die Wende. Neue Regierungspartei ist der sozialistische **PASOK**, ihr Vorsitzender **Andréas Papandréou** wird Ministerpräsident. Seine großen Forderungen – Schließung der amerikanischen Stützpunkte, Austritt aus NATO und EG – machen jedoch bald einer Politik der Zurückhaltung Platz. Von Austritt ist keine Rede mehr, die amerikanischen Stützpunkte bleiben.

1982–85: Der EG-Beitritt bringt starke Preiserhöhungen mit sich, die Inflationsrate steigt, nicht wenige Wähler sind mit Papandréou unzufrieden. Die Rechten gewinnen wieder an Boden. Im März 1985 opfert Papandréou den konservativen Staatspräsident Karamánlis dem linken Flügel seiner Partei. Mit nur einer Stimme Mehrheit wird der Parteilose Sartzetákis zum Staatspräsidenten gewählt, der während der Zeit der Militärjunta im Gefängnis saß.

1985–1989: Bei den Parlamentswahlen im Juni kann sich Papandréou mit dem PASOK behaupten – allerdings mit prozentualen Einbußen. Die konservative „Nea Demokratia" (ND) hat dem Charisma Papandréous zu dieser Zeit nichts Gleichwertiges gegenüberzustellen. Doch 1989 werden Korruptionsvorwürfen laut, darunter Abhör- und Bestechungsfälle, aber auch Unterschlagungen des führenden Bankiers der „Bank of Crete" in Höhe von mehreren hundert Millionen Dollar – der größte Finanzskandal der griechischen Nachkriegsgeschichte. Die Führungsspitzen der sozialistischen Partei sind darin verwickelt, auch Papandréou soll etwas gewusst haben. Die PASOK-Regierung verliert den Rückhalt in weiten Teilen der Bevölkerung. Das Fass zum Überlaufen bringt Ende 1989 der siebzigjährige „Andreas" durch seine Affäre mit einer Stewardess, wegen der er seine Frau verlässt.

1990–1993: Die konservative **Nea Demokratia** kommt trotzdem erst nach mehreren Wahlgängen mit äußerst knapper Mehrheit an die Macht. Griechischer Ministerpräsident wird der Kreter **Konstantin Mitsotákis**. Unter seiner Regierung werden die Verträge für die US-Basen auf Kreta verlängert. Mit rigidem Sparkurs versuchen die Konservativen, die miserable Wirtschaftslage zu verbessern, doch die Ergebnisse bleiben aus.

1993–2002: Im Oktober 1993 gewinnt die PASOK **vorgezogene Parlamentswahlen** mit deutlicher Mehrheit. Große Teile der Arbeiterschaft haben das Lager gewechselt, weil sie sich von den Konservativen verraten fühlen. Mitsotákis tritt als Parteivorsitzender der Nea Demokratia zurück, der fast achtzigjährige „Andréas" wird umjubelter Regierungschef.

Als im jugoslawischen Krieg die ehemalige Teilrepublik **Makedonien** die Anerkennung ihrer staatlichen Selbständigkeit von den EU-Staaten fordert, widersetzt sich dieser Forderung Griechenland vehement, weil es Gebietsansprüche auf die gleichnamige griechische Region fürchtet. **„Makedonia is Greek"** ist bald in Kafenia und Tavernen, auf zahllosen T-Shirts und Spruchbändern im ganzen Land zu lesen, auch auf Kreta.

Papandréou stirbt im Frühsommer 1996. Sein Nachfolger wird der überzeugte Europäer **Kóstas Simítis** (ebenfalls PASOK). Die **Inflationsbekämpfung** ist seitdem eins der vorrangigsten Ziele der griechischen Regierung. Erfolge sind mittlerweile sichtbar: Lag die **Inflationsrate** 1995 erstmals seit zwanzig Jahren unter der Zehn-Prozent-Marke, so hatte man im Sommer 1999 bereits eine Quote von nur noch etwa 2,7 % erreicht, die aber seit 2000 wieder anstieg (derzeit zwischen 3 und 4 %). Die **Staatsschulden** liegen allerdings noch immer gut 100 % über dem Bruttoinlandsprodukt. Die Wahlen vom April 2000 gewinnt Simítis nur knapp. Erklärtes Hauptziel seiner Regierung ist die Teilnahme an der **europäischen Währungsunion**. Dies wird auch erreicht und seit Anfang 2002 ist in Griechenland der **Euro** gültig. Die damit verbundenen Preissteigerungen sind allerdings noch eklatanter spürbar als in Deutschland und verursachen viel Unmut, verbunden mit Aufrufen zu landesweitem Konsumboykott.

Positiv zu bewerten ist, dass sich die bilateralen Spannungen zur **Türkei** abschwächen, dokumentiert z. B. durch gegenseitige Erdbebenhilfe. Optimisten sehen eine Entwicklung ähnlich der deutsch-französischen nach dem Zweiten Weltkrieg sich abzeichnen.

Ab 2004: Bei den griechischen **Parlamentswahlen** von 2004 wird der PASOK abgestraft, die Nea Demokratia erringt einen deutlichen Wahlsieg und verfügt nun über die absolute Mehrheit im Parlament. Ministerpräsident wird der ND-Vorsitzende Konstantinos Karamánlis.

Im Zuge der **EU-Erweiterung** ist Griechenlands Hauptinteresse die Aufnahme der Republik **Zypern** – auch ohne politische Vereinigung der geteilten Insel. Beim Volksentscheid vom April 2004 sprechen sich die griechischen Zyprioten mit 76 Prozent gegen den UN-Friedensplan aus. Damit bleibt Zypern geteilt und am 1. Mai 2004 tritt nur der griechische Teil der Europäischen Union bei. Ab 2007 soll der Euro Zahlungsmittel werden.

Ein überwältigender Erfolg für das Land sind die **Olympischen Sommerspiele** von 2004 in Athen, allerdings verbunden mit schmerzhaften Folgen für den Staatshaushalt. Im Herbst 2004 werden zudem Zahlen bekannt, die belegen, dass Griechenland bereits seit drei Jahren in Folge gegen den **Stabilitätspakt** von Maastricht verstoßen hat.

Landeanflug auf Iráklion: Blick auf den Psiloritis, das höchste Gebirgsmassiv Kretas

Anreise

Rund 2400 km sind es von München nach Kreta, von Frankfurt knapp 2800 km, von Hamburg 3200 km. Grund genug, über die Anreise nachzudenken.

Ein Hauptfaktor ist natürlich die Zeit. Wer nur zwei oder drei Wochen hat, wird die wertvollen Tage nicht mit zeitraubenden Schiffspassagen und Autobahnmarathon verbringen wollen. Kein Wunder also, dass gut 90 % aller Kretareisenden mit dem Flugzeug anreisen. Umweltfreundlich ist diese Variante allerdings keineswegs. Beachten Sie aber dazu die Website www.atmosfair.de (→ 84)

Mit dem Flugzeug

In drei bis vier Stunden am Ziel. Eben noch die letzten Utensilien verstaut, jetzt schon im schönsten Blau der Ägäis plantschen! Die Optionen sind äußerst vielfältig: Kreta als eins der meistbesuchten Ziele des Mittelmeers fliegen viele große Fluggesellschaften von zahlreichen mitteleuropäischen Airports an. Der Löwenanteil der Flüge geht nach *Iráklion* (Zentralkreta), weitaus weniger Flieger landen in *Chaniá* (Westkreta). Die Preise liegen etwa zwischen 160 und 520 €, dazu kommen noch Steuern sowie Flughafengebühren, die seit den Anschlägen vom 11. September stark gestiegen sind. Leider gibt es keine ausgesprochenen Billigflugangebote nach Kreta, sondern nur nach Athen (→ Kasten), lediglich Germanwings (www.germanwings.com), Air Berlin (www.airberlin.com) und Hapagfly (www.hapagfly.com) bieten zu bestimmten Terminen Sonderpreise, die aber nicht wirklich günstig sind. Eine aktuelle Übersicht der Low-Cost-Anbieter finden Sie unter www.megaflieger.de.

▸ **Linienflüge**: Die griechischen Fluglinien *Olympic Airways* (www.olympic-airlines.de) und *Aegean Airlines* (www.aegeanair.com) bieten ganzjährig Linienflüge nach Kreta mit Zwischenlandung in Athen oder Thessaloníki an.

▶ **Charterflüge**: gibt es nach Kreta nur von April bis Oktober, z. B. von Air Berlin, Condor und Hapagfly. Sie werden nicht nur pauschal mit Unterkunft oder einer anderen touristischen Leistung (Wander-, Studien-, Sportreisen o. Ä.) verkauft, sondern man kann bei allen Charterfluggesellschaften und Reiseveranstaltern auch Flüge ohne Unterkunft buchen, genannt „Nur-Flug“ bzw. „Only-Flights“. Spartipp: Die Ferienflieger, die im Oktober die letzten Touristen von der Insel holen, bieten oft supergünstige Hinflugtickets. Dasselbe gilt auch für die Rückflüge zu Saisonbeginn Anfang April, wenn die ersten Urlauber auf die Insel gebracht wurden. Für Studenten gibt es bei manchen Linien Ermäßigung, Spontanbucher können mit „Last Minute“-Flügen einiges an Geld sparen.

Flug mit Zwischenstopp in Athen: unter Umständen eine reizvolle Variante, um noch mehr zu sehen – den Flug bis Athen buchen und mit der täglichen Fähre (6–9 Std.) weiter nach Iráklion, Réthimnon oder Chaniá bzw. mit Inlandsflug nach Iráklion und Chaniá (50 Min.) oder Sitía (80 Min.). Die Billigflieger Germanwings (www.germanwings.de) und easyJet (www.easyjet.com) fliegen seit Sommer 2005 Athen an, günstig sind bei rechtzeitiger Buchung auch Flüge mit Aegean Airlines (ab ca. 90 €). Details zu den Verbindungen Athen–Kreta weiter unten, S. 103.

• *Flug mit Unterkunft* Für den Urlaub in der unmittelbaren **Hauptsaison** ist – vor allem für Familien mit Kindern – anzuraten, Flug und Unterkunft über Reiseveranstalter zu buchen. Die Zimmersuche kann in dieser Zeit unter Umständen zu einem langwierigen Unternehmen ausarten, da auch griechische Urlauber ihre Sommerferien gerne auf Kreta verbringen. Vermittelt werden in erster Linie die großen Badehotels an der **Nordküste**, vor allem Attika bietet aber auch ein umfassendes Angebot für ganz Kreta. Preislich muss man in der Hauptsaison durchschnittlich um die 650–1200 € pro Pers. für einen zweiwöchigen Hotelaufenthalt inkl. Flug rechnen, in der Nebensaison sinken die Preise oft unter 600 €. Veranstalter mit großem Kreta-Angebot sind z. B. **Attika**, **Jahn**, **Neckermann**, **Thomas Cook** und **TUI**. Ihrer Aufmerksamkeit empfehlen wir besonders den liebevoll aufgemachten Prospekt des langjährigen Griechenland-Spezialisten Attika-Reisen. Beachten Sie auch die Anbieter von Ferienwohnungen auf S. 161.

Preiswert in den Urlaub: Last Minute

„Last-Minute"-Plätze in nicht ausgebuchten Chartermaschinen gibt es sowohl mit Unterkunft wie auch als „Nur Flug". Zu Hochsaisonzeiten (Ostern, Sommerferien) sind die Angebote naturgemäß seltener, als besonders guter Monat gilt dagegen der Juni. Echte Last-Minute-Angebote werden von den Fluggesellschaften erstmals frühestens 14 Tage vor Reisebeginn offeriert, bis zum Flugdatum sinken die Preise dann – je nach Nachfrage – meist noch ein Stück. Wenn man hoch pokert, kann man so zwei Tage vor Termin einen Flug für einen Bruchteil des Preises bekommen, den Frühbucher zahlen – allerdings mit dem Risiko, dass die Maschine zwischenzeitlich ausgebucht ist. Bei Flügen mit Unterkunft ist etwas Vorsicht geboten: Oft werden Lockangebote offeriert, die zwar als „Last Minute" deklariert sind, jedoch keineswegs günstiger sind als Katalogpreise.

Anbieter (Auswahl): Bucher Reisen (www.bucherreisen.de), Lastminute Express (www.lastminute-express.de), L'tur (www.ltur.de), Travel Overland (travel-overland.de), Universal Reisen (www.last-minute-germany.de), außerdem www.buybye.de, www.flug-hotel-urlaub.de, www.lastminute-suchmaschinen.de, www.travelland.de, www.travel24.com u.v.a.

Transport von Gepäck und Sondergepäck

• *Gepäck* Auf allen **internationalen Linien- und Charterflügen** dürfen pro Pers. 20 kg Freigepäck mitgenommen werden, auf **innergriechischen Flügen** dagegen nur 15 kg. Wer aber aus dem Ausland kommt und einen Anschlussflug gebucht hat, darf seine 20 kg trotzdem kostenfrei mitnehmen.

• *Sportgerät, Fahrrad usw.* Pro Pers. können bis zu 30 kg mitgenommen werden, Gebühren sind je nach Fluggesellschaft unterschiedlich – **Taucherausrüstung** fliegt meist kostenlos, ein mitgenommenes **Fahrrad** kostet auf Charterflügen ca. 25–30 €, ein **Surfbrett** 40–50 €, bei Linienfluggesellschaften wird es teurer. Rechtzeitige Anmeldung und sachgerechte Verpackung sind in jedem Fall obligatorisch.

• *Haustiere* Hier gilt – besser zu Hause lassen (→ Kasten)! Wer sein Tier unbedingt mitnehmen will oder muss, muss es natürlich bei der Buchung anmelden. In der Kabine darf ein Hund nur mitfliegen, wenn sein Gewicht 5 kg nicht überschreitet und eine spezielle Transportbox gekauft wurde. Ansonsten landet er im Gepäckraum. Katzen fliegen generell im Passagierbereich mit. Bei Charterflügen schlagen einige Gesellschaften das Gewicht des Tiers dem Gesamtgepäck auf (d. h. gezahlt wird nur, wenn 20 kg überschritten sind), andere nehmen einen Pauschalpreis pro Tier (ca. 40 €). Linienfluggesellschaften berechnen Tiere generell als Übergepäck. (Ärztliche Bestimmungen → Haustiere/Reisepraktisches von A bis Z).

Bitte zu Hause lassen: den Tieren zuliebe

Tierschützer warnen ausdrücklich davor, Tiere mit in den Urlaub zu nehmen, der Flug ist eine Qual und am Ferienort bekommen Sie es mit unbekannten Parasiten zu tun. Am besten lassen Sie Ihr Tier zu Hause betreuen (Es gibt z. B. „Catsitter“ und Tierpensionen, im Tierheim nachfragen) oder bei Freunden wohnen.

Mit dem eigenen Kraftfahrzeug

Kreta lädt zum Entdecken mit dem eigenen Fahrzeug geradezu ein und die Unabhängigkeit mit Auto oder Motorrad wird man bald zu schätzen wissen. Die lange Anreise durch die Staaten des ehemaligen Jugoslawien verlangt allerdings einiges an Ausdauer. Eine gute Alternative stellt die Fährpassage ab Italien dar – jedoch mit nicht unerheblichen Kosten für den Fahrzeugtransport.

Die wichtigen Teile des Kfz sollte man vor der Fahrt gründlich durchchecken und darauf achten, dass sich alles in tadellosem Zustand befindet. Die Autowerkstätten in Kreta können nicht unbedingt alles reparieren und haben nicht immer sämtliche Ersatzteile vorrätig, die dann erst aus Athen besorgt werden müssen.

- Besorgen Sie sich **vor Antritt der Fahrt** bei Ihrem Automobilclub die neuesten Daten zu den erlaubten Höchstgeschwindigkeiten, besonderen Verkehrsregeln und Benzinpreisen in den Transitländern.
- Mitzunehmen sind der **Führerschein**, die **grüne Versicherungskarte** und der **Fahrzeugschein**. Sinnvoll ist auch der Auslandsschutzbrief bzw. eine vorübergehende Vollkaskoversicherung, da die griechischen Versicherer nicht viel zahlen.
- In **Österreich**, **Schweiz** und **Italien** sind alle Autobahnen gebührenpflichtig. Für Schweiz und Österreich ist eine Pauschalsumme fällig (Vignetten bekommt man bei den Automobilclubs, an grenznahen Raststätten und an der Grenze), in Italien zahlt man bei Mautstationen direkt an der Autobahn nach gefahrenen Kilometern.

▸ **Über den Balkan**: Die direkte „Luftlinie" nach Athen/Piräus durch Österreich, die Nachfolgestaaten des zerfallenen Jugoslawien (Slowenien, Kroatien, Restjugoslawien, Makedonien) und Nord-/Mittelgriechenland verläuft über die Schnellstraße E 70, genannt „Autoput" (Zagreb, Belgrad, Nis und Skopje). Obwohl die Automobilclubs immer noch abraten, soll die Route nach uns vorliegenden Erfahrungsberichten inzwischen wieder problemlos zu befahren sein. Die Strecke ist großteils autobahnähnlich ausgebaut – in Serbien wird noch an der Verbesserung des alten Autoput gearbeitet – und mautpflichtig. Der kritische Kosovo wird unterwegs nicht berührt. Maut und Benzin kann man überall mit Euro oder Kreditkarte begleichen, wobei man allerdings ein Stück mehr bezahlt als in Dinar (Tipp: Wechselkurs vor der Reise eruieren, Preise immer in Dinar erfragen, selbst in Euro umrechnen und aufrunden). Für den Transfer durch Serbien ist die Mitnahme des Reisepasses und der grünen Versicherungskarte notwendig, außerdem sollte man die politischen Ereignisse in Kosovo und Mazedonien genau verfolgen. Geschwindigkeitsbeschränkungen sollten strikt beachtet werden, es gibt sehr viele Radarkontrollen, die teuer werden können.

In Griechenland angekommen, führt die gebührenpflichtige Schnellstraße an Thessaloníki vorbei und verläuft nahe der Ostküste. Gelegentlich fährt man direkt am Meer entlang und kommt auch dicht am mythischen Olymp-Massiv vorbei, ab und zu gibt es Bademöglichkeiten. Mehrere Zeltplätze haben Zufahrten von der Autobahn und sind zum Teil sehr gut ausgestattet, wegen der nahen Straße jedoch sehr laut. In *Athen* führt die Nationalstraße 1 (später Kifissou Str.) am Zentrum vorbei direkt zum Hafen *Peiraiás (Piräus)*. Die Ticketschalter für die Kretafähren liegen schräg gegenüber der Metrostation (→ Athen).

Unterwegs in Griechenland

• *Höchstgeschwindigkeit* Autobahn 120 km/h, Schnellstraße 110 km/h, außerhalb von Ortschaften 90 km/h, Motorräder 70 km/h.

• *Wichtige Verkehrsregeln* An gelb markierten Straßenrändern darf nicht geparkt werden; Promillegrenze 0,5.

• *Benzinpreise* in Griechenland etwas günstiger als in Deutschland, Benzin bleifrei ab ca. 1,05 €, Super ab 1,19 €, Diesel ab 0,99 €.

• *Notruf* Polizeinotruf 100, Touristenpolizei in Athen 171, Unfallrettung (Athen-Piräus) 166.

• *Pannenhilfe* Der griechische Automobilclub ELPA leistet auf den wichtigsten Straßen täglich rund um die Uhr Pannenhilfe (ermäßigte Gebühr für Mitglieder von Automobilclubs). Rufnummer 104, davor die Vorwahl der nächsten größeren Stadt: Athen 21, Thessaloníki 231, Lárissa 241, Lamía 2231, Pátras 261. Touristische Beratung unter ✆ 174.
Adresse in Athen: ELPA, GR-11527 Athen, Messogion Str. 2-4, ✆ 210-7791615, www.elpa.gr. Hat auch Büros in Chaniá und Iráklion (→ dort).

▸ **Über Italien**: die derzeit meistgenutzte Option. Übersetzen nach Pátras/Griechenland per Fähre (möglich ab Triest, Venedig, Ancona, Bari oder Brindisi), anschließend die gut ausgebaute Autobahn am Golf von Korinth entlang nach Piräus und mit der täglichen Fähre nach Kreta (→ Von Athen/Piräus nach Kreta). Vorteil: Man sitzt nicht allzu lange hinter dem Steuer – von München nach Ancona sind es beispielsweise weniger als 900 km, von Basel nach Venedig 700 km, und auch die Tour auf dem griechischen Festland ist rasch zu bewältigen. Zu den Überfahrtskosten

Traditionelles Transportmittel auf Kreta

kommen jedoch Autobahngebühren dazu. Die Griechenland-Fähren sind in der Saison oft schon Monate im Voraus ausgebucht. Nicht ohne Vorbuchung fahren.

Mit dem Fahrrad

- **Anreise per Flugzeug**: im Fall Kreta zweifellos die gängigste Lösung. Fahrradmitnahme ist bei keiner Airline ein Problem. Kostenpunkt im Charter ca. 20–30 € hin/rück, Linienfluggesellschaften berechnen etwa 25 € pro Strecke, also 50 € hin/rück. Manche Airlines behandeln das Rad auch als Übergepäck nach Kilogewicht (20 kg Obergrenze). Ein Rad wiegt allein schon ca. 12–18 kg, deshalb Pedale und Sattel am besten ins Handgepäck. Das Rad muss schon bei der Reservierung des Fluges angemeldet werden (mit Gewicht). Sachgerechte Verpackung ist sinnvoll, z. B. in speziellen Fahrradtaschen, Pappe oder Luftpolsterfolie, bei manchen Fluggesellschaften, z. B. easyJet, muss das Rad sogar vollständig verpackt sein. Lenker querstellen, Pedale nach innen schrauben und etwas Luft ablassen, damit die Schläuche durch den Unterdruck in den Frachtkammern nicht platzen, das Rad aber trotzdem noch gerollt werden kann. Falls man abends in Iráklion ankommt, sollte für die Fahrt vom Flughafen in die Innenstadt die Lichtanlage unbedingt in Ordnung sein, die Straßen sind sehr stark bevölkert.
- **Per Bahn und Fähre**: Der Transport über Restjugoslawien ist langwierig und kompliziert. Besser ist es, das Rad durch Italien nach *Ancona* mitzunehmen (internat. Fahrradkarte ca. 12,30 €) und von dort nach Pátras überzusetzen. Auskünfte gibt die „Radfahrer-Hotline" der DB (✆ 01805/151415, ganzjährig tägl. 8–20 Uhr), Infos auch bei www.bahn.de unter „Mobilität und Service" (Bahn & Fahrrad) und beim Allgemeinen Deutschen Fahrrad-Club ADFC, www.adfc.de. Die Fährpassage Italien-Griechenland ist fürs Rad kostenlos. Von *Pátras* nach Athen bieten manche Fährlinien (z. B. Anek, Minoan Lines und Superfast Ferries) einen Bustransfer, wo-

bei mit etwas Glück das Rad mitgenommen wird (hängt vom Busfahrer ab). Ansonsten kann das Rad von Pátras auch preiswert mit der Bahn nach Athen versandt werden (direkte Mitnahme im Zug nicht möglich) und auch die Mitnahme in öffentlichen Linienbussen soll möglich sein. Auf den Fähren von Piräus nach Kreta wiederum kostenloser Transport.

Weitere Hinweise siehe „Unterwegs auf Kreta/Mit dem Fahrrad", S. 119.

Mit der Bahn

Die Bahn stellt derzeit die einzige halbwegs umweltverträgliche Art des Reisens dar. Auf der direkten Linie durch das ehemalige Jugoslawien, die viele Jahre unterbrochen war, gibt es inzwischen wieder Verbindungen, man ist jedoch gut vierzig Stunden unterwegs. Weniger stressig, außerdem etwas preiswerter und mit schöner Fährüberfahrt ist die Anreise über Italien. Von den italienischen Adriahäfen gehen Fähren nach Igoumenítsa und Pátras, von Pátras gibt es mehrmals täglich Zugverbindungen nach Athen (→ Fährkapitel).

- **Balkanroute**: Gutes Sitzfleisch und Durchhaltevermögen sind nötig, man verbringt immerhin mehr als vierzig Stunden in „vollen Zügen". Außerdem ausreichend Lebensmittel und Trinkwasser mitnehmen, die teuren Speisewagen belasten das Budget. Mit IC/EC fährt man von Frankfurt über Salzburg bis Zagreb, dort muss man gegen Mitternacht umsteigen und fährt über Belgrad, Skopje und Thessaloníki nach Athen. Nötig ist eine rechtzeitige Sitzplatzreservierung, außerdem gegebenenfalls Liege- oder Schlafwagen für die Nacht. Die Kosten liegen über 300 € (hin und zurück), dazu kommt die Überfahrt Athen–Kreta. Für denselben Preis bekommt man auch ein Flugticket. Spätestens ein paar Wochen vor Reisebeginn muss man buchen. Für den Transfer durch Serbien sollte man rechtzeitig eventuelle Visamodalitäten erfragen, außerdem die politischen Ereignisse in Kosovo und Mazedonien genau verfolgen.
- **Über Italien**: Zunächst reizvolle Anreise durch die Alpen und Oberitalien zu einem der Fährhäfen, willkommene Abwechslung bringt dann im Anschluss die Überfahrt nach Griechenland. Für die Fahrt von München nach *Ancona* muss man mit zwölf Stunden rechnen. Ab *Pátras* kann man bis zu 5 x täglich mit einem vollklimatisierte IC-Triebwagenzug auf der Schmalspurstrecke nach *Athen* bzw. direkt nach *Piräus* fahren, die Bahnhöfe liegen in beiden Städten direkt am Hafen (Fahrtdauer ca. 3,5 Std., IC-Zuschlag, reservierungspflichtig). Auf derselben Strecke fahren auch normale Nahverkehrszüge, die bis zu 5,5 Std. brauchen, außerdem gibt es häufige Busverbindungen (Busstation in Pátras ein Stück östlich vom Bahnhof).

Informationen zu den verschiedenen nationalen und internationalen Bahnpässen und Ermäßigungen in den Prospekten der DB und unter www.bahn.de, z. B. **Angebote & Preise**, **Jugend & Reisen**, **Familien & Reisen**, **Senioren & Reisen**.

Weitere Anreisemöglichkeiten

- **Mit dem Bus**: deutlich preiswerter als mit der Bahn, das wird aber durch den Marathon-Stress im unbequemen Reisesitz wettgemacht. Die *Deutsche Touring GmbH* bietet ganzjährig Fahrten von verschiedenen deutschen Städten an, die vor allem von griechischen und türkischen Arbeitnehmern genutzt werden. Die Busse fahren in einen der italienischen Fährhäfen und setzen nach *Igoumenítsa* über, um die Weiterfahrt nach *Athen* muss man sich vor Ort selber kümmern (Busse etwa alle 2 Std.). Der Preis von Frankfurt nach Igoumenítsa beträgt ca. 170 € hin und zurück, die Fähre kostet extra (ca. 42 € hin und zurück). Abgefahren wird in der Regel samstags, Ankunft in Igoumenítsa ist etwa 33 Std. später. Aufgrund der langen Fahrtzeit empfiehlt sich der Europabus nicht für einen zwei- bis dreiwöchigen Urlaub.

Auskünfte/Buchung **Deutsche Touring GmbH**, **„Europabus"**, Am Römerhof 17, D-60486 Frankfurt/Main, ✆ 069/790350, www.deutsche-touring.com

- **Mitfahrzentralen**: preisgünstige Lösung für Fahrer und Mitfahrer – ersterer spart Benzinkosten, letzterer kommt preiswert nach Griechenland. Im Fall, dass mehrere zahlende Personen mitfahren, wird auch der obige Buspreis leicht unterboten. Insgesamt rund hundert Mitfahrzentralen *(MFZ)* gibt es inzwischen in fast allen bundesdeutschen Großstädten, zu finden im Telefonbuch oder im Internet unter mitfahrzentralen.de, mitfahrzentralen.org oder citynet-mitfahrzentralen.de. Vor allem die Universitätsstädte sind gut bestückt. Falls man von einer Mitfahrzentrale an einen Fahrer vermittelt wird, wird zusätzlich zum eigentlichen Fahrpreis (Benzinkostenbeteiligung) eine Vermittlungsgebühr fällig, die eine Unfallversicherung enthält.

Mit der Fähre von Italien nach Griechenland

Lohnt sich vor allem, wenn man mit dem eigenen Auto oder Wohnmobil auf Kreta unterwegs sein möchte. Da die italienischen Fährhäfen nicht übermäßig weit entfernt sind, kann man die Anreise relativ stressfrei gestalten.

Fährverbindungen nach Griechenland gibt es von *Triest*, *Venedig*, *Ancona*, *Bari*, *Brindisi* und *Otranto*, Ankunftshäfen sind *Igoumenítsa* und *Pátras*. Von dort geht es durch das westgriechische Bergland bzw. am Korinthischen Golf entlang nach *Athen/Piräus*, wo man eine der täglichen Fähren oder einen der häufigen Flüge nach Kreta nehmen kann. Einige Fährlinien (z. B. Anek Lines, Minoan Lines und Superfast Ferries) bieten zwischen Pátras und Athen Bustransfer. Ab Pátras können Sie in den Sommermonaten aber auch den Peloponnes umrunden und die Autofähre ab *Gýthion* nehmen, die Sie mehrmals wöchentlich nach *Kíssamos* in Westkreta bringt (→ „Vom Peloponnes nach Kreta").

Von welchem Hafen man in Italien abfährt, ist eine individuelle Frage. Am teuersten sind die Überfahrten von Venedig und Triest, dafür ist die Autobahnfahrt (incl. Gebühren) am kürzesten und vor allem die Ausfahrt aus der Lagune von Venedig ist optisch höchst eindrucksvoll. Besorgen Sie sich die aktuellen Prospekte (in jedem größeren Reisebüro erhältlich) und rechnen Sie die verschiedenen Fährpreise, kombiniert mit den Anfahrtskosten für Auto oder Bahn, einmal durch. In der Nebensaison liegen die Preise generell niedriger als in der Hauptreisezeit. Achten Sie auch besonders auf die je nach Reederei verschiedenen Sonderpreise und Ermäßigungen (z. B. Kinder- und Rückfahrtermäßigungen). Fahrradmitnahme ist immer frei. Grundsätzlich ist zu raten, möglichst früh zu buchen (auch online möglich, Webadressen siehe unten), Stellplätze für Pkw und Wohnmobile werden schnell knapp, natürlich vor allem an exponierten Terminen wie Ferienbeginn etc. Die Fahrt auf den geräumigen Fährschiffen bietet eine schöne Einstimmung auf den Urlaub: tagsüber an Bord relaxen und im Pool plantschen, abends Livemusik oder

Tagsüber kann man an Bord relaxen

Disco. An Bord kann man wählen zwischen dem billigen Deckplatz/Pullmannsitz oder einer 2- bis 4-Bett-Kabine. Eine Direktverbindung nach *Iráklion* gibt es leider seit vielen Jahren nicht mehr.

Fähr-Infos

- Bei gleichzeitiger Buchung von Hin- und Rückfahrt erhält man auf den meisten Linien 20–30 % **Ermäßigung** auf den Rückfahrtspreis von Personen und Fahrzeugen, 10–20% für junge Menschen bis 26 und Senioren ab 60, außerdem auf innergriechischen Linien derselben Gesellschaft 10–20 %. Ebenso gibt es Kinderermäßigung (meist bis 4 Jahre frei, bis 12 Jahre 50 %).
- Mindestens **zwei Stunden** vor Abfahrt am Hafen sein, unter Umständen verliert man sonst seinen reservierten Platz. Zugfahrer sollten Verspätungen einkalkulieren.
- Im Hafen zuerst zum Büro der Schiffslinie gehen. Dort bekommt man die **„Embarcation-Card"** und die Hafentaxe von etwa 5 € muss bezahlt werden.
- Für **Kraftfahrer**: während der Seereise kann man nicht ans Auto, deswegen alles Wichtige schon vorher zusammenpacken und mit nach oben nehmen.
- **Camping an Bord**: Passagiere, die im Wohnmobil unterwegs sind, können bei einigen Fährlinien im Camper an Deck übernachten und erhalten sogar Stromanschluss. Vorteil: Man zahlt nur eine Deckpassage und genießt den Komfort des eigenen Mobilheims. Angeboten wird dieser Service von ANEK auf den Strecken Triest-Pátras und Ancona-Pátras, außerdem von Minoan Lines und Superfast Ferries auf der Strecke Ancona-Pátras.
- **Tiere** werden in Käfigen an Deck transportiert oder müssen im Auto bleiben, eine echte Qual für die Vierbeiner. Gelegentlich, je nach Gesellschaft verschieden, wird es akzeptiert, dass man ein Tier mit an Deck nimmt.

▸ **Fähren nach Griechenland**: U. a. verkehren Anek Lines, Blue Star Ferries, Minoan Lines, Superfast Ferries und Ventouris Ferries nach Igoumenítsa und Pátras. Ab Ancona gibt es die meisten Verbindungen, u. a. starten hier die *Superfast Ferries*, die für die Überfahrt nach Pátras nur 18 Std. benötigen.

• *Generalagenturen* **Anek Lines** (www.anek.gr), Ikon Reiseagentur, Schwanthalerstr., D-80336 München, ✆ 089/5501041, 📠 598425, www.ikon-reiseagentur.de
Blue Star Ferries (www.bluestarferries.com), Hermann-Lange-Str. 1, 23558 Lübeck, ✆ 0451-88006200, 📠 88006129.
Minoan Lines (www.minoan.gr), J.A. Reinecke GmbH & Co KG, Jersbeker Straße 12, D-22941 Bargteheide, ✆ 04532-205516, 📠 22566, www.jareinecke.de
Superfast Ferries (www.superfast.com), Hermann-Lange-Str. 1, 23558 Lübeck, ✆ 0451-88006166, 📠 88006129.
Ventouris Ferries (www.ventouris.gr), Ikon Reiseagentur, Schwanthalerstr., D-80336 München, ✆ 089/5501041, 📠 598425, www.ikon-reiseagentur.de

Von Athen/Piräus nach Kreta

Die Millionenstadt ist Verkehrsdrehscheibe für die meisten griechischen Inseln, so auch für Kreta. Ein Aufenthalt in der quirligen Metropole kann durchaus reizvoll sein: neben den weltberühmten antiken Bauten wie *Akropolis* und *Agora* ist es vor allem das unterhalb der Akropolis gelegene Viertel *Pláka*, das die Urlauber anzieht. Alternativ dazu könnte man den nahe gelegenen Stadtteil *Psirrí* besuchen, wo zahlreiche gute Tavernen warten – an Sonntagen treffen sich hier tausende von meist jungen Athern zum fröhlichen Essen und Plaudern. Der Eintritt zur Akropolis kostet 12 €, mit demselben Ticket kann man noch eine Reihe anderer antiker Sehenswürdigkeiten besuchen.
Zur größten Insel Griechenlands gibt es täglich mehrere Fähr- und Flugverbindungen. Die Fähre ist natürlich billiger und kann meist auch noch spontan gebucht werden. Flüge sind oft lange im voraus ausverkauft. Der im Frühjahr 2001 eröffnete Athener Großflughafen *Eleftherios Venizelos* (www.aia.gr) liegt in der Ebene von Spáta, etwa 25 km östlich vom Zentrum. Der riesige Hafen *Piräus* (meist mit „Peiraiás" ausgeschildert) ist mit Athen nahtlos zusammengewachsen. Man erreicht ihn vom Zentrum aus am bequemsten und schnellsten mit der Metro, vom Flughafen per Metro oder (günstiger) mit dem Expressbus.

Verkehrsverbindungen zwischen Flughafen, Zentrum und Piräus

Bus: Zwischen Flughafen Eleftherios Venizelos und Athen verkehren zwei Expressbuslinien, eine weitere zwischen Flughafen und Piräus. Start und Ankunft der Busse ist direkt vor den Abfertigungshallen des Airport.
Expressbus E 95 fährt rund um die Uhr etwa 3 x pro Stunde zum Syntagmaplatz und zurück, Abfahrt am Syntagma ist an der Amalias Avenue vor dem Nationalgarten.
Expressbus E 94 fährt zwischen 6.30 und 20 Uhr alle 10 Min. zur Station „Ethniki Amina" der neuen Metrolinie M 3, die vom Airport zum Sytagma- und Monastiráki-Platz pendelt.
Expressbus E 96 fährt tagsüber etwa alle 15–20 Min., nachts alle 30–40 Min. direkt zur Abfahrtsstelle der Inselfähren in Piräus (Karaiskakiplatz) und zurück.
Preis pro Fahrt ca. 2,90 €, Gepäck kostenlos. Tickets beim Fahrer, in den Metrostationen und an den Fahrkartenkiosken an den Haltestellen. Fahrzeit nach Ethniki Amina ca. 30 Min., zum Syntagma mindestens 1 Std., nach Piräus 75 Min .., wegen Staus oft länger.

Metro: Athen besitzt mittlerweile drei Metrolinien. Vom Flughafen fährt die neue Metro **M 3** tagsüber von etwa 6 bis 19 Uhr etwa 1 x stündlich über Doukis-

sis Plakentias zum Syntagma-Platz (Anschluss an M 2 von Dáfni über Omonia-Platz zum Larissa-Bhf. und weiter nach Sepolia) und weiter zum Monastiraki-Platz, wo man Anschluss an die **M 1** hat, die bereits seit vielen Jahrzehnten vom weit außerhalb liegenden Vorort Kifíssia quer durchs Zentrum zum Hafen Piräus fährt. Die Endstation in Piräus liegt direkt gegenüber vom Terminal der Inselfähren am Karaiskakiplatz. Ein Ticket für die Fahrt vom Airport bis Monastiraki kostet ca. 6 € (unter 18 und über 65 J. 3 €, Zweier-Ticket 10 €), Dauer ca. 40 Min., bis Piräus 70 Min.
Metropreise: M 2 und M 3 je 0,70 € pro Fahrt. Die Strecke der M 1 ist in drei Zonen unterteilt (Piräus bis Monastiraki, Omonia bis Ano Patissia, Perissos bis Endstation Kifíssia), ein Ticket für eine oder zwei Zonen kostet 0,60 €, für drei Zonen 0,70 €. Ein 90-Min.-Ticket kostet 1 €, ein Tagesticket 3 € (gilt in der Metro nur vom Zentrum bis Station Doukíssis Plakentías, nicht von und zum Airport, außerdem in Stadtbussen und Expressbussen zum Flughafen). Die Fahrscheine kann man am Schalter oder an Automaten erwerben (für letztere Kleingeld nötig) und muss sie bis zur Sperre am Ende der Fahrt aufbewahren. Die Züge verkehren etwa von 5 bis 24 Uhr.

Taxi: Ungefähre Preise incl. Flughafen- und Gepäckzuschlag: zum Syntagmaplatz ca. 30 €, nach Piräus 35 €. Preis vor der Fahrt klipp und klar ausmachen.

Mit dem Schiff

Zwischen Piräus und Kreta operieren ganzjährig die kretischen Fährgesellschaften *Anek* und *Minoan Lines*, außerdem zum Zeitpunkt der letzten Recherche *LANE Ferries* und ein Highspeed Boat von Hellenic Seaways. Die meisten Verbindungen gibt es nach Iráklion, aber auch Réthimnon und Chaniá sind bequem zu erreichen, außerdem gibt es Verbindungen nach Ágios Nikólaos und Sitía.
Da die Fähren so häufig fahren, sind sie selten ausverkauft. Ein Deckplatz ist immer drin, meist auch Kabine. Will man sein Fahrzeug mitnehmen oder einen Kabinenplatz haben, sollte man jedoch besser zu Hause vorbuchen.

Allen Passagieren von Minoan Lines wird für Busfahrkarten in den Präfekturen von Iráklion und Lassíthi eine Ermäßigung von 50% gewährt. Bei Anmietung eine Wagens innerhalb von zwei Tagen nach Ankunft gibt es außerdem bei Hertz eine Ermäßigung von bis zu 50%.

• *Abfahrten* **Anek Lines**, täglich um 20.30 Uhr nach Iráklion und um 21 Uhr nach Chaniá, außerdem um 20 Uhr nach Réthimnon (im Winter 3 x wöch.).
Minoan Lines, täglich um 21 Uhr (Anfang Juli bis Anfang Sept. 21.30 Uhr) nach Iráklion; im Juli/August sowie zu Feiertagen wie Ostern, Weihnachten etc. verkehrt an verschiedenen Tagen, hauptsächlich an Wochenenden, zusätzlich eine Schnellfähre (ab Piräus 11 Uhr, an Iráklion 17.30 Uhr).
LANE, mehrmals wöch. nach Ágios Nikólaos und Sitía:
Hellenic Seaways, tägl. (außer Di) mit Schnellboot „Highspeed 4" bzw. „Highspeed 5" in nur 4 Std. 30 Min. nach Chaniá. Mit Fahrzeugtransport.

• *Aufbau der Schiffe* Es gibt Luxuskabinen, 2/3/4-Bett-Kabinen außen und innen sowie Deckplätze mit Benutzung von Pullmannsitzen in der Touristenklasse.

• *Preise* (Minoan Lines nach Iráklion) Kabinenplatz je nach Kategorie und Anzahl der Schlafplätze (2–4 Pers.) 56–100 €, Pullmannsitz Business Class 45 €, Deckplatz/Pullmannsitz Economy Class 34 €, Motorrad 16–24 €, Kfz je nach Länge ca. 80–96 €, Camper 110–150 €, Fahrrad und Haustier frei. Hellenic Seaways bieten trotz Schnellbootverbindung ähnliche Preise für Personen- und Fahrzeugtransport, Anek Lines haben günstigere Personen- und Motorradpreise, die Kfz- und Camperpreise sind ähnlich wie bei Minoan Lines.

Minoan Lines im Hafen von Iráklion

• *Fahrtdauer* (ab Piräus): Chaniá 8,5 Std. (Schnellfähre 4,5 Std.), Iráklion 7,5–9 Std. (Schnellfähre 6,5 Std.), Réthimnon 9,5 Std., Ágios Nikólaos 12 Std., Sitía 14 Std.

• *Abfahrtsstellen* Fähren nach **Kreta** starten im **Haupthafen**, gegenüber der Metrostation. Fährtickets bekommt man in den hohen, aneinandergebauten Gebäuden am **Karaiskakiplatz** – wenn man aus der Metrostation herauskommt, etwa 200 m nach links und über die Verkehrsstraße zum Hafen gehen.

• *Information* **Anek Lines** (www.anek.gr), Ikon Reiseagentur, Schwanthalerstr., D-80336 München, ✆ 089/5501041, ℻ 598425, www.ikon-reiseagentur.de

Minoan Lines (www.minoan.gr), J.A. Reinecke GmbH & Co KG, Jersbeker Straße 12, D-22941 Bargteheide, ✆ 04532-20550, ℻ 22566, www.jareinecke.de

LANE Ferries (www.lane.gr), K. Sfakianaki Str. 5, Ágios Nikólaos, Kreta. ✆ 28410-25249, ℻ 27052.

Hellenic Seaways (www.ferries.gr), Paleologos SA, 25 Avgousto Str. 5, ✆ 2810-346185, ℻ 346208.

▸ **Alternativen**: für Ägäis-Liebhaber lohnend – beinahe täglich dampft von Piräus eine Fähre auf einer mehr oder minder ausgedehnten Route durch die griechische Inselwelt, um nach einigen Tagen auf Kreta zu landen. Eine weitere Verbindung mit zahlreichen Zwischenstopps auf den Inseln gibt es im Sommer zwischen Thessaloníki und Kreta. Es lassen sich so interessante Routen zusammenstellen, auch für eine eventuelle Weiterfahrt von Kreta aus. Die Fahrpläne ändern sich allerdings häufig. Lassen Sie sich die jeweils aktuellen Daten in der Tourist-Information geben bzw. informieren Sie sich im Internet (→ Kasten).

• *Dodekanes* Eine gängige Route führt zu den **Dodekanes-Inseln** vor der türkischen Küste und nähert sich dem Osten Kretas über **Rhódos**, **Kárpathos** und **Kássos**.

• *Kykladen* Die andere Hauptstrecke schlängelt sich durch die **Kykladen** und landet in Iráklion oder Ágios Nikólaos. Von dort geht es meist weiter nach Sitía und dann wieder in Richtung Dodekanes.

• *Santoríni* Falls man einen Kykladen-Trip plant mit krönendem Abschluss Kreta, kommt man von April bis Oktober fast täglich von **Santoríni** nach Iráklion.

• *Thessaloníki* Minoan Lines pendelt ganzjährig mehrmals wöch. zwischen Thessaloníki und Kreta. Zwischenstopps in **Skíathos**, **Tínos**, **Sýros**, **Páros**, **Náxos** und **Santoríni**.

Fahrpläne im Internet: Unter www.gtpnet.com findet man eine aktuelle Übersicht über zahlreiche Fährverbindungen in der Ägäis, herausgegeben von den „Greek Travel Pages". Alternativ dazu kann man die Seite www.ferries.gr anschauen.

Online-Buchung aller Linien über www.aferry.de

Mit dem Flugzeug

Mit der finanziell angeschlagenen *Olympic Airways* kann man bis zu 8 x tägl. von Athen nach Iráklion (ca. 60–95 €) sowie 4 x tägl. nach Chaniá fliegen (70–95 €), außerdem 2–4 x wöch. nach Sitía (ca. 80–100 €). *Aegean Airlines* bietet zu meist etwas günstigeren Preisen ebenfalls häufige Kretaflüge an, z. B. Thessaloníki – Iráklion, Athen – Iráklion und Athen – Chaniá. Um Tickets sollte man sich frühzeitig kümmern, denn das Flugzeug ist in Griechenland ein Massenverkehrsmittel, vor allem was die Flüge auf die Inseln betrifft, und immer schnell ausgebucht. Flugdauer nach Iráklion und Chaniá 45–50 Min., nach Sitía 80 Min. Auf Inlandflügen sind nur 15 kg Freigepäck zugelassen. Wer jedoch mit ausländischem Charter kommt und in Athen umsteigt, darf seine 20 kg trotzdem ohne Aufpreis mitnehmen.

• *Information* **Aegean Airlines**, Am Hauptbahnhof 10, 60329 Frankfurt a. M., ✆ 069/238563-0, 📠 069/238563-20, www.aegeanair.com. Außerdem Niederlassungen an den Flughäfen in Düsseldorf, Köln, München, Stuttgart.

Olympic Airlines, Gutleutstr. 82, 60329 Frankfurt a. M., ✆ 069/970670, 📠 069/ 97067207, www.olympic-airlines.de. Außerdem Niederlassungen in Berlin, Düsseldorf, Köln, Hannover, München, Nürnberg und Stuttgart.

• **Ankunft Flugplatz Níkos Kazantzákis** (bei Iráklion): Chaotisches Gedränge ist auf dem überlasteten Platz in der Saison die Regel. Zu jeder Ankunft einer Olympic-Airways- und Aegean Airlines-Maschine geht ein Flughafenbus ins Zentrum. Außerdem fahren häufige Linienbusse, die Haltestelle liegt genau gegenüber vom Flughafenausgang, oberhalb der Rasenfläche (→ Iráklion).
• **Ankunft Flugplatz Stérnes** (bei Chaniá): Hier geht es wesentlich ruhiger zu als in Iráklion. Auch hier fährt zu jeder Ankunft einer Maschine von Olympic und Aegean ein Flughafenbus ins Zentrum. Linienbusse gibt es nicht.

Vom Peloponnes nach Kreta

Interessante Möglichkeit für Peloponnes-Fans. Wer sich vor seinem Kreta-Aufenthalt noch auf der Halbinsel „mit dem Daumen und den drei Fingern" umsehen will, kann ganzjährig 1–2 x wöch. mit der „Mirtidiotissa" von Anen Lines, einer Tochtergesellschaft von Anek Lines, aus *Gýthion* im Süden des Peloponnes nach *Kíssamos* im äußersten Westen Kretas übersetzen. An einigen Tagen startet die Fähre bereits in Piräus, ansonsten kommt man per Bahn oder Bus von Athen zum Südpeloponnes – ab Airport Expressbus E 93 zum Busbahnhof Kifisos, weiter mit Überlandbus bis Sparta, dort nach Gýthion umsteigen.

• *Information* **ANEN** (www.anen.gr), Chaniá, N. Plastira/Apokoronou Str. 4, ✆/📠 2821-0-28200; Piräus, Leocharous Str. 1/Akti Possidonos 32, ✆ 21-0-4197430. Online-Buchung über www.aferry.de.

Mit Mietwagen oder Motorrad lässt sich Kreta bequem bereisen

Unterwegs auf Kreta

Eigenes Fahrzeug

Ein eigenes Fahrzeug, sei es mitgebracht oder vor Ort geliehen, bringt den unschätzbaren Vorteil der Beweglichkeit. Man sieht so viel mehr, wenn man nicht auf die Fahrpläne der Busse angewiesen ist. Einsame Strände, abgelegene Ausgrabungen, versteckte Kapellen, kleine Bergdörfer – kein Problem.

Und natürlich macht es viel Spaß, auf Kreta mit dem Auto unterwegs zu sein, denn auf den Überlandstraßen herrscht kaum Verkehr und dank der meist angenehmen Temperaturen kann man fast immer mit offenem Fenster fahren. Allerdings muss man hinter jeder Kurve auf einen entgegenkommenden Omnibus oder eine Ziegenherde gefasst sein, die die ganze Straßenbreite einnehmen. Auch auf die dreirädrigen Karren („Pick-ups") der Landbevölkerung sollte man ein Auge haben, sie fahren voll beladen nur sehr langsam und das Überholen ist wegen der vielen Kurven nicht immer sofort möglich. Mit den kretischen Autofahrern haben wir im Allgemeinen keine schlechten Erfahrungen gemacht. Die Kreter fahren meist vorsichtig, mediterrane Temperamentsausbrüche am Steuer sind nicht die Regel. Dazu jedoch folgende Zuschrift aus Kreta: „Vor allem in den letzten Jahren hat sich das Fahrverhalten sehr geändert, manche rasen mit ihren neuen Autos so unkontrolliert, das es immer wieder zu schweren Unfällen kommt." Wenig angenehm ist das Fahren in den „Großstädten" Iráklion, Chaniá und Réthimnon, wo sich die Blechkarawanen tagtäglich im Schritttempo vorwärts quälen. Aufpassen: Eine Vorfahrtsstraße ist kein Heiligtum. Unvermutet wird trotz starken Verkehrs von links und rechts eingebogen, die Folge ist stockender Verkehr mit dem Fuß auf der Bremse. Lästig sind auch die Moped- und Rollerfahrer, die Pkw in abenteuerlichen Schlängelbewegungen links und rechts überholen – immer erst sorgfältig schauen, bevor man einen Schlenker macht!

▸ **Straßenzustand**: Ein Straßennetz nach mitteleuropäischem Standard darf man nicht erwarten. Weite Teile Kretas sind steil und gebirgig und deshalb nur schwer zu erschließen. Noch stammen viele Pisten aus vormotorisierten Zeiten, als nur Eselspfade und Karrenwege die kleinen Dörfer verbanden. Doch wurden in den letzten Jahren erhebliche Anstrengungen unternommen, auch die letzten Lücken im Straßennetz zu schließen (→ Kasten). Überall sind Straßenarbeiter am Werk und jedes Jahr kommen neu asphaltierte Teilstücke dazu. So trifft man häufig auf Straßen, die bereits zum Teil asphaltiert sind, aber unvermutet in holprige Schotterpisten übergehen. Die asphaltierten Straßen sind allerdings oft in schlechtem Zustand. Tiefe Löcher durch Steinschlag, Erdrutsche und Winterfrost, ausgefahrene Kurven mit Spurrillen, Bodenwellen und unvermutet steile Kurven sind eher die Regel als die Ausnahme. Außerdem sind an vielen Stellen 10–20 cm breite Kanäle quer über die Asphaltstraße gerissen (hauptsächlich genutzt für Schläuche zur Bewässerung von Olivenhainen), die danach nur noch provisorisch oder gar nicht mehr gefüllt werden. Oberstes Gebot deshalb: so vorsichtig und risikoarm wie möglich fahren. Vor allem überhöhte Geschwindigkeit kann sehr böse enden, denn viele Straßen in den Bergen sind extrem kurvig, und wenn man sich da einmal verschätzt ... Nachtfahrten im Gebirge sollte man deshalb möglichst vermeiden.

• *Kartenmaterial* Es sind viele Inselkarten im Umlauf, auf denen der Stand der Straßenverhältnisse nur sehr ungenau verzeichnet ist. Es kann also durchaus passieren, dass man plötzlich auf einer handtuchschmalen Staubpiste landet. Wir haben uns bei unseren Orts- und Wegbeschreibungen deswegen immer bemüht, detailliert auf den Straßenzustand hinzuweisen. Hinweise auf gutes Kartenmaterial s. S. 143.

• *Pannenhilfe* leistet der griechische Automobilclub **ELPA**, allerdings nur in der weiteren Umgebung von Iráklion und Chaniá und auf der New Road (Nordküste) von 7–22 Uhr. Wer Mitglied eines Automobilclubs ist, kann die Pannenhilfe kostenlos in Anspruch nehmen.

Notruf: Vorwahl des Bezirks, in dem man sich befindet, dann 104.

• *Parken* In den großen Städten ist Parkraum knapp, offizielle **Parkplätze** sind oft gebührenpflichtig. Falschparker werden aufgeschrieben und kostenpflichtig verwarnt (die Strafen werden allerdings bisher erst ab 70 € Höhe im Ausland verfolgt). An Kiosken kann man **Parkscheine** kaufen. Weitere Hinweise in den jeweiligen Stadttexten.

• *Tankstellen* Das Tankstellennetz ist gut ausgebaut, Zapfstellen mit **Bleifrei**, **Super** und **Diesel** findet man überall. Die Preise sind vergleichsweise günstig (→ S. 96). Spartipp: Im Inselinneren tankt man deutlich billiger als an der Küste!

• *Zeitplanung* Kretische Straßen sind sehr kurvig, steil und oft nicht asphaltiert. Bei Überlandtouren deswegen immer deutlich mehr Zeit einplanen als von zu Hause gewöhnt – vor allem im bergigen Inland sind Durchschnittsgeschwindigkeiten von 20–30 km/h keine Seltenheit.

Die wichtigsten Straßen

Rückgrat des kretischen Straßennetzes ist die New Road, die sich an der Nordküste entlangzieht und die großen Städte verbindet. Mehrere Straßen zweigen zur Südküste ab und durchqueren das bergige Inselinnere. An der Südküste gibt es keine durchgehende Küstenstraße.

Auch an der dünn besiedelten Südküste wird das Straßennetz immer weiter ausgebaut

Kretischer Straßenbau: Fortschritt oder ökologisches Desaster?

Seit der Tourismus ein wesentlicher Wirtschaftsfaktor ist, geben Staat und Gemeinden viel Geld für den Straßenbau auf Kreta aus. Überall wird gebaut, verbessert, improvisiert, betoniert, asphaltiert, verbreitert, begradigt. Landschaftsschutz und ökologische Probleme treten dabei meist völlig in den Hintergrund. Die einst so stolzen Berge Kretas bluten an immer mehr Stellen vom rücksichtslosen Straßenbauwahn. Es sind nicht nur die Teerstraßen. Vielerorts ist es so, dass eine Straße in einen Berg nur für einen einzigen Schäfer gesprengt wird, oft als Ausgleich oder Befriedigung für ganz andere politische Maßnahmen (etwa wenn die Talbauern von den Viehbesitzern in den Bergen grünes Licht für Wiederaufforstung ohne Brandstiftung haben wollen). Die oft schwierigen Pisten fahren nur Pick-ups einmal am Tag hoch und wieder runter, um zwei Fässer Milch ins Dorf zu bringen. Früher wurde das mit dem Esel bewerkstelligt. Auf diese Weise kann man zwar per Jeep mittlerweile ganz abgelegene Gegenden der Insel erreichen und in den Bergen sind teilweise wunderschöne Strecken dabei. Doch wenn das letzte Küstendörfchen an das Asphaltnetz angeschlossen ist, wenn man die Weißen Berge mal eben schnell auf dem Highway durchrasen kann, wenn die einsamsten Badebuchten Kolonnen von Mietwagenfahrern anziehen, dann wird vieles von dem zerstört sein, was Kreta früher einzigartig machte.

▸ **Nordküste**: Die *New Road* ist die Hauptachse des Inselverkehrs. Sie beginnt im äußersten Nordwesten bei Kíssamos und führt über Chaniá, Réthimnon und Iráklion bis Stális (zwischen Liménas Chersonísou und Mália) und dann hinter Mália weiter bis Ágios Nikólaos. Ein weiteres Teilstück wurde kürzlich an der „kretischen Riviera“ zwischen Ágios Nikólaos und Pachiá Ámmos eröffnet. Die New Road ist

die beste und modernste Straße der Insel und zum großen Teil wie eine Schnellstraße ausgebaut, d. h. sie besitzt zwei Fahrspuren in jeder Richtung. Achtung jedoch: Die rechte Spur ist die Standspur und schmaler als die linke. Langsame Fahrzeuge müssen Sie trotzdem benutzen, d. h. man fährt teilweise auf dem Strich oder, falls möglich, knapp rechts davon. Erlaubte Höchstgeschwindigkeit 110 km/h (Motorräder 90 km/h), bei den Einfahrten nur 60 km/h (Schilder sind ab und zu verdeckt). Radarkontrollen werden durchgeführt. Vorsicht im Bereich Iráklion, dort gibt es Ampeln auf der New Road, die auch mal auf Rot schalten!
In etwa parallel dazu, aber meist weiter im Inland, verläuft die kurvige *Old Road*, die alte Verbindungsstraße. Landschaftlich ist sie reizvoller, aber sehr zeitraubend und für größere Strecken nur lohnend, wenn man die anliegenden Orte besuchen will.

- **Südküste**: Im Gegensatz zur Nordküste ist sie nicht durchgehend befahrbar. Im äußersten Westen zwischen Paleochóra und Chóra Sfakíon verhindert das hohe Massiv der *Weißen Berge* mit seinen mächtigen Nord-Süd-Schluchten jegliche Straßenführung von West nach Ost. Jedoch gibt es zu den meisten Küstenorten im Südwesten Stichstraßen von der Nordküste (→ Nord-Süd-Verbindungen). Einige der Orte am Fuß der Lefká Óri sind jedoch nur mit dem Schiff zu erreichen.
Auch östlich von *Chóra Sfakíon* sind viele Küstenorte nur über Stichstraßen zu erreichen. Jedoch führt eine Asphaltstraße parallel zur Küste nach *Plakiás* und weiter nach *Agía Galíni*. In der *Messará-Ebene* herrschen gute Straßenverhältnisse. Eine Asphaltstraße führt in den äußersten Osten nach *Ierápetra* und weiter bis zum Kloster Kápsa.

Verbindungen zwischen Nord- und Südküste

Kíssamos – Plátanos – Paleochóra (1): Panoramastraße hoch über der Westküste, dann landeinwärts durch die Berge. Nördlich von Élos Abzweig über Stroflés bis Plemenianá an der Straße von Tavronítis nach Paleochóra, dann das Tal hinunter nach Paleochóra.
Das erste Stück dieser Route kann auch auf der Inlandstrecke über **Kaloudianá** und **Topólia** abgekürzt werden.

Tavronítis – Paleochóra (2): Hauptroute von der Nordküste nach Paleochóra. Teils schmal und kurvig, teils neu ausgebaute Bergstrecke über die Ausläufer der Lefká Óri (Weiße Berge). Ziemlich lange Strecke, die auch mehrmals täglich von Bussen befahren wird.

Chaniá – Soúgia (3): einzige Straße in den Südküstenort Soúgia. Anfangs durch das größte Orangenanbaugebiet Kretas, dann

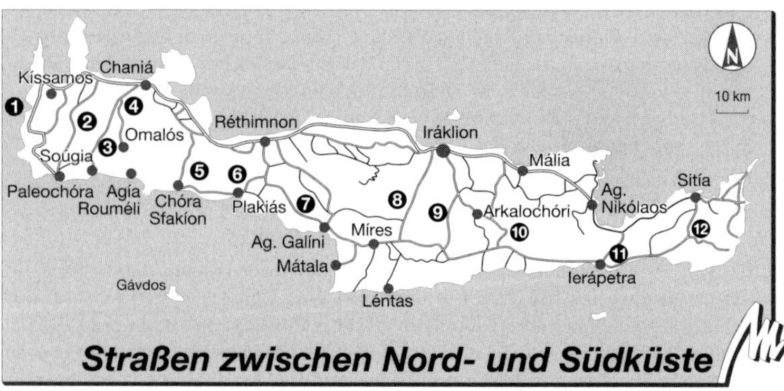

Straßen zwischen Nord- und Südküste

über die Flanken der Lefká Óri. Herrliche Ausblicke am Pass, wo es zur Omalós-Ebene abgeht. Vor allem in der zweiten Hälfte sehr schöne, weitgehend einsame Strecke.

Chaniá – Omalós (4): Panoramastraße auf das Omalós-Hochplateau in 1200 m Höhe. Ab dort ca. 16 km Fußwanderung durch die berühmte Samariá-Schlucht nach Agía Rouméli an der Südküste. Anschließend Weiterfahrt per Schiff.

Vríses – Chóra Sfakíon (5): Es geht steil in die Berge, durch die schöne Askífou-Hochebene und in atemberaubenden Haarnadelkurven hinunter zur Küste. Durchgehend gut ausgebaut, in Teilstücken verbreitert.

Réthimnon – Plakiás (6): eine der beiden Schmalstellen Kretas. Die Straße führt durch einige reizvolle Regionen und durch die tiefe Kourtaliótiko- oder Kotsifoú-Schlucht.

Réthimnon – Agía Galíni (7): anfangs dieselbe Strecke wie nach Plakiás, dann über die grüne Stadt Spíli und ein lang auslaufendes Tal entlang. Neu ausgebaut, aber oft Straßenschäden.

Iráklion – Agía Varvára – Míres (8): Hauptroute in den Süden Zentralkretas. Kurvige Strecke durch das größte Weinbaugebiet der Insel, nur an einer Stelle wird es steil.

Iráklion – Pezá – Teféli – Pírgos (9): reizvolle Alternative für die Fahrt über Agía Varvára. Südlich von Choudétsi ist die Straße breit und fast schnellstraßenmäßig ausgebaut. Man durchquert große Weinbaugebiete und genießt wunderbare Panoramen. Bei Teféli endet derzeit (2005) die Ausbaustrecke und es geht kurvig hinunter in die Ebene.

Iráklion – Pezá – Arkalochóri – Ierápetra (10): lange Strecke durch das zentralkretische Weinbaugebiet und später an den Hängen des Díkti entlang. Nicht ganz so gut ausgebaut, aber insgesamt okay.

Pachiá Ámmos – Ierápetra (11): die kürzeste Nord-Süd-Verbindung Kretas, nur 15 km. Ziemlich flach, keine Probleme.

Sitía – Ierápetra (12): schöne Kurvenstrecke über die hier nicht allzu hohen Berge.

Busse

„Use the public bus service – travel individually, inexpensively and safely!" Diesen Slogan der kretischen Busgesellschaft „KTEL Kritis" beherzigt jeder gern, der kein Fahrzeug sein eigen nennt.

Busse kurven kreuz und quer über die Insel, selbst entlegene Dörfer werden täglich angefahren – vorausgesetzt, eine Straße existiert. Wenn's nicht anders geht, fährt so ein rumpelnder Bus auch mal ein Stück Schotter- oder Staubpiste. Auch extrem steile Kurven sind kein Problem – kurbelnd über dem Abgrund oder im Höllentempo durch schmale Schluchten ... Unfälle sind trotzdem selten. Die Fahrer kennen ihre Strecken und das rollende Material ist inzwischen großteils relativ modern, seit den Olympischen Spielen 2004 oft sogar fabrikneu. So bleibt nur noch die Erinnerung an die früheren Uralt-Kisten, wo sich die Wandbespannung ablöste, die Sitzfedern herausstanden und sämtlicher verfügbarer Platz im Bereich des Fahrersitzes mit heiligen Jungfrauen, Ikonen und Kreuzen gespickt war.

Busnetz: Das Busnetz der *KTEL Kritis A.E.* orientiert sich an der politischen Gliederung der Insel. Die „KTEL Iráklion/Lassíthi" ist für Zentral- und Ostkreta zuständig und bedient die Orte in den Kreisen (Nomoí) Iráklion und Lassíthi. Die „KTEL Chaniá/Réthimnon" fährt alle Orte in Westkreta an, also in den Nomoí Réthimnon und Chaniá. Beide veröffentlichen alljährlich einen Fahrplan, es gibt aber mittlerweile auch einen Gesamtplan für die Insel, den „Public Bus Service Crete". Nahtstellen, wo sich die Routen treffen, sind Iráklion im Norden und Agía Galíni im Süden. Zentrale Punkte des Busnetzes sind die Busbahnhöfe der Städte entlang der Nordküste und im Südosten, nämlich *Kíssamos, Chaniá, Réthimnon, Iráklion, Ágios Nikólaos, Sitía* und *Ierápetra*. Durch Fernbusse sind sie untereinander mehrmals täglich verbunden.

Rücktransport der Wanderer nach der Durchquerung der Samariá-Schlucht

• *Fernbusse* **Iráklion**, nach Réthimnon und weiter nach Chaniá ca. 1 x stündl., nach Ágios Nikólaos ca. 20 x (über Liménas Chersonísou und Mália), Sitía (über Ágios Nikólaos) 6 x, Ierápetra (über Ágios Nikólaos) 7 x.

Réthimnon, nach Iráklion und Chaniá ca. 1 x stündl.

Chaniá, nach Réthimnon und weiter bis Iráklion sowie nach Kíssamos ca. 1 x stündl.

• *Verbindungen zur Südküste* **Iráklion**, nach Agía Galíni 8 x tägl., Mátala 4–5 x, Léntas 1 x (außer Sa/So), außerdem Festós, Górtis, Míres, Ágii Déka;

Réthimnon, nach Plakiás 4 x tägl., Kloster Préveli 2 x, Agía Galíni 5 x (Sa/So 3 x), Chóra Sfakíon 2–3 x;

Chaniá, nach Kolimbári tagsüber etwa halbstündlich, Kíssamos stündlich, Paleochóra 3–5 x tägl., Chóra Sfakíon 3 x, Soúgia 2 x, Kloster Chrissoskalítissa 1 x;

Ágios Nikólaos, nach Sitía 6–7 x tägl., Ierápetra 8–9 x, Eloúnda 10 x (Sa 7 x, So 5 x), Kritsá 9 x (Sa 8 x, So 4 x), Psichró (Lassíthi-Ebene) 2 x wöch.

• *Nah- und Inlandsverbindungen (Auswahl)* **Iráklion**: Anógia, Archánes, Fódele, Agía Pelagía, Liménas Chersonísou, Mália, Psíchro (Lassíthi-Ebene) u. a.

Ágios Nikólaos: Eloúnda, Krítsa, Neápolis, Psíchro (Lassíthi-Ebene);

Réthimnon: Georgioúpolis, Kloster Arkádi, Pérama;

Chaniá: Agía Marína, Kolimbári, Stavrós, Mesklá, Soúda;

Kíssamos: Kolimbári, Falássarna, Plátanos;

Sitía: Palékastro, Vái, Káto Zákros;

Ierápetra: Áno Viánnos, Makrigialós, Mírtos.

Besorgen Sie sich in den großen Busstationen die aktuellen **Busfahrpläne**. Allerdings sind Änderungen häufig, oft sind sie nur in Kopien vorhanden oder auch mal ganz vergriffen. Fahrpläne zu den wichtigsten Strecken finden Sie auch auf Deutsch auf der Website www.bus-service-crete-ktel.com; Busauskünfte: Iráklion ✆ 2810-245020, Chaniá ✆ 28210-93306, Réthimnon ✆ 28310-22212, Ágios Nikólaos ✆ 28410-22234.

• *Fahrscheine* In den größeren Busstationen muss man die Tickets **vor der Fahrt** am Schalter kaufen. Auf längeren Strecken werden sie in der Regel **mit Sitzplatzreservierung** ausgestellt. Die Tickets sollte man immer bis zum Ende der Fahrt aufbewahren, es wird häufig kontrolliert! Bei Fahrten ohne Reservierung sollte man sich in eine etwaige Warteschlange vor der Bustür einreihen, denn wenn der Bus voll ist, fährt er ab.

- *Preise* Busfahren in Kreta ist preiswert. Iráklion – Ágios Nikólaos 5,30 €, Iráklion – Sitía 11,20 €, Iráklion – Mátala 6 €, Iráklion – Réthimnon 6,50 €, Iráklion – Chaniá 12,50 €. Faustregel: 100 km kosten ca. 8 €.
- *Abfahrtszeiten* Sie werden immer mal wieder verändert. Die gedruckten Fahrpläne und Aushänge an Haltestellen stimmen deshalb nicht immer und sind nur als grobe Orientierung zu verwenden. Ich habe im praktischen Reiseteil des Buches darauf verzichtet, Abfahrtszeiten zu nennen, und gebe nur an, wie häufig Busse auf den angegebenen Strecken verkehren. Diese Daten sind allerdings saisonbedingt und beziehen sich auf den **Fahrplan von Mo–Fr im Frühsommer** – im Hochsommer wird es mehr Fahrten geben, von Oktober bis April dagegen deutlich weniger. Zu jeder Jahreszeit werden die Fahrten auf den meisten Strecken allerdings samstags und vor allem sonntags reduziert. Generell sollte man immer mündliche Auskunft vor Ort einholen!
Achtung: Oft fahren Busse, wenn sie einigermaßen voll sind, schon einige Minuten vor dem eigentlichen Abfahrtstermin los! Man sollte deshalb immer mindestens 15 Min. vorher da sein.
- *Orientierung* Wie finde ich meinen Bus? Grundregel: Der angegebene Zielort auf den Bussen muss nicht stimmen. In jedem Fall noch mal nachfragen. In größeren Busbahnhöfen sind die Busse nummeriert und werden per **Lautsprecherdurchsage** angekündigt oder jemand ruft laut, wo der nächste Bus hinfährt – darauf achten!
- *Umsteigen* gestaltet sich oft schwierig, denn die Busse sind selten genau aufeinander abgestimmt. Geduld mitbringen!
- *Nahverbindungen* Wenn ein Ort nur zwei- oder dreimal am Tag angefahren wird, sind die Abfahrtszeiten meist auf die einheimischen Pendler abgestimmt, d. h. morgens vom Dorf in die Stadt, nachmittags umgekehrt. Eventuelle Rückbusse von kleineren Orten fahren allerspätestens am frühen Abend zurück in die größeren Städte. Busverkehr im Allgemeinen nur bis etwa 21 Uhr.
- *Gepäck* wird vor Antritt der Fahrt in den großen Gepäckräumen der Busse verstaut. Kein sperriges Gepäck in den Bus hineinnehmen, außer bei Stadtbussen. **Fahrradmitnahme** ist prinzipiell möglich, Hinweise dazu im Kapitel „Fahrrad“; S. 119.

▸ **Stadtbusse**: verkehren nur in *Iráklion*, *Chaniá* und *Réthimnon*. Man erkennt sie an der dunkelblauen Farbe (gegenüber den türkisfarbenen Überlandbussen). Fahrscheine kann man an Kiosken kaufen, die an den zentralen Haltestellen stehen. In den Bussen in der Regel kein Ticketverkauf, der Fahrer entwertet die Fahrscheine.

Mietwagen

Ausgesprochen beliebt auf Kreta. Zahllose Firmen in allen Städten und größeren Touristenorten verleihen Mietwagen und es wird reger Gebrauch davon gemacht.

Die Wagen sind zum großen Teil neu und durchaus in Ordnung, hin und wieder aber auch in miesem Zustand: Öl- und Wasserverluste, ausgeleierte Kupplung, defekte Scheinwerfer, schlecht eingestellte Pedale und verbrauchte Stoßdämpfer kommen vor. Auf jeden Fall eine kurze Probefahrt machen. Die preiswerten Kleinwagen der niedrigsten Kategorie sind wenig komfortabel, für mehrere Personen samt Gepäck wird es darin außerdem sehr eng. Sehr begehrt und bei den Straßenverhältnissen auch zu empfehlen sind die diversen offenen Jeeps, die angeboten werden. Damit kann man auch problemlos über steinige Staubpisten abseits der gängigen Asphaltstraßen fahren – in Kreta oft noch notwendig, um zu interessanten Zielen abseits vom Touristenstrom zu gelangen.

Da Preise und Qualität äußerst unterschiedlich sind, sollte man sich immer bei mehreren Vermietern erkundigen. Handeln ist oft möglich, vor allem in der Nebensaison werden gerne „Sonderangebote“ offeriert und die Preise sinken stark. Die Verleihbedingungen sollte man in Ruhe studieren, auf den meisten Mietverträgen sind sie mittlerweile in Deutsch vermerkt. Bei einem Unfall kann man erheblich zur Kasse gebeten werden, vor allem von unseriösen Geschäftemachern, von denen es bei der Menge der Verleiher leider nicht wenige gibt. Tipp: Unterschreiben Sie nur (vom Finanzamt) *gelochte Verträge*, da kann, wenn alles eingetragen ist, nichts mehr geschummelt oder zusätzlich verlangt werden.

Bei den meisten Verleihern kann man schon von zu Hause per Mail, Telefon oder Fax einen Mietwagen buchen, der dann am Flughafen bereit steht und auch wieder am Flughafen oder beim Hotel abgegeben werden kann. Günstige und zuverlässige Vermieter sind z. B. „Protos" in Ierápetra (→ S. 460), „Volta" in Kalíves (→ S. 555) und „City Car" in Iráklion (→ S. 174). Von den vielen Online-Anbietern ist vor allem www.autoeurope.de preiswert und gut (andere sind z.B. www.billiger-mietwagen.de und www.econolmycarrentals.com).

• *Bedingungen* Der Fahrer muss je nach Firma 21, 23 oder 25 Jahre alt sein. Der Führerschein muss bereits ein Jahr gültig sein. Manche Verleiher vermieten nur gegen Vorlage einer **Kreditkarte**, dabei unterschreibt man ein Blankoformular, das als Kaution dient und nach Vertragsende vor den Augen des Kunden vernichtet werden muss oder ihm ausgehändigt wird.

• *Kindersitze* sind in Griechenland nicht verpflichtend. Nicht jeder Vermieter hat sie vorrätig, oft sind sie in schlechtem Zustand.

• *Versicherung* Der Versicherungsumfang spielt für den Mietpreis des Fahrzeugs eine erhebliche Rolle. Alle Firmen bieten **Haftpflichtversicherung** (Third-Party-Insurance) nach griechischem Recht nur bis zu einer bestimmten, im internationalen Vergleich recht niedrigen Summe (Sachschäden bis ca. 10.000 €, Personenschäden bis ca. 50.000 €). Was darüber hinausgeht, müsste der Fahrer aus eigener Tasche begleichen. Eine zusätzliche Haftpflichtversicherung, die so genannte „Mallorca-Police", kann man vor der Reise bei vielen Versicherungen abschließen. Ansonsten bieten die Leihfirmen **Vollkasko** (C.D.W. = Collision-Damage-Waver), meist mit Eigenbeteiligung für Schäden am Leihwagen. Die Eigenbeteiligung kann überall für ca. 8–15 € pro Tag wegversichert werden. Bedingung bei Vollkasko ist jedoch, dass man keinen Verstoß gegen die griechische Straßenverkehrsordnung begeht. Falls man also z. B. die vorgeschriebene Höchstgeschwindigkeit überschreitet oder eine rote Ampel überfährt und dies aktenkundig wird, ist der Schutz meist hin. Achtung: Schäden an **Reifen und Unterseite** des Wagens sind oft nicht mitversichert. Für Schäden am Fahrzeug haftet der Fahrer außerdem im Allgemeinen voll, wenn er Sandpisten benutzt hat.

Preise (incl. MwSt. und Vollkasko)

	für 24 Std.	3 Tage	1 Woche
Kleinwagen (z. B. Fiat Panda o. Ä.)	ab ca. 25 €	70–140 €	160–270 €
Mittelklasse (z. B. Opel Astra)	ab 48 €	140–180 €	240–320 €
Offene Jeeps (z. B. Suzuki Jeep)	ab 65 €	170–230 €	290–450 €

Die angegebenen Preise stellen nur einen ungefähren Vergleichswert dar, da es zwischen den einzelnen Firmen sehr starke Differenzen gibt. Entnehmen Sie die aktuellen Preise den Prospekten vor Ort und achten Sie darauf, ob 19 % Mehrwertsteuer und die Kosten für die Versicherung enthalten sind oder extra gehen. Die Prospektpreise sind oft noch verhandelbar. Kosten für Benzin gehen immer zu Lasten des Mieters.

Insassenversicherung (P.A.I. = Personal-Accident-Insurance) kann bei einigen Unternehmen zusätzlich abgeschlossen werden, Kostenpunkt ca. 3–3,50 € pro Pers.

- *Kartenmaterial* Die von den Autovermietern kostenlos ausgegebenen **Straßenkarten** weisen oft erhebliche Mängel auf. Man sollte sich nicht ausschließlich darauf verlassen!
- *Kilometergeld* Einige Verleiher vermieten ihre Wagen nur incl. Kilometergeld, d. h. die Kosten pro Tag setzen sich aus einer Grundsumme und einer Gebühr pro gefahrenem Kilometer zusammen (in der Regel werden mindestens 100 km/Tag berechnet, selbst wenn man weniger fährt). Doch hat sich der Verleih ohne Kilometerpauschale inzwischen weitgehend durchgesetzt.
- *Mietdauer* beträgt bei tageweiser Anmietung **24 Stunden**. Also muss man ein Fahrzeug, das man morgens mietet, erst am nächsten Morgen abgeben – und nicht bereits am Abend desselben Tages, wie von den Vermietern oft gefordert.
- *Pannenhilfe* Kontakt zum Vermieter und Pannenhilfe sollten rund um die Uhr gewährleistet sein. Fragen Sie vor der Anmietung, wie Sie im Fall einer Panne vorgehen sollen.

Rent a Scooter, Rent a Bike

Motorräder, Mopeds und Roller gibt es in fast jedem größeren Ort zu leihen. Vorteil: Straßen, die für Autos zu eng und unpassierbar sind, kann man mit dem Zweirad noch benutzen.

Jedoch sind die Zweiräder nicht selten in erbärmlichem Zustand. Profillose Reifen, Probleme beim Anlassen, lockere Kette, defektes Licht und schlechte Bremsen sind häufig. Bevor man ein Fahrzeug leiht, unbedingt eine Probefahrt machen. Auf Mängel hinweisen, oft kann der Vermieter nachbessern oder man bekommt ein anderes Fahrzeug. Außerdem sollte man unter allen Umständen *vorsichtig und defensiv fahren*! Die Straßen Kretas sind vor allem für leichtere Fahrzeuge wie Roller tückisch. Unvermutete Bodenwellen, spiegelglatt geriebener Asphalt, Spurrillen,

Mit dem Motorrad kommt man in alle Ecken der Insel

Querkanäle und Schlaglöcher sind die Regel. Ein Moment der Unachtsamkeit kann den Urlaub schon verpatzen. Selten haben wir so viele aufgeschürfte Arme und Beine bei jungen Leuten gesehen wie auf Kreta. Unfallursache ist meist überhöhte Geschwindigkeit und Unerfahrenheit. Vor allem an der Südküste kann es oft so heftigen Wind geben, dass das Fahren nicht mehr möglich ist. Für den Fall einer Panne immer die Telefonnummer des Vermieters mitnehmen (steht oft am Zweirad bzw. im Mietkontrakt), ansonsten gilt dasselbe wie unter Mietwagen, Abschnitt „Pannenhilfe", aufgeführt. Das Tragen von *Helmen* ist auch in Griechenland offiziell Pflicht, bloß kümmert sich bisher kaum jemand drum (Ein Umdenken ist allerdings allmählich spürbar). Noch hat nicht jeder Verleiher Helme zu leihen und falls doch, sind sie oft veraltet oder passen nicht. Deshalb: Wer Wert auf einen guten Helm legt, besser selber mitbringen. Zu empfehlen ist ein Helm mit Visier, denn der Fahrtwind kann schnell zu einer Augenentzündung führen und überdies fliegen überall Insekten herum, mit denen man bei 80 km/h förmlich beschossen wird. Sehr wichtig: ohne Helm erlischt der Versicherungsschutz! Generell: Wenn man noch keine Erfahrung mit Motorrollern oder -rädern hat, sollte man dieses Defizit nicht unbedingt auf Kreta ausgleichen wollen. Für Anfänger sind Automatik-Mofas am sichersten.

> Wegen der vielen Unfälle durch leichtsinnige Urlauber, die keine Erfahrung mit Motorrädern und Rollern haben, wurden 1997 die griechischen Gesetze über Mietverträge von Zweirädern verschärft. Mit deutschem Führerschein der Klasse 3 dürfen nur Zweiräder bis zu 50 ccm gefahren werden, über 50 ccm ist der Führerschein der Klasse 1 erforderlich! Die griechischen Verleiher haften anteilig für Schäden, die von dem Mieter eines Zweirades verursacht wurden, für das er keine Fahrerlaubnis besitzt.

- *Bedingungen* Der Führerschein muss bereits ein Jahr gültig sein.
- *Kaution* siehe entsprechender Abschnitt unter „Mietwagen".
- *Kraftstoff* Manche Fahrzeuge fahren mit **Bleifrei**, andere mit **Super**, wieder andere nur mit einem **speziellen Gemisch** für Mofas. Stets auf einen gefüllten Tank achten bzw. kalkulieren, wie lange der Vorrat reicht (beim Vermieter den Verbrauch erfragen).
- *Mietverträge* (Rental Contracts): sind oft so vage abgefasst, dass der Mieter für sehr vieles haftbar gemacht werden kann. In Deutsch abgefasste Verträge gibt es nur selten (meist Griechisch und Englisch), falls doch, oft in so haarsträubender Übersetzung, dass man die Hälfte nicht versteht bzw. die Punkte mehrdeutig sind. Für Schäden am Fahrzeug haftet der Fahrer im Allgemeinen voll, wenn er Sandpisten benutzt hat. Manchmal muss man auch unterschreiben, dass das Fahrzeug bei der Übergabe vollständig in Ordnung war (Motor und Bremsen) und man es im selben Zustand zurückbringen muss o. ä. Wenn dann etwas kaputtgeht (z. B. Bremsseil gerissen), muss man oft für Ersatzteilkosten oder Reparatur aufkommen, auch wenn eigentlich der schlechte Zustand des Fahrzeugs für den Schaden verantwortlich war (Verschleiß). Ausschlaggebend ist die Kulanz des Vermieters, wobei es auch positive Ausnahmen gibt.
- *Preise* **Mofas** und **Halbautomatikräder** kosten je nach Saison pro Tag ca. 10–19 €, **Roller** 15–22 €, **Geländemaschinen** (Enduros) ca. 18–25 €, **Motorrad** (bis 250 ccm) 18–28 €, **Motorrad** (über 250 ccm) 25–40 € (inkl. 19 % Mehrwertsteuer und Versicherung). Wenn man für mehrere Tage mietet, verringert sich der Tagespreis um einiges. Handeln ist wegen der starken Konkurrenz oft möglich, vor allem in der wenig ausgelasteten Nebensaison.
- *Versicherung* Eine **Haftpflicht** für Unfallgegner ist immer im Mietpreis inbegriffen (die Haftungssummen sind allerdings vergleichsweise niedrig). **Vollkasko** mit Eigenbeteiligung kann für ca.3–5 €, ohne Eigenbeteiligung für ca. 7–10 € pro Tag extra abgeschlossen werden. In ihr sind aber im Allgemeinen nicht enthalten: Diebstahl-, Feu-

er-, Reifen-, Felgen- und Glasschäden. Verlassen Sie sich nicht auf die Prospektinformation, sondern informieren Sie sich eingehend beim Vermieter selbst.

- *Reservierung* Wie Mietwagen kann man auch Zweiräder bereits zu Hause vorbuchen, z. B. bei **Motor Club**, Iráklion, Platia 18 Anglon, ✆ 281-0-222408, 📠 222862.
- *Reiseveranstalter* Touren auf Kreta bietet **HIT-Motorradreisen** (Glockendonstr. 2, 90429 Nürnberg, ✆ 0911-2878505, 📠 263976, www.hit-motorradreisen.de).
- *Zweiradkategorien* **Mofa**, oft in schlechtem Zustand, wenig Spritverbrauch, Automatik-Schaltung, leicht zu bedienen.

Moped (50 ccm), meist Dreigang-Mopeds mit Halbautomatik. Gut geeignet für bergige Strecken, robuste Maschinen kann man auch zu zweit fahren.

Vespa (50, 80, 125 ccm), Roller mit Automatikgetriebe, leicht zu bedienen, aber nur für asphaltierte oder befestigte Straßen geeignet. Fahren ziemlich schnell, kann man auch zu zweit benutzen. Vorsicht: Roller sind wegen der kleinen Reifen sehr sturzanfällig, vor allem in Kurven brechen sie leicht aus.

Geländemaschinen (ab 125 ccm) und **Motorräder** (ab 250 ccm) sind nur für wirkliche Kenner geeignet. Sind zwar super zu fahren – gerade auf den bergigen Pisten Kretas zu Stränden runter und wieder rauf – aber damit kann auch das meiste passieren.

Bitte befahren Sie Sand- und Schotterpisten mit Motocross-Maschinen äußerst vorsichtig und sensibel – Sie vermeiden Unfälle, lassen eventuelle Wanderer nicht ihren Staub schlucken und schonen die empfindliche kretische Natur.

Taxi

Für kürzere Strecken in den Städten ein bequemes Verkehrsmittel und preislich okay. Fernfahrten gehen allerdings ins Geld, für die aufgewendeten Beträge könnte man sich oft bequem einen Mietwagen leisten.

Für Fernfahrten werden immer Festpreise verlangt – und auch wenn die Preise am Flughafen angeschlagen sind, finden die Fahrer doch immer wieder Kniff und Tricks mehr zu verlangen. Bei Stadtfahrten muss der Taxameter angeschaltet sein, doch nicht jeder Fahrer hält sich daran. Wenn der Taxameter läuft: innerhalb der Stadtgrenzen und tagsüber von 5 Uhr bis Mitternacht gilt Tarif 1, nachts und außerhalb der Stadt der teurere Tarif 2. In den Städten gibt es meist mehrere Taxistandplätze, ansonsten halten die Fahrer auf Winkzeichen, wenn sie frei sind. Oft halten auch bereits besetzte Taxis an, um Sie mitzunehmen, falls Sie in dieselbe Richtung wollen. Wenn zwei voneinander unabhängige Parteien dieselbe Strecke in einem Taxi fahren, müssen sie in der Regel beide den vereinbarten bzw. den auf dem Taxameter angezeigten Preis zahlen. Das heißt aber natürlich nicht, dass bei einer Gruppe, die gemeinsam ein Taxi besteigt, jeder den angezeigten Fahrpreis zahlen muss, wie es Taxifahrer ab und zu unerfahrenen Touristen glaubhaft zu machen versuchen. In kleineren Orten fährt man nicht mit Taxameter, sondern hat Festpreise für bestimmte Strecken. Wichtig: Oft gibt es nur ein oder zwei Taxis am Ort, rechtzeitige Vorbestellung ist deshalb notwendig, es kann sonst leicht sein, dass das Taxi stundenlang unterwegs ist. Tipp: Wenn man sich vom eigenen Zimmerwirt ein Taxi bestellen lässt, ist die Chance größer, einen fairen Preis zu bekommen.

Ungefähre Preise für Fernfahrten ab Flugplatz Iráklion (Stand 2005): Iráklion 8 €, Mália ca. 27 €, Ágios Nikólaos 43 €, Sitía 93 €, Agía Galíni 59 €, Plakiás 75 €, Réthimnon 58 €, Chaniá 92 €, Kíssamos 118 €, Paleochóra 152 €. Nachtfahrten sind teurer.

Einschiffung an der unwegsamen Südwestküste

Schiffsverbindungen

Vor allem im gebirgigen Südwesten spielt der Schiffsverkehr eine erhebliche Rolle. Das extrem steile Terrain zwischen Paleochóra und Chóra Sfakíon verhindert jede Straßenführung, Agía Rouméli am Ausgang der Samariá-Schlucht und Loutró besitzen keinerlei Zufahrtsstraßen. In der Saison verkehren mehrmals täglich Passagierschiffe (z. T. auch mit Autotransport) zwischen *Paleochóra, Soúgia, Agía Rouméli* und *Chóra Sfakíon*. Eine solche Fahrt entlang der felsigen Steilküste sollte man unbedingt einmal mitgemacht haben. Außerdem steuern von Paleochóra, Soúgia und Chóra Sfakíon mehrmals wöchentlich Schiffe die vorgelagerte Insel *Gávdos* an, die südlichste Insel Griechenlands.

Bootsausflüge zu entfernten Badestränden und vorgelagerten Inseln werden in zahlreichen Küstenorten Kretas angeboten, u. a. von Ágios Nikólaos zur Leprainsel *Spinalónga*, von Ierápetra zur Insel *Chrisí*, von Plakiás und Agía Galíni zum *Préveli Beach*, von Paleochóra zum Strand von *Elafonísi*, von Chóra Sfakíon und Loutró zum *Glikanéra Beach* und von Kíssamos zum Strand *Bálos* auf der Halbinsel Gramvoúsa.

Details zu allen Schiffs- und Bootsverbindungen unter den jeweiligen Orten.

Alle Schiffsverbindungen sind wetter- und saisonabhängig! Bei hohen Windstärken, z. B. wenn im Frühjahr der **Schirokko** bläst, wird der Schiffsverkehr oft für Tage unterbrochen. Im Winter generell stark eingeschränkter Verkehr.

Fahrrad

Reichlich Kondition, wenn möglich Erfahrung, sollte man mitbringen. Die Insel Kreta ist etwa 260 km lang, 15 bis 60 km breit und fast überall bergig, die Passstraßen steigen teils bis 1200 m ü. M. an.

Fahrradfreundliche Ebenen gibt es an der Nordküste um Kíssamos, Chaniá, Réthimnon und Iráklion, im Süden liegen die große Messará-Ebene und die flache Küstenregion um Ierápetra. 14 Tage bis drei Wochen sind Zeit genug, um viele interessante Orte anzuschauen, in denen kaum ein Bustourist aussteigt. Ein Problem stellt allerdings die Hitze dar, selbst Ende September noch. Um von der Nord- an die Südküste zu kommen, muss man zwischen Sitía und Ierápetra im äußersten Osten Kretas die geringsten Höhen überwinden. Aber auch direkt von Iráklion nach Süden steigt die Straße nie über 10 % an: Man fährt langsam ansteigend über *Síva* und *Agía Varvára* durch das größte Weinbaugebiet Kretas und anschließend hinunter in die Messará-Ebene, von wo man schnell in die Badeorte *Mátal, Kalamáki* oder *Agía Galíni* kommt. Schöne Alternative ist die Fahrt über *Pezá* und *Choudétsi* (→ S. 255). Ein Erlebnis eigener Art ist die Auffahrt von der Nordküste zur *Lassíthi-Hochebene*, auf 24 km sind dabei etwa 1000 Höhenmeter zu überwinden. Am besten fährt man so früh wie möglich los, dann hat man gegen 10, 11 Uhr, wenn es heiß wird, schon eine ganze Strecke geschafft. Nach der Umrundung der Ebene wartet dann das Highlight, die lange Abfahrt zurück zur Küste.

Mountainbiker finden auf Kreta zahllose Möglichkeiten

- **Fahrradmitnahme in Linienbussen**: ist prinzipiell möglich, Reservierung gibt es allerdings nicht. Vorteilhaft ist der Bustransport z. B., um sich große Steigungen zu ersparen und dann vom höchsten Punkt bergab zu radeln. Es liegt allerdings im Ermessen des Busfahrers, ob er Fahrräder mitnimmt. Erst wenn er zustimmt, kann man am Schalter einen Gepäckschein lösen und das Rad selbst verladen. Da in den Frachträumen auch das übrige Gepäck befördert wird, sollte das Rad relativ sauber sein. Es wird auch gelegentlich verlangt, den Lenker querzustellen, die Pedale abzuschrauben und die Ketten und Reifen zu umwickeln. Es empfiehlt sich also, immer ein paar alte Zeitungen und etwas Schnur dabei zu haben. Überlandbusse haben auch geräumige Klappen unter den Sitzen. Hier müssen die Räder liegend verstaut werden (Vorsicht, nicht auf die Schaltungsseite legen). Preise sind entfernungsabhängig und liegen zwischen 3 und 8 € pro Rad.

• *Fahrradverleih* gibt es mittlerweile in zahlreichen kretischen Orten, im Angebot sind Normalfahrräder und Mountainbikes, auch Kinderräder und Kindersitze gibt es oft (→ einzelne Ortskapitel). Die Qualität des rollenden Materials variiert allerdings stark.

• *Geführte Touren/Verleih* bei **Réthimnon** (→ S. 509), **Káto Stalós** (→ S. 592) und **Ágios Nikólaos** (→ S. 392).

Tipps zur Anreise mit dem Rad → Kapitel Anreise.

Wandern

„Hast du dich verirrt, so folge keiner Ziege", sagt ein kretisches Sprichwort, „sie führt dich an den Abgrund. Folge einem Esel, denn er führt dich ins Dorf zurück."

Wer auf Kreta wandert, lernt die Insel von einer ganz anderen Seite kennen als Badetouristen. Spätestens dann erkennt man, dass die Kreter keine Fischer sind, sondern Bergmenschen. Ebenso ist die Insel kein Strandparadies mit „dolce vita", sondern ein extrem gebirgiges Eiland in einem oft sehr wilden Meer.

Wandern kann man überall auf Kreta. Es gibt kaum eine Ecke der Insel, von der man guten Gewissens abraten könnte. Urwüchsige, oft grandiose Natur, keine Industrie, wenig große Ortschaften – alles Pluspunkte. Jedoch kann das oft schwierige Terrain hohe Anforderungen stellen. Vor allem Alleinwanderer sollten sehr vorsichtig sein, speziell in den Weißen Bergen (*Lefká Óri*) im Westen der Insel. Diese Region ist für Unkundige gefährlich, nicht von ungefähr sind dort schon Wanderer verdurstet, weil sie Wege und Quellen nicht kannten. Wer die Hochgebirgsregionen kennen lernen will, tut gut daran, sich organisierten Wanderungen bzw. ortskundigen Führern anzuschließen (→ unten).

Generell gilt, dass man **so wenig wie möglich allein wandern** sollte. Zumindest sollte immer eine Kontaktperson wissen, wo man unterwegs ist. Kreta ist dünn besiedelt und abseits der Straßen einsam, wild und unberührt. Auf vielen Wanderrouten kann es passieren, dass man den ganzen Tag keinen Menschen trifft. Was also tun, wenn man sich den Knöchel verknackst oder ein Bein bricht? Wanderungen auf Kreta sind keine Spaziergänge! Obwohl man in der Regel keine Kletterkenntnisse benötigt, sind ein guter „Durchhaltewille" und Spaß an der Anstrengung erforderlich. Schon zu Hause sollte man eine längere Probewanderung mit voller Ausrüstung durchführen. Die Blasen an den Fersen schmerzen zwar, aber auf Kreta werden sie dann ausbleiben.

Wie oft und wie lange man wandern will, ist von Kondition und Durchhaltevermögen abhängig. Morgens sollte man unbedingt mit dem Morgengrauen aufstehen und **mit Sonnenaufgang loslaufen**. Wenn die Mittagshitze fühlbar wird und zwei Drittel der Wegstrecke geschafft sind, gibt das nicht nur psychologische Sicherheit. Außerdem wird es im Frühjahr und Herbst oft schon zwischen 5 und 6 Uhr abends so dunkel, dass ein Weiterlaufen unmöglich ist. Und immer sollte man reichlich **Wasser** mitnehmen – es garantiert das Überleben, falls man sich verirrt.

Markierte Wege nach unseren Vorstellungen gibt es auf Kreta nicht. Sporadische Farbkleckse und lose Steinpyramiden sind oft die einzigen Markierungen, weitere Hinweise sind weggeworfene Abfälle und von Stiefelsohlen polierte Steine. Vor einigen Jahren wurde zwar auf Kreta der **Europawanderweg 4** (*monopáti épsilon téssera*) fast durchgehend mit rautenförmigen, gelb-schwarzen „E 4"-Schildern

Kreta besitzt unzählige reizvolle Wanderwege

markiert, doch mittlerweile stehen davon z. T. nur noch die Stangen. Er führt von Kíssamos im Nordwesten bis Káto Zákros im Südosten über die gesamte Insel, im Westen ist er in eine Berg- und eine Küstenroute aufgespalten, letzterer ist deutlich einfacher zu begehen.

Im praktischen Reiseteil dieses Buches finden Sie zahlreiche Wanderbeschreibungen in allen Teilen der Insel. Einige ausgewählte Touren wurden mit Hilfe von **GPS (Global Positioning System)** erstellt, d. h. für Wanderer mit dem entsprechenden Gerät in Größe eines Handys ist vor Ort eine punktgenaue Standortbestimmung möglich – sich zu verirren bzw. vom rechten Weg abzukommen ist damit so gut wie ausgeschlossen.

• *Ausrüstung* Kretas Boden ist steinig und die Vegetation sehr dornenreich. Knöchelhohe **Wanderstiefel** mit fester Profilsohle sind unabdingbar. Als Zweitpaar empfehlen sich leichte Joggingschuhe. **Lange Hosen** sind wichtig, wenn es durch Gestrüpp geht, sonst eventuell Kletterhandschuhe zur Sicherung. **Windjacke** und **Regenschutz** sind, abgesehen vom Hochsommer, ebenfalls nötig, da das Wetter schnell umschlagen kann, besonders in den Bergen.

• *Informationen* Vor Bergwanderungen kann der **Griechische Bergsteigerverein EOS** (Ellinikós Orivatikós Sindesmós) auf Kreta, der auch einige Berghütten betreibt, nützliche Information geben. Adressen siehe unter **Iráklion**, **Réthimnon** und **Chaniá**. Informativ ist auch der Kontakt mit den unten genannten Wanderveranstaltern.

• *Jahreszeiten* Kreta im Frühjahr ist herrlich – im Sommer schweißtreibend und strapaziös, im Winter gefährlich bis unmöglich.

Bis März regnet es viel, was Matsch und Schlamm auf den Wanderwegen bedeutet. In den höheren Lagen verhindern Schneefelder das Weiterkommen. Beste Wandermonate im Tief- und Hügelland sind **April**, **Mai** und **Juni** – die zahllosen Blumen und frischen Farben sind unvergesslich.

Für **Gebirgswanderungen** sind Juni und Juli günstig – dann regnet es kaum und Wetterstürze sind selten. Ein leichter Nieselregen an der Küste bedeutet meist Nebel, Gewitter und Kälte in den Bergen, was vom Meer aus gut zu beobachten ist. Regen bedeutet auch erhöhte Steinschlaggefahr auf allen Wegen, da die verkarsteten Hänge nicht durch Wurzelwerk gefestigt sind.

Ins Hochgebirge sollte man deshalb **nur** bei stabiler Wetterlage und Sonnenschein aufbrechen – in Höhenlagen über 700 m wird auch im Hochsommer die Hitze erträglich. Auch **September** und die erste **Oktoberhälfte** sind noch angenehme Wandermonate – Trauben und Obst sind reif, die Sonne ist nicht mehr so drückend, allerdings kann es dann in 4–700 m Höhe schon recht kalt werden, also entsprechende Kleidung mitnehmen.

• *Karten/Wegbeschreibungen* Exakte Wanderkarten für Kreta gibt es nicht (→ „Kartenmaterial"). Oft muss man nach Gefühl und Himmelsrichtung wandern und sich an die Wegweisungen der Einheimischen halten. Die Wanderungen, die in diesem Buch beschrieben sind, wurden alle vor Ort durchgeführt. Die Skizzen sind nach Vorlagen unserer Rechercheure angefertigt. Eine Auswahl von Touren wurde mittels GPS-Satellitenortung abgelaufen.

• *Wasser* Das wichtigste Gepäckstück ist **Wasser**, und zwar reichlich. Das wiegt zwar, wird aber von Stunde zu Stunde leichter. Man kann sich nie darauf verlassen, dass Quellen oder Zisternen am Weg liegen, und wenn, dann können sie ausgetrocknet sein. Sinnvoll ist die Mitnahme eines **Faltkanisters** für Trinkwasser (5 oder 10 Liter Fassungsvermögen).

• *Handys* Kretas Berge sind nicht ungefährlich, alle Jahre wieder verirren sich Wanderer. Eine gewisse Reduzierung des Risikos bieten **Handys**, mit denen man in den meisten Gebieten Kretas problemlos telefonieren kann. Aber Achtung: In Schluchten funktionieren sie nur, wenn ein Sendemast in Sichtweite ist.

• *Wanderreisen* kann man mit Flug und Unterkunft bereits zu Hause buchen. Aber auch auf Kreta bieten viele Veranstalter geführte Wandertouren mit Unterkunft/Verpflegung. Die Anreise bucht man meist individuell, kann sich aber dabei vom Veranstalter helfen und beraten lassen.

Alpinschule Innsbruck (ASI), Wanderungen in der Lassíthi-Hochebene, Samariá-Schlucht, Ímbros-Schlucht, in den Weißen Bergen (Kallérgi-Hütte) u. a. Zu buchen über TUI, Prospekte im Reisebüro.

Hagen Alpin Tours, Wandertouren im Westen Kretas. Alois-Wagner-Str. 28, D-87466 Oy-Mittelberg, ✆ 08366-988893, ℻ 988894, www.welt-weit-wandern.de

Happy Walker, Réthimnon, Topasi Str. 56, der Niederländer Anthony Pruissen bietet mehrmals wöch. geführte Touren im Raum Réthimnon, Dauer jeder Wanderung ca. 4 Std. ✆/℻ 28310-52920, www.happywalker.com

Hermann Richter-Wanderreisen, Kemeler Weg 15, D-56370 Reckenroth, ✆ 06120-8651, ℻ 978798. Ein langjähriger Kenner führt Sie durch die Sfakiá und die Weißen Berge. Programm anfordern.

Inselwanderungen, Martin Frank, Freiburger Str. 57, D-77749 Hofweier, ✆ 07808/914741, ℻ 914742, www.inselwanderungen.de. Wanderungen im Süden Kretas incl. Insel Gávdos.

Korifi-Tours, Gunnar und Marie-Luise Schuschnigg leben im Bergdorf Kapetanianá an der Südküste (→ S. 314) und veranstalten Wanderungen auf ganz Kreta sowie im Umkreis von Kapetanianá. Sie führen dort auch eine Pension mit Taverne. ✆ 28930-41440, ℻ 41858, www.korifi.de

Studiosus Reisen München, Riesstr. 25, D-80992 München, ✆ 089-500600, ℻ 50060100, www.studiosus.de. Im Angebot sind mehrere „Wanderstudienreisen" durch Kreta (Kombination von Besichtigung und Wanderungen), aber auch eine reine Wanderreise (2 Wochen). Prospekte in jedem Reisebüro, telefonische Beratung unter 00800-24022402 (gebührenfrei).

Walks in West Crete, Jean Bienvenu, der Französisch, Englisch und Deutsch spricht, bietet geführte Touren im Westen Kretas. ✆ 28210-69153, www.west-crete.com.

Wandern auf Kreta mit Iannis, Iannis Alexandridis aus Móchlos und sein deutschsprachiges Team bieten geführte Wanderungen, z. T. in Verbindung mit Yoga, Tanz, Kochen und Baden. ✆ 28430-94775, www.kretawandern.de

Wikinger Reisen, Kölner Str. 20, D-58135 Hagen, Wanderungen in den Weißen Bergen und Westkreta. ✆ 02331/904741, ℻ 904740, www.wikinger-reisen.de

Oft wird man unterwegs nach dem Weg fragen müssen: **Kaliméra** (Guten Tag) oder **chérete** (Seid gegrüßt), **pou íne monopáti pros ...?** (wo ist der Fußweg nach ...?), **pósa chiliometra íne pros ...?** (wieviel Kilometer sind es nach ...?), **thélo stin ...** (ich möchte nach ...). Achtung: Die Einheimischen weisen einem natürlich immer den einfachsten Weg, nämlich die nächste Straße! Wer einen Fußweg sucht (den es so gut wie immer gibt), muss betont nach dem **monopáti** fragen!

Reisepraktisches von A bis Z

Ärztliche Versorgung

In allen Städten und wichtigen Urlaubsorten gibt es ausreichend Ärzte, viele haben im Ausland studiert und sprechen Englisch, Deutsch oder Französisch.

Staatliche Kliniken befinden sich in den größeren Städten und in den Provinzzentren ländlicher Gebiete, darunter Áno Viános, Kastélli, Míres, Timbáki, Spíli, Vámos und Zarós („Health Centers" genannt). Allerdings ist das Netz lückenhaft und die Kliniken sind nicht immer gut ausgerüstet. Das modernste Krankenhaus ist die Universitätsklinik von Iráklion. Weiterhin gibt es einige gute und teure *Privatkliniken*. In der Saison bietet „Cretan Medicare", ein Netz von Arztambulanzen mit mehrsprachigem Personal, in den wichtigsten Badeorten der Nordküste Hilfe rund um die Uhr, darunter Liménas Chersonísou, Mália, Stalída, Goúves und Ágios Nikólaos (✆ 28970-25141, ✆ 24064, www.cretanmedicare.it). Ein flächendeckendes Notarzt- und Ambulanzwagensystem existiert nicht. Im Notfall hilft jeder Grieche, ansonsten wende man sich an seine Rezeption, an die Touristenpolizei oder Polizei. Bei den diplomatischen Vertretungen kann man sich Deutsch sprechende Ärzte benennen lassen. Weitere Hinweise in den entsprechenden Ortskapiteln.

▶ **Apotheken**: erkennt man am grünen Kreuz auf weißem Grund. Sie haben normale Ladenöffnungszeiten, in den Städten hat an den Wochenenden jeweils eine Apotheke Notdienst. Während es in den Ballungsräumen unzählige Apotheken gibt, ist die Versorgung in ländlichen Gebieten jedoch oft lückenhaft – so liegt z.B. die nächste Apotheke für das Gebiet von Loutró bis Frangokástello (westliche Südküste) in Vrísses (Nordküste)! Medikamente werden zum großen Teil eingeführt, sind aber trotzdem wesentlich billiger als in Deutschland, auch Antibiotika. Vieles läuft rezeptfrei. Wichtig: Arzneimittel, die man ständig braucht, sollte man bereits zu Hause in ausreichender Menge besorgen.

• Behandlungskosten/Versicherung Für deutsche, österreichische und (seit 2002) Schweizer Touristen, die in einer gesetzlichen Krankenkasse oder Ersatzkasse versichert sind, gibt es die Möglichkeit, sich auf **Krankenschein** kostenlos behandeln zu las-

Strände gibt es überall auf Kreta: hier die Bucht von Damnóni bei Plakiás

sen (für Schweizer bisher noch nicht). Die Prozedur ist allerdings ziemlich umständlich: Besorgen Sie sich vor Abreise bei Ihrer Kasse das Formblatt **E 111**. Dieses können Sie bei jeder Niederlassung der griechischen Krankenkasse **IKA** in ein so genanntes Krankenanspruchsheft (**Vivliário**) umtauschen, mit dem Sie kostenlos behandelt werden – jedoch nur von Ärzten, die der IKA angeschlossen sind, und das sind nicht sehr viele; deren Wartezimmer sind meist dementsprechend überfüllt. Auch viele IKA-Stellen verfügen über eine ambulante Station, in der Sie sich gleich an Ort und Stelle untersuchen lassen können.

Einfacher und weniger zeitaufwändig ist es aber in der Regel, einen Arzt **bar** zu bezahlen. Im Prinzip sind die Kosten etwas günstiger als bei uns. Doch wie in allen Urlaubsgebieten verlangen manche Ärzte von Touristen hohe, teils wohl auch überhöhte Rechnungen. Für eine kurze Konsultation sollte man mit 30–60 € rechnen. Gegen eine detaillierte Quittung **(Apódixi)** des behandelnden Arztes, die die Diagnose, Art und Kosten der Behandlung beinhalten sollte, erhalten Sie aber bei Ihrer Krankenkasse zu Hause die Ausgaben ganz oder anteilig, je nach Krankenkasse, zurückerstattet. Darunter fallen auch Apotheken- und Medizinkosten (anteilig), falls sie vom Arzt verschrieben wurden.

Behandlung durch **staatliche Ärzte** sowie Aufenthalt und Behandlung in einem **staatlichen Krankenhaus** oder **Health Center** (Nosokomío) ist für ausländische Touristen kostenlos. Medikamente müssen zwar bezahlt werden, doch auch diese Kosten erstattet Ihre Krankenkasse zurück.

Zu erwägen ist der Abschluss einer zusätzlichen **Auslandskrankenversicherung**, die die meisten privaten Krankenkassen preiswert anbieten (unter 0,50 € pro Tag). Darin ist auch ein aus medizinischen Gründen nötig gewordener Rückflug eingeschlossen, den die Versicherungen sonst nicht zahlen.

• *Gesundheitsvorsorge* in den ersten Tagen extrem aufpassen mit **Sonnenbrand**. Unbedingt auf ausreichenden Sonnenschutz achten!

Beim Baden in Felsbuchten können **Badeschuhe** gute Dienste leisten, für Höhlentrips eine **Taschenlampe**, bei Wanderungen ein **Sonnenhut** und stabiles **Schuhwerk**.

Wer Seereisen vorhat, sollte ein Mittel gegen **Seekrankheit** dabei haben, falls er anfällig ist.

Seeigelstacheln sind schmerzhaft – Ringelblumensalbe relativ dick auftragen und Pflaster drauf, nach einem Tag lösen sie sich wie von selbst. Auch das Auftragen von heißem Öl soll hilfreich sein. Bei **Wespenstichen** kann Essig lindernd wirken. Für **In-**

sektenstiche auf jeden Fall entsprechende Lotion mitnehmen, außerdem vorbeugenden Schutz gegen Stiche.

Essen Sie scharf, zum Beispiel Pepperoni, um einem verdorbenen Magen vorzubeugen: dadurch werden die Magenschleimhäute angeregt und Sie sind eher gefeit gegen kleine, unfreundliche Gesellen, die dem Magen Übles antun wollen. Auch **Kohletabletten** sollten in der Reiseapotheke nicht fehlen, ebensowenig **Verbandszeug** und **Jod**.

Wichtige Telefonnummern (in allen Orten):
Polizeinotruf ✆ 100; **Feuerwehr** ✆ 199; **Erste Hilfe** ✆ 166; **Pannenhilfe** ✆ 104.

Baden

Im weitgehend stark belasteten Mittelmeer gilt die Region um Kreta als relativ wenig verunreinigt. Die saubersten Strände liegen an der Südküste. Die Nordküste ist stärker verschmutzt, da dort die großen Städte liegen, die Versorgung mit Kläranlagen oft noch nicht ausreichend gewährleistet ist und die aus Nordwest wehenden Meltémi-Winde so manches Treibgut anschwemmen. Die meisten touristisch genutzten Strände werden jedoch in der Saison regelmäßig gereinigt. Im Westen muss man teilweise mit erheblichen Teerablagerungen rechnen, hervorgerufen durch Frachter, die auf offener See ihre Tanks reinigen.

Die Strände an der **Nordküste** fallen meist flach ins Wasser ab und sind fast alle touristisch erschlossen. Jede Bucht hat ihre Hotelanlage, an den Stränden reihen sich die Unterkünfte teilweise wie an einer Perlenkette. Noch relativ wenig bebaut sind bisher der lange Sandstrand *zwischen Réthimnon und Georgioúpolis* und der Kiesstrand im *Golf von Kíssamos.*

Generell weniger überlaufen sind die Strände an der teilweise wilden und bergigen **Südküste**. Abseits der Orte sind sie mit Verkehrsmitteln oft nicht zu erreichen und nur zu Fuß zugänglich, eine Domäne der Rucksacktouristen und Wanderer. Die schönsten Badeplätze im Westen sind die Sandstrände von *Paleochóra, Plakiás, Léntas* und der *Kómo Beach* bei Pitsídia sowie der lange Kiesstrand von *Soúgia* und die Strände *Glikanéra* und *Préveli,* letzterer mit einem palmenbestandenen Flusslauf. An der östlichen Südküste gibt es Strände bei *Mírtos, Keratókambos, Ierápetra* und *Makrigialós.*

Die weitgehend unerschlossene **Westküste** besitzt zwei herrliche Badestrände: *Falássarna* und *Elafonísi.*

An der **Ostküste** liegt der wunderbare *Palmenstrand von Vái,* ein viel besuchtes Ziel für Ausflugsbusse und Mietwagenfahrer, außerdem gibt es zwei sehr schöne Badestrände beim ruhigen Dorf *Palékastro,* die Badebucht von *Káto Zákros* mit einem minoischen Palast und im Südosten den noch wenig erschlossenen Strand von *Xerókambos.*

• Einrichtungen Inzwischen werden an allen touristisch genutzten Stränden **Sonnenschirme** und **Liegestühle** verliehen (mit ca. 5–7 € für einen Schirm und zwei Liegen nicht gerade billig), meist auch **Tretboote** und **Surfbretter**. **Süßwasserduschen** sind in der Regel nur bei großen Hotels anzutreffen, es gibt aber Ausnahmen, z. B. Soúgia und Agía Galíni. **Strandüberwachung** durch Bademeister und Rettungsschwimmer findet so gut wie gar nicht statt, nur in Mália haben wir etwas Vergleichbares gesehen.

Diplomatische Vertretungen

Die Botschaften Deutschlands, Österreichs und der Schweiz haben ihren Sitz in Athen. Österreich betreibt auf Kreta ein Honorarkonsulat, Deutschland sogar zwei.

In Notfällen, z. B. beim Verlust sämtlicher Reisefinanzen, kann man sich dorthin wenden. In erster Linie erhält man Hilfe zur Selbsthilfe, d. Uhr. die Vermittlung von Kontaktmöglichkeiten mit Verwandten oder Freunden sowie Informationen über schnelle Überweisungswege (z. B. mit Western Union Money Transfer, S. 141). Nur wenn keine andere Hilfe möglich ist, bekommen Sie Geld für die Heimreise per Schiff und Zug vorgestreckt, allerdings keine Übernahme von Schulden (z. B. Hotelkosten u. Ä.) oder Mittel für die Fortsetzung des Urlaubs. Auch wenn die Ausweisdokumente abhanden gekommen sind, muss man sich an die zuständige Botschaft wenden. Dort erhält man ein Papier, das zur einmaligen Ausreise berechtigt.

• *Deutschland* **Botschaft der Bundesrepublik Deutschland**, Karaoli & Dimitriou Str. 3, GR-10675 Athen-Kolonáki, ✆ 210-7285111, 📠 7251205, www.germanembassy.gr; Mo–Fr 9–12 Uhr.
Honorarkonsulate: **Iráklion** (Kreta), Dikeossinis Str. 7, 4. Stock. Zuständig für die Präfekturen Iráklion und Ágios Nikólaos. ✆ 2810-226288, 📠 222141, E-Mail: honkons@her.forthnet.gr; **Chaniá** (Kreta), in Agía Marína, einem Badeort westlich von Chaniá, Paraliaki, Stassi Nr. 13. Zuständig für die Präfekturen Chaniá und Réthimnon. ✆/📠 28210-68876.

• *Österreich* **Österreichische Botschaft**, GR-10683 Athen, Leoforos Alexandras 26, ✆ 210-8257240, 📠 8219823, E-Mail: athen-ob@bmaa.gv.at; Mo–Fr 10–12 Uhr.
Honorarkonsulat: **Iráklion** (Kreta), Eleftherias-Platz/Dedalou Str. 36, ✆/📠 2810-223379. Mo–Fr 10–12 Uhr.

• *Schweiz* **Schweizer Botschaft**, GR-11521 Athen, Iassiou Str. 2, ✆ 210-7230364, 📠 7249209, E-Mail: vertretung@ath.rep.admin.ch; Mo–Fr 10–12 Uhr.
Kein Konsulat auf Kreta.

Einkaufen

Schafwolle, Baumwolle und Ziegenleder sind die Grundmaterialien, aus denen die schönen kretischen Andenken hergestellt werden: dicke, warme Pullover und pflanzengefärbte Teppiche, leichte Sandalen, robuste Lederstiefel und Ledertaschen aller Größen, reich verzierte Spitzendecken und Strickwaren.

Noch überwiegt nicht der Massenkitsch wie die dutzendfachen Nachbildungen minoischer und altgriechischer Skulpturen oder T-Shirts à la „I love Crete". Aber er ist schwer auf dem Vormarsch, genauso wie die Produkte „made in Taiwan" – dies findet man allerdings so gedruckt nicht auf den Synthetikteppichen und -pullovern. Inzwischen ist es einfach so, dass a) der touristische Bedarf zu groß geworden ist, b) die Produktion in Entwicklungsländern wesentlich billiger kommt als die heimische der Bergdörfer und c) reine Naturmaterialien zu teuer geworden sind. Also lassen die Kreter in den Billiglohnländern in Fernost Webteppiche und Häkeldecken von der Stange produzieren. Vorsicht ist demnach bei jedem Kauf geboten. Beim genauen Hinsehen erkennt man aber, ob man echte Schafwolle oder überwiegend mit Kunststoff versetzte Stücke vor sich hat.

Besonderen Augenmerk verdienen die Schnitzereien aus *Olivenholz*, die verschiedene Holzwerkstätten anbieten (z. B. in Réthimnon, Liménas Chersonísou, Kíssamos, Agía Galíni und Mátala). Sie sind nicht billig, aber das glatt geschliffene, gemaserte Holz hat eine sehr eigene Ästhetik. Es ist härter als Eiche und muss vor der Bearbeitung drei Jahre lang gelagert werden.

Die Ausfuhr von Antiquitäten ist verboten, darunter zählt alles, was vor 1830 hergestellt wurde. Wenn Ihnen Händler Antiquitäten „von privat“ verkaufen wollen, empfiehlt sich Vorsicht. Es drohen Haftstrafen. Ein hübsches Mitbringsel sind dagegen vielleicht die neu hergestellten *Ikonen*, die alten Vorbildern oft täuschend echt nachempfunden sind.

Bei *Modeschmuck* muss man schon Glück haben, Stücke kretischer Tradition aufzutreiben. Das meiste, was in den kretischen Läden zum Angebot ausliegt, wird in ganz Griechenland, wenn nicht Europa, verhökert. *Gold- und Silberschmuck* ist deutlich preiswerter als in Mitteleuropa – 585er Gold kostet auf Kreta etwa soviel wie 333er in Deutschland.

Besonders begehrt sind aber mittlerweile vor allem die vielseitigen *kulinarischen Produkte* Kretas, allen voran das exzellente Olivenöl, außerdem Wein, Gewürzkräuter, Käse, Honig aus Thymian und Wildblüten, Tees etc., außerdem Schwämme und Olivenölseife. Preisvergleiche sollte man dabei anstellen, denn für ein und dasselbe Produkt werden oft deutlich unterschiedliche Preise verlangt.

- *Leder* Eine große Auswahl an Lederwaren findet man in der so genannten „Ledergasse“ von **Chaniá** (→ dort), aber auch in **Réthimnon** gibt es reichlich Angebote.
- *Webarbeiten* Teppiche, Wandbehänge, Tischdecken, bunte Hirtenrucksäcke etc. sind preiswert zu haben in den Bergdörfern **Anógia** und **Axós** an den Nordhängen des Ída-Gebirges und in den Dörfern der **Lassíthi-Ebene**. Axós ist noch nicht ganz so kommerzialisiert wie das berühmte Nachbardorf Anógia, in dem inzwischen viel maschinell gefertigt wird. Garantiert echte Handarbeit sind die Teppiche bei Michalis Manousakis im Laden Roka in Chaniá (→ S. 580), ebenso bei Familie Patelaros in Axós (→ S. 532).
- *Spitzendecken/Häkelwaren* **Fódele** (bei Iráklion) und **Kritsá** (bei Ágios Nikólaos) sind dafür in erster Linie bekannt. Ein Wald von Tischdecken und Webteppichen bedeckt dort die Wände der Häuser. Nicht alles ist allerdings echt.
- *Ikonen* Spezielle Ikonen-Werkstätten gibt es z. B. in **Iráklion**, **Eloúnda** und **Ágios Nikólaos**. Künstlerisch besonders wertvoll sind die Ikonen, die von den Nonnen im **Kloster Chrissopígi** bei Chaniá gefertigt werden und in vielen Kirchen und Klöstern Kretas hängen (Besuch der Werkstatt nur nach Voranmeldung).
- *Keramik* Im Töpferdorf **Thrapsanó** werden große Tonvasen geformt, die minoischen Pithoi nachempfunden sind. Weitere originelle Keramik findet man im Bergdorf **Margarítes** bei Réthimnon, in **Asómatos** bei Plakiás, in **Nochiá** bei Kolimbári sowie in **Sívas** und **Mitrópolis** in der Messará-Ebene.
- *Schwämme* kann man vor allem in den Städten haufenweise erwerben. Schwere Büschel von Naturschwämmen verschiedener Größe hängen überall auf Märkten und in Souvenirshops. Obwohl auch nicht mehr so ganz einsichtig ist, wo diese Mengen eigentlich herstammen, sicher ein brauchbares Mitbringsel.
- *Kulinarisches* Kretisches **Olivenöl** gehört zu den angesehensten der Welt und ist auf Kreta für ca. 5–8 € pro Ltr. zu haben. Gerne mit nach Hause nimmt man auch die vielen **Gewürzkräuter** der Insel.

Weitere Hinweise im Kapitel Kunsthandwerk (Kreta allgemein).

▸ **Waren für den täglichen Bedarf**: Die Preise für Waren des täglichen Bedarfs sind seit der Einführung des Euro stark gestiegen. Vor allem in den Touristenorten zahlt man z. T. oft deutlich mehr als in Deutschland, z. B. für Milch, Süßwaren und Konserven. Stellen Sie Vergleiche an und meiden Sie Wucherläden. In den kleinen Dörfern des Hinterlands können Sie in der Regel deutlich preiswerter einkaufen. *Supermärkte* gibt es in allen Touristenorten, ausländische Produkte sind dort ebenso zu haben wie griechische und kretische. Die landwirtschaftliche Produktion Kretas ist groß. *Obst und Gemüse* gibt es in reicher Auswahl auf den täglichen Märkten und in vielen Geschäften. Und auch im kleinsten Ort gibt es wenigstens einen *Gemischtwarenladen*, die urigsten zweifellos auf der Insel Gávdos, südlich von Kreta. Eine urgriechische Einrichtung ist der Kiosk, der *„Períptero"*. Er steht an jeder Straßenecke, hat meist bis spät in die Nacht geöffnet und führt alles Mögliche und Unmögliche. Ob Zahnpasta, Zeitungen, Zigaretten, Kugelschreiber, Süßigkeiten, Getränke oder Telefonkarten, das Angebot ist scheinbar unerschöpflich. Außerdem gibt es oft ein Telefon mit Zähler, von dem Sie Auslandsgespräche führen können (etwas erhöhter Tarif).

Bis auf Supermärkte waren die Geschäfte bisher Montag und Mittwoch Nachmittag geschlossen. Diese Reglementierung gibt es seit kurzem nicht mehr, nun hat jeder geöffnet, wann er will.

Ermäßigungen

Schüler und Studenten aus EU-Staaten, Studenten der klassischen Wissenschaften und schönen Künste aus Nicht-EU-Ländern sowie Personen unter 18 Jahren erhalten in allen Ausgrabungsstätten und staatlichen Museen Griechenlands freien Eintritt. Für Studenten aus Nicht-EU-Ländern und Senioren über 65 gibt es 50 % Ermäßigung.

Anspruch auf einen internationalen Studentenausweis *(International Student Identity Card ISIC)* haben Studenten, Schüler über 12 Jahre sowie Auszubildende, die vollzeitlich eine Schule besuchen. Erhältlich ist er gegen ca. 10 €, Vorlage eines Lichtbilds und der Immatrikulationsbescheinigung bzw. des Schülerausweises, Näheres unter www.isic.de. Nationale Schüler- und Studentenausweise werden in Griechenland laut mehreren Leserzuschriften ebenfalls anerkannt, doch sollte man sich darauf nicht verlassen. Wichtig: Die Regelung mit dem Freieintritt bzw. Ermäßigung ist an den wenigsten Kassen angeschlagen, man muss nachfragen.

Eintrittsfreie Tage in Ausgrabungen und staatlichen Museen: alle Sonntage vom 1. November bis 31. März, von April bis Juni und im Oktober der erste Sonntag im Monat (falls dieser ein Feiertag ist, der zweite Sonntag), außerdem 6. März (Erinnerungstag an Melina Mercouri), 18. April (International. Denkmalstag), 18. Mai (Internat. Museumstag), 5. Juni (Internat. Umwelttag) und am letzten Wochenende im September (Europäisches Kulturerbe). Weitere Details unter www.culture.gr.

• *Sonstige Ermäßigungen* Kostenloser Eintritt wird an den genannten Orten **Journalisten** mit Presseausweis oder Empfehlungsschreiben von der Griechischen Fremdenverkehrszentrale gewährt, außerdem Mitgliedern von **ICOM** (International Council of Museums) und **ICOMOS** (International Council of Monuments and Sights).

Archäologen, **Kunst- und Architekturprofessoren**, **Regierungsvertreter** und **Vertreter der UNESCO** erhalten mit einem Sonderausweis freien Eintritt zu den Ausgrabungsorten und staatlichen Museen. Weitere Informationen bei der griechische Fremdenverkehrszentrale.

Heute frischer Oktopus

Essen und Trinken

Die kretische Küche erlebt derzeit eine Renaissance. Seit die Wissenschaft die so genannte „Kreta-Diät" entdeckt hat, sieht man vielerorts das Bemühen, die traditionelle Inselküche wiederzubeleben. Olivenöl, Hülsenfrüchte, Kräuter, Gemüse und Salate, dazu wenig Fleisch, gerne auch mal Fisch oder Meeresfrüchte, alles in kleinen Portionen, die auf getrennten Tellern auf den Tisch kommen und von denen sich jeder der „Paréa" (Tischgemeinschaft) nimmt, was er will – das sind die Zutaten, aus denen die überraschend vielseitige kretische Kost besteht und die man erleben kann, wenn man einmal auf die international genormten Fleischgerichte mit Beilagen verzichtet. Kalí Órexi (Guten Appetit)!

Dass sich die Kreter weitgehend fleischlos ernähren, hat seinen Grund in den Verhältnissen auf der rauen, sonnendurchglühten Mittelmeerinsel. Da es nie Rinderzuchten gab und bis heute nur wenige Schweine gehalten werden, war Fleisch immer teuer. Die meisten Inselbewohner lebten früher in bescheidenen Verhältnissen und konnten sich den Genuss von Fleisch nur an Festtagen leisten. Heute ist das natürlich anders, und wenn Kreter in die Taverne gehen, essen sie gerne und viel Fleisch und auch zu festlichen Anlässen werden reichlich Lämmer und Zicklein geschlachtet. Im Winter isst man in den Dörfern allerdings noch immer hauptsächlich Wild- und Gartengemüse ohne Fleisch. So verzehren Kreter pro Kopf und Jahr rund 200 kg Gemüse, in Deutschland sind es nur 80 kg. Die Vielzahl an vegetarischen Gerichten, oft unter *mezédes, pikilía* oder *orektiká* (Vorspeisen) zusammengefasst, ist auf vielen Speisekarten präsent und wird mittlerweile von Ärzten als vorbildliche Ernährung bewertet. Schon die Minoer hatten sich vorwiegend von Getreide, Hülsenfrüchten, Samen und Olivenöl ernährt, denn in den antiken Vorratsgefäßen fand man u. a. Olivenkerne, Getreidekörner, Erbsen und Kichererbsen,

Bohnen, Linsen und Sesam, Koriander und Fenchel. Dazu kommen die jahrhundertelangen venezianischen und türkischen Einflüsse, die Kretas Küche reich und vielfältig gemacht haben. Immer wieder werden auch erfahrene Kretareisende auf Gerichte stoßen, die sie bisher nicht kannten, denn nicht wenige engagierte Gastronomen arbeiten daran, alte, verschwunden geglaubte Rezepte neu zu gestalten.
Natürlich hat der bisher eher durchwachsene kulinarische Ruf Griechenlands durchaus seine Berechtigung, denn zähe und fettige Souvláki, verbrannten Fisch, lieblos zubereiteten Bauernsalat und Fabrikpommes gibt es nach wie vor. Mit dem Tourismus im großen Stil haben außerdem Nepp und Massenabfertigung Einzug gehalten: Nicht jeder Wirt bemüht sich um Qualität, es wird an der Portionsgröße gespart, dafür kräftig an der Preisschraube gedreht usw. Dies gilt vor allem für die überlaufenen Restaurants in den Ballungsgebieten der Nordküste. Genereller Tipp deshalb: Verlassen Sie zum Essen hin und wieder die touristischen Zentren, denn oft liegen die besten und gleichzeitig preisgünstigsten Lokale weit abseits vom Rummel der Strände in kleinen Bergdörfern oder allein auf weiter Flur. Viele Hinweise dazu finden Sie im praktischen Reiseteil dieses Führers. Überhaupt sollte man die einfachen, „echt" gebliebenen Tavernen nicht vernachlässigen. Nach einer Wanderung durch das ausgedörrte, hitzeflirrende Land, nach einem faulen Tag am Strand, nach einem anstrengenden Rundgang im Palast von Knossós schmeckt das Souvláki, der Bauernsalat, der Teller weiße Bohnen oder das Moussaká auch zum zehnten Mal! In Kreta essen, das heißt immer, auch die Stimmung aufnehmen. Eine einfache Mahlzeit findet man überall und meist tut die natürliche Gastfreundschaft der Kreter das übrige.

Kochen mit Olivenöl

Man sollte meinen, dass in allen kretischen Tavernen mit Olivenöl gekocht wird. Doch leider – weit gefehlt. Olivenöl ist auch auf Kreta nicht ganz billig, aus Kostengründen verwenden deshalb viele Gastronomen raffinierte, d. h. chemisch aufbereitete Billigöle, die sie in großen Gebinden im nächsten Supermarkt für eine Hand voll Euro erwerben können. Die so kreierten Gerichte schmecken erstens nicht, sie sind kontraproduktiv zur Olivenölproduktion auf Kreta – und gesundheitsfördernd ist dieses Gebaren schon gar nicht. „Sedik" (www.sedik.gr), die Dachorganisation der kretischen Gemeinden, die Oliven anbauen, mit Sitz in Chaniá, hat eine Initiative gestartet, im Rahmen derer sie Tavernen hervorhebt, die ausschließlich mit Olivenöl kochen. Wenn bei Stichproben festgestellt wird, dass dies nicht mehr zutrifft, soll das betreffende Lokal aus der Liste gestrichen werden. Ob diese lobenswerte Aktion wirklich konsequent und mit der nötigen Nachhaltigkeit durchgeführt wird, darf bezweifelt werden. Aber auch Sie als Urlauber können zur Verbesserung der Kochkultur beitragen – fragen Sie doch einfach vor der Bestellung, ob im Lokal Ihrer Wahl ausschließlich mit Olivenöl gekocht wird. Aufmerksame Gastronomen werden daraus lernen. Näheres zum kretischen Olivenöl auf S. 33.

Essen gehen auf Kreta ist unkompliziert, es gibt keine ausgeprägte Etikette, die Tische sind einfach gedeckt, der Service ist informell, im Gegensatz etwa zu Italien kann man häufig auch bereits nachmittags eine warme Mahlzeit bekommen. Sämtliche Speisen, auch Beilagen, Vorspeisen etc., können gesondert bestellt werden, sodass man sich sein Essen ganz individuell selbst zusammenstellen kann – ein Hauptgericht muss nicht dabei sein. Von allem, was man bestellt, bekommt man in der Regel einen Teller voll. Falls man keine anderen Wünsche äußert, wird alles gleichzeitig serviert. Fleischgerichte werden mittlerweile automatisch mit Beilagen gereicht, meist mit *patátes* (Pommes frites) und etwas Salat.

- *Die Lokale* **Estiatórion** (Restaurant) und **Tavérna** (Gasthaus) unterscheiden sich heute nur noch unwesentlich. Früher war das Estiatórion das „bessere" Lokal mit der größeren Auswahl. Daneben gibt es noch die **Psarotavérna** (Fischrestaurant) und die **Psistariá** (Grillstube) bzw. das **Psitopolíon** (Gegrilltes zum Mitnehmen). Eher seltener trifft man auf das **Oínozythestiatórion** (Wein- und Bierlokal) sowie **Oinothíki** bzw. **Krassopotíon** (Weinlokal/Enoteca) und **Tiskoudiádiko** (Tsikoudiá = Tresterschnaps). Auf dem Vormarsch ist dagegen die **Paradosiakí Tavérna** (Parádosis = Tradition), wo der Versuch unternommen wird, sich auf alte kulinarische Traditionen zurückzubesinnen.

Die **Ouzerí** bietet zum Wein, Oúzo oder Rakí die beliebten *mezédes* an – kleine Vorspeisen und Appetithappen wie Oliven, Muscheln, Kalamares u. v. a. Hier trifft man sich zum Schlemmen und Diskutieren. Diese Lokale trifft man auch unter den zungenbrecherischen Namen **Mezedopolíon**, **Ouzomezedopolíon** oder **Ouzorakadikó** (= Ouzo-Raki-Lokal).

Das **Kafeníon** ist das Stammlokal aller männlichen Kreter. Selbst im hintersten Bergdorf findet man noch ein solches schlichtes Kaffeehaus. Es besteht meist nur aus wenigen Tischen in einem kargen Innenraum und ein paar Tischen auf der Straße. Man schlürft hier seinen Kaffee, spielt Távli (Backgammon), guckt in den Fernseher oder auf die vorbeilaufenden Touristen. Kretische Frauen verkehren hier höchstens als Bedienung, Touristinnen werden aber akzeptiert. Man bekommt Getränke, oft auch Frühstück und gelegentlich einfache Gerichte wie Omelett.

In den größeren Städten gibt es überall moderne, oft sehr trendy gestaltete **Cafés** und **Kafé-Bars** internationalen Zuschnitts. Sie fungieren vor allem als Treffpunkt für die jüngere Generation, es läuft Popmusik, ausgeschenkt wird Bier vom Fass, Cocktails usw. Vor allem die großen kretischen Städte wie Iráklion, Réthimnon und Chaniá besitzen eine ausgeprägte Caféhauskultur.

Im **Zacharoplastíon** (Konditorei) gibt es Kuchen, Blätterteiggebäck, manchmal Eis und die leckeren *loukoumádes* (siehe unten).

- *Speisekarten* Typische Touristenlokale haben oft viersprachige Speisekarten. Ansonsten sind sie im Allgemeinen **griechisch und englisch** gedruckt. Zu haben sind nur die Gerichte, bei denen ein Preis eingetragen ist. Für **Brot und Gedeck** wird oft zusätzlich ein geringer Betrag verlangt, der in der Karte ausgewiesen ist. Gelegentlich sind die Speisekarten auch nur bloße Schau und haben nichts mit der Realität zu tun. Vor allem in der Nebensaison ist meist nur ein Bruchteil der opulenten Liste vorrätig. Am besten, man fragt einfach, was zu haben ist, lässt sich beraten oder schaut mal zum Tresen, was in den Töpfen zu sehen ist. Dort oder in Extra-Vitrinen ist das Tagesangebot immer ausgestellt. In manchen Tavernen darf man sogar in die Küche gehen und in die Töpfe gucken.

- *Preise* Die Essenspreise sind in den letzten Jahren deutlich gestiegen, vor allem in den Touristenzentren. Einen deutlichen Schub nach oben hat die Einführung des Euro mit sich gebracht. Abseits vom touristischen Geschehen isst man merklich günstiger.

Beim Zahlen (**to logariasmó parakaló** = die Rechnung bitte!) sollte man eine gemeinsame Rechnung für den ganzen Tisch verlangen und später untereinander abrechnen. Erstens ist das für die oft sehr gestressten Kellner wesentlich einfacher und zweitens entspricht es den kretischen Gewohnheiten der Paréa.

- *Trinkgeld* Kretische Kellner sind im Allgemeinen noch nicht auf Trinkgeld fixiert. Das Wechselgeld wird bis auf den letzten Cent zurückgezahlt, kein missmutiger Blick streift den ausländischen Knauser. Wenn man zufrieden war, sollte man ruhig die Rechnung in Taverne oder Kafenion aufrunden – jedoch nicht übermäßig, da ein solches Verhalten nicht üblich ist und die Preise schnell in die Höhe treibt.

▶ **Frühstück**: Die Kreter frühstücken wie in den meisten mediterranen Ländern sehr wenig. Doch in den letzten Jahren hat sich durch den Fremdenverkehr einiges getan. In vielen Kafenía und Tavernen, wo Touristen verkehren, bekommt man inzwischen – für relativ viel Geld – eine recht üppige Morgenmahlzeit nach Wahl. Für Deutsche und Engländer, die ein kräftiges Frühstück lieben, hängen die Schilder *„Breakfast"* aus. Meist gibt es dann Brot, Butter, Marmelade, Käsetoast, Fruchtjoghurt, Kuchen usw. Man kann aber auch ein gekochtes Ei (*Avgó*), ein Omelett mit Schinken oder „beans and bacon" bestellen, gelegentlich werden auch Müsli mit Obst angeboten. Als Getränke gibt es außer Kaffee und Milch (*Gála*) auch Kakao (*Gála Schokoláta*) und oft frisch gepressten Orangensaft. Erfrischend an heißen Sommertagen ist der exzellente offene Joghurt *(Yaúrti)* mit Honig.

Länger und gesünder leben: Zur Kur nach Kreta

Bereits in den 1950er Jahren kam ein amerikanischer Ernährungswissenschaftler zu der Erkenntnis, dass nicht etwa in den fortschrittlichen und reichen Nationen dieser Welt die gesündesten Menschen lebten, sondern rund ums Mittelmeer, wo man sich noch weitgehend bodenständig vom eigenen Acker und vom Meer ernährte. Und speziell auf Kreta, so fand er heraus, lebten die Menschen am längsten! Der Grund: Die Kreter deckten fast 40 % ihres Kalorienbedarfs mit Olivenöl, dagegen nur 12 % mit Eiweißprodukten, der Rest wird durch komplexe Kohlenhydrate aus Gemüse, Salat, Kräutern, Getreide und Früchten abgedeckt. In Mittel- und Nordeuropa sowie in den USA verzehrte man dagegen deutlich mehr Fleisch und tierische Fette, was die Herzinfarktrate in die Höhe treibt. In einer neuen Studie, der „Lyon Diet Heart Study", bestätigte das französische Nationale Gesundheitsinstitut die alten Untersuchungen und kam zu dem Ergebnis, dass das traditionelle kretische Essen – also wenig Fleisch, dagegen viel Gemüse, Obst, Hülsenfrüchte, Olivenöl und Fisch – hervorragend vor Herzinfarkt schütze. Diese Ernährungsweise reduziere das Risiko um bis zu 70 %. Der exakte Grund für diese Schutzfunktion ist bislang nicht genau geklärt. Man vermutet aber, dass sich die Gesamtkomposition der kretischen Ernährung positiv auswirkt: die einfach-ungesättigten Fettsäuren des Olivenöls, dazu viele Vitamine und Mineralien sowie die zahlreichen sekundären Pflanzenwirkstoffe (Phytochemikalien), die in roten, grünen und gelben Früchten sowie Kräutern, Gemüsen und Salaten enthalten sind. Vor allem Alpha-Linolensäure, die die Kreter mit Nüssen, Olivenöl und der weit verbreiteten Portulak-Pflanze (ähnlich wie Brunnenkresse) aufnehmen, schützt vor Herz- und Kreislaufkrankheiten, ebenso das im Olivenöl enthaltene Vitamin E. Und sogar im kretischen Rotwein sind zahlreiche Schutzstoffe gegen Herzschäden enthalten, die sich aber selbstverständlich nur bei maßvollem Genuss wirkungsvoll entfalten können – nicht von ungefähr prostet man sich beim Wein gerne mit *„eis ugeían"* (auf Deine Gesundheit) zu. Aber natürlich hat die moderne westliche Ernährung inzwischen auch vor Kreta nicht Halt gemacht (sprich: Pommes, Hamburger und Cola) und aktuelle Untersuchungen sprechen den kretischen Jugendlichen mittlerweile dieselben Blutfettwerte wie in USA zu.

▸ **Vorspeisen** *(orektiká)*: Alkohol trinkt man in Kreta nicht, ohne eine Kleinigkeit zu essen. Vor allem in der Ouzerí und im Mezedopolíon werden deshalb zahlreiche Appetithappen gereicht, genannt *mezédes* oder *pikilía*: panierter oder eingelegter Käse, gefüllte Weinblätter, Zucchinikroketten, Tomaten- und Gurkenscheibchen, Wildzwiebeln, Auberginen-, Paprika-, Kartoffel- oder Bohnenpüree, Tintenfischragout, Scampi, Schnecken, Oliven, frittierte Auberginen und Zucchini, kleine Stückchen Melone, Muscheln, Pistazien, Mandelkerne und viele andere Leckereien. Ob mariniert, frittiert, püriert, gebraten oder gebacken, die Vielfalt der kretischen Vorspeisen ist unerschöpflich. Für die Kreter bieten Ouzerí und Mezedopolíon die Gelegenheit, sich in aller Ruhe gesellig zu treffen und dabei immer etwas zum Knabbern vor sich zu haben. Oft ersetzt ein Gang in die Ouzerí das Abendessen. Wichtigste Vorspeise ist ansonsten der *choriátiki saláta*, der griechische Bauernsalat (→ Vegetarische Gerichte).

Achinosaláta, Salat aus rohen Seeigel-Innereien.

Dákos (auch: **Koukouvája** oder **Lathópsomo**): doppelt gebackenes Weizen- oder Gerstenbrot, belegt mit Tomatenstückchen, Fétakäse, Olivenöl und Oregano (→ Vegetarische Gerichte).

Dolmadákia, gerollte Weinblätter, gefüllt mit Reis und Gewürzen. Werden auch mit avgolémno (Eier-Zitronensauce) serviert und sind dann halb mit Reis, halb mit Hackfleisch gefüllt.

Fáva, cremiges Püree aus kleinen, gelben Fava-Bohnen oder Kichererbsen.

Saganáki, panierter und gebackener Kefalotíri-Käse (→ Käse), traditionell in kleinen Pfannen serviert.

Salingária oder **kochlií**, es gibt insgesamt vier Arten von Weinbergschnecken, die in ganz Kreta gesammelt und auf den Märkten verkauft werden. Man isst sie, indem man die Zinke einer Gabel verbiegt und damit das Fleisch aus der Schale pult.

Skordaljá, kaltes Kartoffelpüree mit Knoblauch.

Stáka, bei der Käsezubereitung anfallender Rahm.

Taramosaláta, rötlich-orangefarbenes Püree aus Fischeiern mit Weißbrot oder Kartoffeln.

Tonnosaláta, Thunfischsalat.

Tsatsíki, das auch bei uns mittlerweile zur Genüge bekannte Joghurt mit Knoblauch und Gurken muss mit Liebe und Erfahrung zubereitet werden, damit es wirklich mundet – es gibt große Unterschiede.

Tyrokaftéri, angemachter Schafskäse mit Paprika, scharf, genannt „Chtipiti".

Hauptspeisen

▸ **Fleisch**: Rinderzuchten – fehlen völlig auf Kreta, auch Schweine werden kaum gehalten. Schafe und Ziegen gibt es allerdings mehr als genug. Zicklein- und Lammbraten, Lammfrikassee und Kaninchen werden häufig serviert. Auch herzhaft-deftiges Hammelfleisch sollte man einmal versuchen, allerdings darf es nicht zu fett sein. Besonders lecker sind meist die Gerichte aus dem Tontopf (Kasserolle).

Bekrí Mezé, scharf gewürzte Fleischstückchen (Gulasch), serviert mit Weinsauce. Ein traditionelles Gericht, das zunehmend auf den touristischen Speisekarten zu finden ist.

Giouvarláki, Fleischbällchen in Ei-Zitronensauce, ähneln unseren Königsberger Klopsen.

Güwétzi, Hammelfleisch mit kleinen Kritharaki-Nudeln aus Hartweizengrieß, die optisch Langkornreis ähneln. Meist im Tontopf serviert.

Keftédes (auch: **Biftékia**), „meat balls", sprich Frikadellen oder Fleischbällchen. Wie bei uns, nur manchmal etwas mehr gewürzt.

Kléftiko, die „Räubermahlzeit", Kartoffeln und Rind- oder Hammelfleisch im Tontopf oder in Alufolie serviert. Eine kretische Spezialität: Die Kleften (= Spitzbuben) waren die Partisanen der Befreiungskriege gegen die Türken, lebten versteckt in den Bergen und wurden nachts heimlich von ihren Familien versorgt. Damit die Speisen nicht so schnell kalt wurden, brachte man sie in sorgfältig verschlossenen und umwickelten Töpfen hinauf.

Kokorétsi, Innereien in Darm gewickelt und am Spieß gegrillt.

Lachanodolmádes, Reis oder Hackfleisch in Krautwickel, nur gelegentlich zu haben.

Makarónia kimá, Spaghetti mit Hackfleischsauce, Standardgericht.

Moussaká, auf großen Blechen zubereiteter Auflauf aus Auberginen, Hackfleisch, Kartoffeln oder Nudeln, überbacken mit Bechamelsauce.

Mos'chári, Kalbfleisch verschiedener Zubereitung, z. B. gebraten (tiganitó) oder mariniert (marináto).

Paidáki, Lammkotelett. Das Tier wird über dem Holzkohlengrill gedreht und die besten Stücke abgeschnitten. Je zarter und fettfreier, desto besser. In Vríses bei Chaniá gelten sie als besondere Spezialität.

Papoutsákia („Kleine Schuhe"), mit Hackfleisch gefüllte Auberginen in Béchamelsauce.

Pastítsio, Makkaroniauflauf mit Hackfleisch und Tomaten, mit Béchamelsauce überbacken.

Patsá, Suppe aus Kutteln und anderen Innereien, ganz typisches Gericht, das man nur in garantiert „touristenfreien" Tavernen erhält. Sie ist ursprünglich das Gericht der Marktarbeiter und wird mit Vorliebe frühmorgens gegessen.

Spetsofái, Wursteintopf mit Zwiebeln, Reis, Tomaten und Paprika, sehr lecker, leider nicht sehr häufig auf den Speisekarten zu finden.

Soutzoukákia, knusprig gebratene Hackfleischröllchen mit Tomaten-Paprika-Sauce.

Souvláki, das griechische Nationalgericht, jedem Griechenland-Reisenden zur Genüge bekannt. Die aromatischen Fleischspieße aus Schaf- oder Schweinefleisch sind mit Oregano gewürzt und über Holzkohlen gegrillt. Es gibt kleine und große Spieße. Sie sind meist preiswert und überall zu haben, mit etwas Zitrone verfeinert man den Geschmack.

Stifádo, besonders leckere Spezialität. Zartfasriges Rindfleisch (auch Ziege, Hase und Kaninchen) mit leckerem Zwiebelgemüse, Lorbeer und Zimt gewürzt und meist in der Kasserolle serviert.

• *Sonstige Fleischspeisen* **arnáki** (Lammfleisch), **arní** (Hammelfleisch), **brizóla** (Kotelett), **chirinó** (Schwein), **kimá** (Hackfleisch), **kotópoulo** (Hühnchen), **sikóti** (Leber), **wódi** (Rind).

▶ **Fisch und Meerestiere**: wesentlich teurer als Fleisch. Die Fanggründe um Kreta sind fast leer gefischt und die kretischen Hochseefischer sind oft wochenlang unterwegs, bis zur türkischen oder afrikanischen Küste. Mittlerweile muss viel Fisch als Tiefkühlkost eingeführt werden – aus Athen, von wo große Fischfangflotten ständig in die Ägäis unterwegs sind, aber auch aus Kanada, Argentinien und Senegal. Mit dem streng verbotenen Dynamitfischen fängt man auch um Kreta noch einiges, doch dadurch geht der Bestand an Jungfischen noch weiter zurück.

Wichtig: Fisch heißt *psári* und wird nach Gewicht verkauft. In der Speisekarte ist in der Regel der Kilopreis angegeben, der meist um die 35–50 € liegt (es gibt verschiedene Qualitätskategorien). 200 bis (maximal) 300 g genügen zum Sattwerden. Aufpassen, dass einem nicht zu viel aufgenötigt wird. Den Fisch sollte man sich vor der Zubereitung zeigen und gegebenenfalls wiegen lassen.

Barbúnia, Rotbarben oder „red mullet", verbreiteter und sehr geschätzter Speisefisch, den man in allen Fischtavernen erhält.

Chtapódi, der Oktopus muss nach dem Fang viele dutzend Mal mit Kraft auf einen Stein geschleudert werden, damit das Fleisch weich und genießbar wird. Danach wird er auf langen Leinen zum Trocknen aufgehängt und später gegrillt oder mit Zitrone serviert.

Kakaviá, Fischsuppe aus ausgesuchten Fischen, relativ teuer.

Kalamarákia, Tintenfisch, die Arme werden in Öl gesotten, paniert und in Scheibchen geschnitten.

Marídes, das einfachste und billigste Fischgericht. Die winzigen, fingerlangen Sprotten werden meist als mezédes (Vorspeise) gereicht.

Péstrofa, Forelle, die einzige Zucht dieses auf Kreta nicht heimischen Süßwasserfisches gibt es in Zarós am Südhang des Ída-Gebirges (→ S. 363).

Psarósoupa, Fischsuppe aus weniger „edlen" Teilen und Resten, mit Zwiebeln, Kartoffeln und Karotten zu einem Sud verarbeitet. Diese Fischsuppe ist weniger eine Delikatesse, sondern stellt vielmehr eine gute Möglichkeit dar, Fischreste zu verwerten, die man andernfalls hätte wegschmeißen müssen.

Xifías, Schwertfisch. Großer Fisch, der nur weit draußen zu fangen ist. Sehr lecker und fast grätenlos, die meterlangen Prachtexemplare werden säuberlich in dicke Filetscheiben gesäbelt und mit Zitrone serviert.

• *Sonstige Fische und Meerestiere* **astakós** (Hummer), **bakaláos** (Kabeljau), **fangriá** (Zahnbrasse), **galéos** (Hai), **gardía** (Languste), **garídes** (Garnelen), **glóssa** (Seezunge), **koliós** (Makrele), **mídhja** (Muscheln), **sargós** (Meerbrasse), **sfirída** (Hammerfisch), **synagrída** (Meerbrasse), **tónnos** (Thunfisch), **tsipoúra** (Seebrasse).

Gute Dolmadákia (gefüllte Weinblätter) zu machen, will gelernt sein – Lehrstunde im Hotel Galini Beach in Kíssamos (→ S. 621)

▸ **Vegetarische Gerichte, Gemüse und Salate**: Wegen des früheren Mangels an Fleisch gibt es viele Speisen auf Gemüsebasis, Aufläufe, Eintöpfe, Pürees usw. Auch dies hat – neben dem allgegenwärtigen Olivenöl – seinen Anteil daran, dass sich die Kreter europaweit besonders gesund ernähren.

Ánthous, mit Reis gefüllte Zucchiniblüten, sehr lecker.

Bouréki, Auflauf aus Kartoffeln, Zucchini oder Auberginen, Tomaten und Mizíthra-Käse, gewürzt mit Minze, überbacken mit Semmelbröseln und Olivenöl.

Briám, verschiedene Gemüse, vor allem Zucchini, Auberginen und Paprika, mit Kartoffeln und Tomaten im Backofen geschmort.

Imám Baildí, mit Tomaten, Zwiebeln, Knoblauch und Petersilie gefüllte Auberginen. Der Name stammt aus dem Türkischen und bedeutet „Der Imam fiel vor Begeisterung um".

Kolokithákia tiganitá, gebratene bzw. frittierte Zucchini, oder **jemistá kolokithákia me yiaoúrti** (mit Hackfleischfüllung und Joghurtsauce).

Kolokíthoukeftédes, Bratlinge aus geriebenem Kürbis.

Lathópsomo, mit gehackter Tomate, Fétakäse und Zwiebeln garniertes doppelt gebackenes Gerstenbrot, angereichert mit Olivenöl und Oregano. Traditionelles Vorgericht, das in Ouzerien und Tavernen zunehmend häufiger auf Speisekarten zu finden ist.

Pikilía, auf gut 10–15 Tellern wird gleichzeitig eine Fülle von kleinen Gerichten serviert, u. a. Hackfleischbällchen, Tsatzíki, Garnelen, gerollte Weinblätter, Schnecken, Oliven, Féta u. v. m. Ein echt kretisches Festessen.

Piperjés jemistés, mit Reis gefüllte Paprika.

Pítes, Blätterteigtaschen mit verschiedenen Füllungen, z. B. **Mizithrópita** (Frischkäse), **Tirópita** (Féta) oder **Spanakópita** (Spinat und Käse).

Revíthia, gebackene Kichererbsen, z. B. als Suppeneinlage (soúpa revíthia).

Revíthokeftédes, Bratlinge aus Kichererbsen, ähnlich dem kleinasiatischen Falafel.

Tomátes jemistés, mit Reis gefüllte Tomaten, eins der Standardgerichte der griechischen Küche, aber nicht so einfach zuzubereiten, wie es aussieht.

Trachánas oder **Kritharáki**, kleine griechische Nudeln, serviert z. B. mit Tomaten und Oliven oder in der Suppe.

• *Gemüse* (lachaniká): **Kolokithákia**, Zucchini ist neben Auberginen das wichtigste Gemüse. Es wird frittiert oder gebraten, besonders lecker sind die Blüten, z. B. gefüllt mit Kaninchenfleisch und Reis und überbacken mit Bechamelsauce.
Melitzánes, Auberginen, sehr verbreitet. Die Frucht wird in Öl an-gebraten, damit sie weich wird. Um den bitteren Geschmack zu entziehen, legt man sie in Salzwasser.
Okra, die fingerlange, grüne Frucht, der Bohne vergleichbar, benötigt eine aufwändige Zubereitung. Die schleimartige Flüssigkeit im Inneren soll beim Kochen nicht austreten, deshalb muss man beim Putzen und Säubern sehr vorsichtig sein.
Patátes, Kartoffeln oder Pommes frites, werden fast zu jedem Fleischgericht serviert.
Hórta, kretisches Wildgemüse, das überall wie Unkraut wächst. Ähnelt etwas dem Spinat und wird mit Olivenöl gekocht, mit Knoblauch gewürzt und mit Zitronensaft beträufelt.
Weitere Gemüse: **angináres** (Artischocken), **arakás** (Erbsen), **angoúri** (Gurke), **patzária** (rote Rüben), **fassólia** (Bohnen), **fáva** (kleine gelbe Bohnen), **gígandes** (große, weiße Bohnen), **karóta** (Karotten), **piláfi** (Reis), **piperjés** (Paprika), **spanáki** (Spinat), **tomáta** (Tomaten).

• *Salate* Beliebtester Salat ist natürlich der griechische Bauernsalat **choriátiki saláta**, von Touristen gerne fälschlicherweise „Griechischer Salat" genannt. Er besteht aus Tomaten, Gurken, grünen Salatblättern und Oliven, gekrönt von einer aromatisch-bröckligen Scheibe **féta** (Schafskäse). Der Choriátiki wird meist als Vorspeise genommen, man kann ihn aber auch als Beilage zum Hauptgericht essen. Mit etwas Brot kann er sogar allein als Mittagessen ausreichen. Es gibt ihn in vielen Qualitätsabstufungen, je nach der Mühe, die der Wirt darauf verwendet.
Andere Salate sind **angourotomáta** (Gurken-/Tomatensalat), **láchano saláta** (Krautsalat), **maroúli** (Römersalat) und **tomáta saláta** (Tomatensalat).

Verschiedenes

• *Brot* (psomí) Ohne Brot ist kein Essen komplett, es wird immer gereicht, selbst wenn ausreichend stärkehaltige Speisen wie Nudeln oder Kartoffeln vorhanden sind. In vielen Dörfern backen die Familien noch selber, die großen, weiß gekalkten Backöfen in den Höfen sind nicht zu übersehen. Es gibt das leckere dunkle Brot namens **mávro psomí** und das kohlehydratreiche weiße Brot **áspro** oder **lefkó psomí**.
Dákos bzw. **Ladópsomo**, siehe unter „Vegetarisches".
Paximádi, doppelt gebackenes, manchmal steinhartes Brot aus Gerste (kríthino) oder verschiedenen Getreidesorten. Es kann monatelang aufbewahrt werden. Vor dem Verzehr muss man es kurz unter fließendes Wasser halten, dann wird es wieder schön weich. Wird auch abgepackt verkauft.
Hochzeitsbrot, reich verziert ist es in vielen Bäckereien ausgestellt. Doch Vorsicht, der Klarlack, der den verschlungenen Kompositionen ihren Glanz verleiht, ist nicht genießbar!

• *Kräuter und Gewürze* Der kretische Reichtum an Kräutern ist sprichwörtlich. Oregano, Basilikum, Rosmarin, Thymian, Majoran, Salbei und Lorbeer geben vielen Gerichten den typischen Geschmack – und zwar oft ohne Salz – und sind noch dazu reich an sekundären Pflanzenwirkstoffen. Diese schützen vor den so genannten „Freien Radikalen", die verantwortlich für Krebs- und Herzerkrankungen sind. Ergänzend gibt es orientalische Gewürze wie Zimt, Muskat, Safran und Kreuzkümmel, die von den Türken nach Kreta gebracht wurden.
Basilikum, das wichtigste aller mediterranen Gewürzkräuter sieht man als Zierpflanze in vielen Gärten und Töpfen wachsen.
Kapern (Kappári), mit den pikant schmeckenden Knospen des Kapernstrauchs werden u. a. Salate und Fávapüree angereichert.
Knoblauch, beugt Gefäßleiden vor, regt die Verdauung an, bekämpft Bakterien und stärkt die Abwehrkräfte.
Majoran, verwandt mit Oregano, sehr kälteempfindlich, verwendet z. B. zum Würzen von „Keftédes" und Fisch.
Minze, oft benutzt zum Würzen von Hackfleisch, verleiht eine besondere Schärfe.
Pinienkerne, werden oft zur Verfeinerung von Gerichten benutzt, z. B. Reis.
Portulak, ähnelt der Brunnenkresse und ist reich an Alpha-Linolensäure, die vor Herzerkrankungen schützt. Wird gerne in fein angemachten Salaten und für Joghurts verwendet.
Oregano, das Lieblingsgewürz der Kreter ist in fast allen Grillgerichten enthalten.
Rosmarin, wird auf Kreta gerne zum Würzen von in Öl gebratenen Schnecken verwendet.
Safran, dieses hauptsächlich im Orient gebräuchliche Gewürz wird auch im Norden Kretas angebaut.

Salbei, nutzt man z. B. zum Befeuern der traditionellen Holzöfen und zum Räuchern von Würsten.

Thymian, tötet Bakterien ab und wird zum Würzen von Fleischgerichten verwendet. Die Kreter rieben früher ihr Zahnfleisch gerne mit Thymian ein.

Zimt, nicht nur in Süßspeisen, sondern auch in der Tomatensauce zu finden.

Zitrone, die Zitrone ersetzt in der griechischen Küche nicht selten den Essig.

• *Joghurt* Der griechische **yaoúrti** wird aus Kuh- oder Schafsmilch hergestellt und ist die Grundlage für das bekannte Tsatzíki (→ Vorspeisen). Schafsjoghurt mit Honig (Méli) ist eine Inselspezialität.

• *Käse* (tirí) stammt natürlich in erster Linie vom Schaf.

Anthótyro, weicher Ziegenkäse mit mildem, leicht säuerlichen Geschmack.

Féta, gesalzener Weichkäse aus Schafs- oder Ziegenmilch, gelagert in einer Mischung aus Salzlake und Molke. Wird für nahezu alle Gerichte verwendet, z. B. Aufläufe, Salat, Gebäck oder auch als Beilage.

Graviéra, fester, gelber Käse aus Schafsmilch, der mittlerweile auch international vertrieben wird. Junger Graviéra schmeckt mild, der gereifte fast wie Parmesan.

Mizíthra, quarkähnlicher, ungesalzener Frischkäse mit herzhaftem Aroma, wird vor allem in der kühlen Jahreszeit hergestellt.

Kefalotíri, harter, kegelförmiger, stark gesalzener „Kopfkäse", der vor allem von den Hirten der Hochebene von Katharó/Ostkreta hergestellt wird. Er wird über Pasta und Pastítsio gestreut und ist dem Parmesan vergleichbar.

Kopanistí, sehr lange gereifter Weichkäse mit starkem, fast scharfem Aroma.

Saganáki, überbackener Käse, der in Tavernen als Vorspeise serviert wird.

• *Nachspeisen/Süßes* (gliká) reiche Auswahl an traditionellen Backwaren, meist Blätterteig, sehr süß, oft türkischen Ursprungs. Gibt's im Zacharoplastíon, in der Konditorei also, und in städtischen Cafés. Eine besondere Spezialität Kretas ist außerdem der Honig, z. B. Thymian- oder Wildblütenhonig. Man kann ihn überall erwerben.

Baklavá, süßer, honigtriefender Nusskuchen, stammt ursprünglich aus der Türkei.

Bougátsa, gesüßter und mit Zimt bestreuter Mizíthra-Quark, gedeckt mit Blätterteig. Eine typische Spezialität, die vor allem morgens gegessen wird.

Schwertfisch wird oft gleich nach dem Fang angeboten

Halvá, knusprig-süßes Gebäck aus Honig und Sesamsamen.

Kataífi, sehr süße Roulade, deren Umhüllung aus dünnen Teigfäden wie Garn aussieht.

Kalitsoúnia, die berühmten kretischen Blätterteigtaschen, manchmal süß, manchmal herzhaft gefüllt, z. B. mit Mizíthrakäse oder Spinat, je nach Region und Ort verschieden.

Loukoumádes, in heißem Öl gebrühte Teigkugeln, mit Honig übergossen.

Risógalo, mit Zimt gewürzter Milchreis.

• *Obst* (frúta) Der größte Teil der kretischen Ernte wird aufs griechische Festland verschifft und geht in den EU-Export. Vor allem die kretischen Sultaninen sind begehrt (→ Wirtschaft).

Bananen (banánes), die süßen, handspannenlangen kretischen Bananen sind eine besondere Inselspezialität. Sie wachsen vor allem um Mália und Ierápetra und reifen meist im frühen Winter. Zum großen Teil werden sie aufs Festland exportiert und tauchen z. B. in nordgriechischen Fabriken als Babynahrung wieder auf. Inzwischen werden sie aber auch überall auf Kreta selber angeboten.

Orangen (portokália), um Chaniá breitet sich ein riesiges Anbaugebiet aus, ein weiteres um den kleinen Ort Fódele westlich von Iráklion. Auch diese Zitrusfrüchte reifen im frühen Winter, im Gegensatz zu Bananen bekommt man sie preiswert und problemlos auf der ganzen Insel. Die kretischen Orangen sind ganz besonders saftig und aromatisch, auch wenn die Schale verschrumpelt ist.

Kirschen (kerásia), im fruchtbaren Amári-Becken zwischen Kédros- und Ída-Gebirge wachsen Kirschen, die in ganz Griechenland als Delikatesse beliebt sind. Das Anbaugebiet liegt um den Ort Gerakári.

Trauben (stafília), im großen Weingebiet hinter Iráklion wächst die edle Rosakiá-Traube, aus der ein guter Wein gemacht wird. Vor allem aber sieht man Ende August/Anfang September überall riesige Trockengestelle, wo die Trauben zu den begehrten Sultaninen getrocknet werden. Ihr Export ist ein Standbein der Inselwirtschaft.

Andere Obstsorten sind **kolokítha** (Kürbis), **karpúsi** (Wassermelone), **pepóni** (Zuckermelone), **amígdala** (Mandeln), **mílo** (Apfel) und **síko** (Feige).

Getränke

Neró (Wasser) ist traditionell das wichtigste Getränk. Wo es häufig knapp ist, weiß man es eben am ehesten zu schätzen. In vortouristischen Zeiten bekam man es zum Essen und Kaffee überall ungefragt und kostenlos gereicht – und auch heute klappt das noch oft mit den Worten: „Mía garáfa neró, parakaló". Kretisches Wasser kann bedenkenlos getrunken werden.

• *Kaffee* (kafé) Wenn man den typischen griechischen Kaffee, ein starkes, schwarzes Mokkagebräu in winzigen Tassen, bekommen will, muss man ausdrücklich **kafé ellinikó** oder **„Greek coffee"** verlangen. Die Kreter haben sich an die Ausländer schon so weit gewöhnt, dass sie ihnen im Zweifelsfall immer Nescafé mitteleuropäischer Art servieren, wenn „Kaffee" gewünscht wird. Bitte keinesfalls „türkischen Kaffee" bestellen!!

Kafé ellinikó: **éna elafrí kafé** = leicht; **métrio** = mittelstark, mit Zucker; **varí glikó** = sehr süß; **skéto** = ohne Zucker; **varí glikó me polí kafé** = sehr süß und sehr stark.

Nescafé: **sestó** = heiß; **frappé** = kalt; **skéto** = schwarz; **me sáchari** = mit Zucker; **me galá** = mit Milch.

• *Limonade* Wenn man **limonáda** bestellt, bekommt man Zitronenlimonade, Orangenlimonade heißt dagegen **portokaláda**.

Dank ihres Wasserreichtums besitzen viele kretische Orte eine Limonadenfabrik. In der Umgebung von Sitía wird beispielsweise Limonade aus **Piskokéfalo** getrunken (3 km außerhalb), in Zákros und Umgebung Limonade aus **Zákros**, bei **Léntas** gibt es ebenfalls eine eigene Produktion, ebenso in **Teménia** usw. Meist sind es winzig kleine Fläschchen, preiswert und sehr süß.

• *Bier* (bíra oder zýthos): Davon gibt es auf Kreta jede Menge, denn die Einheimischen trinken inzwischen viel und gerne das eigentlich fremde Hopfengetränk. Meist wird es eiskalt serviert – wunderbar erfrischend an heißen Tagen. Eine nordgriechische Großbrauerei produziert und vertreibt landesweit das Bier **Mýthos** (gesprochen: míssos), ein weiteres griechisches Bier heißt **Alpha**. Ansonsten erhält man überall **Amstel** und **Heineken**, die in Lizenz im Land gebraut werden. Eine Tochterfirma der deutschen **Henninger Bräu** braut sogar auf Kreta und stellt u. a. ein alkoholfreies Bier namens **Tourtel** her. Viele Bars bieten eine ganze Reihe von Sorten und manchmal fühlt man sich fast nach Mitteleuropa versetzt: **Warsteiner**, **Erdinger Weißbier**, **Beck's**, **Löwenbräu**, **Paulaner** ... , oft auch vom Fass. Beliebt ist auch das leichte **Corona**-Bier aus Mexiko. Man trinkt es mit einer Zitronenscheibe zum Abrunden des Geschmacks.

In Griechenland wurde Bier während der ersten Hälfte des 19. Jh. eingeführt. Damals war Otto I., Sohn des bayerischen Königs, König von Griechenland. Und er brachte natürlich sein Bier mit und die Braumeister gleich dazu. Nach dem Braumeister Fuchs hieß die erste griechische Biermarke Fix Hellas.

• *Wein* (krassí) In Restaurants gibt es neben Flaschenweinen so gut wie überall auch offene Weine. Man sollte ihnen den Vorzug geben, denn sie sind preiswerter, weil meist vom lokalen Weinberg, oft besser und einfach echter. Verlangen Sie **krassí chimá** bzw. **krassí apó to varéli** = Wein vom Fass. Und fragen Sie den Wirt, wo sein offener Wein herkommt, denn leider sind auch 5-Ltr.-Pappkanister vom Festland im Umlauf, deren Inhalt recht nichtssagend schmeckt.

Im Herbst wird überall Rakí destilliert

Einige der besten Weine Kretas werden in der Region um **Pezá** südlich von Iráklion produziert, wo sich das größte Weinbaugebiet der Insel erstreckt. Aus den traditionellen Traubensorten Kotsifali und Mandilaria werden rote Qualitätsweine gemacht, aus den Vilanatrauben Weißwein und unter der Appellationsbezeichnung „Archanes" und „Peza" vertrieben. Anerkannt gute, trockene und kräftige Rotweine aus der Traubensorte Liatiko stammen außerdem aus **Sitía** im Osten der Insel, wo besonders die kleine Kellerei von **Iannis Economou** einen hervorragenden Ruf genießt.

Der bekannte geharzte **Retsína** ist eigentlich eine Importware vom Festland, denn kretischer Wein wird des früheren venezianischen Einflusses wegen traditionell nicht geharzt. Seinen Harzgeschmack hat der Retsína ursprünglich von den hölzernen Weinfässern, die mit dem Harz der Aleppokiefer abgedichtet waren. Den heutigen Metallfässern werden immer noch Harz oder künstliche Aromastoffe beigegeben, um den typischen Geschmack zu erhalten. Und auch auf Kreta wird inzwischen Retsína hergestellt – ein Zugeständnis an die Touristen.

krassí = Wein, **mávro krassí** oder **kókkino** = Rotwein, **áspro krassí** = Weißwein.

• Spirituosen Eine echte kretische Spezialität ist der **Rakí**, der eigentlich **Tsikoudiá** heißt (das Wort „Rakí" haben die Türken eingeführt, obwohl ihr eigener Ráki ein Anisschnaps ist). Der aus den Rückständen von Weinbeeren destillierte klare Schnaps mit 35–40 % Alkohol wird im Herbst überall auf Kreta in kleinen Destillerien privat gebrannt. Je nach Zutaten, Zubereitung und Güte der Trauben schmeckt er in jedem Ort anders. Wenn man Glück hat, wird man im Herbst bei einem Bummel durch ein Dorf irgendwo hineingewinkt und bekommt ihn frisch vom Kessel und noch ganz warm! In vielen Tavernen bekommt man ihn auch gratis als kleines Dankeschön, dass man dort gegessen hat. Übrigens wird Rakí nicht nur „innerlich" angewandt. Tavernenwirte und Ärzte empfehlen, bei katarrhalischen Verspannungen Hals und Brust damit einzureiben.

Aus den kleinen, violetten Früchten des Maulbeerbaums wird ebenfalls Rakí gebrannt, der so genannte **Mournorakí**.

Und natürlich erhält man wie in ganz Griechenland auch auf Kreta **Oúzo**, den bekannten Anisschnaps. Er verfärbt sich beim Verdünnen mit Wasser milchig, kann aber auch unverdünnt getrunken werden. In abgelegenen Dörfern ist er allerdings eher selten zu haben, da er als unrein gilt (Rakí mit Anis versetzt).

Fotografieren/Filmen

In *Museen und archäologischen Stätten* darf in der Regel fotografiert werden, jedoch sind Blitzlicht und Stativ entweder verboten oder gebührenpflichtig. Wer dort per Schmalfilm oder Videokamera filmen will, muss ebenfalls eine Gebühr bezahlen (Aushänge an den Kassen beachten). Wenn Sie mit Stativ und für kommerzielle Zwecke fotografieren wollen, müssen Sie eine Genehmigung vom *Amt für Altertümer und Restauration* (Athen, Aristidou Straße 14) einholen, was mehrere Monate dauern kann. Wenn man für wissenschaftliche Zwecke fotografieren möchte, ist die Erlaubnis kostenlos. *Film- und Fotomaterial* ist in Griechenland teurer als in Deutschland (hohe Einfuhrzölle), in Souvenirläden wird es zudem oft nicht sachgerecht gelagert. Also bereits zu Hause ausreichend einkaufen. Achten Sie darauf, dass die Filme gut gegen die Hitze geschützt sind. Dia- und Schwarz-Weiß-Filme sind meist nur in größeren Städten oder Touristenzentren zu bekommen. Noch ein Tipp für Digitalfotografen: Lieber mehrere „kleine" Speicherkarten als eine „große" verwenden – wenn dann bei einer die Datenübertragung auf den Computer Probleme macht, ist das nicht ganz so tragisch.

Geld

Die Zeiten, als Griechenland ein „Billigreiseland" war, sind vorbei. Vor allem seit der Einführung des Euro hat man sich in vielen Bereichen ans mitteleuropäische Kostenniveau angepasst. In den großen Touristenorten zahlt man im Sommer oft sogar deutlich mehr, als von zu Hause gewohnt, z. B. in Supermärkten, beliebten Cafés etc. Doch in der Nebensaison lebt man immer noch günstiger als bei uns: Dann bekommt man nach wie vor ein Doppelzimmer für 20–25 € und ein Abendessen für 10–15 € pro Kopf.

An Bargeld kommt man natürlich am bequemsten und sichersten mit der *Bankkarte und Geheimnummer* über Geldautomaten. Dieses Verfahren hat drei große Vorteile: 1) vor Ort fällt keine Kommission an, 2) die abhebbaren Beträge sind relativ hoch (bis 500 €), 3) in der Regel geringe Wartezeiten. Leider gibt es auf Kreta dabei ein Handikap, denn in einigen Badeorten, vor allem an der Südküste, sind noch keine Geldautomaten installiert. So muss man sich ohne genügend Bargeld unter Umständen in den nächst größeren Ort aufmachen, um wieder flüssig zu werden. Wir haben im Reiseteil dieses Führers ausdrücklich daraufhin hingewiesen, wenn vor Ort noch keine „Cash-Machine" existiert. Weiterhin muss man immer auf die Aufkleber des betreffenden Automaten achten, denn nicht alle nehmen ec-Karten an. Als Sprache kann man meist „English" oder „Deutsch" einstellen, für Abhebungen muss man „Checking" oder „Scheck" drücken. Zu Hause fällt ein bis zwei Wochen später in der Regel pro Abhebung eine Gebühr von ca. 4,50 € an. Leider gibt es schwarze Schafe, die ein Mehrfaches verlangen, da die entsprechende Gebührenordnung nicht mehr verbindlich sein soll. Überlegenswert: Seit 1999 gibt es die *Postbank SparCard 3000 plus* (in der Schweiz: *PostCard*), mit der man von allen Automaten mit Visa Plus-Zeichen Geld abheben kann, die ersten vier Abhebungen im Jahr sind dabei gratis.

Reiseschecks können in Banken und Postämtern gegen Vorlage eines Ausweises überall problemlos eingelöst werden. Mit den gängigen *Kreditkarten* kann man auch in Griechenland in größeren Hotels, Geschäften, Autovermietungen etc. bargeldlos bezahlen, gegen recht hohe Gebühren in Banken und autorisierten Shops auch Bargeld erhalten. Weiterhin gibt es *Wechselautomaten*, die gegen ausländische Scheine Euros ausspucken, auch dabei fallen relativ hohe Gebühren an.

Im Notfall

- Bei **Verlust** der Geldkarte, Kreditkarte etc. diese sofort telefonisch sperren lassen (entsprechende Tel.-Nummer mitnehmen). Gebührenfreie Vermittlung zum Sperrdienst für Bankkarten von Sparkassen, Volks- und Raiffeisenbanken unter 0049-116116 (die bisherige Nummer 0049-180-5021021 ist ebenfalls noch in Betrieb). Auch verloren gegangene Handys können so gesperrt werden (Sie benötigen dafür die Handyrufnummer, SIM-Kartennummer, eine Kundennummer oder ein Kennwort).
- **Kreditkarteninhaber** können bei Verlust ihrer Karte über Banken, die ihre Karte akzeptieren, ein Notfallgeld erhalten.
- Im Fall eines **Totalverlustes** an Geld kann man sich über „Western Union Money Transfer" von einer Kontaktperson zu Hause innerhalb weniger Stunden Geld überweisen lassen. Einzahlung u. a. bei allen Filialen der Postbank. Die Gebühr für eine Überweisung von 250 € beträgt ca. 25 €, für alle weiteren Beträge von 250 € ca. 7,50 €. Dieses Verfahren funktioniert auch ohne einen eventuell abhanden gekommenen Ausweis. Auszahlung bei Postfilialen, ausgewählten Banken, Reisebüros und Shops in Kreta.

Haustiere

Wer seinen Waldi liebt, will ihn vielleicht auch mit nach Kreta nehmen. Bedenken Sie jedoch, dass der Transport im Flieger für Tiere eine furchtbare Qual ist und dass Sie es auf Kreta u. U. mit unbekannten Parasiten zu tun kriegen. Sie erweisen Ihrem Tier einen großen Gefallen, wenn Sie versuchen, zu Hause eine Unterbringungsmöglichkeit zu finden! Zum Schutz vor Tollwut bestehen für die Mitnahme von Tieren seit Oktober 2004 verschärfte Bestimmungen: 1) das Tier muss nachweislich gegen *Tollwut* geimpft sein (frühestens zwölf Monate, spätestens dreißig Tage vor Reiseantritt) und es muss bei der Impfung mindestens drei Monate alt sein; 2) das Tier muss durch Mikrochip gekennzeichnet sein; 3) ein EU-Heimtierpass muss mitgeführt werden, in dem Impfung und Kennzeichnung eingetragen sind. Kontaktieren Sie Ihren Tierarzt rechtzeitig, an Kosten fallen etwa 100 € an. Maulkorb und Leine sind mitzuführen.

- *Mit Hund auf Kreta* Linienbusse befördern Hunde nur im **Gepäckraum**; bei Begegnungen mit Schaf- und Ziegenherden sind Hunde **anzuleinen**; nicht alle **Hotels** akzeptieren den Aufenthalt von großen Hunden; nicht bei allen organisierten **Tagesausflügen** dürfen Hunde im Reisebus mitfahren, das gleiche gilt für **Kreuzfahrten** und den Besuch bestimmter **Ausgrabungsstätten** und **Museen**; **Futter** bekommt man in allen größeren Supermärkten.

Viele herrenlose Hunde auf Kreta warten darauf, von einem lieben Herrchen nach Deutschland mitgenommen zu werden und auch als **Flugpate** können Sie große Hilfe leisten, Informationen unter www.archenoah-kreta.com oder www.tierfreunde-kreta.de (→ auch S. 37).

Informationen

Die Griechische Zentrale für Fremdenverkehr (GZF), in Griechenland unter dem Zeichen EOT (Ellenikós Organismós Tourísmou) zu finden, hat in der Bundesrepublik Deutschland vier, in Österreich und der Schweiz jeweils ein Büro eingerichtet. Eine deutschsprachige Website wird derzeit erstellt: www.gzf-eot.de (englisch: www.eot.gr).

Man erhält dort farbige Faltblätter mit verschiedenen Informationen und einer groben Übersichtskarte zu allen touristisch interessanten Gebieten. Außerdem gibt es Kartenmaterial zu Griechenland und Kreta und eine Zusammenstellung sämtlicher Reiseveranstalter. Da viele Veranstalter ihre Prospekte über die GZF verteilen lassen, ist auch einiges an speziellem Material zu haben (z. B. Ferienhäuser, Wanderferien, Segeln u. a.). Die Prospekte werden auf Anfrage zugeschickt.

Auf Kreta gibt es Informationsbüros in den vier Hauptstädten der Verwaltungsbezirke: *Iráklion, Réthimnon, Chaniá* und *Ágios Nikólaos.* Viel Unterstützung darf man dort allerdings nicht erwarten. Außerdem gibt es noch die *Touristenpolizei* (Touristikí Astinomía), die offiziell für alle touristischen Belange zuständig ist, sich aber selten engagiert einsetzt. Falls kein Büro der Touristenpolizei am Ort ist, übernimmt die Polizei ihre Funktion. Ansonsten kann man sich mit Fragen an die überall zahlreich vorhandenen *Reiseagenturen* wenden.

- *Deutschland* Neue Mainzer Str. 22, **D-60311 Frankfurt**, ✆ 069/2578270, 25782729, E-Mail: info@gzf-eot.de
Wittenbergplatz 3a, **D-10789 Berlin**, ✆ 030/2176262-63, ℻ 2177965, E-Mail: info-berlin@gzf-eot.de,
Neuer Wall 18, **20354 Hamburg**, ✆ 040/454498, ℻ 454404,
E-Mail: info-hamburg@gzf-eot.de
Pacellistr. 2, **D-80333 München**, ✆ 089/222035-6, ℻ 297058,
E-Mail: info-muenchen@gzf-eot.de
- *Österreich* Opernring 8, **A-1010 Wien**, ✆ 01/5125317, ℻ 5139189,
E-Mail: grect@vienna.at
- *Schweiz* Löwenstr. 25, **CH-8001 Zürich**, ✆ 01/2210105, ℻ 2120516,
E-Mail: eot@bluewin.ch
- *Athen* Schriftliche Anfragen an **EOT**, Tsoha Str. 7, GR-11521 Athen, ✆ 210-8707000, www.gnto.gr/3/01/ec10000.html, E-Mail: info@gnto.gr
Mündliche Infos und reichhaltiges Material zum Mitnehmen gibt es seit 2004 im neuen **Auskunftsbüro** des EOT, Leoforos Amalias 26 (Nähe Sýntagma-Platz). Mo–Fr 9–15.30 Uhr (im Sommer bis 18 Uhr), Sa/So soll im Sommer von 9 Uhr bis spät abends geöffnet sein. ✆ 210-3310716, 3310392, ℻ 3310640 (→ Kapitel Stop-over Athen).
- *Kreta* siehe unter Iráklion, Chaniá, Réthimnon und Ágios Nikólaos.

Internet

Die Websites, die sich mit Kreta und kretischen Themen beschäftigen, gehen in die Hunderte. Auch viele Touristenorte haben mittlerweile eigene Seiten, in Loutró ist sogar eine Webcam stationiert. Im Folgenden eine Auswahl, mit der man sicher ein Stück weiterkommt. Auf vielen Seiten findet man Links zu den „Top 100 Cretan Travel Sites“ (in allen Sprachen) sowie zu den „Top 100 der deutschen Kreta-Sites“. Kommentierte Webadressen zu Griechenland und Kreta finden Sie auch unter „www.michael-mueller-verlag.de“, Stichwort „Reiselinks“.

- *Griechenland allgemein* **teletour.de/griechenland**, Website der Griechischen Zentrale für Fremdenverkehr, allgemeine Informationen zum Land und zu ausgewählten Zielen.
de-di.de/katalog/griechenland.htm, umfassender Überblick über die Websites, die Griechenland und Kreta betreffen, jeweils mit Links.

griechische-botschaft.de, aktuelle Nachrichten und News aus Griechenland.

griechenland.net, Website der „Griechenland Zeitung", die einzige deutschsprachige Zeitung Griechenlands.

griechenlandinformation.de, Seite eines Hamburger Pressebüros, teils recht ausführliche Infos zu Politik, Wirtschaft und Tourismus.

• *Reiseinformationen* **in-greece.de**, engagiert geführte Seite mit umfangreichem Content, u. a. zahlreiche Artikel von Usern zu einzelnen Inseln, Chat, Forum und viele Links.

kreta-klaus.de, eine der informativsten deutschsprachigen Kretaseiten, gleichzeitig nett und persönlich gehalten. Klaus Eckhardt ist ein langjähriger Kenner Kretas, unter **online-guide-kreta.de** gibt er viele Tipps zur Insel, ebenso unter **kreta-journal.de**.

kreta-forum.de, gut genutztes Forum zu zahlreichen Themen rund um Kreta, moderiert von Kretakennern. Hier gibt's garantiert auf jede Frage eine Antwort.

explorecrete.com, umfangreiche englischsprachige Site mit vielen nützlichen Hinweisen zu zahlreichen Themen rund um Kreta.

interkriti.gr, englischsprachige Website mit zahlreichen Inhalten, hauptsächlich praktischer Art: Unterkünfte, Tavernen, Sport, Shopping, aber auch Ortsbeschreibungen, Museen etc., dazu viele nützliche Links.

crete.tournet.gr, von der EU gesponsert, viele Hinweise auf Sehenswürdigkeiten (mit Fotos) auf der ganzen Insel, darunter auch unbekanntere; außerdem Veranstaltungen, Mythologie, Geschichte, Kultur, Bauwerke, Unterkunftshinweise etc.

infocrete.com, die „Top 100 Cretan Travel Sites" können hier angeklickt werden.

west-crete.com, umfassende Site zum Westen Kretas, herausgegeben von Jean Bienvenu, der auch geführte Wandertouren veranstaltet. Zahlreiche Links zu weiteren Kretaseiten.

kreta-impressionen.de, deutschsprachige Seite mit netten Fotos und Ortsbeschreibungen, dazu viele Links.

kreta-inside.com, touristische Infos zum Süden Zentralkretas (Léntas, Pitsídia, Mátala, Kamilári etc.), u. a. mit zahlreichen Tipps zu Unterkünften und Tavernen.

kreta-netz.de, allgemeine Informationen, Geschichte, Routenbeschreibungen, Musik, Infos von A bis Z, Reise- und Presseberichte über Kreta etc.

kreta-links.de, Kretaportal mit zahlreichen Links, z. B. zu den „Top 100 der deutschen Kreta-Sites".

• *Verkehr* **bus-service-crete-ktel.com**, Website der kretischen Busgesellschaft, aktuelle Fahrpläne, Preise u. Streckeninformationen.

gtp.gr, aktuelle Übersicht über zahlreiche Fährverbindungen in der Ägäis, herausgegeben von den „Greek Travel Pages", die auch gedruckte Guides veröffentlichen.

ferries.gr, weitere umfangreiche Datenbank zu Fährverbindungen in und nach Griechenland, mit Online-Buchung.

aferry.de, Online-Buchung zahlreicher griechischer Fährlinien.

• *Flüge/Unterkünfte* **kreta.de**, Online-Buchungen von Ferienflügen und Pauschalaufenthalten, auch Last Minute.

Weitere Adressen siehe unter Anreise, S. 96 und Übernachten, S. 161.

Kartenmaterial

Die hundertprozentig exakte Kreta-Karte gibt es noch nicht. Doch inzwischen nähert sich mancher Kartograf schon stark der tatsächlichen Realität auf Kretas Straßen.

Häufigste Fehlerquelle: Pisten sind noch als Schotterwege eingetragen, obwohl bereits seit einigen Jahren asphaltierte Straßen existieren. Unangenehmer ist der umgekehrte Fall: Was auf der Karte als Asphaltstraße markiert ist, entpuppt sich als holprige Staubpiste. Für Ihre Kaufentscheidung hier drei Tests zur Aktualität: 1) Ist die neue Auffahrt von Mália nach Krási am Weg zur Lassíthi-Hochebene vermerkt? 2) Ist die Fortführung der New Road an der Nordküste bis Kíssamos im Westen und bis Stális im Osten bereits enthalten? 3) Ist die Straße von Ímbros nach Así Goniá asphaltiert?

Die meisten Karten beinhalten Pläne der vier Kreishauptstädte *Iráklion*, *Réthimnon*, *Chaniá* und *Ágios Nikólaos*, die Karte von Freytag & Berndt außerdem zahlreiche Ausgrabungspläne, u. a. Knossós, Festós, Káto Zákros, Agía Triáda, Mália und Górtis.

Kríti/Crete, Road Editions (1:250.000) sowie **Eastern Crete** und **Western Crete** (jeweils 1:100.000). Die Karten des Athener Verlags bieten einen exakten und aktuellen Überblick über den Stand der Asphaltierung auf Kretas Straßen. Vor allem die zwei Teilkarten enthalten auch viele Pisten. Laut Verlautbarung des Verlags wurden die Verkehrswege fast alle von eigenen Rechercheuren abgefahren, zusätzlich hilfreich war die Unterstützung des Geografischen Services der griechischen Armee. Die Ortsnamen sind in lateinischen und griechischen Buchstaben gehalten, letztere sind mit Betonungszeichen versehen, die meist stimmen. Die Karten sind über Geo Center Stuttgart im deutschen Buchhandel erhältlich, ansonsten überall auf Kreta.

Kriti/Crete, Leadercom (1:125.000). Ein neuer griechischer Verlag macht Road Editions mittlerweile Konkurrenz. Auch diese Kretakarte ist äußerst genau und geht dank des besseren Maßstabes teilweise noch mehr ins Detail. Für die Ortsnamen gilt dasselbe wie für die Karte von Road Editions. Nicht so gut gelungen scheint die etwas blasse Farbgebung, wodurch die Höhenlinien etwas schwer zu erkennen sind. Nur auf Kreta erhältlich.

Kreta, Freytag & Berndt (1:200.000). Etwas gewöhnungsbedürftiges Kartenbild, nicht topaktuell, doch im Großen und Ganzen okay. Auf der Rückseite sind ausgewählte Wandergebiete dargestellt.

• *Weitere Karten* **Mediterraneo Editions**, praktische, aktuelle und zuverlässige Stadt- und Detailpläne, z. B. Chaniá, Réthimnon und Samariá-Schlucht. Erhältlich nur auf Kreta.

Hinweis: Auf Kreta werden diverse, meist preiswerte **Straßenkarten** verkauft, die im Großen und Ganzen brauchbar sind, im Detail jedoch erhebliche Mängel aufweisen.

▸ **Wanderkarten**: Exakte Wanderkarten mit detailliert eingezeichneten Pfaden und Maultierwegen stehen zu Kreta bisher aus – und so wird es wohl auch weiterhin bleiben, denn die wirklich wichtigen Hinweise wie Weggabelungen, Markierungen, Quellen, eigenartig geformte Felsformationen, Bildstöcke, Hirtenhütten usw. kann keine großformatige Karte aufs Papier bringen. Die im Folgenden beschriebenen Karten können vor Ort durchaus eine gewisse Übersicht bieten, beim exakten Auffinden eines Wegs sind sie jedoch kaum zu verwenden. Der vor einigen Jahren auf Kreta markierte Europa-Fernwanderweg E 4 ist in allen vorgestellten Karten enthalten.

Kreta/Der Westen und **Kreta/Der Osten**, zwei Blätter vom Harms IC-Verlag (je 1:100.000), werden nicht mehr aufgelegt, sind aber in Restbeständen (in Lizenz vom Efstathiadis-Verlag veröffentlicht) noch auf Kreta erhältlich. Die beiden Karten sind schön und sorgfältig aufgemacht und enthalten ein umfangreiches Orts-, Straßen- und Wegenetz, das relativ genau ist. Zahlreiche Sehenswürdigkeiten sind vermerkt. Bezüglich Wanderungen sind die Karten gut geeignet für die allgemeine Orientierung und Planung (ungefähre Distanzen, Höhenkurven, ungefährer Standort von sehenswerten Ruinen usw.). Konkret als Wanderkarten vor Ort kann man sie kaum verwenden, da die Wegführung oft nur ungefähr der Realität entspricht und eine Menge vorhandener Wege (oder Verbindungen zwischen Wegen) nicht eingezeichnet sind.

Crete, Trekking & Road Map, Giorgis N. Petrakis Verlag (je 1:100.000). Kartenwerk in vier getrennt erhältlichen Blättern (für jeden der vier kretischen Verwaltungsbezirke ein Blatt). Opulent und detailliert aufgemacht, mit rot markiertem E 4 und zahlreichen, in ihrer Vielfalt etwas verwirrenden Wegen. Nur auf Kreta erhältlich.

Kreta Wanderkarte, Freytag & Berndt (1:50.000). Fünf der beliebtesten Wandergebiete Kretas sind auf einer Karte zusammengefasst, u. a. Ida-Gebirge, Asteroúsia-Berge, Lassíthi-Hochebene, Samariá-Nationalpark und Thriptí-Gebirge. Auf jedem Ausschnitt sind zahlreiche Wanderwege eingezeichnet, die im Beilagenheft gut beschrieben werden. Nachteil: Wenn man außerhalb der Kartenausschnitte wandern will, wird man allein gelassen.

Junge Urlauber am Préveli Beach

Kinder

Kreta kann in vieler Hinsicht ein kleines Urlaubsparadies für Kinder sein. Die Kreter sind ausgesprochen kinderfreundlich und schnell kann der Junior zum Liebling der Kellner- und Küchenbrigade in der Stammtaverne werden. Die meisten Strände an der Nordküste fallen flach ins Wasser ab und in den großen Badehotels, die pauschal über Reisebüros gebucht werden können, gibt es oft spezielle Kinderbetreuung und auch kindgerechte Einrichtungen wie Spielplätze und Planschbecken, z. B. in den Hotels der Grecotel-Kette bei Réthimnon (→ dort). In den Städten und Dörfern sind die Spielplätze allerdings eher karg eingerichtet, ein bunt bemaltes Stahlgerüst, Schaukel und Wippe müssen oft genügen.

Überlegenswert ist, die wärmsten Monate zu meiden. Bereits im Juni kann es so heiß werden, dass für hellhäutige Kleine die intensive Sonneneinstrahlung zu viel wird und sie mit Fieber reagieren. Man passt sich am besten den einheimischen Gewohnheiten an und hält zur heißesten Tageszeit Siesta. Unbedingt wichtig: gute Sonnencreme, ausreichende Kopfbedeckung und Schutz gegen Mücken.

Wer ohne Pauschalbuchung Urlaub mit Kindern machen will, dem empfehle ich z. B. *Georgioúpolis* an der Nordküste (langer, flacher Sandstrand, gute touristische Infrastruktur) oder *Paleochóra* im Südwesten (langer, flacher Sandstrand mit schattigen Bäumen, Unterkünfte in Strandnähe), dieselben Bedingungen (bis auf den Schatten am Strand) trifft man auch im freundlichen Ort *Plakiás*. Geeignet ist vielleicht auch der ruhige Ort *Soúgia* (wenig Rummel, kaum Verkehr, schattige Bäume am Strand, allerdings nur Kiesstrand). In *Frangokástello* (östlich von Chóra Sfakíon) fällt der Strand ganz besonders flach ins Wasser ab, allerdings gibt es keinen richtigen Ort am Meer, sondern nur verstreute Tavernen und Unterkünfte sowie leider auch Mücken.

- *Windeln* Die international bekannten Plastikvliese sind erhältlich, aber etwa doppelt so teuer wie die einheimischen Produkte.
- *Babynahrung* Relativ problemlos bekommt man **Milchfertigprodukte** (adaptierte Milch, Milchbreie usw.), allerdings ist die Auswahl gering und spezielle Nahrung (allergenfreie Milch) nur eingeschränkt zu beschaffen. **Gläschenkost** ist weit verbreitet, die Markenvielfalt allerdings recht beschränkt. Generell ist in allen für Kinder bestimmten Produkten unnötig viel Zucker enthalten.

Gut sortierte Supermärkte gibt es mittlerweile überall. Westlich von Iráklion liegt an der Strandstraße von Ammoudára **Continental**, Kretas größter Supermarkt mit der inselweit größten Auswahl an Babykost. Und was es nicht im Supermarkt gibt, bekommt man oft in der Apotheke.

Tipp für Familien mit Kindern: **Vamos-Eltern-Kind-Reisen GmbH** (Eichstr. 57a, D-30161 Hannover, ✆ 0511/4007990, 40079999, www.vamos-reisen.de) vermittelt einige kinderfreundliche Quartiere an der kretischen Südküste.

Kirchen und Klöster

Ein Klosterbesuch auf Kreta ist immer etwas Besonderes. Die Stimmung in den oft einsam liegenden Klöstern ist Welten entfernt vom Touristenrummel an der Küste. Die Mönche und Nonnen empfangen in der Regel (nicht immer!) gerne Gäste, meist wird man mit einem Stück griechischem Konfekt oder einem Gläschen Rakí bewirtet.

Eine angemessene Spende sollte man immer zurücklassen (ca. 2 €), denken Sie daran, Kleingeld passend mitzunehmen. Die meisten Klöster sind arm, oft lebt nur noch ein einziger Mönch in den alten Gemäuern und die Gelder der Touristen helfen bei der Instandhaltung. Mittlerweile wird aber in vielen Klöstern bereits Eintrittsgebühr erhoben, z. B. Arkádi, Préveli, Agía Triáda und Toploú. Wichtig: Sie müssen sittsame Kleidung tragen und wenig Haut zeigen. *Keine nackten Beine und Schultern, stattdessen lange Hosen bzw. knielange Röcke.* Die Missachtung dieser Kleidervorschriften bedeutet eine Verletzung religiöser Gefühle. Mönche und Nonnen können bei neugierigen Touristen mit knappen Höschen und Träger-Shirts ziemlich sauer werden. In vielen Klöstern ist weiblichen Besuchern der Eintritt nicht einmal mit langen Hosen, sondern ausschließlich mit Rock erlaubt. Oft bieten die Klöster dann den Besuchern selbst lange Hosen oder Kittel an, doch sollte man sich nicht darauf verlassen. In den letzten Jahren ist allerdings der Trend zur Aufweichung der Kleidervorschriften festzustellen – die Mönche haben anscheinend mancherorts vor den „tourístes“ kapituliert.

Im Nonnenkloster Kerá an der Auffahrt zur Lassíthi-Hochebene

Dieselben Kleidervorschriften gelten im Prinzip auch bei der Besichtigung von *Kirchen*, werden dort aber seltener kontrolliert. Kapellen auf dem Land sind häufig verschlossen, da von Touristen bereits vieles daraus gestohlen wurde. Wer eine solche Kirche besichtigen will, oft sind z. B. interessante Freskenreste erhalten, kann in den Nachbarhäusern oder im nächsten Ort nach dem Schlüssel fragen (Schlüssel = to klidí). Auch hier sollte man immer eine Spende bereithalten. Die *Ikonostásis* (Ikonostase) trennt den Kirchenraum vom Allerheiligste mit dem Altar. Sie ist dem Priester vorbehalten und nur Männer dürfen dort eintreten. Es gilt auch als unschicklich, der Altarwand den Rücken zuzukehren.

Detaillierte Hinweise zu Kloster- und Kirchenbesichtigungen im praktischen Reiseteil.

Klima/Reisezeit

Mit 300 Sonnentagen im Jahr ist Kreta neben Zypern die sonnenreichste Insel des ganzen Mittelmeeres. Von Anfang Mai bis Mitte Oktober kann man mit stabiler Schönwetterlage rechnen. Im Sommer steigt das Thermometer am Meer oft bis über 40 Grad. An der Südküste ist es generell um zwei, drei Grad wärmer als im Norden der Insel, oft kann man sich dort noch im Dezember ins Wasser wagen.

Kreta hat eine *Regen-* und eine *Schönwetterperiode.* Die Übergangszeiten sind wenig ausgeprägt – der Frühling ist kurz, aber wunderschön, einen Herbst in unserem Sinn gibt es kaum. Im landwirtschaftlichen Sinn kann man von drei Jahreszeiten sprechen: *Blüte- und Reifezeit* März bis Mai (Tageshöchsttemperaturen 18-28 Grad, Tagestiefsttemperaturen 10-14 Grad), *Trockenzeit* Juni bis Mitte Oktober (26–35 Grad bzw. 18–22 Grad) und *Regenzeit* Mitte Oktober bis Februar (13–20 Grad bzw. 4–10 Grad).

Wichtig für Bergtouren: Die Temperaturen sind umgekehrt proportional von der Höhe abhängig – pro 100 m Höhenzunahme sinkt die Temperatur um genau 0,6 °C. Wenn es in Iráklion 30 °C ist, misst man auf dem Gipfel des Psiloritis genau 15,3 °C. Auf dem Gipfel friert es, wenn das Thermometer in Iráklion unter 14,7 °C fällt.

Ein Jahr auf Kreta ...

April: Ab Ende März hören die Regenfälle auf, die Touristensaison beginnt, ein erster Besucherboom setzt zum feierlichen Osterfest ein. Die ganze Insel blüht, vor allem die prachtvollen Agaven, das Thermometer klettert auf 20 Grad, die meisten Beherbergungsbetriebe öffnen, auch die Campingplätze und Tavernen. Das Meer ist aber noch ziemlich frisch.

Mai und Juni: ideale Reisemonate, weil es dann in der Regel noch nicht unerträglich heiß ist. Die Insel ist grün und steht voller Blumen, in den Schluchten blüht der rosarote Oleander, noch ist die Erde nicht ausgetrocknet und versengt. Ideal also zum Wandern und Besichtigen, auch das Wasser erreicht jetzt badewarme Temperaturen. Und die Preise sind noch spürbar niedriger als im Sommer.

Juli/August: Der volle Trubel bricht aus – die „touristes" kommen! Immer wieder spucken die Großfähren von Piräus ihre Ladungen aus, Chartermaschinen landen im 10-Min.-Rhythmus. Badeurlaub ist angesagt, brütend heiß hängt die Sonne am tiefblauen Himmel, kein Tropfen fällt. Die Inselbewohner machen jetzt ihr Geschäft. Die Preise haben ihren höchsten Stand, viele Hotels und Pensionen sind ausgebucht, auch zahlreiche Griechen nehmen ihren Jahresurlaub in dieser Zeit. Kreta verwandelt sich in ein staubiges, ausgedörrtes Land mit blassen Gelb- und Brauntönen. In der glühenden Mittagssonne verkriecht man sich am besten im Schatten, der Sand am Strand wird schnell so heiß, dass man nicht mehr barfuß laufen kann, das Meer ist eine einzige Erfrischung. Insgesamt gesehen kann man die hohen Sommertemperaturen Kretas jedoch gut vertragen, weil die Luftfeuchtigkeit gering ist. Und wunderschön sind die späten Nachmittage und warmen Abende, wenn die Hitze nachlässt.

September: Die Masse der Urlauber kehrt heim, es wird ruhiger. Die Lufttemperaturen sind nicht mehr so drückend, das Meer ist aber noch genauso warm wie im August – insofern bester Monat, um Baden, Wandern und Besichtigungen zu verbinden. Und man findet auch wieder leichter Zimmer. Zu sehen gibt's immer was – die Ernte vieler Früchte beginnt, vor allem Trauben, Mandeln, Pistazien.

Oktober: Ab der zweiten Monatshälfte nimmt die Hitze allmählich ab. Erstes Indiz – die Abende und Nächte werden kühler, auch feuchter. Manchmal braucht man schon einen dicken Pullover, um nicht zu frieren, und auch tagsüber, speziell bei Mopedtouren usw., muss man sich gut verpacken. Jetzt flüchtet alles an die Südküste, um die letzten schönen Tage zu genießen. Die meisten Touristen sind abgereist, viele kommen aber erst jetzt, denn die kretische Südküste bietet die letzte Möglichkeit in Europa, noch Sommer zu spüren, während zu Hause die Blätter braun werden. Jedoch ziehen jetzt immer häufiger schwere Wolken auf. Wenn es regnet, dann gleich mehrere Tage wie in Bindfäden. Auch das Meer wird jetzt unruhiger – die Boote an der Südküste haben allmählich Schwierigkeiten, aus dem Hafen zu kommen, und die kleine Insel Gávdos, die südlichste Insel Griechenlands, 40 km vor der Südküste Kretas, wird nur noch selten angelaufen.

November bis Februar: die kühle Jahreszeit ist oft verbunden mit Regenfällen, doch wirklich kalt wird es an der Küste nicht. Tavernen, Campingplätze und Hotels schließen und Ende November beginnt die wichtige Olivenernte. Die letzten Touristen verlassen die Insel, nur die Überwinterer begeben sich nach Ierápetra und Umgebung, wo jetzt das mildeste Klima auf Kreta herrscht, während sich in den kalten und oft verschneiten Bergdörfern alles um die Bolleröfen drängt. Frost gibt es an der Küste höchst selten, jedoch sind die Regenfälle oft mit heftigen Stürmen und Erdrutschen verbunden – es regnet manchmal tagelang, aber dann scheint auch wieder die Sonne. Um Weihnachten kann es manchmal warmes, fast vorfrühlingshaftes Wetter geben. Im Gebirge liegt den ganzen Winter über eine dichte Schneedecke, manche Dörfer sind von der Außenwelt fast abgeschnitten. Die Schneefallgrenze liegt meist etwa 600 m ü. M. Im Februar und März kann man im Hochgebirge Ski laufen und an der Südküste baden.

Aktuell: Im Winter 2002/2003 gab es zeitweilig auch in den niederen Lagen bis zu 30 cm Schnee.

Durchschnittstemperaturen in °C

Monat	Luft (am Tag)	Wasser	Regentage	Monat	Luft (am Tag)	Wasser	Regentage
Jan.	15	16	13	**Juli**	29	24	0
Feb.	16	16	10	**Aug.**	29	25	0
März	17	16	8	**Sept.**	27	24	2
April	20	18	4	**Okt.**	24	23	5
Mai	23	20	3	**Nov.**	20	19	8
Juni	27	22	1	**Dez.**	17	16	12

▸ **Windverhältnisse auf Kreta**: Im Hochsommer blasen die *Meltémi-Winde* beständig aus der Ägäis und bringen Kühlung nach Nordkreta. Ebenfalls aus Norden kommt der heftige *Vorías*, bis zu drei Tagen dauert er an. Während er an der Nordküste direkt vom Meer anlandig herüberfegt, pfeift er im Süden die Berghänge herunter und entwickelt dort Stärken bis 8 Beaufort. An sandigen Stränden kann das zu kleinen Sandstürmen ausarten, z. B. in Plakiás, berühmt-berüchtigt als das „Windloch" der Südküste. Die Südküste bestreichen hauptsächlich im Frühjahr der *Nótias* und der gefürchtete *Siróko* (Schirokko), der auch Lívas genannt wird, weil er aus Libyen kommt. Letzterer kann sich bis zur Orkanstärke steigern und weht meist mehrere Tage lang, der Schiffsverkehr kommt dann oft völlig zum Erliegen. Der Sand und Staub, den er aus der Sahara mitbringt, überzieht alles mit einer rötlichen Schicht und dringt in die kleinsten Ritzen, auch in die Kleidung ein. Man sagt, dass der Südsturm wie der Föhn in Bayern den Menschen Schwierigkeiten macht – „Grüße von Ghadafi". Alles Schlimme passiert auf Kreta bei Südwind, sogar als Knossós in einer rätselhaften Katastrophe unterging, soll Südwind geherrscht haben. In der kühleren Jahreshälfte bringt der aus Westen wehende *Ponénde* verhältnismäßig viel Niederschlag nach Westkreta. Wenn dagegen tatsächlich einmal im Sommer kein Wind weht, wird die Luft schnell zum Schneiden dick und glühend heiß. Wie eine Haut liegt sie über allem, man kann kaum noch atmen ... Am Tag darauf ist alles wie weggeblasen. Auch an der Nordküste kann man diese eigenartigen Tage erleben.

▸ **Niederschläge**: In der kühlen Jahreszeit entstehen im Golf von Genua mächtige Mittelmeerzyklone und machen sich auf die Reise nach Südosten. Kreta steht ihnen wie eine 2 km hohe Wand entgegen. 2000 mm jährliche Regenfälle im Lefká-Óri-Gebirge führen im Winter zu reißenden Flüsse und haben Naturwunder wie die Samariá-Schlucht geschaffen. Tiefdruckgebiete aus der großen Syrte in Libyen regnen an der Südflanke Kretas ab, sind jedoch wesentlich seltener. Gegen Osten werden die Niederschläge weniger, sodass die Kargheit im Südosten der Insel mit der toskanischen Üppigkeit im Nordwesten eine einmalige natürliche Vielfalt entstehen ließ. Im Durchschnitt hat Chaniá 100 Regentage im Jahr, Sitía die Hälfte. Das Jahresmittel an Niederschlägen beträgt in Chaniá 60 cm, in Ierápetra 20 cm.

Kriminalität

Ehrlichkeit ist eine Tugend, die im Ehrenkodex der griechischen Gesellschaft ganz oben steht. Der liegen gelassene Geldbeutel im Kafenion findet sich wieder, das Gepäck kann getrost in einer Taverne abgestellt werden, aus dem Auto werden keine Kassettenrekorder geklaut. Das Problem „Diebstahl" existiert kaum. Das heißt allerdings nicht, dass auf Kreta nicht gestohlen wird. In der Regel sind die Diebe jedoch keine Griechen, sondern abgebrannte Urlauber. Vor allem Wildzelter und Strandschläfer werden an manchen Orten nachts heimgesucht. Von *Drogen* sollte man in jedem Fall die Finger lassen, denn es drohen auch bei kleinsten Mengen Haftstrafen. Die griechische Polizei ist nicht zimperlich und die Gefängnisse sind üble Löcher. Nicht wenige Ausländer sitzen wegen Rauschgiftvergehen auf Kreta ein.

Museen

Kreta besitzt hauptsächlich archäologische und volkskundliche Museen, deren Zahl beständig steigt, denn aus Gründen der touristischen Attraktivität eröffnen immer mehr Gemeinden eigene Museen. Viele Sammlungen sind auch aus langjähriger engagierter Privatinitiative entstanden, so z. B. das höchst orginelle *Heimatmuseum* von Papás Michalis Georgoulakis in Asómatos (→ S. 729), das *Folkloremuseum* von Nikos Psaltakis bei Archánes (→ S. 259) und das *Kriegs- und Ethnologische Museum* von Michalis Argirakis in Episkopí (→ S. 266). Das umfassendste, allerdings keinesfalls modernste archäologische Museum der Insel ist das in *Iráklion*, in dem der Großteil der minoischen Funde ausgestellt ist. Die beste volkskundliche Sammlung findet sich im modernen Ethnografischen Museum des kleinen Orts *Vóri* in der Messará-Ebene im Süden Zentralkretas.

• *Öffnungszeiten/Preise* Die **Öffnungszeiten** der Museen ändern sich oft mehrmals im Jahr. Vor dieser Tatsache muss selbst der aktuellste Reiseführer kapitulieren. Unsere Angaben im Reiseteil sind deshalb nur als ungefähre Anhaltspunkte zu betrachten. Faustregel: Die meisten Museen sind vormittags offen, nicht wenige schließen jedoch bereits zur Siesta um 13 oder 14 Uhr. Zwischen 10 und 12 Uhr hat man die beste Chance, das Museum seiner Wahl zu besuchen. Ruhetag ist meistens Montag, manchmal auch Sonntag oder Dienstag.

Die **Eintrittspreise** liegen meist zwischen 1,50 und 4 €, lediglich Knossós und das Archäologische Nationalmuseum in Iráklion kosten 6 €. Studenten und Schüler aus EU-Staaten erhalten in staatlichen Museen und Ausgrabungen freien Eintritt, Ermäßigung gibt es oft für Jugendliche bis 18 J. und Senioren ab 65 J. (→ „Ermäßigungen").

Öffnungszeiten

Mit langer Siesta-Pause ab mittags bis zum späten Nachmittag sind sie den klimatischen Verhältnissen angepasst. Dafür haben die Geschäfte fast alle abends lange offen. Dann macht das Einkaufen auch viel mehr Spaß als in der mittäglichen Gluthitze.

Banken: einheitlich geregelt, Mo–Do 8–14, Fr 8–13.30 Uhr. Leichte lokale Schwankungen sind möglich. In Touristenorten haben mittlerweile manche Banken auch nachmittags und an Wochenenden geöffnet.

Geschäfte: vormittags ab 8 oder 9 Uhr bis ca. 13/14 Uhr, nachmittags etwa 17/17.30–20.30/21 Uhr. Souvenirläden haben oft den ganzen Tag durchgehend bis 22 Uhr oder länger geöffnet. Vor allem in Badeorten läuft abends ein Großteil vom Umsatz. Bis auf Supermärkte waren die Geschäfte bisher Montag und Mittwoch Nachmittag geschlossen. Diese Reglementierung gibt es seit kurzem nicht mehr, nun hat jeder geöffnet, wann er will.

Kioske: meist bis spät in die Nacht geöffnet. Während der Siesta oft geschlossen, aber nicht immer.

Kirchen, Klöster: Man öffnet meist um 7 oder 8 Uhr früh. Die Siesta wird dann aber sehr ernst genommen – zwischen 13 und 16/17 Uhr ist fast immer geschlossen. Danach ist noch einmal bis 19 oder 20 Uhr offen. Zu Besichtigungen deshalb am besten bereits morgens aufbrechen.

Märkte: bieten ihre Waren entweder täglich zu den üblichen Geschäftszeiten (So geschl.), ansonsten zumeist Freitag- und Samstagvormittag an. In größeren Städten gibt es Wochenmärkte, die nur an einem einzigen Wochentag stattfinden, z. B. Iráklion, Míres, Ágios Nikólaos, Réthimnon und Chaniá (→ dort).

Museen, Archäologische Stätten: keine einheitliche Regelung, außerdem ständigen Änderungen unterworfen. Die Schilder an den Eingängen sind meist schon mehrfach überklebt. Im Allgemeinen ist vormittags offen, montags oder dienstags geschlossen. Genaue Infos in den jeweiligen Ortskapiteln.

Post → eigenes Kapitel. **Apotheken** → ärztliche Versorgung.

Papiere

Für Deutsche, Österreicher und Schweizer genügt bei einem Aufenthalt in Griechenland der Personalausweis. Kinder unter 16 Jahren müssen im Pass der Eltern eingetragen sein oder einen eigenen Kinderausweis haben, ab zehn Jahren mit Passbild. Der Reisepass darf keinen Stempel der international nicht anerkannten türkischen Republik Nord-Zypern enthalten. Wer über die Republik Jugoslawien (Serbien) und Makedonien einreist, muss den Reisepass mitnehmen, der noch drei Monate gültig sein muss.

Sinnvoll ist es, Personalausweis **und** Reisepass mitzunehmen. Erstens hat man Ersatz, wenn ein Ausweis abhanden kommt. Zweitens liegt ein Papier oft bei der Hotel- oder Campingplatz-Rezeption – problematisch, wenn man z. B. Schecks einlösen oder ein Fahrzeug mieten will (allerdings ist es griechischen Hoteliers offiziell *nicht* erlaubt, einen Ausweis länger als 24 Std. einzubehalten). Es empfiehlt sich auch, *Kopien der Dokumente* mitzunehmen (getrennt von Originalen aufbewahren). Im Fall eines Verlustes kommt man so beim zuständigen Konsulat schneller zu Ersatzpapieren, die zur einmaligen Ausreise berechtigen. Kraftfahrer benötigen als Nachweis für eine bestehende Haftpflichtversicherung die *grüne Versicherungskarte* (kostenlos bei der eigenen Kfz-Versicherung). Internationaler Führerschein ist nicht nötig. Empfehlenswert ist ein *Auslandsschutzbrief*, mit dem man sich im Fall eines Schadens beim griechischen Automobilclub ELPA melden kann. Eine vorübergehende *Vollkaskoversicherung* ist für das eigene Fahrzeug ebenfalls anzuraten, da die griechischen Haftpflichtversicherungen sehr geringe Beträge zugrunde legen (gilt auch für Schmerzensgeld). Wer mit einem geliehenen Fahrzeug einreisen will, benötigt eine von einem Automobilclub oder Notar beglaubigte Vollmacht des Inhabers.

Die Ausweise von Reisenden aus EU-Ländern werden gemäß dem Schengener Abkommen bei Ein- und Ausreise üblicherweise nicht mehr kontrolliert – Ausnahmen bestätigen die Regel.

Post (Tachidromíon)

Gibt es in fast jedem Dorf über 500 Einwohner. In den Großstädten meist Öffnungszeiten bis abends, ansonsten ca. 9 bis 14 Uhr. Es können auch Geld gewechselt und Reiseschecks eingelöst werden.

Karten und Briefe nach Mitteleuropa dauern bis zu einer Woche, wobei Briefe oft etwas schneller reisen. Der Vermerk „per Luftpost" bringt nichts, da die Post generell per Flugzeug transportiert wird. Eine Auszeichnung als „sistiméno" (Einschreiben) bewirkt oft schnellere Beförderung (ca. 2 € Aufpreis). Sendungen ab 2 kg Gewicht dürfen erst auf der Post verschlossen werden, nachdem der Beamte den Inhalt kontrolliert hat. In Länder außerhalb der EU ist Paketversand mit SAL (Economy-Paket) am günstigsten.

- *Briefmarken* gibt es außer bei der Post auch in Kiosken und Läden, die Postkarten verkaufen, dort allerdings 10 % teurer. Eine Postkarte/Brief bis 20 g nach Mitteleuropa kostet ca. 0,65 €.
- *Poste Restante* Jedes Postamt nimmt postlagernde Sendungen entgegen. Diese können mit Ausweis und gegen kleine Gebühr abgeholt werden. Ein Brief wird im Normalfall bis zu zwei Monaten aufbewahrt. Der Absender muss in diesem Fall den **Empfängernamen** (Nachnamen unterstreichen!), das **Zielpostamt** (am besten Main Post Office = Hauptpostamt) und den Vermerk **Poste restante** auf den Umschlag schreiben. Falls der Beamte unter dem Familiennamen nicht fündig wird, auch unter dem Vornamen nachschauen lassen.
- *Telegrafische Postanweisung* Über **Western Union Money Transfer** kann man sich von einer Kontaktperson zu Hause innerhalb weniger Stunden Geld überweisen lassen. Einzahlung bei allen Filialen der Postbank, die Gebühr für eine Überweisung von 250 € beträgt ca. 25 €, für alle weiteren Beträge von 250 € ca. 7,50 €. Dieses Verfahren funktioniert auch ohne einen eventuell abhanden gekommenen Ausweis.

Sport

Katamaransegeln, Parasailing und Windsurfen, Tenniskurse in Großhotels, Tauchen in einsamen Buchten, geführte Wanderungen durch die Weißen Berge oder eine Mountainbike-Tour aus dem Ída-Gebirge zur Küste hinunter ...

Seit der Tourismus Wirtschaftsfaktor Nr. 1 ist, sind die Sportangebote auf Kreta enorm gewachsen. In den meisten Urlaubsorten gibt es eine ganze Palette von Möglichkeiten. Sogar zwei Golfplätze wurden mittlerweile eingerichtet, bei Liménas Chersoníssou (→ S. 298) und im „Porto Elounda Ressort" bei Eloúnda

(→ S. 405). Wassersportzentren mit allen Möglichkeiten für Anfänger und Fortgeschrittene (Kurse in Segeln, Surfen, Tauchen, Wasserski) findet man bei den großen Hotels an der Nordküste: *Capsis Beach* und *Peninsula* in Agía Pelagía, *Elounda Beach* und *Elounda Mare* bei Eloúnda, *Creta Palace, El Greco* und *Rithymna Beach* bei Réthimnon sowie in weiteren Häusern um Liménas Chersonísou und Mália, außerdem im *Petra Mare* in Ierápetra an der Südküste.

▸ **Bootssport**: *Tretboote* gibt es an fast jedem touristisch erschlossenen Strand, außerdem kann man hier und dort *Kajaks* und *Schlauchboote* mit Außenborder mieten. *Segelkurse* bieten u. a. die erwähnten Wassersportzentren, dort kann man auch Katamarane und Segelboote leihen.
Nur wenige ausländische *Segelyachten* finden bisher den Weg nach Kreta, dabei beträgt die Entfernung von Athen nur rund 150 Seemeilen. Der Skipper der Jacht muss im Besitz des „Sportbootführerscheins-See" und des „BR-Scheins des DSV" sein und auch der Co-Skipper muss einen Segelschein haben. Gut ausgebaute Versorgungshäfen liegen an der Nordküste, nämlich Iráklion, Réthimnon, Chaniá, Ágios Nikólaos und Sitía. Wichtig: Das Ägäische Meer ist auch im Sommer sehr stürmisch. Vor allem die zeitweise böigen Meltémi-Winde aus Nord bis Nordwest können unangenehm werden. Da Wettererscheinungen im östlichen Mittelmeer häufig lokal sehr begrenzt sind, kann man von einem Wetterumschlag schnell überrascht werden. Eine meteorologische Törnberatung erhält man gegen kleine Gebühr vom Seewetteramt Hamburg (D-20359 Hamburg, Bernhard-Nocht-Str. 76, ✆ 040/31901).

• *Informationen* **Griechische Zentrale für Fremdenverkehr** (→ „Information"). **Deutscher Segler-Verband (DSV)**, Kreuzer-Abteilung/Informationsstelle Mittelmeer, D-22309 Hamburg, Gründgensstr. 18, ✆ 040/632009-0, 📠 632009-28, www.dsv.org, www.kreuzer-abteilung.org

▸ **Fallschirmfliegen (Paragliding)**: Die Küste östlich von Móchlos im Osten Kretas ist die höchste Steilküste an der Nordseite der Insel. Fallschirmflieger nutzen sie gerne als Startplatz. Vor allem in den Sommermonaten ermöglicht es die gute Thermik den Sportlern, hoch aufzusteigen und stundenlang in der Luft zu bleiben.

▸ **Mountainbiking**: Kreta eignet sich mit seinen vielen Bergen, den holprigen Pisten und Ziegenpfaden dafür bestens. In vielen Urlaubsorten und Städten kann man inzwischen Mountainbikes leihen, leider sind Zustand und Wartung der Räder oft unzureichend. Gutes Material erhält man bei der „Bikestation-Kreta" in Ágios Nikólaos (→ dort) und bei den Agenturen östlich von Réthimnon, bei denen man auch geführte Touren verschiedener Schwierigkeitsgrade buchen kann (→ Réthimnon/Umgebung). Als Anfänger sollte man zunächst kürzere und leichtere Strecken fahren, das Fahren auf dem Mountainbike verlangt Kondition und Geschick. Zubehör: Radlerhosen mit Ledereinsatz, atmungsaktives Trikot, Helm und evtl. fingerlose Handschuhe. Als Schuhe reichen Turnschuhe im Normalfall aus.

▸ **Reiten**: Reitställe gibt es derzeit u. a. bei *Stális, Georgioúpolis, Pitsídia, Máleme* und *Ágios Nikólaos* (→ dort). Geboten sind Reitkurse und geführte Ausritte. Reiterferien kann man unter www.pferdreiter.de/griechenland/kreta.html buchen.

▸ **Skifahren**: Auch auf Kreta kann man Skifahren, vorzugsweise im 2400 m hohen *Ída-Gebirge*. Wie wär's z. B. mit einer Abfahrt vom Tímios Stavrós, dem höchsten Berg Kretas, zur Nída-Hochebene? Etwa 1000 m Höhenmeter werden dabei überwunden, etwa 5 km lang ist das nicht präparierte Skigelände. Die ganze Expedition ist allerdings eher etwas für Abenteurer. Den richtigen Zeitpunkt der Anreise abzu-

Fallschirmsegeln kann man inzwischen in vielen Badeorten

schätzen ist das schwierigste – in schneereichen Wintern ist März/April günstig, sonst eher Februar/März. Wer Pech hat, findet nicht genug Schnee vor. Es gibt auch bisher kaum skispezifische Einrichtungen. Gerade zwei Lifte sind installiert (Betrieb nicht gewährleistet), und ob das „Hotel" in der Nída-Hochebene im Winter geöffnet hat, ist ebenfalls unsicher. Die Anreise ins Hochgebirge ist mit öffentlichen Verkehrsmitteln mühsam, am besten, man hat ein eigenes Fahrzeug dabei. Das Wetter ist oft sehr rau und stürmisch, gute Ausrüstung ist wichtig (Zelt, Steigeisen).

- **Tauchen**: Schnorcheln ist überall erlaubt, das Tauchen mit Sauerstoffflaschen und Tauchanzügen dagegen erst seit wenigen Jahren und nur in bestimmten Regionen. Der Grund: Vor Kretas Küsten gibt es zahlreiche archäologische Fundstellen und schon zu viele Sporttaucher haben antike „Souvenirs" am Meeresboden gefunden und verschwinden lassen. Erlaubt ist das Gerätetauchen unter Einhaltung der Bestimmungen des Arten- und Kulturschutzes nur in bestimmten Gebieten der vier Verwaltungsbezirke (nachzulesen unter www.gnto.gr). Individualtaucher müssen sich bei der örtlichen Hafenpolizei anmelden und ihren Tauchpass vorlegen, leider wird eine Erlaubnis zum Tauchen oft nur organisierten Tauchbasen erteilt. Eine ganze Reihe von Tauchschulen (oft in großen Badehotels) bietet Kurse, Grundkurs im Gerätetauchen (ca. 8 Tage) kostet ca. 240–300 €, Tauchgang ca. 27–40 €. Schwerpunkte für Taucher sind Agía Pelagía, Eloúnda, Réthimnon, Chaniá und Plakiás. Schnorchler finden die besten Möglichkeiten an den zerklüfteten Steilküsten im Süden, aber auch an der einsamen Westküste und im Osten. Weitere Infos unter www.tauchen-online.de.
- **Tennis**: Mehr als fünfzig Hotels der Luxus-, A- und B-Kategorie haben eigene Tenniscourts. Die großen Hotelanlagen verfügen meist sogar über mehrere Hartplätze, so hat der *Robinson Club Lyttos Beach* 16 Hartplätze, das *Rithymna Beach Hotel* bei Réthimnon fünf und das *Creta Maris* in *Liménas Chersonísou* vier Plätze. Oft sind in

der Saison lizenzierte deutsche Tennistrainer engagiert, die Kurse für Anfänger und Fortgeschrittene geben. Der Zustand der Plätze ist jedoch örtlich sehr verschieden und hängt vom jeweiligen Hotel ab. Nicht alle sind immer gut in Schuss, zudem sind sie meist völlig schutzlos der brütenden Sonnenhitze ausgeliefert. Der Hochsommer ist deswegen keine besonders günstige Zeit für einen Tennisurlaub auf Kreta.

- **Wasserski, Parasailing u. A.**: Hauptzentrum ist *Eloúnda* mit seinen Luxushotels im Osten Kretas, aber auch in den großen Städten und Badehotels an der Nordküste gibt es fast überall Möglichkeiten. Eine Runde kostet ca. 10–15 €, ein Grundkurs 50–90 €. Auch *Fallschirmsegeln* („Parasailing") kann man inzwischen in großen Badeorten, z. B. bei Mália und Liménas Chersonísou, der Rundflug kostet ca. 25–30 €. Weiterhin werden *Banana Boat, Ringos* (Ringe) und *Jet Ski* angeboten.
- **Wandern** und **Fahrrad fahren** → Kap. *Unterwegs auf Kreta*, S. 120 bzw. S. 119.
- **Windsurfen**: Zahllos sind die Möglichkeiten zum individuellen Surfen. Surfbretter werden fast überall vermietet, wo Touristen in größeren Scharen auftreten, Surf-Unterricht gibt es an vielen Stränden und in allen größeren Badehotels. Starke, oft böige Winde aus nördlicher bis nordwestlicher Richtung wehen in den Sommermonaten oft tagelang. Während die flachere Nordküste auflandig bestrichen wird, blasen die Nordwinde an der Südküste von den steilen Berghängen herunter schräg ablandig! Dementsprechend sollten Anfänger die Nordküste als Surfquartier wählen. Fortgeschrittene mit Erfahrung im Starkwindsegeln können im Süden ihr Glück versuchen.

  An der Nordküste wehen die Winde bis höchstens 4 Beaufort. Doch auch das kann schon hohen Wellengang mit sich bringen, der aber immer auflandig ist. In der Regel aber ist das Wasser ruhig. Es gibt viele zum Surfen geeignete Strände, so gut wie überall werden Surfbretter verliehen und diverse Surfschulen bieten sich an. Gute Reviere sind der Strand von *Amoudára*, westlich von Iráklion und *Eloúnda* bei Ágios Nikólaos. Der Strand in *Réthimnon* zwischen den beiden Molen ist speziell für Anfänger geeignet.

  Einer der besten Spots an der Südküste ist zweifellos die große Sandbucht von *Plakiás*, das legendäre Windloch am Libyschen Meer. Hier kann der Nordwind bis zu Stärke 8 auffrischen, Starkwindmaterial muss man selber mitbringen. Weitere gute Möglichkeiten gibt's bei *Ierápetra* und um *Agía Galíni* und *Mátala* in der großen Bucht am Ausgang der Messará-Ebene.

• *Transport* Die Fluggesellschaften berechnen für Board- und Rigg-Transport im Allgemeinen eine Pauschale von ca. 32–45 €. Die Anmeldung sollte frühzeitig erfolgen, das Gerät muss transportgerecht verpackt sein.

• *Verleih* Surfbretter werden an vielen Stränden verliehen (ca. 6–12 €/Std., 18–22 €/halber Tag, 25–35 €/Tag). Starkwindmaterial gibt es nicht.

• *Surfschulen* Die großen Badehotels an der Nordküste verfügen fast alle über Surfschulen. Ein einwöchiger Grundkurs kostet ca. 100–160 €.

Sprache

Neugriechisch ist nicht die einfachste Sprache, besitzt außerdem andere Buchstaben als das Deutsche. Nur wenige Urlauber können mehr als ein paar Brocken sprechen. Auch Humanisten haben mit ihrem Altgriechisch kaum eine Chance, können aber immerhin die Schrift lesen. Erschwerend kommt dazu, dass auf Kreta ein eigener Dialekt gesprochen wird, der vom Hochgriechisch abweicht. Die Kreter sind die Unkenntnis ihrer Besucher aber schon lange gewohnt und zudem sehr sprachbegabt. Ausreichende Englischkenntnisse genügen, um sich, zumindest in

Touristengebieten, mit der Mehrzahl der Einheimischen zu verständigen. Ganz anders im Inland. Doch auch dort trifft man immer wieder auf Kreter, die Deutsch sprechen, meist haben sie irgendwann mal in Deutschland, der Schweiz oder Österreich gearbeitet. Dennoch sollte man sich unbedingt die wichtigsten Alltagswörter der griechischen Sprache aneignen – zumindest zeigt man so seinen guten Willen, die Landessprache erlernen zu wollen. Sehr wichtig ist die richtige **Betonung** der Worte: Beispielsweise heißt danke *„efcharistó"* und nicht etwa efcharísto, wie man oft von Ausländern hört. Verirren wird man sich jedenfalls nicht, Wegweiser, Ortsnamen, Hinweistafeln zur Fähre, zum Museum, zur Toilette, zum Parkplatz, zum Zeltplatz, zur Post, zur Polizei, zum Informationsamt und zum Strand sind fast immer sowohl in griechischen als auch lateinischen Buchstaben geschrieben.

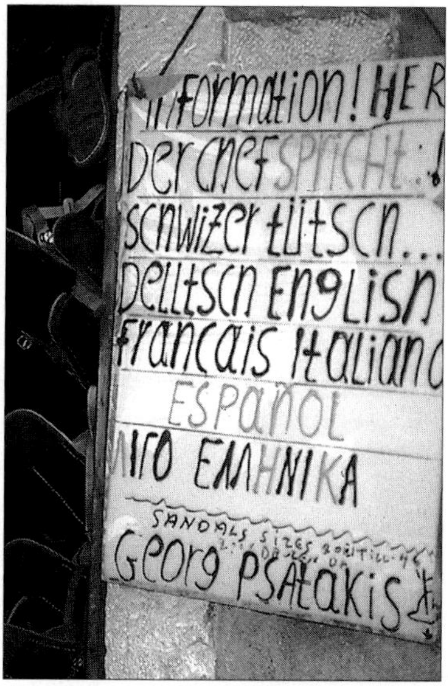

... oft recht sprachbegabt

Sprachunterricht in Chaniá auf Kreta mit Unterkunft bei Gastfamilien kann man z. B. über „Lingua Direkt Travel" buchen (www.linguadirekttravel.de), auch die Universität von Réthimnon bietet Kurse an (→ S. 489). In den meisten Bundesländern wird dies als Bildungsurlaub anerkannt.

In eigener Sache: In diesem Reiseführer sind alle geografischen Begriffe mit Betonungszeichen versehen, ebenso alle wichtigen griechischen Begriffe, Eigennamen historischer, politischer und sonstiger Persönlichkeiten sowie Speisen und Getränke. Nicht mit Betonungszeichen versehen wurden Straßen- und Platznamen, Hotel- und Restaurantnamen sowie normale Eigennamen.

Strom

In ganz Griechenland gibt es 220 Volt Wechselstrom. Schiffe verfügen oft nur über 110 Volt Gleichstrom. In die griechischen Steckdosen passen manchmal nur die flachen Eurostecker, oft aber auch die deutschen Schukostecker. Wer auf den Föhn, das Reisebügeleisen oder den Tauchsieder nicht verzichten will, nimmt besser den Zusatzstecker „Südeuropa" mit.

Telefon

Selbst im kleinsten Nest gibt es öffentliche Kartentelefone, von denen man problemlos ins In- und Ausland anrufen kann. Magnetische Telefonkarten für ca. 4 € erhält man in vielen Läden und Kiosken, größere Karten gibt es dagegen nur in OTE-Büros und bei der Post. Bereits zu Hause kann man international gültige Kar-

Einsame Telefonzelle am Strand von Elafonísi

ten erwerben, die ein besseres Preis-Leistungsverhältnis haben (diese werden auch oft in Ferienfliegern angeboten). Weiterhin besitzt jede größere Stadt eine *Telefonzentrale* der halbstaatlichen Telefongesellschaft OTE (Organísmos Tilepikinoníon tis Elládos). Von den dortigen Fernsprechkabinen kann man bequem und zuverlässig in alle Welt telefonieren und zahlt nach Beendigung des Gesprächs laut Zählerstand. Auch von manchen *Kiosken* kann man ins Ausland anrufen (rotes, manchmal graues Telefon), allerdings kommt das etwas teurer und meist ist es dort sehr laut. Ansonsten gibt es noch die Möglichkeit, von *Hotels, Tavernen* usw. anzurufen, jedoch zahlt man dann nicht selten das Doppelte pro Einheit. Tipp: Unter www.t-com.de/deutschlanddirekt finden sich Informationen über die Möglichkeit, dass der Angerufene die Gesprächskosten übernimmt.

Besitzer von *Handys* sollten darauf achten, dass im Ausland andere Rahmenbedingungen als in Deutschland gelten. Mit Hintergrundinformationen über Roaming-Preise, manuelle Netzwahl und Calling-Cards kann man deshalb einiges sparen, viele Tipps dazu unter www.teltarif.de/reise. Und beachten Sie: Wenn Sie in Griechenland auf dem Handy angerufen werden, zahlt der Anrufer nur die Kosten innerhalb seines Landes. Für die internationalen Gebühren wird der Handybesitzer selber zur Kasse gebeten.

- *Von Griechenland ins Ausland* Beim Wählen zuerst die Auslandsvorwahl (Deutschland **0049**, Österreich **0043**, Schweiz **0041**), dann die Ortsvorwahl ohne die Null und schließlich die Nummer des gewünschten Teilnehmers wählen. Langsam wählen! Falls sich ein Besetztzeichen einschaltet, auflegen und noch einmal versuchen.
- *Vom Ausland nach Griechenland* Vorwahl Griechenland von Deutschland ist **0030**, danach die Ortsvorwahl mit der **2**. Beispiel: Anruf BRD nach Iráklion 0030 + 2810 + Nummer des Teilnehmers.
- *Innerhalb Griechenlands* Jede größere Insel bzw. Präfektur oder Stadt hat ihre eigene Vorwahl, kleinere Inseln sind oft unter einer Nummer zusammengefasst. In jedem Fall muss die mit **2 beginnende Vorwahl** mitgewählt werden, auch bei einem Ortsgespräch. Beispiel Ortsgespräch Iráklion: 2810 + Nummer des Teilnehmers.

Toiletten

Für alle Toiletten in Griechenland (und Kreta) gilt: *Papier darf nicht mit hinuntergespült werden,* dafür steht immer ein Eimer in der Ecke. Ansonsten wären dauernd die engen Abflussrohre bzw. Sinkbecken verstopft. Als öffentliche Toiletten bzw. in Tavernen, Cafés etc. sind zum Teil noch die traditionellen Stehklos in Gebrauch. Bei richtiger Benutzung sind sie eigentlich sogar hygienischer als unsere Sitztoiletten. Leider spottet ihr Zustand oft jeglicher Beschreibung: Nicht selten sind sie verstopft, verdreckt oder einfach verschlossen. Auch die Spülung funktioniert nicht immer (oder zu heftig), Papier muss oft selber mitgebracht werden. Beschilderung: Herren = *ándron,* Frauen = *ginaíkon.*

Übernachten

Seit den achtziger Jahren werden überall auf Kreta Unterkünfte gebaut – und diese Entwicklung ist noch nicht zu Ende. Nach wie vor schießen an jeder Ecke der Insel Hotelbauten und Ferienwohnungen aus dem Boden, ehemals einsame Strände und abgelegene Buchten werden erschlossen, jeder vermietet Privatzimmer. So gibt es mancherorts mittlerweile ein deutliches Überangebot an Zimmern.

Eine wirkliche Horrorvision, dass die Küsten ganz Kretas einfach zugepflastert werden könnten – doch so weit wird es wegen der schwierigen Oberflächengeografie nie kommen. Vor allem die bergige Südwestküste wird immer ein Urlaubsstandort für Individualisten bleiben. Die flachen Küstenabschnitte an der Nordküste sind allerdings fest in der Hand der Touristik-Investoren. Kilometerweit fährt man auf der Uferstraße zwischen Iráklion und Mália und westlich von Chaniá durch stereotype Baulandschaften, in denen die Internationale der Pauschalurlauber untergebracht wird. Wo früher Maulesel weideten und Bauern ihre kleinen Äcker bestellten, findet man inzwischen kaum noch unbebaute Grundstücke. Wer kann, steckt sein Kapital in ein Haus, das für gutes Geld vermietet werden kann, denn die Saison ist lang. Bis zu sieben Monate kann verdient werden – mit Arbeit, die weniger mühselig ist als das Bestellen von steinhartem Boden.

Die Qualität des Gebotenen ist nicht immer zufrieden stellend. Gebaut wird mit einfachsten Materialie, und das Gros der Zimmer, selbst in besseren Häusern, strotzt nicht gerade vor Gemütlichkeit: kahle, weiß gekalkte Wände und Fliesenböden, Bett, Stuhl, Nachttisch, Wandschrank, vielleicht ein Tisch. Das Mobiliar besteht meist aus hellem Kiefernholz, liebevolle Details wie Zimmerpflanzen, Wandbilder, handgearbeitete Teppiche usw. sind selten, Funktionalität herrscht vor. Viele Häuser sind außerdem sehr hellhörig. Zudem werden Pflege und Wartung der Einrichtung nicht selten vernachlässigt, sodass manche neu erbaute Anlagen schon nach wenigen Jahren abgenutzt erscheinen. Ansprüche auf Wohnkomfort und Gemütlichkeit sollte man, zumindest in den unteren Kategorien, etwas zurückschrauben. Doch hat sich in den letzten Jahren einiges geändert. Die meisten neu erbauten Hotels, Privatzimmer usw. zeigen einen deutlichen Trend zum modernen Wohnstandard. Es ist Geld auf die Insel gekommen und viele Hoteliers haben erkannt, worauf mitteleuropäische Gäste Wert legen. In den historischen Altstadtvierteln von *Réthimnon* und *Chaniá* werden beispielsweise immer mehr venezianische und türkische Häuser sorgfältig restauriert und zu geschmackvollen Herbergen umgebaut. Manche Hotelbesitzer haben zudem früher im Ausland gearbeitet und kennen die Ansprüche ihrer Besucher. Nicht zuletzt spürt man auch häufig den Einfluss der vielen mitteleuropäischen Frauen, die ihre kretischen Partner hier kennen gelernt haben und auf der Insel geblieben sind. Nicht wenige Häuser haben seit langen Jahren Stammgäste, was oft auf gleich bleibende Qualität, Gastfreundschaft und Bemühen um Service zurückzuführen ist. Eventuelle Mängel werden durch die Herzlichkeit der Gastgeber mehr als wettgemacht. Und auch der Gesetzgeber hat das Seine getan: alle Zimmer von neu erbauten Unterkünften müssen über Klimaanlage und Kühlschrank verfügen.

Während sich in den Küstenorten touristische Entwicklungen mit großer Dynamik abspielen, ist das *Inselinnere* davon weitgehend unberührt geblieben. Hier finden Sie noch großteils schlichte Privatquartiere, die sicher nicht viel Komfort bieten, aber unverfälscht das wirkliche Inselleben abseits der ausgetrampelten Pfade widerspiegeln. Und auch an der *Südküste* gibt es noch die kleinen, ruhigen Nischen, wo der „große" Tourismus noch nicht so recht vorgedrungen ist. Die vorgelagerte *Insel Gávdos*, der südlichste Punkt Europas, besitzt sogar kein einziges Hotel. Auch die West- und Ostküste Kretas sind vom Bauboom noch weitgehend verschont geblieben.

Tipp für Individualreisende: Wer auf eigene Faust reist, Stress bei der Zimmersuche vermeiden und gleichzeitig einiges an Geld sparen will, sollte unbedingt in der **Nebensaison** fahren, also April/Mai oder September/Oktober. Viele Häuser stehen dann fast leer, die Preise fallen in dieser Zeit teilweise in den Keller und die Hoteliers sind um jeden Gast froh. Handeln ist fast immer möglich und Doppelzimmer werden nicht selten unter 20 € offeriert. Im Frühjahr steht Kreta zudem in üppiger Blüte, die Temperaturen sind noch nicht extrem, die Strände nicht überfüllt.

Kategorien und Preise aller registrierten Unterkünfte werden staatlich festgelegt und überwacht. Sie müssen in den Zimmern aushängen und die Besitzer dürfen nicht mehr verlangen, als ausgewiesen ist. In unseren Ortsbeschreibungen finden Sie zahlreiche Adressen mit Charakterisierung, Telefon- und Faxnummer, Webadresse (falls vorhanden) und Preisen. DZ bedeutet Doppelzimmer, d. h der angegebene Preis gilt für ein Zweibettzimmer und nicht etwa pro Person. Da die Preise je Saison sehr unterschiedlich sein können, haben wir meist Preisspannen (min./max.) angegeben. Diese Angaben sind ständigen Änderungen unterworfen und können nur ungefähre Anhaltspunkte geben.

▸ **Hotels**: Hotels sind in sechs Kategorien unterteilt: Luxus, A, B, C, D und E. Vor allem in den unteren Klassen handelt es sich fast durchweg um Familienbetriebe, die sich auch häufig Pension nennen. Hinweis: Geld- oder Kreditkarten sowie Quarzuhren sollten nicht in die Nähe der in größeren Häusern häufig verwendeten magnetischen Zimmerschlüssel gelangen, denn dadurch können die Informationen auf dem Magnetstreifen gelöscht werden und die Uhren stehen bleiben.

Luxus-Kat.: Dieses Prädikat tragen gerade mal 21 Hotels auf Kreta. Acht von ihnen liegen in Ágios Nikólaos und dem benachbarten Eloúnda, sieben um Liménas Chersonísou, eins in Réthimnon, eins zwischen Ágios Nikólaos und Pachiá Ámmos, zwei in Agía Pelagía und zwei in Iráklion. Es handelt sich durchweg um Großhotels mit allen Einrichtungen: Tennisplätze, eigener Strand, Wassersport, mehrere Restaurants und Bars, Disco usw. Die Preise in diesen Zentren des „Edeltourismus" beginnen je nach Saison bei ca. 150 € für das DZ, nach oben ist die Skala fast offen, meist ist Halb- oder Vollpension obligatorisch.

A-Kat.: ebenfalls noch für gehobene Ansprüche, in der Ausstattung und Service etwas einfacher als first class, teilweise aber durchaus zu vergleichen. Preise fürs DZ je nach Saison von ca. 80–180 €, Halb- oder Vollpension oft obligatorisch. Häuser der A-Kat. finden sich vor allem an den langen

Sandstränden der Nordküste und in den dortigen Städten und großen Touristenorten, z. B. bei Réthimnon die Hotels der Grecotel-Kette.

B-Kat.: durchweg gehobene Häuser mit genügend Komfort und Service. Oft alteingeführte Hotels, die seit Jahren von Reiseveranstaltern gebucht werden. Die neu erbauten Häuser der B-Kat. oft erfreulich modern, mit guten sanitären Anlagen und gepflegter Atmosphäre. Bei einigen wenigen B-Hotels haben wir uns allerdings schon wundern müssen, wie sie zu der Klassifizierung kamen. DZ je nach Saison für ca. 60–120 €, Halbpension möglich.

C-Kat.: die normalen Durchschnittshotels, hier gibt's schon ziemliche Qualitätsunterschiede, von sehr gut bis ungepflegt und vernachlässigt. DZ in der Regel mit eigenem Bad, je nach Saison 40–100 €. Halbpension z. T. möglich.

D-Kat.: einfache „Billig-Hotels", Ausstattung karg. Nicht immer eigenes Bad, dafür manchmal mehr persönliches Ambiente als in den besseren Kategorien. Auch hier kann man erfreuliche und unerfreuliche Entdeckungen machen. DZ je nach Saison 30–60 €.

E-Kat.: Billig-Absteigen, hauptsächlich bei Rucksacktouristen beliebt. Ein Dach überm Kopf, Dusche am Gang, hier kommt viel auf den Besitzer an – wie er sein Haus in Schuss hält, wie sein Verhältnis zur Sauberkeit ist usw. Einen totalen Flop haben wir in Kreta selten erlebt. Vor allem in den größeren Städten findet man sie häufig in „historischen" Häusern, die lange keine Renovierung mehr erlebt haben. DZ je nach Saison 20–45 €.

Die Grecotels: Vorzeigehäuser der kretischen Hotellerie

Die Kette der Grecotels gehört zur Hälfte einer Gruppe kretischer Geschäftsleute unter der Ägide zweier Brüder, die andere Hälfte gehört der TUI. Sie besitzt auf Kreta mehrere Hotels im Raum Réthimnon (→ S. 508), weitere Häuser stehen bei Mália und Eloúnda im Osten Kretas. Die Grecotels zeichnen sich durch hohen Qualitätsstandard und guten Service aus und gehören zu den besten Häusern der Insel. Mehrmals wöchentlich finden Buffet-Abende mit einer großen Auswahl an einheimischen Spezialitäten statt. Weiterhin wird ein Kulturprogramm mit kleinen Seminaren, Sprach- und Kochkursen angeboten. Kinder finden zahlreiche Spielmöglichkeiten in den weitläufigen „Grecolands", wo die kleinen Urlauber in drei verschiedenen Altersgruppen betreut werden. Auch kindgerechte Sanitäranlagen wurden dabei nicht vergessen. Besonderen Wert legt man auf die Umweltverträglichkeit der Häuser, die einzelnen Maßnahmen werden Gästen gerne vorgestellt und erläutert. So hat man ein auf Kreta einzigartiges Projekt der Sammlung von organischen Abfällen begonnen, ebenso werden Blumen und Gemüse oft aus eigenem Anbau verwendet. Sehr viele Grecotels sind außerdem mit Solarzellen zur Brauchwasseraufbereitung ausgestattet.

▸ **Privatzimmer**: zu finden wie Sand am Meer, überall hängen die Schilder *„Rent Rooms"*, *„Rooms to let"* oder *„Domatia"* (griech. = Zimmer). Manchmal nennt man sich auch stolz Pension oder gar Hotel, so genau wird das nicht genommen. Vor allem in den kleinen Küsten- und Badeorten ist die Zimmervermietung ein einträglicher Verdienst. Eine wahre Flut von Unterkünften ist in den letzten Jahren entstanden und der Boom hält noch an. Viele Einwohner bauen an, stocken ihre Häuser auf oder setzen Neubauten auf ihr Grundstück. Neu gebaute Häuser haben fast durchweg Zimmer mit eigener Du/WC, Kühlschrank sowie Klimaanlage oder zumindest Ventilator, oft sogar mit kleiner Kücheneinrichtung und TV. Die Einrichtung ist einfach und den mediterranen Verhältnissen angepasst, häufig bekommt man preiswertes Frühstück. Ein Privatzimmer bedeutet nicht selten Familienanschluss. Es geht vertraut und freundlich zu, nicht selten wird man freigiebig bewirtet und in Gesprächen kann man viel über Kreta und die Kreter erfahren. Privatzimmer kosten in der Regel je nach Saison zwischen 20 und 45 Euro, aber es gibt auch preiswertere Möglichkeiten, z. B. im Inland und auf der Insel Gávdos. Handeln ist häufig möglich, in der Hauptsaison jedoch nur bedingt.

Tipps und Hinweise zur Quartiersuche

- Das **Überangebot** an Unterkünften hat dazu geführt, dass man überall, wo man seine Blicke interessiert schweifen lässt, angegangen wird, ob man nicht einen „Room" braucht. Ärgern Sie sich nicht darüber und bedenken Sie, dass für viele Familien die Zimmervermietung existenziell wichtig ist.
- In zahlreichen Unterkünften wird **Warmwasser** mit Solarenergie erzeugt, d. h. es kann nicht zu jeder Tages- und Nachtzeit heiß geduscht werden, oft plätschert das Wasser nur lauwarm.
- **Frühstück** wird nicht überall serviert und ist oft karg bemessen. Da es keiner Überwachung durch die Tourismusbehörde unterliegt, fällt es gelegentlich teuer aus bzw. muss bei einem Inklusivpreis (Ü/F) als Begründung für überzogene Preise herhalten.
- **Außerhalb der Hauptsaison** sind Zimmer deutlich billiger und man kann mit dem Vermieter problemlos verhandeln. Die Preise liegen dann oft deutlich unter den offiziell ausgewiesenen. Bei mehrtägigem Aufenthalt wird meist Rabatt gewährt.
- **Einzelzimmer** gibt es kaum, Singles müssen unter Umständen ein Doppelzimmer nehmen und einen nur leicht ermäßigten Preis zahlen.
- Ein gelegentlich angewandter Trick: Der Vermieter stellt **zwei Betten** in ein winziges Einzelzimmer, vermietet es an zwei Personen und verlangt natürlich auch den Preis für ein Doppel. In dem Fall hängt aber meist der Preis für das Einzelzimmer an der Tür – versuchen, Rabatt zu bekommen.
- **Nie im Voraus** für mehrere Tage bezahlen, denn dann hat man keine Möglichkeit mehr zu wechseln, ohne erneut bezahlen zu müssen.
- Vorsicht, wenn in der Hochsaison in einem voll besetzten Haus nur noch **ein Zimmer frei** ist. Dieses ist dann wirklich oft „das Letzte". Immer vorher ansehen, bevor man akzeptiert.

▸ **Ferienwohnungen/-häuser**: hauptsächlich für Familien mit Kindern günstig, weil geräumig und mit Kochmöglichkeit. Viele Häuser sind neu gebaut und im Komfort durchaus zufrieden stellend. Ein *Apartment* besteht aus Wohn- und Schlafzimmer mit Küche oder Kochecke (Herd, Spüle, Kühlschrank) und Du/WC, ein *Studio* besitzt nur einen Raum mit integrierter Kochecke und Du/WC. Ferienwohnungen kann man problemlos bereits zu Hause im Reisebüro, im Internet oder über die unten genannten Anbieter mieten, bei denen man auch gleich die Anreise per Schiff oder Flug mitbuchen kann. Viele Inhaber bieten ihre Häuser auch per Inserat im Reiseteil der großen deutschen, österreichischen und Schweizer Zeitungen an. Einen Prospekt kann man sich meist schicken lassen. Die Angaben stimmen zwar nicht immer hundertprozentig, sind aber in der Regel zuverlässig.
Etwas billiger ist meist die Anmietung unmittelbar vor Ort. Auskunft geben diverse Hinweisschilder und die Informationsstellen, Buchung über viele Reisebüros oder direkt beim Vermieter. Im Juli/August muss man allerdings Glück haben, um noch eine freie Ferienwohnung zu finden.
Die Preise für Studios und Apartments liegen je nach Größe und Ausstattung zwischen 30 und 70 €, für Ferienhäuser 60–120 €/Tag, es gibt allerdings auch komfor-

An vielen Stellen der Küste schießen neue Feriensiedlungen aus dem Boden

table Objekte, die deutlich teurer sind. In der Nebensaison sinken die Preise stark und man kann problemlos handeln, ein einfaches Apartment ist dann oft schon für 25–30 € zu bekommen. Zudem stehen viele Häuser leer und man muss nicht zu Hause vorbuchen.

• *Anbieter* (Auswahl) **Casa Feria**, Internet-Vermittlung für Land- und Ferienhäuser, Gerberei 19, D-91054 Erlangen, www.casa-feria.de (www.michael-mueller-verlag.de)
Domizile Reisen, Planegger Str. 9 a, D-81241 München, ✆ 089/833084, ℻ 8341760, www.domizile.de
Harkort-Reisen Griechenland, Dannecker Str. 22, D-60594 Frankfurt, ✆ 069/612124, ℻ 610423, www.harkort-reisen.de
Jassu Reisen, Hartmut M. Burggraf, Postfach 2106, D-53631 Königswinter, ✆ 0223/91750, ℻ 917523, www.jassu-reisen.de
Kreta Ferienwohnungen Alexander Damianof, Schulstr. 17, D-71254 Ditzingen, ✆ 07156/436280, ℻ 4362899, www.kreta-ferienwohnungen.de
Kreta Reisen Evi Haffenrichter, Clemensstr. 49, D-80803 München, ✆ 089/333283, ℻ 395613, www.kreta-reisen.de
Minotours Hellas, Generalagentur in Deutschland: Rosalie Großheim, Hüttenbrink 1, D-37520 Osterode-Lerbach. ✆ 05522/3934, ℻ 76360, www.minotours.de
Takis-Ferienhäuser, Herzogspitalstr. 10, D-80331 München, ✆ 089/2366510, ℻ 23665199, www.takis.de
Voyages Sud-Soleil (Deutschland), Günterstalstr. 17, D-79102 Freiburg i. Br., ✆ 0761/708700, ℻ 7087026, www.voyages-sud.de
Außerdem bieten auch alle großen Reiseveranstalter Ferienwohnungen an.

Online-Anbieter von Hotels und Ferienwohnungen (Auswahl): beeinnet.com, crete-hotels-rooms.com, ct-travel.org, forthnet.gr/internetity/hotels, greekhotel.com, interkriti.gr, sunbudget.net, traum-ferienwohnungen.de und southerncrete.com

▸ **Jugendherbergen**: existieren derzeit in *Iráklion*, *Réthimnon* und *Plakiás*. Genaue Infos unter den einzelnen Ortskapiteln. Kostenpunkt ca. 4,50–6 € pro Übernachtung, JH-Ausweis wird nicht verlangt, auch abendliche Schließzeit gibt es nicht.

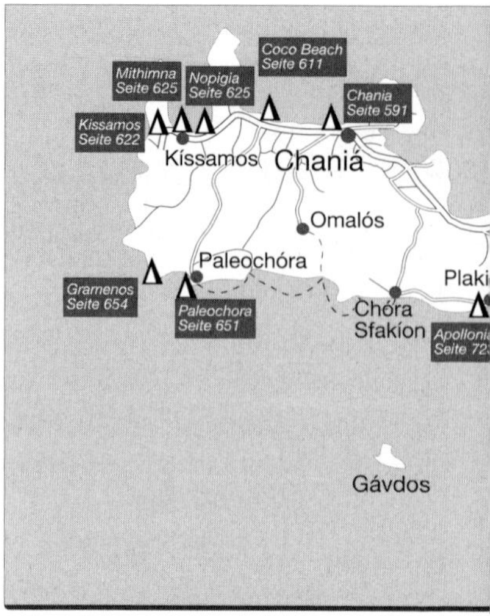

▸ **Camping**: Es gibt zur Zeit 15 Campingplätze auf Kreta, genaue Tipps dazu in den jeweiligen Ortskapiteln. Da sich Zeltplätze wirtschaftlich kaum noch lohnen, steht nicht zu erwarten, dass sich das Aufkommen in Zukunft steigern wird. Alle Plätze sind schlicht und besitzen wenig bzw. keinerlei Komfort. Mit Pflege und Modernisierung nimmt man es oft nicht sonderlich genau. Warmes Wasser steht meistens, aber nicht immer zur Verfügung. Auch Taverne, Bar und Minimarket sind meist vorhanden, aber oft nur in der Hauptsaison geöffnet, manchmal gibt es einen Swimmingpool. Die Anlagen liegen weitgehend direkt am Meer, einige wenige sind ein paar hundert Meter entfernt. Die folgenden Öffnungszeiten ohne Gewähr, denn wenn der Laden nicht läuft, wird auch schon mal früher im Jahr zugemacht. Zwei Plätze sind angeblich ganzjährig geöffnet – auch dies mit Vorbehalt, lieber vorher kurz anrufen, bevor man sich auf den Weg macht. Auf allen Campingplätzen darf man auch *ohne Zelt* übernachten.
Laut Leserzuschrift haben sich Camping Nopigia, Komo, Caravan und Koutsounari zu einem Verbund zusammengeschlossen. Mit einem Stempel von einem der Plätze erhält man Ermäßigung (Juli/August 10 %, Mai/Juni und September/Oktober 15 %) auf den anderen dreien.

• *Nordküste* (West nach Ost): **Camping Kissamos**, kleiner, wenig besuchter Platz mitten im gleichnamigen Ort, nah an einer Sandbucht. Swimmingpool, Taverne. Mai bis Mitte Oktober. ✆ 28220-23443.

Camping Mithimna, bei Kíssamos, großer, dicht beschatteter Platz an einem langen Kies/Sandstrand, Taverne/Bar, angenehm persönliche Atmosphäre. April bis Oktober. ✆ 28220-31444, ℻ 31000.

Camping Nopigia, ruhig gelegener Platz im Golf von Kíssamos, schöner Swimmingpool, Kiesstrand vor der Tür, Taverne/Bar. April bis Oktober. ✆ 28220-31111, 31331.

Camping Coco Beach, bei Tavronítis, der einzige Platz, der in den letzten Jahren neu eröffnet wurde. Schmales schlauchförmiges Gelände, davor asphaltierte Uferstraße und steiniger Strand. ✆ 28240-22940, ℻ 23220, www.eurocamps.net/cocobeach

Camping Chania, 4 km westlich von Chaniá, Platz mit Olivenbäumen, Taverne/Bar, Waschmaschine, Swimmingpool. 5 Min. zum Strand. April bis Oktober. ✆ 28210-31138, ℻ 33371.

Camping Elisabeth, einige Kilometer östlich von Réthimnon, groß, ausreichender Schatten, Taverne/Bar, direkt am langen Sandstrand. Mai bis Mitte Oktober. ✆ 28310-28694, www.camping-elisabeth.com

Camping Kreta, mittelgroßer Platz neben einem ehemaligen Militärgelände östlich von Iráklion, davor schmaler Sandstreifen. Mai bis Sept. ✆ 28970-41400, ℻ 41792.

Camping Caravan, sehr einfacher Platz am östlichen Ortsausgang von Liménas Chersonísou. Schatten unter Schilfdächern, Sandbucht in der Nähe. April bis September. ✆ 28970-22025.

Camping Gournia Moon, 14 km östlich von Ágios Nikólaos. Klein und ruhig gelegen, weitab von jeder Ortschaft, mit Taverne/Bar und Swimmingpool. Unterhalb eine Kiesbucht zwischen Felshängen, die jedoch mit Treibgut verschmutzt ist. Mai bis September. ✆ 28420-93243.

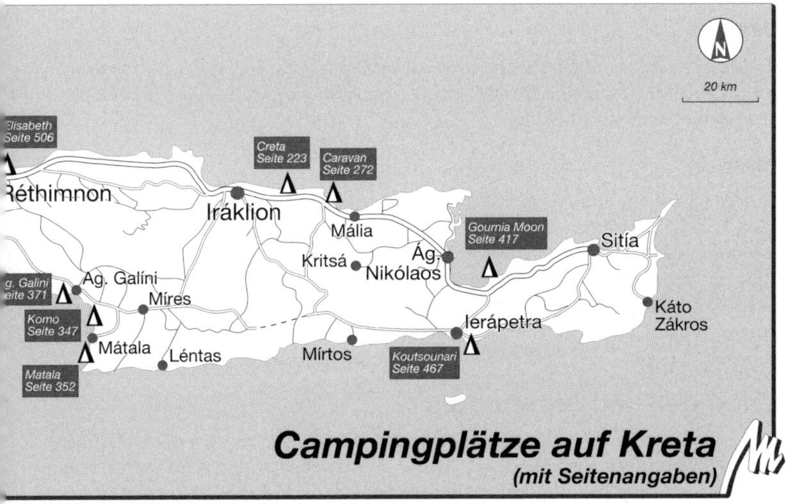

• *Südküste* (West nach Ost): **Camping Grameno**, einige Kilometer westlich von Paleochóra, noch im Aufbau begriffen, bisher günstige Preise. ✆ 28320-42125.

Camping Paleochora, bei Paleochóra, einfacher preiswerter Platz, Ausstattung leidlich, laute Open Air-Disco. Kiesstrand gleich unterhalb, zum Sandstrand 15 Min. April bis Oktober. ✆ 28230-41225.

Camping Apollonia, in Plakiás, Gelände unter Olivenbäumen, wenige Meter vom langen Sandstrand, mit Pool. April bis Oktober. ✆ 28320-31318, ℻ 31607, www.apollonia-camping.gr

Camping Agia Galini „No Problem", gut geführter Platz beim gleichnamigen Badeort, etwas zurück vom Kiesstrand, ausreichend Schatten, ordentliche Taverne, Swimmingpool. Ganzjährig. ✆ 28320-91386, ℻ 91239, www.interkriti.org/camping/aggalini/a.htm

Camping Komo, bei Pitsídia oberhalb vom Kómo Beach. Schöner Platz auf einem Hügel, bisher gut gepflegt, Swimmingpool, etwas windig. April bis September. ✆ 28920-42596.

Camping Koutsounari, östlich von Ierápetra, etwas tristes Gelände, aber reichlich Schatten durch Olivenbäume und Schilfdächer. Dafür kilometerlanger, grauer Sandstrand. Ganzjährig. ✆ 28420-61213.

▸ **Wohnmobile**: In ganz Griechenland ist es verboten, länger als 24 Stunden an einem Ort in freier Natur zu stehen. Wenn man sich jedoch nicht gerade provozierend an exponierte Plätze stellt, gibt es in der Regel keine Schwierigkeiten. Natürlich sollte man sich nicht gerade dort festbeißen wollen, wo es von Badetouristen nur so wimmelt. Wichtig: Bei eventuellen Polizeikontrollen sehr freundlich sein, ein lockeres Gespräch beginnen und vor allem die Schönheit Kretas und speziell dieses Ortes loben. Auf den Campingplätzen gibt es noch kaum spezifische Einrichtungen wie Chemikalausgüsse u. Ä.

▸ **Wildzelten/draußen schlafen**: ist in ganz Griechenland offiziell verboten und hat sich in den neunziger Jahren stark zurückentwickelt. Nur noch an wenigen kretischen Stränden werden Zelte und Schlafsäcke toleriert, nämlich bei *Soúgia* und *Léntas* (Südküste) sowie auf der Insel Gávdos. Beim Übernachten am Strand sollte man sich so gut wie möglich gegen Diebstahl schützen.

Uhrzeit

In ganz Griechenland gilt die *osteuropäische Zeit* (OEZ). Sie ist der mitteleuropäischen Zeit (MEZ) um eine Stunde voraus. Von April bis Oktober ist wie bei uns zusätzlich die Sommerzeit gültig.

Wasser

Wasser ist in den Sommermonaten oft knapp, bitte gehen Sie sparsam damit um (→ S. 48). Das Leitungswasser ist in den Städten überall gechlort, man kann es problemlos trinken, frisches Quellwasser in den Bergen ebenfalls. Von *Zisternen* sollte man nur trinken, wenn sie abgedeckt oder eingezäunt sind, das Wasser könnte sonst von Schafen und Ziegen verunreinigt sein. Ansonsten gibt es Wasser preiswert in großen Plastikflaschen zu kaufen, die dann nach Gebrauch überall in der Landschaft liegen.

Zeitungen und Zeitschriften

In allen Städten und Touristenorten bekommt man die wichtigsten deutschsprachigen Tageszeitungen und Magazine. Selbst in abgelegenen Orten an der Südküste sind sie höchstens zwei Tage alt, doch zahlt man dafür fast den doppelten Preis wie daheim.

Zoll

Seit 1993 dürfen innerhalb der EU Waren zum eigenen Verbrauch unbegrenzt ein- und ausgeführt werden. Es wurde allerdings ein Katalog über Richtmengen von Waren erstellt. Überschreitet man diese, muss man im Fall einer Stichprobenkontrolle glaubhaft machen, dass diese Mengen nicht gewerblich genutzt werden, sondern nur für den persönlichen Verbrauch bestimmt sind. Weitere Hinweise in der Broschüre „Urlaub“, erhältlich bei vielen öffentlichen Stellen, in Reisebüros und beim Zollamt.

Richtmengenkatalog (Warenmenge pro Person ab 17 Jahre):
800 Zigaretten, 400 Zigarillos, 200 Zigarren, 1 kg Rauchtabak, 10 ltr. Spirituosen, 20 ltr. Zwischenerzeugnisse, 90 ltr. Wein (davon höchstens 60 ltr. Schaumwein) und 110 ltr. Bier.

Für **Schweizer** gelten niedrigere Quoten: 200 Zigaretten oder 100 Zigarillos oder 50 Zigarren oder 250 g Tabak; 1 ltr. Spirituosen oder 1 ltr. Zwischenerzeugnisse oder 2 ltr. Wein oder 2 ltr. Bier sowie Geschenke bis 200 sFr.

▸ **Weitere Hinweise**: *Auto, Segelyacht* und andere hochpreisige Artikel werden an der Grenze in den Pass eingetragen und müssen wieder ausgeführt werden. Andernfalls ist sehr hoher Einfuhrzoll fällig. Wer sein Auto wegen Totalschadens in Griechenland zurücklassen musste, benötigt unbedingt eine Bestätigung der Polizei. *Langzeiturlauber* sollten beachten, dass ein Fahrzeug aus dem Ausland nur maximal sechs Monate im Land bleiben darf. Dann muss es wieder sechs Monate außer Landes gebracht werden, bevor die Erlaubnis wiederholt werden kann. Bei Überschreitung drohen hohe Strafgebühren. Die Ausfuhr von *Antiquitäten* ist streng verboten, ausgenommen sind staatlich autorisierte Kopien, die in verschiedenen Shops und Museen erworben werden können.

Herrlicher Blick vom Vassilikós (734 m) über die Berghänge Zentralkretas

Zentralkreta

Das Herz der Insel. Mit der Hauptstadt, dem höchsten Gebirge, der größten Ebene, der stärksten Bevölkerungsdichte und den wichtigsten archäologischen Fundstätten Schwerpunkt in jeder Beziehung. 90 % aller ausländischen Urlauber landen in Iráklion – sei es per Charterflug oder mit der täglichen Fähre ab Piräus.

Östlich der Stadt erstreckt sich eine weitgehend flache Küstenzone bis zur ausgedehnten Bucht von Mália. Zahlreiche große Badehotels stehen hier, doch die stark zersiedelte Region kann man nicht mehr als reizvoll bezeichnen und die überzogene touristische Infrastruktur lässt hier Ursprünglichkeit zur echten Rarität werden. Allerdings ermöglicht die verkehrsgünstige Lage interessante Ausflüge ins Hinterland und in den Osten Kretas.

Wilder und eindrucksvoller zeigt sich die Nordküste *westlich von Iráklion.* Hier stürzen mächtige Gebirgsausläufer ins Meer und Badeorte sind nur in wenigen Nischen der kahlen Felslandschaft angesiedelt, bis die lange Sandbucht von Réthimnon beginnt.

Das *Inland* an der breitesten Stelle Kretas ist zum großen Teil hügelig und stark vom Weinanbau geprägt. Eins der größten zusammenhängenden Traubenanbaugebiete Griechenlands breitet sich hier aus. Flankiert wird es im Westen vom weit ausladenden *Ída-Gebirge* mit dem höchsten Gipfel Kretas, im Osten von den Hängen der Díkti-Berge mit der *Lassíthi-Hochebene,* die vor allem durch ihre Tausende von Windrädern berühmt wurde.

Der *Süden* wird dominiert von der *Messará-Ebene*, der fruchtbarsten und größten Ebene der Insel. Hier liegen einige der beliebtesten Badeorte der Insel, allen voran der legendäre ehemalige Hippie-Treffpunkt *Mátala* und der Fischerhafen *Agía Galíni*, der heute allerdings in erster Linie vom ständig steigenden Touristenaufkommen lebt, dazu einige wunderbare Strände, von denen an erster Stelle der kilometerlange *Kómo Beach* genannt werden muss. Doch auch die Minoer und ihre antiken Nachfolger hatten die Messará bereits entdeckt. Die minoischen Paläste *Festós* und *Agía Triáda* sowie das griechisch-römische *Gortis* gehören zu den interessantesten Überresten der bewegten Inselvergangenheit – überschattet nur noch vom weltberühmten *Palast von Knossós*, der wenige Kilometer von Iráklion liegt und getrost zu den Weltattraktionen in Sachen Archäologie gezählt werden darf.

• *Orientierung* Zentralkreta reicht vom **Ída-Gebirge** im Westen bis zu den **Díkti-Bergen** mit der Lassíthi-Hochebene im Osten. Zwischen den beiden Gebirgen breitet sich hügeliges Weinland aus, im Süden liegt die große Messará-Ebene. Einziges städtisches Zentrum ist **Iráklion**, mit über 140.000 Einwohnern die Hauptstadt der Insel, gefolgt von den Provinzzentren **Archánes**, **Míres**, **Anógia**, **Kastélli** und **Timbáki**.

• *Straßen* Die schnellstraßenähnlich ausgebaute **New Road** führt an der Nordküste entlang und bildet die Hauptachse des kretischen Straßennetzes. Ansonsten sind die meisten wichtigen Straßen asphaltiert und in gutem Zustand. Ausnahmen bilden lediglich einige Zufahrten zur Südküste.

• *Verbindungen* Zentrum des Busnetzes ist **Iráklion**. Besonders gut sind die Verbindungen **Richtung Osten** die Küste entlang (Liménas Chersonísou, Mália, Ágios Nikólaos), nach **Réthimnon** und in den **Süden Zentralkretas** (Messará-Ebene, Agía Galíni, Mátala). Weniger häufig fahren Busse in die Inlandsorte. Eine Ausnahme bildet jedoch **Archánes** und auch die Strecke über **Tílissos** nach **Anógia** im Ida-Gebirge wird mehrmals täglich befahren.

• *Übernachten* In Iráklion und an der Küste östlich der Stadt konzentriert sich das Gros der kretischen Gästebetten (**Kókkini Cháni**, **Goúrnes**, **Káto Goúves**, **Análipsi**, **Liménas Chersonísou**, **Stálida**, **Mália** u. a.). Mit Hotels und Pensionen ebenfalls gut ausgestattet sind die Badeorte an der Südküste, vor allem **Agía Galíni** und **Mátala**. Campingplätze gibt es bei **Goúrnes**, **Liménas Chersonísou**, **Pitsídia**, **Mátala** und **Agía Galíni**.

• *Archäologie* Zentralkreta hat die größte Dichte an archäologischen Fundstätten aufzuweisen. 6 km von Iráklion liegt **Knossós**, der bedeutendste und größte minoische Palast der Insel. **Festós**, der zweitgrößte Palast, liegt in der Messará-Ebene, gleich benachbart **Agía Triáda**, eine weitere minoische Residenz. Einen weiteren Palast der Minoer findet man bei **Mália**. Um **Archánes** befinden sich schließlich einige der jüngsten Ausgrabungsstätten Kretas, die z. T. erst in den siebziger Jahren erschlossen wurden (Tempel von Anemospília, Nekropole Foúrni u. a.). Bei Priniás zwischen Iráklion und Messará-Ebene liegt **Rizinía**, Kretas bedeutendste Ausgrabung aus archaischer Zeit, und am Kómo Beach bei Pitsídia wurde der minoische Hafen **Kommós** ausgegraben.

• *Baden* Schöne Sandstrände liegen im Norden bei **Iráklion**, **Mália** und **Liménas Chersonísou**, im Süden bei **Pitsídia** und **Kalamáki** (Kómo Beach), bei **Mátala** und **Lentas**.

Im venezianischen Hafen von Iráklion

Iráklion

Ungezügelter Wildwuchs am tiefblauen Meer. Ein bleiches Spinnennetz, das weiträumig Küste und Hügel überzieht. Der erste Anblick: Einheitshäuser, Stahlbeton, Staub, Hitze und dampfender Asphalt. Die größte Stadt Kretas, Wirtschafts- und Ballungszentrum der gesamten Insel, glänzt nicht mit fein ausgeklügelter Stadtplanung, hier wird gebaut, was nur geht.

Gut 140.000 Kreter bevölkern heute die Stadt und ihre Außenbezirke. Nicht viel, denkt man vielleicht, aber immerhin ist das jeder fünfte Bewohner der dünn besiedelten Insel. Iráklion ist Kretas überdimensionierter Wasserkopf, noch dazu Dreh- und Angelpunkt des gesamten Inseltourismus. Ganze Heerscharen von Touristen bevölkern die Stadt und ihre Umgebung – Kreuzfahrer, die nur schnell mal nach Knossós und ins Museum geschleust werden, An- und Abreisende, die auf Fähren und Luftjets warten, Urlauber aus den großen Badehotels der nahen Strände, Museumsbesucher, Kulturbeflissene und viele mehr. Täglich sind es zigtausende, die durch die nicht allzu große Altstadt pilgern, Beschaulichkeit kehrt auf den gängigen Sightseeing-Pfaden nur selten ein. Trotzdem hat Iráklion Atmosphäre, auch wenn aus der bewegten Vergangenheit nur wenig erhalten geblieben ist: Nach der Befreiung von den Türken zerstörten die Kreter alles, was an die verhasste Besatzungsmacht erinnerte, und im Zweiten Weltkrieg vollendeten deutsche und alliierte Bomben das Zerstörungswerk und vernichteten gut zwei Drittel der Altstadt. Der folgende Wiederaufbau ging rasant und unkontrolliert vor sich, auf Ästhetik und Bewahrung historischer Strukturen wurde keinerlei Rücksicht genommen.

Mittelpunkt des historischen Zentrums ist seit eh und je die Platia Venizelou mit dem *Morosini-Brunnen*. Hier kann man in Ruhe einen Kaffee trinken und überle-

gen, wie man die Stadt für sich „erobern" will. Nur ein paar Schritte sind es von hier in die geschäftige *Fußgängerzone*, in die vor Menschen berstende *Marktgasse*, zum weitläufigen, grünen *Eleftherias-Platz* und ins weltberühmte *Archäologische Museum* mit seiner einzigartigen Sammlung minoischer Kunst. Als Fluchtpunkt vor dem Lärm der City und um Überblick zu gewinnen bietet sich ein Bummel am *Fischerhafen* mit dem imposanten venezianischen Kastell und der langen, stillen Mole an. Das nur wenige Kilometer außerhalb liegende *Knossós* lässt natürlich niemand aus, Pflichtbesuch in den gewaltigen Ruinen des weltberühmten minoischen Palastes. Elegant überdachte „Königssuiten", leuchtende Farbfresken, Jahrtausende alte Treppenfluchten – Sir Arthur Evans gewagt konstruiertes „Disneyland für Archäologen" ist seit Jahrzehnten Garant für den ständig anwachsenden Touristenstrom.
Trotz aller Hektik, trotz Großstadtatmosphäre und hektischem Verkehrsgeschehen hat Iráklion also auch dem flüchtigen Besucher einiges zu bieten. Für die Kreter selber bedeutet Iráklion vor allem die Chance zum wirtschaftlichen Aufstieg. Überall wandern die jungen Leute aus den kargen Bergdörfern ab, um in der Stadt ihren Broterwerb zu finden. Über die Hälfte aller Industrie- und Handwerksbetriebe der Insel sind hier konzentriert, ebenso nimmt die Zahl der Großhandels- und Einzelhandelsgeschäfte ständig zu. Und natürlich findet man Arbeit im Dienstleistungssektor, sprich Tourismus. Zudem sind heute allein vier Fakultäten (Medizin, Mathematik, Physik und Chemie) der „University of Crete" in den Außenbezirken der Stadt angesiedelt, die etwa 6000 Studenten prägen allabendlich das Bild der Innenstadt. Iráklion ist so der einzige Bezirk Kretas, in dem die Bevölkerungszahl kontinuierlich ansteigt – die unattraktive Kehrseite dieser Entwicklung sind die den südamerikanischen „Favelas" (Kanisterstädte) nicht unähnlichen Wellblechsiedlungen entlang der New Road, wo sich vor allem Roma und Sinti niedergelassen haben und von der Stadt mit Strom und Wasser versorgt werden.

Geschichte

In minoischer Zeit lag im heutigen Stadtgebiet von Iráklion nur ein kleiner Nebenhafen von Knossós. *Amnissós*, wenige Kilometer östlich, war der eigentliche Hafen der Siedlung um den Mínos-Palast. Heute stehen dort nur noch ein paar bescheidene Ruinen (→ Iráklion/Umgebung).
Erst in griechischer Zeit entstand die kleine Stadt *Heraklea*. Angeblich war sie nach dem sagenhaften Herakles benannt, der in Kreta den Stier des Mínos lebend eingefangen und damit seine siebte Heldentat vollbracht hatte. Auch die Römer, später die byzantinischen Eroberer, bewohnten die Hafenstadt – aus diesen Zeiten ist aber kaum etwas überliefert, geschweige denn erhalten.
Ins Licht der Geschichte rückt Iráklion 842, als die Sarazenen des Abu Hafs Omar (→ Ostkreta/Palmenstrand von Váï) die Siedlung erobern. Sie umgeben die Stadt mit Mauern und Wassergraben – Rabd el Chandak, die „Burg mit dem Graben", nennen sie die neue Festung. Bis ins 10. Jh. gilt die Stadt als gefürchtetes Piratennest.
961 erobern die Byzantiner unter Nikephóros Phokás Rabd el Chandak und zerstören es völlig. Aber der Plan, die Stadt aufzugeben und stattdessen ein gut befestigtes Kastell auf einem Berg in der Nähe zu errichten, scheitert an dem Widerstand der Einwohner und byzantinischen Kolonisten. So bleibt ihnen nichts übrig, als die Stadt wieder aufzubauen und neu zu befestigen. Sie nennen sie, in Anlehnung an den sarazenischen Namen, kurz *Chandax*.
Anfang des 13. Jh. wird das byzantinische Reich im vierten Kreuzzug aufgerieben – die Venezianer können Kreta dem geschwächten Byzanz für eine lächerliche Sum-

Historische Ansicht des Hafens von Iráklion im 19. Jh.

me abkaufen. Aus Chandax wird *Cándia*, ein neuer Name für die Stadt und gleichzeitig die ganze Insel. Die venezianische Herrschaft wird zur kulturellen Blütezeit Iráklions: Wirtschaft und Verwaltung werden von den Venezianern völlig umorganisiert, reiche Grundbesitzer werden per Gesetz verpflichtet, Prachtbauten in die Stadt zu setzen. Nach dem endgültigen Fall Konstantinopels flüchten ab 1452 byzantinische Intellektuelle und Künstler nach Kreta. Die *Berg-Sinai-Schule*, damals wichtigste Hochschule des christlichen Ostens, richtet in der Ekateríni-Kirche von Iráklion eine Lehr- und Forschungsstätte ein. Doch die rigorosen Kolonialmethoden der Venezianer provozieren immer wieder Aufstände von Seiten der Landbevölkerung.

Seit 1462 werden die Mauern von Cándia in einem gewaltigen Kraftakt verstärkt und um 1550/60 nochmals ausgebaut – die *türkische Invasion* steht drohend am Horizont. Die Befestigungen Cándias gehören jetzt zu den stärksten im Mittelmeerraum. Trotzdem beginnt nach dem Fall Chaniás und Réthimnons im Mai 1648 die Belagerung – über 21 Jahre wird sie dauern! Immer wieder rennen die Türken an, treiben Gänge unter die Festung, belegen die meterdicken Mauern mit Dauerfeuer. Am 27. September 1669 ist es soweit: Der venezianische Statthalter *Francesco Morosini* muss kapitulieren. Er erreicht den freien Abzug seiner spärlichen Truppenreste, doch von den ehemals stolzen Mauern und Bastionen sind nur noch Trümmer übrig. Eine der längsten Stadtbelagerungen der Neuzeit ist zu Ende, 30.000 Venezianer und 120.000 Türken haben sie mit dem Leben bezahlt.

Kreta ist damit türkisch. Iráklion wird von den Kretern im Folgenden zwar *Megalókastro* (große Festung) genannt, verliert aber immer mehr an Bedeutung, da die Türken Chaniá zur Verwaltungshauptstadt erheben.

Mit dem Abzug der Türken und der *Unabhängigkeit Kretas* 1898 erhält die Stadt zwar ihren ursprünglichen Namen Iráklion, aber erst 1913 mit dem *Anschluss Kretas an Griechenland* ihre frühere Bedeutung. Der Zustrom der griechischen Umsiedler aus der Türkei (→ Kasten) lässt ihre Bevölkerungszahl sprunghaft in die Höhe schnellen.

Im *Zweiten Weltkrieg* wird Iráklion durch deutsche und britische Bomber schwer zerstört, die deutschen Truppen besetzen 1941 die Stadt und ziehen erst 1944 wieder ab (Chaniá bleibt bis Kriegsende 1945 in deutscher Hand). Nach dem Krieg lassen Tourismus, Industrie und Handel Iráklion schnell zur wichtigsten Stadt der Insel werden. 1971 wird Iráklion wieder *Hauptstadt Kretas.*

„Klein-Athen" auf Kreta

Der plötzliche Aufstieg der Stadt hat historische Gründe. 1923 erreichte der damalige griechische Premierminister *Elefthérios Venizélos* beim Völkerbund in Lausanne die Zustimmung zu einem Bevölkerungstausch riesiger Dimension: Sämtliche kleinasiatischen Griechen mussten aus den türkischen Gebieten nach Griechenland zurückkehren und wurden in Großstädten angesiedelt (ca. 1,35 Mio.). Im Gegenzug wurden die 430.000 in Griechenland lebenden Türken – oft gegen ihren Willen – in die Türkei verfrachtet. Vor allem in Iráklion siedelten sich Tausende von Neuankömmlingen an und stampften über Nacht wuchernde Vorstädte aus dem Boden. Namen wie Néa-Alikarnassós u. ä. erinnern an die Herkunft der Einwanderer. Eine neuerliche Zuwanderungswelle hat Kreta in den 1990er Jahren nach dem Zerfall Jugoslawiens erfasst. Seitdem strömten Tausende von Albanern nach Kreta, die bislang nicht sonderlich gern gesehen sind.

Anfahrt/Verbindungen

Flug: Der nicht allzu große Flughafen „Níkos Kazantzákis" (www.hcaa-eleng.gr/irak.htm) liegt etwa 5 km östlich vom Stadtzentrum. In der Saison landen die internationalen Chartermaschinen teilweise im 10-Minuten-Rhythmus. Chaotisches Gedränge und lange Wartezeiten an den gerade mal vier Gepäckbändern sind die Folge auf dem chronisch überlasteten Platz. Beim Rückflug muss man ebenfalls mit langen Schlangen an den Eincheck-Schaltern sowie Verzögerungen bei den Abflügen rechnen.

Verbindungen von und nach *Athen* bieten „Olympic Airways" (bis zu 8 x tägl.) und „Aegean Airlines" (bis zu 13 x tägl.), mehrmals wöch. werden *Rhodos*, *Thessaloníki* und *Santoríni* angeflogen. Preis von und nach Athen ca. 60–95 €, wobei man bei Aegean meist den besseren Preis bekommt.

• *Einrichtungen* bei den Gepäckbändern **Informationsschalter** des EOT (auch von der Halle zu erreichen), **Post** (Erwerb von Telefonkarten), **Fundbüro**, **Toilette** und **Gepäckwagen**.

In der Ankunfts-/Abflughalle mehrere **Geldautomaten**, etwa zehn **Autovermieter** und der **Motorradvermieter** „Motor Club" (→ Iráklion), außerdem **Souvenirshop** mit internationalen Zeitungen und **Bar**. Außerdem gibt es einen **Sanitätsraum** mit einer Sanitäterin, jedoch keinen Arzt. Dieser muss im Ernstfall erst geholt werden.

Gepäckaufbewahrung bei der Bushaltestelle (→ unten), etwa 100 m vor der Ankunftshalle, tägl. 7.30–23 Uhr. Rucksack kostet pro Tag ca. 2,50 €, Koffer 3,50 €, Fahrrad ca. 4,50 €, Surfbrett ca. 6 €. Sperriges Gepäck (Fahrräder, Surfbretter) wird am Ostende des Airports ausgegeben, jenseits der Abfertigung für Inlandsflüge. ✆ 2810-397349.

Flugauskunft: ✆ 2810-228401, 228424, 228446, 228468

Vom Flughafen nach Iráklion: Die Fahrt vom Flughafen ins Zentrum dauert etwa 15 Min., man durchquert dabei die Vorstadt Néa-Alikarnassós.

• *Pauschalurlaub* Wenn Sie einen **Flug mit Hotelaufenthalt** gebucht haben, werden Sie per Bus direkt zu Ihrem Hotel gebracht. Ihr Reiseleiter holt Sie in der Ankunftshalle ab und dirigiert Sie zu den Ständen der Reiseveranstalter vor der Halle, dort fahren auch die Busse ab.

• *Taxi* Der **Taxistand** liegt zentral vor der Ankunfts-/Abflughalle, dort sind auch Richtpreise für wichtige Ziele auf ganz Kreta angeschlagen, allerdings werden fast immer höhere Preise verlangt. Für die Fahrt ins Zentrum sollten Sie maximal 8–10 € zahlen (erkundigen Sie sich beim Info-Schalter im Airport nach den aktuellen Preisen!). Empfehlenswert ist es, den Preis vor der Fahrt festzumachen, bei Abrechnung nach Taxameter riskiert man Umwege. Günstiges Ziel: **Eleftherias-Platz** (Platia Eleftherias oder Liberty Square), direkt im Zentrum. Es kommt vor, dass sich die Taxifahrer weigern, die vergleichsweise kurze Strecke in die Stadt zu fahren – in dem Fall sofort Beschwerde bei der Information (ob's allerdings was nützt ...). Handeln ist in beschränktem Rahmen möglich.

• *Bus* die preiswerteste Möglichkeit, in die Stadt zu kommen. Die Busstation liegt genau gegenüber vom Flughafengebäude, vom Ausgang für internationale Flüge sind es knapp 100 m. Dort starten die blauen **Stadtbusse** zum **Eleftherias-Platz** im Zentrum und fahren im Anschluss weiter bis zum **Busbahnhof B** am Chaniá-Tor (→ Busse) und z. T. weiter zum Strand **Ammoudára** westlich der Stadt. In der Hochsaison fahren die Busse alle 10 Min., sonst etwa alle 15–20 Min., Kostenpunkt ins Zentrum etwa 0,80 €. Erster Bus morgens gegen 6 Uhr. Falls Sie zum Hafen oder Busbahnhof A wollen, sagen Sie dem Busfahrer Bescheid, er lässt Sie dicht davor heraus und Sie sparen den Fußmarsch vom Eleftherias-Platz. Falls Sie zu den **Strandhotels** in Ammoudára an der Westseite von Iráklion wollen, erkundigen Sie sich, ob der Bus dorthin fährt. Andernfalls müssen Sie am **Eleftherias-Platz** umsteigen (Haltestelle vor dem Kino neben dem Astoria-Capsis-Hotel), Verbindungen gibt es von dort zwischen 6.30 und 23 Uhr alle 30 Min.

Von Iráklion zum Flughafen: Bus 1 (beschildert *„Aerodrom"*, *„Aerolimin"* oder *„Airport"*) fährt etwa alle 20 Min. Zusteigen kann man am besten am Eleftherias-Platz, die Haltestelle liegt auf der Stadtmauer 50 m rechts (südlich) vom Archäologischen Museum. Vor der Fahrt Ticket im Kiosk kaufen.

Schiff: Die großen Fähren aus Piräus haben ihre Anlegestelle einen knappen Kilometer östlich vom Venezianischen Hafen und Zentrum. Große Self-Service-Cafeteria, Gepäckaufbewahrung im benachbarten Busbahnhof A (→ unten). Man kann leicht zu Fuß ins Zentrum gehen.

• *Verbindungen nach Piräus* ganzjährig 1 x tägl. mit **ANEK Lines** (ab Iráklion 20.30 Uhr, an Piräus 5.30 Uhr) und mit **Minoan Lines** (Anfang Sept. bis Ende Juni ab Iráklion 21 Uhr, an Piräus 5.20 Uhr; Anfang Juli bis Anfang Sept. Abfahrt 21.30 Uhr). Im Juli/ August sowie zu Feiertagen wie Ostern, Weihnachten etc. verkehrt an verschiedenen Tagen, hauptsächlich an Wochenenden, zusätzlich eine Schnellfähre von Minoan Lines (ab Iráklion 11 Uhr, an Piräus 17.30 Uhr). Ungefähre Preise (Minoan Lines): Kabinenplatz je nach Kategorie und Anzahl der Schlafplätze (2–4 Pers.) 56–100 €, Pullmannsitz Business Class 45 €, Deckplatz/Pullmannsitz Economy Class 34 €, Motorrad 16–24 €, Kfz je nach Länge ca. 80–96 €, Camper 110–150 €. Anek Lines haben günstigere Personen- und Motorradpreise, Kfz- und Camperpreise sind ähnlich wie bei Minoan Lines (→ Réthimnon).

• *Weitere Verbindungen* Iráklion ist gut in das dichte Netz der Ägäis-Schifffahrt eingebunden. Routen und Fahrthäufigkeit ändern sich allerdings von Jahr zu Jahr. Nach **Santoríni** verkehren fast täglich Autofähren und Schnellboote (letztere brauchen nur etwa 2 Std. für die Fahrt auf die weltberühmte Vulkaninsel) und fahren z. T. weiter nach **Íos**, **Páros** und **Náxos** oder auf andere Inseln der Kykladen. Bis zu 3 x wöch. befährt Minoan Lines die Route Iráklion – Santoríni – Páros (– Náxos – Tínos) – Skíathos – **Thessaloníki**. In Santoríni hat man Anschluss an zahlreiche Kykladenfähren → Anáfi, Íos, Páros, Náxos, Mýkonos, Mílos u. a. Weiterhin gehen Fähren von Iráklion zum **Dodekanes**.

• *Auskünfte und Tickets* in den zahlreichen Agenturen an der **25 Avgoustou Str.** zwischen Venezianischem Hafen und Morosini-Brunnen. **ANEK** hat ihr Büro in der Avgoustou Str. 33, **Minoan Lines** in Nr. 78, gegenüber der Ágios-Títos-Kathedrale (→ Adressen/Reisebüros).

Busse: Iráklion ist Dreh- und Angelpunkt des gesamten Busverkehrs auf der Insel. Von den beiden Busbahnhöfen *Limenos* und *Chanioportas* (im Folgenden A und B genannt, siehe Stadtplan) werden alle größeren Orte der Insel mehrmals täglich angefahren. Es wird ein kostenloser Fahrplan ausgegeben, der im Großen und Ganzen zuverlässig und zur Orientierung hilfreich ist. Die tatsächlichen Abfahrtszeiten weichen von den gedruckten allerdings gelegentlich ab – oft wird auch ein paar Minuten früher abgefahren, deswegen immer zeitig da sein. Auskunftsschalter mit meist Englisch sprechenden Beamten gibt es in beiden Busbahnhöfen (✆ 2810-245020 u. 245019), Infos außerdem auf der Website www.bus-service-crete-ktel.com.

Busbahnhof A (Liménos): vis-à-vis der Anlegestelle für Fährschiffe von Piräus, etwa 400 m östlich vom Venezianischen Hafen. Hier fahren die Busse in den Osten Kretas ab, außerdem fährt mindestens stündlich ein Bus auf der gut ausgebauten New Road entlang der Nordküste nach Réthimnon und Chaniá. Es gibt einen touristischen *Informationsschalter*, eine *Gepäckaufbewahrung* (tägl. 7–19.30 Uhr, ca. 1 €, ✆ 2810-344097), deren Hüter allerdings oft nicht greifbar ist (kleine Wartezeit einkalkulieren), ein einfaches Café und Toiletten.

• *Verbindungen* (Auswahl) **Agía Pelágia** Mo–Sa 3 x tägl., So 2 x, ca. 3 €.
Ágios Nikólaos ca. 20 x tägl., ca. 5,30 €.
Archánes Mo–Fr ca. 17 x tägl., Sa 10 x, So 6 x, ca. 1,40 €.
Arkalochori Mo–Fr ca. 8 x tägl, Sa ca. 4 x, So 3 x, ca. 2,60 €.
Ierápetra ca. 7 x tägl., ca. 8,10 €.
Kástélli Pediádos ca. 7 x tägl, ca. 3 €.
Lassíthi-Hochebene (Psichró) 1 x tägl., ca. 4,30 €.
Liménas Chersonísou & Mália von 7.30–22 Uhr alle 30 Min., ca. 2,50 bzw. 3 €.
Über **Réthimnon** nach **Chaniá** zwischen 5.30 und 21 Uhr etwa halbstündlich bis stündlich, Fahrtdauer bis Réthimnon etwa 1,5 Std. (ca. 6,50 €), nach Chaniá eine weitere Std. (ca. 6 €). Achtung: Etwa zwei Busse machen täglich den Umweg über die **Old Road**, die – landschaftlich reizvoll – weiter inseleinwärts verläuft, und benötigen bis Chaniá fast 2 Std. länger (bei den Abfahrtszeiten angeschlagen, ansonsten erkundigen).
Sísi, **Mílatos** 2 x tägl., ca. 3,50 bzw. 3,80 €.
Sitía ca. 6 x tägl., ca. 11,20 €.

Busbahnhof B (Chaniopórtas): 50 m außerhalb vom Chaniá-Tor. Hier fahren hauptsächlich Busse in den Süden von Zentralkreta ab. Da er vom Zentrum ein ganzes Stück entfernt liegt, kann man ab Platia Eleftherias den Stadtbus 6 nehmen, die Busse ab Flughafen fahren ebenfalls hin. Benachbart gibt es mehrere Kafenia und Tavernen.

• *Verbindungen* (Auswahl) **Agía Galíni** Mo–Sa ca. 8 x tägl., So 6 x, ca. 6 €.
Anógia ca. 5 x tägl., ca. 3 €.
Festós ca. 8–9 x tägl., ca. 4,50 €.
Léntas 1 x tägl. (außer Sa/So), ca. 6,50 €.
Mátala ca. 4–5 x tägl., ca. 6 €.
Míres Mo–Sa 13 x, So 10 x, ca. 4,20 €.
Zarós, 1 x tägl. , ca. 3,50 €.

Unterwegs in der Stadt und außerhalb (siehe Karte S. 176/177)

Im Zentrum kann man sich bequem zu Fuß bewegen. Nur wenn man die Stadt verlassen will – nach Knossós, zum Strand etc. –, ist ein Fahrzeug nötig.

• *Eigenes Fahrzeug* Meiden Sie die engen Gassen der Altstadt. Ein kostenpflichtiger **Parkplatz** namens „Car Parking Museum" liegt unterhalb vom Archäologischen Museum an der Ikarou Str., tagsüber kann man hier für ca. 3 € parken, 24 Std. kosten 5 €. Ein weiterer kostenpflichtiger Parkplatz namens „Kastro Parking" liegt seitlich der

In der pittoresken Marktgasse von Iráklion

Dimokratias Str. Gratis findet man oft in der Umgebung der Busstation A an der breiten **Hafenstraße** ein freies Plätzchen.

• *Stadtbusse* Die städtischen Busse sind dunkelblau. **Tickets** müssen vor der Fahrt bei Fahrkartenkiosken gekauft werden – einer steht gegenüber der Venezianischen Loggia, wenige Meter vom Morosini-Brunnen, ein anderer am Eleftherias-Platz, direkt neben dem Eingang zum Hotel Astoria-Capsis. Gestaffelte Fahrpreise zwischen etwa 0,40 € und 0,90 €, Fahrtziel nennen.

Bus 1 fährt alle 10–20 Min. ab Eleftherias-Platz zum **Flugplatz**.

Bus 2 startet von 7–22.30 Uhr alle 10 Min. vor dem Busbahnhof A, fährt die 25 Avgoustou Str. hinauf (Haltestelle gegenüber der Venezianischen Loggia) und durchs Jesus-Tor (Haltestelle) nach **Knossós**. Fahrpreis ab Busbahnhof einfach ca. 0,90 €, hin/rück 1,75 €.

Bus 4 & 6 fahren von 6.30–23 Uhr alle 20–30 Min. vom Flugplatz quer durch die Stadt (Stopp am Astoria-Hotel, Eleftherias-Platz) zum Busbahnhof B und weiter zum westlichen Stadtstrand, genannt **Ammoudára** bzw. **Linoperámata** mit diversen Strandhotels.

Bus 7 fährt von 6.30–21 Uhr alle 20–30 Min. zum Strand von **Amnissós** östlich von Iráklion (Haltestelle 50 m rechts/südlich vom Arch. Museum).

• *Taxi* Standplätze in der Stadt u. a. am **Eleftherias-Platz**, am **Kornarou-Platz** (Bembo-Brunnen), am **Busbahnhof A** und am **Busbahnhof B**. Ansonsten halten die Fahrer auch auf Winkzeichen, wenn sie frei sind. **Funktaxi** kann unter ✆ 2810-210102 erreicht werden.

• *Mietwagen* Es gibt Dutzende von Agenturen in der ganzen Innenstadt, die meisten an der **25 Avgoustou Str.** und ihren Seitengassen. Viele geben außerhalb der Hochsaison starken Rabatt, handeln ist möglich. Mehrere Angebote einholen, man kann einiges sparen. Die angebotenen Preise sagen nichts über die Qualität der Wagen aus. Reservierung aus Deutschland ist bei vielen Vermietern möglich (auf Englisch), man wird dann am Flughafen abgeholt und kann das Fahrzeug dort wieder abgeben.

Tourent (11), 25 Avgoustou Str. 11, seriös geführter Verleih mit Stationen am Flughafen, in Chaniá, Réthimnon, Ágios Nikólaos und Liménas Chersonísou. ✆ 2810-240222, 📠 224583.

Hasstel (41), 25 Avgoustou Str. 86, ziemlich weit oben, schräg gegenüber der venezianischen Loggia, geführt von Stelios Hassourakis mit Sohn Georgios. Stelios ist ein alter Hase im Geschäft, er hat stets neue Wagen und lässt seine Kunden bei einer Panne laut eigener Aussage kostenfrei überall auf der Insel abholen. ✆ 2810-285439, ✆ 285987, www.hasstel.gr

Caravel (28), 25 Avgoustou Str. 39, Leserempfehlung: „Vollkaskoversicherung ohne Selbstbeteiligung war einwandfrei – wir hatten einen selbst verschuldeten Unfall und mussten keinen Pfennig bezahlen. Zudem freundlicher Service". ✆ 2810-300150, ✆ 220362, www.caravel.gr

City Car (56), Dimosthenous Str. 8, außerhalb vom Zentrum, am Weg zum Flughafen, seit vielen Jahren von George freundlich und unkompliziert geführt, preiswert, viele Stammkunden. ✆ 2810-221801, ✆ 222298, www.citycar.gr

Pan Gosmio, Filialen in Iráklion und verschiedenen anderen kretischen Orten, Näheres auf der Website. ✆ 2810-811750, ✆ 811650, www.pangosmio.gr

• *Motorräder* **Motor Club (4)**, Platia 18 Anglon, Kreisverkehr beim Fischerhafen, unteres Ende der 25 Avgoustou Str. Gute und relativ neue Maschinen, ordentliche Wartung und nettes Personal, vermieten auch Autos. ✆ 2810-222408, ✆ 222862.

• *Fahrräder* Mountainbikes vermietet **Blue Sea (7)** (gegenüber Sportc@fe) in der Kosma Zotou Str., eine Seitengasse im unteren Bereich der 25 Avgoustou Str.

Information

Informationsbüro EOT (griechisches Fremdenverkehrsamt), direkt gegenüber vom Archäologischen Museum, Xanthoudidou Str. 1, Ecke Eleftherias-Platz. Mo–Fr 8–14.30 Uhr, Sa/So geschl. ✆ 2810-228225, ✆ 226020. Zweigstellen im **Busbahnhof A** und im **Flughafen** (→ Anreise/Verbindungen).

Touristen-Polizei (57), an der lauten Dikeosinis Str. 10, parallel zur Fußgängerzone Dedalou Str. Freundliche Infos, Karten etc. Tägl. 7–22 Uhr. ✆ 2810-283190.

Internet: www.heraklion-city.gr

Adressen (siehe Karte S. 176/177)

• *Ärzte* Deutsch sprechen z. B. die Doktoren **Grigorios Zidianakis** (allgemein), Kornarou Platz 37, ✆ 2810-220890; **Lina Kivernitaki**, Smirnis Str. 21, ✆ 2810-285845; **Theodoros Karfopoulos** (Chirurgie), Zografou Str. 12, ✆ 2810-285462; Kritovolou Str. 20, ✆ 2810-224777; **Emmanuel Magarakis** (Gynäkologie), Marogiorgi Str. 5, ✆ 2810-224961.

Iatriko Kritis (Medical Crete) (66), Elektra Building, Platia Eleftherias 45. Modernes, privat geführtes medizinisches Zentrum. ✆ 2810-342500, ✆ 342381, www.medicalcrete.gr

Weitere Infos beim Konsulat (→ Botschaften) und beim Ärzteverband „Iatrikós sýllogos", ✆ 2810-283385.

• *Automobilclub* Der griechische Automobilclub **ELPA** liegt in der Papandreou Str. 46-50, südlich der Stadtmauer, zu erreichen von der Ausfallstraße nach Knossós (beschildert). ✆ 2810-289440.

• *Diplomatische Vertretungen* **deutsches Honorarkonsulat (52)**, Dikeossinis Str. 7, vierter Stock. Honorarkonsulin ist Frau Marianne Zouridaki. ✆ 2810-226288, ✆ 222141, E-Mail: honkons@her.forthnet.gr

Österreichisches Honorarkonsulat (58), Dedalou Str. 36 (Fußgängerzone), Nähe Eleftherias-Platz. Honorarkonsulin ist Frau Baduvas-Walch, sie vertritt auch die Belange schweizerischer Bürger. Mo–Fr 10–12 Uhr. ✆/✆ 2810-223379.

• *Fluggesellschaften* **Olympic Airways**, 25 Avgoustou Str. 27, ✆ 2810-288073, 285337, ✆ 342526 .

Aegean Airlines, 25 Avgoustou Str. 34, ✆ 2810-344324, ✆ 344330.

• *Friseur* 50 m unterhalb der kleinen Kneipe „Siga Siga" liegt der Friseursalon **Herrenfriseur** von Herrn Karagiorgakis. Er hat in Hamburg gelernt und spricht perfekt Deutsch.

• *Geld* Mehrere **Banken** mit Geldautomaten liegen an der 25 Avgoustou Str. vom Fischerhafen zum Morosíni-Brunnen, die **Ionische Bank** liegt direkt am Morosini-Brunnen.

• *Gepäckaufbewahrung* **Flughafen** (→ dort). **Busbahnhof A (17)** am Hafen, tägl. 7–19.30 Uhr, ca. 1 €/Stück.

Left Luggage (37), Chandakos Str. 18, Stück ca. 1,50 €, auch Platz für Fahrräder. Mit Waschsalon. Tägl. 7.30–22 Uhr. ✆ 2810-280858, ✆ 284442.

• *Gottesdienste* Die **römisch-katholische Kirche** von Iráklion ist Johannes dem Täufer geweiht und liegt in der Patros Antoniou Str., östlich parallel zur 25 Avgoustou Str., von dieser zu erreichen durch die Epimenidou Str. Es finden samstags um 18 Uhr und sonntags um 10 Uhr Gottesdienste in verschiedenen Sprachen statt, darunter auch

Touristenshop an der 25 Avgoustou Str.

in Deutsch. Der polyglotte griechische Pater erkundigt sich vor der Messe, welche Sprachen die Besucher sprechen. Nach den Hauptkontingenten richtet er sich dann und lässt sich von den Besuchern unterstützen. So gibt es dann oft Messen in zwei oder drei Sprachen, die Liturgie wird lateinisch gebetet. Nach dem Gottesdienst wird man gelegentlich zu einem Umtrunk in den angrenzenden Pfarrsaal eingeladen. Kontakt: Kath. Kirche, Patros Antoniou, GR-71202 Iráklion, ✆ 2810-246191.

• *Griechischer Bergsteigerverein* (EOS) **(59)**: Dikeosinis Str. 53, dritter Stock, Mo–Fr 20.30–22.30 Uhr. ✆ 2810-227609.

• *Griechische Speläologische Gesellschaft (ESE)* 1770 Str. 3. Mi 17–21 Uhr.

• *Internet/E-Mail* **Sportc@fe (6)**, Kosma Zotou Str. (Seitengasse im unteren Bereich der 25 Avgoustou Str.), ✆ 2810-288217, www.sportcafe.gr; **Planet Internet (45)**, Androgeo Str., bei der venezianischen Loggia um die Ecke; **Gallery Games Net (49)**, Adam Korai Str., parallel zur Dedalou Str.; **Net (44)**, Mirambello Str. 12, große Internetstation mit dutzenden von Geräten.

• *Krankenhäuser* Die moderne **Universitätsklinik** mit hohem technischem Standard liegt südwestlich außerhalb von Iráklion. Guten Ruf genießt vor allem die Augenklinik. ✆ 2810-392111.

Das **Venizelou-Hospital** ist ein staatliches Hospital im Osten der Stadt, an der Ausfallstraße nach Knossós (Bus 2). ✆ 2810-231931.

• *Post* an der Platia Daskalojannis 10, ein paar Schritte vom Eleftherias-Platz. Mo–Fr 7.30–20 Uhr (Briefmarken, Poste Restante), 7.30–14.30 Uhr (Telegramme, Geldüberweisungen).

• *Reisebüros/Schiffsagenturen* an der Avgoustou Str. Abfahrten ab Iráklion und Chaniá nach Piräus kann man direkt buchen bei **ANEK**, Avgoustou 33, ✆ 2810-222481, 📠 346379 (www.anek.gr) oder **Minoan Lines**, Avgoustou Str. 78, ✆ 2810-229646, 📠 226479 (www.minoan.gr). Infos über Verbindungen von/nach Chaniá bei **Hellenic Seaways** (www.ferries.gr), Paleologos SA, 25 Avgousto Str. 5, ✆ 2810-346185, 📠 346208.

• *Telefon* **OTE-Zentrale** in der Theotokopoulou Str. 28, neben dem El-Greco-Park, tägl. 7.30–23 Uhr (im Winter kürzer).

• *Toiletten* öffentliche „Örtchen" u. a. im **El-Greco-Park**, in der **Busstation**, unter der **Kathedrale Ágios Minás**, an der **Platia Kornarou** und bei der **Platia 18 Anglon** am Hafen.

• *Wäscherei* **Washsalon Self Service Laundry (38)**, Chandakos Str. 18, mit Service, auch Self-Service möglich – Waschen und Trocknen von max. 6 kg Wäsche ca. 7 €. Mit Gepäckaufbewahrung. Tägl. 7.30–22 Uhr. ✆ 2810-280858, 📠 284442.

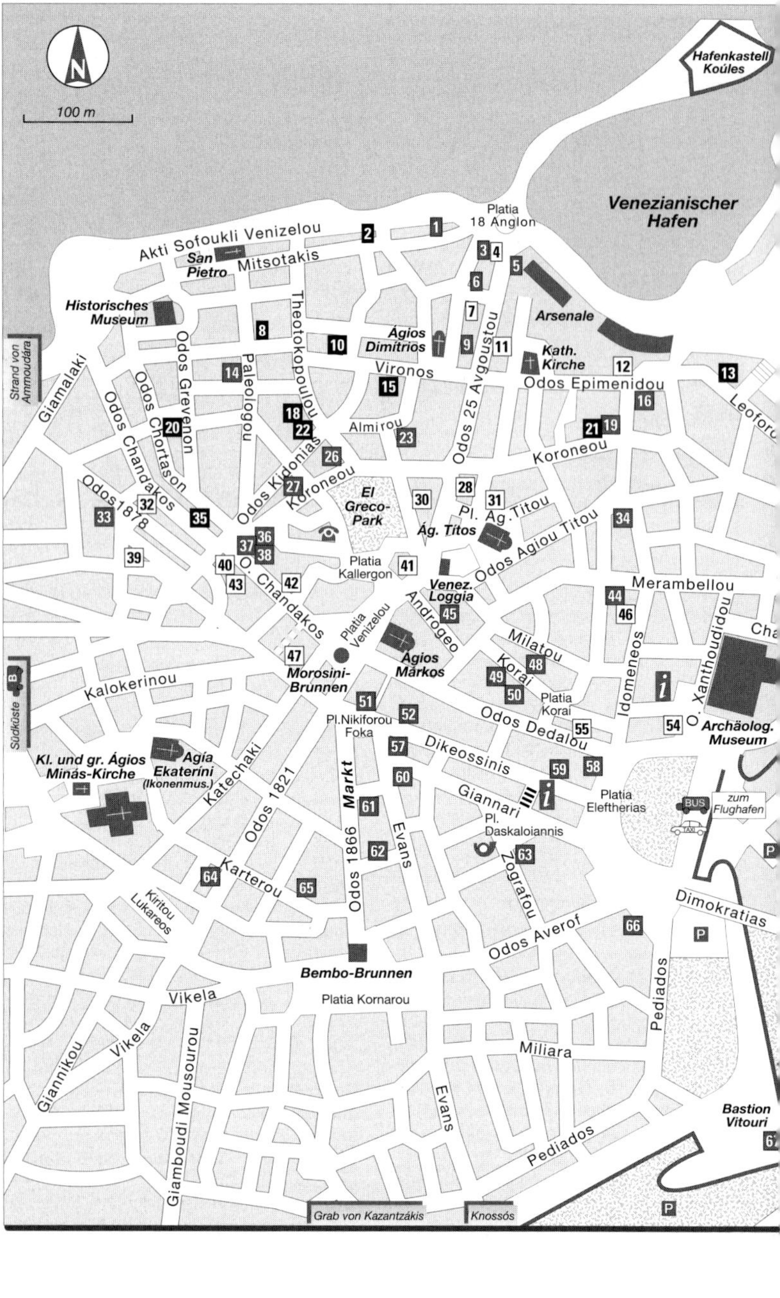
N
100 m
Hafenkastell Koúles
Venezianischer Hafen
Platia 18 Anglon
Akti Sofoukli Venizelou
San Pietro
Mitsotakis
Historisches Museum
Strand von Ammoudára
Giamalaki
Odos Grevenon
Odos Chortason
Odos Chandakos
Paleologou
Theotokopoulou
Ágios Dimítrios
Vironos
Almirou
Odos 25 Avgoustou
Arsenale
Kath. Kirche
Odos Epimenidou
Leoforo
Koroneou
Odos Kidonias
El Greco-Park
Pl. Ag. Titou
Ág. Títos
Odos Agiou Titou
Odos 1878
O. Chandakos
Platia Kallergon
Venez. Loggia
Androgeo
Merambellou
Platia Venizelou
Ágios Márkos
Morosini-Brunnen
Milatou
Korai
Platia Korai
Idomeneos
O. Xanthoudidou
Archäolog. Museum
Kalokerinou
Südküste
Pl.Nikiforou Foka
Odos Dedalou
Dikeossinis
Kl. und gr. Ágios Minás-Kirche
Agía Ekateríni (Ikonenmus.)
Katechaki
Odos 1821
Markt
Giannari
Pl. Daskaloiannis
Platia Eleftherias
zum Flughafen
Evans
Odos 1866
Zografou
Karterou
Kiritou Lukareos
Dimokratias
Odos Averof
Bembo-Brunnen
Platia Kornarou
Vikela
Pediados
Miliara
Giannikou
Giamboudi Mousourou
Bastion Vitouri
Grab von Kazantzákis
Knossós

Übernachten
2 Kronos
8 Atrion
10 Lena
13 Lato
15 Jugendherberge
18 Mirabello
20 Rea
21 Irini
22 Kastro
24 Poseidon, Sofia, Evans
25 GDM Megaron
35 Hellas
69 Galaxy

Einkaufen
40 Voula Manousakis
42 Chimaira
43 Road Editions
46 Icons Studio
47 Ergastiri, Ksirou Karpou Charontis
54 Kastrinojannis
55 Creta Natura/Aerakis
68 Lyrarakis

Sonstiges
6 Internet
17 Gepäckaufbewahrung
37 Gepäckaufbewahrung
38 Wäscherei
44 Internet
45 Internet
49 Internet
52 Deutsches Konsulat
57 Touristenpolizei
58 Österr./Schweiz. Konsulat
59 Griechischer Bergsteigerverein
66 Iatriko Kritis (Medical Crete)

Essen & Trinken
1 Ippokampos
3 O Vrakas
5 Ta Psaria
9 Tersakis
14 Lychnostatis
16 To Kismet
19 Tavernio Petousis Mavrakis
23 Aithrion
26 Tierra del Fuego
27 Siga Siga
33 Oti Lachei
34 Efta Baltades
36 Prassin Aloga
48 Loukoulos
50 Peri Orexeos
51 'Loukoumades' (zum Mitnehmen
60 Ionia
61 'Schmutzgässchen'
62 Petrinos Onias
63 T'Asteria
64 Geronimos
65 Petros Arapoglu
67 Klimataria, To Varoulko u.a.

Mietfahrzeuge
4 Motor Club
7 Blue Sea
11 Tourent
28 Caravel
41 Hasstel
56 City Car

Nachtleben
12 Veneto
29 Diskotheken
30 Draft, Samaria
31 Pagopiion
32 Utopia
39 Guernica
53 Techno-Clubs

Iráklion

Übernachten (siehe Karte S. 176/177)

Mit den stilvollen Unterkünften in den venezianischen Palazzi von Chaniá und Réthimnon kann Iráklion nicht mithalten. Allerdings wurden in den letzten Jahren einige Häuser renoviert, sodass man mittlerweile eine Reihe akzeptabler und sauberer Quartiere findet. Im unteren Preissegment wird die Auswahl jedoch leider immer geringer. Ein Problem ist der hektische Stadtverkehr, den man fast überall hautnah zu spüren bekommt. Außerdem führt die Ausflugschneise vom nahen Airport direkt über Iráklion und auch nachts donnern die Jets in kurzen Abständen über die Altstadt. Wenigstens vom größten Straßenlärm verschont ist das alte Viertel zwischen 25 Avgoustou und Chandakos-Str., dessen schmale Gässchen bisher größeren Durchgangsverkehr verhindern und in denen eine Reihe von Hotels und Privatunterkünften liegen – allerdings knattern nachts immer wieder Mopeds vorbei. Wer nicht direkt in der City wohnen will oder muss, kann in einige außerhalb vom Zentrum gelegene Hotels ausweichen.

• *Ober- und Mittelklasse* **GDM Megaron (25)**, A-Kat., oberhalb vom Busbahnhof am Hafen. Der mächtige alte Palast – das größte Gebäude Kretas – stand jahrzehntelang leer und gammelte vor sich hin. Nun hat man dieses exklusive Komforthotel daraus gemacht, das zu gehobenen Preisen kaum Wünsche offen lässt: Pool am Dach, Dampfbad, Sauna, Fitness, Jacuzzi ... DZ mit Frühstück ca. 125–190 €, Suiten teurer. ✆ 2810-305300, 📠 305400, www.gdmmegaron.gr

Galaxy (69), A-Kat., Leoforos Dimokratias Str. 67, etwas außerhalb der Altstadt, an der viel befahrenen Ausfallstraße nach Knossós, ca. 10 Min. vom Archäologischen Museum. Gepflegt und modern, großer Pool und Dachgarten, reichhaltiges Frühstücksbuffet mit aufmerksamem Service, komfortable Zimmer mit Internetanschluss. Doppelglasfenster halten den Straßenlärm ab. DZ mit Frühstück ca. 110–160 €. ✆ 2810-238812, 📠 211211, www.galaxy-hotel.com.gr

Lato (13), B-Kat., Epimenidou Str. 15, oberhalb vom Busbahnhof A, elegantes Stadthotel mit 54 Zimmern, 1995 komplett modernisiert, vorne raus sehr schöner Meeresblick (aber laut), Frühstücksbuffet, Dachgarten. Zimmer mit Teppichböden, Aircondition, Schallschutz, Internet, Kühlschrank und TV. DZ mit Frühstück ca. 110–160 €. ✆ 2810-228103, 📠 240350, www.lato.gr

Atrion (8), B-Kat., Paleologou Str. 9, ruhige Lage im wenig befahrenen Altstadtviertel zwischen 25 Avgoustou und Chandakos Str., Nähe Uferstraße. Großer Betonbau, elegant eingerichtet und mit Marmor ausgelegt, kürzlich vollständig renoviert, Innenhof mit Teakboden, freundlicher Service. Von der Straße abgewandte Zimmer sind sehr ruhig, jeweils Sat-TV (ZDF und RTL). DZ mit Frühstück ca. 100–130 €. ✆ 2810-229225, 223292, www.atrion.gr

Kastro (22), B-Kat., Theotokopoulou Str. 22, ebenfalls zwischen 25 Avgoustou und Chandakos Str. 2002 vollständig renoviertes Stadthotel, geschmackvolle Lobby, Dachterrasse. Komfortable Zimmer mit Schallschutzfenstern, Balkons, Aircondition, TV, Kühlschrank und ISDN-Anschluss (Internet), gute Bäder mit Föhn, nach hinten relativ ruhig. DZ mit Frühstücksbuffet ca. 80–110 €, im Winter auch günstiger. ✆ 2810-284185, 📠 223622, www.kastro-hotel.gr

Irini (21), C-Kat., Idomeneos Str. 4, Nähe Busbahnhof A, größeres Gebäude mit für Iráklion recht passablem Standard, unten große Halle, 59 passable Zimmer mit TV, Klimaanlage und jeweils Balkon, freundliche Wirtin Fortula, gutes Frühstücksbuffet und kleiner Parkplatz neben dem Haus. Nette, kleine Taverne benachbart (→ Essen & Trinken). DZ mit Frühstück ca. 60–80 €. ✆ 2810-229703, 📠 226407.

Kronos (2), C-Kat., Sofia Venizelou Str. 712/Ecke Monis Angarathou Str. 2, direkt an der viel befahrenen Uferstraße, 5 Min. vom Morosini-Brunnen, ordentlicher Standard, sauber und herrlicher Meeresblick, der tobende Verkehrslärm wird durch schallisolierte Fenster gemindert. DZ mit Frühstück ca. 55–75 €. ✆ 2810-282240, 📠 285853, www.kronoshotel.gr

Poseidon (24), C-Kat., etwa 1 km östlich vom Fährhafen, oberhalb der Uferstraße, schöne Aussicht auf die Hafenanlage, Familienbetrieb, sehr freundlich, genug Platz zum Parken und nicht so laut wie in der Innenstadt. DZ mit Frühstück ca. 50–75 €. ✆ 2810-222545, 📠 245405, www.hotelposeidon.gr

Sofia (24), C-Kat., Stadiou Str. 57, in der Nähe vom Poseidon, etwa 1 km vom Flughafen. Ruhige Lage in einer Seitenstraße, sauber, modern eingerichtet, freundliches Personal, mit Pool. Bietet sich als Übernachtungsquartier an, wenn man einen frühen Rückflug hat. Essenstipp ist das beliebte Fischrestaurant „To Giouzouro", 15 Fußminuten entfernt (im Hotel Weg beschreiben lassen). DZ mit Frühstück ca. 60–85 €. ✆ 2810-240002, 📠 227564, E-Mail: giaourtas@in.gr

• *Einfache Hotels, Privatquartiere und Jugendherberge* **Evans (24)**, C-Kat., Agiou Fanouriou Str. 14b, in Néa-Alikarnassós, preiswert, relativ ruhig, genug Parkmöglichkeiten. Anfahrt: vom Flughafen 2 km in Richtung Stadt, wo es abwärts geht, sieht man 200 m voraus eine auffällige gelbe Kirche, bei der Hyundai-Vertretung vorher rechts abbiegen; vom Hafen die Uferstraße nach Osten, nach etwa 1 km landeinwärts einbiegen (beschildert: „Industrial Area"), bei der nächsten Ampel links und gleich wieder links. DZ ca. 35–50 €. ✆ 2810-223928, 📠 225886.

Mirabello (18), C-Kat., Theotokopoulou Str. 20, ein paar Meter unterhalb vom El-Greco-Park, neben Hotel Kastro (oben). Fassade schön restauriert, die 25 Zimmer dagegen sehr einfach, teils Balkon und Klimaanlage, Bäder z. T. renovierungsbedürftig. In der Rezeption Leihbücher. Nachts lauter Mopedverkehr. DZ mit Bad ca. 45 €, mit Etagendusche ca. 32 €, Frühstück und Klimaanlage extra. ✆ 2810-285052, 📠 225852.

Rea (20), D-Kat., Kalimerakis Str. 1, zweigt im unteren Teil der Chandakos-Str. ab. Kleineres Haus, hautnah zur Straße, sehr hellhörig und nachts wegen Mopedfahrern nicht gerade leise. Schlichte Zimmer mit einfachem Mobiliar, umlaufende Balkone. Geführt vom Geschwisterpaar Eva und Michalis Chronakis. Im etwas dunklen Untergeschoss wird das magere Frühstück serviert. Mit Autoverleih Ritz. DZ mit Bad etwa 35–45 €, mit Etagendusche ca. 35 €, Dreibettzimmer für ca. 50 €, Frühstück jeweils incl. ✆ 2810-223638, 📠 242189.

Lena (10), E-Kat., Lachana Str. 10, etwa auf der Hälfte der Avgoustou Str. die Vironos Str. 150 m hinein, dann rechts. Das Altstadthaus in einer ruhigen Seitengasse wurde kürzlich renoviert. 15 einfache, aber weitgehend ordentliche Zimmer verschiedener Qualität, teils Klimaanlage bzw. Heizung. Leserkritik wegen Preis-Leistungs-Verhältnis. DZ mit Bad ca. 40–55 € (Dreibettzimmer 45–75 €), mit Etagendusche günstiger, Frühstück ca. 6 € pro Pers. ✆ 2810-223280, 📠 242826, www.lena-hotel.gr

Hellas (35), Chandakos Str. 24, jugendherbergsähnliches Haus mit Fensterläden und Türen in leuchtendem Blau, schlicht, aber sauber, geführt von Dimitri. Sechs Duschen und sieben Toiletten sind auf den vier Stockwerken verteilt, oben ein von vielen Pflanzen überrankter Dachgarten mit herrlichem Blick über die Dächer bis zum schneebedeckten Ída-Gebirge. DZ ca. 30 €, Dreibettzimmer ca. 43 €, Vierbettzimmer ca. 50 €, im Schlafsaal mit sechs Betten pro Pers. ca. 11 €. ✆ 2810-288851, 📠 284442.

Jugendherberge (15), Vironos Str. 5, Seitengasse der 25 Avgoustou Str., altes Haus in zentraler, abends recht lauter Lage. Einfache Schlafräume mit Bretterböden und jeweils etwa zehn Doppelstockbetten, ca. 10 € pro Bett (incl. Bettwäsche), DZ ca. 25–30 €. Anlaufpunkt für Osteuropäer auf Jobsuche. Sanitäranlagen laut Leserzuschrift renovierungsbedürftig. Karges Continental Breakfast (ca. 3–4 €), keine Kochmöglichkeit. Mit Gepäckaufbewahrung (ca. 1,60 € pro Stück). Von 24 bis 7.30 Uhr geschl. ✆ 2810-286281, 📠 222947.

Camping: Stadtnächster Zeltplatz ist *Camping Creta* bei Goúrnes, etwa 10 km östlich von Iráklion, direkt am schmalen Sandstrand gelegen. Zu erreichen mit Bus ab Busstation am Hafen in Richtung Liménas Chersonísou und noch ca. 1 km zu Fuß (→ Goúrnes).

Essen & Trinken (siehe Karte S. 176/177)

Iráklion ist touristisch in erster Linie Durchgangsstation. Die Gastronomie bietet deshalb nichts Außergewöhnliches, ist aber abseits der gängigen Pfade oft noch erfreulich ursprünglich und preiswert geblieben. Tipp sind die vielen kleinen Ouzerien, Mezedopolía und Kafenia, wo man solide Hausmannskost bekommt, z. T. auch die bekannten griechischen *mezédes* (Vorspeisenteller) kosten kann.

• *Im Zentrum* **Loukoulos (48)**, Adam Korai Str., schmale Parallelgasse zur Fußgängerzone. Historisches Haus mit hübschem Garten, Pizza vom Holzofen und gute Nudelgerichte. Leserlob, aber nicht billig. Somittags geschl.

Peri Orexeos (50), neues Lokal gegenüber von Loukoulos, bei der Jugend beliebt, nicht teuer.

Aithrion (23), Ecke Arkoleontos/Almirou Str., große Taverne mit schattigem und ruhigem Garten, gutes Essen zu korrekten Preisen, Wirt war einige Zeit in München und Wien und spricht Deutsch. Bestellung über frisch aus dem PC gedruckte Speisekarte (auch in Deutsch), auf der man seine Bestellung schriftlich (!!) aufgibt. Abgerechnet wird damit dann an der zentralen Kasse.

Tersakis (9), seitlich der Avgoustou Str., bei der Kirche Agios Dimitrios, ruhiges Plätzchen, trotzdem ganz zentral und nett zum Sitzen.

Tierra del Fuego (26), Theotokopoulo Str. 26, unterhalb vom El-Greco-Park. Mexikanische Küche in einer lauschig-grünen Innenpassage, beliebt bei der einheimischen Jugend.

Siga Siga (27), mit Wandgemälde hübsch aufgemachtes Kafenion unterhalb vom El-Greco-Park. Das Motto „Gemach, gemach" stimmt hier wirklich – Tavli spielen, Musik hören, in Ruhe die Speisekarte mit den traditionellen kretischen Gerichten durchkosten oder einfach nur eine Karaffe Wein trinken.

Prassin Aloga (36), Kleintaverne an einem schattigen Plätzchen an der Chandakos Str., einige wenige Tischen unter Bäumen, angenehm zum Sitzen.

Oti Lachei (33), Mezedopolíon am Odos 1878, bevorzugt bei der studentischen Jugend, nicht teuer.

Lychnostatis (14), Paleologou Str. 10, schräg gegenüber vom Hotel Atrion. Ländlich aufgemachte Taverne mit Innenkamin und gemütlichen Sitzplätzen in einer Seitenpassage.

Tavernio Petousis Mavrakis (19), Idomeneos Str. 4, neben Hotel Irini (→ Übernachten), familiär und gemütlich, meist wenig los und entsprechend ruhig. Viele Vorspeisen und täglich wechselnde Gerichte, die saubere Küche ist von der Straße aus einsehbar.

Efta Baltades (34), Idomeneos Str. 10, kleine Taverne in der Nähe vom Archäologischen Museum, trotzdem abseits vom Rummel. Ansprechendes Interieur, schattiger Innenhof, günstige Preise.

• *Um die Marktgasse* Das **„Schmutzgässchen" (61)** wird seinem Spitznamen heute ganz und gar nicht mehr gerecht, denn die blitzblanken Tavernen in dem winzigen Gässchen zwischen Marktstraße und Evans Str. (offizieller Name Archimandritou Fotiou Theodosaki Str.) waren ursprünglich preiswerte Imbissstuben für die Marktbesucher aus der Provinz. Noch vor Jahren galten sie als Geheimtipp. Heute sind sie voll „entdeckt", trotzdem isst man hier nach wie vor gut und nicht zu teuer, z. B. im **Pantheon**.

Petrinos Onias (62), Tsikritzi Str. 3, hübsch aufgemachtes „Musiko Tabernio" in einer Seitengasse am Markt, reichlich Auswahl an kretischen Gerichten, abends oft Livemusik.

Ionia (60), Evans Str. 3 (Ecke Giannari Str.), seit 1923, traditionelle Taverne in einer Parallelgasse zum Markt. Unaufdringlich modernisiert, die langjährig gute Qualität ist bei Michalis Rinios aber die gleiche geblieben. Große Auswahl an klassischen griechisch-kretischen Gerichten, günstige Preise 10–24 Uhr, So geschl.

Geronimos (64), Amnissou Str. 11, beliebte Nachbarschaftstaverne in einer versteckten Seitengasse, hübsch eingerichtet, an den Wänden historische Fotos von Iráklion. Giorgios und seine Frau bereiten einige köstliche Spezialitäten, z. B. *souzoukákia smyrnaiká*, hausgemachte *dolmadákia* und ein leckeres *stifádo* mit viel Zimt und Nelken, dazu Weißwein aus Eigenanbau.

T'Asteria (63), alteingesessene Ouzerie an der verkehrsberuhigten Platia Daskalojannis. Zum Rakí oder Oúzo wird eine farbenfrohe Auswahl von Mezédes serviert – Schnecken, Shrimps, Oliven, Nüsse, Tomaten etc.

Petros Arapoglu (65), Karterou Str. 26, kleine, nett aufgemachte Ouzerie in einer Seitengasse im südlichen Marktbereich. Junger Wirt, solide Hausmannskost, Fisch, Rakí und Wein vom Fass.

• *Um den Venezianischen Hafen* **Ta Psaria (5)**, Fischtaverne am unteren Ende der 25 Avgoustou Str., wegen des schönen Blicks auf Meer und Hafenkastell immer gut besucht.

Wer direkt am Meer speisen will, kann das an der Promenade westlich vom Fischerhafen tun (vom Ende der Avgoustou Str. die Uferstraße ein Stück nach links). Wegen des oft heftigen Meltémi-Winds sind hier schützende Glasflächen um die Lokale gebaut.

Ippokampos (1), Mezedopolíon/Psarótaberna zwischen Hafenstraße und der Mitsotakis Str. dahinter. Man sitzt im angenehmen Innenraum, wo eifrig gebrutzelt wird, an Tischchen auf dem Gehsteig oder vorne am Wasser (neben Rest. „Paralia"). Leckere Mezédes, z. B. *táramosaláta* (Fischrogen-

Auf einen Kaffee am Bembo-Brunnen schaut man gerne mal vorbei

pürree), *garídes* (Scampi), *dolmadákia* und Schnecken, auch die *marídes* (kleine Fischchen) und der gefüllte Oktopus sind schmackhaft.

O Vrakas (3), Platia 18 Anglon/Ecke Marineli Str. Urige Ouzerie mit Blick auf Kastell und Meer, am Außengrill brutzelt hauptsächlich Fisch, günstig.

To Kismet (16), Epimenidou Str. 24, das Mezedopolíon besitzt einige wenige Tische mit schönem Blick auf Hafen und Kastell.

Speisen auf der Stadtmauer

Nahezu unentdeckt vom touristischen Geschehen und abseits der lauten Verkehrsstraßen gruppiert sich eine Handvoll hübscher Gartentavernen um die Platia Viglas, direkt auf der *Bastion Vitouri* **(67)**, südlich vom Eleftherias-Platz. Vor allem an Wochenenden ist hier viel los, sodass der Platz dann zum großen, staubigen Parkgelände wird. Man hat die Qual der Wahl: Besucht man das zentrale *Klimataria* mit einem hübschen Gastgarten zwischen Palmen, das benachbarte „Óuzorakadikó" (= Ouzo-Raki-Lokal) *To Varoulko* oder genießt man den Blick von der stimmungsvollen Laube des *To Steki tis Viglas* bzw. vom benachbarten *Gorgona* auf die darunterliegende Parkanlage. Da man in Griechenlands traditionell spät zu Abend isst, ist vor 21 Uhr allerdings kaum etwas los.

• *Cafés, Kafenia & Snacks* **Souvláki- und Giros-Buden** findet man direkt am Morosini-Brunnen und in der Passage zwischen Eleftherias- und Daskalojannis-Platz.

Fyllo ... Sofies und **Bougatsa Kirkor**, die zwei benachbarten Kafenia am Morosini-Platz wurden bereits 1922 gegründet, damals gab es weit und breit noch kein einziges weiteres Lokal am Platz. Spezialität ist *bougátsa créma*, ein süßer Grießauflauf, mit Blätterteig gedeckt – lecker!

Très Joli, gleich neben der Loggia, penibel sauber geführte Crêperie mit ansprechendem Angebot, beliebt bei Studenten, deswegen abends oft Wartezeiten.

Sarantavga, seit 1924, uriges Kafenion direkt in der Marktgasse, Treffpunkt der einheimischen Männerwelt.

Kafekoptia Loumidi, ebenfalls in der Marktgasse, Kaffeeörsterei seit 1926, jetzt als

Café in Betrieb, nett zum Sitzen im Marktbetrieb, etwa 20 Kaffeevariationen – türkischen Kaffee wird man allerdings vergeblich suchen ...

Ligo ap'ola, gleich daneben, hier wird vorzugsweise Wein serviert.

„Loukoumades" **(51)**, in einem handtuchschmalen Laden an der Dikeosinis Str. (ein paar Schritte östlich vom Beginn der Marktgasse, nördliche Straßenseite) brutzeln süße *loukoumádes* – kleine Krapfen, in Öl gesottten und mit Honig serviert, nur zum Mitnehmen.

Unterhaltung/Nachtleben (siehe Karte S. 176/177)

Iráklion ist der einzige Ort Kretas mit Großstadtcharakter und dank der vielen Studenten quirlt in den zahllosen Bars und Cafés das Leben. Doch im Gegensatz zu den nahen touristischen Hochburgen Liménas Chersonísou und Mália, wo jeden Abend der internationale Karneval tobt, ist hier alles noch ganz und gar griechisch geprägt. Vor allem die Gassen nördlich der Fußgängerzone Dedalou bilden ein einziges großes Open-Air-Café, wobei sich die Szene in den letzten Jahren von der Perdikari und Adam Korai Str. in die benachbarten Straßen Adrogeo und Milatou verlagert hat. Weitere Cafés findet man entlang der Chandakos Str. Diskotheken liegen oberhalb vom Busbahnhof und an der Ikarou Str., östlich unterhalb der Stadtmauer.

• *Cafés und Bars* Wer nördlich der Dedalou Str. nichts Passendes findet, kann noch folgende Adressen testen.

Gewürzkräuter kiloweise

Draft (30), modernes Café an der Seitenfront des El-Greco-Parks, schön zum Draußensitzen mit Blick ins Grüne.

Samaria (30), ebenfalls am El-Greco-Park, freundliche Besitzerin, hervorragender griechischer Kaffee und große Auswahl an Gebäck. 7–23 Uhr.

Veneto (12), Epimenidou Str. 9, nobel aufgemachtes Café mit großem Innenraum im ersten Stock, von der Terrasse hat man einen wunderbaren Blick auf Hafen und Kastell, schöner Platz für den späten Nachmittag.

Pagopiion (31), unmittelbar neben der Kathedrale Ágios Títos, eins der originellsten Cafés der Stadt, fantasievoll eingerichtet, auch gute Küche, gilt als Intellektuellentreff.

Utopia (32), Chandakos Str. 43, sehr schön eingerichtet, große Auswahl, da sehr beliebt, oft sehr voll.

Guernica (39), Andreou Kritis 2, südwestlich der Chandakos Str. Populäres Café in einem klassizistischen Haus mit gemütlichem Innenhof. Die Wände der Innenräume sind mit Reproduktionen von Picasso und Dalí geschmückt, im Winter wird der Kamin befeuert.

• *Diskotheken* Zu den beliebtesten Adressen in der Innenstadt zählen die beiden **Diskotheken (29)** in der Leoforos Doukos Bofor 7 bzw. 9, unmittelbar oberhalb vom Busbahnhof am Hafen. Bis zu 1000 Menschen können hier Platz finden, von den großen Terrassen schöner Blick auf den Hafen. Verschärft geht es ab in den **Techno-Clubs (53)** um die Kreuzung von Ikarou und Ethnikis Antistasseos Str., östlich unterhalb vom Archäologischen Museum. U. a. dient hier

ein altes Fabrikgebäude als Domizil für Großdiscos.
Eine gute Alternative zu den Stadtdiscos bieten die Clubs am Strand von **Ammoudara** (→ S. 209) und natürlich das heißeste Nachtleben Kretas in **Liménas Chersonísou** und **Mália** (→ S. 269ff.)

Kretische Musik

In Spília, kurz hinter Knossós, liegt die kretische Musik- und Tanztaverne Avissinos, wo der bekannte Musiker Kostas Avissinos mit seiner Gruppe hervorragende kretische Musik und Rembetiko spielt. Die Taverne ist Treffpunkt vieler junger Musiker und Tänzer aus der Umgebung. ✆ 2810-233355.

Shopping (siehe Karte S. 176/177)

Iráklion besitzt eine überwältigende Vielzahl von Einkaufsmöglichkeiten – von noblen Boutiquen für die extravagante Stadtjugend bis zu den typischen Urlaubershops, die ganz auf den vermeintlichen touristischen Geschmack zugeschnitten sind: Hellas-Kitsch, bunte Keramikteller, Windmühlen, nachgemachte Ikonen und Kopien minoischer Funde. Die gut bestückten Juweliere am Eleftherias-Platz haben sich auf besser betuchte Kreuzfahrttouristen und Knossós-Besucher spezialisiert. Der bunte **Markt** Iráklions liegt an der 1866 Str. (→ Sehenswertes), Waren des alltäglichen Bedarfs findet man in den zahllosen Geschäften an der langen **Kalokerinou Str.**, die zum Chania-Tor führt.

• *Buchhandlungen* **Road Editions (43)**, Chandakos Str. 29, der griechische Landkartenproduzent hat auch in Iráklion einen Verkaufsshop (→ S. 144).

• *Ikonen* Falls Sie eine Ikone kaufen wollen, denken Sie daran, dass auf Kreta viele Ikonen kursieren, die (oft sogar mit „Zertifikat") nur auf Holz aufgezogene Drucke sind. Den Unterschied sieht man daran, ob Vorzeichnungen bzw. Pinselstrich auf der Oberfläche erkennbar sind oder diese glatt ist. Bei den folgenden Adressen können Sie sicher sein, echte Stücke zu erwerben.
Icons Studio (46), Idomenous Str. 18, kleines Studio in ruhiger Seitengasse, hier fertigt Adonis Theodorakis schöne handgemalte Ikonen nach alten Vorbildern – und er tut nicht so, als ob sie historisch wären.
Voula Manousakis (40), Chandakos Str. Frau Manousakis hat bereits mit zwanzig Jahren begonnen, Ikonen zu malen. Sie gehört heute zu den wichtigsten Künstlern Kretas (→ Kasten, S. 188).

• *Kunsthandwerk* **Chimaira (42)**, am Beginn der Chandakos Str., originelle Geschenkartikel, vielfältig und liebevoll aufgemacht.
Eleni Kastrinojannis (54), gegenüber vom Arch. Museum, schöner, großer Laden mit traditionellen Webstoffen, Keramik und Schmuck.
Mehrere „bessere" **Juweliere** am Eleftherias-Platz, neben Astoria-Hotel.

• *Lebensmittel* **Chalkiadakis**, großer, moderner Supermarkt an der Unterkante vom El-Greco-Park.
Koudoumas, Kaffeerösterei im südlichen Teil der Marktgasse, außer Kaffee gibt's hier Gewürze, Nüsse, Kichererbsen, Kerne, Süßes etc.
Creta Natura (55), Dedalou Str., am Ende der Fußgängerzone links. Ladenkette, die in vielen großen Orten Filialen hat, zur Auswahl stehen zahlreiche kretische Produkte und Delikatessen, z. B. Olivenöl, Honig, Gebäck, Wein und Rakí.
Ergastiri, Ksirou Karpou Charontis (47), in der Passage zwischen Morosini-Brunnen und Kalokerinou Str. stehen in offenen Säcken zahlreiche Kräuter und Gewürze, verkauft wird zum Kilopreis.
Lyrarakis (68), G. Papandreou Str. 92, südlich vom Zentrum, quer zur Dimokratias Str. Die Kellerei aus Alágni (südlich von Pezá) gilt als innovativer Vorreiter des kretischen Weinbaus und bietet eine breite Produktpalette, hergestellt aus traditionellen Traubensorten. ✆ 2810-284614, ℻ 288515, www.lyrarakis.gr

• *Markt* Mo–Sa **Straßenmarkt** in der 1866 Str. (→ Sehenswertes).
Jeden Samstag außerdem großer **Volksmarkt** um den venezianischen Hafen (→ Kasten).

• *Musik* Die beiden großen Musikläden **Virgin Megastore** und **Metropolis** machen

Der venezianische Markuslöwe an der Nordfront des Hafenkastells

sich in der Fußgängerzone Dedalou Str. gegenseitig das Leben schwer; hauptsächlich internationale Musik.

Areakis (55), in derselben Straße ein Stück weiter in Richtung Eleftherias-Platz (neben „Creta Natura"), ausschließlich griechische und kretische Musik, CDs aller bekannter Musiker der Insel.

• *Zeitschriften/Zeitungen* internationales Angebot am Morosini-Brunnen.

Samstagvormittags fand bisher an der vierspurigen Hafenallee östlich vom Busbahnhof A der so genannte **Safari-Markt** statt, der größte Straßenmarkt Kretas, mit zahllosen Ständen aller Art – Obst und Gemüse, Teppiche, Bekleidung, Schuhe, Haushaltsgegenstände, Glas, Keramik etc. Handeln ist hier durchaus üblich. 2004 wurde er aus „Sicherheitsgründen" in den Südosten der Stadt verlegt (östlich der Ausfallstraße nach Knossós), aber vielleicht kehrt er ja wieder zurück, denn der neue Standort ist deutlich kleiner.

Sonstiges

• *Aktivitäten mit Kindern* Einen Spielplatz findet man ganz zentral im **El-Greco-Park**, ein weiterer liegt im Schatten der Stadtmauer im Park unterhalb der **Bastion Vitouri**.

In der Cafeteria **Port Garden** gegenüber vom Busbahnhof A treffen sich abends einheimische Familien, deren Kids hier mit Eifer diverse batteriegetriebene Vehikel und Spielgeräte nutzen können.

• *Feste/Veranstaltungen* Im Rahmen des sommerlichen **Kulturfestivals** finden von Mitte Juni bis Mitte September zahlreiche Veranstaltungen, Ausstellungen und Festivitäten aller Art statt. Mittelpunkt der Aktivitäten ist das große Freilichttheater **Níkos Kazantzákis** vor der Jesus-Bastion (→ S. 192).

Fest des heiligen Títos, am 25. August große Prozession durch die Straßen Iráklions zu Ehren des ersten Bischofs, der heute Schutzpatrons Kretas ist.

Fest des heiligen Minás, der Schutzpatron von Iráklion wird am 11. November gefeiert, Prozession zur gleichnamigen Kirche und feierliche Messe.

Sehenswertes

Iráklion ist eine Stadt mit reicher geschichtlicher Vergangenheit. Byzantiner, Venezianer, Türken haben an ihr gebaut, zerstört und wieder aufgebaut.

Viel blieb jedoch nicht erhalten, denn die Altstadt wurde im letzten Krieg durch Fliegerbomben weitgehend verwüstet. Das wenige geht oft zwischen Neubauten unter. Aus venezianischer Zeit stehen noch einige, z. T. aufwändig restaurierte Repräsentationsbauten und Kirchen, besonders reizvoll ist der Besuch des Hafenkastells. Imposant zeigt sich auch die fast vollständig erhaltene venezianische Stadtmauer, auf der Níkos Kazantzákis, der Schöpfer des „Aléxis Zorbás", begraben ist. Unter der Stadt liegen die Ruinen des antiken Heraklea, bei Neubauvorhaben stößt man immer wieder auf alte Grundmauern, doch wurden sie bisher immer wieder überbaut.

Fußgängerzonen, Parks und Ruheräume in Iráklion

Iráklions heftiger Autoverkehr kann eine Besichtigungstour manchmal etwas vermiesen. Doch es gibt durchaus Stellen, wo man in Ruhe durchatmen und sich entspannen kann.

Fußgängerzonen: Bekanntester Fußgängerbereich der Stadt ist die repräsentative *Dedalou Str.*, die am Morosini-Brunnen beginnt und schnurgerade zum großen Eleftherias-Platz hinüber führt. Parallel dazu verläuft die *Adam Korai Str.* mit Nachbarstraßen, die von zahlreichen Cafés gesäumt sind. Weitere für den motorisierten Verkehr gesperrte Bereiche sind die *Marktgasse* und ihre Seitenwege, die obere Hälfte der *Chandakos Str.* mit der *Kandanoleon* Str., die zum El-Greco-Park hinüber führt, der Platz am *Morosini-Brunnen*, Teile des großen *Eleftherias-Platzes* und der *Ekaterini-Platz* mit einigen Seitengassen.

Grünanlagen: Zentralste Grünanlage ist der schöne *El-Greco-Park*, weiterhin gibt es einen Stadtpark unterhalb der *Vitouri-Bastion* und auch die großen grünen Bereiche des *Mauergrabens* unterhalb des Eleftherias-Platzes bieten sich für einen Spaziergang an.

Sonstige Ruhezonen: Wenig Verkehr herrscht meist in den Altstadtgassen zwischen *Chandakos und 25 Avgoustou Str.*, noch weniger in den Wohnvierteln südlich und südöstlich vom Bembo-Brunnen. Eine frische Brise weht auf der langen *Hafenmole* beim Kastro Koúles, ideal für einen ausgedehnten Spaziergang.

Platia Venizelou und Umgebung

Abgesehen vom Hafenkastell und der Stadtmauer liegen die meisten venezianischen Relikte Iráklions nur einige Armlängen von der zentralen *Platia Venizelou* mit ihrem markanten Morosini-Brunnen entfernt. In den Cafés am Platz trifft man sich zu jeder Tages- und Nachtzeit.

Morosini-Brunnen: Wasser zu beschaffen war immer eins der größten Probleme der Stadt. 1628 ließ der Statthalter Francesco Morosini deshalb einen 15 km langen Aquädukt vom Berg Joúchtas (→ S. 265) in die Stadt bauen, Endstück war dieser Brunnen am zentralsten Platz Iráklions. Doch die Venezianer hatten nicht lange Freude daran, denn schon vierzig Jahre nach der Fertigstellung mussten sie die Stadt den Türken übergeben, Kommandeur der letzten venezianischen Truppen war der Neffe des Aquädukterbauers. Nach der Machtübernahme bauschten die Türken den zierlich-eleganten Wasserspender mit mächtigen Aufbauten zu einem großen Brunnenhaus auf. Heute ist die ursprüngliche venezianische Gestaltung wiederhergestellt und eine zu den Olympischen Spielen von 2004 erfolgte Restaurierung hat die Schönheit des Brunnens wieder richtig zur Geltung gebracht. Von einem niedrigen Gitter umgeben, stemmen Löwen eine große Schale, in der sich das Wasser sammelt und wie einst durch die Löwenmäuler herabsprudelt. Rundum ziehen sich Reliefs von Meerjungfern und -göttern. Sie herzen sich oder spielen Trompete, auch Europa auf dem Stier ist mehrmals zu sehen.

Happy Train: Auch Iráklion hat sein touristisches Bimmelbähnchen, das stündlich am Morosini-Brunnen startet, zum venezianischen Hafen fährt und entlang der Stadtmauer einen Teil des Zentrums umrundet. Preis pro Pers. ca. 5 €.

Kirche Ágios Márkos: Die schlichte romanische Kirche steht schräg gegenüber vom Brunnen am selben Platz. Sie wurde 1239 erbaut und fungierte während der gesamten venezianischen Epoche als Sitz des katholischen Erzbischofs von Kreta. Von den Türken wurde sie später zeitweise als Moschee genutzt, rechts neben der Fassade steht noch versteckt der Stumpf eines Minaretts, errichtet anstelle des abgerissenen Glockenturms. Vorgelagert ist eine säulengestützte Vorhalle. Das Längsschiff, das früher wesentlich höher war, wird von mächtigen Marmorsäulen mit goldfarbenen Kapitellen getragen, links und rechts flankiert von Seitenschiffen, die durch Bögen abgetrennt sind. Beachtenswert ist auch die Holzdecke, von der zwei schwere hölzerne Leuchter herunterhängen. Der Innenraum wird heute als „Municipal Gallery“ für wechselnde Kunstausstellungen genutzt.

Venezianische Loggia: Der geschmackvolle Renaissancepalazzo mit wunderschöner, holzgedeckter Vorhalle, halbrundem Innenhof und Arkadengängen steht etwas unterhalb der Platia Venizelou. Die Loggia wurde ebenfalls unter Morosini errichtet (1626–29), wahrscheinlich nach Plänen des Architekten Francesco Basilicata, der in der Tradition des berühmten Andrea Palladio (1508–80) aus Padua stand. Sie diente als Empfangshalle und Repräsentationsbau der Stadtregierung, war außerdem als „Clubhaus“ und Ballsaal der venezianischen Adeligen ein Mittelpunkt des gesellschaftlichen Lebens der städtischen Oberschicht. Die Türken brachten hier zunächst ihre Verwaltung unter, doch verfiel das Gebäude in diesen Zeiten immer mehr. Ihre einstige Bedeutung wird daran deutlich, dass die Italiener 1911 zur Weltausstellung in Rom einen maßstabsgetreuen Nachbau der Loggia errichteten. Im Zweiten Weltkrieg wurde die Loggia fast völlig zerstört, jedoch wieder vollständig aufgebaut. Heute ist hier und in der östlich benachbarten *Armeria*, dem ehemaligen Waffenlager Candias, das Rathaus von Iráklion untergebracht. Wer durch die Gänge schlendert, kann die kretische Bürokratie bei der Arbeit beobachten, in der warmen Jahreszeit stehen die Türen meistens offen.

Kirche Ágios Títos: Dieser prächtige Sakralbau steht an einem freien Platz etwas unterhalb der Loggia. Die Kuppel und die orientalisch anmutenden Feinarbeiten an den Außenfassaden erhielt der als Moschee konzipierte Bau im 19. Jh. von den Türken. Doch Ágios Títos ist viel älter. Als der Apostel Paulus 59 n. Chr. Zwischenstation auf Kreta machte, ließ er seinen Begleiter Titus (= Títos) als so genannten ersten „Bischof“ zurück, und zwar in Górtis, der damaligen römischen Hauptstadt Kretas (→ S. 320). Doch 824 landeten die Sarazenen in Südkreta und der Bischofssitz musste an die Nordküste verlegt werden. Um die Jahrtausendwende wurde dann in Iráklion die erste Títos-Kirche errichtet. Im Lauf ihrer Geschichte wurde sie immer wieder zerstört, aber auch stets neu aufgebaut, das letzte Mal von den

Der venezianische Morosini-Brunnen im Herzen der Altstadt

Türken, die sie zur so genannten Wesir-Moschee umbauten. Erst 1925 konnte sie wieder zur griechisch-orthodoxen Kirche geweiht werden.

Vom großen, freien Platz vor der Front hat man einen hervorragenden Blick auf die Fassade. Vor allem der reich geschmückte Abschlussfries fällt auf, beim Rundgang um den fast quadratischen Bau außerdem die elegant geschwungenen Formen der Mittelfenster. Vom Minarett an der Südostecke ist nichts mehr erhalten. Im aufwändig ausgestatteten Innenraum zaubern strahlend bunte Glasfenster leuchtende Lichtspiele in den Raum. Markante Blickpunkte sind der riesige Lüster und die reich verzierte Altarwand mit fein geschnitzten Holzarbeiten. Die Gemälde an den Seitenwänden stellen die wichtigsten Szenen aus dem Leben des heiligen Títos dar: die Landung auf Kreta, die Einsetzung als Bischof, der Empfang des berühmten Paulus-Briefes u. a. Damit auch die nötige Anschaulichkeit gewährleistet ist, kann man den Schädel des Bischofs Títos betrachten. Links neben dem Vorraum beherbergt eine kleine Kapelle die wertvolle Reliquie unter einem Glassturz. Eingefasst von einem filigran verzierten Goldbehälter ist durch eine kleine Öffnung die dunkelbraune Schädeldecke zu sehen. Zahllose Votivtäfelchen erbitten Heilung. Noch bis 1966 ruhte der heilige Kopf in Venedig – die Venezianer hatten ihn bei der türkischen Eroberung 1669 vorsichtshalber mitgenommen. Die angeblich wundertätige, uralte Ikone der *Panagía Messopantitíssa* (heilige Maria) ist bis heute in Venedig verblieben.

Öffnungszeiten Tägl. 7–12.30, 16.30–19.30 Uhr, außer zur Zeit der Messen. Angemessene Kleidung erwünscht, keine Shorts.

El-Greco-Park: schattige Oase im Asphaltdschungel, wenige Meter unterhalb vom Morosini-Brunnen. Gepflegte Rasenflächen, hibiskusbepflanzte Wege, eine Büste von El Greco, Steinbänke und ein Kinderspielplatz.

Chandakos Str.: Die von der Platia Venizelou nach Westen abzweigende Gasse ist im oberen Bereich als Fußgängerzone ausgebaut. Sie führt abschüssig zum Meer hinunter und mündet in der Nähe des Historischen Museums (→ Museen). Hier findet man einige hübsche Cafés, ein preiswertes Hotel, zwei Buchhandlungen und die bekannteste Ikonenmalerin der Stadt (→ Kasten). Rechter Hand kommt man in die engen, vom Autoverkehr weitgehend verschonten Gassen der Altstadt, wo noch vor zwei Jahrzehnten einige türkische Häuser mit den typischen Holzerkern („Kioski") standen – inzwischen sind sie längst der Abrissbirne zum Opfer gefallen.

Woula Manousakis: Ikonenmalerin aus Leidenschaft

Im oberen Bereich der Chandakos Str. findet man das Atelier von Frau Manousakis. Bereits mit zwanzig Jahren begann sie, Ikonen zu malen, arbeitete zunächst bei ihrem Schwiegervater und stellte Ikonen hauptsächlich für Freunde und Bekannte her. Erst als ihre beiden Söhne erwachsen waren, konnte sie daran gehen, aus dem Hobby einen Beruf zu machen. Seit den achtziger Jahren arbeitet sie nun selbstständig in ihrem Studio, nimmt Auftragsarbeiten von privat an und hat viele Kirchen auf Kreta mit Ikonen ausgestattet.

Kleinformatige Ikonen, die nur eine Person darstellen, z. B. die Gottesgebärerin („theotókos") Maria oder verschiedene Heilige, bekommt man zu Preisen um die 50 €. Größere Werke mit Figurengruppen und umfassenderen Themen können um die 500 € kosten. Entscheidend bei der Preisgestaltung ist auch die Qualität des Materials, denn Ikonen erster Kategorie werden mit echtem Blattgold hergestellt, auch Farben und Holz sind dabei hochwertig. In der nächstniedrigeren Rangstufe wird dagegen nur Goldimitation verwendet.

Adresse Woula Manousakis, Chandakos Str. 31, ✆/📠 2810-244096.

Dedalou Str.: Die geschäftige Präsentierzeile der Stadt beginnt gegenüber vom Morosini-Brunnen und führt als Fußgängerzone schnurgerade zum großen Eleftherias-Platz hinüber. Hier liegen die modernsten Läden der Stadt, die Iráklion durchaus das Flair einer modernen westlichen Großstadt geben. Zu dem Fußgängerbereich gehören auch die nördlich abzweigende *Perdikari Str.* und die parallel laufenden Straßen *Adam Korai*, *Milatou* und *Androgeo*, die von zahlreichen populären Cafés gesäumt sind (→ Unterhaltung/Nachtleben).

Eleftherias-Platz und Umgebung

Die weitläufige Anlage des „Freiheitsplatzes" mit seinen hohen Palmen und Eukalyptusbäumen präsentiert sich mit den eigentümlich abgeschrägten Metalllampen eher groß als schön. Erfreulich ist jedoch, dass der südliche Platzteil mit seinen großflächigen Cafés zum Fußgängerbereich gemacht wurde. An der Einmündung der Dikeossinis Str. steht das ansprechend restaurierte historische Gebäude der *Präfektur* des Verwaltungsbezirks Iráklion, an der Nordseite des Platzes das äußerlich schlichte *Archäologische Nationalmuseum* mit seiner weltberühmten minoischen Sammlung (→ Museen), in der Platzmitte erhebt sich das Denkmal des unbekannten Soldaten. Am hinteren (östlichen) Ende fällt die hohe Stadtmauer steil zum ehemaligen Graben vor der Mauer ab.

Ikarou Str.: Wenn man vom Archäologischen Museum die viel befahrene, in Richtung Flughafen führende *Ikarou Str.* nimmt, trifft man nach einigen Metern auf der abschüssigen Straße linker Hand auf einen Treppenweg, der ein Stück der Straße abkürzt. Kurz darauf kann man in den grünen Graben der Stadtmauer hinabsteigen und ihn mehrere hundert Meter weit entlanggehen. Wenn man stattdessen die viel befahrene Ikarou Str. verfolgt, gelangt man ins Zentrum des Nachtlebens, wo sich mehrere Großdiscos gegenseitig Konkurrenz machen (→ Unterhaltung/Nachtleben).

Leoforos Dimokratias, Stadtpark und Vitouri-Bastion: Ein Bummel auf der breiten Ausfallstraße nach Osten, auf der man nach Knossós und zur New Road kommt, führt nach wenigen Metern an einer Bastei vorbei, auf der sich das überlebensgroße Bronzedenkmal von *Eleftherios Venizelos* (→ Geschichte) erhebt. Kurz danach durchbricht die Straße die Stadtmauer, die hier allerdings kaum über Bodenniveau hinausragt. Unmittelbar rechts dahinter erstreckt sich, flankiert von der langsam bis zur Vitouri-Bastion ansteigenden Mauer, die große Grünanlage des Stadtparks mit einem Kinderspielplatz und dem *Monument des Nationalen Widerstands,* das an die große Freiheitsgeschichte der Kreter erinnert, besonders an den Zweiten Weltkrieg mit der Schlacht um Kreta (→ S. 90). Am Südende des Parks kann man auf einer steilen Treppe in den ehemaligen Graben nördlich vor der Stadtmauer hinuntersteigen, der heute als großer Parkplatz genutzt wird, und durch die *Porta Kenoúria* (→ S. 192) wieder in die Innenstadt gelangen.
Die *Vitouri-Bastion* selber kann über die Pediados Str. auch bestiegen werden, von einigen der dortigen Tavernen (→ Essen & Trinken) blickt man auf den Stadtpark hinunter.

Marktgasse und Umgebung

Der Markt ist ein zentraler Punkt des heutigen Iráklion. Ob Einheimische oder Touristen, hier treffen sich alle. Die lebhafte Basarstraße beginnt nur ein paar Schritte oberhalb vom Morosini-Platz an der Ampelkreuzung und zieht sich die ganze 1866 Str. entlang bis zum Kornarou-Platz. Zu Beginn reihen sich reichhaltig bestückte Obst- und Gemüsestände, dazwischen werden Schwämme, Kräuter und Inselgewürze aller Art verkauft, dann Fleisch und Fisch. Neben Lebensmitteln werden mittlerweile zunehmend Lederwaren, Taschen, Souvenirs, Badesachen und andere Artikel für den touristischen Bedarf angeboten. Zum Ausruhen gibt es einige Cafés (→ Essen & Trinken). Interessant sind die Nebengassen im südlichen Bereich des Marktes. Hier arbeiten die Handwerker noch meist fein säuberlich nach Zünften getrennt. In der *Karterou Str.* sitzen linker Hand seit Jahrzehnten zwei Schuhmacher in handtuchschmalen, zur Straße offenen Kabäuschen, im Umfeld preisen laut gestikulierende Fischhändler ihre Ware an.

Öffnungszeiten Mo–Fr 8.30–14.30 Uhr, außer Mo und Mi auch nachmittags 17–20.30 Uhr, Sa 7–14.30 Uhr.

Kornarou-Platz: Blickfang auf dem lautstark umtosten Platz ist das elegante ehemalige türkische *Brunnenhaus* mit seinem weit ausladenden Ziegeldach. Es wird heute als Kafenion genutzt, unter einer dichten Steineiche und großen Sonnenschirmen kann man gemütlich den Verkehr vorbeirauschen lassen. Gleich daneben steht der venezianische *Bembo-Brunnen* (benannt nach dem Stifter) vom Ende des 16. Jh., bestehend aus einem altrömischen Sarkophag und einer kopflosen römischen Statue aus Alabaster, die in Ierápetra gefunden wurde.

Ekaterini-Platz

Gleich drei Kirchen stehen auf diesem großzügig konzipierten Platz westlich der Marktgasse.
Die *Kathedrale Ágios Minás* vom Ende des letzten Jahrhunderts ist Bischofssitz und größte Kirche der Insel – ein prächtiger Kuppelbau im griechisch-byzantinischen Stil mit zwei Glockentürmen, vielen Simsen und reichen Steinmetzarbeiten. Blickpunkt im dämmrigen Halbdunkel des Kirchenschiffs ist der gewaltige Goldleuchter unter der Kuppel, geschmückt mit byzantinischen Doppeladlern und Heiligenbildern. Darüber blickt der Pantokrator Jesus Christos ernst auf die Gläubigen herunter. Wände und Gewölbe sind mit Fresken zum Leben Jesu bemalt – modern stilisiert, aber wie in allen kretischen Kirchen nach den strengen orthodoxen Regeln der byzantinischen Ikonografie. Dran denken: mit Shorts kein Eintritt!
Etwas unterhalb der Kathedrale steht das kleine, meist verschlossene zweischiffige Kirchlein *Ágios Minás* mit einer prachtvollen, golddurchwirkten Ikonostase aus dem 18. Jh.
Der mehrfach überkuppelte Gewölbebau der *Agía Ekateríni Sinaïtón* (Kirche der heiligen Katharina von Sinai) mit Nebenkapelle wurde 1555 erbaut. Er dient nicht mehr als Kirche und beherbergt heute eine bedeutende Sammlung von Ikonen aus dem 15.-17. Jh. (→ Museen).

Venezianischer Hafen

Geht man vom Morosini-Brunnen die 25 Avgoustou Str. hinunter, gelangt man zum hübschen Fischerhafen mit dem markanten venezianischen Kastell Koules.

25 Avgoustou Str.: Die klassizistisch geprägte Straße verbindet das Stadtzentrum mit dem Hafen. Hier findet man Banken, die meisten touristischen Anbieter wie Autovermieter und Reisebüros, außerdem die Büros der wichtigen Fährlinien und Fluggesellschaften. Benannt ist sie nach einem Massaker der Türken an der Zivilbevölkerung von „Megalókastro“ (so wurde Iráklion damals genannt) im August 1898.

Platia 18 Anglon: Der Kreisverkehr am Hafen ist nach den 17 englischen Soldaten und dem englischen Konsul benannt, die beim Massaker im August 1898 von den Türken getötet wurden. Dieses Ereignis läutete die Befreiung von der türkischen Fremdherrschaft ein. Im vorgelagerten malerischen Hafenbecken flicken Fischer ihre Netze. Leider dröhnt ständig der Verkehr zum nahe gelegenen Frachthafen vorbei.

Venezianische Arsenale (Venetiká Neória): Landeinwärts der lauten Uferstraße sind noch Reste der alten Stadtbefestigung und mächtige, fast turmhohe Lagerhallen erhalten. In venezianischer Zeit hatten sie direkten Zugang zum Wasser und dienten als massive „Garagen“ und Reparaturdocks für die Kriegsflotte der Serenissima.

Kástro Koúles: Das eindrucksvolle Kastell steht am Beginn einer langen Mole, die die Einfahrt in den alten Hafen schützt. Das wuchtige Bollwerk mit meterdicken Mauern, hohen Zinnengängen und je einem marmornen Markuslöwen an Nord-

Ruhender Pol in der Hektik der Stadt: Fischerhafen und Kastell

und Südseite erbauten die Venezianer 1523–40 anstelle einer früheren Festung, die 1304 durch ein Erdbeben zerstört worden war. Es ist nur ein winziger Teil der ehemaligen Gesamtanlage der Stadtbefestigung, deren Größe man damit vielleicht in etwa erahnen kann. Die Festung Cándia galt als stärkste Festung im Mittelmeer, bis die Türken Mitte des 16. Jh. Iráklion 22 Jahre lang systematisch mit Dauerbeschuss belegten und keinen Stein auf dem anderen ließen.
Eine Besichtigung sollte man sich nicht entgehen lassen, denn breite Gänge mit Rundbögen, schwere, eisenbeschlagene Holztüren und düstere Gewölbe mit Lichtschächten und winzigen Schießscharten vermitteln das Urbild einer mittelalterlichen Burg. Die 26 Innenräume sind allerdings weitgehend leer. Eine breite Rampe führt in den großen Innenhof hinauf, rundum kann man die Zinnenmauer entlanglaufen. In der Saison finden hier abends oft Musikveranstaltungen und Theateraufführungen statt. Eine schmale Wendeltreppe windet sich den Stumpf eines Minaretts hinauf zum höchsten Punkt der Anlage, wo man einen herrlichen Blick über Iráklion und den Hafen genießt.

Öffnungszeiten/Preise Di–So 8.30–18.30 Uhr, Mo geschl.. Eintritt ca. 2 €, Schül./Stud. die Hälfte. WC vorhanden.

Hafenmole: Wer will, kann noch den guten Kilometer bis zur äußersten Spitze der Kaimauer laufen, vorbei an einem halb eingesunkenen Dampfer, der seit Jahren vor sich hin rostet. Selbst während der brütenden Mittagshitze weht hier immer eine kühle Brise und auf den mächtigen Wellenbrechern kann man sich wunderbar sonnen.

San Pietro (Ágios Pétros): Die imposante Ruine dieser ehemaligen dominikanischen Klosterkirche aus dem 13. Jh., die im 17. Jh. von den Türken zur Moschee umgebaut wurde, steht an der Uferstraße westlich vom Hafen (→ Stadtplan). Mit einer Restaurierung wurde vor einigen Jahren begonnen, dabei hat man u. a. gut erhaltene Fresken des 15. Jh. entdeckt.

Insel Día: Tierreservat und Ausflugsziel

Die Iráklion vorgelagerte Insel ist heute eins der wenigen Reservate für die vom Aussterben bedrohten kretischen Wildziegen namens „Agrími“. Bei der Anfahrt mit der Fähre kommt man oft nahe daran vorbei und auch vom Flugzeug hat man einen guten Blick auf den großen, kahlen Felsen. Angeblich hat der Tiefseeforscher Jacques Cousteau auf der Suche nach dem legendären Atlantis drüben unter Wasser eine minoische Siedlung entdeckt, die vielleicht von der Flutwelle des Vulkanausbruchs auf Santoríni zerstört worden war. Schiffsausflüge nach Día kann man in den Reisebüros an der 25 Avgoustou Str buchen.

Venezianische Stadtmauer

Der gewaltige, 3 km lange Mauergürtel mit sieben groß angelegten Bastionen zieht sich um die ganze Innenstadt. Im Süden und Osten folgt er dem Verlauf einer früheren byzantinischen Mauer, die allerdings von der heutigen Platia Eleftherias aus quer durch die heutige Innenstadt entlang der Dedalou Str. zum Morosini-Brunnen und von dort entlang der Chandakos Str. zum Wasser verlief. Reste dieser älteren Mauer hat man an der Chandakos Str. entdeckt. 1462 begannen die Venezianer mit der Verstärkung der alten Befestigungen, 1550–60 ließ der Veroneser Stararchitekt Michele Sanmicheli das mächtige Verteidigungswerk in seinem heute noch bestehenden Ausmaß errichten. Eine rigorose Arbeitspflicht ermöglichte dieses wahrhaftige Sisyphos-Werk: Jeder Kreter im Alter von 14-60 Jahren musste eine Woche pro Jahr an der Mauer arbeiten, außerdem zwei Steinquader oder steinerne Kanonenkugeln mitbringen.

Heute sind Mauer und Bastionen mit windzerzausten Pinien und verdorrtem Gestrüpp teilweise dicht bewachsen, schmale Spazierwege führen an manchen Stellen durch die Wildnis. Unterhalb der Platia Eleftherias und der Vitouri-Bastion kann man den begrünten Graben begehen (→ oben). Schönstes Tor ist die *Porta Chaniá,* das so arabisch wirkt, dass die BBC hier einen Spielfilm über Jerusalem gedreht hat. Ebenfalls eindrucksvoll ist die mit Steinmetzarbeiten versehene, tunnelähnliche *Porta Kenoúria* neben der Jesus-Bastion. Von der Außenseite hat man hier einen umfassenden Blick auf die Mauer, im Graben westlich befindet sich die Freilichtbühne „Níkos Kazantzákis“.

Marengo-Bastion: Die südlichste Stelle der Befestigung kann man vom Zentrum aus in etwa 15 Fußminuten erreichen. Je näher man kommt, desto dörflicher wirkt dieses Viertel von Iráklion mit seinen engen Gässchen und niedrigen Häuschen. Hoch oben auf der Bastion liegt *Níkos Kazantzákis* begraben (1883–1957), weltbekannt geworden durch seinen „Aléxis Zórbas“, der aber nur eines seiner vielen Werke war. Er war nicht nur Schriftsteller, sondern auch Minister und ist bis heute eine der populärsten Persönlichkeiten der jüngeren kretischen (und griechischen) Geschichte (→ Lesetipps, S. 63). Gestorben ist er am 26. Oktober 1957 in Freiburg im Breisgau an der asiatischen Grippe, die damals pandemische Formen angenommen hatte. Als er nach Iráklion überführt wurde, war die ganze Insel auf den Beinen. Die Stadt ehrte ihren großen Sohn am 4. November mit einer Totenmesse in der Kathedrale des heiligen Minás und einem anschließenden Leichenzug zum Grab auf der höchsten Bastion der Stadt. Ein schmuckloser Grabstein mit einem schlichten Holzkreuz, eingefasst von einer grünen Gartenanlage – das ist alles, was

öpfer in Thrapsanó beim Fertigen eines traditionellen Tonpythos ▲

Musik ist ein wichtiger Bestandteil des kretischen Lebens ▲▲

Vasílis Skoulás im Museum seines verstorbenen Vaters (Anógia) ▲

Im Palast von Knossós:

▲▲ Das Südpropylon, der monumentale Südeingang

▲ Die "Heilige Straße" nördlich des Palastes

▲ Eines der rätselhaften Lustrationsbecken der Minoer, Zweck und Funktion unbekannt

Überdachter Raum mit rekonstruierten Fresken über dem Thronsaal ▲▲
Riesige Tonpithoi zum Lagern von Wein, Öl und Getreide ▲

▲▲ Verblichene Brückeninschrift im Süden der Insel
▲ Zahlreiche Kirchen sind mit byzantinischen Fresken ausgemalt (hier: Ágios Geórgios in Ánidri bei Paleochóra)

auf die letzte Ruhestätte Kazantzákis' hinweist. Der Blick über die Stadt und ins Hinterland ist herrlich von hier oben: Zwischen Fernsehantennen und Beton lugt das tiefblaue Meer hervor, landeinwärts erhebt sich der sagenhafte *Joúchtas* (→ S. 265), dessen Profil verblüffend einem schlafenden Menschen ähnelt, angeblich ruht dort Göttervater Zeus. Insgesamt wohl der richtige Platz für einen so weltzugewandten Mann wie Kazantzákis, der zeitlebens auf Reisen war und lange im Ausland gelebt hat. Nachdenklich stimmt der Grabspruch, der in eine kleine Tafel gemeißelt ist: *„Ich erhoffe nichts, ich fürchte nichts, ich bin frei."*

Museen

Iráklion besitzt nur wenige Museen, doch diese gehören zu den besten der Insel.

Ikonenmuseum in der Agía-Ekateríni-Kirche

Wichtigste Stücke in dieser ehemaligen Klosterkirche am Ekateríni-Platz (→ S. 190), die 1555 im venezianischen Stil erbaut wurde, sind die sechs Gemälde von *Michaíl Damaskinós,* einem der bedeutendsten Schüler der so genannten „Kretischen Schule" (→ Kasten). Er arbeitete in der zweiten Hälfte des 16. Jh. u. a. in Venedig und brachte von dort völlig neue Maltechniken auf die Insel Kreta. Virtuos kombinierte er das neue perspektivische Raumgefühl und den lebendigen Naturalismus der italienischen Frührenaissance mit byzantinischen und kretischen Stilelementen, deren Formenkanon seit Jahrhunderten festgelegt war. Weiterhin kennzeichnen leuchtende Farben und die üppige Verwendung von Gold seine Malerei. Außer den Damaskinós-Werken sind noch eine Reihe weiterer Ikonen aus dem 16. –19. Jh. ausgestellt, dazu kommen über 700 Jahre alte Fresken, wertvolle liturgische Gerätschaften und Bücher sowie bunt bestickte Priestergewänder.

Öffnungszeiten/Preise Mo–Fr 9.30–18.30, Sa 9.30–15 Uhr, So geschl.; Eintritt ca. 2 €, Studenten & Familien 1 €, Schüler frei. Fotografieren nicht erlaubt.

Kretische Schule

Als Konstantinopel 1452 von den Türken erobert wurde, flüchteten viele Wissenschaftler und Künstler aus dem Zentrum der östlichen Welt nach Iráklion. Sie begründeten auf der venezianisch beherrschten Insel die so genannte *Kretische Renaissance,* die erst durch die türkische Eroberung im 17. Jh. jäh unterbrochen wurde. Die Agía-Ekateríni-Kirche wurde 1555 erbaut und entwickelte sich als Klosterschule der „Mönche des Berges Sinai" zur wichtigsten Hochschule des Ostchristentums. Studienfächer waren Theologie, Philosophie, Literatur, Rhetorik, Recht und Malerei. Berühmte Persönlichkeiten wurden hier ausgebildet: Bedeutendster Vertreter der Ikonenmalerei war *Michaíl Damaskinós.* Sein Schüler war wahrscheinlich der berühmte *Doménikos Theotokópoulos* aus Fódele, besser bekannt unter dem Künstlernamen „El Greco" (→ Iráklion/Umgebung), und auch *Vitzéntos Kornáros* aus Sitía, Schöpfer des kretisches Nationalepos „Erotókritos", studierte hier.

• *Hauptschiff/rechte Wand* (von vorne nach hinten): Hier hängen nebeneinander alle sechs Ikonen von Damaskinós. Anfang des 19. Jh. wurden sie aus dem Kloster Vrondísi in Südkreta nach Iráklion gebracht.

1) **Anbetung der Heiligen Drei Könige**. Starke italienische Einflüsse in der Raumtiefe und Menschendarstellung. Die Felsen im Hintergrund sind zwar traditionell stilisiert, jedoch ist insgesamt die byzantini-

sche Strenge der Wärme und Gewandtheit westlicher Malströmungen gewichen. Die drei Anbetenden erscheinen nicht als Magier, wie in der östlichen Ikonografie vorherrschend, sondern als Könige.

2) **Das letzte Abendmahl**. Sehr gut erhalten, mit seiner lebhaften Formensprache und hervorragenden perspektivischen Darstellung ausgeprägt italienisch. Die Apostel sind weitgehend lebensecht und natürlich gestaltet, Christus erscheint dagegen als typisch byzantinischer Pantokrator. Unter dem Tisch streiten sich Hund und Kätzchen um einen Knochen.

3) **Noli me tangere**. Salopp übersetzt „bitte nicht berühren". Die anmutige und lebendige Maria Magdalena wirkt mit ihrem Lockenhaar ausgesprochen modern, frappierender Gegensatz dazu der byzantinisch steife Jesus.

4) **Maria im brennenden Dornbusch**. Zusammen mit Episoden aus der Geschichte Moses' ist hier die „Jungfräulichkeit" Marias symbolisiert – sie brennt, aber verbrennt nicht. Die byzantinischen und kretischen Stilelemente überwiegen auf dieser Ikone.

5) **Heilige Liturgie**. Die künstlerische Ausführung ist eher traditionell gehalten, die Thematik dagegen ausgesprochen italienisch – in der Mitte die Dreifaltigkeit (Gottvater, Sohn und Taube), umringt von vielflügeligen Engeln. Diese Art der Gottesdarstellung gibt es in der byzantinischen Kirchenkunst nicht.

6) **Das Konzil von Nicäa**. Dieses groß angelegte Szenario enthält hauptsächlich byzantinische Elemente. Ausnahme ist der Papst mit der Tiara.

• *Hauptschiff/linke Wand* (von vorne nach hinten): Werke wechselnder Qualität, verschiedenen Alters und Bedeutung.

1) **Pantokrátor**, Christusporträt aus dem 17. Jh.

2) **Heiliger Fanoúrios**, Ikone aus dem Kloster Odigítrias im Süden Zentralkretas, 15. Jh.

3) **Christus erscheint Maria Magdalena** und **Wunder des heiligen Fanoúrios**, zwei Themen auf einer Ikone aus dem 15. Jh., ebenfalls aus dem Kloster Odigítrias. Die strenge byzantinische Formgebung ist auch hier durch die fein herausgearbeiteten Gesichter und die lebendige Körpersprache überwunden.

4) **Deísis** (griech. „Bitte"), Christus-Ikone mit dem im Jüngsten Gericht thronenden Christus, 15. Jh.

5) **Heiliger Onoúfrios**, Bildnis eines Asketen aus dem Kloster Ágios Pandeleímonas.

6) **Heiliger Johannes und Próchoros**, der Verfasser der Apokalypse mit seinem Schreiber in einer Höhle, 17./18. Jh.

7) **Enthauptung des Ágios Ioánnis Pródromos**, Tod Johannes des Täufers, 18. Jh.

8) **Heilige Liturgie**, Kopie der Ikone von Damaskinós, Anfang des 18. Jh. Die Verwendung schwarzer Striche macht die Darstellung sehr deutlich. Jedoch ohne Hintergrund.

• *Altarraum* (Auswahl): **Alle Heiligen**, zwei Darstellungen aus dem 16. und 18. Jh.

Die Wurzeln von Abraham, auf jedem Ast des Lebensbaumes sitzt ein Heiliger, 18. Jh.

Geburt Johannes des Täufers, mit Übermalungen, 17. Jh.

Das Jüngste Gericht. 17. Jh., detailliert ausgeführte und anschauliche Darstellung des Jüngsten Gerichts. Oben waltet Jesus als Richter, in der Mitte urteilen Engel mit einer Waage, auf die gute und schlechte Taten gelegt werden. Rechts zerren dunkelbraune Teufel die Sünder ins Fegefeuer, auf der Erde stehen die Toten auf und fliegen gen Himmel, die Verdammten versinken im Sumpf.

Heiliger Georg und **heiliger Charalámbos**, Szenen aus dem Leben der beiden Heiligen.

• *Seitenkapelle* Hier werden restaurierte **Freskenfragmente** aufbewahrt, die weitgehend aus dem 14. Jh. stammen. Auf Kreta gab es an die 800 ausgemalte Kirchen und Kapellen. Teilweise waren Wände und Gewölbe über und über damit bedeckt, bestes Beispiel die Panagía Kerá bei Kritsa (→ Agios Nikolaos/Umgebung).

Historisches Museum

Die Sammlung schließt zeitlich an das Archäologische Museum an und beherbergt sorgfältig zusammengestellte Stücke aus der kretischen Geschichte vom Frühchristentum bis zum 20. Jh. Untergebracht ist sie in einem herrschaftlichen Haus des 19. Jh. an der Uferpromenade westlich vom venezianischen Hafen. Mitte der 1990er Jahre wurde ein Seitenflügel in moderner Glasarchitektur angebaut, in dem sich auch der Eingang befindet.

Öffnungszeiten/Preise Mo–Fr 9–17 Uhr, Sa 9–14 Uhr, So geschl. Eintritt ca. 3 €, Studenten und Gruppen zahlen ca. 2,20 €, www.historical-museum.gr

• *Untergeschoss* Gleich nach der Kasse betritt man rechter Hand einen Raum, in dem anhand historischer Landkarten, Fotos und Dokumentationen die **Stadtgeschichte** in christlicher Zeit erläutert wird. Dekorativer Blickfang ist das sehr anschauliche, etwa 4 x 4 m große **Modell** der Stadt Iráklion im 17. Jh., Maßstab 1:500. Per Knopfdruck kann man sich die einzelnen Bauten und Sehenswürdigkeiten mit Punktscheinwerfern erhellen lassen, an den Wänden findet man interessante historische Fotos und Erläuterungen dazu.

Weiterhin gibt es im Untergeschoss einen Saal, der sich ausschließlich der **Töpferkunst** auf Kreta seit byzantinischer Zeit widmet. Ausgestellt sind 200 Exponate aus 16 Jahrhunderten kretischer Geschichte, hauptsächlich byzantinische, venezianische, arabische und türkische Stücke.

• *Erdgeschoss* Im vorderen Bereich des Ganges reihen sich farbige **venezianische Stiche und Landkarten** von Kreta, auf denen die damaligen Städte dekorativ eingezeichnet sind.

In den benachbarten Räumen findet man diverse Exponate aus **Klöstern und Kirchen**: liturgische Geräte aus Messing und Bronze, einen Bischofssitz, Buchständer, Ikonen, Messgewänder, Schmuck, Münzen und Siegel aus byzantinischer, venezianischer und türkischer Zeit.

Der Raum auf der anderen Gangseite ist dem kretischen **Freiheitskampf** gegen die Türken gewidmet. Porträts der Revolutionsführer, Waffen der damaligen Zeit, ein Trinkglas des legendären Abts Gabriel von Arkadi, angeblich mit seinen Blutspritzern (→ Kloster von Arkádi bei Réthimnon), außerdem eine historische Flagge mit der berühmten Parole „énosis í thánatos" – Vereinigung (mit dem griechischen Mutterland) oder Tod! Dazu der Schreibtisch, die Uniform und das Gemälde **Prinz Georgs von Griechenland**. Er war der Bruder des Königs von Griechenland und wurde nach der Befreiung von den Türken 1898 von den Großmächten als Hochkommissar über Kreta eingesetzt.

Wo der Gang im rechten Winkel nach links abbiegt, steht die Rekonstruktion einer kleinen, im Krieg zerstörten **Panagía-Kapelle** aus Kardoulianós (bei Kastélli) mit Gewölbefresken des 16. Jh. – Geburt Christi, Flucht nach Ägypten, Himmelfahrt u. a.

Danach folgt ein separater Raum mit dem einzigen Gemälde des berühmten **El Greco**, das Kreta besitzt: „Blick auf den Berg Sinai mit dem Katharinenkloster", gemalt um 1570.

Die Fahne der kretischen Freiheitskämpfer: „Énosis í thánatos" (Vereinigung mit dem Mutterland oder Tod)

Im Weiteren sind historische Fotos, Briefe und Dokumente zur **kretischen Revolution** von 1897/98 ausgestellt, außerdem Material zum Werdegang von **Elefthérios Venizélos** (nur auf Griechisch).

Am Ende des Gangs und in einem sich anschließenden Raum sind zahlreiche restaurierte Fresken aus diversen Kapellen der Insel untergebracht, darunter Apsisfresken der **Ágios-Geórgios-Kapelle** aus Méronas im Amári-Becken.

• *Obergeschoss* große Sammlung **kretischer Webarbeiten** – Trachten, leuchtend bunte Teppiche, Spitzen, Stickereien und diverser Hausrat. Zwei Frauenfiguren tragen die Trachten von Anógia und Krítsa, beides Orte, die für ihre jahrhundertlange Handarbeitstradition berühmt sind. Inmitten der Websachen hängt auch eine Vitrine mit wunderschön geschnitzten **Lyren**, den typischen Saiteninstrumenten Kretas. Dazu gibt es die Rekonstruktion eines traditionellen bäuerlichen **Wohnraums** mit Originalboden und -decke, Bett, Webstuhl und Kamin.

• *Neubau* Hier hängen eine Menge großformatiger **Fotos** von der Schlacht um Kreta zwischen britischen Verteidigern und deutschen Fallschirmspringern im Zweiten Weltkrieg und der anschließenden Besetzung der Insel. Dazu etliche Utensilien, z. B. Fallschirm und Verpflegungssack der Angreifer, außerdem Waffen und Habseligkeiten von Soldaten und kretischen Partisanen.

Höchst eindrucksvoll ist das Arbeitszimmer von **Kazantzákis**, in dem er von 1948-57 in Antibes (Südfrankreich) schrieb. Mit den Originalmöbeln wurde es exakt nachgestaltet. Schlicht, fast spartanisch wirkt es – große Bücherregale, Schreibtisch, Stuhl und Bett, dazu persönliche Stücke des Dichters, z. B. sein Füllfederhalter. Im Vorraum Manuskripte, Druckfahnen und Erstausgaben seiner Werke in zahlreichen Sprachen. Als gesamtgriechischer Ausklang folgt schließlich das großzügige und Würde ausstrahlende Arbeitszimmer des aus Kreta stammenden Premierministers und Gelehrten **Emanuel Tsoudéros** mit vielen wertvollen Dokumenten, u. a. Briefe von Churchill, de Gaulle und Roosevelt.

Naturhistorisches Museum Kretas

Das 1998 von der Universität eröffnete Museum liegt auf halbem Weg nach Knossós, Leoforos Knossou 157 (linke Straßenseite). Mit zahlreichen Exponaten werden hier auf ca. 800 qm die Flora und Fauna Kretas und des griechischen Festlands nahe gebracht. Die Erläuterungstexte sind leider nur in englischer und griechischer Sprache verfasst, sodass es manchmal etwas schwer fällt auseinanderzuhalten, was aus Kreta stammt und was aus anderen Gebieten Griechenlands.

Im Erdgeschoss sind in lebensgroßen Dioramen recht plakativ und anschaulich die verschiedenen Lebensräume Phrygana, Macchia, Wälder, Nassgebiete, Höhlen, Berge, felsige und sandige Küsten sowie ihre jeweiligen tierischen Bewohner dargestellt. Neben allgemeinen Erläuterungen, Bildern und Fotos sieht man viele Tierarten als Originalpräparate, z. B. die „Rana cretensis“, einen endemischen Seefrosch, verschiedene Gecko-Arten, die Balkanische grüne Eidechse (die größte kretische Eidechse), drei Schlangenarten, mehrere Arten von Skorpionen, aber auch zahlreiche Vogel- und Fischarten. Einige Terrarien mit lebenden „Objekten“ findet man in der Nähe der Cafeteria, z. B. einheimische Echsen (Schlangen, Eidechsen, Skinke) und die putzige Kretische Stachelmaus. Die griechische Unterwasserwelt wird ebenfalls ausführlich in Bild, Ton und Präparaten dargestellt, z. B. gibt es eindrucksvolle präparierte Exemplare der vom Aussterben bedrohten Mönchsrobben „Monachus monachus“ und der Meeresschildkröten „Caretta caretta“.

Im ersten Stock laden Ausstellungsräume mit Fossilien, Mineralien und Gesteinsarten zu einem Streifzug durch die Geologie Kretas und des Mittelmeergebietes ein. Ein weiterer Raum zeigt die Entstehung und Entwicklung des Menschen. Nebenan wird die Ankunft der ersten Menschen in Kreta veranschaulicht und wie sich die Minoer dort einrichteten, hübsch ist hier besonders die maßstabsgetreue Rekonstruktion einer frühminoischen Wohnhütte. Zu guter Letzt kann man im Hof einen kleinen botanischen Garten mit den wichtigsten Pflanzen Kretas besuchen und sich im Schatten einer Palisade ausruhen.

Öffnungszeiten/Preise Mo–Sa 9.30–15 Uhr, So bis 17 Uhr. Eintritt ca. 4,50 €, Jugendliche bis 18 J., Stud. und Senioren ca. 1,50 €, www.nhmc.uoc.gr. Achtung: Umzug geplant in den Hafenbereich von Iráklion, dort soll es dann eine Ausstellung über vier Etagen geben.

Museum der Schlacht um Kreta und des nationalen Widerstands

Dieses städtische Museum liegt gleich hinter dem großen Archäologischen Nationalmuseum an der Ecke Doukos Bofor Str./Hatzidakis. Mit Dokumenten, Fotografien und vielen weiteren Relikten erinnert es an die Besetzung Kretas durch die deutsche Wehrmacht und die von den Briten unterstützte Gegenwehr der Kreter (→ Geschichte, S. 90). Den Anfang machen die deutschen Stücke, wobei u. a. Erschießungen von Zivilisten durch Fotos belegt werden, aber auch die deutschen Kriegsgräber dokumentiert sind, dann folgen Erinnerungen an die kretischen Freiheitskämpfer, zum Schluss wird der britischen und australischen Helfer gedacht. Ausgestellt ist auch die Kapitulationsurkunde der deutsch-italienischen Truppen auf Kreta vom 9./10. Mai 1945, die letzte Kapitulation des Zweiten Weltkriegs in Europa.

Öffnungszeiten/Preise tägl. 9–13 Uhr, Eintritt frei.

Archäologisches Nationalmuseum

Das bedeutendste Museum der Insel präsentiert kretische Funde von der Steinzeit bis zur römischen Besetzung, den Schwerpunkt bilden die Minoer und ihre Kultur. Es handelt sich dabei um eine einzigartige Sammlung, von deren ungeheurer Fülle man schier erschlagen wird.

Doch leider haben sich Konzeption und Aufbau des Museums seit den sechziger Jahren kaum verändert. Die herrlichen Stücke sind optisch wie museumsdidaktisch völlig unzureichend präsentiert, es gibt keine mehrsprachigen Beschriftungen, geschweige denn Erklärungen von übergeordneten Zusammenhängen und auch Fotos oder Lageskizzen sind Mangelware. So bleibt nach einem Durchgang oft nur eine verwirrende Vielfalt von Eindrücken. Auf jeden Fall sollte man sich zusätzlich einige der Fundstellen ansehen, z. B. *Knossós* oder *Festós*, diese uralten Paläste einer in vielem bis heute rätselhaften Zivilisation, um Bezug zu deren Gebrauchsgegenständen, Schmuck und Hausrat zu finden. Zweierlei sollte man außerdem wissen: Die Kultur der Minoer ist runde 3500 Jahre alt, wesentlich älter also als die antiken Hellenen und Römer. Und: Die ganze ungeheure Kollektion zeigt nicht mehr als die sprichwörtliche Spitze des Eisbergs. Das meiste ist unwiederbringlich zerstört, geplündert, verbrannt oder liegt noch tief im harten kretischen Boden verborgen. Das Archäologische Nationalmuseum kann nur einen Eindruck von der Vielfalt und dem Reichtum vermitteln, der damals auf dieser Insel geherrscht haben muss.
Wer den Rundgang in Ruhe machen will, sollte unbedingt bereits morgens um acht oder am frühen Abend vor der Tür stehen, dann sind nur wenige Gruppen unterwegs. Zu den übrigen Zeiten hat man dafür unter Umständen gute Chancen, die Erklärungen eines der vielen deutschsprachigen Führer zu verfolgen.

Orientierung: Die Sammlung ist chronologisch aufgebaut. In den Sälen I–XIII im Erdgeschoss befinden sich Keramikfunde, Waffen, Hausrat, Schmuck u. a. vom Neolithikum (Jungsteinzeit) bis zur Nachpalastzeit und der Geometrischen Epoche (5000–650 v. Chr.). Die Fundorte sind jeweils aufgeführt, teilweise auf Bildtafeln abgebildet. Im ersten Stock sind die großartigen Farbfresken aus Knossós und verschiedenen Privatvillen zu sehen sowie eine interessante Ausstellung zum so genannten „Ring des Minos".

• *Öffnungszeiten/Preise* Mai bis September Di-So 8–19, Mo 13–19 Uhr; Oktober bis April 8–17 Uhr, Mo geschl. Eintritt ca. 6 € (Kombiticket mit Knossós ca. 10 €), für Personen über 65 und Schüler/Stud. aus Nicht-EU-Ländern ca. 3 € (Kombiticket 5 €). Freier Eintritt für Schüler/Stud. aus EU-Ländern, Jugendliche bis 18 Jahre und Journalisten mit Presseausweis oder Empfehlungsschreiben der Griechischen Fremdenverkehrszentrale. Fotografieren ohne Blitz und Video erlaubt, einzelne, noch nicht publizierte Stücke dürfen jedoch nicht abgelichtet werden. Stativ und Blitz sind grundsätzlich verboten.

Der Zákros-Meister und seine Monster
Siegel – ein Mikrokosmos kretischer Kunst

Das eigentliche Siegel trägt die Fliege auf dem Bauch

Detaillierte Naturdarstellung auf kleinster Fläche

Ein Schiff – ziemlich abstrakt

Der Zakros-Meister – kurioses Wesen ...

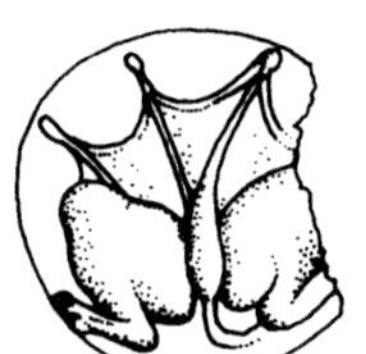

... in ungewöhnlicher Position

Die Minoer trugen ihre Siegel stolz um den Hals oder am Handgelenk – nicht nur als Schmuckstück oder Amulett, sondern sie verwendeten sie auch zum Siegeln von Tonverschlüssen und Vorratsgefäßen.

Etliche Siegelbilder sind nur in solchen Abdrücken erhalten. Jedes Stück ist ein Miniaturkunstwerk von höchster Qualität, auf dem sich ein reges Treiben von Tieren und Menschen, Göttern und Dämonen entfaltet. Dabei überrascht die Vielfalt von künstlerischen Ausdrucksformen, die von naturalistischen Darstellungen über expressive Bewegungen und Verdrehungen bis hin zur völligen Abstraktion reichen.

Die ältesten Siegel stammen bereits aus der Vorpalastzeit (zu sehen in Saal I, Vitrine 11 und 16). Der Siegelkörper wurde in dieser Zeit oft in Tierform gestaltet, besonders originell eine Fliege in Vitrine 11. Die Siegelfläche zeigt dagegen meist geometrische Muster oder einfache Tierdarstellungen. Im Verlauf der Entwicklung wurde die Ausgestaltung der Siegelfläche immer wichtiger und der Siegelkörper einfacher (Prisma- oder Linsenform), häufig hatte ein Siegel mehrere Siegelbilder.

Ihren Höhepunkt erreichte die Glyptik (Siegelschneidekunst) in der jüngeren Palastzeit (ausgestellt in Saal IX, Vitrine 124 und 128). Am Beginn dieser Zeit stehen unglaublich lebendige und naturalistische Darstellungen, wie z. B. das Bild eines Hirsches, der von einem Pfeil getroffen zusammenbricht. Zunehmend werden diese Formen jedoch abstrahiert, bis hin zur völligen Auflösung der Form in Kreise, Striche und Punktreihen – abstrakte Kunst, entstanden um 1500 v. Chr.!

Daneben gab es jedoch auch weiterhin naturnahe und fantastische Darstellungen. Ein besonders fantasievoller Siegelschneider lebte in Zákros. Seine Dämonen und monströsen Mischwesen sind so kurios, dass sie oft mit den Gemälden von Hieronymus Bosch verglichen werden. Leider blieb kein einziges Siegel im Original erhalten – die Abdrücke in Ton sind jedoch in Vitrine 124 zu sehen. *Martina Brockes*

Immer wieder ein Publikumsmagnet: der Diskos von Festós

Erdgeschoss

Die kretisch-minoische Kunst bildet das Kernstück. Hier finden Sie so weltberühmte Objekte wie den Diskos von Festós, die Schlangengöttinnen, den Stierspringer, den Stierkopf und vieles mehr.

Die Vitrinen sind in jedem Raum spiralförmig von außen nach innen aufgestellt. Die erste Vitrine finden Sie immer rechts der Tür, dann die Wände entlang und sich ins Innere des Raumes wenden (→ Museumsskizze, Raum I). Allerdings wurde dieses System nicht immer durchgehalten, außerdem fehlen immer wieder ganze Vitrinen bzw. Teile der Inhalte wegen Restaurierung oder weil sie für Ausstellungen ausgeliehen wurden.

Saal I: Funde aus dem *Neolithikum* (Jungsteinzeit) ab 5000 v. Chr. bis zur *Vorpalastzeit* (2600-1900 v. Chr.).

Früheste Keramik, ausschließlich mit den Händen gefertigt (Töpferscheibe war noch nicht bekannt). Zahlreiche Kultfigürchen (Idole), Steingefäße, Schmuck, Siegelsteine, Waffen und Werkzeuge. Stammen hauptsächlich aus Gräbern und Kulthöhlen.

Vitrine 1 ff.: mit der Hand geformte Tonvasen, krumm und schief.

Vitrine 6: schöne Tongefäße mit verschiedenfarbiger Oberfläche durch ungleichmäßigen Brand. Lange Schnabelkannen.

Vitrine 7: großartige Steingefäße mit verschiedenfarbiger Maserung aus den Gräbern der Insel Móchlos. Besonders reizvoll die runde Steindose mit einem liegenden Hund als Deckelgriff.

Vitrine 10: kleine Keramikmodelle, z. B. ein Schiff mit hohem Bug, eine Votivschale mit Tierherde und Hirt im Inneren (das wertvollste Stück), ein kleiner Becher mit Tauben am Rand und ein vierrädriger Wagen, das älteste Wagenmodell Europas.

Vitrine 11: Siegelsteine aus Alabaster, Elfenbein, Steatit und anderen weichen Materialien gearbeitet. Die verschiedensten Formen und Darstellungen – teilweise vollplastische Tierköpfe, ganze Tiere etc. Hervorzuheben das große Siegel in Form von drei Würfeln an einem Stiel.

Die Siegelsteine wurden als Amulette getragen, man verschloss mit ihnen Behälter und gab sie den Besitzern mit ins Grab.

Vitrine 12: originelles Spendengefäß – ein Stier, auf dessen Hörnern kleine Männlein klettern, wahrscheinlich in Zusammenhang zu sehen mit den so genannten „Stierspringern". Man beachte den verdutzten Gesichtsausdruck des Stieres.

Vitrine 13: hervorragend ausgearbeitete Idole aus Marmor, Alabaster und Elfenbein. Sie wurden vor allem in der Messará-Ebene gefunden.

Vitrine 14: Dolche aus Bronze, einige sogar aus Silber!

Vitrine 16: wiederum Siegelsteine und ihre Abdrücke.

Vitrine 17: Höhepunkt ist hier der einzigartige Schmuck aus Goldblech. Die Bänder wurden über die Augen der Toten gelegt. Außerdem Haarschmuck in Form von Blättern und Blüten. Besonders hübsch auch die Ketten mit verschiedenfarbigen Halbedelsteinen wie Bergkristall und Amethyst.

Saal II: Funde der *Älteren Palastzeit* (1900–1700 v. Chr.), hauptsächlich aus den frühen Palästen von Knossós und Mália und den Gipfelheiligtümern. Die Kultur Kretas steht damals schon auf einer hohen Stufe: Die Insel ist dicht besiedelt, die ersten Paläste und Städte entstehen, Handel und Handwerk florieren, der Wohlstand wächst. Dank der Erfindung der Töpferscheibe können bedeutend diffizilere Keramikgefäße hergestellt werden als in der Vorpalastzeit. Es wird der so genannte *Kamáres-Stil* kreiert – auf den schwarzen Untergrund von Gefäßen und Vasen werden mit weißer und roter Farbe die vielfältigsten Muster und Formen gemalt. Dieser Stil gilt als der schönste des vorgeschichtlichen Griechenlands.

Vitrine 20: glockenartige Skulpturen mit hörnerartigen Fortsätzen, wahrscheinlich Masken, die in Beziehung zum Stierkult stehen.

Vitrine 21 b: hier u. a. ein besonders schöner Anhänger in Form eines winzigen Tropfens. Schlange, Skorpion und ein Insekt sind dargestellt.

Vitrine 23: Kamáres-Keramik. Einzigartig: hauchdünne, reich verzierte „Eierschalengefäße". Ihre Wände sind nur millimeterdick!

Vitrine 24: zahlreiche Votivfiguren, an denen man Einzelheiten der damaligen Bekleidung erkennen kann – Männer mit Lendenschurz, Frauen mit Glockenröcken und Kopfputz.

Vitrine 25: einzigartige Fayence-Plättchen, die die Häuser der Minoer im Miniformat darstellen. Sehr detailliert sind Fenster, Mauerwerk und Lichtschächte dargestellt.

Vitrine 29: große Kamáres-Vasen, berühmt ist der Pithos mit den Palmen.

Saal III: ebenfalls *Altpalastzeit*, hauptsächlich Funde aus dem älteren Palast von Festós und vor allem aus der nicht weit entfernten Kamáres-Höhle am Südhang des Psiloritis in Zentralkreta. Hier hat man die größte Menge der schon im Saal II ausgestellten schwarzgrundigen Keramik entdeckt und dann schließlich auch nach dieser Höhle benannt. Ihre Muster sind jetzt aber konkreter geworden – mit Muscheln, Seesternen und Fischen entsteht der so genannte „Meeresstil". Größte Attraktion des Saales jedoch: der Diskos von Festós!

Vitrine 33–35: besonders schöne Kamáres-Vasen, z. B. der Schnabelkrug mit weißen Doppelspiralen und aufgemalten Augen. Oder die Tassen mit dem feinen Blumenmuster.

Vitrine 41: Hier drängen sich die Massen, denn der **Diskos von Festós** ist der bedeutendste Fund aus diesem Palast. Eine Tonscheibe von 16 cm Durchmesser mit spiralförmig von innen nach außen verlaufenden Hieroglyphen. Er wurde 1908 gefunden und stammt aus der Zeit zwischen 1700 und 1600 v. Chr. Die insgesamt 45 Zeichen sind mit Stempeln in den noch weichen Ton gedrückt – also ein erstes Beispiel vorantiker Druckkunst. Man erkennt Köpfe mit Helmbüschen, Gestalten, Vögel, Blumen und andere einfache Symbole – aber bis heute ist der Diskos nicht entziffert! Nicht einmal über den mutmaßlichen Inhalt des beidseitigen Textes ist man sich einig – vielleicht eine Art sakraler Hymnus, da man einen Refrain zu erkennen glaubt. Jedes Zeichen bedeutet eine Silbe, die Wörter sind mit senkrechten Strichen voneinander getrennt.

Vitrine 43: Hier stehen die Prunkvasen – bis zu 50 cm hoch, großartig erhalten z. B. der Fruchtständer mit den weißen, plastischen Blüten am Rand und Fuß und der Pithos mit Fischen und Netzen.

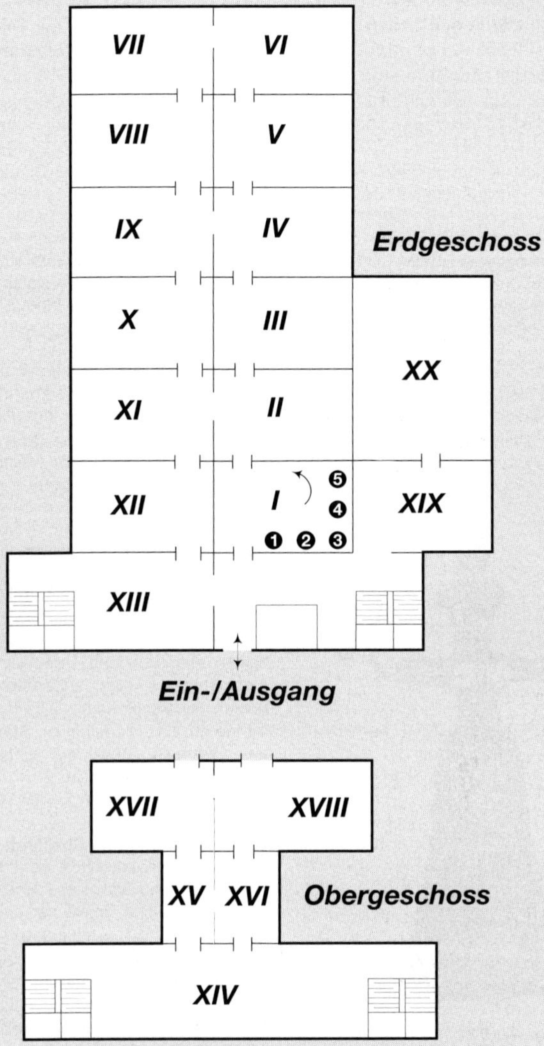

Die Zahlen im Saal I sollen die Anordnung der Vitrinen verdeutlichen, die in jedem Saal dieselbe ist.

Archäologisches Nationalmuseum
(Grundriss)

Saal IV: die *Jüngere Palastzeit* (1700–1400 v. Chr.). Nach der großen Katastrophe von 1700, die alle Prachtbauten der Insel zerstört hatte, wurden die Paläste noch prunkvoller aufgebaut. Die minoische Zivilisation war auf ihrem Höhepunkt. Einige Meisterwerke des Museums sind hier versammelt.

Vitrine 47: der Kopf des königlichen Zepters – auf der einen Seite ein Pantherkopf, die andere eine Doppelaxt.

Vitrine 49: eine wunderschöne Vase im „Pflanzenstil" (Schilfgrasdekor) und ein Stierkopfrhyton (kultisches Trinkgefäß).

Vitrine 50: wieder ein Höhepunkt – die vollbusigen **Schlangengöttinnen**! Sie stammen aus den unterirdischen Schatzkammern des Zentralheiligtums von Knossós und sind fast zum Symbol der minoischen Kultur geworden. Schlangen galten den Minoern als heilige Tiere. Die eine Göttin (oder Priesterin) hält sie hoch über dem Kopf, bei der anderen winden sie sich um den Körper. Auch hier fällt wieder die eigenartige Tracht auf: weiter, langer Rock, extrem enge Mieder, der Busen gänzlich unbedeckt. Die bunten Muscheln verzierten wahrscheinlich den Sockel der beiden Statuetten.

Die Schlangengöttin

Vitrine 51: der berühmte **Stierkopf** – aus Steatit, nur die rechte (dunklere) Seite (in der Draufsicht links) ist echt, der Rest wurde ergänzt. Diente vielleicht als Kultgefäß für Blutopfer – im Genick ist eine Eingussöffnung, im Maul der Ausguss. Mit dem Opfer stimmte man die Stiergottheit gnädig. Der berühmte Stierkult war fester Bestandteil der minoischen Religion. Das Auge besteht aus Bergkristall und Jaspis, die Nüstern sind mit Perlmutt umgeben, die vergoldeten Hörner sind ergänzt.

Vitrine 52: großes Königsschwert mit Kristallgriff aus dem Palast von Mália. Und der Griff eines anderen Schwerts – in Gold getrieben darauf die zirkusreife Leistung eines Akrobaten: Er beugt sich so weit zurück, dass der Kopf die Füße berührt. Und ein nur teilweise erhaltenes Bergkristallplättchen, das einen Stierspringer zeigt (rekonstruiert).

Vitrine 55: aus den königlichen Schatzkammern – zwei sehr schöne Fayence-Tafeln zeigen eine Kuh und eine Wildziege, die ihre Jungen säugen, außerdem noch ein großes Kreuz aus Stein.

Vitrine 56: das Modell eines **Stierspringers** aus Elfenbein, steckt auf einem dünnen Plastikstab frei in der Luft, um die Bewegung zu demonstrieren. Leider ist die Oberfläche stark zerstört.

Vitrine 57: das große **Spielbrett** aus Elfenbein mit Einlegearbeiten aus Bergkristall, Silber, Gold und Glasmasse. Spielsteine aus Elfenbein. Solche Spiele hat man auch in Ägypten gefunden. Ähnelt dem Tavli-Spiel.

Vitrine 58: großartige Ritualvasen, unten spitz zulaufend. Eine davon in Form einer Tritonmuschel.

Vitrine 59: Kultgefäß aus Alabaster in Form eines Löwenkopfes.

Saal V: *Spätzeit des Palastes von Knossós* (1450–1400 v. Chr.). Als einziger der großen Paläste wird Knossós nach der rätselhaften Katastrophe von 1450 noch einmal bewohnt, und zwar von mykenischen Einwanderern.

Vitrine 67: reichhaltiger Schmuck, gefunden in Amnissós, dem Hafen von Knossós – Halbedelsteine, Gold- und Silbernadeln, Elfenbeingriff eines Spiegels.

Vitrine 69: Die beiden berühmten minoischen Schrifttypen sind hier einander gegenüber gestellt. Auf der einen Seite der Vitrine Täfelchen mit der frühen **Linear-A-**

Schrift. Sie ersetzte die Hieroglyphenschrift und ist wie diese bisher unenträtselt. Auf der anderen Seite die spätere **Linear-B-Schrift**. Diese wurde während der Zeit der mykenischen Herrschaft auf Kreta benutzt und konnte entziffert werden. Es handelt sich bei diesen Täfelchen um einen Teil einer Inventarliste des Palastes von Knossós.

Vitrine 70 a: ein **Hausmodell** aus Ton – zweistöckig mit Lichtschacht und Terrasse. In Archánes gefunden.

Saal VI: Funde aus Gräbern der *Jüngeren Palastzeit* und *Nachpalastzeit* (1450–1300 v. Chr.). Der mykenische Einfluss hat jetzt überhand genommen. Besonders auffallend ist, dass plötzlich Waffen auftauchen. Sie sind Beweis für die Anwesenheit der kriegerischen Mykener auf Kreta.

Vitrine 71: Tonskulptur eines Ritualtanzes aus einem Grab bei Kamilári (Südkreta).

Vitrine 75 a: haufenweise Knochen – Kiefer, Rippen, Wirbel. Das arme Pferd war geschlachtet und dem toten Helden vor die Tür zur Grabkammer gelegt worden.

Vitrine 78: wieder ein prächtiges Stück – ein **Lederhelm** mit aufgenähten Eberzähnen. Typisch mykenisch.

Vitrine 84: hauptsächlich Waffen – Schwerter, Messer, Pfeilspitzen. Sind identisch mit zeitgleichen Funden vom griechischen Festland.

Vitrine 85: ein schöner **Bronzehelm** mit Wangenschutz.

Der Stierkopf: Kultgefäß für Blutopfer?

Vitrine 87, 88: Goldschmuck, ebenfalls zum Teil aus mykenischen Gräbern.

Saal VII: wieder minoische Kunst der jüngeren Palastzeit, diesmal nicht aus den Palästen, sondern aus Gutshöfen, Villen und verstreuten Kultstätten. Braucht sich vor der Palastkunst nicht zu verstecken.

Gleich rechts vom Eingang drei riesige **Doppeläxte** aus dem Mégaron Nírou, einer minoischen Villa in Kokkíni Cháni (östlich von Iráklion). Die Doppelaxt war den Minoern heilig.

Einzigartig für die Zeit sind die **Steatitvasen** in den Vitrinen 94–96. Sie stammen alle aus dem Palast von Agía Triáda (bei Festós).

Vitrine 94: hier u. a. die wunderschöne, schwarzglänzende **Schnittervase** in Form eines Straußeneis (untere Hälfte rekonstruiert). Dargestellt ist ein Zug von Bauern mit Erntegeräten, vielleicht eine Dankprozession.

Vitrine 95: der so genannte „Prinzenbecher".

Vitrine 96: trichterförmiges, großes Rhyton (Trinkgefäß) mit großartigen Darstellungen von Ringkämpfen und Stierspringern.

Vitrine 99: ungetüme 30-kg-Gewichte aus Kupfer, als Zahlungsmittel verwendet. Waren wohl etwas zu schwer für die Geldbörse (angeblich trug man sie auf den Schultern – deshalb die leicht gebogenen Seiten). Gefunden im Palast von Agía Triáda.

Vitrine 101: filigrane Doppeläxte und viel Goldschmuck, darunter das vielleicht schönste Schmuckstück der Minoer – ein Anhänger mit zwei Bienen (oder Wespen?) aus einem Grab bei Mália. Die Insekten füllen gerade einen Tropfen Honig in eine scheibenförmige Wabe. Das einzigartige Stück ist auf der Eintrittskarte zum Museum abgebildet.

Saal VIII: Funde der *Jüngeren Palastzeit* ausschließlich aus dem erst 1962 entdeckten Palast von Zákros in Ostkreta.

Vitrine 109: Eins der schönsten Stücke der minoischen Kultur ist das kleine **Trinkrhyton** aus Bergkristall. Es stammt aus der Schatzkammer von Zákros und musste in mühsamer Puzzlearbeit aus über 300 (!) Einzelteilen wieder zusammengesetzt werden. Henkel aus Perlen (grün schimmernd wegen des oxidierten Drahtes) und Ring aus Bergkristallstücken und vergoldeten Elfenbeinringen.

Vitrine 111: Steinrhyton mit großartiger Reliefdarstellung eines Gipfelheiligtums. Über dem Portal lagern vier Wildziegen mit mächtig geschwungenen Hörnern, unterhalb davon der Altar und Kulthörner.

Vitrine 114: auch hier prachtvolle, unten konisch zulaufende Vasen aus wertvollen Materialien wie Marmor und Obsidian.

Vitrine 118: steinerne Kultgefäße. Einzigartig elegant die **Amphore** aus verschiedenfarbigem Stein mit dem zweifachen Rand und den geschwungenen Henkeln.

Saal IX: Funde der *Jüngeren Palastzeit* aus Ostkreta.

Vitrine 120: Tongefäß im „Meeresstil". Dargestellt ist ein Oktopus, der mit seinen Fangarmen die Flasche umschlingt.

Kopfschmuck aus Mohnkapseln: Angeblich wurden sie zur religiösen Stimulanz verwendet

Vitrine 122: höchst originelle „Einkaufstasche" mit einem Dekor aus Doppeläxten.

Vitrine 123: schöne Tonfiguren, die Frauen prunken mit ihren aufgetürmten Haartrachten. Diese Statuetten gehören zu den aufschlussreichsten Menschendarstellungen der Zeit.

Vitrine 128: zahlreiche Siegelsteine aus harten Halbedelsteinen.

Saal X: *Nachpalastzeit* (1400–1100 v. Chr.).

Die minoische Kultur ist im Niedergang nach der Katastrophe. Es werden einfachere Materialien verwendet, Schematisierungen häufen sich, die gröbere mykenische Kunst überdeckt die ehemalige Originalität, wirkt aber in ihrer Naivität trotzdem hübsch und ist als Kunstideal derzeit wieder durchaus gefragt.

Vitrine 133: große Kultidole aus Ton. Zylindrische Röcke, hoch erhobene Hände und eigenartiger Kopfschmuck mit Mohnkapseln. Diese wurden angeblich bei religiösen Ritualen als Stimulans verwendet.

Saal XI: *subminoische* und *frühgeometrische Zeit* (1100–800 v. Chr.).

Die Mykener werden von den aus Norden vordringenden Dorern besiegt, ihre Burgen zerstört. Über die Kykladen gelangen die Dorer schließlich auch nach Kreta. Die einheimischen Nachfahren der Minoer flüchten in die Berge. Kunst und Kunsthandwerk sind am Tiefpunkt.

Vitrine 148: ungelenke Tonstatuen einer Göttin mit erhobenen Händen – „Weiterentwicklung" der Figuren im vorherigen Saal

(Vitrine 133). Außerdem ein eigenartiges Spendengefäß in Form eines Ochsengespanns – von den Zugtieren sind nur die Köpfe modelliert, die Körper fehlen.

Vitrine 153: Das Geheimnis des durchschlagenden Erfolgs der Dorer in der Kriegsführung sind die ersten eisernen Waffen! Auf der anderen Seite der Vitrine so genannte **Fibeln**, die die dorischen Gewänder zusammenhalten. Die weiten Röcke und engen Mieder der Minoer sind passé.

Saal XII: *geometrische* und *orientalisierende Epoche* (900–650 v. Chr.). Minoische, griechische und orientalische Einflüsse verschmelzen miteinander, eigentlich kretische Kunst gibt es nicht mehr. Hauptsächlich Keramik, wuchtiger und strenger als bei den Minoern, teilweise abgemildert durch die verspielten orientalischen Motive. Fünf menschengroße Tonpithoi beleben den Raum.

Vitrine 163: Beliebtestes Stück ist hier die Vase mit der rührend-unschuldigen Darstellung eines Liebespaares. Tiefe Blicke werden gewechselt, „er" krault „sie" am Kinn. Naiv wie eine Kinderzeichnung.

Vitrine 170: Goldschmuck der geometrischen Zeit. Nicht so fein wie die minoischen Stücke, aber fortgeschrittenere Technik.

Saal XIII: minoische Sarkophage aus der *Nachpalastzeit* (1400–1100 v. Chr.) und Aufgang ins Obergeschoss.

Während die Minoer der Palastzeit ihre Toten noch in Holzsärgen bestatteten (von diesen ist so gut wie nichts erhalten), kam in der Nachpalastzeit die Mode der **Tonsarkophage** auf (Lárnakes). Es gibt kistenförmige Sarkophage mit Deckel und ovale Wannen ohne Deckel, für die bessere Verwesung haben sie oft Luftlöcher. Meist sind sie schön bemalt, ähnlich wie die Vasen der Epoche. Auffallend ist die geringe Größe der Särge – die Toten wurden noch vor Eintritt der Totenstarre in Hocklage hineingelegt, anschaulich demonstriert in einer Ecke des Saales.

Obergeschoss

Hier sind die Reste der farbenprächtigen Wandfresken zu sehen, die das Innere des Palastes von Knossós und verschiedener anderer Paläste und Villen schmückten. Sie stammen fast ausschließlich aus der Jüngeren Palastzeit (1700–1400 v. Chr.). Von den sicher auch in den Palästen von Mália, Festós und Zákros ehemals vorhandenen Gemälden ist so gut wie nichts erhalten.

Schon im Auftrag des Entdeckers *Sir Arthur Evans* (→ Knossós) wurden Anfang des 20. Jh. in mühsamer Kleinarbeit die ehemaligen Gesamtkompositionen der Wandbilder rekonstruiert. Er verpflichtete dazu den bedeutenden Schweizer Künstler *Gillieron*, der mit unglaublicher Akribie und fast kriminalistischem Scharfsinn daran ging, aus den spärlichen Originalfragmenten die ursprünglichen, großflächigen Wandgemälde zu erschließen. Dem heutigen Betrachter scheint es kaum mehr vorstellbar, wie man aus den oft nur handtellergroßen Stücken meterhohe Figuren herleiten kann. Doch Gillieron konnte aus dem Vergleich des gesamten erhaltenen Materials gewisse, immer wiederkehrende Regelmäßigkeiten ableiten, die für alle Bilder zutreffen und so die fehlenden Teile glaubhaft und schlüssig ersetzen. In wissenschaftlichen Kreisen sind die restaurierten Fresken heute anerkannter als die Rekonstruktion des Palastes von Knossós und man kann davon ausgehen, dass die heutigen Darstellungen im Obergeschoss des Museums dem ehemaligen Aussehen ziemlich nahe kommen. Auch die betörende Farbenpracht soll authentisch sein. Auf den Originalstücken ist davon nur noch ein schwacher Abglanz zu entdecken – die rekonstruierten Teile überstrahlen sie bei weitem.

Minoische „Fresken“

Streng genommen muss man eigentlich von Wandmalereien und nicht von Fresken sprechen. Die Minoer pinselten ihre Farben nämlich nicht auf den noch feuchten Wandverputz (al fresco – ital. = im Feuchten), wie es für echte Freskenmalerei notwendig ist, sondern auf den bereits trockenen Gipsbelag. Während sich „al fresco“-Malerei, die vor allem die italienischen Renaissancekünstler meisterhaft einsetzten, untrennbar mit dem Grund verbindet und für Jahrtausende dauerhaft konserviert ist, blätterten die minoischen Gemälde bald ab. So blieben nur karge Reste der teilweise überlebensgroßen Darstellungen erhalten.

Saal XIV-XVI: Diese drei Säle beherbergen sämtliche erhaltenen Fragmente der Wandmalereien aus Knossós und Umgebung. Teilweise sind sie sogar im Relief gearbeitet, Themen waren hauptsächlich Naturszenen und Kulthandlungen, Männer sind meist rot gemalt, Frauen haben weiße Haut. Üppiger Naturalismus, Freude an Farbe und Fantasie kennzeichnen die Bilder. Ein gewaltiger Gegensatz zu den streng stilisierten Fresken der Ägypter, von denen die Minoer diese Technik angeblich übernommen haben. Nicht von ungefähr soll ein französischer Gelehrter beim Anblick der eleganten Damen ausgerufen haben: *„Mais, ce sont des Parisiennes!“* (Aber, das sind ja Pariserinnen!).

• *Saal XIV* links im Nordteil des lang gestreckten Saals Fragmente des **Prozessionskorridors** aus Knossós. Im Original sollen es 500 (!) Figuren gewesen sein, die sich in langen Reihen auf die zentral gemalte Prinzessin oder Göttin zu bewegten. Sie halten Gefäße in der Hand, am Ende steht der bekannte **Rhytonträger**, von ihm ist sogar der Kopf erhalten.

Zwischen den zwei Türen zu den folgenden Sälen die Darstellung eines **Greifs** aus dem Thronsaal von Knossós. Er hat einen Adlerkopf, Löwenkörper und Schlangenschwanz und wurde vom Feuer, das den Palast vernichtete, stark beschädigt.

Rechts von den Türen Fresken aus dem Palast von **Agía Triáda**.

An der Wand gegenüber das wunderbare Fresko **Drei Blaue Damen**, das rätselhafte Bild des **Stierspringers**, der hübsche **Rebhuhn-Fries** und das vielleicht berühmteste Stück, der **Prinz mit den Lilien** vom Ende des Prozessionskorridors in Knossós.

In der Mitte des Saals der berühmte **Kalksteinsarkophag** von Agía Triáda. Er stammt etwa von 1400 v. Chr. und ist der einzige Steinsarkophag, der je auf Kreta gefunden wurde. Er gehört zu den kostbarsten Stücken des Museums und ist über und über bemalt, die Fresken sind besonders gut erhalten. An den beiden Längsseiten sind kultische Handlungen dargestellt. Auf der einen ein Stieropfer – das Tier liegt gefesselt auf einem Altar, darunter zwei weitere Opfertiere, dahinter ein Flöte spielender Musikant, rechts wäscht sich eine Priesterin die Hände. Auf der anderen Seite links Priesterinnen – eine hat eine Tragestange mit Körben auf der Schulter, die andere gießt das Blut des geopferten Stieres in ein Gefäß zwischen Doppeläxten. Rechts bringen drei Männer dem Toten, der vor seinem Grab steht, Kälber und ein Schiff.

Sehr instruktiv ist schließlich das große **Holzmodell** des rekonstruierten Palastes von Knossós. Die gigantischen Ausmaße werden einem hier erst richtig bewusst.

• *Saal XV* gleich links (Westwand) zwei **Miniaturfresken** von Massenszenen. Die eine stellt einen kultischen Tanz dar, die andere eine Zeremonie vor dem Dreisäulenheiligtum von Knossós. Beide stammen aus Knossós.

Die **Pariserin** aus dem Piano Nobile in Knossós ist eins der berühmtesten Fresken des Palastes. Es stellt eine Priesterin dar, wie man an dem kultischen Knoten im Haar erkennt. Die Ausgräber sahen aber in ihr eine junge attraktive Frau, die sie sich am besten in Paris, dem damaligen Zentrum von Eleganz und Mode, vorstellen konnten.

• *Saal XVI* an der Westwand der **Blaue Krokuspflücker** in zwei rekonstruierten Versionen. Evans sah noch einen Knaben in ihm, nach neueren Untersuchungen von Professor Platon handelt es sich aber um einen Affen. An derselben Wand auch die **Tänzerin** mit den wehenden Haaren.
An der Ostwand beachtenswert der **Blaue Vogel** und die **Affen** inmitten üppiger Vegetation.

Der Prinz mit den Lilien

Saal XVII (derzeit geschlossen): Kleinkunst der archaischen, klassischen, hellenistischen und griechisch-römischen Zeit (700 v. Chr. bis 400 n. Chr.).

Saal XVIII: Hier wurde erst 2002 eine moderne und sehr ansprechende aufgemachte Ausstellung zum legendären „Ring of Minos" (To daktylídi tou Mínoa) eingerichtet. Dieser große, aber äußerst filigran gearbeitete Ring wurde 1928 von einem Jungen in einem Grab südlich von Knossós gefunden. Sein Vater übergab ihn dem Dorfpriester, der ihn Sir Arthur Evans verkaufen wollte. Man wurde sich jedoch nicht handelseinig, sodass sich der Priester in den dreißiger Jahren deswegen erneut an die Archäologen Nikolaos Platon und Spyridonas Marinatos wandte. Die beiden Wissenschaftler waren sich jedoch über die Echtheit des Rings uneinig, so blieb er weiterhin beim Priester. Später behauptete er, er sei ihm gestohlen worden, doch tauchte nach seinem Tod ein Erbe auf, der den Ring der Wissenschaft übergab. 2002 wurde er endgültig als echt erkannt, er ist 3500 Jahre alt und war einer hochgestellten minoischen Persönlichkeit, vielleicht einem König, ins Grab mitgegeben worden. Auf seiner ovalen Fläche sind eingraviert: ein Hügelheiligtum, eine sitzende weibliche Figur, zwei Frauen, die in Bäumen klettern (Baumkult) und ein Boot, das von einer mythischen Gestalt gerudert wird. Eine Reihe weiterer ähnlicher Ringe, die an verschiedenen Orten Griechenlands gefunden wurden, manifestieren den geschichtlichen Zusammenhang.

Die folgenden Säle liegen wieder im Erdgeschoss (→ Museumsskizze).

Saal XIX (derzeit geschlossen): archaische Monumentalkunst (700–600 v. Chr.), hauptsächlich aus der großen Ausgrabung *Rizinía* bei Priniás, u. a. mächtige Keramikpithoi, Götterdarstellungen (berühmt die sitzende Göttin Vritómarits), Skulpturen und Grabstelen sowie Tempelfriese im so genannten dädalischen Stil (Vorläufer der griech. Archaik). Außerdem findet man hier die legendären Bronzeschilde der Kureten aus der Idäischen Grotte im Ída-Gebirge.

Saal XX (derzeit geschlossen): griechische und römische Skulpturen und Sarkophage (500 v. Chr. Bis 400 n. Chr.).

Am Strand von Ammoudára, im Hintergrund der kegelförmige Stroúmboulas

Iráklion/Umgebung

Die Ziele sind vielfältig, vor allem im hügligen Hinterland, im Psiloritis-Gebirge und im Westen der Hauptstadt. Ein Höhepunkt ist die gewaltige Palastanlage von Knossós. Der Osten ist dagegen anfangs eher flach und langweilig. Erst die Bucht von Mália und das Díkti-Massiv um die Lassíthi-Ebene setzen dort Schwerpunkte.

Zu beiden Seiten der Stadt liegen lange Sandstrände. Abstriche muss man aber machen, die Küste ist zersiedelt, die Strände sind nicht durchweg sauber. Für Urlauber, die direkt in Iráklion gebucht haben, bieten die stadtnahen Strände aber die einzige Bademöglichkeit.

Westlich von Iráklion

Die wildere, abenteuerlichere Ecke. Während östlich von Iráklion stereotype Hotelbauten das Bild beherrschen, ist der Westen in Richtung Réthimnon bergig und nur punktuell besiedelt. Das Massiv der bis über 1000 m ansteigenden Kouloúkonas-Berge prägt Küste und Hinterland.

Die New Road kurvt in weiten Bögen über Berg und Tal in Richtung Réthimnon, Tourismus ist nur in einigen Schwerpunkten vertreten – z. B. das Hoteldorf *Agía Pelagía* und viel weiter westlich das ehemals idyllische Fischerdörfchen *Balí* (→ Réthimnon/ Umgebung), der Rest der Küste ist praktisch unbebaut. Viel besucht ist *Fódele*, der angebliche Geburtsort des Malers El Greco. Kaum angefahren wird dagegen das Terrassendorf *Rodiá* mit überwältigendem Panoramablick auf Iráklion und die blühende Oase des darüber liegenden Klosters *Savathianón* – ohne Zweifel eins der schönsten auf Kreta. Mit eigenem Fahrzeug lohnt außerdem die reizvolle Tour zum höchst markanten, 800 m hohen Kegel des *Stroúmboulas*, der bestiegen werden kann, sowie die Fahrt auf den 734 m hohen Berg *Vassilikós*, die zu beiden Seiten der Old Road liegen.

Tagestour im Westen Iráklions

Auf der New Road bis *Síses*, dort führt eine bestens ausgebaute Asphaltstraße durch die *Kouloúkonas-Berge* über Aloídes zur landeinwärts verlaufenden Old Road. Sie schlängelt sich über *Damásta* und *Márathos* durch grünes Weinbau- und Ackerland wieder zurück in Richtung Iráklion. Bei der Abfahrt am Stroúmboulas überwältigender Blick auf die Bucht von Iráklion.

Strand von Ammoudára

Die kilometerlange Strandzone westlich von Iráklion ist von ihren natürlichen Voraussetzungen her wirklich schön. Herrlich ist auch der Ausblick auf das schroffe Vorgebirge mit dem auffallenden Stroúmboulas am Ende der Bucht – besonders stimmungsvoll, wenn dort abends die Sonne untergeht.

Um den Strand und seine Umgebung hat sich allerdings dank der Stadtnähe eine überdichte touristische Infrastruktur entwickelt. Vermeiden sollte man nach Möglichkeit die Unterkünfte entlang der stark befahrenen Durchgangsstraße, die nachts für unzählige Mopedfahrer zur Rallyestrecke wird. Wenn man aber direkt am Strand unterkommt, lässt sich hier recht gut ein Urlaub verbringen, vor allem im westlichen Strandbereich findet man einige nette „Oasen". Neben Pensionen und Apartmenthäusern gibt es mehrere große Badehotels der gehobenen Kategorien, die über Reiseveranstalter zu buchen sind. Vor allem polnische Urlauber sind zahlreich vertreten. Außerhalb der Hotelzonen wird der Strand nur abschnittsweise gesäubert, am Westende missfällt dem Urlauberblick außerdem vielleicht das große, mit Öl betriebene Kraftwerk mit seinen zehn Kaminen. Zwei Zementverladestationen haben sich dort ebenfalls angesiedelt. Dem Strand vorgelagert ist ein Riff, Badeschuhe sind deshalb empfehlenswert.

Anfahrt/Verbindungen

- *Eigenes Fahrzeug* Zum Strand von Ammoudára führt eine Abzweigung der alten Landstraße nach Réthimnon. Ab **Iráklion/ Zentrum** die Kalokerinou-Str. Richtung Westen, durchs Chaniá-Tor und die 62 Martiron-Str. geradeaus weiter. Falls Ammoudára nicht ausgeschildert ist, den Hinweisen zum „Pankritiou Stadio" folgen, das für die Olympischen Spiele 2004 am Strandbeginn errichtet wurde. Ab **Iráklion/Hafen** nimmt man am besten die Küstenstraße und fährt immer dicht am Meer entlang.
- *Bus* **Bus 6** fährt alle 20 Min. ab Eleftherias-Platz, Haltestelle vor dem Kino neben dem Astoria-Hotel. Am Stand mehrere Haltestellen.

Übernachten/Essen & Trinken

Die Großhotels liegen alle in unmittelbarer Meeresnähe, aber auch einige einfachere Unterkünfte findet man dort, vor allem im westlichen Strandbereich kann man recht hübsch wohnen.

Candia Maris, Lux-Kat., 1995 eröffnet, Haupthaus und Bungalows inmitten einer großen Gartenanlage, umfangreiches Sportangebot, mehrere Pools, Hallenbad, Sauna. Berühmt für seine Thalasso-Therapie (Meerwassermassage) in eleganten marmorgefassten Becken. Komfortabel eingerichtete Zimmer und Suiten mit TV und Kühlschrank. Animation, Kinderbetreuung. Zu buchen z. B. über Attika. ✆ 2810-377000, ℻ 250669, www.maris.gr

Agapi Beach, A-Kat., gehört zur Grecotel-Gruppe, dicht begrüntes Gelände mit Rasen und vielen Bäumen, drei Pools, gut ausgestattete Zimmer in den zwei Haupthäusern und Bungalows, jeweils mit Balkon oder Terrasse. Kinderanimation. Sport, Fitnesscenter mit Sauna. Wird unter Beachtung von Umweltkriterien geführt. Pauschal über Attika oder TUI. ✆ 2810-311084, ℻ 258731, www.grecotel.gr

Creta Beach, A-Kat., etwas ältere, aber freundliche und gepflegte Bungalowanlage mit viel Grün und Palmen direkt hinter dem Strand. Die meisten der 150 Zimmer in Bungalows, Meerwasserpool mit Snack-Bar, abends Disco, Minigolf und Tennis. DZ mit Frühstück ca. 100–130 €. ✆ 2810-252302, ℻ 251777, www.cretabeach.com

Lambi Beach, B-Kat., schöne, pastellfarbene Anlage mit großem Pool, Bar und Liegewiese, in den gepflegten Zimmern gemauerte Bettfundamente, DZ mit Frühstück ca. 60–90 €. ✆ 2810-821124, ℻ 821918.

Poseidon, D-Kat., landeinwärts der Straße, saubere und geräumige Zimmer, Bar, Restaurant und Swimmingpool. DZ mit Frühstück ca. 60–100 €. ✆ 2810-822111, ℻ 822131.

Petousis, sehr schöne, erst 2004 eröffnete Anlage, an der Hauptstraße ein Stück in Richtung Strand. Ausgezeichnet ausgestattete Studios und Apartments mit Holzbalkendecke, TV, Küchenzeile, Klimaanlage und Balkon, Pool mit Kinderbecken, Sauna und Solarium. Das Restaurant gibt es schon seit 25 Jahren, mitten im Speisesaal ein offener Buchenholzgrill, der würzigen Duft verbreitet, außerdem eine gut ausgestattete Kinderspielecke, draußen fast ein kleiner Zoo mit Krokodil, Papageien, Wellensittichen und Kaninchen. Studio ca. 30–50 €, Apt. ca. 40–70 €. ✆ 2810-821376, ℻ 824060, www.petousis.gr

Tropical, gegenüber vom Minoas Hotel an der Durchgangsstraße abzweigen, nettes Haus mit Restaurant direkt am Strand, von Lesern empfohlen. DZ mit Frühstück ca. 25–45 €. ✆ 2810-822122.

Aptera, ebenfalls im westlichen Strandbereich, großes Strandhotel mit modernen Zimmern, jeweils Kühlschrank und herrlicher Meerblick, unten Bar und Taverne. DZ mit Frühstück ca. 35–60 €. ✆ 2810-821060, ℻ 823292, www.etravel.gr/aptera

Frank, schön begrünte Anlage mit 18 Apts. direkt am Strand, geführt von einer sehr freundlichen Familie mit drei netten Töchtern, die den Laden souverän schmeißen. Frank hat lange in den USA gelebt. Restaurant und Pool mit Bar am Strand. Apt. für 2 Pers. ab ca. 30–50 €, Frühstück extra. ✆ 2810-262579, ℻ 252129, E-Mail: info@frankapartments.com

Leserempfehlung außerdem für die Taverne **Paradise** im westlichen Strandgebiet.

Unterhaltung/Nachtleben

Im Hochsommer zieht die Discoszene von Iráklion zum Strand von Ammoudára. Angesagte Clubs sind z. B. der große **Prime Club** mit fünf Bars und Open-Air-Tanzfläche, das **Barracouda**, direkt am Strand, das einem Segelschiff nachempfunden ist (tagsüber Cafébetrieb), sowie **Bachalo** im westlichen Teil der Strandregion.

Rodiá (auch: Rogdiá)

Lohnender Abstecher vom Westende des Strands von Iráklion. Bei der Raffinerie beginnt eine 7 km lange Serpentinenstraße in das abgelegene Bergdorf hoch oben am Hang. Dort hat man einen wunderbaren Blick aufs Meer und die Bucht von Iráklion.

Fahrzeug am Ortseingang stehen lassen und die Hauptstraße entlangschlendern. Nach wenigen Metern sieht man rechts unterhalb der Straße *Venétiki Épauli*, die Ruinen einer prächtigen venezianischen Villa mit hauseigener Kapelle. Auch sonst findet man noch viel alte Bausubstanz. Insgesamt ein ursprüngliches kretisches Örtchen fern vom Trubel – ideal, um einen ruhigen Nachmittag zu verbringen und den Panoramablick zu genießen.

• *Verbindungen* Busse etwa 3 x tägl. ab Busbahnhof B in Iráklion.

• *Essen & Trinken* An der Auffahrt vor Rodiá liegen mehrere große Terrassenlokale mit schöner Aussicht auf Iráklion, nämlich **Meteoro**, **Papadakis** und **To Alonaki**. Die einzige gute Adresse im Ort selber ist die Taverne/Ouzeri **Kegos** am Ortsende, auch hier herrlicher Blick auf Iráklion.

▶ **Von Rodiá nach Achláda**: Die Straße ist bisher nicht asphaltiert, aber breit und relativ gut ausgebaut. Die 8 km sind kein Problem. Bei Achláda geht es in steilen Serpentinen hinunter zur New Road.

Kloster Savathianón

Wer schon nach Rodiá vorgedrungen ist, sollte die 4 km zum Kloster auch noch bewältigen. Am Ortsbeginn schraubt sich linker Hand eine kürzlich asphaltierte Straße hinauf in die Berge.

Der weiß gekalkte Klosterkomplex liegt versteckt in einer Felsspalte zwischen hoch gewachsenen Zypressen. Was als erstes auffällt, ist der unglaubliche Wasserreichtum. Überall plätschert es und an den Wegrändern gedeihen üppige Blumenrabatten und prächtige Pflanzen. Nachdem das ehemalige Mönchskloster jahrzehntelang leer stand, haben nach dem Zweiten Weltkrieg Nonnen vom Peloponnes die stark verfallene Anlage in ein blühendes Schmuckstück verwandelt. Heute leben und arbeiten hier etwa zwei Dutzend Schwestern.

Gezeigt wird Besuchern zunächst die kleine, der Muttergottes geweihte Doppelkirche *Theotókos*, dort sind u. a. verschiedene Ikonen und der Schädel des 1866 im Kampf gegen die Türken gefallenen Klostervorstehers Eumenios Vourexakis zu sehen. Anschließend kann man hinter den Gebäuden einen *Kreuzweg* mit den Stationen des Leidenswegs Christi verfolgen, der in die Obstterrassen des Klosters und zur *Höhlenkapelle des heiligen Antonios* führt. Neben der Höhle ein Baum, der der Legende nach auch in der kalten Jahreszeit einen „immergrünen" Zweig trägt. Zum Abschluss der kleinen Besichtigung folgt die Bewirtung mit einem Löffel selbst gemachter Quittenmarmelade, dazu gibt's einen Schluck Rakí oder Wasser.

• *Öffnungszeiten* tägl. 8–13, 17–19 Uhr. Am Eingang stehen allerdings keine Einlasszeiten und das große Tor scheint verschlossen, lässt sich aber mit einem Griff durch das Gitter öffnen. Für „behoste" Frauen gibt es Wickelröcke. Für den Weiterbestand des Klosters sind die Euros der Touristen lebensnotwendig. Es werden auch Stickereien angeboten. Bitte nicht die Nonnen fotografieren!

Von Iráklion nach Agía Pelagía

Hinter der weiten Küstenebene westlich von Iráklion schraubt sich die gut ausgebaute *New Road* ein Felsenkap hinauf, rechts fallen die Hänge steil zum Meer hinunter ab. Immer wieder schöne Blicke zurück auf die Bucht von Iráklion mit großartigem Bergpanorama dahinter.

▶ **Paleókastro**: Kurz nachdem die Bergstrecke beginnt, sieht man auf einem Hügel unmittelbar am Straßenrand die Ruinen einer venezianischen Festung. Viel ist nicht mehr erhalten, trotzdem handelt es sich um einen bedeutenden Bau, denn hier verhandelte der Statthalter Morosini 1669 mit den Türken über die ehrenvolle Übergabe der Festung Iráklion (damals Cándia). Kleinen Besichtigungsstopp einschieben: An der rechten Felsflanke führt ein Trampelpfad zu einem gewölbten Durchgang in der Mauer. Im Inneren Treppen, überwachsene Ruinen und Grundmauern, in einem versteckten Raum eine improvisierte Kapelle. Zum Meer hin ist

Die verfallene Festung von Paleókastro liegt westlich von Iráklion

eine lange, hohe Mauer erhalten. Die Lage von Paleókastro ist einmalig und war vor allem strategisch bedingt: Man überblickt die ganze weite Bucht von Iráklion. Gleich westlich neben dem Festungshügel liegt direkt unter einer Autobrücke ein kleiner *Kiesstrand*, von Felsen malerisch eingerahmt, das Wasser wirkt sauber. Dahinter ziehen sich verstreute Apartmenthäuser weit ins grüne Hinterland, hoch oben am Hang liegt das Dorf Rodiá (→ oben). Direkt am Strand eine Taverne, oberhalb der Straße das Exóchiko Kéntro (Musiklokal) „Anoi", weitere Tavernen direkt an der New Road, an Sommerabenden beliebte Ausflugsziele für die Bewohner von Iráklion.

Agía Pelagía

Von der New Road aus sieht man Agía Pelagía tief unten in kahler und ausgedörrter Felslandschaft. Zahlreiche Buchten und Halbinseln bilden die stark zerklüftete Küste, Häuser liegen weit verstreut über die niedrigen Hügel – alles reichlich zersiedelt, trotzdem ein schöner Anblick.

Was von weitem wie ein ruhiges, weltfernes Fischerdorf wirkt, entpuppt sich beim Näherkommen als Touristenort erster Güte. Inmitten der felsig zerrissenen Küstenlinie hat man hier ein winziges Nest zu einer kleinen Ferienstadt hoch gezüchtet. Mehrere komfortable Großhotels dominieren die Landzungen der Umgebung, überall herrscht rege Bautätigkeit, die Hänge werden allmählich zugebaut. Im Ortskern selber geht es sehr eng zu, dicht gedrängt stehen Apartmenthäuser, Supermärkte und Autoverleiher. Am sehr schmalen und stets vollen Ortsstrand buhlt eine aufwändig eingerichtete Taverne neben der anderen um die Gunst der Urlauber, nördlich davon liegen die Strände *Kladíssos* und *Mononáftis*, weitere Badebuchten finden sich im Umkreis, darunter die kleine Bucht *Psaromoúra* und der schöne Strand von *Ligariá*. Dank der abwechslungsreichen Felsenküste hat sich Agía Pelagía zu einem der wichtigsten Tauchzentren Kretas entwickelt.

Verbindungen/Information

• *Verbindungen* **eigenes Fahrzeug**, Agía Pelagía liegt etwa 27 km von Iráklion entfernt. Mehrere Zufahrtsstraßen führen von der New Road steil hinunter (ca. 3 km). Die erste, von Iráklion kommend, endet auf einem Parkplatz am südlichen Strandbeginn.

Bus, etwa 3 x täglich (sonntags 2 x) von und nach Iráklion, Haltestellen u. a. an den Hotels „Capsis Beach" und „Peninsula". Der erste Bus fährt etwa um 10.15 Uhr in die Stadt, der letzte um 18.15 Uhr, der letzte von der Stadt zurück bereits um 17.30 Uhr. Kostenpunkt ca. 3 €, meist sehr voll.

Taxi, an der Hauptgasse im Ort, ✆ 2810-811026. Nach Iráklion ca. 15 €, Hotelgästen wird geraten, Fahrgemeinschaften zu bilden, falls man abends in Iráklion ausgehen möchte.

Übernachten

Zahlreiche neu erbaute Hotels und Rooms mit teils schönen Panoramablicken liegen an den Zufahrtsstraßen, etwas erhöht über Ortskern und Strand.

Capsis Beach, Lux-Kat., eine der größten Anlagen Kretas, direkt am Nordende des Ortsstrands. Mit seinen über 1200 Betten nimmt es eine ganze lang gestreckte Halbinsel in Beschlag. Weit verzweigter Komplex von mehreren Haupthäusern und zweistöckigen Bungalows inmitten liebevoll und aufwändig angelegter Parklandschaft. Hier wachsen wilder Wein, Heckenrosen, Gummibäume sowie Blumen aller Art – in dieser kargen Umgebung wirklich fantastisch. Architektonisch reizvoll das Haupthaus „Capsis Palace", kühl-elegante Eingangshalle aus weißem Marmor mit roten Porphyrsäulen, weißen Ledersitzgruppen und künstlichem Wasserfall. Schöne Bademöglichkeiten am Strand Kladíssos und auf einsamen Klippen. Außerdem zwei Pools, Tennis und viel Wassersport, auch Tauchschule. Es gibt Standardzimmer im Haupthaus „Capsis Beach", elegante Zimmer mit speziellem Service im „Sofitel Capsis Palace" und die gut eingerichteten Bungalows „Dedalos Capsis" in traumhafter Lage auf der Spitze der Halbinsel. Pauschal über TUI. ✆ 2810-811212, ℻ 811076, www.capsis.gr

Peninsula, A-Kat., großes, gut geführtes Bungalowhotel auf vorspringendem Kliff nördlich vom Capsis Beach, ins Zentrum läuft man 15 Min. Im Haupthaus geschmackvolle Eingangshalle in dunklem Stein, großer Speisesaal und Bar, dahinter Süßwasserpool mit weitem Meerblick. Am Hang eingebettet, in viel Grün, Hibiskus und Oleander, zweistöckige Wohneinheiten. In den Zimmern Balkons mit schönen Arkadenbögen und z. T. Meerblick. Über Stufen runter zu einer betonierten Mole mit Sonnenschirmen aus Schilf oder zum Kiesstrand an der Nordseite der Halbinsel, Tretbootverleih. Barbecue und Dinner gelegentlich auf der Poolterrasse, Open-Air-Disco. Peninsula ist spezialisiert auf alle Arten von Sport, vor allem Wassersport: Tennis, Tauchen, Wasserski, Windsurfen, Segeln u. a. DZ mit Frühstück ca. 70–140 €, im Sommer nur mit Halbpension. ✆ 2810-811313, ℻ 371600, www.peninsula.gr

Alexander House, A-Kat., gepflegter, mittelgroßer Hotelkomplex, der sich um einen Pool gruppiert, an der Straße zum Capsis Beach Hotel. 83 Zimmer mit TV, hübsches Terrassenrestaurant, zum Strand ca. 200 m. DZ mit Frühstück ca. 100–140 €. Hauptsächlich pauschal gebucht, z. B. über TUI. ✆ 2810-811303, ℻ 811381, E-Mail: alexhh@otenet.gr

Scala Palace, A-Kat., hübsche Anlage an der Zufahrt zum südlichen Strandbeginn. Studios für 2–5 Pers., familiär geführt, kleiner Pool und kommunikative Bar, schöner Blick auf Meer und Strand. Studios ca. 35–70 €, Frühstück extra. ✆ 2810-811333, ℻ 811650, www.scala.gr

Creta Sun, Irena und Dionysos Theodosis bieten in ihrem Haus 12 helle und freundliche Studios mit Balkon sowie einen Pool. Die Umgebung wirkt derzeit noch wie eine Baustelle. Preis für Studio (2–3 Pers.) mit Frühstück ca. 32–65 €. Anfahrt: von Iráklion kommend die zweite Ausfahrt nach Agía Pelagía, Capsis Beach Hotel links liegen lassen, nach ca. 350 m fährt man geradeaus auf das Haus zu. Zum Strand sind es etwa 400 m. ✆ 2810-811626.

Eine ganze Reihe von Tauchschulen bieten in Agía Pelagía ihre Dienste an

Essen & Trinken/Nachtleben/Sport/Sonstiges

• *Essen & Trinken* Am schmalen Ortsstrand liegen alle Lokale dicht beieinander, z. B. die gediegenen Tavernen **El Greco** und **Acropolis**, außerdem **Socrates**, **Zorbas** und **Kri-Kri**. Etwas ursprünglicher wirken das **Kochyli** am südlichen Strandende und das alteingesessene **To Votsalo**. Besonders hübsch sitzt man in den Tavernen in der Bucht **Mononáftis**.

• *Nachtleben* Angesagt sind die Discobar **Nanu** am Hauptstrand sowie die Loungebar **Caldera**, wo bevorzugt lateinamerikanische Musik gespielt wird.

• *Sport* Die felsige, zerklüftete Küstenlinie um Agía Pelagía bietet hervorragende Möglichkeiten für Tauchgänge. Kurse (Anfänger und Fortgeschrittene) bieten **Divers Club Crete** im Hotel Capsis (www.diversclub-crete.gr, ✆ 2810-811755, ℻ 371651), die deutsch geführte Tauchbasis **The Rock** im Hotel Peninsula (www.diving-the-rock.de) sowie **Staywet** am Strand Mononaftis von Maxime Fougeirol und Conny Fojtl aus Österreich (✆/℻ 28970-42683, www.staywet.gr). Ein Tauchkurs kostet ca. 270 €, Tauchgang etwa 30 €.

• *Sonstiges* ärztliche Versorgung über **Kaza-Med.** an der Hauptgasse, etwa 20 m vom Strand, ✆ 2810-812099; **Internet Café** ebenfalls an der Hauptgasse, neben „Creta Natura".

▸ **Ligariá**: östlich von Agía Pelagía, hübscher, grobkörniger Sandstrand in weich geschwungener Rundbucht, eingefasst von Felszungen. Mit Unterkünften und Tavernen zwar stark erschlossen, trotzdem als Badebucht zu empfehlen, besonders in der Nebensaison ruhig und friedvoll. Verleih von Sonnenschirmen und Tretbooten, Tauchschule am Strandbeginn (www.eurodiving.gr). Rechts ums Kap herum flache Schieferplatten, schön zum Sonnen.

• *Anfahrt/Verbindungen* Eine steile Asphaltpiste führt etwas östlich von Agía Pelagía von der New Road hinunter. Zu Fuß an der Küste entlang auch von Agía Pelagía zu erreichen, kleiner Spaziergang.

• *Übernachten* **Fteria**, C-Kat., größere, ansprechende Studio-/Apartmentanlage mit Pool, am Ostrand der Bucht den Hang hinaufgestaffelt. Ab 40 € aufwärts. Auch pauschal zu buchen. ✆ 2810-811620, ℻ 224064.

Maria, an der Zufahrt zur Bucht, einfache Apartmentanlage mit grünem Vorgarten, 150 m zum Strand, günstige Preise. ✆ 2810-811856.

• *Essen & Trinken* Die stereotyp wirkenden Tavernen an der Strandpromenade locken mit Sonderangeboten, z. B. 2 x Fisch, Salat und ½ Ltr. Hauswein für 15 €.

▸ **Madé**: Bei der Zufahrt nach Ligariá kommt man an der Abzweigung nach Madé vorbei, einer rundum zugebauten Bucht mit kleinem Strand, deren moderne Ferienhäuser sich die Hänge hinaufstaffeln. Unterhalb vom „Athina Palace Hotel" ist eine attraktive Beach Bar auf die Felsen gesetzt.

Von Agía Pelagía nach Balí

▸ **Órmos Fódele**: Wenn man die New Road weiter in Richtung Réthimnon fährt, kommt man bei einer Tankstelle an einen lang geschwungenen, teilweise verschmutzten Sandstrand. Eine unvermutet ans Westende gesetzte Hotelstadt dominiert die ganze Bucht, ein bunter und überraschender Fremdkörper in der kargen Landschaft. Am östlichen Strandende gibt es dagegen einige nette Tavernen mit Liegen und Sonnenschirmen, wo man preiswert verweilen kann. Am Hügel oberhalb vom Hotel ist eine kleine, relativ gut erhaltene Burgruine erhalten, es geht querfeldein hinauf, ein Zaun muss dabei überstiegen werden. Landeinwärts zweigt die Straße ins 3 km entfernte Fódele ab.

• *Übernachten* **Fodele Beach**, A-Kat., moderne All-Inclusive-Anlage im Form eines Hoteldorfs in leuchtenden Pastellfarben, etwas strenger und kühler Stil, aber architektonisch interessant und aufwändig gemacht. Viel Marmor, gepflegte Rasenflächen, Tennisplätze und mehrere Pools – wer sich innerlich und äußerlich abkühlen will, findet im oberen Pool eine Bar, die man nur watend erreicht. In den hell gefliesten Zimmern dezent graues Mobiliar und Bäder aus weißem Marmor. Es gibt mehrere Läden und deutsche Zeitungen sowie ein Fitnessstudio. Außerdem Tennis, Basketball und Handball sowie Minigolf, am Strand unten Wassersport und eine Beach-Bar. Hauptsächlich pauschal gebucht. ✆ 2810-521251, ℻ 521249, www.fodelebeach.gr

▸ **Síses**: Das schlichte Dorf mit weiß gekalkten Häusern, Ziegen- und Hühnerställen liegt zwischen Órmos Fódele und dem Badeort Balí seitlich oberhalb der New Road. Die Einheimischen können vom Tourismus kaum profitieren, so bieten sie an improvisierten Straßenständen für wenig Geld Orangen von den Plantagen der Umgebung an – langsam fahren, um eventuell anhalten zu können.

Von Astáli zu Síses

Eigentlich hieß Síses früher *Astáli*. Den heutigen Ortsnamen führt die Legende auf eine Begebenheit während der Belagerung der Festung Cándia (Iráklion) durch die Türken im 17. Jh. zurück. Die Osmanen vermuteten damals, dass die Einwohner von Astáli die Verteidiger mit Proviant versorgten. Durch Verrat wurde ihr Verdacht bestätigt, sie übten grausame Vergeltung und richteten in Astáli ein Blutbad an. Dieses soll so schrecklich gewesen sein, dass dabei die Erde bebte (Erdbeben = sismós). Damit war der neue Ortsname „Síses" entstanden. Nur zwei Knaben sollen dem Morden entgangen sein. Sie wurden „Rasouli" und „Mavros" genannt und bauten als Erwachsene den Ort wieder auf. Noch heute heißen die Einwohner von Síses mit Nachnamen entweder Rasoulis oder Mavrakis.

Die beiden nächsten Orte am Weg nach Réthimnon sind Balí und Pánormo *→ Réthimnon/Umgebung, S. 510 ff.*

Die bildhübsche Panagía-Kirche von Fódele

Fódele

Das einfache, weiß gekalkte Dorf erstreckt sich an einem kräftigen Flüsschen inmitten üppig-grüner Orangenhaine. Es gilt als Geburtsort El Grecos, des berühmtesten Malers Kretas.

Die Hauptstraße entlang, vorbei an einer lange Reihe von Souvenirläden, fährt man bis zum großen Platz am Dorfende, wo man unter dicken, schattigen Platanen gemütlich am kleinen Fluss sitzen kann. Vor der Taverne „El Greco" steht unter einer Platane mit gut 4 m Durchmesser auf Spanisch und Griechisch in Kupfer geritzt: „Die geschichtswissenschaftliche Fakultät der Universität Valladolids – Seele im Herzen von Kastilien – spendet Fódele diesen Stein, gebrochen in Toledo im Gedenken an den unsterblichen Ruhm des Doménicos Theotokópoulos. Juli 1934." Der gestiftete „Stein" allerdings, ein Granitblock, der damals von einer dreißigköpfigen Abordnung der Universität Valladolid feierlich überbracht worden war, ist seit langem spurlos verschwunden. An der benachbarten Platia hat eine Büste El Grecos ihren Ehrenplatz vor dem Rathaus gefunden.

Für die Einwohner Fódeles bedeutet der Name El Grecos vor allem – wer will es ihnen verdenken – Geld. In der Saison erreichen täglich ganze Busladungen voller Touristen den Ort. Die Frauen von Fódele verdienen sich mit Webwaren, Spitzen, Decken und Tüchern ein schönes Nebengeld. Sogar die Kinder werden frühzeitig eingespannt, das Häkeln, Besticken, Klöppeln und auch der Verkauf gehören zum Alltag. Übrigens sind die Sachen wirklich schön – und zudem preiswerter als in Iráklion. Auch für kretische und griechische Familien ist Fódele ein beliebtes Ausflugsziel, denn beim großen Platz am Dorfende ist auf der anderen Seite des Flusses ein Park mit Brunnen, Picknicktischen und Kinderspielgeräten eingerichtet worden.

Doménicos Theotokópoulos: Kretischer Maler mit Weltruhm

In der Kunstgeschichte besser bekannt unter seinem Pseudonym *El Greco* (so nannte er sich selber), wurde Doménicos Theotokópoulos angeblich 1545 in Fódele geboren. Ganz sicher sind sich die Forscher allerdings nicht. Schon früh zog er nach Iráklion, um dort an der Berg-Sinai-Schule seine Ausbildung zu beginnen. Der große *Damaskinós* soll sein Lehrer gewesen sein (→ Iráklion/Ikonenmuseum). Mit 25 Jahren verließ er Kreta für immer und ging nach Venedig – anscheinend mit besten Zeugnissen ausgestattet, denn der berühmte *Tizian*, der wohl bekannteste Maler seiner Zeit, nahm ihn in seine Werkstatt auf. 1577 siedelte er ins spanische *Toledo* um, wo er bis zu seinem Tode 1614 blieb und sich große Anerkennung verschaffte. Da seinen komplizierten Namen niemand aussprechen konnte, bekam er hier den Rufnamen „Der Grieche“ (El Greco), nannte sich schließlich sogar selber so. Obwohl das spanische Königshaus ihn ablehnte, erhielt er zahlreiche Aufträge für Gemälde von Kirchen, Klöstern und begüterten Privatleuten aus ganz Spanien. Heute wird El Greco als der bedeutendste Vertreter des *spanischen Barock* angesehen. Seine kretischen Wurzeln hat er trotzdem nicht verleugnet, so signierte er seine Werke immer mit griechischen Buchstaben. Seine Bilder leben vom Visionären, er brachte eine Dimension des Seelischen in seine Bilder, was im tiefgläubigen Spanien auf fruchtbaren Boden fiel. Er verwendete manieristische, expressionistische und surreale Elemente und war damit seiner Zeit weit voraus. Oft ging er sogar so weit, dass er die Realität verfälschte – Augenärzte haben die Vermutung geäußert, dass seine Vorliebe für lang gestreckte Gestalten und exzentrische Gesten von einer Augenkrankheit, dem Astigmatismus, herrührte. Sein berühmtestes Bild ist das 5 m hohe *Begräbnis des Grafen von Orgaz* in Toledo.

Doménicos Theotokópoulos

• *Anfahrt/Verbindungen* **Busse** fahren von und nach Iráklion 2 x täglich, einmal frühmorgens und einmal mittags.

• *Essen & Trinken* **To Jassemi**, kleine Terrassentaverne gegenüber der Flussbrücke, häufig von Einheimischen besucht, Fleisch vom Holzkohlengrill.

El Greco, alteingesessenes Lokal am schattigen Dorfplatz unter Platanen, Spezialität sind die „grilled pork chops“.

El Greco in Fódele: Vor lauter Decken und Webteppichen kann man leicht die spärlichen Hinweise zum vermeintlichen *Geburtshaus* des großen Malers übersehen. Es liegt etwa 1 km außerhalb und ist im Rahmen eines hübschen Spaziergangs zu erreichen (auch Fahren ist möglich). Man überquert im Ortszentrum von der Hauptstraße aus den Fluss, hält sich danach rechts und kommt durch Orangenhaine bis zur kleinen byzantinischen Kreuzkuppelkirche *Panagía* – ein Schmuckstück aus flachen Schieferbruchplatten, das allein schon den Weg wert ist und erst vor wenigen Jahren grundlegend restauriert wurde. Erhalten sind schöne Freskenreste aus dem frühen 14. Jh., Marmorsäulen von einem Vorgängerbau aus dem 8. Jh. und ein im Boden hinter der Kirche verstecktes Taufbecken. Dann geht es nach links unter ein paar hohen Johannisbrotbäumen hindurch noch ein kurzes Stück zum *Geburtshaus* El Grecos, das mit Kopien (Leuchtdias) seiner Werke zu einer Art Museum gestaltet wurde. Sowohl in der Kirche wie im El-Greco-Haus liegen Gästebücher aus.

Öffnungszeiten/Preise **Kirche und Geburtshaus**, Di–So 9–17 Uhr, Eintritt ca. 1,50 €.

▸ **Kloster Ágios Pandeleímonas**: Wenn man von der Platia am Ortsende von Fódele weiterfährt, kommt man nach etwa 4,5 km auf schmaler Straße, die später zur Piste wird, zu diesem verlassenen Kloster. Es wurde mehrmals von den Türken zerstört und liegt weitgehend in Ruinen, nur die Kirche ist intakt. Der Mönch, der sich bisher um den Erhalt der Anlage kümmerte, ist 2003 gestorben. Sein Grab liegt neben der Kirche, das Kloster verfällt nun zusehends. Noch 2,5 km Holperpiste, dann erreicht man die Old Road in der Nähe von Márathos (→ S. 220).

Auf der Old Road nach Westen

Die Old Road nach Réthimnon schraubt sich am Westende des Strands von Iráklion in die Berge und umkurvt den steil aufragenden Kegel des Stroúmboulas, die Spitze eines sich nach Westen ausdehnenden Bergrückens. Seine Besteigung juckt förmlich in den Fußspitzen, auf dem Gipfel steht eine kleine weiße Kirche.

Von Iráklion fährt man zunächst am Strand von Ammoudára entlang bis zur Raffinerie und nimmt dort die Straße landeinwärts unter der New Road hindurch (schlechtes Wegstück mit Schlaglöchern) bis zur Einmündung auf die Old Road.

Koubedes (griech.: Koumpédes): Venezianisch-türkisches Kuppelhaus an der Old Road

Kurz hinter *Gázi* passiert man in der Nähe eines Zementwerks ein 1670 von den Venezianern erbautes Haus am Berghang, das die Türken später mit zwei markanten Kuppeln (= *koumpédes*) ausstatteten. Es diente damals als Herberge für alle Reisenden, die vor Sonnenuntergang die Stadttore von Iráklion nicht erreicht hatten, da diese über Nacht geschlossen wurden. Vor einigen Jahren hat sich nun ein Pächterpaar des historischen Baus angenommen, ihn mit Zuschüssen aus dem Programm „Leader II“ der EU restauriert und als „paradosiakó mezedopolíon“ eröffnet. Anhand von aushängenden Fotos kann man den Zustand des Baus vor der Renovierung nachvollziehen. Von den beiden Wirten und Eleftheria, die in Deutschland gelebt hat und bestens Deutsch spricht, wird man in geschmackvollem Rahmen sehr freundlich bewirtet, man kann traditionelle kretische Gerichte kosten und den schönen Blick auf Iráklion genießen. Besonders eindrucksvoll ist das abendliche Lichtermeer. Für kleine Gäste gibt es einen Kinderspielplatz mit Geräten aus massivem Holz.

Zum Restaurant umgebaut: das venezianisch-türkische Kuppelhaus Koubedes

▶ **Arolíthos**: Dieses aufwändig restaurierte Museumsdorf liegt kurz vor dem Abzweig nach Anógia (→ S. 240) rechter Hand der Straße. Die Häuser sind mit Originalmöbeln und -inventar ausgestattet, in einigen sind alte Werkstätten eingerichtet, u. a. gibt es einen Ikonenmaler, eine stilechte Schmiedewerkstatt, ein „typisches" Kafenion und zwei Tavernen. Abends kommen Ausflugsbusse, die hier ihre Touristen für „Cretan Nights" abliefern.

Ein schön aufgemachtes *Museum* präsentiert kretische Volkskunst sowie Stücke handwerklicher und landwirtschaftlicher Tradition: Handgewebtes und Webstuhl, Waffen, Schmuck, Kupfer, Glas und kirchliche Stücke, im Untergeschoss Utensilien der verschiedensten Berufe (Schuhmacher, Tischler, Töpfer, Schmied etc.), außerdem ein historisches Wohn- und Schlafzimmer mit Kamin.

• *Öffnungszeiten/Preise* **Museum**, Mo–Fr 9–20, Sa/So 10–18 Uhr, Eintritt ca. 2,50 €.

• *Übernachten* Man kann in Arolíthos in hübschen, traditionell eingerichteten Zimmern übernachten, täglicher Roomservice, teilweise weiter Blick ins Hinterland. DZ mit Frühstück ca. 70–100 €, Rabatt für Internetbucher. Auch über Reiseveranstalter zu buchen, z. B. Attika. ✆ 2810-821050, ℻ 821051, www.arolithosvillage.gr

▶ **Voulismeno Aloni**: Die „Versunkene Dreschtenne" liegt etwa 1 km vor dem Abzweig zum Stróumboulas, rechter Hand der Straße (beschildert). Hier ist eine Höhlendecke mit einem Durchmesser von etwa 100 m eingebrochen und bildet so ein bizarres Landschaftsmonument.

▶ **Stroúmboulas** (800 m): Den Aufstieg zu diesem markanten Berg haben Leser Roland Heindl und Sohn Simon unternommen. Im Folgenden ihre Beschreibung.

• *Wegbeschreibung* An der **Straßengabelung** hinter Arolíthos in Richtung Márathos fahren. Nach etwa 3,5–4 km muss man links in eine **Schotterpiste** abbiegen, zu erkennen an einem gelb lackierten Zaun mit Tor (grob beschildert mit „Stroúmboulas, Ágios Geórgios"), eingezeichnet auf der Kretakarte von „Road Editions". Man folgt ihr und passiert dabei eine weiß gekalkte Kapelle. Nach genau 2,5 km endet der Weg an der Basis der **Südflanke** des Stroúmboulas, dort kann man das Fahrzeug abstellen. Von hier führt ein nicht ganz leichter, schmaler **Bergpfad** in vielen Windungen über Quarzgestein und durch Phrygana zum Gipfel hinauf, Gehdauer etwa 1 Std. Oben steht das zugängliche Kirchlein **Ágios Geórgios** mit eigener Zisterne. Im Inneren liegt ein Besucherheft aus. Seit acht Jahren wird es geführt, trotzdem ist es immer noch nur halbvoll. Besucherfrequenz bisher etwa ein Eintrag alle zwei Wochen. Der Ausblick über Meer, Stadt, Land, vorgelagerte Inseln und Gebirge ist unbeschreiblich. Der **Abstieg** zum Fahrzeug dauert ca. 40 Min.

▶ **Vassilikós** (734 m): Wiederum wenige Kilometer weiter westlich führt rechter Hand eine gut ausgebaute Asphaltstraße zu einer Radarstation der Nato am Gipfel des Vassilikós, der nur unwesentlich niedriger als der Stroúmboulas ist. Die kurvige Straße (Beschilderung: Namfi Area, Pros Stathmo Radar Nr. 2) lässt sich problemlos befahren und man genießt herrliche Ausblicke. Das letzte Stück und der Gipfel selber sind allerdings gesperrt.

▶ **Márathos**: nettes, unspektakuläres Örtchen, das vom Verkauf von Thymianhonig lebt. In einigen Kafenia kann man einkehren, so auch vor dem Ortseingang bei der Tropfsteinhöhle *Dóxa*, deren Besichtigung mit Hilfe von Lampen möglich ist. Wie in vielen kretischen Höhlen wurden allerdings auch hier die Tropfsteine durch unachtsame Touristen schwer beschädigt.

▶ **Von Márathos nach Fódele**: Etwas westlich von Márathos gibt es schließlich einen abenteuerlichen Abzweig auf schlechter Piste hinunter ins 7 km entfernte Fódele (beschildert) – mit normalem Pkw möglich, aber besser mit Jeep oder Mountainbike zu bewältigen. Über Stock und Stein windet sich der Weg zwischen kräftigen Bäumen, Weinreben und Orangenhainen ins grüne Flusstal hinunter. Unterwegs sieht man immer wieder große Holzkohlehaufen von Köhlern. Noch vor der Hälfte der Strecke kommt man am verlassenen Kloster *Ágios Pandeleímonas* vorbei (→ oben), kurz danach stößt man auf Asphalt.

Östlich von Iráklion

Durch unattraktive Außenbezirke und im weiten Bogen vorbei am Flughafen und einem großen Militärgelände kommt man auf der Old Road zu den eigentlichen Badestränden der Stadtbewohner: Karterós und Amnissós. Sie gehen fast ineinander über und sind nur durch ein kleines, felsiges Kap getrennt.

Von der Stadt sieht und hört man hier nichts mehr, ein Felsrücken und der Flugplatz liegen dazwischen. Dafür sind die Silhouetten der einschwebenden Urlauberjets samt dazugehöriger Geräuschkulisse „eindrucksvoll". Landschaftlich bietet die Region wenig – eine weite, teils landwirtschaftlich genutzte Ebene ohne Flair, zwei Durchgangsstraßen, felsige Phrygana- und Disteleinöde. Hingewürfelt zwischen Feldern und staubig-vermülltem Brachland stehen Pensionen, Hotels und Tavernen. Einen Ort im eigentlichen Sinn gibt es nicht.

▶ **Strand von Karterós**: Gleich zu Beginn des Strands, wenn die Straße von Iráklion in einer S-förmigen Kurve aus den Felsen heraustritt, passiert man die Kapelle der Heiligen *Ioánnis und Níkonos*. Unter einem überhängenden Felsdach ist sie in den Berg getrieben und mit eleganten Bögen den Formen des Berghangs angepasst. Hohe Eukalyptusbäume überschatten das Ganze, abends ist die Front oft erleuchtet, im dämmrigen Inneren fungiert das rohe Felsgestein als Decke – ein selten schönes Kirchlein. Die beiden Namenspatrone sind Johannes der Täufer und ein christlicher Märtyrer, der während der frühen Christianisierung Kretas von den Römern

enthauptet wurde. Doch eigentlich erbaut wurde die Kapelle, um an eine tragische Episode aus den kretischen Freiheitskampf zu erinnern. Nicht weit von hier hatten sich Ende des 19. Jh. zweihundert kretische Männer, Frauen und Kinder in einer abgelegenen Höhle vor den Türken versteckt. Sie wurden entdeckt und an Ort und Stelle ermordet. Die Bedeutung des Platzes erkennt man daran, dass sich viele Vorbeifahrende bekreuzigen.
Gegenüber der Kapelle ist der Strand relativ wenig besucht, allerdings auch nicht gepflegt. Ein kleiner Fluss mündet hier ins Meer. Ein Stückchen weiter liegt der *Akti Beach Club*, das Strandbad von Iráklion, das mit Open Air-Bühne und großem Barbereich zum Erlebniszentrum ausgebaut wurde. Bus Nr. 7 hält vor der Tür.

▶ **Strand von Amnissós**: Dieser Sandstrand schließt sich östlich des Kaps von Paleochóra an (→ Kasten). Beherrschend ist das große Minoa Palace Hotel, an mehreren Stellen werden Wassersportmöglichkeiten, Liegestühle und Sonnenschirme geboten, am Ostende gibt es eine empfehlenswerte Fischtaverne.

• *Anfahrt/Verbindungen* **Eigenes Fahrzeug**, die Old Road führt meist nahe an der Küste entlang, Beginn am Venezianischen Hafen von Iráklion. Wer es eilig hat, nimmt die weiter landeinwärts verlaufende New Road Richtung Ágios Nikólaos und kann an mehreren Abfahrten zum Meer abzweigen. Westlich von Goúrnes treffen Old und New Road zusammen.
Bus, Linie 7 fährt ab Eleftherias-Platz zu den Stränden, Haltestelle 50 m rechts vom Museum. Im Strandbereich gibt es mehrere Haltstellen, man muss von der Old Road allerdings noch ein Stück hinunterlaufen. Abends drängen sich die Massen, um wieder in die Stadt zu kommen.

• *Übernachten* An beiden Stränden liegen mehrere Pensionen und Apartmenthäuser. Die meisten bieten guten Standard, sind allerdings teilweise eingezwängt zwischen Old und New Road (Verkehrslärm) und liegen an der Einflugschneise des Flughafens von Iráklion.

Das antike Amnissós

„In der gefährlichen Bucht von Amnissós entkam er dem Sturm kaum und ankerte dort bei der Grotte der Eileithýia ..." Schon Homer hat die windgeschüttelte Bucht gekannt, wie diese Zeilen aus der Odyssee zeigen. Aber Amnissós war bereits seit der Jungsteinzeit besiedelt, wahrscheinlich wegen eben jener berühmten Grotte, die wenige Kilometer landeinwärts an der Straße nach Episkopí liegt (→ unten).
In minoischer Zeit war Amnissós der Hafen von Knossós. Hier erreichten die Athener Jünglinge und Mädchen Kreta, die dem Minotauros alle neun Jahren geopfert wurden (→ Geschichte), und auch sein Bezwinger Theseus soll hier an Land gegangen sein. Erst in späteren Zeiten lief Iráklion Amnissós den Rang ab, die alten Anlagen verfielen und verschlammten. Reste der Hafenstadt hat man auf dem Felsenkap *Paleochóra* in der Mitte zwischen den beiden Stränden ausgegraben (Schild „Amnissos Antiquities"). Außer überwucherten Grundmauern verschiedener Epochen ist aber nichts zu sehen, jedoch toller Blick auf beide Strandhälften. Westlich vor dem Kap liegt das eingezäunte *Heiligtum des Zeus Thenátas*, gut erhalten sind außerdem die ebenfalls eingezäunten Ruinen der ehemals zweistöckigen minoischen Villa *Épauli tou krínou* (Villa der Lilien) östlich unterhalb des Kaps. Hier fand man die beiden Lilienfresken, die zu den bedeutendsten Beispielen minoischer Malkunst gezählt werden (→ erster Stock des Archäologischen Museums in Iráklion, Saal XIV).

Minoa Palace, A-Kat., weitläufiger Bau direkt am Amnissós-Strand. Geschmackvoll ausgestattet, kühle Halle mit Marmor, großer Pool und Kinderbecken mit Rutschen, Disco, Tennis, Tischtennis, Billard. DZ mit Halbpension ca. 90–140 €. Über viele Reiseveranstalter. ✆ 2810-380404, ✆ 380422, www.akshotels.com

Ariadni, oberhalb der Old Road, Amnissós-Strand. Kleine, gepflegte Apartmentanlage mit Pool, geschmackvoll eingerichtete Wohnungen, ca. 32–50 €. ✆ 2810-380401.

• *Essen & Trinken* **Acapulco**, alteingesessene Fischtaverne am östlichen Strandende, große Terrasse mit lichtblauen Stühlen, geführt seit vielen Jahren von Michalis Parassiris. Fangfrischer Fisch.

▶ **Grotte der Eileithýia** (Spilíon Eileithýia): Die Grotte gilt als eins der ältesten bekannten Heiligtümer auf Kreta. Bereits seit der Jungsteinzeit wurde sie über 3000 Jahre lang (!) von den verschiedensten Religionen als Kultstätte benutzt. Der lang gestreckte Höhlenschlund ist etwa 10 m lang und besitzt eine tief nach unten gewölbte Decke. Vielleicht wegen ihrer gebärmutterartigen Form verehrten die Minoer hier die große Muttergöttin, in mykenischer Zeit war sie der Eileithyía geweiht, der Göttin der Fruchtbarkeit, Liebe und Geburtshilfe. Zahllose schwangere Frauen kamen hierher, um Beistand für die Geburt zu erflehen. Heute ist die Höhle verschlossen und nicht zugänglich. Sie liegt links unterhalb der Straße nach Episkopí, etwa 1,5 km landeinwärts der Old Road, kurz hinter einer scharfen Kurve (beschildert).

Von Amnissós zur Bucht von Mália

Unschön zersiedelte Küstenlandschaft ohne Höhepunkte. Ein Hotel nach dem anderen, bis einschließlich Mália fest in der Hand des internationalen Pauschaltourismus. Zwar wurden kilometerlange Uferstraßen mit Fußgängerpromenaden neu angelegt, doch besonders reizvoll ist das Spazierengehen hier nicht. Interessanter ist das Hinterland mit der Höhle von Skotinó.

• *Anfahrt/Verbindungen* Die **Old Road** zieht z. T. nah am Meer entlang, z. T. einige Kilometer landeinwärts, dort führen Stichstraßen zum Meer. Busse von Iráklion nach Mália gehen ab **Busbahnhof A** am Hafen alle halbe Stunde von 6.30–21 Uhr (→ Mália).

▶ **Von Amnissós nach Goúrnes**: zunächst auf etwa zwei Kilometern Länge schroffe schwarze Klippenküste ohne Bebauung. Anschließend der etwa 600 m lange und recht breite Strand von *Vathianós Kámpos*. Im ersten Teil beliebte Badezone, danach die große „All-inclusive"-Anlage Arina Sand (✆ 2810-761293, ✆ 761179). Etwas weiter östlich folgt das Straßendorf *Vathianós Kámpos*, fast zusammengewachsen mit *Kokkíni Cháni*. Hier schrumpft der Strand zu kärglichen Sand- und Kiesflecken, unterbrochen von längeren Klippenpartien. An der langen Durchgangsstraße ballen sich Autovermieter, Bars, Tavernen, Apartments und Großhotels.

Mitten in dieser touristischen Zone liegen unter einem Kunststoffdach direkt an der Straße die Ausgrabungen des *Mégaron Nírou*, einer weitläufigen minoischen Villa au der Jüngeren Palastzeit (1700–1450 v. Chr.). Ihr Aufbau ähnelt den großen minoischen Palästen – vom Osthof aus betrat man einen Vorraum, der zum Hauptraum führte, an den sich im Westen und Süden weitere Wohn- und Kulträume anschlossen, im Norden Magazine, in denen Tonpithoi standen. In der Villa wurden viele Kultgegenstände gefunden, darunter drei riesige Doppeläxte, die im Saal VII des Archäologischen Museums in Iráklion zu betrachten sind. Die Villa wurde vielleicht von einem hohen Beamten oder Priester bewohnt.

Öffnungszeiten/Preise **Mégaron Nírou**, Di–So 8.30–15 Uhr, Mo geschl., frei.

Water City

Das große Spaßbad mit zahlreichen Rutschen, mehreren Pools, Wellenbad, Jacuzzi und zahlreichen weiteren Attraktionen liegt einige Kilometer landeinwärts bei Anópolis (April bis Oktober tägl. 10–19 Uhr), ✆ 2810-781316.

▸ **Goúrnes**: Von der Durchgangsstraße führen Stichstraßen zur ausgedehnten Hotelzone am Meer, wo auch der einzige Campingplatz in der Nähe Iráklions liegt. Vor dem zentralen Bereich der Promenade wurde Sand aufgeschüttet, Verleih von Sonnenschirmen und Liegestühlen. Der einzige natürliche, allerdings ungepflegte Strand erstreckt sich einige hundert Meter weiter westlich vor einer großen, Anfang der 1990er Jahren aufgegebenen Militärbasis der US-Air-Force und kann ebenfalls genutzt werden. Als Ausgangspunkt für Unternehmungen nahe der Inselhauptstadt ist Goúrnes nach Meinung mehrerer Leser gut geeignet.

Cretaquarium Thalassokosmos

Ab 2006 soll auf dem ehemaligen amerikanischen Militärgelände das größte Meeresaquarium im östlichen Mittelmeer seine Pforten öffnen. Viertausend verschiedene Fisch- und Meerestierarten werden zu besichtigen sein. Es wird nicht nur als touristische Attraktion dienen, sondern sich auch der Meeresforschung widmen.

• *Übernachten* **Erato**, C-Kat., an der Old Road, 900 m vom Meer. 32 Zimmer, einfach eingerichtet, Besitzer Adamo Somaras spricht Deutsch, meist typisch griechisches Essen, Dachgarten und Pool. Busstopp 50 m entfernt. DZ ca. 32–60 €. Pauschal über Kreutzer. ✆ 2810-761277, ℻ 761509.

Camping Creta, unmittelbar östlich neben dem hohen Drahtzaun des früheren Militärgeländes (Anfahrt beschildert ab Old Road, allerdings nur sehr kleine Schilder), gehört offiziell schon zum Nachbarort Káto Goúves. Ausgedehnter, ebener Platz mit dünner Grasnarbe, Tamarisken und Mattendächern. Freundlich geführt, Sanitäranlagen soweit okay, Market, Bar und Self-Service-Restaurant. An der Uferstraße vor dem Gelände eine Beach-Bar (in der Saison u. U. laute Musik bis nach Mitternacht). Mai bis September. ✆ 28970-41400, ℻ 41792.

▸ **Von Goúrnes nach Liménas Chersonísou**: Östlich der verlassenen US-Base kann man der neu angelegten Uferstraße folgen. Obwohl es hier nur vereinzelt schöne Strandbereiche gibt, ist ein einziger Wildwuchs von Hotels, Apartmentanlagen und „Rooms to Rent“ entstanden, der sich über *Káto Goúves* bis *Análipsi* zieht. Fokus des touristischen Geschehens ist die große, aufmerksam geführte Anlage des „All inclusive“-Grecotels „Club Creta Sun“, das an einer recht schönen Sandbucht liegt (DZ ca. 130–310 €). Análipsi, etwas landeinwärts vom Meer, zeigt sich als Miniaturausgabe von Mália, um die lange Hauptstraße gruppieren sich zahllose touristische Anbieter.

Wenn man stattdessen auf der Old Road fährt, passiert man etwas westlich von Liménas Chersonísou den beschilderten Abzweig zur Lassíthi-Hochebene (→ S. 298). Kurz vorher kann man hinunterfahren zum hier breiten und sauberen Sandstrand mit der empfehlenswerten Bungalowanlage Zorbas Village (→ Liménas Chersonísou). Die Old Road überquert eine Felskuppe und plötzlich öffnet sich der kilometerweite Blick auf die ganze Bucht von Mália. Bei der Tankstelle Zufahrt zum langen Sandstrand von Anissáras (→ Liménas Chersonísou).

• *Übernachten* **Gouves Sea**, direkt am schmalen Sandstrand bei Káto Goúves, etwa 500 m vom Zentrum, gutes Restaurant und Swimmingpool. ✆ 28970-41401.

• *Sport* **Big Blue**, Tauchschule im Hotel Aphrodite, ✆/℻ 28970-42363, www.bigbluecrete.gr

▸ **Kloster Ágios Ioánnos Theólogos** (Moní Agíou Ioánnou Theológou): Bei Anópoli, etwa 3 km landeinwärts von Goúrnes, steht das alte Kloster aus venezianischer Zeit etwas versteckt hinter einer kleinen Anhöhe. Gegründet wurde es von Mönchen, die sich vor Piratenüberfällen von der Küste zurückgezogen hatten. Es war eins der ersten, das in den Jahren der Türkenherrschaft eine Schule gründete. 1896 kam es zu einem Massaker, die Türken ermordeten 40 Einwohner der umliegenden Dörfer, darunter auch Mönche, die nach Zeitzeugnissen bei lebendigem Leib auf Ikonen gelegt und verbrannt wurden. Das gepflegte Kloster wird heute von zwei Mönchen bewohnt, die große Kirche besitzt Fußbodenmosaike und Wandmalereien, eine Kapelle oberhalb davon ist vollständig ausgemalt. Außerhalb befindet sich eine große Kuppelkirche in Bau.

▸ **Goúves**: Etwa 2 km landeinwärts der Old Road liegt das alte Dorf in steiler Hanglage unterhalb der auf einem felsigen Kap thronenden Parabolantennen der ehemaligen US-Base. Im Umkreis der Kirche man kann in einigen Tavernen gemütlich essen – schöne Alternative zur überlaufenen Küste.

Zu der Antennenanlage führt eine Asphaltstraße hinauf (südlich von Goúves links halten, auf einer Parallelstraße ein Stück in Richtung Küste und rechts abzweigen). Die Gebäude sind verlassen und verwahrlost, die mächtigen Parabolspiegel bestehen aus großen Metallscheiben. Der Blick zur Küste ist herrlich.

• *Essen & Trinken* **Bacchus**, Tische im Schatten der Kirche um einen Eukalyptusbaum, Wirt Vangelis spricht sehr gut Deutsch, traditionelle Küche zu korrekten Preisen.

Avli, ruhiges Mezedopolíon rechter Hand hinter der Kirche, 20 m Fußweg bis zu einer dekorativen Fächerpalme.

To Konaki, Alternative am Ortseingang.

▸ **Höhle von Skotinó** (Spílio Skotinoú): Vom Ort *Skotinó* führt eine beschilderte, etwa 2 km lange Asphaltstraße (die letzten 200 m Schotter) zur Höhle von Skotinó, in der manche Forscher zeitweise das „Labyrinth des Minotauros" gefunden zu haben glaubten. Sie gilt als eine der größten Höhlen Kretas, ist aber touristisch nicht erschlossen. Bereits Arthur Evans hatte sie untersucht, bei Grabungen im Jahre 1962 fand man Keramikscherben, Knochennadeln und spätminoische Bronzestatuetten. Ein befestigter Weg führt unter schattigen Pinien und Tamarisken zum Eingang, von dem der Schlund schräg nach unten abfällt. Auf weiß markiertem Serpentinenweg mit improvisierten Stufen steigt man zwischen Geröll in den Höhlenraum hinein, wo man einige unförmige Tropfsteingebilde erblickt, der Müll von Picknickgelagen und Scherben herumliegen, Tauben gurren und Wasser tropft. Weiter ins Höhleninnere sollte man keinesfalls vordringen. Gutes Schuhwerk und Taschenlampe sind sinnvoll.

Oberhalb der Höhle stehen eine alte Kapelle und eine neue, erst 2004 errichtete Kirche. Geweiht sind sie der *Agía Paraskeví*. Am 26. Juli wird hier der Namenstag der Heiligen gefeiert.

▸ **Kloster Kyrá Eleoússa** (Moní Kyrá Eleoússa): Das in schöner Hügelposition gelegene Kloster beim Ort *Vorítsi* ist ein typisches Wehrkloster aus dem 16. Jh. und besteht zum Teil aus Ruinen. Der geräumige Hof ist mit Tonkrügen geschmückt, zwei malerisch verschlungene Zypressen dienen zum Aufhängen der Glocke. In der weiß gekalkten Kirche findet man Kopien bekannter Ikonen.

Über Kaló Chorió erreicht man eine wenig befahrene Straße, die ein einsames Tal entlang in die größere Stadt Kastélli Pediádos führt (→ S. 267).

Bucht von Mália → S. 269 ff.

Iráklion/Hinterland

Iráklions hügliges Hinterland ist ein einziges Weinfeld – überall bedecken grüne Reben die Hänge. Dazwischen sind kleine, silbrige Olivenhaine gepflanzt, wachsen gigantische Agaven und schlanke, hochstämmige Zypressen.

Von geradezu magischer Anziehungskraft ist natürlich der minoische Palast von *Knossós*, wenige Kilometer südlich von Iráklion. Aber auch die archäologischen Entdeckungen bei *Archánes* (die in Fachkreisen als Sensation gewertet wurden), das Töpferdorf *Thrapsanó*, das Weinstädtchen *Pezá* und das *Kazantzákis-Museum* in Mirtiá sind besuchenswert.

Die sanfte Weinlandschaft liegt eingebettet zwischen zwei Gebirgen: im Westen der mächtige *Psiloritis*, im Osten die steilen Hänge des *Díkti-Massivs* mit der berühmten Lassíthi-Ebene. Ein oder zwei ausgiebige Abstecher lohnen auch hier: Eine schöne Fahrt führt beispielsweise ins hoch gelegene Bergdorf *Anógia*, wo man preiswert Schafwollteppiche kaufen kann. Der Ort ist außerdem Ausgangspunkt einer Besteigung des *Tímios Stavrós*, mit 2456 m der höchste Berg Kretas.

Beinahe alle Dörfer in den Hügeln hinter Iráklion sind voll auf Traubenwirtschaft eingestellt. Vor allem Ende August/Anfang September ist alles mit der Ernte beschäftigt. Ganze Familien arbeiten in den Weinbergen und kleine dreirädrige Karren, bis über den Rand mit den süßen Früchten beladen, tuckern zwischen Rebhängen und Dörfern hin und her. Überall hängen Trauben zum Trocknen auf großen Gestellen oder sind einfach auf Planen ausgebreitet. Die Sultaninen, die hier gewonnen werden, gehen fast ausschließlich in den Export.

Knossós

Die rätselhafte Palastanlage der sagenhaften minoischen Könige liegt nur wenige Kilometer südöstlich von Iráklion und ist eins der bedeutendsten Baudenkmäler der Frühgeschichte.

In über dreißig Jahren mühevoller Kleinstarbeit wurde das riesige Areal Anfang des Jahrhunderts freigelegt – eine Trümmerwüste mit verkohlten Grundmauern, zerstörten Innenräumen und leeren Säulenstümpfen, aber von unschätzbarer Bedeutung für Archäologie und Altertumswissenschaft. Was hier tief in der Erde Kretas geruht hatte, war eine echte Sensation und übertraf die kühnsten Erwartungen aller Forscher: der schlagende Beweis für die Existenz einer hoch entwickelten Zivilisation lange vor der klassischen Antike Griechenlands. Was bisher nur in wenigen rätselhaften Fundstücken ans Licht der Welt gekommen war, stand plötzlich im Überfluss vor den Augen der Weltöffentlichkeit – 2000 Jahre kretische und voreuropäische Geschichte!

Lustlos zwischen spärlichen Trümmerhaufen umherirrende Touristen, enttäuschte Erwartungen und ein verpatzter Nachmittag – das Schicksal so vieler bedeutender Ausgrabungsstätten ist dem Palast von Knossós erspart geblieben. Auch fachlich nicht vorgebildete Besucher können Freude und vielleicht sogar eine gewisse Faszination an dieser gigantischen Anlage verspüren. Das ist das Verdienst des Ausgräbers, *Sir Arthur Evans*. Mit viel Fantasie, Enthusiasmus und großer Einbildungskraft machte er aus dem Palast, was er heute ist – die wohl umstrittenste Rekonstruktion eines geschichtlichen Bauwerks, die es gibt. Wo andere Archäologen alles peinlichst genau im Originalzustand belassen hätten – also Grundmauern ohne

Kultische Stierhörner schmückten wahrscheinlich die Außenmauern des Palastes

Dächer, Sockel ohne Säulen –, zog Evans Zwischendecken ein, vervollständigte abgebröckelte Mauern mit Beton, stellte neue Säulen auf die Stümpfe, malte die Räume mit knalligen Farben aus. Kurz, er tat alles, um wenigstens Teile des Palastes so wiederherzustellen, wie sie gewesen sein *könnten*. Andererseits ließ er Mauern, die nicht in sein Bild vom Palast passten, rigoros verschwinden, ja kartografierte sie nicht einmal. Vor allem dies wird ihm heute schwer angekreidet. Was Evans an strenger Wissenschaftlichkeit zu wenig hatte, hatte er zu viel an Intuition und Spekulation. So schloss er aus dem Vorhandensein einer schlichten Tonwanne gleich auf die Funktion des Raumes – natürlich ein Badezimmer. Der fehlende Abfluss störte ihn dabei nicht. Ein eingestürztes Obergeschoss *(Piano Nobile)* richtete er wieder völlig her – ob es wirklich jemals so aussah, wissen die (minoischen) Götter ... Jedoch muss man fairerweise berücksichtigen, dass die archäologische Wissenschaft Anfang des 20. Jh. noch in den Kinderschuhen steckte. So dachte Evans, er könne die kostbaren Reste der Originalräume mit Stahlbetondecken vor heftiger Sonneneinstrahlung und Regenfällen schützen. Eben dieser schwere Beton gefährdet aber heute die uralten Grundmauern durch sein Gewicht auf sehr bedenkliche Weise – wahrscheinlich müssen bald Stützen angebracht oder weitergehende Rettungsmaßnahmen ergriffen werden.

Wie dem auch immer sei, Evans' gewagte und originelle Rekonstruktionen haben jedenfalls dazu beigetragen, Knossós „attraktiv“ zu machen. Den Kretern kann das recht sein – und die meisten Besucher freuen sich daran.

Die Ausgrabungen

Das Vorhandensein einer mächtigen Stadt Knossós war schon lange bekannt. Homer hatte in seiner Odyssee von ihr als Hauptstadt Kretas und Sitz des sagenhaften Königs Mínos berichtet. Aber den uralten Mythen hatte jahrhundertelang niemand Glauben geschenkt – bis der deutsche Hobbyarchäologe *Heinrich Schliemann* Ende des 19. Jh. auf Grund seiner Homer-Studien Troja fand und mit seinen sensationellen Ausgrabungen in Mykéne und Tíryns das Vorhandensein einer glänzenden Kultur lange vor der Zeit des „Klassischen“ Hellas bewies.

Schliemann war es schließlich auch, der dem Palast von Knossós auf der Spur war. Auf dem Hügel von Kephála, nahe bei Iráklion, sollte Knossós auf Grund der Überlieferung liegen. Hier waren auch schon eine Menge Funde gemacht worden – der Besitzer des Geländes, der kretische Kaufmann **Minos Kalokairinos**, hatte schon seit 1878 Probegrabungen vorgenommen und dabei riesige Tonpithoi und Steine mit Steinmetzzeichen entdeckt. Aber die damaligen türkischen Behörden unterbanden die Ausgrabungen. 1886 kam Schliemann nach Iráklion und wollte das ganze Gelände kaufen. Aber der geforderte Kaufpreis erschien ihm zu hoch, zumal er sowieso skeptisch war, was den Fundort anging. 1889 kam er noch einmal, wurde mit Kalokairinos über den Preis aber wieder nicht einig. Da er außerdem alle Funde den griechischen Behörden hätte abliefern müssen, reiste er ab – und beging damit den größten Fehler seiner wissenschaftlichen Laufbahn!

1894 kam *Arthur Evans* nach Knossós. Er war der Sohn eines vermögenden Altertumsliebhabers, finanziell völlig unabhängig und ein begeisterter Hobby-Archäologe. Sein besonderes Interesse galt eigenartigen Siegelsteinen mit merkwürdigen, nie gesehenen Schriftzeichen, die er bei einem Antiquitätenhändler in Athen entdeckt hatte. Auf die Frage, woher er diese Steine habe, antwortete ihm der Händler: „Aus Kreta". Auf Kreta angelangt, entdeckte Evans die rätselhaften Schriftzeichen auf den verschiedensten Zufallsfunden auf der ganzen Insel. Vor allem aber bemerkte er, dass viele Frauen in ländlichen Gegenden diese uralten, durchlochten Siegelsteine um den Hals trugen. Jetzt war sein Interesse gänzlich geweckt. Als er sah, was auf dem Hügel Kephála gefunden worden war, witterte er seine Chance. Er erwarb einen Teil des Geländes und sicherte sich damit das Recht, ein Veto gegen jegliche Ausgrabungen von anderer Seite einzulegen. Sechs Jahre später verließen die Türken Kreta und er konnte das gesamte Gelände kaufen.

Die Bronzebüste des Ausgräbers

Im März 1900 begannen die Ausgrabungen. Noch im selben Monat wurde ihm klar, dass ein ganzes System von Gebäuden unter der Hügelkuppe ruhen musste. In seinem Tagebuch notierte er: *„Nichts Griechisches, nichts Römisches finden wir hier – vielleicht eine einzige Scherbe unter zehntausenden Bruchstücken viel älterer Keramik. Nicht einmal Vasenfragmente aus der geometrischen Zeit (7. Jh. v. Chr.) – ein blühendes Knossós muss hier mindestens in frühmykenischen Zeiten existiert haben!"*

Am 5. April die erste Sensation – zwei Stücke eines Kalkfreskos kommen zum Vorschein. Der erste „Minoer" ist entdeckt: bronzefarbene Schultern, dichtes, schwarz gelocktes Haar, unnatürlich enge Taille (der Rhytonträger aus dem Prozessionskorridor – heute im Arch. Museum von Iráklion). Alle sind fasziniert von dem Fund, besonders die kretischen Arbeiter – einer von ihnen bewacht fortan Tag und Nacht den vermeintlichen byzantinischen Heiligen. Er hat dabei Alpträume, hört Muhen und Wiehern – kurz, das Bild spukt. Am 13. April die nächste Überraschung: Ein anfangs als „Badezimmer“ angesehener Raum entpuppt sich als großes Kultbad. Daneben wird ein großer rechteckiger Raum entdeckt, der an drei Seiten von steinernen Bänken und kunstvollen Farbfresken eingerahmt ist. Vor allem aber steht an der einen Längswand ein kunstvoll gefertigter *Thron* aus Alabaster – 2000 Jahre älter als jeder andere Thron Europas! Kein Zweifel: Der Thronsaal des Mínos und seiner Nachfolger ist entdeckt, das innerste Zentrum des Palastes!

Weitere spektakuläre Funde folgen – das große **Treppenhaus** im Ostflügel, anschließend die weiträumigen **Königssuiten**, der gepflasterte **Zentralhof** und immer wieder prächtige **Fresken**. Vor allem aber stoßen Evans und seine Mitarbeiter ständig auf Stierabbildungen auf Fresken, auf Siegelsteinen, als Skulpturen. Am wichtigsten die Entdeckung des **Stierspringer-Freskos**, das einen jungen Mann beim Salto über einen anstürmenden Stier zeigt. Der rätselhafte Stierkult rückt in den Mittelpunkt des Interesses. Waren diese todesmutigen Springer vielleicht die athenischen jungen Männer und Frauen, die dem Minotaúros jedes Jahr zum Fraß vorgeworfen wurden (→ Ariadne-Mythos, Geschichte, S. 72). Oder waren es todesmutige Akrobaten, die hier zirkusähnliche Schauspiele vor versammeltem Hofstaat vorführten? Hängt der Stiermythos mit den ständigen Erdbeben der Region zusammen, versuchten die Minoer mit den Stierspielen, die unterirdische Gottheit, die Erdmutter, zu besänftigen? Fragen über Fragen, die bis heute nicht endgültig geklärt sind ...

Allmählich erkennt Evans, was hier auf ihn wartet, nämlich die vollständige Ausgrabung und Rekonstruktion eines der bedeutendsten Paläste der Frühgeschichte. Dazu kommt die Registrierung der Funde, die Erforschung und Datierung der gesamten, bisher fast unbekannten minoischen Kultur. Über 30 Jahre verbringt Evans mit diesen gewaltigen Aufgaben – und verwendet einen Gutteil seines Vermögens dafür. Ob archäologische Gesellschaften oder der englische Staat so viel Mittel und Enthusiasmus aufgebracht hätten, mag bezweifelt werden. Architektonisch entpuppt sich der Palast als Juwel, denn über 1200 Räume legen Evans und seine Leute im Lauf der Jahre frei. Ein Höhepunkt wird die Entdeckung des schon erwähnten großartigen Treppenhauses, das zu den Königsgemächern hinunterführt.

Aber mit der Freilegung der Mauern, die Jahrtausende unter Erdmassen verborgen waren, kommen erst die eigentlichen Probleme. Zur Konstruktion des Palastes von Minos war nämlich viel Holz verwendet worden. Schwere Balken hatten große Mauermassen getragen, teilweise dem heutigen Fachwerk ähnlich. Dazu kamen die zahllosen Säulen, die ebenfalls aus Holz waren – Zypressenstämme, mit der Wurzel nach oben, nach unten sich verjüngend. Alle diese Holzteile waren im Feuersturm von 1450 v. Chr. verbrannt worden. Die spärlichen Reste waren durch Feuchtigkeit und Luft längst verfault. Kurz, der ganze Bau drohte zusammenzustürzen und die zahllosen Wunder der Minoer unter sich zu begraben.

Evans und sein Architekt versuchen alles – erst nehmen sie hölzerne Pfosten und Balken, aber diese verfaulen viel zu schnell. Dann versuchen sie es mit Backsteinmauern und sorgfältig eingepassten Steinsäulen – aber das wiederum ist zu teuer (sogar für Evans). In den zwanziger Jahren wird schließlich der Stahlbeton erfunden – er ist dauerhaft und stark und man kann ihn problemlos in alle Fugen und Hohlräume einfüllen. Er scheint das ideale Restaurierungsmittel zu sein. So ersetzen die Ausgräber alle ehemaligen Holzteile durch Beton und bemalen ihn noch dazu hellbraun, um das Holz zu imitieren. An vielen Stellen im Palast sieht man noch heute diese Betonfassungen.

Am schwierigsten wird die Rettung des großen *Treppenhauses*. Um den drohenden Zusammensturz zu vermeiden, müssen die unteren Stockwerke mit soliden Beton-

Rekonstruktion der Westseite des Zentralhofs von Knossós

fundamenten abgestützt werden, dazu muss noch eine ganze Wand aus der Schräglage wieder in die Senkrechte gerückt werden.

Aber Evans will mehr: eine anschauliche, für das Auge interessante Rekonstruktion der ganzen Anlage. Keinen Trümmerhaufen, sondern das schaffen, was man sonst mit Fantasie dazudenken muss. So geht er daran, die Räume wieder mit Decken zu versehen, er lässt auf Grund der Originalfragmente großflächige Wandgemälde mit leuchtenden Farben herstellen, lässt die Schäfte der neu eingefügten Betonsäulen rot, die Kapitelle und Sockel schwarz bemalen u. ä. Das „Disneyland für Archäologen", wie es Spötter gerne nennen, nimmt seinen Anfang ...

Der Palast

Knossós liegt auf einer kleinen Anhöhe im weiten Tal des Kaíratos, gleich links neben der Straße, wenn man von Iráklion kommt.

Vorbei an Dutzenden Bussen, Tavernen und Souvenirshops gelangt man zum Eingang der Anlage, die man von der Westfront her betritt. Ein dichter Gürtel von Aleppokiefern versperrt den Blick auf den Palast, der mit 22.000 qm Gesamtfläche, weit über tausend Räumen und bis zu vier Stockwerken bei weitem der größte der minoischen Paläste auf Kreta war. Völlig unbefestigt steht er da, ein Symbol für die allen Anzeichen nach völlig ungefährdete Stellung der Minoer – ihre Schiffe beherrschten souverän das gesamte östliche Mittelmeer, Mauern hatten sie nicht nötig.

Das Grundschema des Aufbaus ist bei allen kretischen Palästen gleich – um einen lang gestreckten, rechteckigen *Zentralhof* gruppieren sich die Gebäudeflügel im Viereck. In Knossós befinden sich an der westlichen Längsseite die Kulträume und Magazine, an der Rückfront (Ostseite) das große Treppenhaus, die Privaträume der Königsfamilie und Werkstätten. Fenster gibt es nur wenige, dafür wunderbar konstruierte *Lichtschächte*, die Luft und Sonnenlicht bis in die entlegensten Winkel des Palastes schicken – die ureigenste Erfindung der Minoer. Grandios wirkt auch die

Kanalisation. Überall im Palast entdeckt man die modern anmutenden Tonröhren und Abflussschächte. Ein kunstvolles System, das fast dem heutigen Wohnungsbau zur Ehre gereichen würde. Trotz der schönen Pinien und Zypressen um das Gelände ist die Anlage selber völlig baum- und schattenlos. Der prallen Sonnenhitze kann man aber dank Sir Evans leicht entgehen, indem man in die überdachten Räume hinuntersteigt.

• *Anfahrt/Verbindungen* mit dem **eigenen Fahrzeug** ab Eleftherias-Platz die breite Leoforos Dimokratias nehmen, die direkt nach Knossós führt (etwa 6 km). Dort heißt es aufpassen: Lassen Sie sich nicht von den winkenden „Parkwächtern" der großen Tavernen kurz vor der Ausgrabung irritieren, sondern fahren Sie bis zu den zwei kleinen **Hauptparkplätzen** am Eingang weiter (leider oft voll gestellt mit Bussen), nur dort kann man **kostenlos** parken. Bei den Parkwächtern zahlt man dagegen ca. 1,50–3 € (kann man sich zwar in der dazugehörigen Taverne anrechnen lassen, doch praktisch alles kostet mehr. Zudem wird ungefragt Brot serviert und berechnet, sodass man unterm Strich mit dem Parken einen Tavernenbesuch „einkauft"). Ein Stückchen nach den Gratis-Parkplätzen am Eingang steht bereits wieder ein winkender Wächter, dort muss man ebenfalls wieder zahlen. Tipp: von Knossós noch ein Stück weiterfahren, gratis parken und zurücklaufen.

Bus 2 fährt ab Iráklion 7–22.30 Uhr etwa alle 10 Min., ist trotzdem meist überfüllt Er startet am Busbahnhof A am Hafen, hält dann etwas unterhalb vom Morosini-Brunnen (gegenüber Venezianischer Loggia) und am Jesus-Tor. Fahrpreis einfach etwa 0,90 €, hin/rück ca. 1,75 €.

Taxi kostet etwa 7 €.

• *Öffnungszeiten/Eintritt* tägl. 8–19 Uhr, im Winter (etwa Mitte Okt. bis März) ca. 8.30–15 Uhr. Eintritt ca. 6 € (Kombiticket mit Archäolog. Museum ca. 10 €), für Personen über 65 Jahre und Schüler/Stud. aus Nicht-EU-Ländern ca. 3 € (Kombiticket 5 €). Freier Eintritt für Schüler/Stud. aus EU-Ländern, Jugendliche bis 18 Jahre und Journalisten mit Presseausweis oder Empfehlungsschreiben der Griechischen Fremdenverkehrszentrale. Fotografieren und Video frei. Tipp: Am ruhigsten ist es in der Regel gegen Abend, da dann keine Ausflugsbusse mehr kommen.

• *Essen & Trinken* **Snackbar** mit schattiger Terrasse und Sitzgelegenheiten hinter der Kasse rechts. Einige **Tavernen** liegen an der Straße gegenüber vom Palast. Sie sind alle als höchstens durchschnittlich zu bezeichnen und bedienen sich teilweise fragwürdiger Methoden – Rechnung mit der Speisekarte vergleichen, bei Unklarheiten reklamieren! Abends ab 20 Uhr ist keine der Tavernen mehr geöffnet.

• *Führungen* Gruppenführungen kosten ca. 8 €/Pers. (für Stud.4,50 €), Einzelführung ca. 25 €. Am Eingang wird man angesprochen, ob man sich in eine Gruppe einreihen will. Ob es sich lohnt, hängt sehr vom Führer ab – diverse Leser zeigten sich enttäuscht (Massenabfertigung im Schnelldurchgang, niedriges Niveau, ständige Wiederholungen). Nachteil außerdem: Man wird ziemlich schnell durch das ganze Areal geschleust.

Geschichte

Der Palasthügel von Knossós war schon während der *Jungsteinzeit* besiedelt – unter dem Zentralhof hat man Reste von Wohnhütten gefunden. Nach 2000 v. Chr. entstand dann der erste Palast, gleichzeitig mit den Palästen von Festós und Mália. Bereits damals muss um den Hügel herum eine größere Siedlung existiert haben.

Um 1700 v. Chr. wurden Knossós und die anderen Paläste wahrscheinlich durch ein Erdbeben zerstört, bereits um 1600 aber wiederaufgebaut – noch schöner und wesentlich größer als vorher. Die *Blütezeit der minoischen Kultur* fällt in diese Zeit. Knossós war der absolute Mittelpunkt der Insel, mit seinen beiden Häfen und weit über 100.000 Einwohnern hatte die Stadt um den Palast wahrscheinlich mehr Einwohner als das heutige Iráklion! Von Knossós sollen der sagenhafte König Mínos und seine Nachfolger die ganze Insel und das östliche Mittelmeer beherrscht haben.

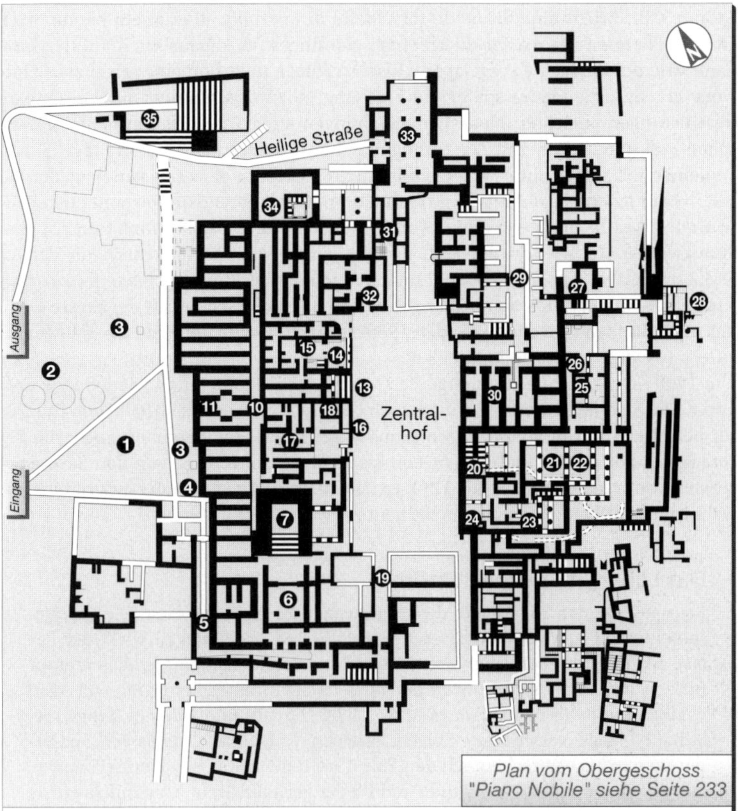

Plan vom Obergeschoss "Piano Nobile" siehe Seite 233

1 Westhof
2 Gruben
3 Altar
4 Westeingang
5 Prozessions-korridor
6 Südpropylon
7 Große Treppe
10 Korridor
11 Magazine
13 Treppe
14 Vorraum
15 Thronsaal
16 Dreiteiliges Heiligtum
17 Pfeilerkrypten
18 Schatzkammer
19 Korridor mit Fresken: Prinz mit den Lilien
20 Großes Treppenhaus
21 Saal der Doppeläxte
22 Megaron des Königs
23 Megaron der Königin
24 Ankleidezimmer
25 Steinmetzwerkstatt
26 Töpferwerkstatt
27 Magazin der Riesenpithoi
28 Ostbastion
29 Korridor des Schachbretts
30 Magazin der Pithoi mit den Medaillons
31 Nordeingang
32 Nordwestportikus
33 Zollstation
34 Nördliches Kultbecken
35 "Theater"

Palast von Knossós

1450 v. Chr. bricht eine bis heute rätselhafte *Katastrophe* über Kreta herein, nach älteren Theorien verursacht durch einen gewaltigen Vulkanausbruch auf der Insel Santoríni, der die kleine vorgelagerte Insel in Stücke reißt und eine ungeheure Flutwelle erzeugt, die wenig später die kretische Nordküste erreicht und furchtbare Verwüstungen anrichtet. Neue Untersuchungen stellen den Zusammenhang zwischen Vulkanausbruch und Zerstörung der Paläste jedoch ernsthaft in Frage (→ allgemeiner Teil/Geschichte). Was auch immer die Ursache gewesen sein mag, der Palast brennt jedenfalls bis auf die Grundmauern nieder. Brandspuren sind noch heute an der Westfront zu erkennen. Anders als die übrigen Paläste wird Knossós aber zum zweiten Mal wiederaufgebaut. Wahrscheinlich von den Mykenern, die damals Kreta eroberten. Aus dieser Zeit stammen auch die berühmten *Linear-B-Schrifttäfelchen*, die man auf Kreta nur hier gefunden hat – wahrscheinlich die älteste Form des mykenischen Griechisch. In den 1950er Jahren konnte ein Brite die Schrift entziffern (→ allgemeiner Teil/Geschichte).
Um 1400 folgt dann die endgültige Zerstörung des Palastes durch wieder neue Eroberer. Die Siedlung Knossós bleibt jedoch bestehen, ebenso wie ihre Häfen. Die Dorer bewohnen fortan die noch immer mächtige Stadt. Sie überdauert sogar die Besetzung durch Römer und Byzantiner, bis sie im 9. Jh. n. Chr. von den Sarazenen zerstört und geplündert wird. 1271 ist sie dann erstmals wieder urkundlich erwähnt und mit Unterbrechungen bis heute bewohnt.

Das Labyrinth des Minotaúros

Knossós soll der Schauplatz dieses grausigen Mythos gewesen sein (→ Geschichte S. 72). Verwirrend in seiner Größe und Vielfältigkeit wirkt der Palast auch heute noch, aber wie mögen ihn erst die Festlandsgriechen empfunden haben, als sie ihn nach der rätselhaften Brandkatastrophe von 1450 v. Chr. durchstöberten. Eingestürzte Lichtschächte und Mauern, lange rätselhafte Gänge, verschüttete Etagen, Treppen ins Dunkel ... *„Labyrinth"* nannten sie damals wahrscheinlich den Palast nach den zahllosen Doppeläxten (= labrys), die überall in die Wände und Pfeiler geritzt waren. Allmählich wurde das Wort gleichbedeutend mit Chaos und Irrgarten, in dem sich kein gewöhnlicher Sterblicher mehr zurechtfindet – das Wort Labyrinth war entstanden.

Rundgang

(Karte S. 231)

- **Westhof** *(1)*: Der große, gepflasterte Hof, den man als erstes betritt, diente wahrscheinlich oft als Schauplatz feierlicher Kulthandlungen, denn ihn durchziehen etwas erhöhte *Prozessionswege* und in den drei großen, ummauerten *Gruben (2)* links hat man Gefäße gefunden, die bei den Zeremonien verwendet wurden. In der zweiten Grube sind Ruinen frühminoischer Häuser aus der Vorpalastzeit zu erkennen. Außerdem stehen im Hof noch die Reste von zwei *Altären (3)*, von denen Evans annahm, dass hier Tiere geopfert worden waren.
- **Westflügel**: Von der berühmten **Westfassade** des Palastes sind nur die Grundmauern erhalten, der obere Teil und die Pfeilerstümpfe sind rekonstruiert. Mit etwas Fantasie erkennt man noch Spuren der verheerenden Brandkatastrophe von 1450 v. Chr. an den scharfkantigen Alabasterplatten, mit denen die Blöcke verkleidet sind. Ins Innere des Palastes gelangt man an der rechten Seite der Fassade *(4)* – eine Rundsäule stützte den Türstock, ihre Basis ist erhalten. Rechts zwei kleine Räume,

in denen wahrscheinlich die Torwachen saßen. Hier beginnt der lange Gang, der wegen seiner Wandmalereien **Prozessionskorridor** *(5)* genannt wird. Mehr als 500 Figuren reihten sich hier aneinander (Reste der Fresken im Obergeschoss des Arch. Museums in Iráklion). Sein Boden ist mit weißen Alabasterplatten, grauen Schiefersteinen und rotem Mörtel nach dem mutmaßlichen Originalzustand rekonstruiert. An der dem Palast zugewandten Wegseite sind einige Originalteile erhalten. Am Südende führten Treppen (heute zerstört) von der unterhalb liegenden Herberge herauf. Auf der südlichen Mauerkrone sieht man mächtige *Kulthörner.* Sie waren ein bedeutendes Symbol des minoischen Stierkults und wurden oft als Verzierungen oben auf die Palastfassaden gesetzt.

Piano Nobile

Vor dem Ende des Korridors wendet man sich nach links und kommt zum **Südpropylon** *(6),* dem monumentalen Südeingang des Palastes mit seinen meterdicken Mauern. Es besteht aus zwei Hallen mit je zwei Säulen (nur noch Fundamente vorhanden) und wurde von Evans teilweise rekonstruiert. Blickpunkt: sind die großen *Freskenkopien* von Kultgefäßträgern, wahrscheinlich das Ende des Prozessionsfreskos, das bis hierher gereicht hat. Die betonierten Senkrecht- und Querbalken in den Mauern sollen frühere Holzbalken imitieren, die in der Art von Fachwerk den Mauern Elastizität gaben.

Über eine breite Treppe *(7)* gelangt man ins Obergeschoss, das so genannte **Piano Nobile**, das völlig eingestürzt war und von Evans wiederaufgebaut wurde (Rekonstruktion sehr umstritten). Oben kommt man nach einigen Metern in einen Raum mit je drei Pfeiler- und Säulenbasen, wahrscheinlich ein *Heiligtum (8).* Rechts davon die kleine *Schatzkammer (9)* des Heiligtums. Westlich unterhalb im Erdgeschoss erkennt man einen langen Korridor (10), flankiert von 18 *Magazinen (11),* in denen riesige Tonpithoi mit Wein, Öl und Getreide ihren Platz hatten. Einige sind noch im Originalzustand erhalten und stehen auch noch an ihrem ursprünglichen Platz. In die Böden sind enge gemauerte *Kästen* eingelassen – sie fungierten wahrscheinlich als „Safe" für die wertvollsten Stücke des Palastes. Gefunden hat man allerdings nichts mehr, denn nach der großen Katastrophe wurden sie gründlich geplündert. Ein Stück weiter nördlich im Piano Nobile befindet sich rechter Hand ein kleiner, überdachter *Raum (12)* direkt über dem Thronsaal (→ weiter unten). Hier sind Kopien verschiedener *Fresken* untergebracht, sodass man einen kleinen Eindruck von der reichhaltigen Ausstattung der ursprünglichen Räume bekommt. In der rechten Hälfte des Raumes ein mit Säulen abgegrenzter *Lichtschacht* – wenn man hinunterblickt, sieht man das Kultbecken des Thronsaals.

Über eine Treppe *(13)* gelangt man von der erhöhten Piano-Nobile-Terrasse hinunter in den Zentralhof. Gleich links neben der Treppe lagen in mehreren Stockwerken übereinander die ehemaligen Amtsräume des Palastes. Nur noch das Erdgeschoss mit dem berühmten Thronsaal ist erhalten. Heute darf man nur den *Vorraum (14)* zum Thronsaal betreten. Durch die Füße der zahllosen Besucher ist der gut erhaltene Alabasterboden blank gescheuert. In der Mitte ein großes *Porphyrbecken*. Größte Attraktion ist natürlich die hölzerne *Nachbildung* des ältesten Throns Europas. Hervorstechend der markante, wellenförmige Rand der Lehne, vor allem aber ist der Sitz der Körperform eines Menschen hervorragend angepasst. Jeder setzt sich mal darauf und darf sich für einen Moment wie König Mínos fühlen.
Durch die Türöffnungen kann man in den **Thronsaal** *(15)* hineinsehen. Von Alabasterbänken eingerahmt steht hier der echte *„Thron des Mínos"* aus der Älteren Palastzeit noch an der ursprünglichen Stelle. Rechts und links und an den Seitenwänden sind prächtige Fabelwesen aus spätminoischer/mykenischer Zeit aufgemalt – so genannte *Greifen* mit Adlerkopf, Löwenkörper und Schlangenschwanz (sie versinnbildlichen die allumfassende Macht des Mínos im himmlischen, irdischen und unterirdischen Bereich). Auf den Bänken saßen wahrscheinlich die Priester bzw. Berater des Herrschers. Auf der anderen Seite des Saals, abgetrennt durch rekonstruierte Säulen, ein großartig erhaltenes *Kultbad* mit darüber liegendem Lichtschacht (Raum mit Fresken darüber). Diese Reinigungs- oder Lustrationsbecken hat man in allen minoischen Palästen gefunden, ihr genauer Zweck ist ungeklärt. Zum Baden wurden sie jedenfalls nicht verwendet, denn Boden und Wandverkleidungen sind nicht abgedichtet. Evans fand diesen Raum in chaotischem Zustand. Überall standen Kultgefäße verstreut, ein großer Ölkrug lag umgeworfen in der Ecke. Versuchten hier die verzweifelten Priester in letzter Minute, schon während der großen Katastrophe, die Erdgottheit gnädig zu stimmen? Innerhalb weniger Stunden muss alles vorbei gewesen sein, der Palast ein Trümmerhaufen, der Thronsaal konserviert für Jahrtausende ... Der älteste Thron Europas hat die Fantasie der Menschen immer beschäftigt. So ist es kein Wunder, dass der Vorsitzende des Internationalen Gerichtshofs in Den Haag auf einer Nachbildung des Mínos-Throns sitzt.
Auf der anderen (rechten) Seite der Treppe vom Piano Nobile in den Zentralhof stehen die Reste der Fassade des *dreiteiligen Heiligtums (16)*. Es ist überdacht und kann nicht betreten werden. Hinter dem Vorraum mit Bänken erkennt man die Türöffnungen der so genannten *Pfeilerkrypten (17)*. Je ein massiver viereckiger Pfeiler steht dort in der Mitte der beiden Räume, eingeritzt sind kleine Symbole der heiligen Doppeläxte. Um die Basen der Pfeiler sind flache Gruben für das Blut von Opfertieren ausgehoben. Rechts vom Vorraum liegt im letzten ummauerten Abschnitt die *Schatzkammer (18)* des Heiligtums. In den rechteckigen Gruben hat man u. a. die berühmten „Schlangengöttinnen" gefunden (Saal IV im Arch. Museum).

▸ **Zentralhof**: Der lang gestreckte Hof in der Mitte des Palastes diente der Belüftung und Beleuchtung der sich anschließenden Gemächer. Von seiner Pflasterung sind noch Spuren erhalten. Aller Wahrscheinlichkeit nach fand hier neben anderen Kulthandlungen und Festen auch das berühmt-berüchtigte *Stierspringen* statt (→ allgemeiner Teil/Geschichte, S. 80). Einige großartige Fresken sind erhalten, die das Gewimmel auf den Tribünen zeigen (Saal 15 im Arch. Museum).

▸ **Südflügel**: Über den Zentralhof können Sie jetzt einen kurzen Abstecher in den südlichen Flügel machen. Im Korridor, der hier in den Hof führt, finden Sie das be-

„Drei blaue Damen": Rekonstruktion eines minoischen Freskos

kannte Fresko des *Prinzen mit den Lilien (19)*, heute natürlich ebenfalls eine Kopie. Es wurde so genannt wegen seiner schmucken Blumen- und Pfauenfedernkrone.

▶ **Ostflügel**: Er liegt auf der anderen Seite des Zentralhofs. Ursprünglich war er wohl fünf Stockwerke hoch – zwei Stockwerke ragten über den Zentralhof, drei weitere sind an den Rand des Hügels gebaut, der an dieser Seite steil zum Flussbett abfällt. Ein weit ausladendes Treppenhaus führt hinunter zu den Gemächern der Königsfamilie, ins Zentrum der Macht also, außerdem gab es hier Werkstätten und Magazine.

Achtung: Mittlerweile sind nahezu alle Innenräume und Treppen für Besucher gesperrt. Viele Räume (z. B. Thronsaal, Megaron der Königin etc.) können nur noch durch Gitter von außen besichtigt werden.

Das **Treppenhaus** *(20)* ist wohl das großartigste Bauwerk des Palastes. Die Treppenfluchten sind breit und ausladend, ein geräumiger Lichtschacht führt von oben nach unten und beleuchtet jedes Stockwerk. Die Absätze auf den einzelnen Stockwerken sind mit einer niedrigen Balustrade, auf der wieder die rekonstruierten, leuchtend roten Säulen stehen, vom Lichtschacht abgetrennt. Eigenartigerweise bestehen die Stufen aus Alabaster – ein weiches, gipsartiges Material, das sich sehr schnell abtritt. Diese Tatsache hat den deutschen Geologen Hans Georg Wunderlich zu seiner mittlerweile widerlegten Theorie über die Funktion des Palastes von Knossós geführt (→ unten, „Knossós als Totenstadt?"). Die Wände seitlich der Treppe waren wahrscheinlich mit Fresken bemalt. Weiter unten trifft man auf die so genannte *Rampe der Königlichen Wache* mit Fresken, die eigenartige Schilde in Form der Zahl Acht zeigen (die Aussparung in der Mitte diente der Gewichtsverringerung, noch Homer schreibt 800 Jahre später von ihnen!). Wahrscheinlich waren hier die Wärter untergebracht, die den Zugang zu den königlichen Gemächern bewachten.

Das Megaron der Königin: luftig und lebensfroh

Am Fuß des Treppenhauses kommt man durch einen Korridor zunächst in den *Saal der Doppeläxte (21)*, so genannt nach den winzigen Symbolen, die in die Westwand des Lichtschachtes geritzt sind (nur schwer zu erkennen). Vielleicht war er eine Art Audienzsaal, denn an der Wand befindet sich unter Glas ein Kalksteingebilde, auf dem der Abdruck eines ehemaligen Thrones (oder Altars) erkannt worden ist.
Gleich benachbart liegt das **Megaron des Königs** (22). Einfallsreich und charakteristisch für die minoische Bauweise ist die architektonische Gestaltung. In drei Wänden des Raumes befinden sich breite Türöffnungen. Wenn man die Holztüren öffnete, verschwanden sie völlig in den seitlichen Vertiefungen. Der Raum wirkte dann, als ob er nur von Säulen umgeben wäre, und muss wunderbar luftig gewesen sein. Überhaupt ist es hier im Untergeschoss angenehm kühl und schattig – im Sommer sicher der angenehmste Teil des Palastes. Diese so genannten *vieltürigen Räume* findet man auch in den Palästen von Zákros, Mália, Agía Triáda und Festós.
Ein kleiner dunkler Gang führt von der Halle der Doppeläxte ins **Megaron der Königin** *(23)*. Zweifellos der Raum mit der dichtesten Atmosphäre – schon allein wegen des wunderschönen Delphinfreskos: dunkelblau auf hellblauem Grund, dazu Fische und stachlige Seeigel. Das Megaron hat eine rundum laufende Bank, außerdem viele Fenster und Lichthöfe an zwei Seiten. Ein noch heute angenehm und warm wirkender Raum mit Fresken, Ornamenten und leuchtenden Farben! Evans empfand ihn als weiblich – deswegen das „Megaron der Königin". Nebenan ein winziges Zimmer, nach Evans das *Badezimmer* der Königin! Die tönerne „Badewanne", die hier steht, besitzt keinen Abfluss. Wunderlich hat das zum Anlass genommen, die Wanne als Sarkophag zu deuten. Doch erstens hatten die minoischen Sarkophage Abflusslöcher (zur besseren Verwesung), zweitens ist die Wunderlich-Theorie auch aus anderen Gründen längst widerlegt (→ „Knossós als Totenstadt?").
Ein schmaler Gang führt in das so genannte *Ankleidezimmer der Königin (24)*. Und

hier findet sich das sicher überraschendste Stück – eine *Toilette* mit Wasserspülung! In der Wand gibt es eine Vorrichtung für einen hölzernen Sitz, unten ist ein Loch, das in Verbindung mit der Kanalisation steht, neben dem Sitz Platz für ein Gefäß zum Spülen. Die Röhren der Kanalisation führten zum benachbarten Fluss. Hinter der Toilette lag ein Archiv für Tontäfelchen. In den Gemächern der Königin sind noch Evans' frühe Holzrekonstruktionen zu sehen – und auch, wie der Zahn der Zeit daran genagt hat. Dies war der Grund, weshalb er im Weiteren ausschließlich mit Beton arbeitete.
Nördlich der Königssuiten befanden sich die ehemaligen *Werkstätten*. In der *Steinmetzwerkstatt (25)* hat man Basalt vom Peloponnes gefunden, der für die Herstellung von Siegelsteinen verwendet wurde. Nebenan lagen *Töpferscheiben (26)*. An verschiedenen Stellen kann man Reste der großartigen Kanalisation erkennen, die noch vom ersten Palastbau stammen. Geradeaus liegen *Magazine*, in denen riesige Tonpithoi mit vielen Griffen stehen *(27)*. Nach rechts führt eine Treppe hinunter zur *Ostbastion (28)*, von wo aus man zum direkt darunter liegenden Flussufer gelangen konnte (das Tor ist jedoch versperrt).

An der Treppe finden Sie eins der bemerkenswertesten Beispiele minoischer Kanalisationskunst. An der rechten Seite der Stufen führt ein enger Kanal hinunter. Die minoischen Ingenieure haben ihn mit sinnreichen Biegungen (Parabelkurven) und Sinkbecken für mitgerissenes Erdreich so konstruiert, dass das Wasser nur halb so schnell strömt, als wenn es in gerader Linie herunterfließen würde. Außerdem kommt es unten so sauber an, dass es noch zum Waschen geeignet ist. Vielleicht lag hier die Wäscherei des Palastes.

Die Treppe wieder hinauf, gelangen Sie zum so genannten *Korridor des Schachbretts (29)*. Hier wurde das berühmte Spielbrett gefunden, das heute im Saal IV des Arch. Museums zu bewundern ist. Im Korridor, vor allem aber im Raum am Südende darüber, sieht man wieder die modern anmutenden Tonröhren der Kanalisation. Benachbart wieder ein *Magazin*, in dem große Pithoi mit Medaillonschmuck noch an der ursprünglichen Stelle stehen *(30)*. Darüber (nicht mehr erhalten) lag ein großer freskengeschmückter Saal – vielleicht, im Gegensatz zum eher kultisch-religiös genutzten Thronsaal im Westflügel, der eigentliche Thronsaal des Herrschers, in dem die politischen Entscheidungen getroffen wurden.

▸ **Nordflügel**: Vom Zentralhof führt ein enger, abschüssiger *Korridor* zum Nordeingang des *Palastes (31)*. Links und rechts davon standen zwei hohe Bastionen, von denen Evans die westliche wieder aufgebaut hat *(32)*. An der Wand hinter den Säulen der Teil eines rekonstruierten, aber mittlerweile stark beschädigten *Relieffreskos*, das vielleicht das Einfangen eines wilden Stieres zeigt. Am unteren Nordende des Korridors liegt ein großer Saal mit acht Pfeiler- und zwei Säulenstümpfen. Hier endete die Straße vom Hafen von Knossós und vielleicht diente dieser Saal zum Stapeln und Sortieren der ankommenden Waren. Evans nannte ihn *Zollstation (33)*.
Westlich der Bastion mit dem Stierkopf ist ein weiteres (heute überdachtes) großes *Kultbecken (34)* erhalten. Es ist mit Alabaster verkleidet und war früher mit Fresken ausgemalt, vielleicht ein Reinigungsbecken für gerade angekommene Palastbesucher.

▸ **Heilige Straße**: Wenige Meter nördlich vom Kultbecken verläuft die so genannte Heilige Straße. Sie führte in minoischer Zeit von der „Zollstation“ Richtung Westen bis nach Amnissós, dem Hafen von Knossós. Wahrscheinlich zogen hier oft feierliche Prozessionen entlang. In ihrer Mitte verläuft eine Doppelreihe von rechteckigen Platten – so konnten hier auch Wagen bequem fahren. Unter der Straße hat man einen noch älteren Weg gefunden, er gilt als eine der ältesten Verkehrsadern Europas. Nördlich der Straße stoßen Sie nach wenigen Metern auf das *Theater (35)*. Um einen gepflasterten Hof erheben sich zwei rechtwinklig zueinander gebaute Stufenreihen, hier standen wohl die Zuschauer. Im Schnittpunkt der beiden Treppen war vielleicht die königliche Loge untergebracht. Der Sockel ist noch erhalten. Wahrscheinlich diente der Platz auch als Empfangs- und Versammlungsort bei kultischen Zeremonien, vielleicht sogar zeitweise als Gerichtshof. Die Heilige Straße zieht sich jetzt noch durch eine leichte Senke etwa 150 m nach Westen und endet dort an einem versperrten Tor an der Autostraße nach Iráklion. Bereits kurz hinter dem Theater führt linker Hand ein Weg zur Kasse zurück. Wer möchte, kann von diesem Weg zum Westhof abzweigen und sich noch einmal in den Palast begeben.

Von Iráklion nach Anógia

Eine Bergtour in die Randlagen des mächtigen Psiloritis-Massivs. Anógia ist das größte Bergdorf Kretas und bekannt für seine Schafwollteppiche, außerdem bester Ausgangspunkt für eine Besteigung des höchsten Gipfels Kretas.

Von Iráklion fährt man durch das Chaniá-Tor auf die Old Road, die landeinwärts parallel zum Strand von Ammoudára verläuft. Kurz hinter *Gázi* passiert man in der Nähe eines Zementwerks ein restauriertes venezianisch-türkisches Rasthaus (→ S. 218), bald danach folgt das Museumsdorf *Arolíthos* (→ S. 219).

Tílissos

Ein Dorf inmitten von Weinreben. Ein Stopp lohnt nicht nur wegen der Ausgrabung dreier großer minoischer Villen unmittelbar im Ortsbereich, sondern weil es ein typisch kretisches Bauerndorf ist. Überall gackern die Hühner, wiehern Esel, bellen Hunde. Am schönsten vielleicht zur Traubenernte, denn das ganze Dorf ist damit beschäftigt. Der runde Dorfplatz mit einigen Kafenia und einem türkischen Brunnen liegt etwas abseits, Touristen finden selten hierher.

Die ausgeschilderten *minoischen Villen* liegen unter mächtigen Pinien mit weitem Blick in die Weinberge. Es handelt sich um einen großen, recht gut erhaltenen Komplex aus spätminoischer Zeit (etwa 1600 v. Chr.), der wahrscheinlich enge Beziehungen zum nahen Knossós hatte, wohl auch von einer ganzen Siedlung umgeben war und an der wichtigen Straße lag, die die minoischen Städte im Westen und Osten Kretas verband. Die ursprüngliche Anlage ist allerdings teilweise von späteren Bauten der Mykener überlagert. Zu sehen sind Mauern bis in 2 m Höhe, auch Treppenaufgänge in die nicht mehr existierenden oberen Stockwerke und – am nordöstlichen

Das rätselhafte Stierspringen

Rand der Ausgrabung – eine Zisterne, die mittels einer Wasserleitung von der noch heute existierenden Quelle *Ágios Mámas* die Villen mit Wasser versorgte. Anfang des letzten Jahrhunderts wurden in Tílissos drei riesige Bronzewannen gefunden, sie sind heute im Museum von Iráklion/Saal VII ausgestellt.

Öffnungszeiten/Preise tägl. 8.30–15 Uhr, Eintritt ca. 2 €.

- *Anfahrt/Verbindungen* siehe Anógia, mit dem Bus etwa 30 Min. Zeitdifferenz.
- *Übernachten* Zimmer in der Taverne **Kitros**, 2810-31429.
- *Shopping* Die rund um die minoische Ausgrabung wohnenden Bauersfrauen bitten Besucher hartnäckig, ihre selbst gehäkelten Deckchen zu erwerben.

▶ **Von Tílissos nach Anógia**: Hinter Tílissos geht es durch silbrig-grüne Olivenwäldchen hinauf in die Berge, besonders eindrucksvoll ist die Fahrt durch eine raue Felsschlucht mit fast senkrecht abfallenden Wänden. Am Beginn der Schlucht steht linker Hand ein *Denkmal* für kretische Partisanen, die während des Zweiten Weltkriegs die Schlucht verteidigt hatten und am 21. August 1944 von der deutschen Wehrmacht erschossen wurden. Am Ausgang der Schlucht sieht man links der Straße ein weiteres minoisches Herrenhaus namens *Slavókambos* (beschildert), hier hat man u. a. Siegelabdrücke mit Stierspringermotiven ausgegraben (Arch. Museum Iráklion).

Jetzt kommt bald *Goniés* in Sicht, ein lang gezogenes Bergdorf, dessen Häuser unterhalb der Kuppe terrassenförmig am Hang kleben. Sogar hier oben wird noch überall an den Hängen und in geschützten Mulden Wein angebaut. Es gibt eine markante Kreuzkuppelkirche mit zwei Glockentürmen. Am Ortsende links eine nette Taverne, zu erkennen an der Fülle von Blumen.

Durch herrliche Berglandschaft mit weiten Ausblicken schraubt sich die Straße hinauf nach Anógia. Am Ortseingang zweigt links der Weg auf die *Nída-Hochebene* ab, von wo die kürzeste Besteigung des *Psilorítis* möglich ist (→ weiter unten).

Anógia

Glasklare Gebirgsluft, die Sonne hell und gleißend – das größte Bergdorf Kretas liegt in 800 m Höhe weit ausgebreitet zwischen einem Kranz karger Bergrücken. Es besteht aus Ober- und Unterdorf und bietet wunderbare Stille und Abgeschiedenheit, aber auch Einblicke in das raue kretische Bergleben. Selbst im Sommer sind die Temperaturen oft frisch, im Winter versinkt das dann halb verlassene Dorf in Schnee- und Regenstürmen.

Auch heute, im Zeitalter des Massentourismus, tragen die meisten Männer Anógias noch immer die traditionelle kretische Tracht mit fransigem Stirntuch, Stiefeln und schwarzen Hemden. Dies nicht von ungefähr, denn Anógia gilt seit jeher als Heimat der unbeugsamsten und freiheitsliebendsten Kreter, der Widerstand gegen jegliche Besatzer hat hier eine lange Tradition. Schon in der Türkenzeit galten die hiesigen Partisanen als die gefährlichsten und entschlossensten der Insel. Zweimal, 1821 und 1866, wurde das Dorf von den osmanischen Besatzern völlig zerstört. Dieses Andenken wird bis heute gepflegt – kein Kafenion, das nicht stolz die griechische Landkarte präsentiert, oft auch Fotos oder Gemälde von bekannten kretischen Widerstandskämpfern, in einem hängen sogar Che Guevara und Lenin. In Anógia wählt man aus Tradition links, der Bürgermeister war bisher meist Kommunist.

Auch im 20. Jh. überschattete eine Tragödie das Dorf: Am 13. August 1944 begannen deutsche Soldaten auf Befehl von H. Müller, kommandierendem General der „Festung Kreta", das gesamte Dorf bis auf die Grundmauern niederzubrennen. Alle 950 Häuser wurden zerstört und alles Vieh getötet, das nicht mitgenommen werden konnte. Die gesamte Aktion dauerte bis zum 5. September. Der Befehl lautete weiter, alle männlichen Einwohner, derer man im Umkreis von 1 km habhaft werden könne, zu erschießen. Die Männer waren allerdings schon am Abend zuvor in die Berge geflohen, doch wurden die Alten und Gebrechlichen, die ihre Häuser nicht verlassen konnten, von den Deutschen ihrem Schicksal überlassen und verbrannten. Weitere Bewohner wurden in der Umgebung des Ortes exekutiert. Die offizielle Liste der Präfektur Réthimnon führt 117 getötete Bewohner Anógias auf.

Warum? Auf dem Dorfplatz ist der Wehrmachtsbefehl auf Griechisch eingraviert: „Da die Stadt Anógia ein Zentrum der englischen Spionagetätigkeit auf Kreta ist, da die Einwohner Anógias den Sabotageakt von Damastá ausgeführt haben, da die Partisanen verschiedener Widerstandsgruppen in Anógia Schutz und Unterschlupf finden und da die Entführer Generals von Kreipe ihren Weg über Anógia genommen haben, wobei sie Anógia als Stützpunkt bei der Verbringung nutzten, befehlen wir, den Ort dem Erdboden gleichzumachen und jeden männlichen Einwohner Anógias hinzurichten, der innerhalb des Dorfes oder in seinem Umkreis in einer Entfernung bis zu einem Kilometer angetroffen wird".

Zur Information: Der „Sabotageakt von Damastá" meint die Tötung eines für seine Grausamkeit berüchtigten deutschen Feldwebels sowie einiger deutscher und italienischer Soldaten Anfang August 1944 durch kretische Partisanen. Und die „Entführung Generals von Kreipe" war im April desselben Jahres mit maßgeblicher Hilfe britischer Offiziere vonstatten gegangen. Diese hatten zusammen mit kretischen Partisanen den Panzergeneral an einer Kreuzung nicht weit von Archánes in seinem Dienstwagen gekidnappt. Mit geschickten Täuschungsmanövern (22 deutsche Kontrollposten wurden passiert!) und einem Marsch quer durchs Ída-Gebirge konnten sie ihn bis an die Südküste bringen. Von dort transportierte ihn ein Schiff

Alltäglicher Treffpunkt der Männer: die Platia im Unterdorf von Anógia

weiter nach Ägypten (Näheres zu der spektakulären Entführung unter Archánes). Nach dem Krieg wurde Anógia mit amerikanischer Hilfe wiederaufgebaut, in Bonn fühlte sich niemand zuständig. Jedes Jahr am 13. August gedenkt der Ort des Ereignisses, von der deutschen Botschaft in Athen ist dazu noch niemand erschienen – nach Aussage des bis 2005 tätigen Botschafters Dr. Albert Spiegel wurde er allerdings auch nie eingeladen und wäre einer Einladung gerne nachgekommen. Der neue Botschafter Dr. Wolfgang Schultheiss war im November 2005 zu Gesprächen mit dem Bürgermeister in Anógia. Wie überall auf Kreta werden deutschen Urlaubern keinerlei Ressentiments entgegengebracht. Und die Geschehnisse hindern natürlich auch nicht daran, das Dorf für die Besucher hübsch zu machen. Eine lange Baumallee bildet die Hauptstraße im oberen Teil des Ortes, *Armí* genannt. Die weißen Häuschen sind verschönt mit blauen oder grünen Aufgängen, steil fallen die verwinkelten Treppengassen zum Unterdorf *Perachóri* ab, wo am Ortsausgang in Richtung Axós das eigentliche Zentrum Anógias liegt. Um den dortigen Platz sieht man kaum ein Haus, an dessen Fassade nicht zu Dutzenden die leuchtend bunten Schafwollteppiche von Anógia hängen. In keinem anderen Ort der Insel findet man so viele Webstühle wie hier, denn Anógia ist das Zentrum der kretischen Schaf- und Ziegenzucht. Hier im rauen Bergland finden die Hirten für ihre Herden riesige, anderweitig kaum nutzbare Weideflächen, darunter die Nída-Hochebene mitten im Ída-Gebirge. Obwohl das Verkaufsgebaren der Frauen teilweise recht aufdringlich ist, kann man überall preiswerte und schöne Stücke erstehen. Leider gibt es mittlerweile schon viel Industrieproduktion aus Taiwan etc., echte Webteppiche sind rar geworden.

Anógia hat übrigens nicht nur als Hort der Freiheitskämpfer, sondern auch in Sachen Musik einen hervorragenden Ruf auf Kreta. Einige der besten Musikerfamilien der Insel stammen von hier, darunter die Lyra spielenden Brüder *Níkos* und

Psarántonis Xiloúris und *Vasilis Skoulas*, der im Unterdorf das Museum seines verstorbenen Vaters weiterführt.

Im Oktober 2000 besuchte die **Deutsch-Griechische Gesellschaft von Mittelfranken** (DGG) Anógia. In einer Erklärung zeigt sie sich „... erschüttert über eine Vergangenheit, in der auch auf Kreta und hier in Anógia deutsche Soldaten im Zweiten Weltkrieg Gräuel und Verwüstung angerichtet und den Tod vieler unschuldiger Menschen verschuldet haben ..." und legte als Symbol der Trauer, der Erinnerung, aber auch des Bemühens um eine gemeinsame friedliche Zukunft in Europa einen Kranz nieder. Der Besuch wurde von den Betroffenen und deren Nachkommen dankbar aufgenommen. Der Delegation gehörten u. a. zwei Abgeordnete des Bayerischen Landtags, ein Alt-Oberbürgermeister von Nürnberg und ein Vertreter der Regierung von Mittelfranken an.

• *Anfahrt/Verbindungen* Von Iráklion nach Anógia fahren Busse ca. 5 x tägl. ab **Busbahnhof B**, sonntags allerdings nur 2 x. Kostenpunkt einfach etwa 3 €. Der Bus hält mehrmals in Anógia – am besten am Rathausplatz (großer Platz mit Rathaus, Post und Denkmal) aussteigen und ins Unterdorf hinunterlaufen. An der Platia im Unterdorf ebenfalls Bushaltestelle.

• *Übernachten* Es gibt nur wenige bescheidene Unterkünfte, die hauptsächlich im oberen Ortsbereich liegen.

Aristea, in einer Parallelgasse zur Hauptstraße (am Ortsbeginn beschildert), geführt von der liebenswürdigen, aber auch geschäftstüchtigen Aristea. Kürzlich hat sie angebaut, es gibt nun mehrere DZ und Studios, alles sehr sauber, jeweils mit Balkon und herrlicher Aussicht in die Berge. Bei Ankunft wird jeder Gast zu einem kleinen Imbiss eingeladen. DZ ca. 35–40 €, für Frühstück muss man extra zahlen. ✆ 28340-31459.

Mitato, schräg gegenüber, kleine einfache Zimmer, auch hier mittlerweile Rakí und Erdnüsse zur Begrüßung. Schöner Blick in die Berge. DZ ca. 25–35 €. ✆ 28340-31277.

Aris, ein Stückchen weiter die Straße hinunter, ebenfalls mit herrlichem Blick, nett aufgemacht und freundlich geführt durch die Tochter von Alkibíades Skoúlas (→ Sehenswertes). DZ ca. 30–40 €. ✆ 28340-31460.

Crete, an der Hauptstraße im oberen Ortsteil, vier Zimmer für ca. 25–35 €, hinten hinaus schöner Blick aufs Ída-Massiv. ✆ 28340-31229.

• *Essen & Trinken* **Aetos**, die große, nach hinten hübsch ausgebaute Taverne von Manolis Pasparakis liegt an der Hauptstraße im oberen Ortsbereich, mit Wurzeln, getrockneten Pflanzen etc. ist sie gemütlich eingerichtet. Zu den Spezialitäten zählen *apáki kapnísto* (geräucherte Schweineschulter) vom offenen Grill und die berühmten Spaghetti von Anógia, serviert mit *antóthyro* (Ziegenkäse).

Im unteren Ortsbereich ballt sich alles um den stimmungsvollen Platz mit der Platane, hier liegen mehrere gemütliche Tavernen mit Holzkohlengrill, ein paar Schritte entfernt das große Restaurant **Prasini Folia** mit weinüberrankter Terrasse.

• *Kafenia* Besonders hübsch sitzt man in den Kafenia an der stimmungsvollen, kleinen Platia Meintani mit der Kirche **Ágios Geórgios** (Bushaltestelle), etwa 200 m oberhalb vom Rathausplatz. Viel Grün, Schatten durch Platanen, die Seitenfront des weißen Kirchleins über und über mit Blumen bewachsen. Hier treffen sich die Männer von Anógia, meist mit dem traditionellen schwarzen Tuch (Saríki) um die Stirn geschlungen, lesen Zeitung oder spielen Távli. Zum Kaffee bekommt man hier noch ungefragt ein Glas Wasser serviert, was an der Küste nur noch selten vorkommt.

Manouras, Kafenion wenige Meter unterhalb vom Kirchenplatz, hier hängen einträchtig Che Guevara, Lenin, Stalin, Marx und Engels an den Wänden. (Info 2005: Wirt erkrankt, Kafenion geschl.).

Weitere schöne Sitzplätze am **unteren Dorfplatz** (→ Sehenswertes).

• *Shopping* am unteren Dorfplatz jede Menge **Webteppiche**, **-decken** und **-taschen**, außerdem **Spitzendecken** und **Stickereien**, das meiste zwischen 10 und 30 €. Dazu kommen die traditionellen schwarzen Stirntücher namens **Sariki** (ca. 7–10 €).

„The Traditional House" in Anógia

Tamha, mundgeblasene Glasobjekte am oberen Ortseingang. Den Künstlern Natasa Papadogamvraki und Marios Chalikiadakis zuzusehen lohnt sich. Mo geschl. ✆ 28340-31357.
Eine große **Käserei** mit Parkplatz liegt oberhalb von Anógia. Versuchen Sie die verschiedenen Sorten und kaufen Sie ein für ein Picknick auf der Nída-Hochebene, Kilopreis ca. 5–8 €.

• *Feste* Vom 10.–15. August wird in Anógia gefeiert. Es gibt Wettbewerbe kretischer Musik und Ausstellungen von Kunsthandwerk, anschließend die Ehrung der Toten vom August 1944. Bei der Análipsi-Kapelle auf der Nída-Hochebene versammeln sich die Hirten zu einem Festessen.

• *Sonstiges* **Bank** und **Post** am Rathausplatz.

Sehenswertes

Armí (Oberer Ortsteil): Der weite, kahle *Rathausplatz* an der Hauptstraße ist ganz mit Alabaster gepflastert. An der Seitenfront des Rathauses fällt eine *Gedenktafel* ebenfalls aus Alabaster auf – in Form eines aufgeschlagenen Buches ist hier in griechischer Sprache der Befehl des Wehrmachtkommandeurs Müller eingraviert, das Dorf niederzubrennen und alle Männer hinzurichten. Auf dem Platz außerdem noch das *Denkmal des unbekannten Soldaten,* eines kraftvollen Kreters mit Säbel und Muskete.

An der Unterkante des Platzes steht das zweischiffige Kirchlein *Ágios-Ioánnis,* dessen Inneres mit vergoldeter Holz-Ikonostase und vielen Heiligenbildern prächtig geschmückt ist (im nächsten Laden nach dem Schlüssel fragen). Gleich rechts vom Eingang ein besonders handgreifliches Bild kretischer Frömmigkeit: das Jüngste Gericht. Die Hölle in Form eines Drachens, der die Ungläubigen mit seinem Feuerstrahl versengt und verschluckt. Die Teufel bringen Bündel von Anklagematerial zur Waage, im irdischen Sumpf strecken die Hoffenden, bis zur Hüfte versunken, die Hände bittend empor. Im rückwärtigen Schiff alte, von Kerzenruß fast schwarze Fresken – die Farben sind stark verblasst und kaum noch zu erkennen. Themen aus dem Leben Jesu, Kreuzigung, Grablegung u. a.

An der Hauptstraße, schräg gegenüber vom Hotel Crete, steht *To Palió Anogianó Spíti* („The Traditional House"), ein typisches Haus vom Anfang des 20. Jh. Georgios Sbokos, ein ehemaliger Lehrer, hat es liebevoll eingerichtet und zeigt Interessierten gerne seine Sammlung: wertvolle Teppiche, Keramiken und vieles andere mehr. Rechts vom Eingang klingeln.

Perachóri (Unterdorf): Durch enge Treppenwege und schmale Gässchen, in denen überall Basilikum- und Blumenkübel vor den Türen stehen, kann man in den unteren Dorfbereich hinabsteigen. Der dortige zentrale Platz ist ein echtes kretisches Idyll und wirkt manchmal fast wie eine Theaterbühne. Die *Hauptkirche Ágios Charalámbos* am Platz ist über und über mit modernen Fresken ausgemalt. Daneben steht das Geburtshaus des berühmten Lyraspielers *Níkos Xiloúris*, der Anfang der achtziger Jahre in jungen Jahren an Krebs starb. Es ist mit Fotos des Künstlers ausgestattet, eine ältere Frau bietet für ein paar Cent Rakí und etwas zum Knabbern an.

Unbedingt einen Besuch wert ist das *Museum* mit den Werken des vor einigen Jahren hoch in den Neunzigern verstorbenen *Alkibíades Skoúlas*, „Griliós" (Grille) genannt. Es wird nunmehr von seinem Sohn Georgios geführt, der ebenfalls ein hervorragender Lyra-Spieler ist und sich bei Besuchergruppen gerne musikalisch bedankt. Es ist ab dem Platz beschildert und steht meist offen (falls nicht, Auskunft in den Lokalen an der Platia), kleine Spende wird erwartet. Die markant-naive Malerei des Autodidakten kann mit seinen plakativen Farben und Formen einen hervorragenden Zugang zur schweren Geschichte Anógias und der Insel geben. Immer wiederkehrende Themen Alkibiades', der erst mit knapp 70 Jahren das Malen begann, sind die Kämpfe mit den Türken, außerdem die Zerstörung Anógias durch die Deutschen, die er als Widerstandskämpfer erlebte. Höchst dekorativ sind auch die Skulpturen aus Zypressenholz, die er als Hirte gefertigt hat.

▸ **Von Anógia nach Westen**: Auf guter Asphaltstraße können Sie über Axós nach Mourtzaná fahren, wo Sie auf die Old Road nach Réthimnon treffen. Über die größere Provinzstadt Pérama geht es zur New Road an die Küste östlich von Réthimnon. Ausführliche Infos zu dieser Route wie zur ganzen Region (*Axós*, Töpferdorf *Margarítes*, Höhle von *Melidóni*, Kloster *Arkádi* u. a.) → Réthimnon/Umgebung.

Núda-Hochebene und Psiloritis

Das Psiloritis-Massiv (oder Ída-Gebirge) ist das Dach Kretas. Noch im Juni liegen hier oben ausgedehnte Schneefelder. Höchster Gipfel ist mit 2456 m der Tímios Stavrós. Seine Besteigung ist wohl der Traum eines jeden Kreta-Wanderers. Von der Nída-Ebene aus ist sie mit Abstieg in insgesamt acht Stunden zu machen.

Die Nída-Hochebene ist eine rundum abgeschlossene Hochebene in knapp 1400 m Höhe mitten im Psiloritis, etwa 22 km südlich von Anógia. Die Anfahrt mit Leihfahrzeug oder eigenem Pkw ab Iráklion und wieder zurück schlägt mit vier Stunden zu Buch. Die ganze Aktion ist also ab Iráklion an einem früh begonnenen Tag zu schaffen. Nachteil: Man darf sich auf dem Gipfel maximal eine Stunde aufhalten, um beim Abstieg nicht in die anbrechende Dunkelheit zu kommen. Man kann aber die Zeit auf dem Gipfel ausdehnen, indem man beispielsweise in Anógia oder im Gästehaus auf der Hochebene übernachtet und kurz vor Sonnenaufgang zum Aufstieg aufbricht. Die reizvollste Variante ist zweifellos die Übernachtung (mit Schlafsack und Verpflegung) auf dem Gipfel selber – nicht nur metermäßig gesehen ist der Aufenthalt oben der unbestrittene Höhepunkt der gesamten Wanderung.

Wer von der Hochebene nach Süden absteigen will, findet mehrere Varianten auf S. 252 ff.

Anfahrt/Übernachten/ Essen & Trinken

• *Anfahrt mit eigenem Fahrzeug* Von Anógia auf die Nída-Ebene sind es etwa 22 km. Eine kurvige, abgesehen vom letzten Kilometer vollständig **asphaltierte Straße** zweigt kurz vor dem östlichen Ortseingang von Anógia von der Straße aus Iráklion ab (beschildert). 45 Min. sollte man für die Fahrt veranschlagen, auf der man außer Hirten mit ihren Herden niemanden trifft. Aus 800 m Höhe (Anógia) steigt die Straße bis zu einem Pass in 1500 m Höhe, von dem man urplötzlich einen überwältigenden Blick auf die Ebene hat. Dann Abfahrt in die Nída-Hochebene (1370 m), die Straße zieht sich um die halbe Hochfläche (letztes Stück Schotterpiste) und endet bei einem neu erbauten, aber erst halb fertigen **Gästehaus**. Kurz danach biegt die Piste ab, den Berghang hinauf. Nach einigen Kurven erreicht man ein kleines Plateau mit der **Análipsi-Kapelle**. Hier kann man parken und den viereinhalbstündigen Aufstieg auf den Tímios Stavrós beginnen. Wer noch Zeit hat, kann vorher kurz die berühmte **Idéon Ándron** (Idäische Höhle) besichtigen, die am Ende der Piste liegt – zu Fuß ca. 15 Min. ab Kapelle, mit Auto möglich, aber sehr schmale Piste mit spitzen Steinen.

Anfahrt ab **Gérgeri** von Süden her (→ S. 366).

• *Anfahrt ohne eigenes Fahrzeug* **Taxis** verlangen ab Anógia ca. 30 € hin/rück, Busse gibt es nicht. Morgens zwischen 6 und 8 Uhr fahren jedoch die Hirten von Anógia zu ihren Herden in die Berge hinauf, abends geht es bei Sonnenuntergang wieder zurück. Wenn man rechtzeitig an der **Abzweigung zur Nída-Hochebene** steht, wird man oft mitgenommen. Allerdings fahren nicht alle Hirten bis zur Hochebene, deshalb muss man eventuell in mehreren Etappen fahren bzw. ein Stück laufen.

• *Übernachten/Essen & Trinken* Stelios Stavrakakis aus Anógia betreibt mit seiner Familie im halb fertigen **Gästehaus** auf der Nída-Hochebene eine gemütliche Taverne und vermietet auch Zimmer (bisher nur zwei, weitere sind in Bau), DZ ca. 25 € mit Frühstück. ✆ 28340-31141 in Anógia (abends ab 21 Uhr oder morgens zwischen 8 und 9 Uhr). Stelios' verstorbener Bruder Michalis hat als Autodidakt Gedichte geschrieben, Stelios trägt sicher etwas davon vor, wenn man ihn darum bittet. Beide waren am Bau von „Andartis" beteiligt (→ S. 248).

Von Anógia zur Nída-Hochebene

Anfangs noch recht grün, wird die Landschaft zusehends wilder und felsiger. Immer wieder passiert man Ziegenpferche und die charakteristischen steinernen Rundhütten („mitáto") der Hirten, die allmorgendlich mit ihren schwer beladenen Trucks von Anógia heraufkommen. Linker Hand passiert man etwa 2 km ab Ortsausgang einen kleinen *Stausee*, der der Bewässerung dient. In der Bergwelt ringsum kann man hin und wieder Gänsegeier und Adler kreisen sehen.

▸ **Zóminthos**: Die jüngste Ausgrabung des berühmten Archäologen *Iánnis Sakellarákis* (→ Archánes) liegt etwa 9 km oberhalb von Anógia seitlich der Straße auf die Nída-Hochebene. Ein großer Komplex aus mittelminoischer Zeit wartet auf seine weitere Erforschung. Die hier gemachten Funde könnten weitere Belege für die These bieten, dass die Minoer Menschen opferten – und vielleicht sogar Kannibalen waren! Man hat nämlich säuberlich auseinandergeschnittene Kinderknochen entdeckt, die im Rahmen einer rituellen Mahlzeit übrig geblieben sein könnten.

Sakellarákis war in Anógia auf die Worte eines Hirten aufmerksam geworden, der erzählt hatte, er wolle seine Schafe „in Zóminthos" weiden lassen. Das Wort erschien ihm vorgriechischen Ursprungs, er fuhr hinauf und fand auch prompt das Haupthaus der Anlage. Wichtigste Erkenntnis: Die Minoer hatten ihre Anlagen auch in den unwegsamen Gebirgen Kretas erbaut. Vielleicht handelt es sich bei dem ausgedehnten Gebäudekomplex um eine Art Herberge für Höhlenpilger zur „Idéon Ándron". Das Gelände ist allerdings eingezäunt, nicht beschildert und nicht zur Besichtigung freigegeben.

Skínakas-Observatorium: Sternbeobachtung im kretischen Hochgebirge

Wenige Kilometer bevor man die Nída-Hochebene erreicht, zweigt linker Hand eine Asphaltstraße ab (beschildert). In engen Serpentinen führt sie hoch hinauf bis zum Gipfel des 5 km entfernten Skínakas (1760 m), von wo man bei klarem Wetter bis zur Messará-Ebene im Süden Kretas blicken kann. In völliger Einsamkeit stehen hier oben die Bauten eines Observatoriums mit zwei Beobachtungstürmen (Teleskope von 0,3 und 1,3 m Durchmesser) und Generator. Erbaut wurde es von der Universität von Kreta zusammen mit dem Max-Planck-Institut für Extraterrestrische Physik, um den Halleyschen Kometen zu beobachten. Die klare Luft, die isolierte Höhenlage und die vielen wolkenlosen Nächte Kretas machen diesen Standort zu einem der besten für die Sternenbeobachtung in Europa. Tipp: Von Mai bis September ist das Observatorium jeweils einen Sonntag im Monat für Interessierte geöffnet (14–22 Uhr). Genaue Daten und weitere Informationen unter http://gpat.physics.uoc.gr

Tipp: Kurz vor der Sternwarte führt eine anfangs asphaltierte Piste, die derzeit weiter ausgebaut wird, nach *Gérgeri* an der Straße nach Zarós (Südkreta) hinunter (→ S. 366).

Nída-Hochebene

Ein etwa 2,5 x 1,5 km großes und völlig flaches Plateau mitten in den Bergen. Das im Frühjahr üppig grüne, im Sommer verdorrte Grasland wird in der warmen Jahreshälfte von zahlreichen Hirten zum Weiden ihrer Herden benutzt (im Herbst ziehen sie in die küstennahen Ebenen hinunter). Von der Straße aus erkennt man die weit verstreuten Herden, die helle Muster ins Grün zaubern. Das Bimmeln von Glöckchen dringt herüber, sonst ist kaum ein Laut zu hören.

Mehrere Fahrwege durchziehen die weite Fläche, auf einem kommt man vom Gästehaus bis in die Nähe des „Andartis", eines ungewöhnlichen Monuments für die kretischen Partisanen auf der anderen Seite der Ebene. Die Piste, die nach Süden führt, endet nach einigen Kilometern, die Weiterfahrt ist nicht möglich, wohl aber der Abstieg zu Fuß nach Kamáres (→ S. 252).

▸ **Análipsi-Kapelle und Umfeld**: Die schlichte Kapelle steht auf einem kleinen Plateau oberhalb des Gästehauses, im Umkreis findet man Viehtränken und einige Gräber, darunter das des Michális Vréntzos, der am 3. September 1943 im Alter von 26 Jahren von deutschen Soldaten erschossen wurde. Eine kräftige Quelle entspringt weiter unterhalb, lebenswichtig für die Ziegenhirten.

▸ **Idéon Ándron** (Idäische Höhle): ein riesiges, dunkles Loch in einer fast senkrechten Felswand, eine knappe halbe Fußstunde oberhalb vom Gästehaus. Moosbewachsene Kalksteingebilde hängen in der Deckenwölbung, zahlreiche Vögel nisten in der Dunkelheit. 1982 begann Sakellarákis mit systematischen Ausgrabungen, beendete sie aber fünf Jahre später, obwohl er noch nicht zur untersten Schicht gelangt war, um die Funde auszuwerten. Bis heute sind sie nicht publiziert. Mittels einer (noch existierenden) Lorenbahn transportierten die Ausgräber damals Geröll aus der Grotte, um es dann zu untersuchen.
Die Höhle ist mit einem Gatter gesichert, das aber meistens offen steht. Der steil abfallende Höhlengrund ist mit Terrassen zugänglich gemacht, eine hölzerne Treppe führt hinunter. In etwa 8 m Höhe erkennt man in der rückseitigen Wand ein Loch zu einer weiteren Höhlenkammer, dort wurden die wertvollsten Funde gemacht.

Einsamkeit pur: die Nída-Hochebene im Psilorítis-Massiv

Auch Zeus war einst jung

Die Idäische Höhle hat den hohen Anspruch, Aufenthaltsort des jungen Zeus gewesen zu sein. Hier soll ihn seine Mutter Rea nach der Geburt in der berühmten Höhle von Psichró in der Lassíthi-Hochebene vor seinem schrecklichen Vater Kronos versteckt haben. Dieser wollte alle seine Kinder verschlingen, um vor Thronneidern sicher zu sein. Immer, wenn Baby-Zeus schrie, schlugen die Koureten, die Priester der Rea, ihre schweren Bronzeschilder aneinander, um die verräterischen Geräusche zu übertönen (ausführlicher zum Mythos unter Kreta/Geschichte). Gemäß dieser überragenden Bedeutung war die Ída-Höhle schon in minoischer Zeit ein wichtiges Kultheiligtum. Noch in römischer Zeit pilgerten Wallfahrer zu dem Ort, wo Zeus vermeintlich seine Kindheit verbracht hatte. Und auch Schatzgräber taten sich immer wieder um, denn in der geheimnisvollen Höhle vermutete man märchenhafte Reichtümer aus der Antike. Archäologische Expeditionen begannen schon Ende des 19. Jh., die Höhle zu durchforsten. Doch erst 1955 brachten neue, von Paul Faure geleitete Ausgrabungen greifbare Ergebnisse (von ihm stammt das Buch „Kreta – Das Leben im Reich des Minos" → Lesetipps). Faure entdeckte die oben erwähnte Seitenkammer der Haupthöhle und fand darin zahllose minoische Opfergaben, vor allem aber große Bronzeschilde aus der archaischen Epoche (650–500 v. Chr.), die man gerne als die mythologischen Kuretenschilde bezeichnet. Sie sind heute im Archäologischen Museum in Iráklion ausgestellt (Saal XIX).

▸ **Andartis – mnimío giá tin Iríni**: „Der Partisan – ein Monument für den Frieden", so nennt die Berliner Künstlerin Karina Raeck die 32 x 9 m große geflügelte Steinskulptur, die sie unter Mithilfe der Schäfer von Anógia mit großem persönlichem Einsatz Anfang der Neunziger in die Nída-Ebene gelegt hat. Über viele Monate zog sich die schwere Arbeit hin, nur in der warmen Jahreshälfte konnte gearbeitet werden. Die geflügelte Partisanenfigur liegt genau diagonal gegenüber der Zeus-Höhle am Ostrand der Ebene – man muss schon ziemlich genau hinschauen, um sie von der Straße aus erblicken zu können. Sie besteht vollständig aus einzelnen unbehauenen Felsblöcken, die aus der ganzen Ebene herangeschafft und dicht nebeneinander im Erdreich versenkt wurden. Diese Blöcke waren im Weltkrieg großteils von den Bewohnern Anógias über die Ebene verteilt worden, um die deutschen Flugzeuge am Landen zu hindern.
Das Friedensmonument erinnert an die lange Tradition der kretischen Freiheitskämpfer („Andártes"), vor allem aber an die Tragödie Anógias vom 13. August 1944. Es will ein Symbol deutsch-griechischer Versöhnung sein, ein Versuch, der Betroffenheit über das Verbrechen Ausdruck zu geben, das hier in deutschem Namen verübt wurde. Irgendwann wird das Denkmal wieder überwuchert und der Natur zurückgegeben sein – nur Idee und Erinnerung werden bleiben. Die anregende Dokumentation zur Entstehung des „Friedenspartisanen" ist leider seit langem vergriffen (→ Lesetipps).

Wandern im Psiloritis

Geübte und engagierte Bergwanderer können die drei im Folgenden beschriebenen Wanderungen sowie den Auf-/Abstieg von/nach Kamáres (→ S. 360) im Rahmen von Mehrtagestouren miteinander kombinieren, wobei die Wegrichtung frei wählbar ist.

Aufstieg von der Nída-Hochebene zum Tímios Stavrós

In der warmen Jahreszeit eine nicht allzu schwere Wanderung, allerdings z. T. durch wegloses Gelände, über Geröll, durch spitze Steine und dichte Distelphrygana. Gutes Schuhwerk, Ausdauer und Trittsicherheit sind erforderlich – bitte überschätzen Sie Ihre Kondition nicht.
Am höchsten Punkt der Insel steht eine aus rohen Steinen aufgeschichtete *Kapelle* mit einem kleinen Nebenbau, der von Jägern und Bergwanderern gelegentlich zum Übernachten verwendet wird. Das düstere Innere ist leider ziemlich verwahrlost, Heiligenbilder und Wachsreste liegen verstreut. Ein paar Schritte entfernt liegt eine *Zisterne* mit Schmelzwasser. Mit einem Eimer kann man das unappetitlich wirkende Wasser heraufholen. Der Blick und die Atmosphäre hier oben sind unbeschreiblich. Bei guten Sichtverhältnissen sieht man beide Meere, die Nachbargipfel sind oft in Wolken gehüllt, kein Laut ist zu hören.

GPS-Wanderung 1, Karte, S. 250/251

- *Dauer* hinauf ca. 4 Std., hinunter ca. 3 Std. 30 Min.
- *Streckenlänge* 9 km
- *Höhenmeter* Aufstieg: 1199 m, Abstieg: 116 m.
- *Markierung* Der Weg auf den Tímios Stavrós wurde umfassend mit **schwarzgelben E-4-Schildern** markiert, die aber mittlerweile schon großteils wieder verschwunden sind. Weiterhin gibt es diverse Farbmarkierungen und Steinmännchen (laut Leserbrief ab Alm Kólita nur noch rote Farbkleckse und Steinmännchen).
- *Mitnehmen* **Verpflegung** und **Wasser** für acht Stunden. Falls Sie oben übernachten wollen, sollten Sie unbedingt einen dichten

Auf dem Dach Kretas

Schlafsack und warme Kleidung mitnehmen – nachts sinken die Temperaturen auch im Hochsommer bis nah an den Gefrierpunkt. Laut Leserbrief ab erstem Sattel bis zum Gipfel telefonieren mit **Handy** möglich.

• *Wetter/Jahreszeit* von **Frühsommer bis Frühherbst** (Mai ist noch zu früh!) am günstigsten. Nur bei wolkenlosem Himmel aufbrechen – trotzdem können überraschende Wolkenfronten auftauchen, die den Gipfel vollkommen einhüllen. Noch bis tief in den Juni hinein liegen Schneefelder auf den Hängen, diese sind gefährlich und sollten unbedingt umgangen werden – es besteht Abrutschgefahr! Auf den letzten paar hundert Metern wird es kühl und oft windig.

• *Wegbeschreibung* Ausgangspunkt ist das **Gästehaus mit Taverne** am Ende der Asphaltstraße **(WP 01)**. Hier gehen wir rechts die Schotterstraße zur Idéon-Ándron-Höhle hinauf. 200 m hinter der Kapelle, an der **zweiten Steilkehre** der Schotterpiste zur Höhle, beginnt der Pfad auf den Gipfel. Die Stelle ist markiert **(WP 02)**. Durch Geröll, Disteln und knöchelhohe Dornbüsche steigt man nach links den Hang hinauf (Richtung Südwest). Nach einer knappen halben Stunde gelangt man an einen **Einschnitt (WP 03)**, der steil nach rechts Richtung Nordwest hinaufführt. Diesem folgt man etwa eine weitere Stunde bis zu einem **Sattel (WP 04)**, hinter dem eine flache steinige Senke liegt, die **Alm Kólita**. Hier muss man ziemlich genau im 90-Grad-Winkel nach links absteigen (Achtung: Laut Leserzuschrift gibt es eine rote Markierung, die vom Sattel nach rechts aufwärts führt. Diese bitte ignorieren und in jedem Fall zur Senke absteigen). Erwarten Sie bitte keine Sennerin und Kühe – hier gibt es nichts dergleichen, lediglich ein von Schüssen durchlöchertes gelbes **Schild (WP 05)**, das die verschiedenen Wegrichtungen angibt. Aus Südwest steigt hier der Pfad von Kamáres herauf (→ „Messará-Ebene/Hinterland, S. 360). Es empfiehlt sich, in der Senke eine Pause einzulegen.

Im Folgenden steigt man in Richtung Nordwest einen **Einschnitt** (Trockental) hinauf **(WP 06)**. Nach 1,5 Std. trifft man auf eine **kraterähnliche Vertiefung**, die man rechts umschreitet. Nachdem man den Krater umgangen hat, hält man sich bei einer **E-4-Stange** auf einem gut erkennbaren Pfad nach links **(WP 07)** und hat erstmals Blick auf die Nordküste. Von hier aus zieht sich der Weg gut sichtbar entlang der Nordflanke hinauf zu einem **Vorgipfel (WP 08)**, danach erreichen wir den **Gipfel (WP 09)**.

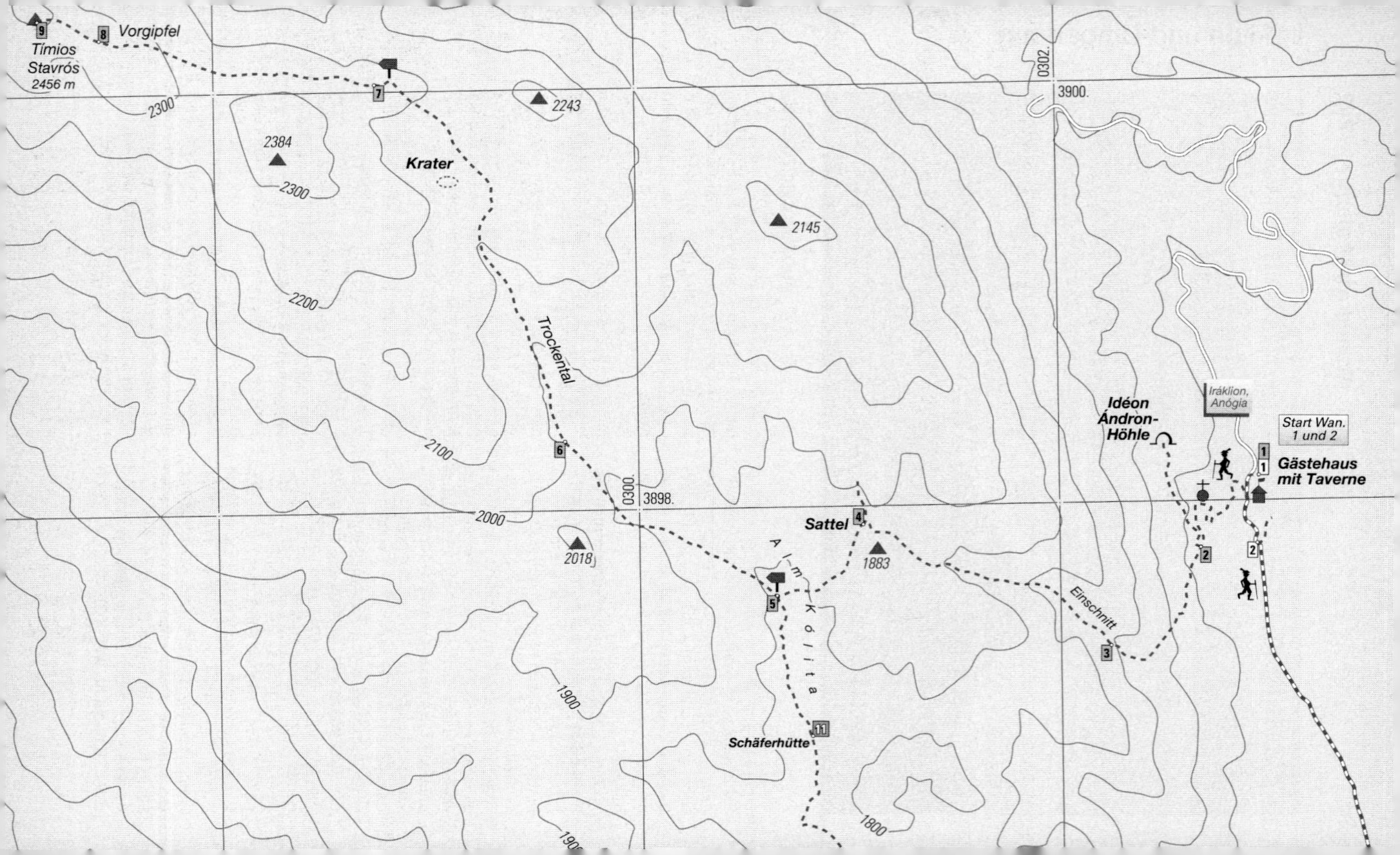

Tímios Stavrós 2456 m
Vorgipfel
2300
2384
2300
2243
Krater
2200
2145
Trockental
2100
0302.
3900.
Iráklion, Anógia
Idéon Ándron-Höhle
Start Wan. 1 und 2
Gästehaus mit Taverne
0300.
3898.
2000
Sattel
2018
1883
Alm Kólita
Einschnitt
1900
Schäferhütte
1800

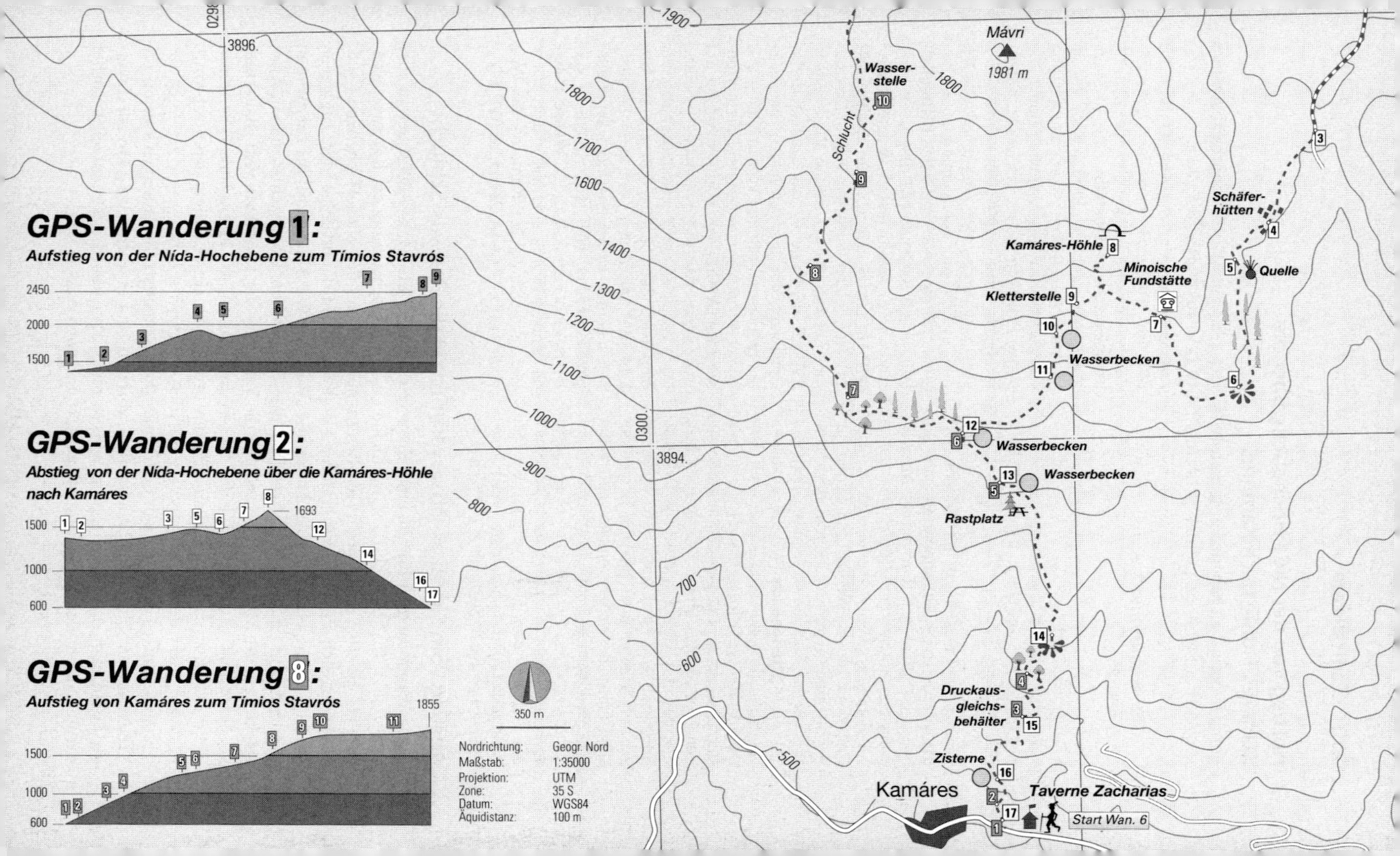

GPS-Wanderung 1:
Aufstieg von der Nída-Hochebene zum Tímios Stavrós
2450
2000
1500
GPS-Wanderung 2:
Abstieg von der Nída-Hochebene über die Kamáres-Höhle nach Kamáres
1693
1500
1000
600
GPS-Wanderung 8:
Aufstieg von Kamáres zum Tímios Stavrós
1855
1500
1000
600
350 m
Nordrichtung: Geogr. Nord
Maßstab: 1:35000
Projektion: UTM
Zone: 35 S
Datum: WGS84
Äquidistanz: 100 m
Mávri
1981 m
Wasser-
stelle
Schlucht
Schäfer-
hütten
Quelle
Kamáres-Höhle
Minoische
Fundstätte
Kletterstelle
Wasserbecken
Wasserbecken
Wasserbecken
Rastplatz
Druckaus-
gleichs-
behälter
Zisterne
Kamáres
Taverne Zacharias
Start Wan. 6
3896.
3894.
0300.

Abstieg von der Nída Hochebene über die Kamáres-Höhle nach Kamáres

Von der Nída-Hochebene kann man nach Süden bis zum Dorf Kamáres absteigen, zunächst auf einer bequemen Schotterstraße, dann auf markiertem Weg.

GPS-Wanderung 2, Karte, S. 250/251

- *Dauer* ca. 4 Std.
- *Streckenlänge* 10,35 km
- *Höhenmeter* Aufstieg: 649 m, Abstieg: 1420 m.
- *Wegbeschreibung* Unsere Wanderung beginnt beim **Gästehaus mit Taverne (WP 01)**. Wir folgen der **Schotterstraße** nach Süden und treffen nach 50 m auf die **Abzweigung** zur Idéon-Ándron-Höhle. Hier gehen wir geradeaus weiter, halten uns in einer Linkskurve rechts **(WP 02)** und folgen der Schotterstraße zum Südende der Nida-Hochebene. Nach ca. 45 Minuten, ungefähr 100 m vor **Straßenende (WP 03)**, verlassen wir diese und gehen rechts hinauf zum Fuß des rechten Gipfels des **Mávri** (1981 m), wo sich uns eine schöne Aussicht auf den Süden Zentralkretas öffnet. Der Weg ist blau markiert, das Gelände allerdings teilweise unübersichtlich. Nach kurzer Zeit erreichen wir zwei Schäferhütten **(WP 04)**, gegenüber sieht man eine weitere Anlage. Wir halten uns, den Markierungen folgend, auf gut sichtbarem Weg rechts und an einer **Quelle** vorbei **(WP 05)** in Richtung zur letztgenannten Schäferhütte. Hier betreten wir ein **Waldgebiet** und folgen dem Weg unter Steineichen leicht ansteigend bis zu einem **Aussichtsplatz**, der wie eine Kanzel wirkt **(WP 06)**. Wir steigen nun knapp unterhalb des Felsmassivs entlang steil hinauf zu einer **minoischen Fundstätte**, eine Art Steinrondell mit Scherben **(WP 07)**. Nach Verlassen des Walds treffen wir auf den Aufstieg von Kamáres zur gleichnamigen Höhle und folgen ihm nach rechts, bis wir die **Kamáres-Höhle** erreichen **(WP 08)**, siehe S. 362. Danach gehen wir den Weg zurück und folgen den Markierungen Richtung Süden hinunter. Wir erreichen eine kleine **Kletterstelle** in einem Steilhang **(WP 09)**, dann kommen wir zu einem **ersten Wasserbecken** (**WP 10**), kurz darauf zu einem **zweiten** (**WP 11**). Nun folgen wir einem dicken Wasserrohr hinunter bis zur **dritten Wasserstelle (WP 12)**, die an der Wegkreuzung zum Psilorítis liegt. Von hier aus folgen wir der alten betonierten offenen Wasserleitung und erreichen nach kurzer Zeit eine **vierte Wasserstelle (WP 13)**, von dort geht es auf gut markiertem Weg nach Kamáres hinunter. Nach Verlassen des Waldgebiets haben wir eine besonders schöne Aussicht auf das Dorf **(WP 14)**. Weiter geht es in Serpentinen hinunter, vorbei an einem **Druckausgleichsbehälter (WP 15)**. Oberhalb des Dorfs kann man eine große **Wasserzisterne** sehen **(WP 16),** unterhalb davon halten wir uns rechts ins Dorf **Kamáres**. Der Weg endet bei der Taverne **Zacharias** (**WP 17**).

Abstieg vom Skínakas-Observatorium in die Roúwas-Schlucht

Diese Wanderung ist für alle empfehlenswert, die das Ída-Massiv überqueren, aber den steilen Abstieg nach Kamáres meiden wollen (Beschreibung der Kamáres-Variante als Aufstieg auf S. 360). Der Tavernenbesitzer auf der Nída-Hochebene (→ S. 245) wird sich sicher bereit erklären, seine Gäste am darauf folgenden Tag gegen ein kleines Entgelt auf der Asphaltstraße (WP 1 bis WP 6, ca. 7 km) bis zur zweiten Kreuzung mit einem Schotterweg (WP 6) mitzunehmen. Übernachtet man in Anógia, besteht die Möglichkeit, dass über die Vermieter der Kontakt für ein „Bauerntaxi" hergestellt wird. Viele Schäfer fahren morgens auf die Hochebene (Hier empfiehlt es sich zu sagen: „parakaló, drómos prós to Skínakas kai metá drómos prós to Roúwas"). Wer die Wanderung als Aufstieg benützen möchte, muss am Ende die letzten 7 km (ca. 200 Höhenmeter) auf einer Asphaltstraße laufen, bis er an die Kreuzung zur Nida Hochebene kommt, von dort sind es noch etwa 2 km zur Taverne. Sollte man dort übernachten wollen, muss man unbedingt rechtzeitig vorher anrufen, damit der Besitzer nicht zusperrt und nach Anogia fährt.

GPS-Wanderung 3, nebenstehende Karte

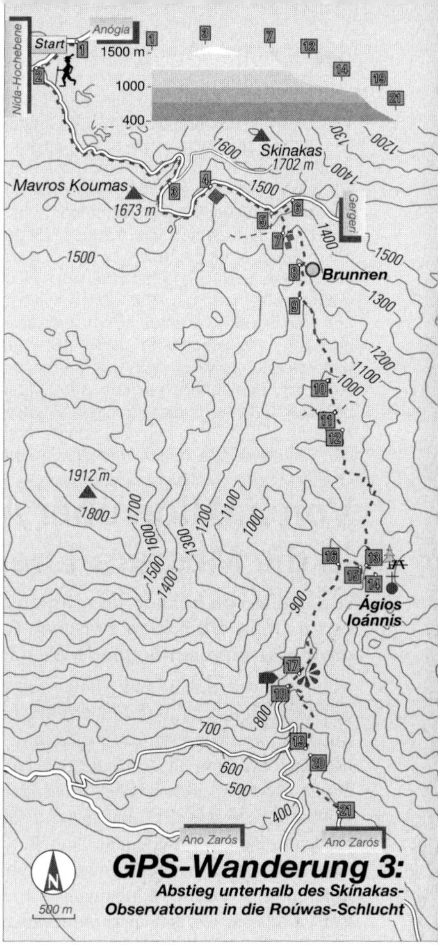

- *Dauer* bei Wanderung ab WP 06 etwa 3 Std. 30 Min. bis 4 Std., bei Wanderung ab WP 01 etwa 5 Std. bis 5 Std. 30 Min.
- *Streckenlänge* insgesamt 20 km, ab WP 06 insgesamt 13 km
- *Höhenmeter* bei Wanderung ab WP 06 Abstieg 1171 m, bei Wanderung ab WP 01 Aufstieg 117 m, Abstieg 1171 m
- *Wegbeschreibung* Der Wegpunkt Nr. 1 **(WP 01)** befindet sich auf der **Nida Hauptstraße** kurz vor der Kreuzung zur **Sternwarte (WP 02)**. Dort biegen wir links ab (großes Schild mit Hinweis zur Sternwarte). Nach ca. 5 Min. Fahrtzeit (30 Min. Gehzeit) halten wir uns bei der ersten asphaltierten **Kreuzung (WP 03)** rechts und folgen der neu asphaltierten Straße. Nach ca. 20 Min. sehen wir auf der rechten Seite einen runden **Steinbau (WP 04)**. Bei der ersten **Kreuzung (WP 05)** gehen wir links, der Hauptstraße folgend. Bei der zweiten **Kreuzung (WP 06)** war Ende 2005 das Ende der neuen Asphaltstraße erreicht, aber Achtung – es wird weitergearbeitet! Wir biegen hier nach rechts auf eine schlecht erhaltene Schotterstraße ab. Nach kurzer Zeit erreichen wir mehrere runde **Steinhäuser (WP 07)**, gehen nun weglos ostwärts und sehen vor uns zwei Taleinschnitte. Der hintere größere ist mit Bäumen bewachsen, ihm folgen wir hinunter und halten uns etwa 20 m oberhalb davon (Achtung: Es ist der zweite Taleinschnitt, nicht der erste, der vor uns liegt). Nach ca. 10 Min. gehen wir etwas in den Talboden hinein und erreichen einen größeren **Brunnen (WP 08)**, den man nicht verfehlen kann, wenn man sich nicht zu weit vom Talboden entfernt. Nach dem Brunnen halten wir uns links, vorbei an einem eingezäunten Gebiet, und folgen nun einem schwarzen Wasserschlauch, bis wir zu einer **Tränke (WP 09)** aus mehreren Blechtonnen kommen. Es ist wichtig, dass wir uns jetzt ungefähr 20 m oberhalb des Talbodens halten, da er etwas schroff wird. Nach kurzer Zeit erreichen wir den Talboden und ein **Bachbett (WP 10)**. Wenn wir von diesem Punkt aus dem Bachbett nach links hinunter folgen, kann man den Weg Richtung Roúwas nicht mehr verfehlen. Wir erreichen eine kleine Hochfläche mit Steineichenbonsais, was ein recht skurriles Bild bietet. Nun treffen wir auf einen **Weg (WP 11)**, der linker Hand vom Skínakas herunterkommt. Wir lassen uns davon aber nicht irritieren und bleiben weiter in der Nähe des Flussbettes. Bei **WP 12** verengt sich das Hochtal und wird etwas schroff. Wir bleiben im Bachbett und sehen nach ca. 30 Min. das E4-Zeichen, ein schwarzer und ein gelber **Pfeil (WP 13)**. Wir folgen ihm links hinauf und erreichen nach ca. 10 Min. den Rastplatz bei der **Kirche Ágios Ioánnis (WP 14)**, wo Holztische und Bänke zur Rast einladen.

Im Weiteren folgen wir dem kleinen Bachbett, bis wir wieder auf das **große Bachbett (WP 15)** stoßen, in dem wir vom Skínakas heruntergekommen sind. Wir halten uns links und sehen vor uns schon den Beginn der Roúwas-Schlucht. Links oberhalb der **Schlucht (WP 16)** folgen wir einem sehr gut ausgebauten Wanderweg. Bei **WP 17** verlassen wir die Schlucht und halten uns rechts, der Weg ist leicht beschädigt durch Regenfälle. Das Tal öffnet sich, und wir haben zum ersten Mal einen Blick auf **Zarós**. Der Weg ist gut erkennbar, doch leider ist das Gebiet vor etlichen Jahren durch Feuer stark zerstört worden, und die Erosion hat auch dem Pfad zugesetzt. Über mehrere Treppen hinunter sehen wir vor uns eine Straße, wir folgen dem nach links hinunter mit **Holztafeln (WP 18)**. gekennzeichneten Weg. Vor uns sehen wir auch schon eine Abzweigung der oberen Schotterstraße, auf die wir nach ein paar Minuten treffen. Von hier aus könnte man der Schotterstraße folgen und das Kloster Ágios Nikólaos erreichen. Wir halten uns aber links und folgen dem Pfad nach rechts, vorbei an einem Schafspferch und einer großen Felswand. Der Weg ist hier wieder sehr gut zu erkennen. Nach etwa 20 Min. wird der Weg wieder zur Straße, wir gehen über mehrere **Treppen (WP 19)** links hinunter und erreichen den hinteren Teil des **Klosters (WP 20)**. Nun überqueren wir eine Holzbrücke und folgen dem Wanderweg, bis wir rechter Hand auf ein **Gittertor** treffen, durch das wir gehen. Nun sind wir fast am Ziel. Noch zwei, drei kleine Serpentinen und sind wir am **See (WP 21)**, wo in einer schönen Taverne wunderbare Forellen gebraten werden (→ S. 364).

Von Iráklion über Agía Varvára in die Messará-Ebene

Die Straße von Iráklion über Ágía Varvára in die Messará-Ebene ist die wichtigste Querverbindung zwischen Nord- und Südküste. Sie durchquert das größte zusammenhängende Weinanbaugebiet der Insel.

Kilometerweit reihen sich Hänge mit grünen Rebstöcken aneinander, dazwischen gedeihen kleine, silbrige Olivenwäldchen und schlanke, hochstämmige Zypressen. Zunächst verlässt man durchs Chaniá-Tor das Zentrum Iráklions und fährt die 62 Martiron Str. entlang. Nach der Brücke über den Fluss *Jiófyros* muss man in Richtung Süden abbiegen und die New Road kreuzen. Links voraus erkennt man bald den sagenhaften *Joúchtas* (811 m), dessen Profil aus einem bestimmten Blickwinkel so verblüffend einem Menschenkopf ähnelt, dass er der Sage nach der schlafende Zeus sein soll – sehr gut zu beobachten vom Grab Kazantzákis' auf der Martinengo-Bastion (→ Iráklion). Nach dem Weinbaugebiet verliert die Landschaft allmählich ihre „Lieblichkeit", die Berge werden karger und rauer. Rechts taucht das Ída-Gebirge auf und rückt mit seinen schroffen Felsmassen allmählich näher. Südlich vom großen Dorf Agía Varvára steigt die Straße zum Pass von *Vourvoulítis* bei Áno Moúlia an, mit 600 m der höchste Punkt der Strecke. Gleich darauf hat man einen grandiosen Rundblick über die gewaltige Messará-Ebene, in die sich die Straße jetzt langsam hinunterschraubt.

▶ **Kloster Palianís**: Beim Dorf *Veneráto* steht gut beschildert eins der ältesten Klöster Kretas, das – wie so oft – mehrfach von den Türken zerstört, jedoch bis heute nicht aufgegeben wurde. Mehrere Dutzend Nonnen leben und arbeiten hier, das Kloster wirkt gepflegt und ist üppig grün gehalten. Im Hof steht ein heiliger Myrtenbaum, von dem es heißt, dass in ihm eine Ikone versteckt sein soll. Großes Fest am 23. September, dann wird unter dem Baum Brot gesegnet. Bei den Nonnen kann man Stickereien erwerben.

▶ **Ágios Thomás**: 4 km vor Agía Varvára abzweigen, im Ort zwei Kreuzkuppelkirchen mit Fresken.

▶ **Agía Varvára**: Das große, lang gestreckte Dorf ist der geografische Mittelpunkt der Insel Kreta, sowohl von Ost nach West als auch in Nord-Süd-Richtung. Kurz vor dem Ort steht weithin sichtbar auf dem Tafelberg Patéla rechts der Straße die blen-

dend weiße Kapelle *Ágios Pandeleímonas*, daneben erstreckt sich das Ausgrabungsgelände *Rizinía* (→ Kasten).
In Agía Varvára kann man auf die schöne Straße nach Zarós und Kamáres abbiegen, die am Südhang des Psiloritis entlangführt (→ S. 360)

• *Anfahrt/Verbindungen* Bis zu sieben Busse fahren täglich ab **Iráklion/Busbahnhof B** (am Chaniá-Tor) nach **Festós**, **Mátala**, **Léntas** und **Agía Galíni** an der Südküste. Fahrtzeit ca. 2 Std. (nach Lentas 3 Std.), Preis um die 4–6 €.

Alternativstrecken

Kurz nachdem die Straße nach Agía Varvára bei Iráklion die New Road kreuzt, kann man auch die westliche Parallelstrecke über *Stavrákia* nehmen oder die noch weiter westlich verlaufende Straße über *Ágios Míronas* und *Priniás*, vorbei an *Rizinía* (→ Kasten). Beide Routen sind reizvoll und führen über Bergausläufer oberhalb der Hauptstraße.
Abstecher: Von letzterer Strecke sind es nur etwa 7 km in das kleine Bergdorf *Kitharída* am Fuß des Psiloritis. Die grüne Hügellandschaft erinnert hier ein wenig an die Toskana, beim Friedhof steht die byzantinische Kirche Ágios Fanoúrios mit einem verfallenen Kloster. Im Ort wohnt in einem malerischen alten Steinhaus die deutsche Malerin Barbara Daling. Nach Vereinbarung gibt sie Malkurse und griechischen Volkstanzunterricht, außerdem praktiziert sie tibetische Klangschalenmassage und Reiki (✆ 6937-608044, E-Mail: barbaradaling@yahoo.com).

Rizinía: Kretas bedeutendstes Ausgrabungsgelände aus archaischer Zeit

Die weitläufige Ausgrabung liegt wenige Kilometer nördlich von *Priniás*, das man erreicht, indem man in Agía Varvára abbiegt und Richtung Norden in die Berge fährt. Bereits Anfang des 20. Jh. hat man auf dem knapp 600 m hohen Tafelberg *Patéla* mit großartigem Blick bis Iráklion zwei Tempel aus archaischer Zeit entdeckt, die als älteste ihrer Art in Kreta gelten, außerdem minoische Überreste, eine Nekropole und ein hellenistisches Kastell. Die Funde, darunter Skulpturen, Grabstelen und Friese im so genannten dädalischen Stil (Vorläufer der griechischen Archaik), kann man im Saal XIX des archäologischen Nationalmuseums in Iráklion betrachten. Leider ist das Gelände von einem Zaun umgeben und fest verschlossen. Benachbart steht äußerst pittoresk die blendend weiße Gipfelkapelle *Ágios Pandeleímonas*.

Von Iráklion über Pezá in die Messará-Ebene

Die Straße über Pezá stellt eine reizvolle Alternative für die Fahrt über Agía Varvára in den Süden Zentralkretas dar. Es liegen einige interessante Ziele direkt am Weg oder in der Nähe, darunter natürlich der Palast von Knossós, das Weinbauzentrum Pezá, das liebevoll arrangierte Kazantzákis-Museum von Mirtiá und das große Kloster Epanosífi.

Zunächst nimmt man die Ausfallstraße nach Knossós (Palast → S. 225). Nur wenig südlich von Knossós erhebt sich rechts oberhalb der Straße ein zweistöckiger Aquädukt aus der Zeit der ägyptisch/türkischen Besetzung (19. Jh.), in dem unzählige

Dohlen nisten. Hier lohnt eine Rast in der Taverne/Bar „Fengari“, einer schattigen Oase mit Fächerpalmen, Feigen und Zitronenbäumen. Der Aquädukt überquert ein üppig begrüntes Flusstal, wo man auf schmaler Asphaltstraße zur Kapelle *Agía Iríni* (beschildert) und zu einem Picknickplatz unter schattigen Aleppokiefern kommt.
Wer nun direkt zum Kazantzákis-Museum will, kann schon einige Kilometer nach dem Palast von Knossós links in Richtung Mirtiá abzweigen, das von Knossós knapp 12 km entfernt liegt. Auf einem Weinberg links hinter *Skaláni* könnte man dabei eine Weinprobe beim landesweit aktiven Weinproduzenten „Boutari“ einschieben, beeindruckend ist der große Keller mit den Eichenfässern. Ansonsten bleibt man auf der Hauptstraße, passiert den Abzweig nach Archánes (→ S. 258) und kommt nach Pezá, von wo man ebenfalls schnell nach Mirtiá gelangen kann. Hinter Pezá gabelt sich die Straße, rechts geht es in Richtung Messará-Ebene, links in Richtung Kastélli (→ S. 266).
Südlich von Choudétsi ist die Straße breit und fast schnellstraßenmäßig ausgebaut. Der Verkehr ist gering, man durchquert große Weinbaugebiete und genießt wunderbare Panoramen. Bei *Teféli* endet derzeit (2005) die Ausbaustrecke und es geht kurvig hinunter in die Ebene.

Öffnungszeiten **Boutari**, Mo–Sa 10–18 Uhr, Multimedia-Show gegen Gebühr, sonst Eintritt frei. ✆ 2810-731617, www.boutari.gr

▸ **Mirtiá**: hübscher Ort mit weiß gekalkten Mauern und teils üppigem Grün. Zentrum ist der stilvoll gestaltete Dorfplatz mit mehreren Kafenia, einem modern stilisierten Denkmal, das die Entwicklung des Menschen von der Geburt bis zum Tod darstellt, und dem Kazantzákis-Museum. Busse fahren ab Iráklion/Busbhf. A Richtung Kastélli. Am Ortseingang ist in einer ehemaligen Ölmühle das Restaurant „Liotrivi“ untergebracht.

Kazantzákis-Museum in Mirtiá

Das Museum wurde 1984 im Vaterhaus des Dichters eingerichtet. Der Vater lebte hier bis 1957 und Kazantzákis kam oft zu Besuchen hierher. Auf zwei Stockwerken bietet sich hier eine reichhaltige Dokumentation über das Leben und Schaffen des berühmtesten kretischen Dichters. Neben Fotos, Briefen und Manuskripten sind Bühnenbildentwürfe und Kostüme aus seinen Theaterstücken ausgestellt, außerdem Aufnahmen von den Dreharbeiten in Kritsá/Ostkreta zum Film „Celui qui doit mourir“ (Der Mann, der sterben muss), den Jules Dassin nach dem Roman „Griechische Passion“ gedreht hat. Ein Raum beherbergt sämtliche Ausgaben seiner Werke in Dutzenden Sprachen, dazu gibt es auf Wunsch eine Videoshow über die wichtigsten Stationen seines Lebens.

Öffnungszeiten/Preise März bis Oktober tägl. 9–19 Uhr, November bis Februar nur So 10–15 Uhr. Eintritt ca. 3 €, Schül./Stud. die Hälfte.

▸ **Pezá**: Das Zentrum des kretischen Weinanbaus ist seit 1933 Sitz der Weinbauerngenossenschaft „Pezá Union“, außerdem hat am südlichen Ortsausgang die bekannte Kellerei „Minos“ ihre Fabrikationshallen. Dort kann man eine Ausstellung von traditionellen Gerätschaften zur Weinherstellung besichtigen, einen Film zur Produktion ansehen sowie Weine verkosten und erwerben.
Die *Genossenschaft* liegt einige hundert Meter weiter südlich und wird oft im Rahmen von Bustouren angefahren. Es gibt auch hier einige Ausstellungsräume mit

historischen Utensilien zum Weinbau, es finden ebenfalls Weinverkostung und -verkauf statt, außerdem werden Olivenöl und -seife angeboten. Gleich nebenan beeindruckt die große Pressanlage für Trauben. Anfang Oktober wird sie tagelang von schwer beladenen LKW und Pick-ups aus der Umgebung angefahren, die hier ganze Kubikmeter von Trauben hineinschütten – ein beeindruckendes Schauspiel!

Öffnungszeiten **Kellerei Minos**, in den Sommermonaten Mo–Fr 9–16, Sa 11–16 Uhr, So und übrige Monate nach Vereinbarung, ✆ 2810-741213, www.minoswines.gr; **Pezá Union**, Mo–Sa 9–15 Uhr, ✆ 2810-741948, www.pezaunion.gr

▸ **Ágios Vasílios**: Der kleine Ort liegt in einem tief eingeschnittenen Tal mit kräftigem Bach, üppiger Vegetation und dichtem Baumbestand aller Art. Am nördlichen Ortsausgang weist ein Schild zum Kloster *Spiliótissa*, das sich nach etwa 300 m Fahrweg im dicht bewachsenen Talgrund an die Felsen schmiegt, eine plätschernde Oase mit alten Platanen, Weiden, Zypressen und Eukalyptus. Das Wasser versorgte das Kloster früher mit Trinkwasser und galt als heilkräftig – sogar die türkischen Paschas aus Iráklion tranken es bevorzugt. Im Kloster gibt es eine tief in den Berghang getriebene Höhlenkirche mit Resten von mittelalterlichen Wandmalereien. Jedoch leben, wie es heißt, zwei Nonnen nach sehr strengen Regeln im Kloster, Besucher sind deshalb nicht immer erwünscht.

Öffnungszeiten **Kloster Spiliótissa**, laut Türschild 10–13, 16–18 Uhr (Sommer bis 19 Uhr).

▸ **Choudétsi**: In einem historischen Herrenhaus mitten im Ort wurde vor einigen Jahren der *Musical Workshop Labyrinth* eröffnet, eine ständige Ausstellung von über 200 Musikinstrumenten aus aller Welt, die alle noch bei Konzerten gespielt werden, darunter Saiteninstrumente aus Indien und Iran, eine indonesische Flöte, ein kretischer Dudelsack, ein Yang-Chin aus China und viele folkloristische Instrumente aus Griechenland, Türkei, Afghanistan, Australien u. a. Künstlerische Leitung hat der Ire Ross Daly, der vor über 30 Jahren nach Kreta kam und hervorragend Lyra spielt.

Öffnungszeiten/Preise **Labyrinth**, März bis Okt. tägl. 9–15 Uhr, sonst Mo–Fr 9–15 Uhr. Eintritt ca. 3 €. Von Juni bis August Konzerte und Musikseminare, www.labyrinthmusic.gr

▸ **Kloster Ágios Geórgios Epanosífi** (Moní Agíou Georgíou Epanosífi): Etwa 8 km südlich von Choudétsi liegt eins der größten Klöster Kretas, das noch von gut drei Dutzend Mönchen bewohnt wird. Es wurde im 17. Jh. zu Ehren des heiligen Georg erbaut, der als Schutzheiliger gegen die damals in Kreta wütende Pest verehrt wurde. Das Kloster ist nicht als Wehrbau angelegt, sondern mit Sinn für Ästhetik im kretischen Dorfstil. Umgeben von dekorativ gestutzten Zypressen wirkt die Anlage am Hang fast ein wenig toskanisch. Der lang gestreckte Hof wird von einer mächtigen Kastanie überschattet, ein Brunnen plätschert, rot gefärbte Tonpithoi setzen Akzente, von der Brüstung hat man einen herrlichen Ausblick Richtung Süden bis zu den Asteroúsia-Bergen. Früher wurden im Kloster bedeutende Handschriften angefertigt und noch heute lebt hier ein Kalligraph. Ein Museum mit Kirchenschätzen kann besichtigt werden. In der doppelschiffigen Kirche *Ágios Geórgios* findet man eine wertvolle Ikonostase mit vielen Ikonen sowie riesige Kerzenleuchter und einen prunkvollen Kronleuchter. Um sie vor Diebstahl zu schützen, ist die Ikone des heiligen Georg hinter Glas, zusammen mit wertvollen Votivgaben. Das große Fest des heiligen Georg findet am 23. April statt.

Nördlich des Klosters erstreckt sich ein großer, über 30 Jahre alter Mischwald, ein gutes Beispiel für Wiederaufforstung in Kreta, gefördert von der Bayerischen Regierung.

Von Iráklion nach Archánes

Nach Archánes sind es ab Iráklion 15 km, man nimmt dazu die Ausfallstraße über Knossós. Die Route folgt zunächst der Straßenführung im vorherigen Abschnitt (zu den Sehenswürdigkeiten siehe dort).

An der großen Straßengabelung, an der die Straße nach Archánes abzweigt, wurde 1944 der deutsche General Karl von Kreipe von einem englischen Kommandotrupp und kretischen Partisanen entführt (→ Anógia). Ein eindrucksvolles Denkmal weist darauf hin. Über Káto Archánes geht es von hier ein lang gestrecktes Tal an der Flanke des Joúchtas entlang bis Epáno Archánes.

Ein waghalsiges Unternehmen

26. April 1944, ca. 9 Uhr abends. General Karl von Kreipe, Kommandant der 22. deutschen Panzergrenadier-Divison, befindet sich wie jeden Abend im nagelneuen Dienst-Opel auf dem Heimweg von seinem Hauptquartier in *Archánes* zur *Villa Ariadne* bei Knossós, wo die deutschen Offiziere Quartier bezogen haben. Es dunkelt bereits, außer von Kreipe sitzt nur der Chauffeur im Wagen. An der Kreuzung, wo die Straße von Archánes auf die Hauptstraße nach Iráklion einbiegt, tauchen plötzlich deutsche Uniformen mit Stopplichtern auf. Der an häufige Kontrollen gewöhnte Fahrer hält an. Dann geht alles blitzschnell. Beide Insassen werden aus dem Wagen gerissen und entwaffnet. Zwei Engländer setzen sich auf die Vordersitze, in den Fond quetschen sich drei kretische *Andártes* (Partisanen), zusammen mit dem General. Der englische Beifahrer setzt sich den markanten Hut des Generals auf und schon geht es weiter in Richtung Iráklion. Kaum zwei Minuten hat der Überfall gedauert. Im Lauf der Fahrt nach Iráklion werden 22 deutsche Kontrollstellen (!) durchfahren. Das Auto von Kreipes ist überall bekannt und darf bevorzugt passieren. Man fährt quer durch Iráklion und wendet sich an der Platia Eleftherias links. Eine letzte Straßensperre steht am Chaniá-Tor, auch diese wird überwunden und die Fahrt führt auf die Küstenstraße Richtung Réthimnon. Etwa auf der Höhe des Dorfes *Síses* verlassen die Entführer das Auto. Es wird zu einer der nächsten Buchten gefahren, um eine Evakuierung durch ein U-Boot vorzutäuschen. Man lässt einen Brief zurück, in dem der britische Kommandotrupp die Entführung ausdrücklich als sein eigenes Werk bezeichnet, das gänzlich ohne Mithilfe von Kretern durchgeführt wurde. Damit will man Repressalien an der Zivilbevölkerung verhindern (was jedoch nicht gelingt). Dann geht der Marsch querfeldein zum Bergdorf *Anógia*. Der verletzte Chauffeur von Kreipes stirbt laut Aussage der Entführer unterwegs. In der Nähe Anógias trifft man sich mit weiteren Andártes und der lange Marsch quer über das Ída-Gebirge an die Südküste beginnt. In enger Zusammenarbeit britischer Agenten mit kretischen Partisanen werden der General und seine Entführer sicher durch die deutschen Linien geschleust. Die Wehrmacht durchkämmt mit Riesenaufwand das Ída-Gebirge, legt einen Sperrkordon von tausend Mann durch das Bergland. Doch die ortskundigen Kreter sind ihnen immer einen Schritt voraus. Über zwei Wochen dauert die Odyssee, bis die Briten mit ihrem Gefangenen vom *Rodákino Beach*, einem der wenigen nicht bewachten Strände der Südküste, mit einem U-Boot nach Ägypten evakuiert werden können. Das Unternehmen ist ein voller Erfolg und bedeutet eine empfindliche Schlappe für die Besatzungsmacht,

deren Selbstvertrauen untergraben wird und die sich lächerlich gemacht fühlt. Der kretische Widerstand, verstärkt durch britische Kommandotrupps, erhält durch das „Husarenstückchen" neuen Auftrieb (ein Neuaufguss der Entführung, die den Nachfolger von Kreipes treffen soll, schlägt allerdings später fehl, angeblich wegen Verrats von Seiten der kretischen Kommunisten).
Im Frühherbst desselben Jahres werden die Bergdörfer Anógia und Gerakári (Amári-Becken) von den deutschen Truppen dem Erdboden gleichgemacht, u. a. deswegen, weil die Entführer von Kreipes ihren Weg über diese Dörfer nahmen und hier Unterstützung fanden.

Buchtipp: *Ill met by Moonlight*. W. Stanley Moss, einer der beiden britischen Anführer der Aktion, hat später ein Buch über die Entführung General von Kreipes geschrieben. Es ist auf Englisch im Efstathiadis Verlag Athen erschienen und überall auf Kreta erhältlich, 1957 wurde es auch verfilmt. Ein spannender Bericht, z. T. sicherlich tendenziös, aber eine lohnende Quelle aus erster Hand.

▸ **Cretan Historical and Folklore Museum of the last centuries**: Etwa 300 m nach der Kreuzung, wo die Entführung stattfand, steht rechter Hand der Straße nach Archánes ein großes, auffälliges Gebäude. Nikos Psaltakis hat hier, unterstützt von Sohn Michalis, in jahrelanger Arbeit eine umfangreiche Privatsammlung zusammengetragen. Zunächst betritt man Raum 1 mit einem bunten Sammelsurium von folkloristischen Stücken, z. T. aus der Inneneinrichtung einer traditionellen Wohnung – Originalmobiliar, zwei Webstühle, Spinnrad, Webdecken, Geschirr, Kochtöpfe, Musikinstrumente, alte Grammofone u. v. m. Der folgende lang gestreckte Raum 2 widmet sich den alten kretischen Berufen – neben vielerlei Weinpressen und einem professionellen Rakí-Brennofen findet man hier die Handwerksgeräte von Schuster, Hufschmied, Zimmermann und Korbmacher sowie Utensilien zu Kerzendrehen, Käseherstellung und Seidenraupenzucht, historische Fotos ergänzen die Exponate. In Raum 3 dreht sich dann alles um das „flüssige Gold" Kretas, das Olivenöl: große Ölpressen verschiedenen Alters, Ölmühlen, ein traditioneller Kollergang mit vier Walzen, Tonpithoi zur Lagerung des Öls sowie Fallen gegen die Dachusfliege, den gefürchteten Feind der Olivenbäume. Zu guter Letzt kehrt man in Raum 1 zurück und kann die recht große Sammlung aus dem Zweiten Weltkrieg betrachten – von der deutschen Wehrmacht sind alte Funksprechgeräte, Soldbücher, Waffen, Munition, Helme, Gürtelschnallen, ein Propagandafoto von Max Schmeling beim Absprung über Kreta u. v. m. ausgestellt, sogar ein kompletter (britischer) Lastwagen hat hier seinen Platz gefunden. Verschiedene Dokumente und Fotos thematisieren die Entführung des Generals von Kreipe. Persönliche Habseligkeiten wie seine Pistole, Taschenlampe und Essbesteck findet man, außerdem Fotos von einem Treffen der Entführer mit dem General in Archánes, 27 Jahre später. Im Außenbereich sind zwischen typischen Pflanzen Kretas Brunnen, Windmühlen und ein Brennofen für Keramik aufgebaut, unter einem Schutzdach sind dekorativ BMW-Motorräder der Wehrmacht und Reste abgestürzter Flugzeuge aufgestellt.
Herr Psaltakis ist in Archánes geboren. Mütterlicherseits kommt er aus einer Weinbauernfamilie, die Familie des Vaters war im Ölgeschäft tätig. Viele Stücke des Museums stammen aus Familienbesitz. Als kleiner Junge hatte er den Fallschirmjägerangriff der deutschen Wehrmacht auf Kreta selbst beobachtet. Im Jahr 2001 hat Patrick Leigh-Fermour, einer der beiden britischen Anführer der Kidnapper General von Kreipes, dem Museum einen Besuch abgestattet.

Öffnungszeiten/Preise Mi–Mo 9.30–14 Uhr, Di geschl., Eintritt ca. 3 €. Informationen im Internet unter www.psaltakismuseum.com

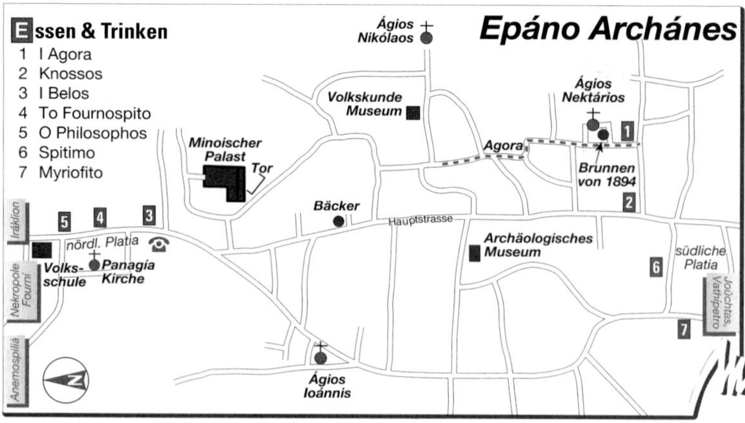

Epáno Archánes

Intakte Kleinstadt am Fuß des steilen Joúchtas, auf dem nach alten kretischen Legenden Zeus begraben liegt. Mit der großen Winzergenossenschaft ist sie heute Mittelpunkt der regionalen Weinwirtschaft. Das Zentrum mit seinen schmucken Läden und alten Gassen ist einen ausgedehnten Bummel wert – ein kretisches Städtchen ohne Abwanderungsprobleme und mit dem Charme vergangener Zeiten.

Neben dem schönen Stadtbild sind es aber vor allem die minoischen und mykenischen Fundstätten im Ort und im näheren Umkreis, die einen Besuch lohnen. Sie haben Archánes zu einem der wichtigsten neueren Ausgrabungsorte Kretas gemacht. Inzwischen ist ersichtlich, dass sich um den mythischen Berg Joúchtas ein weiteres bedeutendes Zentrum der Minoer (ähnlich denen in Knossós oder Festós) samt Palast, Wohnstadt und Nekropole befunden hat. Von den Mykenern wurde die Siedlung weiterbenutzt. Und auch die reizvolle Besteigung des Joúchtas sollte man noch anschließen, der Rundblick ist einfach grandios.

• *Anfahrt/Verbindungen* Mo–Fr fahren etwa 15 Busse täglich (samstags 12, sonntags 6) von und nach **Iráklion**, Abfahrt in Iráklion am Busbahnhof A bzw. bei der Venezianischen Loggia. Letzter Bus in die Hauptstadt fährt ab Archánes um 20 Uhr (sonntags 18 Uhr). Busstation an der Platia am südlichen Ortsende.

• *Übernachten* **Villa Archanes**, am Ortsrand gegenüber vom Berg Joúchtas, erst 2000 eröffnet. Sechs Apartments in einem restaurierten Herrenhaus von 1890. Schöne, traditionelle Einrichtung mit Bruchsteinwänden, Holzdecken und -böden, Süßwasserpool, kretische Küche und reichhaltiges Frühstück in der hauseigenen Taverne. Pro Wohneinheit ca. 140–155 €, auch pauschal über Attika oder TUI zu buchen. ✆ 2810-390770.

Orestis, ländliche Pension mit Deutsch sprechendem Wirtsehepaar. Einfache Zimmer, teils ohne Fenster, nur mit Tür, jeweils mit Kühlschrank. Im Innenhof unter Trauben Sitzgelegenheiten, die man bis früh in die Morgenstunden bei einem Glas Wein aus Archánes nutzen kann. Frühstück wird im Wohnzimmer serviert. Achtung: Die Pension ist nicht beschildert, man muss anrufen (Telefon siehe Stadtplan), Orestis kommt dann, um einen abzuholen. DZ ca. 25–30 €. ✆ 2810-751619.

• *Essen & Trinken* Gegenüber der Panagía-Kirche kann man bei **O Philosophos (5)** oder in der Pizzeria **To Fournospito (4)** essen, kurz nach der Panagia-Kirche kommt man an der großen Taverne **I Belos (3)** vorbei.

Knossos (2), kurz vor dem südlichen Dorfplatz an der Hauptgasse, ein Prachtstück von Kafenion mit hohem Innenraum voll verblasster Noblesse.

I Agora (1), beim Kafenion Knossos die Gasse hinauf, schönes, historisches Kafemezedopolíon im Marktbereich.

Am südlichen Dorfplatz sitzt man besonders schön, hier findet man die Taverne **Spitimo (6)** und das üppig grüne Gartencafé **Myriofito (7)**.

• *Feste* 5./6. August, **Kirchenfest** am Gipfel des Joúchtas (→ unten); großes **Traubenfest** vom 10.–15. August.

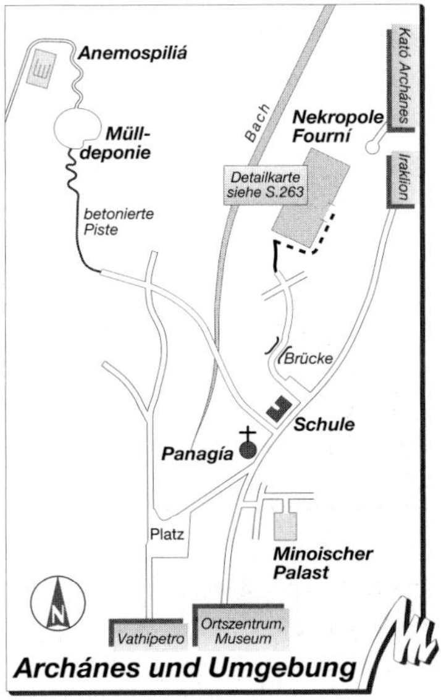

Archánes und Umgebung

Sehenswertes

Schon kurz nach der Ortseinfahrt erreicht man einen weitläufigen Platz. Rechter Hand kommt man am großen, 1901 erbauten klassizistischen Gebäude der *Volksschule* (Didaktírio) vorbei, im Zweiten Weltkrieg Hauptquartier des Generals von Kreipe. Gleich danach trifft man auf die stilvolle *Panagía-Kirche* und einen freistehenden *Uhrenturm*. Die dreischiffige Kirche besitzt einen eleganten Glockenstuhl und filigrane Durchbruchfenster in den Apsiden. Im Innenraum findet sich eine große Sammlung von Ikonen, darunter die verehrte Ikone der Panagía (Gottesmutter).

Geht man die Hauptgasse weiter nach Süden, gelangt man ins alte Zentrum von Archánes und zu einem zweiten Platz am südlichen Ortsende. Auffallend sind die liebevoll gepflegten Läden, oft mit nostalgischem Touch.

Öffnungszeiten/Preise **Panagía-Kirche**, 1. Mai bis 31. Okt. Mo, Di und Do 9–14 Uhr.

Spektakuläre Funde in Archánes

Die Entdeckungen von Archánes sind eng mit dem Namen des Archäologenehepaars Iánnis und Efi Sakellarákis verbunden, die hier seit 1964 gegraben haben. Unmittelbar unter den Wohnhäusern der Stadt legten sie zunächst die Grundmauern eines minoischen Palastes frei, den schon Arthur Evans hier vermutet hatte, fanden kurz darauf auch die außerhalb liegende Nekropole *Fourní*. Der Höhepunkt aber kam 1979, als die beiden Sakellarákis den kleinen Tempel von *Anemospiliá* etwa 3 km außerhalb von Archánes ausgruben und dort den ersten und bisher einzigen Beweis für Menschenopfer der Minoer fanden! Iánnis Sakellarákis wurde später zum Direktor des Archäologischen Nationalmuseums in Iráklion bestellt. Heute lebt er als Ehrenbürger der Stadt in Archánes. Über die Ausgrabungen hat er ein informatives Buch geschrieben (→ Lesetipps).

Minoischer Palast: Er wurde bereits von Evans lokalisiert, aber erst in den sechziger Jahren vom Ehepaar Sakellarákis im ehemaligen türkischen Viertel Tourkogitonía ausgegraben. Wegen der ungünstigen Lage mitten in der Stadt (genauer Standort siehe Stadtplan) legten sie nur einen kleinen Teil des Komplexes frei, der leider

Die Kirche der Panagía in Archánes

nicht zugänglich ist. Hinter versperrten Gittertoren erkennt man außer den Grundmauern mehrerer Häuser eine Gasse mit Wasserleitungskanal und einen gepflasterten Raum mit Sitzbänken (ähnlich dem Thronsaal von Knossós). Die umgebende Siedlung, deren Anfänge in vorminoische Zeiten zurückreichen, kann nicht ausgegraben werden, da sie sich unter großen Teilen der heutigen Ortschaft erstreckt.

Archäologisches Museum: Die modern konzipierte Sammlung liegt im Ortszentrum, seitlich der Hauptgasse. Hier ist ein kleiner Teil der reichhaltigen Ausgrabungsfunde ausgestellt: Reste von Wandmalereien, Keramik, Schmuck, Elfenbeinarbeiten, Nahrungsreste, Sarkophage usw. Auch einige der Materialien, mit denen die Minoer ihre Freskenfarben herstellten, findet man hier, darunter z. B. bestimmte blaue Steine. Weiterhin gibt es eine Dokumentation des Menschenopfers von Anemóspilia – dazu gehören eine Kopie der Bronzeklinge, mit der das Opfer getötet wurde und die tönernen Füße der Gottesstatue, die in dem minoischen Tempel stand. Viele weitere Stücke wurden ins Archäologische Museum nach Iráklion gebracht, kamen dort aber bisher nur zum Teil zur Ausstellung.

Öffnungszeiten/Preise Mi–Mo 8.30–15 Uhr, Di geschl., Eintritt frei.

Volkskundemuseum: Einige Schritte unterhalb der exponiert am Hügelhang stehenden doppelschiffigen Kirche *Ágios Nikólaos* wurde ein altes Stadthaus restauriert. Im Erdgeschoss ist ein traditionelles Wohnzimmer mit historischen Fotos eingerichtet, daneben das Atelier eines Kunsthandwerkers, im Ersten Stock findet man Webarbeiten, einen altertümlichen Webstuhl und das Schlafzimmer.

Öffnungszeiten/Preise Mo u. Mi–Fr 9.30–16.30, Sa/So 11–11 Uhr, Di geschl., Eintritt frei.

Agorá: Die gepflasterte Marktgasse oberhalb der heutigen Durchgangsstraße hat ihren historischen Charakter bewahrt. Hier findet man Obst- und Gemüsehändler und einige schöne alte Läden. Neben der kleinen Kirche *Ágios Nektários* steht ein Brunnen von 1894.

Archánes/Umgebung

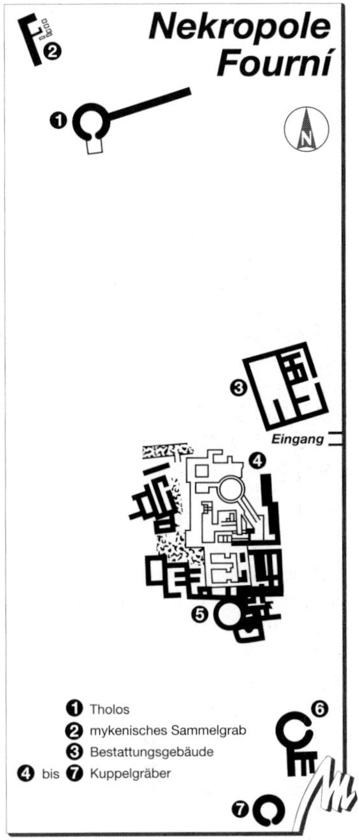

▸ **Nekropole Fourní**: Die größte bisher entdeckte Nekropole Kretas birgt zahlreiche Gräber von der minoischen Vorpalastzeit bis zur mykenischen Epoche (2500–1250 v. Chr.). Sie muss im engen Zusammenhang mit der benachbarten Wohnsiedlung samt Palast gesehen werden, denn die Existenz einer so riesigen Totenstadt kann ohne eine benachbarte Stadt der Lebenden kaum sinnvoll interpretiert werden.

Bedeutendster und erster Fund war im nördlichen Teil der Anlage ein mykenisches Kuppelgrab aus dem 15. Jh. v. Chr. mit einem 20 m langen Zugang, ein so genannter *Tholos (1).* Der obere Teil des Kuppelraums war lange von ahnungslosen Bauern als Hütte benutzt worden. Sakellarákis erkannte darin ein Tholosgrab – und entdeckte so die Nekropole Fourní. In einer versteckten Nebenkammer, die den antiken Grabräubern entgangen war, fand er den ersten nicht geplünderten Sarkophag einer mykenischen Adligen. Mehr als hundert, teils goldene Einzelteile hatten hier die Jahrtausende überdauert, darunter Halsketten, Kristallperlen, Ringe und Elfenbein, aber auch Reste der Kleidung und Bronzegeschirr. Ein Pferdeskelett, das vor dem Grab bestattet war, und ein Stierkopf, der der Toten mitgegeben worden war, weisen daraufhin, dass die Tote vielleicht einem Königsgeschlecht angehörte. Nördlich des mykenischen Grabes fand Sakellarákis ein mykenisches *Sammelgrab* mit sieben Schachtgräbern *(2)*. Südlich davon, nahe dem heutigen Eingang, liegt ein eigentümliches *Gebäude (3)*, in dem Gegenstände hergestellt wurden, die für Bestattungen gebraucht wurden – u. a. stellte man hier Webstoffe zur Bekleidung der Toten her, aber auch eine Traubenpresse stand hier mit vielen kleinen Gefäßen, in denen den Verstorbenen Wein mitgegeben wurde. Südwestlich dieses Komplexes liegt das verschachtelte Zentrum der Nekropole mit mehreren *Kuppelgräbern (4–6)* aus der Zeit zwischen 2000 und 2500 v. Chr. inmitten der durch gepflasterte Wege verbundenen Grundmauern weiterer Gräber. Das *Kuppelgrab* einer jungen Frau *(7)* aus der Zeit um 1300 v. Chr. findet sich südlich davon, auch dieses war reich ausgestattet mit Grabbeigaben.

• *Wegbeschreibung* Fourní liegt auf einem Hügel am Ortseingang von Archánes **rechter Hand**, wenn man von Iráklion kommt. Bevor Sie den Kirchenplatz erreichen, biegen Sie vor dem pastellfarbenen Schulgebäude ab und folgen Sie der Beschilderung. Der zusehends schmaler werdende Weg endet an einem Pferch (kaum Wendemöglichkeit, besser bereits vorher parken), rechts steigt man noch einige Minuten auf einer **antiken Pflasterstraße** den Hügel hinauf.

Alternative: von **Káto Archánes** führt eine beschilderte Straße bis auf den Hügel von Fourní, so kann man mit dem Wagen direkt bis zur Ausgrabung fahren. Allerdings verpasst man dabei die antike Straße, die von Archánes heraufkommt.

• *Öffnungszeiten/Preise* Fourní ist eingezäunt, der Eingang steht aber bisher in der Regel offen, Eintritt frei.

▸ **Anemospiliá**: Der kleine Tempel der *„Windhöhlen"* liegt gut 3 km außerhalb von Archánes in luftiger Sattellage am Nordhang des Joúchtas. Das Tor der Umzäunung steht meist offen, aber auch von außen ist alles gut einsehbar. Ständig pfeift der Wind über den exponierten Bergrücken. Zusammen mit dem herrlichen Panoramablick auf die Weinberge bis Iráklion und zum Meer ist ein Hauch der Mystik zu spüren, die diesen Platz vielleicht für den Bau eines Tempels prädestiniert hat. Er ist übrigens der einzige Tempel der Minoer, der bisher entdeckt wurde. Hier in diesem fast unscheinbaren Bauwerk fand das Ehepaar Sakellarákis den unumstößlichen Beweis dafür, dass die Minoer zumindest dieses eine Mal einen Menschen geopfert hatten!

Welches Bild stellte sich den Forschern dar, als sie 1979 mit ihren Helfern Schicht um Schicht im Tempel abtrugen? Auf dem Altarblock im westlichen der drei nebeneinander liegenden Räume fanden sie das Skelett eines gefesselten *jungen Mannes* (ca. 18 Jahre alt, 1,65 m groß). Darin lag eine 40,6 cm lange *Bronzeklinge*, mit der ihm der neben dem Altar von den Trümmern des einstürzenden Tempels erschlagene *Priester* allem Anschein nach gerade die Halsschlagader durchtrennt hatte. Eine *Priesterin* (?) wurde ein Stück entfernt in der Südwestecke des Raums entdeckt, ein weiterer *Leichnam* lag vor dem Opferraum. Dieser hatte eine *Schale* mit dem Blut des Opfers bei sich, die er wohl in dem Moment in den Mittelraum des Tempels mit dem Standbild einer minoischen Gottheit bringen wollte, als die Mauern einstürzten ...

... um 1700 v. Chr. werden alle minoischen Paläste Kretas durch eine rätselhafte Katastrophe zerstört – wahrscheinlich ein Erdbeben. Die Anzeichen sind schon Tage vorher spürbar. In fieberhafter Eile versuchen die Priester, mit kostbaren Opfern die erzürnten Erdgottheiten zu besänftigen. So auch im Tempel von Anemospiliá. Mitten in einer dieser Zeremonien geschieht es: Das schwere Erdbeben bringt den Tempel zum Einsturz. Er wird in den folgenden Jahrhunderten nicht mehr aufgebaut und die Mauern konservieren über Jahrtausende, was 1979 als Sensation um die Welt eilt – in Anemospiliá ist ein etwa 18-jähriger junger Mann den Göttern geopfert worden! War es ein allerletzter verzweifelter Versuch, das unabänderliche Naturereignis abzuhalten? Oder war es gar gängige Praxis in der bisher so friedvoll und „unbarbarisch" vermuteten Zivilisation der minoischen Priesterkönige? Inzwischen hat man noch weitere Belege für Menschenopfer der Minoer gefunden (→ S. 245 und 529).

• *Wegbeschreibung* Biegen Sie hinter dem ockerfarbenen **Schulgebäude** rechts ab (nächste Straße nach Abzweig nach Fourní) und folgen Sie der Beschilderung. Es geht auf einer anfangs asphaltierten, später betonierten Piste durch Weinberge und man durchquert die städtische **Müllhalde**. Kurz danach geht es ein Stück steil hinauf zu einem windigen Sattel am Nordhang des Joúchtas. Rechter Hand sind bei der Auffahrt mehrere Grotten zu erkennen, die dem Felsen das Aussehen eines Totenkopfs mit seinen tiefen Höhlungen geben. Es sind die **Anemospiliá** (= Windhöhlen), die ihren Namen dem Wind verdanken, der ständig in sie hineinpfeift. Kurz darauf macht die Straße eine scharfe **Linkskurve** und fällt nach Westen ab. Der Tempel liegt in der Innenseite der Kurve, etwas oberhalb vom Weg.

Joúchtas

Das 811 m hohe Felsprofil des schlafenden Zeus dominiert die Umgebung von Archánes. Eine Ersteigung lohnt vor allem wegen des herrlichen Blicks. Hin und wieder sieht man Gänsegeier kreisen.

Eine 5 km lange Schotterpiste auf den Gipfel zweigt 2 km südlich von Archánes von der Asphaltstraße nach Vathípetro ab. Der Weg ist mit dem Auto zu machen, auch Taxis fahren auf Verlangen hinauf, reizvoller ist jedoch der Fußweg hinauf (→ nächster Abschnitt). Auf dem mittleren Gipfel, übrigens genau die *Nasenspitze* des schlafenden Zeus, endet die Fahrstraße. Hier steht ein Gipfelkreuz, das nachts beleuchtet werden kann, außerdem die blendend weiß gekalkte, vierschiffige Kapelle *Aféndi Christoú Metamórfosi*. Alljährlich am Vorabend des 6. August wird das mehrtägige Kirchenfest der „Verklärung Christi" gefeiert, zu dem viele Kreter in einer großen Prozession heraufsteigen oder -fahren. Um die Kirche gedeiht überall artenreiche Vegetation – der Geruch von Kräutern hängt in der Luft, es wachsen verschiedene Blumen, Bergtee, wild zerzauste Kermeseichen, Zypressen und Steineichen. Die Westwand des Joúchtas fällt bei der Kirche fast senkrecht ab, wie grüne Rasenflächen wirken die hügligen Weinberge von hier oben. Im Westen schälen sich die mächtigen Silhouetten des *Psiloritis* aus dem Dunst, im Süden erkennt man die Asteroúsia-Berge, die die Messará-Ebene eingrenzen.
Der nördliche Gipfel des Joúchtas ist von einer Sende- und Empfangsstation in Beschlag genommen. Bereits Arthur Evans entdeckte hier oben ein *minoisches Gipfelheiligtum*, in dem später zwei Opfertische, Doppeläxte und Votivfiguren aus Ton gefunden wurden.

▸ **Fußweg auf den Joúchtas**: Von der Bus-Endstation in Archánes 150 m nordwärts zurücklaufen und links die Straße „Nikolaos Myra" hinauf. An der gelben Turnhalle rechts vorbei und bei der Kapelle auf den Joúchtas zu. Rechts sieht man Edelstahltanks – links gehen. Der betonierte Fahrweg führt wieder Richtung Joúchtas. Bei der Hochspannungsleitung – die bebauten Grundstücke liegen hinter uns – zeigt ein gelbes Schild mit rotem Pfeil nach rechts, dort abbiegen und 100 m nach Norden gehen. Dann den Fahrweg nach links nehmen (Steinmann), hier wachsen noch Olivenbäume, wunderbarer Blick auf Archánes. Im Frühjahr steht der Hang rechter Hand voller Salbei und Knabenkraut-Orchideen. Nach etwa 200 m verlässt man den Fahrweg auf Stufen nach rechts oben, hier beginnt zwischen Kiefern und Pinien der eigentliche Fußweg auf den Joúchtas. Bei gemütlicher Gehweise bis hierher etwa eine halbe Stunde, bis oben dann ca. 1 Std. steiniger Fußpfad.

▸ **Asómatos**: Die Kapelle des *Michaíl Archángelos* (Erzengel Michael) liegt seitlich der Straße nach Vathípetro. Sie besitzt kunsthistorisch wertvolle Fresken vom Anfang des 14. Jh., in denen einige Themen aus den biblischen Erzählungen über den Erzengel Michael dargestellt sind. Den Schlüssel zur Kapelle gibt es im Café „Myriofito" an der südlichen Platia von Archánes.

▸ **Vathípetro**: Etwa 4 km südlich von Archánes entdeckte der Archäologe Spiridon Marinatos ein Landwirtschaftsgut der Minoer, die schon zu jener Zeit in dieser sehr fruchtbaren Gegend Trauben angebaut hatten. Im Gebäude wurden eine

minoische Olivenpresse und eine Weinpresse gefunden, letztere die älteste Kretas. Der Gutshof liegt inmitten von Weinreben auf einem Hügelplateau unmittelbar neben der Straße. Er wurde bereits fünfzig Jahre nach Baubeginn um 1550 v. Chr. wieder verlassen (vielleicht wegen Erdbeben) und blieb unvollendet. Die ehemaligen Besitzer genossen einen wunderbaren Blick auf die südwestlich anschließende Ebene. In der Nordostecke ist ein dreischiffiges Heiligtum erhalten, westlich davon liegen ein Hof mit der Olivenpresse, ein Saal mit Säulenhalle und Magazine. In einem verschlossenen, aber von außen einsehbaren Raum hat die historische Weinpresse ihren Standort: Von einer Schale, in der die Trauben mit den Füßen zertreten wurden (so wie es die Kreter noch heute tun), lief der Saft durch einen Ausguss in ein in den Boden eingelassenes Gefäß. Das Gelände ist umzäunt, die Tür steht aber meist offen.
1 km südlich der Villa liegt der verlassene Weiler *Vathípetro*, zur Hauptstraße bei Choudétsi (→ S. 257) sind es von dort noch etwa 2,5 km.
Öffnungszeiten/Preise Di–So 8.30–14.30 Uhr, Eintritt frei.

Von Iráklion Richtung Kastélli Pediádos

Landschaftlich reizvolle Rundtour durch das Weinbaugebiet mit diversen Haltepunkten, z. B. das Kloster Angaráthos und das Töpferdorf Thrapsanó. Bis Pezá folgt die Route der Straßenführung im vorherigen Abschnitt, zu den Sehenswürdigkeiten siehe dort. Über Kastélli kommt man in die Hänge des Díkti-Massivs und kann sogar bis zur Lassíthi-Ebene weiterfahren.

Episkopí

Das lang gezogene Dorf liegt nicht weit von Mirtiá (→ S. 256). An der Durchgangsstraße nicht zu übersehen – als Hinweis drei Flakgeschütze, ein Mörser und ein Mannschaftswagen – ist das so genannte *Kriegs- und Ethnologische Museum* mit einem kunterbunten Sammelsurium von Relikten der Schlacht um Kreta aus dem Zweiten Weltkrieg. „Captain Michalis Argirakis" (→ S. 93), ein ehemaliger Partisan und Gründer des Museums, ist ein echter kretischer Idealist. Er hat sein ganzes Vermögen in dieses Privatmuseum gesteckt, nun plant er mit Eintrittsgeldern, Verkauf von Ansichtskarten, Wein und Rakí Aufbau und Einrichtung eines zweiten Gebäudes in der Nachbarschaft (derzeit noch Ruine). In voller Tracht empfängt er die Museumsbesucher mit Höflichkeit und Leidenschaft, wandelt umher wie ein Denkmal und gibt Tipps, was in dem Durcheinander alles zu besichtigen ist. So kann man zwischen Uniformen, Orden, erbeuteten Waffen, einem noch funktionstüchtigen amerikanischen Jeep und einem alten deutschen Automobil z. B. die Sirene eines Stukas entdecken. Die Deutschen haben Michalis, als er noch Kind war, nach eigenen Angaben ein Auge ausgeschossen. Sein Vater verlor das Leben in Chaniá, seine Mutter wurde in Auschwitz umgebracht.
Interessant sind auch die Kirchen im Ort: In der *Hauptkirche* sieht man unter drei Glasplatten im Boden ein Skelett und Gebeine, gleich dahinter steht die Kirche *Ágios Antónios* mit restaurierten Fresken der „Kretischen Schule" und eine Gasse führt vom Dorfplatz zur Einraumkapelle *Agía Paraskeví* aus dem 10. Jh., die einst voll ausgemalt war und deren Fresken heute restauriert sind – im Gewölbe sieht man Szenen aus dem Leben der Heiligen und in den Darstellungen des Jüngsten Gerichts, der Hölle und der Soldaten in den Szenen des Martyriums der heiligen Paraskevi sind westliche Einflüsse zu erkennen, die für die Entstehungszeit höchst ungewöhnlich sind.

Wenn man schließlich Episkopí nach Osten verlässt und Richtung Chochlakiés fährt, trifft man auf die Beschilderung zum *Kloster Ágios Geórgios* in der Nähe des Fußballplatzes. Die Kirche auf einer pinienbewachsenen Anhöhe besitzt wunderbare Fresken, die erst kürzlich restauriert wurden. Um die Kirche sind die Überreste von Mönchszellen zu erkennen, es gibt eine Quelle mit fließendem Wasser und einen gemauerten Backofen sowie Tische und Bänke, die zur Rast einladen. Blickt man von der Rückseite der Kirche nach Osten, so sieht man die Kuppel der Klosterkirche *Kerá Limniótissa*. Von dem Kloster, das in den ersten Jahren der Türkenherrschaft aufgegeben wurde, standen bis 1994 nur die Mauern und ein Teil des Daches, die Kuppel war eingestürzt, was eine besonders eindrucksvolle Atmosphäre schaffte, denn das Dach schien die Wolken gleichsam zu berühren. Heute ist sie wieder vollständig aufgebaut, im Inneren befinden sich Fresken in zwei Schichten.

Öffnungszeiten/Preise **Kriegs- und Ethnologisches Museum**, tägl. 8–14, 18–20 Uhr, Eintritt 3 €. ✆ 2810-771501, www.argirakio.gr

- **Straußenfarm Lassithiotakis** („Ostrich Farm“): Etwa 4 km nördlich von Episkopí, kurz bevor man auf die Straße nach Anópoli trifft, liegt links der Straße eine Straußenfarm mit großem Kinderspielplatz. 1999 wurden aus Johannesburg 14 dieser Laufvögel importiert und in einem Gehege mit großem Auslauf angesiedelt. Zwischen März und Oktober legen sie angeblich 60–70 Eier, die in der kleinen Taverne zu Omeletts bereitet werden. Weiterhin kann man ausgeblasene Eier und Straußenfedern erwerben. Eintritt ca. 2 €, Kinder frei, ✆ 2810-781633.
- **Kloster Angaráthos** (Moní Angaráthou): große, bestens gepflegte Anlage südlich der Straße nach Kastélli. Gegründet bereits im 15. Jh., entwickelte es sich im 16. Jh. zum schwer befestigten Wehrkloster und wurde wegen seiner zentralen Lage eins der wichtigsten und reichsten Klöster der Insel. Zeitweise lebten hier bis zu 60 Mönche und auch heute sieht man wieder viele, meist junge Mönche, die das Kloster zu einem wichtigen Zentrum der modernen Orthodoxie machen. Im Hof gedeihen Palmen und üppige Blumenbüsche, vor den Mönchszellen hängen schwere Trauben von Gestellen herunter. Die reich ausgestattete Kirche wurde Ende der 1970er Jahre vollständig ausgemalt, die Altarwand ist aus Marmor. Vor der Kirche steht ein kleiner Granatapfelbaum, unter dem der Legende nach eine bedeutende Ikone gefunden wurde – der Anlass für die Gründung des Klosters.
- **Thrapsanó**: Das Hügeldorf südwestlich von Kastélli ist neben Margarítes bei Réthimnon (Westkreta) das einzige Dorf Kretas, in dem noch Berufstöpfer arbeiten. Auf handgedrehten Scheiben werden hier vor allem hohe Vorratsgefäße gefertigt, die so genannten „Píthoi“ und „Stamnas“, die in viele europäische Länder exportiert werden und ihren Weg sogar bis ins ferne China finden. 5000 Jahre alt ist die Technik, die hier im Wesentlichen noch angewandt wird, lediglich das Brennen geschieht z. T. in modernen Spezialöfen. Die Manufakturen liegen etwas außerhalb zu beiden Seiten des Orts, so z. B. die große Werkstatt von Familie *Moutsakis*, von Kastélli kommend kurz vor Thrapsanó links. Gerne darf man bei der Arbeit etwas zusehen.

  Kontakt **Creta Ceramics Moutsakis**, ✆ 28910-41717, Fax 41718, www.creta-ceramic.gr

Kastélli Pediádos

Größere Provinzstadt in einer Ebene zwischen Weinplantagen, wegen der günstigen Flachlage gibt es hier einen Militärflugplatz (geplant ist mittelfristig der Bau eines neuen Zivilflughafens, der den Flughafen von Iráklion entlasten soll). Bushaltestelle an der großen Kreuzung in der Ortsmitte, dort auch mehrere Kafenia. Lebendiger Mittwochsmarkt mit reichem Angebot an frischem Obst und Gemüse sowie Bekleidungsbasar. Die Festung, von der Kastélli seinen Namen hat, ist nicht mehr erhalten.

• *Übernachten* **Kalliopi**, C-Kat., etwas abseits der Durchgangsstraße, ansprechend gestaltetes Hotel mit neuem Gästehaus im Garten, 15 Zimmer mit TV und Heizung, z. T. mit behaglichem Vorraum mit Sitzecke am offenen Kamin, Pool, Kinderbecken sowie Poolbar. Entgegenkommendes und freundliches Personal. DZ ca. 35–50 €. Ganzjährig geöffnet. ✆ 28910-32685, ✆ 32273, www.kalliopi-hotel.gr

• *Essen & Trinken* **Irida**, Familienbetrieb direkt an der Durchgangsstraße, Cafeteria in einer im klassizistischen Stil erbauten Villa aus dem Jahr 1910, schöne Sitzplätze im Freien, Bäume und Pergola. Freundliche Bedienung, sehr guter Wein, Fassbier und leckeres Essen in reicher Auswahl, das vom gegenüberliegenden Restaurant serviert wird (Speisekarte auch deutschsprachig). Ganzjährig geöffnet, im Winter Di geschl.

Sifis, Kafenion im Zentrum gegenüber vom Taxistand. Laut und lebendig, Herr Papadakis spricht Deutsch, seine Frau stammt aus Deutschland.

Lorentzos, Mezedopolíon am Ortsausgang in Richtung Liménas Chersonísou.

▶ **Ágios Pandeleímonas**: etwa 1 km nördlich von Kastélli zweigt von der Straße nach Liménas Chersonísou rechter Hand eine schmale, asphaltierte Straße ab, die in steilen Kurven nach 1,5 km zu diesem reizvoll unter hohen Bäumen gelegenen byzantinischen Kirchlein führt. Es wurde kürzlich restauriert, in der Fassade wurden antike Stücke verarbeitet, im dreischiffigen Innenraum sind interessante Säulen und schöne Fresken des 12., 13. und 14. Jh. erhalten. Direkt unterhalb der Kirche liegt die schlichte Landtaverne „Paradise".

▶ **Káto Karouzaná**: winziges Dörfchen, etwa 1 km seitwärts der Straße von Kastélli nach Liménas Chersonísou. Die kleine Oase der Ruhe wird gerne als „Museumsdorf" bezeichnet. Häufig kommen Ausflugsbusse von den Touristenzentren an der nahen Nordküste und laden ihre Passagiere in der großen Taverne am Ortseingang ab, wo sie dann das „echte Kreta" erleben sollen. Im Örtchen selber liegt ein nettes Kafenion.

▶ **Von Kastélli auf die Lassíthi-Hochebene**: Eine kurvige Asphaltstraße führt zunächst hinauf ins ruhige Dorf *Lýttos*, das halbhoch am Hang der Díkti-Berge liegt, die die berühmte Lassíthi-Ebene verbergen. Von hier hat man einen schönen Blick auf Kastélli und die umliegende Ebene samt Flugplatz. Am Kamm oberhalb des Orts stehen die Stümpfe von alten Windmühlen. Nach Besichtigung der Ruinen des antiken Lýttos (→ Kasten) geht es weiter in Richtung *Askí* und – mit stetigem Blick auf die Díkti-Berge – auf einsamer Straße weiter nach *Avdoú* an der Zufahrt zur Lassíthi-Ebene (→ S. 298).

Hoch in den Bergen: Das antike Lýttos

Nur wenige Kilometer oberhalb von Lýttos liegen rechter Hand der Straße nach Askí die Ruinen der dorischen Stadt *Lýttos*, deren Hafen das heutige Liménas Chersonísou an der Nordküste war. Die antike Siedlung ist auf schmalem Fahrweg zu erreichen, erhalten bzw. ausgegraben ist allerdings heute kaum etwas. Neben der Gipfelkirche *Ágios Geórgios* und einem Windmühlenstumpf sieht man lediglich ein etwa 10 x 10 m großes Areal von antiken Grundmauern, außerdem die überwucherten Reste einer Stadtmauer aus byzantinischer Zeit.

Öffnungszeiten/Preise ständig geöffnet, Eintritt frei.

Bucht von Mália

Wenn man von Iráklion kommt, öffnet sich nach etwa einer halben Stunde Fahrt kurz vor Liménas Chersonísou ein herrlicher Blick auf die sanft geschwungene Bilderbuchbay von Mália – eine weite Uferebene, davor das tiefblaue Meer, dahinter die weichen Ausläufer des Díkti-Gebirges.

Die günstige Lage nah am Flughafen, reichlich Platz für Expansionen aller Art, das interessante Hinterland und die sandigen Strände der Bucht – all das hat schon früh die touristische Entwicklung der Region beschleunigt. Die Küstenorte *Liménas Chersonísou*, *Stális* und *Mália* sind fest in der Hand des Pauschaltourismus und durch expansiven Hotelbau fast miteinander verwachsen. Auch der kleine Hafen Sísi am Ostende der Bucht wurde mittlerweile zum Urlaubsort ausgebaut. Lediglich das kleine *Paralía Mílatos* ist bisher ein vom Pauschaltourismus noch relativ unberührtes Fischerdorf geblieben, doch die Hotelbauten rücken näher. Als Standort ist die Region lohnend wegen ihrer touristischen Infrastruktur und der Ausflugsmöglichkeiten in die Lassíthi-Ebene.

Die New Road ist (mit Tunnel und Talbrücke) seit 2003 bis zur Ausfahrt Stális fertig gestellt. Hier fährt man zum Meer hinunter, auf der anderen Seite geht es ins Bergdorf Mochós hinauf. Die Fortsetzungsarbeiten wurden bislang aus Kostengründen eingestellt.

Liménas Chersonísou

Klein-Rimini auf Kreta. Äußerst turbulenter Bade- und Urlaubsort, der mal ein ruhiges Fischerdorf war. Inzwischen ist der relativ schmale Sandstrand von drei- bis vierstöckigen Betonklötzen umgeben, Tavernen und Cafés haben sich mit weit ausladenden Terrassen übers Wasser gesetzt.

Liménas Chersonísou ist seit langen Jahren eine Hochburg des organisierten Tourismus und im steten Wachstum begriffen. Abends gleicht die Hauptstraße mit ihren Seitengassen einem lärmenden Rummelplatz – Leuchtreklamen, bunte Tavernen, Bars, Discos ... Der alte Dorfkern ist längst verschwunden, Liménas Chersonísou ist heute der Ort mit den meisten Hotels der Insel. Doch trotz allem Trubel hat Liménas Chersonísou mittlerweile so etwas wie Atmosphäre entwickelt: Geboten werden reichlich Shopping, gutes Essen, viele Kontakte – und neben dem benachbarten Mália das wohl „heißeste" Nachtleben auf Kreta. Hervorzuheben ist außerdem die landschaftlich reizvolle Umgebung, die der Moloch jedoch allmählich zu verschlingen beginnt.

Liménas Chersonísou wurde bereits in der Antike von einwandernden Festlandsgriechen gegründet, die weit landeinwärts liegende dorische Stadt *Lýttos* (→ S. 268) legte hier ihren Hafen an. Man vermutet auch, dass es an dieser Stelle ein Heiligtum der Göttin Vritómartis (= Artemis) gab, der kretischen Göttin der Jagd. Später, in römischer und frühchristlich-byzantinischer Zeit, hatte der aufstrebende Ort ebenfalls vor allem als Hafen Bedeutung. Wahrscheinlich seit dem Anfang des 5. Jh. war er *Bischofssitz*, drei große Basiliken hat man lokalisieren können, zwei von ihnen sind ausgegraben (→ Sehenswertes). Seit dem 7. Jh. mehrten sich Überfälle durch arabische Piraten, Liménas Chersonísou wurde verlassen und bis ins 20. Jh. nicht mehr besiedelt.

Blick auf die weiße Stadt Liménas Chersonísou

Orientierung/Verbindungen

- *Orientierung* Die kilometerlange **Eleftheriou Venizelou Str.** zieht sich als Durchgangsstraße durch den ganzen Ort. Hotels, Fahrzeugvermieter, Shops, Restaurants und Bars ballen sich hier dicht an dicht. Kurze Stichstraßen führen hinunter zum Wasser, die Hauptgasse **Agía Paraskeví** wird, kurz bevor sie ans Meer trifft, zur Fußgängerzone und führt als Uferpromenade zum Kap von Kastrí mit dem Fischerhafen.
- *Verbindungen* **Eigenes Fahrzeug**, auf der New Road kommt man schnell von Iráklion und vom Airport nach Liménas Chersonísou, auch die Old Road ist gut ausgebaut.

Bus, Busse pendeln alle halbe Stunde zwischen Iráklion und Mália. Jedoch sind die in Mália startenden Busse nach Iráklion oft schon bei der Abfahrt derartig überfüllt, dass sie in Liménas Chersonísou gar nicht mehr halten. Deshalb zeitweise längere Wartezeiten. Mehrere Haltestellen entlang der Durchgangsstraße, eine gegenüber vom Taxistand am westlichen Ortsausgang.

Taxi, am westlichen Ortsausgang, von und nach Iráklion ca. 16 €. ✆ 28970-23723, 22098.

Thomas – The Happy Train (25): Eine Bimmelbahn mit Benzinmotor und Autoreifen macht bis zu 12 x täglich einstündige Rundtouren durch Liménas Chersonísou und die Dörfer im Hinterland, fährt außerdem die Küstenroute Liménas Chersonísou – Stalída – Mália und zurück. Start beim Taxistand (→ Stadtplan). Kostenpunkt Erw. ca. 6 €, Kind 4 €. ✆ 28970-22794.

Adressen (siehe Karte S. 272/273)

- *Ärztliche Versorgung* **Cretan Medicare (22)**, medizinisches Zentrum am westlichen Ortsausgang. ✆ 28970-25141, www.cretanmedicare.gr

Medical Emergency Line (4), neu eröffnet an der Uferstraße/Ecke Giamboudaki Str. ✆ 28970-29429 (gratis: 8001129400), E-Mail: medical@in.gr

• *Apotheken* ein gutes halbes Dutzend im Ort, eine hat jeweils 24 Stunden offen.

• *Auto-/Motorradverleih* jede Menge an der Durchgangsstraße, besonders in Richtung östlichem Ortsausgang.

• *Bootsausflüge* An der Uferpromenade kann man bei verschiedenen Veranstaltern Tagestouren buchen, u. a. auf die Insel **Día** vor Iráklion und Richtung Osten nach **Sísi**. Abfahrt meist im Fischerhafen. Preis incl. Frühstück und Mittagessen ca. 35 €.

• *Fahrradverleih* **The Wheel**, Sanoudakis Str. 23 (Nähe Taverne Mythos), große Auswahl an Mountainbikes. ✆ 28970-22639.

• *Geld* **Geldautomat** u. a. bei der Bank neben der Tankstelle beim Taxistand, zwei weitere in der Minoos Str., Nähe Disco Camelot.

• *Internationale Presse* im **Acropolis Foto Center (1)** an der Uferpromenade.

• *Internet* **Internet Café (10)**, an der Papadogiorgi Str.
Website: www.hersonisos.com

• *Kinder* **Spielplatz (11)** am Kap mit dem Fischerhafen; Spaßbad **Star Waterpark** und **Go-Kart-Bahn** am östlichen Ortsausgang; Reitstall **Chersonissos** beim Star Waterpark (→ Sport).

• *Post* am Beginn der Digeni Akrita Str., eine der Seitengassen der Durchgangsstraße (→ Stadtplan). Mo–Sa 7.30–14 Uhr.

• *Wäscherei* mehrere im Ort, z. B. **Euro Wash**, Archeou Theatrou Str. 3, Nähe westlicher Ortsausgang, gegenüber dem Taxistand die Straße hinein; **Washsalon** bei Disco Camelot; **Wash-o-Matic**, an der Durchgangsstraße, schräg gegenüber vom Hotel Silva Maris.

Übernachten (siehe Karte S. 272/273)

Niemand weiß genau, wie viele Unterkünfte es gibt. Etwa 30.000 Betten sollen es sein in etwa hundert Hotels, ebenso vielen Pensionen und 130 Apartmenthäusern! Für individuell Reisende sind dennoch in der Saison kaum Betten frei, da fast alle Hotels mit Reiseveranstaltern zusammenarbeiten. Am besten nach Privatzimmern Ausschau halten. Komfortanlagen liegen vor allem am Strand von Anissáras, darunter einer der europäischen Vorreiter in Sachen „Thalasso-Therapie" (→ Kasten). Viele ruhig gelegene Apartments findet man oberhalb von Liménas Chersonísou, in den Dörfchen Koutouloufári und Piskopianó, oft mit Pool, auch über Reiseveranstalter zu buchen.

Creta Maris (17), Lux.-Kat., riesige Anlage mit 1000 Betten am Strand westlich vom Ort, traditionsreichstes und nach wie vor bestes Haus am Platz. Seine Errichtung kreierte den „Dorfstil" in der kretischen Hotellerie (inzwischen Dutzende Nachahmer), machte Liménas Chersonísou „gesellschaftsfähig" und legte den Grundstein für den ungeheuren Bauboom am Ort. Zur Hälfte komfortables Strandhotel mit teils raffiniert geschnittenen Zimmern, die andere Hälfte geschmackvolle Bungalowanlage mit weißen Häuschen, überwachsenen Durchgängen, saftig-grünem Rasen, Treppchen und Holzbalkons – im Aufbau einem griechischen Inseldorf nachempfunden. Bungalows sehr gut ausgestattet, komfortable Bäder und Aircondition. Insgesamt eine gut geölte Urlaubsfabrik mit allen Schikanen: Open-Air-Kino, Bowling, Tennis, Pool, Disco etc. Eigener Sandstrand vor dem Gelände, viel Wassersport, auch Tauchzentrum. DZ mit Frühstück ca. 120–380 €, über zahlreiche Reiseveranstalter zu buchen. ✆ 28970-27000, 📠 22130, www.maris.gr

Silva Maris (23), A-Kat., am östlichen Ortsausgang zwischen Durchgangsstraße und Sandstrand, hübsch verschachtelte Anlage aus zahlreichen pastellfarbenen Bungalows, davor sandige Badebucht, von Felsen eingefasst. Steht unter demselben Management wie das Creta Maris, dementsprechend aufmerksam geführt. Großer Pool vorhanden, ins Zentrum läuft man 10 Min. DZ mit Frühstück etwa 80–200 €, über viele Veranstalter zu buchen. ✆ 28970-22850, 📠 21404, www.maris.gr

Albatros (20), B-Kat., Dedalou Str., gut geführtes Mittelklassehotel mit 106 Zimmern und Pool, 100 m landeinwärts vom Creta Maris Hotel, von Lesern empfohlen: „sucht in punkto Service und Sauberkeit seinesgleichen". DZ mit Frühstück ca. 60–120 €. Pauschal z. B. über ISTS und TUI. ✆ 28970-22144, 📠 23250, www.albatros.gr

Dimitrion (13), B-Kat., großes Hotel direkt an der Durchgangsstraße. Geschmackvoll in klaren Linien gehalten, viel edles Grau, die Zimmer mit Vollholzmobiliar und weißen Fliesenböden. Swimmingpool vorhanden. Hinten raus relativ ruhig, so weit das in Liménas Chersonísou überhaupt möglich ist, nach vorne sehr laut. Unten beliebte Bar, Terrasse zur Straße hin. 200 Betten, meist noch Platz für individuell Reisende, viel junges Publikum. DZ mit Frühstück ca. 50–80 €. ✆ 28970-22220, 📠 22741.

Avra (12), C-Kat., alteingeführt, schöne Lage am Fischerhafen, gute Küche und Meerblick, DZ ca. 40–65 €, ✆ 28970-22203. Benachbart das **Zorbas (12)**, C-Kat., derselbe Preis, ✆ 28970-22075, 📠 21263.

Flisvos (7), C-Kat. direkt an der Uferpromenade über dem Ortsstrand. Ordentliche Zimmer mit Meerblick. Internetzugang. DZ mit Frühstück ca. 40–75 €. ✆ 28970-22006, 📠 21528.

Niki und **Palmera Beach (2)**, C-Kat., zwei recht hübsche Hotels der Mittelklasse, unmittelbar nebeneinander über dem östlichen Ortsstrand, sehr schöner Meerblick, moderne Einrichtung. DZ mit Frühstück ca. 40–70 €. ✆ 28970-22379, 📠 22380 & 22481, 📠 22483.

• *Außerhalb* **Marni Village**, am Ortsrand von Koutouloufari, große, gepflegte Anlage mit Pool, über 100 Studios und Apartments, großteils mit Meerblick. ✆ 28970-23172, 📠 24652, www.marnivillage.com

Empfehlungen am Strand von Anissáras, einige Kilometer westlich von Liménas Chersonísou, siehe auf S. 279.

• *Camping* **Caravan (26)**, am östlichen Ortsausgang unterhalb der Straße nach Mália, neben Museum Lychnostatis direkt am Wasser, Fußentfernung ins Zentrum. Staubiger Platz mit Schilfdächern und wenigen Bäumen. Geführt seit wenigen Jahren von George, der den vernachlässigten Platz nach und nach auf Vordermann bringen will. Es werden auch einfache Häuschen vermietet (ca. 15–30 €), die eigene Du/WC erhalten sollen. Sanitäranlagen leidlich, Self-Service-Restaurant. Vor dem Platz niedrige Klippen und mehrere schattenlose Sandbuchten. Busstopp an der Straße, noch ca. 500 m zu Fuß. ✆ 28970-22025.

Aldemar Royal Mare Village: Thalasso-Therapie auf Kreta

Verspannter Rücken, Stress, Übergewicht oder Rheuma? Dann sind Sie vielleicht hier richtig: Das komfortable Spa Resort des Royal Mare Village, ein 400-Zimmer-Bungalowdorf im „altgriechischen" Stil am Strand von Anissáras, gehört zu den besten Thalassozentren der Welt. Auf 4000 qm mit penibel sauberen Behandlungsräumen, Swimmingpools, Beauty- und Fitnesscenter kann man sich einer Fülle von Meerwasseranwendungen unterziehen – Baden, Düsen, Massagen aller Art, Algenpackungen – und kommt garantiert erfrischt und entspannt wieder heraus. Ein Schnuppertag ohne Übernachtung kostet ca. 100 €, eine 4-Tage-Kur gibt es ab ca. 550 €. Pauschal kann man z. B. über TUI buchen.

Kontakt ✆ 28970-27200, www.aldemarhotels.com

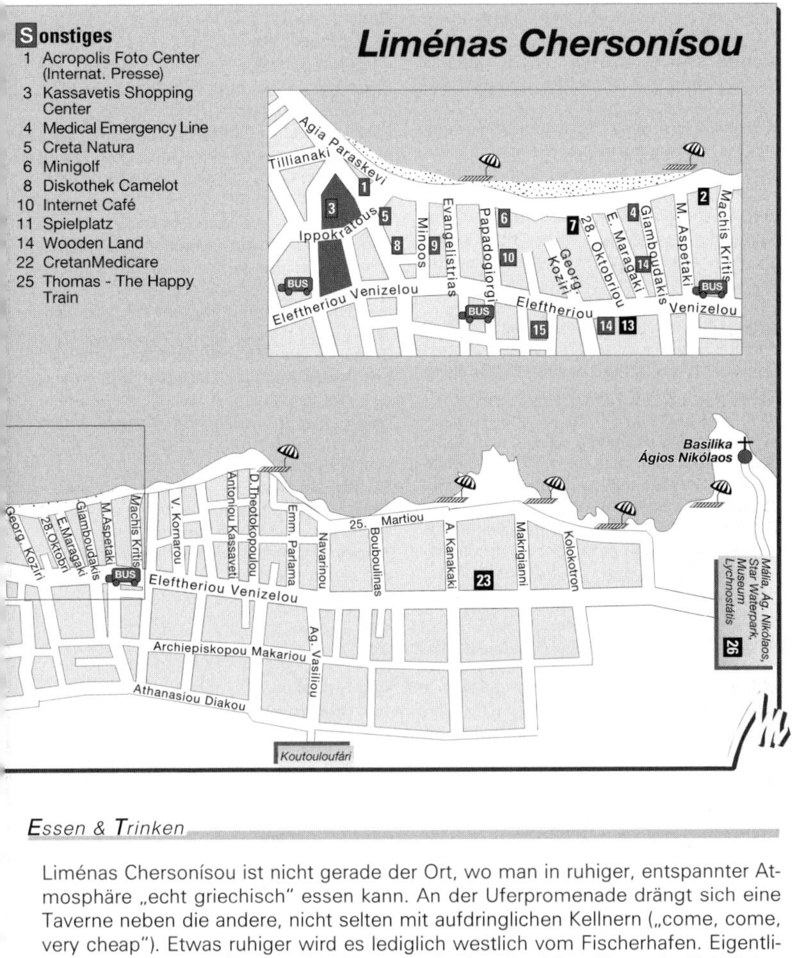

Essen & Trinken

Liménas Chersonísou ist nicht gerade der Ort, wo man in ruhiger, entspannter Atmosphäre „echt griechisch" essen kann. An der Uferpromenade drängt sich eine Taverne neben die andere, nicht selten mit aufdringlichen Kellnern („come, come, very cheap"). Etwas ruhiger wird es lediglich westlich vom Fischerhafen. Eigentlicher Essenstipp der Region sind die drei hübschen Dörfchen Koutouloufári, Piskopianó und Chersónisos am Hang des Charákas, wenige Kilometer oberhalb von Liménas Chersonísou. Dort findet man mittlerweile eine große Auswahl an liebevoll aufgemachten Restaurants, in denen man versucht, die Entgleisungen unten mit interessanten Spezialitäten und freundlichem Service auszubügeln. Man kann problemlos zu Fuß hinauflaufen. Ein weiterer Tipp ist, ins nahe Mália auszuweichen, im dortigen alten Ortskern isst man ebenfalls gut in reizvoller Umgebung.

• *Liménas Chersonísou* **Cavo d'Oro (19)**, unterhalb der Uferpromenade, romantische Plätze auf einer Plattform über dem Wasser bei den Fischerbooten.

Il Camino (18), ebenfalls Uferpromenade, u. a. leckere Pizza aus dem holzbefeuerten Ofen.

Vesuvio (9), Evangelistrias Str., schöner Gastgarten unter Weinranken, italienisch/griechische Küche, aber auch Steak und Lobster.

Krete (15), klein und versteckt in der Emanuil Kaniadakis Str., eine Seitengasse der Durchgangsstraße. Kretische Gerichte in großer

Auswahl und guter Qualität, leider keine Sitzplätze im Freien. 10–18 Uhr, So geschl.

Mythos (21), Sanoudakis Str. 19, gemütliche Taverne mit familiärer Atmosphäre, recht beliebt.

Kavouri (24), Archeou Theatrou Str. 9, westlicher Ortseingang, Nähe antikes Theater. Nett griechisch aufgemacht, lang gestreckte Terrasse mit ländlichen Utensilien dekoriert. Ausgefallenes Bestellsystem: Auf der Speisekarte kreuzt man seine Order selber an, z. B. *bekrí mezé* (Schweinefleisch mit Wurst, Paprika und Champignons) oder Lammhaxe aus dem Ofen.

Argo (16), die Uferpromenade bis zum Kap und noch ein kleines Stück weiter. Nettes Lokal mit freundlichem Kellner. Große Portionen, auch für den gemütlichen Teil nach dem Essen geeignet.

• *Koutouloufári* **Galini**, italienisch/griechisches Restaurant mit vielen Pflanzen, Qualität der Speisen sehr gut, ebenso die Bedienung. Etwas teurer.

Emmanuel's, seit 19. Jh. in Familienbesitz, nettes Grilllokal mit persönlicher Atmosphäre, nicht zuletzt wegen der freundlichen Bedienungen.

Rodon, geschmackvoll offen gebautes Café gegenüber der Minigolfanlage.

• *Piskopianó* **Platia**, große Taverne am Dorfplatz, teils schöne Sitzplätze auf Rasen unter Bäumen, prächtiger Blick zur Küste.

Mirtia, ebenfalls am Dorfplatz, gepflegte Taverne in einem historischen Haus, auch viele Einheimische gehen hier essen, etwas teurer, aber es lohnt sich.

• *Chersónisos* Die Tavernen liegen hier um den ganz besonders schön herausgeputzten Dorfplatz mit einem dezenten Brunnen und Maulbeerbäumen. Abends erstrahlt alles stimmungsvoll im Schein der Windlichter.

Sofas, an der Südseite der Platia, ehemaliges Priesterhaus am Dorfplatz, 1870 erbaut, im Untergeschoss war damals ein Kafenion untergebracht. 1990 schön restauriert und als Restaurant eröffnet. Gute Küche zu etwas höheren Preisen.

To Konaki, auf der gegenüberliegenden Seite des Dorfplatzes, ebenfalls sehr gute Küche mit zahlreichen Spezialitäten.

Trapieris, einfaches und preiswertes Grilllokal etwas westlich außerhalb, freundlich geführt, auch im Winter geöffnet.

Nachtleben (siehe Karte S. 272/273)

In Liménas Chersonísou geht es mehr als rund – zahllose Discobars, Diskotheken, Bars und Pubs im ganzen Ort! Vor allem die **Uferpromenade** entwickelt sich ab 24 Uhr zu einer einzigen brüllenden Musikmeile, es wird freizügig auf den Tresen getanzt, geflirtet und gelacht. Leider sind die Aufreißer der Bars teilweise unangenehm penetrant. Im nahen Mália läuft das etwas relaxter ab, auch die Preise liegen dort etwas niedriger.

• *Durchgangsstraße und Umgebung* **Camelot (8)**, am Beginn der Agía Paraskeví Str. hinunter zur Uferpromenade. Wohl die beliebteste Disco, alteingeführt, viel deutsches und griechisches Publikum. Gute Lichteffekte, dazu abwechslungsreiches Musikprogramm – von Techno über aktuelle griechische Popmusik bis zu schwarzem Funk.

Amnesia, gegenüber vom Camelot, 2001 eröffnet, aufwändig gestaltet (www.amnesiaclub.gr).

Players, seit 1987, Irish Bar neben dem Camelot, oft rappelvoll und fest in britisch/irischer Hand.

Escape, Nähe Restaurant Vesuvio, Open-Air-Bar für den früheren Abend.

• *Uferpromenade* Gut ein Dutzend Bars gibt es hier. Was gerade „in" ist, wechselt jährlich mehrmals. Gelegentlich muss man Eintritt zahlen.

New York, trendy eingerichtete Discobar mit weitläufiger Terrasse oberhalb vom schmalen Ortsstrand.

Status, eine der beliebtesten Bars hier unten, oft proppenvoll.

Weitere angesagte Discobars sind **TNT**, **U2**, **Bio Bio** und **Tiger Pub** sowie die Irish Pubs **Kelly's** und **Pog Mahones**.

• *Sonstiges* **Cine Creta Maris**, Freilichtkino beim gleichnamigen Hotel, im Sommer jeden Abend Vorführungen (meist englisch).

Anatoli, „Greek Tavern" in der Nähe des Star Waterpark, hier schwingt allabendlich das etwas gesetztere Publikum munter das Tanzbein.

Shopping/Sport (siehe Karte S. 272/273)

• *Shopping* An Durchgangsstraße und Uferpromenade findet man zahlreiche schicke Boutiquen, darunter teils anspruchsvolle Ledergeschäfte mit internationaler Mode und Pelze aus Nordgriechenland. Kretische Waren sind dagegen eher selten vertreten.

Kassavetis Shopping Center (3), weitläufiger Komplex zwischen Durchgangsstraße und Uferpromenade, viele Läden unter einem Dach.

Wooden Land (14), Kostas Kokkoris verkauft mit seiner Schweizer Frau Eva in zwei Läden schöne Stücke aus Olivenholz, die in der familieneigenen Manufaktur in Athen gefertigt werden. Die beiden sind sehr freundlich, sicherlich findet man hier ein schönes Mitbringsel. ✆/℻ 28970-21972, www.olivetreewood.com

Creta Natura (5), an dem kleinen Platz, wo die Agía Paraskeví Str. auf die Uferpromenade trifft. Kretische Naturprodukte wie Wein, Honig, Marmelade, Schwämme etc.

The Scuba Shop, Eleftheriou Venizelou 65, großer Tauchsportladen an der Hauptstraße, gehört zum Tauchsportzentrum im Hotel Nana Beach (→ Stális/Sport). ✆ 28970-22863.

• *Sport* **Bootsverleih**, am Ortsstrand unterhalb der Bar New York.

Star Waterpark, beliebtes Spaßbad am östlichen Ortsausgang – Wasserrutschen und Schwimmbecken, Liegen und Sonnenschirme (→ Baden).

Aqua Plus, großer Wasserpark an der Straße zur Lassíthi-Hochebene inmitten schöner, grüner Landschaft (→ S. 298).

Water City, das dritte Spaßbad im Bunde, landeinwärts von Kokkíni Cháni bei Anópolis (→ S. 223).

Kartland, Gokart-Bahn beim Star Waterpark, benachbart die Minigolfanlage **Golfland**.

Funland, weiterer schöner **Minigolfplatz (6)** mit Karussell oberhalb vom Ortsstrand (→ Stadtplan) und auch in **Koutouloufári** gibt es einen.

Chersonissos, Reitstall beim Star Waterpark, ✆ 28970-23555.

Coral Watersports & Diving Center, Tauchzentrum im Hotel Cretan Village am Strand von Anissáras, ✆ 28970-22996.

Dive Center Creta Maris, Tauchzentrum im gleichnamigen Hotel, ✆ 28970-22122 (beide Hotels → Übernachten).

Feste/Veranstaltungen

Ostern ist überall auf Kreta das größte Ereignis im Festjahr, die Feierlichkeiten ziehen sich über eine ganze Woche. Höhepunkt in Liménas Chersonísou ist die Auferstehungsfeier am Ostersamstag bei der kleinen Kirche Agía Paraskeví am Hafen. Um Mitternacht wird auf dem Fels von Kastri ein riesiger Scheiterhaufen in Brand gesetzt, Judas verbrennt darin als Strohpuppe und innerhalb von Sekunden verwandelt sich die ganze Hafenmole in ein buntes Feuerwerk. Mit Öl übergossene Sägespäne bilden die berühmten Worte: „christós anésti" – Christus ist erstanden.

Sehenswertes

Einige wenige Reste aus römischer und frühchristlicher Zeit sind im Stadtgebiet erhalten, das meiste wurde jedoch durch die intensiven Baumaßnahmen der letzten Jahrzehnte zerstört. In der Umgebung findet man noch die Ruinen mehrerer großer Aquädukte, die Wasser von den Lassíthi-Bergen bis zum Hafen transportierten (→ Lassíthi-Ebene/Anreise).

Mosaikbrunnen: An der Uferpromenade Agía Paraskeví mit ihren vielen Souvenirläden, Restaurants und Cafés trifft man ganz unvermutet auf einen schwer mitgenommenen römischen (oder byzantinischen) Mosaikbrunnen namens *Sarakíno*. Er hat die Form einer flachen Pyramide, Stufen führen zur Spitze, auf den Seitenflächen sind verschiedene Fischerszenen gestaltet. Nur noch eine Seite ist relativ gut erhalten: Man erkennt Wasservögel und Fische, im oberen Teil ein Boot mit einem Ruderer und einem Mann, der eine Krake an Bord zieht, unten einen Fischer mit blauem Hut. Das Wasser trat früher wahrscheinlich aus der Spitze heraus, floss als

Der römische Mosaikbrunnen in Liménas Chersonísou

dünner Film über die Mosaike herunter und brachte dabei die Farben zum Leuchten. Heute führt der Brunnen kein Wasser mehr, die wenigen erhaltenen Mosaiksteinchen sind mit Beton befestigt.

Im Meer vor dem Brunnen sind spärliche Reste *antiker Hafenmolen* erhalten.

Römisches Theater: Das kleine Theater der Stadt liegt völlig vernachlässigt auf einem unbebauten Grundstück, ein Stück landeinwärts vom römischen Brunnen. Im 16. Jh. war es noch gut erhalten und ein italienischer Reisender konnte damals einen Grundriss zeichnen. Ende des 19. Jh. wurde das Theater jedoch von der Bevölkerung als Steinbruch für Baumaterial verwendet und völlig zerstört. Nur noch die halbkreisförmige Mauer, auf der die Zuschauertribüne errichtet war, und die Säulensockel eines früheren Arkadengangs sind heute zwischen Gestrüpp zu orten.

Fels von Kastrí: Wenn man vom Brunnen weiter die Uferstraße entlanggeht, kommt man zum kleinen *Fischerhafen*. Er liegt ganz im Schutz des exponierten Kalksteinkaps Kastrí. Unter Wasser hat man hier Reste von *Hafenmolen* entdeckt, die wahrscheinlich noch aus vorrömischer Zeit stammen.

Oben auf dem Plateau liegen die überwucherten Grundmauern der dreischiffigen *Basilika Kastríou* aus dem 5. Jh. mit umgestürzten Säulenstümpfen und spärlichen Resten eines schönen Mosaikbodens. Sie war einst über 50 m lang und damit eine der größten Kirchen Kretas, vielleicht die Hauptkirche des Episkopats Chersónisos. Ein ehemals vorhandener Zaun ist niedergetreten, die Mosaike verschwinden nach und nach in den Hosentaschen der Touristen, die Gräber im Umkreis sind zerstört. Schöner Blick, vor allem bei Nacht, auf die Hafenpromenade und über den Ort.

An der Nordseite fällt das Kap steil zu einer Felsplatte ab, die sich etwa in Meereshöhe befindet (→ Baden). An der Nordostecke liegen drei rechteckige *Becken*, die von den Römern zur Fischzucht verwendet wurden. Für das Meerwasser besaßen sie Ein- und Auslaufkanäle, die wahrscheinlich mit Gittern versperrt werden konnten.

Traditionelle Dreschtenne im Freilichtmuseum Lychnostátis

Lychnostátis

Das *„Museum des kretischen traditionellen Lebens"* ist die vielleicht interessanteste Attraktion in Liménas Chersonísou. Dreißig Jahre lang sammelte der Augenarzt Jorgos Markakis in liebevoller Kleinarbeit zahllose Stücke aus der kretischen Geschichte und Tradition. In siebenjähriger Vorbereitungszeit wurden auf einem Grundstück am Meer eine Reihe typischer Bauten Kretas in althergebrachter Bauweise errichtet und 1991 konnte das Museum unter Leitung von Jorgos' Sohn Iannis eröffnet werden.

Die Deutsche Jurina, die seit mehr als zwanzig Jahren auf Kreta lebt, weiß über alle Exponate genauestens Bescheid und leitet die sehr instruktiven Führungen, wobei zahlreiche Details erläutert werden: U. a. besichtigt man ein *Wohnhaus* (unten die Räume von einfachen Landleuten, oben die Wohnung einer wohlhabenden Familie), eine *Kapelle*, eine *Windmühle* (mit eingravierten Versen, so genannten „mantinádes", des früheren Besitzers), eine *Hirtenhütte* (mitáto), eine *Dreschtenne*, eine *Weberei*, eine *Färberei*, eine traditionelle *Parfümerie* und eine *Töpferei*. Auf dem Gelände sind typische Nutzpflanzen, Bäume und Blumen gepflanzt und es gibt eine Ausstellung der zahlreichen Gesteinsarten der Insel. Nach der Führung kann man im kleinen Café der Anlage kretische Getränke wie Kräutertees, *soumáda* (Mandelmilch) und *kanneláda* (Zimtgetränk) kosten. Der Name „Lychnostátis" bezieht sich übrigens auf den traditionellen Ölleuchter, den früher jedes Haus besaß.

Samstagabends gibt es griechische Tänze und eine Filmvorstellung, außerdem werden einmal in der Woche Traubenstampfen, Weinherstellung und Rakí-Brennen vorgeführt. Im September und Oktober findet jede Woche ein *„Traubenfest"* statt.

- Lage etwas östlich außerhalb von Liménas Chersonísou, an der „Beach Road" neben Caravan Camping.
- Öffnungszeiten/Preise So–Fr 9.30–14 Uhr, Sa geschl., Führung jeweils zur vollen Stunde, ca. 4,50 €, Kinder bis 10 Jahre 2 € (bei nochmaligem Besuch des Museums freier Eintritt mit der bereits gelösten Karte). Reservierung unter ✆ 28970-23660.

Am Südhang unterhalb der Basilika ist die kleine Kapelle *Agía Paraskeví* in eine höhlenartige Öffnung hineingebaut. Am Ostersamstag um Mitternacht findet hier die große Auferstehungsfeier statt (→ Feste).

Basilika Ágios Nikólaos: Am östlichen Ortsausgang hat man auf einem vorspringenden Kap direkt am Meer eine weitere frühchristliche Basilika entdeckt (auf dem Gelände des Hotels Eri Beach, Nähe „Star Waterpark"). Die kleine Kapelle Ágios Nikólaos wurde im 18. Jh. in die Grundmauern hineingebaut, in römischer Zeit stand hier wahrscheinlich ein Tempel. Wegen ihrer exponierten Lage ist ein Teil der Basilika im Meer versunken, die fünfeckige Apsis liegt gleich hinter der Kapelle, erhalten sind Reste des prächtigen Mosaikbodens.

„Aquaworld": am westlichen Ortsausgang gegenüber vom Hard Rock Café die Straße landeinwärts und gleich links. Das liebevoll gestaltete Aquarium wurde 1995 von einem Schotten eröffnet. Betrachten kann man u. a. lebende Hummer, Langusten, Seesterne und Muscheln, aber auch Schlangen, Eidechsen und Landschildkröten. Die Räumlichkeiten sind klimatisiert.

Öffnungszeiten/Preise tägl. 10–18 Uhr, ca. 5 €, Kind & Stud. 3 €. Führungen tägl. 10–13 Uhr. Bei nochmaligem Besuch freier Eintritt mit der bereits gelösten Karte. ✆ 28970-29125, www.aquaworld-crete.com

Liménas Chersonísou/Baden

Im Bereich von Liménas Chersonísou gibt es zahlreiche Badebuchten und kleine Strände, die in die weichen Kalksteinfelsen eingelagert sind. Der lange Strand von Anissáras liegt allerdings gut 2 km außerhalb.

Unmittelbar im Ort erstreckt sich ein schmaler Sandstrand, der meist bis zum letzten Fleck mit Liegestühlen und Sonnenschirmen voll gestellt ist. Besser ist der weiße *Sandstrand* westlich vom Fischerhafen – etwa 400 m lang, allerdings direkt daran anschließend die große Anlage des Creta Maris und andere Hotels, deshalb immer ziemlich voll. Es gibt eine Surfschule und Tretboote. Richtung Norden schließen sich hier mehrere Sandbuchten in den Uferfelsen an (→ nächster Abschnitt). Ruhe findet man auf den Felsplatten am vorderen Ende des *Hafenkaps*, direkt unterhalb des Plateaus mit der byzantinischen Basilika.

Diverse kleine Strände und Badebuchten liegen auch östlich außerhalb in Richtung Stális. Kurz nach Ortsausgang lockt zwischen Straße und Küste der *Star Waterpark*, ein Wiesengelände mit mehreren Pools, Wasserrutschen, Minigolf, Kinderspielgeräten, Liegestühlen, Taverne, Bars und anderen Einrichtungen (Eintritt frei). Hier kann man Fallschirmsegeln, mit Jet Bike, „Rings" oder dem „crazy" Banana Boat übers Wasser fegen, tauchen, Kanus und Tretboote mieten.

▶ **Strand von Anissáras**: Den längsten Strand der Region finden Sie 2 km nördlich von Liménas Chersonísou, zu Fuß oder mit dem Fahrzeug. Verlassen Sie den Ort in Richtung Nordwesten auf der Straße am Creta Maris Hotel vorbei. In den ausgewaschenen Uferklippen sind hübsche, kleine *Badebuchten* mit Sand der feinsten Sorte eingelagert. Ein felsiges Kap bildet das Nordende der Bucht von Mália, hier schöner Blick zurück auf die „weiße Stadt" Liménas Chersonísou. Unter Bäumen am Meer steht hier das weiße Kirchlein *Ágios Geórgios* mit einer Quelle, benachbart der Stumpf einer ehemaligen Windmühle, vorgelagert ist die kleine Insel *Ágios Antónios*. Im Westen sieht man die Riesenanlage des „Royal Knossos Village" sowie das „Royal Mare Village" mit einem ausgezeichneten Thalassotherapie-Zentrum. Und hier findet man auch das Ziel des Ausflugs: einen *Sand-/Kiesstrand*, der sich kilometerweit Richtung Iráklion erstreckt, im Wasser liegen allerdings teilweise Felsplatten. Noch Mitte der 1980er Jahre war dieser Küstenabschnitt völlig leer. Mittlerweile ist der Strand restlos zugebaut, Hotels und Apartments ziehen sich kilometerweit nach Westen und weit ins Hinterland. Alle Reiseveranstalter haben Anissáras in ihren Programmen. Wer hier bucht, sollte allerdings bedenken, dass die Stadt kilometerweit entfernt ist.

• *Anfahrt* Neben der beschriebenen Variante ist der Strand von Anissáras auch von der **Old Road** nach Iráklion zu erreichen. Auf der Kuppe westlich von Liménas Chersonísou führen asphaltierte Straßen hinunter, z. B. von der **Tankstelle** aus. Die Straßenführungen sind allerdings teils verwirrend und oft endet man in Sackgassen vor Hotelanlagen.

• *Übernachten* Am Strand von Anissáras gibt es Dutzende von Unterkünften.

Cretan Village, A-Kat., geschmackvolle Ferienanlage im kretischen Dorfstil, behindertengerechter Eingang, gepflegter Rasen und Blumenbeete, zwei Süßwasserpools, Disco, Taverne, Pizzeria u. v. m., reichhaltiges Frühstücksbuffet. Viel Sportanimation, Tauch-Center. DZ mit Frühstück ca. 130–210 €, über viele Reiseveranstalter zu buchen. ✆ 28970-22996, 📠 22300, www.aldemarhotels.com

Zorbas Village, A-Kat., hübsche, farbenfroh gestaltete Bungalowsiedlung, sehr gepflegter Gesamteindruck, um die Häuser satter Rasen, zwei Pools mit Poolbar, für die kühleren Monate ist sogar ein Hallenbad vorhanden. Restaurant, Tennis, Animation, kretische Abende. Die Ruhe macht den Urlaub hier zum Vergnügen, auch mit Kindern. DZ ca. 120–160 €. ✆ 28970-23268, 📠 22604.

Aloe, C-Kat., nett gestaltetes Hotel mit viel Grün und schönem Pool, deutschsprachige Leitung. ✆/📠 28970-22938.

Lyttos Beach, A-Kat., Großanlage des Robinson-Clubs, 4 km westlich von Liménas Chersonísou in einer recht zersiedelten Region hinter dem Strand. Vor dem riesigen

Am Ortsstrand von Liménas Chersonísou

Gelände mit Rasenflächen, Blumen und Palmen schöner, sandiger Strandbereich. Es gibt 16 Tennishartplätze, einen tollen Swimmingpool (mit 65 m der längste Kretas), ein Theater für abendliche Aufführungen, ein Restaurant mit deutschem Koch, ein Kinderdorf, Disco, Sauna usw. Die Zimmer sind dagegen eher schlicht gehalten, auch Empfangshalle und Aufenthaltsraum wirken recht funktionell. Wegen der gut organisierten Kinderbetreuung sehr geeignet für Familien. ✆ 28970-28500, 📠 28555, www.robinson-club.com

Liménas Chersonísou/Hinterland

Hinter Liménas Chersonísou steigt das mächtige Bergmassiv des *Charákas* an. In den kleinen, verwinkelten Hangorten hat der Tourismus massiv Einzug gehalten. Zahlreiche Restaurants und Bars buhlen um Kunden, zwischen verfallenden Bruchsteinmauern werden immer neue Apartments im „Dorfstil“ hochgezogen, oft mit Pool und traumhaftem Blick, immer in herrlich ruhiger Lage. Trotzdem bilden die drei Orte noch immer einen angenehmen Kontrast zur Hotelstadt am Meer – schwarz gekleidete Frauen sitzen vor ihren Türen und das dörfliche Leben lässt alle Hektik vergessen.

▸ **Koutouloufári**: 1 km hinter Liménas Chersonísou und mit dem benachbarten Piskopianó fast zusammengewachsen. Es gibt einige reizvolle Tavernen und man genießt einen sehr schönen Blick hinunter (→ Liménas Chersonísou/Essen & Trinken).

▸ **Piskopianó**: Ein Bummel durch den Ort lohnt, denn manche Häuser ersticken fast in ihrer Blumenpracht. Im September liegen überall dicke Säcke mit Früchten der zahlreichen Johannisbrotbäume, die oberhalb vom Ort wachsen. Einen Besuch wert ist das *Dorfmuseum* (Agrotikó Museío) in einer sorgfältig restaurierten, alten Olivenfabrik. Die Arbeitswelt der kretischen Bauern und Handwerker wird dargestellt, Tischlerei, Webstuhl, große Ölpresse, Schmiede, Böttcherei, Rakí-Brennofen usw. und anhand von instruktiven Fotos die Produktion des Olivenöls erklärt.
Öffnungszeiten/Preise Di–So 10–13, 16–20.30 Uhr, Eintritt ca. 1,80 €.

▸ **Chersónisos**: ein Stück weiter westlich, bevorzugter Ausflugsort für die Hotelgäste von Liménas Chersonísou. Am wunderschönen ovalen Dorfplatz treffen sich die Dorfbewohner zum Tavlispielen, in den Tavernen kann man stilvoll essen. Inmitten der Restaurants hat der Dorfmetzger seinen Laden, mit etwas Glück kann man hier seine original „Souvláki-Schneidemaschine" in Aktion beobachten.

Stalída (auch: Stális)

Große Feriensiedlung zwischen Liménas Chersonísou und Mália, mit letzterem inzwischen zusammengewachsen. Früher standen hier nur eine Hand voll Häuser, heute klettern Hotels und Apartment-Neubauten weit in die flache Uferebene und die Hänge hinauf. Vorgelagert erstreckt sich ein langer, feinsandiger, allerdings relativ schmaler Sandstrand (Liegen, Sonnenschirme und umfangreiches Sportangebot), gleich dahinter reihen sich Tavernen und Bars, teils mit Rasenflächen. Nach Mália führt eine Küstenstraße unterhalb der New Road, eingelagert in die niedrige Klippenküste sind weitere kleine Sandstrände. Sehr ruhig ist das westliche Strandende, allerdings verläuft die Old Road dort relativ nah.

• *Anfahrt/Verbindungen* Busse fahren alle halbe Stunde in beide Richtungen. Siehe auch Liménas Chersonísou und Mália.

• *Übernachten* Im unmittelbaren Ortsbereich dutzende Hotels, in der Saison fast ausschließlich von Pauschaltouristen in Beschlag genommen. Viele besitzen eigenen Süßwasserpool und Duschen am Strand. Weitere Unterkünfte reihen sich in endloser Folge an der Küstenstraße bis Mália. Am westlichen Strandende einige ruhig gelegene Apartmentanlagen.

Nana Beach, A-Kat., etwas außerhalb in Richtung Liménas Chersonísou, beliebte Anlage an der Küste, gepflegt, solide Ausstattung, mehrere Restaurants, vielfältige Animation. Die weißen Wohnblöcke ziehen sich zum Meer hinunter, unten sehr schön gestaltete Poolanlage mit ins Wasser gesetzter Bar, besonders hübsch auch der Strandbereich mit einer versandeten Hafenanlage. Wassersport und hauseigenes Tauch-Center (→ Sport). Pauschal über viele Reiseveranstalter. ✆ 28970-22950, ℻ 22954, www.nanabeach.gr

Blue Sea, A-Kat., ältere, jedoch renovierte Bungalow-Anlage, nur durch die betonierte Uferstraße vom Strand getrennt, mit Pool. In länglichen Einheiten sind jeweils mehrere Wohnungen zusammengefasst, von Erdgeschoss-Bungalows bis zu dreigeschossiger, aber aufgelockerter Bauweise, vor den kleinen Terrassen Rasenflächen. Angenehme Atmosphäre, freundliches Personal, das auch Deutsch spricht. Im Restaurant abwechslungsreiches griechisches Büffet. DZ mit Frühstück ca. 50–120 €. ✆ 28970-31371, ℻ 31375, www.bluesea.gr

Zephyros Beach, B-Kat., größeres Strandhotel mit 85 Zimmern, Pool, Taverne am Strand. DZ mit Frühstück ca. 60–75 €. ✆ 28970-31691, ℻ 32473, http://users.otenet.gr/~zefir

Mehrere kleine bis mittelgroße Strandhotels liegen im Zentrum dicht nebeneinander, darunter **Zervas Beach**, C-Kat., mit Pool (✆ 28970-32719, 📠 31397, und **Palm Beach**, B-Kat., umgeben von mächtigen Palmen (✆ 28970-31665, 📠 31375).

Stalis, D-Kat., einfaches Haus mit einer Galerie Sonnenkollektoren am Dach, eigener Süßwasserpool am Strand, etwa 1 Min. entfernt. Schlichte, geräumige Zimmer, jeweils mit Balkon und Du/WC. DZ mit Frühstück etwa 30–50 €. ✆ 28970-31246, 📠 33585.

Am westlichen Strandende liegen die Apartmentanlagen **Niki** (✆ 28970-31964), **Diamond Beach** und **Perigiali**.

• *Essen & Trinken* Am Strand und an der Küstenstraße ballen sich Dutzende Tavernen, z. T. mit hübschen Gärten und Freiluftterrassen. Alle Lokale preisen ihr Angebot und ihre Sonderkonditionen („Happy Hour"), überall ertönt laute Musik. Ruhiger wird es erst nach Mitternacht. Pächter und Qualität der Lokale wechseln oft von Jahr zu Jahr.

Kotsos-Fellas, von der Strandstraße in der Nähe vom Anthoussa Hotel (westlicher Ortsbereich) landeinwärts einbiegen. Die alteingesessene Familientaverne (seit 1975) zeigt sich vom Trubel in Stális unbeeindruckt und ist erfreulich schlicht gehalten. Georg, der Sohn des Haus, zeigt stolz die von seiner Mutter täglich frisch zubereiteten Speisen – Ziegen, Lamm, Kaninchen, Kalb, gefüllte Tomaten u. v. m., alles geschmackvoll und sauber zubereitet.

Hellas, aufwändig dekorierte Ouzerie ebenfalls landeinwärts der Küstenstraße, sehr „griechisch" aufgemacht.

Panorama, hoch über dem Strand gelegen, schattig und kühl, schöner Ausblick.

Chovoli, direkt an der Strandstraße, Ouzerie mit einigermaßen authentischer Küche.

Romantic Corner, ruhige Ecke am Westende der Uferpromenade, direkt an der niedrigen Klippenküste.

• *Sport* **Scuba Kreta Tauchzentrum**, im Hotel Nana Beach an der Küste zwischen Liménas Chersonísou und Stális, geführt von Georgios Georgantas, einem erfahrenen Tauchlehrer, der schon den französischen Meeresforscher Jacques Cousteau in die örtlichen Gewässer begleitet hat. Getaucht wird nach PADI-Richtlinien von Land und vom Boot, Kurse für Anfänger und Fortgeschrittene, „Schnupperkurs" mit Tauchgängen bis 6 m Tiefe, Maximaltiefe für Kenner 24 m. Von allen großen Hotels im Umkreis kostenloser Transfer. ✆ 28970-24076, 📠 24916, www.scubakreta.gr

Motostyle, Fahrradverleih an der Promenade, gegenüber Taverne Chovoli, ✆ 28970-33885.

Minigolf, direkt am Strand.

Amarilis Stable, Reitstall im Hinterland, 1- und 4-stündige Ausritte mit Essen. ✆ 28970-33516.

• *Shopping* **Creta Natura**, kretische Produkte schräg gegenüber vom Anthoussa Aparthotel.

Stalída/Umgebung

▸ **Mochós**: größerer Ort auf einer Hochebene oberhalb von Stalída, touristisch gut bekannt, aber noch kein Rummel. Der 1986 ermordete schwedische Ministerpräsident Olof Palme, der auf Kreta sehr geschätzt wird, besaß hier oben ein Ferienhaus. In großen Serpentinenschleifen mit herrlicher Aussicht auf die Küste geht es über einen Pass hinauf. Am einladenden Dorfplatz mit seinen großen Platanen kann man in einer ganzen Reihe von Lokalen gemütlich essen. Da es auch guten Rakí und Wein gibt, empfiehlt sich gegebenenfalls Hin- und Rückfahrt per Taxi. Von Mochós Weiterfahrt möglich zur Lassíthi-Hochebene (→ S. 300).

• *Übernachten* **Mary**, C-Kat., etwas außerhalb, kurz nach Ortsausgang links beschildert. Gepflegtes und wohltuend ruhig gelegenes Hotel, familiär geführt, sehr sauber, 12 großzügige Zimmer mit Heizung und großen Balkons, schöner Blick in die Landschaft der Umgebung. Hübsche Terrasse mit Pool. Besitzer spricht Deutsch. Essen täglich nach Voranmeldung, reichliches und ausgezeichnetes Menü ca. 12–15 €. Guter Standort für Ausflüge in die Lassíthi-Hochebene. DZ mit üppigem Frühstück ca. 45–50 €. ✆ 28970-61534, 📠 61138, www.hotelmary.gr

Wanderung von Mochós nach Stalída

Wanderung auf einem alten, gepflasterten Maultierpfad, der von der Hochebene zur Küste hinunterführt. Teile des Weges sind durch Regenfälle weggespült worden,

Trittsicherheit ist erforderlich. Außerdem lange Hosen anziehen, an einer Stelle muss man kurzzeitig durch Dornengestrüpp gehen.

• *Dauer* Etwa 3 Std., es geht durchweg bergab.

• *Wegbeschreibung* Wenn man nach der Auffahrt von Stalída den **Pass** zur Hochebene erreicht hat, liegt auf halbem Weg nach Mochós links der **Friedhof**. Ein Asphaltweg führt rechts daran vorbei und biegt dann nach links zu einem **Sportplatz** ab. Zwischen der Westseite des Platzes und einem Zaun beginnt (etwas versteckt durch Geröll) der gut 1 m breite, z. T. noch original gepflasterte **Maultierweg**, der bis zum Bau der Serpentinenstraße vor vierzig Jahren für die Landbevölkerung die einzige direkte Verbindung zur Küste war. Der Weg führt zunächst durch ein Zauntor eben nach Norden. Die alte Pflasterung ist nicht mehr durchgängig erhalten, wenn man aber die Richtung zum Meer (Norden) beibehält, trifft man immer wieder auf gepflasterte Stücke. Nach einer halben Stunde beginnt bei einzeln stehenden Bäumen, an denen der Weg rechts vorbeiführt, der **Abstieg** über Serpentinen. Dabei hat man herrliche Ausblicke auf die Küste. Allerdings wurden hier Teile des Wegs durch Regenfälle hinuntergespült und man muss sehr trittsicher sein. Leider wird der Maultierweg durch die neue **Schnellstraße** abrupt unterbrochen und endet am Eingang eines **Tiergeheges**. Jedoch kann man vor dem Tor links ins Gebüsch talabwärts einbiegen und trifft auf einen mit Dornengestrüpp überwucherten Pfad. Hier kommt man zu einem **Tunnel**, der die Schnellstraße unterquert. Nach Stalída muss man von dort die **Asphaltstraße** benutzen.

Mália

Ein Höhepunkt – zumindest was touristische Einrichtungen, verlorene Ursprünglichkeit und Urlauberzahlen angeht.

Das ehemals unscheinbare Straßendorf ist wegen des schönen Strandes und seiner Nähe zu Iráklion zu einem der beliebtesten Ferienzentren Kretas herangewachsen. Von der mit Souvenirläden, Restaurants und Hotels dicht gesäumten Durchgangsstraße führt eine etwa 2 km lange Stichstraße hinunter zum Strand. Diese stellt einen echten Rekord auf, denn hier steht kein einziges Haus, das nicht touristisch engagiert ist! Zu beiden Seiten der Straße reihen sich Tavernen, Bars, Hotels, Souvenirläden, Discos, Autovermieter usw. Abends herrscht Rummelplatz-Atmosphäre, jede Bar überbrüllt die andere mit den neuesten Hits, es geht rund bis zum Morgengrauen, tonangebend sind dabei die jungen trinkfreudigen Briten. Natürlich ist auch der alte Ortskern landeinwärts der langen Durchgangsstraße inzwischen „entdeckt". In den verwinkelten Gassen gibt es aber noch hübsche Ecken mit alten Bruchsteinhäusern und üppig rankender Bougainvillea, die einen ausgedehnten Fotobummel wert sind. In der Kirche *Panagía Galatiáni* kann man abends eine Ikonensammlung betrachten, am Kirchplatz ist ein großer Drehbrunnen erhalten.

Mália ist ein guter Ausgangspunkt für Ausflüge, z. B. zum wenige Kilometer außerhalb liegenden minoischen Palast oder in die berühmte Lassíthi-Hochebene. Ansonsten verbringt man die Tage in erster Linie am Strand – in der Regel genauso dicht gedrängt wie abends, inkl. Bingospiele und täglicher Wahl der „Miss Bikini". Wem das gefällt, der wird einen schönen Urlaub verbringen können – Kontakte sind jedenfalls garantiert.

Anfahrt/Verbindungen

• *Eigenes Fahrzeug* Von und nach Iráklion benötigt man ca. 30–40 Min.

• *Bus* Auf der Strecke **Iráklion – Liménas Chersonísou – Mália – Ágios Nikólaos** gibt es die besten Busverbindungen Kretas. Von April bis Oktober täglich alle halbe Stunde Iráklion – Mália (6.30–22 Uhr) und Mália – Iráklion (7–23 Uhr). Preis ca. 2,30 €,

Strandleben bei Mália

Dauer etwa 1 Std. Grund dafür sind natürlich die zahlreichen Touristen in den Badehotels an der Strecke. Die Busse werden gerne zum Pendeln vom Hotel zu den Badestränden benutzt. Vor allem abends sind sie mit Heimkehrern überfüllt. Die Busstopps sind nummeriert.
Außerdem 2 x tägl. Verbindungen nach **Sísi** und **Mílatos** und 1 x morgens in die **Lasíthi-Ebene** (nachmittags zurück). Siehe auch unter den jeweiligen Orten.

• *Taxi* Bei der großen Kirche am östlichen Ortsausgang und an der Einmündung der Stichstraße zum Strand. ✆ 28970-31777 oder 33900 (24 Stunden).

The Happy Train: Auch in Mália nimmt Sie ein „Happy Train" mit auf eine „hinreißende Fahrt durch die Städtchen von Malia mit seiner idyllischen Altstadt und Stalida, vorbei an Geschäften, Restaurants und schönen Stränden." Irida Tours, ✆ 28970-33624.

Adressen (siehe Karte S. 285)

• *Ärztliche Versorgung* **Cretan Medicare Medical Center (21)**, an der Mitte der Stichstraße zum Meer rechts. ✆ 28970-31661, ℻ 24064, www.cretanmedicare.gr
Medical Emergency Line (28), an der Beach Road gegenüber Taverne Drossia, ✆ 28970-35321 (gratis: 8001129400), ℻ 35320, E-Mail: medical@in.gr

• *Auto-/Zweiradverleih* Jede Menge, die meisten an der Durchgangsstraße und an der Stichstraße zum Meer.
Motor Club (11), gute Motorräder im oberen Bereich der Stichstraße zum Strand. ✆ 28970-32033, ℻ 33077.

• *Fahrradverleih* **Aries Bikes (30)**, wenige Meter von der Kreuzung von Stichstraße und „Beach Road" (vor Taverne Posidonia).

• *Geld* Mehrere Geldautomaten an der Durchgangsstraße.

• *Internet* **Internet Café Mália**, an der Stichstraße zum Strand, ✆ 28970-29563, www.malia.co.uk/internetcafe
Website: www.malia.co.uk

• *Post* Hinter der Hauptkirche am westlichen Ortsausgang.

• *Sport* **Minigolf (32)** im unteren Bereich der Stichstraße zum Meer rechts.
Billardhalle (19), neben Medical Center (→ Ärztliche Versorgung).

Kartland (27), große Gokart-Bahn in Strandnähe (→ Stadtplan).

Malia Water Slides, Wasserrutschen mit Taverne und Bar, Eintritt frei.

• *Shopping* **Chalkiadakis (10)**, großer Supermarkt an der Straße, die im westlichen Ortsbereich von der Durchgangstraße zur Stichstraße führt.

Internationale Presse (9), zwei Läden an der der Durchgangsstraße.

Taste of life, kretische Produkte gegenüber vom Zeitungsladen im östlichen Teil der Durchgangsstraße.

Jewellery Workshop (7), restauriertes Haus im alten Ortskern, abends illuminiert. Handgemachter Schmuck, auch auf Bestellung.

• *Wandern* Die Gemeinde von Mália hat einen schönen Prospekt mit **Wanderrouten** im Hinterland herausgebracht. ☏ 28970-35027, E-Mail: secretary@cityofmalia.gr

• *Wäscherei* mehrere, z. B. **Wash Express** im oberen Teil der Stichstraße zum Meer links.

Mália liegt in einer Ebene mit Plastikgewächshäusern, die hauptsächlich für die Zucht der kleinen kretischen Bananen genutzt werden. Die Bewohner bieten sie in pittoresken Büscheln an der Durchgangsstraße an.

Übernachten

Zahllose Hotels ziehen sich entlang der Küstenstraße bis ins benachbarte Stalída. In der Saison sind sie zu 95 % von Pauschalurlaubern in Beschlag genommen. Vorsicht: Der nächtliche Discolärm beeinträchtigt empfindlich alle Hotels im Umfeld der Stichstraße! Bei Pauschalbuchung auf die Lage des Hotels achten. Ruhige Unterkünfte findet man im alten bzw. hinter dem Ortskern, auch für Individualreisende gibt es dort viele Möglichkeiten.

• *Am Strand* Hier liegen vor allem die Häuser der höheren Kategorien, Aufenthalt in der Regel nur mit Halbpension.

Malia Park, A-Kat., Großanlage 1 km östlich vom Zentrum, gehört zur renommierten Kette der Grecotels (→ Réthimnon), spiegelnder Marmor in der Lobby, liebevoll angelegter Garten mit saftigem Rasen und schattigen Bäumen, schöner Pool mit Fächerpalme und Bar, 145 pastellfarbene Bungalows im kretischen Dorfstil, geschmackvoll eingerichtet. Kindercamp, deutsche Animation, Wassersportzentrum Overschmidt am Strand. Zu buchen über zahlreiche Veranstalter. ✆ 28970-31461, ☏ 31460, www.grecotel.gr

Kernos Beach, A-Kat., ca. 1,5 km westlich vom Zentrum, direkt am Strand, große, ältere Anlage in relativ unattraktiver Betonarchitektur, aber wunderbarer Garten mit prächtigem Baumbestand und großem Pool. Zimmer fast durchgängig renoviert, schöne Bambusmöbel, zahlreiche Einrichtungen. Über Reiseveranstalter zu buchen, z. B. Attika, nur mit Halbpension. ✆ 28970-31421, ☏ 31774, www.kernosbeach.gr

Ikaros Village, A-Kat., direkt neben Kernos Beach, schöne und originell konzipierte Anlage im Dorfstil, Bungalows mit Mauern aus Bruchstein gruppieren sich um Rasenflächen mit alten Bäumen, Swimmingpool, guter Strandbereich, saubere Zimmer mit täglicher Reinigung, wohnliche Atmosphäre, unter Schweizer Leitung. Über Reiseveranstalter zu buchen, nur mit Halbpension. ✆ 28970-31267, ☏ 31341, E-Mail: ikarosv@hrs.forthnet.gr

Alexander Beach, A-Kat., westlich vom Ikaros Village, architektonisch gelungene Anlage direkt am schmalen, aber gepflegten Sandstrand. Über Reiseveranstalter zu buchen, nur mit Halbpension. ✆ 28970-32134, ☏ 31038.

Sirens Village (31), A-Kat., am Strand östlich der Stichstraße, gehört zum großen Hotel Sirens Beach, hübsche Anlage im Dorfstil mit üppig bewachsenen Häuschen inmitten von satten Rasenflächen, Pool direkt davor. Über Reiseveranstalter zu buchen, nur mit Halbpension. ✆ 28970-31321, ☏ 31325, www.sirensbeach.gr

High Beach (33), D-Kat., große Anlage direkt am Strand, recht nah beim Ort. Zwei Pools mit Bars, außerdem zwei Beach Bars und Taverne. Studio ca. 60–150 €. ✆ 28970-32783, ☏ 32293.

• *Alter Ortsteil* Landeinwärts der Durchgangsstraße gibt es einige preiswerte Privatquartiere, dazu viele neu erbaute Apartmentanlagen am hinteren Ortsrand, die allerdings vorwiegend in der Hand englischer Veranstalter. sind

Esperia (13), etwas zurück von der Durchgangsstraße, bei der Tankstelle hinein, relativ ruhig, Garten mit meterhohen Kakteen. Frau Kuluras vermietet ordentliche Zimmer, jeweils mit Du/WC und Balkon. Kein Roomservice, dafür ziemlich teuer, den geforderten Preis von ca. 40–50 € kann man aber mit Handeln drücken. ✆ 28970-31086.

Aspasia (6), weiter hinten im Ort, einfache Pension mit Zimmern über mehrere Stockwerke verteilt. Wenn alle Zimmer belegt sind, vermietet die Wirtin sogar ihr eigenes Schlafzimmer. Ansonsten kann man auch auf dem Dach schlafen (eiserne Bettgestelle), schöner Blick über die Dächer bis zum Meer. DZ etwa 20–30 €. ✆ 28970-31290.

Sweet Dreams (4), D-Kat., im hinteren Ortsbereich, größeres Haus mit anständigen Zimmern, älteres Vermieterehepaar, viele junge Gäste (allerdings pauschal vergeben, nur in der NS freie Zimmer).

Unbedingt probieren: Bananen aus Mália

Galatia, von Liménas Chersonísou kommend am Ortseingang, Stichstraße in Richtung Strand und erste Abzweigung links. Leserkommentar: „Schöne DZ für ca. 30 €, viel heißes Wasser aus der Leitung."

Essen & Trinken (siehe Karte S. 285)

In Mália gibt es durchaus einige Restaurants, in denen man gut essen kann. Zum Tipp ist der alte Ortsteil geworden, nachdem die Einheimischen gemerkt haben, dass die Fremden lieber in romantisch verwinkelten Gassen essen als im Trubel der Stichstraße. Wer direkt am Meer essen will, muss einen kleinen Fußmarsch einschieben oder motorisiert sein.

• *Alter Ortskern* **Kalesma (1)**, im hinteren Ortsbereich, kleine gepflegte Taverne mit sehr höflichem Service. Dimitri bietet interessante griechisch-kretische Küche mit internationalem Einschlag, alles ausgesprochen lecker und fantasievoll zubereitet, auch die Desserts, dazu eine gute Weinkarte.

San Giorgio (2), Großlokal direkt im Schatten der Kirche Ágios Geórgios (Gasse bei der Post hinauf), ganz in Hellblau und Weiß gehalten, üppiger Blumenschmuck, dazu oft griechische Livemusik. Neben griechischen Spezialitäten auch deutsche Gerichte. Im Sommer abends oft bis auf den letzten Platz voll, frühzeitig kommen.

Elisabeth (3), schöne Lage am Platz gegenüber der Hauptkirche, romantische Windlichter und geschmackvolle Tische mit eingelegten Marmorplatten, freundliche Bedienung. Ordentliche griechische Küche, der Bauernsalat ist reichhaltig, auch dunkles Brot wird zum Essen serviert. Zum Weintrinken ist die Dachterrasse ein Tipp.

Milos (8), großer, gemütlicher Innenraum mit viel Holz, Terrasse zur Straße, die ab etwa 21.30 Uhr nur noch wenig befahren wird. Freundlicher, unaufgesetzter Service, leckere Fleischgerichte aus dem Ofen, z. B. hauchzartes Lamm, stifádo oder Hase.

• *Stich- und Strandstraße* **Avli (14)**, kleiner Abzweig von der Stichstraße, kurz vor dem Medical Center. Man sitzt unter Weinranken, nette griechische Atmosphäre und leckeres, preiswertes Essen.

Drossia (29), große Taverne im unteren Bereich der Stichstraße, an der Kreuzung mit der „Beach Road". Sitzplätze unter jungen Palmen und Schilfdächern im großen Garten. Gute Grillküche, viele Filetvarianten, aber auch typische Gerichte wie *soutzouká-*

kia smirniká (Hackfleischröllchen auf kleinasiatische Art) und *békri méze*.

Steirer Eck (12), im oberen Teil der Stichstraße, Wiener Schnitzel, Hähnchenbrust und Jägerschnitzel.

• *Sonstiges* **Malia Port**, alteingeführte Fischtaverne direkt im Fischerhafen, etwa 1 km ab Stichstraße, nette Bedienung und prima Essen.

Kreta (15), kleine Taverne am westlichen Ortseingang, 50 m nach der Tankstelle, von Lesern empfohlen: „Mutter, Tochter und Sohn Pediaditakis sind für ihre frisch zubereiteten griechischen Spezialitäten bekannt. Hier finden sich auch viele griechische Familien ein. Man sitzt romantisch in einem grün überwucherten Garten, allerdings direkt an der Hauptstraße."

Harakas (17), an der Durchgangsstraße in Richtung Sísi, etwas östlich der Tankstelle. Ebenfalls Leserempfehlung: „Ausgezeichnetes Essen bei günstigen Preisen und angenehmem Service."

Kalyva, in der Nähe des minoischen Palasts von Malia (→ S. 288)

• *Cafés/Kneipen* **Kipouli (5)**, üppig ausstaffierte Bar im östlichen Bereich des alten Ortskerns, schräg gegenüber der Taverne Zorbas.

Seasons, hübsche Freiluftbar im Fischerhafen, abends bunt illuminiert.

Nachtleben (siehe Karte S. 285)

Noch heißer als in Liménas Chersonísou! Die Stichstraße zum Strand wird nachts zur einzigen Musikzone, zahlreiche große, zur Straße hin meist offene Discobars stehen in harter Konkurrenz. Man pendelt hin und her, heftig umgarnt von kontaktfreudigen Anwerberinnen. Neben den tonangebenden Briten findet man hier Holländer, Skandinavier, Österreicher und (weniger) Deutsche. Zapfenstreich meist nicht vor 4 Uhr morgens, im Morgengrauen trifft man sich am Strand. Vor allem englische Reiseveranstalter werben mit den „heißen Nächten von Mália", was entsprechend erlebnishungriges Publikum anzieht. Die Preise sind günstiger als im nahen Liménas Chersonísou.

Camelot Castle Club (18), Discobar in Form einer riesigen Burg, erinnert an Disneyland und die Gigantomanie von Las Vegas.

Havanna Club (16), gleich daneben, kleiner und oft sehr voll.

Apollo Club (22), ein Stück weiter die Straße hinunter, beliebte Open-Air-Bar, daneben große Disco, wo zu später Stunde verschärft die Post abgeht.

Exodus (26), vom Apollo noch ein Stück die Straße hinunter, gut zum Aufheizen vor Mitternacht.

Malibu Club (20), schräg gegenüber vom Apollo, im tropischen Stil eingerichtet, Licht- und Nebeleffekte.

Für einen Tapetenwechsel begibt man sich z. B. ins **Zig Zag (25)** oder in den **Zoo Club (24)**.

Und wer nach Discoschluss noch immer nicht genug hat, marschiert ins Restaurant/Bar **Petrino (23)**, dessen Bar 24 Stunden geöffnet ist (→ Stadtplan).

Mália/Baden

Der lange, schmale Strand ist von Juni bis September völlig überfüllt. In der Nebensaison kann man aber einen schönen Spaziergang Richtung Osten bis zum Palast von Mália machen, dort wird der Strand breiter und wesentlich leerer. Die asphaltierte „Beach Road" verläuft parallel zur Küste und verbindet Mália mit dem westlichen Nachbarort Stalída und dem im Osten gelegenen Palast von Mália.

▸ **Ortsstrand**: Vom Ende der Stichstraße erstreckt sich nach beiden Seiten ein langer Strand mit feinem, weichem Sand, immer wieder unterbrochen von felsigen Kliffs. Es gibt mehrere Bademeister, diverse Strandlokale (teils mit Rasenflächen), zahllose Liegestühle und Sonnenschirme (zwei Liegen mit Schirm ca. 6 €), dazu ein ausgeprägtes Sportangebot: Wasserski, Tret- und Paddelboote, Surfbretter, Jet-Ski, Fallschirmsegeln usw. Gegenüber im Wasser liegt eine kleine, felsige Insel mit der weißen Kapelle *Ágios Ioánnis*. Die paar Meter kann man leicht hinüberschwimmen.

Richtung Osten wechseln Sand und ausgehöhlte Sandsteinformationen, auf einem Kap zwischen dichten Tamarisken steht das Kirchlein *Ágios Pneúma*, unmittelbar darauf folgt der kleine *Fischerhafen* von Mália.

- **Tropical Beach**: Östlich vom Fischerhafen erstreckt sich ein Sandstrand von etwa 1 km Länge und passabler Breite. Dahinter liegen niedrige Dünen, große Schilfflächen und eine wenig bebaute Ebene mit Windmühlskeletten, rostroten Feldern und Treibhäusern für Bananenzucht. Bisher ruhige Gegend, aber auch zunehmend Hotelbauten.
- **Potamos Beach**: große, halbrunde Sandbucht am Ostende des Tropical Beach, bereits in unmittelbarer Nähe zum Palast von Mália. Reizvoller und sehr beliebter Badeplatz, Sonnenschirme und Liegestühle werden verliehen, es gibt Duschen, Kinderspielgeräte, Windsurfbretter und Tretboote (nur HS).

• *Anfahrt* Die Strandbucht beim Palast von Mália ist auf der „Beach Road" zu erreichen (in der unteren Hälfte der Stichstraße zum Strand rechts ab), man kann aber natürlich auch zu Fuß **an der Küste** entlanggehen.
Oder man fährt die Hauptdurchgangsstraße von Mália wenige Kilometer nach Osten und nimmt den beschilderten Weg zum Palast von Mália. Beim Palast links ab, noch ein paar hundert Meter auf Asphalt.

• *Essen & Trinken* **Kalyva**, in der Bucht von Potamos beim Palast von Mália, direkt an der Straße. Wunderbar zum Sitzen unter einem Schilfdach und einer markanten Tamariske, von Giannis Monachos und seiner Frau professionell geführt. Ordentliche Auswahl, im Hintergrund das herrliche Panorama der Berge. Auch Einheimische kommen gerne hierher.

Palast von Mália

Das flache, fast schattenlose Gelände erstreckt sich nah am Meer, zwischen Olivenhainen und dorniger Phrygana. Von der Lage her ist es weniger attraktiv als die anderen Paläste, auch kleiner als Knossós und Festós. Trotzdem lohnt der Besuch, weil wenig Rummel herrscht und es zudem ein paar Meter weiter eine besonders schöne Badebucht gibt.

Der Palast und die umliegende Siedlung stammen aus der Zeit um 1650 v. Chr. und fielen 1450 v. Chr. derselben rätselhaften Katastrophe zum Opfer wie die meisten anderen Städte der Insel. Vom älteren Palast (ca. 1900 v. Chr.), der hier stand, sind nur noch wenige Spuren vorhanden. Der Bau folgt dem gleichen Schema wie die Paläste von Knossós, Festós und Zákros (vier Gebäudeflügel gruppieren sich um den von Süd nach Nord orientierten, lang gestreckten Zentralhof), ist aber insgesamt schlichter als die aufwändigen Anlagen von Knossós und Festós. So fehlt z. B. die prächtige Alabasterverkleidung, als Baumaterial wurden nur Kalk- und Sandstein aus der Umgebung verwendet, außerdem getrocknete Lehmziegel. Auch die Anzahl der Räume ist geringer und es fehlt die Theateranlage. Es handelte sich also vielleicht um einen „Provinzpalast", der aber trotzdem Mittelpunkt einer großen Siedlung war, die sich über einen guten Quadratkilometer erstreckte. Einige der freigelegten Teile liegen nördlich und nordwestlich vom Palast, z. T. unter einer eleganten Konstruktion aus Holz und Plexiglas.

• *Anfahrt/Verbindungen* Der Palast liegt etwa 3 km östlich von Mália. Von der Hauptstraße in Richtung Ágios Nikólaos führt dort ein beschilderter Weg Richtung Meer, **Bushaltestelle** an der Straße.
Auch auf der in Strandnähe verlaufenden „Beach Road", die im unteren Teil der Stichstraße abzweigt, kommt man zum Palast. **Fahrrad** empfehlenswert.

• *Öffnungszeiten/Preise* Di–So 9–15 Uhr, Mo geschl., ca. 4 €, für Personen über 65 Jahre und Schüler/Stud. aus Nicht-EU-Ländern die Hälfte, freier Eintritt für Schüler/Stud. aus EU-Ländern, Jugendliche bis 18 Jahre und Journalisten mit Presseausweis oder Empfehlungsschreiben der Griechischen Fremdenverkehrszentrale.

Begegnung mit einem Hirten beim Aufstieg zum Tímos Stavrós ▲▲

Imkerstöcke bei Ágios Ioánnis an der Südwestküste, im Hintergrund die Weißen Berge ▲

▲▲ Abendstimmung über Paleochóra
▲ Die malerische kleine Hochebene von Níssimos (Zentralkreta)

Wanderung am Fuß der Weißen Berge (Westkreta) ▲▲

Aufstieg zum Tímios Stavrós, dem höchsten Berg Kretas (2456 m) ▲

▲▲ Zum Souvenirstand umfunktionierte Windmühle am Pass zur Lassíthi-Hochebene (Zentralkreta)
▲ Ziegenherde in den Bergen über der Lassíthi-Hochebene

Sorgt immer wieder für Diskussionen: der rätselhafte Kernos von Mália

• *Führungen* 2 x tägl., etwa 10.30 und 12.30 Uhr, bietet **Giorgios Pothos**, der Kunstgeschichte studiert und eine Ausbildung zum Fremdenführer gemacht hat, äußerst informative deutschsprachige Führungen durch die Palastanlage. Sein Fachwissen und Engagement sind sehr beeindruckend. Die Führungen dauern etwas über eine Stunde und kosten ca. 4 € pro Pers. Man kann bei ihm auch übernachten (→ Sísi).

Rundgang

Beim Eingang kann man zunächst eine *Dokumentation* mit Modellen, Rekonstruktionen und vielen Fotos der umfangreichen Ausgrabungen im Gebiet von Mália betrachten, die 1915 begannen und bis heute noch nicht beendet sind. Außerhalb vom Palast hat man eine ganze Wohnstadt samt Nekropole entdeckt.

▸ **Westflügel**: Vom Eingang kommend, betritt man zunächst den vorgelagerten Westhof. Reste der Pflasterung sind erhalten, ein etwas erhöhter *„Prozessionsweg" (1)* läuft parallel zur Fassade. Eine Abzweigung des Weges führt in die Südwestecke zu den Grundmauern von acht Rundbauten, wahrscheinlich Getreidespeicher *(2)*. Die Mauern der recht verwinkelten Fassade sind nur schulterhoch, etwa in der Mitte liegt der Zugang *(3)* ins Innere. Vorbei an zahlreichen Vorratsräumen gelangt man auf dem Korridor *(4)* nach links bis zur Begrenzungsmauer und dann rechts bis zum so genannten *Vorbereitungsraum (5)*, schräg neben dem Schattendach. Hier machte sich der Herrscher für seine offiziellen Auftritte fertig. Man hat in diesem Raum ein mit einem Pantherkopf geschmücktes Szepter und ein großes Schwert mit einem Knauf aus Bergkristall und einer vergoldeten Klinge gefunden. Erhöht daneben die *Loggia (6)* mit Säulenbasen und Fundamenten von Altar und Thron. Diese Halle war zum Zentralhof offen, ein paar Stufen führen hinunter. Von etwas erhöhter Warte nahm der „König" an Veranstaltungen und Kulthandlungen teil, die die im Hof Versammelten ebenfalls verfolgen konnten.

Gleich daneben führte eine breite *Treppe (7)* ins obere Stockwerk (heute nicht mehr vorhanden). Wieder daneben liegt der große *Vorraum zur Pfeilerkrypta (8)*

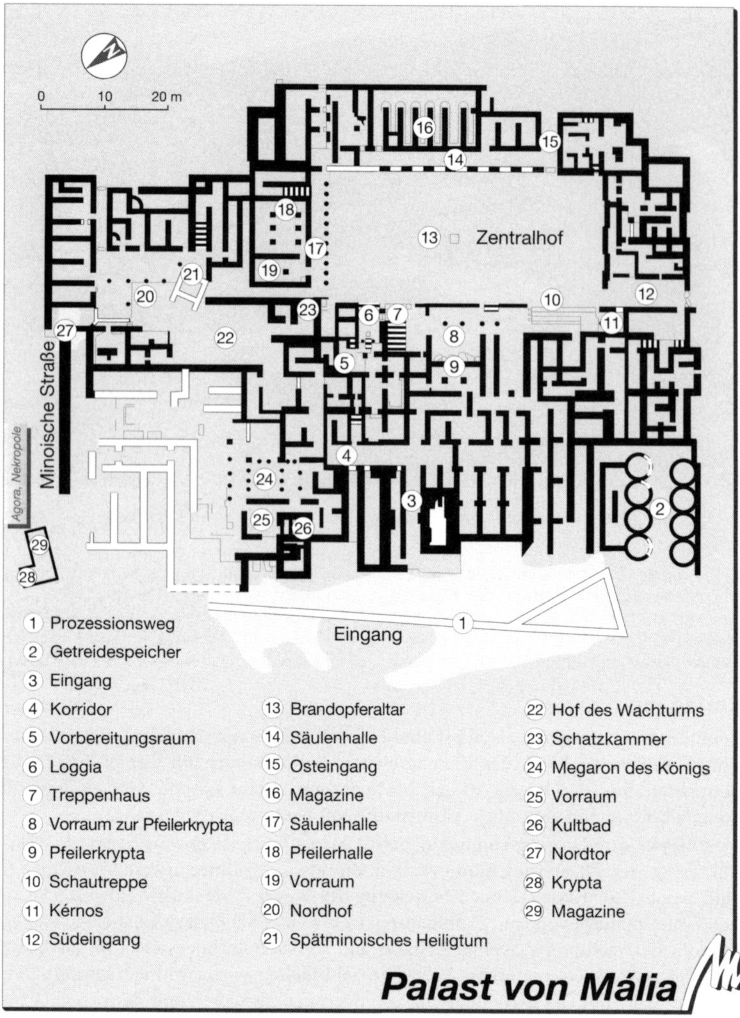

mit Resten einer Bank, vielleicht eine Art Audienzsaal. Dahinter die *Krypta (9)* mit zwei markanten quadratischen Pfeilern, in die kleine Doppeläxte und andere Kultzeichen eingemeißelt sind (heute noch zu sehen).

Ganz unten in der Südwestecke des Zentralhofs sieht man eine weitere breite *Schautreppe (10)*, vielleicht eine Art Theater. Gleich daneben der berühmte *Kernos (11)*, ein kreisrunder Opferstein mit 90 cm Durchmesser und 34 kleinen Vertiefungen am äußeren Rand entlang. Die Bedeutung dieses Steines ist ungeklärt, man vermutet, dass Samenkörner und die ersten Früchte einer Pflanze als Dankopfer an die Gottheit in die Schälchen gelegt wurden. Diese Art der Danksagung für Ernte und

Fruchtbarkeit war auf Kreta weit verbreitet – man hat in den minoischen Ausgrabungen nicht wenige dieser Opfersteine gefunden.

- **Südflügel**: Der gepflasterte Korridor im südlichen Teil des Palastes ist der *Südeingang (12)*. In diesem Teil der Anlage lagen Werkstätten und ein kleines Heiligtum, wo man Kultgeräte gefunden hat.
- **Zentralhof**: Der zentrale Hof ist kleiner als in Knossós und Festós. Wahrscheinlich war er vollständig gepflastert, in der Mitte gegenüber der Krypta erkennt man die Reste eines *Brandopferaltars (13)* mit vier Stützen zum Auflegen des Rostes. Eine solche Vorrichtung hat man in keinem anderen Zentralhof gefunden.
- **Ostflügel**: An der Ostseite des Hofs trennten Pfeiler und Säulen eine längliche *Halle (14)* ab – vielleicht eine Art Zuschauerraum bei Veranstaltungen im Zentralhof, z. B. beim berühmten Stierspringen. Dahinter liegen eine Reihe von *Magazinen (16)*. Sie dienten zum Lagern von Öl, waren bis vor kurzem eingestürzt und werden gerade wieder aufgebaut. Rechts davon der *Osteingang (15)* zum Palast.
- **Nordflügel**: Auch im nördlichen Teil des Palastes steht eine *Säulenhalle (17)*. Dahinter liegen, durch eine Mauer abgetrennt, ein *Vorraum (19)* mit einem Pfeiler und eine markante *Pfeilerhalle (18)* mit sechs Pfeilern. Wahrscheinlich befanden sich darüber die offiziellen Banketträume des Königs. Die Treppe rechts führte hinauf.
  Ein schmaler Gang verbindet den Zentralhof mit dem *Nordhof (20)*. Das schräg hineingebaute *Heiligtum (21)* wurde wahrscheinlich erst nach der Zerstörung des Palastes errichtet. Südwestlich davon ein weiterer Hof, der *Hof des Wachturms (22)*. Der kleine Raum gleich südlich anschließend war wohl die königliche *Schatzkammer (23)*.
  Ein Stück in Richtung Westen kommen Sie schließlich zum *Megaron des Königs (24)*. Der ehemals gepflasterte Raum mit seinen vielen Türen und dem Lichtschacht muss beeindruckend gewesen sein. Daneben ein gepflasterter *Vorraum (25)* und wie in jedem minoischen Palast das geheimnisvolle *Kultbecken (26)*.
  Um den Nordhof liegen Lagerräume und Werkstätten. Durch das *Nordtor (27)* kommen Sie auf den gepflasterten Weg zum Hafen. Hier stehen auch noch zwei große, vielhenklige Tonpithoi.
- **Umgebung des Palastes**: Nordwestlich vom Palast kommt man zu einem überdachten Komplex, der so genannten *Krypta (28)*, mit daneben liegenden *Magazinen (29)*. Man nimmt an, dass es sich bei den halb im Erdreich liegenden Mauern um das Rathaus der Stadt gehandelt haben könnte. Dahinter erstreckt sich eine weitläufige *Agorá*, von deren Nordseite aus man zu weiteren Wohnvierteln und zur *Nekropole Chrysólakkos* in Küstennähe gehen kann. In den Gräbern hat man viele goldene Gegenstände gefunden, die den Toten mit auf den Weg gegeben wurden, darunter die berühmten „Bienen von Mália" (Archäolog. Nationalmuseum in Iráklion).

Sísi (auch: Síssi, Síssion)

Sísi liegt am Ausgang einer weiten, hügeligen Küstenebene mit einem Meer von Olivenbäumen. Noch bis Ende der Achtziger konnte man von einem „Ort" kaum sprechen. Damals gruppierten sich lediglich einige alte Häuser um den idyllischen Fischerhafen, der gut geschützt in einen malerischen Felsenfjord gebaut ist.

Doch 1992 wurde das Großhotel „Kalimera Kriti" an einer Sandbucht östlich vom Ort eröffnet, dies lockte zahlreiche Unternehmer nach Sísi. Innerhalb weniger Jahre entstanden zahlreiche Apartmenthäuser, Hotels und „Villages", neue Asphaltstraßen wurden gezogen und zahlreiche Autovermieter, Tavernen und Bars bieten mittlerweile ihre Dienste an. Trotz aller Neuerungen blieb die ruhige Atmosphäre aber bislang erhalten, wenn auch der halbfertige Charakter des Ortes nicht sonderlich attraktiv ist, sondern alles wie bunt zusammengewürfelt wirkt. Ein wirkliches Highlight ist jedoch nach wie vor der Naturfjord. Mit EU-Mitteln wurde an seiner Westseite ein gepflegter Palmenhain angelegt, der sich zum genussvollen Bummel anbietet. Die Bademöglichkeiten von Sísi sind dagegen eher bescheiden (→ Baden).

• *Anfahrt/Verbindungen* 2–3 x tägl. fahren Busse ab Iráklion über Sísi nach Paralía Mílatos (→ unten) und zurück. Häufiger verkehren die Busse auf der New Road, dorthin sind es 2 km zu Fuß.

• *Übernachten* Es gibt nur wenige Privatzimmer, das meiste läuft pauschal.

Kalimera Kriti, A-Kat., „Hallo Kreta" – ein netter Name für ein ausgezeichnetes Hotel, das 1993 eröffnet wurde. Die große Anlage liegt etwa 1,5 km östlich vom Ort und ist vorbildlich in die Landschaft eingepasst, von weitem sieht man die Flachbauten kaum. Die Hauptgebäude sind prachtvoll im „minoischen Palaststil" errichtet, die Bungalows mit den Zimmern im typisch kretischen Dorfstil. Sehr schöner Strand, dahinter saftige Rasenflächen. Zu buchen über zahlreiche Veranstalter. ✆ 28410-69000, ℻ 71598, www.kalimerakriti.gr

Maritimo, A-Kat., große Anlage in guter Lage westlich vom Fjord, fast direkt am Meer. Mehrere Pools und ein kleiner, künstlich angelegter Strand mit grauem Sand in geschützter Lage. DZ mit Frühstück ca. 50–80 €. ✆ 28410-71645, ℻ 71273, E-Mail: maritimo@hol.gr.

Palm Bay, C-Kat., links oberhalb vom Fjord, schöne Anlage mit viel Blumengrün in einem herrlichen Palmenpark, kleiner Pool, Café „Palm Bay" (→ Bars/Cafés). 72 einfache und saubere Zimmer. DZ mit Frühstück ca. 35–50 €. Pauschal über Thomas Cook. ✆ 28410-71607, ℻ 71641.

Sissi Bay Villas, A-Kat., gepflegte Anlage mit Rasenflächen und Blumen, ca. 100 m vom Meer, deutsch geführte Bar, Pool. DZ ca. 60–110 €. ✆ 2841-0-71298, ℻ 71284, www.sissibay.gr

Angela, nette und ruhig gelegene Anlage, ein Stück zurück vom Wasser. Hübscher Pool mit Bar, saubere Studios und Apartments, freundlich geführt von Sophia und George, angeboten werden diverse Entspannungstherapien. ✆/℻ 28410-71121, www.angelahotels.gr

Aeolos, Tipp, die Apartmentanlage am Ortsrand gehört Giorgios Pothos und seiner deutschen Frau. Giorgios veranstaltet im Palast von Mália sehr interessante und anschauliche Führungen (→ dort). Die Studios und Apartments sind einfach, jeweils individuell unterschiedlich und liebevoll eingerichtet. Im Innenhof kann man gemütlich zusammensitzen. Giorgios bringt morgens frisches Brot, fragt nach, wer seinen Weinvorrat auffrischen möchte etc., manchmal kocht er auch für seine Gäste. Zum Strand geht man 10 Min. Studio ca. 30 €, Apt. für 2 Pers. ca. 35–43 €. ✆/℻ 28410-22921, http://sissi.kreta.de

• *Essen & Trinken* **Apostolos (Paradiso Cave)**, gute Fischtaverne mit aufmerksamer Bedienung, malerische Sitzplätze direkt neben den Fischerbooten im Fjordhafen, auch windgeschützt. Leserkommentar: „Fische kommen quasi direkt an den Tisch, um sich Weißbrotkrumen zu erbetteln."

Remezzo, gemütliche Taverne mit schönem Holzboden und Panoramablick oberhalb des Fjords.

Maritimo, an der Hafenspitze (→ Übernachten). Geschäftsführer Iannis hat lange in Nürnberg ein griechisches Lokal geführt und spricht hervorragend Deutsch.

An der Uferpromenade östlich vom Fjord reihen sich mehrere Tavernen/Ouzerien, die recht malerisch auf die Klippen gebaut sind. Ein besonders schöner Platz ist hier der Balkon des **To Paradosiako** mit Blick auf die Hafeneinfahrt. Das **Angistri** wird von Lesern empfohlen: „Freundliche, familiäre Atmosphäre und kreative, würzige Küche".

• *Bars/Cafés* **Hemingway** & **Cactus Pub**, oberhalb des Hafens mit herrlichem Fjordblick – traumhaft, um bei Sonnenuntergang Cocktails zu schlürfen.

Sissi Bay, in der gleichnamigen Anlage, Hans und Maria bieten hausgemachten Apfelkuchen, Pils vom Fass und andere Leckereien.

The Jolly Roger, an der Piste östlich vom Hafen, Apfelkuchen und Filterkaffee, gelegentlich Livemusik.

Palm Bay, im Palmenpark an der Westseite des Fjords. Ruhige Sitzgelegenheiten inmitten von Blumenrabatten, Fächer- und Feigenpalmen.

• *Sonstiges* **Arismaris Pallas**, Kino seitlich der Zufahrtsstraße; **Minigolf** am Ende der Café/Restaurantzeile am Hafen.

Blick auf den beschaulichen Hafen von Sísi

▶ **Sísi/Baden**: An der Westseite des Fjords kann man auf Felsen und kleinen, aufgeschütteten Sandflächen baden. In Richtung Westen kommt man nach einigen Kilometern zum Strand von *Agía Varvára* mit vorgelagerter Insel, wo ein französischer Club das Hotel „Hellenic Palace" exklusiv gebucht hat.
Östlich vom Ort liegen die beiden Sandbuchten *Boúkos* und *Avláki* zwischen felsigen Klippenrändern, zum Liegen gar nicht schlecht (in der ersten Liegestühle, Sonnenschirme und Strandbar), im Wasser allerdings dicke Steine. Leserkommentar: „In der ersten Bucht laute Musikbeschallung durch die Bar am späten Nachmittag in Kombination mit organisierten Beachpartys für alkoholfreudige Briten, die zweite Bucht während unseres Aufenthalts stark vermüllt." 1,5 km weiter östlich folgt der lange, künstlich angelegte Badestrand beim Hotel „Kalimera Kriti", der sowohl an Land wie im Wasser einwandfrei ist (teure Taverne).

▶ **Epáno Sísi**: am Weg nach Mílatos. Das halb verfallene und fast verlassene Dörfchen wurde durch den Tourismus zu neuem Leben erweckt, die Bruchsteinhäuser sind frisch renoviert, zahlreiche Schilder weisen auf das „Traditional Village" hin.

• *Essen & Trinken* **Wolosiros**, Taverne an der Straßenkurve, hinten ein schöner Garten, die Leistungen des Koch allerdings schwanken.
Stasi, Kafenion am östlichen Ortsausgang, Alan und Mary aus England servieren kretische und englische Gerichte. Man sitzt häufig unter Einheimischen und kann den Raki genießen.

Bucht von Mílatos

6 km östlich von Sísi liegt die ruhige Bucht von Mílatos, die von der Straße nach Ágios Nikólaos auf einer Stichstraße erreicht werden kann. Man nimmt zunächst die Abzweigung nach Sísi, kurz darauf beginnt rechts die 6 km lange Straße nach Mílatos (beschildert). In Serpentinen geht es über einen Bergrücken mit Olivenhainen zunächst zum alten Dorf Mílatos. Von hier erreicht man nach etwa 1 km die Küste. Alternativanfahrt: Vom Hotel „Kalimera Kriti" (→ Sísi) wurde eine Piste direkt am

Meer entlang angelegt, die zwischen dem neuen Komforthotel „Minos Imperial" am Westrand von Paralía Mílatos und der vorgelagerten Strandbucht hindurchführt.

▶ **Mílatos**: Das ruhige Dorf liegt etwa 1 km landeinwärts vom Meer am Hang. Touristen sind meist nur auf der Durchfahrt zu sehen, denn hier beginnt die Straße zur Höhle von Mílatos. Die Ouzerie „O Giorgos" mit gerade mal vier Tischen liegt am südlichen Ortsausgang.

Paralía Mílatos (Mílatos Beach)

Der intime Hafenort mit einer Hand voll Fischerbooten und Tavernen ist seit einigen Jahren aus seinem Dornröschenschlaf erwacht, vermittelt aber noch erholsame Ruhe und Geborgenheit.

2001 wurde jedoch 1 km westlich vom Ort die große, gediegene Hotelanlage „Minos Imperial" eröffnet. Damit hat auch Paralía Mílatos den „Anschluss" an den Pauschaltourismus gefunden. Noch kann man aber in den Tavernen am kleinen Hauptplatz wunderschön sitzen, aufs plätschernde Meer blicken und seinen Gedanken nachhängen. Die Bademöglichkeiten sind allerdings bescheiden: im Fischerhafen gibt es einen kleinen Sandstrand, der vor allem für Kleinkinder geeignet ist, und östlich vom Ort liegt ein etwa 200 m langer, allerdings recht verschmutzter Strand aus grobem Kies (Badeschuhe).

• *Anfahrt/Verbindungen* siehe Sísi.

• *Übernachten* Es gibt fast ausschließlich Apartments mit Küche zur Selbstverpflegung, das Richtige für Familien.

Minos Imperial, Lux-Kat., Tipp für Pauschalreisende, reizvoll angelegter Komplex oberhalb einer künstlich angelegten Badezone mit Mole und aufgeschütteter Sandbucht. Schöne Palmenpromenade, mehrere Pools, sehr ruhig und gediegen. Über Reiseveranstalter, z. B. TUI. ✆ 2810-300330, ℻ 220785, www.ellada.net/mimperial

Porto Bello Villas, D-Kat., moderne Anlage beim Fischerhafen, bestehend aus zehn Villen. Studio ca. 35–45 €, Apartment ca. 35–65 €. ✆ 28410-81001, ℻ 220173.

Thalia, einfache, familiär geführte Apartmentanlage am Fischerhafen, direkt hinter der Taverne Panorama, zwischen den Häusern stehen dekorative Palmen. Apt. mit Küche und modernem Bad ca. 30–40 €. ✆ 28410-81231, ℻ 81387.

Sokrates, 100 m vom Hauptplatz nach Osten, acht DZ für ca. 25–30 €, Apartment ca. 35 €, z. T. mit Meerblick und -rauschen, geführt von der liebenswürdigen Familie Eleni und Sokrates Astroulakis, reichhaltiges Frühstück, gute Taverne. Baden direkt vor der Haustür. ✆ 28410-81375.

• *Essen & Trinken* In den einfachen Tavernen am Hauptplatz gibt es immer frischen Fisch.

Meraklis, am Hauptplatz, älteste Taverne am Ort, auch viele Einheimische kommen hierher, Fischspezialitäten.

Sirines, geführt von Nikos und Kostas, ebenfalls gute Küche.

Sokrates, sehr gut geführtes Restaurant mit prima Küche, gehört zu den gleichnamigen Apartments (→ Übernachten). Leserlob: „Selbst Souvláki ist hier eine Delikatesse – verschiedene Fleischsorten und Gemüse in Metaxa mariniert, große Portionen und super Qualität."

To Meltemi, nette Taverne am Weg zum Kiesstrand.

Panorama, Terrassentaverne am Fischerhafen, hier treffen sich gerne die Fischer von Mílatos.

• *Bars/Cafés* **No Name Bar**, am Fischerhafen, Abendtreff im Karibikstil, Barmann Costas ist den Abstecher wert.

▶ **Höhle von Mílatos** (Spílio Milátou): Die Höhle liegt hoch über Mílatos im Berg und ist vom Dorf aus auf einer 3 km langen Asphaltstraße zu erreichen (beschildert), oben wunderbarer Blick über die ganze Bucht. Vom Parkplatz sind es noch etwa 300 m auf befestigtem Weg durch wilde Felslandschaft, dann erreicht man den Eingang zur Höhle, die sich wie ein Labyrinth durch die rostrote, senkrecht abfallende Wand zieht. Zwischen Tropfsteinsäulen tastet man sich auf dem unebenen Boden hinein. Der Eingangsbereich ist nur schulterhoch und anfangs stockdunkel (Beleuchtung geplant, 2005 war immerhin eine Lichterkette angebracht). Doch bald sieht man den Lichtschein, der am Ende des etwa 50 m breiten, teilweise sehr niedrigen Areals (Vorsicht mit dem Kopf!) durch einen seitlichen Höhlenausgang auf eine weiße Altarwand fällt, die hier in die Höhle gebaut wurde. In einem steinernen Schrein werden Sie Menschenknochen finden – Erinnerung an das blutige Massaker, das vor über 180 Jahren hier stattfand. Linker Hand der Altarwand führen niedrige Höhlengänge in stockdunkle Tiefen, ohne Taschenlampe sollte man hier keinesfalls weitergehen.

Im Februar 1823 hatten sich in der Höhle 3600 kretische Frauen und Kinder unter dem Schutz von nur 150 Männern vor den mordenden ägyptisch-türkischen Horden versteckt. Sie wurden ausfindig gemacht, vom gegenüber liegenden Hügel mit schweren Kanonen beschossen und belagert. Der schmale Eingang konnte leicht verteidigt werden, die Belagerung zog sich über Wochen hin. Doch Entsatz von außen durch kretische Partisanen scheiterte wiederholt, die Eingeschlossenen wurden ausgehungert. Schließlich mussten sie aufgeben. Die wehrfähigen Männer wurden teils sofort erschlagen, teils nach einem „Triumphzug" durch die Dörfer der Region auf der Festungsinsel Spinalónga erschossen (→ Ágios Nikóalos). Unter den Frauen und Kindern suchten sich die türkischen Offiziere geeignete Sklavinnen und Sklaven heraus, der Rest wurde von Pferden zertrampelt oder in die Schlucht geworfen. Beim linken Höhleneingang erinnert eine in den Fels gravierte Inschrift an das schreckliche Ereignis.

Öffnungszeiten Ständig offen, Eintritt frei. An der Straße vorne wird jedoch gebaut, d. h. touristische Erschließung mit Eintrittspreisen ist wahrscheinlich.

Lassíthi-Hochebene (Oropédio Lassithíou)

Kreisrund abgezirkeltes Plateau im Díkti-Massiv, 800 m über dem Meer. Ringsum ragen steile Felsgrate in die Höhe, nur wenige kurvige Passstraßen durchbrechen die aufgetürmten Steinbarrieren.

Landwirtschaft wird in dieser Bergeinsamkeit seit Tausenden von Jahren betrieben. Weit über 10.000 Windräder mit charakteristischen weißen Segeln pumpten früher das nötige Wasser aus versteckten Hohlräumen im unterirdischen Kalkgestein. Und mindestens ebenso viele Fotos verdanken den pittoresken Bespannungen den letzten Pfiff. Jedoch konnten es sich in den letzten Jahrzehnten immer weniger Bauern leisten, die Bewässerung ihrer Felder vom Wind abhängig zu machen. Viele Windräder wurden von dieselbetriebenen Motorpumpen abgelöst und die wenigen intakten Anlagen werden hauptsächlich für die Touristen instand gehalten. Aber auch ohne Windradkultur ist die Lassíthi-Hochebene ein lohnendes Ziel, um eine der charakteristischsten und gleichzeitig fruchtbarsten Landschaftsformen der Insel zu erleben. Hier oben herrscht eine völlig andere Atmosphäre als an der Küste: Vom Rummel abgeschirmt, ist sie trotz stetigem Touristenstrom und zahlloser Souvenirläden an der Durchgangsstraße typisch kretisches Bauernland geblieben, die Bewohner sind einfach und natürlich – allerdings auch sehr hartnäckig, wenn es darum geht, ihre Webteppiche und Stickereien an den Mann oder die Frau zu bringen. Dicht an dicht liegen die zahllosen Felder und Obstplantagen, im Frühsommer leuchtend grün, im Herbst braun, abgeerntet und verdorrt, aber dann sind die Äpfel und Birnen reif. Auf staubigen Feldwegen kann man kreuz und quer wandern. Lediglich die klimatisierten Reisebusse von der Küste, die hier täglich zu sehen sind, signalisieren die touristische Bedeutung der Lassíthi-Ebene. Sie haben in der Regel nur ein Ziel – *Diktéon Ándron*, die sagenhafte Geburtshöhle des Zeus bei Psichró (→ S. 307).

8 bis 10 km lang und 5 bis 6 km breit ist die Lassíthi-Ebene. Angebaut werden vor allem Äpfel, Birnen, Kartoffeln, Weizen und verschiedene Gemüse. Insgesamt einundzwanzig Dörfer liegen hier, verbunden durch eine Straße, die im weiten Bogen um die Ebene herumführt. Alle Orte sind an die unteren Berghänge gebaut – zum einen, um möglichst wenig kostbares Ackerland zu verschwenden, vor allem aber wegen der alljährlichen Überschwemmungen zur Zeit der Schneeschmelze im Frühjahr. Von den umgebenden Zweitausendern werden dann solche Wassermassen hinunter gespült, dass die gesamte Ebene oft meterhoch überschwemmt ist und ein riesiger See entsteht. Nur die Obstbäume und Gerüste der Windräder ragen noch heraus. Wenn das Wasser absickert, sammelt es sich im Kalkgestein unter der Ebene in riesigen Hohlräumen, die durch Spalten mit der Oberfläche verbunden sind. Mit Motorpumpen wird es dann wieder heraufgepumpt und zur Bewässerung verwendet. Auch die umgebenden Bergketten bestehen aus hellem Marmorkalkstein, höchster Berg ist mit 2148 m der *Díkti* (auch Kakós Kefalí genannt, wörtlich übersetzt: „Schlechter Kopf") genau im Süden. Der benachbarte *Aféndis Christós* ist 7 m niedriger. Trotz genügend Wasser, Fruchtbarkeit und üppiger Vegetation sind die Bauern der Lassíthi-Ebene arm. Vor allem die starke Parzellierung des Landes verhindert Wohlstand. Die schlichten Dorfhäuser sind aus groben Bruchsteinen errichtet, es gibt kaum Neubauten, wenig Autos. Ein Maulesel, ein paar Hühner, ein oder zwei Felder – das ist der Besitz, von dem sich die meisten Familien ernähren müssen. Die Touristen bringen zwar Geld, aber nur selten bleibt jemand länger als für einen Tagesausflug.

Geschichte

Wegen ihrer großen Fruchtbarkeit war die Lassíthi-Ebene schon vor 5000 Jahren besiedelt (neolithische Epoche). Auch aus *minoischer Zeit* hat man Siedlungsreste und Kultstätten entdeckt, u. a. die sagenhafte Zeus-Höhle. Auch in späteren Jahrhunderten war die Ebene wahrscheinlich durchgehend besiedelt und ein idealer Rückzugspunkt vor allen Eroberern.

Als die *Venezianer* im 13. Jh. die Insel besetzen, ziehen sich kretische Aufständische in diese natürliche Festung mit ihren gewaltigen Mauern zurück. 1263 stürmen die Venezianer das Widerstandsnest, vertreiben alle Bewohner und machen die gesamte Ebene zur *Sperrzone*. Wer es wagt hinaufzusteigen, wird mit dem Tod bestraft. Über 200 Jahre wird die Lassíthi-Hochebene zur einsamen Bergwildnis, nur gelegentlich verirren sich Hirten mit ihren Herden hierher.

Ende des 15. Jh. gehen den Venezianern die Getreidevorräte aus, doch sie erinnern sich an die einst fruchtbare Ebene im Díkti-Massiv. In aller Eile werden Landwirtschaftsexperten beauftragt, das Schwemmland wieder zu kultivieren. Innerhalb weniger Jahre durchzieht ein schachbrettartiges Kanalsystem das Plateau. Die urbar gemachten Felder werden an Kreter und Flüchtlinge vom Peloponnes zwangsverpachtet. Ein Drittel ihrer Ernte müssen sie künftig an die Venezianer abliefern. Das venezianische Bewässerungssystem hat bis heute Bestand.

Im 18. und 19. Jh. wird die Ebene noch einmal Zufluchts- und Sammelort kretischer Widerstandskämpfer, diesmal gegen die *Türken*. Der ständige Belagerungszustand ist jetzt Alltag, die Häuser werden zu kleinen Festungen umgebaut, eins ist noch erhalten (→ Ágios Geórgios). Bis 1867 können alle Angriffe abgewehrt werden. Dann zieht der gefürchtete *Ismael Ferik Pascha* mit einer Armee von fast 40.000 Türken und ägyptischen Hilfstruppen herauf. Sie metzeln alles nieder, was ihnen vor die Säbel kommt und machen die Dörfer dem Erdboden gleich. Das Tra-

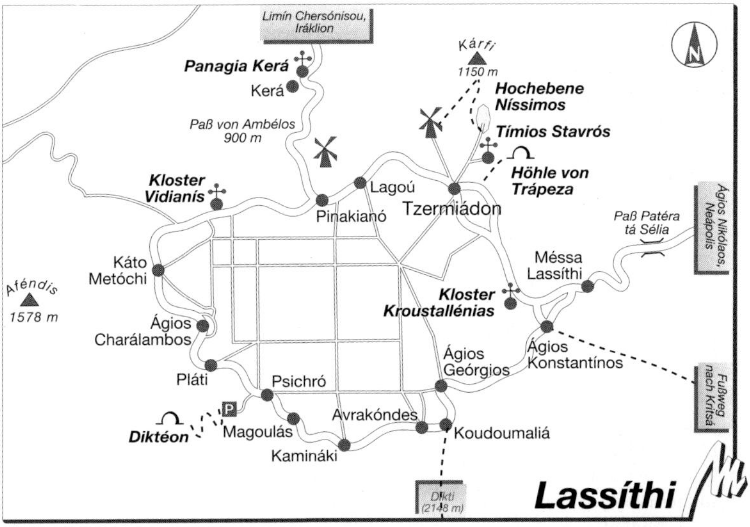

gische: Ismael selber ist Kreter aus der Lassíthi-Ebene, er wurde als Kind gefangen, nach Kairo verschleppt, dort zum fanatischen Muselman erzogen und schaffte den Aufstieg bis zum Kriegsminister.

Anfahrt/Verbindungen

- *Eigenes Fahrzeug* Zwei durchgehend asphaltierte Straßen mit mehreren Zufahrten von der Küste steigen hinauf in die Lassíthi-Ebene:

Die erste zweigt westlich von **Liménas Chersonísou** von der Straße Iráklion – Mália ins Bergland ab, Zufahrten gibt es aber auch ab **Stalída** über Mochós und von **Mália** nach Krási. Über den Pass von Ambélos erreicht man zunächst **Tzermiádon**, den Hauptort der Ebene.

Die zweite führt von Osten herauf und hat zwei Zufahrten: aus Richtung **Ágios Nikólaos** kommend und von **Neápolis**, das zwischen Mália und Ágios Nikólaos liegt. Bei Ágios Konstantínos trifft man auf die Straße rund um die Ebene.

Die **Staubpiste**, die im Süden von **Katofígi** aus die Ebene erreicht, ist nicht zu empfehlen, sie ist schlecht beschildert und sollte nur mit Jeep befahren werden.

- *Bus* Busse von **Iráklion**, **Mália** und **Liménas Chersonísou** fahren bisher auf der Straße hinauf, die westlich von Liménas Chersonísou abzweigt. Auch von **Ágios Nikólaos** fährt man auf dieser Strecke (eventuell mit Umsteigen in Liménas Chersonísou), die Route über Neápolis wird kaum noch befahren (Auskunft im Busbhf. von Ágios Nikólaos). Alle Busse fahren über Ágios Geórgios nach Psichró mit der berühmten Höhle Diktéon Ándron (Geburtshöhle des Zeus).

Iráklion – Psichró 2 x tägl., einmal morgens, einmal am frühen Nachmittag (sonntags nur morgens), in umgekehrter Richtung ebenfalls 2 x tägl. – frühmorgens und nachmittags (2 Std., ca. 4,50 €).

Ágios Nikólaos – Mália – Liménas Chersonísou – Psichró 1 x tägl. (morgens), zurück am Nachmittag (1,5 Std., ca. 4,20 €).

Ágios Nikólaos – Neápolis – Psichró derzeit nur 2 x wöch. (2 Std., 4 €).

Achtung: Die Verbindungen können sich ändern, vorher eingehend nach aktuellen Abfahrtszeiten erkundigen, sonst hängt man bis zum nächsten Morgen auf der Ebene fest (was allerdings auch sehr reizvoll sein kann).

Von Liménas Chersonísou auf die Lassíthi-Ebene

Landschaftlich imposant und viel Interessantes am Weg, das einen kurzen Stopp lohnt.

Zunächst folgt man der beschilderten Abzweigung westlich von Liménas Chersonísou. Bald passiert man das große Spaßbad „Aqua Plus" und die schön angelegte 18-Loch-Anlage des „Crete Golf Clubs", neben einem 9-Loch-Platz in Eloúnda der bislang einzige Golfplatz Kretas (✆ 28970-26000, 📠 30180, www.crete-golf.gr). Kurz nach dem Abzweig zur Provinzstadt Kastélli (→ S. 267), wo im Talgrund des Flusses *Aposelémis* einige Tavernen auf Gäste warten, stehen rechts neben der Straße die Reste eines großen römischen Aquädukts. Er transportierte einst die Wassermassen aus den Lassíthi-Bergen in die Hafenstadt Liménas Chersonísou. Die Straße folgt der Aposelémis-Schlucht durch tiefgrüne Oliven- und Zypressenlandschaft.

▸ **Potamiés**: Kurz vor dem Dorf steht links inmitten von Weinhügeln das kleine, verwitterte Kirchlein *Aféndis Christós*. Oberhalb vom Ort erreicht man das verlassene Kloster *Moní Gouverniótissa*, die Zufahrt ist an der Straße beschildert. Die ummauerte Anlage wird seit längerem restauriert, die kleine byzantinische Kreuzkuppelkirche wird von einer Zypresse überragt, im Inneren sind viele farbenfrohe Wandgemälde aus dem 14. Jh. erhalten. Im kieselgepflasterten Hof wächst ein hübscher Zitronenbaum, eine weiß gekalkte Zisterne sieht man links von der Kirche.
Im Talgrund kann man den kleinen Zoopark „Kritiki Farma" besuchen und auf Eseln reiten, Futtertüten werden ebenfalls angeboten. Auf dem Gelände ein gutes und preiswertes Grillrestaurant (Fassbier).

Öffnungszeiten **Kritiki Farma**, April bis Okt. tägl. 9–19 Uhr, Eselsreiten ca. 6 € pro Pers. ✆ 28970-51546.

▸ **Avdoú**: ruhiges Örtchen mit üppigen Obst- und Gemüsegärten, am versteckt gelegenen Dorfplatz abseits der Durchgangsstraße mehrere schlichte Tavernen und Cafés, z. B. die Taverne von Michalis mit kleinem Außengrill. Ab Durchgangsstraße ist der Weg zum Kirchlein *Ágios Antónios* beschildert, das meist offen steht. In der Wölbung des Altarbereichs erkennt man Reste rußgeschwärzter Wandmalereien aus dem 14. Jh.

> **Tipp**: Von Avdoú führt eine 9 km lange Asphaltstraße Richtung Westen nach Askí (→ S. 268), von wo man über Kastélli nach Iráklion weiterfahren kann.

▸ **Goniés**: Das große Dorf liegt bereits am Fuß der steilen Felswände, die die Hochebene begrenzen. Am Ortseingang ein Keramikshop mit recht geschmackvollen Stücken, im Zentrum eine Tankstelle und zwei, drei Tavernen. Im weiteren Verlauf schraubt sich die Straße in abenteuerlichen Serpentinen hinauf zum Pass, wobei sich großartige Ausblicke auf die tief unten liegende, grüne Ebene und die umgebenden Bergketten bieten. Kurz nach Goniés eine Kreuzung, an der man über die Hochebene von Mochós nach *Stalída* hinunter fahren kann bzw. von dort heraufkommt.

▸ **Krási**: etwas abseits der Hauptroute, doch der 2 km lange Umweg lohnt. Die mächtige Platane am schattigen Dorfplatz soll die größte Kretas und eine der größten Europas sein, ihr Umfang beträgt fast 18 m! In der Felswand oberhalb vom Platz liegt ein schlichter venezianischer Brunnen mit zwei großen Becken. Eine lange, weiße Mauer mit Rundbögen fasst die unermüdlich sprudelnde Quelle ein. Be-

Seltener geworden: die weißen Windräder der Lassíthi-Hochebene

rühmt auf Kreta ist der örtliche Rakí, denn die süßen, kernlosen Trauben von Krási eignen sich besonders gut für seine Herstellung. Man kann ihn flaschenweise kaufen (ca. 3 €) oder lässt ihn sich unter der großen Platane mit einem Glas Wasser und einem kleinen Teller mit Gurkenscheiben, Oliven, Bohnen und Brot servieren.

• *Essen & Trinken* **Kares**, freundlich geführte Taverne kurz vor dem Dorfplatz links. Hier kann man unter Nussbäumen leckere hausgemachte Spezialitäten kosten. Leser U. und S. Pleß schrieben uns: „Küche und Gäste befinden sich quasi in einem Raum, es gibt einen urgemütlichen Kamin und man sitzt mit den Griechen direkt zusammen, weil alles so klein ist. Das Essen ist ganz vorzüglich, ebenso der Wein und über die Preise kann man sich nicht im Geringsten beschweren." Wochentags bis 19.30 Uhr, Sa bis 24 Uhr.

Kloster Kerá

Kurz vor dem gleichnamigen Ort liegt das Kloster der „Panagía i Kerá" (Gottesmutter, die Herrin) rechts unterhalb der Straße an einem Zypressenhang. Es gehört zu den wichtigsten religiösen Zentren der Insel und wird heute von Nonnen bewohnt, denen ein Abt vorsteht.

Am 8. September wird das große Fest der Panagía gefeiert. Tausende von Gläubigen kommen dann herauf, die Straße ist kilometerweit mit Autos verstopft und in den wenigen Tavernen von Kerá geht es hoch her. Die Gottesmutter-Ikone des Klosters ist auf Kreta hochberühmt, es wird behauptet, dass sie der legendäre Lazarus gemalt habe, den Jesus einst von den Toten erweckte. Die Legende erzählt weiter, dass sie von den Türken wiederholt nach Konstantinopel verschleppt wurde, doch kehrte sie, von Engeln geleitet, immer wieder in ihr Heimatkloster zurück. Deshalb ketteten sie die Türken schließlich an eine Marmorsäule an – doch die Ikone flog mitsamt Kette und Marmorsäule zurück nach Kerá! Die Kette gilt als wundertätig, Gläubige legen sie sich auf Körperteile, um Heilung zu erbitten. Auch im 20. Jh. wurde die Ikone zweimal gestohlen, die Täter konnten aber beide Male gefasst werden, bevor sie die Insel verließen.

Öffnungszeiten tägl. 8–13, 16–20 Uhr, Eintritt ca. 2 €. Die Nonnen verkaufen Bücher (teilweise teurer als in den Buchläden an der Küste), Reproduktionen von Ikonen und Kräuter.

▸ **Besichtigung**: Das Kloster stammt aus dem frühen Mittelalter, wurde aber von den Türken wiederholt zerstört und ist deshalb baulich stark verändert. Im stimmungsvollen *Innenhof* steht die besagte Säule aus Konstantinopel. Die harmonisch-schlichte Bruchsteinkirche besitzt drei Längsschiffe und ein Querschiff. Im Templon hängt die *Ikone der Panagía i Kerá*, daneben ist die legendäre Kette zu sehen. Die Wände sind von umfangreichen *Wandmalereien* aus dem 14. Jh. bedeckt. Aus Angst vor den Türken waren sie übermalt worden und wurden erst in den 1970er Jahren entdeckt. Sie sind heute stark gedunkelt, können aber mit Strahlern beleuchtet werden. Auch eine *Geheimschule* aus dem 19. Jh. gibt es im Kloster. Während der türkischen Besetzung brachten hier die Mönche den griechischen Kindern Lesen und Schreiben bei und unterrichteten sie im orthodoxen Glauben.

▸ **Kerá**: Das ehemals gemütliche Örtchen ist zu einem Omnibusumschlagplatz verkommen, eine Rast nur bedingt zu empfehlen.

„Homo Sapiens Village": Kurz hinter der Ortschaft Kerá trifft man auf eine Cafeteria mit großem Souvenirshop. Angegliedert ist ein Freilichtmuseum, in dem angeblich die Entwicklung des Menschen vom prähistorischen Höhlenbewohner bis zur Erfindung des Rads und der Schrift dargestellt wird. Der Informationsgehalt ist dabei jedoch so dürftig und der Eintrittspreis für das Gebotene so hoch (ca. 3 €), dass es eher scheint, als ob sich hier der „Homo pecuniensis" ein Denkmal gesetzt hat (www.homo-sapiens-museum.gr)

▸ **Pass von Ambélos**: Die Eingangspforte zur Lassíthi-Ebene liegt in 900 m Höhe. Bei klarer Sicht ist der Ausblick nach beiden Seiten fantastisch: tief unten die Ebene, aus der Sie gerade gekommen sind, dahinter in der Ferne das Meer, vor Ihnen die fast unwirklich erscheinende Lassíthi-Ebene mit ihren Feldern und Obstbaumplantagen. Aus Norden fegen im Sommer die scharfen Meltémi-Winde über den Pass, rechts und links vom Einschnitt stehen deshalb die mächtigen Ruinen ehemaliger Getreidemühlen. Ihre riesigen Windräder messen fast 10 m im Durchmesser. Man kann die alten Mahlwerke noch gut erkennen, Besichtigung kostenlos.

• *Essen & Trinken/Shopping* **Selli**, groß ausgebaute Taverne direkt am Pass. Das Fleisch wird oft auf dem malerischen Außengrill gebraten. Toiletten sehr sauber und kostenlos. Davor zwei Geschäfte mit großer Auswahl an Ansichtskarten, Büchern, Keramik, Webstoffen usw.

Von Stalída auf die Lassíthi-Ebene

Von Stalída geht es in drei großen Serpentinenschleifen mit herrlicher Aussicht auf die Küste über einen Pass nach *Mochós*, das hinter einer Bergkette liegt. 3 km später erreicht man die im vorhergehenden Abschnitt besprochene Zufahrt zum Pass von Ambélos.

Von Mália auf die Lassíthi-Ebene

Diese Straße wurde erst vor wenigen Jahren gebaut. Mit ihren etwa 10 km Länge bis Krási ist sie mit Abstand die kürzeste Verbindung von der Nordküste zur Lassíthi-Ebene. In steilen Haarnadelkurven geht es in die Berge hinauf, auf halber Stre-

Verfallene Windmühlen am Pass von Ambélos

cke vorbei am Aufforstungsgebiet *Hamoprína*, einem beeindruckend großen Eichenwald. Orte werden bis Krási keine berührt, dann folgt man der im vorhergehenden Abschnitt besprochenen Zufahrt zum Pass von Ambélos.

Von Ágios Nikólaos auf die Lassíthi-Ebene

Ebenfalls schöne Fahrt durch teils dicht bewaldete Hänge hinauf, jedoch keine historischen Sehenswürdigkeiten.

Man nimmt zunächst die Ausfallstraße nach Kritsá und zweigt nach der großen Kreuzung mit der New Road auf die kleine Nebenstraße über *Schísma* und *Chamiló* ab. Es geht durch weite Olivenhaine und kleine Landwirtschaftsdörfer, wobei man immer auf die Beschilderung aufpassen muss, da sich die Straße mehrmals verzweigt, und erreicht über *Ágios Konstantínos* schließlich in *Drássi* die von Neápolis kommende Zufahrt zur Lassíthi-Hochebene. Bald genießt man den herrlichen Blick auf die steil aufragenden Berge, die die Lassíthi-Ebene umgeben. Hinter Amigdáli liegt ein Rastplatz an der Straße, dann geht es ins üppig grüne Tal von Potamí mit den beiden Dörfern *Éxo* und *Méssa Potamí*. Das Waldgebiet, das man durchquert, gehört zu den größten Kretas. Die Straße ist hier breit ausgebaut.

▸ **Éxo Potami**: eine Oase, geschützt unter turmhohen Bäumen. Erstaunlich das üppige Grün mit Platanen, Kastanien, Eichen, Obstbäumen usw. Dank eines Flusslaufs, der von den Bergen herunterkommt, gibt es Wasser mehr als reichlich. Trotzdem wohnen fast nur noch alte Leute in dem kleinen Ort. Die Grilltaverne Platanos bietet sich zur Einkehr an.

▸ **Pass Patéra tá Sélia**: 1100 m hoch, kurz vorher Hotel Apalos mit großer Taverne. Die Straße zieht sich nun hinunter nach *Méssa Lassíthi* (870 m), ins erste Dorf der Lassíthi-Ebene. Von Lesern gelobt wird die Taverne „Zorbas“, direkt rechts, bevor man auf die Ringstraße um die Ebene trifft.

Von Süden auf die Lassithí-Ebene

Hier gibt es eine recht abenteuerliche Zufahrt auf einer Schotterpiste ab Katofígi nach Kamináki, die erst im letzten Stück in Asphalt übergeht.

Diese so gut wie unbeschilderte Strecke sollte nur benutzen, wer eine gehörige Portion Abenteuerlust mitbringt, sich des Risikos bewusst ist und einkalkuliert, das es irgendwann nicht weitergeht und er umdrehen muss. Ein Jeep ist sehr zu empfehlen. Leserkommentar: „Mit Fiat Panda geht's zwar auch, aber dann ist man zum Teil als Fußgänger noch schneller. Für 30 km haben wir ca. 2 Std. gebraucht."
Leser G. Berse beschreibt die Tour: „Bei der ersten Abbiegung gibt es ein Schild, das in die Dikti-Berge weist (links ab). Bei der zweiten Abzweigung (links eine kleine Kirche) steht keines mehr, wir sind hier ebenfalls links abgebogen. Auch an der nächsten Abbiegung sind wir links gefahren (Gehöft oder Lagerhalle links unten im Tal). Wenn man dann auf der gegenüber liegenden Bergseite die sich aufwärts windenden Straßen sieht, zweifelt man, ob der Wagen das noch schafft. Unten im Tal steht eine kleine Hütte, in der ein Hirte wohnt. Direkt dahinter beginnt die asphaltierte Straße nach *Kamináki*."

Rundfahrt auf der Ebene

Die Straße führt in fast kreisrundem Bogen durch die Dörfer am Rand des Plateaus. Inzwischen ist auch das letzte Stück zwischen Psichró und dem Kloster Vidianís fertig gestellt, d. h. man kann die Lassíthi-Ebene vollständig umrunden, was auch die Busse von Iráklion und Mália tun.

Wer im Frühjahr oder Herbst unterwegs ist, wird merken, dass es hier oben erheblich kälter ist als an der Küste. Einen Winter auf der Lassíthi-Ebene zu verbringen dürfte ein nachhaltiges Erlebnis sein und das oft schiefe Bild vom paradiesisch warmen Griechenland zurechtrücken.

Tzermiádon

Die „Hauptstadt" der Lassíthi-Ebene. Ein hübscher Ort, im gesamten Zentrum wuchert das üppige Grün wilder Weinranken über Straßen und blumengeschmückte Balkons – geschmackvoller Kontrast zu den niedrigen, weißen Häusern mit ihren türkisfarbenen oder blauen Fenstern und Türen.

Die Hauptstraße zieht sich mit einigen Windungen durch den ganzen Ort. Es gibt einige Tavernen und Kafenia, vor allem aber zahlreiche farbenfrohe Läden, die mit ihren selbst gewebten Teppichen und Stickereien ganze Häuserfronten bedecken.

• *Anfahrt/Verbindungen* Alle Busse nach Psichró stoppen, Haltestelle u. a. beim Lokal „Kronio".

• *Adressen* **Post** und **Bank** mit Geldautomat liegen in der unmittelbaren Umgebung der Hauptkreuzung mitten im Ort.

• *Übernachten* **Kourites**, C-Kat., am Ortsausgang in Richtung Psichró. Der freundliche Besitzer Haridimos Siganos spricht Deutsch und betreibt auch ein größeres Restaurant (→ Essen). DZ mit Bad und Frühstück ca. 20–30 €. ✆ 28440-22194.

Lassithi, E-Kat., genau gegenüber, gehört ebenfalls Herrn Siganos (nicht beschriftet, im Kourites nachfragen). DZ mit Etagendusche um die 20–25 €. Falls man hier wohnen will, sollte man sich nicht die teureren Zimmer im Kourites aufnötigen lassen. ✆ 28440-22194.

• *Essen & Trinken* **Kri-Kri**, im Hinterhof eines alten Hauses, zentral an der Hauptstraße gegenüber der Kirche, hübsch überwachsene Terrasse. Essen laut Leserzuschrift weniger erfreulich und nicht billig.

Kronio, an einer zentralen Kreuzung der Hauptstraße, nicht zu übersehen. Angenehmes Lokal, geführt vom gastfreundlichen Kreter Vassilis und seiner französischen Frau Christine. Diese Kombination bekommt der Qualität sehr. Mal den „Salat Lassíthi" versuchen, aber auch die anderen Gerichte sind gut, z. B. das Lamm mit Artischocken, Zwiebeln und Fenchel.

Kourites, große Taverne am Ortsausgang, mehrere hundert Gäste haben hier Platz. Reichhaltiges Angebot, tägl. frische Fleischgerichte (auch aus dem Backofen im Garten), Wirt schlachtet selber. Moderate Preise.

Tzermiádon/Umgebung

Trápeza-Höhle (= Krónion Cave): kleine Tropfsteinhöhle in den felsigen Hügeln nordöstlich vom Ort. Eine beschilderte Asphaltstraße führt aus Tzermiádon heraus und nach ca. 1 km in einiger Entfernung an der Höhle vorbei, dort kann man parken. In ca. 15 Min. steigt man dann zwischen Weinfeldern einen markierten Pfad zur Höhle hinauf. Sie ist etwa 30 m lang und wurde schon in vorminoischer Zeit als Begräbnisstätte genutzt, zeitweise auch als Wohnhöhle. Vom Eingang führt ein schmaler Gang hinunter in den Hauptraum.

- *Öffnungszeiten/Preise* Die Höhle ist unversperrt und immer zugänglich. In der Touristensaison ist meist ein Führer aus Tzermiádon anwesend und verlangt ca. 0,80 € für eine kurze Besichtigung. Falls Sie alleine hineingehen, brauchen Sie unbedingt eine **Taschenlampe** oder **Kerze**, da die Höhle stockdunkel und der Grund reichlich uneben ist.

Hochebene von Níssimos, Tímios Stávros und **Karfí**: 200 Höhenmeter nördlich oberhalb von Tzermiádon erstreckt sich diese malerische, kleine Hochebene, von der man schnell die Kapelle *Tímios Stávros* mit herrlichem Ausblick über die Lassíthi-Ebene erreicht.

Noch ein Stück höher liegt der Berg *Karfí* (1148 m) mit den Resten einer spätminoischen Fluchtsiedlung, gegründet von den so genannten „Eteokretern" (echte Kreter), die sich etwa 1200–1100 v. Chr. vor den dorischen Eroberern in die schwer zugängliche und gut zu verteidigende Bergwildnis zurückgezogen hatten (→ „Wanderung zum Berg Karfí").

- *Aufstieg* Am westlichen Ortsausgang führt eine kurvenreiche **Hirtenpiste** auf die Ebene, an der Asphaltstraße unten beschildert mit „Karfí + Archeological Site, Pros Tímios Stávros 1100 m". Achtung: Die Piste ist stark ausgewaschen und für Normalfahrzeuge nicht zu empfehlen, zu Fuß braucht man ca. 30 Min.

Von westlichen Rand der Hochebene führt ein beschilderter Fußpfad zur minoischen Siedlung am Berg **Karfí** – oder man nimmt die im Folgenden beschriebene Route.

Wanderung von Tzermiádon zum Berg Karfí und zurück

Aufstieg zum eindrucksvoll geformten *Karfí* (1148 m) mit Resten einer spätminoischen Fluchtsiedlung. Schöne und abgesehen vom letzten, steilen Aufstieg nicht schwierige Rundwanderung mit herrlichen Panoramablicken auf die Ebene. Der gesamte Weg wurde kürzlich markiert.

- *Dauer* insg. 3 Std. 30 Min. (Tzermiádon – Windmühlen 1 Std.; Windmühlen – Karfí 1 Std. 15 Min.; Karfí – Tzermiádon 1 Std. 15 Min.)
- *Wegbeschreibung* Wir verlassen Tzermiádon in Richtung **Lagoú** (Westen). Nach dem Ortsausgang macht die Straße eine Linkskurve, hier zweigt rechts ein **Feldweg** ab, der unter schattigen Bäumen etwa 500 m geradeaus bis zu einer **Gabelung** vor einem umzäunten **Viehpferch** führt. Wir umgehen das Anwesen rechts, passieren ein Tor und sind nun auf einem breiten, gepflasterten **Maultierweg**. Diesem folgen wir in mehreren Kurven den bewaldeten Berghang hinauf. Achtung: Der Weg wird weiter oben schmaler und man muss etwas aufpassen, ihn nicht zu verlieren. Nach etwa 25 Min. ab Straßenkurve sehen wir eine **orange-schwarze Stange** mit einem kleinen Schild

„02". Hier geht es **rechts** weiter hinauf (blaue Pfeile in Gegenrichtung). Nach einigen Minuten durchqueren wir ein Gatter (laut Leserzuschrift nicht mehr vorhanden) und treffen nach etwa 45 Min. ab Straßenkurve auf die Ruinen von mehreren alten **Windmühlen** auf einem Bergkamm oberhalb des Passes von Ambélos. Früher wurde hier das Getreide der Lassíthi-Ebene verarbeitet und auf dem Weg, den wir gekommen sind, wurde es mit Mauleseln heraufgeschafft. Nördlich vor uns sehen wir jetzt erstmals die wuchtigen Konturen des **Karfí**.

Nun wird es steil und anstrengend: Wir gehen zu den höchstgelegenen Ruinen hinauf und finden dort **rote Markierungen**, die uns weiter bergauf führen. Wir durchqueren eine **Zauntür** und steigen weglos durch scharfkantiges Gestein empor. Rechts oberhalb von uns sehen wir einen **Grat** verlaufen, den wir als Orientierungshilfe nehmen. Wir halten uns dicht unterhalb davon und steigen bis zu einem **plateauartigen Vorberg** hinauf. Hier lohnt sich eine ausgedehnte Pause: Richtung Süden genießt man eine wunderbare Aussicht auf die von majestätischen Bergen umrahmte Lassíthi-Ebene, im Norden sieht man hinter einem Sattel den Doppelgipfel des **Karfí** und westlich davon reicht der Blick bis zur Nordküste hinunter.

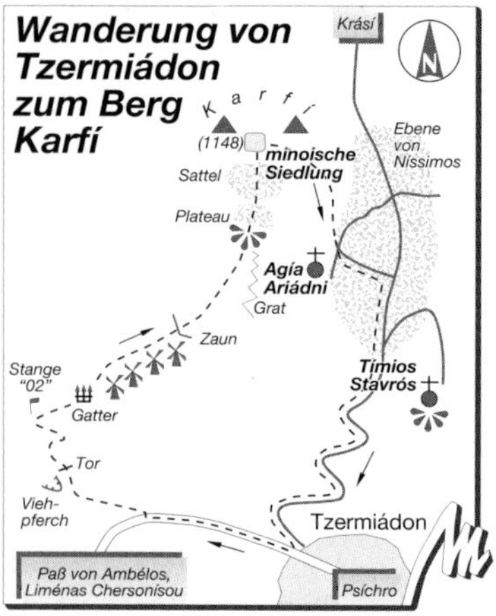

Nach einer Stärkung gehen wir weiter auf den **Sattel** zwischen bzw. vor den beiden Gipfeln. Dort liegen die Ruinen der **minoischen Siedlung**, die allerdings zwischen den Resten von Gebäuden, Terrassen und Mauern aus späteren Zeiten nur schwer lokalisierbar sind. An einer Stelle ist der Boden über mehrere Quadratmeter hinweg mit Scherben übersät, die wohl aus der Antike stammen.

Alternative zum Aufstieg ab Windmühlen: den breiten **Fahrweg** unterhalb der Mühlen nehmen, er endet unterhalb des Sattels mit der minoischen Siedlung (umgestürztes Schild „Archeological Site"), ein mit roten Punkten markierter Trampelpfad führt von dort hinauf.

Für den Abstieg gehen wir vom Sattel nach Osten und sehen bald unter uns die kleine **Ebene von Níssimos**, die etwas oberhalb von Tzermiádon liegt. Ab hier ist der Weg in umgekehrter Richtung mit **gelben Schildern** „Karfí" gut gekennzeichnet. Der weithin sichtbare und leicht begehbare Pfad führt im sanften Bogen den Berghang hinunter und trifft bei der Kapelle **Agía Ariádni** auf die Ebene. Wir überqueren sie, bis wir am Ostrand auf einen **Fahrweg** stoßen. Diesen gehen wir nach rechts (in der anderen Richtung führt ein Wanderweg ins Örtchen Krási, S. 298), passieren die Auffahrt zu Kirche und Aussichtspunkt **Tímios Stávros** und gelangen in etlichen Serpentinenkurven wieder nach Tzermiádon zurück. Wir treffen unmittelbar am westlichen Ortsausgang auf die Asphaltstraße.

Variante: Wer es sich etwas leichter machen will, kann den gerade als Rückweg beschriebenen Weg zum Karfí hinauf- und wieder hinuntergehen. Einstieg: am **westlichen Ortsausgang** zweigt ein Fahrweg ab, beschildert mit: „Karfí + Archeological Site, Pros Tímios Stávros 1100 m". Achtung: Am Beginn Spießrutenlauf zwischen wütend kläffenden Kettenhunden.

Zwischen Tzermiádon und Ágios Geórgios

▸ **Kloster Kroustallénias**: auf einem niedrigen Hügel direkt an der Straße, kurz vor Ágios Konstantínos. Wie so viele kretische Klöster war es ein Zentrum des Widerstands gegen die Türken, von denen es 1823 und 1867 zerstört wurde. Der deutschen Wehrmacht diente es während der gesamten Besatzungszeit (1941–45) als Gefängnis für lassiothische Gefangene. Es hat heute keine besonderen Sehenswür-

Aufstieg zum Karfí

digkeiten zu bieten, wird aber noch von einem Mönch bewohnt. Ein gemütliches Café liegt unterhalb an der Straße.

- **Ágios Konstantínos**: kleines Dorf mit Webstühlen und Tourist-Shops, spezialisiert auf Pullover, Stickereien, Spitzendecken und Teppiche aus gefärbter Wolle. Die Verkäufer versuchen allerdings teils recht aufdringlich, ihre Stücke loszuwerden. Die Frauen stellen die Farben z. T. selber aus heimischen Pflanzen her, darunter Artischockenblätter, Zwiebeln und Nussschalen. Die liebenswürdige *Maria Filippaki* spricht ausgezeichnet Deutsch und erklärt gerne Herstellung und Verarbeitung der Farben, ebenso die Nachbarin *Maria Vlassi*. Gutes Essen bietet die Taverne „Dikti".

Ágios Geórgios

Einfaches, ruhiges Bauerndorf. Größte Sehenswürdigkeit und Stolz der Bewohner ist das originelle Volkskundemuseum, das nur wenige Schritte von der Hauptstraße entfernt liegt, vor einigen Jahren ergänzt durch ein Venizélos-Museum (→ Geschichte). Beide Museen liegen direkt hintereinander, der Weg ist ausgeschildert.

Volkskundemuseum: Untergebracht ist es in einem der letzten erhaltenen Dorfhäuser aus dem 19. Jh. Wegen der ständigen Türkenbedrohung hat es keine Fenster, Licht und Luft kommen nur durch eine Öffnung in der vom Ofenrauch pechschwarz gefärbten Decke. Das Innere vermittelt einen hervorragenden Einblick in das kretische Dorfleben des 19. Jh. Vorne der Hauptraum – Wohn-/Schlafzimmer und Küche in einem, mit Steinbackofen und erhöhtem Bett auf einem Steinfundament (wird heute oft in Hotels nachgebaut), hinten Vorratskammer und Stall mit zahlreichen authentischen Utensilien aus Handwerk und Landwirtschaft: Amboss, Schusterwerkzeuge, Destillierapparatur, Blasebalg, Webstuhl. Auch ein Ziegenledersack hängt an der Wand; daraus wird die „Tsamboúna" gemacht, ein dudelsackähnliches Musikinstrument. Ganz hinten stehen die Vorräte, große Tonpithoi, randvoll mit Mais, Bohnen und anderen Hülsenfrüchten.

Im Haus nebenan wird traditionelle Wohnkultur zelebriert. Hier gibt es aufwändig geschnitzte und verzierte Möbel und Stickereien, wie sie in einer vornehmen Stadtwohnung oder einem reichen Bauernhaus üblich waren. Im ersten Stock kleine Gemäldegalerie mit Werken moderner griechischer Maler sowie eine interessante Fotografienfolge über den Dichter *Kazantzákis*: Bilder aus verschiedenen Lebensperioden von der Schule bis zum pompösen Begräbnis, zu dem ganz Iráklion auf den Beinen war. Unter anderem sieht man Kazantzákis an der großen Mauer in China, in Cannes, Paris und Pisa, zusammen mit Albert Schweitzer, Melina Mercouri und vielen weiteren prominenten Persönlichkeiten.

Venizélos-Museum: Das Einraum-Museum zeigt in chronologischer Folge (rechts herum) wichtige Lebensstationen des aus Kreta stammenden Ministerpräsidenten *Elefthérios Venizélos* – seine Jugend, den Thérissos-Aufstand von 1905, die Tätigkeit als Ministerpräsident, Attentatsversuche, Tod und Begräbnis. Ausgestellt sind Fotografien, Zeitungsausschnitte und persönliche Erinnerungsstücke, dazu Postkarten und Briefmarken mit Venizélos' Konterfei, Karikaturen und über ihn verfasste Bücher.

• *Öffnungszeiten/Preise* Beide Museen tägl. 10-16 Uhr, Nov. bis März geschl., Eintritt ca. 3 € (gültig für beide Museen).

• *Übernachten/Essen & Trinken* **Rea**, E-Kat., liebevoll, wenn auch etwas überladen ausstaffiertes Lokal mit großen Efeuranken, ausgestopften Bergtieren und bestickten Wandteppichen, TV läuft ständig. Nette Inhaberin namens Maria. Einfache Zimmer mit Etagendusche für ca. 20–25 €, ✆ 28440-31209. Maria vermietet auch Zimmer in ihrem neuen, mit kretischen Webwaren hübsch ausgestatteten „**Hotel Maria**", z. T. sind diese allerdings recht klein, DZ mit Frühstück (im Hotel Rea) 20–30 €.

Dias, E-Kat., schräg gegenüber vom Rea, einfache, aber saubere Zimmer mit Etagendusche, auch hier nette und kontaktfreudige Wirtin sowie Taverne. ✆ 28440-31207.

Am Hang in Richtung Koudoumaliá wurde 2005 ein größerer Hotelkomplex mit Bungalows errichtet.

Aufstieg auf den Díkti (2148 m)

Majestätisch erhebt sich südlich der Ebene das kahle Díkti-Massiv. Der anspruchsvolle und langwierige Aufstieg sollte nur von erfahrenen Bergwanderern unternommen werden und nur bei zweifelsfrei gutem Wetter. Nötig sind gutes Schuhwerk, genügend Wasser und Proviant. Folgende Beschreibung fußt auf der von unseren Lesern R. und U. Sorgenfrei unternommenen Tour.

• *Dauer* von Koudoumaliá zum Gipfel ca. 5 Std., zurück ca. 4 Std., insgesamt 9 Std.

• *Wegbeschreibung* Wir starten im Ort **Koudoumaliá** (östlich von Avrakóndes) an der höchsten Erhebung der Fahrstraße. Beim südöstlichsten Haus beginnt der **Fahrweg**, den man mit einem robusten PKW bis zur Hochebene Limnakaroú fahren könnte. Er führt vorbei an einer **Kirche**, bald danach trifft er auf eine **Fahrstraße**, die von rechts kommt und geht in Kehren nach oben. Nach etwa 30 Min. sieht man östlich (links) der Straße einen **Stall**, nach knapp 100 m beginnt in einer Rechtskurve der Straße auf einem alten Hirtenweg der **Wanderweg E 4**. Er ist markiert mit langen Stangen, gelben Markierungen, Steinmännchen und gelegentlichen roten Punkten. Der Weg kreuzt gleich nach der Abzweigung einmal die Straße, die dann westlich von ihm liegt, und führt steil nach oben über Felsen und aufgelassene Terrassenfelder. Man stößt erst wieder auf die Straße, wenn man die **Hochebene Limnakaroú** sieht, überquert sie zweimal und läuft weiter östlich von ihr hinab zur Hochebene, wo man wieder auf sie trifft und bis zur Kirche **Panagía Limnakaroú** geht. Vor der Kirche gibt es Wasser. Seit Beginn der Wanderung sind wir jetzt ca. 1 Std. 45 Min. unterwegs.

Der markierte Weg führt dann durch ein Flussbett, später über ein Kar und eine steinige „Ebene" nach Westen. Nach weiteren 1,5 Std. in etwa 1800 m Höhe trifft man plötzlich auf zwei **„E 4"-Stangen** im Abstand von 15 m. Dazwischen steht links auf einem Felsen „Dikti". Ein Weg ist hier nicht zu sehen, aber immer an den „Absätzen" stehen Steinmännchen. Man steigt nun steil am **Nordgrat** von Westen nach Osten aufwärts und geht nördlich an drei Senken vorbei, bis man etwa 45 Min. nach den „E 4"-Stangen auf seltene gelbe Markierungspunkte trifft. Nach weiteren 10 Min. kommt von rechts ein schmaler **Pfad**, der gut markiert mit gelben Punkten und Steinmännchen in 45 Min. zum **Gipfel** führt.

Psichró

Schlicht und unberührt wirkendes Dörfchen mit steil ansteigenden Gassen und bröckligen Steinbehausungen, vor allem im oberen Ortsteil. Wenn abends die klimatisierten Busse nach Iráklion zurückgekehrt sind, bleiben nur wenige Fremde im Ort und Ruhe kehrt ein.

An der schattigen Hauptstraße mit ihren mächtigen Platanen finden Sie zwei tagsüber immer gut besuchte Tavernen, aber auch die schöne Kirche und gleich daneben die Dorfquelle. Nur wenige Meter unterhalb der Hauptstraße von Psichró beginnen die kilometerweiten Obst- und Gemüsefelder der Ebene. Auf den Feldwegen zwischen Windmühlgerüsten, Kürbissen, Apfel- und Birnbäumen lässt es sich geruhsam laufen.

• *Anfahrt/Verbindungen* Psichró ist Endstation der Busse von Iráklion, Mália und Ágios Nikólaos.

• *Übernachten* **Zeus**, D-Kat., an der Kreuzung, wo es zur Höhle hinauf geht. Zehn Zimmer, ganz gut in Schuss. Auskunft in der Taverne Chalavro am Parkplatz vor der Höhle. DZ ca. 35–40 €. ✆ 28440-31284.

Dionysos, D-Kat., in Magoulás, etwa 1 km östlich von Psichró. Geführt von der netten Familie Manoussakis, 6 Zimmer mit Du/WC und Balkon, einfach und teilweise ein wenig eng (es gibt auch Dreibettzimmer), ca. 20–30 €. Tolle Aussicht auf die Lassíthi-Ebene, im Zimmer 5 kann man sowohl vom Balkon wie vom Bett aus fast die gesamte Ebene überblicken. Unterhalb des Hotels Taverne mit großer Terrasse. ✆ 28440-31672.

• *Essen & Trinken* Die Tavernen sind vollkommen auf Tagestouristen eingestellt. **Platanos** und **Stavros** liegen zentral bei den Platanen an der Hauptstraße von Psichró und sind beliebte Anlaufpunkte.

Einige weitere Lokale, die hauptsächlich von Passagieren der Ausflugsbusse besucht werden, gruppieren sich um den Parkplatz am Fuß der Diktéon-Höhle, alle mit Panoramaterrassen und herrlichem Blick auf die gesamte Ebene.

Vier große Tavernen gibt es außerdem am Ortsausgang in Richtung Pláti, nämlich **Lassithi**, **Antonis**, **Milos** und **Manos**. Alle haben viel Platz zum Sitzen im Freien, besitzen pittoreske Windräder und einen offenen Grill. Die Erfahrungen unserer Leser sind hier allerdings recht unterschiedlich ausgefallen.

Dionysos, nette Taverne im Nachbarort Magoulás, mal vegetarische Pizza versuchen (→ Übernachten).

Diktéon Ándron– die Höhle von Psichró

Die berühmteste Höhle der Insel und neben den Windrädern der zweite Magnet der Lassíthi-Ebene. Hier ist der mächtige Göttervater Zeus geboren!

Jedenfalls wahrscheinlich. Ganz sicher ist man sich nicht, denn eine zweite Höhle im Ída-Gebirge erhebt denselben Anspruch. So hat man das Problem salomonisch bzw. ganz im Sinne kretischer Geschäftstüchtigkeit gelöst – hier in der Díkti-Höhle ist Zeus geboren, in der Idéon-Höhle im Ída-Gebirge wurde er großgezogen. Auf jeden Fall ist die Höhle bei Psichró die eindrucksvollere, denn wenn man in das tiefe Loch hinunterblickt (oder noch besser, aus der schwarzen Tiefe heraus!), kommt es einem durchaus wahrscheinlich vor, dass der gewaltige Zeus hier unten mit Donnergrollen, Feuer, Qualm und Gestank das Licht der Erde erblickt hat. Tatsächlich hat man in der Höhle von Psichró eine riesige Menge von Weihgeschenken und Opfergaben gefunden (heute im Archäologischen Museum von Iráklion und im Ashmolean Museum von Oxford), sie muss eins der wichtigsten Heiligtümer der Minoer gewesen sein.

Doch vom geheimnisvollen Kult der minoischen Palastzeit kann man heute nur noch einen schwachen Schimmer erhaschen, wenn man auf der modernen Betontreppe den fast senkrecht abstürzenden, aber gut beleuchteten Schlund in das Innere der Erde hinuntersteigt. Die pralle Sonnenhitze lässt sofort nach, tiefe, feuchte Kühle umfängt einen (ca. 13 Grad Celsius). Überall an den nassen, moosüberwachsenen Felsen quellen bizarre Stalagmiten und Stalaktiten, leider sind viele beschädigt. Im oberen Bereich der Höhle leben Fledermäuse und verschiedene Vogelarten, die Ihnen vielleicht zu Gesicht und Gehör kommen werden. Man klettert bis zum Höhlengrund hinunter, der fast das ganze Jahr über unter Wasser steht. Falls Sie einen Führer haben, wird er Ihnen sicher die verschiedenen skurrilen Felsformationen zeigen – den *jungen Zeus in Windeln*, seine *Wiege*, den *Mantel des Zeus* u. a.

Die Entdeckung des Zeus-Heiligtums

Kronos, der Herrscher der Welt, wird von seinem Vorgänger Uranos gewarnt: Sein Sohn wird ihn einst entthronen und die Macht an sich reißen. Der verstörte Kronos weiß sich keinen anderen Rat und verschlingt alle seine Kinder. Als seine schwangere Gattin Rhea entsetzt die Tragödie entdeckt, versteckt sie sich in einer Höhle auf Kreta und gebiert ein weiteres Kind namens *Zeus*. Ihrem Göttergatten Kronos gibt sie einen in Windeln gehüllten Steinbrocken zu schlucken. Zeus wird heimlich in der Idéon-Höhle im Ída-Gebirge großgezogen und reißt, wie prophezeit, die Weltherrschaft an sich. Er empfängt seinen Sohn Mínos in seiner einstigen Geburtshöhle, unterrichtet ihn neun Jahre in der Kunst des Regierens und macht ihn zum Herrscher über Kreta. Soweit der Ausschnitt aus dem Urmythos.

3000–4000 Jahre später: Seit Jahrhunderten ist die Höhle nur den Hirten der Umgebung bekannt. Bei Unwettern übernachten sie hier manchmal und treiben ihre Herden in den Schutz der Felsen. 1866 entdeckt einer der Hirten glänzende Gegenstände in den Ritzen der Stalagmiten – minoische Opfergaben, wie sich bald herausstellt. Noch im selben Jahr untersucht der berühmte italienische Archäologe Halbherr die Höhle. Er kann aber nichts ausrichten, weil die obere Hälfte fast völlig von Geröll versperrt ist. Zudem verbieten die türkischen Behörden, die damals die Insel besetzt halten, systematische Ausgrabungen rigoros. 1898 ist die Insel endlich befreit und zwei Jahre später betritt *D. G. Hogarth*, der Direktor der Britischen Schule für Ausgrabungen in Athen, den Schauplatz. Die Pulverladungen seiner Sprengarbeiter machen nach seinen eigenen Worten „kurzen Prozess" mit dem Geröll. Jetzt können die eigentlichen Ausgrabungen beginnen. Die kleine, obere Grotte ist schon teilweise ausgeplündert, trotzdem finden die Ausgräber noch kleine Bronzegegenstände, Messer, Armbänder, aber auch Keramik sowie eine Art Heiligtum mit gepflastertem Boden und einen Altar. Interessanter und erfolgversprechender scheint die tiefe Kluft zur Linken. Zufällig steckt ein Arbeiter seine Kerze in einen von der Decke hängenden Stalaktiten – da sieht er die Schneide eines Bronzeschwertes darin eingekeilt. Nach sofortiger Untersuchung wird sie als mykenisch (also nach-minoisch) erkannt. Jetzt wühlen die Ausgräber nicht mehr im Schlamm, sondern blicken nach oben – und entdecken in den Ritzen der herabhängenden Tropfsteine eine atemberaubende Menge von unzweifelhaft minoischen Opfergaben: Miniatur-Doppeläxte, Messer, Schmuck, Statuetten. Das innerste Heiligtum des Zeus ist entdeckt!

Aufritt zur Höhle

• *Öffnungszeiten/Preise* Die Höhle ist täglich 8–16 Uhr geöffnet, in der Hochsaison eventuell länger. Eintritt ca. 4 €, EU-Stud. frei, Stud. anderer Länder die Hälfte.

• *Weg zur Höhle* Man fährt durch Psichró und anschließend zu einem hoch gelegenen **Parkplatz** unterhalb der in 1025 m Höhe gelegenen Höhle. Parkgebühren: Bus 5 €, Pkw 2,50 €, Motorrad 0,60 €. Weiter unten an der Straße kann man versuchen, kostenlos zu parken (allerdings Halteverbot).
Vom Platz führt seit einigen Jahren links neben der Taverne „Chalavro" ein neuer, **gepflasterter Serpentinenweg** zur Höhle hinauf – sehr bequem zu gehen und auch für Fahrräder geeignet, zu Fuß sind es ca. 10–15 Min. bis zum Eingang der Höhle.
Weiterhin gibt es noch einen alten steinigen **Fußpfad**, der glatt und etwas beschwerlich durch lichten Steineichenwald hinaufführt, hier braucht man etwa 20 Min. (und nicht eine Stunde, wie manche Mauleselführer versichern!), gutes Schuhwerk ist hier nötig.
Außerdem kann man sich auch auf dem Rücken von **Mauleseln** gemächlich hinaufkutschieren lassen, das kostet allerdings ca. 10 € „one way".

Weiterfahrt von Psichró

Über die drei Dörfer *Pláti, Ágios Charalámbos* und *Káto Metóchi* gelangt man schnell bis Pinakianó, wo man die Ebene wieder Richtung Nordküste verlassen kann. In Káto Metóchi lebt George Panagiotakis, ein ehemaliger Widerstandskämpfer gegen die deutsche Besatzung, der darüber mehrere Bücher veröffentlicht hat (→ Lesetipps). Sein kleiner Laden liegt in einer Straßenkurve neben dem öffentlichen Brunnen, gegenüber von einem Denkmal. Drinnen hängt eine Urkunde über seine Widerstandstätigkeit.

• *Essen & Trinken* Tipp in **Ágios Charalámbos** ist die blumenüberrankte Taverne „Good Morning Lassíthi" direkt an der Straße.
In der Taverne am Dorfplatz von **Káto Metóchi** kann man dem Koch zusehen, vor allem aber den hervorragenden und äußerst preiswerten Hauswein vom Vater des Tavernenbesitzers kosten, der fast wie Likör schmeckt.

▸ **Kloster Vidianís** (Moní Vidianís): Das letzte Ziel einer Rundfahrt um die Ebene stammt aus der Mitte des 19. Jh., wurde 1867 von den Türken zerstört, danach wieder aufgebaut. Sein Abt wurde im Zweiten Weltkrieg wegen Kollaboration mit den Alliierten von den Deutschen hingerichtet. 1968 wurde das Kloster aufgegeben. Die Kirche steht unter hohen, Schatten spendenden Zypressen, im liebevoll eingerichteten Innenraum steht ein Bollerofen. Im Gebäude links dahinter wurde ein *naturkundliches Museum* eröffnet (Zweigstelle des naturhist. Museums von Iráklion), in englisch beschrifteten Schaukästen sind Gestein, Pflanzen und Tiere des Díkti-Gebirges ausgestellt. Falls nicht offen, im Kafenion neben der Kirche fragen.

Wanderung (Spaziergang) von Psichró nach Tzermiádon

Einfache Wanderung quer durch die Lassíthi-Ebene, Dauer knapp 2 Std. Man startet an der *Straßengabelung* in Psichró, wenige Meter vor (östlich) der Taverne Platanos, und geht zur Ebene hinunter. Die asphaltierte Straße endet nach ein paar hundert Metern, weiter auf Feldweg geradeaus nach *Ágios Geórgios* (ca. 1 Std.). Dort das Folklore-Museum anschauen. Weiter zur großen Kirche, dahinter hinunter und aus dem Ort hinaus. Am Hügel links vorbei, kurz nach dem Steinbruch rechts, von hier sehen Sie schon die Häuser von Tzermiádon (ca. 45 Min.).

Wanderung von der Lassíthi-Ebene über die Katharó-Ebene hinunter nach Kritsá

Diese abwechslungsreiche, aber anstrengende Langwanderung führt vom fruchtbaren Lassíthi-Hochland über die höher liegende Katharó-Ebene zum tief darunter liegenden Bergdorf Kritsá (→ Ágios Nikólaos/Umgebung). Über einen Höhenunterschied von 900 m sind vom Obstanbau über Weidewirtschaft und Dornengestrüpp zu Öl- und Mandelbäumen viele Formen der Vegetation und Bewirtschaftung erkennbar. Für den Einstieg in der Lassíthi-Ebene gibt es mehrere Varianten (ab Méssa Lassíthi, an beiden Ortsenden von Ágios Konstantínos und von Ágios Geórgios), die aber in der Katharó-Ebene alle auf einen wenig benutzten Fahrweg treffen, der ohne Orientierungsschwierigkeiten in den Hauptort Avdeliákos und von dort als Asphaltstraße weiter bis Kritsá führt.

- *Dauer* ca. 8 Std. Reichlich Wasser mitnehmen, direkt am Weg gibt es Wasserstellen nur in und bei Avdeliákos.
- *Route* Tzermiádon – Ágios Konstantínos – Avdeliákos – Kritsá.
- *Karte* **Freytag & Berndt**, Wanderkarte Kreta (Ausschnittskarte mit ausgewählten Wanderungen auf Kreta), 1:50.000.
- *Wegbeschreibung* Unser Einstieg liegt am südlichen Ortsende von **Ágios Konstantínos** bei einem Kafenion mit nettem Besitzer, den man nach dem Weg fragen kann. Wir gehen Richtung Süden, vorbei am neu erbauten **Wasserspeicher** (links), der wie ein See wirkt, und kommen in ca. 30 Min. bis zu einer kleinen Kirche. Ab der Kirche (markierte Stange, orange 03 und Blaupunkt) geht es in 45 Min. einen Fußpfad in Serpentinen die Rinne hoch bis zu einem **Sattel**, dort hat man einen herrlichen Blick über die gesamte Lassíthi-Ebene. Als Orientierungspunkt für die Weiterwanderung dient die **kegelförmige Erhebung**, die sich geradeaus am Rande des Sattels erhebt. Links unterhalb dieses Kegelbergs beginnt ein alter **Hirtenweg** (roter Punkt als Einstiegshilfe), der sich eindeutig auf halber Höhe über einer Hochebene bewegt und diese halbkreisförmig umgeht, auf ein sichtbares Gebäude auf der anderen Seite zu, unterwegs immer wieder rote Punkte. Nach etwa 30 Min. erreicht man die **Katharó-Hochebene** und biegt bei einer umgestürzten Markierungsstange mit roter Punktlackierung nach links abwärts auf einen **Fahrweg** ein. Nach einer Weile sieht man links (Südost) ein rotes Dach und daneben eine Serpentinenstraße. Dies ist der Fixpunkt der **Überquerung** der Katharó-Ebene von Südwest nach Südost bis Avdeliakós (ca .1 Std.)

Avdeliákos ist eine Ansammlung verstreuter, weiß gekalkter Häuser mit einem Kafenion. Neben der Kirche ein paar Stufen hinunter gibt es einen Hahn mit frischem Bergwasser. Etwa 15 Min. hinter Avdeliákos verlässt die Straße die Ebene und führt in Windungen bis auf 1200 m Höhe, **Ágios Nikólaos** ist sichtbar. Bis Kritsá geht es jetzt nur noch bergab, erst durch einen lichten Eichenwald, dann durch kahle, verkarstete Felslandschaft (ab ca. 900 m). Ab etwa 460 Höhenmeter dann erste Ölbäume, Mandelbäume wenig später. Die Kurven der Straße können teilweise abgekürzt werden. Etwa 4 Std. nach Aufbruch in Avdeliákos erreichen wir **Kritsá** (290 m).

Blick aus einer Höhlenwohnung in Mátala

Der Süden Zentralkretas

In der südlichen Inselmitte liegen einige der populärsten Ziele Kretas, die von Iráklion aus in weniger als zwei Stunden zu erreichen sind.

Schon in minoischer und antiker Zeit begünstigte die große, fruchtbare *Messará-Ebene* hier die Entstehung bedeutender Zentren – die Paläste von *Festós* und *Agía Triáda*, der Hafen von *Kommós*, die römische Stadt *Górtis*. Dazu kommen die teils kilometerlangen Strände und malerischen Buchten, die die Ebene zum Meer hin begrenzen. Die Badeorte *Mátala*, *Kalamáki* und *Agía Galíni* ziehen alljährlich viele tausend Besucher an, Mátala ist außerdem weltberühmt wegen seiner prähistorischen Höhlenwohnungen. Zusätzlich findet man in den Bergen der Umgebung zahlreiche reizvolle Ausflugs- und Wandermöglichkeiten.

Zu den verschiedenen Anfahrtsrouten von Iráklion siehe S. 254 ff.

Messará-Ebene und Südküste

Die ausgedehnte Kulturlandschaft der Messará-Ebene ist 40 km lang und bis zu 12 km breit. Treibhäuser, Olivenbaumpflanzungen, Getreidefelder und kleine, weiße Orte bestimmen das Bild. An der Küste liegt Mátala, ehemaliger Hippietreff und heute einer der bekanntesten Badeorte Kretas. Nördlich davon erstreckt sich der kilometerlange Kómo-Beach.

Wie ein Keil ist die gewaltig anmutende Ebene zwischen die Berghänge getrieben. Nach Osten verjüngt sie sich allmählich, bis die Hänge der Díkti-Berge eine Barrie-

re auftürmen. Die *Asteroúsia-Berge* bilden zur Libyschen See im Süden einen natürlichen Windschutz. Beste Voraussetzungen für eine landwirtschaftliche Nutzung sind also gegeben, vor allem Oliven gedeihen hier prächtig. In den Treibhäusern baut man beileibe nicht nur Tomaten und Gurken an. Außer Bananen, Auberginen und Melonen werden auch Ananas, Avocados und Kiwis gezogen, Ende der Achtziger hat man sogar zum ersten Mal Kaffee angepflanzt.
Schon in der Antike war die Messará die Kornkammer Kretas. Die Römer bauten hier *Górtis* zur prunkvollen Inselhauptstadt aus. Das ausgegrabene Ruinenfeld bei Ágii Déka vermittelt noch heute einen Eindruck vom damaligen Reichtum. *Festós*, der große Palast der Minoer, liegt auf einer der wenigen Anhöhen der Ebene. Der Blick rundum ist atemberaubend.

Infos im Internet unter www.messara.gr/de

Der Osten der Messará-Ebene

Im Gegensatz zum Westen ist der Osten touristisch kaum entwickelt. Die Strände sind großteils nur über langwierige Zufahrten hoch über die Asteroúsia-Berge zu erreichen. Doch mittlerweile entstehen in den abgelegenen Küstendörfern zahlreiche Neubauten, hauptsächlich von Kretern, die von den bislang günstigen Grundstückspreise angezogen werden.

Eine gut ausgebaute Durchgangsstraße verbindet die Landwirtschaftsdörfer zwischen Wein- und Olivenplantagen. Da meist wenig Verkehr herrscht, macht es viel Spaß, durch die fruchtbaren Landschaften zu fahren. Inzwischen ist die Strecke bis auf einige kleine Teilstücke vollständig asphaltiert und man kann ohne Probleme von der Messará-Ebene durch die Ausläufer der Díkti-Berge in den Südosten der Insel fahren und umgekehrt. Busse befahren diese Route allerdings bisher nicht, nach Ierápetra muss man über Ágios Nikólaos fahren. Einzig nennenswerter Badeort ist *Tsoútsouros* am östlichen Ende der Ebene. Von *Káto Kastellianá* führt eine asphaltierte Straße hoch auf den rauen Kamm der Küstenberge und senkt sich in steilen Serpentinen zum Meer.

▸ **Pírgos**: Hauptort der östlichen Messará-Ebene, von Touristen nur wenig besucht. In den letzten Jahren hat man sich Mühe gegeben, attraktiver zu werden. So ist eine gemütliche, modernisierte Geschäftsstraße mit mehreren Kafenia und Restaurants entstanden, einige Besitzer sprechen recht gut Deutsch. Jeden Dienstag findet ein Markt statt. Am Ostende der Hauptstraße, bevor die Straße nach Pretória führt, steht die kleine Doppelkirche *Ágios Konstantínos/Ágios Geórgios*. Der Schlüssel ist im Haus gegenüber erhältlich. In Ágios Geórgios sind Fresken erhalten, die vor 1314 entstanden sind und Ágios Konstantínos besitzt Malereien von 1314/15 mit ikonographischen Themen, die im byzantinischen Kunstraum singulär sind und hagiographische Szenen Kaiser Konstantins zeigen.
Der „Cretan Safari-Park Messará“ bei Mesochorió, östlich von Pírgos, hat keine zwei Jahre durchgehalten und wurde aufgegeben.

• *Übernachten* **Saridakis**, in einer kleinen Seitengasse der Geschäftsstraße. Einfach, aber sauber, Zimmer mit Bad und TV, z. T. mit Balkon und schönem Blick auf die Ebene. DZ ca. 30–40 €.
Weiterhin gibt es in etwas trister Lage ein etwas komfortableres, aber teureres **Apartmenthotel** am nördlichen Ortsausgang.

▸ **Ethiá**: Bei Rotási zweigt eine Teerstraße in das etwa 800 m hoch gelegene Bergdorf ab, rundherum erstreckt sich wiederaufgeforsteter Mischwald – Beweis, dass auch in höheren Lagen die Wiederaufforstung funktionieren kann. In der Dorfmitte ein altes Kafenion.

Tsoútsouros

Tsoútsouros ist vor allem bei Griechen als Urlaubsziel beliebt und wird nur im Hochsommer richtig voll. Jede Menge Neubauten in allen Stadien der Fertigstellung drängen sich in eine weite Bucht, zahlreiche Unterkünfte, Tavernen, Bars und Diskotheken warten auf Urlauber, am Strand wurden junge Tamarisken gepflanzt.

Tsoútsouros lässt zweifellos den typischen Charme griechischer Fischerdörfer vermissen. Aber immerhin bietet die lange Promenade viel Platz für Spaziergänge, im Umkreis des Fischerhafens sitzt man recht gemütlich und es gibt zwei gute Strände – einer liegt am Ostende von Tsoútsouros, der andere zieht sich westlich vom Fischerhafen entlang einer separaten Bucht, wo ein eigener Ortsteil entstanden ist. In letzterer Bucht liegt hinter den Häusern, nur 80 m vom Meer entfernt, eine antike Kulthöhle, die der *Eileithýia*, der Göttin der Fruchtbarkeit und Geburtshilfe, geweiht war. Die vielen Opfergaben, die man hier gefunden hat, stammen hauptsächlich aus dem 7. Jh. v. Chr. Eine weitere Eileithýia-Höhle gibt es in der Nähe von Iráklion (→ S. 222). Noch einige Minuten weiter westlich trifft man auf die spärlichen Überreste der mykenischen Siedlung *Ínatos*, die in engen Handelsbeziehungen zu Ägypten gestanden hat.

• *Übernachten* **Mouratis**, am Ostende von Tsoútsouros, vis-à-vis vom Strand. Gepflegter Neubau mit Apartments, unten ein stimmungsvoller Tavernengarten. Apt. ca. 40–60 €. Zu buchen über Attika. ✆ 28910-92244.
Michalis, zentrale Lage an der Uferstraße, alteingesessene Pizzeria mit Zimmervermietung, netter Besitzer, Zimmer okay. DZ ca. 20–35 €. ✆ 28910-92250, ℻ 92251.
Venetia, an der Uferstraße kurz vor dem Fischerhafen, geführt von einer freundlichen, jungen Familie, schlichte, aber geräumige Zimmer mit Kochnische und Bad. Unten im Haus die Cafeteria „Gianna" mit recht ordentlicher Küche. DZ ca. 20–35 €. ✆ 28910-92258, ℻ 92320, www.interkriti.net/hotel/tsoutsouros/venezia
Lytos, letztes Haus am Hafen, neu erbaut, Zimmer für 3–4 Pers. mit TV, Klimaanlage und großen Balkonen. DZ ca. 22–40 €. ✆ 28910-92321, ℻ 92413.
Apollon, an der Badebucht westlich vom Fischerhafen, sehr ruhig, ebenfalls mit Klimaanlage. ✆ 28910-92227.

• *Essen & Trinken* Viele Tavernen an der Uferpromenade, dazu mehrere Cafeterias und zwei Pizzerien. Überall sitzt man schön mit Meerblick. Ein Tipp ist z. B. die aufmerksam geführte Fischtaverne **Inatos** am Fischerhafen.

Tipp: Die 10 km lange Küstenstraße von Tsoútsouros nach Keratókambos ist vollständig asphaltiert. Schöne Fahrt entlang des menschenleeren Kiesstrands von Dérmatos, an den noch zahlreiche unbebaute Bauerngrundstücke grenzen. Infos zu Keratókambos, Arvi und anderen Küstenorten in Richtung Ierápetra → Ostkreta S. 480 ff.

▸ **Tris Ekklisiés**: abgelegener Küstenort, der von Pírgos über eine teilweise asphaltierte Piste zu erreichen ist. Westlich vom Ort liegt ein langer, einsamer Strand, an dem gezeltet werden kann. Im Ort gibt es einige Tavernen und Privatzimmer, mittlerweile wird auch hier viel gebaut.

Kapetanianá

Kleines, sehr ruhiges Bergdorf an der Südseite der Asteroúsia-Berge, 800 m hoch am Fuß des Kófinas (1236 m) gelegen, herrlicher Blick zum Libyschen Meer, erreichbar über eine 8 km lange, mittlerweile durchgehend asphaltierte Straße ab Loúkia.

Seinen Namen hat der Ort von den „Kapetánes", den Anführern der kretischen Untergrundbewegung gegen die Türken. Tatsächlich handelt es sich um eins der Dörfer, die nie von den Türken betreten worden sind. Kapetanianá besteht aus einem Ober- und Unterdorf, gerade mal hundert Menschen wohnen noch hier, die alle von der Schaf- und Ziegenzucht und von der Imkerei leben. Es gibt keinen Durchgangsverkehr, die Autos bleiben auf den Parkplätzen vor den beiden Ortsteilen. Im unteren Dorf steht eine schöne byzantinische Kirche aus dem 14. Jh., weiterhin gibt es ein Kafenion und einen kleinen Krämerladen. Übernachten kann man mit Vorbestellung beim Ehepaar Schuschnigg (→ Kasten). Die Umgebung ist ideal für Outdoor-Aktivitäten wie Wandern, Klettern und Mountainbiken. Die nächste Bademöglichkeit bietet der schöne und abgelegene Strand von Ágios Ioánnis, mit dem Auto in etwa 25 Min. über eine Schotterstraße zu erreichen.

Aktivurlaub im Süden Kretas

Kapetanianá ist ein guter Standort im touristisch noch gänzlich unberührten Gebiet um den Berg Kófinas. Seit über zehn Jahren betreibt hier die Familie Schuschnigg ihre „Berg-Pension" **Kofinas** mit drei Doppelzimmern und einem Studio (Möglichkeit zur Halbpension). Gunnar Schuschnigg ist bekannt für seine gute Küche, wobei er kreativ mediterrane und mitteleuropäische Eigenheiten verbindet. Luisa Schuschnigg fertigt originelle Handarbeiten vom Webstuhl. Aktivurlauber können reizvolle Wanderungen unternehmen (6 verschiedene Tagestouren, z. T. anspruchsvoll), Mountainbiker finden ebenfalls reichhaltige Möglichkeiten und in den letzten Jahren ist hier – in Zusammenarbeit mit einem tschechischen Kletterprofi – das größte Kletterzentrum Südgriechenlands entstanden: Über 80 Touren in hervorragendem Fels, Schwierigkeitsgrad von 5 bis 7 plus (Neue Ausgabe des Kletterführers kann online bei Luisa bestellt werden). Luisa und Gunnar Schuschnigg veranstalten außerdem auf ganz Kreta und den umliegenden Inseln Wanderferien. Falls Sie im Hause Schuschnigg unterkommen möchten, empfiehlt es sich, Zimmer vorzubestellen. Von Mitte Juni bis Mitte September besteht auch die Möglichkeit, den ganzen Gästetrakt bzw. Wohnbereich als Ferienhaus zu mieten (8 Erw., zuzügl. 3 Kinder). Leserzuschrift: „Sowohl die Freundlichkeit und Hilfsbereitschaft der beiden, wie auch die Zimmer und das Essen aus Gunnars Küche sind sehr lobenswert, das Preis-Leistungs-Verhältnis überzeugt sehr." ✆ 28930-41440, 📠 41858, www.korifi.de (zu buchen auch über www.casa-feria.de).

▸ **Kloster Koudoumá**: großes, sehr gepflegtes Kloster einige Kilometer westlich von Tris Ekklisiés, wunderschöne Lage in einer Bucht mit Kiefern und Palmen, zu Fuß zu erreichen ab Kapetanianá (Beschreibung unten) oder auf schlechter Serpentinenpiste ab Stérnes hoch über die Asteroúsia-Berge, nah am höchsten Berg *Kófinas* (1231 m) vorbei, Fahrzeug mit Allradantrieb nötig. Das Kloster stammt vom Ende des 19. Jh. und wird noch von drei Mönchen bewirtschaftet, übernachten möglich. In den Höhlen der Umgebung lebten früher zahlreiche Eremiten.

- **Kófinas**: mit 1231 m höchster Berg der Asteroúsia-Berge, imponierender Gipfel, auf dem ein minoisches Heiligtum entdeckt wurde (Funde im Arch. Museum von Iráklion).
- **Ágios Antónios**: Felsengrotte mit Kapelle westlich vom Kloster Koudoumá (→ Wanderung), Süßwasserbecken (erfrischend), alte Kultstätte, Tropfsteine.
- **Ágios Ioánnis**: zu erreichen auf kurvenreicher, aber gut befahrbarer Zufahrtspiste, die östlich von Kapetanianá abzweigt. Aus der einstigen Einsiedelei auf einem Küstenkap ist ein Dörfchen mit privaten Ferienhäusern und zwei Tavernen entstanden. In der idyllischen Kiesbucht tummeln sich am Wochenende viele kretische Kinder mit ihren Eltern. Einige wenige Zimmer werden bereits vermietet, weitere sind in Planung.
- **Tripití**: schöner Strand am Ausgang der Tripití-Schlucht, eine Handvoll Häuschen und Bambus-Taverne, freie Zeltmöglichkeit. Weiterfahrt mit Normal-PKW oder Motorrad nach Léntas gut möglich (→ S. 330).

Wanderung von Kapetanianá zum Kloster Koudoumá

Landschaftlich sehr reizvolle, allerdings anstrengende Wanderung am Südhang der Asteroúsia-Berge. Einige interessante Ziele am Weg, Übernachtungsmöglichkeit im Kloster. Wegen der Südlage sehr starke Sonneneinstrahlung, den Rückweg von der Küste ins Dorf sollte man erst machen, wenn die Sonne bereits tief steht. Folgende Beschreibung stammt von den Schuschniggs in Kapetanianá (→ oben).
Kürzere Alternative: bis *Ágios Ioánnis* am Meer hinunterfahren und zum Kloster den Pfad entlang der Küste nehmen.

GPS-Wanderung 4, Karte, S. 316

- *Route* Kapetanianá – Kófinas – Kloster Koudoumá – Ágios Antónios – Kapetanianá.
- *Dauer* 6 Std. (Kapetanianá – Kloster Koudoumá ca. 2 Std. 30 Min., Kloster Koudoumá – Kapetanianá ca. 3 Std. 30 Min.).
- *Streckenlänge* 20 km
- *Höhenmeter* Aufstieg/Abstieg: 1450 m.
- *Wegbeschreibung* Von **Kapetanianá (WP 01)** wandert man auf der Schotterpiste nach Stérnes auf den in Richtung Osten liegenden Berg **Kófinas** zu. Hundert Meter nach dem Dorf halten wir uns an einer **Kreuzung** links **(WP 02)**, rechts geht es zur Küste nach Ágios Ioánnis. Bei der **zweiten Kreuzung** halten wir uns rechts **(WP 03)**. Nach etwa 20 Min. kommt eine weitere **Kreuzung (WP 04)**. Hier halten wir uns geradeaus, bis wir ein kleines **Plateau** erreichen **(WP 05)**, wo die Straße einen scharfen Knick nach Norden macht. Von hier sieht man, Richtung Osten blickend, unter sich am Fuß des Kófinas ein **Bachbett (WP 06)**, auffällige rote Markierung. Von diesem Bachbett aus gut erkennbar, verläuft ein **Fußpfad** leicht rechts den Berg ansteigend in Richtung Süden. Nach einer halben Stunde kommen wir dort auf ein großes **Plateau** mit betoniertem **Vermessungszeichen (WP 07)**. Links davon sieht man, markiert durch einen großen Steinmann, den weiteren Wegverlauf, der durchgehend mit kleinen Steinmännchen und blauen Punkten gekennzeichnet ist. Wir steigen mehrere Serpentinen hinunter, bis wir ein **Waldgebiet** erreichen **(WP 08)**. Auf halber Strecke **(WP 09)**, sieht man bereits das am Meer gelegene **Kloster Koudoumá**. Weiter durch ein kurzes, etwas flacheres Waldstück treffen wir wieder auf den **befestigten Weg (WP 10)**, dem wir in langen Serpentinen nach unten folgen. Knapp oberhalb des Klosters verliert sich der Weg **(WP 11)**. Wir halten uns rechts von der Schlucht in Richtung Meer, bis wir auf den breiten **Fußweg** nach Koudoumá (links) stoßen **(WP 12)**, danach kurzer Abstieg zum **Kloster (WP 13)**. Wer will, findet hier Bade- und Übernachtungsmöglichkeit (Schlafsack mitbringen, die zur Verfügung gestellten Decken und Matratzen im Kloster sind nicht empfehlenswert, unliebsame Mitbewohner!).

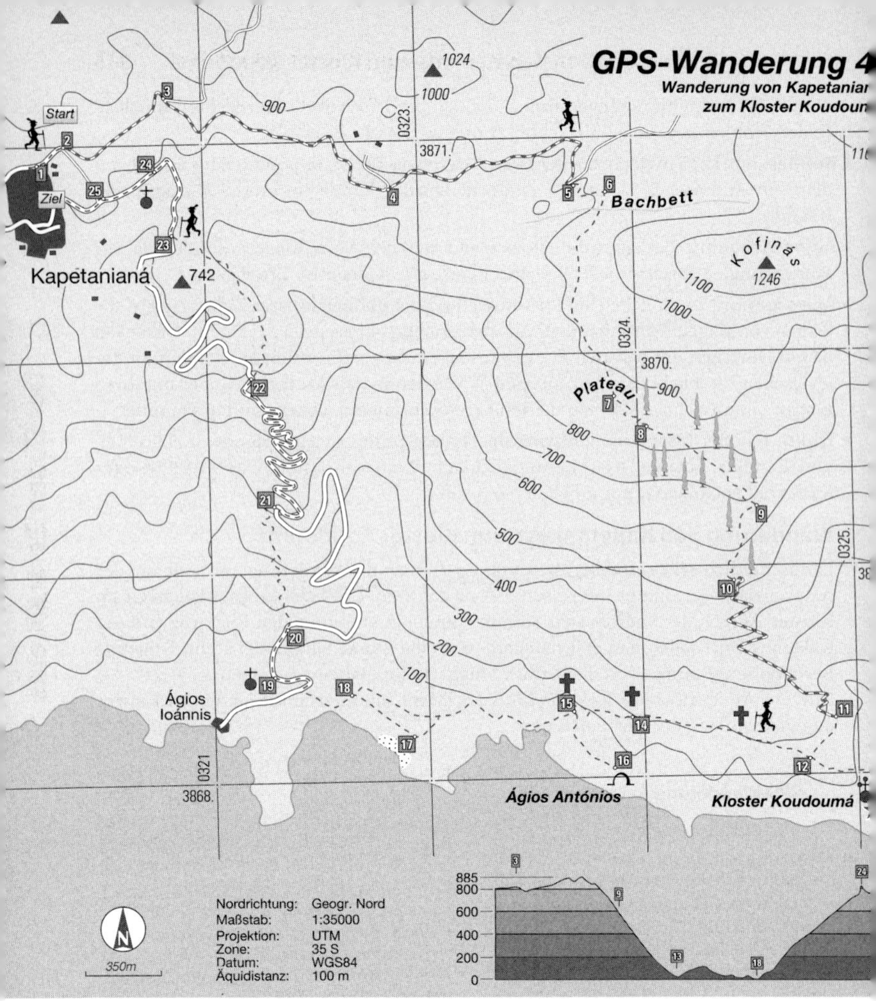

Vom Kloster geht man zunächst denselben Weg wieder zurück, die Anhöhe hinauf bis zum ersten weißen **Marmorkreuz** und hält sich entlang der Telefonleitung durch den Pinienwald Richtung Westen. Etwa 45 Min. vom Kloster trifft man auf eine Anhöhe, dort steht ein zweites **Marmorkreuz (WP 14)**. Nach weiteren 10–15 Min. findet man das dritte Kreuz mit der Beschriftung **Ágios Antónios (WP 15)**. Es wäre auf jeden Fall ein Versäumnis, wenn man diese in einer Tropfsteinhöhle gelegene Kapelle nicht besuchen würde. Vom Marmorkreuz Richtung Süden blickend, umgeht man eine nicht zugängliche Bucht auf der linken Seite und folgt etwa 15 Min. lang dem Weg bis zur **Felsengrotte (WP 16)**. An der linken Seite der Kapelle ist der Eingang in die Tropfsteinhöhle, die vier große Wasserbecken mit Trinkwasserqualität enthält. Am Ende der Höhle steht man vor einem alten Kultplatz, auch wird dem Wasser besondere Heilkraft zugesprochen.

Zurück geht es den gleichen Weg bis zum Marmorkreuz. Hier halten wir uns links oberhalb der unzugänglichen Bucht und folgen dem Fußpfad nach Westen. Nach etwa 30 Min. **(WP 17)** steigen wir in die Ausläufer einer **Schlucht** hinunter zu einem wunderschönen, ruhigen **Strand** mit Bade-

möglichkeit. Danach gehen wir zum Fußweg zurück **(WP 18)** und steigen auf der anderen Seite der Schlucht nach links hinauf bis wir die **Fahrstraße** nach Kapetanianá erreichen.
Wer Lust hat, besucht nun noch **Ágios Ioánnis**, das im Westen gelegene Fischerdorf bzw. Sommerferiendorf der Einheimischen (ca. 10 Min.) mit seiner urigen Taverne und füllt dort Wasser nach.
Für den **Aufstieg** von Ágios Ioánnis nach **Kapetanianá** gibt es mehrere Varianten:
1) auf der Straße: 9 km, 800 Höhenmeter, Dauer etwa 2 Stunden.
2) auf der Straße mit Abkürzungen auf kurzen Wegstücken:
Wir bleiben zunächst auf der Fahrstraße, links sehen wir eine neugebaute **Kapelle** **(WP 19)**. Nach 5 Min. verlassen wir die Straße **(WP 20)** und steigen den vor uns liegenden **Hang** mit vereinzelten Johannisbrotbäumen hinauf. Nach etwa 45 Min. treffen wir wieder auf die **Fahrstraße (WP 21)**. Wir folgen ihr bis zum **Felsendurchbruch** mit einer kleinen Hochebene **(WP 22)**. Hier verlassen wir sie wieder und folgen den Telefonmasten sowie einem gut erkennbaren **Weg**. Wir treffen wieder auf die Fahrstraße **(WP 23)** und halten uns rechts. Nach einer Linkskurve sehen wir eine alte **Kapelle** aus dem 14. Jhd., **(WP 24)** und erreichen nach 5 Min. eine **Kreuzung (WP 25)**. Hier biegen wir links in das Dorf ab, vorbei am **Friedhof**.
3) Hirtenpfad von Ágios Ioánnis nach Kapetanianá: Aufstieg über gut markiertes, aber anstrengendes Gelände, (2 Stunden, 4,5 km, 800 Höhenmeter), nähere Informationen im Hause Schuschnigg.

Wanderung von Kapetanianá zum Kófinas

Landschaftlich reizvolle Wanderung zum Hauptgipfel der Asteroúsia Berge, bei einer kurzen felsigen Passage sind Trittsicherheit und Schwindelfreiheit erforderlich.

GPS-Wanderung 5, Karte, S. 318

- *Dauer* Einfach ca. 3 Std. 30 Min., hin/rück das Doppelte.
- *Streckenlänge* 11 km
- *Höhenmeter* Aufstieg/Abstieg: 605 m
- *Wegbeschreibung* Von **Kapetanianá (WP 01)** wandern wir auf der Schotterpiste nach Stérnes auf den in Richtung Osten liegenden Berg **Kófinas** zu. 100 m nach dem Dorf halten wir uns an einer Gabelung links **(WP 02)**, rechts geht es zur Küste nach Ágios Ioánnis. Bei der zweiten Gabelung **(WP 03)** halten wir uns rechts. Nach etwa 20 Min. kommt wieder eine Gabelung **(WP 04)**, wir gehen gerade aus, bis wir ein kleines Plateau erreichen **(WP 05)**, wo die Straße einen scharfen Knick nach Norden macht. Von hier aus sieht man den Fuß des Kofinas und in ein oleanderbewachsenes Bachbett (Markierung im Bachbett, hier zweigt rechts bergauf der Weg zum Kloster Koudoumá ab). Wir wandern auf der **Schotterstraße** nach Norden, bis wir den Sattel erreichen. Am **Sattel** gibt es eine Kreuzung **(WP 06)** – ein Weg geht links ab nach Panagía in die Messará-Ebene, die andere Straße führt Richtung Stérnes und zur Fahrstraße zum Kloster Koudoumá. Wir steigen etwa 10 Min. scharf rechts einen steilen Fahrweg hinauf, dort haben wir einen herrlichen Ausblick über die Insel. Wir treffen auf die **Fahrstraße** und folgen ihr in Richtung Kófinas. Rechter Hand sieht man eine eingezäunte **minoische Ausgrabungsstätte** **(WP 07)**. Kurz darauf sehen wir links und rechts einen mit Stahlgitter abgetrennten **Schafspferch**. Hier verlassen wir die Straße **(WP 08)**, die zu einer Kapelle am Sattel führt und steigen weglos zu zwei großen, in sich verwachsenen **Zypressen (WP 09)**, oberhalb der Kirche auf. Hier beginnt der markierte, gut gekennzeichnete **Aufstieg** auf den Kófinas (am Fels sieht man zwei rote Pfeile). Durch zum Teil felsiges Gelände, wo man auch die Hände benützen muß, gelangen wir in kurzer Zeit auf den **Gipfel (WP 10)** mit herrlicher Aussicht auf die Südküste und das unterhalb liegende Kloster Koudoumá.

Auf dem gleichen Weg steigen wir wieder bis zu den Zypressen ab und gehen über ein kurzes Geröllfeld bis direkt zur **Sattelkapelle** hinab **(WP 11)**. Bei der Kapelle halten wir uns weglos nach links bergab zu einer **Quelle (WP 12)**. Von dort aus zieht sich ein Wasserschlauch in das **Bachbett** hinunter. Wir folgen dem Bachbett, dass dicht von Oleander bewachsen ist, bis zur blau markierten Stelle im Bachbett, wo der ansteigende Fußpfad zum Kloster Koudoumá beginnt **(WP 13)**. Danach gehen wir weiter, bis wir rechter Hand einen **Weg** sehen und

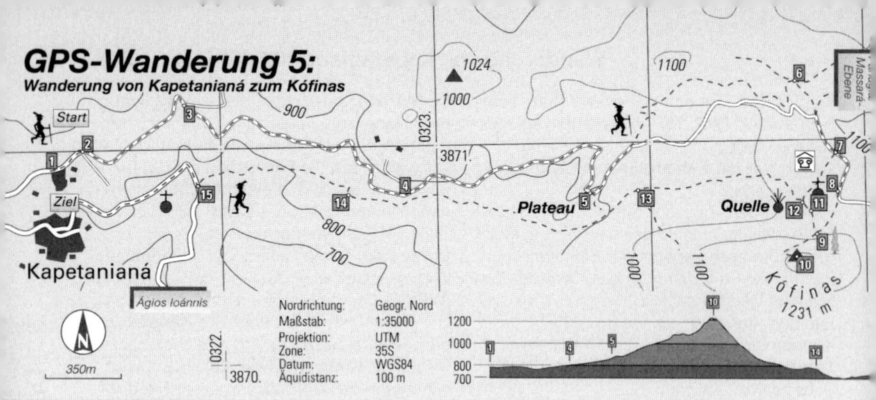

wandern auf diesem um eine Bergkuppe herum. Der Weg verläuft unterhalb der Fahrstraße, auf der wir beim Hinweg gekommen sind. Nach ca. 10 Minuten folgen wir dem Weg in eine kleine Schlucht hinunter **(WP 14)**. Links sehen wir die Platten des gut ausgebauten **Klettergarten**, vor uns liegt ein kleines grünes Tal, das wir im unteren Teil, dem Weg folgend, durchqueren. Nach ca. 5 Min. stoßen wir auf die **Fahrstraße** von Ágios Ioánnis **(WP 15)**. Wir halten uns rechts und folgen ihr bis zu einer Gabelung. Dort gehen wir nach links und am Friedhof vorbei ins Dorf **Kapetanianá**.

Zentrum und Westen der Messará-Ebene

Hier ballt sich der Tourismus. Diverse archäologische Ausgrabungen zeigen, dass dieser Teil der Ebene schon im Altertum dicht besiedelt war. Nach Westen öffnen sich zudem einige herrliche Sandstrände.

Mátala mit seinen berühmten Höhlenwohnungen und das schon etwas außerhalb der Messará gelegene ehemalige Fischerdorf *Agía Galíni* bilden die Zentren des Urlauberstroms. Von hier ist es nicht mehr weit nach Réthimnon und in den Westen Kretas. Doch auch die kleinen Badeorte wie *Léntas* und *Kalamáki* ziehen viele, meist junge Gäste an. Nicht auslassen sollte man außerdem nach Möglichkeit eine Fahrt an den Hängen des Ída-Gebirges, das die Ebene nach Norden abschließt. Und sei es nur, um in *Zarós* die einzigen Forellen Kretas zu essen.

Ágii Déka

Einfache Landwirtschaftssiedlung an der Durchgangsstraße. Der verwinkelte Ortskern liegt unterhalb der Straße. Seinen Namen (Ágii Déka = zehn Heilige) hat das eher unscheinbare Dorf von den zehn christlichen Märtyrern, die Mitte des 3. Jh. n. Chr. im nahen Górtis um ihres Glaubens willen enthauptet wurden. Ihre angeblichen Gräber sind zu besichtigen.

Noch Anfang des 20. Jh. war Ágii Déka Bischofssitz, die schöne alte Kirche mitten im Ort zeugt von der vergangenen Bedeutung. Größter Anziehungspunkt ist aber nur 1,5 km westlich vom Ort das riesige Ausgrabungsgelände des antiken *Górtis* mit dem ältesten schriftlichen Gesetzestext Europas. Die Straße nach Míres führt mitten hindurch.

• *Anfahrt/Verbindungen* Busse nach **Iráklion**, **Górtis**, **Míres**, **Mátala**, **Agía Galíni** und **Léntas** halten mitten im Ort beim Kafenion.

• *Übernachten/Essen & Trinken* **Dimitris**, preiswerte Taverne am östlichen Ortsausgang, überdachte Balkonterrasse mit schönem Blick auf die Ebene. Ordentliche Zimmer im Tiefparterre, DZ etwa 20–30 €, Küche eher mäßig.

O Milos, gemütliche Taverne an der Straße zwischen Ágii Deka und Míres. Traditionelle Speisen im Backofen auf Holzkohle und offenem Holzfeuer, Nette Besitzer Tereza und Manolis, sie spricht fließend Deutsch.

Sehenswertes

Pompios, Euarestos, Satorninos, Theodoulos, Euporos, Gelasios, Zotikos, Basileidis, Eunikianos, Agathopous – etwas abseits der Durchgangsstraße am östlichen Ortsausgang liegen die zehn Märtyrer begraben. Das niedrige, weiß gekalkte Gewölbe mit den schlichten Grabstätten (sechs sind zu sehen, vier liegen innerhalb der Grundmauern) erstreckt sich unter einer hübschen, kleinen *Kirche* mit schattigem Vordach. Diese wurde 1927 errichtet, als man hier die Knochen der Heiligen fand (→ Kasten). Von der Durchgangsstraße ist die Zufahrt beschildert („Tombs Ag. Deka"). Und auch wenn Sie den unten beschriebenen Rundgang durch die Ausgrabungen des altrömischen Górtis machen, stoßen Sie auf die Märtyrer-Kirche.

Die *Hauptkirche* in Ágii Déka ist ein stark restauriertes Bruchsteingebäude mitten im Ort. Bei Ausgrabungen hat man Grundmauern von einem älteren, wesentlich größeren Kirchenbau entdeckt. Wahrscheinlich stürzte er bei einem Erdbeben ein und wurde nur zum Teil wieder aufgebaut. Einige alte Säulen sind noch erhalten, z. B. vor dem Hauptportal. Im Inneren erkennt man in einigen Säulenbögen verblichene Fresken, sehr schön ist die Ikonostase aus dunklem Zypressenholz von 1882. In einem Holzaufbau links davor befindet sich heute unter Glas die berühmte *Marmorplatte* der Märtyrer. Unter Glas, weil die Dorfbewohner früher die Oberfläche des Steins abgeschabt und die Splitter mit Flüssigkeit vermengt als Heilmittel getrunken haben. Rechts ein wertvolles besticktes Tuch mit der Grablegung Christi.

Der Teich von Ágii Déka: eine Legende

Bis 1927 lag an der Stelle der heutigen Kirche der kreisrunde Dorfteich, der als Viehtränke genutzt wurde. Das Kind einer Familie aus Réthimnon spielte oft hier. Eines Tages erschien ihm unter einem Feigenbaum eine schwarz gekleidete Frau und erzählte von den zehn Märtyrern, die von den Römern an dieser Stelle enthauptet worden seien. Das Kind glaubte die Geschichte nicht und bekam unvermittelt Schüttelfrost und hohes Fieber. Als der Anfall vorbei war, ging es wieder zum Teich. Abermals erschien ihm die Frauengestalt und wieder redete sie von den Märtyrern. Als das Kind tags darauf erneut fieberte, gingen seine Eltern zum Bischof, der damals hier seinen Sitz hatte, und berichteten ihm die seltsame Begebenheit. Dieser ließ im Sommer, als der Teich fast ausgetrocknet war, den Grund umgraben. Schnell fanden die Arbeiter die Knochen von zehn Menschen und eine *Marmorplatte*, auf der Knieabdrücke im Stein zu sehen waren – angeblich die Platte, auf der die Märtyrer bei ihrer Hinrichtung gekniet hatten. So legte man den Teich trocken, errichtete Gräber für die sterblichen Überreste und begann bereits im Dezember desselben Jahres mit dem Bau einer Gedenkkapelle an der heiligen Stelle. Das Austrocknen des Teichs gelang jedoch nur bedingt – noch heute steht die kleine Kirche im Winter oft unter Wasser.

Das Gelände des Prätoriums in Górtis

Górtis (auch: Górtyn oder Górtyna)

Das beeindruckende Ruinengelände der antiken Stadt Górtis liegt inmitten der Olivenhaine westlich von Ágii Déka. Es bietet den Beleg dafür, dass nicht nur die Minoer imposante Spuren auf Kreta hinterlassen haben.

Obwohl die Entstehung einer Siedlung an dieser Stelle wahrscheinlich weit zurückliegt (der Mythos bringt den Ort sogar mit der Zeugung des Minos durch Zeus und Europa in Verbindung), entwickelte sich Górtis erst in dorischer Zeit, also nachdem die meisten minoischen Machtzentren zerstört waren, zur einflussreichen Stadt. Es besaß damals zwei Häfen, Mátala und Levín (Léntas), und kodifizierte im 5. Jh. v. Chr. das erste Stadtrecht Europas, das heute zu den bedeutendsten Schriftzeugnissen Kretas gehört. Als die Römer Jahrhunderte später Kreta besetzten, begann Górtis vollends seine „Karriere". Die Eroberer machten den Ort in der fruchtbaren Messará-Ebene zur Hauptstadt der gesamten Provinz „Kreta und Kyrenaika" (das heutige Libyen). Die erhalten gebliebenen Gesetzestexte der Griechen nutzten sie als „historische" Dekoration für ihr Theater. Nach der Eroberung durch die Araber 824 n. Chr. verlor Górtis an Bedeutung und wurde schließlich verlassen. Die Bewohner gründeten stattdessen das nahe Ágii Déka und verwendeten dafür z. T. die Steine des antiken Górtis.

Unter dem italienischen Archäologen Prof. Federico Halbherr, der auch das minoische Festós ausgegraben hat, wurde seit 1884 in jahrzehntelanger Arbeit ein Teil der ausgedehnten griechisch-römischen Stadtanlage freigelegt, der Rest liegt bis heute verborgen unter Ágii Déka und den Olivenbäumen. Doch die bei der Kasse angebrachte Karte katalogisiert immerhin fast fünfzig einzelne Ausgrabungsstätten.

• *Lage* Das antike Górtis liegt 1,5 km westlich von Ágii Déka, die Straße nach Míres führt praktisch mitten durch das Gelände.

• *Anfahrt/Verbindungen* **Busse** von und nach Iráklion, Mátala, Agía Galíni und Léntas halten direkt an der Kirche des heiligen

Títos (eventuell vorher dem Kontrolleur Bescheid sagen). Direkt gegenüber die Abzweigung nach Léntas (der Bus nach Léntas hält dort).

• *Öffnungszeiten/Eintritt* tägl. 8–17 Uhr (Hochsaison auch länger), ca. 4 €, Schül./Stud. aus EU-Ländern frei, Senioren über 65 Jahre und Schül./Stud. aus Nicht-EU-Ländern halber Eintritt.

Sehenswertes

Nördlich der Straße nach Míres liegt der kostenpflichtige Teil des Ausgrabungsgeländes, die nicht minder imposanten Relikte auf der südlichen Seite sind gratis.

Nördlich der Straße

Museum (1): Nicht weit von der Kasse kann man eine kleine Ausstellung lebensgroßer römischer Marmorstatuen betrachten, die hauptsächlich vom Nymphäum im südlichen Stadtbereich stammen, den meisten fehlt der Kopf. Dazu dokumentieren Lagepläne mit italienischen Texten die Ausgrabungen. Nebenan gibt es eine Cafeteria.

Basilika Ágios Títos (2): Die Ruine der großen Kreuzkuppelkirche steht nur wenige Schritte von der Straße, gleich nach dem Kassenhäuschen. Sie stammt aus dem 6. Jh. n. Chr., also schon aus byzantinischer Zeit, und ist an der Stelle erbaut, wo vorher eine noch ältere Kirche des heiligen Titus (Ágios Títos) stand. Erhalten sind nur noch die östliche Apsis und die zwei kleineren Nebenapsiden der Kreuzkuppelkirche, denn 824 wurde sie von Sarazenenhorden gründlich geplündert und zerstört. Eindrucksvoll sind die nahtlos aneinander gefügten Blöcke der Decke. An der Stelle, wo das Dach abbricht, kann man gut die sich nach unten verjüngenden Steine erkennen, die sich gegenseitig ohne Mörtel halten. Auch die Türbögen bestehen aus keilförmig eingepassten Steinblöcken. In der linken Apsis steht ein kleiner Altar mit Marienbild, darüber schwebt der Heilige Geist in Gestalt einer Taube, die ein Weihrauchgefäß im Schnabel hält. Vom eigentlichen Kirchenschiff sind nur noch

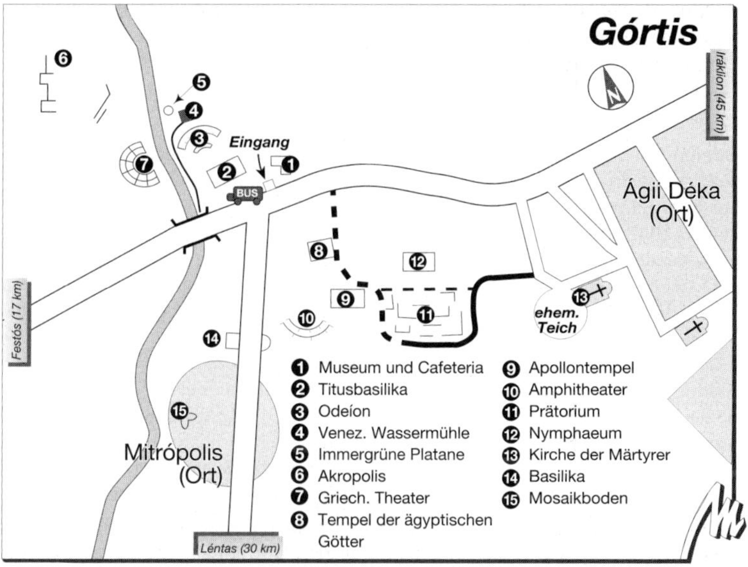

die Grundmauern erhalten, Säulenfundamente und -kapitelle (korinthisch und ionisch) liegen verstreut. Ein paar prächtige, hohe Zypressen und mächtige Olivenbäume runden das malerische Bild ab.

Títos auf Kreta

Títos wurde der Überlieferung bzw. Legende nach vom Apostel Paulus als erster „Bischof" der Insel eingesetzt, vermutlich im Jahre 65 n. Chr. – wobei der Begriff des Bischofs für diese Zeit recht problematisch erscheint und sicherlich anders zu verstehen ist als im heutigen Sprachgebrauch. Bereits einige Jahre zuvor war Paulus auf seiner Romreise bei Kalí Liménes südlich der Messará-Ebene gelandet (→ dort), wahrscheinlich weilte er aber im Jahre 65 noch einmal auf Kreta (→ allgemeiner Teil/Geschichte). Von der Messará-Ebene aus begann Títos die Missionierung der Insel. An ihn gerichtet ist der berühmte Paulus-Brief aus der Bibel (Titus 1,12), in dem dieser den Kreter Epimenides zitiert: „Es hat einer von ihnen gesagt, ihr eigener Prophet: ‚Die Kreter sind immer Lügner, wilde Tiere und faule Bäuche'. Dies Zeugnis ist wahr." Damit hat er das berühmte „Paradoxon des Epimenides" aufgestellt – stimmt der Satz, dann lügt auch Epimenides, dann stimmt der Satz also nicht und er lügt nicht – das allerdings schon viele scharfsinnige Denker als unechtes Paradoxon entlarvt haben (http://de.wikipedia.org/wiki/Paradoxon_des_Epimenides). Aus diesen vermeintlichen Eigenschaften der Kreter folgert Paulus, dass sie mit allen Regeln der Kunst gemaßregelt werden müssten. Ob das Títos gelang, sei dahingestellt – jedenfalls sollen die Kreter binnen weniger Jahre fast geschlossen zum Christentum übergetreten sein. Was ihnen wohl umso leichter fiel, da ihr alter Glaube an Gäa, die Erdmutter, und ihren Sohn Zeus auffallende Parallelen zum Glauben an Maria und ihren Sohn hatte. In Górtis ließ Títos angeblich die erste „Bischofskirche" auf Kreta bauen, die allerdings nicht mehr erhalten ist. Er selber wurde neben dieser Kirche beigesetzt, doch 1669 nahmen die Venezianer nach der Kapitulation gegen die Türken seinen Schädel mit nach Venedig. Heute ist er als Reliquie in der Ágios-Títos-Kirche von Iráklion zu sehen (→ S. 186).

Odeíon (3): Über die ehemalige *Agorá* der griechischen Stadtsiedlung gelangt man zum eindrucksvollsten Bauwerk der späteren römischen Stadt Górtis, eine Theateranlage aus dem 1. Jh. n. Chr. Wunderbar erhalten sind der Marmorboden in der Orchestra (Bühnenraum) und die Marmorsitzreihen im Halbrund. In den Nischen des umlaufenden Bühnengebäudes standen in römischen Zeiten Statuen. Ein Teil des Backsteinumgangs ist wieder aufgebaut, jedoch mit Gittern versperrt, sodass man nur durch die Öffnungen hineinlugen kann. Im Inneren erspäht man das wohl berühmteste Stück der Anlage: die Steinblöcke mit den eingeritzten *Gesetzestexten von Górtis*. Sie wurden zwischen 500 und 450 v. Chr. abgefasst und standen ursprünglich weithin sichtbar auf der Agorá, sodass sie jeder Bürger lesen und sich über die geltende Rechtslage informieren konnte. Die Römer bauten die 42 Steinblöcke in den Theaterrundgang ein, wobei es zweifelhaft ist, ob sie die Schrift überhaupt lesen konnten, wahrscheinlich benutzten sie sie bloß als Dekoration. Ein Schriftblock liegt völlig frei außerhalb des Umgangs und zwar in Bodennähe am westlichen Ende der Bögen.

Sonstiges: Hinter dem Odeíon steht die Ruine einer *Venezianischen Wassermühle (4)*, die noch bis in die sechziger Jahre des letzten Jahrhunderts genutzt wurde, vor allem der Fallschacht für das Wasser ist gut erhalten. Weiter nördlich stehen Reste eines *Aquädukts*, das Górtis mit Wasser aus Zarós am Südhang des Psilorítis (→ S. 363) versorgte.

Ein gepflasterter Weg führt zum Botanischen Wunder von Górtis – eine angeblich immergrüne *Platane (5)* wächst eingezäunt am Ufer des die meiste Zeit des Jahres ausgetrockneten Flusses Mitropolianós. Sie soll sogar im Winter ihre Blätter behalten, während alle anderen Bäume der Umgebung kahl sind. Unter dieser Platane hat Zeus dem Mythos gemäß mit der schönen Königstochter Europa den Mínos gezeugt (→ Mythologie, S. 71). Und auch heute noch ist es vielleicht der schönste Platz der ganzen Anlage – jedenfalls in der brütenden Hochsommerhitze. Dann kann man hier angenehm im Schatten sitzen, während über einem die Blätter rauschen.

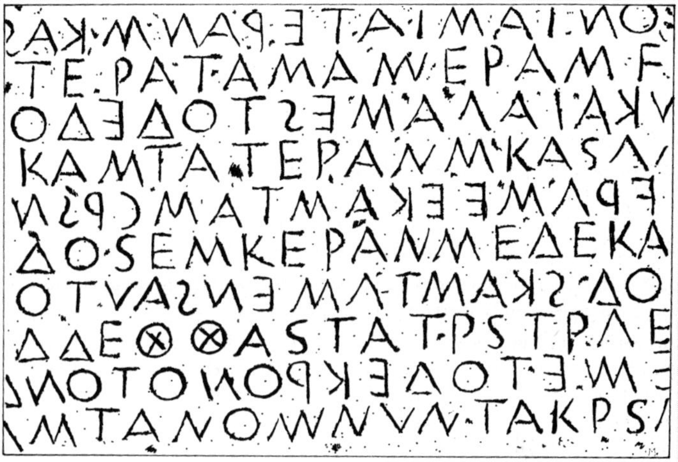

Wie ein Ochse pflügt ...

Die altgriechischen Gesetzestexte von Górtis bestehen aus zwölf Kolumnen, sind 10 m lang und 2 m hoch, insgesamt rund 17.000 Buchstaben. Sie sind in einem alten dorischen Dialekt verfasst und verlaufen nach semitisch-phönizischen Vorbildern „wie ein Ochse pflügt“ (griech.: „boustrofedón“) – also von links nach rechts, weiter von rechts nach links und wieder von links nach rechts. Die rechts beginnenden Zeilen sind folgerichtig in Spiegelschrift verfasst – deutlich zu erkennen an dem umgedrehten E.

Thematisch sind neben Alltagsfragen aus dem bäuerlichen Leben die rechtlichen Bestimmungen zu erstaunlich modern anmutenden Problemen niedergeschrieben, die z. T. bei uns im Bürgerlichen Gesetzbuch und Strafgesetzbuch stehen: Scheidung, Ehebruch, Vergewaltigung, Erbrecht, Beleidigung usw. Aber auch die rechtlichen Verhältnisse zwischen Sklaven und Freien sind hier festgelegt, vor allem die Problematik einer „Mischehe“. Man hat aus den Texten vieles über die sozialen Verhältnisse der griechischen Antike erschließen können. Sie waren wohl nicht nur für Górtis, sondern für die meisten Städte Kretas und des Festlands verbindlich.

Auf der anderen Seite des Flussbetts liegen verstreut noch verschiedene Ruinen der ausgegrabenen Stadt: darunter die *Akrópolis (6)* auf einer Hügelkuppe, die als ältester Teil der Stadt gilt, und am Südosthang darunter die Reste eines großen griechischen *Theaters (7)*. Die Besteigung des 500 m hohen Hügels lohnt hauptsächlich wegen des umfassenden Blicks über die Ausgrabung und die Messará-Ebene. Zu erreichen ist er von Ambeloúzos aus (westlich von Górtis), dort muss man die Straße nach Gérgeri nehmen.

Südlich der Straße

Gut versteckt zwischen Olivenbäumen liegen weitere Ausgrabungen der römischen Stadt. Hier ist man fast immer alleine und kann in aller Ruhe die malerisch verstreuten Überreste entdecken. Etwa 150 m von der Kreuzung bei der Ágios-Títos-Kirche in Richtung Ágii Déka führt ein kleiner Weg ins Grabungsfeld, beschildert mit: „Sanctuary of Apollo Pythios".

Tempel der ägyptischen Götter (8): Seit der Eingliederung Ägyptens ins römische Reich wurden die Gottheiten Isis und Serapis auch in Rom verehrt. Am besten erhalten ist das Lustrationsbassin (kultisches Reinigungsbecken) an der Südseite. Vorhof und Eingang liegen an der Westseite.

Apollontempel (9): 100 m weiter trifft man auf den größten Tempel der Stadt. Vor dem Eingang im Osten ist ein Altar errichtet, dann schließt sich die Eingangshalle (Vortempel) an, im Haupttempel trennten Säulenreihen drei Flügel ab. Nördlich daran anschließend liegt die Schatzkammer des Heiligtums.

Amphitheater (10): Gleich südwestlich benachbart stehen die weitgehend von einem Erdwall bedeckten Ruinen eines ovalen Theaters.

Prätorium (11) und **Nymphäum (12)**: Östlich des Apollo-Tempels trifft man auf das eigentliche Kernstück der Ausgrabungen, den römischen Statthalterpalast, von dem noch ein paar beeindruckend hohe Mauern stehen. Der Hauptweg umrundet das eingezäunte Gelände südlich. Man kann aber auch einen überwucherten Pfad nehmen, der an der eindrucksvolleren Nordseite entlang führt (früher verlief hier der Hauptweg) und passiert dort das *Nymphäum*, eine große Brunnenanlage mit Wassertrögen, die von den Byzantinern mit einem Gewölbe überdacht wurde. Auf dem von Norden einsehbaren freien Platz im Prätoriumgelände, dem so genannten „Dikasterium", fanden Gerichtsverhandlungen und andere Ereignisse des öffentliches Lebens statt. Einst prunkten hier große Standbilder, die Sockel kann man noch gut erkennen. Östlich und südlich davon liegen die Ruinen des Verwaltungssitzes, der Privaträume des Prätors und von Thermen. Im Ostteil der Anlage fallen die gewaltigen Säulen auf, die einen Durchmesser von über 1 m haben.
Südlich vom Prätorium sind außerdem noch Reste eines *Amphitheaters*, eines weiteren Nymphäums, einer *Thermenanlage* und, ziemlich abgelegen, die Ruinen eines großen *Stadions* erhalten.

Sonstiges: Der Weg führt weiter in Richtung Ágii Déka, wo man am Ortseingang auf die hübsche *Kapelle (13)* trifft, unter der die zehn Märtyrer begraben liegen (→ Ágii Déka).

Straße nach Léntas: Etwa 300 m südlich der Kreuzung liegen quer unter der Straße die Grundmauern einer frühchristlichen *Basilika (14)* mit Resten eines Mosaikbodens. 200 m weiter stehen rechter Hand die Grundmauern einer eingezäunten *Dreikonchen-Kapelle*, deren Mosaikboden aus fein herausgearbeiteten geometrischen Mustern besteht *(15)*. Beide Böden sind abgedeckt und können derzeit nicht besichtigt werden.

• *Shopping* **Ceramic Studio im Töpferhof**, im kleinen Dorf Mitrópolis, seitlich der Straße nach Léntas, haben sich der deutsche Keramiker Wolfgang Zieger und seine Frau Nasim niedergelassen. Nach längerer Schließung wurde nun wieder neu eröffnet, die handgedrehte Keramik ist ein schönes Mitbringsel. Die beiden freuen sich über jeden Besucher, der durch die verwinkelten Gassen in ihren idyllischen Töpferhof kommt. Beschildert ab Górtis. ✆ 28920-31012.

Míres

Lebendiges Städtchen mit vielen Läden und Werkstätten. Míres ist das Zentrum der Messará-Ebene und Knotenpunkt der Busse, außerdem Schulstadt. Mittags warten immer zahlreiche Schüler aller Altersstufen auf die Busse, die sie in ihre Heimatdörfer transportieren. Vor allem am Samstagvormittag lohnt ein Besuch – dann findet der große Markt statt, der die Kreter aus der ganzen Messará-Ebene anlockt. „Oríste, Oríste (Bitte sehr)!" ertönt es überall. Hauptsächlich Kleidung, Schuhe und Stoffe, aber auch Websachen und Stickereien werden angeboten. Am interessantesten sind vielleicht die Obst- und Gemüsestände. Schwitzend sitzen die Leute vom Land hinter ihren Äpfeln, Trauben, Kohlköpfen, Paprika, Bohnen und Kartoffeln und überschreien sich gegenseitig beim Anpreisen. Míres ist auch Standort der großen landwirtschaftlichen Union „Messara", die ein gutes Olivenöl produziert (eigener Supermarkt an der Durchgangsstraße, die Fabrik ist in der Nähe vom östlichen Ortsausgang über eine Seitengasse nach Süden zu erreichen).

Míres ist Zentrum für den **Arbeitsmarkt** in der Messará. Am Kafenion vor dem Taxistand im Zentrum setzt sich hin, wer Arbeit braucht, kurz- oder langfristig, meist Saisonjobs in der Landwirtschaft. Während es vor der Öffnung des Ostblocks noch Mitteleuropäer waren, warten heute viele Bulgaren und andere Osteuropäer auf Arbeit.

• *Anfahrt/Verbindungen* Busse nach Mátala, Agía Galíni, Léntas, Iráklion u. a. Die **Busstation** liegt direkt an der Hauptstraße. Am Samstag während des Markttages werden die Busse durch die unterhalb liegende Parallelstraße umgeleitet. Man muss dann dort ein- und aussteigen.

• *Adressen* **Bank** mit Geldautomat nahe der Bushaltestelle.

Post, in Richtung östlicher Ortsausgang, Mo–Fr 7.30–14 Uhr.

Escape, Internetcafé an der Hauptstraße.

• *Übernachten* Zwei beschilderte Pensionen liegen oberhalb der Hauptstraße, ca. 5–10 Min. zu Fuß ab Busstopp.

Festos, Mitropoleos Str., zweistöckiges Haus in ruhigem Wohnviertel. Zimmer mit einfachem Mobiliar, teilweise Balkon, Blick über den Ort und die Messará. Vermieterin spricht Deutsch. Unterschiedliche Lesermeinungen – erst anschauen.

Gortis, Arkadiou Str. 11, einfaches Haus, z. T. der gleiche Weg wie zur Pension Festos, ✆ 28920-22528.

• *Essen & Trinken* **O Nikos**, günstige Giros-/Souvlákikneipe am Hauptplatz, Nähe Busstopp.

Karitakis, ein paar Schritte westlich vom Busstopp. Herr Karitakis spricht ausgezeichnet Deutsch und bereitet leckere *loukoumádes* (in Öl gesottene, kleine Krapfen, mit Honig serviert).

Sunset, südlich von Míres am westlichen Ortsausgang von Petrokefáli, etwas zurück von der Straße. Das bei den Einheimischen beliebte Restaurant ist umgeben von Gärten, Feldern, Oliven- und Weingärten, außerdem werden Hühner, Schafe, Kaninchen und Ziegen gehalten. Das typisch kretische Essen bei Herrn Petrakis stammt fast ausschließlich aus diesem Anbaugebiet, das die Familie selbst bewirtschaftet. Wein, Öl und Rakí stellen sie ebenfalls selber her. Die Preise sind günstig. Es werden auch vier Zimmer vermietet. Von Festós ist die Taverne ebenfalls leicht zu erreichen.

Von Míres bzw. Ágii Déka nach Léntas

Míres und Ágii Déka sind Umsteigestationen nach Léntas, das vor allem für Rucksacktouristen einer der beliebtesten Badeorte an der Südküste ist.

Wer mit dem eigenen Fahrzeug unterwegs ist, kann versuchen, in *Plátanos* die beiden unscheinbaren Thólos-Gräber zu finden (beschilderter Abzweig, dann Richtung Pómbia). Es handelt sich um zwei eingezäunte Steinkreise von 7–8 m Durchmesser (einer nur halb erhalten) aus der minoischen Vorpalastzeit (2600-1900 v. Chr.). Man hat hier zahlreiche Grabbeigaben gefunden, die z. T. im Archäologischen Museum von Iráklion ausgestellt sind.
Anschließend eindrucksvolle Fahrt in nicht enden wollenden Serpentinen über die *Asteroúsia-Berge*, die die Messará-Ebene nach Süden abschließen. Inmitten rostbrauner Macchia und nackter Felshänge immer wieder grandiose Ausblicke. *Miamoú* ist ein hübsches Bergdorf mit teils weiß gehaltenen, teils ungetünchten Natursteinhäusern und engen Gassen. Am Bergkamm angekommen, taucht Richtung Osten die markante Spitze des *Kófinas* auf, mit 1231 m der höchste Gipfel der Asteroúsia-Berge. Am Meer unten erkennt man Sandstrände und Buchten, die von Léntas über Trampelpfade und Pisten zu erreichen sind. In steilen Kurven geht's hinunter nach Léntas, einer Oase in felsiger Einöde.

Léntas

Nur eine Hand voll Häuser am Fuß eines steilen Felsenkaps, „Weinender Löwe" genannt, davor ein 200 m langer Kiesstrand mit groben Felsbrocken, überschattet von einigen weit überhängenden Tamarisken. Großes Plus ist der ruhige und beschauliche Charakter des Örtchens, in dem nur noch etwa 15 Menschen ganzjährig leben.

Léntas hat komfortverwöhnten Hotelurlaubern sicher nicht viel zu bieten. Rucksacktouristen sind dagegen in Mengen anzutreffen, vor allem am 1 km langen Sandstrand westlich vom Ort – sozusagen die letzte „Freak- und Hippiebastion Kretas". Hier darf man mit freundlicher Genehmigung der Tavernenwirte sein Zelt am Strand aufschlagen. Für internationale Stammkundschaft ist somit gesorgt.
Der eigentliche Ort wirkt etwas „unaufgeräumt". In den letzten Jahren wurde hier überall kräftig gebuddelt und gebaut. Zum einen entstanden neue Pensionen, zum anderen entdeckte man mehrfach Spuren der antiken Hafensiedlung *Levín*, die berühmt war für ihr heilkräftiges Wasser. Noch bis Mitte der 1990er Jahre gab es sogar eine Limonadenfabrik in Léntas, doch ist sie mitterweile nach Apesokári am Rand der Messará-Ebene umgezogen (die Limo heißt aber immer noch „Léntas"). Zum Ortsstrand steigt man zwischen einigen Tavernen auf schmalen Treppenwegen hinunter.

Der „weinende Löwe" von Léntas

Die Legende erzählt: Als Kreta noch mit Afrika verbunden war, lebten hier auch Löwen. Doch als sich das Eiland vom Kontinent trennte, verpasste einer der Löwen den Absprung. Als er die Heimat am Horizont verschwinden sah, legte er sich an den Strand und weinte so lange, bis er zu Stein wurde.

• *Anfahrt/Verbindungen* Busse von und nach Iráklion über Ágii Déka Mo–Fr 1 x täglich (ab Iráklion mittags, ab Léntas frühmorgens), außerdem 1 x von und nach Míres. Achtung: Sa und So fährt der Bus nur bis Ágii Déka, von dort Taxi nach Léntas kostet ca. 20 €.

Kapelle Ágios Ioánnis mit Ausgrabungsfunden

• *Übernachten* Fast jedes Haus in Léntas vermietet Zimmer, es wird viel gebaut. Die Frauen bieten ihre Zimmer bereits an der Bushaltestelle an.

Galini, knapp 1 km oberhalb des Orts am Hang, komfortabler Neubau mit Panoramablick auf die Bucht. Acht geräumige Studios mit 2–4 Betten, Klimaanlage und jeweils überdachtem Balkon. Weiterhin Parkplatz und Aufenthaltsraum mit TV. Studio ca. 35–50 €. Zu buchen z. B. über „Minotours Hellas Kreta".

Lentas, C-Kat., zentral gelegene Bungalowanlage mit viel Grün, deren Häuser sich gut ins Ortsbild einpassen, leicht erhöhte Lage, Blick aufs Meer. Freundlich geführt, Gemeinschaftsküche, Frühstück in der hauseigenen Taverne am Meer. DZ mit Du/WC ca. 20–40 €. Zu buchen über Attika. ✆ 28920-95221, ℻ 95222.

Levin, etwas erhöhte Lage 150 m oberhalb vom Ortsstrand, schöner Blick. Acht Studios mit Kochgelegenheit und Kühlschrank für ca. 20–32 €, außerdem zwei Apartments für 4 Pers.

Stella, gleich neben Levin, gute Zimmer und Studios, ebenfalls mit schönem Meerblick und ähnliche Preise.

El Greco, Restaurant mit Zimmervermietung am Strand, netter Besitzer Zaccarias. DZ ca. 20–32 €. ✆ 28920-95322.

Nikis, oberhalb von El Greco, sieben einfache Zimmer, schöne Terrasse, familiäre Betreuung, derselbe Preis

Sunset, Taverne am westlichen Ende der Bucht, direkt unterhalb des großen Kaps. Von der Lage her besonders schön, günstige und saubere DZ für ca. 15–30 €, freundliche Gastgeber, leckeres Frühstück.

• *Essen & Trinken* Zwei **„Supermärkte"** liegen im oberen Teil vom Ort, seitlich davon eine empfehlenswerte **Taverne**, gute Stimmung, prima Essen, manchmal ein Rakí gratis.

Petros, Café am oberen Dorfplatz (Busstopp), zugleich Bäckerei. Gut und preiswert, schöner Blick von der Terrasse.

El Greco, grüne Oase am Strand, große Auswahl an leckeren Gerichten, hauseigener Rakí.

Akti (rechts) und **Meltemi** (links) liegen an der Treppe vom Dorfplatz zum Wasser, beide sind gut und preiswert.

Sunset, direkt unterhalb vom Kap, gutes Essen mit Blick in den Kochtopf.

• *Sonstiges* Kein **Geldautomat** am Ort, genügend Cash mitbringen, nächster Automat in Míres.; am Ortsstrand werden **Tret-** und **Paddelboote** vermietet.; es gibt auch ein **Internetcafé**.

Sehenswertes: In griechisch-römischer Zeit war Léntas (damals *Levín*) der Hafen der landeinwärts liegenden Stadt Górtis. Weithin berühmt waren damals die Heilquellen der Hafensiedlung, die der Grund für die Errichtung eines *Asklépios-Heilig-*

tums waren. Ausgegraben wurde es – wie auch Górtis – bereits Anfang unseres Jahrhunderts von italienischen Archäologen. Die spärlichen Reste sind heute eingezäunt, man findet sie etwas oberhalb der heutigen Siedlung. Erhalten sind vor allem eine Ziegelwand, zwei Säulen und Reste des Mosaikbodens des Asklépios-Tempels, nordöstlich davon die ehemalige, 2 m tiefe, unterirdische Schatzkammer des Tempels (Steinplatte mit Loch), einige Stufen einer großen Treppenanlage und der Rest einer Ummauerung um die Heilquelle etwas östlich.
Am östlichen Rand der Bucht steht die Kapelle *Ágios Ioánnis* mit Fresken aus dem 14./15. Jh. Aus minoischer Zeit hat man außerdem in der Umgebung des Orts *Thólos-Gräber* (Kuppelgräber) gefunden.

Léntas/Baden

Der Ortsstrand ist saisonal verdreckt und mit seinen großen Steintrümmern wenig einladend, bietet jedoch eine sehr ruhige und entspannende Atmosphäre.

▸ **Westlich von Léntas**: Ein schmaler Pfad windet sich über die Ausläufer des Felsenkaps hinüber zur nächsten Bucht. Etwa 15 Min. muss man laufen, dann sind die meisten am Ziel ihrer Wünsche (abends Taschenlampe nötig). Der wunderschöne graue Sandstrand von *Dytikós* (auch: Dyskós) ist gut 1 km lang und bisher noch eine Domäne der Wildzelter. Inzwischen gibt es auch eine breite Zufahrtsstraße für Mietwagenfahrer, die oberhalb von Léntas von der Asphaltstraße abzweigt.
Vor allem die Taverne „Odysseas" ist Dreh- und Angelpunkt des Lebens und den ganzen Tag geöffnet, es gibt immer reichhaltiges Frühstück, durchgehend warmes Essen, außerdem Kuchen. Nicht wenige Rucksacktouristen verbringen hier Wochen und Monate und für den Neuankömmling ist es anfangs gar nicht so einfach, mit den „alten Hasen" auf Tuchfühlung zu kommen. Abends trifft man sich mit der Gitarre in den Tavernen oder beim Feuerchen am Strand. Zeitweise hat sogar eine modern ausgestattete Disco ihre Pforten geöffnet.

• *Übernachten* **Villa Tsapakis**, hübsches Haus mit Innenhof und Begrünung, EZ, DZ und Dreibettzimmer werden vermietet, außerdem Autos. Auskunft in der Taverne Odysseas (gleicher Besitzer). ✆ 28920-95378, ℻ 95377.
Voula Beach, erstes Haus links, auch Restaurant mit (windiger) Terrasse direkt über dem Strand, eigene Treppe hinunter. Akzeptable Zimmer, etwas teurer als Villa Tsapakis. ✆ 28920-95253.
Weiter hinten gibt es noch die Taverne **Sifis/Rooms Marina**. ✆ 28920-95268.

• *Essen & Trinken/Unterhaltung* **Odysseas**, seit vielen Jahren zentraler Anlaufpunkt aller Strandmenschen, die geräumige Terrasse ist Tag und Nacht bevölkert, die Küche ist gut, Speisen auch zum Mitnehmen.
Bistro Christina, gehört zu den Romms „Voula Beach", hübsch gemacht, mit schattigem Schilfdach und guter Küche.
Disco Fisalida (vormalig: Memory), etwas zurück von den Häusern am Strand, war in den letzten Jahren geschl.

• *Sonstiges* kleiner **Supermarkt** vorhanden.

▸ **Östlich von Léntas**: Eine befahrbare Piste zieht sich oberhalb der wilden Klippenküste bis zum Abschluss der Bucht, ca. 3 km. Auf halbem Weg kann man rechts zur *Paralía Petáki* hinunterfahren, ein Kiesstrand mit zwei Tavernen (im „Anatoli" deutsche Wirtin). Am Ende des Wegs eine halbrunde Badebucht namens *Loutrá* mit schmalem Sandstrand und einigen Bäumen vor einer niedrigen Felswand. 2005 wurde hier ein großes Hafenbecken angelegt, das als Liegeplatz für Fischerboote und Jachten dienen soll – dies wird wohl einige Veränderungen in der einst stillen Bucht mit sich bringen. Hinter dem Strand beginnt eine eindrucksvolle Schlucht mit senkrechten Felswänden, die zu Fuß begangen werden kann. Überhaupt gibt es zahlreiche Wander- und Spaziermöglichkeiten in der Umgebung.

Küste östlich von Léntas

• *Übernachten/Essen & Trinken* **Loutra**, Taverne mit Zimmervermietung, etwas erhöht hinter dem Strand. Geführt vom freundlichen Paar Natascha und Dimitri Iliadi. Natascha kocht regelmäßig frische Tagesgerichte, ist ansonsten spezialisiert auf leckeren Fisch, der im holzbefeuerten Ofen im Garten zubereitet wird. Weiterhin gibt es einen Spielplatz für Kinder, einen Vogelbauer und einen kleinen Teich mit Wasserschildkröten und Fischen. Vermietet werden zehn hübsch eingerichtete Zimmer mit Klimaanlage. ✆ 28920-95376, 95370.

Wanderung von Léntas nach Kapetanianá

Ausdauer erfordernde Wanderung durch unberührte Landschaft. Auf Schotterstraße und Hirtenpfaden wandern wir über die zum Meer hin auslaufenden Hügelketten des westlichen Asteroúsia-Gebirges in das schön gelegene Bergdorf Kapetanianá (800 m).

GPS-Wanderung 6, Karte S. 330

• *Dauer* ca. 5 Std. 30 Min.

• *Streckenlänge* 14,6 km

• *Höhenmeter* Aufstieg: 1141 m; Abstieg: 457 m.

• *Wegbeschreibung* Unsere Wanderung beginnt bei der Taverne **Loutra**, 3 km östlich von Léntas (→ oben). Wir erreichen sie, indem wir vor Léntas die Asphaltstraße nach links verlassen (Taverne Loutra ausgeschildert) und der Schotterstraße in Richtung Osten folgen. Bei der **Kreuzung** zur Taverne (**WP 01**) gehen wir nach **rechts** hinunter und verlassen die Straße. Wir umrunden auf der kleinen Halbinsel mehrere eingezäunte Gebäude, steigen zur Bucht ab und gelangen bald wieder auf die **Fahrstraße** (**WP 02**). Wir bleiben auf ihr und gehen nach Osten bergaufwärts über einen kahlen Hang, bis wir einen **Sattel** erreichen (**WP 03**). Hier folgen wir der Fahrstraße noch etwa 20 m und verlassen sie dann nach rechts, wo ein schmaler **Ziegenpfad** beginnt, der sich ein Stück oberhalb einer Schlucht am Hang entlang zieht. Nach einem kleinen Aufstieg erreichen wir wieder einen **Sattel**, wo wir uns links halten, unter uns sehen wir bereits die Fahrstraße nach Tripití und ein Bachbett. Wir durchqueren es und gehen auf der Fahrstraße nach rechts hinauf (**WP 04**). Mit Blick auf die Küste erreichen wir nach 25 Minuten die schöne Bucht von **Tripití** (→ S. 315). Hinter der Taverne **Christos** (**WP 05**) weist uns

GPS-Wanderung 6: Wanderung von Léntas nach Kapetanianá

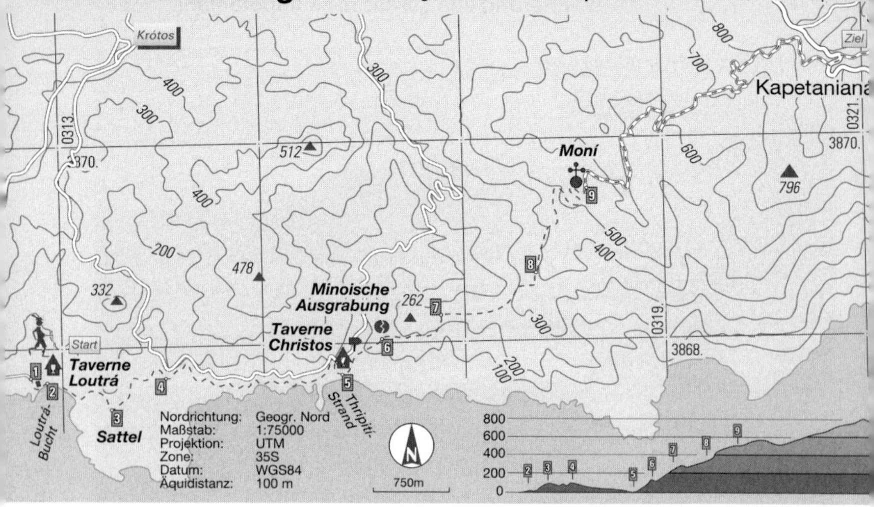

eine Tafel „Archeological Site" den Weg zu einer kleinen minoischen Hügelausgrabung. Der Weg ist nicht immer gut erkennbar, aber wenn man den Kamm bergauf geht, erreicht man nach kurzer Zeit die **Ausgrabung** (**WP 06**) mit herrlichem Blick auf die Bucht von Tripití.

Hinter der Ausgrabung halten wir uns rechts und folgen einem schmalen Pfad unterhalb eines großen Steinmassivs bis zu einem **Kamm** (**WP 07**). Hier treffen wir auf eine Fahrstraße, der wir jedoch nicht folgen, sondern nach **rechts** durchgehend am Kamm entlang gehen und so eine weitere **Fahrstraße** erreichen (**WP 08**). Wir bleiben auf ihr und halten uns links, bis wir auf einem kleinen Plateau auf eine schöne eingezäunte Kapelle treffen (**WP 09**), eine Einsiedelei namens **Moní**. Bei diesem Kreuzungspunkt gehen wir nicht nach links hinauf, sondern bleiben rechts auf der Fahrstraße am Kloster vorbei. Nach etwa 15 Min. überschreiten wir wieder einen Kamm und können nun die **Fahrstraße**, die uns nach Kapetanianá bringt, gut erkennen. Bei Strommasten erreichen wir die Asphaltstraße und kommen in wenigen Minuten nach **Áno Kapetanianá**.

Ausflüge/Weiterkommen

Die Straße Richtung Westen nach *Kalí Liménes* ist auf den ersten drei Kilometern asphaltiert, das Reststück ist für Kleinwagen nicht gut zu befahren, besser mit Jeep oder Jeep-Verschnitt (Suzuki o.ä.). Unterwegs passiert man das kleine Küstennest *Platiá Perámata*, wo Tomaten angebaut werden und es mittlerweile auch einige Unterkünfte und eine Taverne gibt.

Auch Richtung Osten gibt es wegen der z. T. sehr starken Steigungen Probleme, eine planierte Schotter-/Sandstrecke führt zum Strand von Tripití und weiter ins Bergdorf Kapeta*nianá* (→ S. 314).

▸ **Kloster Apezanón** (Moní Apezanón): Das noch von sechs Mönchen bewohnte Festungskloster liegt nordwestlich von Léntas (von der Straße nach Andiskári rechts abbiegen). Der große schlichte Innenhof ist von einer Mauer umsäumt, in die Wohn-, Lager- und Arbeitsräume eingebaut sind. Die Kirche *Ágios Antónios* stammt von 1837, besitzt einen Vier-Glocken-Turm und eine schöne Inneneinrichtung, die Ikonen der Altarwand stammen allen von einem einzigen Maler.
Öffnungszeiten Tägl. 6–20 Uhr, wegen Kirchenschlüssel östlich der Kirche klingeln.

Von Míres nach Kalí Liménes

Südlich von Míres schraubt sich die Straße bald in steilen 180-Grad-Serpentinen hinauf nach *Pómbia*. Über *Pigaidákia* geht es auf neu asphaltierter Straße noch 12 km hinunter nach Kalí Liménes.

Kalí Liménes

Hier soll einst der Apostel Paulus an Land gegangen sein. Die „guten Häfen" kündigen sich durch einen 1 km langen, braunen Sand-/Kiesstrand an. Unter den Tamarisken stehen vergammelte Hütten aus Holz und Wellpappe. In einer gibt's Getränke zu kaufen.

Ob Paulus hier heute noch einmal Anker werfen würde, ist fraglich. Selbst in der Hochsaison trifft man nur wenige Menschen. Verantwortlich dafür sind die vier großen Öltanks, die auf einer kleinen, vorgelagerten Insel stehen. Sie gehören der Motor-Oil Company, die hier Rohöl lagert, das von Tankern aus dem nahen Afrika (meist Libyen) herübertransportiert wird. Das Öl wird dann umgeladen auf griechische Tanker, die weiter nach Piräus laufen. Ein gestrandeter Tanker liegt seit vielen Jahren auf den Klippen vor dem Strand.
Vorbei an einem pompösen Gebäude mit üppigem Garten, das dem Vernehmen nach einem Ölmagnaten gehört, kommt man Richtung Osten zum winzigen Hafen, der genau gegenüber der Tankinsel liegt. Mehrere Wohnhütten für die Ölarbeiter, zwei schlichte Tavernen und die „Sea View Rooms" sind die einzigen Einrichtungen. Ein uriger Platz, weitab von den Touristenrouten, nur sehr selten finden Mietwagenfahrer den Weg herunter.
Westlich oberhalb vom Ort liegt eine *Höhle*, in der sich der Apostel aufgehalten haben soll, zu erkennen an einem hohen Holzkreuz. Wenige Meter entfernt wurde die weiße Gedenkkapelle *Ágios Pávlos* errichtet.

Paulus in Seenot

In der Apostelgeschichte von Lukas ist Folgendes beschrieben: Zurückgekehrt von seiner dritten Missionsreise, wurde in Jerusalem ein Prozess wegen Hochverrat gegen den Apostel Paulus angestrengt. Dieser legte jedoch allerhöchste Berufung beim Kaiser in Rom ein, die ihm tatsächlich gewährt wurde. So brach er nach Rom auf (man vermutet, im August des Jahres 60 oder 61 n. Chr.), um sich zu verantworten. In einer langwierigen Fahrt gelangte er bis zur Südküste Kretas. Doch dort fegten schwere Stürme aus Nordost über die Berge und brachten das Schiff fast zum Kentern. Es musste ein Hafen gesucht werden, um abzuwarten, bis sich die Winde drehten und eine leichte südliche Brise das Schiff in Küstennähe hielt. In der Bucht von *Kalí Liménes* warf man Anker und wartete – wie lange, ist nicht bekannt, aber es waren wohl mehrere Wochen. Geplant war die Weiterfahrt in die geschützte Bucht von Phönix bei Loutró in Westkreta, um dort zu überwintern. Tatsächlich steht ganz in der Nähe, beim Nachbarort Agía Rouméli, eine dem Apostel Paulus geweihte Kapelle am Meer. Doch ist nicht bekannt, ob Paulus tatsächlich dort eintraf, denn wieder hinderten ihn die Nordwinde, die das Schiff vom Kurs abbrachten und Richtung Südwest warfen. Nach abenteuerlicher Überfahrt gelangte er schließlich nach Malta, wo er überwinterte, bevor er (im April 62) in Rom eintraf.

▸ **Weiterfahrt**: Eine panoramareiche Piste führt über das sehenswerte *Kloster Odigítrias*, wo man wieder Asphalt erreicht, nach Sívas (→ S. 342), Piste über Platía Perámata siehe oben.

Von Míres nach Festós

Etwa in der Mitte zwischen Míres und Timbáki, den beiden größten Orten der Messará-Ebene, zweigt Richtung Süden die Straße nach Mátala von der Hauptverkehrsachse der Ebene ab. Mit *Festós* und dem benachbarten *Agía Triáda* liegen zwei bedeutende minoische Ausgrabungsstätten auf dem nahen Hügel, den man in einigen Serpentinen erreicht.

▸ **Kloster Kalivianí**: eine kleine Stadt für sich. Der weiträumige Komplex liegt an der Straße von Míres nach Timbáki, etwas östlich der Abzweigung nach Festós und Mátala. Kalivianí ist eins der nicht mehr allzu vielen Klöster Kretas, das noch bewohnt wird. Es fungiert heute als Waisenhaus, Mädchenpensionat, Altersheim und Krankenhaus und beherbergt eine große *Handarbeitsschule* mit zahlreichen Webstühlen und Nähmaschinen. Besonders schöne Stücke (gewebt und gestickt) sind im *Klostermuseum* ausgestellt. Überall im Gelände fällt die üppige Pflanzenvielfalt auf: weißer Oleander, Bougainvillea, Fächerpalmen usw. In der Kapelle hinter der reich geschmückten Hauptkirche sind noch Freskenreste zu erkennen. Vor dem Eingang kann man in einem Kafenion rasten.

Festós

Nach dem Palast von Knossós der zweitgrößte minoische Palast. Wunderschöne Lage auf einem Hügel in der Messará-Ebene. Nicht weniger großartig ist der Panoramablick auf die weite Ebene und die steil ansteigenden Hänge des Ída-Gebirges.

Der Palast von Festós wurde um 1900 v. Chr. erbaut, aber bereits 1700 v. Chr. durch ein Erdbeben zerstört. Nachdem sporadische Versuche, ihn wieder aufzubauen, während des 17. Jh. scheiterten, wurde um 1600 (jüngere Palastzeit) ein Neubau begonnen, der noch aufwändiger als der alte Palast werden sollte. Noch vor seiner Fertigstellung wurde er jedoch wie die anderen minoischen Paläste auch bei der rätselhaften Katastrophe von 1450 v. Chr. zerstört.

Seit 1900 hat die *Italienische Archäologische Schule* unter Prof. Federico Halbherr den Palast ausgegraben. Da die Stätte leichter freizulegen und zu erhalten war, begnügte man sich im Gegensatz zu Knossós mit einem Minimum an Restaurierungsmaßnahmen. Der heutige Touristenpavillon auf einer Anhöhe etwas oberhalb vom Palast diente den Archäologen als Standquartier (im Ersten Weltkrieg wurde das Gebäude als Lazarett und im Zweiten Weltkrieg als Kommandozentrale der Deutschen Wehrmacht genutzt).

Der Palast ist nach dem üblichen Schema der minoischen Paläste aufgebaut: ein großer Westhof, von dem aus man den Palast betritt, und im Inneren der gepflasterte Zentralhof, um den sich die Gebäude gruppieren. Die wichtigsten Räume befinden sich im Nordflügel. Da im Bau der jüngeren Palastzeit kaum wertvolle Stücke und auch keine Fresken gefunden wurden, vermutet man neuerdings, dass die minoischen Herrscher stattdessen den nahe gelegenen Palast von *Agía Triáda* als Residenz verwendeten (→ dort).

Ausgrabungen in der Umgebung des Palastes von Festós wurden in den siebziger Jahren begonnen und sind bis heute nicht abgeschlossen: Die ausgedehnte mino-

Der Palast von Festós thront über der großen Messará-Ebene

ische Wohnsiedlung reicht bis zum kleinen Weiler *Ágios Ioánnis* am Südfuß des Hügels.

- Anfahrt/Verbindungen Festós ist Knotenpunkt der **Busse** nach Agía Galíni, Mátala und Iráklion. Von Agía Galíni nach Mátala und umgekehrt muss man hier umsteigen. Die Verbindungen sind recht häufig, ein paar Taxifahrer lauern aber immer auf Kunden und geben auch gerne mal falsche Auskünfte.
- Öffnungszeiten/Preise Im Sommer tägl. 8–19 Uhr (Nebensaison 17 oder 18 Uhr). Eintritt ca. 4 € (Kombiticket mit Agía Triáda ca. 6 €), für Personen über 65 Jahre und Schüler/Stud. aus Nicht-EU-Ländern die Hälfte, freier Eintritt für Schüler/Stud. aus EU-Ländern, Jugendliche bis 18 Jahre und Journalisten mit Presseausweis oder Empfehlungsschreiben der Griechischen Fremdenverkehrszentrale. Der **Pavillon** oberhalb des Kassenhäuschens fungiert als Cafeteria und Self-Service-Restaurant, bietet außerdem bebilderte Führer zu Festós sowie Souvenirs an. **Toiletten** sauber und kostenlos.

Rundgang

▸ **Westflügel**: Über eine Treppe gelangt man vom *oberen Hof (1)*, vielleicht der einstige Marktplatz, hinunter in den großen *Westhof (4)*, der auf zwei unterschiedlich hohen Niveaus liegt. Der untere Teil wird von einem gepflasterten *Prozessionsweg (3)* durchquert und gehört noch zur älteren Palastanlage von 1900 v. Chr. Beim Wiederaufbau wurde die Palastfassade weiter nach Osten verrückt und der Hof einen Meter über dem ursprünglichen Niveau neu gestaltet und vergrößert. Den westlichen Abschluss des neu gewonnenen Platzes bilden noch die *Grundmauern des alten Palastes (5)*. Im Nordteil des Hofs liegen acht breite Stufen, die an einer senkrechten Mauer enden. Wahrscheinlich diente diese *Schautreppe (2)* als Theater – die Zuschauer konnten von hier auch die Kultprozessionen im Westhof bequem verfolgen. Der Königsthron stand wahrscheinlich am Ende des gepflasterten Prozessionsweges. In der *Südostecke* des Westhofes sind noch etliche Räume des alten Palastes erhalten *(6)*. Eine Abzweigung des Prozessionsweges führte hier ins Innere des Palastes.

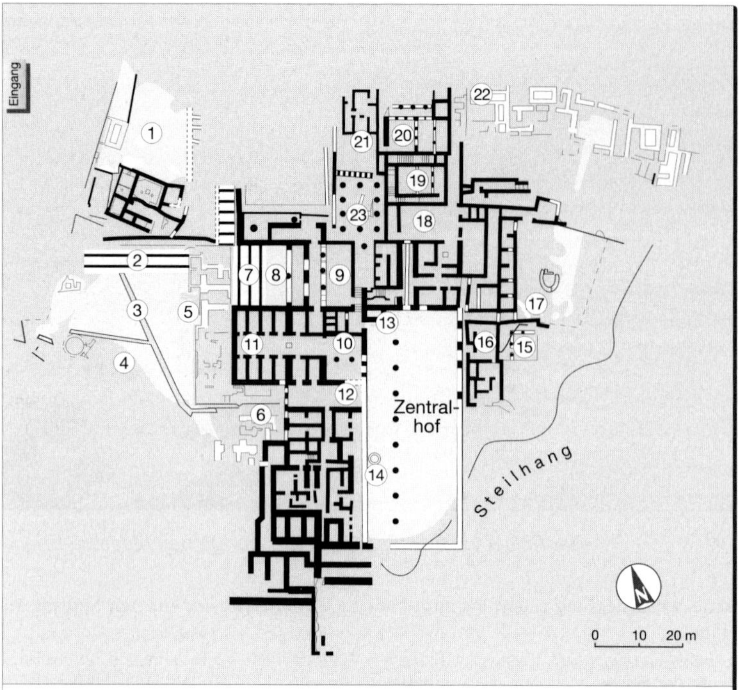

1 Oberer Hof
2 Schautreppe
3 Prozessionsweg
4 Westhof
5 Westfassade des alten Palastes
6 Teile des alten Palastes
7 Freitreppe
8 Propylon (Eingangshalle)
9 Lichthof
10 Säulenhalle
11 Magazin der Vorratsräume
12 Ostwestkorridor
13 Podest
14 Brunnen
15 Vieltüriger Saal
16 Hof mit Kolonnaden
17 Schmelzofen für Metall
18 Innenhof
19 Megaron der Königin
20 Megaron des Königs
21 Kultbassin
22 Schatzkammern
23 Atriumhof

Palast von Festós

Die breite Treppenflucht mit ihren flachen Stufen in der heutigen Westfassade *(7)* ist der *Haupteingang* zum Jüngeren Palast. Gestützt wurde er oberhalb der Stufen durch eine mächtige Säule, deren Sockel noch erhalten ist. Die Räume dahinter könnten die offiziellen Thronräumlichkeiten des Palastes gewesen sein – der prächtige Zugang würde dafür sprechen *(8)*. Der letzte der drei aufeinander folgenden Säle, der mit drei Säulen vom vorhergehenden abgetrennt war, dürfte ein großer *Lichtschacht* gewesen sein *(9)*. Im darunter liegenden Raum stehen große Tonpithoi.

Über eine kleine Treppe steigt man nun hinunter zum *Magazin der Vorratsräume (11)*. Ein massiver Pfeiler steht mitten im Gang, links und rechts zweigen Kammern ab, in denen Ölmühlen, Mörser und Tonpithoi lagern. Der letzte Raum rechts ist überdacht. So sahen die Räume wahrscheinlich alle aus. Am östlichen Ende des Korridors liegt ein prächtiger *Saal* mit gepflastertem Fußboden und alabasterverkleidetem Wandsockel – vielleicht ein Kultraum *(10)*. Gleich südlich davon verläuft ein breiter Gang, der den Westhof mit dem Zentralhof verbindet *(12)*.

- **Zentralhof**: Er war mit Kalksteinplatten gepflastert. An den Längsseiten verliefen lange Hallen, von denen man die Spiele oder Kulthandlungen im Hof verfolgen konnte. In der Nordwestecke fällt ein eigenartiges Podest mit zwei Stufen auf *(13)*. Eine originelle Deutung hält diese Konstruktion für eine Vorrichtung, die beim Stierspringen eingesetzt wurde. Auf der unteren Stufe stand der Stier, oben der mutige Artist, bereit, im richtigen Moment den Stier bei den Hörnern zu packen und im Salto auf seinen Rücken zu springen. Im südlichen Hofbereich gibt es einen Brunnen *(14)*.
- **Ostflügel**: Davon ist kaum noch etwas erhalten, denn das meiste ist den Steilhang hinuntergestürzt. In dem kleinen *vieltürigen Saal* vermutet man die Räumlichkeiten des Thronfolgers *(15)*. Daneben liegt ein Hof mit Kolonnaden an zwei Seiten *(16)*, außerdem noch ein Lichtschacht und ein Becken für kultische Reinigungen. Vom Steilhang mit den schattigen Aleppokiefern hat man einen wunderbaren Blick die ganze Messará-Ebene entlang – Henry Miller hat sie von hier oben wie den Garten Eden empfunden. Weiterhin im Ostflügel ein großer Hof mit einem eingezäunten *Schmelzofen* für Metall in der Mitte *(17)*.
- **Nordflügel**: Hier liegen die Königsgemächer. Die Bedeutung dieses Flügels erkennt man schon an der Fassade zum Zentralhof. Sie ist mit Halbsäulen und Wachnischen prunkvoll geschmückt .
  Den Korridor entlang kommt man erst zum großen *Innenhof* des Nordflügels *(18)*, von dem man durch einen weiteren Korridor zu den heute überdachten Räumen des Königs und der Königin gelangt. Links zuerst die *„Gemächer der Königin" (19)*, ein prunkvoller Saal mit Alabasterverkleidung, Sitzbank und gepflastertem Fußboden, eine Säulenhalle und ein Lichthof in der Mitte. Benachbart dahinter liegen die *„Gemächer des Königs"* *(20)*. Mittelpunkt ist der große, vieltürige Saal, der mit Alabasterplatten gepflastert ist. Drum herum gibt es einige kleinere Hallen und wiederum einen Lichtschacht. Westlich an den Saal anschließend findet man ein stark restauriertes Becken für kultische Reinigungen *(21)*.
  Nordöstlich dieses Trakts liegen die *Schatzkammern* des Palastes *(22)*. In der vierten Kammer, von der Treppe aus gezählt, hat man den berühmten Diskos von Festós gefunden (heute im Arch. Nationalmuseum von Iráklion).
  Am Weg zurück zum Ein-/Ausgang erreicht man oberhalb der Privaträume des Herrschers die offiziellen Säle des Palastes, u. a. sind dies ein vieltüriger Saal und ein quadratischer *Atriumhof (23)*, der an allen vier Seiten von Kolonnaden begrenzt ist.

Agía Triáda

Nur 3 km von Festós liegt dieser minoische Palast gut versteckt zwischen buschigen Aleppokiefern am Westhang desselben Hügels.

Agía Triáda – so benannt nach einer nahen Kirche, der minoische Name ist nicht bekannt – wurde erst um 1550 v. Chr. erbaut, also geraume Zeit nach dem ersten Palast von Festós. Auf Grund intensiver Handelsbeziehungen mit Nordafrika zog er bald eine Menge von Handwerkern und Kaufleuten an, die sich in der Nachbarschaft ansiedelten. Die Wohnungen und Läden bilden das einzige bekannte Beispiel eines *minoischen Marktdorfes*. Im Gegensatz zu allen anderen minoischen Palästen besteht der Palast von Agía Triáda aus zwei Flügeln, die im rechten Winkel zuein-

ander erbaut sind (L-förmig). Nördlich schließt sich daran die Wohn- und Marktsiedlung an.
Vermutungen, dass es sich bei Agía Triáda um einen Landsitz oder eine Sommervilla der Herrscher von Festós handeln könne, sind heute weitgehend widerlegt. Da man hier wertvollere Schätze, reichhaltigeres Archivmaterial und prächtigere Fresken als in Festós selber gefunden hat, kann es sich in der jüngeren Palastzeit vielleicht um die eigentliche Residenz gehandelt haben, während der neue Palast von Festós unvollendet blieb und eher als religiöses Kultzentrum fungierte. In den Räumen von Agía Triáda hat man vor allem wunderschöne Vasen aus Steatit (Chlorit) gefunden (Arch. Museum Iráklion, Saal VII), in der Nekropole einen herrlichen Sarkophag (Arch. Museum Iráklion, Saal XIV).

• *Anfahrt* Vom Parkplatz beim Palast von Festós die Straße Richtung Mátala, aber schon nach 50 m, gleich nach dem Kirchlein, zweigt rechts die schmale Autostraße nach Agía Triáda ab. Zu Fuß längerer Spaziergang um die Südflanke des Hügels herum. In der zweiten Hälfte des Wegs und vom kleinen Parkplatz oberhalb der Anlage hat man einen wunderbaren Blick auf die Ebene um Timbáki, die majestätisch aufsteigenden Ída-Berge und das Meer.

• *Öffnungszeiten/Preise* Di–So 10–16.30 Uhr, Mo geschl., Eintritt ca. 3 € (Kombiticket mit Festós ca. 6 €), für Personen über 65 Jahre und Schüler/Stud. aus Nicht-EU-Ländern die Hälfte, freier Eintritt für Schüler/Stud. aus EU-Ländern, Jugendliche bis 18 Jahre und Journalisten mit Presseausweis oder Empfehlungsschreiben der Griechischen Fremdenverkehrszentrale.

Rundgang

▶ **Westflügel**: Vom Wärterhäuschen steigt man einige Stufen hinunter in den großen, gepflasterten *Südhof* (1), wo eine ebenfalls gepflasterte *Straße* aus Festós mündete *(2)*. Östlich vom Beginn des Weges liegen die Grundmauern zweier spätminoischer *Heiligtümer (3)*. In der nordöstlichen Ecke des Hofs führt eine gut erhaltene *Treppe (4)* zur Agorá und zu dem Wohnbezirk im Nordflügel der Anlage. Westlich anschließend an die Treppe liegt ein heute überdachter *Wohntrakt* mit einigen vieltürigen Räumen *(5)*. Hervorragend erhalten sind hier die minoischen *Wasserleitungen (6)*, die das Regenwasser vom Südhof in unterhalb liegende Zisternen leiteten.
Am besten umgeht man jetzt den Trakt an der unteren (Nord-)Seite, indem man die Treppe *(4)* hinuntergeht und sich nach links wendet, wo ein gepflasterter Weg an der gesamten Front nach Westen entlangführt. Am Westende liegen die Privatgemächer, die zum Hang hin von einer großen *Terrasse (7)* abgegrenzt sind. Der nach Nordwesten gerichtete Komplex war hier offen für die häufigen Winde aus dieser Richtung, die im Sommer die ersehnte Kühlung brachten. Durch einen großen *vieltürigen Raum (8)* und einen anschließenden *Lichthof (9)*, der auch als Atriumhof interpretiert wird, kommt man in einen heute *überdachten Raum*, in dem eine rundum laufende Sitzbank und die Wandtäfelung ausgezeichnet erhalten sind *(10)*. Der kleine Raum gleich nördlich davon wird als *Schlafkammer* bezeichnet, weil auf dem Podest eine hölzerne Liege gestanden haben soll (*11*). Im nordwestlich davon liegenden Raum (*12*), dem so genannten *Arbeitszimmer und Archiv*, hat man zahlreiche Siegel und Linear A-Täfelchen gefunden, im östlich anschließenden schmalen *Magazin (13)* 19 massive Bronzebarren, die heute im Saal VII (Vitrine 99) des Arch. Nationalmuseums in Iráklion zu bewundern sind. Südlich des Privattrakts liegen *Wohn- und Magazinräume* und ein langer *Korridor (14)*, in dem man den berühmten Prinzenbecher gefunden hat (Saal VII, Vitrine 95). Auf einer kleinen Anhöhe steht hier benachbart die byzantinische Kapelle *Ágios Geórgios Gá-*

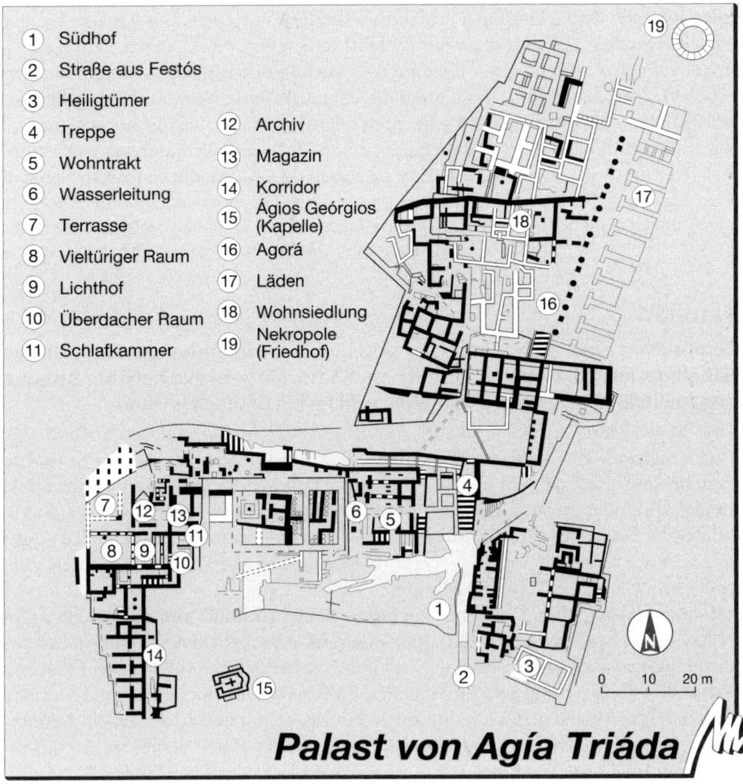

latas (15) aus dem 14. Jh. mit schlecht erhaltenen Fresken, man erkennt ein „Jüngstes Gericht" und die vier Evangelisten (Schlüssel beim Wärter). Interessant sind die seitlichen Anbauten (Sarkophag in Giebelform) und das Relief links vom Eingang.

▸ **Nordflügel**: Er beherbergte Wohnungen und den Marktbereich, die *Agorá (16)*, aus spät- oder nachminoischer (mykenischer) Zeit, die als älteste bekannte Agorá Griechenlands gilt. Auffallend ist die lange Reihe von Pfeilern und Säulen im Wechsel, die eine stoaähnliche Halle trugen. Darunter (heute daneben) liegen acht mustergültig nebeneinander ausgerichtete Räume, die sicher *Läden* waren *(17)*. Westlich unterhalb davon liegen die Reste der minoischen *Wohnsiedlung (18)*. Außerhalb des Geländes (Tor verschlossen) befindet sich schließlich die *Nekropole (19)*. Hier wurde der berühmte Sarkophag von Agía Triáda gefunden (heute im Obergeschoss des Arch. Museums in Iráklion).

Von Festós nach Mátala

Vorbei an dem winzigen Dörfchen Ágios Ioánnis senkt sich die asphaltierte Straße durch die sanft gewellten Ausläufer der Küstenberge nach Mátala. Bei der Kapelle Ágios Pávlos kann man ins hübsche Dörfchen Kamilári abbiegen.

▸ **Ágios Ioánnis**: uriges Dörfchen am Südfuß des Festós-Hügels. Die winzige Kapelle *Ágios Pávlos* liegt 100 m südlich der Einfahrt in den Ort, direkt an der Durchgangsstraße auf einem ummauerten Friedhof. Der kuriose Bruchsteinbau stammt aus drei Epochen: Zunächst kommt man durch die offene *Vorhalle* (venezianisch) in den hohen *Mittelbau* vom Anfang des 14. Jh., hinter dem der älteste Teil mit Kuppel und vier zugemauerten Bögen liegt (wahrscheinlich 5./6. Jh.). bescheidene Reste von Wandmalereien aus dem 14. Jh. sind erhalten, sie zeigen die Qualen, die Sünder im Fegefeuer zu erleiden haben. Auch der Friedhof unter hohen Zypressen ist einen Blick wert.

Übernachten/Essen & Trinken Die Taverne **Agios Ioannis** ist spezialisiert auf Kaninchengerichte, schön zum Sitzen. Zimmervermietung, Garten und Blick hinüber nach Festós. ✆ 28920-91494.

Kamilári

Gemütliches und architektonisch geschlossen wirkendes Dorf in schöner Hanglage, knapp 4 km vom Strand von Kómo. Mittlerweile beliebte Alternative zu Pitsídia, Kalamáki und Mátala und fest in deutscher Hand.

Viele junge Familien haben Häuser restauriert oder neu gebaut, auch Aussteiger bzw. Umsteiger aus Mitteleuropa haben ihr Domizil in Kamilári gefunden und so manche deutsche Frau lebt hier mit ihrem griechischen Partner. Man wohnt direkt im Ortskern oder etwas außerhalb, oft mit herrlichem Blick aufs nahe Meer. Kamilári liegt in bequemer (Fuß-)Entfernung zu vielen interessanten Zielen: Festós, Agía Triáda, Vóri, Kalamáki, Pitsídia, Sívas und Mátala sind alle leicht zu erreichen, zum *Kómo Beach* läuft man etwa 50 Minuten.

Auf einem Hügel, etwa 2 km nördlich (an der Zufahrtsstraße von der Kirche Ágios Pávlos nach Kamilári beschildert), gibt es ein sehr gut erhaltenes *Thólos-Grab* aus mittelminoischer Zeit (um 1900 v. Chr.) in landschaftlich reizvoller Lage. Es ist von mehreren Räumen umgeben, die vielleicht für rituelle Handlungen genutzt wurden. Man hat Tonmodelle gefunden, die kultische Szenen darstellen, außerdem hunderte von Keramikvasen und -tassen sowie Siegel und Schmuck (heute im Arch. Museum von Iráklion). Besonders schön ist der Aufstieg in der Abendsonne.

• *Anfahrt/Verbindungen* Der **Bus** nach Mátala fährt nicht den Abzweig nach Kamilári hinein, hält nur nach Aufforderung an der 3 km entfernten Durchgangsstraße. Die Vermieter vermitteln ein Taxi, zum Flugplatz von Iráklion ca. 40 €.

• *Übernachten* **Festias & Festias Villas**, sorgsam restaurierter klassizistischer Palazzo neben der Kirche mit Studios und Apartments, außerdem fünf freistehende Häuser mit großem Garten und herrlichem Blick auf die Berge und das Meer. Jedes Haus hat zwei Schlafzimmer und Swimmingpool mit Kinderbecken, Spielwiese und Parkplatz. Gehobene Ausstattung, z. B. Fitness-Wellness-Dusche (Dampfbad, Massagedusche, Aromatherapie), offener Kamin, TV und DVD zu entsprechenden Preisen (ca. 120–180 €). Auskunft bei Silvia im Laden „Irida Decor" gegenüber der Kirche (→ Shopping). ✆/℻ 28920-42819, www.southerncrete.gr/festias

Xenonas, im traditionellen Stil restauriertes Haus mit üppigem Blumenschmuck an einem kleinen Platz mitten im Ort, großzügig geschnittene und geschmackvoll eingerichtete Studios (teilweise mit offenem Kamin). Manolis Spiridakis (spricht sehr gut Englisch) und seine Frau Andrea aus Deutschland sind liebenswürdige Gastgeber. ✆/℻ 28920-42811, www.xenonas.com

Sifogiannis, direkt gegenüber Xenonas, sechs saubere Zimmer mit Massivmöbeln, Kühlschrank, Du/WC und Heizung. Gemeinschaftsküche und Veranda mit Meerblick, nette Vermieterin Eleni. DZ ca. 20–35 €. ✆ 28920-42410, www.kamilari.de/sifogiannisx.html

Aloni, etwas außerhalb, auf einem kleinen Hügel oberhalb der Straße nach Kalamáki, geführt vom liebenswürdigen griechisch-deutschen Ehepaar Kostas und Gaby Dubekos (→ Shopping). Schönes Haus in einem blühenden Garten mit grünem Rasen, schattenspendenden Bäumen und Liegen.

Vier sehr gemütliche und durchdacht eingerichtete Studios mit je zwei Balkonen bzw. Terrassen (immer entweder Schatten oder Sonne). Kochecke, Betten mit Moskitonetzen (Kinderbetten vorhanden), Klimaanlage, herrlicher Blick aufs Dorf oder Meer. Studio ca. 30–40 €. ✆ 28920-42660, www.southerncrete.gr/aloni

Scala, unterhalb vom Aloni, an der Straße nach Kalamáki, geführt vom jungen, gastfreundlichen Paar Kostas und Stavroula Harkiotakis, die im Dorf wohnen. Es gibt mehrere ansprechende Apartments und Studios, Bad für kretische Verhältnisse groß, Küchenecke und Kamin, Sitzplätze inmitten von Blumen und Bananenstauden. Wochenpreis Studio 210 €, Apt. 250 €. Auch über Minotours Hellas. ✆/℻ 28920-42153, www.kamilari-scala.de

Ambeliotisa, zwei neu erbaute Häuser am Ortsrand, geführt vom freundlichen Paar Michalis und Ilse, herrliche Lage in einem 1000 qm großen Garten inmitten von Olivenbäumen, Studios und Apartments in Maisonetteform, alle mit Zentralheizung. Aufenthaltsraum mit Kamin, TV und Computerbenutzung mit Internetanschluss, draußen Grillplatz, Kinderspielplatz und Gartencafé. Studio ca. 25–35 €, Apt. 33–48 €. Auch über Minotours Hellas. ✆/℻ 28920-42690, www.ambeliotissa.com

Panorama Kamil, einfache Unterkunft in ruhiger Lage am Ortsrand, schöne Aussicht auf das Meer und die Messará-Ebene bis zum Ída-Gebirge. Herr Christofakakis ist immer bemüht, seinen Gästen zu helfen und spricht Deutsch und Englisch. DZ ca. 20–30 €. ✆ 28920-42172."

Ovgora, oberhalb von Kamilári am Ende des Dorfs, geführt von Iannis Nikolidakis und Ulla aus Hamburg. Zwei Apartments, vier DZ und ein Dreibettzimmer, von allen Balkons/Terrassen herrlicher Blick auf das Meer, das Dorf oder die Berge. Betten mit Moskitonetzen, im Winter Daunendecken und Heizung, bei Bedarf auch Kinderbetten. Gemeinschaftsküche mit Wasserkocher, elektrischer Zitruspresse und Thermoskannen. Sandspielzeug, Sonnenschirme und Strandmatten kann man Ausleihen. Ulla ist eine lustige und nette Frau, die bei allen Fragen behilflich ist. DZ ca. 25–35 €. ✆ 28920-42178.

Plakalono, schöne Anlage an der Rückseite des Ortes, gepflegter Garten mit Grillmöglichkeit, Blick auf den Psiloritis. Apartments meist über zwei Etagen, jeweils mit Heizung. Der nette Besitzer Vangelis Xenakis spricht Englisch und steht gerne mit Rat und Tat zur Seite. Er produziert auch Olivenöl von Bäumen, die seit Jahren nicht gespritzt werden. Apt. ca. 30–35 €. Auch über Minotours Hellas. ✆/℻ 28920-42385, www.southerncrete.gr/plakalono

Villa Ilona, 5 Min. vom Ortskern, das vor wenigen Jahren erbaute Haus von Ilona Metscher und Jochen Reinalda überzeugt durch seine komfortable Ausstattung. Es gibt ein großes Apartment (4–5 Pers.) im Untergeschoss und ein gemütliches Studio (2–3 Pers.) im Obergeschoss mit weitem Blick. Die Räume wurden mit den verschiedensten Farbanstrichen gestaltet, die Küchen sind modern und komplett eingerichtet, dazu gibt es eine große Auswahl an Büchern und Spielen. Im Garten wachsen Palmen, Kakteen, Rosen, Nutzpflanzen und Kräuter. Es gibt Liegestühle, einen Freisitz unter einer Pergola und eine Tischtennisplatte. Apartment ca. 55 €, Studio 35 €. Anmietung über www.villa-ilona.com

• *Essen & Trinken* **Milonas**, im Ortszentrum, familiäre Taverne mit guter, traditioneller Küche, die sich in den letzten Jahren gesteigert hat.

Akropolis, gegenüber von Apartments Xenonas, von Yannis freundlich geführte Café-Taverne mit Aussichtsterrasse. Hier gibt es jeden Abend etwas anderes, das man sich aus den Kochtöpfen aussuchen kann, z. B. gefüllte Auberginen, Lamm und leckeres Knoblauchbrot.

Kelari, neu eröffnet vom Georgios, dem charmanten Sohn der Ovgora-Besitzer (→ Übernachten) am Ortsende Richtung Kalamáki. Ganz aus Naturstein gebaut, wunderbare Terrasse mit Blick bis Kalamáki, ganzjährig geöffnet. Man hat die Wahl zwischen vier oder fünf schmackhaften Gerichten, die jeden Abend frisch gekocht werden. Freundliche Bedienung, gute Stimmung und moderate Preise.

Ariadni, Pizzeria etwas unterhalb des Dorfes in Richtung Ágios Ioánnis. Man sitzt unter Weinlaub bei romantischem Kerzenschein und genießt die großen und ausgezeichneten Pizzen sowie Pasta und diverse griechische Vorspeisen.

• *Shopping* **Kamilari Bazaar**, geschmackvoller Laden aus Naturstein mit ockerfarbenem Rundbogen („fast ein Museum"), geführt vom netten Paar Kostas und Gaby. Interessante Auswahl an Schmuckunikaten, fantasievolle, von Gaby selbst entworfene und genähte Kleidung (gerne werden noch der Figur entsprechende Änderungen vor-

Der Süden Zentralkretas

genommen) und Lederwaren, z. B. Taschen, Sandalen und Gürtel, die Kostas von Hand einfärbt. Sehr freundliche, gleichzeitig angenehm zurückhaltende Bedienung.

Irida Decor, schön gestalteter Laden am Platz gegenüber der Kirche, kretisches Kunsthandwerk, österreichische Besitzerin Silvia.

Matala Art Galeria, die Künstlerin Helga Maria Mikosch aus Berlin lebt einen großen Teil des Jahres in Kamilári. ✆/℡ 28920-42428, www.maria-miko.de

• *Sonstiges* **Spielplatz** bei der Kirche.

Kalamáki

Noch Mitte der 1980er Jahre lag das winzige Strandnest weitab der gängigen Touristenrouten. Die bescheidenen Häuschen waren direkt auf die weichen, weißen Sanddünen gebaut, manche halb zugeweht. Ein Geheimtipp für Individualisten nicht weit vom überlaufenen Mátala.

Inzwischen hat sich vieles verändert: Man kann Kalamáki auf zwei neuen Asphaltstraßen erreichen, dreistöckige Betonhäuser reihen sich am Strand aneinander und eine Uferpromenade mit Tamarisken wurde aus dem Sand gestampft, damit hat man die ständigen Verwehungen stoppen können. So gibt es nun reichlich Unterkünfte, Bars, Tavernen und einen nach wie vor schönen Strand, der einem allerdings bei Westwind überall den Sand zwischen die Zähne treibt. Viele Stammgäste kommen jedes Jahr wieder in das kleine Dorf am Meer und dank der zentralen Lage kann man weite Spaziergänge in die Umgebung unternehmen, z. B. nach *Kamilári, Pitsídia* und *Sívas.*

• *Anfahrt* Von der Straße zwischen Timbáki und Festós zweigt eine durchgehend asphaltierte Straße ab, die direkt nach Kalamáki und Kamilári führt. Zweite Möglichkeit: kurz vor Pitsídia die ebenfalls asphaltierte Straße nach Kamilári nehmen. Beide gut beschildert.

• *Übernachten* Im hinteren Bereich des Dorfs sind die Preise günstiger als an der Strandpromenade.

Philharmonie, großes Haus am Ortseingang links, geführt vom umgänglichen Vangelis Nikolidakis (→ Sonstiges/Oleander Tours) und seiner Frau. Modern eingerichtete Zimmer, hübscher Pavillon im Garten, Kinderspielgeräte, neuer, gepflegter Pool, gelegentlich Grillabende mit Wein aus eigenem Anbau und Fleisch aus dem Steinbackofen im Garten. DZ mit Frühstück ca. 25–35 €. ✆ 28920-45797, ℡ 45185, www.oleander.gr

Galini, am Ortseingang rechter Hand, geführt von Nikitas und Eleni Paximadakis, mehrere Leserempfehlungen für dieses äußerst gastfreundliche Haus (Kaffee, Obst und *mezédes* werden immer wieder gereicht). Ordentliche Zimmer mit Kochnische und Balkon, tägliche Reinigung. Schöne Dachterrasse. DZ mit reichhaltigem Frühstück ca. 25–35 €. ✆ 28920-45042, ℡ 23442, www.interkriti.org/hotels/galini

Galaxias, gleich neben Galini, geführt von der freundlichen Familie Dovletaki, einfache Zimmer mit Kochnische und zwei Apts., tägliche Reinigung, Aufenthaltsraum mit Terrasse. DZ ca. 25–35 €. ✆ 28920-45683, ℡ 51566.

Knossos, kurz vor dem Hauptplatz linker Hand, nicht direkt am Strand, 15 Zimmer, geführt vom netten Ehepaar Michalis und Anna Tsafantakis, schöner Frühstücksraum mit Bar und Terrasse. DZ ca. 25–35 €. ✆ 28920-42696.

Babi's, direkt an der Strandpromenade über dem gleichnamigen Café, geräumige Studios mit Balkon für bis zu 4 Pers., ca. 30–40 €. ✆ 28920-45220, 45221, www.studio-babis.gr

Alexander Beach, C-Kat., wunderbar gelegenes Hotel am südlichen Strandende, nach vorne herrlicher Meerblick, ruhig, fest in deutscher Hand. 25 Zimmer, jeweils mit Balkon (nicht alle mit Meerblick), Taverne mit gutem und reichlichem Essen. Sehr freundlich geführt, Wirtin spricht Deutsch. DZ ca. 35–50 € (je nachdem ob mit Meerblick, zur Seite oder nach hinten). Transfer von/zum Flughafen ca. 40 € one way. ✆ 28920-45195, 45187, www.alexander-beach.de

Marina, das allerletze Haus am südlichen Strandende, familiär geführt von Marina Goulielmaki und ihrem Schwiegervater. Marina und ihre zwei Kinder haben in der Nähe von Köln gelebt und sprechen fließend Deutsch. Gute Küche, oft frischer Fisch. Liegestühle für Gäste gratis. 7 einfache DZ (mit Frühstück ca. 35–40 €) und 3 Studios für 4 Pers. (ohne Frühstück ca. 40–50 €). ✆ 28920-45280, ℡ 45281, www.kreta-inside.com

Kamele auf Kreta?

Wenn Sie am Strand von Kalamáki Kamele sehen, so ist das keine Fata Morgana. Der kleine Ort „Kamilari" liegt landeinwärts von Kalamáki, sein Name stammt angeblich aus byzantinischer Zeit und bedeutet in etwa „Der das Kamel reitet". Ernst genommen haben dies Hans und Michaela Kapfer aus Bayern, die mit ihren drei Kindern in den Süden Kretas übersiedelt sind. Auf ihrer Kamelfarm am Ortsrand leben sie mit drei Kamelen, einem Esel, mehreren Hunden und Katzen. Sie vermieten zwei Apartments und eine 3-Zimmer-Wohnung mit wunderbarem Blick auf das Meer, die für einen schönen Urlaub mit Kindern sicherlich optimal geeignet sind.

Kontakt Kamelfarm Kalamáki, ✆ 0030-6938-906383, ✆ 28920-45153, www.wohnenaufkreta.de

• *Essen & Trinken* Wegen der häufigen Westwinde besitzen die Tavernen am Strand durchsichtige Schutzwände.

Aristidis, in der Tavernenzeile am Strand, gute und abwechslungsreiche Küche, blitzsauber. Der freundliche Besitzer Matthios Koundourakis hat am Strand Liegen und Sonnenschirme aufgestellt, die von den Gästen kostenlos benutzt werden können.

Giannis, kleine Taverne in nicht sonderlich attraktiver Lage, etwas versteckt in der Parallelstraße zum Beach, von der Platia etwa 200 m auf der linken Seite. Giannis ist ein kleiner, uriger Typ Mitte fünfzig. Er redet wenig, fragt gerade mal: „eat" oder „food" und tischt dann ordentlich auf – jedoch Vorsicht, das kann auch etwas sein, was man gar nicht wollte, zahlen muss man aber trotzdem.

Avra, am nördlichen Strandende. Francisco spricht ausgezeichnet Deutsch, sehr gute Kaninchengerichte, in der Saison häufig Bouzoukimusik live.

Pelagos, neben Avra, griechische Küche und leckere Pizza, bisher gutes Preis-Leistungsverhältnis. Die Besitzerin spricht perfekt Deutsch und ist sehr gastfreundlich.

• *Bars & Cafés* **Milos**, Musik- und Cocktailbar am südlichen Ende der Parallelstraße zum Strand, leicht zu erkennen am etwas kitschigen Mühlennachbau. Auch viele Kreter kommen hierher. Tagsüber und abends geöffnet.

• *Sonstiges* **Oleander Tours**, schräg gegenüber vom Haus „Philharmonie", engagiert geführt von Vangelis Nikolidakis. Auto- und Motorradverleih zu recht günstigen

Preisen, Zimmervermittlung sowie interessante geführte Touren, u. a. ins Tal der Eremiten (Agiofárango). ✆ 28920-45797, 📠 45185, www.oleander.gr

Kalamaki Rent Motors, seit 1983 Auto- und Motorradverleih am Hauptplatz, geführt von griechisch-deutschem Paar (Judith und Thanassis Ktistakis). Fahrzeuge können auch von Deutschland aus zum Flughafen oder zur Unterkunft bestellt werden. Vermietung ganzjährig. Außerdem Vermittlung unterschiedlicher Unterkünfte in Kalamáki und Umgebung. ✆ 28920-45470, 📠 45182, www.kalamaki.de

Nolden, der deutsche Schmuckmacher Wolfgang Nolden hat sein Atelier am Beginn der Parallelstraße zum Strand, gleich bei der Platia. Er gestaltet seine Schmuckkreationen aus diversen Materialien, darunter auch Perlmutt und Muscheln (http://schmuck-n.de).

Internationale Presse, Laden am Hauptplatz.

Atlantida, an der Zufahrtsstraße, Swimmingpool mit Bar, Eintritt ca. 3 € (inkl. Drink).

▸ **Kalamáki/Baden**: Der Strand gehört sicherlich zu den schönsten der Südküste. Durch Sturm und hohen Wellengang wurden jedoch Felsplatten freigelegt, die den Ein- und Ausstieg unsicher machen. Wegen der Westlage kommt es außerdem häufig zu Teerverschmutzungen. Dünen, abblätternde Schollenformationen und fahles Gestein geben der Landschaft ein skurriles Gesicht. Ein langes, aber nicht allzu hohes Sandsteinkliff, in dessen Umkreis sich hauptsächlich hüllenlos Badende niederlassen, trennt den Kalamáki-Beach vom nördlich benachbarten, ebenfalls kilometerlangen Strand von Kókkinos Pírgos (→ unten, S. 360). Weiter südlich kommt man zum Kómo Beach (→ Pitsídia).

Sívas

Etwa 4 km südlich von Festós liegt das kleine Dorf seitlich der Straße nach Mátala. In den letzten Jahren hat sich einiges getan, es gibt Übernachtungsmöglichkeiten, mehrere Tavernen, kleine Läden, eine Töpferwerkstatt und eine Silberschmiede – unterm Strich eine ruhige Alternative zum bekannteren Pitsídia.

• *Übernachten* **Sivas Village**, am Ortsausgang von Sívas in Richtung Kloster, Wohnanlage mit 30 sauberen Studios/Apartments und aufmerksamem Personal. Pool, Tennisplatz, Sauna und schöner Blick in die Berge. Zuschrift: dürftiges Frühstücksbuffet, Dorfidylle mit frühmorgendlichem Esel-, Schaf- und Hahnengeschrei. Pauschal z. B. über Jahn Reisen. ✆ 28920-42750, 📠 42732, www.hatzakis.com

Filoxenia, an der Durchgangsstraße gegenüber von Sivas, neu erbautes Haus mit schön restauriertem, schattigem Innenhof und gemütlichem Aufenthaltsraum. Moderne Studios, z. T. mit weitem Blick nach Süden. Swimmingpool von Sivas Village kann benutzt werden. Zu buchen z. B. über TDS Reisen. ✆ 28920-42700.

Horiatiko Spiti, neu renovierte Anlage leicht erhöht am Dorfrand, von den Terrassen und dem geräumigen Innenhof herrlicher Blick auf das Dorf, die Messara-Ebene und die Berge. Der große Innenhof lädt mit seinen Steinmauern und Zitrusbäumen, dem alten Holzofen zum Brotbacken und den Blumen zum Verweilen ein. Doppelstöckige Ferienwohnung und vier schöne, sehr saubere Studios mit Klimaanlage/Heizung und Terrassen bzw. Sitzplätzen im Innenhof. Sehr aufmerksam und freundlich geführt von Maria Kassoti, deren Mann Michalis Ikonenmaler ist und gerne über seine Arbeit Auskunft gibt. Zu kaufen gibt es bei ihnen Bio-Olivenöl aus eigenem Anbau. Mehrere Leserempfehlungen für dieses Haus. Zu buchen auch über www.casa-feria.de. ✆ 28920-42004.

Villa Kunterbunt, hübsch aufgemachte Pension, kurz nach Shivas Village, geführt von Nikos und Michael, Zimmer mit Terrassen zum Hof. Nette Gastgeber, das Wohl der Gäste ist ihnen wirklich ein Anliegen. ✆ 28920-42649.

• *Essen & Trinken* **Aposperida**, direkt am Hauptplatz, sehr freundlich geführt, leckeres Essen, Kinder sind willkommen. Schöner Innenraum – Fundstücke aus Kriegszeiten, Fotos und Gebrauchsgegenstände aus Urgroßmutters Zeiten schmücken die Wände.

Sacturis, gleich daneben, Yiannis und Sofia Papamichelaki sind ebenfalls sehr gastfreundlich, Sofia hat bis zu ihrem 22. Lebensjahr in Düsseldorf gelebt und spricht fließend Deutsch, hervorragende Küche, u. a. eins der feinsten Zicklein von Kreta (einen Tag vorher bestellen).

Sigelakis, schön renoviertes Natursteinhaus vor der Platia, Gastraum mit Holzdecke, ideenreiche Küche, z. B. Pfannengerichte, als Vorspeise mit Käse gefüllte Blätterteigtaschen. Vermietung von Studios (✆ 2892-0-42748, sygelaki@hol.gr).

Rozos, im Nachbardorf Kousés. Herrlicher Ausblick von der überdachten Terrasse auf die Messará-Ebene, wunderbarer Platz für den Sonnenuntergang. Ausgezeichnete griechische Küche, z. B. *bekrí mezé*, günstige Preise. Auch Zimmervermietung.

• *Shopping* **Ceramik Workshop Vasilis Peios**, am Hauptplatz, Keramik mit farbenprächtigen Glasuren, ungewöhnlich gestaltet, fast schon kleine Kunstwerke, aber nicht teurer als anderswo.

Pitsídia

Ein noch in vielem ursprüngliches Bauerndorf mit engen Gässchen, schattigen Gärten und kleinen Höfen, in denen die Hühner umherlaufen. Wohltuender Gegensatz zum Rummel in Mátala, da sich hier Einheimische und Urlauber auf angenehme Weise mischen und gegenseitig respektieren.

War Pitsídia in den achtziger und neunziger Jahren noch ein begehrtes Ziel deutscher Individualurlauber abseits der gängigen Routen, hat sich der Tourismus inzwischen auch hier durchgesetzt. Trotzdem ist Pitsídia noch immer ein Tipp, wenn man den Trubel von Mátala nicht ständig mitmachen, aber doch in der Nähe sein will. Viele, die das alte Flair von Mátala suchen, landen schließlich hier. Pauschalurlauber gibt es noch keine. Der schöne *Kómo Beach* liegt etwas mehr als 2 km entfernt. In dieser Ecke der Insel sucht er seinesgleichen und garantierte zumindest in der Nebensaison erholsame Ruhe.

Anfahrt/Verbindungen/Sonstiges

• *Anfahrt/Verbindungen* **Busse** von und nach Mátala halten an der Durchgangsstraße, unterhalb von Pitsídia. Mit wenigen Schritten ist man im Dorfzentrum, zur anderen Seite geht's zum Strand (→ unten).

• *Sonstiges* **Horsefarm Melanouri**, von der Durchgangsstraße in Richtung Komo Beach abbiegen, beschildert. Nikos Fasoulakis und seine deutsche Frau Martina führen diese Ranch mit derzeit zehn Pferden. Eine Stunde Ausritt zum Strand von Kómo kostet ca. 18 €, weiterhin gibt es Touren zum Kloster Odigítrias. ✆ 28920-45040.

Kri Kri, Auto- und Zweiradverleih, geführt von Dimitris und Manolis. ✆ 28920-45403, 📠 45206, www.kri-kri.com

Yoga, Anna Boskamp veranstaltet Seminare in ihrem Haus am Dorfrand, wo sie seit mehr als zehn Jahren lebt. Infos in Deutschland unter ✆ 04792/7706, 📠 950476, in Pitsídia unter ✆/📠 28920-45035, www.yoga-kreta.de

Übernachten

Viele Privatzimmer im Ort. Das meiste ist recht einfach gehalten und die Dorfatmosphäre wird mitgeliefert, einschließlich krähender Hähne und bellender Hunde ab frühmorgens. Wer keinen Wert auf das Leben mitten im Dorf legt, kann in den während der Hochsaison allerdings recht lauten Tavernen und Pensionen an der Durchgangsstraße Zimmer bekommen.

Nikos, im rückwärtigen Ortsteil, unweit vom Hauptplatz. Die freundlichen und zuvorkommenden Vermieter Jannis und Popi Kotsifakis haben ihre Pension geschmackvoll eingerichtet, Zimmer mit Balkon, Du/WC und Kühlschrank. Im obersten Stock befinden sich ein Dachgarten und eine Küche, die von den Gästen benutzt werden können. DZ ca. 22–35 €. ✆ 28920-45130.

Geia Chara („Gesundheit, Freude"), schönes Haus in einer Seitengasse etwas nördlich vom Ortskern, liebevoll gestaltet und

Der Süden Zentralkretas

gepflegt, geführt von Stephanos Kornaros mit seiner deutschen Frau Reinhilde. Vermietet werden Zimmer und Apartments, tägliche Reinigung. Große Terrasse mit Ausblick ins Hinterland, kleine Bibliothek, Kinderspielplatz, Gemeinschaftswohnküche. Buggys, Kinderbetten und -stühle in mehrfacher Ausfertigung vorhanden. Ein gut ausgestattetes Ferienhaus wird zusätzlich vermietet. Auf Bestellung reichhaltiges Frühstück. DZ ca. 22–35 €, Apartment ca. 40–50 €. ✆/℻ 28920-45010, www.pension-pitsidia-kreta.com

Filia, in derselben Gasse wie Geia Chara, kurz vorher. Von Dimitris und Manolis Koumianakis neu erbautes Haus mit Rooms, Apts. und Studios. Sehr sauber, Balkone mit schönem Blick übers Land, große Dachterrasse für alle, Auto- und Zweiradvermietung. DZ ca. 25–30 €, Studio ca. 28–38 €, Apt. ca. 35–45 €. ✆ 28920-45403, ℻ 45206, www.kri-kri.com

Jodi, ebenfalls am nördlichen Ortsrand, fantasievoll gestaltetes Haus mit Garten, sehr sauber und gepflegt, täglich Reinigung und frische Handtücher. Vermietet werden 3 DZ und ein Dreibettzimmer. In der Gemeinschaftsküche gibt es für jedes Zimmer einen Kühlschrank. Jodi Spinthakis ist Amerikanerin aus New York, seit den siebziger Jahre in Pitsídia und ausgesprochen hilfsbereit, ihr griechischer Mann ist Besitzer der Taverne „Mystical View" (→ Kómo Beach). Sie haben selbst vier Kinder, kennen also die Bedürfnisse von Familien. DZ ca. 26–35 €. ✆ 28920-45594, www.petros.at/Kreta_Pitsidia_Zimmer_Jodi.html

Izabella, zentral, aber ruhig gelegen, geführt vom sympathischen Ehepaar Jorgos und Eva Manousidakis. Neun gut eingerichtete Zwei- und Dreibettzimmer, jeweils mit Aircondition, modernem Bad und Kühlschrank, außerdem zwei Apts. und drei Studios. Weiterhin vorhanden sind Gemeinschaftsküche, Bar und Rasenspielplatz (für Kinder). DZ ca. 25–40 €. ✆ 28920-45424, ℻ 45061.

Patelo, Pension am höchsten Punkt von Pitsídia, schöner, großer Terrassengarten und herrlicher Blick bis zum Meer. Geführt von der freundlichen Marina Spinthaki, die Englisch spricht. 9 DZ und 2 Studios, jeweils mit Klimaanlage. DZ ca. 30 €, Studio 40–45 €. ✆ 28920-45006, ℻ 45165, http://patelo.messara.gr/de

Babis, Restaurant mit Zimmervermietung an der Durchgangsstraße, geführt von Babis und Doxia. Schattige Terrasse, Essen reichlich, gut und immer frisch. Über der Taverne fünf schöne Zimmer und drei Apartments. Doxia spricht perfekt Deutsch, ebenso ihr Sohn Jannis, geboren 1988. Er spielt hervorragend Lyra und ist auf Kreta ein gefragter Musiker, hat Fernsehauftritte, internationale Auftritte, eigene CDs etc. Er spielt häufig abends in der Taverne kretische Volksmusik. DZ ca. 25–30 €, Studio 30–35 €. ✆ 28920-45273.

Akropol, Taverne neben Babis, geführt von den netten Gastgebern Georgios und Souboulia, schlichte, saubere Zimmer, z. T. mit Blick aufs Meer. DZ ca. 20–35 €. Gute griechische Hausmannskost. Tochter spricht Englisch. ✆ 28920-45179.

Fragiskos Patsonakis, vier schöne Apartments mit kleiner Terrasse an der Straße, die von der Durchgangsstraße in den Ort führt. Herr Patsonakis ist freundlich und hilfsbereit. ✆ 28920-45363, E-Mail: arhodiko_patsonakis@mail.gr

Panorama, etwas außerhalb, am Ortsausgang Richtung Mátala, 150 m abseits der Straße, geführt vom freundlichen Manolis Daskalakis, seiner Frau Eftichia und Sohn Georgios. Schöner Blick hinunter auf den Golf, zufrieden stellende Ausstattung, akzeptable Preise, Studio ca. 30–40 €, DZ ca. 23–30 €. Manolis greift gerne zur Mandoline und spielt seinen Besuchern traditionelle kretische Lieder vor. Leserkommentar: „Mit seiner bemerkenswerten, ursprünglichen Musikalität kann er Liebhaber der Inselmusik wirklich beeindrucken." ✆/℻ 28920-45350, http://panorama.messara.gr/de

Essen & Trinken

• *Essen & Trinken* **Bodikos** (Bontikos), Pizzeria am Ortsausgang Richtung Mátala auf der linken Seite, erstaunlich „echte" italienische Pizzen, sehr groß und preiswert.

Ariadne, schräg gegenüber vom Bodikos, ebenfalls gute Pizzen, dazu freundliche Bedienung.

Markos, kommunikative Taverne und Kneipe am Hauptplatz (neben Café-Bar Leonidas), nette Bedienung, bodenständiges Essen und günstige Preise.

Synantisis (Meeting Place), ganz zentral am Dorfplatz, hier sitzt man gemütlich, Essen durchschnittlich.

Eva & Nikos Germanakis, ebenfalls am Hauptplatz, vor wenigen Jahren eröffnet, gute Qualität.

Fabrika, vom Platz die Gasse abwärts, schöner Platz in einer ehemaligen Ölmühle, geführt von der freundlichen Nicole aus Lübeck und Manolis (früher „Oasis" am Mystical View), sehr nette persönliche Atmosphäre. Ordentliche Küche zu mittleren Preisen.

Mike's Restaurant, zweite Seitengasse östlich vom Hauptplatz, geführt vom netten, jungen Paar Mike und Tsatsa. Hübsche Terrasse, Gastfreundschaft, köstliches, frisches Essen mit viel Gemüse, günstige Preise.

• *Cafés/Bars* **Leonidas**, Café-Bar am Hauptplatz, beliebt bei Singles als „Kennenlern-Bar", sehr freundliche Bedienung.

Oniro (Traumfabrik), ein „Ort der Kreativität" in einer Ölmühle im hinteren Ortsteil, schön restauriert, im Gastraum ein traditioneller Kollergang. Von einem deutschsprachigen Team geführt, auf der Speisekarte sowohl griechischer Salat wie auch Pfannkuchen, Filterkaffee, Kuchen und Müsli. Kinderspielecke, Bibliothek mit „Klassikern" und Reiseführern. Jeden Sonntag um 17 Uhr kann man hier mit Stefan Petersilge griechisch (und kretisch) tanzen lernen. Stefan gibt auch hin und wieder Konzerte mit dem bekannten Lyraspieler Alekos Kalemakis, „Akrites tou notou" nennen sich die beiden. Im nebenan liegenden **Schmuckgeschäft** von Horst und Jacqueline (Lokalbesitzer) gibt es geschmackvolle eigene Arbeiten, handgenähte Textilien u. a. m.

Hellas, Ouzerie bei der Bushaltestelle, geführt von Jodi (→ Übernachten). Hier treffen sich Einheimische und Touristen, hausgemachte *mezédes* und Kaffeespezialitäten.

Nikos Zouridakis, große, moderne Bäckerei an der Durchgangsstraße.

Wanderung von Pitsídia nach Mátala

Leichte Wanderung durchs ländliche Hinterland und durch ein ausgetrocknetes Flussbett. Zurück kann man mit dem Bus fahren.

• *Dauer* ca. 1,5 Std.

• *Wegbeschreibung* Wir starten am **Hauptplatz** von Pitsídia mit der Café-Bar Leonidas und nehmen die Straße nach **Osten** hinauf, vorbei an der Pension Nikos. Wir bleiben auf diesem Weg, der sich als Betonpiste am Berghang aus dem Ort herauszieht. Im Rechtsbogen geht es auf breitem Feldweg weiter zwischen Olivenbäumen und mächtigen Agaven. Nach etwa 25 Min. kommt man zu einer markanten **Weggabelung** mit einem eingezäunten Gelände. Die zwei Wege umgehen beiderseits einen Felshügel, den man weiter vorne aufsteigen sieht. Auf dem linken Weg folgt bald ein Brunnen, der zur Bewässerung der Olivenbäume genutzt wird. Wir gehen jedoch rechts weiter und folgen einem ausgetrockneten **Flussbett** mit viel Oleander. Etwa 45 Min. später sieht man die ersten Häuser von **Mátala**, die man nach weiteren 15 Min. auf Wegen oder Pfaden neben dem Flussbett erreicht. Nun geht man am besten im Flussbett direkt weiter, um kurz vor der **Straße** von Matala nach Pitsidia hinaufzusteigen und am **Fußweg** neben der Straße ins Zentrum zu gelangen.

Strand von Kommós (Kómo Beach)

Mehrere Kilometer langer Dünenstrand der feinsten Sorte, benannt nach der minoischen Hafenstadt Kommós, die am Strand ausgegraben wurde. Tamariskenbäume geben stellenweise Schatten, rechter Hand tolles Panorama des Kédros-Massivs hinter Agía Galíni, links das Kap, hinter dem die Bucht von Mátala liegt.

Von Pitsídia führt eine Teerstraße durch sanfte Hügel zum Strand und endet an der umzäunten Ausgrabung (zu Fuß ab Pitsídia etwa 30 Min.), daneben liegt ein großer, in der Saison kostenpflichtiger Parkplatz für ca. 60 Pkws, weitere Standplätze gibt es bei der Snackbar. Mittlerweile herrscht im Umkreis der Ausgrabung erheblicher Rummel – Sonnenschirme und Liegen in Zweierreihen, Tretbootverleih, eine mobile Snackbar und am Strandende eine Terrassentaverne. In Richtung Kalamáki lan-

Strandtaverne am Komo Beach

ger Nacktbadeabschnitt. Der Strand wird nur sporadisch gesäubert und ist immer wieder durch Teerklumpen verunreinigt. Vorsicht: Im Meer geht es sehr schnell tief hinein und auf den rutschigen Felsplatten, die teilweise im Wasser liegen, werden einem rasch die Beine weggezogen. Erhöhte Vorsicht wegen der starken Unterströmungen, die einen rasch vom Land weg treiben – schon bei leichtem Wellengang können sie lebensbedrohlich sein. Es kommt immer wieder zu Todesfällen, das letzte Mal im Oktober 2005. Noch ein Hinweis: Der Kómo Beach ist seit vielen Jahren Ziel hartnäckiger kretischer „Spanner" aus der Umgebung, die sich gelegentlich auch an Frauen heranmachen, um ihnen eindeutige „Angebote" zu machen. Respekt verschaffen kann man sich vielleicht mit Hilfe eines Fotoapparates und mit dem Hinweis, dass man weiß, dass die Polizei *(astinomía)* in Timbáki ist.

ACHTUNG: Wildzelten ist streng verboten! Von Juni bis Sept. legen die gefährdeten Meeresschildkröten **Caretta caretta** ihre Eier am Strand ab. Nachts dürfen keinerlei Lichtquellen am Strand benutzt werden, da dadurch die ausgeschlüpften Jungtiere auf ihrem Weg zum Meer irritiert werden und schnell sterben. Der Strand von Kómo bis Kókkinos Pírgos wird im Sommer täglich jeden Morgen zwischen 7 und 8 Uhr von zwei Leuten der **Sea Turtle Protection** (→ Mátala), abgelaufen, die nachschauen, ob Schildkröten ihre Eier abgelegt haben. Bei Kommós gibt es nur noch eine Handvoll Nester, man erkennt sie an einem Schutzgitter aus Metall. Weitere Informationen unter www.archelon.gr

Übernachten/Essen & Trinken

• *Übernachten* **Irini**, in Hügellage landeinwärts vom Strand, vier hübsche Studios mit vollständig eingerichteter Küche und Balkon, großer, schöner Garten, ca. 30–37 €. ✆/℻ 28920-45680.

Camping Komo, von Pitsídia die Straße ca. 1 km in Richtung Mátala, dann rechts, auf einem Hügel direkt oberhalb der Straße, Busstopp direkt vor dem Camping (dem Fahrer Bescheid sagen). Großer Platz in einem lockeren Tamariskenwäldchen, zusätzlich spenden Schilfdächer Schatten. Der vorhandene Pool mit Kinderbecken ist, wenn überhaupt, nur im Hochsommer in Betrieb. Liegen, Sonnenschirme und Poolbar, kleine Taverne, Minimarket (alles nur in der HS), Selbstkocherküche. Sanitäranlagen okay und sauber. Ameisen und Mücken fühlen sich auf dem Platz ebenfalls wohl. Tolle Sonnenuntergänge über dem Meer, wegen der exponierten Hügellage oft sehr windig. Zum Kómo Beach läuft man ca. 1 km. ✆ 28920-42596.

• *Essen & Trinken* **Mystical View**, auf dem Kap südlich oberhalb vom Strand, Abzweig von der Durchgangsstraße beschildert (ca. 500 m), herrlicher Blick über den Kómo Beach. Geführt von Nikos, dem Mann von Jodi (→ Pitsídia/Übernachten).

Vrachos, direkt neben Mystical View, 2004 eröffnet, dieselben Vorzüge der Lage, ausgezeichnetes Essen, hauptsächlich Fisch, dazu guter Service und bislang zivile Preise.

Komos, Taverne in prächtiger Lage am südlichen Strandende, betrieben von Iánnis aus Zarós, schattige Terrasse mit Meerblick. Duschen frei, Preise leider ziemlich „gehoben". Eine schlechte Staubpiste führt von oben herunter (Beginn in der Nähe von „Mystical View" und „Vrachos"), einige Parkplätze sind vorhanden.

Kommós: minoischer Hafen von Festós

Am Südende der Bucht von Kommós (Kómo Beach) liegt die antike Siedlung Kommós, in minoischer Zeit der Hafen von Festós. Anfang der siebziger Jahre lag Friedhelm Will, ein deutscher Hobby-Archäologe, mit den griechischen Archäologen im Clinch darüber, wo wohl der Hafen von Festós gelegen haben mag. Die unumstößliche und vorherrschende Meinung besagte damals, dass der gesuchte Hafen bei Kókkinos Pírgos zu suchen sei. Die Argumente von Will zugunsten einer Hafenanlage im relativ abgelegenen Kómo wurden nicht für voll genommen. Er nistete sich daraufhin auf den Dünen von Kómo in einem Baumhaus ein (heute im umzäunten Gebiet) und fing an, selber in den Dünen zu graben, stieß irgendwann auf die ersten Mauern und erkannte, dass er den Hafen von Festós entdeckt hatte. Worauf die griechischen Kollegen erkannten, dass das einzige, was sie wirklich nicht ausstehen konnten, ein Besserwisser war. Friedhelm Will wurde angezeigt und durfte einige Jahre Studien darüber anstellen, wie griechische Gefängnisse kurz nach Ende der Militärdiktatur von innen aussahen. In den senkrechten Felsen bei der Taverne ist heute noch das nach Norden blickende Fenster von einem Bunker zu sehen, den die Deutschen im Zweiten Weltkrieg in den Berg gesprengt hatten und in dem Friedhelm Will später gewohnt hat. Von ihm stammt der aus Stein gemauerte Kamin des Bunkers, der auch von außen zu sehen ist. Da die kanadischen Archäologen, die hier seit 1976 ausgruben, ihre Arbeiten noch nicht abgeschlossen haben, ist das Gelände selbst nicht zugänglich. Wenn man jedoch von Pitsídia kommt, hat man von oben alles im Blick. Die Siedlung erstreckte sich ehemals auf einem niedrigen Hügel parallel zum Strand. An drei Stellen hat man Teile davon freigelegt, die sehr unterschiedliche Strukturen zeigen und eine Menge Informationen über das Leben und die Bewohner des antiken Kommós liefern. Auf dem Hügelrücken und am südlichen Abhang kann man die Reste von kleinen, eng verschachtelten Räumen erkennen, die Wohnhäuser der Siedlung aus mittel- bis spätminoischer Zeit (ca. 2000–1200 v. Chr.). Die dort gefundene Keramik macht die Bedeutung von Kommós als Hafenstadt deutlich. Man fand nämlich nicht nur Scherben und Gefäße aus heimischer Produktion, sondern auch aus Zypern, der Levante, vom griechischen Festland und aus Italien. Daraus lassen sich zwei große Fernhandelsrouten ablesen, eine über Griechenland bis nach Italien und eine nach Zypern (einer der wichtigsten Kupferlieferanten der Antike) und in den heutigen Libanon.

Ausgrabung von Kommós

Ganz andere Baustrukturen zeigt die südlich des Hügels liegende Fläche. Deutlich kann man über den spätminoischen Schichten die Grundrisse von drei großen, rechteckigen Bauten und einem Rundbau erkennen. Hier handelt es sich um ein griechisches Heiligtum, das in geometrischer Zeit (ca. 925–800 v. Chr.) entstand und bis in die hellenistische Zeit bestehen blieb, also immerhin fast 800 Jahre. Im so genannten Tempel B neben dem Rundbau machten die Archäologen eine erstaunliche Entdeckung. Als Kultbild diente hier nicht, wie sonst in Griechenland üblich, eine Statue, sondern hier waren drei schlichte, rechteckige Pfeiler auf einem großen Steinblock errichtet. Derartige Götterdarstellungen fand man häufig in der ehemals von Phöniziern bewohnten Levante, was die Ausgräber zu der Vermutung brachte, phönizische Händler und Seefahrer könnten hier, an einer ihrer Handelsrouten, ihren Göttern einen Tempel errichtet haben.

Mátala

Mátala liegt am Ausgang eines langen Tals, das sich zwischen zwei mächtigen Sandsteinschollen nach Westen öffnet. Eingezwängt zwischen Felshängen, die in schrägen Schichten ins Meer abgleiten, kleben die weißen Häuschen über einer lang gezogenen Strandbucht. Die berühmten Höhlenwohnungen der Jungsteinzeit lassen die nördliche Wand wie einen riesigen Termitenbau erscheinen.

Das kleine Örtchen hat in den letzten Jahrzehnten eine stürmische Karriere hinter sich gebracht. In den 1960er Jahren waren es die Hippies, die die Wohnhöhlen von Mátala entdeckten. Aus aller Welt kamen sie angereist, darunter viele junge Amerikaner, die ihre Teilnahme am Vietnamkrieg verweigerten, und lebten hier während der Sommermonate fern der Zivilisation und nah der Natur, von der Hand voll Einwohner bestaunt, aber geduldet. Mit Meditation, Musik und Drogen entwarfen sie ein Gegenmodell zur bürgerlichen Gesellschaft. Dann kamen die Rucksacktouristen. Der Ruf Mátalas als der „Szeneplatz" Kretas ging durch ganz Europa, man schlief in den Höhlen oder gleich am Strand, die ersten cleveren Tavernenwirte witterten ihr Geschäft. Doch mit dem beginnenden Urlaubsgeschäft schauten die Behörden dem munteren Treiben in den Höhlen von Mátala nicht mehr länger zu und stellten die jahrtausendealten Felslöcher unter Denkmalschutz, Übernachten verboten. Seitdem hat sich die Schönheit der Bucht weit herumgesprochen und Mátala steht auf dem Programm eines jeden Reiseunternehmens. Tagtäglich werden Dutzende Busladungen mit Touristen aus den großen Badehotels an der Nordküste angekarrt. Bis zum frühen Nachmittag überfluten sie den Strand und das gute Dutzend angrenzender Tavernen. Doch auch immer mehr Übernachtungsgäste lockt die Legende Mátala und viele Hotels und Pensionen sind im Tal entstanden. Trotz allen Rummels ist Mátala nach wie vor ein Erlebnis, und wer die Möglichkeit hat, sollte ein paar Tage hier verbringen, am besten in der Vor- oder Nachsaison. Dann ist die Bucht vielleicht am schönsten, wenn die Sonne abends weit draußen im Meer versinkt und man den tagsüber dicht bevölkerten Sandstrand fast für sich allein hat. Und auch die mittlerweile recht betagten Hippies haben ihr Mátala nicht vergessen, in versteckten Höhlen leben nach wie vor einige von ihnen und den legendären Scotty wird man vielleicht bald kennen lernen ...

Geschichte

Mythos und Geschichte Mátalas beginnen in sagenumwobener Vorzeit: Der lüsterne *Zeus* entführt die Königstochter *Europa* aus Kleinasien und geht mit ihr in der Bucht von Mátala an Land. Die beiden begeben sich weiter nach Górtis in der Messará-Ebene, wo sie unter einer seitdem immergrünen Platane König Mínos, den Stammvater der Minoer, zeugen. In der *Jungsteinzeit* werden die Wohnhöhlen in den weichen Lehmsandstein gegraben. Mit Steinbetten, Feuerstellen und Durchstößen zu anderen Höhlen erschaffen die Steinzeitmenschen eine perfekte Wohnkultur. In *minoischer Zeit* dient das benachbarte Kommós (Komo Beach) als Hafen von Festós, das weit vorspringende Kap mit den Höhlenwohnungen hält die vom Südwestwind aufgepeitschten Wogen ab. Viele Jahrhunderte später beschreibt Homer, dass bei der Rückkehr aus dem Trojanischen Krieg die Flotte des Spartanerkönigs *Menelaos* am Kap von Mátala zerschellt. Während der *römischen Besetzung*

Kretas nutzen die Römer Mátala als Hafen ihrer Hauptstadt Górtis in der Messará-Ebene. Und die ersten *Christen* begraben ihre Toten in den Höhlen der Felswand – man hat in den Fels gehauene Sarkophage gefunden. 824 n. Chr. landet der gefürchtete Sarazene *Abu Hafs Omar* mit seinen Truppen in der Bucht. Er lässt die Schiffe hinter den Männern verbrennen, es gibt kein Zurück und sie erobern von hier aus die Insel.

Verbindungen/Adressen/Shopping

• *Anfahrt/Verbindungen* **eigenes Fahrzeug**, fast im ganzen Ort herrscht Parkverbot, wird aber kaum kontrolliert. Auf dem großen **Strandparkplatz** rechts der Zufahrtsstraße kostet das Parken 1 €, auf einem mit Schilfdächern versehenen Grundstück am Ende der **„Hotelgasse"** gegenüber dem Hotel Zafiria zahlt man ca. 2,50 €/Tag.

Bus, Iráklion – Mátala (über Míres, Festós) 7 x tägl., ca. 5,50 €; von und nach Agía Galíni 4 x tägl. (eventuell in Festós umsteigen). Haltestelle an der Zufahrtsstraße, schräg gegenüber der Zufahrt zum Strandparkplatz und auf dem Hauptplatz hinter der Basargasse.

• *Adressen* **Auto-/Zweiradverleih**, „Kri-Kri" gegenüber von Hotel Xenophon (→ Pitsídia), weitere im Umkreis vom großen Hauptplatz.

Geld, drei Geldautomaten im Ort, zwei am Hotel Zafiria, einer am Beginn der Basargasse.

Internet, direkt neben der Buchhandlung (→ Shopping) im ersten Stock, im Café Zafiria und im Restaurant Sirtaki.

Post, Agentur in einem Souvenirshop an der Zufahrtsstraße.

Archelon – Sea Turtle Protection Society of Greece (STPS), die Organisation zum Schutz der Meeresschildkröte „Caretta caretta" (→ Kómo Beach) ist in Mátala stationiert, Kiosk mit Infomaterial an der Straße, geöffnet etwa Juni bis September. Infos unter www.archelon.gr

Toilette, öffentliches WC vor dem ehemaligen Campingplatz, schlecht gewartet.

Wäscherei, an der Zufahrtsstraße, gegenüber der Einfahrt zum Strandparkplatz.

• *Shopping* **Bookshop**, einer der bestsortierten Buchläden Kretas, kurz vor dem Zentrum rechts.

Olivenholzschnitzereien findet man in mehreren Läden, z. B. am Beginn der Basargasse im „Natura Minoica", dort gibt es auch Objekte aus dem Holz der Kastanieneiche („Prinus"), die ähnlich aussehen, aber ein Stück günstiger sind.

Übernachten

An Hotels und Pensionen besteht kein Mangel. Geräuschempfindlich sollte man allerdings nicht sein, denn Disco-Bars und allnächtliche Mopedrallyes beschallen im Sommer das Tal. Weiter hinten wird's aber spürbar ruhiger.

• *An der Zufahrtsstraße* Auf einige Kilometer ziehen sich Hotels und Pensionen ins Hinterland.

Orion, C-Kat., gut 1,5 km zurück vom Meer, linker Hand der Zufahrtsstraße, schön angelegt, sehr ruhig und gemütlich, gepflegter Garten, 40 Zimmer, großer Pool, Tennisplatz (gegen Gebühr), Bustransfer ins Zentrum (gratis). DZ ca. 35–50 €, pauschal z. B. über Kreutzer. ✆/℻ 28920-45129, ℻ 45329.

Matala Valley Village, ebenfalls im hinteren Talbereich, geführt von den drei Brüdern Kostas, Dimitris und Giorgos Fassoulakis. Schön begrüntes Gelände mit mehreren Einzelhäusern, Pool und Kinderbecken. Es wird auch Deutsch gesprochen. DZ mit Frühstück ca. 30–50 €. Auch neue Villen stehen zur Vermietung, ca. 60–80 €. ✆ 28920-45776, ℻ 45445, www.matala.de, www.matalavilla.com, wwwvalleyvillage.gr

Xenophon, D-Kat., nettes Haus etwas zurück von der Zufahrtsstraße, in der Nähe vom großen Hotel Matala Bay, etwa 400 m vom Meer. Aufmerksam geführt von Jannis Andrianakis und seiner Frau Petra aus Deutschland. Geräumiger Garten mit saftigem Rasen und kleinem Pool, Frühstücksterrasse schön von Wein umrankt. Zum Haus gehört eine Bar, wo man Drinks und kleine Snacks bekommt. 20 Zimmer, jeweils mit Balkon oder Terrasse, für Langzeitaufenthalte stehen einige Apartments zur Verfügung (Vermietung monatsweise). DZ ca. 25–35 €, Dreibettzimmer ca. 35–40 €, jeweils mit Frühstück. ✆ 28920-45358, ℻ 45124, www.xenophon-jia.net

Die pittoreske Badebucht von Mátala

Calypso, C-Kat., benachbart zum Xenophon, geschmackvoll eingerichtete Pension mit üppigem Pflanzenschmuck und hübschem Garten mit Pool, 15 Zimmer, gemütlicher Aufenthaltsraum mit Bar und TV, bildhübsch die überdachte Sitzterrasse. DZ mit Frühstück ca. 25–35 €. ✆/℻ 28920-45792, www.calypso-matala.com

Romantica, E-Kat., einfacher Familienbetrieb etwa 100 m von der Zufahrtsstraße zurück, rechte Seite, Nähe Hotel Matala Bay. Vor dem Haus großer Parkplatz, drinnen kleine Gaststätte mit Sitzecke und TV. Räume alle modernisiert, im Parterre jedes Zimmer mit kleiner, gemütlicher Sitzecke, oben weiträumige Terrasse. Maria spricht auch Deutsch. DZ mit Frühstück ca. 25–35 €. ✆ 28920-45431, ℻ 45357, www.kreta-indise.com

Acropol, schlichte „Rooms" direkt an der Straße, geführt von Jannis und Sonja, Zimmer nebeneinander in niedrigem Flachbau, schattige Frühstücksterrasse/Cafeteria.

Villa Dimitris, 300 m, bevor man in den Ortskern kommt, links hinein (auf etwas versteckte Schild achten), üppiger Garten mit Pool und Bar, wo man gemütlich frühstücken und auf Bestellung auch Abendessen ordern kann, helle, saubere Zimmer mit Kühlschrank und TV, freundliches Besitzerpaar Dimitris und Eleni mit drei Kindern. Auto-/Motorradverleih (Rabatt für Gäste), Waschmaschine, Internet. DZ ca. 25–35 €. Wer über Internet bucht oder dieses Buch vorzeigt, bekommt Rabatt auf den Zimmerpreis. ✆ 28920-45002, ℻ 45740, www.dimitrisvilla.gr.

Frangiskos, C-Kat., Hotel mit mehreren einstöckigen Bauten und Pool rechts der Zufahrtsstraße, nah am Ortskern – nicht ganz leise, dafür gleich hinter dem Strand. Gewissenhaft geführt, was sich in einigen Vorschriften äußert (wegen Wind nie Tür und Fenster gleichzeitig öffnen, vor Eintritt Füße vom Sand befreien etc.). Hauptsächlich über Reiseveranstalter. DZ um die 35–45 €. ✆ 28920-45380, 45728.

• *"Hotelgasse" (gegenüber Hotel Zafiria)* Etwa 8–10 Pensionen findet man in der Straße, die gegenüber vom Hotel Zafiria von der Hauptstraße abzweigt (Fußweg zum Red Beach). Alle haben schön begrünte Gärten, DZ mit Frühstück ca. 25–40 €. Etwas Lärm vom Nachtleben bekommt man wohl mit – je weiter hinten, desto ruhiger.

Sofia, zweites Haus rechts, mit Zimmer-Service, Frühstück möglich, günstige Preise. ✆ 28920-45134.

Nikos, E-Kat., drittes Haus rechts, professionell geführt, Nikos Kefalakis spricht sehr gut Deutsch. Gemütlicher Innenhof und Bar, freundliche Atmosphäre. Es gibt DZ mit Bad oder Etagendusche, auch Dreibettzimmer. ✆ 28920-45375, ℻ 45120.

Eva-Marina, C-Kat., zweitletztes Haus rechts, preiswert, sauber und geräumig. Jannis hat viele Jahre in München gelebt, spricht fließend Deutsch und erfüllt seinen Gästen gerne mal den einen oder anderen Wunsch. Beim Bau hat er sich an alle Vorschriften gehalten (Archäologie, Umwelt, Erdbebensicherheit) und darf sich daher als Hotel bezeichnen. DZ ca. 30–40 €, Frühstück ca. 5 € pro Pers. ✆ 28920-45125, ℻ 45769, www.evamarina.com

Xenos Dias, C-Kat., letztes Haus auf der rechten Seite, gemütliche Terrasse vor dem Haus, die nette Besitzerin Antonia spricht gut Deutsch. ✆ 28920-45116.

Angela, am Anfang der Gasse links, Leserempfehlung: „Kleine Pension mit nur sechs Zimmern, benannt nach der Tochter des Hauses. Die sympathische Vermieterin hat mich sogar zum Essen eingeladen."

Antonio, vorletztes Haus links, ordentliche Zimmer, Antonio ist freundlich und spricht etwas Deutsch, sein Sohn Manolis sehr gut. ✆ 28920-45123, ℻ 45690, www.c-v.net/hotel/matala/antonio

Silvia, letztes Haus links, abseits vom Trubel. Auch hier gute Wohnqualität, schöner Garten und freundlicher Service. ✆ 28920-45127.

• *Camping* **Matala**, karges, naturbelassenes Gelände mit wenig Ausstattung auf den Sanddünen hinter dem Strand. Seit einigen Jahren geschlossen, wahrscheinlich dauerhaft.

Essen & Trinken

Einige nette Tavernen drängen sich an und unterhalb der kleinen „Basargasse" an den Strand, über ein paar Stufen steigt man hinunter.

Antonis, zentral an der Hauptstraße neben der Taverne „Die zwei Brüder". Angenehm zum Sitzen, Antonis kocht gut, sein Frau bedient, preiswert.

Eleni, am Beginn der Basargasse neben „Alexis Zorbas" ein paar Stufen hinunter, direkt am Strand und nicht größer als eine Garage. Maria und ihre Mutter Eleni bereiten leckere kretische Spezialitäten, alles frisch und zu erfreulich niedrigen Preisen in netter Atmosphäre.

Sirtaki, wenige Meter weiter in der Basargasse, ein wenig aufgesetzt und touristisch, aber gemütlich aufgemacht, große Auswahl, Rakí gratis, manchmal auch ein Nachtisch. Prima Nudeln, zahlreiche Saganaki-Gerichte (mit Käse überbacken), große Girosplatte (Beilagen problemlos abänderbar). Wirt Vassilis ist ein Unikum mit viel Humor und guten Sprachkenntnissen. Mit Internetplätzen.

O Giannis, gemütliches Giroslokal am Ende der Basargasse.

Skala, an der Südspitze der Bucht, kleine Taverne in bildschöner Terrassenlage, Maria Tsavolaki bereitet leckere Gerichte im Tontopf, Fleisch und Fisch.

Sunset, neues Fischlokal neben Skala, zwei Veranden – eine direkt nach Westen, eine zur Bucht.

• *Cafés/Snacks* **Kreta-Bar**, an der zentralen Platia, geführt von Michaela aus Deutschland, diverse Toasts in Schwarz- und Weißbrot, Infobörse.

Acropol, ein Stück die Zufahrtsstraße zurück (→ Übernachten). Gutes Frühstückscafé, geführt von Sonja und Jannis, u. a. sind Kuchen, Müsli und Eisbecher zu haben.

Coffee Shop, neben der Buchhandlung, freundlich und relaxt geführt.

Nikos Zouridakis, sehr gut sortierte Bäckerei und Konditorei an der Platia, kleine Terrasse, nicht teuer. Haupthaus in Pitsídia.

Nachtleben

Am Südende der Bucht liegen einige beliebte Disco-Pubs und Bars, die aber meist nur in der Hochsaison geöffnet sind, z. B. **Juke Box Club** (seit 2004 vom gleichnamigen Club in Agía Galini übernommen), **Port Side**, **Marinero** und **Captain Hook**.

Tommy's Music Bar (George's Music Bar by Thommy), etwas oberhalb der Discoclubs am Südende der Bucht, hier sitzt man hübsch mit Blick auf die Bucht. Georgios aus Pitsidia (→ Pension Panorama) hat vor einigen Jahren verkauft, Tommy ist sein Nachfolger, mixt gerne Cocktails oder stöbert in seiner 1000 CDs umfassenden Musiksammlung.

Sehenswertes

Mátala besteht nur aus wenigen Häusern, die sich um zwei Plätze gruppieren. Hübsch ist die überdachte, kleine *Basargasse*, in der man zwischen Ständen mit saftigem Obst und reich bestückten Souvenirläden hin- und herwandern kann. Die Tavernen sind alle an den Strand gebaut, den man über ein paar Stufen von der Ladenstraße erreichen kann. Am Ende der Basargasse beginnt das alte Fischerviertel, dort verkaufen einige einheimische Frauen Stickereien. Nach der Taverne „Giannis" kann man den *Theosínis* genannten Hang zu den großteils verlassenen Häuschen von Alt-Mátala hinauf steigen, die z. T. in Höhlen hineingebaut sind. Von hier oben hat man einen wunderbaren Blick auf Mátala, den Strand und den markanten Felsrücken mit den prähistorischen Wohnhöhlen gegenüber. Ein Weg führt weiter auf das Felsplateau und man kann zu den markanten Sandsteinfelsen zwischen Mátala und dem Red Beach gelangen (→ Mátala/Baden).

Verkauf von Stickereien im alten Hafenviertel von Mátala

Panagía Mátalon: Wenn man am Ende vom großen Hauptplatz links weitergeht, kommt man zu diesem weiß gekalkten Höhlenkirchlein, das der Muttergottes geweiht ist. Der Schlüssel steckt meist (ansonsten in der Nachbarschaft fragen), im Inneren gibt es eine schlichte Altarwand mit vielen Ikonen.

Wohnhöhlen: die große Sightseeing-Attraktion von Mátala. Bis heute kann man nicht genau sagen, wie alt sie sind – wahrscheinlich über 8000 Jahre! Durchlöchert wie ein Schweizer Käse liegt er da, der riesige Sandsteinblock. Um Höhlen zu graben, muss sich das weiche Material den Steinzeitmenschen förmlich aufgedrängt haben. Die Einzäunung ist tagsüber geöffnet, mit ein paar Schritten kommt man vom Strand hinauf und kann ein bisschen in dem faszinierenden Höhlenterrain herumklettern. Teilweise handelt es sich um fast schon gemütliche Zwei- und Dreizimmerwohnungen – zwar ohne Bad, aber es gibt elegante Rundbögen, kleine, ins Gestein gehauene Vorratskästchen und bequeme Felsliegen mit Kopfstützen.

Öffnungszeiten/Preise Im Sommer tägl. 8-20 Uhr, im Winter 8.30–15 Uhr, in der Übergangszeit 8–18 Uhr. Eintritt ca. 2 €, EU-Stud. frei, andere die Hälfte.

Römische Ausgrabungen: Wenn man gegenüber vom Hotel Zafiria die Straße hineingeht, beginnt südlich der letzten Hotels ein weites Tal, umgeben von Sandsteinfelsen. In dieser Richtung kommt man zum Red Beach (→ unten). Am Talboden wurde vor einigen Jahren das große Areal einer antiken Siedlung freigelegt, einst Hafen der römischen Hauptstadt Górtis in der Messará-Ebene (→ S. 320). Auch auf dem Felsen oberhalb der Ausgrabung sind Hausruinen erhalten, von den letzten Häuschen von Alt-Mátala führt ein Pfad hinauf.

> Da sich die Bucht von Mátala genau nach Westen öffnet, gibt es alltäglich einen Höhepunkt – den **Sonnenuntergang** direkt über dem Meer mit wunderschönem, langem Abendrot.

Mátala/Baden

In der sanft gerundeten Sand-/Kiesbucht von Mátala badet man inmitten einer großartigen Kulisse. In der Saison drängen sich allerdings die Massen. Es werden Liegestühle und hübsche Bambusschirme vermietet, außerdem Tret-, Paddelboote und Surfbretter, auch Duschen gibt es.
Rechts vorne in den Felsen ist ein mehrere Meter hoher Vorsprung zu sehen, von dem man ins Wasser springen kann. Ganz Wagemutige schwimmen bis zur vordersten Spitze, wo der Felsrücken im Meer versinkt, und klimmen dann, den schrägen Gesteinsschichten folgend, bis in gut 30 m Höhe.

▸ **Strand von Kommós**: langer, nur im Hochsommer stark besuchter Strand bei Pitsídia. Mit Bus oder zu Fuß die Straße das Tal zurück (2,5 km) und bei Camping Komo zum Strand abbiegen (1,3 km), ab Mátala etwa 1 Std. Laufzeit. Details zum Strand auf S. 345.

▸ **Kókkinos Ámmos** (Red Beach): Dieser schöne und nur wenig besuchte Strand liegt in der nächsten Bucht südlich von Mátala. Zu erreichen ist er in ca. 30 Min. durch die „Hotelgasse" (Straße beim Hotel Zafiria hinein), die sich als Tal nach Süden zieht. Am Talschluss kann man zwischen ausgewaschenen Felsen einen ausgetretenen Pfad hinaufklettern, festes Schuhwerk ist sinnvoll. Auf der Höhe angelangt, erblickt man tief unten den schmalen Red Beach mit einer Hausruine und seinem hellbraun bis rötlich schimmernden Sand, dahinter verläuft die lange Felsküste Richtung Süden. Zurückgehen kann man auf einem Weg, der sich quer über das Felsplateau bis zum Südhang der Mátalabucht zieht. Am Meer fallen hier die Wände des Sandsteinkliffs *Nésos* über 70 m senkrecht ins Wasser, an einer Stelle hat sich ein markanter Fjord in den Fels gefressen. Ganz unten liegt dort die Höhle *Kouroúpi*, in der vor dem Zeitalter des Mátala-Tourismus Mönchsrobben ungestört ihre Jungen zur Welt bringen konnten.

Mátala/Umgebung

Agiofárango, die Schlucht der Eremiten

Die Region südlich von Mátala ist praktisch unbesiedelt. Ein interessanter Ausflug führt in eine eindrucksvolle Schlucht, die in eine reizvolle Kiesbucht am Meer mündet. Diese wird im Sommer auch von Badebooten ab Mátala angefahren.

Südlich von Festós muss man zunächst ins Dorf *Sívas* (→ S. 342) abzweigen. Eine mittlerweile durchgehend asphaltierte Straße führt über *Lístaros* etwa 8 km bis zum einsamen *Kloster Odigítrias*, wo der Asphalt endet.

▸ **Kloster Odigítrias**: Wegen seiner isolierten Lage wurde der quadratische Komplex als ummauertes Wehrkloster angelegt. Er besitzt noch einen alten Fluchtturm, in den sich bei den häufigen Piratenüberfällen die Mönche zurückzogen. Die Angrei-

fer wurden mit kochendem Öl übergossen, über dem Tor sind noch die Reste einer Pechnase zu erkennen. Heute leben hier noch zwei Mönche. Im weitläufigen Hof haben sie eine Kakteensammlung angelegt und einige Palmen gepflanzt. Beim Refektorium hinter der Kirche liegt ein intakter Brunnen mit gutem Wasser, 2005 wurde die historische Getreidemühle des Klosters restauriert.
Links vor dem Kloster ist eine vorminoische Nekropole beschildert („Prepalatial Cemetery"). Rechts zweigt eine bergauf führende Piste zur Bucht von Mártsalos ab (→ unten), geradeaus geht es weiter nach Kalí Límenes und Agiofárango.

▸ **Agiofárango**: Eine breite Schotterpiste führt vom Kloster in Kurven bergab in Richtung *Kalí Límenes* (→ S. 331). Nach etwa 3 km weiter zweigt rechter Hand eine Piste in ein Flusstal ab. Ein Gittertor versperrt die Weiterfahrt auf der zusehends schlechter werdenden Piste, die Wanderung zum Meer dauert von hier etwa eine Stunde. Das Tal verengt sich nach einer halben Stunde zur tief eingeschnittenen Schlucht Agiofárango, die bis zu einer Bucht an der Südküste hinunterführt. In dieser abgelegenen Region lebten seit frühchristlicher Zeit bis Anfang unseres Jahrhunderts zahlreiche Eremiten, ihre Höhlen liegen in den seitlichen Felshängen, z. T. kann man hinaufklettern. Wenige hundert Meter bevor man die Badebucht erreicht, trifft man auf die kleine Kreuzkuppelkirche *Ágios Antónios* aus dem 14./15. Jh., die in eine Höhlung der Felswand gebaut ist, daneben liegt eine eingefasste Quelle. Kurz danach folgt rechter Hand die 9 m hohe und 7 m breite Höhle *Goumenóspilio*, die aber nur einen kleinen Eingang hat.

In den Reisebüros von Mátala kann man Bootsfahrten zur Badebucht von Agiofárango buchen und ein Stück in die Schlucht hineinlaufen, „Oleander Tours" in Kalamáki (→ dort) bietet eine geführte Tagestour in die Schlucht.

▸ **Bucht von Mártsalos**: Der Name der westlich von Agiofárango gelegenen Bucht ist arabischen Ursprungs, denn in byzantinischer Zeit machten arabische und türkische Piraten die Gegend unsicher. Am oberen Ende des Tals liegt eine verlassene Ortschaft unterhalb einer der Panagía geweihte *Höhlenkirche*. Es gibt hier zwei *Wasserstellen*. Eine davon ist eine Zisterne direkt neben der Kirche mit relativ schmutzigem Wasser. Die zweite befindet sich etwas weiter südwestlich vom Ort: Etwas unterhalb stehen einige Palmen im Tal, von hier aus an der östlichen Talseite wieder nach oben gehen, vorbei an ein paar alten Gebäudefundamenten und einigen Ölbäumen, der Brunnen liegt etwa 30 bis 50 m von den Ölbäumen entfernt im Tal (also südwestlich des Ortes) und hat gutes Wasser. Ein Pfad führt hinab zur Bucht, die fast nur von einheimischen Fischern und Bootsausflüglern besucht wird. Beim letzten Check war der Kiesstrand voll mit Teer und Müll. Lesertipp: „Schwimmt man etwa 40 m hinaus und klettert links auf den Fels, findet man einen grottenähnlichen Wassertopf mit blaugrün schimmerndem Wasser."

• *Wegbeschreibung* Der Weg zur Bucht ist in der Wanderung im übernächsten Abschnitt beschrieben. Nach etwa 1 Std. 20 Min. Fußweg biegt eine Straße rechts ab, die auf den 391 m hohen Kefáli-Berg zuführt (→ nächster Abschnitt).

▸ **Kefáli-Berg** (391 m): An der genannten Abzweigung rechts gehen, die Straße führt direkt auf den Berg zu, nach 20 Min. wird eine Talsohle erreicht, wo die Straße in einer Serpentine schließlich an den Nordhang des Berges führt. In der Talsohle befinden sich an einem Hügel nordwestlich des Kefáli-Berges die Felsenkirche *Ágios Geórgios*, ein paar Häuser und eine Zisterne mit relativ schlechtem Regenwasser.

Die Straße führt am Nordhang des Kefáli entlang nach Westen. Wo es eben wird, zweigt nach ca. 300 m links ein gut sichtbarer, breiter Weg zum Gipfel ab, für den man etwa eine Stunde benötigt. Oben steht ein 2001 neu erbautes Kirchlein. Der Tiefblick zum Meer ist faszinierend, bei klarer Sicht auch der Rundumblick.

Wanderung über Mártsalos in die Schlucht Agiofárango (Heilige Schlucht)

Lange, jedoch schöne und großenteils unschwierige Wanderung auf Feldwegen (nur ein Teilstück auf kleinen Pfaden) in die „Heilige Schlucht“ am Südkap der Insel, herrlicher Ausblick auf Küste und Paximádi-Inseln. Schattenlos, im Sommer sehr heiß. Auch heute verirrt sich nur selten jemand in diese reizvolle und stille Landschaft.

- *Streckenlänge* 17,7 km
- *Gehzeit* ca. 4 bis 4,5 Std. bis zur Abzweigung der Schotterstraße nach Kalí Límenes (Autostopp-Möglichkeit), ca. 5 bis 6 Std. bis zum Kloster.

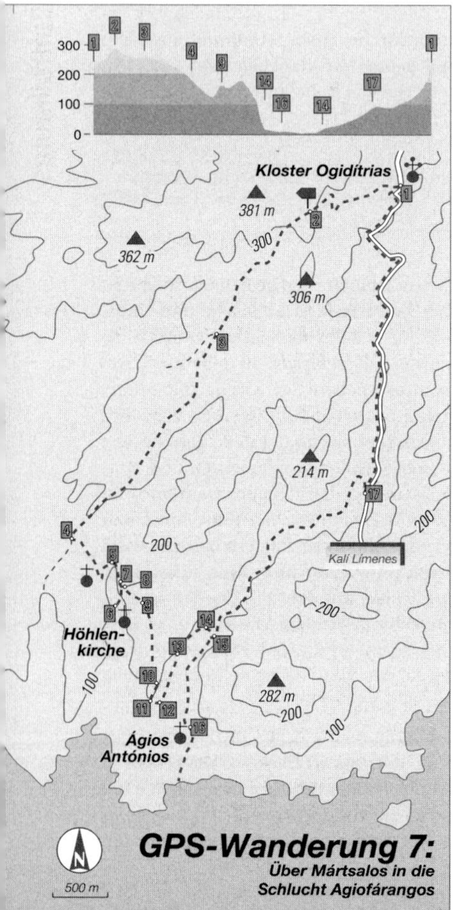

GPS-Wanderung 7: Über Mártsalos in die Schlucht Agiofárangos

GPS-Wanderung 7

- *Wegbeschreibung* Unsere Wanderung beginnt beim **Kloster Odigítrias (WP 01)**, wo wir der Schotterstraße und einem Schild mit der Aufschrift „Mártsalos“ nach rechts folgen. Bei der ersten **Kreuzung (WP 02)** gehen wir links hinunter, vorbei an einem großen **Getreidesilo (WP 03)**. Immer der Straße folgend, halten wir uns bei der nächsten **Kreuzung (WP 04)** rechts hinauf. Die Straße macht nach kurzer Zeit einen scharfen Schwenk nach links, vor uns sehen wir die Paximádi-Inseln, links neben uns das Südkap, auf das wir zugehen. Bei der nächsten **Kreuzung** halten wir uns links (verrostete Tafel). Kurz darauf, bei der nächsten **Kreuzung**, geht es geradeaus weiter, einer Tafel folgend mit der Aufschrift „Mártsalos“. Wir erreichen eine neu erbaute **Kapelle**, und gehen links hinunter bis ans Ende der **Straße (WP 05)**. Nun steigen wir nach links ins Bachbett hinunter und folgen einer **Tafel mit Pfeil**. Der Weg nach Mártsalos ist betoniert und mit einem Geländer abgesichert. So erreichen wir die oben unter „Bucht von Mártsalos“ erwähnte **Höhlenkirche (WP 06)**. Jetzt geht es den Weg wieder zurück bis zu einer Stelle, wo die rechts von uns liegende Felsenwand endet. Hier verlassen wir den **Weg (WP 07)**, steigen nach rechts hinauf und bleiben oberhalb der Felsabbruchlinie. Wir gehen auf einen rechts vor uns stehenden **Olivenbaum (WP 08)** zu und halten uns links davon steil hinauf. Immer noch der Abbruchlinie folgend überschreiten wir ein zusammengebrochenes **Gitter (WP 09)**, von hier aus sehen wir auch schon rechts vor uns zwei größere zusammenhängende Hügelkuppen. Unser nächstes Ziel ist die Spitze des rechten Hügels. Man geht zum Teil weglos hinauf, unterwegs kann man behauene **Wasserbecken** erkennen. Es geht weiter hinauf zum höchsten Punkt des rechten Hügels. Wenn wir am **Gipfel (WP 10)** angelangt sind, halten wir uns am Kamm entlang in Richtung Süden nach rechts. Rechter Hand sieht man das Südkap, vor uns ein Gebäude mit einem roten Ziegeldach, auf das wir zuhalten. Wir erreichen eine Stelle, wo wir den **Kamm (WP 11)** nach links verlassen können, unterhalb kann man auch schon einen kleinen Pfad erkennen. Wir erreichen ihn **(WP 12)** und gehen nach links. Der **Weg (WP 13)** führt im **Zickzack** steil hinunter, wir halten uns rechts. Nach ca. 10 Min. erreichen wir das **Bachbett (WP 14)** und halten uns rechts. Ein paar Minuten danach sieht man links ein großes **Gittertor (WP 15)**, das Fahrzeuge daran hindert, in die Schlucht zu fahren. Wir folgen dem Bachbett weiter nach rechts. Aus dem Tal wird nun eine Schlucht, in der man auf der linken Seite große Höhlen erkennen kann. Nach ca. 15 Min. erreichen wir die Kapelle **Ágios Antónios**, davor steht ein großer Brunnen mit **Trinkwasser (WP 16)**. Kurz danach kann man auf der linken Seite in die große, hinter Büschen versteckte **Höhle Goumenóspilio** schlüpfen. Nun folgen wir dem Flussbett bis zur **Bucht von Mártsalos**.

Nach einem erfrischenden Bad gehen wir den gleichen Weg wieder zurück bis zum großen **Gitterzaun (WP 15)** und folgen der Schotterstraße das Tal hinauf. Nach ca. 1 Stunde erreichen wir die geschotterte **Hauptstraße (WP 17)**, die nach Kalí Límenes führt und halten uns links zum **Kloster Odigítrias** zurück. Tipp: Die Schlucht ist ein beliebtes Ausflugsziel, so hat man hier gute Chancen, Mietautos zu stoppen (ca. 3,5 km).

Von Festós nach Agía Galíni

Ein Meer von Treibhäusern breitet sich um Timbáki aus. Unter den schmutzig-gelben Plastikplanen reifen Zehntausende Melonen und Tomaten. Die intensive landwirtschaftliche Nutzung macht diesen Teil der Messará-Ebene touristisch wenig attraktiv. Die meisten fahren in einem Schwung weiter.

Vóri

Etwas abseits der Durchgangsstraße. Ein Dorf wie viele andere auf Kreta, in den Kafenia um die Bushaltestelle am Hauptplatz kann man gemütlich sitzen. Unbedingt einen Abstecher wert ist jedoch das ungewöhnliche Ethnologische Museum, das zu den besten Museen Kretas gehört. 1992 erhielt es sogar die Auszeichnung „Museum Europas".

Weiteres Unikum: Allein fünf deutsche Frauen leben hier mit ihren kretischen Ehemännern, die sie als Arbeitsemigranten in der BRD kennen gelernt haben. Eins der Paare vermietet Zimmer – die Pension Margit liegt gut beschildert in einer ruhigen Nebenstraße. Margits Mann Iannis ist Aufseher im nahen Festós und Sohn des legendären Festóswärters Alexandros, dem Henry Miller in seinem *Koloss von Maroussi* ein literarisches Denkmal gesetzt hat (→ Literaturtipps). Der Briefwechsel zwischen Henry Miller und Alexandros ist noch im Besitz der Familie.

▸ **Museum der kretischen Ethnologie**: untergebracht in einem großen ehemaligen Gutshaus sind hier alle wichtigen Tätigkeiten aus Landwirtschaft und Handwerk dokumentiert, u. a. Bauern, Steinmetze, Maurer, Schreiner, Schlosser, Schmied, Schuster, Musiker, Möbelschreiner, Packsattelmacher, Töpfer, Holzschnitzer, Hirten, Korbflechter sowie Flachs-/Baumwollspinnerei und Webarbeiten. Jeder Berufszweig ist mit zahlreichen Arbeitsutensilien vertreten, die Ausstellungsstücke stammen aus ganz Kreta. Eine vorbildlich präsentierte und interessante Sammlung mit englischen und griechischen Erklärungen. Das Museum ist im Ort gut ausgeschildert, an der Kasse gibt es ein schön aufgemachtes, farbiges Begleitheft zu kaufen.

Öffnungszeiten/Preise April bis Okt. tägl. 10–18 Uhr, Eintritt ca. 3 €, Stud. 1,50 €.

• *Übernachten* **Pension Margit Venetikos**, seit vielen Jahren vermietet Margit (Vater Tscheche, Mutter Deutsche) in ihrem großzügigen Haus sechs mit solidem Vollholzmobiliar eingerichtete Zimmer, jeweils mit Du/WC (Warmwasser). Zur Verfügung stehen außerdem eine gut eingerichtete Gemeinschaftsküche und ein Aufenthaltsraum. DZ ca. 27–30 €, das einzige Dreibettzimmer ca. 33–35 €. U. a. kommen hier gerne Wanderer unter, die ins nahe Ída-Gebirge aufsteigen wollen. ✆ 28920-91129, ℻ 91539.

• *Essen & Trinken* **Oi Belgoi**, gute Taverne mit schattiger Laube an der Ausfallstraße Richtung Timbáki.

To Milo, Taverne am baumbestandenen Dorfplatz. Sehr herzliche Wirtinnen, die kleine Gerichte anbieten, die Käsetaschen macht die Oma selber.

▸ **Kloster Kardiótissas**: aus Vóri die Straße Richtung Magarikári nehmen. An der ersten Spitzkehre hinter dem Ortsausgang geht rechts bei einer blauen Ikonostase eine leidlich gute Erdpiste ab, nach ca. 500 m kommt man zum verlassenen Kloster auf einem Hügel inmitten von Olivenbäumen. Die Gebäude sind weitgehend zerstört und werden derzeit als Schweineställe verwendet. Nur die *Kirche* ist noch intakt. Durch ein gotisches Portal gelangt man in den zweischiffigen, rußgeschwärzten Innenraum mit zahlreichen Freskenresten. Eine umfassende Restaurierung wäre sehr wünschenswert.

▸ **Grigoría**: kleiner Ort in den Hügeln nördlich von Magarikári inmitten üppiger Olivenhaine. An der Durchgangsstraße steht die „Friedenskapelle", 1992 aus eigenen Mitteln gestiftet vom deutschen Künstlerehepaar Hilde und Albert Kerber (+), den Schlüssel bekommt man in der Taverne „Ermis" nebenan. Die kreuzförmige Kapelle mit ihrem roten Dach erinnert an die Schrecken, die die deutsche Wehrmacht im Zweiten Weltkrieg über Kreta und ganz Griechenland brachte. Die Künstler dazu: „Wir fühlten uns aus rein menschlicher Verpflichtung berufen, dort ein Zeichen zu setzen, das im Sinn der Sühne und Versöhnung gedacht ist". Die vorderen Seitenwände sind mit zwei eindrucksvollen Ölgemälden bedeckt, thematisiert sind darin die Geschehnisse im Dorf Kalavríta auf dem Peloponnes, wo die Deutschen alle männlichen Einwohner – mehr als 800 – in einen Steinbruch trieben und erschossen. Links hängen „Die Vertriebenen", deren männliche Angehörige getötet wurden und deren Dorf zerstört wurde, rechts „Die Bahre" – die Toten wurden damals von den Frauen auf Bahren, die sie notdürftig aus Leitern gezimmert hatten, auf den Friedhof gebracht. Im Zentrum der Kapelle steht eine gemalte Pietà, die einer holzgeschnitzten Skulptur im Dom von Wetzlar nachempfunden ist. Sie symbolisiert den trotz aller Unmenschlichkeit fortbestehenden Glauben und den Trost durch Frömmigkeit. Am Ende der Kirche hängt die „Auferstehung" nach einem Gemälde Grünewalds vom Isenheimer Altar. Gedenktafeln erinnern an die Toten der zwei Weltkriege und des griechischen Bürgerkriegs (www.friedenskapelle-kreta.de).

Timbáki

Größerer Durchgangsort mit vielen Werkstätten und Läden an der breiten Hauptstraße.

Timbáki ist ein typisches Geschäfts- und Landwirtschaftszentrum, nach Míres die zweite wichtige Stadt in der Messará-Ebene. Für die kurze Rast empfehlenswert ist der hübsche Hauptplatz südlich der Durchgangsstraße, wo man unter großen Eukalyptusbäumen in mehreren Kafenia sitzen kann. Jeden Freitagvormittag findet in Timbáki ein großer *Straßenmarkt* statt, ähnlich dem in Míres. Von Timbáki sind es noch 2 km zum Strand nach Kókkinos Pírgos.

Anfahrt/Verbindungen **Busse** der Strecken Agía Galíni-Iráklion, Agía Galíni-Festós und Agía Galíni-Mátala halten an der Durchgangsstraße.

Kókkinos Pírgos

Der kleine Ort ist eine Mischung aus zerfetzten Plastikgewächshäusern, halbfertigen Betongerippen und gesichtslosen Neubauten, dazwischen liegen verstreut Hotels und Tavernen. Ein großer Fischerhafen mit zwei langen Molen bildet das Zentrum. Pluspunkt ist der kilometerlange, graue Strand, den man meist für sich alleine hat. Eine schmale Asphaltstraße führt an ihm entlang (Abzweig von der Durchgangsstraße beschildert).

• *Anfahrt/Verbindungen* Ein Teil der Busse von Agía Galíni nach Iráklion und Festós/Mátala macht den kleinen Abstecher über Kókkinos Pírgos.

• *Übernachten* Trotz mäßiger Nachfrage gibt es doch ein erstaunlich großes Angebot an Zimmern.

Mary-Elen, C-Kat., modernes Hotel etwas außerhalb, nördlich von Kókkinos Pírgos in ruhiger Lage fast unmittelbar am Meer. Die etwa 500 m lange Anfahrt ist von der Durchgangsstraße beschildert. Geführt von einer herzlichen Familie aus Timbáki, 60 Zimmer, die alle mit hellem Holz ansprechend eingerichtet sind, z. T. mit traumhaftem Blick aufs Meer. Die hoteleigene Taverne bietet einen ähnlich schönen Blick. Es gibt einen Fahrstuhl und einen Swimmingpool. Vom Hotel führt ein kurzer Weg zu einem Kies- und Schotterstrand am Ausgang einer Schlucht. DZ mit Bad und Frühstück ca. 35–50 €. ✆ 28920-51268, Fax 52624.

Galini, durchdacht angelegtes Haus, das ruhig und etwas zurück von der Straße liegt. Herr Emmanuel Kamnakis hat 16 Jahre in Deutschland gearbeitet, dementsprechend viele deutsche Stammgäste finden den Weg. Er ist mit der gebotenen Unaufdringlichkeit zuvorkommend und jederzeit hilfsbereit. Die acht Zimmer sind sauber und alle mit Bad und Balkon ausgestattet, auf Wunsch wird auch Frühstück bereitet. Es besteht auch die Möglichkeit, sich vom Flugplatz abholen zu lasen. DZ kostet 25–35 €, auch Dreibettzimmer vorhanden. ✆ 28920-51127.

El Greco, E-Kat., neues Haus an der Hauptstraße, Sofia Kytharoglou vermietet schöne und saubere Apartments, ca. 30–40 €. ✆ 28920-51182.

Astrinos, C-Kat., Tipp, da direkt am Strand, hübsch angelegt mit Grün, Zimmer mit Balkons, ordentlich geführt. DZ mit Frühstück ca. 30–40 €. ✆ 28920-52700, Fax 51195.

• *Essen & Trinken* **The Red Castle**, die große Taverne von Captain Giorgios liegt direkt am Hafen, geräumiger Gastraum und Terrasse unter schattigen Bäumen. Gute Auswahl an frischem Fisch vom Holzkohlengrill, Giorgios fährt zum Fischen noch selber hinaus. Schöner Blick, Strandliegen und Sonnenschirme für Gäste frei.

Delino, an der Hauptstraße, angenehme Atmosphäre und gute Essensqualität.

Akti, ansprechend konzipierte Taverne mit Rasenflächen an der Strandstraße.

Kein Containerhafen in Timbáki

Ende 2005 wurde in Presse und Hörfunk (darunter auch die halbamtliche griechische Nachrichtenagentur ANA) die Meldung verbreitet, dass chinesische Investoren in enger Zusammenarbeit mit Griechenland südlich von Kókkinos Pírgos einen **Containerhafen** von sehr großen Ausmaßen planen. Dieser Umschlagplatz soll als Drehscheibe für chinesische Exporte dienen, die für den gesamten Südosten Europas, die Schwarzmeerstaaten sowie die Länder um die Adria bestimmt sind. „Der Hafen wird so groß wie Piräus sein", wurde der griechische Minister für Handelsschifffahrt, Manolis Kefalogiannis, zitiert. Es erübrigt sich zu betonen, dass ein solcher Frachthafen für die Region um Kommós Beach, Agía Galíni, Kalamáki, Mátala und Pitsídia etc. touristisch und ökologisch eine Katastrophe schlimmsten Ausmaßes wäre. Protestaktionen aller Art sind geplant (www.kein-containerhafen-in-timbaki.com).

▸ **Kókkinos Pírgos/Baden**: Der kilometerlange, graue Sand- und Kiesstrand zieht sich die ganze Bucht entlang nach Süden bis *Kalamáki*. Am Anfang schmal, auch teilweise etwas verdreckt, dann zusehends breiter. Vor allem im ersten Teil spenden Tamarisken Schatten. Richtung Norden wird der Strand sehr schmal und von niedrigen Felsabbrüchen dominiert. Unmittelbar dahinter – mit Sperrzaun bis zur Küste – liegt ein militärisches Sperrgebiet mit Flughafen, das bereits von der deutschen Wehrmacht angelegt wurde.

Messará-Ebene/Hinterland

Die vielleicht schönste Möglichkeit, das bergige Hinterland der Messará-Ebene zu erforschen, ist die Strecke über Plátanos, Kamáres und Zarós an den Ausläufern des Ída-Massivs entlang, bis sie in Agía Varvára auf die Straße nach Iráklion trifft.

Fernab vom Rummel an der Küste liegen hier einfache Bergdörfer und einige Klöster, hinter denen schnell die Einsamkeit des Gebirges beginnt. Die beiden Klöster Vrondísi und Valsamónero gelten als Zentren der so genannten „Kretischen Renaissance" (→ Geschichte). Ein weiterer Höhepunkt ist die berühmte Forellenzucht von Zarós. Das benachbarte Hotel Idi können Bergwanderer als Stützpunkt nehmen, weitere Quartiere gibt es in Kamáres und Vorízia. Die Besteigung des Psiloritis von Kamáres aus ist reizvoll, verlangt jedoch einiges an Ausdauer und Kondition.

• *Auffahrt/Aufstieg ab Lochriá* Leser Michael Knobloch hat eine interessante Variante getestet: „Von Süden auf der Straße von Agía Galíni kommend nach Zarós, zweigt in **Lochriá** hinter der Tankstelle links eine Teerstraße ab (beschildert: Psiloritis 14 km), die nach etwa 4 km in eine Piste übergeht. Diese ist nur für geländegängige Fahrzeuge zu empfehlen und geht in steilen Serpentinen nach oben, an Abzweigungen muss man sich immer rechts halten. Auf einer kleinen Ebene mit Gehöft (der Bauer spricht etwas Deutsch!) kann man das Fahrzeug abstellen – hier ist linker Hand der Gipfel zu sehen. Ab jetzt zu Fuß weiter, immer geradeaus, Gipfel ist zu sehen (mit Kompass NNW, 320°), nur Ziegenpfade, erst über Wiese mit Gebüsch, dann Geröll und dann an drei Gipfeln rechter Hand fast ohne Steigung immer am Hang entlang. Ein Pfad ist hier erkennbar, Markierung durch Steinmännchen (z. T. von uns gesetzt). Nach etwa 2 Std. Fußweg stößt man auf den E-4, der in weiteren 45–60 Min. zum Gipfel führt. Der Gesamtweg ist relativ leicht, Steigungen gibt es nur zum Schluss. Gutes Schuhwerk ist erforderlich, außerdem reichlich Wasser und Verpflegung mitnehmen. Von Agía Galíni in etwa 9 Std. problemlos hin und zurück."

▸ **Kamáres**: einfaches Bergdorf, Ausgangspunkt für die siebenstündige Besteigung des Psiloritis-Gipfels von der Südseite her. Treff für Gipfelstürmer ist die Taverne „Zacharias" am östlichen Ortsausgang.

Aufstieg von Kamáres zum Tímios Stavrós

Diese anstrengende Tour verlangt Bergerfahrung und sollte keinesfalls allein unternommen werden. Zwei Tage sollte man einkalkulieren (Übernachtung auf der Alm Kólita). Wer über gute Kondition verfügt und vor Sonnenaufgang in Kamáres aufbricht, kann aber ohne weiteres zum Abendessen wieder unten sein. Voraussetzung für Tageswanderer ist jedoch, dass man nicht den Abstecher zur Kamáres-Höhle macht, da dieser gut 2 Std. zusätzlich kostet. Kamáres bezieht sein gesamtes Trinkwasser aus den Bergen oberhalb des Ortes – eine „Pipeline" mit zahlreichen Wasserbecken dient als roter Faden für den Aufstieg. Für reichlich Flüssigkeit ist also unterwegs gesorgt, aber bitte nicht die Becken verunreinigen.

Am frühen Morgen Aufstieg von Kamáres

GPS-Wanderung 8,
Karte S. 250/251

- *Route* Kamáres – Abzweig zur Kamáres-Höhle – Alm Kolíta – Psiloritis.
- *Dauer* Etwa 7 Std. 30 Min. hinauf (Kamáres – Abzweig 2 Std. 15 Min., Abzweig – Alm Kolíta ca. 2 Std. 15 Min., Alm Kolíta – Gipfel ca. 3 Std.), ca. 5 Std. hinunter.
- *Streckenlänge* 13,1 km
- *Höhenmeter* Aufstieg: 1370 m; Abstieg: 113 m.
- *Markierung* Der gesamte Weg ist mit schwarz-gelben „E-4"-Schildern umfassend markiert.
- *Wegbeschreibung* Am **östlichen Ortsanfang** von Kamáres zweigt gegenüber der Taverne **Zacharias (WP 01)** ein sehr steiler **Betonweg** ab (beschildert). Am Ende der Betonpiste **scharf rechts**, zu erkennen an Farbmarkierung und E4-Zeichen **(WP 02)**. In Serpentinen geht es annähernd parallel zu einer Wasserrinne sehr steil zu einer quer verlaufenden Straße hinauf. Darüber ein **Wasserbehälter**, der früher von einer offenen Wasserrinne aus Beton gespeist wurde (jetzt läuft ein Stahlrohr parallel). Der gut erkennbare und markierte Weg führt links vom Wasserbehälter vorbei und folgt in weiten Windungen dieser Röhre bis hinauf zur Abzweigung zur Kamáres-Höhle.

Nach einer Stunde ab Kamáres trifft man auf das erste **Druckausgleichsbecken (WP 03)**, wo meist ein kräftiger Wasserstrahl sprudelt – wunderschöner Rastplatz mit weitem Blick über die Hänge hinunter in die Messará-Ebene. Durch allmählich dichteren **Wald** aus Zedern und immergrünen Eichen **(WP 04)** läuft man eine weitere Stunde bis zum **zweiten Becken (WP 05).** Dort befindet sich ein – vermutlich von Hirten angelegter – **Rastplatz**, der zum Zelten genutzt werden kann. Kurz danach trifft man auf das **dritte Becken** mit gutem Trinkwasser **(WP 06)**. Hier, in 1280 m Höhe, liegt die unübersehbare **Abzweigung** zur Höhle (Wegbeschreibung → S. 362).

Um zum Gipfel zu gelangen, steigen wir durch fast geschlossenen Zypressen- und später Steineichenwald nach links **(WP 07)** bis zu einer **kleinen Schlucht**, hier ist der Weg teilweise nur schwer auszumachen. Jetzt in Serpentinen den Hang hinauf über Geröllfelder mit flachen Schieferplatten **(WP 08)** bis zur großen **Schlucht**, immer wieder rote Markierungen. Am östlichen Rand auf nicht immer gut kenntlichem, aber ausreichend markiertem Weg in Serpentinen über Geröll und scharfkantige

Steine nach oben **(WP 09)**, teils steil. Großartig sind hier die Ausblicke in die Schlucht und das **Super-Echo** von der gegenüberliegenden, fast senkrechten Wand („Bürgermeister von Wesel" ausprobieren).

In etwa 1750 m Höhe trifft man überraschend auf eine weitere (letzte) **Wasserstelle (WP 10)** und auf eine **Fahrstraße**. Auf dieser Straße bleiben wir bis zu einer **Kreuzung**, überqueren sie geradeaus und gehen auf einen Fußpfad den Geröllhang hinunter zur Alm Kolíta (1800 m). Dort steht eine schöne **Schäferhütte (WP 11)** aus behauenem Stein, die gut zum Übernachten benutzt werden kann. Leider wird sie häufig von Wochenendjägern verschmutzt, die mit ihren Allrad-Autos zur Alm hochfahren und dort laute Feste feiern. Weiter geht es gut beschildert, bis wir auf den Aufstieg von der Nída-Hochebene zum **Tímios Stavrós** treffen (→ S. 248 ff).

▸ **Kamáres-Höhle**: ein riesiges, dunkles Loch in einer überhängenden Felswand, gut drei Fußstunden oberhalb von Kamáres in 1525 m Höhe an der Südflanke des Mávri (1981 m). Schöner Platz, aber nichts Spektakuläres. Man kann nur einige Meter weit hineingehen, dann versperrt Geröll den weiteren Weg. Die Höhle diente in minoischer Zeit als Kultort für die Bevölkerung der Messará-Ebene. Seit 1894 wurde sie archäologisch erforscht und man hat einzigartige, hauchdünne Keramikgefäße aus minoischer Zeit gefunden, auf deren schwarzem Untergrund mit weißer und roter Farbe die vielfältigsten Muster gemalt sind. Sie enthielten geopferte Samen und Feldfrüchte und sind wohl in den Werkstätten der Paläste von Festós und Agía Triáda hergestellt worden. Nach dem Fundort hat man die ganze Kunstform „Kamáres-Stil" benannt (im Saal II des Arch. Museums in Iráklion).

Von der Höhle aus kann man weiter bergauf steigen und trifft auf eine Schotterstraße, die auf die Nída-Hochebene führt.

• *Dauer* ca. 3,5 Std. einfach (Kamáres bis Abzweig 2 Std. 15 Min., Abzweig bis Höhle 1 Std. 15 Min.).

• *Aufstieg zur Höhle* Von **Kamáres** folgt man dem oben beschriebenen Weg bis zur deutlich markierten **Abzweigung** beim dritten Wasserbecken. Von hier bis zur Höhle mindestens eine Stunde anstrengender Fußmarsch. Anfangs steil durch lichten Wald, dann parallel zu einer Leitung, nach 20 Min. kleines **Wasserbecken**, nach 30 Min. großes **Becken**. Weiter sehr steil nach oben über Geröll und Felsbrocken, das letzte Stück völlig schattenlos am Hang. Man trifft auf einen mit weißer Farbe deutlich markierten Abzweig nach **Vorízia**, kurz danach das riesige, dunkle Loch der Höhle. Man sieht es erst, wenn man kurz davor steht.

▸ **Kirche Ágios Fanoúrios (Kloster Valsamónero)**: 3 km östlich von Kamáres liegt das Dorf *Vorízia*, das im Weltkrieg von deutschen Truppen fast völlig zerstört wurde. Am westlichen Ortsende zweigt eine leicht zu übersehende Straße zu den Resten des ehemaligen Klosters Valsamónero ab, das 3 km südöstlich vom Ort auf der anderen Seite einer kleinen Schlucht liegt. Auf Asphalt geht es zunächst eng durch den unteren Teil des Dorfes, dann folgt eine ziemlich holprige Schotterpiste. Das Kloster wurde im 18. Jh. aufgegeben, erhalten blieb bis heute lediglich die dreischiffige Klosterkirche *Ágios Fanoúrios* aus dem 14./15. Jh. Ihr Inneres ist mit Fresken aus der Entstehungszeit ausgemalt, die neben denen der Panagía Kerá von Kritsá zu den schönsten im byzantinisch-kretischen Stil gehören. Der berühmte Maler Michaíl Damaskinós hat dabei mitgewirkt und sogar El Greco soll sich hier Anregungen geholt haben. Leider ist die Kirche bisher in der Regel verschlossen.

▸ **Kloster Ágios Antónios Vrondísi**: etwa 4 km östlich von Vorízia oberhalb der Straße. Ein steiler, asphaltierter Fahrweg führt die 750 m hinauf. Vor dem in einfacher Vierecksform angelegten Kloster stehen zwei wuchtige Platanen, links sprudelt Wasser aus vier bärtigen Gesichtern eines venezianischen Brunnens. Darüber erkennt man Adam und Eva, leider ohne Köpfe. Im Hof steht die Klosterkirche mit zwei verschieden hohen Schiffen, einer der beiden Papádes des Klosters sperrt gerne auf. Das niedrige Schiff kann beleuchtet werden und ist mit wunderschönen Fresken in sattem Dunkelrot, Türkis und Weißtönen ausgemalt, die in den 1990er Jahren restauriert wurden. Szenen aus dem Leben Jesu sind dargestellt, in der Apsis das Abendmahl. Michaíl Damaskinós hat im Kloster Vrondísi einige seiner berühmten Ikonen angefertigt, die heute im Ikonenmuseum von Iráklion ausgestellt sind (→ dort), und Níkos Kazantzákis hat hier 1920 einige Monate verbracht und geschrieben. Vom Klosterhof hat man einen herrlichen Blick in die weite Zypressen- und Berglandschaft Südkretas.

▸ **Kloster Ágios Nikólaos**: 500 m vom westlichen Ortseingang von Zarós führt ein Fahrweg etwa 2 km zu der Klosteranlage am Beginn der Roúwas-Schlucht hinauf. 1994 brannte es in der Schlucht, doch das Kloster blieb verschont. Leider wurde es mit viel Beton umgebaut, die alte Atmosphäre ging dadurch verloren. Die niedrige Kirche steht etwas verloren da. Sie besteht aus zwei Schiffen mit vielen Ikonen und Resten alter Fresken im hinteren Teil. Drei Nonnen leben im Kloster, unterstützt von vier Männern, die die schweren Arbeiten machen. Wenn man Glück hat, darf man vom selbst gebrannten Rakí kosten, ebenso vom Käse, der aus der Milch der klostereigenen Ziegen und Schafe hergestellt wird. In aufwändiger Handarbeit ziehen die Nonnen auch Kerzen, vielleicht kann man die Werkstatt besichtigen.

▸ **Höhlenkapelle des Eremiten Efthímios**: ein schönes Plätzchen am Hang östlich oberhalb des Klosters Ágios Nikólaos, ein Fußpfad führt in einer halben Stunde hinüber. Einige Wandmalereien sind erhalten. Die Legende erzählt, dass der Eremit seine Höhle immer nur nachts verließ. Die Nonnen wussten nichts von ihm, hielten ihn für ein wildes Tier und töteten ihn mit Steinen.

Zarós

Der Ort liegt am Fuß einer gewaltigen Schlucht. Wer nur an der Hauptstraße bleibt, wird sich den schier unglaublichen Wasserreichtum der Region kaum vorstellen können. Zahllose Quellen entspringen oberhalb von Zarós, werden dort im bildhübschen Vótomos-See gestaut und verwandeln die Landschaft in eine plätschernde Oase.

Natürlich wird das frische Bergwasser kommerziell genutzt und in Flaschen abgefüllt. Die eigentliche Attraktion von Zarós ist aber die berühmte *Forellenzucht* oberhalb vom Ortskern (→ Kasten). Gleich daneben steht das weit und breit beste Hotel der Region. Kein Wunder also, dass sich Zarós zu einem bevorzugten Anlaufpunkt für Ausflugsbusse entwickelt hat. Reisegesellschaften werden täglich herangekarrt und nehmen hier ihr Mittagessen ein (Forelle natürlich), die Tavernen sind deswegen groß, recht unpersönlich und teuer. Trotzdem ist das Ganze wegen seiner Einmaligkeit auf Kreta – ja, im ganzen Mittelmeer – einen Abstecher wert.

• *Anfahrt/Verbindungen* **Eigenes Fahrzeug**, die Zufahrt zu Hotel und Tavernen ist ca. 400 m lang und ab der Durchgangsstraße von Zarós beschildert, anfangs allerdings ziemlich eng und unübersichtlich. Parken kann man beim Quellsee.

Bus, ein Bus geht 1 x tägl. ab **Míres** und weiter nach Kamáres, ebenso von Zarós über Agía Varvára nach **Iráklion** bzw. umgekehrt (Busbahnhof B).

• *Übernachten* **Idi**, C-Kat., schöne Lage inmitten eines grünen Rasenparks mit Pool. Innen gepflegt und geschmackvoll, großes Restaurant, Terrasse, Gymnastikraum mit Sauna. Zimmer im Haupthaus, Apartments dahinter in kleinen Reihenhäusern. Da gelegentlich Reise- und Wandergruppen Halt machen, ist es besser, vorher anzurufen und zu reservieren. DZ mit gutem Frühstücksbuffet kostet ca. 40–50 €, falls Grup-

Der Süden Zentralkretas

Idyllisches Plätzchen: der Vótomos-See oberhalb von Záros

pen logieren, wird Halbpension angeboten. Chef spricht gut Deutsch. Ganzjährig geöffnet. ✆ 28940-31302, ℻ 31511, www.votomos.com

Keramos, C-Kat., beim Busstopp (am Supermarkt) in eine Seitengasse abbiegen, Familienbetrieb mit geschmackvoll eingerichteten Studios, jeweils TV. Das Haus von Familie Papadovasilakis ist mit kretischem Kunsthandwerk dekoriert, aufmerksamer Service, köstliches traditionelles Frühstück. Sohn spricht hervorragend Deutsch, die Tochter Englisch. DZ mit Frühstück ca. 35–45 €. ✆/℻ 28940-31352, www.crete-hotels-rooms.com/Reservations/Keramos_Zaros.htm

Chariklia, von Iraklion kommend vor der ersten Kreuzung (Tankstelle) an der linken Seite. Acht einfache Zimmer und drei Du/WC an einem kleinen Innenhof. Besitzer Giorgios Petrakis ist Koch, hat einige Jahre in Deutschland gearbeitet. Abends bereitet er seinen Gästen auf Wunsch ein leckeres kretisches Essen und morgens ein reichhaltiges Frühstück. DZ mit Frühstück ca. 25–30 €. ✆ 28940-31787.

• *Essen & Trinken* Man hat die Wahl zwischen gegrillten Forellen und Lachsforellen, die Zubereitung ist schlicht. Zum Essen wird überall ungefragt und kostenlos eine große Karaffe Quellwasser serviert.

Votomos, gleich beim Hotel Idi, große Fischtaverne mit drei randvollen Forellenbecken, daneben eine alte Mühle (→ Kasten). 2 Min. oberhalb in Richtung See eine zweite Filiale von Votomos mit demselben Angebot und mindestens fünf Forellenbecken, tendenziell noch mehr Betrieb, für noch größere Busgesellschaften. Insgesamt ein wenig unpersönlich und nicht billig: Forelle pro kg ca. 22 €, Portion ca. 8 €, Brot wird mit 1 € berechnet.

Limni, direkt am Quellsee, schöner Garten mit Seeblick, freundliche Bedienung, dahinter Aufstieg zur Roúwas-Schlucht.

Oasi, preiswerte Taverne an der Durchgangsstraße im Ort.

• *Sonstiges* Der Instrumentenbauer **Antonios Stefanakis** hat seine Werkstatt an der Durchgangsstraße. Er fertigt Bouzouki, Gitarre und Lyra, verwendet dabei für die Unterseiten Maulbeerholz und für die Oberfläche vorzugsweise wertvolles Zedernholz. Auch kretische Dudelsäcke stellt er her, die er auch selber spielt. Früher war er in Athen Vortänzer der berühmten Folkloregruppe Dora Stratou, hat dann zeitweise in Deutschland gelebt und spricht gut Deutsch. ✆ 28940-31249.

Forellenzucht auf Kreta

Der Überfluss an frischem Quellwasser brachte einen einheimischen Landwirt in den achtziger Jahren auf die Idee, in Zarós eine *Forellenzucht* aufzubauen. In der griechischen Bauernzeitung hatte er zuvor von einem ähnlichen Versuch in Nordgriechenland gelesen. Der Staat finanzierte ihm die Einfuhr kanadischer Forelleneier und bereits nach zwei Jahren hatte Petros Gianakis eine passable Menge der wohlschmeckenden Süßwasserfische in seinem Becken. Doch die Kreter waren skeptisch – warum tief ins Inland fahren, um Fisch zu kosten, wo es doch an der Küste überall guten Meeresfisch gibt? Der Durchbruch kam mit dem Artikel eines schottischen Professors, der sich zu Hause enthusiastisch über die Forellen von Zarós äußerte. Als daraufhin Scharen von britischen Touristen einfielen, wurden auch die Einheimischen neugierig. Heute ist Zarós ein weit verbreiteter Tipp und eine viel besuchte Attraktion, um die leckere *péstrofa* (Forelle) zu kosten, die ja auf der Insel nicht heimisch ist.

Über dem Ort liegt am Fuß einer Felswand ein eingefasster *Quellsee*, von dem aus die Forellenbecken gespeist werden, denn für diesen Süßwasserfisch ist der ständige Wasseraustausch lebensnotwendig. Der Teich ist mit Rasen, Bänken, Cafeteria, Kinderspielgeräten und Holzstegen ganz auf touristische Bedürfnisse ausgerichtet, im Wasser kann man kleine Schildkröten beobachten. An Sonntagen kommen die Einheimischen zum Picknicken herauf und füttern die Forellen. In den zwei etwas unterhalb liegenden Tavernen kann man mehrere große, gut gefüllte Fischbecken betrachten, in denen sich flinke Forellen zu Tausenden im ständig hindurchströmenden, sauerstoffreichen Wasser tummeln. Neben der unteren Taverne steht eine historische *Getreidemühle*, die von dem überall aus dem Berg schießenden Wasser angetrieben wird und quasi als Museum fungiert.

Wanderung durch die Roúwas-Schlucht

Vom Quellsee oberhalb von Zarós kann man in diese Schlucht hineinlaufen. Der Weg ist bestens ausgeschildert und mit Geländer, Stufen und Rastplätzen für griechische Verhältnisse ungewöhnlich gut ausgebaut. Im Sommer 1994 zerstörte ein heftiges Feuer fast den gesamten Pinienwald am Südhang des Ídi-Massivs. Ursache war offenbar, wie in Kreta nicht unüblich, Brandstiftung aus dem Umfeld derer, die von Waldbränden profitieren: Lediglich im oberen Drittel gibt es noch Steineichenwälder. Beste Wanderzeit ist das Frühjahr, wenn alles blüht und der Bach weiter oben noch Wasser führt. Laut Zuschrift sind die Wasserstellen unterwegs abgestellt, nur ganz oben auf dem Plateau gibt es frisches Quellwasser.

- *Dauer* Gehzeit bis zur Kapelle Ágios Ioánnis ca. 2 Std., zurück ca. 1,5 Std.
- *Streckenlänge* 5,2 km, Höhenmeter von 430 m (Quellsee) auf 980 m (Kapelle Ágios Ioánnis).
- *Wegbeschreibung* Den Schluchteingang erreicht man, indem man vom Idi-Hotel den Fahrweg ca. 10 Min. nach oben läuft, bis man den eingefassten **Quellsee** erreicht (→ Kasten). Hier folgen wir dem ausgebauten Wanderweg, indem wir uns links halten, und erreichen nach ca. 20 Min. das 1 km entfernte Kloster **Ágios Nikólaos**. Der mit roten und gelben Punkten markierte Pfad durchquert hier das Tal und zieht sich an der Westseite entlang nach oben, später an der östlichen. 20 Min. nach dem Kloster erreichen wir eine **Wasserstelle** und kommen kurz darauf wieder ins Bachbett. Vor einer senkrechten Felswand gehen wir

nach links zu einer **Fahrstraße**. Dieser folgen wir etwa 200 m talauswärts, von hier geht der Weg steil am Westhang hinauf (oben Gabelung, Rückweg zum Kloster) und führt dann weiter oberhalb der steilen Schlucht entlang. Immer wieder wird die Schlucht durchquert. Nach einiger Zeit ein **Rastplatz** mit Aussicht in die Messará-Ebene. Nach fast 4 km verlassen wir endlich die vom Waldbrand kahlen Berge und erreichen die bewaldete Zone. Kurz darauf ein **Rastplatz** im Tal unter Bäumen. Die Vegetation besteht aus Stein- und Kermeseichen, Orchideen, Aronstab, Schwertlilien, Salbei und Thymian. Nach knapp 2 Std. erreichen wir ein kleines Hochtal mit der Kapelle **Ágios Ioánnis** und einem sehr schön angelegten **Rastplatz** mit frischem Quellwasser. Hier weiden Schafe und Ziegen, die gerne Essbares als Wegzoll einfordern.
Möglich ist von hier der weitere Aufstieg zur **Nída-Hochebene** im Psiloritis (→ S. 252).

Von Gérgeri auf die Nída-Hochebene

Gérgeri liegt 7 km östlich von Zarós. Vom östlichen Ortsausgang zieht sich eine anfangs asphaltierte Straße, die aber bald in eine Piste übergeht, in atemberaubenden Serpentinen auf ein Bergplateau oberhalb der Roúwas-Schlucht hinauf, von wo aus man auch in die Schlucht laufen kann. Etwa 200 m oberhalb vom Ort gibt es einen, hier oben recht skurill wirkenden Kunstrasen-Fußballplatz (!) mit tollem Blick auf Messará und das Libysche Meer. Die Piste führt weiter bis zur Zufahrtsstraße zur Skínakas-Sternwarte (→ S. 246), wobei das letzte Stück wieder Belag besitzt, Fahrtzeit ca. 30 Min. An der Asphaltierung der gesamten Strecke wird gearbeitet, nach Fertigstellung wird diese Straße eine interessante Alternative zur herkömmlichen Auffahrt über Anógia darstellen

Agía Galíni

Das ehemalige Fischerdorf liegt am Ausgang eines steilen Tals. Dicht gedrängt ziehen sich die weiß gekalkten Häuser die Hänge hinauf und an der Zufahrtsstraße entlang. Der Hafenplatz mit seinen malerisch übereinander gestaffelten Hausfassaden gehört zu den reizvollsten in Kreta.

Agía Galíni hat eine ähnliche Entwicklung durchgemacht wie Mátala. Vor 20 Jahren noch „Geheimtipp" der jungen Generation, Rucksack- und Alternativtreff in einem, ist Agía Galíni heute zu 90 % vom Tourismus in Beschlag genommen. Hotels, Restaurants, Bars und Shops bestimmen das Ortsbild und allabendlich quellen die autofreien Gassen im kleinen Zentrum fast über. Trotzdem hat Agía Galíni viel Atmosphäre – vielleicht weil hier alles so dicht bei- und übereinander liegt. So spürt man auch heute noch etwas vom ursprünglichen Kolorit dieses hübschen Mittelmeerdörfchens, das an der Stelle einer minoischen Siedlung namens Soúlia erbaut wurde.
In der Umgebung liegen Badebuchten, die täglich per Boot angefahren werden. Zu Fuß kann man auch leicht gänzlich einsame Stellen finden. Zudem ist Agía Galíni ein guter Ausgangspunkt für Ausflüge ins Hinterland: Wie wär's z. B. mit einem leckeren Fischessen im Gebirgsdorf Zarós, das die einzige Forellenzucht Kretas sein eigen nennt?

Anfahrt/Verbindungen

- *Eigenes Fahrzeug* Großer, im Sommer gebührenpflichtiger **Parkplatz** im Hafen.
- *Bus* Die **Busstation** liegt an der Hauptstraße im rückwärtigen Teil vom Ort. Von und nach Iráklion etwa 8 x tägl./5,50 €, von und nach Réthimnon Mo–Fr 5 x tägl., Sa/So

3 x/3,50 €, Festós etwa 6–7 x tägl., Mátala Mo–Sa 5 x/So 3 x (z. T. mit Umsteigen in Festós), Plákiás 3 x, Chóra Sfakíon 1 x. Sonntags generell weniger Fahrten. Vor allem über die Abfahrtszeiten auf letztgenannter Strecke sollte man sich rechtzeitig eingehend erkundigen – sie gehört zwar zu den schönsten auf Kreta, wird aber nur selten befahren.

• *Schiff* Tägliche Ausflugsfahrten ab Hafen zum **Strand von Préveli** (→ S. 736), zum Ausgang der Schlucht **Agiofárango** (→ S. 355) und auf die vorgelagerten **Paximádi-Inseln**. Letztere Tour wird als Tagesausflug mit Picknick und Badeaufenthalt angeboten, Preis ca. 17–22 € pro Person. Sonnenhut und Sonnencreme mitnehmen. Auskünfte und Buchung bei den Booten direkt im Hafen und im Reisebüro Monza Travel (→ Reisebüros).

• *Taxi* Es gibt vier Taxis im Ort, Standplatz neben der Busstation. ✆ 28320-91486, -91091 oder -41470.

Dädalus und Ikarus in Agía Galíni

Agía Galini ist wie so mancher Ort der kretischen Südküste oft heftigen Winden ausgesetzt. So verwundert es nicht, dass die Mythologie den legendären Flug des Erfinders Dädalus und seines Sohnes Ikarus hier angesiedelt hat. Auf den Felsen oberhalb des Hafens sollen die beiden zu ihrem Flug in die ersehnte Freiheit gestartet sein, der jedoch ein tragisches Ende nahm (→ S. 73). Vor einigen Jahren hat man den beiden Flugpionieren oberhalb des Hafens ein Denkmal errichtet, das abends effektvoll beleuchtet wird. Wenn man hinaufsteigt und sich den lauen Wind um die Nase wehen lässt, kann man den Mythos bestens nachvollziehen.

Adressen (siehe Karte S. 369)

• *Ärztliche Versorgung* **Health Center (32)** (Kéntro Ygiás Spilíou) am Ende der Straße, die zum Hafen führt, rechts. ✆ 28320-91111. Falls dort niemand ist – das Health Center von **Spíli** genießt einen sehr guten Ruf (→ S. 382).

• *Apotheke* gegenüber der Arztpraxis.

• *Auto-/Zweiradverleih* Bei Bedarf wird der Wagen auch zum Flughafen gebracht.

Ostria (5), an der großen Kurve der Hauptstraße, Frau Papamathiakis spricht Deutsch, ist sehr nett und korrekt, hat auch gute Sonderangebote.

Weitere Anbieter: **Auto Galini** an der Platia; **Monza** gegenüber Busstopp; **Alianthos,** vom Busstopp ein Stück die Straße hinauf.

• *Foto* im oberen Ortsteil gegenüber Rooms Michael, Entwicklung von Filmen in 23 Min.

• *Geld* Es gibt mehrere Geldautomaten.

• *Internet* Cafébar **Christos** in der Fressgasse, Cafébar **Cosmos** gegenüber Restaurant Faros (→ Essen & Trinken) und Cafébar **Alexander's** am Hafen.

Örtliche Website mit Tipps zu Hotels und Tavernen: **www.agia-galini.com**

• *Post* in der Straße von der Bushaltestelle zum Hafen (Platz mit Springbrunnen).

• *Reisebüros* bei **Monza Travel (19)** kann man diverse Ausflüge zu vielen verschiedenen Zielen buchen, z. B. Samariá-Schlucht, Mátala, Ágios Nikólaos, Plakiás, Réthimnon u. a. Alle Ausflüge kosten etwa 15–25 €. ✆ 28320-91278, 📠 91174.

• *Tankstelle* an der Straße nach Timbáki und Míres, gegenüber der Zufahrt zum Campingplatz.

• *Wäscherei* **Despina (12)**, schräg gegenüber der Post die Gasse hinein. Gewaschene Wäsche wird getrocknet und gebügelt.

Übernachten

Bei über 40 Hotels und zahllosen Privatzimmern fällt die Auswahl schwer. Die besseren Häuser liegen an der großen Kurve der Zufahrtsstraße und im oberen Ortsteil, die einfachen Quartiere im alten Ortskern und am Hafen.

• *Um den Hafenplatz* Zentrumsnah und toller Blick, von der Atmosphäre im Ort bekommt man auch das meiste mit. Kann aber laut werden (Discos unterhalb!) und durchweg sehr schlichte Häuser.

Akteon (31), E-Kat., wenn man vom Hafenplatz zurückblickt, rechts oben. Bewachsene Terrasse mit Hafenblick, einfache Zimmer, nicht alles gut in Schuss, aber mit Du/WC. DZ etwa 20–35 €. ✆ 28320-91208, ℻ 91384, E-Mail: hotelakteon@in.gr

Selena (31), D-Kat., jedes Zimmer mit eigener Duschkabine, allerdings teilweise ohne Meerblick. DZ mit Balkon ca. 20–35 €, ohne etwas weniger. Ebenfalls mit Terrasse. ✆ 28320-91273.

Rea (24), C-Kat., in der Westgasse zum Hafen, durchschnittliches Hotel mit einfacher, solider Einrichtung. Im Zimmer Telefon, unten Frühstücksraum. DZ ca. 25–40 €. ✆ 28320-91390, ℻ 91196.

• *Im mittleren Ortsteil* **Manos (13)**, nur ein paar Schritte von der Busstation, beliebt bei Rucksackreisenden, hübsch aufgemacht, preiswerte und ordentliche Zimmer, sehr nette, ältere Wirtin. Steigende Preise von unten nach oben, ca. 20 € aufwärts, Dusche am Gang. ✆ 28320-91394.

Pela (11), neben Wäscherei Despina, ebenfalls Nähe Busstation, gegenüber der Dorfkirche. Günstig und sauber, mit Kochgelegenheit. ✆ 28320-91143.

• *Im rückwärtigen Teil vom Ort* Hier stehen mehrere neu erbaute Anlagen, die nahe Straße sorgt allerdings für eine gewisse Geräuschkulisse.

Fevro (4), C-Kat., modernes Hotel an der großen Straßenkurve, von Lesern empfohlen. Schön eingerichtet und sehr sauber, Besitzer sind ausgesprochen herzlich, beide sprechen Deutsch. DZ ca. 35–55 €. Pauschal z. B. über Kreutzer. ✆ 28320-91275, ℻ 91475.

Ostria (2), C-Kat., kleines, sauberes Hotel, geführt von der freundlichen Familie Papamathiakis, Tochter Maria spricht perfekt Deutsch und leitet das Hotel aufmerksam. Ordentliche Zimmer mit Du/WC und Balkonterrasse. DZ mit Frühstück ca. 25–47 €. ✆ 28320-91404, ℻ 91405, www.agia-galini.com

Kriti (3), etwas zurück von der Kurve, der Familienbetrieb von Herrn Kostas Giasalakis ist mittlerweile eingekreist von weiteren Hotelbauten. 12 Studios und 6 DZ, eingerichtet mit dunklem Holz, jeweils Balkon und Bad (kleine Badewanne). TV-Raum, Bar, Frühstücksraum. DZ etwa 23–38 €. ✆ 28320-91324.

Neos Ikaros (1), C-Kat., moderne Anlage am Hang (in der Straßenkurve abbiegen, dann links die Betonbrücke über den Bach überqueren). Halbrund angelegt, großer Pool, 23 geräumige Zimmer, geflieste Böden, helle Holzmöbel. Manager Panos ist hilfsbereit. DZ mit Frühstück ca. 36–52 €. Pauschal z. B. über Kreutzer. ✆ 28320-91447, ℻ 91047, www.neosikaros.gr

• *Im oberen Ortsteil* schöner Blick weit übers Wasser, um ins Zentrum und zurück zu gelangen, muss man Treppen steigen.

Galini Mare (22), C-Kat., kleines, familiäres Hotel an der Straße links, herrliche Panoramalage oberhalb der Steilküste, 200 m vom Strand und ca. 5 Min. vom Hafen. Seit 2004 unter deutscher Leitung, Regina und Helmut aus Gotha bieten sehr freundlichen Service und reichhaltiges Frühstück. Es gibt 20 nett eingerichtete Zimmer, z. T. mit fantastischem Meerblick, Salon und Bar. DZ mit Frühstück ca. 35–45 €. ✆ 28320-91223, www.galini-mare.de

El Greco (25), C-Kat., gepflegtes Haus an der Straße links, ebenfalls direkt oberhalb der Steilküste. Außen weiß mit blauen Balkons, in den Zimmern große Wandschränke, sauber geflieste, weiße Bäder und gutes Holzmobiliar, die meisten Zimmer mit herrlichem Meerblick. DZ ca. 40–70 €, Frühstück extra, auch über Reiseveranstalter zu buchen. ✆ 28320-91187, ℻91491, www.agia-galini.com

Erofili (8), C-Kat., ganz hoch oben am Hang, beim Hotel Athina die steile Gasse hinauf, wunderschön überwachsene Fassade mit Bougainvillea, zehn Zimmer mit großartigem Blick über den Ort aufs Meer bis Mátala, abends gelegentlich Bouzouki live im üppig mit Musikerfotos dekorierten Frühstücks- und Barraum. DZ ca. 25–50 €. ✆ 28320-91319, ℻ 91384, E-Mail: hotelerofili@hotmail.com

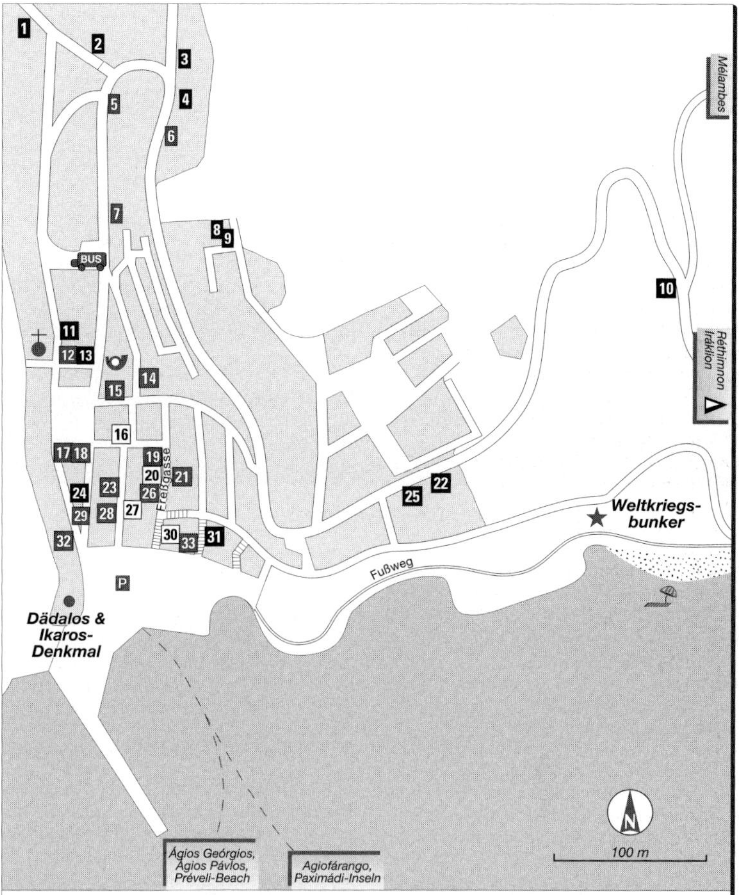

Übernachten
1 Neos Ikaros
2 Ostria
3 Kriti
4 Fevro
8 Erofili
9 Ariadne
10 Sky Beach
11 Pela
13 Manos
22 Galini Mare
24 Rea
25 El Greco
31 Akteon, Selena u.a.

Essen & Trinken
7 Ilios
14 Charlie's Place
18 Café Platia
21 Kosmas
23 Medousa
26 Minoica
28 O Faros
29 Tatso Monto
33 Madame Hortense

Nachtleben
16 Synantesis (Miros)
20 Miles Tone
27 Blue Bar
30 Juke Box Disco

Sonstiges
5 Autoverleih Ostria
6 Voskakis (Olivenholz)
12 Wäscherei Despina
15 Le Shop
17 Theodorakis
19 Monza Travel
32 Health Center (Arzt)

Agía Galíni

Agía Galíni: Fischerhafen und Touristenzentrum

Ariadne (9), Apartmentanlage neben Erofili in derselben Panoramalage, neuer Pool und Snackbar, 15 Apartments und Studios mit Balkon, ca. 30–50 €. ✆ 28320-91380, www.agia-galini.com

Dias, C-Kat., ebenfalls im obersten Ortsbereich, toller Panoramablick, Studios und DZ, ruhig, hell und sauber, freundliche Vermieterin. Zimmer 10 und 11 mit riesigem Balkon. DZ ca. 25–40 €, Frühstück möglich. ✆ 28320-91440.

Sky Beach (10), komfortable Studio- und Apartmentanlage, noch vor dem eigentlichen Ortseingang, in etwa da, wo die Straße nach Mélambes abzweigt. Von der Straße aus nur ein kleines, unscheinbares Glasgebäude, doch näheres Hinsehen lohnt sich. Der nette Besitzer Michalis Troulinos hat sein Hotel direkt an den Fels gebaut. Es zieht sich von der Straße bis ganz zum Strand hinunter. Alle 10 Studios sind geräumig und besitzen eine gut ausgestattete Küche, z. T. separates Schlafzimmer und riesige Balkons mit herrlichem Meerblick. Über die Promenade ist man in 5–10 Min. am Hafen. Im untersten Stock Terrasse mit Getränkebar und Frühstücksmöglichkeit, außerdem gepflegter Aufenthaltsraum mit Kamin. Studio ca. 50–90 €. Ganzjährig geöffnet. ✆ 28320-91415, ℻ 91127, www.skybeach.gr

• *Am Strand* sehr ruhig, vom Rummel im Ort bekommt man hier rein gar nichts mit. In Flussnähe allerdings starkes Mückenaufkommen.

Irini Mare, B-Kat., ca. 1 km östlich vom Dorf, etwa 100 m hinter dem Kiesstrand. Von der Straße nach Timbáki (Iráklion) führt wenige Meter östlich der Straßeneinmündung aus Réthimnon gegenüber der Tankstelle eine Asphaltstraße hinein (auf Schild achten) und endet auf dem Hotelparkplatz. Für Pauschalbucher derzeit einer der besten Tipps am Ort, von der Besitzerin Irini Markaki sehr aufmerksam geführt. Geschmackvolle Anlage mit angenehmer Atmosphäre, pastellfarbene Häuser im kretischen Dorfstil, Zimmer einfach, aber nett eingerichtet, großteils mit herrlichem Blick auf die Bucht von Agía Galíni. Die Mahlzeiten werden in einem neuen Gebäude eingenommen, in dem auch eine Bar, ein Fitnessraum und eine Sauna untergebracht sind. Großer Pluspunkt ist der weitläufige Garten mit Süßwasserpool, separatem Kinderbecken, Spielplatz und viel altem Baumbestand, wo die Kleinen laufen können. Hervorzuheben ist das freundliche Personal, an der Rezeption wird Deutsch gesprochen und Irini versucht, alle Wünsche zu erfüllen. Weiterhin gibt es einen Tennishartplatz (gegen Gebühr), Tischtennis und ein Beach-Volleyballfeld, Mountainbikes können geliehen werden und auch Massage wird angeboten. DZ mit vielseitigem Frühstücksbuffet 60–80 €, auch Halbpension möglich. Pauschal über mehrere Reiseveranstalter, darunter der Familienspezialveranstalter Vamos-Eltern-Kind-Reisen, der vor Ort eine vielseitige Kinderanimation anbietet. ✆ 28320-91488, 📠 91489, www.irinimare.com

Romantika, großes, gepflegtes Gelände mit Taverne (→ Essen & Trinken) direkt hinter der Brücke. Geführt von der österreichischen Wirtin Heidi mit ihrer Familie. Im Haupthaus fünf sehr saubere und gut möblierte Zimmer (Aircondition, Kühlschrank) mit Meerblick, ein neues Gebäude mit sechs Studios und herrlichem Meerblick wurde 2003 gebaut. Trotz der Taverne ruhige Lage, auch geeignet für Familien mit Kindern. Spielgeräte, Tischtennis, Billard, Großschach. DZ ca. 25–40 €. Anfahrt: Piste zum Campingplatz nehmen und noch ein Stück weiter, großer Parkplatz. In den Ort läuft man am Strand entlang etwa 10 Min. ✆ 28320-91014, 📠 91388, www.romantika-kreta.com

• *Camping* **Agia Galini „No Problem"**, großer Platz mit schönem, altem Baumbestand, zum großen Teil schattig. Von einer Familie freundlich geführt, gut sortierter Laden und prima Taverne, die auch von Nichtcampern aufgesucht wird – alles frisch, herrliches Souvláki, Eier von eigenen Hühnern, Wein aus eigenem Anbau, hausgemachter Raki und selbst gemachtes Brot, Kuchen von der Omi gebacken. Sanitäranlagen weitgehend okay, wenn auch zahlenmäßig etwas wenig. Hübscher Pool, rundum Stühle und Liegen. Der Platz liegt in einem Wäldchen hinter dem Strand, nah am Fluss. Von der Straße nach Timbáki (Iráklion) geht wenige Meter östlich der Einmündung der Straße aus Réthimnon gegenüber der Tankstelle eine Asphaltstraße hinein (auf Schild achten). Ganzjährig geöffnet. ✆ 28320-91386, 📠 91239, www.interkriti.org/camping/aggalini/a.htm

Essen & Trinken (siehe Karte S. 369)

Vor allem in der östlichen der drei Gassen („Fressgasse") zum Hafen reiht sich eine Taverne an die andere, das Preisniveau ist hier ziemlich hoch. Angenehm: man wird nicht von „Aufreißern" angesprochen, kann in Ruhe die Speisekarten studieren etc. Viele weitere Lokale staffeln sich an der Hafenfront auf mehreren Stockwerken übereinander. Besonders schön lässt es sich außerdem am Strand unten essen. Da in Agía Galíni noch einige Fischer arbeiten, gibt es stets frischen Fisch.

• *Gassen zum Hafen* **Kosmas (21)**, in der „Fressgasse", nicht ganz billig und nicht allzu große Portionen, dafür variationsreiche Speisekarte mit vielen kretischen Spezialitäten, z. B. Landwurst, Pilze, Erbsenmus, Gemüse- und Brotsuppe, eingelegtes Gemüse, flambierter Saganáki. Weiterhin asiatisch-vegetarische Gerichte und sonntags geröstetes Lamm aus dem Ofen. Alles in hervorragender Qualität und ausschließlich mit Zutaten aus biologischem Anbau, gutes Olivenöl. Kosmas' deutsche Frau Ines bedient.

Minoica (26), am Südende der „Fressgasse". Kostas' Küche ist noch typisch griechisch, viele Stammgäste, freundlicher Service. Kostas hat als Kind in Deutschland gelebt und spricht gut Deutsch.

O Faros (28), traditionelle Taverne in der mittleren Gasse zum Hafen, seit vielen Jahren zuverlässige Adresse in Sachen Fisch. Nette und ungestylte Atmosphäre, einfache und ehrliche Küche, preislich im Rahmen.

Medousa (23), ein Stück aufwärts vom O Faros. Gut geführte und gemütliche Allround-Taverne, deutsch-griechisch geführt – Souvlaki, Crêpes, Pizza, Eis u. v. m.

• *Hafen* **Madame Hortense (33)**, in einem der oberen Stockwerke an der Ostseite vom Hafen. Etwas teurer, aber sehr gute Küche, umfangreiche Karte und aufmerksame Bedienung, dazu herrlicher Blick aufs Meer.

Tatso Monto (29), an der Westseite vom Hafen, u. a. Pizza aus dem Holzkohleofen, lecker die Calzone „Tatso Monto" mit Schafskäse, als Brotbeilage frisch gebackenes Pizzabrot. Freundliche Bedienung, Preise okay, aber etwas Zeit mitbringen.

Gorgona, von Lesern empfohlen: „Kleine, urige Taverne in der – vom Hafen aus – ersten Querstraße rechts, im ersten Stock der Fressgasse, liebenswürdige Bedienung, ausgezeichneter Service und gute Küche."

• *Hinterer Ortsteil* **Charlie's Place (14)**, ein stilvolles Lokal mit Atmosphäre – rustikale Kieselsteinfassade, rauchender Holzkohlengrill, hübsche, kleine Terrasse. Besitzer Charlie stammt aus Zypern, lebt aber schon seit Jahrzehnten auf Kreta. Leserlob für die gemischte Vorspeisenplatte „Mixed Starters" (Hauptgericht ist danach nicht mehr nötig), das Ofenlamm und das *kléftiko* („Das Fleisch fiel nur so vom Knochen, so zart war es"). Dazu für Agía Galíni wirklich günstige Preise.

• *Am Strand* **Stochos**, beliebte und sehr nett geführte Taverne am Strandbeginn, der Sohn des Hauses spricht Deutsch. Schöne Terrasse unter Weinlaub, jeden zweiten Tag frisches Ofenlamm mit Kartoffeln, auch Fisch gut und günstig. Vor allem der großzügig ausgeschenkte Rakí zieht viele Gäste an.

Sunset, Wirt Jannis spricht sehr gut Englisch und legt Wert darauf, dass alles Essen frisch hergestellt wird. Nicht überteuert, viel Stammkundschaft, auch Familien mit Kindern. Zum Frühstück frischer Filterkaffee.

Kostas, direkt vor der Holzbrücke über das Flüsschen Platis, große, gut geführte Taverne mit schattigem Dach und saftigen Rasenflächen, wo man sich im Liegestuhl bedienen lassen kann, davor schattige Strandplätze unter Tamarisken. Bekannt für wirklich frischen Fisch, große Portionen, Preise okay, viele Stammgäste.

Romantika, direkt hinter der Brücke, sehr saubere Taverne mit vielen schönen Sitzplätzen und hübscher Grünanlage, geführt von Heidi aus Österreich und ihrem kretischen Mann.

• *Außerhalb* **Le Grand Balcon**, an der Straße nach Mélambes, Terrassenlokal mit Panoramablick weitab vom Rummel.

• *Cafés und Bars* **Ilios (7)**, schräg gegenüber der Busstation, geführt von Susanna aus Deutschland und ihrem kretischen Mann Manolis. Er ist Fischer und bringt den Fang frisch auf den Tisch, kocht auch zwischendurch kretische Spezialitäten. Susanna macht Frühstück nach Wunsch, bereitet prima Cappuccino und Latte macchiato und kocht leckere Pastagerichte und Vorspeisen. Entspannte Atmosphäre, gute Musik, schön eingerichtet. Susannas Hund ist eine Berner Sennen-Schäferhund-Dame namens Molly, ebenfalls mit sehr freundlichem Wesen.

Café Platia (18), großes Frühstückscafé unter schattigen Markisen am Platz schräg gegenüber der Post (neben Springbrunnen). Umfangreiches Angebot: Müsli, Omelett, selbst gemachte Backwaren, Fruchtsalat.

Nachtleben (siehe Karte S. 369)

Synantesis (Miros) (16), am oberen Ende der mittleren Treppengasse zum Hafen. Hier kann man noch der Illusion nachhängen, in einem traditionellen griechischen Café zu sitzen –grün gestrichene Kaffeehausstühle, helles Neonlicht, gelegentlich griechische und kretische Musik aus dem Lautsprecher. Schöner Platz zum Schauen, da in bester Lage.

MilesTone (20), neue coole Jazz- und Blueskneipe in der Fressgasse, schön eingerichtet, gute Musik, korrekte Preise.

Blue Bar (27), originelle Kneipe gegenüber vom Restaurant „O Faros", seit über zehn Jahren freundlich und hilfsbereit geführt von Heinz und Elefteria Weiss. Prima Atmosphäre und bunt gemischtes Publikum, Rockmusik und Oldies, auch schon mal bis 6 Uhr früh geöffnet, dazu die „saubersten Toiletten Kretas" (Leserzuschrift).

Juke Box (30), Disco-Bar am unteren (südlichen) Ende der „Fressgasse", Stelios und Babis schmeißen den Laden. Durchs offene Fenster kann man von draußen den Trubel beobachten, gute Musik und gutes Publikum, auch mal was für Nachtschwärmer um die Dreißig (www.jukeboxclub.gr).

Shopping (siehe Karte S. 369)

• *Kunsthandwerk* **Theodorakis (17)**, der große Juwelierladen von Georgios und Sing Lee Theodorakis liegt am Platz mit dem Brunnen. Georgios ist sehr nett, lässt einen in Ruhe gucken, berät aber auch gern. Außergewöhnlich schöner und z. T. sehr ausgefallener Schmuck, auch einige Unikate. ✆ 28320-91183.

Georgios Voskakis (6), an der großen Kurve der Zufahrtsstraße im hinteren Ortsteil Hauptgasse zum Hafen, originelle Schnitzereien aus Olivenholz, urige Figuren und Gesichter, aber auch funktionelle Stücke wie Schüsseln usw. Die englische Frau von Georgios bedient.

Hübsche **Keramik** schräg gegenüber vom Restaurant „O Faros."

Glasbläserei, untergebracht in einer Tankstelle einige Kilometer außerhalb an der Straße in Richtung Spíli. Nikos und Georgios Charitakis schaffen hier Glaskunstwerke und Gebrauchsgegenstände. Auch wenn man nicht kaufen will, zu erstaunlich günstigen Preisen übrigens, einen Stopp wert. ✆ 28320-91095.

• *Internationale Presse* **Le Shop (15)**, in einer Quergasse, ein Stück landeinwärts der Parallelgassen zum Hafen, sowie im großen **Fotoladen** gegenüber von „Rooms Michael" im oberer Ortsteil.

Agía Galíni/Baden und Umgebung

Westlich vom Hafen erstreckt sich wilde Klippenküste mit senkrechten Felshängen und einigen Grotten, die allerdings nur vom Meer aus zu erreichen sind. Von der Hafenmole hat man einen guten Blick. Der Strand liegt östlich vom Ort.

▸ **Ortsstrand**: Vom Hafenplatz läuft man nach links (östlich) um die Felsen herum, eine schön gestaltete Promenade führt unterhalb der senkrecht abfallenden Steilwand zum Strand, ein deutscher Weltkriegsbunker ist noch in der Wand erhalten. Nach wenigen Minuten erreicht man den Strand, dessen faust- bis kopfgroße Kieselsteine regelmäßig maschinell entfernt und durch Sand ersetzt werden. So hat sich eine ganz passable Badezone entwickelt, die im ersten Stück auch im seichten Wasser fast steinfrei ist. Liegestühle und Sonnenschirme werden vermietet, es gibt schattige Tamarisken und ein paar nette Strandlokale, wo auch einige Duschen stehen (z. B. Taverne Kostas). Mitten am Strand mündet das kühle Flüsschen *Plátis* aus dem Hinterland, das auch im Hochsommer reichlich Wasser führt. Auf einer neu erbauten Stahlbrücke – die Holzbrücke daneben wurde immer wieder durch heftige Stürme zerstört – kann es überquert werden. Dahinter beginnt erst der eigentliche Strand aus Kieselsteinen, verschmälert sich aber zusehends.
Richtung Osten kann man hier am Meer entlang in Richtung Kókkinos Pírgos wandern, entweder unten am Wasser oder auf der Staubpiste etwas oberhalb davon. Vorsicht jedoch: an einem (nicht beschilderten) Sperrzaun trifft man auf den Küstenbereich des großen Militärgeländes von Kókkinos Pírgos. Hier sollte man spätestens umkehren. Kein Schatten am ganzen Weg.

Wanderung über den Troulída-Berg zu einer Badebucht bei Kókkinos Pírgos

Der 214 m hohe Troulída liegt zwischen Agía Galiní und Kókkinos Pírgos und wird in Agía Galíni gerne „Hausberg" genannt. Beim folgenden Weg genießt man schöne Rundblick über Agía Galini und die umgebenden Berge. Die Beschreibung stammt von Leserin A. Polleschner.

• *Wegbeschreibung* Man geht vom Hotel **Irini Mare** die Zufahrt zurück bis zur Hauptstraße (Tankstelle) und biegt bei der **letzten Abzweigung** vor der Straße rechts in die Schotterpiste ab. Bei einer Gabelung nach etwa 500 m geht man rechts, dann an zwei Versorgungsgebäuden linker Hand vorbei und bei der nächsten Gabelung links und von dort noch etwa 400 m an einem roten Wasserhydranten rechts hinauf. Man passiert zwei Gewächshäuser und hält sich dann immer links. Nach etwa 2 km trifft man auf die **Straße nach Kókkinos Pírgos** und kommt nach 500 m an ein Schild, das zum **Hotel Mary-Elen** weist. Hier biegt man ab und folgt der Ausschilderung, beim nächsten Hinweisschild zum Hotel geht man allerdings geradeaus und kommt nach 200 m auf schmalem Abstieg zu einer menschenleeren **Bucht**.

Badebuchten westlich von Agía Galíni

Inmitten einsamer Felslandschaft liegen westlich von Agía Galíni die beiden Badebuchten Ágios Geórgios und Ágios Pávlos.

Die beiden Buchten kann man mit dem Auto anfahren (Weiterfahrt zum Strand von Triópetra möglich), es gehen aber auch täglich Ausflugsboote ab Agía Galíni. Der Fußmarsch bis Ágios Geórgios ist ebenfalls möglich, etwa 6 km. Der Weg beginnt in der großen Kurve im hinteren Teil von Agía Galíni beim Hotel „Neos Ikaros" und geht mit wenig Schatten über staubigen, roten Sandboden (ca. 1,5–2 Std. einfach).

▸ **Ágios Geórgios**: die Straße nach Mélambes nehmen, unterwegs herrliche Blicke zurück auf Agía Galíni und den gesamten Golf bis Mátala. Nach etwa 4 km weist ein Schild zur Bucht hinunter. Hier geht es auf einer Teerstraße ca. 3 km hinunter bis zum bescheidenen Sand-/Kiesstrand. Am Strand steht eine Snack-Bar, weiter oben gibt es zwei Tavernen (zur unteren widersprüchliche Leserkommentare, die obere hat eine Zeitlang Elvira aus München betrieben, doch die zukünftige Entwicklung ist ungewiss). Etwa 200 m entfernt steht ein kleines, verlassenes Nonnenkloster, nach dem die Bucht benannt ist. Die windschiefe Kapelle ist mit viel Beton vor dem Umfallen bewahrt worden und wird von den Anwohnern gepflegt. Keine Weiterfahrt nach Ágios Pávlos möglich.

▸ **Ágios Pávlos**: von Agía Galíni aus die Straße hinauf nach *Mélambes* nehmen oder von der Straße Agía Galíni – Spíli etwas östlich von *Néa Kría Vrísi* abzweigen. Dann der Asphaltstraße nach Saktoúria folgen, anfangs schöne Höhenfahrt mit tollen Ausblicken auf das Kédros-Gebirge. An der Gabelung vor *Áno Saktoúria* rechts fahren, diese Straße führt um den Ort herum. Über *Káto Saktoúria* geht es auf guter Teerstraße ständig bergab bis zum Strand von Ágios Pávlos.

Ágios Pávlos ist eine schöne Badebucht mit dunklem, feinkiesigem Sand und hoch aufgeschütteten, dünenartigen Verwehungen dahinter. Ins Wasser geht es allerdings über algenbewachsene, extrem glatte Felsplatten – Vorsicht. Weit draußen im Meer erkennt man die Paximádi-Inseln. Da die Bucht täglich von Ausflugsbooten aus Agía Galíni angelaufen wird, sind meistens einige Dutzend Leute in der Bucht. Auch die Bautätigkeit nimmt zu. Wem in der Bucht von Ágios Pávlos zu viel los ist, der kann über den Dünenhang Richtung Westen klettern. Nach wenigen Metern kommt man hier zum Kap von Mélissa voll duftendem Oregano, unter dem sich eine runde Bucht, danach ein langer, schmaler und weitgehend einsamer Strand bis zu den Felsen von *Triopétra* erstreckt (→ S. 380). Weit im Westen erkennt man von oben das Kloster Préveli als kleinen, weißen Klecks und darunter den markanten Flusseinschnitt des Megalopótamos mit einem der schönsten Strände Kretas (→ Strand von Préveli, S. 736).

Tipp: Vor wenigen Jahren wurde von Ágios Pávlos eine Asphaltstraße nach Westen gebaut, die bis zum Strand von Triópetra führt.

• *Übernachten/Essen & Trinken* Ein gutes halbes Dutzend Tavernen mit Zimmervermietung steht mittlerweile in und oberhalb der Bucht.

Agios Pavlos, größere Anlage an der Ostseite der Bucht, geführt von der Englisch sprechenden Nikoletta Grygoraki. Mehrere Panoramaterrassen, schön begrünt mit Weinlaub. Schlichte Zimmer, teilweise etwas dunkel. DZ ca. 23–35 €, in der Nebensaison auch günstiger. ✆ 28320-71104, ℻ 71105.

To Koutali, die hübsche Taverne von Aris und Carol steht am Hang oberhalb von Agios Pavlos, preiswerte und gute Küche.

Mama Eva, an der Zufahrt zum Strand, idyllisch begrünte und schattige Terrasse mit herrlichem Blick. Hier gibt es selbst gefangenen Fisch, der allerdings nicht billig ist.

Auch an der Westseite der Bucht gibt es mittlerweile ein **Strandcafé**.

Das geologische Wunder von Ágios Pávlos

Auf dem *Akrotíri* (Kap) *Mélissa* findet man, neuerdings beschildert und eingezäunt, eins der interessantesten geologischen Anschauungsobjekte Kretas, *diplóno pétris* (Gesteinsfaltung) genannt: mehrere farblich unterschiedliche Gesteinsschichten, die durch Faltung entstanden und ein akkurates, wellenförmiges Streifenmuster bilden. Der Felsen dient auch vielfach auf Postkarten als außergewöhnliches Motiv.

Amári-Becken

Eingezwängt zwischen die hohen Bergrücken des Kédros und Psilorítis erstreckt sich ein Stück unbekanntes Kreta, das sich im Rahmen einer panoramareichen Rundfahrt erschließen lässt.

Die weite, hüglige Ebene ist heute eine üppig grüne Gartenlandschaft mit einem Meer von Olivenbäumen, kleinen Weinfeldern und vielen Obstplantagen – vor allem die Kirschen aus dem Amári-Becken genießen einen guten Ruf. Bereits die Minoer und ihre mykenischen Nachfolger hatten von der geschützten Lage der Region profitiert und einige Siedlungen angelegt, nämlich bei Apodoúlou, Monastiráki und Thrónos. Im schroffen Gegensatz zu der Fülle am Talboden stehen die kargen Bergdörfer am Hang des bis fast 1800 m Höhenmeter ansteigenden Kédros-Massivs, die 1944 Schauplatz eines Massakers der deutschen Wehrmacht waren und heute durch die anhaltende Abwanderung immer mehr entvölkert werden.

Die reizvolle Fahrt durchs Amarí-Becken – eventuell verbunden mit einem Abstecher in die Schlucht des Ágios Antónios (→ S. 520) oder zum Kloster Arkádi (→ S. 521) – bildet eine interessante Alternative für die Strecke von Réthimnon über Spíli nach Agía Galini, kann aber auch von Agía Galini aus in einem bequemen Tagesausflug besucht werden. Eine gute Asphaltstraße führt über Fourfourás, Moní Asomáton, Apostóli, Méronas und Gerakári einmal rund um die Ebene und hinauf in den Kédros. Einen ganzen Tag sollte man für die Tour einplanen, vor allem wenn man die eine oder andere Ausgrabungsstätte besuchen will, denn die kurvige Straße an den Berghängen, hinunter in die Ebene und wieder hoch hinauf, braucht ihre Zeit.

Verbrechen der Wehrmacht: Der Kédros brennt

Während der deutschen Besatzungszeit im Zweiten Weltkrieg war das Amári-Becken eine häufig benutzte Durchgangsregion für Partisanen und britische Agenten, die hier in der Bevölkerung viel Rückhalt fanden, vor allem in den abgelegenen Orten am Hang des Kédros-Gebirges. Auch die Entführer des Generals Kreipe kamen hier durch und versteckten sich eine Zeitlang beim Dorf *Gerakári*. Deutsche Truppen brannten es deshalb am 22. August 1944 völlig nieder. Auf gleiche Weise zerstörten sie die Nachbarorte *Kardáki, Gorgoúthi, Vríses, Drigiés* und *Áno Méros*. Eine ganze Woche brannten die Dörfer, 164 Einwohner wurden erschossen. Weithin sichtbare Denkmäler erinnern heute an die „Vergeltungsmaßnahmen" der Wehrmacht, die zeitgleich bereits den Rückzug aus Kreta organisierte.

Rundfahrt

Bester Ausgangspunkt ist Agía Galíni. Man fährt zunächst Richtung Plátanos, biegt aber wenige Kilometer vorher in Richtung Apodoúlou und Fourfourás ab. Die Straße führt bis Fourfourás an den Hängen des Psilorítis entlang, senkt sich dann in die Ebene und schraubt sich über Gerakári und Áno Méros in den Kédros hinauf.

▸ **Apodoúlou**: Im Ortszentrum weist ein Schild den Weg zu einer *spätminoischen Siedlung* (etwa 1350 v. Chr.), die in Panoramaposition etwa 2 km außerhalb liegt. Man fährt ca. 5–10 Min. auf einer Teerstraße, das überdachte Ausgrabungsgelände ist umzäunt, das Tor lässt sich aber öffnen. Schon 1934 fand Professor Spiridon

Das malerische Kirchlein des Ioánnis Theólogos bei Gerakári

Marinatos hier eine große Gebäudeanlage aus mittelminoischer Zeit mit Lagerräumen und Werkstätten (um 1600 v. Chr.), neuere Grabungen haben weitere Häuser zutage gefördert.

Das (leider verschlossene) Kirchlein *Ágios Geórgios Xififórou* liegt versteckt im Grünen unterhalb vom Ort und ist auf einer gut befahrbaren Piste zu erreichen. Die prächtigen Fresken aus dem 13. Jh. sind ins Historische Museum von Iráklion gebracht worden.

Bei der Weiterfahrt passiert man kurz nach Ortsende rechts über der Straße ein *minoisches Kuppelgrab* (Thólos), ein dunkelblaues Schild mit weißen Buchstaben weist darauf hin. Das Gitter ist meist geöffnet und man kann kriechend durch den niedrigen Eingang ins Innere der etwa 2 m hohen Grabkammer gelangen.

▸ **Kouroútes**: Der Ort ist nach den „Koureten" benannt, den mythologischen Wächtern des Zeus im Psiloritis-Gebirge. (→ S. 247) Am Ortsende drängt sich pittoresk ein Friedhof unter eine überhängende Felswand. Übernachten kann man in den Studios „Kourites" (✆ 28330-41305).

Eine sehr schöne, anfangs asphaltierte Straße steigt hier den Berg hinauf, eine Schranke verhindert die motorisierte Auffahrt (Schild: „Apagoreúetai tó kynígi" –Jagen verboten). Nach 1 Std. 45 Min. erreicht man *Pardí*, eine Quelle mit gutem Wasser, nach weiteren 75 Min. eine verschlossene Berghütte des Alpenvereins/Sektion Réthimnon. Sie liegt etwa an der Baumgrenze (ca. 1500 m). Die Schotterstraße endet 15 Min. weiter nördlich bei einer „Madra" (Schafspferch). Von hier aus kann man, die Höhe in etwa haltend, auf Ziegenpfaden durch eine bizarre Mondlandschaft nach Nordwesten weitergehen. Nach etwas über 1 km erreichen wir wieder eine „Madra", wo eine Schotterstraße anfängt. Diese Piste steigt langsam ab, wird dann immer steiler und nach etwa 2 Std. treffen wir schließlich auf die Teerstraße zwischen *Platánia* und *Fourfourás*.

▸ **Fourfourás**: größerer Ort in steil abfallender Hanglage am Fuß des *Tímios Stavrós* (2456 m), des höchsten Psilorítis-Gipfels (→ S. 248), der von hier aus bestiegen werden kann. Vor dem Ortseingang steht links eine *Panagía-Kirche* in exponierter Hügellage, rechts steigt der E4-Wanderweg in etwa 3,5–4 Std. zur verschlossenen Berghütte des Alpenvereins/Sektion Réthimnon hinauf und weiter zum Gipfel. Übernachten und Essen kann man gut bei Pavlos im „Windy Place" (✆ 28330-41000), Pavlos bietet auch geführte Touren ins Gebirge an.
Am nördlichen Ortsausgang kommt man an eine Straßengabelung, an der ein Brunnen mit erfrischendem Wasser steht. Links biegt man nach Vizári in die Ebene ab, rechts geht es auf kaum befahrener Straße über die unberührten Orte *Platánia* und *Vistagí* zum Kloster Asomátos.

▸ **Vizári**: Westlich unterhalb des Orts stehen die Ruinen einer *Basilika* aus dem 7. Jh., im Umkreis lag einst die römische Siedlung *Ellinikà*. Dahinter erstreckt sich heute ein kreisrunder, fast seeähnlicher Wasserspeicher (eingezäunt). Die Abzweigung im Ort ist beschildert, man kommt dort an der Werkstatt von Herrn Voskakis vorbei, der hier Stücke aus Olivenholz fertigt (Laden in Agía Galíni). Er ist einer der wenigen verbliebenen Olivenholzschnitzer auf Kreta.
Weiter geht es über *Petrochóri* und *Labiótes* durch schöne Hügellandschaft nach Monastiráki. Oder man fährt zurück nach Vizári und auf schnurgerader Allee mit kräftigen Eukalyptusbäumen durch eine fruchtbare Landschaft mit alten Olivenbäumen und Weinfeldern in Richtung Kloster Asomátos.

▸ **Monastiráki**: Am unteren Ortsrand haben deutsche Archäologen während der Besetzung Kretas durch die Wehrmacht Spuren einer minoischen Ansiedlung entdeckt. Seit den 1980er Jahren wurde erneut gegraben. Seitdem hat man große Lagerräume, die denen von Festós in der Messará-Ebene ähneln, freigelegt. Die Mengen an Siegelsteinen und wertvoller Keramik lassen darauf schließen, dass hier ein bedeutendes Zentrum der Minoer existiert haben muss, vielleicht sogar ein weiterer Palast. Um die Ausgrabung zu finden, muss man am südlichen Ortseingang rechts abzweigen (Schild „Archaiológos chorós"). Das Gelände ist eingezäunt, kann aber besichtigt werden, eine Frau aus einem der Nachbarhäuser schließt auf.
Im Ortszentrum ist die schöne Kirche einen Blick wert. Zum Kloster Asomáton sind es von hier knapp 2 km (→ nächster Abschnitt).
Über *Opsigiás* kann man von Monastiráki nach *Amári* fahren, unterwegs prächtiger Panoramablick auf die Ebene. In Serpentinen geht es hinauf, vor allem um Opsigiás erstreckt sich ein Meer von Bäumen.
Öffnungszeiten/Preise Di–Sa 9–18, So 9–15 Uhr, Mo geschl., Eintritt frei.

▸ **Kloster Asómatos** (Moní Asomáton): Das große Anwesen stammt aus dem 17. Jh. und war in den 1930er Jahren als gut gehende Landwirtschaftsschule kultivierter Mittelpunkt des Amári-Beckens. Heute ist es weitgehend verlassen und wird lediglich von einigen Bauern genutzt. Stolze Palmen flankieren den Eingang („Agricultural Research Station"), man kann hineingehen und die Gebäude in allen Stadien des Verfalls betrachten. U. a. gedeihen Orangen und riesige Platanen auf dem Gelände.

▸ **Thrónos**: Wenn man vom Kloster Asómatos nach Norden fährt, führt kurz vor dem Nordende des Amári-Tals bei Apostóli rechts eine Straße ins knapp 2 km entfernte Bergdörfchen Thrónos hinauf, das tatsächlich regelrecht über dem Amári-Tal thront (Thrónos = Thron). Im Ortskern liegt ungeschützt und weitgehend zerstört ein römischer Mosaikboden, über dem später eine große frühchristliche Basilika errichtet wurde, von der aber nichts mehr erhalten ist. Die kleine Kirche *Panagía*

Throniótissa daneben besitzt besonders schöne Fresken aus dem 14. Jh., ist aber verschlossen. Seit kurzem gibt es im Ort eine gute Taverne mit Zimmervermietung und schönem Blick.
Nördlich von Thrónos liegen auf einer markanten Hügelkuppe mit herrlich weitem Blick über das Amári-Becken die Grundmauern der antiken Siedlung *Sývritos*. Gegründet wurde sie von den Mykenern um 1400 v. Chr., ihr Name (= „süßes Wasser") lässt auf reiche Wasservorkommen schließen. Sývritos prägte eigene Münzen und hatte seinen Hafen im heutigen Agía Galíni, es existierte bis zur Zerstörung durch die Araber 824 n. Chr. Ausgegraben wurde die Stadt durch griechische und italienische Archäologen. In etwa 10 Minuten kann man zur Hügelspitze hinaufsteigen (beschildert), das Gelände ist frei zugänglich.

Neue Straße zum Kloster Arkádi

Bei Kloster Asómatos zweigt eine neue reizvolle Asphaltstraße zum berühmten Kloster Arkádi im Hinterland von Réthimnon ab (große Kreuzung, Beschilderung allerdings etwas unübersichtlich). Man kann aber auch über Kalógeros und Klisídi fahren und trifft dann auf dieselbe Straße. Nach dem harten Winter von 2003 wurde sie allerdings teilweise zerstört, also etwas Vorsicht.

▸ **Apostóli**: Hier endet das Amári-Becken, Weiterfahrt nach Réthimnon möglich. Seinen Namen hat der Ort von den zehn Märtyrern, die hier von den römischen Besatzungstruppen gefangen genommen wurden und anschließend in Ágii Déka in der Messará-Ebene hingerichtet wurden (→ dort). An der Straße einige Kafenia.

▸ **Méronas**: Hier kommt man in das Obstbauzentrum der Amári-Region, Nüsse, Äpfel, Aprikosen, Orangen, Pfirsiche und jede Menge Kirschen wachsen seitlich der Straße. Die hübsche Kirche der Panagía ist einen Blick wert, am Dorfplatz schattige Bäume und eine Wasserstelle, zwei weitere Brunnen am Ortsende.

▸ **Gerakári**: Zentrum des Kirschenanbaus, bei „Despina" kann man Kirschen, eingelegte Früchte und zuckersüßen Kirschlikör erwerben, außerdem Zimmer mieten, die Dame ist allerdings sehr geschäftstüchtig (✆ 28330-51013).
Gerakári wurde nach dem Krieg völlig neu aufgebaut, nachdem es als Vergeltung für die Entführung des Generals von Kreipe am 22. August 1944 von den Deutschen bis auf die Grundmauern niedergebrannt worden war (→ oben), insgesamt 177 Häuser. Aus demselben Grund wurden alle Männer erschossen, derer man habhaft werden konnte, 36 an der Zahl. Am zentralen Platz erinnert ein Denkmal daran.

Von Gerakári kann man auf asphaltierter Straße nach Spíli hinüberfahren, ein landschaftlich sehr schöner „Highway" über eine Hochebene. Auf halber Strecke steht eine einsame Taverne (meist geschl.), nördlich der Straße ragt der kegelartige Berg *Sorós* empor (1184 m). Lesertipp: „Den Sorós kann man in etwa einer Stunde besteigen, einfach immer nach oben gehen, dabei Zäune vorsichtig überklettern und nicht beschädigen. Oben fantastischer Rundblick: von Gávdos über den Páchnes, Akrotíri, die Canyons des Réthimnon-Mittelgebirges bis hin zum Psilorítis."

Unterhalb von Gerakári steht an der Straße nach Kardáki die Kirche des *Ioánnis Theólogos* aus dem 11./12. Jh. Die malerische, kleine Bruchsteinruine ist ein echtes Kleinod mit Resten alter Wandmalereien im Kirchenraum, wird allerdings seit Jahren restauriert und ist nicht zugänglich. Gegenüber schöner Rastplatz.

Erinnerung an das Massaker vom August 1944

▸ **Vríses, Áno Méros, Chordáki u. a.**: Die Orte an der kurvigen Bergstraße sind im Gegensatz zu den Landwirtschaftsdörfern nördlich und östlich einfache, fast ärmliche Hirtensiedlungen, in denen oft nur noch wenige, meist alte Einwohner leben. Erinnerungsmale für die während des Massakers im August 1944 von den deutschen Besatzern getöteten Einwohner sieht man hier häufig, am auffallendsten das große *Denkmal* in einer Straßenkehre vor Áno Méros – eine weiß gewandete Frau meißelt die Namen der Getöteten in eine Marmorstele. Im Verlauf der Straße hat man herrliche Ausblicke über das Amári-Becken und die Hänge des Psiloritis. In zahllosen Serpentinen geht es an den kargen Hängen des Kedros entlang, hinunter ins Tal des Flusses *Plátis*, der bei Agía Galíni ins Meer mündet, auf der anderen Seite wieder hinauf und über *Ágios Ioánnis* zum Ausgangspunkt der Rundfahrt.

▸ **Monásteri Agía Kaloídena**: Etwa 300 m hinter Áno Méros in Richtung Chordáki auf asphaltierter Straße (beschildert) rechts abzweigen und den Berg hinauf. Nach etwa 2 km kommt man zum hübsch restaurierten ehemaligen Klosterkirchlein mit frei im Baum hängender Glocke, idyllischem Picknickplatz unter großen Bäumen und wunderschönem Blick auf das auf der anderen Seite des Amári-Beckens liegende Fourfourás und den Psiloritis dahinter. Die Gründungslegende erzählt, dass ein Kind in Fourfourás auf der anderen Talseite ein Licht gesehen haben soll – man entdeckte daraufhin an dieser Stelle eine Ikone und erbaute das Kloster. In Erinnerung daran wird jedes Jahr am 6. August das Kirchenfest gefeiert.

▸ **Agiá Paraskeví**: Das etwas größere, recht beschauliche Dorf liegt zwischen Agía Galíni und Ágios Ioánnis. Ein Stück oberhalb des großen Kirchenneubaus Richtung Dorfmitte steht eine kleine, jüngst renovierte Kapelle mit Fresken aus dem Jahre 1516. Sie gelten als wichtiges Zeugnis des Kunstschaffens in der Zeit unmittelbar vor der Hochphase der so genannten „Kretischen Schule“. Abgeschlossen ist während der Mittagspause, den Schlüssel hat der Papás.

Von Agía Galíni nach Réthimnon

Vor allem bis Spíli tolle Fahrt. Es geht ein lang gestrecktes, weites Tal hinauf. Rechts das schroffe Kédros-Gebirge, verkarstet und kahl, nur gelegentlich sieht man kleine, weiße Dörfer an den Hängen kleben, links die Küstenberge, hinter denen sich einige abgelegene Strände verstecken. Der Asphaltbelag der Straße ist teilweise eingesackt und abgebrochen, Teilstücke wurden verbreitert und erneuert.

Akoúmia und Triópetra

Diese beiden Strände erreicht man vom Dorf *Akoúmia* auf einer etwa 12 km langen, gut ausgebauten und panoramareichen Asphaltstraße, die hoch über die Berge zum Meer hinunterführt. Trotzdem finden bisher nur wenige Urlauber den Weg. Von Akoúmia kommend, gabelt sich die Straße etwa 1 km vor der Küste: Links geht es zum Triópetra Beach, geradeaus zum Akoúmia Beach.

▸ **Strand von Akoúmia**: Gut 1 km langer, ganz flacher und breiter Sandstrand, im Osten abgeschlossen durch die Felsen von Triópetra. Einsame Ecke, äußerst erholsam und völlig ruhig – und das mitten in Kreta. Inzwischen beginnt zögernd die touristische Erschließung, es gibt bisher zwei Tavernen am Strand und einige wenige Zimmervermieter, darunter einen exponiert stehenden Neubau über dem Strand.

• Übernachten/Essen & Trinken **Alexander**, Studios an der Straßengabelung 1 km oberhalb vom Strand, 6 gepflegte Studios mit Klimaanlage für ca. 30–35 €, junge Besitzerfamilie. Pauschal über Attika. ✆ 6972-834950 (Handy).

Yakirdis, Hotelneubau in erhöhter Lage über dem Strand, schöne, große Zimmer mit Klimaanlage. Eigentümer sprechen Englisch (Taverne Apothiki). DZ ca. 30–40 €. ✆ 6977-077808 (Handy).

Jhony's Taverna, an der Zufahrtsstraße, ca. 200 m oberhalb vom Strand. (Der Schreibfehler im Namen stammt vom Vorbesitzer und wurde beibehalten). Geführt von Peter Tremmel mit Gattin Marianne. Gepflegte Gartenterrasse, Gastraum liebevoll ausstaffiert, kretische Grill- und Ofengerichte sowie abwechslungsreiche vegetarische Speisen. Vermietet werden zwei einfache DZ mit gemeinsamer Du/WC für ca. 20–25 €, Dreibettzimmer mit Bad und Balkon 30–35 €. Freies Zelten im Garten wird gestattet. Peter führt organisierte sowie individuelle Motorradtouren und gibt entsprechende Tipps für Tagesausflüge. ✆ 28320-71129, ✆ 6946-293106 (Handy/sms).

Apothiki, am Strand gleich die erste Taverne auf der linken Seite. Der kommunikative Wirt Antony spricht gut Englisch, gute und preiswerte griechische Küche, schöner Garten mit Gras und Bäumen, wo man auch liegen darf, Umkleidekabinen und Duschen. Wenn man hier isst, bekommt man Liegen und Sonnenschirme für den Strand kostenlos.

▸ **Strand von Triópetra**: benannt nach den drei markanten Felsblöcken, die vor dem Kap am Ostende des Strands aus dem küstennahen Wasser ragen (Triópetra = Drei Felsen). Mehrere hundert Meter grauer Sand-/Kiesstrand in einer halbrunden Bucht, unterbrochen von felsigen Partien, zur Landseite hin mächtige, dünenartige Verwehungen. An einer winzigen Hafenmole steht eine Taverne mit Zimmervermietung, am Strand östlich davon eine weitere, dort werden Sonnenschirme und Liegen vermietet.

Südöstlich der Bucht zieht sich ein schmaler, einsamer Sandstrand, hinter dem teils dünenverwehte Hänge steil ansteigen, noch einen guten Kilometer bis zum markanten *Kap von Mélissa*, das die Bucht von Ágios Pávlos begrenzt.

Neue Straßen

In der bislang kaum berührten Küstenregion um Akoúmia geschieht derzeit einiges. Fast fertig asphaltiert ist bereits die Küstenstraße von Ágios Pávlos (→ Agía Galini/Baden und Umgebung, S. 374) über Triópetra nach Akoúmia. Sie soll in absehbarer Zeit nach beiden Seiten fortgesetzt werden, im Westen bis Préveli und in der anderen Richtung bis Agía Galíni.

Agía Fotiní und Lígres

4,5 km südwestlich von Spíli führt über *Kissoú Kámbos* eine weitere gewundene Asphaltstraße zum Meer. Zunächst steigt sie bis 800 m ü. M. an und kurvt dann über Drímiskos und Keramés tief hinunter.

▸ **Strand von Agía Fotiní** (auch: Strand von Keramés, Fotíni Beach): In *Keramés* zweigt eine Straße nach Agía Fotiní ab. Am Meer unten menschenleere Dünen- und Felsenregion, eine idyllisch ruhige Taverne und eine Betonmole mit Sonnenschirmen.

▸ **Strand von Lígres**: Wenn man in Keramés weiter geradeaus fährt, kommt man zu diesem schönen und ebenfalls einsamen Strand mit einer Taverne, auf deren Terrasse sich wunderschön sitzen lässt und die recht ordentliche Zimmer vermietet.

Von Keramés zum Palmenstrand von Préveli: Abfahrt nach Agía Fotiní nehmen und im unteren Drittel der Strecke auf eine Schotterpiste nach rechts abbiegen (Wegweiser nach Ammoúdi). Nach einen Gewächshaus gabelt sich der Weg, hier muss man rechts fahren und gelangt nach etwa 5 km zur östlichen Nachbarbucht des Palmenstrands mit zwei guten Tavernen. Dieser Weg soll derzeit verschüttet sein (→ S. 738). Auch ab Drímiskos führt eine befahrbare Holperpiste Richtung Westen. Sie mündet einige Kilometer landeinwärts auf die Zufahrtsstraße zu dieser Bucht (→ Karten „Road Editions" und „Leader Com").

▸ **Kissós**: Bei der Zufahrt ins Örtchen Kissós trifft man auf den Hinweis zu einem *Byzantinischen Aquädukt*. Wenn man ihm folgt, steigt man ein paar Stufen unter eine überhängende Felswand hinab. Dort sieht man den aus dem Stein herausgehauenen Aquädukt, der noch voll funktionstüchtig scheint.

Spíli

Die „Gartenstadt" liegt am Fuß einer steilen Felswand, inmitten herrlicher wald- und baumreicher Umgebung.

Ein hübscher Platz zum Rasten ist der venezianische Löwenbrunnen an der markanten Straßenkurve inmitten des Orts. 19 Löwenköpfe, dazu sechs weitere Öffnungen sprudeln mit unglaublicher Wucht das Wasser aus den Quellen oberhalb der Stadt. Es ist wunderbar kühl und erfrischend und man kann es unbedenklich trinken. Gemütliche Kafenia und Tavernen finden Sie an der langen Dorfstraße in Richtung Réthimnon. Spíli ist Bischofssitz. Der große, weiße Bischofspalast am Ortsausgang Richtung Réthimnon beherbergt auch ein wichtiges Priesterseminar. Die angehenden „Papádes" sieht man oft auf den Straßen. Vorsicht: Falschparker erhalten an der Hauptstraße oft teure Strafzettel, die im Rathaus bar zu bezahlen sind.

• *Übernachten* **Rastoni Wayside Inn**, etwas außerhalb, oberhalb der Straße. Moderner Freizeitkomplex mit drei Bars, Swimmingpool und neun Zimmern mit TV. Beliebter Abendtreff der Region, aber die Zimmer liegen etwas abseits. ✆ 28320-22045.

Costas Inn, attraktiv aufgemachte Pension an der Nordseite der Durchgangsstraße. Ordentliche Zimmer mit TV. DZ ca. 30–45 €. ✆ 28320-22040, ✆ 22043.

Herakles, schöne Pension direkt hinter Hotel Green an der Durchgangsstraße, geführt von der netten Familie Papadakis, ruhig, sauber und geschmackvoll möbliert, blumenüberwucherte Terrasse, Balkons mit Blumenschmuck, gutes Frühstück. „Abends haben wir zusammengesessen und geredet, bekamen Rakí und diverse Kleinigkeiten serviert." DZ ca. 25–35 €. ✆ 28320-22111, ✆ 22411.

Vangelis, Südseite der Durchgangsstraße. Eine ältere, freundliche Dame vermietet auf zwei Etagen fünf saubere Zimmer, allerdings nur mit Etagendusche. DZ ca. 20–30 €. ✆ 28320-22266.

• *Essen & Trinken* **Stratidakis**, an der Südseite der Durchgangsstraße, idyllische Terrasse nach hinten ins Grüne, gute kretische Küche.

I Karidia (The Walnut Tree), ebenfalls an der Durchgangsstraße, unter einem großen Walnussbaum. Für die Gerichte verwendet der Besitzer hauptsächlich Produkte vom eigenen Hof.

Maria & Kostas, hübsch aufgemachte Taverne mit Holzkohlegrill Nähe Ortsausgang nach Réthimnon. Geführt vom jungen Ehepaar Kostas und Maria, nette Bedienung. Essen recht gut, Toiletten leider keine Visitenkarte.

Eliá (Olive), gegenüber von Maria & Kostas, neue Gartentaverne unter Olivenbäumen, etwas unterhalb vom Straßenniveau.

• *Shopping* viele Shops verkaufen Teppiche und Websachen. Preise vergleichen und auf Qualität achten, oft günstiger als in Réthimnon und Chaniá.

Maravel Shop, wenige Schritte vom Löwenbrunnen, spezialisiert auf lokale Produkte, z. B. Rakí und Fasswein aus Spíli.

• *Sonstiges* **Health Center Spíli**, von Agía Galíni kommend, 150 m vor dem Zentrum nach rechts. Krankenschein nicht nötig, ein Arzt und eine Ärztin sprechen Deutsch.

▸ **Lambiní**: etwas nordwestlich von Spíli, kleines Dorf mit einer sehenswerten Kreuzkuppelkirche, in der angeblich ein Massaker stattgefunden hat – die Türken sollen die in der Kirche Versammelten ausgeräuchert haben. Der Innenraum – bis vor kurzem tiefschwarz verrußt – wird derzeit renoviert, die Kirche ist deshalb geschlossen. Laut Leserzuschrift wunderbare Aussicht von einem kleinen Park oberhalb vom Ort.

▸ **Straßen nach Plakiás**: Etwa 8 km westlich von Spíli zweigt eine Straße über Koxaré und durch die enge *Kourtaliotikó-Schlucht* zum Badeort Plakiás ab. Etwa 2 km weiter führt eine weitere Straße nach Plakiás und durchquert dabei die *Kotsifoú-Schlucht*. Beide Strecken sind reizvoll und etwa gleich lang. Die Cafétaverne und Busumsteigestation *Bále* liegt etwas südlich der Abzweigung über Ágios Ioánnis. Wer nach Plakiás will, muss hier auf Anschluss warten.

• *Essen & Trinken* Einen Stopp wert ist die Taverne **Pirgos**, an der Straße nach Réthimnon, wenige Kilometer nördlich der Abzweigung durch die Kotsifoú-Schlucht nach Plakiás. Das große, burgartige Gemäuer direkt an der Straße bietet einen schönen Blick in die Berge, freundliche Bedienung, gutes Essen, nachmittags auch leckere Kuchen und nette Atmosphäre.

Lesertipp: „Die einzige **Ökobrauerei** Kretas liegt von Réthimnon kommend kurz vor der Abfahrt in die Schlucht Richtung Plakiás. Gebraut wird nach deutschem Reinheitsgebot, sehr lecker."

▸ **Mixórrouma**: Das Dorf *Áno Mixórrouma* liegt wenige Kilometer westlich von Spíli, direkt an der Straße nach Réthimnon. Etwas tiefer in schöner Lage am grünen Hang des Flusses Kíssanos sieht man die fast verlassene Siedlung Mixórrouma mit ihrer erhöht stehenden Kirche.

Details zu Plakiás und Umgebung → S. 719 ff.

Blick über die Mirabéllo-Bucht

Ostkreta

Das Díkti-Massiv mit der Lassíthi-Hochebene schiebt einen abrupten Riegel zwischen das Zentrum und den schmalen, großteils kargen Osten der Insel. Doch landschaftliche Höhepunkte gibt es auch hier, beispielsweise den fantastischen Golf von Mirabéllo um Ágios Nikólaos zusammen mit den sich östlich anschließenden Thriptí-Bergen.

Ágios Nikólaos hat sich wegen seiner malerischen Lage seit langem zum boomenden Touristenzentrum entwickelt. *Sitía*, die Stadt der Venezianer, ist dagegen vergleichsweise ruhig geblieben und lohnt – wie auch das ländlich geblieben *Palékastro* –als Standort für Ausflüge in den einsamen und kahlen äußersten Osten. Der legendäre *Palmenstrand von Vái* und die Bucht von *Káto Zákros* mit einem weiteren minoischen Palast sind hier die markantesten Landmarken. Das ist nicht unbekannt geblieben, doch gibt es vor allem im Inland schöne Strecken, die kaum jemals ein Urlauber befährt. Der Südosten schließlich gehört zu den regenärmsten und heißesten Regionen Kretas, die Region um *Ierápetra* wird gerne zum Überwintern genutzt und viele mitteleuropäische Residenten haben hier Wohnsitze erworben. Die kleinen Küstendörfer westlich von Ierápetra sind bei Individualurlaubern beliebt, während die Orte östlich der Stadt auch Pauschaltouristen anziehen. Im äußersten Südosten liegt schließlich der Strand von *Xerókambos*, der auf guter Asphaltstraße erreicht werden kann.

Von Mália nach Ágios Nikólaos

Die gut ausgebaute Straße führt zunächst durch die Küstenebene mit rostbraunen Feldern und Olivenbaumwäldchen. Nach der Ausfahrt zum Palast von Mália bieten sich zwei Routen an: entweder geradeaus weiter auf der New Road oder aber nach links abbiegen auf die reizvolle, aber auch zeitraubendere Old Road über Vrachási und Neápolis. Beide Straßen verlaufen zunächst parallel und führen durch eine steilwandige Schlucht, die die Abhänge der Lassíthi-Berge (Díkti-Massiv) von der nördlich gelegenen Halbinsel um das Kap Ágios Ioánnis trennt.

• *Orientierung* Der schmale Osten Kretas beginnt östlich des hohen **Díkti-Massivs**. Die engste Stelle zwischen Pachiá Ámmos und Ierápetra ist nur 17 km breit. Während die Südküste bei Ierápetra kilometerlange Sandstrände aufweist, ist der Norden tief eingebuchtet und steil. Im Inneren dominieren die **Thriptí-Berge**.

• *Straßen* Die Hauptverbindungen sind gut ausgebaut und wurden in den letzten Jahren noch erweitert, z. B. die neue Straße nach **Xerókambos** im äußersten Südosten. Auch zum **Palmenstrand von Vái** führt eine breite Asphaltstraße.

• *Verbindungen* **Ágios Nikólaos**, **Sitía** und **Ierápetra** sind die Zentren des Busnetzes. Vor allem von ersterem sind die Verbindungen sehr gut, neben den Fernzielen werden häufig interessante Orte in der Umgebung angefahren, darunter **Kritsá** und **Eloúnda**. Von Sitía kann man problemlos Busausflüge zum Palmenstrand von **Vái** machen, auch das abgelegene **Káto Zákros** mit einem minoischen Palast wird angefahren.

• *Übernachten* In **Ágios Nikólaos** gibt es Dutzende Hotels, auch **Sitía** und **Ierápetra** bieten zahlreiche Möglichkeiten, ebenso die beliebten Urlaubsorte **Mírtos**, **Móchlos**, **Palékastro**, **Makrigialós** u. a. Es gibt jedoch nur zwei **Campingplätze**, nämlich bei Gourniá und Ierápetra.

• *Archäologie* Minoischer Palast von **Káto Zákros**, minoische Stadtsiedlungen **Gourniá** und **Roussolákos**, dorische Stadt **Lató** und einige kleinere minoische Ausgrabungen, z. B. **Vassilikí**.

• *Baden* Die Badeplätze um **Ágios Nikólaos** sind nicht sonderlich begeisternd, bei **Ierápetra** liegen lange, graue Sand-/Kiesstrände, berühmt ist der Palmenstrand von **Vái**. Bei **Sitía**, **Palékastro**, **Makrigialós**, **Mírtos** und **Xerókambos** gibt es ebenfalls Sandstrände, bei **Káto Zákros** einen Kiesstrand, bei **Keratókambos** schöne Dünen.

Direkt an der New Road liegt das *Kloster des Ágios Geórgios von Selinári*, aber auch die Old Road führt dicht daran vorbei. Danach geht es mäßig bergan bis zu einem 400 m langen Tunnel, später passiert man das Bischofsstädtchen *Neápolis*. Im Weiteren zieht sich die New Road ein sanft gewelltes Tal entlang. Man fährt durch ein grünes Meer von Oliven- und Mandelbäumen. Auf den Hügelkämmen links der Straße erkennt man alte Getreidemühlen, ähnlich denen am Ambélos-Pass (→ Lassíthi-Hochebene), auch direkt an der Straße steht eine restaurierte Mühle.

Die Old Road windet sich nach dem Kloster von Selinári über mehrere Serpentinen hinauf nach *Vrachási*. Zwischen Vrachási und dem nächsten Ort *Latsída* zweigt eine asphaltierte Straße nach Norden ab, auf der man über aussichtsreiche Serpentinen nach Mílatos hinunterfahren kann, in Latsída selber zweigt eine Straße zur Höhle von Mílatos ab (→ S. 294). Old Road und Schnellstraße treffen sich dann wieder bei Neápolis.

• *Anfahrt/Verbindungen* etwa 22 x täglich Busse von **Iráklion** (Busbahnhof A) über **Mália** nach **Ágios Nikólaos** und umgekehrt (Iráklion – Ágios Nikólaos 1,5 Std., ca. 4,70 €).

• *Essen & Trinken* **Platia**, am Dorfplatz von Vrachási, eindrucksvoller Blick auf die gegenüberliegenden Berge. Stets frisch zubereitete Vorspeisen, Gemüse- und Fleischgerichte, Spezialität: Schnecken.

Laut Leserzuschrift bieten außerdem die netten Wirtsleute der einzigen Taverne im nahen Örtchen **Latsída** prima Souvláki und traditionelle Gerichte.

▶ **Kloster Ágios Geórgios von Selinári**: Das gepflegte Kloster liegt mitten in der Schlucht von Vrachási, direkt an der Schnellstraße. Seit Anfang des 20. Jh. hat es sich zu einem populären Wallfahrtsort entwickelt. Früher hielt jeder Vorbeikommende an, um vor der Ikone des Drachentöters Georg in der Minigrotte eine Kerze anzuzünden, auch Linienbusse machten regelmäßig Halt. Im Eingangsbereich kommt man an einer 1923 eingefassten Quelle vorbei, im lang gestreckten Hof steht eine kleine Kapelle mit weiteren Georgs-Ikonen. An der Felswand gegenüber gibt es verrußte, kaminähnliche Vorrichtungen zum Anzünden von Opferkerzen. Von den Bänken unter weit ausladenden Pinien bietet sich ein stimmungsvoller Blick die Schlucht entlang, fast immer weht eine erfrischende Brise. Über den umliegenden Bergen sieht man häufig Gänsegeier kreisen, bis zu vierzig dieser majestätisch wie Adler schwebenden Vögel leben in der Region.

▶ **Neápolis**: durch und durch kretisches Städtchen, dessen Charakter durch den Tourismus noch nicht zerstört wurde. Es liegt am Beginn eines langen Tals, das flach nach Ágios Nikólaos abfällt, bildet außerdem das Einfallstor zur großen Halbinsel nördlich der Stadt (→ S. 408). Das Zentrum bildet ein weitläufiger Platz mit Bischofskirche (seit 1868 ist Neápolis Bischofssitz), daneben liegt der schattige Stadtpark mit Palmen und hohen Pinien. Eine kleine *archäologische Sammlung* liegt an der Straße, die oberhalb vom Stadtpark nach Osten führt (geöffnet nur Do 8.30–15 Uhr).

Übernachten **Neapolis**, C-Kat., Platia Evangelistrias, das einzige Hotel im Ort, ordentliche Qualität, 12 Zimmer mit Balkon, Radio und Telefon, unten Café-Bar. DZ ca. 30–40 €. ✆/℻ 28410-33966, www.neapolis-hotel.gr

▶ **Límnes**: „traditionelles" Dorf an der Old Road, die annähernd parallel zur New Road verläuft. Während der Touristensaison zeigen in den engen Gassen einige Handwerker ihre althergebrachten Fertigkeiten. An der Durchgangsstraße eine beliebte Taverne und ein großes Kafenion.

Gut versteckt: Das antike Dríros

Im 8. Jh. v. Chr. gründeten die Dorer in den Bergen nördlich des heutigen Neápolis eine Siedlung. Sie liegt weitab der gängigen Routen, ist aber mit dem PKW problemlos zu erreichen. Von Neápolis nimmt man zunächst die Ausfallstraße nach Kouroúnes und überquert die New Road. Nach etwa 1 km zweigt rechts eine schmale Asphaltstraße nach Dríros ab (beschildert), die nach etwa 2 km endet. Jetzt sind es noch etwa 500 m zu Fuß. Auf steinigem Weg klettert man den Hang hinauf, passiert dabei ein wüstes Durcheinander von Terrassen, Ruinen und Grundmauern, darunter auch den etwa 11 x 7 m großen, mit einem Schutzdach abgedeckten *Tempel des Apollo Delphinios.* Augenscheinlich waren schon sehr lange keine Archäologen vor Ort (lediglich für 1932 ist eine Untersuchung dokumentiert), denn es sind keinerlei Spuren von Ausgrabungen oder Restaurierung festzustellen. Erstaunlich ist jedoch die Größe der Stadt, die sich über zwei, heute von einem Brand verwüstete Hügel und eine dazwischenliegende Senke zieht. Am höchsten Punkt trifft man auf das moosfeuchte Kirchlein *Ágios Antónios* – unglaublich schön ist von hier oben der windumtoste Ausblick über die Hügel auf den Golf von Mirabéllo.

Die Stadt am grünen See

Ágios Nikólaos

Es gab Zeiten, da war Ágios Nikólaos ein verschlafenes Nest mit gerade zwei Kafenia am Hafen. Heute kann man das kaum mehr glauben, denn Ágios Nikólaos hat sich zum Touristenzentrum Ostkretas schlechthin entwickelt.

Verantwortlich dafür ist in erster Linie die fantastische Lage der Stadt auf einer weit ins Meer vorspringenden, hügligen Halbinsel, dazu der großartige Panoramablick auf die gewaltige Steilküste des Golfs von Mirabéllo. Dem Zentrum kann man ebenfalls seinen Charme nicht absprechen: Einige schattige Alleestraßen, eine Fußgängerzone mit Geschäften, der fjordartig tief eingeschnittene Hafen und gleich dahinter der dunkelgrüne Binnensee setzen malerische Akzente. Das Städtchen hat sich ein gewisses Eigenleben bewahrt und ist vom Tourismus noch nicht völlig „verschlungen" worden, wie z. B. Mália und Liménas Chersonísou. Die Atmosphäre wirkt einladend und sympathisch. Historisches Ambiente gibt es allerdings so gut wie keines. Ágios Nikólaos ist innerhalb weniger Jahrzehnte vom Dorf zur Stadt herangewachsen, mehrstöckige Hotelbauten bestimmen großteils das Bild. Und Ágios Nikólaos wächst. Weit in die Buchten zieht sich schon die „Skyline", in den Außenbezirken drängen halbfertige Betonskelette die Hänge hinauf.

Wer etwas Stadtleben schnuppern möchte und Tourismus in Reinkultur mag, aber auch die entsprechend höheren Preise verkraften kann, der ist hier richtig. Zumal auch die Umgebung von *„Ágios"* – so wird die Stadt von den Kretern genannt – einiges bietet.

Geschichte

Die heutige Hauptstadt des Bezirks Lassíthi hat keine geschichtsträchtigen Schlagzeilen gemacht. In der Antike fungierte der kleine Ort etwa ab dem 3. Jh. v. Chr. als

Hafen für das landeinwärts liegende *Lató*, eine Gründung der *Dorer* (→ Kritsá/Umgebung). Einige Reste davon hat man im Stadtzentrum entdeckt (→ Sehenswertes). *Genueser* erbauten im 13. Jh. das *Kastell Mirabéllo* auf dem Hügel Kefalí südlich vom Hafen (zwischen Hafen und Kitroplatía), erhalten ist davon nichts mehr. Später nutzten die *Venezianer* den Hafen als Versorgungsbasis für ihre waffenstarrende Festung Spinalónga (unten). Während der *Türkenzeit* blieb Ágios Nikólaos bedeutungslos. Der Aufstieg vom Fischerdorf zur „Stadt" begann erst um 1870 durch Zuzug aus Kritsá und vor allem aus der *Sfakiá* im äußersten Westen Kretas. Angeblich ließen sich vorzugsweise Familien in Ágios Nikólaos nieder, die vor der damals verbreiteten Blutrache in der Sfakiá fliehen mussten. Seit 1905 ist Ágios Nikólaos die kleinste Distrikthauptstadt Kretas (bis dahin war es das nahe Neápolis). Ihr Name geht auf die kleine Kapelle *Ágios Nikólaos* nördlich der Stadt zurück (→ Sehenswertes).

Anfahrt/Verbindungen/Information

- *Eigenes Fahrzeug* Großer Parkplatz vis-à-vis vom **Jachthafen** (→ Stadtplan). Tagsüber gebührenpflichtig, abends und nachts frei. Kostenlos (allerdings eingeschränktes Halteverbot) parkt man an der **Konstantinou Paleologou Str**, die vom See zum Archäologischen Museum führt, dabei allerdings recht steil ansteigt, sodass das Parken nicht immer angenehm ist.
- *Bus* Neuer **Busbahnhof** etwas ungünstig am nordwestlichen Ortsrand, vom Archäologischen Museum weiter die Straße hinauf und an der großen Kreuzung links, Nähe Krankenhaus (Nosokomío). 10 Fußminuten in die Stadt, bisher kein Taxistandplatz. Verbindungen nach Iráklion etwa 20 x täglich (von 6.30–21.30 Uhr), nach Sitía 6–7 x, Ierápetra 8–9 x, Eloúnda Mo–Fr 10 x, Sa 7 x, So 5 x, Kritsá Mo–Fr 9 x, Sa 8 x, So 4 x, Kroústas Mo–Fr 5 x, Sa 3 x, Pláka Mo–Fr 4 x, Sa 2 x, Psichró (Lassíthi-Ebene) nur 2 x wöch. (!).
- *Schiff* Etwa 1 x wöch. über **Sitía** nach **Kássos** und **Kárpathos** (Dodekanes), außerdem Fahrten nach **Piräus**. Verbindungen können sich ändern, Auskunft zu den aktuellen Schiffsverbindungen in allen Reisebüros. Anlege- und Abfahrtsstelle an der Mole rechts vorne am Hafen.
- *Taxi* Standplätze am Venizelou-Platz und beim Volkskunstmuseum am See. ✆ 28410-24000.
- *Information* **Städtisches Informationsbüro**, an der Brücke zwischen Voulismeni-See und Hafen. Es gibt Stadtpläne und Auskünfte, für Zimmervermieter stehen zwei Tafeln zur Verfügung, wo sie Informationen, Visitenkarten und Prospekte auslegen können. Tägl. 8.30–21.30 Uhr. ✆ 28410-22357, 📠 82534, www.aghiosnikolaos.gr

Adressen

- *Ärztliche Versorgung* **Euromed S.A.**, K. Kazani Str. 7, mehrsprachige Ärzte, 24-Std.-Bereitschaft unter ✆ 28410-27551, 📠 25423.
General Hospital (9) in der Konstantinou Paleologou Str., nördlich vom Arch. Museum. ✆ 28410-25221.
- *Ausflüge* Gegen Mittag starten im Hafen mehrere Boote zur ehemaligen Lepra-Kolonie auf der Insel **Spinalónga** (→ ausführlich bei Eloúnda). Hin-/Rückfahrt dauert etwa 4 Std., inkl. einstündiger Rundgang auf der Insel, Preis ca.15 € (ohne Führung), dazu kommt noch der Eintrittspreis von 2 € in Spinalónga. Ein guter Veranstalter ist **Nostos Tours** (→ Reisebüros), sein Schiff, die Venus, startet im Hafenbecken rechts.
- *Autoverleih* Zahlreiche Anbieter, vor allem am Akti Koundourou, linker Hand vom Hafen, z. B. **Tourent**, Akti Koundourou 26, ✆ 28410-23832, 📠 82719.
- *Zweiradverleih* z. B. **Manolis**, 25 Martiou Str, Ecke K. Sfakianaki, Verleih von Scootern und Fahrrädern. ✆ 28410-24940.
- *Geld* mehrere Banken mit Geldautomat in der Alleestraße Roussou Koundourou, die vom zentralen Venizelou-Platz zum Hafen hinunterführt, und in der Nikolas Plastira Str., etwas unterhalb vom Venizelou-Platz.
- *Gottesdienste* Sonntags um 18 Uhr findet in der Kirche **Ágios Charalámbos** (→ Sehenswertes) ein mehrsprachiger römisch-katholischer Gottesdienst für Touristen statt.

• *Internationale Presse* **Kiosk** am unteren Ende der Alleegasse Roussou Koundourou Str.

• *Internet* **Polychoros Peripou**, 28 Octovriou Str. 25, ✆ 28410-24876, E-Mail: peripou@agn.forthnet.gr

Café du Lac, 28 Octovriou Str. 17, ✆ 28410-22414.

Surf Click n'Play, M. Sfakianaki Str. 10, nach dem Kinokomplex Rex. ✆ 28410-83338, E-Mail : surfclicknplay@yahoo.gr

• *Post* 28 Octovriou Str. 9. Mo–Fr 7.30–14 Uhr, Sa 7.30–14 Uhr.

• *Reisebüros* **Minotours Hellas**, 28 Octovriou Str. 6, Vermietung von Apartments und Ferienhäusern. Herr Panagiotis Koutoulakis kennt die Region um Ágios Nikólaos wie seine Westentasche. ✆ 28410-23222, 23840, www.smart-holidays.com.gr

Nostos Tours, Roussou Koundourou Str. 30 (Allee vom Venizelou Platz zum Hafen). Hier können Sie diverse Ausflüge buchen, darunter eine kompetent in deutscher Sprache geführte Spinalónga-Tour (ca. 20 €, Kinder die Hälfte), aber auch Trips nach Santoríni. ✆ 28410-22819, 25336, www.dilos.com/trvl/nostos

Olympic Airways, oberhalb vom See, Nikolas Plastira Str. 20, ✆ 28410-28929.

• *Wäscherei* An der Davaki Str., einer Seitengasse der Konstantinou Paleologou Str. oberhalb vom See.

Übernachten

Ágios Nikólaos besitzt etwa sechzig Hotels, die meisten für Pauschalbucher liegen außerhalb an der Straße in Richtung Eloúnda. Im Zentrum gibt es zahlreiche Privatzimmer und Apartments, im Informationsbüro liegen Broschüren und Visitenkarten aus (Vorsicht: Die dort angegebenen Preise beziehen sich meist auf die Nebensaison).

Minos Beach Art'Otel, Lux-Kat., komfortable Großanlage mit Haupthaus und 117 Bungalows auf einer grünen Halbinsel nördlich vom Zentrum. Die gesamte Anlage ist mit Kunstwerken zeitgenössischer Künstler ausgestattet, die Zimmer sind nach Feng-Shui-Kriterien eingerichtet. Hervorragende Küche in drei Restaurants (eins davon französisch). Wassersport, Tauchschule (www.divecrete.com), Tennis, Sauna. Bei zahlreichen Reiseveranstaltern im Programm. ✆ 28410-22345, 22548, www.bluegr.com

Candia Park Village, A-Kat., weiträumige Anlage an einer Sandbucht 4 km nördlich, erbaut im Stil eines kretischen Dorfs, sogar der Kirchturm wurde nicht vergessen. Vermietet werden große Studios und Apartments. Viele Einrichtungen und Sportmöglichkeiten. Ebenfalls über zahlreiche Reiseveranstalter. ✆ 28410-26811, 22367, www.bluegr.com

Sgouros (37), C-Kat., gepflegtes Haus am Strand Kitroplatía, ruhig gelegen, Aufenthaltsraum mit TV, die meisten Zimmer mit Balkonen zum Meer. Mehrere Tavernen vor dem Haus. DZ mit Frühstück 42–60 €. ✆ 28410-28931, 25568.

Panorama (15), C-Kat., unübersehbar am Hafen rechts, schlicht, aber kürzlich renoviert, die meisten Zimmer mit Balkon und super Blick auf die Hafenszenerie, Dachgarten. DZ ca. 30–50 €, nach hinten günstiger. ✆ 28410-28890, 27268, www.1olympus.com/panorama

Pergola (19), D-Kat., Sarolidi Str. 20, ordentlich geführtes Haus, sauber und ruhig, sehr schöner Blick auf den Golf mit der vorgelagerten Insel Ágii Pándes, Frühstücksraum und hübsche Terrasse mit Meerblick. DZ mit Balkon und Kühlschrank ca. 28–40 €. ✆ 28410-28152, 25568.

Creta (24), C-Kat., Sarolidi Str. 22, in dieser Preisklasse eine Top-Adresse. Das Ehepaar Dandoulakis ist aufmerksam und sehr gastfreundlich, die Qualität von Zimmern und Sanitäranlagen sind für Griechenland hervorragend. Nach vorne 14 Zimmer mit Sicht auf Golf und Hafen (Sonnenaufgang), 11 nach hinten – hier nur in der dritten Etage mit Aussicht. Alle Wohneinheiten bestehen aus Schlaf- und Küchenraum, Kühlschrank, Föhn, TV, Klimaanlage. Apt. für 2 Pers. 30–35 €, für drei Pers. 35–45 €. ✆ 28410-28893, 26836.

Mylos (27), Sarolidi Str 24, weißes Haus mit unverbautem Meerblick auf den Golf und die vorgelagerte Insel Ágii Pándes, sehr saubere Zimmer, jeweils mit Bad und Balkon, geführt von Frau Georgina Gialitaki und ihrem Mann, familiäre Atmosphäre. DZ ca. 25–35 €. ✆ 28410-23783.

Limni (22), Nikolas Plastira Str. 14, handtuchschmales Haus oberhalb vom Binnensee. 4 Zimmer, davon 3 mit Kochgelegenheit, alle klein, aber mit eigener (enger) Du/WC über den Flur (Treppenhaus). Zwei große Balkons mit herrlichem Blick auf den

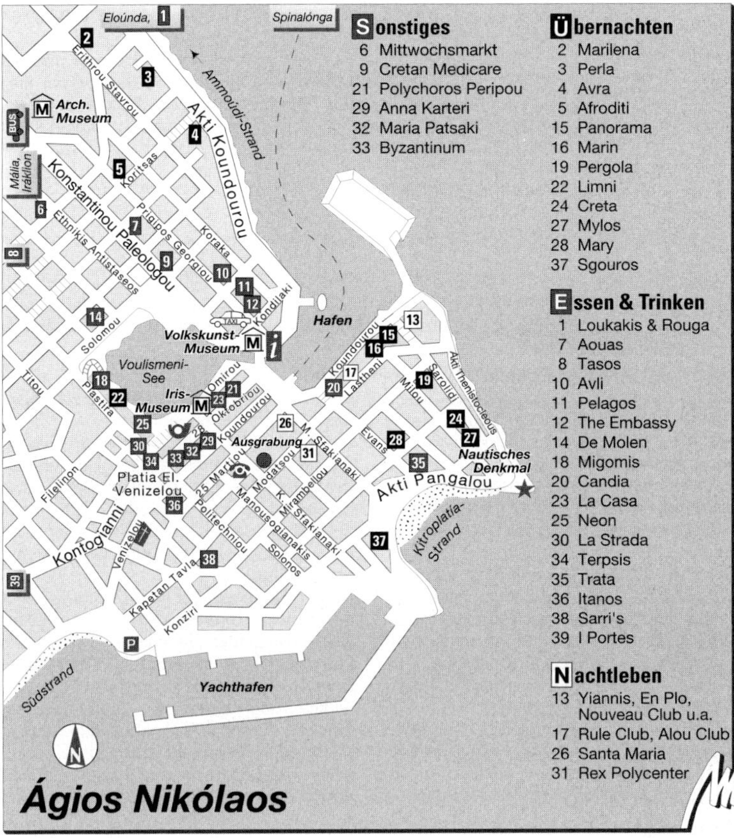

See. DZ ca. 25–35 €. Unten im Haus eine Bar. ✆ 28410-82681 oder 28691, 📠 82380.

Marin (16), Iosif Koundourou Str. 6, kleine Pension an der rechten Seite vom Hafen, kleiner Hinterhof, 5 Zimmer und 2 Apartments, herrlicher Hafenblick, Einrichtung okay, Klimaanlage und TV, nette Wirtin Chrisoula, Frühstücksmöglichkeit im Hof oder auf dem Zimmer. DZ mit Bad ca. 25–35 €. ✆ 28410-23830.

Mary (28), Evans Str. 13, nette Pension oberhalb vom Strand Kitroplatía, ruhige Lage, Zimmer mit schmalen Balkons, im obersten Stockwerk Terrasse. DZ mit Bad ca. 25–35 €. ✆ 28410-23760.

Afroditi (5), Koritsas Str. 27, hübsche Rooms mit Dachgarten nördlich vom See, DZ ca. 25–35 €. ✆ 28410-28058.

Avra (4), moderne Apartments am Ende der Koritsas Str., kurz vor den Treppen zur Uferstraße. ✆/📠 28410-28170, http://travel.diadiktyo.net/avra-apartments

Marilena (2), Erithrou Stavrou Str. 14, ebenfalls nördlich vom See, ein Stück zurück von der Hafenpromenade. Nett geführt, z. T. mit Meerblick. DZ ca. 25–35 €. ✆ 28410-22681, 📠 24218.

Perla (3), Akti Koundourou/Salaminos Str. 4, schlichte Pension an der linken Hafenseite in Richtung Norden, einfache Zimmer mit Kühlschrank ca. 20–30 €, vorne raus Meerblick. ✆ 28410-23379.

• *Außerhalb* **Bay View**, oberhalb vom Almirós Beach (→ Baden), schöne Apartments im Grünen, Hanglage mit Blick. Geführt von hilfsbereitem, deutsch-griechischem Ehepaar. Ins Zentrum 20 Minuten am Meer entlang. Apartments für 2 Pers. ab 32 €, für 4–5 Pers. ab ca. 47 €. ✆ 28410-82966, E-Mail: bayview@mailcity.com

Galini, Nähe Havanía-Strand, etwa 3,5 km nördlich vom Zentrum in schöner Hügellage. Familie Vozikaki vermietet 8 Apartments und Studios, teils mit herrlichem Meerblick. Zu buchen z. B. über Minotours Hellas. ✆ 28410-24494 oder 0049-(0)172-1020082 (Tochter studiert in Dtl.), http://users.in.gr/galiniapp

• *Camping* Nächster Zeltplatz ist **Gournia Moon**, etwa 14 km in Richtung Sitía, kurz vor Pachiá Ámmos. Die Busse nach Sitía und Ierápetra halten, wenn man dem Kontrolleur Bescheid sagt. Letzter Bus um 20 Uhr. Beschreibung des Platzes → „Kretische Riviera".

Essen & Trinken (siehe Karte S. 389)

Weitgehend auf Touristen eingestellt, wenig Ursprünglichkeit. Wegen der großen Konkurrenz aber passables Niveau. Die meisten Tavernen liegen um Hafen und Binnensee sowie am kleinen Stadtstrand Kitroplatía. Preiswertere Alternativen findet man verstreut in den Straßenzügen ohne Meeresblick.

• *Um Hafen und See* **Pelagos (11)**, Strategou Koraka Str. 10, Parallelgasse zur linken Hafenfront. Die renovierte klassizistische Villa mit ihrem idyllisch-schattigen Garten, der wie eine grüne Oase anmutet, gilt als eins der besten Lokale der Stadt. Wie der Name schon verrät, werden hauptsächlich Fischgerichte serviert. Preise der gehobenen Kategorie.

The Embassy (12), Kondilaki Str., nicht weit vom Pelagos, etwas versteckt hinter der Tourist Information. Etwas eleganter gehalten, im Hof sitzt man unter einem dichten Laubdach und speist romantisch bei Kerzenlicht. Interessante Küche mit Fisch und vegetarischen Gerichten.

Avli (10), Pringipos Georgiou Str. 12, nette Ouzeri mit Garten, wo man eine Vielzahl leckerer *mezédes* bekommt. Mittlere Preise.

Aouas (7), an der Konstantinou Paleologou Str. (Nr. 44), die zum Museum führt, sympathische Grilltaverne mit liebevoll angelegtem Vorgarten. Hier mal *pikília* kosten: verschiedene Sorten Fleisch und Kalamares, sehr sättigend.

De Molen (14), nördlich oberhalb vom See, holländisches Lokal mit schöner Terrasse, abends an großer Leuchtschrift zu erkennen. Im Angebot Frikadellen, Kroketten, Nasi Goreng, Wiener Schnitzel, Apfelkuchen und Filterkaffee.

Migomis (18), Nikolas Plastira Str. 20, geschmackvoll eingerichtetes Restaurant oberhalb vom See, griechisch- internationale Küche mit Pfiff, traumhafter Blick vom offenen Balkon, gehobene Preise.

La Casa (23), zwischen 28 Octovriou Str. und Voulismeni-See, Plätze im Innenraum und an der Seeseite, sauber und gemütlich. Reichhaltige Speise- und Getränkekarte, viele Vorspeisen, auch Vegetarier- und Kinderteller, u. a. acht verschiedene Kaffees und mehrere Biersorten. Höfliches Personal. Auch im Winter geöffnet.

La Strada (30), ebenfalls Nikolas Plastira Str., allerdings ohne Seeblick. Hübsch aufgemachtes und gepflegtes Restaurant, große Auswahl an Pasta und Pizza, auch gute Fleischgerichte, beliebt als schickes Ausgehlokal bei der städtischen Jugend, aber nicht billig.

Neon (25), gegenüber vom La Strada, stimmungsvolle Terrassentaverne über dem See, etwas teurer, Grillküche.

Loukakis (1), an der westlichen Uferstraße, Nähe Hotel Coral. Beliebt bei den Pauschalurlaubern der anliegenden Großhotels, gemütliche Atmosphäre, neben griechischer Küche auch etwas internationales Angebot, relativ preiswert.

Rouga (1), in der Nachbarschaft des Loukakis, das frühere Ikaros wurde geschmackvoll renoviert und umbenannt, wird aber noch vom selben Wirt betrieben. In der Nebensaison gute und preiswerte kretische Küche, wird dann auch gerne von Einheimischen besucht. Im Sommer andere Speisekarte und zweimal wöchentlich griechischer Tanz zwischen den Tischen, dann geht es oft hoch her.

• *Kitroplatía und Umgebung* Der Ortsstrand ist vom Hafen zu erreichen, indem man Richtung Südosten die Sfakianaki-Straße nimmt.

Trata (35), letztes Restaurant links, gemütliche und üppig begrünte Terrasse mit Meerblick, geführt von einer freundlichen Familie, Frau Maria bedient aufmerksam, ordentliche griechisch-italienische Küche, auch Pizza, erfreulich preiswert.

• *Stadtzentrum* **Itanos (36)**, in einer Seitengasse der zentralen Platia Venizelou, eine

Institution seit vielen Jahren, im Souterrain hohe, schlichte Räumlichkeiten mit Holzbalken und kretischen Webdecken, auch einige Plätze an der Straße und auf einer Dachterrasse mit Blick auf den Platz. Sehr freundlicher Service, gehaltvoller Wein vom eigenen Weinberg. Statt der Speisekarte lässt man sich den Inhalt der Vitrine erklären, gut sind die täglich wechselnden Gerichte aus der Kasserolle.

Sarri's (38), Ecke Kiprou/Modatsou Str, etwas oberhalb vom Busbahnhof, kleines Grilllokal etwas ab vom Schuss, Tische unter weißem Oleander, ruhig und preisgünstig, auch zum Frühstücken ein Tipp.

Tasos (8), Knossou Str. 27, Grillrestaurant gegenüber vom Krankenhaus, Nähe Busstation. Typisch kretische Grill- und Topfgerichte, die man sich beim Hineingehen anschauen und auswählen kann. Moderate Preise, schnelle Bedienung und kretische Atmosphäre, da hier fast nur Einheimische verkehren.

I Portes (39), Anapafseos Str. 3, Verlängerung der Kodogianni Str., Nähe Busbahnhof. Kleine, fensterlose Taverne, schön traditionell aufgemacht, familiär geführt. Das Besondere ist das große Angebot an griechischen und kretischen Spezialitäten, z. B. *kolokíthokeftédes, bekrí mezé, kotópoulo-keftédes* etc., dazu Fasswein aus Sitía. Leider stört der Verkehrslärm vor der Tür ein wenig.

• *Cafés* Unter den schattigen Markisen der schön gelegenen Cafés am See zahlt man etwa das Doppelte wie sonst üblich.

Asteria, die zentral gelegene Cafeteria am Hafen bietet Sitzmöglichkeiten am Nabel des Geschehens und eine große Gebäckvielfalt.

Candia (20), direkt am Hafen, elegantes Café im historisierenden Stil, Stadtansicht von Cándia (Iráklion) über der Theke, kleine Tische, schmiedeeiserne Geländer an der Empore, messingglänzende Kaffeemaschine. Kaffee, Kuchen, Cocktails.

Migomis, Nikolas Plastira Str., oberhalb vom See, gepflegtes Café mit angeschlossenem Restaurant und herrlichem Blick.

Polychoros Peripou, 28 Octovriou Str. 25, ansprechend aufgemachtes, multifunktionales Zentrum mit Café, Buchhandlung, Musikladen mit Internetzugang. Schöner Blick auf den See.

Du Lac, Octovriou Str. 17, stilvolles Café, ebenfalls mit Seeblick und Internetzugang.

Terpsis (34), Nikolas Plastira Str., Georgios Kokkinis brutzelt in seinem urigen Kafenion bei der Platia Venizelou die typischen *loukoumádes* (→ S. 137).

Nachtleben (siehe Karte S. 389)

• *Bars* Zahlreiche Bars mit schönen Plätzen im Freien finden sich nebeneinander am vorderen Ende der rechten Hafenfront, oberhalb der Fischkutter und Fähranlegestelle, z. B. **Yiannis**, **En Plo** und **Nouveau Club (13)**, letztere mit besonders bequemen Korb- und Polstermöbeln.

• *Disco-Bars* Zentrum des Nachtlebens sind die Bars in „Little Soho" – so wird die Gegend um die 25 Martiou Str. am Hafen genannt.

Santa Maria (26), am Beginn der M. Sfakianaki Str., seit 1980, ausgezeichnete Drinks, nettes Personal, bis zum späten Abend meist Techno, anschließend werden vom Besitzer und Discjockey Nikos auch „vernünftige" Scheiben aufgelegt.

Royale, 25 Martiou Str. 5, hier wird hauptsächlich populäre griechische Musik gespielt.

• *Discotheken* **Rule Club** und **Alou Club** (vormals „Lipstick") liegen am Hafen rechts im ersten Stock **(17)**.

• *Sonstiges* **Rex Polycenter (31)**, M. Sfakianaki Str., restauriertes Gebäude mit Theater- und Kinosaal.

Shopping/Sport (siehe Karte S. 389)

• *Shopping* Ágios Nikólaos bietet für kretische Verhältnisse eine ganze Menge gut ausgestatteter Läden aller Art. Kunsthandwerks- und Souvenirläden findet man hauptsächlich entlang der kürzlich als Fußgängerzone eingerichteten 28 Octovriou Str.

Byzantium (33), 28 Octovriou Str., originell überkuppeltes Ikonen-Malstudio, handgemalte Ikonen mit Echtheitsgarantie.

Polychoros Peripou (21), 28 Octovriou Str. 25, multifunktionales Zentrum mit Café, Buchhandlung, Musikladen und Internetanschluss.

Ceramica, Konstantinou Paleologou Str. 28, Nikos („Nic") Gabriel hat in Athen Kunst studiert und fertigt nun hervorragende Kopien von antiken Keramiken und Wandmalereien. Jedes Objekt ist eine nummerierte, vom Künstler signierte Einzelanfertigung mit Zertifikat und den historischen Daten des Originals. ✆ 28410-24075.

Maria Patsaki (32), Konstantinos Sfakianaki Str., gegenüber Restaurant „The Rose", auf zwei Stockwerken geschmackvolle Auswahl an kretischen Teppichen, Keramik, Blusen und Schmuck.

Anna Karteri (29), Koundourou Str. 5, moderne Buchhandlung mit großer Auswahl, darunter sehr viele deutschsprachige Bücher, Landkarten, Kalender, Fachbücher über Pflanzen, Mythologie und Literatur, Lexika u. a. Frau Karteri spricht sehr gut Deutsch und arbeitet mit einem Kulturverein zusammen, der gelegentlich Veranstaltungen organisiert.

Natural Sea Sponges, von der Buchhandlung ein paar Häuser die Straße hinunter – uriges Durcheinander von Schwämmen, Honig, Kräutern und Gewürzen.

Melissa, gegenüber vom Schwammladen, umfassendes Angebot an kretischen Naturprodukten.

Kera, am Hafen rechts, schönes altes Kunsthandwerk und Edelkitsch aller Art: Schmuck, Lampen, Puppen usw.

Syllogi, Akti Koundourou 26, der wohl stilvollste Juwelier der Stadt – neben exquisiten Gold- und Silberarbeiten bietet Rena Marnellou fantasievolle Kunstwerke aus Glas und Metall sowie Ölbilder.

Markt (6), jeden Mittwoch oberhalb vom See (→ Sehenswertes).

• *Sport* An den Stränden werden die üblichen Wassersportarten angeboten. Am städtischen Strand südlich der Busstation gibt es ein öffentliches **Schwimmbecken**, **Kinderbecken**, **Basketballfeld** sowie **Minigolf**.

Bikestation-Kreta, auf dem Gelände des Ormos & Crystal Hotel an der Straße nach Eloúnda, 15 Fußminuten vom Zentrum. Markus Brutscher und Tanja Gorski verleihen erstklassige MTBs und veranstalten interessante Touren für Radwanderer und Mountainbiker incl. Tavernen- und Badestopps (auf Wunsch mit Abholung im Hotel). ✆ 28410-89073, ℻ 89074. Deutsche Adresse: Exception-Biking GmbH, Reichenstr. 9, D-87629 Füssen, ✆ 08362-92036, 92037, www.bikestation-kreta.de

Tauchen, Tauchschulen gibt es u. a. in den Hotels Mirabello (am Weg nach Elounda), Minos Beach (→ oben/Übernachten) und Hermes (an der nördlichen Hafenpromenade).

Lakonia, gut ausgestatteter Reitclub etwas außerhalb bei Flamourianá, am Weg in die Lassíthi-Ebene. ✆ 28410-26943.

Vor einigen Jahren wurde in Ágios Nikólaos ein großer **Jachthafen** eröffnet (→ Stadtplan).

Sehenswertes

Größte Sehenswürdigkeit ist die Festungsinsel von *Spinalónga*, die täglich von zahlreichen Ausflugsbooten angelaufen wird. Im Hafen wird man von den Prospektverteilern der Boote heftig umworben (→ Eloúnda).

Voulismeni-See: Der geheimnisvolle Schlund mit grünlich-trübem Wasser liegt nur wenige Meter von der Hafenfront. Mit dem Hafenbecken ist er durch einen 20 m langen Kanal verbunden, der 1867–71 von den Türken erbaut wurde. Heute fungiert er als Fischerhafen, flankiert von einer langen Reihe Cafés. Die erstaunlichsten Mutmaßungen ranken sich um diesen auf Kreta einzigartigen Pool: Der Meeresforscher Jacques Cousteau soll in ihm getaucht und den Grund nicht gefunden haben, im letzten Krieg haben deutsche Soldaten angeblich Panzer und Kanonen in Mengen versenkt, doch Taucher haben bisher keine Spur davon entdeckt. Auch der Lastwagen, der vor vielen Jahren in den See gerast ist, ist einfach weg. Kurz und gut, nicht wenige behaupten steif und fest, der See sei grundlos. Andere wieder erklären wissend, die Tiefe sei genau 64 m – schon im 19. Jh. vom britischen Kapitän Spratt gemessen, der Kreta mit seinem Schaufelraddampfer umrundete, um kartografische Vermessungen vorzunehmen. Letzteres dürfte wohl zutreffen, trotzdem gibt der See immer wieder Anlass zu Rätselraten und Staunen. So sind 1956, nach dem letzten Vulkanausbruch auf Santoríni, tote Hochseefische in ihm aufgestiegen. Das bestärkt die These, dass er durch einen unterirdischen Gang mit dem Meer verbunden ist, vielleicht sogar mit der Insel Santoríni selber.

Die Ruinen der antiken Hafensiedlung Kamára liegen mitten in der Stadt

An der Rückseite des Sees ragt eine dicht bewachsene Felswand empor. In venezianischen Zeiten stand oben ein Kastell. Am Fuß der Wand sind Sitzbänke aus Stein eingelassen, dort kann man ungestört im Schatten sitzen und den Fischern beim Flicken ihrer Netze zusehen. Auf einer Treppe steigt man hinauf – großartiger Blick über die Dächer von Ágios Nikólaos zu den mächtig ansteigenden Küstenbergen auf der gegenüberliegenden Seite der Mirabéllo-Bucht.

Volkskunst-Museum: im Gebäude der Tourist-Information an der Brücke. Schöne Sammlung farbenprächtiger Handwebteppiche, dazu historische Fotos, verschiedenes Kunsthandwerk, Keramik, Musikinstrumente, Landwirtschaftsgeräte und dergleichen mehr.

Öffnungszeiten/Preise So–Fr 10–16 Uhr, Sa geschl., ca. 3 €.

Iris-Museum: „Farben und Düfte der Flora Kretas" – die reiche Vielfalt der kretischen Nutzpflanzen ist Thema dieses liebevoll gestalteten Museums. Untergebracht ist es in einem restaurierten klassizistischen Haus in der Fußgängergasse Octovriou Str. (→ Stadtplan). Gewürze, Nahrungs- und Heilpflanzen, Pflanzen, aus denen Farbstoffe gewonnen werden, und Pflanzen, aus denen Gegenstände des alltäglichen Lebens hergestellt werden – sie alle sind getrocknet ausgestellt und mit Info-/Fotomaterial versehen.

Öffnungszeiten/Preise Fr–Mi 9–16 Uhr, Do geschl. Eintritt ca. 2 €. ✆ 28410-82681.

Markt: jeden Mittwochvormittag etwas oberhalb vom See der wohl größte *Straßenmarkt* Ostkretas, entlang der gesamten Länge der Ethniki Antistaseos Str. Ein turbulentes und temperamentvolles Gewimmel, wo hauptsächlich Kleidung und Schuhe an den Mann gebracht werden. Lautstark preisen die Verkäufer ihre Ware an, viele sind reisende Händler, die nur auf Märkten unterwegs sind. Fast alles ist sehr günstig zu haben, vor allem die gefälschten „Markenparfüms".

Ausgrabungsgelände: Vor der Telefonzentrale (OTE) hat man Reste der antiken Hafensiedlung *Kamára* entdeckt, beschildert mit „Lató pros kamára".

Ágios Nikólaos: byzantinisches Kirchlein nördlich vom Ort, eins der ältesten Kretas. Im Inneren eine Rarität, nämlich einzigartige Kalkfarbenmalereien aus der Zeit des byzantinischen *Bilderstreits* (Ikonoklasmus) im 8.–9. Jh. Damals waren Bildnisse Gottes, Christi und der Heiligen durch Konzilsbeschluss verboten und mussten durch Symbole ersetzt werden. Gehen Sie vom Hafen die Hafenpromenade Akti Koundourou Richtung Norden, am Ammoúdi-Beach und dem Minos Beach-Hotel vorbei, bis zum kleinen Jachthafen. Das Kirchlein steht auf der Landzunge, bei der Spilia-Bar die Treppen hinauf. Den Schlüssel kann man im darüber liegenden Hotel Minos Palace erhalten (Pass hinterlegen).

Ágios Charalámbos: hübsche Kuppelkirche in Panoramalage auf einem Hügel über der Stadt. Sonntagabends wird hier ein römisch-katholischer Gottesdienst abgehalten (→ Adressen).

Insel Ágii Pándes: Die vorgelagerte Insel fungiert als Reservat für die berühmten kretischen Wildziegen der Gattung Agrími. Im Rahmen der Ausflugsfahrten nach Spinalónga fährt man dicht daran vorbei und kann die Ziegen mit ihren auffallenden Hörnern oft gut sehen. Eine „Kirche der Allerheiligen" (Ágii Pándes) steht hier und auf der kleinen Nachbarinsel ein Leuchtturm. Zum Festtag 50 Tage nach Ostern kommen zahlreiche Pilger auf die Insel, feiern Messen und verbringen dort die Nacht.

Archäologisches Museum

Das Museum liegt im oberen Teil der Konstantinou Paleologou Str., vom See ein paar hundert Meter den Hügel hinauf. Seit 1970 sind hier die außerordentlich reichen Funde Ostkretas untergebracht. Im Gegensatz zur gewaltigen Sammlung in der kretischen Hauptstadt ist es jedoch deutlich kleiner und überschaubarer. In aller Muße kann man die zahlreichen Funde im Zusammenhang betrachten: von der neolithischen Epoche (Jungsteinzeit) über die minoischen Ausgrabungen und die archaisch-geometrische Zeit bis hin zur griechisch-römischen Periode.

Öffnungszeiten/Preise Di–So 8.30–15 Uhr, Mo und an Feiertagen geschl. Eintritt ca. 3 €, EU-Studenten/Schüler frei, Studenten/Schüler aus anderen Ländern halber Preis.

• *Raum 1* **Jungsteinzeit (Neolithikum) und frühminoische Epoche**
Verschiedenartige Keramik, die ältesten Angelhaken (Vitrine 1), Obsidianklingen und Bronzewaffen, darunter der längste auf Kreta gefundene Dolch (Vitrine 48).
Gleich am Beginn prangt ein eigenartiges **Idol** (gefunden in der Pelékita-Höhle bei Káto Zákros), wahrscheinlich die Darstellung einer Gottheit. Mit etwas Fantasie kann man eine phallusartige Ähnlichkeit erkennen, es könnte aber ebenso gut eine menschliche Gestalt mit Körper und Kopf darstellen.

• *Raum 2* **Früh- und mittelminoische Epoche**
Viel Keramik, darunter Vasen in so genannter geflammter Technik mit kastanienroter Oberfläche, unregelmäßig gefleckt, bedingt durch Auflegen von Gegenständen direkt nach dem Brand.
Großartig auch die Gefäße aus verschiedenfarbig geäderten Gesteinsarten, ein Höhepunkt der frühen kretischen Kunst.
In der Raummitte (Vitrine 16) das bedeutendste Stück des Museums, die in ihrer Art einzigartige **Göttin von Mýrtos** aus dem 3. Jt. v. Chr., eine eigentümlich unförmige Gestalt mit langem dünnen Hals, die einen Krug umschlungen hält.
Weiterhin herrlicher **Schmuck** aus hauchdünnen Goldblättchen (etwa 2300 v. Chr.), gefunden in den Gräbern der kleinen Insel Móchlos (→ S. 425).

• *Raum 3* **Mittel- und spätminoische Epoche**
In der Mitte zwei Schmuckvitrinen, dort u. a. eine elegante **Goldnadel**, in die 18 Zeichen der Linear-A-Schrift eingraviert sind.
Besonders hübsch sind die vielen aus Ton geformten **Idole in Menschen- und Tiergestalt** – kleine Püppchen, von denen oft nur noch die Köpfe erhalten sind.
Außerdem spätminoische Vasen im so genannten Meeresstil und große bemalte **Tonsarkophage**, in denen die Minoer ihre Toten begruben, die sie aber wahrscheinlich auch zum Baden verwendeten. In ei-

nem davon ein fein säuberlich zusammengesetztes Skelett.

• *Raum 4* **Spätminoische und geometrische Epoche**
Bronzewaffen und Keramik, darunter besonders schöne **Vasen**, reich verziert mit Ornamenten und verschlungenen Oktopusmotiven, deren Fangarme sich um die gesamten Gefäße legen. Auffallend ist der sich damals ausbreitende orientalische Einfluss. In Vitrine 33 ist die oft stilisierte Blume in eine **Biene** umgewandelt.
In diesem Raum außerdem das berühmte **Kindergrab** in einem Tonpithos. Es ist so ausgestellt, wie es entdeckt wurde. Beim äußerst schwierigen Transport vom Fundort ins Museum wurde nur die schmale Platte, die die Öffnung verschloss, von ihrem Platz bewegt.

• *Raum 5* **Geometrische und archaische Epoche**
Auffallend sind hier die zahlreichen, dädalisch-archaischen **Votivfiguren** und **Köpfe** aus Ton, letztere mit ägyptisch anmutender Frisur. Dazu eine ganze **Tiersammlung** en miniature – Schweine, Schildkröten, Löwen u. a. Außerdem Münzen aus dem 3. Jh. v. Chr. bis ins 1. Jh. n. Chr.

• *Raum 6* **Archaische Epoche (7.-5. Jh. v. Chr.)**
Hauptsächlich Funde aus der versunkenen Hafenstadt Oloús bei Eloúnda – Vasen, Figurinen und Terrakotten, darunter sitzende und stehende Männer- und Frauengestalten, Tierfiguren.

• *Raum 7 und 8* **Klassisch-griechische, hellenistische und römische Epoche (5. Jh. v. Chr – 4. Jh. n. Chr.)**
Amphoren mit Muschelresten, Glas, Bronzespiegel, Gewichte, Öllampen, goldene Ringe, Pfeilspitzen mit Monogramm, rotfigurige Vasen u. v. m., z. B. die Knöchel von Ziegen, die für eine Art Würfelspiel verwendet wurden. Vom hellenistisch-römischen Friedhof Pótamos (1. Jh. n. Chr.) bei Ágios Nikólaos ein in Erde verbackenes Skelett.
Ganz am Ende der **Totenschädel** eines jungen Athleten mit einem dünnen Goldkranz, der seit 2000 Jahren um den Kopf geschlungen ist, ohne heruntergefallen zu sein. Im Mund hat man eine Silbermünze gefunden, die dem Toten als Obolus für den Fährmann Chairon (Chaironspfennig) mitgegeben wurde.

• *Atriumhof* Säulenkapitelle, Grabsteine, Amphoren und Vasen.

Ágios Nikólaos/Baden in der Stadt

Im unmittelbaren Ortsbereich nur sehr bescheidenes Angebot. Insgesamt drei kleine Strände, die meist überlaufen sind. Besser, man fährt mit Bus oder Leihfahrzeug Richtung Süden aus der Stadt hinaus.

▸ **Kitroplatía**: kleine Kiesbucht, 3 Min. südöstlich vom Hafen, durch die Sfakianaki Str. zu erreichen. Einige Tamarisken geben Schatten, rundum liegen Tavernen, die eher teuer als gut sind. Der Name rührt daher, dass früher ein Sammelplatz für Zitronen eingerichtet war, die von hier verschifft wurden. Rechts um die Ecke kommt man zu einem schmalen *Strandstreifen*, zu dem von der Straße Stufen hinunterführen.

▸ **Ammoúdi**: nördlich vom Hafen, etwa 10 Min. die westliche Hafenpromenade entlang. Ein karges Stück Sandstrand, Schatten durch einige hohe Eukalyptus- und Tamariskenbäume, Tretboote und Surfbretter sind zu mieten, große Taverne „Dolphin".

▸ **Ámmos** (Municipal Beach): südlich der Busstation, handtuchschmaler Sandstrand vor einer Mauer, dann 200 m Kiesstrand, dahinter mit Rasenflächen und Bäumen das Schwimmbad von Ágios Nikólaos (ca. 1 €) inkl. Kinderbecken und Spielplatz, benachbart Basketballfeld und Minigolf. Wasserski, Surfbretter, Paddel- und Tretboote werden verliehen. Sehr sauber, bester Strand in Ágios Nikólaos. Zu Fuß kann man ein Stück weiterlaufen bis zur Bucht von *Gargadoros* und zum Strand von *Álmiros* (→ unten).

Ágios Nikólaos/Baden in der Umgebung

▸ **Havanía**: wenige Kilometer außerhalb, die Hafenstraße Akti Koundourou nach Norden fahren, hübscher, kleiner Sandstrand direkt unterhalb der Straße. Snackbar, Liegen und Sonnenschirme, Wassersport.

▸ **Almirós**: von der großen Ampelkreuzung an der Ortsausfahrt Richtung Süden fahren. Nach etwa 1 km liegt direkt an der Straße eine Bucht mit einem schönen, 250 m langen Sandstrand, dahinter quillt ein dichter Urwald aus Büschelgras und Bambusschilf. Am südlichen Strandende entspringt eine Süßwasserquelle, früher der Waschplatz der Frauen von Ágios (im Hochsommer fast versiegt). Es geht flach ins Meer, im Wasser teils etwas steinig. Sonnenschirme, Liegestühle, Kinderspielgeräte, großes Wassersportangebot, kommunale Snackbar, Toiletten. Immer sehr voll. Dieser Strand ist von Ágios Nikólaos auch leicht zu Fuß zu erreichen, dabei geht es am Fußballplatz und Strandbad vorbei an der Felsküste entlang (ca. 25 Min.).

▸ **Ammoudára**: Die 100 m lange Bucht liegt 1,5 km südlich von Almirós, eingeklemmt in einer Straßenkurve. Schatten durch einige Bäume, gut besuchte Tavernen, Liegestühle und Sonnenschirme, im Wasser eine Art Gummiburg für Kinder. Im Umkreis sind mehrere Hotels, Villen und Apartments zu mieten. Ebenfalls sehr voll.

Besser und weniger überlaufen sind die Strände in der weiten Bucht von Pírgos, etwa 8 km südlich von Ágios Nikólaos (→ Strecke Ágios Nikólaos – Sitía).

Ágios Nikólaos/Umgebung

Vielfältige Ausflugsmöglichkeiten in alle Himmelsrichtungen. Einen Großteil der Touren kann man mit Bus und Schiff machen.

Hinter Ágios Nikólaos steigen die Berge zur Katharó- und Lassíthi-Ebene hinauf. Beliebtestes Ausflugsziel ist das Hangdorf *Kritsá* mit der berühmten *Panagía i Kerá*, einer byzantinischen Kirche, die vollständig mit farbenprächtigen Wandmalereien ausgeschmückt ist. In der Nähe findet man die dorische Siedlung *Lató* und eine interessante Tour führt hinauf zur Katharó-Ebene. Nördlich von Ágios Nikólaos liegt die Lagune von *Eloúnda* mit der vorgelagerten Insel *Spinalónga*, einer ehemaligen Lepra-Kolonie. Richtung Süden erstreckt sich die so genannte „Kretische Riviera", u. a. lohnen dort ein Besuch der minoischen Siedlung *Gourniá* und der Abstecher auf staubiger Piste hinauf zum einsamen Kloster *Faneroménis*.

▸ **Von Ágios Nikólaos nach Kritsá**: Kurz vor Mardáti liegt rechter Hand die *Cretan Olive Oil Farm*. Hier kann man eine 130 Jahre alte Olivenpresse betrachten, deren schwere Mahlsteine früher von Eseln gezogen wurden. Außerdem gibt es eine alte Windmühle, einen traditionellen Webstuhl und einen Laden mit handgemachten kretischen Produkten.

Die allmählich ansteigende Straße führt mit Ausblicken auf die Mirabéllo-Bucht durch ausgedehnte Olivenbaumterrassen. Vorne taucht plötzlich Kritsá halbhoch an der Felswand auf (230 m ü. d. M.). Auffallend ist seine Form, denn es wirkt wie ein Skorpion: Der nach links gebogene Ausläufer ist der Schwanz mit dem Stachel, die beiden rechts übereinander liegenden Ortsteile sind die Scheren.

Öffnungszeiten/Preise **Cretan Olive Oil Farm**, tägl. 10–18 Uhr, Eintritt 1 €, Kinder bis 12 Jahre frei.

Kritsá

Terrassenförmig drängen sich die pastellfarbenen und schneeweißen Häuschen dicht an den Hang. Darüber noch einige Reihen Olivenbäume, dann der nackte Fels – das Urbild eines kretischen Dorfes.

Das empfand auch Jules Dassin, der hier 1956 den Film „Celui qui doit mourir" (in Deutschland: Der Mann, der sterben muss) nach dem berühmten Roman „Griechische Passion" von Kazantzákis drehte. Thema ist die Vertreibung der Griechen aus

Kritsá ist für seine Häkelarbeiten berühmt

Kleinasien im Jahr 1922, die so genannte kleinasiatische Katastrophe. Alle Dorfbewohner spielten damals als Komparsen mit, die Hauptrolle hatte Melina Mercouri. Obwohl die Handlung eigentlich in einem griechischen Dorf in Kleinasien unter türkischer Herrschaft spielt, passte die Szenerie von Kritsá genau: die weiß gewaschenen Häuschen, die kleinen Handwerksläden, die herbe Landschaft. Allerdings gibt es noch einen weiteren Grund, dass so gut wie jeder Urlauber aus Ágios Nikólaos einmal heraufkommt. Kurz vor dem Ort liegt nämlich die *Panagía i Kerá,* die Kirche Kretas mit den am besten erhaltenen byzantinischen Wandmalereien.

Kein Wunder also, dass die Häuser an der langen, gewundenen Dorfstraße heute völlig auf Tagestouristen eingestellt sind. Fast jedes Haus bietet Webarbeiten an, kretische Naturprodukte werden verkauft, es gibt mehrere Café-Bars und Restaurants. Tagsüber herrscht rege Betriebsamkeit, Hunderte von kamerabewaffneten Urlaubern schlendern umher oder sitzen am gemütlichen, kleinen Dorfplatz. Abends wird es dann zusehends ruhiger, denn über Nacht bleibt kaum jemand. Erstaunlich, dass sich Kritsá trotz des täglichen Betriebs nur wenige Meter abseits der Hauptstraße seine unverfälschte Dorfatmosphäre erhalten hat. Wenn man der Hauptstraße bis zur großen Kurve am Ende folgt, wo die Straße zur Katharó-Hochebene hinaufführt, und dort geradeaus weitergeht, taucht man ein in ein labyrinthisches Geflecht aus schmalen Treppengässchen, weiß gekalkten Mauern, Blumenkübeln, braunen, grünen und blauen Fensterläden. Alte Mütterchen sitzen vor den Türen, häkeln oder spinnen Wolle und betrachten neugierig die Fremden. An einem freien Platz am Dorfende erreicht man schließlich die Pfarrkirche *Ágios Geórgios Charakítis,* wo man die Mirabéllo-Bucht überblicken kann.

• *Anfahrt/Verbindungen* **eigenes Fahrzeug**, am besten parkt man am Ortseingang und geht das letzte Stück zu Fuß. Die Hauptstraße im Ort ist zwar nicht für den Verkehr gesperrt, aber in diese beliebte Flanierzone sollte man wirklich nur hineinfahren, wenn man muss.

Bus, von Ágios Nikólaos nach Kritsá und

zurück Mo–Fr ca. 9 x, erster Bus hinauf ca. 7 Uhr, letzter Bus 20.15 Uhr, letzter Bus zurück 20.35 Uhr. Sa und So weniger Verbindungen. Die **Haltestelle** liegt im unteren Ortsbereich, an der Kirche vorbei geht's hinauf ins Zentrum. Die einfache Fahrt kostet ca. 1,10 €.

• *Übernachten* **Argiro**, Nähe Busstation, relativ neu erbaute Pension, preiswert und sauber, Zimmer mit eigenem Bad oder Etagendusche, unten Frühstücksterrasse. DZ ca. 25–35 €. ✆ 28410-51174.

The Olive Press, vor wenigen Jahren kauften zwei Belgierinnen eine alte Ölmühle vis-à-vis der Pfarrkirche Ágios Geórgios Charakítis (→ Sehenswertes) im rückwärtigen Ortsbereich, wo kaum ein Tourist hinkommt. Im geschmackvoll restaurierten Gebäude werden vier schöne Zimmer und ein Apartment vermietet (alle mit Klimaanlage und Heizung), in letzterem steht noch die alte Olivenpresse. DZ ca. 35–45 €, Apt. ca. 70 €, Frühstück 5–7 € pro Pers. ✆ 28410-51296, ℻ 51286, www.olivepress.centerall.com

• *Essen & Trinken* **Castellos (Roof Garden)**, in der Ortsmitte, am kleinen Dorfplatz vorbei auf der rechten Seite, nicht zu übersehen. Wirt Kostas Pagalos serviert in seinem wunderschön gelegenen Lokal (toller Überblick vom Dachgarten) gutes Essen zu vernünftigen Preisen in angenehmer Atmosphäre.

Siganos, zentrale Lage am Platz, wo der Bus hält.

Paradise, Taverne bei der Panagía i Kerá, laut Leserzuschrift freundlich geführt.

• *Cafés* Die Kafenia an der schmalen Hauptstraße von Kritsá haben z. T. hübsche, kleine Balkons mit weitem Ausblick auf die Olivenbaumterrassen unterhalb vom Ort. Stimmungsvoll ist auch der kleine **Dorfplatz**, wo man unter Sonnenschirmen den Tag verträumen kann. Kurz vorher liegt das traditionelle Kafenion **Saridakis** unter einer schattigen Platane.

• *Shopping* Dutzende Shops bieten **Teppiche**, außerdem **Web- und Häkelsachen** von teils hoher Qualität – Tücher, Decken, Tischdecken u. a. Feine Filetspitzenmuster und Blumenornamente verschönern die Stücke. Allerdings aufpassen, vieles ist „made in Taiwan". Vorsicht auch vor Nepp, handeln ist angebracht.

• *Feste* **Folklorefestival** in der zweiten Augusthälfte.

Panagía i Kerá

Äußerlich wirkt sie schlicht, steckt aber voll architektonischer Raffinesse. Schon allein die traumhafte Lage unter hohen, schlanken Zypressen hat sicher einem Dutzend Reiseführer zum Titelfoto verholfen.

Die Panagía i Kerá („Gottesmutter, die Herrin") ist über 600 Jahre alt. Der älteste Teil ist das Mittelschiff, die beiden Seitenschiffe wurden später angebaut. Über den drei hochgiebligen Längsschiffen thront eine hohe Rundkuppel. Die schweren Stützmauern an beiden Seiten sind fast bis zum Boden heruntergezogen – das wirkt gedrungen und erdverbunden, aber gleichzeitig elegant. Doch die eigentliche Attraktion ist ihr prachtvolles Innenleben: Die Panagía i Kerá ist über und über mit farbenfrohen byzantinischen Fresken bemalt – eine bunte Bilderbibel des 13.–15. Jh., wie früher in so vielen Kapellen auf Kreta. Auf engem Raum kann man hier wie im Zeitraffer die Entwicklung der kretischen Malkunst verfolgen, exemplarisch für die gesamte europäische Malerei, die im Übergang vom Mittelalter zur Renaissance einen ähnlichen Prozess durchmachte: den Durchbruch vom starren, festgelegten Formenkanon und schemenhaften Malschablonen zur echten Persönlichkeitsdarstellung. Tipp: Eine Taschenlampe hilft beim genaueren Betrachten der Malereien.

• *Lage* etwa 1 km vor der Ortseinfahrt von Kritsá, rechts der Straße. Busstopp vorhanden.

• *Öffnungszeiten* tägl. 8–15 Uhr, Eintritt ca. 3 €, Schüler/Stud. aus EU-Ländern frei, andere Länder halber Eintritt. Filmen und Fotografieren verboten.

Mittelschiff: Hier liegen die ältesten Fresken, streng gestaltet nach der traditionellen byzantinischen Formenlehre: stereotype Formen, dunkle Farben, starre Physiognomie, unbewegliche Gesichter ohne Mimik. Geweiht ist es der „Gottesgebärerin" Panagía (Maria).

• *Apsis* Ein Großteil der Bilder ist zerstört, teilweise erhalten sind nur die großflächig-starren **Hierarchen** mit ihren Messgewändern im unteren Teil. In der relativ hellen Farbgebung und der Intensität der Blicke deutet sich schon die Suche nach neuen Stilmitteln an.

Noch mehr der traditionellen Ikonografie verhaftet ist **Christi Himmelfahrt** an der Decke der Apsis. Auffallend sind allerdings hier die Bäume, die in der orthodoxen Formlehre nicht vorgesehen sind. Davor die großfigurigen Könige **David** und **Salomon**.

• *Kuppel* teilweise zerstört, durch Gewölberippen aufgeteilt in vier Szenen – die **Darbringung Christi im Tempel**, der **Einzug nach Jerusalem**, die **Auferweckung des Lazarus** und, besonders hübsch, die **Taufe Christi**. Alles im traditionellen Stil, verhalten, ohne Individualität, dunkle Farben.

• *Gewölbe* Hier sind die Bilder am besten erhalten. Auf beiden Seiten mehrere großflächige Szenen neben- und untereinander. Beeindruckend ist vor allem die große **Geburtsszene**. Maria liegt mit scharf herausgearbeiteten Gesichtszügen erschöpft vor der Geburtshöhle. Rechts neben ihr Jesus, in Windeln gewickelt und von Ochs und Esel neugierig beäugt. Großartig im unteren Teil die Badeszene: Jesus wird in einem rechteckigen Badezuber geschrubbt, daneben sitzt der sehr nachdenklich wirkende Josef. Von den Seiten kommen die Heiligen Drei Könige und die Hirten. In diesem Bild vermischen sich die Geburtsdarstellungen der Evangelisten Matthäus und Lukas mit den **apokryphen Schriften**, die Ähnlichkeit mit den biblischen Schriften aufweisen, aber nicht dem biblischen Kanon zugerechnet werden.

Makaber-schaurig ist der **Kindermord des Herodes** auf derselben Seite: scheußlich-realistische Darstellungen von kleinen Knäblein, die auf die Lanzen von Soldaten gespießt sind. Unten rechts trauert Rahel mit den Köpfen ihrer drei ermordeten Kinder im Schoß, oben rechts verbirgt Elisabeth Johannes den Täufer in einem Felsspalt.

Auf derselben Seite noch der **Abstieg Christi in den Hades** und die **Paradiesszene**: Abraham, Isaak und Jakob halten die Seelen der Verstorbenen im Schoß.

Auf der anderen Seite des Gewölbes ist das **Abendmahl** dargestellt. Am Tisch kann man deutlich das Unvermögen der Maler erkennen, eine Perspektive zu malen. Judas ist besonders hervorgehoben – er ist absichtlich hässlich gemacht und legt die Hand in das Becken. Weiterhin sind dargestellt: **Maria im Tempel**, in Begleitung ihrer Eltern Joachim und Anna (auch diese Szene stammt aus den Apokryphen, die ausführlich vom Leben der Eltern berichten). Das **Gastmahl des Herodes** – es geht hoch her, Wein fließt in Strömen, unten rechts enthauptet der Scharfrichter Johannes den Täufer, oben rechts bringt die tanzende Salome im roten Kleid den abgeschlagenen Kopf. Darunter noch die monumentale Gestalt des **heiligen Georg**, des Drachentöters, und, eine Überraschung am nordwestlichen Pfeiler, der **heilige Franz von Assisi**! Sein Bild ist dem Einfluss der Venezianer zu verdanken, die im 13. Jh. Kreta besetzt hielten. Über und neben dem Haupteingang schließlich die Reste der **Kreuzigung**, zum großen Teil zerstört. Und die **Bestrafung der Sünder**, die gefesselt an Armen und Beinen im ewigen Höllenfeuer schmoren.

Südschiff: Die Malereien im rechten Seitenschiff, das der heiligen Anna geweiht ist, sind bereits deutlich geprägt von der so genannten „Kretischen Schule" (→ S. 193), die Stileinflüsse der italienischen Renaissance nach Kreta brachte. Besonders auffallend: Die Fresken wirken frischer, lebendiger und schwungvoller. Teilweise großartige Gesichter – ausdrucksvoll und erstaunlich lebensecht, voll Leidenschaft und Dramatik. Insgesamt hat man es mit einem erheblichen Fortschritt in der Menschendarstellung zu tun.

Auf beiden Seiten des Gewölbes reihen sich **Szenen aus dem Leben der Maria** aneinander – die Themen sind hauptsächlich den Apokryphen entnommen. Bezeichnend – damals dieselben Probleme wie heute. Maria bekommt ein Kind. Sie sitzt geknickt im Stuhl, Josef mit kummervoll verzogenem Gesicht in der anderen Ecke. Er freut sich ganz und gar nicht auf das Kind! Aber schon kommt der Engel des Herrn und teilt Josef mit, dass das alles gar nicht so schlimm sei.

Im Gegensatz dazu die **Verkündigung der Empfängnis von Anna** an Joachim: Wegen seiner Kinderlosigkeit fastet er seit 40 Tagen in der Wüste. Da kommt ein Engel und teilt ihm mit, dass seine Frau schwanger ist. Man beachte das deprimierte Gesicht

Joachims, der noch nichts von seinem Glück ahnt.
Fast schon komisch wirken die **drei hebräischen Priester**, die die kleine Maria segnen: griesgrämige, steinalte Männlein mit Bärten und schulterlangem Haar.

Weitere Bilder in diesem Schiff: **Liebkosung Marias durch ihre Eltern**, **Weg nach Bethlehem**, **Wasserprobe der Maria vor dem Hohepriester**, **Gebet der Anna im Garten**, **Gottesmutter als verschlossene Pforte** u. a.

Nordschiff: gewidmet dem heiligen Antonius, von einem anderen Maler als das Südschiff. Gute Farbabstimmung, aber weniger Berücksichtigung der Mimik, auch dunkler. Zum Teil stark zerstört.

Im vorderen Altarbereich ist rechter Hand fast die Hälfte der Wand von den **Aposteln** und den dahinter stehenden Engelsscharen eingenommen. Daneben liegt das **Paradies** – Petrus mit den Schlüsseln eilt hurtig, um die Pforte aufzusperren, dahinter thronen großmächtig Maria und die Erzväter mit den Seelen der Frommen im Schoß.
An der Frontwand gegenüber der Apsis ist die **Seelenwägung** dargestellt und rechts unten werden wieder Höllenqualen erlitten – diesmal hängen die Sünder an Ketten kopfüber nach unten.
Völlig aus der Reihe tanzt neben den Höllenqualen in der Ecke das Bildnis von **Georgios Mazizanis, dem Stifter der Kirche mit Gemahlin und Sprössling** – künstlerisch weniger wertvoll, aber sehr bedeutsam, weil es eins der seltenen Bilder von normalen Sterblichen aus dieser Zeit ist. Die drei sind in der damaligen Kleidung hochgestellter Persönlichkeiten gemalt.

Wanderung von Ágios Nikólaos über Lató nach Kritsá

Eine schöne Alternative zur Busfahrt – leichte Wanderung, trotzdem wie immer auf gutes Schuhwerk achten. Tipp: früh loslaufen, damit Lató und die Panagía i Kerá noch besichtigt werden können (schließen um 15 Uhr). Für das unschöne und viel befahrene Straßenstück nach Chamiló evtl. Taxi oder den Bus nehmen (Auskunft in der Busstation von Ágios Nikólaos).

• *Dauer* 4 Std. (Ágios Nikólaos – Chamiló 2 Std., Chamiló – Lató 1 Std., Lató – Kritsá 1 Std.).

• *Wegbeschreibung* Ágios Nikólaos in Richtung Kritsá verlassen. Nachdem man die Schnellstraße Iráklion – Sitía überquert hat, geht rechts die leider zeitweise stark befahrene Straße nach **Éxo Lakkonía** ab. Dieser folgt man bis **Chamiló**. Kurz hinter dem Dorf führt links ein breiter Weg in die Olivenhaine hinein. An der Abzweigung steht ein altes, verbeultes **Hinweisschild**. Diesem Weg folgen wir etwa 20 Min. bis zu einem **Querweg**, wo wir wiederum links abzweigen. Bald treffen wir auf eine **Schotterstraße**, die wir aufwärts gehen. Nach nicht einmal 100 m beginnt links ein schmaler Weg, von dem wir nach etwa 30 m **rechts** in einen Pfad einbiegen. Schon bald verbreitert er sich zu einer steinigen Straße, dem alten **Maultierweg nach Lató**. In Serpentinen geht es den Berg durch Ginsterbüsche und Wolfsmilchgewächse hinauf, bis man die Asphaltstraße von Kritsá nach Lató erreicht. Links führt die Straße hinauf zu den Ruinen von Lató. Um von dort nach Kritsá zu gelangen, folgt man der Straße zurück und bleibt auf ihr, bis man auf die Hauptstraße von Ágios Nikólaos nach Kritsá stößt. Hier links und man kommt zur Kirche **Panagía i Kerá** (→ oben), rechts geht es zur Bushaltestelle von Kritsá mit mehreren Kafenia in der Nähe.

Kritsá/Umgebung

Interessanteste Unternehmungen sind neben der Besichtigung von Lató vor allem die reizvolle Wanderung in die Kritsá-Schlucht und die Fahrt auf die hoch gelegene Katharó-Ebene hinauf.

▸ **Ágios Geórgios**: In diesem winzigen Kirchlein sind weitere Fresken zu finden. Es liegt am Ortsende von Kritsá, an der Straße nach Kroústas unter ein paar Pinien versteckt, ist aber leider meist verschlossen.

▸ **Kroústas**: Eine Asphaltstraße führt von Kritsá ins Nachbardorf. Dort gibt es an der Hauptstraße dicht belaubte Maulbeerbäume und einige kleine Kafenia, doch bisher nur wenige Souvenirläden. Tourismus findet hier kaum statt, trotzdem wird in Hoffnung auf Käufer überall fleißig gehäkelt.
Zwischen Kritsá und Kroústas liegt die blendend weiß gekalkte, dreischiffige Kirche *Ágios Ioánnis Theólogos* unter hohen Olivenbäumen direkt an der Straße.

Lató

Die antike Siedlung liegt auf einem Bergsattel hoch über Kritsá. Von den dorischen Eroberern wurde sie lange nach den Minoern erbaut, etwa im 8./7. Jh. v. Chr. Erhalten sind hauptsächlich Überreste der Agorá und Teile des Handwerkerviertels.

Der Unterschied ist nicht zu übersehen: dort die sorglos in die Ebenen gesetzten, unbefestigten Paläste der Minoer, hier meterdicke Mauern hoch oben in der Bergeinsamkeit, praktisch uneinnehmbar. Furcht und Sicherheitsbedürfnis haben den Bau dieser Siedlung bestimmt. Herrliche Ruhe liegt heute über den grasüberwucherten Ruinen, weit schweift der Blick in die wilde Bergwelt. Wer das Tal Richtung Nordwesten entlangschaut, kann am Ende ein paar kleine Klötzchen am Berghang entdecken: die Getreidemühlen an der Straße nach Ágios Nikólaos (→ S. 384).

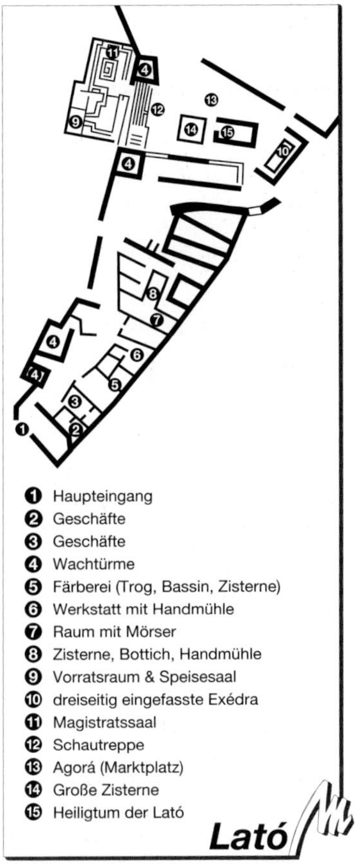

• *Anfahrt* von der Straße nach Kritsá kurz nach dem Ortsschild beim Friedhof rechts die Straße hinein. Zwischen Mandel- und Olivenbäumen schlängelt sich die Asphaltstraße in Windungen immer höher in die Bergeinsamkeit. Großartige Ausblicke auf Kritsá und die terrassierten Olivenhaine. Zu Fuß ca. 45 Min.
• *Öffnungszeiten/Preise* Di–So 8.30–15 Uhr, Mo geschl. Eintritt ca. 2 €.

Besichtigung: Wer von Kritsá heraufkommt, landet im unteren Teil der Siedlung mit zwei *Wachtürmen* und steigt weiter zur Agorá hinauf. Meterdicke Mauern aus grob aneinander gefügten Felsbrocken begrenzen die kleinen Wohn- und Geschäftsräume. Man hat hier Zisternen, mehrere Handmühlen, Bottiche und Mörser gefunden. Eine *Färberei* konnte exakt lokalisiert werden.
Auf dem Sattel oben erstreckt sich der Marktplatz. Mitten auf dieser *Agorá* liegt eine große *Zisterne*, weiterhin das *Heiligtum der Lató* und im Schatten einer

Steineiche die *Exédra*. Auf der anderen Seite des Platzes eine weit ausladende *Schautreppe* zwischen den Fundamenten zweier Wachtürme. Diese Treppe gilt als Vorläufer des antiken Theaters, von ihren Stufen konnte man alle Vorgänge auf der Agorá genau verfolgen. Wenn Sie hinaufgehen, kommen Sie zu den Räumen der *Archonten*, der Stadtverwaltung also, und können noch ein Stück weit zwischen Mauern und Felsbrocken umher klettern.

Wanderung durch die Kritsá-Schlucht

Schöne Wanderung durch eine der reizvollsten Schluchten im Osten Kretas und oberhalb davon wieder zurück. Gutes Schuhwerk erforderlich, teilweise sehr warm, kleine Kletterstücke.

GPS-Wanderung 9

- *Dauer* etwa 2 Std. 30 Min. bis 3 Std.
- *Streckenlänge* 7,2 km
- *Höhenmeter* Auf- und Abstieg: 208 m
- *Wegbeschreibung* Wir beginnen die Wanderung am **Ortseingang von Kritsá** an der Straße aus Ágios Nikólaos. Vor dem Friedhof laufen wir auf der asphaltierten Straße in Richtung **Lató**. Nach etwa 7 Minuten kommen wir an eine **Brücke (WP 01)**, an der uns bereits nach der Brücke ein Schild den Weg nach links in Richtung Schlucht weist. Wir folgen der Straße ca. 200 m steil bergauf bis zum **Strommast (WP 02)**, hier weist ein Schild den Weg in das Flussbett hinunter. Im **Flussbett (WP 03)** halten wir uns rechts und gehen aufwärts, teils über riesige **Felsblöcke (WP 04)**. Nach etwa 25 Min. versperrt uns ein Drahtzaun den Weg, diesen passieren wir durch ein Gatter (unbedingt wieder schließen), langsam rücken die senkrechten Schluchtwände immer näher zusammen. Achtung – Steinschlaggefahr! Wir folgen der Schlucht mit mehreren kleineren Wasserbecken, bis sie wieder etwas **breiter** wird **(WP 05)**. Der Weg führt uns unter Johannisbrotbäumen weiter, die für wohltuenden Schatten sorgen. Wir gehen über einige glatt polierte Stellen und kommen zum zweiten **Gatter (WP 06)**, das wir links übersteigen müssen. Weiter geht es im Bachbett entlang, wo wir noch zweimal Zäune übersteigen. Der Weg ist problemlos zu finden, wir folgen dem Bachbett etwa eine Stunde, unterwegs sieht man blaue Hinweise „Bar Tapes“. Das Flusstal verbreitert sich bald, links sieht man ein eingezäuntes Gebiet mit **Olivenbäumen (WP 07)**. Ein großer **Zaun (WP 08)** schließt schließlich das ganze Bachbett. (Dahinter beginnt die Straße nach Tápes, wo man in der kleinen **Café-Taverne O Prinos** zu relativ hohen Preisen etwas zu essen und zu trinken bekommt; Achtung, nicht immer geöffnet). Wir bleiben vor dem Zaun, verlassen das Bachbett nach rechts und folgen dem Pfad, der nun parallel zur Schlucht hochführt. Der Weg ist teilweise sehr schön gepflastert, wir haben schöne Einblicke in das Bachbett unter uns, durch das wir hergewandert sind. Nach etwa 15 Min. überqueren wir einen kleinen Kamm, vor uns liegt eine kleine Hochebene, zu der wir absteigen, hier erreichen wir eine **Fahrstraße (WP 9)** und fol-

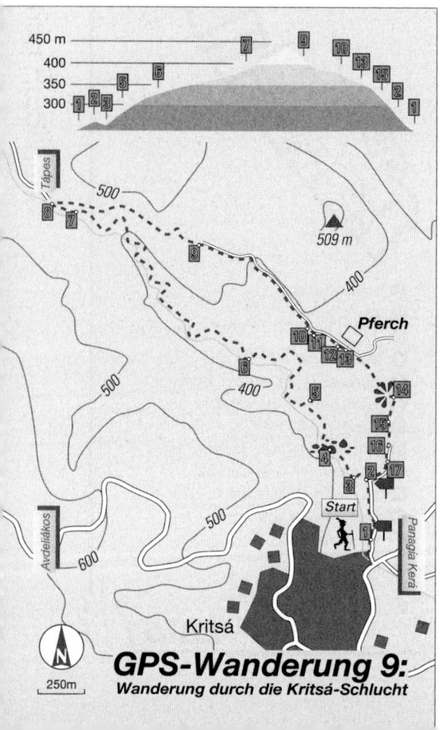

gen dieser. Wir erreichen eine **Kreuzung (WP 10**), wo wir uns geradeaus halten. Wir erreichen eine zweite **Kreuzung (WP 11)** und halten uns links. Wieder eine **Kreuzung (WP 12)**, an der wir geradeaus weitergehen, rechts befindet sich ein großer Pferch mit Schafen, Ziegen und Schweinen. Nach ca. 50 m verlassen wir die Fahrstraße und halten uns rechts, nun geht es am Zaun des Pferchs entlang, markiert mit **rotem Pfeil auf Stein (WP 13)**. Der Weg ist zuerst verwachsen und dornig, danach folgen gepflasterte Teile des alten Verbindungswegs von Tápes nach Kritsá, unterwegs haben wir einen schönen **Blick (WP 14)** auf das Tal von Kritsa. Wir durchqueren einen **Gitterzaun (WP 15)**, erreichen eine **Fahrstraße (WP 16)** und halten uns hier rechts. Bei der nächsten **Kreuzung (WP 17)** gehen wir wieder rechts, wo wir nach kurzer Zeit wieder den **Strommast (WP 02)** erreichen. Von hier aus gehen wir links und folgen der bereits bekannten Strecke zurück.

Katharó-Hochebene

Die nur im Sommer von Bauern und Hirten bewohnte Ebene liegt 16 km von Kritsá in 1100 m Höhe. Sie ist auf einer inzwischen durchgehend asphaltierten Straße zu erreichen. Zunächst muss man durch ganz Kritsá fahren, dann geht es links hinauf.

Vor allem Wein wird hier oben angebaut, außerdem etwas Getreide und Kartoffeln. „Größte" Siedlung ist *Avdeliákos* mit wenigen, weit verstreut liegenden Häusern und zwei Kafenia. Nach Westen blickt man auf die oft schneebedeckten Gipfel *Lázaros* (2085 m) und *Díkti* (2148 m). Berühmt geworden ist die Katharó-Ebene auch durch den Fund von Fossilien eines Zwergelefanten (heute im Naturhistorischen Museum in Iráklion).

Achtung: Von der Katharó- zur Lassíthi-Hochebene gibt es keine Autostraße – und wegen des gebirgigen Reliefs wird es sie wohl auch nie geben. Die Straße endet in *Kopráki*, wo man in der Taverne von Jannis Kondojiannis einkehren kann.

• *Essen & Trinken* **Paradosiaki**, bei der Ortseinfahrt von Avdeliákos gleich links. Die geschäftstüchtige Katharina guckt aus ihrer Küche, wenn sie nicht gerade vor dem Backofen im Garten steht – urig und sympathisch. Doch sollte man sich vorher genau nach den Preisen erkundigen. Butter aus Schafsmilch gibt es hier auch, Olivenöl ist dagegen rar, weil die Olivenbäume in dieser Höhe nicht mehr gedeihen.

Wanderung Lassíthi-Hochebene über die Katharó-Hochebene nach Kritsá → S. 310

Bucht von Eloúnda

Die große Bucht nördlich von Ágios Nikólaos hat etwas von einer Traumbucht. Schon wenn man auf der neuen Panoramastraße die Kehren zum Hafenort Eloúnda hinunterfährt, erkennt man die Einzigartigkeit der Lage.

Eloúnda vorgelagert liegt die verzweigte, länglich gestreckte Halbinsel *Spinalónga* (ital. = langer Dorn), die nur durch einen hauchdünnen Damm mit dem Festland verbunden ist. Das Meer bildet hier eine große, natürliche Lagune, windgeschützt durch die gleich hinter der Küste ansteigenden, steilen Berghänge. Wahrscheinlich im 4. Jh. n. Chr. ist hier die antike Hafenstadt *Oloús* im Meer versunken – die Fremdenführer präsentieren unter Wasser einige Ruinen, die zu der Stadt gehört haben könnten. Wirtschaftlich bedeutend waren lange Zeit die Salinen, die hier im Flachwasser lagen.

Ein anderer Höhepunkt ist die Bootsfahrt auf das kleine, ebenfalls *Spinalónga* genannte Inselchen (offizieller Name: Kalidón) am nördlichen Ende der gleichnamigen Halbinsel. Es liegt strategisch äußerst günstig in der einzigen Zufahrtsrinne zur

Bucht – kein Wunder, dass die Venezianer hier eines ihrer stark bestückten Küstenforts hingesetzt haben. Viel gruseliger und tourismusfördernder ist aber die spätere Funktion des Felseneilands: Es diente von 1903 bis 1957 als *Lepra-Kolonie*. Alle von dieser schrecklichen Krankheit Befallenen mussten ihre Heimat und Familie verlassen und ihr Leben bis zum bitteren Tode auf dieser von Meer umgebenen Quarantänestation verbringen. Mehr darüber weiter unten.
Die Bucht von Eloúnda hat also einiges zu bieten. Die Touristikmanager haben das auch frühzeitig erkannt und die führenden Luxushotels Kretas haben große Teile der Küste in Beschlag genommen. Viele griechische Prominente aus Wirtschaft, Kultur und Politik verbringen hier regelmäßig ihre freien Tage.

Eloúnda

Im Gegensatz zur malerischen Bucht zeigt sich der Hafenort wenig reizvoll. Abgesehen vom großen, zentralen Platz am Meer handelt es sich mehr oder minder um ein reines Straßendorf mit vielen Hotels und Touristentavernen. Eloúnda ist zudem dem Massentourismus preisgegeben, täglich kommen Dutzende Busse und Ausflugsboote aus dem nahen Ágios Nikólaos. Doch die Umgebung lässt vieles verschmerzen – schöne Fahrt Richtung Norden an der Bucht entlang, die hier wie ein stiller See wirkt, unterwegs diverse Badeplätze, Spaziergang hinüber nach Oloús, Überfahrt nach Spinalónga ...

Verbindungen/Adressen/Sonstiges

• *Anfahrt/Verbindungen* **Busse** von und nach Ágios Nikólaos zwischen 6.30 und 21 Uhr etwa stündlich, Haltestellen am Fischerhafen und an der Hauptstraße.
Boote zur Lepra-Insel fahren etwa halbstündig, ca. 10 € hin und zurück, Kinder die Hälfte. 1 Std. Aufenthalt.

• *Adressen* **Bank** mit Geldautomat, **internationale Presse** (The Book Shop) und **Post** am Hafenplatz.
Internet, „Surf Click 'n Play" bei der Kirche, „Mezzo" am Ende vom Hafen, kurz vor Strandbeginn.

• *Shopping* **Petrakis Workshop for Icons**, A. Papandreou Str. 22, von Ágios Nikólaos kommend, kurz vor dem Hafenplatz links. Giorgia und Ioannis Petrakis malen hier seit 1992 Ikonen im traditionellen Stil, auf Englisch geben sie Interessierten gerne Auskunft über Geschichte und Maltechnik der Ikonenmalerei. Außerdem wird verschiedenes Kunsthandwerk angeboten: Silberschmuck, mundgeblasene Lampenschirme, Keramik- und Holzarbeiten. 2003 war anlässlich einer Tagung in Eloúnda Kofi Annan zu Gast in ihrem Laden.

• *Sport* **Crostaceo**, die Tauchschule von Yannis Ligos im Porto Elounda Resort (→ Übernachten) gibt PADi-Kurse. ✆ 0030-6945320651 (Handy), ✆ 28410-82293, www.crostaceo.gr

Übernachten

Die vier Hotels Elounda Beach, Elounda Bay Palace, Elounda Mare und Porto Elounda Mare, alle Luxus-Klasse, bilden die kretische Enklave des Edeltourismus. Sie sind vom selben Architekten entworfen und beinhalten dieselben Stilelemente. Alle vier sind über Reiseveranstalter zu buchen. Nachteil: Alle vier liegen an felsiger Küste ohne natürlichen Sandstrand, verfügen jedoch über künstlich aufgeschüttete Strände.

Elounda Beach, „Mitglied der Leading Hotels of the World", mit fast 600 Betten eine ganze Stadt für sich, große Parkanlage mit altem Baumbestand, 145 Bungalows, teils direkt ans Wasser gebaut, DZ im Haupthaus. Mit viel Holz, Teppichböden und Naturschiefer ausgesprochen anheimelnd eingerichtet, in den perfekt eingerichteten Zimmern Parkett, in einigen VIP-Ausstattung u. a. Bäder mit TV und Jacuzzi-Düsen. Eigener, künstlich aufgeschütteter Strand, Wasserski, Tauchkurse, Fallschirmsegeln, Fitness-/Beauty-Center u. v. m. hauptsächlich älteres, betuchtes Publikum, darunter nicht selten Politiker und Prominente. ✆ 28410-41412, ✆ 41373, www.elounda-beach.gr

Elounda Bay Palace, Durchschnittsalter zehn Jahre jünger als im Elounda Beach, nicht ganz so schick und günstiger zu buchen, viele Reiseveranstalter. ✆ 28410-41502, ✆ 41783, www.eloundabay.gr

Elounda Mare, gehört der Hotelkette „Relais & Chateaux" an, das ruhigste und exklusivste der vier. Großer Wert wird auf die ungestörte Privatsphäre der Gäste gelegt, d. h. keine „Animation" etc. Sehr gemütliche Aufenthaltsräume, gut eingerichtete Zimmer im Haupthaus, die Bungalows verfügen jeweils über einen eigenen Pool. ✆ 28410-41102, ✆ 41307, www.eloundamare.com

Porto Elounda Resort, direkt neben dem Elounda Mare, das Besondere ist hier der große Pool, der direkt vor dem Haupthaus liegt und zu dem eine Reihe von Zimmern unmittelbaren Zugang hat, Bungalows teils mit Privatpool, großes Sportangebot, darunter auch ein Golfplatz mit 9 Löchern, der aber so gestaltet ist, dass man für jedes Loch zwei Spielmöglichkeiten hat und so gleichsam einen 18-Loch-Platz bespielen kann. ✆ 28410-41903, ✆ 41889, www.portoelounda.com

• *Weitere Unterkünfte* **Elounda Palm**, B-Kat., etwas oberhalb der Nobelherbergen, sehr gutes, familiär geführtes Haus mit traumhaftem Blick über die Bucht. Schön eingerichtete Bungalows und Studios, gute Küche, die Mitarbeiter sind stets um ihre Gäste bemüht. DZ mit Frühstück ca. 50–90 €. auch über deutsche Reiseveranstalter. ✆ 28410-41825, ✆ 41803, www.eloundapalm.gr

Elounda Blue Bay, A-Kat., reizvolle und ruhige Lage etwa 2 km außerhalb in Richtung Pláka, schön gestaltetes Bungalowhotel, das sich oberhalb der Küstenstraße den Hang hinaufzieht. Herrlicher Blick auf die Bucht, Pool, Sonnenterrasse, kleiner Strand in der Nähe. DZ mit Frühstück ca. 65–120 €. Pauschal z. B. über ISTS. ✆ 28410-41924, ✆ 41816, www.eloundabluebay.gr

Calypso, C-Kat., direkt im Ort, an der Nordseite der Platía neben der Kirche, bewachsene Balkons, gute Taverne, schöner Blick auf den Fischerhafen. Zimmer nach vorne verlangen. DZ ca. 30–45 €. ✆ 28410-41367, ✆ 41424.

Corali, gepflegte Studioanlage mit Pool und Poolbar an der Straße nach Plaka, gleich beim Ortsstrand. Studio ca. 26–36 €. ✆ 28410-41712, www.coralistudios.com

Essen & Trinken

Die meisten Tavernen und Kafenia liegen am großen Hauptplatz beim Fischerhafen. Schöner und ruhiger isst man aber an der Meerespromenade südlich vom Platz und am nördlichen Ortsausgang in Richtung Pláka.

• *Um den Hauptplatz* **Vritomartis**, reizvolle Lage auf einer künstlichen kleinen Halbinsel im Fischerhafen.

Nikos, schräg gegenüber von Vritomartis, laut Eigenwerbung Fisch frisch vom Boot.

Calypso, im gleichnamigen Hotel an der Nordseite vom Hauptplatz, gute Adresse für Meeresküche.

Leonidas, ebenfalls am nördlichen Hafenende, gute kretische und internationale Küche, dazu bestes Olivenöl, Leonidas spricht ausgezeichnet Englisch.

• *Meerespromenade* **Kalidon**, schwimmende Plattform südlich vom Hauptplatz (vor Hotel Aristea), schönes Plätzchen, wo man sanft in den Wellen schaukelt.

Poulis, ein paar Meter weiter, ruhige Atmosphäre direkt am Meer, knöcheltiefes Wasser plätschert vor den Füßen.

Ferryman, vom Hauptplatz am Meer entlang Richtung Süden. Hier wurde vom englischen BBC die TV-Serie „Who pays the ferry-man" gedreht. Die alteingesessene Ufertaverne präsentiert sich ansprechend renoviert, schöne, überdachte Terrasse am Meer, einige Filmfotos hängen aus, gehobene Preise.

• *Nördlicher Ortsgang* **Avli**, schönes Plätzchen unter schattigen Bäumen, gute griechische Küche.

Cypriana „Meze House", reiche Auswahl an den typischen *mezédes* (Vorspeisentellern), z. B. *kolokíthokeftédes* und *tírokeftedes*.

Sehenswertes

Am weiten Hafenplatz steht ein modernes, marmorverkleidetes *Denkmal* mit zwei überdimensionalen Bronzetauben. Die große, mit Fresken ausgemalte Dorfkirche ist nur wenige Schritte entfernt – am schönsten kurz vor Sonnenuntergang, wenn die Sonne durch die leuchtend bunten Glasfenster scheint und überall farbige Lichtpunkte hervorzaubert.

Mit etwas Zeit sollte man einen Spaziergang über den schmalen Damm auf die steinige Halbinsel Spinalónga machen. Hier an der Lagune herrscht eine eigenartige Atmosphäre. Man spürt ein bisschen die Ruhe und Abgeschiedenheit dieses Plätzchens. Seitlich vom Gehweg liegen einige Salzseen, die früher als Salinen benutzt wurden. Eine kleine Brücke überquert den engen Kanal – die einzige Wasserverbindung an der Südseite der Bucht und nur für kleine Boote passierbar. 1897 wurde hier der Damm von französischen Soldaten durchstochen, seitdem ist Spinalónga eine Insel.

Drüben stehen drei Windmühlenruinen, in deren verwahrloste Innenräume man mal einen Blick werfen kann. Rechts am Ufer entlang kommt man nach wenigen Metern zur „Canal Bar" in entspannender Lage abseits vom Trubel – nachmittags ein gemütlicher Platz zum Kaffeetrinken, aber es gibt auch einfache Gerichte wie Spaghetti, Souvláki etc. 50 m hinter dem Café liegt der eindrucksvolle *Mosaikboden* einer frühchristlichen Basilika. Er ist ganz in schwarz, weiß und rot gehalten, Ornamente, Blumen und Girlanden rahmen ein paar quicklebendige Delfine und Fischlein ein.

▸ **Oloús**: Ein Stückchen weiter, beim weißen Kirchlein, erkennt man nur wenige Meter unter dem Wasserspiegel deutlich die algenüberwachsenen Grundmauern einiger Häuser. Weiter draußen liegen noch mehr, die aber nur vom Boot aus zu sehen sind. Wahrscheinlich handelt es sich um die Reste der versunkenen Hafenstadt *Oloús*. Ganz sicher sind sich die Wissenschaftler allerdings nicht.

Aber nicht nur die Ruinen im Wasser lohnen den Abstecher. Auf den felsigen Klippen kann man noch ein ganzes Stück weiterlaufen und relativ ungestört ins Wasser klettern, sich auf den Felsen ausstrecken und den wunderbaren Blick auf die unnahbar-steilen Berghänge der Mirabéllo-Berge am Festland genießen. Wenn man genau hinblickt, erkennt man die Straße nach Sitía im äußersten Osten Kretas als dünnen Strich in die Felswand gehauen. Außerdem kann man von hier einen Blick auf die Luxushotels gegenüber werfen.

Die versunkene Stadt Olóus

Bereits Homer (9. Jh. v. Chr.) hat Oloús gekannt, die Stadt war damals einer der wichtigsten Häfen Ostkretas und auch die Dorer haben ihn noch benutzt. Letzte Erwähnung findet die Stadt bei dem griechischen Schriftsteller Pausanias im 2. Jh. v. Chr. Im 4. Jh. n. Chr. muss die Stadt versunken sein – zum einen wegen des allgemein gestiegenen Wasserstands (ein Phänomen, das sich bereits in der Antike abzeichnete), der vielleicht auf eine Eisschmelze an den Polen zurückzuführen ist, zum anderen wegen des damaligen, durch tektonische Verschiebungen verursachten Absinkens des gesamten Ostens Kretas, während sich der Westen hob.

Eloúnda/Baden

Die Lagune wirkt wie ein Binnensee, überall geht es extrem flach ins fast immer ruhige Wasser. Im Ort wurde neben dem Fischerhafen ein 150 m langer Sandstrand aufgeschüttet, Sonnenschirme/Liegen werden verliehen, dahinter liegt ein Kinderspielplatz. Weiterhin gibt es einen schmalen Sandstrand an der Festlandseite vom Damm. Natürlich ist er überfüllt, auch verschmutzt, Surfbrett-Verleih.

Vom Damm kann man noch ca. 1 km quer hinüber auf die andere Seite der Halbinsel Spinalónga laufen. Ist auch mit dem Fahrzeug zu machen, am Ende der holprigen Fahrstraße ein kleiner Parkplatz. Noch ca. 10 Min. zu Fuß einen steinigen Weg zwischen klobigen Steinmauern hinunter, durch einen ausgedehnten Johannisbrothain und man gelangt zu einem etwa 70 m langen Sandstrand mit feinem, weißem Sand namens *Kolokithía*. Leider ist er schon allzu bekannt und auch Plastikmüll liegt herum. Gegenüber vorgelagert ist die kleine Felseninsel *Kolokithía*, auf der im Frühjahr zahllose Möwen nisten (bei organisierten Ausflugstouren nach Spinalónga fährt man daran vorbei).

Weitere kleine Strände und Bademöglichkeiten liegen an der Straße nach *Pláka* am nördlichen Ende der Lagune (→ weiter unten).

▶ **Mafrikianó**: Das winzige Örtchen liegt mit seinen für Autos nicht passierbaren Plattenwegen, den weiß gekalkten Häuschen und den niedrigen Bruchsteinmauern auf einer Hügelkuppe hinter Eloúnda. Vom Kafenion „Helpis" hat man einen wunderbaren Blick auf die Bucht.

▶ **Páno Eloúnda**: liegt hoch über Eloúnda (das eigentlich Káto Eloúnda heißt) und hat mit dem quirligen Hafenort nur den Namen gemeinsam. Wenn man die verwinkelten Gässchen entlangschlendert, kommt man sich fast wie ein Eindringling vor. Auch die Landstraße führt demonstrativ daran vorbei – eine kleine Welt für sich, eng, verschachtelt und geborgen.

▶ **Von Eloúnda nach Neápolis**: besonders schöne Strecke für Ausflüge per Mietwagen. Über *Páno Eloúnda, Pinés, Fourní* und *Kastélli* geht es hoch hinauf mit großartigem Blick zurück auf den Golf von Mirabéllo. Auf einem Kamm oberhalb von Pinés stehen venezianische Windmühlenruinen, danach kurvt man unerwartet in eine von Bergen eingerahmte Ebene mit Obstplantagen und Olivenbäumen.

Von Eloúnda nach Pláka

Die Straße führt dicht am Rand der Bucht entlang Richtung Norden. Es gibt mehrere kleine Strände und ruhig gelegene Hotelanlagen, z. B. das Bungalowhotel „Elounda Blue Bay" (→ Eloúnda/Übernachten) und das etwas günstigere „Selena Village" gleich daneben. Besonders schöne Plätzchen an der Strecke sind eine schwimmende Bar, wo man im Seichtwasser auf Holzstegen mit opulenten Polstermöbeln Cocktails schlürfen kann, und der Driros *Beach* mit der Surfschule von Angelos (Handy: 6993-904302, www.spinalonga-windsurf.com), eine schattige Badestelle mit Bäumen, reichhaltigem Sportangebot (neben Surfen auch Wasserski, Kneeboards und Tretboote) und guter Strandtaverne. Im letzten Teil der Fahrt herrlicher Blick auf die Festungsinsel Spinalónga.

Wasserflugzeuge über Eloúnda

Da das Meer in der geschützten Bucht fast immer ruhig und unbewegt ist, machten hier vor dem Zweiten Weltkrieg regelmäßig die Wasserflugzeuge der britischen Fluggesellschaft „Imperial Airways" Zwischenstopp auf dem Weg in den Nahen und Fernen Osten. Als es 1936 zu einem Absturz in der Bucht kam, schloss man die Airbase M.V. Imperia.

Pláka

Das winzige, beschauliche Örtchen liegt der kleinen Spinalónga-Insel genau gegenüber. Als die Lepra-Kolonie noch bewohnt wurde, war Pláka ihr Fährhafen. Hier kamen die Kranken teilweise mit ihren ganzen Familien an und mussten endgültig Abschied nehmen. Aber auch die Versorgung der Lepra-Kranken und alle Kontakte zur Außenwelt liefen über das kleine Dorf. Als die Lepra-Station aufgelöst wurde, versank Pláka in Vergessenheit.

Bis vor wenigen Jahren wurde Pláka nur wenig besucht. Doch mittlerweile ist am Ortseingang die edle 5-Sterne-Anlage „Blue Palace" entstanden (Thalassoabteilung über drei Etagen, eigener Hotelstrand, über 100 Zimmer und Suiten, z. T. mit eigenem Pool, www.bluepalace.gr), die den Touristenstrom nun auch hierher lenkt. Trotzdem ist es nach wie vor relativ ruhig geblieben und die hübschen Tavernen am Bootsanleger nach Pláka sind so richtig zum gemütlichen Fischessen geeignet. Die beiden Kiesstrände zu beiden Seiten vom Ort bestehen z. T. aus sehr großen Steinen. Am vorderen Strand steht zwischen Palmen die von einer Mauer eingefasste, weiß gekalkte Kirche.

• *Anfahrt/Verbindungen* **Busse** höchstens 3 x täglich von Eloúnda, von Ágios Nikólaos nur mit Umsteigen.

Fischerboote fahren nach Bedarf hinüber nach Spinalónga (sobald genügend Passagiere da sind, wird gefahren), etwas billiger als von Eloúnda, ca. 7 € hin/zurück, bei wenig Nachfrage auch günstiger (Kinder gratis), drüben eine Stunde Aufenthalt.

• *Übernachten* Die Ruhe in Pláka zieht mittlerweile vermehrt Übernachtungsgäste an und so sind eine ganze Reihe von hübschen Apartmentanlagen entstanden.

Myrina Village, landschaftlich reizvoll gelegene Anlage am Ortsrand, zwischen Oliven- und Johannisbrotbäumen, sehr ruhig und erholsam. Locker verstreute Häuser mit Apartments, Studios und Zimmern, alle mit Balkon/Terrasse, meist mit Blick aufs Meer und Spinalónga, Der nette Besitzer spricht gut Deutsch, ist aber nicht immer anwesend, vorher anrufen. ✆ 28410-41809, 📠 41810.

Stella Mare, kleine, gepflegte Anlage, verwinkelt um einen Innenhof angelegt. Saubere Apartments mit Kochnische und Balkon. ✆ 28410-41814.

Kalidon, gegenüber der Telefonzelle mitten im Ort. Die gastfreundliche Wirtin vermietet ihre Räume für ca. 23–38 €.

Weitere Apartments und Studios können über „Minotours Hellas" gebucht werden.

• *Essen & Trinken* Pláka ist bekannt für seine Fischtavernen, die sehr idyllisch gelegen sind, zu empfehlen ist z. B. **O Giorgios** bei der Bootsanlegestelle.

• *Sonstiges* nächster **Minimarket** 1,5 km in Richtung Eloúnda.

Halbinsel nördlich von Eloúnda

Die Halbinsel um das Kap von Ágios Ioánnis liegt nahezu unbeachtet am Rande der kretischen Welt. Vom nahen Tourismus können die Bewohner kaum profitieren, da Strände fehlen. Oliven, etwas Getreideanbau und Ziegenzucht sind die einzige Existenzgrundlage. Ein Stück Erde, in das der Meltémi hineinheult – Windmühlenstümpfe, wohin man blickt.

Die zahlreichen Dörfer wirken noch sehr ursprünglich und sind wegen der schwierigen Wirtschaftslage oft halb entvölkert. Relikte der Venezianer und die zahlreichen Windmühlen verraten aber, dass die hiesigen Anbauflächen einst sehr wichtig waren. Erfreulicherweise durchqueren heute mehrere Asphaltstraßen das Gebiet, sodass unternehmungslustige Urlauber interessante Rundfahrten unternehmen können. Im Folgenden Hinweise für die Fahrt über *Pláka*.

▸ **Vrouchás**: Wenn man unter herrlichen Panoramablicken auf den Golf von Mirabéllo die Serpentinenstraße von Pláka heraufkommt, passiert man am Kamm vor dem Ort eine Reihe schön restaurierter *Windmühlen.*

▸ **Sélles und Nordküste**: Das Dorf Sélles liegt oberhalb der Nordküste. Seine Taverne „To Aloni tou Mironi" ist obligatorischer Anlaufpunkt für Jeep-Safaris, die von hier eine schmale, ca. 4 km lange Serpentinenstraße zur Nordküste hinunterfahren. Im mittleren Teil endet bisher der Asphalt, weiter geht's auf Schotter steil zum Ufer hinunter, immer wieder atemberaubende Ausblicke auf die Küste. Unten angelangt ein kleiner Ort, bestehend aus etwa 15 Häusern, einer unregelmäßig geöffneten Taverne und einer netten, etwa 80 m langen Badebucht.

Bei Váltos teilt sich die Straße: Man kann über Kloster Aretíou direkt nach Süden in die Ebene von Kastélli fahren, von wo man rasch hinunter nach Neápolis kommt oder die deutlich längere Strecke über Finokaliá, Nofaliás und Kouroúnes nehmen, die aus 700 m Höhe in tiefen Kehren ins Tal von Neápolis kurvt.

▸ **Kloster Aretíou**: Das imposant ummauerte Wehrkloster steht unter turmhohen Zypressen an der Straße zwischen Váltos und Karídi. Früher unterstanden ihm viele kleine Klöster der Umgebung und es gab zahlreiche Räumlichkeiten für die Verarbeitung landwirtschaftlicher Produkte, u. a. eine Ölmühle und eine Kelterei. Wegen des Mangels an Grundwasser wurden große Zisternen angelegt und sind bis heute erhalten. Das Kloster wird seit kurzem wieder bewohnt und kann besichtigt werden.
Öffnungszeiten 9–13.30, 17–20 Uhr.

Ebene von Kastélli

Über die ruhigen Durchgangsdörfer *Karídi* und *Doriés* kurvt man nun in die unerwartet auftauchende Landwirtschaftsebene von Kastélli mit Getreidefeldern, Obstplantagen und Olivenbäumen hinunter. Bei der Abfahrt nach Fourní passiert man elf Windmühlenruinen, die sich seitlich der Straße malerisch den Hang hinunterziehen.

▸ **Fourní**: Das verwinkelte Dorf wird von der Landstraße umgangen und besitzt noch Reste venezianischer Architektur und eine Kirche mit Wandmalereien aus dem 15. Jh., geweiht dem *Ágios Ioánnis Theólogos.* Einkehren kann man an der Durchgangsstraße oder in zwei bescheidenen Kafenia am kleinen Dorfplatz im Zentrum.

Mylopetra: kleines volkskundliches Museum in einer ehemaligen Ölmühle zwischen Fourní und Kastélli. Ein deutschsprachiger Kommentar vom Band erläutert die Exponate, darunter Teile einer Schmiedewerkstatt, ein Webstuhl und andere Utensilien zum Weben sowie alte Landwirtschaftsgeräte. Teile der Mühleneinrichtung sind noch erhalten, z. B. Kollergang (Mahlwerk), Wasserpumpe und ein vorsintflutlicher Motor, der durch einen Flaschenzug mit dem Mahlstein verbunden ist.

▸ **Kastélli**: größeres, ursprüngliches Dorf, schön zum Bummeln, über den engen Gassen hängen Trauben und leuchtend bunte Bougainvilleen. Am westlichen Ortseingang eine gewaltige *Zisterne* von 8 m Durchmesser, die noch heute als Viehtränke genutzt wird.

Hinweise zur nahegelegenen dorischen Stadt Dríros *→Neápolis, S. 385.*

Spinalónga – die Lepra-Insel

„Visit the island of pain and living death". Von den Reisebüros in Ágios Nikólaos marktschreierisch beworben, laufen täglich Dutzende von Booten Kalidón an, wie das kleine Inselchen am Nordende der lang gestreckten Halbinsel Spinalónga eigentlich heißt.

Ein steiler Festungshügel im Meer, mit schweren venezianischen Bastionen rundum zugemauert – so erscheint Kalidón heute. Innerhalb der Mauern reihen sich die verfallenen Häuser und Gassen der Siedlung, in der von 1903 bis 1957 zwangsweise alle Leprakranken Kretas leben mussten, manche fast ihr ganzes Leben lang. Die Insel ist heute ein Nationalmonument Griechenlands und im Zeitalter von Aids ein eindringliches Mahnmal, Menschen, aus welchem Grund auch immer, nicht zu isolieren. Betroffenheit zeigen allerdings die wenigsten Besucher. Gut gelaunte Fremdenführer hetzen ihre Gruppen im flotten Marschtempo einmal rund herum, dann geht's wieder an Bord und zurück nach Ágios oder Elóunda.
Hinweis: Im Folgenden schließen wir uns der vor Ort üblichen Sprachregelung an und sprechen von „Spinalónga" (spitzer Dorn).

Die Lepra: Geißel der Menscheit

Schon im Altertum war sie weit verbreitet und gefürchtet – die „Aussätzigen", von der die Bibel berichtet, waren Leprakranke. Diese wurden ausgestoßen und mussten weit außerhalb jeder menschlichen Siedlung leben. Jesus hat sie einmal vor den Stadttoren Jerusalems besucht, ebenso viel später Franz von Assisi im italienischen Umbrien. In Kreta war diese Art der Isolation noch bis weit ins 20. Jh. hinein üblich. Die Lepra wird durch Bakterien auf dem Blutweg übertragen, also von offenen Wunden auf offene Wunden. Die Inkubationszeit beträgt zwei bis fünf Jahre. Zuerst werden die Nerven angegriffen, diese schwellen an und brechen auf – die typischen Leprawunden. Bis es dazu kommt, kann es aber Jahrzehnte dauern. Die Nerven werden schließlich ganz zerstört, dazu kommt Knochenschwund. Beides zusammen kann Gliedmaßen praktisch absterben lassen. Seit den fünfziger Jahren gilt die Lepra als heilbar und seit 1981 sind mit Hilfe eines Medikamentencocktails, genannt MDT-Therapie, bereits 6,5 Millionen Leprakranke geheilt worden. Ausgerottet ist die Krankheit jedoch noch nicht, vor allem in weiten Teilen der Dritten Welt. Aber auch in Europa gibt es noch eine hohe Dunkelziffer, trauriger Rekordhalter ist die südspanische Region Andalusien, wo über 1600 Fälle ärztlich diagnostiziert sind. Der Besuch der Spinalónga-Insel ist heute mit keinerlei Risiko verbunden.

Geschichte

Strategisch einmalig liegt das Inselchen Kalidón bzw. *Spinalónga* am Nordende der Bucht von Eloúnda, souverän beherrscht es die Einfahrt. Auf solch vorgeschobenen Posten errichteten die *Venezianer* seit dem 15. Jh. ihre stärksten Küstenforts – zwei andere liegen z. B. in der Soúda-Bucht bei Chaniá und auf einer kleinen Insel vor der lang gestreckten Halbinsel Gramvoússa in Westkreta. Um die Festungen bildeten sich schnell kleine Dörfer. 1669 fiel Kreta an die *Türken*. Die venezianischen Inselfestungen konnten sie jedoch nicht erobern und erst 1714 übergaben

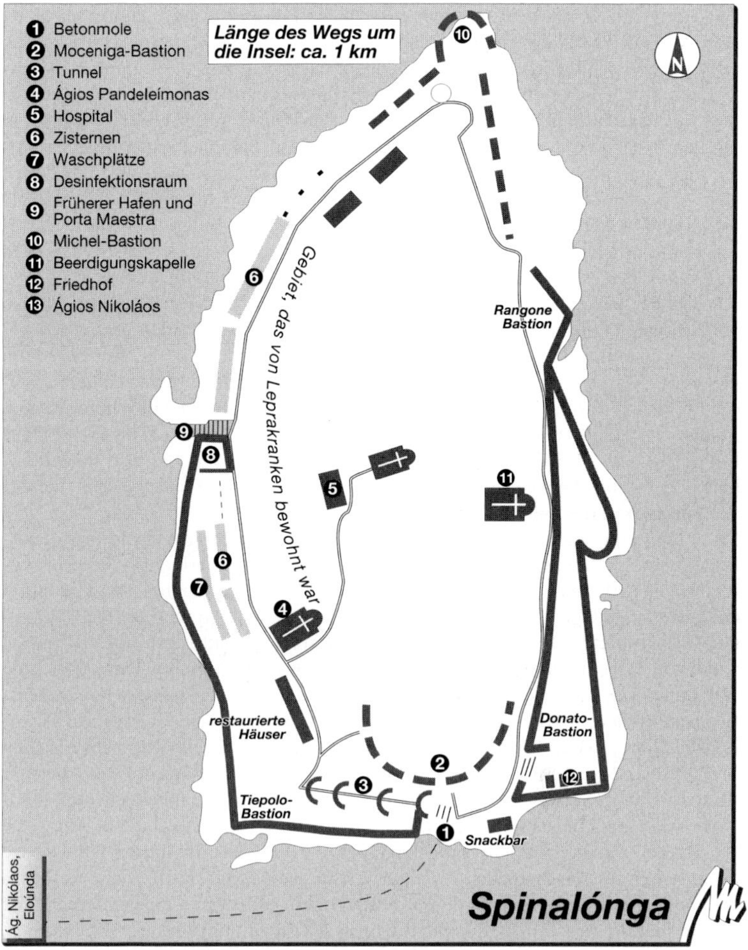

die Venezianer Spinalónga. In der ehemaligen venezianischen Siedlung ließen sich daraufhin ausschließlich Türken nieder – 1834 waren es achtzig Familien, 1881 bereits über zweihundert, die hier lebten, viele als Fischer. Doch 1903 verließen die letzten Türken die Insel, denn die kretische Regierung hatte beschlossen, aus Spinalónga eine Sammelstelle für sämtliche Leprakranken Kretas zu machen. Die Leprösen sollten sich in den venezianischen und türkischen Hausruinen einrichten und bis ans Ende ihrer Tage auf der kahlen, wasserlosen Felseninsel bleiben. Auf ganz Kreta trieb die Polizei die Kranken zusammen – viele waren aus ihren Dörfern vertrieben worden und hatten bisher weitab von der Zivilisation in Höhlen und verrotteten Hütten gehaust.

Etwa 450 Kreter waren anfangs auf Spinalónga untergebracht, später sollen es weit über tausend gewesen sein. Dazu kamen noch einige Dutzend Leprakranke aus dem übrigen Griechenland, die man unter menschenunwürdigen Zuständen in einem Athener Krankenhaus zusammengepfercht hatte. Sie waren in Hungerstreik getreten und schließlich nach Spinalónga gebracht worden. Sie stammten hauptsächlich aus geordneten bürgerlichen Verhältnissen und hatten z. T. abgeschlossene Berufsausbildungen als Anwälte, Lehrer etc. Unter ihrer Führung versuchten die Leprösen, soweit ihnen das mit ihren schweren Behinderungen möglich war, die Insel wohnlich zu machen. Sie renovierten die venezianischen und türkischen Häuser, bauten kleine Wohnhäuser auf die alten Grundmauern, legten Gemüsegärten an und hielten schließlich sogar Schafe, Ziegen und Hühner. Auch die verrotteten venezianischen Zisternen wurden wieder instand gesetzt – von den Dächern wurde das Regenwasser in Tonnen geleitet und in den fast tunnelgroßen Wasserreservoirs der ehemaligen Festung gesammelt. Im Lauf der Jahrzehnte entstand so ein richtiges Dorf mit vier Tavernen, zwei Kirchen, kleinen Läden und vielen bewohnbaren Häusern. Die Verhältnisse waren allerdings äußerst bescheiden, denn fließendes Wasser gab es in den Wohnungen nicht und Strom erst nach dem Zweiten Weltkrieg. Ihren Lebensunterhalt bestritten die Leprösen mit einer geringen monatlichen Rente vom Staat. Die Versorgung erfolgte über den kleinen Ort Pláka (→ oben) – es wird jedoch berichtet, dass die umliegenden Händler stark überhöhte Preise für Nahrungsmittel forderten, sodass an der medizinischen Versorgung gespart werden musste.

Bis in die 1930er Jahre scheint das Leben auf Spinalónga erbarmungslos hart gewesen zu sein. Ein Großteil der Inselbewohner war rettungslos erkrankt. Die medizinische Hilfe beschränkte sich auf das Verabreichen von Morphium und die Amputation der betroffenen Gliedmaße, nicht wenige starben nach diesen Operationen. Wer genug Geld gespart hatte (oder von Verwandten bekommen hatte), gab einen hölzernen Sarg beim Inselschreiner in Auftrag und bekam ein Einzelgrab mit einem schlichten Holzkreuz. Die anderen wurden in einem tief in den Boden eingelassenen Zementturm am Ende vom Friedhof beerdigt – dieses Massengrab ist heute noch zu sehen. Erst Ende der 1930er Jahre verbesserten sich die medizinischen und menschlichen Verhältnisse. Man baute eine große Desinfektionskammer, die jeder Besucher der Insel durchlaufen musste. So konnten die Verwandten ihre Kranken jederzeit besuchen und die schreckliche Isolation der Leprösen war erstmals durchbrochen. Ob bereits 1937 ein Krankenhaus auf Spinalónga gebaut wurde, ist umstritten. Es wird auch behauptet, dass lediglich ein Behandlungsraum existierte, in dem die Lepra behandelt wurde, für alle anderen Krankheiten war keine medizinische Hilfe vorgesehen. In diesem Zusammenhang muss Dr. Grammatikakis erwähnt werden, der 25 Jahre lang – von 1924 bis 1949 – die Leprakranken behandelte, ohne selber zu erkranken. Im Zweiten Weltkrieg isolierten die deutschen Besatzer Spinalonga aus Angst vor Ansteckung wieder völlig. Spinalónga erreichten damals regelmäßig Lebensmittel und Medikamente vom Roten Kreuz, nicht zuletzt wohl, um Unruhen unter den Kranken vorzubeugen. Für den Fall, dass ein Lepröser versuchte, die Insel zu verlassen, hatten die Wachposten Schießbefehl.

Doch gab es auch endlich Zeichen der Hoffnung. So entdeckte 1941 ein französischer Arzt namens Faged, dass man die Lepra mit Sulfamid behandeln und heilen konnte. 1949 wurde Spinalónga von der wohlhabenden Familie eines Kranken ein Stromgenerator gespendet und erhielt somit elektrisches Licht, wenn auch nicht in allen Haushalten, wohl aber in den öffentlichen Gebäuden. Manche der jungen Leprakranken heirateten untereinander und bekamen insgesamt zwanzig Kinder, die alle gesund waren, aber wegen der Ansteckungsgefahr in ein Athener Waisenhaus

Blick auf die ehemalige Leprainsel Spinalónga

gebracht werden mussten. 1953 wurde endlich eine wirksame Medizin gegen die Lepra gefunden und zwei Jahre später erließ die griechische Regierung ein Gesetz, dass die Lepra fortan nicht mehr als erblich oder unheilbar anzusehen sei. 1957 wurden die letzten noch lebenden Leprakranken von Spinalónga in die Freiheit entlassen, blieben aber in ihren Heimatdörfern trotzdem großteils weiterhin geächtet. Die Schwerkranken und Gebrechlichen kamen in das Krankenhaus Santa Barbara in Athen, wo einige bis heute versorgt werden. Seit 1941 hat übrigens der Mönch Chrysantos vom Kloster Toploú auf Spinalónga gelebt, ohne sich anzustecken – er blieb auch nach der Auflösung der Leprakolonie noch bis 1961 auf der Insel. Der milliardenschwere Schiffsreeder Aristoteles Onassis erwog wenig später den Plan, auf der nun unbewohnten Insel ein Spielcasino (!) zu eröffnen. Glücklicherweise war die Regierung damals hellsichtig genug, dieses Vorhaben nicht zu genehmigen. Heute ist der Restaurator Manolis Haroulis dabei, Fundstücke zu sichten und sie für die Nachwelt zu konservieren. Er hofft, irgendwann einmal ein Museum einrichten zu können.

• *Anfahrt/Verbindungen* Im Hafen von **Ágios Nikólaos** starten täglich mehrere Schiffe nach Spinalónga, unterwegs passiert man in der Regel die versunkene Stadt Olóus, die so genannte Höhle des Piraten Barbarossa und die Insel Ágii Pándes, zuzüglich kurzem Badeaufenthalt von Bord aus (→ Kasten, S. 414). Dauer der Tour ca. 3,5–4 Std., incl. 1 Std. Aufenthalt auf Spínalonga (ohne Führung), Kostenpunkt ca. 15 €.

Tipp: Es gibt auch Bootstouren mit Führung, die etwas teurer sind. Wir empfehlen die Fahrt mit dem Schiff „Venus" von **Nostos Tours** (→ Ágios Nikólaos/Reisebüros), die von einem sachkundigen, gut Deutsch sprechenden Führer begleitet wird. Preis: 20 €, Kinder die Hälfte. Buchen kann man im Reisebüro oder direkt beim Boot.

Weiterhin fahren vom Hafen in **Eloúnda** häufig Fischer- und Ausflugsboote hinüber. Fahrtzeit etwa 15 Min., ca. 10 € hin/rück, Aufenthalt ebenfalls 1 Std.

Noch preiswerter kann man von **Pláka** übersetzen.

> Achtung: Zu den genannten Überfahrtspreisen kommt noch die Eintrittsgebühr auf Spinalónga dazu.

• *Öffnungszeiten/Preise* tägl. 9–18 Uhr, Eintritt ca. 2 €, über 65 Jahre ca. 1 €, Studenten und Jugendliche unter 18 Jahren frei.

• *Verpflegung* Beim Anlegeplatz auf der Insel wurde vor kurzem eine Snackbar mit Toilette und Telefon gebaut, die aber bisher nicht immer geöffnet ist. An Bord der Schiffe gibt es Getränke, Schokoriegel, Chips etc.

▸ **Rundgang**: Die Ausflugsboote landen unterhalb der mächtigen Südbastion *Moceniga (2)*, die die schönste und größte der Insel ist. Hoch oben in der Mauer brüllt der venezianische Marmorlöwe zur Halbinsel Spinalónga hinüber. Nun geht es nach links durch den 20 m langen *Tunnel (3)* ins Innere der Festung, wo die lange *Laden- und Wohnstraße* der Leprasiedlung beginnt. Nach Verlassen des Tunnels kann man rechts zur Südbastion hinaufsteigen und den schönen Blick auf die Lagune genießen.

Die schmale, schnurgerade Hauptgasse führt geradeaus an der westlichen Längsseite der Insel entlang. An beiden Seiten reihen sich gut erhaltene Hausruinen, die derzeit teilweise restauriert werden und so wohl schöner werden, als sie jemals waren. Sie vermitteln einen Eindruck von der beengten Lebensweise, sind aber für die damaligen Verhältnisse keineswegs ärmlich oder bescheiden und haben die übliche Größe und Ausstattung von Stadthäusern. Viele besitzen Kamine und Backöfen. In einem der Häuser ist eine kleine Fotoausstellung zu Eloúnda untergebracht, mit der der traditionelle Abbau von Schleifstein in den Bergen der Bucht und die britische Airbase für Wasserflugzeuge in den dreißiger Jahren (→ Kasten, S. 407) dokumentiert sind. Rechter Hand passiert man bald die Kirche *Ágios Pandeleímonas (4)*, die Anfang der 1990er Jahre umfassend restauriert wurde. Daneben führt ein holpriger Pfad hinauf zum *Hospital (5)* der Insel. Auf der anderen Wegseite liegen einige große venezianische *Zisternen (6)*, die heute abgedeckt sind. Dahinter sieht man restaurierte Betonbecken, die als *Waschplätze (7)* genutzt wurden.

Am Ende der Häuserreihe fällt links ein großes Gebäude mit tiefer liegendem Boden auf – der *Desinfektionsraum (8)* vom Ende der dreißiger Jahre, wo jeder Besucher, aber auch jeder Gegenstand, der die Insel verließ, mit Karbolsäure desinfiziert wurde. Wenn Sie durch die benachbarte *venezianische Porta Maestra* hinaustreten, stehen Sie am ehemaligen *Anlegeplatz* von Spinalónga *(9)*. Das Tor mit seinen Säulen, der lateinischen Inschrift und dem venezianischen Löwen ist noch sehr gut erhalten. Hier draußen kamen täglich die Händler aus Pláka an, um ihre Waren zu verkaufen – das Betreten des Dorfs waren ihnen verboten, der Handel fand durch ein kleines Fenster in einem Haus vor dem Tor statt. Vor der Abreise desinfizierten sie das Geld in einem großen Dampfkessel, der noch heute hier steht. Weiter geht es nun bis an die nördliche Stirnseite der Insel. Das Felsufer fällt dort fast senkrecht ab, beeindruckend sind die Mauern und vor allem die halbrunde Nordbastion *Michel (10)* mit ihren gewaltigen Öffnungen für die Kanonen, mit denen man die ganze Meerenge unter Feuer legen konnte.

An der dem offenen Meer zugewandten Seite der Insel gelangen Sie wieder zurück zur Anlegestelle. Kurz bevor Sie wieder zur Moceniga-Bastion kommen, sehen Sie rechts die zweischiffige Beerdigungskapelle *Ágios Geórgios (11)*, die ein katholisches und ein orthodoxes Schiff besaß. Linker Hand passiert man kurz darauf den *Friedhof (12)* der Lepra-Kranken auf der *Bastion Donato*: vier Reihen länglicher Grüfte, mit Betonplatten bedeckt. Neugierige Touristen lüften immer wieder die Deckel, es ist aber nichts mehr darin. Die Knochen der Verstorbenen wurden alle in dem benachbarten Beinhaus gesammelt, zu erkennen an seinem pyramidenförmigen Betondach.

Noch vor zwei Jahrzehnten war es randvoll. Skrupellose Andenkensammler haben jedoch immer wieder Stücke mit nach Hause getragen. Seitdem ist es zugemauert.

Eine Bootstour nach Spinalónga

„Unternehmen Sie einen Ausflug zur versunkenen Stadt Oloús, zur Festungs- und Leprainsel Spinalónga und zur Insel Agíi Pándes, auf der Agrími-Ziegen gezüchtet werden – Bademöglichkeit inklusive"...

Still ruht die See und **Oloús** liegt 5 m tiefer – zu sehen ist allerdings leider nichts. Wer will, darf wenig später über die Leiter ins Meer klettern und ein paar Minuten schwimmen, also Badekleidung mitnehmen. Beim Törn um die Halbinsel **Spinalónga** passieren wir die hohe Höhle des **Piraten Barbarossa**. Hier versteckten sich, vom Meer aus nicht einsehbar, angeblich Seeräuber und lauerten anderen Schiffen auf. Nach 1,5 Std. Ankunft auf der **Leprainsel**, Aufenthalt eine Stunde – mit guter Kondition und einem Reiseführer in der Hand ist das zu schaffen. Eine Stunde Rückfahrt und das Boot nähert sich der Insel **Ágii Pándes**, auf der Agrími-Ziegen leben. Die rehbraunen Viecher sind wider Erwarten tatsächlich gut auszumachen, wir werden aufgefordert, unsere Fotoapparate bereitzuhalten. Noch einige Minuten Fahrt und das Boot ist wieder im Hafenbecken von **Ágios Nikólaos**. Bei allen genannten Punkten gibt es ausführliche Erklärungen in mehreren Sprachen vom Band.

Kretische Riviera

Panoramastrecke südlich von Ágios Nikólaos. Die schmale Old Road schlängelt sich in vielen Kurven hoch über die felsigen Buchten des weiten Golfs von Mirabéllo, darüber wurde eine neue Schnellstraße durch die Felsen gebrochen.

Fürs Auge ein Genuss sind die Kontraste von strahlend türkisfarbenem Meer, weißem Gestein und silbrig-grünen Oliven. Schroffe Felsabstürze wechseln mit tief eingeschnittenen Fjorden und teils einsamen Sandbuchten. Abgesehen von der unmittelbaren Nähe zu Ágios Nikólaos hält sich die touristische Zersiedlung noch im Rahmen. Östlich der weiten Bucht von *Pachiá Ámmos* beginnt dann die eigentliche Bergstrecke hinein in die gewaltige Felsmauer der Sitía-Berge. Leider fungiert der ganze Golf bei ungünstigen Winden als natürliches Auffangbecken für den Abfall von Ágios Nikólaos. Viele Plastiktüten und sonstiger Dreck schwimmen dann im Meer. Doch man bemüht sich um regelmäßige Säuberung.

Strände unmittelbar südlich von Ágios Nikólaos → Ágios Nikólaos/Baden.

Bucht von Kaló Chorió

Weite, tiefgrüne Landwirtschaftsebene, gleich dahinter steigen die Küstenberge an. Mit Obst- und Olivenplantagen sehr fruchtbar, am Meer drei besonders schöne Strände, die wegen der noch nicht freigelegten antiken Stadt Istrona als archäologisches Gebiet ausgewiesen sind und deshalb nicht bebaut werden dürfen. Die beiden Orte Pírgos und Kaló Chorió liegen ein paar Kilometer landeinwärts.

Bedingt durch den Tourismus ist direkt an der Durchgangsstraße das Örtchen *Ístro* entstanden. Zahlreiche Tavernen, Hotels und Apartmenthäuser sorgen für reichlich

Zulauf, nicht wenige Pauschalurlauber buchen hier ihren Urlaub. Wegen der guten Bademöglichkeiten kommen tagsüber auch viele Urlauber aus Ágios Nikólaos und Umgebung. Kurz nach der Tankstelle wurde vor wenigen Jahren sogar ein kleines *Volkskundemuseum* eröffnet.

Öffnungszeiten tägl. Mi, Do 10–13 Uhr, Fr, Sa 19–22 Uhr, ca. 2 €.

• *Übernachten* Gute Häuser in Ístro vermittelt Minotours Hellas (→ S. 161).

Elpida, C-Kat., gepflegte Anlage am Hang oberhalb der Straße, die fast hundert hübsch ausgestatteten Zimmer und Apartments verteilen sich über mehrere Häuser in einem üppig bewachsenen Garten. Süßwasserpool mit tollem Blick auf die Bucht. Geführt von der freundlichen Familie Restakis. Zu buchen über diverse Reiseveranstalter. DZ mit Frühstück ca. 50–65 €. ✆ 28410-61447, ✆ 61481, www.forthnet.gr/internetcity/hotels/elpida

Golden Bay, C-Kat., an der Durchgangsstraße bei der großen Badebucht von Ístro, einfaches Mittelklassehotel mit Restaurant (schöne Terrasse mit Blick) und kleinem Swimmingpool, nette Besitzerin. DZ mit Frühstück (mehrere Variationen) ca. 32–42 €. ✆ 28410-61202, ✆ 61224.

Villa Maria, am westlichen Ortsbeginn, direkt an der Straße, geführt von einem dänisch-holländischen Paar. Geräumige Apartments und Studios, schöner Blick über die Olivenbäume zum Meer, die beiden Strände von Kaló Chorió sind etwa 500 m entfernt, mit Pool, unten im Haus eine gut bestückte Bar. Einige Leser hatten Probleme mit der Sauberkeit. Wochenpreis pro Wohneinheit ca. 275–475 €. ✆/✆ 28410-61512, www.villamariakreta.com

Villa Kassandra, 100 m oberhalb der Durchgangsstraße, schöne, kleine Reihenbungalows für 2–3 oder 4–5 Pers., jeweils mit Kochgelegenheit, ruhige Lage, Garten und Pool. 500 m zum Strand. Besitzer spricht Deutsch. Zu buchen über Minotours Hellas.

Villa Castello, gepflegte Apartmentanlage, ca. 700 m vom Strand, Panoramablick. Großer, reich bepflanzter Garten mit verschiedenen Obstbäumen, neu angelegter Pool, Spielecke für Kinder. Apartment für 2–3 Pers. ca. 40–50 €, 4–5 Pers. 42–73 €. Zu buchen über Kreta Ferienwohnungen Alexander Damianof (→ S. 161).

• *Essen & Trinken* **Pelagos**, gegenüber vom Internet-Café. Große, baumbeschattete Terrasse mit großartigem Blick auf das Meer (Sonnenuntergang). In mittlerweile dritter Generation sehr freundlich geführt von Giorgios mit Familie (sein Vater ist der letzte Fischer am Ort). Lecker und preisgünstig, zum Abschied Rakí.

Berry's Taverne, ebenfalls nett geführt durch ein kanadisches Paar, griechische und internationale Küche, keine Touristenabfertigung.

Zygos, schönes Ambiente, Hauptspeisen zwar durchschnittlich, zum Salat gibt's aber selbst gebackenes Brot und nach dem Essen ein kleines Fläschchen hausgemachten Rakí und eine süße Dreingabe.

• *Sonstiges* **Internet Café** an der Durchgangsstraße.

Aqualand, Tauchschule im Hotel Istron Bay (→ unten). ✆ 28410-61807.

▸ **Ístro/Baden**: Am Ausgang der fruchtbaren Schwemmebene reihen sich drei Strände aneinander, die zwei Strände von Kaló Chorió und der so genannte Golden Beach. Die ersten beiden sind durch einen Fußweg miteinander verbunden, auch der weiter entfernte Golden Beach kann von dort zu Fuß erreicht werden.

Karavostásis, der erste Strand von Kaló Chorió, liegt im Westen der Bucht, Zufahrt durch Olivenplantagen bei der letzten Straßenkurve vor Ístro, gut 500 m langer, feiner Sandstrand, im Wasser teils steinig, Snackbar vorhanden.

Der zentrale Strand von *Kaló Chorió* besitzt eine beschilderte Zufahrt unter hohen Eukalyptusbäumen an der Straße. Der feinsandige, 500 m lange Strand ist besonders gut geeignet für Kinder, da er ganz flach ins Wasser abfällt und es keine Steine gibt – beschauliches Badeleben mit viel Schatten durch große Tamarisken, Sonnenschirme und Liegen, zwei Snackbars bieten Erfrischungen, Hamburger, Souvláki usw. Eine kleine Kapelle steht östlich oberhalb vom Strand, dahinter wurden einige minoische Gräber freigelegt – Teil der antiken Stadt *Istrona*. Die Kapelle selber ist mit antikem Baumaterial errichtet.

Zu guter Letzt findet man am Ostende der Ebene unterhalb der Straße eine große, felsige Bucht mit wunderbarem Sand-/Kiesstrand, *Vúlisma* oder *Golden Beach*. Es geht ganz flach ins leuchtend türkise Meer hinein, man kann gut 50 m durch das Wasser waten. Es gibt eine Taverne, Sonnenschirme und Liegestühle werden vermietet, auch Wassersport.

▸ **Hinterland von Ístro**: Über *Kaló Chorió*, den Hauptort der Bucht, mit Volksschule und großer Kirche kann man ins kleine Nest *Pírgos* fahren, das vom Tourismus kaum berührt wird. Ins 7 km entfernte *Prína* geht es einen pinienbewachsenen Abhang entlang, hier kann man in der Taverne am Ortsende links einkehren, Wirt Dimitris Pitopoulakis spielt für seine Gäste gern auf der Lyra und man kann hier schöne Abende verbringen, zu Küche und Preisgestaltung allerdings gemischte Lesermeinungen. Zur Südküste kann man nun weiter über *Kalamáfka* oder über *Meseléri* fahren – in beiden Fällen landschaftlich höchst eindrucksvoll erodierte Fels- und Schluchtenlandschaft mit tollen Blicken zur tief unten liegenden Südküste.

Von Ístro nach Gourniá

Östlich der Bucht von Kaló Chorió wird die Szenerie felsig und einsam. Die schmale Old Road schlängelt sich mit vielen Kurven entlang der malerischen Klippenküste, vorsichtig fahren. Ein Stück weiter oberhalb wurde eine breite Schnellstraße durch die Felsen geschlagen, die die Transferzeit nach Ierápetra deutlich verkürzt.

Nur wenig östlich von Ístro steht in einer tiefen Bucht unterhalb der Straße das blendend weiße Komforthotel „Istron Bay" völlig allein an einem langen, schmalen Sandstrand. Ein paar Kurven weiter östlich folgt ein tief eingeschnittener Fjord, um den die Straße einen ebenso tiefen Bogen macht. Am Meer vorne liegt ein kleiner, einsamer Kiesstrand mit ein paar schattigen Bäumen. Zufahrt über einen holprigen Feldweg.

• *Übernachten* **Istron Bay**, Lux.-Kat., aufmerksam geführter Familienbetrieb, gediegene Stimmung und wunderbar ruhig. Großer Pool und viel Grün um die Anlage, Taverne am Strand, Tennis, Wassersport (Tauchschule). Von den meisten Zimmern herrlicher Blick aufs Meer, zu mieten sind neben DZ auch zweistöckige Apartments, unten Wohn-, oben Schlafbereich. Laut Leserzuschrift sehr gute kretische Küche Nach Ístro läuft man ca. 20 Min. Pauschal über zahlreiche Veranstalter. ✆ 28410-61303, ✆ 61383, www.istronbay.com

Camping Gournia Moon, der einzige Platz der Region liegt 3 km westlich vom nächsten Ort Pachiá Ámmos, fernab vom touristischen Trubel. Einfache Terrassenanlage unterhalb der Straße an einer Felsenbucht, Blick auf das gegenüberliegende Ágios Nikólaos. Die nur 50 m entfernte Old Road wird nachts kaum befahren und die neue Schnellstraße oberhalb stört auch kaum. Sanitäre Anlagen eng, aber okay, Waschmaschine vorhanden. Schatten durch Mattendächer und Bäumchen. Es gibt eine Terrassentaverne mit schönem Blick (wegen des oft heftigen Nordwinds verglast) und einen Minimarket mit dem Nötigsten. Zum kleinen Kiesstrand sind es nur ein paar Schritte, leider werden vom Touristenzentrum Ágios Nikólaos ständig enorme Mengen an Treibgut angeschwemmt. Dafür steht ein sehr sauber gehaltener und reichlich gechlorter Süßwasserpool mit Kinderbecken zur Verfügung. Die Busse von Ágios Nikólaos nach Sitía und Ierápetra (und umgekehrt) halten, wenn Sie dem Kontrolleur Bescheid sagen. Abends ist man auf dem Platz ohne eigenes Fahrzeug ziemlich abgeschnitten. Geöffnet Mai bis September. ✆/✆ 28420-93243.

▸ **Kloster Faneroménis**: Gegenüber vom Camping Gournia Moon führt eine asphaltierte Straße zum einsamen Kloster hinauf. Herrlich ist oben das Panorama vom gesamten Golf. Nach der letzten Kurve öffnet sich unvermutet der Blick auf das Kloster: Mit wehrhaften Mauern klebt es an der Felswand, man erkennt Schießscharten und einen Runderker. Vom Parkplatz kurzer Steilweg hinauf und über eine Treppe links in den intimen Innenhof mit üppig blühendem Sanddorn. Auf einer Treppe rechts rauf zur Aussichtsterrasse – dort in einer Höhlung im Fels das faszinierende *Grottenkirchlein der Panagía*, nur mit Wellblech überdacht. Im Gewölbe Fresken, eine alte Altarwand und die mit Votivtäfelchen behängte Ikone der Panagía. Entdeckt wurde sie einst von einem Schäfer. Benachbart niedrige, rußgeschwärzte *Grotte*, in der ein Eremit lebte. Man kann sie nur gebückt besichtigen, überall hängen Ikonen und Heiligenbilder in den Nischen. Großes Fest der Panagía am 15. August.

Öffnungszeiten tägl. von etwa 13 bis 16 Uhr geschlossen. Über den Kauf einer Ansichtskarte oder eine kleine Spende freut man sich.

Gourniá

Gourniá ist neben Eliá im äußersten Nordosten Kretas (→ S. 445) die größte minoische Stadt, die man bisher auf Kreta ausgegraben hat. Vor allem aber ist sie die besterhaltene Stadt der Minoer, insofern kommt ihr außerordentliche Bedeutung zu, um die Lebensumstände der Menschen vor über 3500 Jahren zu erforschen.

Gourniá hatte seinen wirtschaftlichen Höhepunkt in der Jüngeren Palastzeit (1700-1450 v. Chr.). Wie alle minoischen Siedlungen fiel es der rätselhaften Katastrophe von 1450 zum Opfer. Ausgegraben wurde der auf einem niedrigen Hügel gelegene Ort mit seinem guten Ankerplatz von 1901–1904 von der jungen Amerikanerin Harriet Boyd-Hawes und noch heute gibt es ein amerikanisches Forschungsinstitut in Pachiá Ámmos. Nach dem, was hier an bronzenen Werkzeugen, Messern, Nadeln, Angelhaken, Töpfen usw. gefunden wurde, muss Gourniá ein großes Handwerkszentrum gewesen sein. Das Gewirr von gepflasterten Gässchen und kleinen Häusern am Hügelhang erinnert sehr an ein Bergdorf im heutigen Kreta. Am höchsten Punkt hat man einen Palast entdeckt, vielleicht der Sitz eines Statthalters von Knossós.

Gewirr von Grundmauern: die minoische Siedlung Gourniá

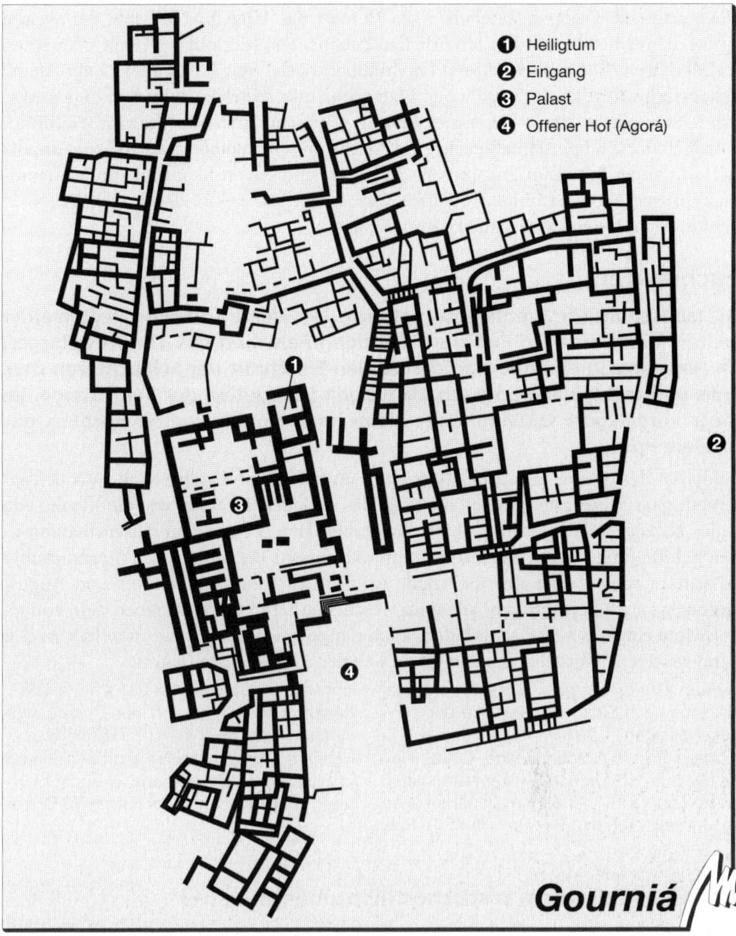

Gourniá liegt knapp 2 km westlich von Pachiá Ámmos auf einem Hügel direkt an der Straße, nur 100 m vom Meer. Gegenüber der Ausgrabung findet man eine einsame, jedoch stark verschmutzte Badebucht.

• *Anfahrt/Verbindungen* Die Busse von Ágios Nikólaos nach Sitía/Ierápetra halten direkt am Eingang.

• *Öffnungszeiten/Preise* Di–So 9–15 Uhr, Mo geschl., ca. 2,50 €, für EU-Studenten/Schüler frei, Stud./Schüler aus anderen Ländern die Hälfte.

▸ **Besichtigung**: Die ganze Siedlung besteht nur noch aus höchstens schulterhohen Mauern. Die kleinen Häuser besaßen winzige Räume, aber fast alle ein zweites Stockwerk, das meist über eine Außentreppe zu erreichen war. Im Erdgeschoss lagen Läden und Werkstätten, darüber die Wohnräume. Reste der Treppen sind noch zu erkennen, ebenso wie Teile der ehemaligen Kanalisation.

Über schmale Treppengässchen erreicht man das Hügelplateau mit der weiten *Agorá*, dem Mittelpunkt des öffentlichen Lebens. Von hier oben genießt man einen wunderbaren Blick übers Meer bis hinüber nach Ágios Nikólaos. Eine kleine Schautreppe liegt an der nördlichen Platzseite, links daneben sieht man eine große, runde Steinplatte, ein so genannter *Kérnos*, wahrscheinlich ein Altar für Tieropfer. Nördlich der Treppe schließen sich die Räume des ehemaligen *Stadtpalastes* an, die sich um einen Innenhof gruppieren. Zu sehen sind davon heute nur noch Grundmauern und Säulenstümpfe. Nördlich vom Palast gab es ein kleines *Heiligtum*, in dem man zahlreiche Votivgaben gefunden hat.

Pachiá Ámmos

Die landschaftliche Szenerie ist großartig. Der kleine Küstenort liegt in einer weiten Sandbucht am Fuß der mächtigen Felswand des Thriptí-Gebirges. Im Hintergrund erkennt man den steilen Einschnitt der Schlucht von Cha, links und rechts davon die scharfkantigen Silhouetten der Bergkämme. Im Meer vorgelagert schwimmt die kleine Insel Kónida, weiter nördlich das größere Psíra.

Leider ist der größte Teil des Ortsstrandes ungepflegt und voller Müll. Wir befragten ein paar Einwohner: Pachiá Ámmos, das sei leider so etwas wie die Kloake von Ágios Nikólaos. Der gesamte Abfall der großen Hotels samt dem der vorbeifahrenden Schiffe fange sich in dieser riesigen, natürlichen Bucht. Um den Strand sauber zu halten, müsse man ihn mehrmals wöchentlich reinigen. Im Juli und August werde das auch gemacht, vor allem im westlichen Strandbereich neben dem von einer Mole eingefassten Fischerhafen, auch einige junge Bäume hat man hier in den Sand gesetzt. In der Nebensaison lohne sich der Aufwand aber kaum.

• *Anfahrt/Verbindungen* Busse von Ágios Nikólaos nach Sitía oder Ierápetra und umgekehrt halten.

• *Übernachten* **Golden Beach**, C-Kat., Hotel direkt an der Uferstraße, der Name wirkt angesichts der Müllmengen allerdings eher sarkastisch. DZ mit Bad ca. 30–45 €, Balkons mit Meerblick. ✆ 28420-93278, ✆ 93557. **Xenios Zeus**, D-Kat,. an der Durchgangsstraße, DZ ca. 25–35 €. ✆/✆ 28420-93289.

• *Essen & Trinken* mehrere ordentliche Lokale an der Uferpromenade, z. B. die Fischtaverne **Eolos** oder weiter östlich **To Oniro**.

Besuch bei einem kretischen Instrumentenbauer

Etwa 1 km nach der Tankstelle von Páchia Ámmos passiert man an der Straße nach Ierápetra rechter Hand zwei Kafenia. Genau hinter dem zweiten befindet sich nach dem Durchgang durch eine Weinlaube der Eingang zum Atelier von Erikos Christofarakis, dem einzigen Musikinstrumentenbauer der Region. Er ist Rektor der Volksschule von Páchia Ámmos, baut und repariert hier seit vielen Jahren jeden Nachmittag und jeden Abend Instrumente: kretische Lyra, Bouzouki, Baglamás (eine Art Mini-Lyra, die heimlich in Gefängnissen benutzt wurde), kretische Violine, Mandoline u. a. Ohne Anmeldung ist jeder herzlich willkommen und kann zusehen, wie handgearbeitete Musikinstrumente entstehen und wie sie klingen, wenn Erikos sie anspielt. Man darf auch selbst die Instrumente ausprobieren. Auch für Familien mit Kindern ein eindrucksvolles Erlebnis.

Kretas Wespentaille – von Pachiá Ámmos bis Ierápetra

Zwischen Pachiá Ámmos und Ierápetra liegt mit nur 15 km Breite die engste Stelle Kretas. Die Straße zur Südküste zweigt unmittelbar östlich von Pachiá Ámmos ab. Linker Hand dominiert der turmhohe, düstere Spalt der Schlucht *Cha*. Durch Flachland und an Berghängen entlang kommt man rasch nach Ierápetra (→ S. 459).

▸ **Monastiráki**: Mitten in dem kleinen und fast ausgestorbenen Dorf vor dem Eingang zur Cha-Schlucht gibt es ein gemütliches Kafenion. Im Freien sitzt man hier schön schattig und hat einen herrlichen Blick auf die Bucht von Mirabéllo und ins Díkti-Gebirge.

▸ **Cha-Schlucht**: Von Monastiráki führt eine Piste zum Eingang der etwa 600 m langen Schlucht. Sie ist nur wenige Meter breit, aufgrund eines Zaunes kann man leider nicht direkt hineinschauen, sondern nur leicht seitlich. Steinplatten versperren den Zugang, eine Begehung ist nicht möglich.

▸ **Vassilikí**: An der Zufahrtsstraße zu diesem unscheinbaren Dorf westlich der Straße, genau gegenüber von Monastiráki und der Cha-Schlucht, liegt eine kleine, bereits Anfang des 20. Jh. ausgegrabene altminoische Siedlung aus dem 3. Jt. v. Chr. Wegen der vielen, speziell geflammten Keramikkannen, die man hier gefunden hat, bezeichnete man diese Charakteristik als „Vassilikí-Stil": Da man mit Farben noch nicht arbeiten konnte, erzeugten die Töpfer mit verschiedenen Flammenstärken schwarze Flecken bzw. Muster auf dem roten Untergrund (zu sehen in den Arch. Museen von Iráklion und Ágios Nikólaos).
Von der Straße steigt man in wenigen Minuten zwischen Olivenbäumen und duftenden Kräutern zur Ausgrabung hinauf. Beim letzten Check war das Tor zu dem umzäunten Gelände leider verschlossen, gelegentlich soll es offen stehen (Eintritt frei). Zu sehen ist z. B. das „Rote Haus", das sind einige Räume in frühminoischer Bautechnik mit Löchern für Holzbalken und Reste von hartem, rotem Leimverputz, dem Vorläufer der Basisfarbe der berühmten Palastfresken.

▸ **Episkopí**: Östlich unterhalb der Durchgangsstraße steht die schöne kleine Kuppelkirche der Heiligen *Geórgios* und *Charalámbos* (12./13. Jh.). An der Dorfplatia kann man gemütlich unter Einheimischen sitzen.

▸ **Káto Chorió**: Am Dorfplatz ist ein sehenswerter türkischer Brunnen erhalten geblieben. Eine Straße führt hinauf nach *Thriptí*, Ausgangspunkt einer Wanderung auf den *Aféndis Stavroménos.*

Von Pachiá Ámmos nach Sitía

Die Straße Richtung Sitía verläuft bis Kavoúsi noch flach durch eine ausgedehnte Olivenbaumebene.

▸ **Kavoúsi**: hübsches Dorf am Fuß der fast senkrecht ansteigenden Nordwestflanke der Thriptí-Berge. An der Durchgangsstraße viel Oleander und Maulbeerbäume, der Ortsteil darüber sehr verwinkelt mit Treppen, Pflasterwegen, einer Kirche, sechs Kapellen (Schlüssel beim Nachbarn) und Blumen über Blumen.
Wer etwas Zeit hat, kann vom östlichen Ortsausgang über staubige Feldwege bis zum Eingang der tiefen *Thriptí-Schlucht* laufen, die in der Felswand sichtbar ist. Deutlich zu erkennen ist am Hang links ein alter, im Zickzack verlaufender Mulipfad. Hoch darüber, auf der anderen Seite des Felsenkamms, thronen in 750 m Höhe die Dörfer *Mélisses* und *Thriptí*, letzteres am Fuß des höchsten Gipfels des Mas-

sivs, des *Aféndis Stavroménos* (1476 m). Seine Besteigung ist mit etwas Ausdauer problemlos möglich.

• *Übernachten/Essen & Trinken* **The Canyon**, große, schlichte Taverne am östlichen Ortsausgang, geführt von einem älteren Ehepaar, gutes kretisches Essen zu wirklich günstigen Preisen. Tipp ist z. B. *ladópsomo*, Brot mit Olivenöl und Tomaten garniert.

Tholos Beach, neu erbaute Anlage am Weg zum gleichnamigen Strand. Einfache, aber geräumige Zimmer mit winzigem Bad, leidlich sauber. Von den Balkonen Aussicht auf die Bucht, die Olivenhaine und das Bergmassiv. Taverne mit holzbefeuertem Ofen. Hausherr spricht Englisch. DZ ca. 20–30 €, Frühstück extra. Etwa 1,5 km zum Strand. ✆ 28420-94785.

Michalis Perwolaris aus Kavoúsi spricht sehr gut Deutsch und berät gerne Inselbesucher. Man kann bei ihm gutes Olivenöl aus eigenem Anbau kaufen. ✆ 28420-94555.

Wanderung von Kavoúsi zur spätminoischen Bergsiedlung Kachó (eventuell weiter zur Sommersiedlung Thriptí)

Diese Rundwanderung entlang der markanten Thriptí-Schlucht östlich von Kavoúsi ist sicherlich eine der schönsten Touren in Ostkreta. Die Gemeindeverwaltung von Kavoúsi hat es sich zur Aufgabe gemacht, die alte betonierte Wasserleitung, die diese Ortschaft früher mit Wasser von der Hochebene Thriptí herunter versorgte, wieder in Stand zu setzen. Unser Weg verläuft streckenweise direkt entlang der betonierten Wasserrinne. Er ist teilweise in den Fels hineingehauen und ermöglicht uns phantastische Einblicke in die Thriptí-Schlucht. Endpunkt der Tour ist die spätminoische (eteokretische) Siedlung Kachó aus den Jahren 1200–680 v. Chr. mit herrlicher Aussicht auf Kavoúsi und die Mirabéllo-Bucht. Zurück geht es auf alten, teilweise gut markierten und gepflasterten Wegen den in Terrassenkulturen angelegten Hang in die Ortschaft Kavoúsi hinunter.

Anschließen könnte man noch den Aufstieg zur abgelegenen Bergsiedlung Thriptí, die in erster Linie von Weinbauern bewohnt wird, dort ist von Mai bis Oktober die Taverne „Rania“ geöffnet.

GPS-Wanderung 10

• *Dauer* 4 Std. 30. Min.
• *Streckenlänge* 9,9 km
• *Höhenmeter* Aufstieg/Abstieg: 777 m
• *Wegbeschreibung* Unsere Wanderung beginnt an der Durchgangsstraße, kurz nach dem östlichen Ortsende von **Kavoúsi**, wo der tiefe Einschnitt der Schlucht gut sichtbar ist. Wir gehen vor der Informationstafel rechts ab (**WP 01**), noch vor der großen Brücke der nach Sitía führenden Hauptstraße und folgen dem Feldweg mit folgenden Wegpunkten: Abzweigung rechts hinauf (**WP 02**), Abzweigung nach links (**WP 03**), nach rechts kleine Brücke in die Ortschaft (**WP 04**), Abzweigung nach rechts (**WP 05**), Abzweigung nach links (**WP 06**). Hier folgen wir einer Betonpiste hinauf. Bei **WP 07** verlassen wir die Straße nach links, einem schwarzen Plastikrohr folgend, und treffen bei **WP 08** wieder auf die **Straße**. Im Weiteren passieren wir eine Wegkreuzung (**WP 09**), eine Abzweigung rechts hinunter (**WP 10**), dann eine Doppelkreuzung (**WP 11**) – ein Weg geht rechts hinunter, kurz darauf ein Weg rechts hinauf (mit Beschriftung „Archeological Site“), wir bleiben aber immer auf unserer Straße. Im Anschluss folgt eine Abzweigung links hinunter (**WP 12**), dann auf der rechten Seite einer der ältesten **Olivenbäume** Kretas (**WP 13**) und ebenfalls rechts bald eine schöne alte **Kirche** (**WP 14**). Wir gehen weiter die Straße hinauf und kommen zu einer Kreuzung, hier halten wir uns links, oberhalb sieht man einen **Gebäudekomplex** (**WP 15**). Danach folgt eine weitere Abzweigung links hinunter (**WP 16**), von dort kann man bereits auf der rechten Seite im Hang die betonierte Wasserleitung sehen. Bei der nächsten **Gabelung** (**WP 17**) verlassen wir den Hauptweg rechts. Nach ungefähr 40 m macht der Feldweg eine Rechtskurve, wir halten uns aber nach links hinauf, wo wir auf die **Wasserrinne** treffen (**WP 18**).

GPS-Wanderung 10: Wanderung von Kavoúsi zu einer spätminoischen Bergsiedlung

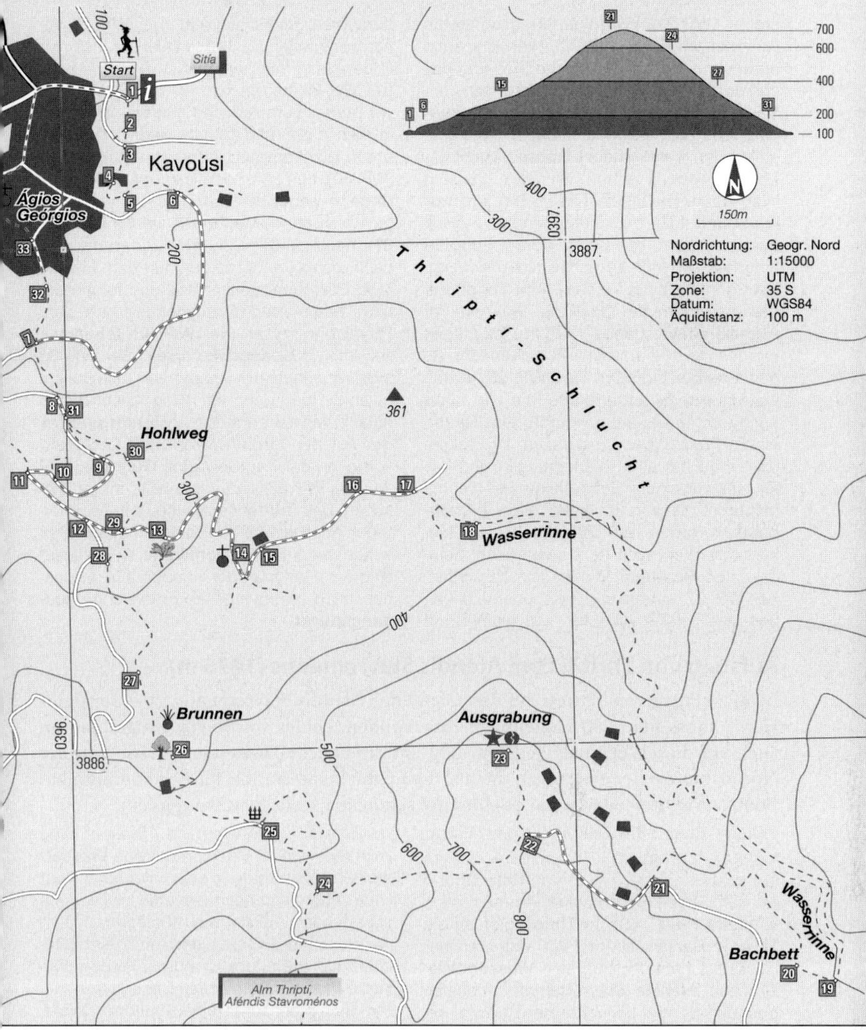

Der Weg führt an der Wasserleitung entlang und gibt uns eindrucksvolle Einblicke in die Thriptí-Schlucht, die wegen der starken Wasserfälle im Winter oft imposante Auswaschungen (Gumpen) bildet. Wir folgen solange der Wasserleitung, bis wir fast am Ende der Schlucht über eine neu installierte **Brücke** den Grund queren müssen. Hier geht es ein kurzes Stück steil hinauf. Nachdem die Wasserleitung wieder horizontal verläuft, benutzen wir die erstbeste Möglichkeit und verlassen die Wasserrinne rechts hinunter in das **Bachbett** (**WP 19**). Im Bachbett liegt **WP 20.** Hier erklimmen wir, zum Teil weglos, den vor uns liegenden Hügel, nach rechts hinauf. Wir haben Einblicke in die von uns durchstiegene Schlucht. Am Kamm treffen wir auf ein eingezäuntes Gebiet, wir gehen rechts am Zaun entlang bis wir auf eine **Fahrstraße**

stoßen (**WP 21**). Wir folgen ihr nach rechts bis zu ihrem **Ende** (**WP 22**). Hier kann man bereits gut die spätminoische Siedlung **Kachó** vor uns auf einem Hügel erkennen.
Nach der Besichtigung des **Ausgrabungsgeländes** (**WP 23**) und nachdem wir ausgiebig den Blick auf die Mirabéllo-Bucht genossen haben, gehen wir den gleichen Weg zurück bis fast zu unserem Ausgangspunkt unterhalb des Straßenendes und folgen hier dem gut erkennbaren **Fußpfad** hinunter. Am **WP 24** gabelt sich der Weg, links geht es hinauf auf die **Alm Thriptí** mit der gleichnamigen Siedlung, von wo der **Aféndis Stavroménos** (1476 m) bestiegen werden kann (→ unten). Wir halten uns jedoch **rechts** hinunter. Am **WP 25** treffen wir auf eine Schotterstraße, die wir sofort nach rechts hinunter, durch ein Gatter, einem **Pfad** folgend, verlassen. Wir folgen dem Pfad mit alten Markierungen und halten uns vor einem Gebäudekomplex rechts hinunter, bis wir zu einen alten **Eichenbaum** kommen (**WP 26**). Wir können hier kurz den Weg nach rechts verlassen, denn es einen **Brunnen**! Weiter auf dem Pfad, bei **WP 27** sehen wir links oberhalb von uns eine Straße verlaufen, wir bleiben auf dem Pfad rechts hinunter. Bei **WP 28** sehen wir wieder die Straße links von uns, wir folgen dem Pfad geradeaus.
Bei **WP 29** treffen wir auf die **Straße**, die wir bereits vom Aufstieg kennen. Wir überqueren diese und folgen einem Pfad hinunter. Hier kommen wir zu einem **Hohlweg** (**WP 30**), dem wir nach links folgen, nach 8 m geht wieder ein Pfad nach rechts hinunter. Wir treffen wieder auf die **Straße** (**WP 31**), nach ca. 30 m zweigt wieder ein Pfad nach rechts ab. Wir folgen nun dem Plastikrohr, überqueren die Straße und folgen der alten betonierten Wasserleitung und dem Plastikrohr weiter. Bei **WP 32** sehen wir links einen **Gebäudekomplex**. Bei **WP 33** sind wir bereits am Anfang von Kavoúsi angelangt, hier geht ein Weg nach rechts hinauf, wir gehen jedoch hinunter und folgen nun den Strommasten in die Ortschaft, vorbei an der Kapelle **Ágios Geórgios** (**WP 34**). Bei **WP 35** sind wir bereits in der Ortschaft und treffen auf eine mit Marmorbruch gepflasterte Straße. Nach etwa 100 m sehen wir links die **Dorfkirche**, kurz darauf sind wir wieder an der Hauptstraße, wir gehen nach rechts und kommen zum **Ausgangspunkt**.

Aufstieg von Thriptí zum Aféndis Stavroménos (1476 m)

Beim Aufstieg von Thriptí auf den Gipfel des Aféndis Stavroménos („Gekreuzigter Herr") muss man 700 Höhenmeter überwinden. Leider wurde vor einigen Jahren auch auf diesen ehemals heiligen Berg auf die übliche Weise eine Straße von der Nordostflanke her gesprengt, um auf dem Gipfel eine Station für Telekommunikation zu errichten. Davor war es einer der schönsten kretischen Berggipfel.

- *Dauer* Etwa 3 Std. 30 Min. hin und zurück.
- *Wegbeschreibung* Thriptí erreicht man am besten mit dem Auto von **Káto Chorió** an der Straße von Pachiá Ámmos nach Ierápetra (→ S. 421). In **Thriptí** gibt es die Taverne **Rania** (Mai bis Okt. tägl.), an der Rückseite befindet sich eine **Wasserstelle**. Um den **Aféndis Stavroménos** zu besteigen, nimmt man die hinter der Taverne vorbeiführende Schotterstraße 20 Min. nach Osten in Richtung **Orinó** (E 4-Weg) bis zu einer Süd-Abzweigung mit markantem „Halbkrater" am Wegrand. Diesen Weg links rein, nach 3 Min. kommt eine **Wasserstelle** mit Abzweigung links, hier noch nicht links gehen, erst nach weiteren 5 Min. dann scharf nach links oben abbiegen. 170 m weiter beginnt rechts der mit Steinmännchen und alten Punkten bunter Farben markierte **Pfad** auf den Gipfel. Die ersten Minuten läuft man durch einen schönen **Wald**, bis der Weg sich schließlich mit herrlichen Aussichten nach Norden und Westen am Berg entlang auf den Gipfel zieht.

▶ **Strand von Thólos**: Abzweig mitten in Kavoúsi, eine 3 km lange, schnurgerade Asphaltstraße führt durch Olivenhaine hinunter zum Meer, die Apartmentanlage „Tholos Beach" liegt am Weg (→ Kavoúsi/Übernachten). Unten halbrunder Sand-/Kiesstrand mit einigen Bäumen, einem Kiosk, einer Kapelle und einer Taverne mit herrlichem Blick über die Bucht, auch Duschen gibt es. Das Wasser wirkt glasklar, trotzdem ist die Bucht auch an Wochenenden nur wenig besucht. Linker Hand am Hang sind eindrucksvolle Ruinen erhalten. Südlich vom Strand Wildwuchs aus Langschilf, Agaven und Meeresfenchel, ab dem Kiosk auf sandigem Weg zu erreichen. Vorgelagert liegt die kahle Insel *Psíra*, auf der der Hobbyarchäologe Robert Saeger 1906–1908 bescheidene Reste einer minoischen Hafensiedlung entdeckt und ausgegraben hat.

Von Kavoúsi nach Sfáka

Östlich von Kavoúsi wird es steil. Die Straße schraubt sich mit großartigen Rundblicken die Berghänge hinauf. Oben liegt der Rastplatz und Aussichtspunkt *Plátanos* – eine hohe, schattige Platane, zwei Lokale, eine Quelle und das Kirchlein des *Ágios Nektários*. Herrlicher Blick auf die gesamte Mirabéllo-Bucht bis Ágios Nikólaos, vor allem aber auf die Insel Psíra. Kurz danach liegt linker Hand ein riesiger *Gipsbruch*, wo allmählich ein ganzer Berg abgetragen wird. In den Badeort Móchlos führt ab hier eine 4,6 km lange Straße hinunter, die Abfahrt ab Sfáka ist dagegen 7 km lang.

▸ **Sfáka**: hübsches Örtchen an der Durchgangsstraße. Mit breiten, weißen Treppen ist es steil an den Hang gebaut. Wer etwas Zeit hat, kann zur weithin sichtbaren Kirche am höchsten Punkt hinauflaufen und den schönen Ausblick genießen. Nach Móchlos hinunter gibt es keine Busverbindung, ein Taxi kostet ca. 4 €, auch Wandern ist möglich (→ S. 430).

• *Essen & Trinken* **Natural**, am Abzweig nach Móchlos, herrliche Aussicht von innen und von der Terrasse. Gemüse aus eigenem ökologischem Anbau, Wein und Rakí aus eigener Produktion. Essen wie für die Familie, nette Wirtin, die etwas Englisch spricht. Ihr Mann bewirtschaftet den Garten.

Móchlos

Nur eine Hand voll Häuser liegt auf der kleinen Landzunge zwischen abgebrochenen Küstenrändern und ausgewaschenen Felsbuchten, gegenüber dümpelt eine kleine Insel. Eine Miniatur-Hafenbucht vervollständigt die Idylle. Selbst im Sommer ist hier noch die Ruhe zu Hause.

Vor allem unter Rucksacktouristen gilt Móchlos als einer der wenigen „Geheimtipps" an der Nordküste. Viel kann man zwar nicht anfangen, aber das ist gerade das Schöne hier. In den Tavernen rund um den Hafen trifft man sich, spielt Távli, schreibt Postkarten, eine Gitarre liegt auch meistens herum. Oder man sonnt sich auf den verwitterten Felsplatten, döst und genießt den herrlichen Ausblick auf die bizarr zerrissene Küstenlinie. Die Bademöglichkeiten in Móchlos sind allerdings bescheiden – eine winzige Kiesbucht liegt direkt im Ort, einige hundert Meter weiter westlich findet man den längeren Kiesstrand *Limenaria*.

• *Übernachten* **Sofia**, D-Kat., Taverne direkt am Hafen, fünf passable und saubere Zimmer, Badezimmer mit moderner Installation. Tochter des Hauses spricht gut Deutsch. DZ ca. 25–32 €, Frühstück extra. ✆ 28430-94554, ℻ 94238.

Mochlos, E-Kat., etwas landeinwärts vom Hafen, ruhig, einfach und sauber. DZ mit Frühstück ca. 25–30 €. ✆ 28430-94205.

Meltemi, kleine Studioanlage an der wenig befahrenen Straße oberhalb vom Ort, herrlicher Meerblick. Informationen in der Taverne To Bogazi. ✆ 28430-94200.

Mochlos Mare, vier aufmerksam geführte Apartments etwas östlich außerhalb, direkt an der Zufahrtsstraße, schöner Gemüsegarten mit Weinanbau, Terrasse, freundlicher Vermieter. Preis ca. 30–42 €. Zu buchen z. B. über Minotours Hellas. ✆ 2843-0-94005.

Creta Sun, schönes Anwesen an der Straße etwa 1 km östlich von Móchlos, wanderfreundliche Pension mit großen Studios (Zimmer mit Kochnische, Bad und Balkon/Meerblick), zu buchen über Wanderführer Jannis Alexandridis (→ Sonstiges). ✆ 28430-94775 (Handy: 0030-69737-57341), ℻ 94130.

To Kyma, neu erbaute Rooms neben der Kapelle westlich vom Hafen.

Blue Sea, vor dem Ortseingang, neue Anlage mit schönem Pool und Poolbar direkt

Kretische Riviera

am Meer, geführt von der freundlichen Familie Kouroupakis. 6 DZ. ✆ 28430-94237.

Bungalow Musuri, Ferienhaus mit direktem Meerzugang, erbaut nach deutschem Standard. Ein Pool in 100 m Entfernung direkt am Meer darf mitbenutzt werden (www.fewo-direkt.de).

Ta Limenaria, völlig allein stehende Anlage hinter dem gleichnamigen Strand westlich vom Hafen, sehr ruhige Lage. Vier Apartments mit Terrassen, TV und Internetzugang. Giorgos Sintihakis und Despina Lilitsi sprechen auch Deutsch. ✆/📠 28420-27837, Handy: 0030-6977445475, www.mochlos-crete.com

Weitere Unterkünfte vermittelt **Maria Tsagarakis** über www.mochlos.net

• *Essen & Trinken* **To Bogazi**, aufmerksam geführte Taverne wenige Schritte westlich vom kleinen Hafen. Beim sehr kompetenten Manoli und seiner Schweizer Frau Gaby sitzt man schön auf einer überdachten Terrasse und auch im Inneren des Hauses gibt es einen kleinen, gemütlichen Speiseraum. Geboten ist ganz ausgezeichnete griechisch-kretische Küche, darunter viele Fischgerichte (immer frisch), Oktopus und Muscheln, aber auch Lamm aus dem Backofen, Kaninchen in Weinsoße und *gemistá* (gefülltes Gemüse mit Reis). Die Preise sind dementsprechend nicht die niedrigsten.

Ta Kochylia, die „Muschel" von Giorgos Frangiadakis, dem auch das Sofia Hotel gehört, liegt benachbart und ist ein weiterer beliebter Treffpunkt am Hafen.

Mesostrati, zentral in Hafennähe, kretische und internationale Küche, preiswert und schmackhaft. Hinweis in der Speisekarte: Bitte keine Katzen füttern, sie haben in Mochlós eigene Futterplätze.

Iliowasilema, wunderschön gelegenes Sonnenuntergangscafé auf den Klippen westlich vom Hafen.

• *Wandern* **Wandern mit Janni**, Jannis Alexandridis, ein deutschsprachiger Wanderführer, bietet reizvolle Wanderungen bei Móchlos und auf ganz Kreta. Nebenbei gibt er griechischen Tanz- und Kochunterricht bei seiner Pension Creta Sun (→ Übernachten). Aktivitäten auch im Winter in Verbindung mit der Olivenernte. ✆ 28430-94775, 📠 94130, www.kretawandern.de

Anne Lebrun, die Französin lebt seit einigen Jahren in Móchlos und veranstaltet botanische Spaziergänge und Wanderungen. Für ihre Kunden vermittelt sie auch Unterkünfte. Büro wenige Schritte vom Hafen. ✆/📠 28430-94725, www.chez.com/annelebrun

• *Sonstiges* Kein **Geldautomat** am Ort.

Einst mit dem Festland verbunden: Das minoische Móchlos

Nur 150 m gegenüber der Hafenbucht erhebt sich das Inselchen *Móchlos*. In minoischer Zeit war es aller Wahrscheinlichkeit nach mit dem Festland verbunden, also eine Halbinsel. Dort wo heute die kleine, weiße Kapelle steht, grub der Hobbyarchäologe Robert Saeger eine minoische Hafensiedlung aus, entdeckte außerdem an der Westseite der Insel in den Fels gehauene Grabkammern aus frühminoischer Zeit sowie Gräber in Hausform mit Goldschmuck, Steingefäßen und Keramik (heute im Archäologischen Museum von Ágios Nikólaos). 1998 grub ein griechisch-amerikanisches Team erneut auf der vorgelagerten Insel und am Festland. Dabei fand man südwestlich von Móchlos Reste einer Handwerkersiedlung. Auf das Inselchen kann man leicht hinüberschwimmen, Badeschuhe sind allerdings angebracht, die Felsen sind scharfkantig, außerdem gibt es Seeigel.

Móchlos/Wandern

Móchlos war Jahrtausende lang ein wichtiger Hafen an der Nordküste Kretas. Zahlreiche Fußwege verbanden viele Dörfer der näheren und weiteren Umgebung mit Móchlos. Nach dem Bau der Fahrstraßen haben sie ihre Bedeutung verloren und sind mit der Zeit in Vergessenheit geraten, wurden teilweise durch Schotterpisten ersetzt oder sind von wilden Pflanzen überwuchert worden. Jannis Alexandridis,

Taverne in der ruhigen Bucht von Móchlos

ein engagierter Wanderer und Wanderführer aus Móchlos, hat angefangen, sie freizulegen und zu markieren, damit sie interessierten Besuchern zugänglich werden. Die ersten zwei der folgenden drei Touren wurden von Jannis (→ S. 426) ausgearbeitet. Sie lassen sich hervorragend im Rahmen einer Rundwanderung zusammenfassen, für die man allerdings gut 8 Std. reine Gehzeit benötigt. Jannis bietet agerne weitere Informationen, Hilfe und Unterkunft in seiner wanderfreundlichen Pension (→ Móchlos/Übernachten).

Wanderung von Móchlos über Kastéllas nach Mésa Moulianá

Unschwierige Wanderung mit einer kurzen, steilen Steigung (Länge etwa 17 km, Höhenunterschied ca. 350 m). *Kastéllas* wird die höchste Steilküste im Norden Kretas genannt, weil sie wie ein Kastell aussieht. Von hier oben genießt man einen atemberaubenden Blick. Am schönsten ist sie bei Sonnenuntergang, wenn sie ihre Farben wechselt. Früher haben viele Geier in ihren Löchern genistet und auch heute sieht man sie manchmal beim Wandern kreisen. Kastéllas ist auch ein guter Startplatz für Paragliding (Fallschirmfliegen). Die starke Thermik in den warmen Sommermonaten ermöglicht es, Stunden lang über der Küste zu kreuzen.

- *Dauer* 4 Std. 30 Min. bis 5 Std. (Móchlos – Kastéllas 3 Std.; Kastéllas – Hauptstraße 1 Std 15 Min.; Hauptstraße – Mésa Moulianá 30 Min.)
- *Markierung* Rote Punkte und Pfeile.
- *Wegbeschreibung* Von **Móchlos** gehen Sie die asphaltierte Straße in Richtung Südosten. 25 Min. später und ca. 200 m nach einer großen **Hotelanlage** (früherer Aldiana Club) biegen Sie links ab, Richtung Strand. 50 m vor dem Strand sehen Sie rechts einen niedergetretenen **Zaun**, auf der linken Seite ist die Sportanlage des Hotels. Sie überqueren den Zaun und folgen den roten Pfeilen und Punkten, erst Richtung Meer (ca. 30 m) und dann der **Steilküste** entlang, wenige Meter vom Rand entfernt, Richtung Kastellas. Bald werden Sie zwei Zäune durchschreiten. Bitte vergessen Sie nicht, die Tore wieder zu schließen. Sie gehen für

weitere 30 Min. am Meer entlang. Unterwegs überqueren Sie drei trockene Flussbetten mit leichten Ab- und Aufstiegen.

Beim vierten, kleinen **Flussbett** gehen Sie rechts bis zu einer Straße, dann links auf der Straße entlang bis zu einem alten, venezianischen **Turm**. An allen Weggabelungen gibt es rote Pfeile, denen Sie folgen. Einen Kilometer nach dem Turm treffen Sie an einer **Kreuzung** auf ein Haus aus Natursteinen. Sie gehen rechts und achten auf die roten Markierungen an den Gabelungen. Nach einer Weile geht eine Straße links ab in Richtung eines einzelnen, an einem Hang gelegenen, Haus. Zur Linken liegt **Kastéllas**. Auf einem Stein sollte „KASTELAS" mit roter Farbe geschrieben sein.

Der Weg geht erst abwärts und dann bergauf bis zu einem **Olivenhain**, wo er endet. Auf der linken Seite sehen Sie rote Punkte, denen Sie folgen und bald treffen Sie auf einen Zaun am oberen Ende des Hains. Auf der anderen Seite gehen Sie steil hinauf, der guten Markierung folgend, und nach ein paar hundert Metern erreichen Sie den nächsten und letzten Zaun. Bis hierher dauert die Wanderung ca. 3 Std.

Weiter geht es über eine Schotterstraße. An allen Gabelungen gibt es rote Markierungen. Nach 900 m sehen Sie ein Tor auf der linken Straßenseite. (Tipp: Sie können bis an die Klippen gehen, um die atemberaubende Aussicht zu genießen. Aber Vorsicht, nicht ganz an den Rand gehen, besonders an windigen Tagen.) Wieder zurück auf die Straße und nach etwa 20 Min. kommen Sie an eine Abzweigung. Wenn Sie einen Abstecher in die fast unbewohnte Siedlung **Kalavrós** machen möchten, dann folgen Sie dem linken Pfeil. Sonst gehen Sie rechts und nach ca. einer 45 Min. erreichen Sie die Hauptstraße, die Ágios Nikólaos mit Sitía verbindet.

Gehen Sie nach rechts, schräg gegenüber, beginnt ein kurzer Pfad, der sich nach 30 Metern zu einer Schotterstraße öffnet und nach ca. 15 Min. von einem Pfad abgelöst wird. Dieser Pfad endet wieder auf der Hauptstraße. Von hier sind es nur noch 5 Min. bis **Mésa Moulianá**, die Sie auf der asphaltierten Straße gehen. Erst sehen Sie eine Tankstelle auf der linken Seite und bald das Gemeindehaus rechts. Hier beginnt die Wanderung „Mésa Moulianá – Mirsíni – Móchlos" (→ nächster Abschnitt). Wenn Sie nun einkehren möchten, dann gehen Sie rechts am Gemeindehaus vorbei und in ca. 5 Min. erreichen Sie die empfehlenswerte Taverne **Kefalovrisi** an der Wasserquelle des Dorfes (→ unten).

Und so kann es weiter gehen:

1) Nach einer ausgiebigen Pause wandern Sie weiter über **Mirsíni nach Móchlos** – dies ist nur für gute Wanderer zu empfehlen und nicht im Sommer.

2) Sie warten auf den **Linienbus**, der Sie bis **Sfaka** bringt und wandern noch ca. zwei Stunden nach **Móchlos** (→ S. 425) oder versuchen Ihr Glück als Anhalter.

3) Sie bestellen ein **Taxi**, das Sie zurück nach Móchlos fährt.

Schlemmen unter Platanen

Beim kleinen Bergdorf *Mésa Moulianá* (21 km westlich von Sitía) findet man die Taverne „Kefalovrisi" (= Hauptquelle), die einer Almhütte ähnelt, inmitten von zwanzig bis dreißig Meter hohen Platanen, an denen sich Weinranken wie Lianen hinaufschlängeln. Die Wasserquelle fließt das ganze Jahr hindurch und sorgt für unendlich viel Grün – ein Juwel in der sonst so kargen Landschaft. Die umfangreiche Speisekarte bietet ein breites Sortiment an kretischen Leckerbissen, z. B. Kaninchen in Weinsoße, gefüllte Teigtaschen aller Art, hausgemachte Nudeln und fast alle gängigen Speisen (außer Fisch), dazu schmeckt der hervorragende Wein der Umgebung. Tipp: Wenn Sie Wasser bestellen, verlangen Sie ausdrücklich eine Karaffe mit frischem Quellwasser und nicht abgefülltes Wasser in Flaschen. Die emsige Inhaberin Argyro erfüllt alle Wünsche mit großer Umsicht. In der warmen Jahreszeit tägl. mittags bis abends geöffnet, im Winter Fr, Sa und So.
Anfahrt: Am westlichen Ortseingang von Mésa Moulianá rechts auf enger Straße (beschildert) über einen Hügel, bis man auf die Taverne stößt.

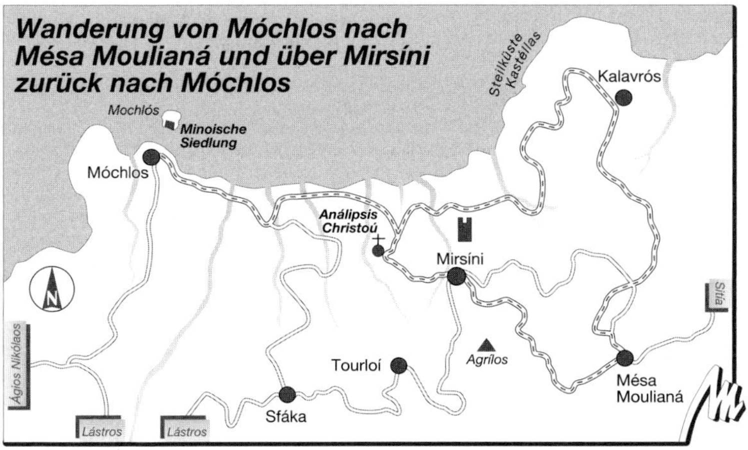

Wanderung von Mésa Moulianá über Mirsíni nach Móchlos

Die unschwierige Wanderung führt großenteils über Schotterpisten, einige Teile sind zementiert, andere gehen über einen alten Pfad. Während der ganzen Wanderung hat man wunderschöne, weite Ausblicke über Berge und Meer. Die Route führt hauptsächlich durch Olivenhaine und Weinberge. Wenn man im September wandert, trifft man vielleicht Bauern bei der Ernte und kann die leckeren Trauben probieren. *Mésa Moulianá* ist ein hübsches Dorf in einer Höhe von 350 m ü. M., sehr wasserreich und bekannt für seinen guten Wein. *Mirsíni* liegt auf der anderen Seite des Bergs *Agrilos* in einer Höhe von 300 m ü. M und hat wegen seiner Lage den schönsten Ausblick – man kann von dort herrliche Sonnenuntergänge genießen.

- *Dauer* 3 Std. 30 Min. (Mésa Moulianá – Gipfel 50 Min.; Gipfel – Mirsíni 45 Min.; Mirsíni - Kapelle 45 Min.; Kapelle – Móchlos 1 Std. 10 Min.)
- *Entfernung* etwa 14 km
- *Höhenunterschied* Aufstieg: 280 m, Abstieg: 630 m.
- *Markierung* Rote Punkte und Pfeile an Weggabelungen und zwischendurch.
- *Wegbeschreibung* Der Bus hält vor dem **Gemeindehaus** „KOINOTHTA M. MOULIANA", bei der Anfahrt mit dem eigenen Auto kann man hier auch parken. Rechts vom Gemeindehaus führt ein mit Steinen gepflasterter Weg hinauf zu **Wasserquellen** und der Taverne „Kefalovrisi". Dort können Sie Ihre Trinkflasche mit frischem Wasser füllen. Weiter geht es links über einen **zementierten Weg**, der am oberen Rand des Dorfes verläuft. In wenigen Minuten treffen wir an einer Rechtskurve eine weiße **Kapelle** auf der linken Seite und der Weg wird etwas steiler.

Etwa 20 Min. nach Beginn der Wanderung verlassen Sie den zementierten Weg und gehen rechts auf eine **Schotterstraße**. Der Weg geht weiter hinauf und gabelt sich öfter. Bitte beachten Sie die Markierungen. Nach weiteren 20 Min. treffen Sie auf einen **Wasserverteiler** mit Zähler auf der rechten Seite einer Gabelung. Sie biegen rechts ab und steigen für ca. 10 Min. weiter auf bis zu einer breiten Straßengabelung, die ein kleines **Plateau** bildet. Vor Ihnen liegt die Mirabéllo-Bucht und das Díkti-Gebirge. Von hier sind es nur noch 300 m bis zum Gipfel des Bergs **Agrilos**. (Abstecher zu einem Aussichtspunkt: Sie gehen links bis zu einer Linkskurve, kurz vor Ende der Straße, und dann rechts über einen sehr schmalen Ziegenweg. Der Weg macht einen Rechtsbogen bis zu den Felsen mit einem einmaligen Ausblick. Den selben Weg zurück bis zur Straßengabelung).

Weiter geht es links in Richtung auf ein kleines **weißes Haus** und kurz danach

rechts, immer der Markierung folgend. Nach 500 m endet die Straße an einem **Olivenhain** und es beginnt ein alter Fußweg, der nach 850 m in einen weiteren Olivenhain mündet. Nach 500 m erreichen Sie die Schotterstraße und gehen rechts ab bis zu einer Kreuzung an einer scharfen Linkskurve. Dort nehmen Sie den mittleren Weg und bald erreichen Sie **Mirsíni**.
Sie gehen am östlichen Rand des Dorfes entlang bis zu einem gelben Haus, dann links und nach 50 m die Treppen rechts hinab bis zum Café-Restaurant **Kath'Odon**. Hier können Sie eine Verschnaufpause einlegen. Überqueren Sie die Hauptstraße, gegenüber vom Café führt ein zementierter Weg abwärts, der nach ca. 12 Min. von einem Schotterweg abgelöst wird. Der Weg gabelt sich öfters, bitte auf die Markierung achten. Nach ca. einer 45 Min. erreichen Sie die Kapelle **Análipsis Christoú** auf einem Hügel mit schattenspendenden Tamarisken und schönem Ausblick. Die roten Pfeile weisen auf einen Fußweg hinter der Kapelle hin, der kurz danach breiter wird und auf eine Schotterstraße trifft. Sie biegen rechts ab und gleich links in Richtung Meer. Der weitere Verlauf entspricht in umgekehrter Richtung der Wanderung von Móchlos über Kastéllas nach Mésa Moulianá (→ oben).

Wanderung von Sfáka nach Móchlos

Leichte, jedoch teils unwegsame Wanderung vom Busstopp in Sfáka zum kleinen Badeort Móchlos hinunter.

- *Dauer* ca. 2 Stunden.
- *Markierungen* keine, nur Steinmännchen.
- *Wegbeschreibung* Ausgangspunkt ist die Bushaltestelle in **Sfáka** an der Hauptverkehrsstraße Ágios Nikólaos – Sitía. Von dort laufen wir gleich bei der ersten Straße in Richtung Dorfmitte. Schon nach etwa 10 m führt eine breite **betonierte Treppe** nach links an einer Taverne vorbei bergab. Rechts ist nach einiger Zeit der **Friedhof** des Ortes Sfáka zu erkennen. Wir laufen geradeaus weiter bis zum nächsten Abzweig. Dort nach links bis zu einer halb verfallenen, alten **Bogenbrücke**. Nun geht ein Trampelpfad leicht bergauf, der kurz darauf wieder nach unten zu einem **Feldweg** führt. Auf diesem etwa 5 m nach links, dann wieder nach rechts auf einem Trampelpfad weiter, der in einer **Schotterstraße** endet. Auf dieser laufen wir einige Minuten entlang bis an eine große Biegung nach rechts. Ab hier (wir haben ein großes **Steinmännchen** errichtet) führt ein Trampelpfad über mehrere Terrassen hinab bis zum **Bachbett** und endet schließlich wieder auf einer Schotterstraße. Wir bleiben im Bachbett und laufen auf unwegsamem Gelände bergab. Nach einiger Zeit kommt ein betoniertes Stück, das nach ein paar Minuten nach rechts aus dem Bachbett heraus abzweigt. Wir laufen jedoch geradeaus weiter. Zwischenzeitlich ist kein Weg mehr zu erkennen. Vorbei an Bambus, Agaven und Oleander kommen wir nach einiger Zeit erneut an eine Schotterstraße, die unseren Weg quert. Weiter bergab sehen wir nach etwa 1,5 Std. die ersten Häuser, die uns das nahende Meer ankündigen. Wir kommen nun wieder auf eine Schotterstraße, der wir bis zur **geteerten Küstenstraße** folgen. Von dort aus laufen wir nach links etwa 20 Minuten, bis wir die Ortschaft **Móchlos** erreichen.

Von Sfáka nach Sitía

Die Straße führt durch schöne Berg- und Hügellandschaft, ab und zu kleben weiße Dörfer an den Hängen.

▸ **Mirsíni**: Kleines Dorf in schönster Panoramalage, etwa 300 Meter über dem Meer. Hier kann man herrliche Sonnenuntergänge genießen. Über der Durchgangsstraße liegt das Aussichtslokal „Kath'Odón" („Unterwegs"), geführt von Manolis, einem großen blonden Wirt mit blauen Augen – ein echter (dorischer?) Kreter. Oberhalb der Kirche kann man einen kleinen Spaziergang zum Keramik- und Webstudio von Nikos Makrynakis machen (beschildert).

▸ **Minoischer Gutshof:** Vor dem westlichen Ortseingang von Chamézi zweigt rechter Hand eine schmale Piste ab (beschildert mit „Chamaizi Middle Minoan House") und führt zwischen Ölbäumen zu den einsam auf einem Hügel thronenden Grundmauern einer minoischen Villa mit mehreren kleinen Räumen. Höchst ungewöhnlich ist ihr ovaler Grundriss von etwa 20 x 10 m, der sich optimal der Hügelstruktur anpasst. Toller Rundumblick, u. a. bis zum größten Windpark Kretas auf den Hügeln hinter Sitía (→ S. 437).

▸ **Chamézi**: Dorf ganz in Weiß mit herrlichen Bougainvilleen, vielen Treppen und weitem Blick in die Berge. Oberhalb der Straße wurde ein hübsches *Volkskunstmuseum* eingerichtet (Schlüssel im Kafenion unterhalb). Zu sehen sind u. a. eine reich geschmückte Bettstatt, ein Webstuhl nebst Zubehör, ein Brennofen für Rakí, eine Ölpresse, alte Trachten und Keramik. Von einem weiteren Kafenion unterhalb der Kirche genießt man einen weiten Ausblick in die Hügel.

▸ **Kloster Faneroménis**: interessanter Abstecher in eine ungewöhnliche Küstenregion. Westlich von Sitía führt eine 8 km lange Piste über ein flaches Plateau mit Ölbaumplantagen zu einer Kiesbucht zwischen fahlweißen Kalksandsteinfelsen – optisch äußerst imposant. Hier zieht sich die Piste nach links, passiert eine bizarr geformte Schlucht und endet oberhalb davon bei einer kleinen Siedlung aus (teils bewohnten) Bauernhäusern und Pilgerzellen, die sich um das Kloster gruppieren. In seinen Ursprüngen stammt es aus dem 15. Jh., seinen Namen („Die Erschienene") hat es von einer Ikone, die in einer nahen Höhle entdeckt wurde. Die Kirche der Panagía steht etwas vertieft im schön begrünten Innenhof, eine eingelassene Tafel trägt das Datum 1679. Im tiefschwarz verrußten Gewölbe kann man noch Freskenreste entdecken.

• *Anfahrt* Wenige Kilometer vor dem westlichen Ortsausgang von Sitía führt eine mit „Moní Faneroménis" ausgeschilderte **Piste** in Richtung Küste ab. Sie ist weitgehend betoniert, hat aber auch Teilstücke ohne Belag.

Sitía

Eine angenehme Kleinstadt, in der Urlauber nur eine untergeordnete Rolle spielen – sehr zum Leidwesen der Einwohner, die sich etwas mehr touristische Einnahmen wünschen.

Wie die Stufen eines Theaters drängen sich die weißen und pastellfarbenen Häuser terrassenförmig um die sanft geschwungene Hafenbucht. Schmale Treppengassen durchbrechen rechtwinklig die langen Parallelstraßen im Stadtkern und ziehen sich den Berghang hinauf bis zum markanten venezianischen Kastell *Kasarma*. An der Hafenpromenade mit kräftigen Palmen und einem Denkmal für Vitzéntzos Kornáros (→ Geschichte) reihen sich Restaurants und Hotels aneinander, östlich an die Tavernenzeile schließt sich ein 1,5 km langer, allerdings schmaler Sandstrand an.

Sitía eignet sich gut als Standquartier für Tagesausflüge in den äußersten Osten Kretas: Der berühmte Palmenstrand von *Vái* liegt fast vor der Haustür, auch die minoischen Ausgrabungen von *Roussolákos* und *Káto Zákros* sind in Reichweite. In den Hügeln um die Stadt gedeiht ein guter, starker Wein, dem zu Ehren alljährlich im August ein großes Fest gefeiert wird (→ Feste). Und auch die Qualität des Olivenöls spielt in der Region Sitía eine besondere Rolle – die Agrargenossenschaft von Sitía hat bereits mehrmals internationale Preise für ihr Olivenöl erhalten.

Geschichte

Bereits in *minoischer Zeit* war die Bucht von Sitía besiedelt, wie die Ausgrabungen von *Agía Fotiá* beweisen (→ Sitía/Umgebung). Und auch in klassischer und hellenistischer Zeit gab es hier eine Stadt, die dem landeinwärts liegenden *Pressós* als Hafen diente (→ S. 455).

Das heutige Sitía ist keine eigentlich kretische Stadt, das streng rechtwinklige Grundmuster der Straßen stammt von den *Venezianern*, die hier ihre viertgrößte Küstenfestung anlegen wollten. Von „La Sitia“, wie sie die Stadt nannten, hat wahrscheinlich der Regierungsbezirk Lassíthi seinen Namen. Doch das ehrgeizige Projekt scheiterte wegen Erdbeben und Piratenüberfällen, Stadt und Festung wurden Mitte des 17. Jh. schließlich zerstört und verlassen, über 200 Jahre blieb Sitía eine Geisterstadt.
Erst in der zweiten Hälfte des 19. Jh. begannen die *Türken* Sitía wieder aufzubauen und neu zu besiedeln. Sie planten damals eine moderne Musterstadt, deren Bau aber durch die *Autonomie Kretas* von 1898 verhindert wurde. Türkische Bauten sind heute kaum noch erhalten. Im Zweiten Weltkrieg war Sitía nicht von deutschen, sondern von italienischen Soldaten besetzt.
Bedeutendster Dichter der Stadt war *Vitzéntzos Kornáros*, ein Mann kretisch-venezianischer Abstammung. Gegen Ende des 16. Jh. verfasste er das berühmte Inselepos *„Erotókritos„*, das der so genannten Kretischen Renaissance zugerechnet wird. Die monumentale, mehr als 10.000 Zeilen umfassende Liebesromanze schildert die Erlebnisse der antiken Prinzessin Aretura und rühmt die Tugenden der Griechen. Noch heute genießt das Epos einen hohen Bekanntheitsgrad auf Kreta. Wenn die Kreter ihre bekannten Mantinádes (Stegreifverse) singen, greifen sie gerne thematisch darauf zurück.

Anfahrt/Verbindungen

• *Flug* Sitía besitzt einen kleinen Flugplatz auf dem Hügel über der Stadt. Olympic Airways fliegt 2–4 x wöch. nach **Athen** (mit ca. 80 € die teuerste Flugverbindung Athen-Kreta). Flugscheine in allen Reisebüros der Stadt. ✆ 28430-24666.

Bisher gibt es nach Sitía keine internationalen Verbindungen, jedoch soll sich das in den nächsten Jahren ändern – ein neuer **internationaler Flugplatz** soll gebaut werden, bislang ist allerdings noch nicht allzu viel passiert.

• *Schiff* Von Sitía fährt ein Schiff etwa 1 x wöch. nach **Kássos**, **Kárpathos** und **Ródos**, von dort hat man Verbindungen zu anderen Dodekanes-Inseln. Eine weitere Verbindung gibt es etwa 2 x wöch. über **Ágios Nikólaos** nach **Piräus**. Fahrten nur von April bis Oktober, Änderung der Routen möglich, vor Ort nachfragen.

• *Bus* **Busbahnhof** gegenüber vom Archäologischen Museum (→ Stadtplan). Verbindungen über Ágios Nikólaos nach Iráklion 6–7 x tägl., über Palékastro nach Vái 5 x, Káto Zákros 1 x, Ierápetra 5 x.

• *Taxi* Standplatz an der zentralen Platia Iroon Politechniou (Platz mit dem Kriegerdenkmal). ✆ 28430-22893, 28321, 23810.

Adressen

• *Auto-/Zweiradverleih* mehrere Verleiher am unteren Ende der Andreas Papandreou Str. (früher Itanou Str.) und an der Uferpromenade Richtung Osten. **Tankstelle** gleich benachbart.

• *Information* **Infokiosk** der Gemeinde an der Promenade (→ Stadtplan), einiges an Material. Mo–Fr 9.30–14.30, 17–20.30 Uhr, Sa 9.30–14.30 Uhr, So geschl.
Gutes Prospektmaterial und Broschüren über Sitía und Umgebung erhält man auch im **Büro für ländlichen Tourismus Sitía (16)**, Antheon Str. 5 (Seitengasse der Papanastassiou Str.). ✆ 28430-23590, ✆ 25341.

• *Internationale Presse* nur in der Hochsaison im **Kiosk** am Platz mit dem Kriegerdenkmal.

• *Internet* **Forthnet**, Venizelou Str.

• *Krankenhaus* modernes Hospital an der Ausfallstraße nach Iráklion, nach der Jugendherberge. ✆ 28430-24311-4.

• *Post* hinter dem Stadtpark.

• *Reisebüro* **Tzortzakis Travel**, Vitzentzos Kornaros Str. 146, Flug- und Schiffstickets.

• *Wäscherei* **Maria Nikitaki**, Vitzentzos Kornaros Str. 11, schnell und günstig.

Im Kafenion trifft man sich ▲▲

Die kretische Küche ist vielseitig und schmackhaft ▲

Farbenfrohe Fassaden und üppig bunte Blumenpracht – die kretischen Dörfer vermitteln viel Lebensfreude

Blühende Bougainvilleen überranken oft ganze Häuser

An der Uferpromenade von Sitía

Übernachten (siehe Karte S. 435)

An Unterkünften von Mittelklasse bis preiswert herrscht kein Mangel. Dafür fehlen Hotels der A- und B-Kategorie fast völlig.

Itanos (11), C-Kat., vor einigen Jahren renoviertes Stadthotel, mit 130 Betten größtes am Ort, direkt an der Uferpromenade neben dem Platz und dem kleinen Stadtpark. Elegante Lobby mit Lounge Café im ersten Stock (Leserbrief: „Die Technobeats hört man am Wochenende die ganze Nacht"). Zimmer relativ schlicht, jeweils kleiner Balkon und TV. DZ mit Frühstück ca. 45–65 €. ✆ 28430-22900, ℻ 22915, www.greekhotel.com/crete/sitia/itanos/home.htm

Apollon (15), C-Kat., Kapetan Sifi Str. 28, sauberes Stadthotel, viel Platz auf vier Stockwerken, schlichte Zimmer mit dunklem Holzmobiliar, Klimaanlage, TV und schmalen Balkonen. Blick über die Dächer. DZ mit Frühstück ca. 35–50 €. ✆ 28430-28155, ℻ 22733.

El Greco (7), C-Kat., Gabriel Arkadiou Str. 1, in einer der oberen Gassen des Zentrums. Angenehmes Haus, kleine Zimmer mit hellem Vollholzmobiliar, sauber, nach hinten herrlicher Blick auf Hafen und Meer, nach vorne auf eine verfallene Villa, die von duftendem Jasmin überrankt ist. Unten TV und Bar, gutes Frühstück auf der Innenterrasse. DZ mit Frühstück ca. 35–45 €, in der obersten Etage am ruhigsten, nette Vermieter. ✆ 28430-23133, ℻ 26391.

Elysee (10), C-Kat., modernes Haus an der Uferfront Richtung Osten, gut ausgestattet, von den großen Balkonen weiter Blick aufs Meer, allerdings einiges an Verkehr auf der Uferstraße davor. Auch Zimmer nach hinten sind zu haben. DZ mit Frühstück ca. 40–60 €. ✆ 28430-22312, ℻ 23427, www.elysee-hotel.gr

Nora (1), D-Kat., Rousselaki Str. 31, kleines Hotel am nördlichen Ende des Hafens, schöner Meerblick, relativ ruhig, Zimmer mit TV. DZ mit Frühstück ca. 30–45 €. ✆ 28430-23017, ℻ 25149.

Archontiko (3), D-Kat., Ioan. Kondilakis Str. 16, ruhige Seitengasse, die zum Kastell hinaufführt. Schönes, altes Stadthaus mit Flair, ungezwungene, persönliche Atmosphäre, viele Stammgäste, freundlicher Service durch die deutsche Wirtin Alexandra Gressmann. Gelegentlich Oúzoabende unter dem Orangenbaum auf der Terrasse vor dem Haus. Zimmer einfach, aber sehr sauber, Du/WC am Gang. DZ ca. 20–30 €. ✆ 28430-28172.

Apostolis (12), Privatzimmer in der Nikos Kazantzakis Str. 27, Besitzer ist Herr Apostolis Kimalis. Wenige, aber geschmackvoll mit Kiefernholzmöbeln ausgestattete Zimmer, Treppenhaus und Balkon hübsch mit Pflanzen dekoriert, große Terrasse mit Sitzgruppen, Kühlschrank. Relativ ruhig, tägliche Reinigung. DZ ca. 20–30 €. ✆ 28430-22993.

Venus (13), Ioan. Kondilaki Str. 60, nette Pension, Fassade mit Bougainvilleen umrankt, grüner Hinterhof. Zimmer teils mit Balkonen, in den oberen Stockwerken Blick über die Dächer, Küche. DZ ca. 20–30 €, nur Etagendusche. T✆ 28430-24307.

Kasarma (2), Ionias Str. 10, neue, attraktive Rooms nicht weit vom Kastell, mit Aufenthaltsraum und Gemeinschaftsküche. DZ ca. 24–35 € ✆ 28430-23211.

• *Etwas außerhalb* **Michel**, kleine, verwilderte Oase, etwa 700 m östlich vom Zentrum, etwas landeinwärts der Strandstraße (beschildert), ruhige Lage. Die freundliche und hilfsbereite Sofia vermietet drei schlichte Zimmer, die nicht auf dem neuesten Stand sind. Schöner Garten, überdachte Terrasse, auf der auch Frühstück serviert wird. DZ mit Bad und kleiner Terrasse für ca. 16–30 €, außerdem fünf Zimmer mit Etagendusche. Keine Zimmerreinigung. Zum Strand sind es drei Fußminuten. ✆ 28430-28183.

Dimitra, der Nachbar von Michel, leidlich gepflegte Apartments in einem üppig zugewucherten Garten mit riesiger Palme. Im Herbst wachsen einem die schweren Trauben buchstäblich in den Mund. Derselbe Preis. ✆ 28430-22047.

Essen & Trinken

An der palmenbestandenen Uferpromenade reihen sich zahlreiche Lokale, die allabendlich gut besucht werden. Vor allem die einheimische Männerwelt trifft sich hier zu Oúzo und den typischen „mezédes". Als Spezialität von Sitía gilt der lokale Wein *Agrilos*, den es vor allem als kräftigen Roten gibt.

Sitia (5), ganz in hellblau gehaltenes Mezedopólion an der Uferpromenade, gutes Angebot an *mezédes, z. B.* Garnelen, Muscheln und Schnecken, freundlich geführt.

O Michos (6), Vitzentzos Kornaros Str. 117, Ouzerie mit ordentlicher Auswahl an Grillspezialitäten, dazu lokalen Wein vom Fass.

Boussoulas (4), neue, nett aufgemachte Ouzerie einige Häuser nach „O Michos".

I Kali Kardia (8), Fountalidou Str./Ecke Kazantzakis Str., einfaches Psitopolion mit bodenständiger Küche, Tische auf der Straße, viele Einheimische als Gäste.

To Balconi (9), Fountalidou Str./Ecke Kazantzakis Str, gegenüber vom „I Kali Kardia" im ersten Stock eines alten, restaurierten Stadthauses (Aircondition), Innenausstattung schick und leicht verkitscht, Stoffdecken und -servietten. Kreative griechische Küche, dazu einige mexikanische und chinesische Gerichte, insgesamt recht lecker, alles frisch zubereitet, zuvorkommende Bedienung durch die kommunikative Besitzerin Antonia. Nur Flaschenweine und höhere Preise. Zum Nachtisch Trauben und Rakí gratis.

To Steki (14), Andreas Papandrou Str. 13, nette, kleine Taverne mit guter kretischer Küche, geführt von jungem Ehepaar, beliebt bei Einheimischen. Auch Plätze im Freien.

• *Außerhalb* **Karavopetra**, Ausflugstaverne an der Straße von Sitía nach Osten, kurz nach Strandende, schöner Blick auf die Bucht.

Neromilos (Paradise Spring), bei Agía Fotiá in einer ehemaligen Wassermühle, hübsch aufgemacht und herrlicher Blick zur Küste hinunter. Nur abends.

Platanos, schlichte Grilltaverne im 10 km entfernten Bergdorf Roússa Ekklisía, genau vis-à-vis der Kirche, schöner Ausflug mit Panoramablick aufs Meer.

• *Kafenia/Cafés* **I Platia**, großes Café am Platz mit dem Kriegerdenkmal, das frühere Traditionskafenion wurde umfassend restauriert. Schöner Platz zum Zeitunglesen.

Mitzakakis, Café/Konditorei an der Uferfront neben Hotel Itanos. Neben der großen Auswahl an Kuchen gibt's eine besondere Spezialität, nämlich *loukoumádes* (kleine Krapfen in Öl gesotten, mit Honig).

Shopping

• *Lebensmittel* mehrere **Obst-/Gemüsestände** an der Ecke Kazantzakis/Fountalidou Str. Großer **Supermarkt** hinter dem Gebäude gegenüber der Busstation.

Straßenmarkt am Dienstag Vormittag am südlichen Stadtende in Richtung Makrigialós/Ierápetra.

- *Musik* **Manolis Dermitzakis**, Eleftheriou Venizelou Str. 26. Großes Angebot an Tonträgern aller Art, geführt vom Sohn des verstorbenen Iannis Dermitzakis, der einer der berühmtesten Lyraspieler Kretas war.
- *Süßes* **Piccadilly**, Ecke Kornarou/Kazantzakis, gutes Sacharoplastíon (Konditorei) mit reicher Auswahl an selbst gemachtem Gebäck.

Paradosiaka Glyka Sitías, Alekou Panagouli Str. 11, gegenüber vom Busbahnhof, Angenehme Café-Konditorei, nette junge Besitzer, sehr leckeres Gebäck und sogar ayurvedische Teesorten, außerdem Olivenöl, Wein, Trester und Honig.

Nachtleben/Feste

• *Nachtleben* Am Nordende vom Hafen liegt eine Reihe schick aufgemachter Cafés und Disco-Bars, z. B. **Club Morphes** und **Bysantio**, die sich hauptsächlich an die griechische Jugend wenden. An Wochenenden ist hier immer viel los.

Pulse Club, angesagter Treffpunkt in der Eleftheriou Venizelou Str.138.

Hot Summer, Open-Air-Disco mit großem Pool an der Strandstraße in Richtung Vái.

Planitario, einige Kilometer nördlich vom Hafen liegt diese ultramoderne Großdisco, die die Jugend aus ganz Ostkreta anzieht. Taxi sinnvoll.

Großes **Bouzoukilokal** mit Pool 2 km vor Achládia, südwestlich von Sitía. Im Juli und August täglich Livemusik.

• *Feste* Mitte August mehrtägiges **Weinfest**. Zum Festpreis kann man trinken, soviel man mag, dazu gibt's kretische Musik und Tanz.

Wein und preisgekröntes Öl: Union of Agricultural Cooperatives of Sitia

Die große Agrargenossenschaft Sitías hat ihren Standort am westlichen Ortseingang **(17)**. Unter der Abfüllhalle liegt ein großzügiger und gediegen eingerichteter Probierraum, ein 20-minütiger Film in deutscher Sprache gibt einen Überblick über Weinkultur, Olivenöl und andere Agrarprodukte der Region Sitía. Neben Wein und Rakí kann man hier das vom „International Olive Oil Council" mehrfach preisgekrönte Olivenöl „Sitia 0,3" (Anteil an freien Fettsäuremolekülen höchstens 0,3 %) erwerben, das es aber mittlerweile auch in zahlreichen Läden auf ganz Kreta gibt.

Öffnungszeiten April bis Okt. Mo–Fr 9–15 Uhr, nach telefonischer Vereinbarung auch bis 18 Uhr. ✆ 28430-22211, www.sitiacoop.gr

Sehenswertes

Venezianisches Kastell „Kasarma" (Casa di Arma): Das markante Kastell am höchsten Punkt der Stadt wurde von Kreuzfahrern errichtet, später von den Genuesern, dann von den Venezianern übernommen und ausgebaut. Mit seinen meterdicken Mauern, Schießscharten und Wacherkern bietet es auch heute noch einen wehrhaften Anblick. Außer den gut erhaltenen Mauern und dem turmartigen Hauptgebäude steht allerdings so gut wie nichts mehr, denn als schwere Angriffe der Türken drohten, zerstörten die Venezianer 1651 selber die Festung, um sie nicht den Feinden in die Hände fallen zu lassen. Im Hof finden im Sommer Freiluftveranstaltungen statt. Nicht zuletzt der schöne Blick auf die Bucht von Sitía lohnt den schweißtreibenden Aufstieg.

Öffnungszeiten/Preise tägl. ab 9 Uhr morgens bis zum Sonnenuntergang, Eintritt frei.

Archäologisches Museum: an der Ausfallstraße nach Ierápetra, gegenüber der Busstation. Der Atriumbau dient neben dem Museum von Ágios Nikólaos (→ dort) als Aufbewahrungsort für die zahlreichen Funde, die man an über achtzig Stellen in Ostkreta gemacht hat. Die wichtigsten Fundorte sind mit Fotos dokumentiert, vor allem der Palast von Káto Zákros nimmt breiten Raum ein. Die Stücke vom Neolithikum bis zur hellenistisch/römischen Zeit sind chronologisch geordnet und ansprechend präsentiert, allerdings nicht immer ausreichend beschriftet. Zu sehen sind Keramik aller Art, Vasen, Tripoden, Schnabelkannen, Votivfiguren, Schrifttäfelchen, Tonpithoi und Amphoren, außerdem eine minoische Traubenpresse, eine Getreidemühle aus hellenistischer Zeit und der Kopf des römischen Kaisers Hadrian. Auch neueste Ausgrabungen sind einbezogen, besonders hübsch ist gleich am Eingang die berühmte *Elfenbeinskulptur* aus spätminoischer Zeit, die 1988 in Palékastro gefunden wurde (→ dort). Den Schlusspunkt bildet ein Aquarium mit einigen römischen Amphoren, das dem Meeresboden nachempfunden ist und so den ursprünglichen Fundort simuliert.

Öffnungszeiten/Preise Di–So 8.30–15 Uhr, Mo und an Feiertagen geschl., Eintritt ca. 2 €, EU-Stud. frei, andere die Hälfte.

Volkskunstmuseum: in einem schönen alten Haus neben dem Hotel Apollo (→ Stadtplan), Kapetan Sifi Str. Die seit 1975 gesammelten Stücke stammen aus der zweiten Hälfte des 19. und der ersten Hälfte des 20. Jh. Ausgestellt sind auf zwei Stockwerken traditionelle Haushalts- und Landwirtschaftsgeräte, ein Webstuhl, auf dem einst farbenfrohe Wandteppiche aus Schafswolle geknüpft wurden, viele Häkel- und Webarbeiten, aus Seidenkokons gefertigte Bilder, Seidentücher, Bettwäsche sowie alte Trachten der Stadtbewohner. Ein Raum ist mit Himmelbett, Wiege und Vitrine als typisches Schlafzimmer eines Stadthauses eingerichtet.

Öffnungszeiten/Preise Mo–Sa 10–13 Uhr, So geschl., Eintritt ca. 2 €.

Sonstiges: Eins der wenigen erhaltenen *venezianischen Häuser*, allerdings mit später angebautem türkischem Holzerker, findet man etwa 50 m nach dem Hotel El Greco an der Gabriel Arkadiou Str. (→ Stadtplan), Innenbesichtigung ist allerdings nicht möglich.

Am Ufer unterhalb vom venezianischen Fort sind alte *römische Fischbecken* erhalten, in denen der Fang über einen längeren Zeitraum hinweg frisch gehalten werden konnte.

Ausgrabungen in der Umgebung: Bei *Petrás*, unmittelbar nach dem östlichen Strandende, führt linker Hand eine Piste auf das *Kap Tripití*, wo 1985 die Agorá einer hellenistischen Stadt ausgegraben wurde (frei zugänglich). Bei *Agía Fotiá* (6 km östlich) liegen unterhalb der Straße nach Vái über zweihundertfünfzig *frühminoische Schachtgräber*, die Anfang der siebziger Jahre entdeckt wurden (Grabungsfeld eingezäunt). Und etwa 3 km südlich von Sitía findet man rechts an der Straße nach Ierápetra die Reste eines *minoischen Landsitzes* (beschildert).

Windkraft: Die Energie der Zukunft

Wenn man auf die windgepeitschten Hügelplateaus südlich von Sitía blickt, sieht man dort mehr als fünfzig Windrotoren stehen. Vor Ort wird erzählt, dass sie in Spitzenzeiten – d. h. bei gleichmäßig kräftigem Wind – bis zu 12 % des gesamten Stromverbrauchs von Kreta liefern können. Allerdings gibt es in windarmen Zeiten immer wieder Ausfallzeiten, da die Energie bisher nicht gespeichert werden kann. Auch bei zu hohen Windstärken müssen die Rotoren abgestellt werden, um Schäden zu vermeiden. Weitere Rotoren stehen auf der Hochebene von Chandrás (→ S. 455).

Vái, Naturwunder im äußeren Osten Kretas

Ostküste und Hinterland

Fährt man von Sitía in den äußersten Osten Kretas, so sieht man in östlicher Richtung nur kahle Bergrücken ohne Baum und Strauch. Lediglich knöchelhohe, braune Phrygana zieht sich die Hänge hinauf.

Die Region zählt zu den niederschlagsärmsten Gegenden der Insel. Abgebrochene Buchtenränder und bizarre Felsabstürze von rostrot bis staubig gelb geben der Region das Gesicht einer kargen Mondlandschaft. Die wenigen Orte kann man an einer Hand abzählen, kilometerweit ist die Landschaft wie ausgestorben. Der Strand von *Vái* wirkt wie eine Oase in der Wüste. Weitere lohnende Ziele sind das Kloster *Toploú*, die herrlichen Strände mitsamt minoischer Ausgrabung bei *Palékastro* und natürlich die schöne Badebucht von *Káto Zákros* mit einem weiteren Palast der Minoer.

Dem Golf von Sitía weit vorgelagert liegt die unbewohnte Inselgruppe der **Dionisádes**. Auf den beiden äußeren Inseln Paximádi und Paximadáki lebt eine große Kolonie der seltenen, unter Naturschutz stehenden *Eleonorenfalken*, die im Winter bis Madagaskar fliegen. Siehe auch S. 38.

▸ **Zum Palmenstrand von Vái**: Am Ostende der Bucht von Sitía windet sich die gut ausgebaute Asphaltstraße in Serpentinen weit in die Höhe. Eine beschilderte Asphaltstraße führt zum Kloster Toploú und weiter nach Vái. An zerfressenen Klippen und Buchten vorbei hat man immer wieder tolle Ausblicke auf das Meer und den Golf von Sitía. Die früher völlig einsame Sandbucht von *Ammolákos* wurde Mitte der 1990er Jahre mit einer riesigen kitschig-pastellfarbenen Time-Sharing-Anlage namens „Dionysos“ beglückt. Gleichsam eine ganze Stadt ist hier entstanden, die sogar noch erweitert werden soll.

• *Übernachten* **Dionysos**, die 250 Apartments mit 900 Betten können z. T. auch gemietet werden. ✆ 28430-28195, ℻ 25310.

• *Essen & Trinken* **Christa's Biergarten und Bauernstube**, die groß aufgemachte Gaststätte steht exponiert an der Kreuzung der Straßen in Richtung Toploú und Palékastro. Es ist sicher ein Erlebnis, hier in der Einsamkeit Ostkretas auf Christa und Walter, ein freundliches schwäbisches Ehepaar zu treffen, Weißbier oder Radler zu trinken und dazu leckeren Wurstsalat zu kosten.

▸ **Nach Zákros**: entweder den Umweg über Palékastro fahren oder die interessante Variante durchs Inland – 3 km östlich von Sitía schraubt sich eine gut ausgebaute und asphaltierte Straße in Serpentinen mit herrlichem Blick auf die Bucht von Sitía den Hang hinauf nach *Roússa Ekklisía* (→ Sitía/Essen) und weiter über *Mitáto* (militärische Anlagen) nach *Karídi*. Die weitere Strecke bis *Adravásti* wurde erst kürzlich geteert und führt durch herrlich wilde Berglandschaft. In Adravásti trifft man auf die Straße nach Zákros.

Kloster Toploú

Eins der meistbesuchten und bedeutendsten Klöster Kretas. Einsam und wuchtig steht es in der einsamen Felswüste. Je näher man kommt, desto mehr wirkt Toploú wie eine mittelalterliche Burg. Ein Außenposten der Zivilisation, meterdicke Mauern, abweisend und wehrhaft.

Da das Kloster Toploú große Ländereien besitzt (u. a. auch den nahen Strand von Vái), ist seine materielle Lage im Gegensatz zu vielen anderen Klöstern der Insel gesichert. Vor allem die Produktion von Olivenöl – z. T. aus biologischem Anbau – spielt eine wichtige Rolle. Das Öl wird in großen Mengen exportiert, nicht zuletzt dank des geschäftstüchtigen Abts, der seinen orthodoxen Bart abrasiert hat und mittlerweile hervorragend Englisch spricht. Nur noch ein Mönch lebt heute ständig im Kloster, das mittlerweile völlig auf Fremdenverkehr eingestellt ist und ein hochwertiges Museum besitzt. Im Laden gegenüber der Kasse gibt es farbenprächtige Reproduktionen von Ikonen, Postkarten und bebilderte Führer. Vor der Tür hat sich im Sommer ein kleines Kafenion etabliert.

Wahrscheinlich wurde das Kloster während der venezianischen Herrschaft im 15. Jh. erbaut, aus dieser Zeit datieren jedenfalls die Wandmalereien in der Kirche. Damals hieß es noch *Moní Akrotirianí*, d. h. Kloster vom Kap (gemeint ist der äußerste Nordostzipfel Kretas). Der Name Toploú kam erst viel später auf. In dieser abgelegenen Region waren die Mönche ganz auf sich gestellt und ständig auf der Hut vor Piraten oder Türken. Die Kanone schussbereit (*Top* ist türkisch und bedeutet „Kanone"), mit Schießscharten, Pechnase, massiven Toren und einem ständigen Wachtposten auf dem hohen Glockenturm, war das Kloster ständig auf Widerstand gegen Eroberer jeder Art eingerichtet. 1612 wurde es durch ein Erdbeben zerstört, während der späteren Türkenherrschaft wiederholt angegriffen und geplündert. Trotzdem gelang es den Äbten, große Ländereien zu erwerben und dem Kloster eine solide wirtschaftliche Grundlage zu schaffen. Besonders Abt Gabriel Pantogalos tat sich im 17. Jh. diesbezüglich hervor, sein Name ist in einer Inschrift an der Außenmauer der Kirche eingraviert (→ Besichtigung). Seit dem 18. Jh. kamen eine Reihe wertvoller Ikonen in den Besitz des Klosters, das damals ein bedeutendes religiöses Zentrum war. Sie sind heute in der Kirche ausgestellt. In der Zeit des kretischen Freiheitskampfs im 19. Jh. gab es eine Schule im Kloster. Im Zweiten Weltkrieg trafen sich im Kloster kretische Partisanen mit den Engländern und eine Funkanlage der Alliierten war installiert. Die deutschen Besatzer beschlagnahmten damals das Kloster mitsamt seiner Wirtschaftsbetriebe. Nach dem Krieg ging ein

Mönch des Klosters auf die Leprainsel Spinalónga bei Ágios Nikólaos (→ dort) und lebte jahrelang bei den Todkranken, ohne jemals selber an Lepra zu erkranken.
Öffnungszeiten/Preise tägl. 9–18 Uhr, Eintritt ca. 3 €.

▸ **Besichtigung**: Das große, überwölbte Haupttor der Anlage führt zunächst in den *äußeren Hof*, zu dessen Seiten sich die Mönchszellen gruppieren. Mit ihren vergitterten Fenstern bildeten sie nach außen die meterdicke Festungsmauer. Unter dem *Glockenturm* liegt das schwere Tor zum eigentlichen Kloster, genau darüber ist eine Pechnase installiert. Der Innenhof, den man hier betritt, ist sicher einer der schönsten seiner Art auf Kreta. Dicht an dicht mit runden Kieselsteinen gepflastert, umgeben von schattigen Arkaden, Treppenaufgängen und den schützenden Mauern des Klosters, bildet er eine Welt für sich.
Neben der Eingangstür der kleinen *Klosterkirche* sieht man unter Glas einen antiken *Vertragstext* aus dem 2. Jh. v. Chr. (→ Ítanos, weiter unten). Zum Teil sind die Buchstaben schon fast eingeebnet, da die Platte lange Jahre als Altaraufsatz verwendet worden war, bevor ein englischer Reisender im 19. Jh. ihren Wert erkannte. Weiterhin sind hier ein Relief der „Panagía Akrotirianí" (Gottesmutter vom Kap) mit einer Weihinschrift des Abts Gabriel Pantogalos und eine Inschriftentafel zu Ehren desselben Abtes angebracht.
Im Kirchenschiff hängen Dutzende von wertvollen und z. T. sehr eindrucksvollen Ikonen verschiedener Größen aus dem 15.–18. Jh., darunter *Unverwelkte Rose, Gottesmutter auf dem Thron, Mariä Entschlafung, Der heilige Johannes Prodromos (Täufer)* und *Auferstehung von Jesus Christus*. Vor der Ikonostase (Bildwand) kann man schließlich eine der großartigsten Ikonen Kretas bewundern: *Megas i Kyrie* (Du bist allmächtig, o Herr) von Ioánnis Kornáros (1745–1796). Der auf Kreta weithin berühmte Ikonenmaler schuf das akribisch gestaltete Werk um 1770, also im Alter von 25 Jahren (→ Kasten). Im Gewölbe der Kirche sind außerdem einige *Fresken* aus dem 15. Jh. erhalten.

Megas i Kyrie

In der Ikone sind zahllose Themen aus dem Alten und Neuen Testament „en miniature" verarbeitet – ein Labyrinth von Einzelszenen, die sich zu einer gewaltigen Gesamtkomposition verbinden. Ganz oben ist der Lauf der Gestirne symbolisiert, die Tierkreiszeichen sind deutlich zu erkennen. Dort sitzen auch Vater, Sohn und Heiliger Geist, umringt von jubilierenden Engeln. Je genauer man hinsieht, desto mehr bekannte Szenen entdeckt man, z. B. links oberhalb der Mitte unter dem Regenbogen die Arche Noah und fantastische Tiere aller Art. Daneben der Brudermord von Kain und Abel, darüber Jonas, der gerade aus dem Bauch des Walfischs schlüpft. Beeindruckend auch der Einsatz des Wassers – links die Sintflut, rechts führt Moses sein Volk durchs Meer. Die Wassermassen vereinigen sich in der Mitte bei Jesus, der gerade getauft wird, und strömen in die gesamte untere Bildhälfte. Ganz unten schließlich der Abstieg Christi in die Hölle und die Auferstehung. Einen der beiden Sünder, die mit ihm auf Golgatha gestorben sind, nimmt Jesus mit sich. Je nach Bibelfestigkeit wird man noch viele andere bekannte Bilder entdecken – das Abendmahl, Jesu Geburt, Moses schlägt Wasser aus dem Fels u. a.

Vor einigen Jahren wurde im Kloster ein *kirchliches Museum* mit Ikonen und religiösen Kultgegenständen eingerichtet. In einem weiteren Schauraum findet man eine Sammlung *hagiografischer Stiche* des 17.–19. Jh. sowie Grafiken und Schriften des Ökumenischen Patriarchats von Konstantinopel. Ein kleiner Nebenraum ist hier der Rolle des Klosters im kretischen Freiheitskampf und im Zweiten Weltkrieg gewidmet – neben Waffen, Helmen u. ä. hängen hier auch die deutschen Dokumente aus, in denen die Beschlagnahmung des Klosters verlautbart wurde.

Vái, der Palmenstrand

Ein Meer von hohen, grünen Palmen drängt sich zwischen Felsen weit ins Hinterland. Davor eingebettet liegt ein wunderbarer Strand mit feinem Sandkies. Vái, das Naturwunder, üppige Vegetation in steiniger Einöde, Palmenrauschen und Südsee-Feeling. Viele Legenden eilen voraus, jeder will es gesehen haben ...

Die neuere Geschichte Váis ist exemplarisch für so viele schöne Flecken – vor zwanzig Jahren noch fast unbekannt, verirrten sich nur gelegentlich Reisende in den äußersten Osten Kretas, die staunend von dem großen Palmenstrand berichteten. Dann kamen die „Hippies", gefolgt von den Rucksacktouristen – manche blieben Wochen, manche Monate, andere noch länger. Der wunderbare Palmenstrand verwandelte sich in eine Müllkippe. Der schlechte Ruf drang bis in die Reiseführer vor, man warnte vor dem Aufenthalt in dem verdreckten Palmenwald. Bis die Behörden vor einigen Jahren reagierten. Rigoros wurde die ganze Palmenoase unter Naturschutz gestellt, ein Zaun gezogen, Betreten verboten. Heute darf man nur noch den Strand benutzen und sich unter die Hand voll Palmen legen, die außerhalb der Umzäunung stehen. Trotzdem gehört ein Ausflug nach Vái zum Standardprogramm fast jedes Kreta-Urlaubers. Täglich spucken Dutzende von Klimabussen geballte Ladungen von Tagesausflüglern aus, dazu kommen die zahllosen Mietwagenfahrer, Linienbusse, Motorradfahrer. Auf den Andrang ist man perfekt eingerichtet: Es gibt einen (gebührenpflichtigen) Parkplatz, alle Arten von Wassersport und mehrere Restaurants, der Strand wird picobello sauber gehalten, Holzstege führen durch den weichen Sand.

Was die Legende zu berichten weiß:

„... Es war im Jahre des Herrn 824, als die blutrünstige Sarazenenmeute unter ihrem gottlosen Häuptling Abu Hafs Omar zum wiederholten Male auf der Insel Kreta landete. Diesmal aber gab er den Befehl, alle Schiffe zu verbrennen – es gab kein Zurück mehr und die Horden Allahs durchstürmten die Ebenen und Städte des Nordens. Eine Abteilung des mächtigen Abu Hafs Omar war auch in der felsigen Bucht von Vái gelandet. Müde und hungrig verspeisten die arabischen Piraten ihre mitgebrachten Datteln – die Kerne warfen sie achtlos hinter sich ..." Wissenschaftler verneinen heute diese Entstehungstheorie der Palmen in Vái. Die „Dattelpalme" von Vái ist vielmehr eine schon lange vor den Arabern auf Kreta heimische Pflanze, die so genannte „Kretische Palme", Phoenix theophrastii. Sie zieht ihre Nährstoffe aus Salzwasser und wächst auch an anderen Stränden der Insel, z. B. in der Bucht von Préveli (→ S. 736). Ihre Früchte sind lediglich dattelähnlich und nicht genießbar.

Wenn Sie Menschenmassen nicht mögen, sollten Sie vielleicht in den Abendstunden oder in der absoluten Nebensaison kommen, dann ist es hier wirklich noch idyllisch – hinter Ihnen die schattigen Palmen, vorne bizarre Felseninselchen. Im Umkreis vom Palmenstrand gibt es noch weitere Strände, z. B. wenige Fußminuten südlich den „Nudism Beach" (über das Kap steigen), an dem früher oft im Freien genächtigt wurde. Mittlerweile ist er mit einem Zaun abgesperrt.

Dem Hörensagen nach ist im Bereich von Vái ein großes Golfareal geplant, das verstärkt internationales Publikum in die strukturschwache Region ziehen soll – Voraussetzung dafür ist allerdings der Ausbau des Flughafens.

• *Anfahrt/Verbindungen* **eigenes Fahrzeug**, Selbstfahrer können ab Sitía auf gut ausgebauter, asphaltierter Straße über Palékastro fahren (29 km). Oder etwa 5 km vor Palékastro links die Straße über Kloster Toploú nehmen (ebenfalls asphaltiert und etwas kürzer). Empfohlener Tagesausflug: **Sitía**, **Kloster Toploú**, **Vái**, **Ítanos**, **Palékastro**, **Sitía**. Parken kostet den stolzen Preis von ca. 2 € (kostenfrei kann man eventuell vorher an der Straße parken).

Bus, Linienbusse fahren etwa 4 x tägl. ab Sitía über Palékastro zum Strand von Vái und zurück.

• *Einrichtungen* Am Strand von Vái gibt es einen großen, gebührenpflichtigen **Parkplatz** (ca. 3 €), ein **Informationsbüro**, öffentliche **Toiletten**, einen **Erste-Hilfe-Raum**, einen **Verkaufshop** mit Badesachen, eine **Snackbar** direkt am Strand und ein **Restaurant** in halber Höhe rechts am Felsen. Außerdem liegt am nördlichen Strandende das **Wassersportzentrum Vai Beach** von Manolis – Surfschule/Brettverleih, Jet-Ski, Banana-Boat, Tauchen, Tretboote (✆ 28430-61332). Das Betreten des Strands ist von 7–21 Uhr erlaubt, außerhalb des mit Bojen markierten Gebiets darf man nicht schwimmen.

• *Übernachten* Das *Büro für ländlichen Tourismus* in Sitía hat an der Straße nach Vái ein traditionelles **Gästehaus** erbaut, Auskünfte über Vermietung erhalten Sie in Sitía (→ S. 432). Weitere Unterkünfte gibt es weder am Strand selbst noch in der Nähe. Die nächsten Privatzimmer und Hotels finden sich im Umkreis des etwa 8 km entfernten Palékastro.

Das Übernachten am Palmenstrand ist ausdrücklich **verboten**! Auch der südlich sich anschließende, etwa 100 m lange **Dünenstrand** wurde mit einem Zaun abgesperrt, um Strandschläfer fernzuhalten.

• *Sonstiges* Bei der Zufahrt nach Vái kann man eine **Bananenplantage** besichtigen, Dauer 1 Std., nicht billig, aber für Interessierte durchaus lohnend.

▸ **Ítanos**: Etwa 2 km nördlich von Vái liegen drei kleine Strände mit einigen Palmen, Vái in Kleinformat. Der südlichste Strand ist der schönste. Zelten ist seit einigen Jahren verboten, seitdem ist es dort wieder deutlich sauberer.

Den historischen Ursprung des Ortes lassen noch ein paar Säulenstümpfe und Mauerreste ahnen, darunter zwei frühchristliche Basiliken. Ítanos war schon in minoischer Zeit bewohnt und blieb bis in frühchristliche Zeit eine bedeutende Hafenstadt. 148 v. Chr. kam es zu einer Auseinandersetzung mit *Hierápytna* (das heutige Ierápetra) um das Heiligtum des diktäischen Zeus, das sich beim heutigen Palékastro befand. Durch Vermittlung einigte man sich schließlich. Der erhalten gebliebene Schiedsspruch ist an der Außenfassade des Kirchleins im Kloster Toploú angebracht (→ oben). Irgendwann später versanken auch Teile von Ítanos im Meer (wie in Oloús → Kap. Eloúnda). Aber erst in venezianischer Zeit verließen die letzten Einwohner die Stadt.

▸ **Von Ítanos Richtung Norden**: Hier ist die Welt fast schon zu Ende. Eine gut ausgebaute Straße führt zwar hinüber auf den nordöstlichsten Zipfel Kretas, aber an der Wegkreuzung bei Ítanos zeigt ein Schild eine griechische Militärstation an. Nur noch einige neugierige Mietwagenfahrer verirren sich hierher, aber es lohnt sich. Faszinierend ist das Farbenspiel der rostbraunen und weißen Felsen mit grünen Sträuchern und dem tiefblauen Meer. Weit drüben über dem glitzernden Wasser kann man die Umrisse von Kárpathos erahnen. An der schmalen Landzunge des *Órmos Ténda* inmitten der gleißenden Steinwüste mahnt noch einmal das Schild „Militärisches Sperrgebiet".

▸ **Insel Elássa**: Die kleine, nur etwa 2,5 km lange Insel liegt etwa 7 km östlich vom Palmenstrand von Vái. Bei Bedarf bringt ein Boot im Sommer bei gutem Wetter (d. h. kein Wind) Touristen für ein paar Stunden hinüber, das kostet etwa 10 €. Informationen im Hotel Marina Village bei Palékastro (✆ 28430-61284).

Palékastro

Der ruhige Hauptort der Region liegt auf einem Hügel inmitten ausgedehnter Olivenplantagen. Tagsüber brüten die weißen Gassen in der Sonne, abends treffen sich die Touristen in den bunt illuminierten Tavernen am Platz bei der Kirche.

Palékastro liegt etwa 2 km vom Meer entfernt und ist ein typisches Bauerndorf. Noch in den achtziger Jahren lebten die Bewohner fast ausschließlich von ihren Olivenbäumen und auch heute sind im Dezember, Januar und Februar alle mit der Olivenernte beschäftigt. Doch seit einigen Jahren hat sich Palékastro zum bevorzugten Erholungsort für Individualurlauber entwickelt. Grund dafür ist einerseits sicherlich die Nähe zu Vái, vor allem aber locken die schönen Sandstrände an der nahen Ostküste, wo man zudem eine minoische Stadt ausgegraben hat, die allem Anschein nach sehr groß und bedeutend gewesen sein muss.

Trotz seines gestiegenen Bekanntheitsgrads ist Palékastro für ein paar Tage Ausspannen im ländlichen Umfeld nach wie vor gut geeignet. Zwar beginnen sich allmählich Neubauten über die ganze Bucht auszubreiten, doch das ursprüngliche griechische Leben in angenehm natürlicher Atmosphäre findet nach wie vor statt und die Einheimischen zeigen sich gastfreundlich. Seitlich der Ausfallstraße vom Hauptplatz nach Westen wurde vor einigen Jahren ein vorbildlich restauriertes Haus als *Volkskundemuseum* eröffnet. Es ist im Stil eines traditionellen kretischen Hauses eingerichtet, besitzt Schlafraum, Küche, Feuerstelle etc.

Öffnungszeiten **Volkskundemuseum**, Di–So 10–13, 17–20.30 Uhr, Mo geschl.

Information/Verbindungen/Sonstiges

• *Information* großzügiges Infobüro wenige Schritte vom Hauptplatz an der Durchgangsstraße, vorbildliches Material und freundliche Mitarbeiter. Telefonservice, Geldautomat. Mo–Sa 8.30–21.30, So 9.30–13, 18–21 Uhr. ✆ 28430-61225, ℻ 61230.

• *Anfahrt/Verbindungen* siehe Sitía. **Busse** halten am Hauptplatz, hier gehen die Straßen nach Vái/Ítanos, Sitía und Zákros ab.

Taxi, Standplatz beim Kiosk am Dorfplatz, Manolis Veniamakis spricht Deutsch. ✆ 28430-61455, 61380.

• *Sonstiges* **Geldautomat** am Infobüro.

Internationale Presse, 50 m vom Hauptplatz, an der Straße nach Zákros, kurz vor Haus Eva.

Internet, im Hotel Hellas.

Kinderspielplatz, etwa 50 links der Straße nach Zákros, Nähe Ortsausgang.

Kretische Produkte, großer Laden gegenüber vom Hotel Hellas.

Moto Kastri, Auto- und Fahrradverleih etwa 50 m vom Hauptplatz in Richtung Vái.

Wäscherei von N. & M. Ikonomakis, ✆ 28430-61463.

Website: www.palekastro.de

Übernachten

Die Unterkunftssituation in Palékastro ist bisher recht erfreulich. Im Gegensatz zu manch anderen Orten gibt man sich hier noch wirklich Mühe mit seinen Besuchern.

Hellas, C-Kat., zentrale Lage am Hauptplatz. Innen recht ordentlich, marmorierter Fußboden in der kleinen Eingangshalle und den Gängen, Zimmer mit eigenem Bad, Balkon und „Kunstwerken" aus Schmiedeeisen. DZ ca. 25–40 €. Mit großer Taverne, die abends laut werden kann. ✆ 28430-61240.

Thalia, D-Kat., nettes Haus direkt neben der Kirche, nicht zu verfehlen, einfach, aber hübsch gemacht und sehr sauber, 10 Zimmer mit TV und Klimaanlage, geführt von einer freundlichen Wirtin. DZ mit Frühstück ca. 18–32 €. ✆ 28430-61448, 📠 61558.
Chiona Holiday, C-Kat., modernes Hotel am Ortsrand in Richtung Angathiá, gut eingerichtete und saubere Zimmer, jeweils mit Kühlschrank, Klimaanlage und Balkon. Freundliche Besitzer. DZ mit Frühstück ca. 40 €. ✆ 28430-29623, 📠 29624, www.palaikastro.com/hionaholiday
Haus Margot, gleich am Eingang von Palékastro links, von Sitía kommend. Sohn und Tochter des schwäbisch-griechischen Ehepaars Papadakis führen die Pension seit einigen Jahren, gemischte Leserzuschriften. 14 einfache, aber geräumige Zimmer. DZ ca. 25–35 €, Frühstück ca. 6 € extra. ✆/📠 28430-61277.
Haus Eva, im Ortszentrum, an der Straße nach Zákros. Große, gemütlich ausgestattete Zimmer, jeweils mit gefliestem Bad, Kühlschrank und Balkon, herrliche Aussicht auf Berge oder Meer. Auf Wunsch gutes und reichhaltiges Frühstück, das man auf dem eigenen Balkon einnimmt. Frau Eva Stavrakakis hat über fünfzehn Jahre bei Stuttgart gelebt und spricht ausgezeichnet Deutsch. Für Sauberkeit ist man laut Leserzuschrift selbst zuständig. DZ ca. 20–30 €. ✆ 28430-61388.
Nikos, moderne Apartments und Zimmer in zentraler, trotzdem sehr ruhiger Lage, etwas erhöht an einer Seitengasse der Durchgangsstraße. Freundlich geführt von Niki Spanoudakis und ihrer Mutter. DZ ca. 25–35 €, Apt. ca. 35–45 €. ✆/📠 28430-61123.
Zahlreiche weitere Möglichkeiten im Ort, Privatzimmer/Apartments außerdem im Nachbarort **Angathiá** am Weg zum Strand (→ unten).

• *Etwas außerhalb* **Marina Village**, C-Kat., beliebte Anlage am Weg zum Strand von Chióna, herrlich ruhige Lage inmitten von Olivenbäumen. Vor allem in der Nebensaison ideal für geruhsame Ferientage. Zufahrt von Palékastro aus gut beschildert. Zu Fuß zum Strand etwa 10 Min., in den Ort 20 Min. DZ mit Frühstück etwa 50–75 €, pauschal z. B. über Jahn Reisen. ✆ 28430-61284, 📠 61285.
Sunrise, etwa 2 km nördlich von Palékastro, drei idyllisch in einem großen Garten gelegene Studios für jeweils 2 Pers., kombinierter Schlaf-/Wohnraum, gekacheltes Duschbad, Kochgelegenheit und schöne Terrasse. Sehr gepflegtes Anwesen, freundliche Besitzerfamilie Masourakis. Die nahe gelegenen Badebuchten sind meist menschenleer. Studios ca. 40–55 €. ✆/📠 28430-61122.

Essen & Trinken/Nachtleben

• *Essen & Trinken* **Hellas**, direkt am Hauptplatz, die Taverne des gleichnamigen Hotels bietet gemütlich griechische Atmosphäre und ebensolche Küche zu moderaten Preisen.
Mythos, gegenüber vom Hellas, bei Manolis Tsantakis findet man hervorragende vegetarische Gerichte und freundliche Bedienung.
Elena, gegenüber Tourist-Info, geführt mit Charme und Herzlichkeit von Elena und ihrer Mutter. Es gibt zahlreiche Spezialitäten, u. a. viele Gemüsegerichte, Käseteigtaschen usw. Speisen sind zwar mittlerweile eher auf Massenverzehr eingerichtet, trotzdem noch okay.
Finistrini, etwa 30 m vom Hauptplatz an der Straße nach Vái. Geführt von zwei jungen Paaren, die sich Mühe geben, nicht nur Standardküche zu bieten. Viele Einheimischen kommen hierher, normales Preisniveau, Empfehlung für den Thunfischsalat. Zum Nachtisch Rakí und ein selbst gemachtes Dessert.
To Konaki, auch in diesem Mezedopolíon am Hauptplatz trinkt man seinen Rakí zwischen den Einheimischen und bekommt dazu leckere hausgemachte *mezédes*.
Kulinarische Abstecher lohnen außerdem ins nahe Angathiá und zu den Fischtavernen am Strand von Chióna (→ unten).

• *Nachtleben* mehrere Bars und Disco-Bars, z. B. **Enigma** an der Straße nach Vái oder **Sticky Minds**, 50 m vom Hauptplatz.

Palékastro/Umgebung und Strände

Das Nachbardörfchen Angathiá passiert man auf dem Weg hinunter zu den Badestränden um den Tafelberg Kastrí. Direkt am Meer liegt das minoische Ausgrabungsgelände von Roussolákos.

▸ **Angathiá** (auch: Agathiá): winziges Dörfchen seitlich der Straße zum Strand, etwa 1 km von Palékastro. Die hübsche Kreuzkuppelkirche mit ihrem roten Dach ist weithin sichtbar. Fernab vom Getriebe der Welt, so scheint es, sitzen die Frauen vor ihren niedrigen, weiß gekalkten Häuschen, häkeln und stricken und schauen neugierig auf, wenn sich ein Tourist verirrt. Im Ort hauptsächlich unasphaltierte Treppenwege, doch mittlerweile ist auch eine betonierte Durchfahrt fertig gestellt. Einen Rakí kann man im klitzekleinen Kafenion von Herrn Kocharakis kosten. Vielleicht zwei oder drei wacklige Stühle, aber wohltuende Ruhe und wunderbarer Blick auf die silbriggrünen Olivenbäume und das Meer. Auch einige Tavernen gibt es mittlerweile.

• *Übernachten* **Flamingo**, komfortabel eingerichtete Apartmentanlage, geführt von einem ehemaligen Kapitän, der Englisch spricht. Herrlicher Blick über Olivenhaine, Ort und Küste. Zwei-Bett-Studios und Vier-Bett-Apartments für 32–47 €. Frühstück wird auf Wunsch serviert, ca. 6 €/Pers. ✆ 28430-23434, ℻ 61369.

Schöner Blick, Herr und Frau Papadakis haben lange Jahre in Deutschland gelebt und sprechen ausgezeichnet Deutsch. Alles sehr sauber und gepflegt. Ein DZ kostet etwa 22–35 €, reichhaltiges Frühstück wird für ca. 5 €/Pers. serviert. Das Haus ist von Palékastro aus beschildert. ✆ 28430-61293, ℻ 61011, E-Mail: smaropapadaki@yahoo.gr

Elia, neue Anlage im Olivenhain zwischen Angathiá und Roussolákos, sechs modern eingerichtete Studios, im Badezimmer sogar Föhn und kleine Badewanne. Toller Blick auf die vorgelagerten Buchten. Geführt von drei Geschwistern, die sich liebevoll um ihre Gäste kümmern, Frühstück wird auf Wunsch serviert. Studio ca. 30–40 €. ✆ 28430-61305, ℻ 61600, www.palaikastro.com/eliastudios

• *Essen & Trinken* **The Hook** (Der Angelhaken), in unmittelbarer Nähe der Pension „Schöner Blick". Der zuvorkommende Wirt Nikos Fragiadakis serviert sehr gute griechische Küche zu günstigen Preisen.

Außerdem Leserempfehlungen für Taverne **Vaios** vom gleichnamigen Wirt und seiner Frau Koula, gutes Essen und nette Atmosphäre; sowie Taverne **Vavis**, wo immer frisch gekocht wird.

▸ **Strand von Chióna**: Von Palékastro zum Meer sind es etwa 2 km durch Olivenplantagen, mittlerweile asphaltiert. Am Wasser thront der markante Tafelberg *Kastrí*, rechts davon erstreckt sich die halbrunde Sand- und Kiesbucht von *Chióna*. Hier kann man noch in aller Ruhe baden, auch für Kinder ist der meist ruhige Strand gut geeignet. Nur gelegentlich kommen Reisebusse, um die minoischen Ausgrabungen von Roussolákos zu durchstöbern. Außerdem gibt es drei schön gelegene Fischtavernen. Richtung Osten kann man auf einer Staubpiste, die unterhalb des Pétsofas-Gipfels am Meer entlangführt, schließlich noch einsame Felsbadebuchten um das Kap Pláka erreichen.

• *Essen & Trinken/Übernachten* Die erste Taverne namens **Kakavia** liegt etwas zurück vom Meer, bei **Batis** sitzt man unter schattigen Tamarisken am Strandbeginn, den schönsten Blick hat man von der Taverne **Chiona** mit einer Terrasse direkt am Meer – hier kann man auch zwei Apartments mieten, die laut Leserzuschrift zwar sauber, aber schlecht eingerichtet und für Kleinkinder ungeeignet sind, vorher ansehen. Moskitonetze und Taschenlampe mitbringen. Buchung: Studio 1 über Hotel Marina Village (✆ 28430-61284), Studio 2 über Hotel Chiona Holidays (✆ 28430-29623).

▸ **Roussolákos**: Das Ausgrabungsgelände hat seinen Namen von der roten Erde des Geländes und liegt gleich hinter der schönen Badebucht. Es handelt sich um eine spätminoische Stadtsiedlung namens *Eliá*, von der angenommen wird, dass sie nach Knossós die zweitgrößte Stadt Kretas war. Freigelegt wurde sie bereits 1902–1906 von britischen Archäologen, wiederholt gegraben wurde Anfang der 1960er Jahre, Ende der Achtziger grub erneut die „British School of Archeology". Bedeutendster Fund war damals das Fragment einer kleinen minoischen Skulptur aus Elfenbein mit vergoldetem Haar (heute im Museum von Sitía).

Das beeindruckende Ruinengelände besteht aus einer Fülle von rechtwinklig angelegten Haupt- und Nebengassen, an denen die Grundmauern zahlreicher, teils großzügiger Wohnhäuser erhalten sind. Das Gelände ist eingezäunt, die Tür steht aber meist offen. Ein detaillierter Lageplan hängt aus, die Fundstelle der kleinen Elfenbeinskulptur ist darin markiert (Haus 5).

▸ **Pétsofas**: Auf der felsigen Landzunge südlich von Chióna, die mit dem *Kap Pláka* abschließt, hat man Anfang des letzten Jahrhunderts ein wichtiges minoisches Gipfelheiligtum entdeckt. Die dort gefundenen zahlreichen kleinen Votivfigürchen sind in den Museen von Sitía, Ágios Nikólaos und Iráklion untergebracht.
Zu Fuß braucht man vom Strand Chióna knapp 1,5 Std., um die 250 Höhenmeter zu erklimmen. Ein Pfad führt südlich vom Ausgrabungsgelände Roussolákos hinauf.

▸ **Tafelberg Kastrí**: knapp 90 m hoch, dank seines auffallenden Profils nicht zu übersehen. Von der Bucht kann man auf schmalem Fußpfad leicht das Plateau erklettern, lohnt wegen des herrlichen Blicks. Oben hat man zahlreiche antike Reste gefunden. Von der venezianischen Festung, der Palékastro seinen Namen verdankt, ist jedoch keine Spur mehr erhalten.

▸ **Strand von Koureménos**: Links vom Tafelberg Kastrí erstreckt sich der 2 km lange, teils durch Tamarisken beschattete Sandstrand von *Koureménos* in leichter Krümmung Richtung Norden. Er ist noch relativ ruhig, allerdings kündigt sich die touristische Zukunft bereits an: Am Nordende wurde mit Betonklötzen ein kleiner Fischereihafen aufgeschüttet, im mittleren Teil des Strands hat sich ein Surfclub etabliert, es gibt mehrere Tavernen und einige kleine Apartmentanlagen. Von der Straße nach Vái führt ein asphaltierter Abzweig zum kleinen Hafen.

• *Übernachten* **Glaros**, nette Apartmentanlage direkt am Strand, zu empfehlen für Familien. ✆ 28430-61282.

Kouremenos Beach, Nikos Hatzidakis vermietet 4 Apartments mit Garten und Kinderspielgeräten, etwa 50 m vom Strand entfernt. ✆ 28430-61257.

▸ **Strand von Maridáti**: nördlich vom Koureménos-Beach, schöner Kies-/Sandstrand mit tollem Blick auf die umliegenden Berge, 2 km Schotterpiste durch Olivenhaine, freundliche Taverne mit Zimmervermietung.

Wanderung von Palékastro über die Skiniás- und Karoúmes-Bucht nach Chochlakiés

Wanderung zur schönen Ostküste, sehr einsam, aber nicht schwierig und trotzdem abwechslungsreich. Ausreichend Wasser mitnehmen. Unterwegs prima Bademöglichkeiten. Hinweis: In vielen Karten ist die Karoúmes-Bucht als „Karoúmbes" vermerkt.

• *Route* Palékastro – Angathiá – Skiniás-Bucht – Karoúmes-Bucht – Chochlakiés, zurück per Bus.

• *Dauer* Palékastro – Chochlakiés ca. 4 Std. 30 Min.

• *Markierung* in Holz geschnitzte Wegweiser, blaue Punkte, durch die Chochlakiés-Schlucht rote Punkte.

• *Wegbeschreibung* Wir beginnen mit unserer Wanderung in **Palékastro** und laufen auf der asphaltieren Straße nach **Angathiá**. Am Ortsanfang von Angathiá gehen wir geradeaus in Richtung **Kirche**. Diese lassen wir links liegen, biegen an der nächsten Straße nach rechts ab zum Restaurant **Anatoli**. An diesem vorbei folgen wir immer dieser Straße ortsauswärts. Gegenüber dem vorletzten Haus sehen wir bereits den ersten **blauen Markierungspunkt**. Die Asphaltierung hört auf und wir folgen dem Weg bis zu einer Gabelung. An dieser befindet sich ein schöner **Holzpfeil** mit roten und blauen Markierungen, der uns den Weg nach **Chochlakiés** bzw. auf den Pétsofas (rote Markierung) weist. An einem Wochenendhaus vorbei durch Obstplanta-

gen kommen wir schon nach kurzer Zeit erneut an eine Weggabelung, wo wieder eine wunderschön geschnitzte **Tafel** aufgestellt ist. Während der Weg nach links zum Pétsofas abzweigt, halten wir uns rechts, immer der deutlich sichtbaren blauen Markierung nach. Es geht bereits bergauf. Wir kommen nach einigen Metern an eine **Wasserzisterne**, an der Nikos (Wirt der Pension „Schöner Blick" in Angathiá) durch seine Markierung keinen Zweifel daran lässt, in welche Richtung wir laufen müssen, nämlich auf einem **Trampelpfad** entlang des Zauns bis zu dessen Ende. Anschließend folgt wieder ein Trampelpfad nach rechts oben und nach etwa 100 m von der Umzäunung weg bergauf. Oben auf dem Bergrücken erkennen wir bereits eine **weiße Kapelle**, auf die wir geradewegs zugehen. Nicht irritieren lassen! Der Weg geht durch das **Gatter** eines Weidezauns. Wir erreichen schon nach wenigen Minuten das kleine Kirchlein. Kurz vorher sehen wir handgefertigte **Wegweiser**. Nach der Kapelle wieder der Markierung entlang bergab. Links lassen wir zerfallene Häuser liegen. Schon kurz danach führt uns die blaue Markierung nach links hinunter durch unwegsames Gelände, um nach etwa 100 m wieder nach oben zu einem **Fahrweg**, der aus Palékastro kommt, aufzusteigen. Auf diesem Stück ist die Markierung schlecht zu sehen. An dem Fahrweg, an dem wir nur einen kleinen blauen Punkt finden, gehen wir nach links bergauf. Oben auf dem Sattel versperrt uns erneut ein **Weidezaun** den Weg. In dieser Umzäunung werden wir von einer größeren Herde Schafe und Ziegen misstrauisch verfolgt. Nun laufen wir auf dem „Fahrweg" – er ist durch tiefe Wasserrinnen ausgewaschen – bergab. Der Weg läuft immer auf der linken Seite einer **Schlucht** entlang, die sich in Richtung Meer öffnet. Nicht beirren lassen, erst kurz vor der letzten großen Linkskurve zweigt der deutlich **blau markierte Pfad** nach rechts unten in Richtung Meer ab. Nach knapp 1 Std. 15 Min. sind wir in der wunderschönen, einsamen **Skiniás-Bucht**.
Von hier unten sieht man bereits eine blaue **Plastikflasche**, die als Wegmarkierung auf einem Stock befestigt ist. Wir laufen nun an der Küste entlang, immer mit herrlichem Blick auf das glasklare Wasser. Nach einiger Zeit überqueren wir den Sattel eines Landvorsprungs und sehen vor uns zunächst eine kleine, paradiesische **Sandbucht**, die von Felsplatten eingerahmt ist.

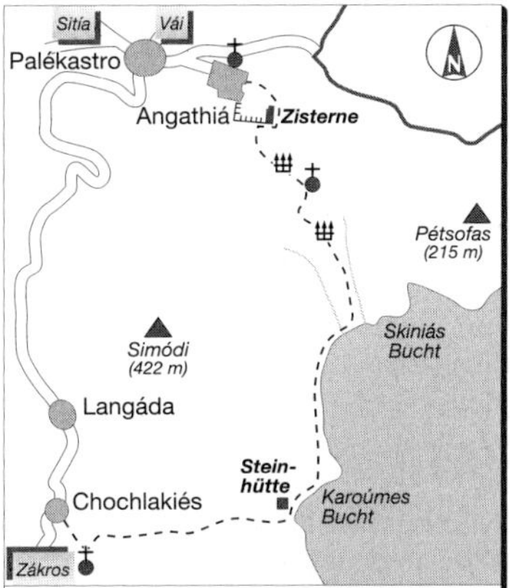

Wanderung von Palékastro nach Chochlakiés

Wie von Nikos mit großen, blauen Buchstaben auf das Gestein geschrieben, lädt diese Stelle zur Rast ein. Die etwas südlicher gelegene Karoúmes-Bucht haben wir ständig vor Augen. Der Weg führt uns nun weiter durch verkarstetes Gelände, immer an der Küste entlang, bis wir an eine **Steinhütte** kommen. Im Anschluss an diese durchqueren wir mehrere Parzellen, die mit Bruchsteinmauern eingezäunt sind. Ab hier ist die Markierung nur schwer zu erkennen. Von der **Karoúmes-Bucht** laufen wir zunächst ohne Markierung im ausgetrockneten Bachbett landeinwärts in Richtung **Schlucht**. Viele Pfade führen zwischen den blühenden Oleanderbüschen hindurch. Nach einiger Zeit stellen wir fest, dass der Weg mit orangefarbenen Punkten markiert ist, immer im Bachbett entlang. Gelegentlich müssen wir über größere Felsblöcke klettern und erreichen nach etwa einer Stunde den Ausgang der Schlucht. Hier gehen wir durch ein **Gatter**. Nachdem wir den Weidezaun hinter uns gelassen haben, ist es ratsam, immer auf der rechten Seite des Bachbetts zu bleiben, wo man schon nach kurzer Zeit auf einen **Fahrweg** stößt, der sich nach etwa 300 m gabelt.
Wir gehen links, durchqueren das Bachbett und kommen zum Kirchlein der Ortschaft **Chochlakiés**. Von Chochlakiés fährt der Bus zweimal täglich nach Káto Zákros bzw. Palékastro.

Von Palékastro nach Káto Zákros

Von Palékastro nach Káto Zákros sind es knapp 25 kurvenreiche Kilometer durch einsame Bergregionen. Einige kleine Nester sind in der ausgedörrten Landschaft die einzigen Anzeichen menschlicher Besiedlung. Die Landflucht ist hier besonders ausgeprägt, die Küste kaum erschlossen. In *Chochlakiés* kann man durch eine Schlucht zum einsamen Strand von Karoúmes hinunterlaufen, eine Tafel markiert den Einstieg (Wanderung in umgekehrter Richtung → vorhergehender Abschnitt). Etwa ab der Hälfte der Strecke zeigt sich das Erdreich an vielen Stellen intensiv lila. Kilometerweit bestimmen Farbkontraste das Landschaftsbild. Wahrscheinlich sind Mineralien für die Einfärbung verantwortlich.

Zákros

Zwischenstation auf dem Weg nach Káto Zákros. Zákros liegt hübsch am Hang und hat üppig grüne Gärten, viele schlanke Zypressen lockern das Ortsbild auf, in der Umgebung gedeihen weitläufige Olivenhaine.

Das Geheimnis dieser fruchtbaren Oase inmitten karger Karstberge ist leicht zu erklären. Die kräftigste Quelle Ostkretas entspringt direkt oberhalb von Zákros, 800 Kubikmeter sprudeln allstündlich aus dem Berg, wenn man den Einwohnern glauben will. In kleinen Kanälen wird das Wasser längs der Gassen geleitet, ein Flusslauf hat sich unterhalb des Orts eine tiefe Schlucht zum Meer gebahnt (→ Tal der Toten). Auf Grund dieses Wasserreichtums hat Zákros auch eine Limonadenfabrik (das graue Gebäude am Hauptplatz, neben der Taverne vom „Maestro"). Und seit über fünfzig Jahren werden hier Bananen unter freiem Himmel gezüchtet.

• *Anfahrt/Verbindungen* zwei **Busse** täglich fahren über Palékastro von und nach Sitía, Sa/So 1 x. Morgens und mittags verkehrt außerdem zwischen Palékastro und Zákros der **Schulbus**, mit dem man auch mitfahren kann. Ein **Telefon** mit Zähler finden Sie im Zigarettenladen.

• *Übernachten* **Zakros**, C-Kat., direkt am Dorfplatz, wo die Busse halten. Das einzige Hotel im Ort vermietet schlichte Zimmer mit Balkon und Du/WC für ca. 20–30 € incl. Frühstück. Von den Zimmern teils schöner Blick in die Umgebung. Seinen Gästen bietet Ioannis Daskalakis auf Anfrage Transport mit Minibus von und nach Sitía bzw. Káto Zákros. ✆/℻ 28430-93379.

Privatzimmer gibt es in Zákros nicht, Alternative sind die weit außerhalb liegenden Unterkünfte am Weg nach Káto Zákros oder in **Káto Zákros** selbst (→ unten). Außerdem vermietet der **„Maestro"** weit unten an der Piste nach Xerókambos (Bucht von Ámbelos) einfache Doppelzimmer, erkundigen Sie sich in seiner Taverne.

• *Essen & Trinken* Die wenigen Tavernen liegen fast alle um den Hauptplatz.

Erotokritos, hier sitzt man am schönsten, schattige Markise und gutes Frühstück.

Maestro, redseliger, freundlicher Besitzer mit hervorragenden Sprachkenntnissen, u. a. Deutsch, Englisch, Französisch, Italienisch. Er gibt Ihnen gerne Auskunft über alles, was die Region betrifft, kennt sich auch etwas mit der Archäologie aus, kocht allerdings kaum noch.

Napoleon, Pizzeria mit schöner Aussichtsterrasse am Ortsausgang Richtung Káto Zákros.

Von Zákros musste man bisher auf einer sandigen Rüttelpiste die etwa 10 km hinunter nach **Xerókambos** (→ S. 456) mit dem schönen Dünenstrand von Ámbelos fahren. Mit der Asphaltierung dieses wichtigen Verbindungsstücks wurde nun begonnen, Ende 2005 war schon mehr als die Hälfte fertig. Auf dem Reststück kann es vorläufig noch zu Behinderungen kommen. Bis zur vollständigen Fertigstellung (erwartet für 2006) empfehlen wir die Anfahrt über die Chandrás-Ebene (→ S. 455).

▸ **Wanderung von Zákros nach Zíros**: Westlich oberhalb von Zákros (man muss durch das ganze Dorf gehen) verlässt der *E-4-Wanderweg* den Ort in Richtung Zíros. Er ist gut beschildert, sehr schön zu gehen, ruhig und landschaftlich reizvoll. Nach 3–4 Stunden erreicht man Zíros, dort gibt es einige wenige Privatzimmer.

Von Zákros nach Káto Zákros

Die Straße von Zákros nach Káto Zákros ist asphaltiert, die Linienbusse von Sitía fahren bis hinunter zum Strand. Die Fahrt führt in Serpentinen durch wilde, archaisch wirkende Felslandschaft mit z. T. herrlichen Ausblicken auf die Küste und das tiefblaue Meer.

• *Übernachten* **Alex**, Privatzimmer etwa 2 km außerhalb von Zákros. Unmittelbar gegenüber vom Einstieg in die Todesschlucht führt rechts ein Feldweg zu dieser Anlage, die hübsch in einer Olivenplantage liegt.
Bay View, Nikos Platanakis, der in Káto Zákros die Taverne „Kato Zakros Bay" betreibt, hat auf halbem Weg zwischen Zákros und Káto Zákros einen Neubau reizvoll in die einsame Berglandschaft gefügt. 10 Zimmer, Garten und Kinderspielgeräte. ✆/℻ 28430-26887.

Wanderung durchs „Tal der Toten"

Von Zákros kann man die steilwandige Schlucht hinunter nach Káto Zákros am Meer gehen. Die relativ einfache Wanderung – letzte Etappe des Weitwanderwegs E 4 – ist vor allem im Frühsommer zu empfehlen, wenn der Bach nur mäßig Wasser führt, der Schluchtgrund sich üppig grün zeigt und voll schattiger Bäume und blühender Oleanderbüsche steht. Im Frühjahr ist der Wasserstand dagegen reichlich hoch, mehrere Durchquerungen des stellenweise fast knietiefen Wassers verlängern die Gehzeit. Im Hochsommer ist die Schlucht weitgehend ausgetrocknet. *Tal der Toten* wird sie genannt, weil die Minoer in den zahlreichen Höhlen der Seitenwände ihre Toten beisetzten. Unversehrt hat man allerdings nur ein Grab gefunden, es enthielt die Leichname von fünf Frauen aus der Zeit von 2300–2100 v. Chr. Alle anderen waren ausgeraubt.

• *Dauer* ab **Zákros** etwa 2 Std. 15 Min. Wenn man etwa 2,5 km die neue Fahrstraße entlanggeht und erst dann in die Schlucht abzweigt, ca. 1,5 Std. (→ Alternative).

• *Markierung* durchgehend gut markiert mit roten Punkten, E-4-Schildern und Schrifttafeln.

• *Wegbeschreibung* vom **Hauptplatz** die 25 Martiou Str. links nehmen (dort, wo die Hauptstraße eine Rechtskurve macht, neben der Taverne des „Maestro"), kurz darauf ein E-4-Schild. Vor der **Kirche** rechts dem betonierten Weg abwärts folgen. Wir laufen an einem Wasserkanal entlang und unterqueren den Bogen eines **Aquädukts**, auf dem früher Wasser zu einer Mühle am Wegrand geleitet wurde. Kurz darauf trifft man auf eine **Querstraße**, der wir rechts

Üppige Vegetation im „Tal der Toten"

Die Ostküste

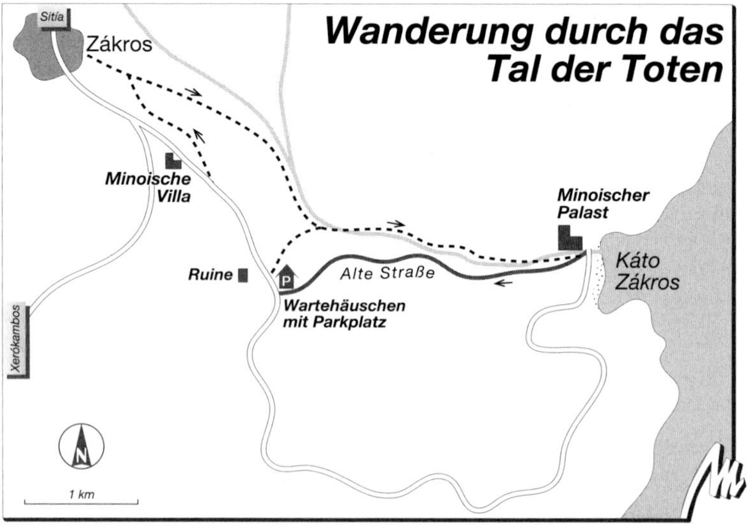

entlang der Wasserrinne folgen (Schild: „Káto Zákros, Gorge"). Vorbei an kleinen Wohnhäusern und Gärten gehen wir bis zum **Ortsende** und verlassen das Dorf. Es geht durch Olivenhaine und Mastixsträucher leicht bergab, immer an der **Wasserrinne** entlang. Überall sieht man Bewässerungsschläuche, die Landschaft ist fruchtbar und grün. Linker Hand fließt der schmale Fluss allmählich hinunter in die Schlucht. Die Betonstraße geht in eine **Erdpiste** über, steigt leicht an und verläuft rechts oberhalb vom baumbestandenen Bachbett. Wir treffen auf eine **Gabelung**, wo wir den beschilderten Abzweig nach links in Richtung Bachlauf nehmen. Bei der nächsten Gabelung halten wir uns rechts auf dem **Hauptweg**, eine weitere **Gabelung** mit drei Wegen ist gut markiert, hier geht es links (50 m weiter sieht man linker Hand eine verfallene Dreschtenne). Der Weg wird schmaler und senkt sich hinunter ins **Flusstal**. Gleich darauf durchquert man ein **Gatter** – bitte wieder schließen.

Am **Schluchtgrund** angelangt, bahnt man sich seinen Pfad zwischen Felsbrocken und riesigen Oleanderbüschen. Ein schmaler **Seitenarm** der Schlucht kommt von rechts, wir überqueren den Bach und wechseln zum **linken Schluchthang** hinüber. Unter dem kühlen Blätterdach von hohen Platanen geht es weiter. Von links kommt ein **Seitental**, im Folgenden ist der Bachlauf **kanalisiert**. Eine knappe Stunde nach Beginn der Wanderung trifft man auf eine **Wasserstelle** unter einer hohen Platane, leider ist der Hahn abgeschraubt. Kurz darauf erreichen wir den gut markierten **Abzweig** zur Asphaltstraße, den man auch als Einstieg verwenden kann (→ Alternative). Wer will, kann hier in 20 Min. zur Straße aufsteigen und wieder nach Zákros zurücklaufen.

Weiter die Schlucht hinunter folgen wir den Windungen des **Bachbetts**. Über uns ragen die gewaltigen, rostrot bis grau schimmernden **Felshänge** empor. Großartig, was in dieser Unberührtheit alles wächst – die Hänge sind übersät mit Oregano, Asphodelos und Wolfsmilch, um nur einiges zu nennen. Zu dem einen oder anderen der riesigen ehemaligen **Grablöcher** im verwitterten Gestein kann man hinaufsteigen – zu sehen ist dort allerdings nicht viel. Und dann lichtet sich das Tal, plötzlich steht man inmitten von Bananenstauden, Orangen- und Zitronenbäumchen, **Káto Zákros** ist erreicht. Ein **Fahrweg** quert das Bachbett und führt linker Hand zum minoischen Palast von Káto Zákros.

• *Alternative* vom Dorfplatz die Straße am **Hotel Zákros** entlang, kurz vor dem Ortsausgang an der **Pizzeria** vorbei und die beschilderte Asphaltstraße nach **Káto Zákros** nehmen. Rechts passiert man bald den Abzweig nach **Xerókambos** (→ unten), gleich darauf liegen unmittelbar an der Straße nach Káto Zákros die Ruinen einer **minoischen Villa** (beschildert). Von hier sind es auf der Straße 7 km bis Káto Zákros.

Etwa 1,5 km nach der Villa trifft man links auf den unübersehbaren und beschilderten **Schluchteinstieg** mit Parkplatz und überdachtem Wartehäuschen (kurz nach einer kleinen Hausruine rechts der Straße, direkt vor einer scharfen Rechtskurve). Die Busse nach Káto Zákros halten hier auf Verlangen. Der Weg führt steil nach unten, auf einem schmalen Ziegenpfad steigt man zum Schluchtgrund und kann wie oben beschrieben in etwa 1 Std. bis **Káto Zákros** laufen.

• *Rückweg* Eine interessante Variante bietet die **Alte Straße** nach Zakros, die sich links oberhalb der Schlucht nach oben zieht. Einstieg: die **Erdstraße** vom Palast bis zum Schluchtausgang nehmen, den Bach überqueren und dem in Kurven ansteigenden Fahrweg zum **linken oberen Schluchtrand** folgen. Dieser Weg ist ganz anders: Hier oben, nah am Himmel, wandert man hoch über der grünen Schlucht durch kahle Felsen und knöchelhohe Phrygana. Grandios sind der Rundblick und die Einsamkeit. Nach etwa 3,5 km trifft der Fahrweg bei dem unter „Alternative" erwähnten **Schluchteinstieg** auf die Asphaltstraße. Ihr folgt man einige hundert Meter in Richtung Zákros, dann zweigt in einer Linkskurve ein nicht asphaltierter **Fahrweg** nach rechts ab. Dieser führt durch Olivenhaine nach Zákros zurück, unterhalb vom Dorf treffen wir auf den uns bereits bekannten **Wanderweg** in die Schlucht und laufen ins Zentrum zurück.

Káto Zákros

Eine traumhafte Bucht. Zu Terrassen erodierte Tafelberge fallen schroff ins tiefblaue Meer ab, dazwischen erstreckt sich ein wunderbarer Sand-/Kiesstrand, etwa 500 m lang. Gleich dahinter hat man im lila Erdreich die gewaltige Anlage eines minoischen Palastes entdeckt. Im Hintergrund der Bucht liegen die wenigen Häuser der eigentlichen Ortschaft, im Umkreis deuten tiefgrüne Bananenplantagen auf die wichtigste Erwerbsquelle der Region hin.

Káto Zákros ist ein typisches Ausflugsziel. Tagsüber quälen sich zahllose Reisebusse die Serpentinen herunter. Doch da wegen der archäologischen Funde die gesamte Bucht unter Bebauungsverbot steht, sind die Übernachtungsmöglichkeiten sehr beschränkt. Die wenigsten Gäste bleiben deshalb über Nacht und kein Massenansturm verdirbt die Atmosphäre. Abends geht es in den Strandtavernen hoch her, die Holzkohlengrills dampfen, gebratene Fische und Souvláki werden serviert, dazu Musik, Wein und Meeresrauschen – eigentlich so, wie man sich Griechenland vorstellt ...

• *Anfahrt/Verbindungen* Nur zwei **Busse** tägl. von Sitía über Palékastro nach Káto Zákros und zurück, ca. 1 Std., ca. 3,20 €.

• *Übernachten* **Stella Apartments**, geschmackvolle neue Unterkunft am Hang im Hinterland der Bucht, schöner Blick, Garten mit Grillplatz, junge, sportliche Eigentümer. Auskünfte in der Taverne „Anesis" an der Uferstraße. ✆/℻ 28430-23739, E-Mail: stelapts@otenet.gr

George's Villas, zwölf hübsche und gepflegte Zimmer mit Kühlschrank nahe dem Ausgang des Tals der Toten, etwa 800 m vom Meer. Ruhig gelegen, Garten, Frühstücksraum mit TV. Umgang mit Gästen muss laut Leserzuschrift noch geübt werden. DZ ca. 26–35 €. ✆ 28430-26883.

Vermietung der folgenden Unterkünfte bei Nikos Perakis in der Taverne „Akrogiali" (✆ 28430-26893, ℻ 26894):

Coral, wenige Meter nach der letzten Taverne direkt an der niedrigen Klippenküste. Hübsche Terrasse mit Natursteinmauern, Gemeinschaftsküche, einfache Zimmer mit Bad.

Athena, gleich über dem Coral, ähnlicher Standard.

Poseidon, etwas älteres Haus, wenige Schritte weiter nördlich. Schlichte Zimmer, z. T. an einer großen Aussichtsterrasse über dem Meer, teilweise eigene Du/ WC.

Solange die Zimmer voll belegt sind, wird geduldet, dass Rucksacktouristen im nördlichen Buchtabschnitt im Freien übernachten.

• *Essen & Trinken* An der Straße parallel zum Strand reihen sich wie Perlen an einer Kette fünf Tavernen. Spätabends kann man erleben, dass die Fischer ihren frischen Fang direkt zu den Lokalen bringen.

Akrogiali, die letzte Taverne, besonders schöne Lage direkt am Meer.
Nikos Platanakis, Plätze unter schattigen Tamarisken, ausgezeichneter Fisch, nicht zu teuer.

• *Nachtleben* **Amnesia Music Club**, neben Nikos Platanakis, die östlichste Nachtbar Kretas, geführt von Kostas Likakis. Meist einheimische Gäste und gute Stimmung.

▸ **Káto Zákros/Baden**: Der Strand besteht hauptsächlich aus Kies, traumhaftes Wasser inmitten großartiger Felsszenerie, in den seitlichen Wänden erkennt man einige Höhlen. Durch ein felsiges Kap vom Hauptstrand getrennt, erstreckt sich in der nördlichen Buchthälfte eine weitere Kiesbucht, dort liegen die Fischerboote der Einwohner.

Palast von Zákros

Der kleinste der vier minoischen Paläste Kretas hat mit einigen Besonderheiten aufzuwarten, z. B. mit seinem immensen Wasserreichtum, der immerhin drei sprudelnde Quellen speiste und noch speist. Zudem beherbergte er einen der ersten Metallschmelzöfen der Weltgeschichte.

Der Palast stammt aus der Zeit zwischen 1600 und 1550 v. Chr., hatte enge Verbindungen zu Knossós, kontrollierte das gesamte Meeresgebiet um Kreta und stand in regem Handel mit Kleinasien und Ägypten. Auch er wurde während der großen Katastrophe von 1450 völlig zerstört. Im Gegensatz zu den anderen Palästen wurde auf seinen Trümmern aber nichts mehr erbaut. Der Palast versank in Vergessenheit, wurde nie (!) geplündert und behielt seine kostbaren Schätze bis zu den Ausgrabungen im 20. Jh. Man hat hier einige der bedeutendsten Stücke der minoischen Kultur gefunden. Gesucht wird noch nach dem Hafen von Zákros, der unter dem Meeresspiegel liegen soll.

Öffnungszeiten/Preise tägl. 8–19 Uhr, Eintritt ca. 3 €, EU-Schüler/Studenten frei, aus anderen Ländern halber Eintrittspreis.

Rundgang

Wie auch bei den anderen minoischen Palästen steht der Zentralhof im Mittelpunkt. An den Längsseiten war er von zwei wahrscheinlich dreistöckigen Hauptflügeln umgeben, an den Schmalseiten lagen die Nebenflügel mit den Wirtschaftsräumen. Man betritt die Anlage von der Südostecke her.

▸ **Südflügel**: Hier waren hauptsächlich Werkstätten und Magazine untergebracht, u. a. wurde Bergkristall bearbeitet. An der Ecke des Zentralhofs trifft man auf einen runden *Brunnen (1)*, zu dem eine Treppe hinunterführt.

▸ **Ostflügel**: Hier liegen die *Gemächer des Königs und der Königin (2/3)*, die leider durch jahrhundertelange landwirtschaftliche Nutzung stark zerstört sind. Mit etwas Fantasie erkennt man noch die zwei vieltürigen Räume mit den Lichtschächten. Interessant ist die kreisrunde *Zisterne (4)* im benachbarten rechteckigen Saal, der wahrscheinlich eine Art Audienzsaal war. Vielleicht diente sie als privates Schwimmbecken (!) oder als Aquarium für seltene Fische. Das Wasser fließt noch heute so kräftig, dass der Palast im Winter manchmal unter Wasser steht. Gleich südlich davon liegt eine weitere eingefasste *Quelle (5)*. An allen Wasserstellen im Palast leben Sumpfschildkröten.

▸ **Zentralhof**: Das kleine, viereckige Fundament vor dem Haupteingang zum Westflügel ist wahrscheinlich der Rest eines *Altars (6)*.

▸ **Westflügel**: Direkt an den Zentralhof anschließend liegt der große *Festsaal (7)* mit vielen Türen, Innensäulen und gepflastertem Innenhof. Am Boden erkennt man ei-

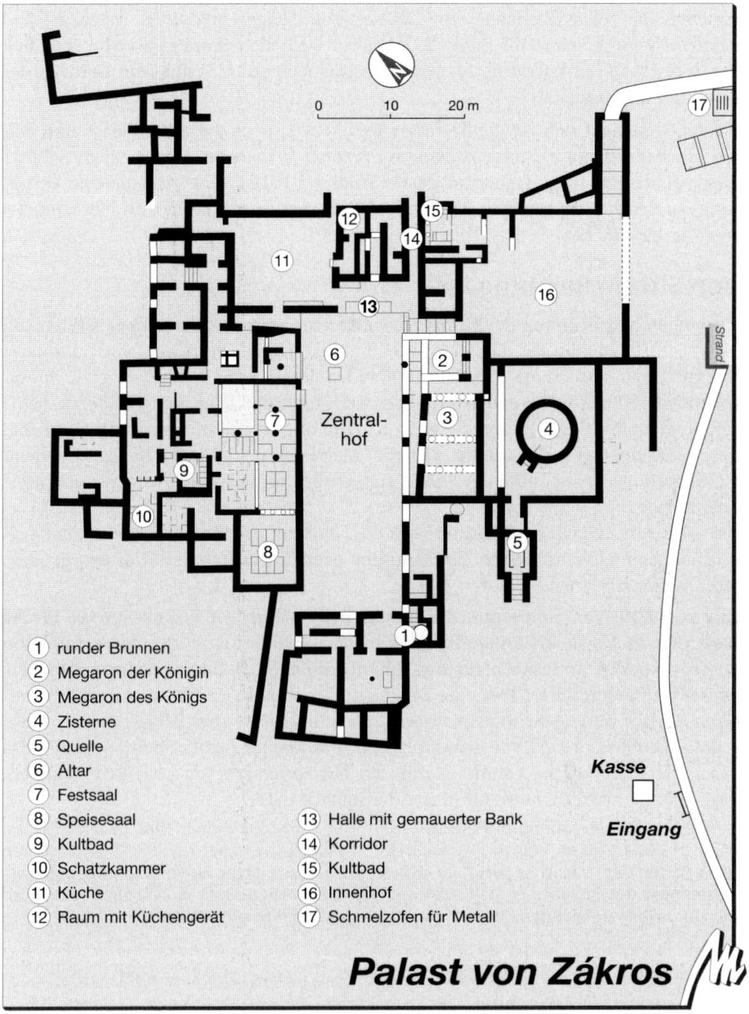

genartige Einteilungen aus Mörtel. Daneben, früher durch drei Türen verbunden, der kleinere *Speisesaal (8)*. Die inneren Räume im Westflügel dienten für kultische Handlungen, deutlich zu erkennen ist das *Reinigungsbecken (9)*. Daneben die *Schatzkammer (10)*. Hier hat man zahlreiche wertvolle Kultgegenstände gefunden. Prunkstück ist das wundervolle Rhyton aus Bergkristall mit Henkel aus Perlen (im Arch. Museum Iráklion, Saal VIII, Vitrine 109), das in über 300 Einzelfragmente zersprungen war.

▸ **Nordflügel**: Er wird dominiert von einem großen Saal mit sechs Innenpfeilern – die einzige bisher entdeckte *Küche (11)* in einem minoischen Palast. Ein *kleiner Raum* daneben war voller Küchengeräte *(12)*. Außerdem liegen hier einige Magazine und eine *Halle* mit gemauerter Bank *(13)*. Über der Küche befand sich wahrscheinlich der Speisesaal. Ein Korridor *(14)* verbindet das *Kultbad (15)* mit dem Gemach der Königin im Ostflügel.

Nach Osten zieht sich ein gepflasterter Weg, der ursprünglich vom Palast zum Hafen hinunterführte, in Stufen an einem *Innenhof (16)* vorbei. Unter einem Schutzdach rechts vom Weg das eigenartigste Stück im Palast: eine grubenartige Vertiefung, zu der vier Rinnen von 2 m Länge hinführen – wahrscheinlich ein *Schmelzofen für Metall (17)*.

Von Sitía in Richtung Ierápetra

Kurvige Bergstrecke von der Nord- zur Südküste Ostkretas. Etwa 3 km südlich von Sitía rechts an der Straße die Reste eines einst zweistöckigen *minoischen Landsitzes* mit gut erhaltener Treppe (beschildert). Sofort darauf links der Abzweig zur minoischen Villa von Zoú (→ nächster Abschnitt). Im nahe gelegenen *Piskokéfalo* eine Limonadenfabrik. Die Straße steigt in Kurven an, vorbei an kleinen Dörfern und dem größeren Ort *Lithínes* trifft sie bei *Makrigialós* ans Libysche Meer. Auffallend ist bei Lithínes linker Hand der Straße eine große, mittlerweile funktionsuntüchtige Solaranlage.

Ein lohnender Abstecher ist unterwegs die Fahrt auf die Hochebene von Chandrás und auf neu asphaltierter Straße hinunter nach Xerókambos mit einem großen, einsamen Strandareal (→ unten).

▸ **Villa von Zoú**: Von Sitía kommend, zweigt etwa 500 m vor Piskokéfalo die Straße nach Zoú ab. Da sie im Anfangsbereich nicht asphaltiert ist, folgende Variante von Leser R. Roesky: „In Piskokéfalo etwa 100 m vor der Shell-Tankstelle links abbiegen. Dieser Straße folgt man über eine Brücke und trifft nach ca. 300 m auf die im weiteren Verlauf durchgehend asphaltierte Straße nach Zoú (beschildert).“ Nach etwa 4 km erkennt man kurz vor dem Dorf Zoú unmittelbar rechts über der Straße das beschilderte minoische Landhaus mit den Grundmauern von etwa acht Räumen. Parken kann man 100 m weiter hinter der Rechtskurve.

• *Essen & Trinken* **Spring of Paradise**, einige hundert Meter nördlich von Sikiá, etwa in der Mitte zwischen Nord- und Südküste. Von der Straße aus sieht man nur den auffallend dekorierten Eingang. Dahinter führt die Zufahrt tief hinunter in ein Bachtal, wo die Taverne mit mehreren Terrassen unter hohen Platanen bei einer Quelle liegt. Gute Küche und touristisch bislang wenig bekannt.

Schöne Alternativroute nach Ierápetra: In Piskokéfalo links nach Chrissopigí abzweigen und auf einsamer Straße über Stavrochóri nach Koutsourás an der Südküste fahren. Details zur Strecke → S. 470.

Über die Hochebene von Chandrás nach Xerókambos

Zwei Anfahrtsmöglichkeiten gibt es für die panoramareiche Strecke hinunter in die Bucht von Ámbelos (→ Xerókambos).

Von Sitía kommend, zweigt etwas nördlich von *Ágios Geórgios* links eine schmale Asphaltstraße über Néa Pressós nach Zíros ab. Dabei hat man bei *Néa Pressós* die Möglichkeit, die Reste des antiken Pressós zu besuchen. Oder man fährt, von Ierápetra kommend, hinauf nach *Etiá* und vorbei an *Arméni* nach Chandrás.

▸ **Pressós**: Die Stadt stammt aus dem 12. Jh. v. Chr., also aus nachminoischer Zeit, und wurde wahrscheinlich von den so genannten *Eteokretern* (echte Kreter) gegründet, die sich damals vor den dorischen Eroberern in abgelegene Bergregionen zurückzogen (→ Geschichte). Begründet wird diese Vermutung mit Schrifttafeln, die der italienische Archäologe Federico Halbherr hier 1884 fand. Diese sind nicht griechisch abgefasst, sondern ähneln der minoischen Linear-A-Schrift, wenngleich griechische Einflüsse zu bemerken sind. In einer kriegerischen Auseinandersetzung mit Hierápytna (heute: Ierápetra) wurde Pressós wahrscheinlich um die Mitte des 2. Jh. v. Chr. zerstört.
Viel ist heute nicht erhalten bzw. ausgegraben, doch der Abstecher lohnt wegen der panoramareichen Landschaft und der großartigen Stille zwischen den überwucherten Mauerresten. In Néa Pressós fährt oder geht man links eine gut ausgeschilderte Betonpiste hinunter, die nach ca. 2 km zu einem Hügel mit der *Ersten Akropolis* führt, einst die höchste der drei Akropolen von Pressós, schöner Spaziergang durch die stille Berglandschaft. Heute ist der Hang mit dichten Oreganobüschen und Salbei überwachsen, der Blick reicht weit über die Hügellandschaft bis Sitía, das einst einer der Häfen der Stadt war. Reste einer zweiten Akropolis sind ebenfalls noch erhalten.

▸ **Etiá**: Das winzige Dorf besteht heute nur aus einer Handvoll Häuser und zwei pittoresken Kirchen, im Hintergrund sieht man 18 Windrotoren, die von Amerikanern erbaut wurden. Dominierend ist das kürzlich restaurierte Untergeschoss eines turmartigen Palazzo der venezianischen Adelsfamilie *Di Mezzo*, erbaut Ende des 15. Jh., damals zählte Etiá immerhin fast 600 Einwohner. Da es als eins der repräsentativsten Beispiele venezianischer Architektur auf Kreta gilt, wurde es zum Nationalmonument erklärt und wird zur Zeit renoviert. Neben herrschaftlichen Räumen und einem großen Speisesaal hat man auch einen abgeschlossenen Raum entdeckt, vermutlich eine Gefängniszelle. Über der Eingangstür steht auf Italienisch: „Intra vostra Signoria senza rispetto“: Edle Herren, tretet ohne (übertriebene) Ehrerbietung ein.

Hochebene von Chandrás

Die stille, sonnendurchflutete Ebene mit ihren saftig-grünen Weinreben bildet einen erholsamen Kontrast zum Touristenrummel an der Küste. Sie ist ein Zentrum des Anbaus von Sultaninen. Auch hier wurden wie im Hinterland von Sitía in den letzten Jahren eine Reihe von hohen Windrotoren errichtet.

▸ **Chandrás**: Knotenpunkt der Ebene, beschildert ist im Ort ein neu eingerichtetes Volkskundemuseum.

▸ **Zíros**: hübsches Dorf am Hang über der Ebene. Die pastellfarbenen und weißen Anstriche samt Weinranken geben ein buntes Bild. In der Umgebung finden sich die verrosteten Überreste einiger alter Windmühlen, ähnlich denen der Lassíthi-Hochebene, am Berg oben steht eine Radaranlage der griechischen Armee.
Zíros war im Zweiten Weltkrieg ein Widerstandsnest, die Partisanen versteckten sich in den Bergen zwischen Zíros, Sítanos und Zákros, wo man noch heute ihre Schlupfwinkel (etwa bei Zákados) sehen kann. Es gelang den Kretern, über Xerókambos Boote nach Afrika zu schicken. Einer der Helden des kretischen Freiheitskampfes war der 1996 verstorbene Gerolakis, der später Bürgermeister von Zíros war. Ende Juli wird ein großes Dorffest gefeiert.

Übernachten/Essen & Trinken **Zeros**, Herr Harkiolakis vermietet über seiner Taverne direkt an der Durchgangsstraße einige Privatzimmer. ✆ 28430-91226.

Das verlassene Dorf Voilá

Einen knappen Kilometer östlich von Chandrás liegen am Fuß eines felsigen Hügels die Ruinen des verlassenen mittelalterlichen Dorfs *Voilá*, einst Wohnort einer venezianischen Sippe. Dominantes Baudenkmal ist ein venezianischer *Pírgos*, ein festungsartiger Wohnturm, wie man ihn in der Ägäis noch häufig findet. Das Innere besteht aus hohen Tonnengewölben, über dem Eingang sind Ornamente, eine Zypresse und eine Axt eingemeißelt. Etwas erhöht steht die doppelschiffige, leider meist verschlossene Kapelle *Ágios Geórgios* mit Resten von Wandmalereien. An der Südseite des Dorfs gibt es außerdem einen schönen Brunnen, dessen Ornamentik leider mittlerweile stark verwittert ist. Er ist noch in Gebrauch und bewässert einen darunter liegenden Garten. Ein weiterer Brunnen steht an der Zufahrtspiste nach Voilá.

Zufahrt: An der Straße, die von der zentralen Kreuzung in Chandrás in Richtung Néa Pressós führt, zweigt beim Spielplatz eine undeutlich beschilderte Piste nach Osten ab.

- **Von Zíros nach Xerókambos**: Eine neu asphaltierte Straße windet sich von Zíros aus der Ebene hinauf. Es geht vorbei an den wenigen Häusern von *Chamétoulo*, einem fast verlassenen Dorf zwischen kargen Felsen. Danach kurvt man durch mit Zwergginsterbüschen übersäte Hänge, die im Frühjahr gelb leuchten, in weiten Serpentinen tief hinunter zum Strand von Ámbelos und weiter zur Streusiedlung Xerókambos – großartig sind dabei die Panoramen der wilden Felsküste und des türkisfarbenen Meeres. Im Anschluss kann man auf einer mittlerweile fast vollständig asphaltierten Straße über Xerókambos hinauf nach Zákros fahren (→ S. 448).
- **Von Zíros nach Goúdouras**: Eine weitgehend asphaltierte Straße führt von Zíros über Agía Triáda hinunter in die Küstensiedlung Goúdouras (→ S. 475) östlich vom Kloster Kapsá.

Dieselöl für Kreta

Ab Agía Triáda führt eine breite, schnellstraßenähnlich ausgebaute Asphaltstraße in die abgelegene Bucht von *Atherinólakos*. Hier wird derzeit ein riesiges Ölkraftwerk gebaut. Nach Meinung von Umweltschutzgruppen handelt es sich dabei um die größte Naturzerstörung, die jemals auf Kreta stattfand.

Xerókambos

Die einsame und oft windige Südostecke Kretas. Weit verstreut stehen Häuser zwischen Ölbaumkulturen, davor erstreckt sich eine niedrige Klippenküste, in die Sandbuchten eingelagert sind. Nur wenig westlich lockt im Órmos Ámbelos ein prächtiger Naturstrand, an dem selbst im Hochsommer kaum jemand badet.

Xerókambos war ursprünglich eine typische Sommersiedlung von Bauern, die hier vor allem den Anbau in Treibhäusern kultivierten. Doch seit es die gute asphaltierte Zufahrt gibt, hat sich das touristische Angebot erheblich verstärkt. Immer mehr Häuser bieten Rooms und Apartments, es gibt Tavernen und Cafés und man

Wunderschön und einsam: die Bucht von Ámbelos

beginnt sich offensichtlich auf einen stärkeren Zulauf einzustellen, der vor allem mit dem Ausbau des Flughafens in Sitía erwartet wird. Im Moment ist aber nach wie vor die Ruhe daheim, dazu gibt es sehr gute Bademöglichkeiten, im Frühjahr ist das Meer oft schon ab April angenehm badewarm. Fazit: Für Individualisten, die mit einfachen Verhältnissen zufrieden sind, sehr anzuraten. Da es allerdings keinen festen Ortskern gibt und alles recht weit auseinander liegt, sollte man ein Fahrzeug haben. Südlich vom Strand steht eine kleine Hügelkapelle, im Umkreis wurden minoische Grundmauern freigelegt – vielleicht Überreste der antiken Stadt *Ámbelos*, die bisher nicht lokalisiert werden konnte. 4 km weiter entlang der Küste trifft man auf das verlassene Dorf *Amáto* mit der Kapelle *Agía Iríni*. Am Nordende der Strände liegt eine große Lagune, die in Frühjahr und Herbst als beliebter Rastplatz für Zugvögel dient.

• *Übernachten/Essen & Trinken* In Xerókambos und am Strand von Ámbelos stehen eine ganze Reihe von Apartmenthäusern. Außerdem findet man etwa fünf Tavernen, einige Kafenia und einen kleinen Laden.

Akti, 10 ordentlich eingerichtete Zimmer mit Balkon direkt oberhalb vom Strand von Ámbelos. ✆ 28430-26780.

Liviko View, etwa 300 m oberhalb vom Strand, von Giannis und Katerina Hatzidakis aufmerksam geführte Anlage, Zimmer mit Panoramablick, gute, schilfgedeckte Taverne. ✆ 28430-27001 (Winter: 25075), ℻ 27000, www.interkriti.net/hotel/sitia/livikoview

Die beliebte **Villa Petrino** ist geschlossen. Ende 2004 verstarb die allseits geschätzte Wirtin Vera, kurz darauf verschied auch ihr Mann Kostas.

Tipp: Die von Xerókambos nach Zákros hinaufführende Piste wird derzeit asphaltiert, siehe S. 448. So ist es möglich, den Ausflug als Rundtour zu gestalten, z. B. Sitía – Chandrás – Zíros – Xerókambos – Zákros – Palékastro – Sitía.

Die neu angelegte Uferpromenade von Ierápetra

Der Südosten

Der Südosten Kretas ist die wärmste Region der Insel. Die flache Küste wärmt sich rasch auf und schon im Frühjahr sind die Wassertemperaturen angenehm badewarm. Vor allem an der Küste östlich von Ierápetra reihen sich kilometerlange Strände aus feinem, grauem Sandkies, anschließend folgen diverse, teils reizvolle Badebuchten.

Die Orte am Meer sind im Allgemeinen wenig attraktiv und durch die lange Durchgangsstraße geprägt. Rundum zu empfehlen ist jedoch *Mírtos* westlich von Ierápetra und *Makrigialós* im Osten besitzt einen kinderfreundlichen Sandstrand. Im äußersten Osten gibt es nur noch wüstenähnliche Steineinöde, blendend weiß thront mittendrin das *Kloster Kapsá*. Am Küstenstreifen östlich von Ierápetra findet man aber auch die meisten Treibhäuser Kretas, in denen ganzjährig Tomaten und Gurken reifen. Malerisch sind dagegen die alten Bergdörfer im Hinterland.

In Kreta leben ...

Die ganzjährig warme Region um Ierápetra ist ein begehrtes Pflaster für Zuwanderer aus Mitteleuropa. Zwischen Mírtos, Ierápetra und Makrigialós findet man – neben der Ecke um Pitsídia, Kamilári und Kalamáki sowie der grünen Halbinsel Drápanos zwischen Georgioúpolis und Chaniá – die vielleicht höchste Konzentration deutscher Residenten auf Kreta. Die meisten verdienen ihren Lebensunterhalt im Tourismus, von der deutschen Autovermietung über Boutiquen, Internetcafés, Tavernen, Immobilienmakler, Wanderführer bis hin zu Bioläden gibt es so ziemlich alles.

Ierápetra

Die einzige Stadt an der Südküste liegt flach in einer weiten Küstenebene. Dominierend ist fast ausschließlich moderne Bausubstanz, bis auf das Hafenkastell blieb nur wenig Historisches erhalten. Wirtschaftliche Grundlage ist der ausgedehnte Gemüse- und Obstanbau in den zahllosen Gewächshäusern der Umgebung.

Vom Zentrum sind es nur ein paar Schritte zur geschäftigen Uferpromenade, dem schönsten Teil der Stadt. Hier, fast mitten im Ort, beginnt der lange, graue Sandstrand, der sich 2 km nach Osten zieht. Das Westende der neu ausgebauten Promenade ist begrenzt durch ein massives *venezianisches Kastell* und den mit tonnenschweren Wellenbrechern befestigten Fischerhafen. Hier findet man auch die ehemalige türkische Altstadt: kleine, gepflasterte Gässchen, die für Autos zu schmal sind, überall spielen Kinder, Frauen sitzen zusammen und plauschen ... Ein sympathisches Wohnviertel, in dem man sich wohl fühlen kann und in dem auch einige kleine Pensionen liegen.

Geschichte

Dank seiner exponierten Lage an der engsten Stelle Kretas war Ierápetra von der Antike bis zur Zeit der Venezianer ein wichtiges Bindeglied zwischen dem griechischen Festland, dem Nahen Osten und Nordafrika. Ein Großteil des Handels zwischen den Kontinenten wurde über Ierápetra abgewickelt. Bereits in dorischer Zeit entstand hier die bedeutende Stadt *Hierápytna*, die zusammen mit Ítanos im Nordosten den gesamten Osten Kretas kontrollierte. Auch die *Römer* waren stark präsent, Ierápetra gehörte damals zu den wichtigsten Städten Kretas. Ruinen ihrer Niederlassungen findet man z. B. beim kleinen Ort Makrigialós, östlich von Ierápetra. Die große antike Stadt lag wahrscheinlich westlich vom heutigen Stadtzentrum. Ihre Überreste wurden in den letzten Jahrhunderten jedoch so gründlich zerstört, dass kaum Hoffnung besteht, noch wesentliche Stücke auszugraben. Der englische Captain *T. A. B. Spratt*, der sich 1859 mit einem Kriegsschiff in „Her Majesty's Service" bei Kreta aufhielt, hat noch die beiden antiken Theater der Stadt und Teile der alten Hafenmolen gesehen.

Die *Sarazenen* eroberten Ierápetra im frühen Mittelalter, im 13. Jh. legten wahrscheinlich genuesische Piraten den Grundstein für das Hafenkastell, das im 14. Jh. unter *venezianischer* Herrschaft erstmals urkundlich erwähnt wurde. Als sich der Handel in der Neuzeit immer mehr nach Mitteleuropa konzentrierte, verlor Ierápetra rapide an Bedeutung. Auch die kurzzeitige (nicht endgültig nachweisbare) Anwesenheit *Napoleons* konnte am Niedergang der Stadt nichts mehr ändern: Der berühmte Feldherr machte angeblich 1798 während seines Ägyptenfeldzugs in Ierápetra Station und übernachtete hier. Das Haus, in dem er sein müdes Haupt zur Ruhe gebettet haben soll, wird von den Fremdenführern noch heute in der Altstadt gezeigt.

Anfahrt/Verbindungen

- *Bus* Der **Busbahnhof** liegt nordöstlich vom Zentrum an der Platia Plastira (→ Stadtplan). Verbindungen Ierápetra-Iráklion (über Ágios Nikólaos) etwa 8 x tägl., Ierápetra-Iráklion (über Áno Viános) 2 x tägl., Ierápetra-Sitía (über Pachiá Ámmos) 6 x tägl., Ierápetra-Sitía über Lithínes 6 x, Makrigialós 7 x, Mírtos 6 x, Kalamáfka (über Anatolí und Máles) 2 x.
- *Schiff* tägliche Ausflüge zur vorgelagerten **Insel Chrisí** (→ unten), gelegentlich auch zur weiter entfernten **Insel Koufonísi**.
- *Taxi* Standplatz an der zentralen Platia Kanoupaki. ✆ 28420-27350, 26600.

Der Südosten

Adressen

- *Ärztliche Versorgung* **Städtisches Krankenhaus** an der Kalimeraki Str., nördlich vom Busbahnhof. ✆ 28420-90222.

Apotheke am Beginn der Efthikis Antistaseos Str., wenige Meter von der Platia Kanoupaki (Sa/So geschl.). Herr Pangalos hat in Deutschland studiert und spricht gut Deutsch. Er ist sehr hilfsbereit und unterhält sich gerne mit Touristen.

- *Auto-/Zweiradverleih* **Protos (5)**,. Lasthenou Str. 3, am Weg von der Busstation ins Stadtzentrum. Tipp! Autoverleih von Rainer und Claudia Thiele, die mit ihren vier Kindern schon über 20 Jahre in Kreta leben. Zweigstelle in Koutsounári. Unbürokratischer und flexibler Service, günstige Preise, Bereitstellung und Abgabe eines Wagens an Flug- und Fährhäfen sowie Hotels auf ganz Kreta selbstverständlich. Im Fall einer Panne 24 Std. erreichbar und schnell vor Ort, alle Mitarbeiter deutschsprachig. ✆ 28420-26477, 📠 26792, www.autovermietung-kreta-protos.com

- *Information* Es gibt keine Informationsstelle. Stadtpläne, eine knappe Broschüre zur Stadt und eine Beschreibung der Insel Chrisí werden im Gebäude links vom **Rathaus** an der Platia Kanoupaki verteilt. ✆ 28420-90027, 22560, 📠 90026, 22246.

- *Internet* **Travel Tunes World Café (26)**, neben Taverne Napoleon, am Weg von der Mole zum Kastell; **Enter (14)**, Domenicos Theotokopoulos Str.;

Infos über Ierapetra:
www.forthnet.gr/internetcity/ierapetra, offizielle Seite der Stadt;
www.ierapetra-suntown.com, erstellt von Rainer, Autoverleih Protos.

- *Post* an der Vitzentzos Kornaros Str., westlich der Altstadt. Mo–Fr 7.30–14 Uhr.

- *Reisebüros* **Ierapetra Express**, Platia Eleftherias 24. Hier, aber auch sonst überall in der Stadt können Sie ganztägige Bootsausflüge zur Insel Chrisí buchen.

Olympic Airways, Platia Eleftheriou Venizelou, ✆ 28420-22444.

Übernachten

Große Auswahl in allen Preisklassen, Ierápetra ist touristisch seit langem erschlossen.

Petra Mare (8), A-Kat., das südlichste Strandhotel Europas, wie es sich selber bezeichnet, liegt am östlichen Stadtrand von Ierápetra hinter einem Lärmschutzwall an der Straße nach Sitía. Großer Kasten mit allen Einrichtungen direkt am Strand, insgesamt etwas in die Jahre gekommen, aber die Zimmer sind wohnlich im kretischen Stil eingerichtet, Teppichboden, Betten auf Steinsockel, Meerblick. Große Poolanlage mit Liegewiese, davor eigener Strand, außerdem Diskothek, Wassersport, Restaurant, Cocktailbar u. v. m. „All inclusive" über viele Reiseveranstalter zu buchen. ✆ 28420-23341, 📠 23350, www.petramare.com

Astron (7), B-Kat., schlicht-elegantes Großhotel an der Uferpromenade, wenige Meter vom Strandbeginn. Zimmer mit hellem Mobiliar, TV, Klimaanlage und Kühlschrank, von den Balkonen optimaler Meerblick, Bäder mit Sitzbadewannen. DZ mit Frühstück ca. 60–80 €. Auch pauschal über Reiseveranstalter. ✆ 28420-25114, 📠 25917, E-Mail: htatron@otenet.gr

Camiros (12), C-Kat., Michail Kothri Str. 17, ordentliches Mittelklassehaus an der Parallelstraße zur Uferpromenade. Alles mit Marmor ausgelegt (auch die Zimmer), gute Betten, Bäder mit kleinen Badewannen, im obersten Geschoss große Balkons mit Blick über die Dächer aufs Meer. DZ mit Frühstück ca. 38–55 €. ✆ 28420-28704, 📠 24104.

Ersi (17), C-Kat., ganz zentral an der Platia Eleftherias 19. Handtuchschmales Haus, freundliche Räume mit TV und Balkon zur Straße, z. T. Meerblick. Seit einigen Jahren geführt von Nikos Ayaniotakis (→ Hotel Coral), vor einigen Jahren renoviert, Lift. DZ ca. 28–45 €. ✆ 28420-23208, 📠 223209.

El Greco (10), C-Kat., Michail Kothri Str. 42, größeres Haus direkt an der Uferpromenade, innen kahl, aber sauber, vorne raus Meerblick. Im Speiseraum Marmorrelief, an der Promenade gemütliches Freiluftcafé. DZ mit Frühstück ca. 35–50 €. ✆ 28420-28471, 📠 24515.

Katerina (9), größeres Haus im nördlichen Teil der Uferpromenade, ordentliche Zimmer, herrlicher Meerblick. DZ ca. 30–35 €. ✆ 28420-28345, 📠 28591.

Varmy (13), C-Kat., Filotheu A' Str. 37, Uferstraße etwas östlich außerhalb vom Zentrum, vis-à-vis der Kathedrale Agía Fotíni, 400 m westlich vom Hotel Petra Mare. Klassizistisches Haus mit geräumigen Apartments (2–6 Pers.) und guter Einrichtung, Dachgarten, im Erdgeschoss nette, kleine

Bar. Maria, die freundliche Wirtin, hat zwölf Jahre in Ingolstadt gelebt und spricht sehr gut Deutsch. Apartment für 2 Pers. 30–45 €, für 4–6 Pers. um die 50–65 €. ✆ 28420-23060, 📠 28069.

• *Preiswert* Pensionen und Privatzimmer liegen hauptsächlich im verwinkelten Viertel hinter der Uferpromenade, vor allem um die Kirche Ágios Ioánnis, sowie in der Nähe vom Busbhf. Auch Apartments mit Küche sind zu haben.

Cretan Villa (3), D-Kat., Oplarchegou Lakerda Str. 16, Nähe Busbahnhof. Schön restauriertes, 200-jähriges Haus mit Holzdecken und kretischem Mobiliar, der kleine Innenhof ist ein Schmuckstück. Der hilfsbereite Vermieter Manos hat seine eigene Website angelegt. Er vermietet neun gepflegte und saubere DZ mit Bad, Kühlschrank und Sat-TV für ca. 35–44 €, mit Aircondition 6 € mehr. ✆/📠 28420-28522, www.cretan-villa.com

Popy (2), Kazantzakis Str. 27, um die Ecke von vorgenannter Pension. Vierstöckiger, weißer Neubau mit Vorgarten, vermietet werden je zwei Apartments und DZ. Rustikale und funktionelle Einrichtung. Wäschewechsel und Reinigung 2 x wöch. Geführt vom Ehepaar Irini und Vangelis Psaroudakis. Pluspunkt: die Nähe zur Busstation, ansonsten ist die Umgebung nicht sonderlich attraktiv. Auf Wunsch wird man vom Flughafen in Iráklion abgeholt (nur Benzingeld). Preis ca. 25–35 €. ✆ 28420-24289, ✆ 27772.

Gorgona (23), Ioannidou Str., Pension in der Altstadt, gleich bei der Kirche Ágios Ioánnis. Weißes Haus mit blauen Fenstern und Türen, hübsch und sauber, besonders schön ist es am Dach oben. DZ mit Bad ca. 20–32 €. Auskunft im großen Lokal Gorgona an der Uferfront. ✆ 28420-23935.

Coral (22), D-Kat., Ioannidou Str. 18, dieselbe Gasse wie das Gorgona, nur ein paar Häuser weiter. Kleines, sauberes Stadthotel, geführt von Nikos Ayaniotakis, der in Deutschland gelebt hat und sehr gut Deutsch spricht. DZ ca. 25–35 €. ✆ 28420-22846, ✆ 27335.

Zafiri (27), D-Kat., Samuil Str. 32, mitten in der Altstadt, siebzehn Zimmer mit schmalen Balkons, im Innenhof kann man frühstücken. DZ ca. 35–45 € (bei Vorlage unseres Führers ganzjährig der günstigste Saisonpreis). ✆ 28420-24422, ✆ 23339.

• *Außerhalb* **Arion Palace**, A-Kat., 1996 erbaut, auf einem Hügel, ca. 1,5 km östlich vom Zentrum, 600 m landeinwärts vom Strand. Modernes Tophotel im klassizistischen Architekturstil, geführt von Nikolaos Lambrinoudakis und seiner schweizerischen Frau: „Griechische Gastfreundschaft, gepaart mit gutem Service und Qualität", wie uns Herr Lambrinoudakis schrieb. 75 gut eingerichtete Zimmer mit Balkon, Safe, Minibar, Föhn und Musikanlage, fast alle mit Meerblick. Restaurant, Swimmingpool mit Süßwasser, Hallenbad, Sauna, Wellness-Einrichtungen u. a. m. Pauschal über mehrere Reiseveranstalter. ✆ 28420-25930, ✆ 25931, www.arionpalace.com

Nicolas, hübsche Apartmentanlage 2 km östlich von Ierápetra auf einer Anhöhe am Meer (→ S. 466).

• *Camping* **Koutsounari**, großer, eingezäunter Kiesplatz 9 km östlich von Ierápetra (→ S. 467).

Essen & Trinken (siehe Karte S. 461)

An der Uferpromenade drängt sich eine Taverne an die andere, dazwischen liegen Bars und Cafés, beim Kastell findet man einfache Ouzerien und Fischtavernen. Teilweise erhebliche Anmache durch Schlepper vor den Lokalen.

Napoleon (25), an der Promenade. Täglich wechselnd leckere Gerichte, die im Repertoire der meisten Tavernen nicht auftauchen, z. B. Oktopus in Weinsoße, Fischsuppe und frisches Gemüse, hervorragend sind die Zucchinikroketten. Zudem sehr freundliche Bedienung. So geschl.

Konaki (28), in der Nachbarschaft des Napoleon. Der Bruder des Hoteliers von Hotel Zafiri (→ Übernachten) bietet gute griechische Küche, z.B. Wildgemüse und geröstetes Lamm. Neben Hauswein gibt es auch Bier vom Fass.

O Kales (Kastro) (31), schlichte, bei den Einheimischen sehr beliebte Ouzerie gegenüber vom Kastell, neben der Kapelle. Großes Angebot, günstige Preise.

Helvetia (30), einfache Pinte am Fischerhafen, etwas abseits vom Rummel.

Pizza Ilias (6), Metaxaki Str. 4, gegenüber Astron Hotel, hinter dem Kiosk. Pächter Michalis ist in Deutschland aufgewachsen, spricht gepflegtes Deutsch und gibt gerne Tipps zu Ierápetra und Umgebung.

To Tzaki, Filotheou Str. 33, etwas außerhalb vom Zentrum, von der Pizzeria noch ein Stück weiter, etwa 400 m vor dem Petra Mare Hotel. Gemütlich und rustikal aufgemacht, offener Kamin und Klimaanlage. Christos und Manolis bieten kretische Spezialitäten und guten Hauswein, lecker ist der gegrillte Oktopus.

• *Außerhalb vom Zentrum* **Andreas**, stimmungsvolle Fischtaverne direkt am Strand, etwa 1 km östlich vom Petra Mare Hotel. Auch bei Einheimischen beliebt, freundlich geführt.

• *Cafés* **Waikiki**, große, von Wassilis und seiner amerikanischen Frau Denis professionell geführte Cafeteria am Beginn des langen Sandstrandes. Schattige Plätze in Korbstühlen, Billard, Kicker, Video-Games, Kinderspielgeräte, Verleih von Sonnenschirmen. Ab Mitternacht ein Brennpunkt des Nachtlebens und oft bis zum Morgengrauen geöffnet.

California (21), zentral an der Uferpromenade, lange Jahre in deutscher Hand, 2002 von Niederländern übernommen, derzeit aber ungewiss, wie es weiter geht.

Veterano (15), zentrales Stadtcafé an der Platia Eleftherias, schattige Straßenterrasse, große Auswahl an leckeren Konditoreiwaren.

Doukiani (18), Stilianou Chouta 17, schön eingerichtetes Kafenion bei der Einmündung der Foniadakis Str.

Kafe-Ouzeri Bourneli (16), Koraka Str., 50 m südlich vom OTE. Urig, schlicht und improvisiert – viele heftige Diskussionen, preiswerte Getränke und reichlich *mezédes* (z. B. bis zu vier Tellerchen bei einem Bier).

Mousiko (29), einfaches Kafenion neben der ehemaligen türkischen Moschee.

Nachtleben/Shopping (siehe Karte S. 461)

• *Nachtleben* Außer den Bars an der Uferpromenade und dem Waikiki am Beginn vom Sandstrand (→ Cafés) findet man mehrere Disco-Bars an der Kyrva-Str. Besonderer Tipp für den Abend sind aber die folgenden drei Adressen.

Odeion (4), Lasthenous Str. 18, schönes Abendcafé, in dem man zum Wein leckere *mezédes* genießt, neben dem Haus ein wunderbar lauschiger Innenhof, gelegentlich Livemusik.

Portego (19), Nikolas Foniadakis Str. 8, parallel zur Kyrva Str. Gediegenes Haus aus der Jahrhundertwende, mehrere große Räume mit Parkettboden, Innenhof und Hinterhof. In einem Kafenion kann man die traditionellen *mezédes* kosten, weiterhin gibt es eine Bar im modernen Stil und ein Restaurant mit Gerichten aus dem holzbefeuerten Ofen. Ganzjährig geöffnet.

Seven Blue Notes (20) ist eine von mehreren Musikbars an der Kyrva Str.

Cine Minoa, großes Kino an der Stilianou Chouta 32.

• *Shopping* **Straßenmarkt** jeden Samstag 7.30–13.30 Uhr in der Nähe vom Busbahnhof. Gemütlicher Spaziergang durch schnatterndes Menschengewimmel, ab mittags kann man handeln.

Saridakis (11), Domenicos Theotokopoulos Str. 14, nördlich der Platia Eleftherias. Viele deutschsprachige Fachbücher, auch unsere Reiseführer sind hier zu finden.

Karavaki, Psiliakaki Str. 2, Nähe Busbahnhof. Frau Despina Kexagiadaki verkauft handgemachte Ikonen und andere selbst gemalte Bilder.

Internationale Presse (1) neben dem Busbahnhof.

Sehenswertes

Zunächst bietet sich ein Spaziergang an der breiten und gut ausgebauten Uferpromenade an. Dahinter liegen die geschäftigen Gassen der Neustadt mit starkem Autoverkehr, aber es gibt auch eine Fußgängerzone. An der zentralen *Platia Eleftherias* thront das obligate Kriegerdenkmal, das an Handgreiflichkeit nichts zu wünschen übrig lässt, flankiert von zwei rostigen Kanonen.

Venezianisches Kastell „Kales": Die wuchtige Festung mit ihrem rechteckigen Grundriss und vier Ecktürmen steht an der Südspitze der Stadt. Vor einigen Jahren wurde sie restauriert und für Besucher zugänglich gemacht. Viel zu sehen gibt es allerdings nicht: Die Räume im Inneren sind weitgehend leer, man kann zur Mauer und zum nordwestlichen Eckturm hinaufsteigen. Zum offenen Meer hin sind die Mauern wesentlich dicker als die zinnengekrönte landseitige Mauer. In einem Raum befand sich früher eine Zisterne. Neben der Burg liegt der große *Fischerhafen* von Ierápetra. Der Überlieferung nach wurde Kastro Kales bereits Anfang des 13. Jh. von genuesischen Piraten erbaut, das erste Mal urkundlich erwähnt wird es allerdings erst 1307 in einem venezianischen Dokument. Die nächste Erwähnung fällt bereits ins 16. Jh., als der Baumeister Sammicheli nach dem heftigen Erdbeben von 1508 beauftragt wurde, das baufällige Fort zu renovieren. 1647 fiel Ierápetra in die Hand der Türken, diese benutzten die Festung weiter und bauten sie mehrfach um. 1780 stürzte der ganze Bau bei einem erneuten Erdbeben zusammen und begrub die Besatzung unter sich. Nach dem siegreichen kretischen Freiheitskampf mussten die türkischen Militärs 1898 die Insel verlassen. In Ierápetra wurden sämtliche osmanischen Befestigungsanlagen niedergerissen, das Kastell ließ man jedoch stehen.

Öffnungszeiten/Preise Di–So 8.30–15 Uhr, Eintritt frei.

Altstadt: In den labyrinthisch angelegten Gassen lohnt das ziellose Umherbummeln. Das dachte sich vielleicht schon *Napoleon*, der angeblich auf seinem Ägypten-Feldzug in Ierápetra Station machte. Das schlichte Haus, in dem er übernachtet haben soll, steht in einer kleinen Seitengasse, wenige Meter vom Meer (→ Stadtplan). Es ist schön restauriert, wird aber vom archäologischen Dienst genutzt und kann derzeit nur von außen besichtigt werden (Achtung: Kein Hinweisschild vorhanden, nur zu erkennen an der Hausnummer 9). Die nette Story dazu: Am 26. Juni 1798 geht Napoleon inkognito mit fünf seiner Seeleute in Ierápetra an Land, um Wasser zu fassen. Er besichtigt die kleine Stadt und lernt den Notar Andreas Peroulios kennen, der seinen Männern einen gut gefüllten Brunnen zeigt. Napoleon wird eingeladen, in dessen Haus die Nacht zu verbringen und willigt ein. Am nächsten Vormittag findet der Notar das Bett leer und einen Zettel unter dem Kopfkissen: „Wenn Du wissen willst, wer Dein Gast war, so höre, dass ich Napoleon Bonaparte bin". Es wird durchaus bezweifelt, ob die ganze Angelegenheit der Wahrheit entspricht, aber in Ierápetra ist „Napoleons Haus" eine Institution.

Schmuckstück von Ierápetra: elegantes Brunnenhaus und Minarett

Auf einem freien Platz mitten in der Altstadt findet man eine große *Moschee*, deren Renovierung kürzlich weitgehend beendet wurde. Der Innenraum wird für Versammlungen und als Musikschule genutzt. Ausgesprochen hübsch sind das schlanke *Minarett* und vor allem das elegante türkische *Brunnenhaus*. Eine ganze Reihe von Kirchen gibt es ebenfalls in der Altstadt, z. B. die kleine Kirche der *Panagía* gegenüber vom Fort, *Aféndis Christós* mit schön bemaltem Innenraum beim Fischerhafen, die zeitweise als Moschee benutzte Kirche des *Ágios Ioánnis* und die heutige Kathedrale *Ágios Geórgios*.

Archäologisches Museum: Die kleine Sammlung von Ierápetra ist in einer ehemaligen türkischen Schule an der Kostoula Adrianou Str. 2 untergebracht, wenige Meter von der zentralen Platia Emmanuel Kothri (→ Stadtplan).

In einem lang gestreckten Raum stehen Keramikfunde, Statuen, Skulpturenreste und Inschriftentafeln aus verschiedenen minoischen Epochen bis zur klassischen Zeit. Zwei herausragende Prunkstücke fallen besonders auf. Zum einen der wunderschön bemalte *minoische Sarkophag*, der 1946 bei Episkopi gefunden wurde. Auf seinen Außenfronten sind fast modern anmutende Zeichnungen von Wagenrennen, Stiere mit Kälbchen u. v. m. darauf eingraviert. Zum anderen eine eindrucksvolle, etwa 1,50 m hohe Statue vom Anfang des 2. Jh. n. Chr., die man erst vor kurzem als *Persephone* (Tochter von Zeus und Demeter) identifizieren konnte. Die edle Gestalt wurde von einem Bauern beim Pflügen gefunden und ist sehr gut erhalten: Ums Haupt der Göttertochter winden sich Schlangen, in der Hand hält sie Getreideähren, die Finger der rechten Hand sind ersetzt, deshalb die kleinen Streben. Man beachte das Schattenspiel im Gesicht und die Verschiedenfarbigkeit des Gewandes und der Haut.

Öffnungszeiten/Preise Di–So 8.30–15 Uhr, Mo geschl., Eintritt ca. 2 €.

„Naval Battle Lake": Am Westrand des Zentrums (→ Stadtplan) wurde ein künstlicher See mit Kanalverbindung zum Meer angelegt. Benachbart ist noch ein Teil der mittelalterlichen Stadtmauer erhalten.

▸ **Ierápetra/Baden**: Südlich der Schiffsanlegestelle gibt es einen Kiesstrand mitten in der Stadt, direkt dahinter liegen Restaurants und die Uferpromenade. Westlich vom Kastell gibt es ebenfalls einen Strand, allerdings versperren dort teilweise Felsplatten, Vorsprünge und Klippen den Weg ins Wasser. Der eigentliche lange, graue *Kies-/Sandstrand* beginnt am Nordende der Promenade und zieht sich mehrere Kilometer nach Osten. Gut geeignet für Familien mit Kindern, denn es geht flach ins Wasser hinein und man hat viel Platz, Verleih von Sonnenschirmen und Liegestühlen.

Ierápetra/Hinterland

Nur wenige Kilometer hinter Ierápetra liegt an der Straße nach Kalamáfka ein großer *Stausee*, der die ganze Region mittels langer Schlauchleitungen mit Wasser versorgt. Gerade hier im niederschlagsarmen Südosten ist das von eminenter Bedeutung für die Landwirtschaft. Zum Trinken ist das Seewasser allerdings keinesfalls geeignet. Ein Stück weiter kommt man nach Kamára, hier isst man ausgezeichnet bei „O Jannakos" in einem herrlichen Garten mit Olivenbäumen, die Gerichte sind frisch mit Kräutern angerichtet (✆ 28420-27554).

Insel Chrisí (Gaidouronísi, Donkey Island, Eselsinsel)

Die „goldene Insel" ist nur im Sommer bewohnt und liegt etwa 14 km vor Ierápetra. Es gibt ein schönes Wäldchen aus Wacholderzedern, prachtvolle Sanddünen und einen guten Badestrand. Im Sommer sind ein bis zwei Tavernen offen, Nacktbaden ist üblich. Wer auf Kreta heiraten will, besucht vorher gerne Chrisí – es heißt, dass die Ehe dann ein Leben lang hält.

In Ost-West-Richtung ist Chrisí etwa 6 km lang, in Nord-Süd-Richtung 1,5 km, ihre Fläche beträgt wenig mehr als 5 qkm. Ursprünglich besiedelt und bewirtschaftet, dient sie heute nur noch als Ziel der täglichen Ausflugsboote von Ierápetra. Die Anlegestelle liegt an der Südküste beim *Kap Zarathústra*. In der Mitte der Insel erstreckt sich zwischen Sanddünen ein lichter Wacholderhain, der auch gerne als Zedernwald bezeichnet wird. Die Strände bestehen meist aus Feinkies, die Südküste wirkt sauber, die Nordküste ist gelegentlich mit Teer verschmutzt.

Bester Badestrand ist der sandige *Golden Beach* (→ Karte) an der Nordküste, hier werden mittlerweile Liegestühle und Sonnenschirme verliehen und es gibt eine Taverne. Höchster Punkt der Insel ist der *Kéfala* (31 m) im Nordosten, ein mit Gesteinsschotter und Tonscherben bedeckter Hügel.

Im Westen wachsen nur niedrige Büsche, mehr Steine als Pflanzen bedecken den Boden. Von der Anlegestelle zum *Alten Hafen* und zur nahen Kapelle *Ágios Nikólaos* läuft man etwa eine Stunde. Die reich ausgestattete Kapelle besitzt eine Ikonostase von 1933, in Richtung *Leuchtturm* erkennt man eine kleeblattförmige *Zisterne* im Boden, Zeichen besserer Zeiten und betuchterer Bewohner. Weiter westlich liegt ein Haufen mit faustgroßen Schneckengehäusen und ein weiterer mit Bimssteinen.

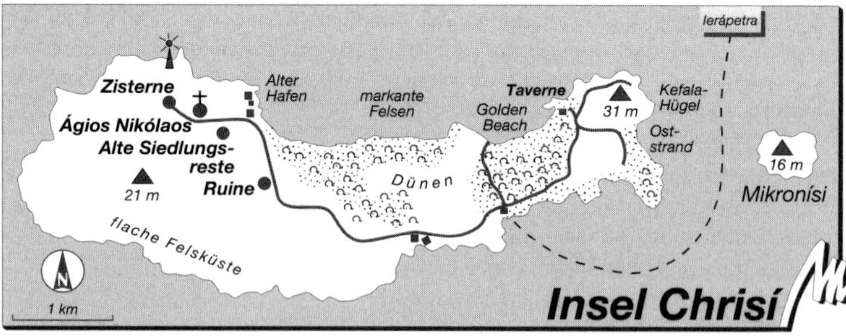

• *Anfahrt/Verbindungen* Ausflugsboote fahren tägl. um etwa 10.30 Uhr ab Ierápetra, im Sommer auch um 12.30 Uhr. Abfahrt am Pier an der Uferpromenade, Fahrtdauer etwa 40 Min., Rückkehr gegen 18 Uhr. Preis ca. 20 €.

• *Übernachten* Zelten kann man mit der nötigen Achtsamkeit im **Wäldchen**. Bitte unbedingt alle nichtorganischen Abfälle wieder mitnehmen!! Falls man länger auf der Insel bleiben möchte, empfiehlt es sich, genug **Wasser** von Kreta mitzubringen, denn an Bord und auf der Insel bekommt man den Liter kaum unter 1,50 €. Der einzige **Trinkwasserbrunnen** liegt westlich der Kapelle Ágios Nikólaos (vom Anleger ca. 1 Std. zu Fuß), mit einem Blecheimer schöpft man leicht salziges Brackwasser.

• *Sonstiges* **Sonnenschirme** und **Liegen** kosten ca. 6–7 €, das Angebot der **Taverne** am Strand ist beschränkt und teuer.

Achtung: Chrisí steht unter Naturschutz. Bitte nehmen Sie weder Steine, noch Fossilien, Muscheln oder Blumen mit.

Von Ierápetra nach Osten

Flache Strecke dicht am Meer entlang, landeinwärts die Hänge des Thriptí-Massivs. Anfangs fährt man den kilometerlangen, grauen Strand entlang, danach folgen zahlreiche Buchten, die aber von der Straße oft nicht zu sehen sind. Diverse Badehotels und Villen stehen verstreut in der kargen Landschaft, die erst östlich von Férma wieder Baumwuchs aufweist. Dort passiert man einige größere Badebuchten und das ehemalige Fischerdorf *Makrigialós* als größten Ort an diesem Küstenstreifen. Oberhalb davon liegt das Bergdorf *Péfki*, das zu den malerischsten im Südosten Kretas gehört. Etwa 9 km östlich von Ierápetra, kurz vor Koutsounári, findet man den einzigen Campingplatz der Region. Die ganze Ecke ist beliebt bei internationalen, hauptsächlich deutschen Residenten. Viele Einrichtungen an der Küstenstraße sind in ausländischer Hand, in den Bergdörfern Ágios Ioánnis und Schinokápsala wurden teilweise schon dutzende von alten Häusern gekauft und zu Wohnzwecken restauriert.

• *Übernachten* **Nicolas**, kleine Apartmentanlage 2 km östlich von Ierápetra auf einer Anhöhe, die zum Meer hin als Fels abbricht. Saubere und gepflegte Studios mit Klimaanlage in drei Häusern, schön begrünter Garten, Taverne, 3,5 m tiefer Swimmingpool mit kleinem Kinderbecken. Eleni Halepis ist in Tasmanien aufgewachsen und spricht hervorragend Englisch. Ihr Mann Iannis sorgt dafür, dass alles funktioniert. Leserkommentar: „Dass wir hier als Gäste nicht nur Kunden waren, sondern auf echtes Interesse und Anteilnahme stießen, war das eine, was uns auffiel. Das andere: Wir haben wirklich noch nirgendwo so gut gegessen – Eleni kocht für ihre Gäste jeden Abend echte griechische Küche, wie man sie als Tourist sonst leider fast nie zu sehen bzw. schmecken bekommt." Studio ca. 34–55 €, Apt. 40–69 €, Frühstück extra. ✆ 28420-25513, ✆ 24686, www.nicolas-apartments-crete.gr

▶ **Koutsounári**: Der kleine Ort liegt 1–2 km landeinwärts am Hang und besteht fast nur aus Ferienhäusern, ein gewachsener Ortskern ist nicht erkennbar. Der Nordwind, der hier manchmal von den Bergen herunterbläst, zeigt oft erhebliche Stärke. Am östlichen Ortsende sind unterhalb vom Hotel „Kakkos Beach" antike *Fischbecken* erhalten. Der 3,5 km lange „Long Beach" gehört zu den längsten Stränden in Ostkreta und ist touristsch nur punktuell erschlossen.

• *Übernachten* **Magic Live**, A-Kat., große „All-Inclusive"-Anlage direkt am Strand, zu buchen z. B. über TUI. ✆ 28420-61280, ℻ 61318.

Coriva Village, B-Kat., zwischen Straße und Strand, hübsche Unterkunft mit gepflegten Grünanlagen, Restaurant, Pool, Kinderspielplatz. DZ mit Frühstück ca. 60–75 €, pauschal z. B. über Neckermann. ✆ 28420-61263, ℻ 61164, www.corivavillage.gr

Traditional Cottages Koutsounari, A-Kat., im Ort oberhalb der Durchgangsstraße, Wohnsiedlung im Stil alter kretischer Dörfer. Ungetünchte Steinhäuser mit Wohn- und Schlafzimmer, Bad und Küche. Sehr hübsch gemacht, in der Wohnung verschiedene Ebenen, Steinfußböden und schwere Pinienholzdecken, dazu farbige Decken und Wandteppiche im kretischen Stil. Bäder und Küche sehr geräumig, Terrasse. Swimmingpool mit Kinderbecken. Preis für 2–4 Personen ca. 55–90 €. ✆ 28420-61291, ℻ 61292, www.traditionalcottages.gr

Barbara's Apartments, zehn geräumige und gut ausgestattete Apts. in einem Olivenhain, geführt von Barbara Düsing. Kurz nach Hotel „Magic Life" bei einem roten Haus links abbiegen. Jeweils mit Sat-TV Klimaanlage und großer Terrasse, Waschmaschine steht zur Verfügung. Ab etwa 40 €. ✆ 28420-61542, www.barbaras-appartements.de

Sandy Beach, etwa 500 m östlich von Camping Koutsounari liegt ein weiterer, seit Jahren geschlossener Zeltplatz. Direkt daneben führt ein Fußweg in Richtung Strand. Hier kommt man zu dem Apartmenthaus mit sieben einfach ausgestatteten Ferienwohnungen (2–5 Pers.) und großem, üppig bewachsenem Garten. Der hilfsbereite und gastfreundliche Besitzer Manolis Lambrakis kommuniziert gerne mit seinen Gästen und führt sie mit großer Geduld in die griechische Sprache ein. Preis ca. 20–32 €. ✆ 28420-61436.

Camping Koutsounari, 9 km östlich von Ierápetra, großer, eingezäunter Kiesplatz mit schattigen Olivenbäumen, nicht sonderlich gepflegt, Boden steinhart. Unter Schilfdächern Plätze für Zelte, die durch Lattenwände auf vier Seiten abgeteilt sind – so ist man gegen Sonne und Wind geschützt. Pluspunkt ist der riesige, in der Nebensaison fast menschenleere Strand, der im Wasser allerdings schnell steil abfällt (nicht geeignet für Kleinkinder). Terrassentaverne mitten im Gelände (nicht immer geöffnet), Minimarket, Selbstkocherküche. Die Pächter wohnen am Platz, deshalb ganzjährig geöffnet. ✆ 28420-61213.

• *Essen & Trinken* **Asteria**, am Ortsausgang Richtung Ágios Ioánnis (landeinwärts), am Hang gelegene Taverne mit herrlichem Meerblick, gut und preiswert. Vermietet auch einfach eingerichtete Zimmer für ca. 18–25 €.

Anamnesis, gegenüber vom Campingplatz, bei Michalis bekommt man seit vielen Jahren gute und preiswerte Küche, er spricht gut Deutsch.

Lesertipps „Die Taverne **Avra Beach** liegt am Ortsende in Richtung Ferma direkt am Strand, dort gibt es jeden Tag 2–3 sehr leckere Tagesgerichte. Die zugehörigen Studios sind über Attika zu buchen und auch in ordentlichem Zustand."

„Die Taverne **Rodos** liegt versteckt im Ortskern (Abzweig an den „Traditional Cottages" vorbei) und besitzt eine große Terrasse mit Blick zur nahen Küste. Der liebenswerte Wirt Vasilios hat in Deutschland Gastronomie von der Pike auf gelernt und spricht sehr gut Deutsch. Er bietet lieber weniger Speisen an und achtet dafür auf höchste Qualität, verteilt außerdem großzügig seinen selbst gemachten Rakí und das alles zu erstaunlich günstigen Preisen."

„Die Taverne **Psaropoula** liegt direkt am Strand, neben Autovermietung von Iannis die Straße hinunter, viel Flair und prima Essen, vor allem reiches Fischangebot. Direkt daneben lohnt der Besuch einer kleinen Kunstgalerie, ein kleines Schild weist den Weg. Strandliegen sind kostenlos."

• *Sonstiges* **Arztpraxis**, gegenüber Hotel „Magic Life", man spricht gut Deutsch, 24 Std. ärztliche Hilfe, aber nur in der Saison geöffnet. ✆ 28420-61228. ✆ 6947-774405 (Handy).

Atelier 1, nettes Geschäft mit kretischen Sandalen, Sommergarderobe, Gewürzen,

Kräutern und Stücken aus Olivenholz. Die Besitzerin ist gebürtige Schweizerin, verkauft auch selbst gemalte Aquarelle.

Dolphin-Kaffee, modernes Café mit Internetanschluss und TV, geführt von Beate und Ralf. Selbst gebackener Kuchen, deutsche Snacks (nicht ganz billig) und Weißbier vom Fass. 10–13, 17–1 Uhr, Mi nur 17–1 Uhr. ✆ 28420-89343, www.dolphin-kaffee.ierapetra-city.com

Motor Iannis, am Ortsende rechts, unterhalb von Hotel Kakkos Bay. Iannis vermietet zusammen mit seiner Gattin Rosi aus Nürnberg Autos und Motorräder. ✆ 28420-61838 und 61031.

Polycrete Travel Agency, im Hotel Eden Rock, u. a. Verleih von Autos, Zimmervermittlung, kostenlose Informationen über Reiserouten. Frau Maro spricht Deutsch. ✆ 28420-61380.

▶ **Férma**: weit zerstreutes Straßendorf vor den Hängen der Thriptí-Berge. Entlang der Straße reihen sich diverse Unterkünfte, Tavernen und Autovermieter. Zwischen Klippen eingelagert gibt es mehrere Buchten mit Sand-/Kiesstränden, besonders schön ist der Strand unterhalb von „Apartments/Taverne Elena" (auf Schild achten), zu dem man auf einer steilen Treppe zwischen urwaldähnlich wucherndem Grün hinuntersteigt.

• *Übernachten/ Essen & Trinken* **Ferma Solaris**, D-Kat., eine von mehreren herrlich ruhig gelegenen Apartmentanlagen in der einsamen Fels-, Pinien- und Olivenbaumlandschaft zwischen Férma und der östlich gelegenen Bucht Agía Fotiá. Pool mit Kinderbecken, toller Blick aufs Meer. Studios (2 Pers.) und Apartments (2–5 Pers.) für ca. 40–80 €. ✆ 28420-61236, ℻ 61395. Zu buchen auch über Minotours Hellas.

Elena, versteckt gelegene Taverne, an der Straße auf Schild achten. Farbenfroh bewachsene Panoramaterrasse mit Meerblick über einem Strand, zu dem eine Treppe hinunterführt. Elena ist nicht mehr hier, das Restaurant wird seit kurzem von einem Holländer geführt.. Die dazugehörigen Apartments sind z.T. neu mit jeweils eigenem Balkon, die älteren (mit Gemeinschaftsbalkon) müssten neu ausgestattet und renoviert werden. ✆ 28420-61244.

▶ **Agía Fotiá**: tief eingeschnittene Bucht mit 300 m langem Sand-/Kiesstrand, ehemaliger Hippietreff, dahinter Gemüsegärten und ein schmaler, im Sommer ausgetrockneter Flusslauf. Zu erreichen auf asphaltierter Abfahrt. Bitte keine Einsamkeit erwarten, denn hier drängen sich die Gäste der nahen Hotels.

• *Übernachten* **Eden Rock**, B-Kat., größere Anlage am Hang, ruhige Lage, etwa 600 m vom Strand (Transfer auf Anfrage). Großer Süßwasserpool, Poolbar, Liegewiese, Kinderbecken und Spielplatz, außerdem Fitnessraum, Sauna und Disco. Hotelier Andreas Polycarpou spricht Deutsch, Personal z. T. ebenfalls. Zimmer großteils mit Meerblick, alle mit Balkon/Terrasse, Telefon, Radio, Kühlschrank, Klimaanlage und Sat-TV. Im zweiten, oberhalb gelegenen Gebäude Familienzimmer für 2–5 Pers. DZ ca. 50–100 €. Pauschal z. B. über Alltours und Pallis Reisen. ✆ 28420-61370, ℻ 61734, www.edenrock.gr (Kontakt auch über Franz Jaeger, ✆ 28420-61049).

Marco's Studios, unten am Strand, in der Taverne fragen.

• *Essen & Trinken* **The River Pantelis**, Familientaverne unterhalb der asphaltierten Zufahrt in die Bucht, direkt am Fluss. Großer, verglaster Innenraum und kleine, gemütliche Terrasse mit Blick in Gemüsegärten. Gute traditionelle kretische Küche zu fairen Preisen.

Von Agía Fotiá nach Makrigialós

Schönes bergiges Streckenstück mit Pinien- und Olivenbäumen, vor etlichen Jahren gelungen aufgeforstet, nur wenig bebaut.

▶ **Galíni**: kleines Dorf etwa 1 km oberhalb der Straße, die Badebuchten Agía Fotiá und Achliá sind in 15 Min. zu Fuß erreichbar.

• *Übernachten* **Pefka**, angenehmes Apartmenthaus zwischen Durchgangsstraße und der niedrigen Klippenküste, gegenüber der Abzweigung nach Schinokápsala. Ruhige Lage mit schönem Meerblick, Garten mit Sitzplätzen unter schattigen Pinien. Sechs verschieden geschnittene Apartments mit Terrassen und ein Studio für 2–4 Pers., ca. 20–35 €. Jannis und Irini Loukakis sind die freundlichen Besitzer des Hauses. Ganzjährig geöffnet. ✆ 28420-61176 oder über Franz Jaeger (→ Kasten).

• *Essen & Trinken* **Ta thio pefka** (Die zwei Pinien), vom Apartmenthaus 200 m weiter östlich links, etwas oberhalb der Durchgangsstraße. Gemütliche Taverne mit herrlichem Panoramablick. Mittlere Qualität und ebensolche Preise.

Kleiner, nicht sonderlich preiswerter **Supermarkt** 100 m westlich vom Haus „Pefka".

▸ **Schinokápsala**: Gegenüber vom Apartmenthaus Pefka geht es 7 km auf einer hübschen Panoramastraße bergauf in dieses ruhige Bergdorf. In der Ortsmitte gemütliches Kafenion mit Meerblick, am Ortseingang links hat Maria Gudula Schilte den Bioladen „Natural Products" eingerichtet – Honig, Olivenöl, Kräutertees (✆ 28420-71217).

▸ **Achliá**: reizvolle Badebucht mit breitem, etwa 150 m langem Sand-/Kiesstrand, eingeschlossen von hohen Klippen. An einigen Stellen Schatten durch Tamarisken, Verleih von Sonnenschirmen.

• *Übernachten* **Galini**, schlichte Studios mit großer, weinüberrankter Terrasse direkt am Strand, herrlicher Meerblick, ab nachmittags allerdings im Schatten gelegen. ✆ 28420-61780. Zu buchen auch über Minotours Hellas.

Roma, zwei gut eingerichtete Ferienwohnungen mit je zwei Schlafzimmern und eine Maisonettewohnung, geführt von Roland und Marion (= Roma) aus Deutschland. ✆ 28420-61180, 📠 61514, www.ost-kreta-live.de

• *Essen & Trinken* Am Strand eine große **Taverne** mit vielseitigem Angebot, die auch von Ausflugsbussen angefahren wird.

Achlia, Taverne in der Straßenkurve, vor der Einfahrt zum Meer, etwas erhöht. Uriges Lokal mit großer, schattiger Terrasse, Kamin und Holzofengrill. Einheimische und Touristen fühlen sich hier gleichermaßen wohl. Leckere *mezédes*, bester Hauswein, Rakí aus eigener Brennerei. Preiswert. Das ganze Jahr über offen.

In Mávros Kólimbos, 3 km östlich von Achliá, wohnen Franz Jaeger und Sigrid Wrona im „Haus Nikos" (rechts neben dem Kafenion in der Straßenkurve). Sie geben gerne Tipps zur Umgebung, stellen Wanderpläne zur Verfügung und organisieren den „Freundeskreis Péfki" (→ S. 472). ✆ 28420-61049.

▸ **Koutsourás**: Auf den ersten Blick ein wenig attraktives Straßendorf, geprägt durch ein Meer von Plastiktreibhäusern. Doch direkt vor den Häusern liegt ein schmaler, von Felsplatten und niedrigen Klippen durchsetzter Kiesstrand, wo man abseits vom Massentourismus beschaulich wohnen kann. In den Tavernen am Strand wird abends gelegentlich Livemusik gemacht.

• *Übernachten* **Big Blue**, kleine, ruhige Apartmentanlage direkt am Strand, weitab vom Rummel. Anfahrt: Dort, wo die Durchgangsstraße eine scharfe Kurve macht, kommt man vorbei an der Taverne „Robinson" zum Meer, die Piste endet bei den „Big Blue Apartments". ✆ 28430-51780.

Cypriana, an der Straße zwischen Achliá und Koutsourás, gepflegte Apartmentanlage mit Pool, Poolbar und Grünanlage, herrlicher Blick aufs Meer. ✆ 28420-61782, 📠 41262.

• *Essen & Trinken* **Robinson**, originelle Taverne direkt an der Klippenküste, wunderbares Plätzchen am Meer. Das Lokal besitzt eine große, verglaste Front und ist liebevoll eingerichtet, leider waren Leser hier recht unzufrieden – kein offener Wein, nur warme Flaschenweine und teurer Fisch, insgesamt hohe Preise.

Kaliotzina, nur wenige Meter entfernt, zu erkennen an dem Delfingemälde am Eingang. Lage und Aussicht sind ebenfalls fantastisch, Sitzplätze unter riesigen Platanen, „Griechenland aus dem Bilderbuch", wie ein Leser meint.

Verstecktes Idyll: „Red Butterfly Gorge"

Diese außerordentlich reizvolle Schlucht liegt etwas westlich von Koutsourás. Beim Schild „Communal Park of Koutsourás" fährt man von der Durchgangsstraße ab und kann sein Fahrzeug auf einem Parkplatz abstellen. Bei einem seit längerem geschlossenen Café liegt hier der Eingang. Zu Beginn folgt man einem breiten Spazierweg, welcher sich jedoch später verliert und schließlich ganz endet. Im Weiteren ist man auf einen Trampelpfad angewiesen, der mal rechts, mal links des Bachs verläuft. Man muss über Baumstämme klettern oder Felsen erklimmen, manchmal führt der kürzeste Weg durch den Bach oder durchs Dickicht. 2003 ist der Weg mit gelben Pfeilen neu markiert worden, das frühere Seil als Kletterhilfe an einer Felswand wurde durch eine stabile Holzleiter ersetzt. Fazit: Der Weg durch die Schlucht ist eher Klettertour als Wanderung – gute Schuhe, wenig Gepäck sowie Geschicklichkeit und Ausdauer sind nötig. Dafür wird man mit einem wunderschönen Erlebnis belohnt, muss allerdings denselben Rückweg nehmen.

Über Stavrochóri nach Sitía (Nordküste)

In einer großen Kurve in der Ortsmitte von Koutsourás biegt eine kurvenreiche Straße ins Inselinnere ab. Durch abwechslungsreiche Landschaft fährt man 8 km hinauf nach *Stavrochóri*, umrundet das ruhige Dörfchen und biegt ein Stück vor dem Ortsende links ab, kurz vor der Ortsmitte Parkmöglichkeit. An der beschaulichen Platia kann man unter einer großen Platane einkehren und bei der gemütlichen Wirtin Bier oder Rakí bestellen. Sie reicht dazu viele Mezédes (Appetithappen), die fast schon ein Mittagessen ersetzen. Weiter geht es mit schönem Blick auf die Thriptí-Berge – rechter Hand passiert man einige schneeweiße Gipsfelsen (Alabaster) direkt an der Straße – über *Chrissopigí*, *Skordílo* und *Achládia* zur Hauptverbindungsstraße zwischen Makrigialós und Sitía.

Makrigialós und Análipsi

Zwei kleine Küstendörfer, die entlang der unattraktiven Durchgangsstraße praktisch ineinander übergehen. In den letzten Jahren wurden sie intensiv für den Pauschaltourismus erschlossen, im Sommer tummelt sich hier bereits einiges an Publikum, auch viele Stammgäste.

Makrigialós liegt auf und unterhalb eines steilen Kaps mit herrlichem Blick entlang der Küste. Der winzige Fischerhafen, die schmale Promenade und die Fischlokale unter Tamarisken wirken entspannend und beschaulich. Der kleine windgeschützte Sandstrand vor den Tavernen fällt ganz flach ins Wasser ab und ist für Kinder hervorragend geeignet. Nach Osten zieht sich parallel zur Straße ein schmaler, etwa 700 m langer Sandstrand, begleitet von den Häusern des Straßendorf *Análipsi*, auch hier geht es extrem flach ins Wasser. Weiter östlich liegt oberhalb einer großen Sandbucht die riesige Anlage des hauptsächlich von Skandinaviern gebuchten Hotels „Sunwing", danach verlässt die Straße die Südküste und führt über die Berge weiter nach Sitía (Tipps zu dieser Strecke auf S. 454). Am östlichen Ortsausgang kann man auf enger Betonpiste zum langen, wenig besuchten Strand von *Diaskári* hinunterkurven, in der Nebensaison ist man hier nicht selten völlig allein. Ein weiterer Strand namens *Kalomokaniá* liegt westlich vom Kap, an das sich Makrigialós schmiegt. Zum Spazierengehen und Wandern sehr geeignet ist schließlich das landeinwärts von Análipsi verlaufende Tal des versiegten *Áspros Pótamos* (Weißer Fluss) mit uralten Olivenbäumen.

• *Übernachten* zahlreiche Privatzimmer und Apartments in beiden Orten. Besonders schön wohnt man am Kap oberhalb vom Fischerhafen.

White River Cottages (Áspros Pótamos), A-Kat., ca. 1 km landeinwärts, die Zufahrt neben Villea Village hinein. Hübsch renovierte Landhäuschen, in denen die Dorfbewohner früher während der Olivenernte wohnten. Von der Besitzerin Aleka liebevoll aufgebaut, sehr ruhig, mit kleinem Pool. Pauschal über Attika-Reisen. ✆ 28430-51120.

Villea Village, B-Kat., direkt an der Durchgangsstraße, trotzdem ruhig. Große, sehr kinderfreundliche Anlage mit geräumigen und sorgfältig ausgestatteten Apartments, schöner Gartenanlage und einem Pool, der von Olivenbäumen beschattet wird. Gutes Frühstücksbuffet. Apartment um die 65 € aufwärts. ✆ 28430-51697, ℻ 51702, www.villeavillage.com

Villa Elini, acht schöne Apartments (jeweils mit kleinem Garten, Terrasse oder Balkon) auf einem Hügel oberhalb der Durchgangsstraße, nicht weit vom Hafen. Freundliche Atmosphäre, Herr Frangoulis spricht perfekt Deutsch mit bayerisch-fränkischem Akzent. Apt. für 2 Pers. kostet ca. 22–35 €. ✆ 28430-51653, ℻ 52454.

Niki, etwas erhöht über der Durchgangsstraße (beschildert), herzlich geführt von Gastgeberin Niki, sieben ordentlich eingerichtete Apartments mit Meerblick. Zu buchen z. B. über Attika Reisen.

Romantika, am Kap oberhalb vom Fischerhafen, in einem Haus mit Garten Studios und Apartments mit überwachsenen Balkons und herrlichem Blick die Küste entlang. Studio ca. 35–42 €, Apt. 40–57 €. ✆ 28430-51351, www.etravel.gr/romantica/home-en.htm

Panmar, ebenfalls am Kap, Studios und Apartments (Maisonettes) mit herrlichem Meerblick in einem schönen Garten. ✆ 28430-51775. Zu buchen z. B. über Attika Reisen.

• *Essen & Trinken* Die hübschen Fischtavernen an der Promenade beim Fischerhafen sind leider reichlich teuer.

Votsalo, moderne Taverne am westlichen Beginn des Strand von Análipsi, Terrasse zum Meer, schöner Blick und ruhig gelegen. Man kann in die Kochtöpfe gucken, reiche Auswahl relativ preiswerter Gerichte. Jeden Samstagabend gegrilltes Spanferkel. Warme Küche bis 24 Uhr.

Gusto, neben Votsalo, gute Pizza aus dem holzbefeuerten Ofen.

Diaskari, urige Café-Taverne mit beschränkter Essenauswahl am Beginn des gleichnamigen Strands.

Die exzellente Taverne **Porfira** von Leonard Grammaticas (Len) ist leider abgebrannt und wird nicht wieder errichtet werden.

To Xari, Leserempfehlung für diese Taverne an der Durchgangsstraße in Análipsi, eins der letzten Häuser in Richtung Sitía.

Petras Bay, ebenfalls von Lesern empfohlen, zweite Taverne an der Strandpromenade, geführt von einem griechisch-österreichischen Paar, prima Service und gutes Preis-Leistungs-Verhältnis.

• *Sonstiges* **Nikos Lantzanakis**, englischsprechender Zahnarzt an einer Seitenstraße im Zentrum. ✆ 28430-51615.

Exodos, Diskothek gegenüber vom Hotel Sunwing.

Goldwing, an der Durchgangsstraße, Verleih von Mountainbikes. ✆ 28430-51825.

To Ariston, schöner Laden mit kretischen Naturprodukten, z. B. Wein (aus eigenem Anbau der Familie Papadakis), Olivenseife, Schwämme etc.

I Tsani, Metzgerei in Análipsi, neben Schaf-, Ziegen- und Rindfleisch werden auch einheimische Würste und Käse angeboten. Sehr sauber und freundlich, Herr Chatzakis spricht etwas Englisch.

Sehenswertes: Von Ierápetra kommend, zweigt an einer Kurve am Ortseingang von Makrigialós links ein Feldweg ab (beschildert). Er führt ziemlich steil zu den Resten einer durch einen Brand zerstörten *minoischen Villa* aus der Jüngeren Palastzeit (1700–1450 v. Chr.), die hinter einigen Häusern auf einem Plateau liegt. Hier oben herrscht absolute Stille und es bietet sich ein schöner Rundblick.

Eine zweite Ausgrabung findet man ca. 250 m weiter in Richtung Análipsi auf dem Kap zur rechten Seite. In der Nähe der Pfarrkirche liegen die Ruinen einer ausgedehnten *römischen Villa*. Reste von Mosaikfußböden und der ehemaligen Marmor-

täfelung verschiedener Räume sind erhalten, an der Südseite erkennt man außerdem noch ein Bad mit Vorrichtungen einer Fußbodenheizung.
Am Freitagvormittag findet in Makrigialós ein großer *Straßenmarkt* statt, und zwar an der Straße, die nach Ágios Stéfanos abzweigt (diese ist dann gesperrt).

> Im Sommer gibt es ab Makrigialós Bootsausflüge auf die Insel Koufonísi (ca. 16 €, 45 Min. einfach). Die Insel ist völlig schattenlos, Sonnenschirme werden an Bord verliehen (→ S. 476).

Péfki

Das oberhalb von Makrigialós und Análipsi in 340 m Höhe liegende Bergdorf ist eins der anmutigsten der Region, allerdings wie viele kretische Dörfer von Abwanderung bedroht.

Schöner Spaziergang durch die verwinkelten Gassen mit ihrem reichen Blumenschmuck, in denen die Zeit stehen geblieben ist. Unterhalb der Durchgangsstraße kann man über uralte überwucherte Treppenstufen zum gut erhaltenen Brunnenhaus *Káto Vríssi* („Untere Quelle") hinuntersteigen, wo die Frauen des Dorfes früher ihre Wäsche wuschen. Weiterhin gibt es im Ort einen schön gelegenen *Friedhof* mit der doppelschiffigen Kirche *Ágios Konstantínos*. Am höchsten Punkt von Péfki, zu erreichen über eine eigene schmale Straße, steht das ehemalige Schulgebäude, in dem noch 1980 einige dutzend Schüler unterrichtet wurden. Im Nebengebäude ist ein liebevoll eingerichtetes *Folkloremuseum* untergebracht. Zu sehen sind u. a. traditionelle landwirtschaftliche Geräte (vom Holzpflug bis zur verbotenen Tierfalle), schöne Web- und Häkelarbeiten mit altkretischen Motiven, ein alter Webstuhl und ein Spinnrad, eine Miniseilerei und eine einfache Kerzenzieherei sowie eine Zimmereinrichtung aus früheren Zeiten. Auch das Schulgebäude mit seinem original ausgestatteten Klassenzimmer kann besichtigt werden. Von der Terrasse genießt man einen herrlichen Blick bis zum Meer hinunter.
Nordöstlich von Péfki liegt die *Tropfsteinhöhle Vríko*, die mittels einer Taschenlampe begangen werden kann, eine Straße führt ganz in die Nähe (→ Skizze, S. 474). Leider sind schon viele der uralten Tropfsteingebilde beschädigt oder zerstört worden. Seien Sie bitte vorsichtig und brechen Sie nichts ab! Unterhalb des Dorfs zieht sich eine imposante *Schlucht* mit steilen Felswänden bis Análipsi am Meer hinunter (→ Wanderung).

Öffnungszeiten/Preise **Museum**, tägl. 8.30–14 Uhr, Eintritt ca. 1,50 €. ✆ 28430-51960.

- *Anfahrt* Östlich von **Análipsi** zweigt eine beschilderte Straße ab, etwa 7 km.
- *Essen & Trinken* **Zur Weinlaube**, urige kleine Taverne mit Minimarkt an der Durchgangsstraße neben dem Rathaus. Michalis Christodoulakis hat lange im München gearbeitet und spricht Deutsch, seine Frau Johanna ebenfalls. Sie bieten einfache, typische Gerichte und guten Hauswein, Tipp ist der selbst produzierte milde Rakí, den man auch flaschenweise erwerben kann. Nach Süden hin wird derzeit eine Terrasse ausgebaut mit schönem Blick über die Schlucht bis zum Meer. Auf Wunsch spielt Michalis auf seiner Mandoline und singt dazu.
Piperia, weitere idyllische Taverne im oberen Ortsbereich, schöne Sitzgelegenheit unter einem Pfefferbaum mit Meerblick.

> Der **Freundeskreis Péfki** wurde gegründet, um das Dorf mit Hilfe des Tourismus zu unterstützen und vor dem Aussterben zu bewahren. Informationen bei Franz Jaeger und Sigrid Wrona in Mávros Kólimbos (→ S. 469).

An der Hauptstraße von Péfki

Wanderung von Análipsi nach Péfki

Eine nicht allzu lange Wanderung von der Küste ins schöne Bergdorf, die man mit der Besichtigung der Tropfsteinhöhle krönen kann (Aufstieg ca. 45 Min.).

• *Dauer* Aufstieg ca. 2 Std., Abstieg ca. 1,5 Std.

• *Wegbeschreibung* In **Análipsi** an der Durchgangsstraße den Fahrweg neben der Apartmentanlage „Villea Village" landeinwärts Richtung „White River Cottages" nehmen. Nach ca. 45 Min. zweigt ein mit roten Punkten markierter **Pfad** vom breiten Weg leicht links ab (wird der Rückweg). Um direkt in die Schlucht zu kommen, gehen wir auf dem **breiten Weg** zum Bachbett hinab. Nach einer Serpentine aufwärts, wandern wir auf dem Pfad links (Wegweiser „Gorge") in die **Schlucht** hinein. Zwei kleine Leitern und einige Felsblöcke sind mit etwas Geschick zu erklimmen. Später steigt der Pfad links zum **Schluchtrand** hinauf. Bei einem schönen **Rastplatz** kommen wir auf den **Hauptweg** nach Péfki. Nach einigen Minuten zweigt leicht links der markierte Pfad vom breiten Weg ab (etwas schlecht zu erkennen) und führt geradeaus hinauf ins Dorf.

Rückweg: am Rastplatz geradeaus bis zum Bach. Dann links hinauf zum Schluchtrand. Später im Zick-Zack halb in die Schlucht hinunter bis zum breiten Weg, den wir schon von Análipsi heraufgewandert sind.

Wanderung zur Tropfsteinhöhle Vríko

Eine Wanderung ohne besondere Schwierigkeiten, die auch für Kinder geeignet ist. Die bisher wenig bekannte Tropfsteinhöhle *Vriko* liegt mit ihren Millionen Jahre alten Tropfsteingebilden nordöstlich von Péfki. Von dort kann man auf einsamem Höhenweg zur herrlich gelegenen Gipfelkirche *Aféndis Stavrós* (Kreuz des Herrn) in 600 m Höhe wandern, den großartigen Panoramablick bis zum Meer genießen und nach Péfki absteigen. Nach der verdienten Rast kann man noch durch die Schlucht unterhalb vom Ort in etwa 2 Std. bis zum Meer wandern.

• *Dauer* Die **Rundtour** (Abzweigung – Tropfsteinhöhle – Gipfelkirche – Péfki – Abzweigung) dauert knapp 2,5 Std. Die **Schluchtwanderung** nach Análipsi weitere 2 Std.

• *Wegbeschreibung* Östlich von **Análipsi** zweigt eine beschilderte Straße ab, die nach **Péfki** führt. Etwa 1,5 km vor dem Ortszentrum zweigt **rechts** eine Straße zur

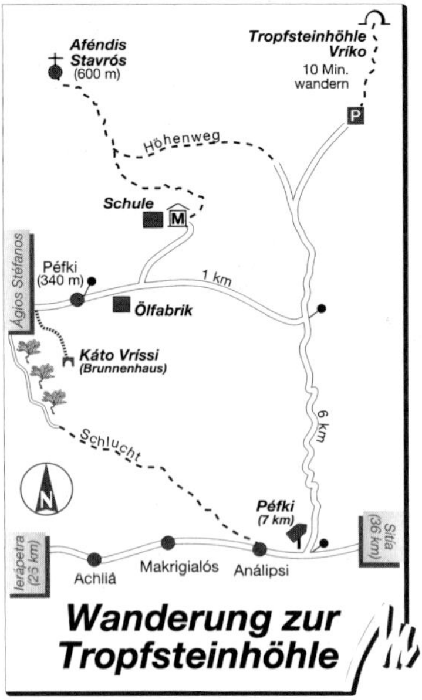

Höhle ab (→ Skizze). Hier das Auto stehen lassen und in etwa 45 Min. zur **Tropfsteinhöhle**. Von dort zur Gipfelkirche **Aféndis Stavrós** braucht man ebenfalls 45 Min., der anschließende Abstieg nach **Péfki** dauert ca. 30 Min., zum Auto an der Kreuzung geht man nochmals 20 Min.

Wer sich hat herauffahren lassen oder zu Fuß durch die Schlucht heraufgekommen ist, kann in der Schlucht zum Meer zurücklaufen. Der **Einstieg** liegt am westlichen Ende der Durchgangsstraße von Péfki. Man durchquert zunächst einen alten **Olivenhain**, bis sich plötzlich die **Schlucht** mit ihren steil aufragenden Felswänden öffnet (Weitere Infos im vorhergehenden Abschnitt).

Abstecher zum Kloster Kapsá

Kurz vor *Pilalímata* zweigt eine Asphaltstraße Richtung Osten ab und folgt der Küste. Landschaftlich beeindruckend: zerrissene Klippenküste, steinigkahle Berghänge ohne Baum und Strauch, vertrocknete Erde und scharfkantige Felsbrocken. Auf halbem Weg nach Kaló Neró schöne Sandbucht unterhalb der Straße, kurzer Abstieg zum Meer.

▸ **Kaló Neró**: einzige Ortschaft am Weg, ein paar verlorene Häuschen zwischen Treibhäusern über niedrigen Klippen, drum herum wüstenähnliche Steinöde. Die Kirche *Theotókos* besitzt Wandmalereien aus dem 15. und 16. Jh., ist aber in der Regel verschlossen, benachbart stehen alte Mönchszellen. Die grün überwachsene Laube der kleinen Cafétaverne „Oasis“ bietet sich zur Rast an.

Essen & Trinken **To Spilio tou Dragou** (Höhle des Drachen), landeinwärts von Kaló Neró, gut beschildert. Große Taverne, in der man weitab von den üblichen Touristenpfaden mit herrlichem Ausblick gut und authentisch speisen kann. Ganztägig geöffnet.

Kloster Kapsá

Der verwinkelte Bau klebt auf einem Felsvorsprung über dem Ausgang einer Schlucht, die ins Örtchen Perivolákia hinaufführt. Mit seinen kleinen, grünen Gärtchen, Olivenbäumen und Zypressen wirkt er wie eine kleine Oase.

Die Gründungslegende spricht von einer Höhle, in der in byzantinischer Zeit ein Eremit lebte. Erbaut wurde Kapsá wahrscheinlich im 15. Jh. – jedenfalls ist eine Ikone in seinem Besitz, die aus dem 19. Jh. stammt und von der anzunehmen ist, dass sie dem Kloster von Anfang an gehörte. 1640, auf einem der zahlreichen Türkenfeldzüge, wurde es wahrscheinlich dem Erdboden gleichgemacht. Erst Mitte des 19. Jh. konnte es durch die Tatkraft eines Mannes völlig renoviert bzw. wiederaufgebaut werden: Ioánnis Jerontákis, genannt *Jerontojánnis* (→ Kasten). Kapsá wird seit vielen Jahren von einer alten, gebrechlichen Nonne bewohnt, die berühmt ist für ihre Ruppigkeit gegenüber Touristen (nicht persönlich nehmen). Mittlerweile wird sie von einem rüstigen Mönch unterstützt, der sich – sofern er Zeit hat – freundlich um die Besucher kümmert.

Vom Eingang steigt man über eine Treppe in einen schattigen Hof mit einer Quelle hinauf, unterhalb davon liegen Anbauflächen mit Weinreben, Mispel- und Zitronenbäumen. Wieder ein paar Stufen hinauf kommt man in einen weiteren Hof mit rundum laufender Sitzbank im Schatten einiger schlanker Zypressen. Die zweischiffige *Höhlenkirche* hat einen schönen Kieselsteinboden, in der zweiteiligen holzgeschnitzten Altarwand hängen alte, schwarze Ikonen. Ein kleiner, silberner Schrein beherbergt die sterblichen Überreste des Klosterheiligen, sein Grab liegt in der hinteren Ecke des Kirchenraums. Hinter der Kirche kann man auf enger Treppe zur Höhle im Fels hinaufklettern, in der Jerontojánnis jahrelang gelebt haben soll. Unterhalb des Klosters liegt eine kleine, felsige Badebucht mit schattigen Tamarisken, weitere einsame Steinbuchten folgen in Richtung Goúdouras.

Öffnungszeiten/Preise tägl. 8–12, 16–19 Uhr, Eintritt frei. Sittsame Kleidung notwendig (Beine und Schultern bedeckt), es gibt Leihkittel zum Überstreifen.

Der todesähnliche Schlaf

Jerontojánnis stammte aus dem nahen Dorf Lithínes. Bis zur Osterwoche 1843 war er ein Lebenskünstler ohne Beruf oder Arbeit. Angeblich hielt er sich mit Gaunereien über Wasser. Doch in der Nacht vom 4. zum 5. April fiel er in einen todesähnlichen Schlaf, der 43 Stunden dauerte. Als er wieder zu sich kam, vollbrachte er plötzlich Wunderheilungen, heilte das todkranke Kind des türkischen Stadtkommandanten von Iráklion und wurde schnell auf der ganzen Insel berühmt. Damals fasste er den Plan, das Kloster Kapsá, in dem er geboren worden war, wieder aufzubauen. Viele Leute kamen zu ihm, spendeten Geld und Sachgeschenke, halfen ihm auch mit ihrer Arbeitskraft. Jerontojánnis wurde Mönch und richtete seine Zelle in einer Höhle der nahen Schlucht ein. 1874 starb er im Alter von 75 Jahren, sein Enkel führte sein Werk mit Erfolg fort. Böse Zungen behaupten, dass Jerontojánnis den „todesähnlichen Schlaf" und die anschließenden Wundertaten nur geschickt erfunden und unter die Leute gebracht hatte, damit ihm diese mit Spenden seinen weiteren Lebensunterhalt ermöglichten. Wie dem auch sein mag, sein Name ist noch heute in ganz Südostkreta bekannt und er wird als Heiliger verehrt.

Wanderung von Kloster Kapsá nach Perivolákia

6 km lange Wanderung durch eine eindrucksvolle Schlucht, etwas Trittsicherheit ist erforderlich. Oben abholen lassen oder auf dem gleichen Weg zurück.

- *Dauer* Etwa 2 Std. hinauf, 1,5 Std. zurück.
- *Wegbeschreibung* Kurz vor dem **Kloster Kapsá** parken wir rechts der Straße in einem **Tamariskenhain**. Der gut markierte Weg beginnt auf der anderen Seite der Straße. Die Tafel besagt „3,5 km" aber das ist Luftlinie, tatsächlich ist der Weg ca. 6 km lang. In der etwas breiteren **Schlucht** ragen die orangeroten und grauen, sehr stark erodierten Wände bis zu 400 m in den Himmel. Nach etwa 1 Std. kommen wir an uralten **Steineichen** vorbei – das Einzige, was die Ziegen noch nicht abgefressen haben. Danach werden die Wände niedriger. Nach gut 2 Std. erreichen wir das Dörflein **Perivolákia**. Hier können wir frisches Wasser nachfüllen lassen. Abwärts sind die Markierungen noch besser zu sehen.

▸ **Goúdouras**: Östlich vom Kloster Kapsá führt die Asphaltstraße weiter bis zu dieser bäuerlichen Sommersiedlung, einer nicht sonderlich attraktiven Ansammlung weniger Häuser inmitten von Gewächshäusern und Olivenbäumen, außerdem ein kleiner Hafen für die Küstenfischerei. Der Strand besteht gleichermaßen aus grobem Kies und Sand. Wer die Ruhe sucht, ist hier sicherlich am Ziel, Leser L. Meinhof schreibt zudem: „Ich habe dort das wärmste Wasser an der Südküste erlebt." Goúdouras ist auch von der Hochebene von Chandrás (→ S. 455) aus zu erreichen, nämlich auf einer weitgehend asphaltierten Straße von Zíros über Agía Triáda. Ab Agía Triada führt eine breite, schnellstraßenähnlich ausgebaute Asphaltstraße in die Bucht von *Atherinólakos*, wo derzeit ein riesiges Ölkraftwerk gebaut wird (→ S. 456).

• *Übernachten/Essen & Trinken* Mittlerweile gibt es in Goúdouras einige moderne Häuser, die Rooms anbieten, eine relativ gute Taverne und ein Kafenion.

Mamantakis, komfortables Apartmenthaus, eine Wohnung besteht aus bis zu drei Räumen, vier Terrassen, zwei WCs, Bad mit Wanne und TV. ✆ 28430-22436, 22220.

▶ **Insel Koufonísi**: Nirgendwo ist die Nähe der Libyschen Wüste so deutlich zu spüren wie auf Koufonísi. Heiß und fast baumlos – nur in der Mitte der Insel gibt es ein paar Sanddünen mit Wacholderbäumen – liegt sie verlassen am Südostrand Kretas. Archäologen haben an der Nordküste eine antike Siedlung entdeckt und konnten daraus ihre interessante Geschichte nachvollziehen. In der Antike hatte die Insel eine florierende Purpurproduktion, die Einwohner stellten aus einem Extrakt der Purpur-Meeresschnecke einen wertvollen rotvioletten Farbstoff her. Um nur einen Tropfen Purpur zu erhalten, mussten tausende von Schnecken sterben. Besonders die Römer hatten damit eine regelrechte Industrie aufgezogen. Die leeren Schneckengehäuse (3–5 cm hoch) liegen noch heute überall verteilt auf der ganzen Insel. Die prosperierende Siedlung, in der die Römer sogar öffentliche Thermen mit Gärten und ein Theater mit 1050 Plätzen gebaut hatten, wurde um 400 n. Chr. von Barbaren oder fanatischen Christen zerstört und nie wieder aufgebaut. Das ausgegrabene Theater kann man besichtigen.

Überfahrten Sporadische Überfahrten nach Koufonísi gibt es nur in der Hauptsaison von **Makrigialós** und (manchmal) von **Ierápetra**.

Wer von der Südküste aus nach **Káto Zákros** mit seinem minoischen Palast fahren will, kann dies von Makrigialós über Etiá, Chandrás, Voilá, Kateliónas, Sítanos, Karídi, Adravásti und Zákros durchgehend auf Asphalt tun (→ aber auch S. 448).

Von Ierápetra nach Westen

Treibhäuser und wenig ansehnliche Durchgangsorte bestimmen anfangs das Bild der flachen Ebene. Erst bei Mírtos trifft man auf die Hänge der Díkti-Berge.

Mírtos

Sympathisches Dörfchen am Ausgang eines langen, fruchtbaren Tals, eingebettet zwischen kahlen Sandsteinfelsen. Davor ein langer Strand, über dem eine Uferpromenade errichtet wurde. Viel Grün in den engen Gassen, nette Atmosphäre.

Mírtos hat sich dem Tourismus nicht völlig ausgeliefert und besitzt eine intakte Wohnkultur, d. h. hier leben noch ganzjährig viele Einheimische, die nicht im Sommer gelangweilt ihr Strandcafé betreiben, um dann den Winter über nach Athen zu flüchten. Aus diesem Grund ist Mírtos auch bei deutschen Residenten beliebt, nicht wenige sind schon jahrelang hier ansässig. An Urlaubern trifft man vor allem deutschsprachige Individualreisende, viele sind Stammgäste. „Pauschal" ist Mírtos bisher nur über holländische und britische Reiseveranstalter mit geringem Kontingent erschlossen, denn es fehlen (glücklicherweise) die geeigneten Unterkünfte. Wer ein ruhiges Eckchen abseits vom großen Urlauberstrom sucht, wird sich hier sicher wohl fühlen können. Der etwa 1 km langer Kies-/Sandstrand schließt sich westlich an den Ort an. Es gibt nur wenig Schatten, jedoch wurden einige Tamarisken gepflanzt, zudem werden Sonnenschirme und Liegen vermietet, auch einige Duschen sind installiert. Sogar im Juli/August findet man hier meist noch Platz.

Verbindungen/Adressen/Internet

• *Anfahrt/Verbindungen* etwa sechs **Busse** tägl. von und nach Ierápetra. Haltestelle bei der Taverne Michalis an der Durchgangsstraße, nahe der Kirche. Zu Fuß etwa 200 m ins Zentrum.

• *Adressen* **Arzt** (Agrotikó Iatrío), ✆ 28420-51222.

Autoverleih, „Mirtos Rent a car" neben Hotel Mirtos, außerdem „Go2kreta".

Go2kreta, schräg gegenüber von O Platanos (→ Essen & Trinken), Elke Dähnert verkauft Immobilien, vermietet Fahrzeuge, bietet Internetzugang, vermittelt Unterkünfte in Mírtos und besorgt Flugtickets. ✆ 28420-89956, ℻ 89959, www.go2kreta.com

Eden, Café neben Taverne Katerina (→ Essen & Trinken), ebenfalls Internetzugang.

• *Feste* alljährliche **Beachparty** in der ersten Augusthälfte.

• *Geld* kein Geldautomat im Ort, der nächste in Ierápetra.

• *Internet* **www.mirtos.de**, schön aufgemachte und informative private Website zum Ort.

Übernachten

Kastro, B-Kat., Nähe Busstation, das neueste und komfortabelste Hotel im Ort, mit Pool, wird hauptsächlich pauschal über Bosman Reisen (Holland) gebucht. ✆ 28420-51444.

Villa Mertiza, 8 Apartments und 14 Studios gruppieren sich um einen schön begrünten Garten, alle Wohneinheiten mit TV, Balkon oder Terrasse. Studio ca. 25–40 €, Apt. ca. 35–50 €. Kann exklusiv an Reiseveranstalter vergeben sein. ✆ 28420-51208, ℻ 51244, www.mertiza.com

Mirtos, C-Kat., altes, jedoch komplett renoviertes Hotel mit guter und preiswerter Taverne mitten im Ort, etwa 50 m vom Meer. Zimmer mit Balkon und ordentlichen Bädern, teilweise Meerblick. Freundliches und großzügiges Besitzerehepaar, netter Service. DZ ca. 20–30 €. ✆ 28420-51227, ℻ 51215, www.myrtoshotel.com

Mirtopolis, weithin sichtbare Apartment-/Studioanlage auf dem steilen Hügel über Mírtos, etwa 15–20 Fußminuten. Herrlicher Meerblick, absolut ruhig, Wohneinheiten geschmackvoll eingerichtet. Eigentümer ist die griechisch-schweizerische Familie Yambanas-Raich. Es gibt eine Boulebahn und für Hausgäste Verleih von Fahrrädern. Studio ca. 40–45 € (Winter ab 35 €), Apartment ca. 50–70 € (Winter ab 40 €). Vorbildliche Betreuung durch die Holländerin Margot Galiart, ✆ 6946-960327 (Handy). ✆ 6932-839679 (Handy) oder www.mirtopolis.com

Big Blue, größere, gut in Stand gehaltene und freundlich geführte Studio-/Apartmentanlage oberhalb der Beach Tavern direkt am Strandbeginn, weiter Meerblick. DZ ca. 34–40 €, Studio ca. 38–45 €, Apartment 40–70 €, jeweils große Terrasse. ✆ 28420-51094, ℻ 51121, www.greekhotel.com/crete/myrtos/bigblue

Villa Mare, eins der höchsten Häuser im Ort, gute Zimmer mit Du/WC, vom obersten Stockwerk toller Blick, Frühstücksküche unter dem Dach (Benutzung frei), Terrasse zum Frühstücken, Lesen und Sonnen. Freundlich geführt von Maria Velivisaki. DZ ca. 20–30 €. ✆ 28420-51328, 51274.

Villa Elena, zwischen Big Blue und Villa Mare, freundliche, ältere Wirtsleute, drei Apartments mit Balkon, Klimaanlage, Kühlschrank und TV. ✆ 28420-51396.

Panorama, ebenfalls zwischen Big Blue und Villa Mare. Das höchstgelegene Haus dieser Straße, drei Zimmer mit Kochgelegenheit, jeweils eigene Terrasse zum Meer, herrlicher Blick, nette und unaufdringliche Vermieterin. ✆ 28420-51362.

Susanna's, etwas erhöht am Ortsrand, kurz vor dem Aufstieg nach Mirtopolis, wunderschön begrünt, 5 Min. zum Strand. Susanna ist Deutsche und hier verheiratet, sie ist sehr bemüht, den Aufenthalt so angenehm wie möglich zu machen. Vermietet werden sieben Apartments. ✆ 28420-51515, www.go2kreta.wohost.de/susanna

Angelos, geräumige und gut ausgestattete Studios mitten im Ort, an der Straße in Richtung Strand. Alle mit Balkon oder Terrasse, einige mit Heizung für die Nebensaison. ✆/✆ 28420-51106.
Cretan House, schönes Haus im traditionellen Stil neben der Dorfkirche, Zimmer mit üppig überrankten Balkonen und Kühlschrank, Gemeinschaftsküche. ✆ 28420-51427.
Paradise, Studios an der Promenade, teilweise mit direktem Zugang zum Weg oder mit Balkons darüber. Modernes Mobiliar in Grautönen, ein Studio mit Klimaanlage. ✆ 28420-51554.
Villa Nostos, kleine Anlage am Ostende vom Ort, Sifis und Despina bieten Studios und DZ direkt am Strand. ✆ 28420-51569.
Viele Ferienwohnungen können unter www.sunbudget.net gebucht werden.

Essen & Trinken/Unterhaltung/Shopping/Sport

• *Essen & Trinken* Die Qualität der Tavernen im Ort ist erfreulich und seit Jahren konstant. An der Promenade isst man teurer als im Ortskern.
Katerina, gemütliche Taverne im Ortszentrum, Jorgo bietet hier recht leckere Küche, z. B. Fisch und Lamm, als Vorspeise sind Schnecken zu empfehlen. Auch viele Einheimische kommen hierher.
Mirtos, alteingesessene Taverne im gleichnamigen Hotel an der Hauptstraße, variationsreiche, gute Qualität und preiswert.
Michalis, Taverne mit schönem Garten am westlichen Ortsausgang.
Karavostasis, Schmuckstück am Westende der Promenade, helle Kieselsteine, liebevoll als Bodenbelag und zu Säulen aufgetürmt, dazu Fischernetze und Meeresutensilien. Wirt Iannis Sklavakis (Sohn von Jorgo in der Taverne Katerina) bietet hervorragende Küche, alles frisch zubereitet mit Bio-Olivenöl von den eigenen Bäumen.
Beach Tavern, gleich neben Karavostasis, das letzte Haus am westlichen Ortsende, hier beginnt der breiteste Teil vom Strand. Steht den ganzen Tag im Zentrum des Geschehens, schöne Lage mit tollem Blick, geführt von einem griechisch-belgischen Paar.
To Petrino, nettes und gut geführtes Lokal an der Promenade.
Lesertipp: „Hervorragend gegessen haben wir im neu eröffneten **Ca'Nova** an der Promenade, die Köchin ist entzückend und kocht hinreißend lecker."
• *Unterhaltung* keine Disco im Ort.
O Platanos, die seit vielen Jahren bei Mírtos lebende Elke und ihr kretischer Mann haben 2001 diese gemütliche Taverne/Bar/Café/Mezedopólion/Kneipe gegenüber von „Pandora Box" (→ Shopping) eröffnet. Seitdem gilt sie als das „Herz der Stadt". Hier kann man sich ab mittags bis spät nachts unter der großen Platane treffen, *mezédes* kosten, Wein, Bier und Rakí trinken, aber auch Musik hören, Távli oder Schach spielen.
Akti, Café-Taverne am Ostende der Promenade, beliebt bei jungen Leuten, gutes Essen.
• *Shopping* **Pandora Box**, im Ostteil der Dorfstraße, gegenüber von „O Platanos". Silberschmuck und Mode, dazu Bücherkiste (Tausch und Verkauf), geführt von Tina aus Deutschland.
Athanatos, neben Pandora Box, Irini aus Athen fertigt Trommeln aus Agavenstämmen sowie Schmuck.
• *Sport* **Scirocco**, Claudio aus Italien vermietet in einem netten „Baumhaus" am Strand Ruder- und Tretboote, Kanus, Schlauchboote mit Motor und einen Katamaran. ✆ 28420-51232 (April bis Okt.), www.sciroccomirtos.de

Sehenswertes/Umgebung

Die ganze Region steckt voller antiker Reste. Am Strand und oberhalb der Beach Tavern (→ Essen) findet man die Backsteinruinen römischer Thermen und eines Landhauses. Im Ort ist die geschmackvoll restaurierte Dorfkirche mit ihren vom Putz befreiten Bruchsteinmauern einen Blick wert. Daneben wurde 2002 das *George-Dimitrinakis-Museum* mit archäologischen Funden aus der Umgebung und Stücken aus der jüngeren Ortsvergangenheit (wieder)eröffnet, interessante Infos dazu unter www.mirtos.de/museum.html.

Öffnungszeiten/Preise **Museum**, Mo–Fr 9–14 Uhr, Eintritt ca. 1,50 €.

▸ **Pírgos**: Etwa 15 Fußminuten östlich von Mírtos ist auf einer Hügelkuppe neben der Straße nach Ierápetra ein *minoisches Landhaus* ausgegraben worden. Wahrscheinlich war es von 2000 v. Chr. bis zur großen Katastrophe um 1450 v. Chr. bewohnt. Von der Lage her fantastisch – herrlicher Blick aufs Meer und strategisch günstige Lage hoch über dem breiten, ausgetrockneten Flussbett. Zu sehen sind noch eine lange Treppe, die bis zur Spitze hinaufführt, Grundmauern, Säulenfundamente und ein mit Alabaster gepflasterter Hof.

• *Wegbeschreibung* Von Mírtos aus ein kleines Stück die Straße nach Ierápetra gehen oder fahren. Unmittelbar nach der **Brücke** über das Flussbett links den Weg nehmen und gleich rechts einen schmalen Pfad zwischen Oreganobüschen hinauf, ca. 10 Min.

▸ **Foúrnou Korifí**: Auf einem Hügel bei den wenigen Häusern von Néa Mírtos hat man in den 1970er Jahren eine große *frühminoische Siedlung* entdeckt (ca. 2600–2000 v. Chr.). Der Aufstieg dauert ca. 15 Min. In einem Raum im südwestlichen Grabungsbereich hat man die berühmte „Göttin von Mírtos" gefunden, die heute im Archäologischen Museum von Ágios Nikólaos ausgestellt ist.

Durch das Hinterland von Mírtos

Wir nehmen den Abzweig nach Máles (beschildert an der Straße von Mírtos nach Áno Viános) und fahren zunächst etwa 6 km ins kleine Dorf *Míthi*. Dort überquert man die Sarakínas-Schlucht (→ Wanderung durch die Sarakínas-Schlucht) und fährt weiter nach *Máles*. Westlich vom Ort liegt links der Straße nach *Christós* die urige Taverne „Agia Paraskevi", rechts eine große Terrassentaverne, die von einer deutschen Wirtin geführt wird. Hier geht es über eine Treppe hinauf zu einer kleinen Höhlenkirche, der dort verehrte Heilige hilft bei Augenleiden.

• *Essen & Trinken* **Agia Paraskevi**, die ältere Wirtin kocht einfache, aber leckere Gerichte, z. B. grüne Bohnen mit Tomaten und macht einen hervorragenden Bauernsalat. Wasser holt sie quer über der Straße aus einer Quelle, die aus einer antiken Schale rinnt.

▸ **Kloster Panagía Exakoustí**: Südöstlich von Máles unterhalb der Straße. Hier leben noch fünf Nonnen und pflegen ihren hübschen Garten. Links eine Höhlenkirche, in der Mitte die kleine, reich ausgestattete Kirche der Panagía mit zahlreichen wertvollen Ikonen. An der linken Seite eine Betstelle (kein Altar), die die Vorbereitung der Geburt Christi zeigt. Hinter der Kirche ein vielseitig eingerichteter Verkaufsladen.

Öffnungszeiten tägl. 8–13, 16–19 Uhr. Angemessene Kleidung erwünscht. Spende wird gerne angenommen.

▸ **Anatolí**: Das Dorf ist in den letzten Jahrzehnten fast ausgestorben – lebten hier 1960 noch fast 1900 Einwohner, gibt es heute nur noch 170. Doch es tut sich etwas. Rechts vom Rathaus führt eine Treppe in den südlichen Ortsteil. Hier kann man beobachten, wie ein halb verlassenes Bergdorf wieder ersteht. In den engen Gassen wird an verschiedenen Stellen mit EU-Geldern renoviert.

▸ **Über Kalamáfka und Prína nach Ierápetra**: Auf einer bergigen Panoramastraße geht es weiter ins große Dorf *Kalamáfka*, das sich noch einigermaßen selbst erhalten kann. Rechts der Straße in Richtung Prína passiert man einen überdachten Aussichtspunkt – hier kann man gleichzeitig das Meer nördlich und südlich von Kreta sehen, außerdem die Thriptí-Berge, Ierápetra und die Insel Chrissí. Am Ortseingang von Prína kann man bei Dimitris einkehren (→ S. 417). Über *Meselerí* kann man schließlich zurück nach Ierápetra und weiter nach Mírtos fahren.

Wanderung durch die Sarakínas-Schlucht bei Míthi

Interessante Kletterwanderung in einem engen, teilweise Wasser führenden Bachbett nördlich von Mírtos. Schönes Schluchtpanorama mit grünen Büschen und

Bäumen. Mehrere Ein- und Ausstiegsmöglichkeiten, Höhenunterschied max. 150 m. Achtung: Gewisse Kletterfähigkeiten sind erforderlich, denn Felsblöcke bis zu 3 m Durchmesser sind zu überwinden. Und Vorsicht: Im zeitigen Frühjahr und späten Herbst ist der Wasserstand meist zu hoch zum Wandern! Kurz vor dem Schluchteinstieg links gibt es eine Taverne mit vielen Sitzplätzen.

- *Dauer* 2–2,5 Std. hin und zurück.
- *Wegbeschreibung* Um die Sarakínas-Schlucht zu erreichen, muss man von Mírtos per Taxi etwa 6 km in Richtung Máles bis ins Dorf **Míthi** fahren (beschildert an der Straße von Mírtos nach Áno Viános). In Míthi biegen wir bei der **zentralen Kreuzung** mit Platane und Café-Bar rechts ab und fahren zum **Flussbett** hinunter, ein Schild „Farángi Sarakínas" (auf Griechisch) weist den Weg. Wo die Straße das Flussbett überquert, starten wir am **westlichen Ufer** (d. h. links, flussaufwärts gerechnet) und gehen neben dem **Kanal einer Wassermühle** entlang, die Ruinen sind noch deutlich sichtbar. 10 Min. später sind wir an der ehemaligen **Staumauer** der Mühle angelangt, die wir über eine Holzbrücke erreichen. Wir hangeln uns über die Mauer hoch, der Kanal setzt sich oberhalb der Staumauer fort. 50 Min. nach dem Beginn weitet sich die Schlucht, man nimmt den Fußweg am linken Hang. Es geht durch einen lichten Kiefernhain. Auf der rechten Seite ist ein geschotterter **Fahrweg** sichtbar, erste Ausstiegsmöglichkeit, um auf der rechten Talseite zum Ausgangspunkt zurück zu gelangen. Der Fahrweg führt im Tal weiter zu einem Olivenhain mit Brunnen, es geht aber weiter über Felsen bergauf. Nach etwa 1,5 Std. kommen wir an eine **Brücke** mit vier Betonrohren. Dort Ausstieg zu der Asphaltstraße am rechten Ufer. (Wer will, kann hier noch weiter bis **Máles** bergauf gehen).

Beim **Rückweg** haben wir nach 10 Min. auf der Straße den ersten Ausstieg erreicht, 20 Min. später sind wir dort, wo wir die Wanderung flussaufwärts begonnen haben.

Mittlere Südküste

Zwischen Mírtos und der Bucht von Mátala (→ Zentralkreta) liegt ein Stück unbekanntes Kreta. Die Küstenorte sind vom internationalen Tourismus noch weitgehend unentdeckt, da die Hauptstraße weit landeinwärts und teilweise hoch in den Bergen verläuft. Allerdings gibt es immer mehr asphaltierte Stichstraßen, die zu den kleinen Dörfchen hinunterführen, und die Bautätigkeit hat in den letzten Jahren rasant zugenommen.

Die Region zwischen Mírtos und Keratókambos ist vom Bananenanbau geprägt. Die holprigen Pisten werden hauptsächlich von der einheimischen Landbevölkerung genutzt, sind mühsam zu befahren und kaum beschildert. Keratókambos kann auf Asphalt erreicht werden, ebenso das weiter westlich liegende Tsoútsouros (→ Kapitel Zentralkreta) und auch zwischen den beiden Orten existiert bereits eine nagelneue Asphaltstraße.

Küstenorte von Mírtos bis Árvi

Von Mírtos Richtung Westen zieht sich eine Asphaltstraße am Meer entlang, vorbei an mehreren, wenig besuchten Badebuchten. Der Asphalt endet nach etwa 3 km, doch die restlichen 2 km bis *Tértsa* sind kein Problem. Von der Weiterfahrt über Psarí Foráda nach *Árvi* ist dagegen abzuraten, die Pisten sind schlecht und oft muss man sich durchfragen, um die richtige Strecke zu finden. Von Árvi nach *Keratókambos* gibt es ebenfalls nur holprige Schotterwege. So empfiehlt sich für Árvi und Keratókambos die Anfahrt über die landeinwärts verlaufende Hauptstraße über Áno Viános.

▸ **Tértsa**: nur eine Hand voll Häuser und einige Dutzend Einwohner, umgeben von kleinen Bananenplantagen, Schilf und Tamarisken. Davor erstreckt sich ein steiniger Strand, einige nette Buchten liegen weiter ostwärts. Es gibt eine Unterkunft, Zelten wird ebenfalls toleriert.

• *Übernachten/Essen & Trinken* **Tertsa**, neues Apartmenthaus, einige Meter zurück vom Meer, ordentliche Räumlichkeiten mit Balkon. ✆ 28950-61444. Unten im Haus die kleine Taverne **O Giannis**.

Weiter gibt's am Ortseingang ein typisches **Kafenion** sowie eine nette **Taverne** am Strand (Juni bis September). Preise überall günstig.

▸ **Psarí Foráda und Sidonía**: Zwei kleine Örtchen im Bananenanbaugebiet, Psarí Foráda liegt ein Stück landeinwärts, Sidonía direkt am Meer, davor ein 600 m langer, braunschwarzer Strand aus Feinkies und Sand. Touristisch bisher völlig unbekannt, obwohl mittlerweile ab Kalámi (an der Straße von Mírtos nach Áno Viános) auf Asphalt zu erreichen. Um den kleinen Dorfplatz an der Uferstraße gibt es einige Tavernen, Shops und Café-Bars, sonntags findet hier ein kleiner Markt statt. Übernachten kann man in den hübschen und ganz zentral gelegenen Studios „Villa Irida" (zu buchen über Minotours Hellas).

▸ **Árvi**: Einfaches, von Wind und Wellen angenagtes Dorf, direkt auf die niedrigen Klippen gebaut. Gleich dahinter ragen mächtige Felswände empor, unterbrochen von einem gewaltigen Einschnitt, rechts neben der handtuchschmalen Schlucht die Ruinen des verlassenen *Klosters Ágios Antónios*. Gelegentlich finden Tagesausflügler den Weg hinunter, doch sowohl der Ort wie auch der lange Kies-/Sandstrand sind nicht sonderlich gepflegt. Im Hinterland entstehen mittlerweile Neubauten, meist Ferienhäuser von Kretern aus dem Norden.

• *Anfahrt/Verbindungen* Von **Amirás** führt eine kurvige Asphaltstraße durch herrliche Berglandschaft hinunter nach Arví, etwa 14 km. **Busse** Ierápetra – Iráklion fahren die Strecke über Amirás und Áno Viános ca. 2 x tägl. in beide Richtungen. In Amirás aussteigen und weiter trampen. Gegen Mittag fährt der **Schulbus** hinunter nach Árvi.

• *Übernachten* **Ariadni**, am Ortseingang, einfache Zimmer mit Balkon über dem Meer, von unten hört man die laute Brandung und das Klackern der Steine. Bewirtschaftet von einem griechisch-deutschen Paar. DZ ca. 20–30 €. ✆ 28950-71300.

Gorgona, mitten im Ort, Zimmer nicht besonders groß, aber wunderbare Terrasse mit Blick aufs Meer. DZ mit eigenem Bad etwa 18–30 €, ohne etwas günstiger. ✆ 28950-71211.

Am Strandbeginn liegen die Rooms **New Arvi** mit einem verwilderten Garten, ein Stück weiter die Apartments/Studios **Kyma**, ✆ 28950-71344.

Kolibi, an der Piste nach Keratókambos, nach etwa 100 m rechts (beschildert). Nicht allzu große Zimmer mit Bad, aber wunderschöner Garten und eigener Steinstrand mit Dusche. Ganzjährig geöffnet. ✆ 28950-71250.

• *Essen & Trinken* am Strand östlich vom Ort mehrere schön gelegene Lokale, z. B. **Diktina** mit guter Küche unter weit ausladenden Tamarisken und die wunderbar begrünte Terrassentaverne **Galazia Akti**.

Die 12 km lange Piste von Árvi ins weiter westlich liegende Keratókambos ist mittlerweile in der Westhälfte asphaltiert (etwa km 6–12).

Von Mírtos über Áno Viános nach Keratókambos

Die Hauptstraße nach Westen windet sich in mächtigen Serpentinen steil in die Díkti-Berge. Immer wieder hat man herrliche Blicke auf das Tal von Mírtos und die umliegenden Bergrücken. Je weiter man kommt, desto alpenähnlicher wird die Landschaft. Überall zwischen den schroffen Felswänden sieht man frisches Grün, hauptsächlich Pinien.

Westlich von *Amirás* steht an der Straße nach Áno Vianós ein markantes Denkmal. Die hohe Skulptur wirkt fast wie ein indianischer Totempfahl und erinnert mit eindrücklicher Symbolik (ein zerbrochener Mensch) an das „Massaker von Áno Viános". Die Namen der Erschossenen sind auf neun wie zur Exekution vorgeführten menschlichen Gestalten niedergeschrieben, ein bewegendes Gedicht von Vassilis Rotas (1909–77) flankiert in vier Sprachen die Erinnerungsstätte.

Das Massaker von Áno Viános

Von Mírtos kommen, zweigt kurz vor Péfkos rechter Hand eine beschilderte Straße zum „Battlefield of Káto Sými" ab. Vom 12.–14. September 1943 erschossen deutsche Wehrmachtssoldaten zur Vergeltung für einen Partisanenüberfall, bei dem zwölf Deutsche getötet worden waren, 440 Einwohner aus Áno Viános und den umliegenden Ortschaften und zerstörten die drei Dörfer Péfkos, Káto und Epáno Sými völlig. Dabei wurde mit großer Grausamkeit vorgegangen, es gab Massenerschießungen, nach griechischen Berichten wurden Alte und Behinderte in ihren Häusern ermordet und auch Frauen sollen getötet worden sein. Nikos Kazantzakis schrieb dazu 1945: „Nachdem sie (die deutschen Soldaten – Anm. E.F.) schon auf dem Hinweg jeden getötet hatten, der ihnen begegnete – Männer, Frauen, Kinder –, trieben sie in den Dörfern selbst die Männer zusammen und exekutierten sie in Gruppen." Der deutsche Heeresbericht vermerkt in lakonischer Kürze: „440 Banditen tot, 200 Festgenommene, drei Ortschaften zerstört, geringe eigene Verluste."
Am Ortseingang von *Káto Sými*, einem kleinen Dorf unter grünen Bäumen im grünen Bachtal, steht eine Gedenktafel für die Opfer. Das oberhalb liegende *Epáno Sými* – zu erreichen auf 2 km langer Piste – wurde seit dem Massaker nicht wieder aufgebaut und ist verlassen, mit seinen verbrannten Ruinen bietet es ein äußerst bedrückendes Bild. Wenn man die Piste noch etwa 2,5 km weiter hinauffährt, kommt man an einem Wasserfall vorbei und erreicht nach einem weiteren Kilometer in etwa 1000 m Höhe die eingezäunte Ausgrabung eines bereits in minoischer Zeit gegründeten Heiligtums, das in der griechischen Antike dem *Hermes Dendrítis* und der *Aphrodite* geweiht war. Die reichen Funde sind im Archäologischen Nationalmuseum von Iráklion ausgestellt.

Áno Viános

Großes Dorf in prächtiger Lage an einem Steilhang inmitten von üppigem Grün. Dank des großen Wasserreichtums der Region kann Wein und Korn angebaut werden, außerdem wachsen Zypressen, Olivenbäume und vieles mehr. Trotzdem ist auch Áno Viános stark von Abwanderung betroffen, bei einem Bummel durch den Ort fallen die vielen Ruinen und Trümmergrundstücke auf, die wohl z. T. noch auf das Massaker von 1943 zurückzuführen sind. Eingebaut in eine dicke verquollene Platane an der Hauptstraße ist ein origineller, auch im Sommer üppig sprudelnder Trink- und Brauchwasserbrunnen. Oberhalb davon erkennt man den Fallschacht einer alten Wassermühle. Im oberen Ortsteil steht die tagsüber ständig geöffnete Kirche *Agía Pelagía* mit gut erhaltenen Fresken aus dem 14. Jh. An der Hauptstraße, auf halbem Weg zwischen Platane und Kirche, hat der Ikonenmaler Emanuíl Fokás sein kleines Atelier. Am westlichen Ortsausgang wurde vor wenigen Jahren ein *Volkskundemuseum* eingerichtet. Auf 180 qm sind traditionelle Webartikel, Handwerks- und Landwirtschaftsgeräte, Waffen, Keramik usw. ausgestellt. Zum Museum gehören auch ein Souvenirladen und ein Kafenion.

Öffnungszeiten/Preise **Museum**, tägl. 9–13.30 Uhr, Eintritt ca. 2 €.

• *Anfahrt/Verbindungen* Derzeit befährt nur 2 x wöch. (Mo und Fr) ein Bus die Strecke **Ierápetra – Áno Vianos – Iráklion**.

• *Essen & Trinken* **Seli**, von mehreren Lesern empfohlen, etwa 200 m vom oben beschriebenen Kriegsdenkmal, Nähe Abzweigung nach Árvi: „Wie ein Adlerhorst gelegen, von der Terrasse herrlicher Blick, ganz neu, aber trotzdem schön und stilvoll, innen herrlich kühl, gute Küche zu normalen Preisen."

Ebenfalls ein Lesertipp: „10 m oberhalb vom Hauptplatz liegt eine gute **Taverne**, die uns von Einheimischen empfohlen wurde, Name leider vergessen."

▸ **Abfahrt nach Keratókambos**: Etwas östlich von *Káto Viános* führt eine Asphaltstraße hinunter ins 12 km entfernte Keratókambos. Über *Chóndros* (Tankstelle) folgt sie der Schlucht von Áno Viános, wo es zwischen kargen Felshängen in weiten Serpentinen steil hinunter geht.

Keratókambos/Kastrí

Friedliches Dörfchen mit langem, schmalem Kiesstrand, westlich oberhalb ragt der markante Felsklotz Kástri. Weitab vom Getriebe der Zivilisation fühlten sich früher vor allem Individualisten und Rucksackreisende wohl. Aber auch hier bleibt die Zeit nicht stehen, es wird bemerkenswert viel gebaut, ein deutsch geführtes Immobilienbüro kümmert sich um die Vermarktung und vor einigen Jahren hat Keratókambos sogar aus EU-Mitteln einen überdimensionierten Hafen mit Betonmole erhalten.

Das ehemalige Dorf Keratókambos ist mittlerweile in zwei Ortschaften geteilt: Der östliche Teil heißt weiterhin Keratókambos, der westliche mit dem neuen Hafen Kastrí. An der Uferstraße sind zahlreiche Touristenunterkünfte entstanden und die Ferienhaussiedlungen ziehen sich mittlerweile bis zu den Berghängen hinauf.

Im Ortsbereich ist der Strand eher unansehnlich. Doch nach Osten setzt er sich als langer Sandstreifen mit bizarren ockerfarbenen Felsen fort, der sich wenig später sogar zu wunderschönen hohen Dünen auftürmt. Hier findet man schöne, blank gewaschene Kiesel und Muscheln, kann lange Spaziergänge unternehmen und auch problemlos sein Zelt aufstellen. In den wenigen Tavernen an der schattigen Ufer-

Genussvoll im Sand versinken: die Dünen von Keratókambos

promenade sitzt man am schönsten, wenn der Wind durch die Tamarisken rauscht und die Meeresbrandung aufwühlt.

• *Übernachten* **Pan**, an der Zufahrtsstraße in etwa 50 m Höhe, freier Blick zum Meer. In zwei Gebäuden mit Garten gut ausgestattete Studios (25–30 €) und Apartments (35–40 €), Charlotte Philipp stammt aus Deutschland, ihr Partner Georgios Papadimitrakis spricht ebenfalls Deutsch. ✆ 28950-51220, ℻ 51522. Zu buchen auch über Minotours Hellas.

Panorama, gehört dem Popen, moderne Studios an der Zufahrtsstraße, schöner Blick aufs Meer in Richtung Westen (Sonnenuntergang). ✆ 28950-51264. Zu buchen auch über Minotours Hellas.

Xenos, ebenfalls an der Zufahrtsstraße, kurz bevor sie auf die Uferstraße trifft. Neu erbautes Haus mit Zimmern und Apartments, Balkone mit Markisen, Meerblick. Familie Zacharias Patronakis spricht Deutsch, gegen Bezahlung holen sie ihre Gäste auch vom Flughafen ab. ✆ 28950-51527 oder 6974-398355 (Handy), www.kreta-xenos.de

Philoxenia, besonders schön gestaltetes Haus an der Uferpromenade, bunter Vorgarten. ✆ 28950-51371.

Komis, an der Uferpromenade in Richtung Osten, gepflegte und liebevoll angelegte Anlage mit schönem Garten und einer farbenfroh überrankten Fassade. 15 Studios im rustikal-traditionellen Stil, jeweils mit TV, Telefon und Klimaanlage. Strom wird aus Solarenergie gewonnen, Abfall getrennt entsorgt. Mit Café. Wochenpreis ca. 430–590 €. ✆ 28950-51390, ℻ 51393.

Doriakis, hinter Komis", preiswerte Zimmer mit üppig begrünten Balkons, nett geführt, ✆ 2895-051359.

Lesertipp Günstige und geräumige Zimmer, wahlweise mit Blick aufs Meer oder die Berge über dem **Supermarkt** in der Ortsmitte, nette Vermieter.

• *Essen & Trinken* **Morgenstern**, gutes Essen zu mäßigen Preisen, der ältere Besitzer spricht Deutsch.

Kriti, gleich daneben, der gemütliche Wirt Georgios besitzt keine Karte, erzählt dafür aber umso geduldiger jedem einzelnen Gast sämtliche Speiseangebote.

Nikitas, die hübsch gelegene Fischtaverne bei der kleinen Kirche im Ostteil der Promenade wird von Athanasia und Georgios geführt, gutes Frühstück mit Filterkaffee.

Lyvikon, ebenfalls schöne Plätze unter Tamarisken am Meer, Manolis und seine Frau bedienen sehr freundlich.

Stelios, nette Taverne direkt am Hafen, Stelios spricht Deutsch und unterhält sich gerne mit seinen Gästen, nicht teuer.

• *Cafés* **Aeriko**, bei Stavros sitzt man unter schattigen Tamarisken direkt am Meer, aufmerksame Bedienung.

Tipp: Die 10 km lange Küstenstraße von Keratókambos nach Tsoútsouros ist seit einigen Jahren entgegen den Markierungen auf den meisten Kretakarten vollständig asphaltiert. Schöne Fahrt entlang des menschenleeren Kiesstrands von Dérmatos, an den noch zahlreiche unbebaute Bauerngrundstücke grenzen. Touristisch ist diese Ecke völlig unerschlossen, „Kaboula" heißt einer der ganz wenigen Zimmervermieter.

Weiter Richtung Messará-Ebene

Die Straße über Mártha in die Messará-Ebene ist bis auf wenige hundert Meter durchgehend asphaltiert. Einige der kleinen Orte werden von einer neuen, breiten Straße umfahren, womit man die teils abenteuerlich schmalen Ortsdurchfahrten vermeidet. Nächster Küstenort Richtung Westen ist *Tsoútsouros*, das über eine kurvige Bergpiste von Káto Kastellianá zu erreichen ist. Dort beginnt dann auch schon die lang gestreckte Messará-Ebene (→ Kapitel Zentralkreta/Messará-Ebene).

Wer von Süden auf die berühmte *Lassithí-Ebene* hinauffahren will, sollte über einen Jeep und eine Portion Abenteuergeist verfügen (→ S. 302).

• *Verbindungen* Von Ierápetra in die Messará-Ebene gibt es **keine direkte Busverbindung**, man muss immer erst nach Iráklion. Busse fahren mehrmals tägl. über Ágios Nikólaos nach Iráklion, außerdem etwa 2 x wöch. die Strecke Ierápetra – Áno Vianos – Iráklion. In Iráklion kann man dann in die häufigen Busse nach Festós, Mátala, Agía Galíni und Léntas im Süden Zentralkretas umsteigen.

Bevorzugte Ziele für Individualtouristen: die kleinen Küstendörfer im Südwesten

Westkreta

Der wildeste, gebirgigste und abenteuerlichste Teil der Insel – und der grünste. Die ehemals reichen Waldbestände sind allerdings kräftig dezimiert.

Die *Lefká Óri*, die „Weißen Berge", bilden das steinige Rückgrat Westkretas. Hier zogen sich in den Türkenkriegen und noch im letzten Weltkrieg die Partisanen in unerreichbare Schlupfwinkel zurück. Traditionen und Gebräuche konnten sich vor allem im unwegsamen Bezirk Sfakiá an der steilen Südküste unverfälscht erhalten. Die *Samariá-Schlucht*, die als größte Schlucht Europas gilt, ist einer der vielen landschaftlichen Höhepunkte. Ihre Durchwanderung ist fast schon ein Muss, um ein Stück Kreta zu erleben, wie man es an der Strandbar nicht serviert bekommt.

Der Westen ist reich an hervorragenden und landschaftlich reizvollen Sandstränden. Um nur einige Beispiele zu nennen: die kilometerlange *Ebene von Réthimnon*, die Bucht von *Plakiás*, der Palmenstrand von *Préveli* und die versteckten Strände an der Westküste, die zu den schönsten Kretas zählen – Stichwort *Elafonísi*. Damit nicht genug, im Westen liegen auch die beiden Städte *Réthimnon* und *Chaniá*, die dank ihrer historischen Bausubstanz mit alten Gässchen, venezianischen Häfen, türkischen Holzerkern und Minaretten am meisten fürs Auge bieten. Auch sie sind fast ein Muss, um die Geschichte der Insel farbig vor Augen geführt zu bekommen.

Doch der Westen steht auch für „Höhepunkte" anderer Art. So waren es vor allem die Ebenen um Kíssamos und Chaniá, wo im letzten Krieg die deutschen Fallschirmspringer und Gebirgsjäger vom Himmel fielen. Für Tausende junger Männer war es ihr erster und letzter Einsatz, während die Zivilbevölkerung der Bergdörfer vor allem unter den späteren „Vergeltungsmaßnahmen" der Wehrmacht zu leiden hatte. Heute ist auf der *Halbinsel Akrotíri* die NATO präsent.

Bezüglich Ausgrabungen ist der Westen bisher vernachlässigt worden. Minoische Paläste wurden noch keine gefunden, jedoch reichhaltige Spuren von Minoersiedlungen, z. B. Reste von Wohnhäusern mitten in Chaniá, eine ausgedehnte Nekropole bei Réthimnon und eine Wohnsiedlung bei Archéa Eléftherna. Außerdem gibt es diverse Klöster, die einen Abstecher in die einsame Bergwelt lohnen – allen voran *Kloster Arkádi*, das zum Symbol für kretischen Widerstand geworden ist.

• *Orientierung* Westkreta beginnt etwa auf der Höhe von Réthimnon, an der zweitschmalsten Stelle der Insel. Es ist der gebirgigste Teil Kretas, wobei die **Lefká Óri** die beherrschende Landmarke im Südwesten bilden. Ihre Gipfel steigen bis über 2400 m an. Weitere „Höhepunkte" stellen die Hänge des Ída- und Kédros-Gebirges südöstlich von Réthimnon dar.

• *Straßen* Die **New Road** von Iráklion über Réthimnon und Chaniá ist mittlerweile bis Kíssamos im äußersten Westen schnellstraßenähnlich ausgebaut. Es gibt auch mehrere gute Verbindungen von der Nord- zur Südküste: nach Plakiás, Chóra Sfakíon, Soúgia und Paleochóra. Im Kernland der Weißen Berge führt eine Straße bis zur **Omalós-Hochebene**, wo die berühmte Samariá-Schlucht beginnt, die man nur zu Fuß passieren kann.

• *Verbindungen* Zentren des Busnetzes sind **Chaniá** und **Réthimnon** mit häufigen Verbindungen untereinander und nach Iráklion. Auch die Badeorte der Südküste sind mehrmals täglich mit den Städten an der Nordküste verbunden. Eine große Rolle spielen **Schiffsverbindungen** an der steilen Südküste der **Lefká Óri**. Die dortigen Orte sind wegen des schwierigen Terrains durch keine Küstenstraße verbunden.

• *Übernachten* In **Chaniá**, **Réthimnon**, **Plakiás**, **Paleochóra** und **Georgioúpolis** gibt es zahllose Möglichkeiten. Weitere Unterkünfte in Soúgia, Kalíves, Chóra Sfakíon, Loutró, Kíssamos u. a. **Campingplätze** bei Réthimnon, Chaniá, Tavronítis, Kíssamos, Paleochóra und Plakiás.

• *Archäologie* Bisher hat man im Westen Kretas keinen minoischen Palast gefunden. Kleinere Fundstellen (minoisch bis hellenistisch) gibt es u. a. in Chaniá, Falassarná, Polirrinía, Archéa Eléftherna und Áptera, außerdem den bedeutenden minoischen Friedhof von **Arméni** bei Réthimnon.

• *Baden* Östlich von **Réthimnon** liegt ein kilometerlanger Sandstrand, ein zweiter zwischen Réthimnon und **Georgioúpolis**, weitere schöne Strände bei Kalíves, Chaniá, Falassarná, Paleochóra, Soúgia und Plakiás. Der abseits gelegene Strand bei der Insel **Elafonísi** im äußersten Südwesten ist mittlerweile ein populäres Ausflugsziel geworden, ebenso der Palmenstrand unterhalb vom Kloster **Préveli**.

Réthimnon

Der erste Anblick kann enttäuschen, denn Réthimnons Außenbezirke sind ein hässliches Konglomerat von tristen Betonbauten, wahllos durcheinander gewürfelt. Vor allem der östliche Stadtbereich ist in ständiger Ausdehnung begriffen.

Aber dieser erste Eindruck trügt, wie so oft: Réthimnon streitet sich mit Chaniá um das Prädikat „schönste Stadt Kretas". In der Altstadt mit ihren engen Gassen und den niedrigen, zwei- bis dreistöckigen Häusern haben die Türken nachhaltig ihre Spuren hinterlassen. Mehrere schlanke *Minarette* stehen noch, hier und dort erblickt man die bauchigen Kuppeldächer von ehemaligen Moscheen und findet häufig die prächtigen, vergitterten *Holzerker* – typische Architektur der früheren orientalischen Bewohner, die man in der Türkei auch heute noch sieht. Die Häuser selbst mit ihren eleganten Portalen und Torbögen sind dagegen venezianischen Ur-

sprungs. Vor allem an der Uferpromenade und am wunderschönen, fast kreisrunden *venezianischen Hafen* wirken die alten Häuser mit ihren verblassten Pastellanstrichen, den schmiedeeisernen Balkonen und den großen Fensterläden durch und durch italienisch. Gekrönt wird das Ganze von den Mauern der mächtigen *Fortezza*. Sie thront auf einem Hügel über den Dächern und nimmt die ganze Spitze der Halbinsel ein, auf der das historische Zentrum von Réthimnon liegt. Als eine weitere Besonderheit der Stadt beginnt mitten im Zentrum ein flacher Strand mit weichem, weißem Sand und zieht sich kilometerweit nach Osten – entlang der neu angelegten Uferstraße bestückt von zahllosen Hotels, Apartments, Shops und Lokalen aller Art.
Kein Wunder also, dass Réthimnon in der Saison zum Gutteil von den Touristen lebt: An der langen Uferpromenade im Zentrum reiht sich ein Restaurant an das nächste, alle gut gefüllt, betriebsam und westeuropäisch anmutend. Viele Schmuck-, Souvenir- und Leder-Shops sorgen in den Gässchen für Farbe, Tavernen mit Kerzenlicht geben der Altstadt allabendlich ein stimmungsvolles und romantisches Flair. Davon, dass in Réthimnon fünf geisteswissenschaftliche Fakultäten der „University of Crete" ihren Sitz haben, merkt man als Tourist nur wenig, denn der Campus liegt etwas außerhalb der Stadt. Etwa 3000 Studenten aus ganz Griechenland sind hier in Philologie, Philosophie, Pädagogik und verwandten Fachrichtungen immatrikuliert. Réthimnon gilt deshalb als Stadt der „Literatur und Kunst" und als geistiges Zentrum der Insel, dank der vielen jungen Studierenden aber auch als Metropole des Nachtlebens.

Geschichte

Aus der Frühzeit Réthimnons ist wenig bekannt. Gräberfunde lassen vermuten, dass es hier bereits in der *spätminoischen Epoche* eine Siedlung gab. In der Zeit der *klassischen Antike* stand auf dem heutigen Festungshügel ein Artemis-Tempel. In den folgenden Jahrhunderten, von römischer bis in byzantinische Zeit, war Réthimnon nur ein unbedeutendes Fischerdorf, von dem kaum etwas überliefert ist.
Anfang des 13. Jh. kommen die *Venezianer* nach Kreta, Réthimnon ist damals eine kleine, befestigte Siedlung. Anfang des 14. Jh. wird die Stadt Verwaltungssitz eines der 14 venezianischen Bezirke auf Kreta. Vor allem der Hafen wird als Handels- und Warenumschlagplatz zunehmend wichtiger. Nach dem Fall von Konstantinopel (1453) kommt es zu einem starken Einwanderungsschub, der, ähnlich wie in Iráklion, eine kulturelle Blüte in der Stadt begründet.
Im 16. Jh. rückt die drohende Invasion der *Türken* in den Blickpunkt, die Stadtbefestigung wird nach Plänen des venezianischen Festungsbauers Sanmicheli erweitert und verbessert. Trotzdem nehmen im Juli 1571 türkische Piraten unter ihrem Anführer Ulutz Ali die wegen eines hohen Feiertags fast verlassene Stadt ein und zerstören sie nahezu vollständig. 1573 wird deshalb die Festung auf dem Hügel über der Stadt völlig neu konzipiert und verstärkt. Im Fall einer Belagerung soll sie alle Stadtbewohner aufnehmen können. 1646 stehen tatsächlich wieder die Türken vor den Toren und besetzen die Stadt nach nur 23-tägiger Belagerung. Die Bevölkerung und die venezianischen Soldaten ziehen sich in die angeblich uneinnehmbare „Fortezza" zurück. Doch schon bald zeigen sich gravierende Baumängel, ein Teil der Mauern stürzt ein, die Verteidiger müssen kapitulieren. Die Türken zerstören die Burg und bleiben bis 1879 in der Stadt. Im 19. Jh. kommt es im Raum Réthimnon zu wiederholten Aufständen gegen die Türken, die europäischen Großmächte greifen schließlich in den griechisch-türkischen Krieg ein und 1879 besetzen die *Russen* die Stadt. Im Rahmen des von Venizélos veranlassten großen *Bevölkerungs-*

austauschs verlassen 1923 die letzten Türken die Stadt – jedoch gezwungenermaßen und mehr als widerwillig, denn zu diesem Zeitpunkt sind sie bereits so stark assimiliert, dass sie Kreta als ihre Heimat empfinden und z. T. Häuser und erheblichen Grundbesitz zurücklassen müssen. Eindrucksvoll nachzulesen ist das bei Pandélis Preveläkis aus Réthimnon in „Die Chronik einer Stadt", Bibliothek Suhrkamp (→ Lesetipps).
Im Zweiten Weltkrieg ist die große Ebene östlich der Stadt einer der drei Landungsplätze für die deutschen Fallschirmjäger.

Anfahrt/Verbindungen

• *Schiff* **ANEK Lines** fahren in der Saison 1 x tägl. (im Winter 3 x wöch.) von und nach Piräus, Abfahrt jeweils 20 Uhr, Ankunft 5.30 Uhr, Fahrtdauer ca. 9 1/2 Std. Der große Lande- und Abfahrtskai liegt direkt nördlich vom venezianischen Hafen, was tägliche Unruhe für diesen Teil der Altstadt mit sich bringt. Ungefähre Preise (identisch mit Iráklion): Kabinenplatz je nach Kategorie und Anzahl der Schlafplätze (2–4 Pers.) 49–90 €, Deckplatz/Pullmannsitz Economy Class 28 €, Motorrad 12–17 €, Kfz je nach Länge ca. 80–96 €, Camper 105–140 €. Buchung (→ Reisebüros).
Weitere Schiffsverbindungen (→ Ausflüge).

• *Bus* Der **Busbahnhof** für die großen Überlandstrecken liegt an der westlichen Peripherie des Zentrums, direkt an der Straße, die um die Fortezza herumführt (→ Stadtplan). Ansagen für Busse in Griechisch, Englisch und Deutsch. Busse zur **Südküste** fahren u. a. nach **Plakiás** (4 x tägl.), **Spíli** und **Agía Galíni** (5 x, Sa/So 3 x), zum **Kloster Préveli** (2 x tägl.) und nach **Chóra Sfakíon** (2–3 x tägl.), zum Teil muss in Bále umgestiegen werden. Entlang der **Nordküste** fahren Busse nach **Iráklion** (über **Pánormo** und **Balí**) und **Chaniá** (über **Georgioúpolis**) etwa stündlich auf der New Road (einige wenige Busse fahren über die längere Old Road), letzte Verbindungen zwischen 21 und 22 Uhr. Weitere Verbindungen gibt es zum **Kloster Arkádi** (ca. 3 x tägl., Sa/So 2 x), nach **Amári** (3 x tägl., Sa 2 x, So 1 x), **Margarítes** (2 x tägl., Sa/So keine Verbindung) und **Zonianá** (1 x tägl., Sa/So keine Verbindung), **Anógia** (2 x tägl., Sa/So keine Verbindung), außerdem nach **Geráni**, **Chromonastíri** und **Maroulás**.
Zwischen Réthimnon und den großen **Badehotels** östlich der Stadt (Endstation: Pánormo) pendeln Busse zwischen 6.30 und 22 Uhr alle halbe Stunde.

• *Eigenes Fahrzeug* In der Altstadt findet man nur schwer Parkplätze, Vorsicht außerdem, es besteht ein striktes Einbahnsystem. Westlich vom Zentrum kann man auf einem großen Platz an der Uferstraße **Periferiakos** parken, östlich vom Zentrum in den Seitengassen der Strandstraße **Sofoklis Venizelou** östlich der Platia Iroon. Kostenpflichtig ist der Parkplatz neben dem **Stadtpark**.

• *Taxi* Standplätze an der **Platia 4 Martiron** und an der **Platia Iroon** (auch: Platia Agnostou), vor Hotel Kyma Beach. ✆ 28310-23000, 25000 (24 Stunden).

Stadtrundfahrt: Ein Sightseeing-Bähnchen auf Autoreifen umrundet tägl. das historische Zentrum von Réthimnon. Rundfahrten etwa halbstündlich 10–23 Uhr, Dauer ca. 20 Min., Zusteigen kann man an der Promenade bei der Platia Iroon. Erwachsene ca. 6 €, Kinder (6–14 Jahre) die Hälfte. Mehrmals wöch. gibt es außerdem Fahrten zum Kloster Agía Iríni (→ S. 516) und zum Tal der Mühlen (→ S. 517). ✆ 28310-50051.

Information/Adressen (siehe Karte S. 492/493)

• *Information* **Städtisches Informationsbüro**, in einem Pavillon an der Strandpromenade, Eleftheriou Venizelou Str. Es gibt einen Stadtplan und verschiedenes weiteres Material, z. B. Öffnungszeiten der Museen, Schiffsabfahrtszeiten u. ä., außerdem interessante Infobroschüren. März bis Ende Okt. Mo–Sa 8–15 Uhr, So geschl., im Sommer auch längere Öffnungszeiten. ✆ 28310-29148.

• *Ärztliche Versorgung* **Dr. Andreas Papadakis (43)**, Gerakari Str. 170 (hinter Platia Iroon). Deutsch sprechender Allgemeinarzt, Uni München. Uneinheitliche Leserstimmen. Sprechstunden 9–13, 18–20 Uhr. ✆/℡ 28310-24654 (Praxis), 28310-25141 (Wohnung).

Dr. Eugenia Anagnostaki, Moatsou Str .4 (gegenüber Hauptpost), Deutsch sprechende Zahnärztin, Uni Hamburg. Mo–Fr 8.30–13.30, 17.30–20 Uhr. ✆ 28310-27304.

Dr. Evi Papadaki-Ninou, B. Ougo 15, Deutsch sprechende Zahnärztin, Uni Erlangen. ✆ 28310-51142.

Dr. Daskalakis, Deutsch sprechender Kinderarzt im Hotel Elina, Akti Koundouriotou 741 (Strandstraße). ✆ 28310-27395.

Klinik in der Trantalidou Str., südlich vom Stadtpark. ✆ 28310-27814.

• *Ausflüge* In der Hauptsaison fahren **Badeboote** täglich in beide Richtungen die Küste entlang: Nach Westen gibt es eine Tour nach **Georgioúpolis**, außerdem eine Küstenfahrt bis **Maráthi** auf der Halbinsel Akrotíri (Baden und Essen), Richtung Osten geht es entlang der klippenreichen Küste zu den **Höhlen von Scaletá** (→ S. 508) und weiter nach **Pánormo** oder **Balí**. Auskünfte direkt bei den Ausflugsschiffen im Hafen, besonders schön sind die liebevoll nach alten Vorbildern aus Holz gestalteten Schiffe „Barbarossa" und „Captain Hook" (✆ 28310-57666). Preise (mit Mittagessen) für Erw. und Kinder ab 12 etwa 30 €, unter 12 ca. 17 €.

In der Saison ein- bis mehrmals wöch. Ausflugsfahrten zur berühmten Vulkaninsel **Santoríni**, Überfahrtsdauer einfach 4,5 Std., Aufenthalt 5 Std., hin/zurück ca. 45–60 €.

• *Auto-/Zweiradverleih* **Autoway**, Sof. Venizelou Str. 72, im Hotelbezirk östlich der Altstadt. Geführt von Jannis Mavros, der in Deutschland geboren wurde und dort als Kind gelebt hat, mit Partner Georgios Lagoudakis. Zweigstellen in Kámbos Ádele (östlich von Réthimnon), Chaniá, Iráklion und Ágios Nikólaos. ✆ 28310/54105 o. 55712, www.autoway.gr

Stavros, Paleologou Str. 14, Straße vom Fischerhafen in Richtung Rimondi-Brunnen, Motorradverleih in einem stark renovierungsbedürftigen historischen Haus mit Holzerker ✆ 28310-22858.

• *Fahrradverleih* siehe Sport.

• *Geld* u. a. **National Bank** und **Bank of Crete** am Platz mit dem Denkmal von Eleftherios Venizelos an der Koundouriotou Str., jeweils mit Geldautomat. Weiterer Geldautomat bei der Bank **Emporiki**, Platia Iroon.

• *Gepäckaufbewahrung* im Busbahnhof.

• *Gottesdienste* jeden Samstag 18 Uhr und sonntags um 10 Uhr röm.-kath. Gottesdienst in der kleinen **Kirche des hl. Franz** an der Melissinou Str.

• *Internet* **Café Galero** am Rimondi-Brunnen, **Netcafé** gegenüber Hotel Fortezza und **Internet Café** an der Strandstraße, Nähe Platia Iroon.

Website zu Réthimnon:
www.rethymnon.com

• *Markt* jeden Donnerstag (morgens bis 15 Uhr) im neuen Yachthafen direkt an der Strandpromenade, Nähe Platia Iroon.

• *Post* **Hauptpost** in der Moatsou Str., oberhalb vom Stadtpark, Mo–Fr 8–20 Uhr, Sa 8–14 Uhr.

• *Reisebüros* **ANEK**, Arkadiou Str. 250, ✆ 28310-29221, ℡ 55519.

Olympic Airways, Koumoundourou Str. 5, Straße hinter dem Stadtpark, parallel zur Hauptstraße, ✆ 28310-22257. Ein Zubringerbus fährt zu jedem Abflug nach Chaniá.

• *Sprachkurse* Die **University of Crete** veranstaltet im Winter Sprachkurse in Griechisch. Die Universität liegt bei Gállos, 5 km außerhalb in Hügellage mit Blick aufs Meer. ✆ 28310-77000, www.uoc.gr

• *Tauchen* **Kalypso Rock's Palace**, Sofoklis Venizelou Str. 42, an der Strandstraße, Tauchgründe um Plakiás (Südküste). ✆ 28310-20990, ℡ 20992, www.kalypsodivingcenter.com

• *Toiletten* in der Petichaki Str. am venezianischen Hafen und neben dem Informationsbüro am Stadtstrand.

• *Wäscherei* neben der Jugendherberge in der Topasi Str. 45, Mo–Sa 9–14, 17–20 Uhr.

Übernachten (siehe Karte S. 492/493)

Die Möglichkeiten sind schier unbegrenzt. In der Altstadt findet man zahlreiche einfache Pensionen, aber auch immer mehr geschmackvoll restaurierte venezianische Palazzi mit eleganten Zimmern im traditionellen Stil. Diverse große Badehotels stehen in den Neubauvierteln an der Strandstraße östlich vom Zentrum. Reiseveranstalter bieten hauptsächlich Strandhotels etwas außerhalb an. Einige der besten kretischen Hotels liegen am Strand östlich der Stadt (→ S. 508).

• *Ober-/Mittelklasse* **Veneto (22)**, A-Kat., Epimenidou Str. 4, zehn Luxusapartments (meist über zwei Etagen) in einem aufwändig restaurierten venezianischen Palazzo, liebevoll mit antikem Mobiliar ausgestattet. Jeweils TV, Aircondition, Telefon, Safe. Studio bzw. Suite für 2 Pers. mit Frühstück ca. 100–140 €. Spezieller Tipp ist das Restaurant mit seiner exquisiten Küche. ✆ 28310-56634, ℻ 56635, www.veneto.gr

Mythos (36), B-Kat., Platia Karaoli Dimitriou 12, kleines, persönlich geführtes Hotel im östlichen Bereich der Arkadiou Str., etwas zurück von der Straße, bei der Kathedrale. Ein 400 Jahre alter venezianischer Palazzo wurde hervorragend restauriert und 1994 als Hotel eröffnet. Vermietet werden zehn Studios und Suiten, alle in verschiedenen Stilen individuell eingerichtet, jeweils mit Kochecke, Aircondition und TV. Hervorzuheben die prächtigen historischen Eisenbetten (nicht in allen Zimmern) mit orthopädischen Matratzen. Im Innenhof winziger Swimmingpool und Liegen. Erstaunlicherweise trotz Innenstadtlage sehr ruhig. Gastfreundliches Besitzerpaar Manolis und Nadja, sie spricht Deutsch. Studio 120–135 € (Winter ca. 100 €), Suite 156–175 € (25 €). Pauschal z. B. über Attika. ✆ 28310-53917, ℻ 51036, www.mythos-crete.gr

Fortezza (10), B-Kat., Melissinou Str. 16, direkt am Rand der Altstadt, unterhalb der Fortezza. 1989 nach dem Vorbild alter Palazzi erbaut, trotz seiner Größe (54 Zimmer) den umliegenden historischen Häusern sehr gut angepasst. Äußerst geschmackvoll eingerichtet, mit viel Sinn für Stil, hölzerne Emporen und blitzende Messingstreben. Im Erdgeschoss ziehen sich schattige Arkaden um einen großen Swimmingpool im hübschen, atriumähnlichen Innenhof, wo im Sommer das Frühstück serviert wird. DZ mit Frühstück ca. 60–75 €, Suiten 75–90 €. Zimmer nach außen nachts nicht ganz leise, weil die verkehrsberuhigte Straße ab 19 Uhr für den Durchgangsverkehr geöffnet wird. Versuchen Sie, ein Zimmer zum Innenhof zu bekommen. Das Hotel wird hauptsächlich pauschal gebucht. ✆ 28310-23828, ℻ 54073.

Vecchio (11), B-Kat., Michali Daliani Str. 4, versteckte und ruhige Lage in einer Gasse gegenüber der venezianischen Loggia. Schön restaurierter venezianischer Palazzo, 27 saubere Zimmer (Kühlschrank) und Apartments gruppieren sich um den Pool im Innenhof, alles ist mit Keramikfliesen ausgelegt, jeweils Klimaanlage. DZ mit bzw. Apartment ohne Frühstück ca. 50–70 €. George Vourlakis, der liebenswürdige Direktor des Hauses, spricht perfekt Deutsch. ✆ 28310-54985, ℻ 54986, www.vecchio.gr

Ideon (4), B-Kat., Nikolaou Plastira Str. 9, wenige Schritt westlich vom venezianischen Hafen. Seit 1972 solides Großhotel in schöner Lage an einem kleinen Platz direkt am Wasser, vor einigen Jahren renoviert. Vorne raus alle Zimmer mit Meerblick, hinter dem Haus hübscher, kleiner Pool, dort auch eine sehr stilvoll restaurierte venezianische Villa mit einigen Suiten. DZ mit Frühstück ca. 60–80 €, fast ausschließlich von Reiseveranstaltern belegt. ✆ 28310-28667, ℻ 28670, www.hotelideon.gr

• *Preiswert* Die einfachen Quartiere liegen meist in der Altstadt, vor allem an der **Arkadiou Str.**, der langen Hauptstraße, die parallel hinter der Uferfront verläuft. Hier wohnt man hautnah (und lautstark!) am Nabel des Geschehens, einige haben nach vorne raus Zimmer mit wunderbarem Blick auf Uferpromenade und Stadtstrand.

Ein anderer Schwerpunkt für Übernachtungsmöglichkeiten liegt **westlich vom venezianischen Hafen** ein Stück die Straße am Wasser entlang, fast schon unterhalb des Kastells, direkt am Meer. Leider wird es hier abends wegen der zahlreichen Tavernen und Cafés sehr laut und erst recht morgens, wenn die Fähren aus Piräus am nahen Kai landen und Schwerlaster die Uferstraße entlangdonnern.

Zania (37), C-Kat., Pavlou Vastou Str. 3, kleines Seitengässchen der Arkadiou Str. Einfache, etwas muffige Herberge in einem alten türkischen Haus mit himmelhohen Räumen, Holzdecken und -böden. Nur Etagendusche. Die ältere Besitzerin spricht Französisch und ist um Sauberkeit bemüht. Nur fünf Zimmer, DZ ca. 25–35 €. ✆ 28310-28169.

Leo (23), C-Kat., in der Arkadiou Str., am Eingang zur Vafe Str., am auffallenden Löwenschild zu erkennen. 400 Jahre alter venezianischer Palazzo mit schmiedeeisernen Balkonen und viel Holzinterieur: Holzböden und -decken, große Wandschränke. Zimmer wegen der kleinen Fenster etwas dunkel und sehr hellhörig. Sehenswert sind die Holzverschläge, in denen nachträglich die Bäder eingebaut wurden. DZ mit Du/WC und Frühstück ca. 35–40 €, Frühstück auf der Gasse vor dem Haus. ✆ 28310-26197.

Castello (35), Platia Karaoli Dimitriou 10, im östlichen Bereich der Arkadiou Str., etwas zurück von der Straße, bei der Kathedrale. Hübsches Haus in weißem Rauputz, unten ein hauseigenes Café, hinten kleiner, üppiger Innengarten mit Springbrunnen, vielen Blumen, Orangen- und Zitronenbäumen. Zimmer sauber und gut ausgestattet (Klimaanlage, Kühlschrank, TV), teilweise kleine Balkone, tägliche Reinigung. DZ ca. 40–45 €, Frühstück im Café. Zu empfehlen, wie auch Leser bestätigen: „Maria und ihr Sohn Iannis sind einfach wundervolle Gastgeber, die Pension mit ihrem Garten ist in der lärmenden Stadt wie eine Oase". Anfahrt: von der Platia 4 Martiron die Gerakari Str. entlang und dort parken. Ganzjährig geöffnet. ✆ 28310-23570, ℡ 50281, E-Mail: castelo2@otenet.gr

The Sea Front (34), Arkadiou Str. 159, Zimmer in einem renovierten Altstadthaus, etwas enge Angelegenheit, aber brauchbar, Kühlschrank auf dem Flur, DZ mit grau lackierten Türen, Holzdecken/-böden und Du/WC um die 25–35 €, Balkons auf die Straße und zur Promenade. Ganz oben großes Zimmer mit Dachterrasse. Insgesamt sauber und gepflegt, nicht so schön ist das Neonlicht in den Zimmern. ✆ 28310-51981, ℡ 51062.

Olga's House (31), Souliou Str. 57, schmales Ladengässchen beim Petichaki-Platz, ziemlich verwinkelt, aber hübsch. Die Treppe hinauf kommt man in einen gemütlich ausstaffierten Dachgarten mit vielen Pflanzen und Sitzgelegenheiten sowie Blick auf das Minarett der nahen Moschee „Tis Nerantzes" und über die ganze Stadt. Die Gastgeber Georg und Stella sorgen für angenehme Atmosphäre, Stella kocht im kleinen Restaurant nebenan. Sieben Zimmer mit Du/WC. DZ ca. 25–35 €, auch Drei- und Vierbett möglich. ✆ 28310-54896, ℡ 29851.

Dokimaki (6), Damvergi Str. 14, ruhige Lage hinter dem Hotel Ideon (→ oben), restauriertes venezianisches Haus mit zwei hübschen Innenhöfen und einem Garten. Vermietet werden 15 Studios und ein Apartment, besonders schön sind die Räume unter dem Dach mit weitem Blick. Besitzerin Barbara macht auf Wunsch Frühstück. Etwa 30–40 €. ✆ 28310-22319, ℡ 24581.

Lefteris Papadakis Sons (1), E-Kat., Nikolaou Plastira 26, an der Uferstraße westlich vom venezianischen Hafen, sauber und solide möbliert, geführt vom jungen Ehepaar Manolis und Gabriela (Schweizerin). Leser der letzten Auflagen waren hier meistens zufrieden. In den letzten Jahren wurden an dieser Straße allerdings zahlreiche Tavernen und Nachtcafés eröffnet (auch das Untergeschoss von Lefteris ist an eine Taverne verpachtet), deswegen ist es hier nicht mehr sonderlich leise. DZ mit Bad ca. 25–35 €. ✆ 28310-23803.

Atelier (3), Chimaras Str. 27, wenige Meter unterhalb der Fortezza, vier saubere Zimmer mit Kühlschrank und überwachsenem Balkon, schöner Blick über die Stadt, ruhig. Die nette, junge Besitzerin Frosso Bora und ihr Mann George Katsantonis arbeiten im Laden unter den Zimmern – sie fertigt Keramik, er malt in Öl. Seit kurzem gehört zu der Pension ein neu eingerichtetes Haus, direkt am Eingang zur Fortezza. Zimmer auf zwei Etagen mit zwei Terrassen – eine Richtung Festung, die andere Richtung Hafen. DZ ca. 25–35 €. ✆ 28310-24440.

• *Außerhalb* **Pantheon**, B-Kat., westlich von Réthimnon, kleine Oase am Ortsrand des Dorfes Atsipópopoulo, direkt an einer meist wenig befahrenen Straße. Ansprechendes, modernes Haus mit schönem Garten und herrlichem Blick auf Réthimnon. Pool, Minigolf, Kinderspielgeräte. DZ ca. 35–65 €, Klimaanlage mit Aufpreis, Frühstück extra. Auch über Reiseveranstalter. ✆ 228310-54914, ℡ 54913, www.pantheon-hotel.gr

Forest Park, C-Kat., idyllisch und ruhig gelegene Hotelanlage mit Pool über den Dächern von Réthimnon im Grünen, auf dem Hügel Evligias. Ins Zentrum etwa 10 Fußminuten. 37 saubere Zimmer und Studios, tägliche Reinigung. Leserempfehlung. DZ mit Frühstück ca. 40–60 €. ✆ 28310-51778, ℡ 28043.

• *Jugendherberge* **(40)** freundliches Haus mitten in der Altstadt, Topasi Str. 45. Gute Kontaktbörse, viele Traveller aus aller Welt steigen hier ab. Gemütliche Ausstattung mit viel Holz, insgesamt 83 Betten in 8- bis 18-Bett-Sälen. Hübsche Terrasse und kleiner Garten, saubere Duschen und Toiletten (oft Warteschlangen in der Saison). Übernachtung ca. 8 €, Wochenpreis 48 € (Bettwäsche ca. 1 €), in der Bar Frühstück und abends Getränke, Internetzugang. Nachts keine Sperrstunde. Nick, der aufgeschlossene Herbergsvater, spricht Englisch. Rezeption 8–12, 17–21 Uhr. ✆ 28310-22848, www.yhrethymno.com

• *Camping* Ein empfehlenswerter Zeltplatz liegt einige Kilometer östlich der Stadt direkt am Strand. Details weiter unten.

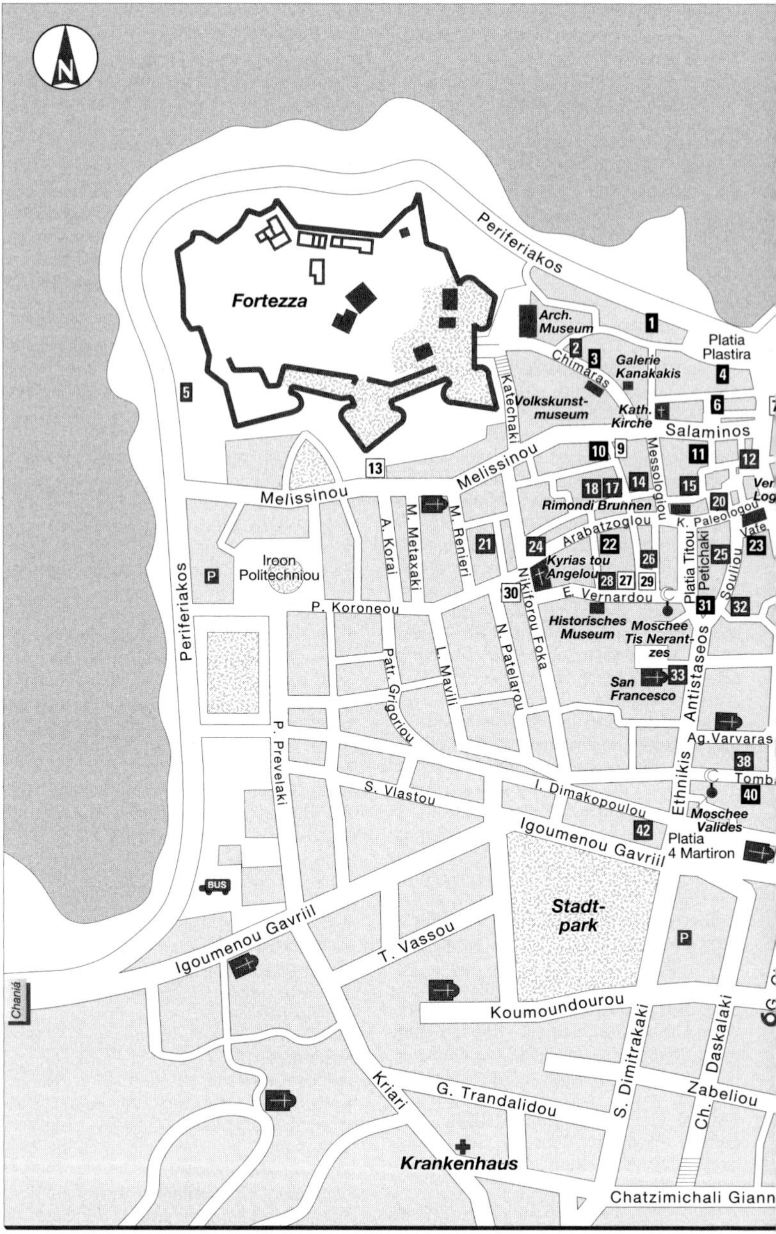
N
Periferiakos
Fortezza
Arch. Museum
1
2
3
Chimaras
Galerie Kanakakis
Platia Plastira
4
5
6
Volkskunst-museum
Katechaki
Kath. Kirche
Salaminos
10
9
11
12
Messologiou
13
Melissinou
14
15
18
17
Rimondi Brunnen
20
K. Paleologou
Arabatzoglou
21
22
23
24
25
Kyrias tou Angelou
26
28
27
29
30
E. Vernardou
31
32
Vafe
Souliou
Petichaki
Platia Titou
Historisches Museum
Moschee Tis Nerantzes
San Francesco
33
Antistaseos
Ag. Varvaras
38
40
Moschee Valides
Ethnikis
Platia 4 Martiron
42
Iroon Politechniou
P
A. Korai
M. Metaxaki
M. Renieri
Nikiforou Foka
N. Patelarou
P. Koroneou
Patr. Grigoriou
L. Mavili
P. Prevelaki
S. Vlastou
I. Dimakopoulou
Igoumenou Gavriil
Stadt-park
BUS
T. Vassou
Koumoundourou
S. Dimitrakaki
Daskalaki
Zabeliou
Ch.
Kriari
G. Trandalidou
Krankenhaus
Chatzimichali Giann
Chaniá

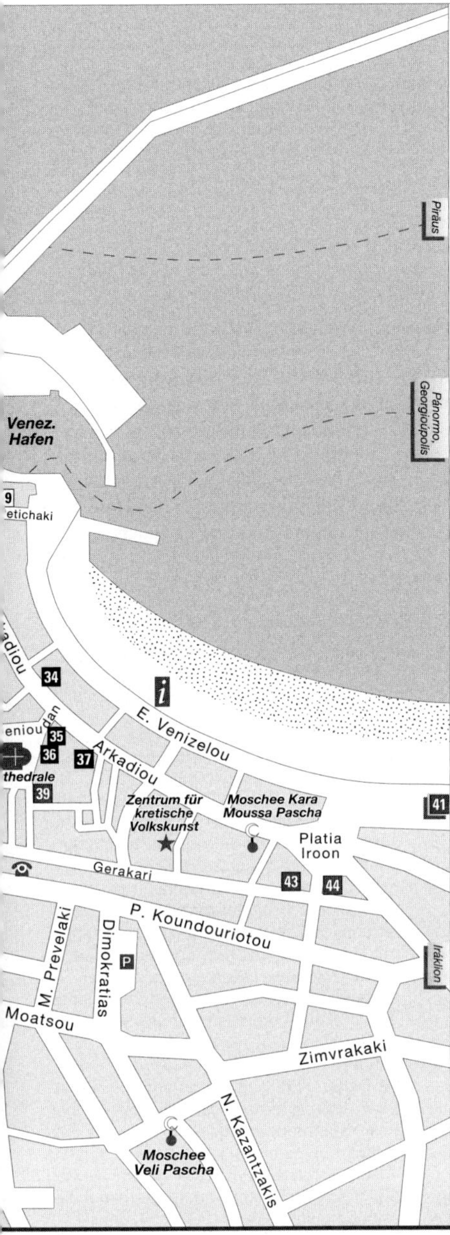

Übernachten
1 Lefteris Papadakis Sons
3 Atelier
4 Ideon
6 Dokimaki
10 Fortezza
11 Vecchio
22 Veneto
23 Leo
31 Olga's House
34 The Sea Front
35 Castello
36 Mythos
37 Zania
40 Jugendherberge

Essen & Trinken
2 Castelvecchio
5 Sunset
8 Knossos
12 Loggia
14 La Renzo
15 Kyria Maria
17 Avli
18 Castello
21 To Sokaki
24 O Psaras
25 Ftochiko
26 Kapilio
28 Palia Poli
33 Lemonokipos
39 Kriti
44 Kokkinos

Nachtleben
7 Venetsianiko
9 Opera Club
13 Asteria (Kino)
16 Fortezza Club u.a.
19 Rockcafé
27 Figaro
29 Asikiko
30 O Gounas

Sonstiges
20 Kimionis (Honig u.a.)
32 Kontojannis (Kräuter)
38 Happy Walker (Wandern)
41 Siragas (Olivenholzkünstler)
42 Papalexakis (Instrumente)
43 Dr. Papadakis

Réthimnon

Essen & Trinken (siehe Karte S. 492/493)

Es gibt drei Schwerpunkte: Romantisch mit Kerzenlicht speist man in den grün überrankten Gassen im Umkreis vom Rimondi-Brunnen, zum anderen drängt sich ein gutes Dutzend Fischtavernen rund um den venezianischen Hafen, weitere Tavernen und Cafés findet man dicht an dicht an der touristisch aufgeputzten Strandstraße östlich anschließend. Das Preisniveau ist im Allgemeinen hoch.

„Kretischer" Fisch

Wer glaubt, dass der Fisch, der am venezianischen Hafen angeboten wird, aus Fanggründen um Réthimnon stammt, irrt! Der Boden ist völlig versandet, es gibt kaum noch Felsen, also auch keine Brutplätze für Fische. Die großen Fangboote müssen für Tage und Wochen um ganz Kreta herumfahren oder sogar bis vor die zypriotische, afrikanische oder türkische Küste. Die Fanggebiete vor der türkischen Küste haben sich als besonders ergiebig herausgestellt – dort wird während des Fastenmonats Ramadan wenig Fisch gegessen, es wird dann also auch nichts gefangen. Da die Ägäis insgesamt aber schon reichlich leer gefischt ist, muss viel Meeresgetier über Athen aus dem Ausland eingeführt werden. Vor allem Tiefkühlfracht aus Argentinien, Kanada und Senegal landet auf den Tellern im venezianischen Hafen von Réthimnon.

• *Venezianischer Hafen* sicherlich ein ungewöhnlich schönes Plätzchen, aber die Aufreißer der eng an eng gebauten Fischtavernen sind großteils extrem penetrant. Ein Rundgang zur Essenszeit gleicht einem Spießrutenlauf, teilweise wird einem der Weg versperrt, bei gleichzeitigem Versuch, die Speisekarte aufzunötigen etc. Wiederholte Leserkritik wegen schlechter Qualität, kleiner Portionen und überzogener Preise.

Knossos (8), etwa in der Mitte der Tavernenzeile, seit 50 Jahren geführt von Familie Stavroulakis, freundlich-lässiger Service, Essen lecker und frisch, deutschsprachige Speisekarte.

• *Rimondi-Brunnen und Umgebung* Der kleine, zentrale Platz der Altstadt bietet viel Atmosphäre, wird allerdings von den anliegenden Bars mit Rap und Techno beschallt. In den engen Gassen im Umkreis wurden zahlreiche venezianische Gewölbe zu stilvollen Restaurants umgebaut, draußen sitzt man romantisch bei Kerzenlicht.

Kyria Maria (15), versteckt im Gässchen unmittelbar hinter dem Brunnen, Diogenes Moschoviti Str. Angenehme und ursprünglich gehaltene Taverne in einer grün überrankten Gasse, man speist zwischen einem guten Dutzend Käfigen mit zwitschernden Piepmätzen. Preise und Küche im Allgemeinen okay, Leser machten allerdings auch andere Erfahrungen. Die spendierten *tiropitákia* (Käsetörtchen) nach dem Essen sollte man nicht verpassen, dazu Rakí gratis. Auch bei Studenten beliebt.

Avli (17), Radamanthios Str./Ecke Xanthoudidou Str., wenige Meter vom Brunnenplatz. Venezianischen Palazzo aus dem 16. Jh., angeschlossen ein üppig ausstaffierter Gastgarten. Das Avli gilt als eine der besten Tavernen Kretas, hier wird die traditionelle kretische und griechische Küche mit Hingabe gepflegt, das Ergebnis sind ungewöhnliche und interessante Gerichte mediterraner Eigenart, z. B. Ziege „Fouriariko" mit Honig und Thymian, aber auch viele leckere mezédes. Die ausgezeichneten Flaschenweine kosten allerdings kaum unter 15 € und auch die Essenspreise sind hoch. Angeschlossen ist eine Enoteca. ✆ 28310/26213, www.avli.com

La Renzo (14), gegenüber vom „Avli", geführt von einem griechisch-australischen Paar. Stimmungsvolles Ambiente mit Sitzplätzen in einer engen Gasse, ebenfalls ausgezeichnete Küche auf hohem Niveau mit frischen Zutaten, auch internationales Angebot, nicht billig.

Castello (18), neben „Avli", Plätze unter Weinlaub, traditionelle Gerichte, etwas leichter und raffinierter als üblich, auch teuer.

Ftochiko (25), Soulio Str. 37, schmales Ladengässchen, mitten drin die beliebte Taverne mit oft fröhlicher Stimmung. Hinten schöner Hofgarten mit Zitronen- und Orangenbäumen, Essen lecker, reichhaltig und nicht teuer.

Loggia (12), E. Fotaki Str. 6, familiär geführtes Lokal in versteckter Lage, gutes und reichhaltiges Essen, freundlich und unaufdringlich serviert.

• *Verstreut in der Stadt* **Kapilio (26)**, Xanthoudiou Str. 7, Nähe Moschee Tis Nerantzes. Ruhige Lage in einer kleinen Gasse, gemütlich aufgemacht mit Kerzenlicht, freundliche Bedienung und angenehme Atmosphäre, auch mit Kindern zu empfehlen. Leckere Küche und bisher gutes Preis-Leistungs-Verhältnis. In der Nebensaison nur abends geöffnet.

Palia Poli (28), gegenüber vom historischen Museum, sehr beliebtes Mezedopolíon, viele Tische auf der Gasse, oft geht es fröhlich her, vor allem junge griechische Gäste sieht man hier. Im Umfeld noch mehrere ähnliche Möglichkeiten, z. B. das gemütliche **Mystagogia**.

O Psaras (24), Ecke Nikiforou Foka/Koroneou Str. Einfache Fischtaverne, etwas ab vom Schuss, man sitzt an kerzenerleuchteten Tischen gegenüber der Kirche Kyrias tou Angelou.

To Sokaki (21), etwas versteckt in der Portou Str. 9. Im großen Hof unter Zitronenbäumen wird ordentliche kretische und griechische Küche serviert. Einen Versuch wert sind die Vorspeisenteller *pikilía*.

O Gounas (30), Panou Koroneou Str. 8, urige Taverne, durchschnittliche kretische Hausmannskost, preiswert, dazu jeden Abend Live-Musik von den Söhnen des Hauses (→ Nachtleben).

Lemonokipos (33), Ethnikis Antistaseos Str. 100, engagiert geführte und gepflegte Taverne an einer belebten Einkaufsstraße, man sitzt im Innenhof gemütlich unter Zitronenbäumen, leckere griechische und kretische Küche, z. B. *bekrí mezé*.

Kriti (39), kleine, schlichte Taverne bei der Kathedrale, ruhig und abseits vom Trubel.

Kokkinos (44), 24 Stunden geöffnete Pizzeria an der Platia Iroon. Vor allem im Morgengrauen, wenn die Clubs schließen, ein beliebter Treffpunkt.

Castelvecchio (2), Chimaras Str. 29, wenige Meter unterhalb der Fortezza, bei George sitzt man sehr nett und kann den schönen Blick genießen.

Lesertipp „Gute kretische Gerichte und Mittelmeerküche gibt es im **Erofili** neben der katholischen Kirche an der Melissinou Str." (→ Sehenswertes).

• *Außerhalb vom Zentrum* **Sunset (5)** (griech.: Illiovassílema), an der Uferstraße westlich der Fortezza, alteingeführte Taverne mit Tischen direkt am Meer, beliebt zum Sonnenuntergang. Große Auswahl, durchschnittliche Qualität, mittlere Preise.

Nachtleben (siehe Karte S. 492/493)

In dieser Hinsicht bietet Réthimnon eine ganze Menge, denn die rege Nachfrage der studentischen Jugend belebt das Angebot. In den Gassen um den venezianischen Hafen ballen sich die Bars und Clubs, vor allem die Uferstraße westlich vom venezianischen Hafen um die Platia Plastira wird abends zu einem einzigen großen Straßencafé. Weitere Bars gibt es an der Strandpromenade, im Gebiet um den Rimondi-Brunnen und bei der Moschee „Tis Nerantzes".

• *Cafés und Bars* **Galero**, am Rimondi-Brunnen, ganz zentral, vom English oder Continental Breakfast bis zum späten Drink ist hier alles geboten, allerdings in eher mäßiger Qualität. Oft laute Musik, Internetzugang. Gegenüber das hübsch ausstaffierte **Caribbean**.

Venetsianiko (7), großes Café am venezianischen Hafen, viele Griechen als Gäste, abends Kerzenlicht und Discomusik. Mehrere ähnliche Cafés im Umkreis.

Figaro (27), Vernardou Str. 21, gegenüber der großen Moschee, stimmungsvolles Café mit zwei Stockwerken und Innenhof, abends Blick auf das angestrahlte Minarett.

Asikiko (29), ebenfalls gegenüber der Moschee, neues Café im orientalischen Stil.

Punch Bowl, Arabatzoglou Str. 44, liebevoll ausstaffierte „Irish Bar" im Herzen der Altstadt.

• *Kretisch-griechische Musiklokale* **O Gounas (30)**, Panou Koroneou Str. 8, beste und beliebteste Adresse, um kretische Musik zu hören. Im gemütlich-düsteren Gewölbe eines alten venezianischen Palazzo kann man ländlich-mittelmäßig, aber preiswert essen und trinken. Währenddessen spielen Iannis, Stratos und Stefanos, die Söhne des urigen Besitzers Nikos Gounas, fast täglich auf Lyra, Bouzouki und Gitarre (21–24 Uhr). An der Wand gekreuzte Gewehre und Postkarten dankbarer Gäste. Die Toiletten sind allerdings keine Visitenkarte.

• *Discos/Musik-Bars* In den engen Gassen hinter dem venezianischen Hafen liegen die Clubs Tür an Tür. Nach Mitternacht geht es los, geschlossen wird um 3 oder 4 Uhr.

Fortezza Club (16), direkt im venezianischen Hafen, sehr angesagter Treffpunkt mit Laser-Show, gespielt wird vor allem Disco und Techno.

Rockcafé (19), Petichaki Str. 6, verwinkelter Raum mit großer Tanzfläche, hauptsächlich kommerzielle Popmusik von den Siebzigern bis zu aktuellen Charts, meist ganz schön was los.

Metropolis NYC (New York City Club), Nearchou Str. 24, schmale Seitengasse beim venezianischen Hafen, gegenüber **Xtreme** mit härterer Rockmusik: Crossover, Metal bis Punk.

Opera Club (9), Salaminos Str. 30, wenige Meter vom Hotel Fortezza. Das ehemalige Kino ist die größte Disco in der Altstadt, am Wochenende strömen die Massen.

• *Kino* **Asteria (13)**, Melissinou Str. 21, unterhalb der Fortezza, bis zu drei Vorstellungen abends.

Shopping (siehe Karte S. 492/493)

Réthimnons Altstadt besitzt ein umfangreiches Angebot an Läden aller Art. Besonders stimmungsvoll ist die winzige Souliou Str. zwischen venezianischer Loggia und Platia Petichaki, wo sich ein hübsch aufgemachter Laden an den anderen drängt. In Réthimnon besteht neben Chaniá die beste Möglichkeit, preiswerte Lederartikel zu erwerben, von Taschen aller Art über Gürtel bis zu Sandalen und Stiefeln. Besonders günstig kauft man zum Saisonschluss im September, dann gibt es Nachlässe bis zu 30 %. Ebenfalls groß und deutlich preiswerter als in Deutschland ist das Angebot an Gold- und Silberschmuck.

• *Bäckerei* traditionelle **Bäckerei** in der Panou Koroneou Str. 21, um die Ecke vom Rimondi-Brunnen.

To Choriatiko, Zimvrakakis Str. 14, südlich der langen Koundouriotou Str. Von Lesern empfohlen: leckeres Gebäck, z. B. Teigtaschen mit Schafskäse oder Vanillecreme gefüllt, günstige Preise und fast ausschließlich einheimisches Publikum.

• *Bücher/Zeitschriften/Zeitungen* **Buch- und Zeitungsläden** in der Einkaufsstraße Ethnikis Antistaseos (gegenüber dem Kräuterladen Moka) und an der Platia Agnostou (auch: Platia Iroon).

Antiquariat, Souliou Str. 43, An- und Verkauf von gebrauchten Büchern, hübsche Drucke von alten Landkarten und historische Postkarten, außerdem deutschsprachige neue Bücher. Ilias spricht Englisch und etwas Deutsch.

• *Honig, Olivenöl* **Ioannis Kimionis (20)**, Paleologou Str. 19. Familienbetrieb seit 1908, u. a. Thymianhonig (1 kg ca. 10 €) und Olivenöl aus eigener Produktion. Helga aus Deutschland berät Sie gerne.

• *Kräuter/Gewürze* Zahlreiche Läden in der ganzen Altstadt.

Arkeftho, neben der Kathedrale, schön aufgemachter Kräuterladen mit einer Vielzahl griechischer Kräuter, Honig etc., auch biologisch angebaut.

Moka, seit 1925 in der Einkaufsstraße Ethnikis Antistaseos 38, Gewürze (pur und spezielle Mischungen), Kräuter, Tee, Kaffee und Süßes. Das Personal gibt gerne Informationen zum umfangreichen Angebot.

Panajoti Kontojannis (32), Souliou Str. 58. „Ich bin der Original Kräuterhändler von Kreta – ich biete Ihnen die meisten und besten Kräuter unserer Insel. Für Magen, Fieber, spannend Diabetes, Druck Blut, Kohl Blut, Für Braten, Fleisch ..." Der kleine Kräuterladen fällt vor allem durch seine handgeschriebenen Schilder auf – in Griechisch und gebrochenem Deutsch preist Panajoti seine Kräuter an. Mittlerweile ist der Laden allerdings in die Jahre gekommen, das Angebot ist spärlich und die Schriften sind kaum noch leserlich.

Leonidas Piskopakis, Souliou Str. 24, große Auswahl an Gewürzen in einer hübschen Einkaufsgasse.

• *Kunst und Kunsthandwerk* **Antonios Litinas**, Ikonenmaler in der Topasi Str. 50, gegenüber der Jugendherberge.

Atelier, Chimaras Str. 27, wenige Meter unterhalb der Fortezza. Originelle Keramik der jungen Künstlerin Frosso Bora, dazu Ölbilder ihres Ehemanns.

Museum Shop, Paleologou Str., in der restaurierten venezianischen Loggia (→ Sehenswertes), Verkauf von Kopien antiker Fundstücke, hergestellt von einer autorisierten Werkstatt in Iráklion. Der Standort des Originals ist jeweils angegeben. Mo–Fr 9–21 Uhr, Sa 10–16 Uhr, So geschl. ✆ 28310-53270.

Nikos Siragas (41) (www.siragas.gr), Petalioti Str. 2, Olivenholzkünstler in einem kleinen Seitengässchen der Uferstraße neben Hotel Porto Rethymno. Seit 15 Jahren arbeitet er als Dreher und Schnitzer und fertigt ausgesprochen fantasievolle Stücke, die meisten sind Unikate.

Theoni Silver House, Petichaki Str. und Souliou 37, gediegener Silberschmuck mit eingefasstem Bernstein und verschiedenen Halbedelsteinen.

• *Leder* **Manoli Botonakis**, Arkadiou Str. 52. Der selbsternannte „größte Lederpartisan Kretas" hat einen Colt im Gürtel, ein malerisches Sariki um den Kopf geschlungen und schicke Stiefel an. Einige seiner geflügelten Lieblingsworte sind „Stopp Strauß, Stopp Ghaddafi, Stopp Neutronenbombe ..." Im Krieg hat er angeblich gegen die Besatzer gekämpft, heute verkauft er Lederwaren. Die ganze Schau ist natürlich nur Masche, um die Touristen anzulocken. Besser keine „Geschenke" annehmen und sich nicht zum Oúzo einladen lassen.

• *Musik* **Kostas Spanoudakis**, Arkadiou Str. 226 (direkt hinter dem Fischerhafen), riesige Auswahl an kretischer Musik auf CD und MC, sehr freundliche Bedienung, Kostas' Tochter spricht sehr gut Englisch.

Georgios Papalexakis (42), Dimakopoulou Str. 6, kleines Seitengässchen der Platia 4 Martiron. Herr Papalexakis stellt seit über 30 Jahren traditionelle Lyras her. Sein Laden ist zur Straße hin offen und man kann ihm bei der Arbeit zusehen, er spielt selber auch ausgezeichnet Lyra. Als Grundmaterial verwendet er vor allem Nussbaumholz und Palisander („Rosenholz") aus Indien und Brasilien. Die Preise seiner Instrumente beginnen bei etwa 150 € und gehen bis etwa 1000 €. Qualitätsbeweis: Eine Lyra, die beim Eurovision Song Contest (früher Grand Prix) 2005 in Kiew von den Begleitmusikern der griechischen Gewinnerin Helena Paparizou gespielt wurde, stammt von Herrn Papalexakis. ✆ 28310-50842.

Der Instrumentenbauer Georgios Papalexakís kann die Lyra auch selber spielen

• *Stickereien* **Hobby**, Arkadiou Str. 143, freundlich geführter Laden mit einer großen Auswahl an Stickereien und Websachen.

Sport/Feste

• *Sport* **Fahradverleih/geführte Touren**, es gibt in Réthimnon kaum Verleiher, die Anbieter arbeiten alle im Bereich der großen Strandhotels östlich von Réthimnon (→ S. 509). Lediglich **Stavros** in der Paleologou Str. 14, vom Fischerhafen ein Stück in Richtung Rimondi-Brunnen, verleiht Fahrräder. ✆ 28310-22858.

EOS (Griechischer Bergsteigerverein), Dimokratias Str. 12, Seitengasse der Kondouriotou Str. Tipps für Bergtouren und geführte Wanderungen. ✆ 28310-57766, http://eos.rethymnon.com

Happy Walker (38), Topasi Str. 56, der Niederländer Anthony (kurz: Ton) Pruissen hat sich auf Wanderungen spezialisiert und bietet mehrmals wöchentlich geführte Touren im Raum Réthimnon, Dauer jeder Wanderung ca. 4–5 Std. (mit Kafenion-Pause), danach entspannender Aufenthalt in einer Taverne, Deutsch sprechende Reiseleitung, ab ca. 28 €. Weitere Angebote: 8- oder 10-

Tages-Touren, Bus- und Schiffsausflüge, Unterkünfte, Mietfahrzeuge, Mountainbike-Touren. Rabatt für Gäste der Jugendherberge und Mehrfachbucher. April bis Ende Okt. tägl. 17–20.30 Uhr. ☏/℡ 28310-52920, www.happywalker.com

Paradise Dive Center, Arkadiou Str. 263/ Eleftheriou Venizelou Str. 76 (Strandpromenade). Aufmerksam geführtes PADI-Center, Ausrüstungsverleih und Tauchkurse in einer Bucht östlich von Plakiás an der Südküste, 35 km von Réthimnon. ☏ 28310-53258.

Am Strand östlich der Stadt arbeitet bei den großen Badehotels **Creta Palace**, **Rithymna Beach** und **El Greco** jeweils ein Wassersportzentrum mit allen Möglichkeiten von Surfen bis Segeln, im Hotel Rithymna Beach gibt es außerdem ein Tauch-Center. Details dazu → S. 509.

• *Feste* **Karneval**, der berühmteste Karneval Kretas, denn Fasching wird in Réthimnon wegen der vielen Studenten sehr ausgiebig gefeiert (www.rethymnon.com).

Weinfest, in der zweiten Julihälfte im Stadtpark – zwei Wochen lang allabendlich Musik und Tanz von kretischen Folkloregruppen, man zahlt geringfügigen Eintritt und kann von den angebotenen Weinen so viel trinken, wie man will (eigenes Glas mitbringen).

Renaissance-Festival, im Juni, Juli, August und September Theater, Musik und Kultur im Zeichen der Renaissance (www.rfr.gr).

Sehenswertes

Die früher vernachlässigte historische Altstadt wird immer mehr zum Schmuckstück. Im engen Gassengewirr zwischen venezianischen Portalen, kunstvoll vergitterten Holzerkern und schmiedeeisernen Balkons kann man genussvoll bummeln.

Zwar gibt es immer noch Dutzende filigran verzierter Palazzi, die als traurige Ruinen ihr Dasein fristen. Doch mittlerweile wird überall fleißig instand gesetzt und restauriert. Zunehmend ist dabei der Trend zu erkennen, aufwändig renovierte Altbauten als stilvolle Pensionen, Lokale oder Läden zu nutzen. Und auch auf Sauberkeit in den Gassen wird inzwischen penibel geachtet. Die Kehrseite ist allerdings, dass die urigen, kleinen Krämerläden und traditionellen Kafenia luxuriösen Juweliergeschäften, modernen Boutiquen und brüllend lauten Musikcafés weichen müssen.

Platia Tesseron Martiron (Platia 4 Martiron, Platz der vier Märtyrer): Dieser zentrale Platz ist gleichsam das Eingangstor zur winkligen Altstadt. Er liegt an der langen Kountourioti Str., die die Altstadt mit ihren engen Gassen von der verkehrsdurchbrausten Neustadt trennt. Markanter Blickfang ist das Denkmal von *Kóstas Giampoudákis*, dem berühmten Sprengmeister von Kloster Arkádi. In stolzer Haltung, mit verwegenem Blick und bis an die Zähne bewaffnet blickt er hinüber in die Berge, wo das Kloster steht. Besonders symbolträchtig wirkt seine aufrechte Gestalt mit dem schlanken türkischen Minarett der Valides Sultana-Moschee im Hintergrund (→ mehr zum Kloster Arkádi im Kapitel Réthimnon/ Hinterland).

Wegen ihrer farbenfrohen Fresken ist auch das Innere der modernen Kirche *Tesseron Martiron* am Platz einen Blick wert. Sie ist benannt nach vier Kretern, die um ihres Glaubens willen auf dem Platz gehängt wurden. Die Reliquien von dreien sind in der Kirche untergebracht.

Stadtpark: eine Oase im Verkehrsgewühl an der Oberseite der Platia 4 Martiron. Hohe Aleppokiefern, Eukalyptus, blühender Oleander, Orangenbäume, Palmen und Hibiskus sorgen für Schatten. In der Mitte liegt ein asphaltierter, runder Platz, auf dem gelegentlich Theaterstücke aufgeführt werden. Außerdem sind im Park einige bescheidene Tiergehege mit Truthähnen, Marabus, Pfauen, Gänsen und Enten untergebracht, sogar ein paar Wildziegen hausen in schattigen Steinhäuschen. Auch einen Kinderspielplatz gibt es.

Kóstas Giampoudákis, der legendäre Sprengmeister von Kloster Arkádi

Porta Guora: ehemaliges Stadttor an der Nordwestecke der Platia 4 Martiron. Hier betritt man die winklige Altstadt. Die lebendige Einkaufsgasse Ethnikis Antistaseos führt schnurgerade hinunter zur lang gestreckten *Platia Titou Petichaki* mit Palmen und Tavernen, in deren Umgebung man interessante kleine Läden findet, vor allem in der *Souliou Str.* (→ Shopping).

Kentro Kritikis Laikis Technis: Das „Zentrum für kretische Volkskunst" liegt an einer Seitengasse der Gerakari Str. In einem schönen, alten Palazzo stehen etwa acht Webstühle, an denen junge Frauen die Kunst des Webens erlernen und ausüben können. Ansprechpartner für Interessierte ist Herr Kostas.

Kirche San Francesco: Von der Ladenstraße Ethnikis Antistaseos führt ein Seitenweg zu dieser ehemaligen venezianischen Basilika. Sie ist heute im Besitz der Universität und im großen, einschiffigen Innenraum finden wechselnde Ausstellungen statt.

Moschee Tis Nerantzes („Odeion"): Die größte Moschee der Stadt steht mit ihren drei bauchigen Kuppeln und einem hohen Minarett am südlichen Ende der Platia Petichaki. Ursprünglich diente der Bau den Venezianern als Kirche *Santa Maria.* 1657 wurde sie unter Pascha Gaza Hussein in eine Moschee umgewandelt und auch als Studienzentrum benutzt, die Inschrift „Kitibhane" (= Bibliothek) am Eingang deutet darauf hin. 1896 erbaute man das Minarett, 1925 wurde die Moschee wieder zur Kirche erklärt. Heute wird die Moschee als Gemeinde- und Konzertsaal genutzt. Eine Musikschule (Odeion) ist hier untergebracht und manchmal kann man den Kleinen zusehen, wie sie auf der Lyra üben. Über eine schmale, heute wegen Baufälligkeit gesperrte Wendeltreppe mit 120 Stufen konnte man noch Anfang der 1990er Jahre bis zur zweiten Plattform des Minaretts hinaufsteigen und den weiten Blick über die Stadt mit ihren roten Ziegeldächern bis zum Psiloritis, dem höchsten Bergmassiv Kretas, genießen.

Der Rimondi-Brunnen im Stadtzentrum

Weitere Moscheen: Gut erhalten, jedoch ebenfalls nicht zugänglich, ist das schlanke Minarett der Moschee *Valides Sultana* in der Vosporou Str., etwas unterhalb der Platia 4 Martiron.

Die Moschee *Veli Pascha* steht landeinwärts der langen Koundouriotou Str. Viele Jahre lang war sie eine Baustelle, mittlerweile ist sie restauriert. Ein Ableger des Naturkundlichen Museums von Iráklion soll hier eingerichtet werden.

Die kleine, aber ausgesprochen hübsche Moschee *Kara Moussa Pascha* findet man an der Arkadiou Str./Ecke Victoros Hugo Str. (Nähe Platia Iroon), vor der türkischen Besetzung war sie ein Kloster. Heute beherbergt der Bau die Restaurierungs-Werkstatt des „Archäologischen Dienstes", besitzt eine schöne, dreikuppelige Vorhalle und einen üppig überwucherten Friedhof mit einigen türkischen Grabsteinen.

Arkadiou Straße: Von der Platia Petichaki erreicht man durch die geschäftige *Paleologou Str.* die lange Arkadiou Str., die Hauptstraße der Altstadt mit zahlreichen Geschäften aller Art. Sie zieht sich vom venezianischen Hafen parallel zur Uferpromenade bis zur Platia Iroon und ist in ihrem Hauptteil als verkehrsberuhigte Zone ausgewiesen. Vor einigen Jahren wurde sie komplett mit einem neuen Belag versehen, was sie optisch eindrucksvoll aufwertet. Unter den Hausnummern 48 und 154 findet man zwei besonders schöne Haustore aus venezianischer Zeit.

Rimondi-Brunnen: Dieser äußerst pittoreske Wasserspender steht am beschaulichen Nebenplatz der Platia Petichaki. 1629 ließ ihn der venezianische Statthalter Alvise Rimondi errichten (deshalb oft Arimonidi-Brunnen genannt), wahrscheinlich weil ihn der schöne Morosini-Brunnen in Iráklion anspornte. Leider ist er nicht mehr vollständig erhalten. Zwischen vier korinthischen Säulen sprudelt das Wasser aus drei glotzäugigen, abgewetzten Löwenmäulern, die lateinische Inschrift ist teilweise abgebrochen, zu lesen sind noch „Liberalitatis" und „Fontes". Die Türken überdachten ihn mit einer Kuppel, Reste davon sind noch erhalten.

Venezianische Loggia: Der repräsentative Bau an der Ecke Arkadiou/Paleologou Str. wurde perfekt restauriert. Auffallend ist die symmetrische Grundstruktur des Gebäudes mit jeweils drei großen, heute verglasten Rundportalen/Fenstern an den Seiten. Die Venezianer nutzten das Gebäude als Clubhaus für den Adel, vielleicht auch zeitweise als Festung. In türkischer Zeit wurde es zur Moschee mit Minarett umgebaut, später riss man alles ab, was an den Islam erinnerte. In den 1970er und 80er Jahren beherbergte die Loggia das Archäologische Museum der Stadt, heute kann man hier naturgetreue Nachbildungen antiker Funde erwerben (→ Shopping).

Venezianischer Hafen: Von der Loggia kommt man mit wenigen Schritten zum venezianischen Hafen. Die Intimität und Ruhe dieses fast kreisrunden Beckens kann man vor allem vormittags und während der Siesta genießen, ansonsten kämpfen die dicht an dicht gebauten Tavernen um die Gunst der Kundschaft. Reizvoll ist der kleine Abstecher auf die schmale historische *Mole* aus hellem Kalkstein, die mit einem schlanken Leuchtturm den Hafen zur See hin abschließt.
Richtung Westen kann man um den Burgberg herum einen schönen Spaziergang am Wasser entlang machen (→ „Spaziergang"). Abends wird die Uferzeile zu einem einzigen großen Straßencafé, denn kaum ein Haus wurde nicht in ein Taverne oder eine Musikbar umgewandelt.

Vom Rimondi-Brunnen nach Westen: Wenn man die schmale *Theodoros Arabatzoglou Str.* nimmt, verlässt man nach wenigen Metern die laute Geschäftszone und erreicht ein ruhiges Wohnviertel. Dieser Straßenzug gehört mit den Seitengässchen zu den schönsten der Stadt. Überall sind große türkische Holzerker zu sehen, dazwischen findet man Reste venezianischer Pracht, z. B. Torbögen und steinerne Fenstereinfassungen. Am Ende der Arabatzoglou stößt man auf einen kleinen Platz mit der Kirche *Naós Kýrias tou Angélou* (Verkündigung Marias), in venezianischer Zeit war sie der Maria Magdalena geweiht, die Türken nutzten sie als Moschee. Geradeaus geht es durch die Koroneou Str., in der ebenfalls viele venezianisch-türkische Häuser stehen, zum großen Platz mit dem Gebäude der *Nomarchia* (Bezirksverwaltung). Nach rechts gelangt man zur mächtigen venezianischen *Fortezza*, ein kleines Seitengässchen der Melissinou Str. führt hinauf zum großen Tor der Festung. An der Melissinou steht auch die schlichte katholische Kirche des *heiligen Franziskus*, die einst zu einem Franziskanerkloster gehörte (Statue des Franz von Assisi am Altar).

Die Fortezza

1573-1580 wurde sie von den Venezianern auf einer nach drei Seiten von Meer und Steilfelsen abgeschlossenen Halbinsel erbaut. Mit ihren dicken Mauern und bulligen Bastionen sollte sie vor allem gegen die im 16. Jh. neu aufgekommene Gefahr der türkischen Kanonen schützen. Sie war so konzipiert, dass bei Gefahr notfalls die gesamte Stadtbevölkerung Unterschlupf finden konnte.

Doch schon 1646, bei der ersten Bewährungsprobe, wurde sie wegen schwerer baulicher Mängel und einer Reihe von missglückten Unternehmungen seitens der venezianischen Verteidiger von den Türken nach kurzer Zeit eingenommen. In den folgenden Jahrzehnten und Jahrhunderten wurde die Fortezza mit einer Moschee versehen und stadtähnlich überbaut, was durch die Bombardements des Zweiten Weltkriegs weitgehend zerstört wurde. Damals entstand hier eine ganze Reihe von Baracken, die nach dem Krieg von Prostituierten und Wohnsitzlosen bevölkert waren und in entsprechendem Ruf standen. Mit ihrem Abriss begann die Freilegung der historischen Gemäuer. Heute sind außer den massiven Mauern mit ihren großen Bastionen, der Sultan-Ibrahim-Moschee und der großen Anlage des Haupttors nur Fragmente der einstigen Anlage erhalten. Dennoch lohnt der Besuch wegen der ruhigen Atmosphäre und des schönen Blicks auf die Stadt und das Meer.

Öffnungszeiten/Preise Sa–Do 8–20 Uhr (letzter Einlass 19.15 Uhr), Fr geschl., Eintritt ca. 3 €.

Rundgang: Dem Haupttor an der Ostseite der Fortezza ist ein *fünfeckiger Gebäudekomplex (1)* vorgelagert. Er wurde nach der Eroberung von den Türken zum Schutz des Tores erbaut und beherbergte bis in die 1970er Jahre das Gefängnis von Réthimnon. Vor einigen Jahren wurde hier das Archäologische Museum eingerichtet (→ Museen).

Hinter dem *Haupttor (2)* durchstößt ein leicht ansteigender Gang mit Tonnengewölbe die ungemein dicke Mauer. In einem Seitengewölbe sitzt der Kassierer. Wenn man ins Freie tritt, passiert man rechter Hand ein ehemaliges *Waffenlager (3)* mit vier Arkadenbögen, in dem heute eine Fotoausstellung untergebracht ist.

Geradeaus gelangt man zur Bastion *Agios Elias* mit einigen weit ausladenden Aleppokiefern, von der man einen prächtigen Blick über die ganze Stadt hat. Kürzlich wurde hier allerdings ein *Freilufttheater (4)* eingerichtet, was den bedauerlichen Nebeneffekt hat, dass die Bastion tagsüber für die Besucher geschlossen ist. Schade, denn hier war früher eine höchst eindrucksvolle Zisterne zu besichtigen.

Auf dem zentral gelegenen, höchsten Punkt der Fortezza steht die *Sultan-Ibrahim-Moschee (5)*, die hier 1646 an Stelle der ehemaligen venezianischen Bischofskirche erbaut wurde. Im Gegensatz zur Kirche, deren Apsis genau nach Osten zeigte, wurde die Moschee jedoch nach Südosten ausgerichtet, wo die heilige Stadt Mekka liegt. Diese schiefwinklige Anordnung fällt gegenüber den übrigen, streng symmetrisch angelegten Häusern deutlich aus dem Rahmen. Das Innere der ehemaligen Moschee ist heute fast leer, rechts vom Eingang führen einige Stufen zum zerstörten *Minarett*. Gegenüber liegt der *Mihrab*, die einstmals reich verzierte Gebetsnische, an der noch stark verblasste Farben zu erkennen sind. Benachbart zur Kirche steht der *Bischofspalast (6)*, von dem nur noch spärliche Reste erhalten sind. Derzeit sind hier ein gutes Dutzend gusseiserner Kanonen eingelagert. Südlich davon sieht man die kleine Kapelle *Agios Theodoros (7)*.

Wie die Ostmauer besitzt auch die Westmauer der Fortezza ein *Tor (8)*. Im Umkreis sind verschiedene kleinere Gebäude erhalten, auf der Bastion *Agios Lukas* im Südwesten Reste der Befestigungsanlagen und *Pferdeställe (9)*.

Wenn Sie nun zur Nordseite der Fortezza gehen, kommen Sie zunächst am *Palazzo Rettere (10)* vorbei, dem militärischen Hauptquartier der Festung, das später als Gefängnis genutzt wurde. Dahinter erstrecken sich mehrere große, unterirdische *Lagerräume (11)*. Ein Gang führt zum *Nordtor (12)* hinunter, das sich zur steilen Meerseite des Festungshügels öffnen ließ. Hier sollten ursprünglich die Entsatztruppen der venezianischen Flotte eingelassen werden. Doch die Schiffe konnten wegen des hohen Seegangs nicht ankern. Stattdessen flüchteten die Verteidiger in der Endphase der türkischen Belagerung hier zum Meer hinunter. An der Nordseite der Fortezza lagen auch die Pulvermagazine der Venezianer sowie das von den Türken später mit einer Kuppel überwölbte *Haus der Ratsherren (13)* von Réthimnon – in sicherer Entfernung von der kanonengefährdeten Südseite. Der Blick aufs Meer ist hier an der Nordseite besonders schön.

Vorbei an einem in den Fels gehauenen *Gang (14)* kann man sich nun zur Bastion *Agios Nikolaos* an der Ostseite der Festung begeben. Dort können Sie den Rundgang

Fortezza von Réthimnon

über die Fortezza beenden und gleichzeitig ein düsteres Kapitel der deutsch-griechischen Beziehungen im letzten Jahrhundert aufschlagen. Auch auf dieser Bastion sind mehrere Gebäude und eine *Kapelle (15)* erhalten, umgeben von einem Pinienhain. Parallel zur Mauer liegt ein mit Weinstöcken überwucherter *Mauergraben (16)*, an dessen Ende eine Tür zu erkennen ist. Hier verrichteten im Zweiten Weltkrieg die deutschen Erschießungskommandos ihre schmutzige Arbeit, indem sie kretische Widerstandskämpfer hinrichteten. Heute wächst an dieser Stelle ein Feigenbaum.

Museen und Ausstellungen

Archäologisches Museum: im ehemals türkischen Gebäude genau vis-à-vis vom Eingang zur Fortezza. Die Ausstellung zeigt Funde vom Neolithikum über die minoische Epoche bis in römische Zeit. Die prähistorischen und minoischen Stücke stammen aus Gipfelheiligtümern, Nekropolen und verschiedenen Höhlen im Umkreis von Réthimnon, z. B. vom Gipfel des Vríssinas, aus der Höhle von Geráni, aus Archéa Eléftherna und aus der berühmten Nekropole von Arméni (→ Réthimnon/Umgebung). Ansonsten gibt es u. a. schöne minoische Sarkophage und einige Marmorstatuen zu sehen, darunter eine besonders gut erhaltene Aphrodite, außerdem römische Miniaturbronzen und Glasgefäße aus einem Schiffswrack bei Agía Galíni. Kurze Erläuterungen zu den Funden sind jeweils beigefügt.

Öffnungszeiten/Preise Di–So 8.30–15 Uhr, Mo geschl., Eintritt ca. 1,80 €, EU-Stud. frei, andere Studenten die Hälfte.

Historisches und Volkskundliches Museum: untergebracht in einem restaurierten venezianischen Palazzo aus dem 17. Jh. an der Vernardou Str. 28–30. In mehreren Sälen werden an Hand historischer Stücke und Fotos bäuerliches Leben, traditionelle häusliche Arbeiten und Handwerk dargestellt. Im ersten, lang gestreckten Raum Durchbruchstickereien, Klöppelarbeiten, Webteppiche, historische Kostüme und Waffen. Rechter Hand folgen danach Geräte aus Landwirtschaft und Haushalt (u. a. Dreschschlitten, Pflug, Kaffeemühle und Röstgeräte). Interessant sind hier vor allem das kleine Hammerwerk und das Modell einer Wassermühle, die Réthimnon früher mit Mehl versorgte (→ Tal der Mühlen im Hinterland von Réthimnon, S. 516). Der nächste Raum widmet sich der Töpferei und Korbflechterei, danach folgen wieder Webarbeiten: Flachsrechen, Webstuhl, Stickereien, Teppiche, Decken, Wandbehänge.

Im Hof und hinter dem Haus findet sich je eine Zisterne. Eine Kuriosität ist im Außenbereich die Erinnerungstafel eines deutschen Gebirgsjägerbataillons und ein aus Olivenholz geschnitztes Halbrelief, das zwei junge deutsche Wehrmachtsangehörige mit kantigen Schädeln und derben Stiefeln zeigt.

Öffnungszeiten/Preise Mo–Sa 9–14.30 Uhr, So geschl., ca. 3 €, Stud. ermäß.

Centre of Contemporary Art „Lefteris Kanakakis": Die städtische Kunstgalerie ist in einer schön restaurierten, ehemaligen Seifenfabrik schräg gegenüber dem „Museio Laikis Technikis" untergebracht. Mehr als hundert Werke zeitgenössischer griechischer Malerei wurden hier zusammengetragen, darunter vierzig Gemälde des einheimischen Künstlers Lefteris Kanakakis.

Öffnungszeiten/Preise Di–Fr 9–13, 19–22 Uhr, Sa/So 11–15 Uhr, Mo geschl., Eintritt ca. 3 €, Stud. 1,50 €, unter 12 Jahren frei.

Museum für Meeresbiologie: Kleine Ausstellung von Muscheln und Weichtieren in der Arabatzoglou Str. 50.

Öffnungszeiten/Preise Di–Sa 10–14, 18–20 Uhr, So 10–15 Uhr, Mo geschl., Eintritt ca. 1,60 €.

Museio Laikis Technikis (Volkskunst): Ausstellung traditioneller Webteppiche in der Chimaras Str., am Aufgang zur Fortezza (bei der katholischen Kirche abbiegen).

Öffnungszeiten/Preise beim letzten Check geschlossen

▸ **Spaziergang ums Kastell**: vom venezianischen Hafen nach Westen immer die Uferstraße entlang an der Meerseite um das Kastell herum – spätnachmittags von der tief stehenden Sonne in wunderbar warmes Licht getaucht. Oben auf dem dicht bewachsenen Burgberg stehen die massiven Mauern der Fortezza mit schmalen Schießscharten und kleinen Rundtürmchen, unterhalb der Straße liegen schwarze ausgehöhlte Klippen. Die Einheimischen kratzen hier mit Messern gerne die zahllosen Seeigel von den Felsen.

▸ **Réthimnon/Baden**: Der lange, schattenlose *Sandstrand* beginnt mitten in der Stadt, unmittelbar östlich vom venezianischen Hafen, und zieht sich auf gut 15 km Länge in wechselnder Breite die gesamte Uferebene nach Osten (Details zu Badeplätzen außerhalb von Réthimnon → unten). Ursprünglich sollte im Stadtgebiet zwischen den beiden Molen ein großer Hafen angelegt werden, doch das erwies sich als Reinfall. Das große Becken versandete ständig und musste aufgegeben werden. Auch heute noch muss es alljährlich im Frühjahr mit großen Kränen ausgebaggert werden. Dementsprechend geht es ganz flach ins Wasser hinein, ist also auch gut geeignet für Kinder. Sonnenschirme und Liegen, Surfbretter und Tretboote werden beim zentralen Strandcafé verliehen. Da sich das Wasser jedoch nur langsam austauscht, ist die Qualität denkbar schlecht. Besser lässt es sich an der Uferstraße Richtung Osten baden. Dort reihen sich zahllose Hotels und sonstige touristische Einrichtungen aneinander und eine ausgedehnte Badezone ist entstanden.

Réthimnon/Umgebung

Die unmittelbare Umgebung von Réthimnon ist eben und gibt vor allem Badeurlaubern reichlich Möglichkeiten. Wer mehr sehen und erleben will, muss seinen Liegestuhl verlassen und ins bergige Hinterland aufbrechen. Dort findet man viele kulturell interessante Ziele, z. B. das berühmte Kloster von Arkádi und die minoische Nekropole von Arméni.

Auch landschaftlich bieten natürlich die Berge die meiste Abwechslung: Hier kann man Ausflüge verschiedenster Art unternehmen – per Mietfahrzeug, mit dem Mountainbike oder zu Fuß. Besonders schön ist eine Wanderung durchs üppig grüne *Mühlental*, aber auch ein Abstecher zum Essen im kleinen Dorf *Maroulás* lohnt sich. Richtung Osten muss man zunächst die lange Strandebene durchqueren, bevor es interessant wird. Und im Westen tut sich erst einmal gar nichts, bis man auf den kilometerlangen Sandstrand von *Georgioúpolis* trifft (→ S. 540).
Auch die Südküste Kretas ist von Réthimnon schnell zu erreichen, reizvoll sind vor allem Fahrten nach Plakiás und zum Kloster Préveli (→ S. 719).

Östlich von Réthimnon

Östlich der Stadt erstreckt sich eine lang gezogene Landwirtschaftsebene. Pluspunkt ist der gut 15 km lange Sand- und Kiesstrand der – mit Unterbrechungen – die Ebene zum Meer abschließt. Kein Wunder, dass hier einige der besten Badehotels der Insel stehen:, Creta Palace, El Greco, Rithymna Beach und eine ganze Reihe mehr. Tavernen und Souvenirshops an der Durchgangsstraße weisen auf hochgradigen Tourismus hin. Die Orte sind mehr oder minder farblose Durchgangsstationen, jedoch wegen des Strandes auch von Pauschalurlaubern gut besucht. Mit den häufig verkehrenden Stadtbussen kann man gut hin und her pendeln.

• *Anfahrt/Verbindungen* Die **Old Road** ist roter Faden der Region, sie verläuft etwa 500 m landeinwärts der Küste und mündet im östlichen Strandbereich auf die New Road. Busverbindung von und nach Réthimnon mit **Überlandbussen** Réthimnon-Iráklion und den häufigen blauen **Stadtbussen** (etwa halbstündlich, ca. 6.30–22 Uhr), letztere halten an allen großen Strandhotels und am Campingplatz.
Ein **Taxi** von und nach Réthimnon kostet je nach Entfernung etwa 5–10 €.

Am langen Sandstrand in der Ebene von Réthimnon legen von Juni bis September an verschiedenen Stellen die Meeresschildkröten **Caretta caretta** nachts ihre Eier ab. Nach 55 Tagen schlüpfen die kleinen Schildkröten. Bei ihrem nächtlichen Weg ins Meer dürfen sie keinesfalls gestört werden – kein Lärm und keine künstliche Lichtquellen!

▸ **Missíria**: Wenige Kilometer östlich von Réthimnon liegt Camping „Elisabeth“ direkt am breiten Sandstrand. Seine Umgebung ist wenig spektakulär, ländlich und flach, der Strand dafür umso schöner, allerdings völlig ohne Schatten. Reizvoll: Man kann am Strand entlang zu Fuß nach Réthimnon laufen.

• *Übernachten/Essen & Trinken* **Camping Elisabeth**, etwa 4 km von Réthimnon, Zufahrt ab Old Road (Achtung: genau auf das nicht sehr deutliche Hinweisschild achten!), an der New Road kein Hinweis. Geräumiger Platz mit kargen Rasenflächen, hohem Schilf, zahlreichen schattigen Tamarisken und Eukalyptusbäumen, ruhig. Kleines Restaurant (nur Hochsaison), Frühstücksbuffet, teurer Mini-Market, Waschmaschine, Safes, mehrmals wöch. Barbecue-Abende. Sanitäranlagen okay, Duschen in der Regel warm. Es gibt Tische und Stühle, die man sich vor die Zelte stellen darf. Auch kleine Bungalows werden vermietet. Der Platz gehört Elisabeth (Vater US-Amerikaner, Mutter Griechin), die eine interessante und gebildete Gesprächspartnerin ist. Sie hat in Deutschland studiert und spricht mehrere Sprachen, darunter ausgezeichnet Deutsch. An der Rezeption steht seit vielen Jahren die Holländerin Walli, auch sonst ist das Personal nett und aufmerksam. Wegen des langen Strandes direkt vor dem Platz ist Camping Elisabeth auch gut für Kinder geeignet. Geöffnet April bis Oktober, auf Anfrage auch außerhalb dieser Zeit. ✆ 28310-28694, www.camping-elisabeth.com

Athina, Taverne mit Zimmervermietung direkt an der Old Road, Nähe Camping. DZ mit reichhaltigem Frühstück ca. 30–40 €, bei mehrtägiger Übernachtung wird man auf Anfrage am Flugplatz abgeholt. Im Familienbetrieb der Voulgarelis wird man mit ehrlicher, sehr guter und dazu preiswerter griechischer Küche bedacht. Effi kocht ausgezeichnet und kennt viele ihrer Gäste persönlich, die Taverne ist gepflegt und voller Blumen. Die Familie spricht Deutsch. ✆ 28310-24717, 📠 25744.

Stellina, ebenfalls an der Old Road, Leserempfehlung: „Das meiste aus eigenem Anbau, verbindet Tradition mit raffinierten Soßen und Gewürzen. Tipp: Oktopus in Rotweinsoße, gegrillte Zucchini mit Knoblauchbrei.“

▸ **Platanés**: ursprünglich nur ein Durchgangsort mit lauter Verkehrsstraße, inzwischen aber stark vom Pauschaltourismus in Beschlag genommen. Zwischen Straße und Strand einige gute Übernachtungsadressen, an der Straße aufwändig aufgemachte Tavernen, die griechische und internationale Küche bieten. Und auch mindestens eine Disco „erwartet Sie jeden Abend“. Hier zweigt die Straße zum Kloster Arkadi ab (→ S. 521).

• *Übernachten* **Mantenia**, B-Kat., 1991 eröffnet, 22 Zimmer, Swimmingpool, Frühstücksbuffet, Zimmer zum Meer absolut ruhig. Leser M. Gallati: „Einerseits familiäre Atmosphäre, andererseits komfortables und schönes Wohnen“. DZ mit Frühstück ca. 40–70 €. ✆ 28310-27054, 📠 54629, www.greekhotel.com/crete/rethymno/mantenia/home.htm

Marinos Beach, C-Kat., lang gestrecktes Grundstück zwischen Straße und Strand, 36 solide ausgestattete Studios und Apartments in zwei gegenüberliegenden Häusern, dazwischen blumenüberwuchertes Grün, der Garten zieht sich bis zum Strand hinunter, großer Pool mit Bar und Kinderbecken. Studio für 2 Pers. ca. 40–55 €, Apartment 75–90 €, Frühstück ca.6 €/Pers. Pauschal z. B. über Neckermann. ✆ 28310-23701, 📠 27840, www.marinos-hotel-rethymno.reth.gr

Platanes, Apartmentanlage direkt gegenüber der zentralen Kreuzung (Straßeneinmündung zum Kloster Arkádi). Studio ab etwa 35 €, mit schönem Swimmingpool. ✆ 28310-25534.

• *Essen & Trinken* **Tou Sisi**, etwas außerhalb, an der Old Road Richtung Réthimnon kurz nach der Brücke links. Alteingeführtes, solides Restaurant, das bei den Einheimischen einen guten Ruf genießt, große, luftige Terrasse, Parkplatz. Reiche Auswahl an *mezédes* (Vorspeisen), leckeres *soutzoukákia* mit Kartoffeln, dazu guter offener Wein, Preise sehr korrekt.

An der Durchgangsstraße im Ort selber eine ganze Reihe sehr touristisch aufgezogener und teurer Lokale, z. B. das **Milos**. Leserempfehlung für die Tavernen **Egli** und **Crete** in einer Seitengasse namens Aistralon Polemiston zur Uferpromenade: „Schmackhafte Gerichte, freundliche und unaufdringliche Bedienung.“

• *Sonstiges* **Venus Travel Service**, Machis Kritis Str. 192. Manolis spricht hervorragend

Deutsch und bemüht sich sehr um seine Gäste. Unterkünfte, Schiffsausflüge und Autos. ✆ 28310-24841.

Dr. Leonidas Palaskas, Deutsch sprechender Arzt an der Durchgangsstraße. Mo–So 9–22 Uhr. ✆ 28310-57026.

▸ **Maroulás**: altes, aus Furcht vor Piratenüberfällen festungsartig gebautes Dorf, 6 km landeinwärts von Platanés. Unter anderem hat man hier oben römische Reste entdeckt, im Jahr 2001 sogar Grabkammern aus minoischer Zeit. Von den Venezianern und Türken wurde das idyllische, ruhige Örtchen mit seinem herrlichen Blick auf die Küste als Landsitz bevorzugt und auch heute wird wieder so manche Hausruine liebevoll restauriert. Einige der venezianischen Palazzi stehen mittlerweile unter Denkmalschutz, so z. B. die große Hausburg westlich oberhalb der Platia, die wahrscheinlich demnächst wieder instand gesetzt wird. In den engen Gassen lässt es sich in Ruhe bummeln, dabei kann man in viele der verfallenen Häuser einen Blick werfen. Erhalten sind z. B. eine alte Olivenölfabrik und das frühere Waschhaus des Dorfs.

• *Anfahrt* von **Platanés** die Straße zum Kloster Arkádi nehmen. Diese schlängelt sich in engen Serpentinen zwischen Olivenbäumen den Berg hinauf. Etwa 1,5 km vor **Ádele** (bis hierher kann man den Linienbus zum Kloster Arkádi nehmen) rechts nach **Maroulás** abbiegen, noch ca. 2 km.

• *Internet* **www.maroulas.info**, informative deutschsprachige Website.

• *Übernachten* Einige der venezianischen Häuser sind renoviert und werden als Ferienwohnungen vermietet, Infos und Vermittlung über www.maroulas.info. Die große **Villa Fokas** mitten im Ortszentrum bietet Platz für 10 Pers., Infos und Buchung über www.elgreco.de

• *Essen & Trinken* **Papas**, urige Psistaría (Grillstube) ganz zentral am Hauptplatz, bis vor einigen Jahren vom Dorfpopen geführt, nunmehr verpachtet an einen Kreter aus Áxos. Ursprüngliche Küche, Lamm vom Holzkohlengrill, Wein vom eigenen Feld.

Michalis, etwas versteckt hinter der großen venezianischen Hausburg, westlich vom zentralen Platz. Tipp: große, gemütliche, ganz in Blau gehaltene Panoramaterrasse mit Blick zur Küste. Geführt vom herzlichen Landwirt Michalis mit seiner dänischen Gattin Katarina, einer ehemaligen Reiseleiterin, die gut Deutsch spricht. Kleine, aber feine Speisekarte, prima Rotwein aus Spíli, selbst gemachter Rakí (der freigiebig ausgeschenkt wird), Fleisch aus eigener Schlachtung. Leserkommentar: „Tolles Ambiente mit Ziegen in der angrenzenden Palazzohälfte, die durchs Fenster auf die Terrasse meckern."

Fantastico, die Taverne von Michalis Anomerianakis liegt hoch über Maroulás, sie ist zu Fuß (ab Bürgermeisterhaus über die Kirche Profítis Ílias) oder über eine Autopiste mit 20 % Steigung zu erreichen (1. Gang!). Von der Aussichtsterrasse spektakulärer Blick über die Nordküste, Réthimnon liegt tief unten. Gute einheimische Küche und günstige Preise.

• *Shopping* **Marianna's Workshop**, wenige Schritte vom Platz, gegenüber vom Kafenion. Die studierte Kinderpsychologin Marianna hat sich ein umfangreiches Wissen über die kretischen Pflanzen angeeignet, stellt Extrakte und Tees zu Heilzwecken und zur Stärkung der Körperfunktionen her. Die Zutaten sammelt sie von Hand in den umliegenden Bergen. So gibt es hier Pinien-, Orangen-, Melissen-, Oregano- und Johanniskrautöl. Mo–Sa 10–13.30, 15–20 Uhr, So geschl. Marianna verschickt ihre Produkte auch. ✆ 28310-72432,
E-Mail: mariannas@acn.gr

▸ **Kloster Arseníou**: bei *Stavroménos*, 1 km landeinwärts (beschildert). Das Kloster stammt vom Ende des 16. Jh., wurde aber beim Erdbeben von 1856 weitgehend zerstört und wirkt wegen verschiedener Neubauten und umfassender Renovierung modern. Einige wenige Mönche leben und arbeiten noch hier. Einen Blick wert ist die *Kirche* mit ihrer sorgfältig restaurierten Altarwand und farbenfrohen Fresken, die erst in den achtziger Jahren aufgetragen wurden. Im zweiräumigen *Museum* (ca. 0,60 €) kann man Messgewänder, Ikonen, Bildwerke, Bücher und Urkunden aus dem 16.-19. Jh. betrachten, wertvollstes Stück ist eine Madonna aus dem 16. Jh. Links neben der Kirche liegt das Refektorium, laut Inschrift von 1645. Hinter der Kirche Terrasse mit Blick auf das unterhalb liegende Bachtal.

▸ **Höhlen von Skaletá**: östlich von Stavroménos, eingelagert in die felsige Steilküste mehrere, bis zu 100 m lange Tropfsteinhöhlen, die nur vom Meer aus zu sehen sind. Beliebtes Ausflugsziel für Boote ab Réthimnon und Pánormo, in einige kann man mit den kleinen Ausflugsdampfern sogar hineinfahren.

▸ **Strand von Geropotamós**: Der Fluss Geropotamós kommt aus dem Ída-Gebirge und mündet am Ostende der Ebene. Die New Road überquert ihn auf einer Brücke. Unterhalb davon liegt ein dunkelgrüner Strandteich, davor ein schöner, halbrunder Kies-/Sandstrand, eingefasst von Klippen. Östlich oberhalb wurde allerdings vor wenigen Jahren das riesige Areal des „Panorama Hotel" eröffnet (→ unten), seitdem ist der Strand in der Hauptsaison recht bevölkert, Verleih von Liegen und Sonnenschirmen, Strandbar.

Übernachten

Am langen Sandstrand östlich von Réthimnon reihen sich zahlreiche, teils neu erbaute Hotelanlagen, darunter die Großhotels Creta Palace, Rithymna Beach und El Greco. Diese drei Häuser der „Grecotel"-Kette (www.grecotel.gr) gehören zu den besten und populärsten Hotels auf Kreta und bieten für griechische Verhältnisse sehr hohen Standard. Gebucht werden können sie über zahlreiche Reiseveranstalter, aber auch individuell kommt man hier unter.

Creta Palace, Lux-Kat., 4 km von Réthimnon, das neueste und anspruchsvollste der drei Grecotels, mehrflügeliges Haupthaus und ein- bis zweistöckige, pastellfarbene Bungalows im kretischen Stil, großer Pool und Hallenbad, Rasen bis zum Strand. Sehr edel eingerichtet, verschiedenfarbiger Marmor, schwere Ledergarnituren und glänzendes Messing. In allen Zimmern Satelliten-TV und Klimaanlage, in den Bungalows Wandsafes, 2 x tägl. Reinigung. Kinderbetreuung, mehrere Tennisplätze (mit Unterricht), Squashhalle, Wassersportzentrum am Strand, Animation usw. Frühstück- und Abendbuffet entspricht internationalen Standards. DZ mit Frühstück ca. 110–300 €. ✆ 28310-55181, ℻ 54085, www.grecotel.gr

Rithymna Beach, A-Kat., 7 km von Réthimnon, großer, L-förmiger Kasten und zahlreiche Bungalows in üppig grüner Umgebung. Schon etwas ältere Anlage, jedoch ausgesprochen gemütliche Atmosphäre durch Teppiche und viel Holz. Swimmingpool mit Liegeplätzen unter Bäumen, schönes Hallenbad, Zimmer mit Kühlschrank und Klimaanlage, Wassersportzentrum. Prädestiniert für Familien mit Kindern, Kinderbetreuung ab 3 Jahren im weitläufigen Grecoland-Kinderparadies, Spielmöglichkeiten für jede Altersgruppe, selbst für die Kleinsten. Weiterhin großes Sportangebot, Animation usw. Über zahlreiche Reiseveranstalter, aber auch individuell zu buchen. DZ mit Frühstück ca. 70–290 €. ✆ 28310-71002, ℻ 71668, www.grecotel.gr

El Greco, A-Kat., 9 km von Réthimnon, weitläufige Anlage um einen Pool gruppiert. Bungalows in raffinierter Terrassenbauweise bis unmittelbar an den Strand, auf den Dächern ausgedehnte Rasenflächen, die den oberen Bewohnern als Liegewiesen und Vorgärten dienen, Zimmer allerdings schon etwas älter. Rahmenprogramm wie im Creta Palace (Kinderbetreuung, Sportangebot, Animation usw.). DZ mit Frühstück ca. 65–210 €. ✆ 28310-71102, ℻ 71215, www.grecotel.gr

• *Weitere Häuser* **Adele Beach**, B-Kat., 6 km östlich von Réthimnon, doppelstöckige Bungalows mit dicht überwachsenen Hausfronten, schöner Garten, Taverne mit einheimischem Essen, Meerwasserpool, DZ mit Frühstück ca. 65–120 €. Leserbrief: Betten oft getrennt gemauert. Pauschal über TUI. ✆ 28310-71081, ℻ 71737, www.adelebeach.gr; Tipp ist das „Café Greco" gegenüber mit dem sympathischen Chef Dimitri und oft guter Stimmung.

Adele Mare, A-Kat., 8 km östlich von Réthimnon, neue, durchgestylte Bungalowanlage mit gut eingerichteten Zimmern (Telefon, Radio, Balkon). Restaurant, Cafeteria, Meerwasserpool, Tennis. DZ ca. 70–150 €. Pauschal über TUI. ✆ 28310-71803, ℻ 71806, www.adelemare.gr

Creta Panorama, B-Kat., ausgedehnte Anlage oberhalb vom Geropotamós Beach, fast eine Stadt für sich. Großes Haupthaus und Bungalows im weitläufig-grünen Gelände, drei Meerwasser- und ein Süßwasserpool, Kinderbecken, geheiztes Hallenbad für kühlere Tage, Sauna, zahlreiche Sportmöglichkeiten, Disco, Kinderanimation, Spielplatz usw. Zimmer komfortabel mit Teppichboden und TV. Busstopp nach Réthimnon vor der Tür. ✆ 28340-51502, 51512, ℻ 51151, www.iberostar.com

Prinos Villes, am Ortsanfang von Prínos, etwa 12 km östlich von Réthimnon, großes Grundstück mit Swimmingpool und vier neuen Bungalows in zwei verschiedenen Größen, jeweils eigener Garten und Meerblick. Sehr gute Ausstattung mit komplett eingerichteter Küche und Klimaanlage, freundlich geführt vom griechisch-deutschen Ehepaar Chouiloglidis. Zum Strand ist es etwa 1 km. Bungalow je nach Saison und Größe ca. 60–110 € pro Tag, Mindestmietdauer drei Tage. ✆ 28340-20612, ℻ 20613 (in Dtl.: ✆ 06142-171717, ℻ 171238), www.prinosvilles.de

Sport

• *Fahrrad* Seit Ende der 1980er Jahre ist der Raum Réthimnon mit seinem gut ausgebauten Straßennetz ein Schwerpunkt für Radtouristen. Aus der großen Küstenebene östlich von Réthimnon geht es anfangs mit nur leichten Steigungen bergauf, in einer Entfernung von 15 bis 20 km sind dann Berge von 500 m bis 1400 m Höhe zu bezwingen. Mit am schönsten ist sicher die „Bergab"-Tour vom Psiloritis, dem höchsten Gebirge Kretas. Mit dem Minibus wird man bis zum Pass kurz vor der Nída-Hochebene in etwa 1500 m Höhe gebracht und rollt von dort über Anógia durch sämtliche Vegetationszonen hinunter in Richtung Küste, insgesamt 38 km. Besonders reizvoll ist außerdem, dass die interessante Südküste nur 35 km entfernt liegt. Drei Unternehmen verleihen derzeit Mountainbikes und bieten geführte Tagestouren verschiedener Schwierigkeitsgrade. Es gibt auch Kinderräder, Kindersitze sind gratis.

Olympic Bike, beim großen Grecotel „Rithymna Beach" sowie 300 m westlich davon. Veranstaltet geführte Touren. ✆ 0030-6944-220513 (Handy), ℻ 28310-72383, www.olympicbike.com

Kreta Bike, gegenüber vom Hotel „Eva Bay", etwa hundert Meter westlich vom „Rithymna Beach". Ralf Todtmann verleiht Mountainbikes und vermittelt geführte Touren über „Hellas Sports". Verleih pro Tag ca. 10–12 €, eine Woche ca. 62–65 €. ✆/℻ 28310-72431, www.kretabike.com

Hellas Sports, Radverleih und großes Angebot an Touren, sowohl für Radwanderer als auch für Mountainbiker. Niederlassung derzeit im Hinterland der Küste, Sfakaki Pangalochoriou, Odiporos ATMEE. ✆ 28310-71865, ℻ 71866, www.hellassports.de, www.hellassports.com

• *Wassersport* In den Hotels **Creta Palace**, **Rithymna Beach** und **El Greco** gibt es je eine gut ausgerüstete Wassersport-Station. Angeboten werden Windsurfen, Katamaran-Segeln, Parasailing und Wasserski, außerdem stehen Wet-Bikes, Banana-Boat, Ringo, Paddel- und Tretboote zur Verfügung, Bootstrips und Motorboote mit Fahrer können ebenfalls gebucht werden.

Atlantis, Tauchzentrum im Hotel Rithymna Beach, geleitet seit 1993 von Giorgos Gioumpakis und seiner deutschen Gattin Sissi. Giorgios hat lange in Deutschland gelebt und spricht gut Deutsch. Geboten werden Anfänger- und Weiterbildungskurse nach den Richtlinien von CMAS und PADI, Halbtages- und Ganztagesausflüge, „Schnuppertauchen" im Hotelpool. Eine Filiale ist seit 2002 im Hotel Marina Palace bei Pánormo zu finden. Kontakt: Diving Center Atlantis, ✆ 28310-71640, ℻ 71668, www.atlantis-creta.com

Von Réthimnon nach Balí

Beim Geropótamos Beach am Ostende der Uferebene von Réthimnon beginnen halbhohe Küstenberge, die bis Iráklion nicht mehr abreißen. Die *New Road* bleibt meist in Küstennähe, schöner Blick auf die Ebene von Réthimnon. Bis zum kleinen Bade- und Fischerort Pánormo folgt niedrige Klippenküste mit bescheidenen Anbauflächen. Kaum Baumwuchs und keine Zufahrten zum Meer.

Pánormo

Kleines, gemütliches Örtchen aus alten Bruchsteinhäusern und neu hochgezogenen Betonapartments. Obwohl der Pauschaltourismus näher rückt, bisher erholsam ruhig geblieben. In den wenigen alten Gassen lässt es sich schön bummeln.

So manches Stahlbetonskelett zeugt davon, dass man sich auf Tourismus inzwischen massiv einrichtet, doch Rummel herrscht bisher nicht einmal in der Hochsaison. Ein Grund mögen die relativ bescheidenen Bademöglichkeiten sein – die großen Hotels in der Ebene von Réthimnon haben ihren Strand ja vor der Haustür. So geht die Beschaulichkeit des Orts schnell auf einen selber über. Seit wenigen Jahren schützt eine neue, lange Betonmole den Fischerhafen gegen die ständigen Westwinde, die sich am Kap östlich vom Ort fangen. Daneben liegt ein 100 m langer, hellbrauner Sandstrand, der in der Saison relativ sauber gehalten wird, vor einigen Jahren wurden sogar Zwergpalmen gepflanzt. Auf der Klippe darüber ist noch die brüchige Mauer der alten venezianischen Festung *Milopótamos* erhalten. Sie besaß einst sieben Türme und zwei Tore, wurde aber 1538 vom gefürchteten Piraten Chairedin Barbarossa erobert und großteils zerstört. Dahinter steht heute die Kreuzkuppelkirche vom Ort, im Umkreis liegen mehrere Tavernen mit schönem Hafen- und Meerblick.

An der Stelle der heutigen Siedlung hatte wahrscheinlich das antike *Eléftherna* (→ S. 527) seinen Hafen, die Ruinen liegen angeblich irgendwo im Wasser versunken. In byzantinischer und venezianischer Zeit soll dann auf dem Hügel östlich vom heutigen Ort eine große Siedlung existiert haben. Südwestlich von Pánormo, etwas landeinwärts der New Road, hat man außerdem 1948 die Ruine der frühchristlichen Basilika *Agía Sofía* aus dem 5. Jh. ausgegraben. Im 19. Jh. erlangte Pánormo einige Bedeutung als Hafen- und Handelsort, aus dieser Zeit stammen die historischen Bauten im Ortsbild. Durch den Bau der Straße von Iráklion nach Réthimnon verlagerte sich jedoch der Handel von der See aufs Land und Pánormo versank in Vergessenheit.

• *Anfahrt/Verbindungen* **Busse** von Iráklion nach Réthimnon und umgekehrt fahren stündlich und halten oben an der New Road. Nur ein paar Meter sind es zu Fuß in den Ort.

• *Übernachten* Zum großen Teil werden Apartments mit Küche und Du/WC vermietet.

Club Marine Palace (20), A-Kat., neue komfortable und engagiert geführte „All-inclusive"-Anlage der Grecotel-Kette westlich von Pánormo. Eigener Strand, zwei große Pools, Tauchschule (→ Rithymna Beach), Thalasso Spa, Hamam und Sauna, vor der Anlage kleiner Pflanzenlehrpfad mit Erläuterungen. Über Reiseveranstalter zu buchen, z. B. TUI, aber auch individuell. DZ mit Frühstück ca. 150–300 € (all inclusive). ✆ 28340-51610, ℻ 51603, www.grecotel.gr

Villa Kynthia (9), B-Kat., historisches Haus im Ortskern, erbaut 1898. Schöner Innenhof mit Bougainvillea, alter Pinie und kleinem Pool. Nur zwei Zimmer und drei Suiten, jede Wohneinheit sorgsam und komfortabel mit antikem Mobiliar ausgestattet, auch über Reiseveranstalter. DZ ca. 100–140 €, Suite 130–170 €, Frühstück extra. 10 % Rabatt bei Buchung über Internet. ✆ 28340-51102, ℻ 51148, im Winter ✆ 2810-228723, www.villakynthia.gr

Captain's House (1), historisches, burgähnliches Gemäuer in exponierter Lage, unmittelbar über dem kleinen Hafen. Das ehemalige Kapitänshaus wurde in Apartments umgebaut, dank des verwinkelten Grundrisses eine originelle und ungewöhnliche Unterkunft, teils schöne Terrassen und prächtiger Meerblick. Frühstücksraum und Taverne gehören dazu. 4-Pers.-Apartments für ca. 50 € aufwärts, außerdem einige 5/6-Pers.-Apartments. ✆ 28340-51352, Reservierung unter ✆ 2810-380833, ℻ 380835, www.captainshouse.gr

Konaki (6), C-Kat., ansprechende Apartmentanlage am Weg zur Badebucht westlich vom Ort. 28 Wohnungen, gruppiert um einen Pool mit Bar, nett eingerichtet. Apart-

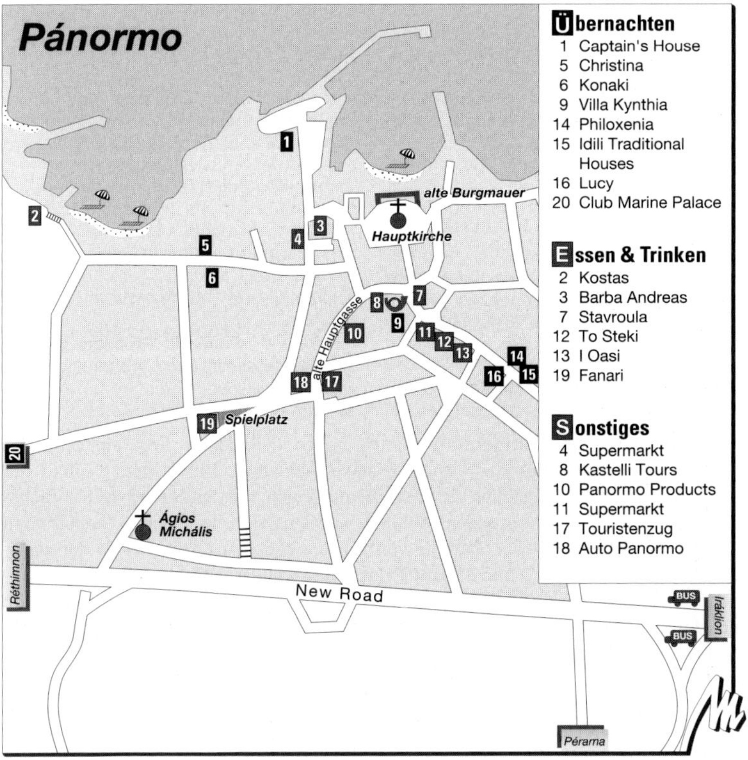

ment ca. 35–70 €. Zu buchen über Minotours Hellas. ✆ 28340-51386, ✆ 51342, E-Mail: konaki2@otenet.gr

Christina (5), gegenüber von Konaki direkt an der niedrigen Klippenküste, schöner Meerblick. Zwei Studios, zwei Apartments und eine Maisonette (4–6 Pers.). Studio ca. 28–32 €, Apt. ca. 35–50 €. Ebenfalls über Minotours Hellas. ✆ 28340-51277.

Lucy (16), ansprechende Pension mitten im Ortskern, Zimmer mit Holzmöbeln im spanischen Stil hübsch eingerichtet, jeweils mit Bad, Kochecke, Balkon oder Terrasse. DZ ca. 25–35 €. ✆ 28340-51212.

Philoxenia (14), Studios/Apartments schräg gegenüber von „Lucy", Leserempfehlung: „gute und nahezu luxuriöse Übernachtung" für ca. 40 €. ✆ 28340-51481.

Idili Traditional Houses (15), gleich nach „Philoxenia". Historisches Haus aus Bruchstein, frisch restauriert, gut ausgestattete Apartments mit traditionellem kretischem Mobiliar, TV und ISDN-Anschluss. ✆ 28340-20240, ✆ 20241, www.idili.gr

• *Essen & Trinken* **Barba Andreas (3)**, oberhalb vom Hafen auf üppig begrünter Terrasse über den Strand gebaut. Kostas ist Lammschlächter und hat daher oft sehr gutes Lammfleisch, seine neue Spezialität ist aber Wildschwein (ca. 10 €).

To Steki (George & Georgia) (12), kleine Familientaverne oben im Ort, hübsche Sitzgelegenheiten unter Maulbeerbäumen, Panoramablick.

I Oasi (13), ein paar Schritte weiter, freundlich geführtes Mezedopólion.

Fanari (19), Taverne neben der Schule und dem Kinderspielplatz, Tipp für Eltern mit Kleinkindern.

Stavroula (7), kleine Psistaría (Grillstube) gegenüber der Post. Abends Tische auf der Straße, frisch zubereitetes Essen, sehr leckeres Souvláki. Die junge Wirtin spricht sehr gut Deutsch.

Kostas (2), Strandtaverne an der Badebucht westlich vom Ort, vom Hotel Panormo Beach noch ein paar Schritte weiter. Vor allem frischer Fisch wird serviert, jeden Morgen kommen die Fischer vorbei. Stimmungsvoll isst man an dem etwas erhöht stehenden Tisch unter Tamarisken.

Roumeli, im gleichnamigen Dorf, wenige Kilometer südlich der New Road. Neu erbaut, liebevolle Dekoration, sehr gute kretische Küche, viele Einheimische essen hier.

• *Sonstiges (siehe Karte S. 511)* **Auto Panormo (18)**, Autoverleih an der Straße zum Hafen, geführt von den Wirten der Taverne Sofoklis, relativ günstig. ✆ 28340-51433.

Captain Nikos veranstaltet mit seinem Boot „Argo" Ausflüge zu den Höhlen von Skaletá, Küstenfahrten nach Balí und Réthimnon sowie Bade- und Angelfahrten. Infos im Hafen oder unter ✆ 28310-72711, www.m-tours.org/en/argo.htm

Kastelli Tours (8), dieser Allround-Laden im Ortskern nennt sich Tourist Information, vermietet Autos, Zweiräder und Apartments und organisiert bei Nachfrage Ausflüge. ✆ 28340-51220, 51326, Fax 51004.

Post, an der zentralen Kreuzung im Ort.

Sightseeing-Zug (17), Start im Zentrum von Pánormo, Fahrt ins Hinterland, z. B. zur Höhle von Melidóni und zu den Töpfern von Margarítes. Standort siehe Ortsplan. ✆ 28340-20222.

Supermärkte (4 und 11), zwei im Ort, siehe Ortsplan.

• *Shopping* **Panormo Products (10)**, an der Hauptgasse im alten Ortskern, Olivenöl, Seife, Kräuter und andere Produkte, hergestellt im Raum Réthimnon.

▸ **Pánormo/Baden und Umgebung**: Gleich neben dem Hafen liegt ein passabler brauner Sandstrand unterhalb eines felsigen Abbruchs. Durch den Neubau der Mole kommt es hier angeblich zu Anschwemmungen, die den Strand in den nächsten Jahren noch vergrößern sollen. Westlich vom Panormo Beach Hotel erreicht man eine sandige Bucht mit der Taverne von Kostas, kurz danach versperrt der große Komplex des Grecotels „Club Marine Palace" den weiteren Weg entlang der Küste. Tipp für eine romantische Wanderung von Leser U. Marx: „Am östlich gelegenen Friedhof vorbei und die Schotterstraße entlang der Steilküste etwa eine halbe Stunde bis zum Leuchtturm, dort traumhafter Blick in Richtung Réthimnon und wunderbare Sonnenuntergangsstimmung."

▸ **Abstecher zur Melidóni-Höhle**: Zwischen Pánormo und Balí zweigt eine asphaltierte Straße über *Exándis* zur etwa 6 km landeinwärts gelegenen Melidóni-Höhle ab (→ S. 531). Trotz Asphalt empfiehlt sich hier eine angepasste Fahrweise, da mehrfach hinter Kurven gefährliche Stein- und Erdrutsche lauern und die Böschungen nicht befestigt sind.

Balí

Kleiner Badeort mit mehreren sandigen Buchten, die sich in die felsige Klippenküste einschmiegen – landschaftlich reizvoll. Zahlreiche Hotel- und Pensionsneubauten überziehen das hügelige Terrain und prägen den Ortscharakter entscheidend. Die Expansionsphase ist jedoch mittlerweile beendet und es hat sich ein recht attraktives mediterranes Ortsbild herausgebildet.

Vom ursprünglichen Charakter eines Fischerdorfs ist nicht viel geblieben. Etwas Atmosphäre findet man noch im intim wirkenden Hafen, wo man von den schattigen Tavernen aus den Fischern beim Flicken ihrer Netze zusehen kann. Da die felsige Küste um Balí fast unbesiedelt ist, gibt es noch relativ viel Fischbestand, etwa zehn Fischer fahren regelmäßig hinaus. Die wirtschaftliche Hauptrolle spielt aber zweifellos der Tourismus.

Das Panorama der Landschaft ist eindrucksvoll. Der Blick schweift weit die reizvolle Küstenlinie entlang und in Richtung Inselinneres ziehen sich phryganabewachsene Hänge einen mächtigen Bergkessel hinauf. Die Bademöglichkeiten sind allerdings eher durchwachsen, denn die kleinen, hübschen Badebuchten sind häufig

Blick auf den Hafenstrand von Balí

überfüllt. Jedoch wurde der einst unansehnliche Kiesstrand am Ortsbeginn mit dunklem Sand veredelt und mit einer schönen Promenade versehen, Tavernen und Bars vermitteln mit üppigen Schilfdächern und -schirmen Karibikflair.

Anfahrt/Verbindungen

Die **Busse** Iráklion–Réthimnon und umgekehrt (ca. 23 x tägl.) halten an einer großen Kurve der New Road. Nach Balí muss man noch ein paar hundert Meter zu Fuß gehen.

Übernachten

Zahllose Möglichkeiten, hauptsächlich an den Badebuchten vor dem eigentlichen Ortsbeginn ballen sich die Neubauten.

• *Am langen Strand* **Nostos**, C-Kat., neu erbautes Haus, nur durch die wenig befahrene Uferstraße vom Strand getrennt. Terrasse mit Meerwasserpool, moderne Studios und Apartments mit großen Balkonen. ✆/℻ 28340-94310.

• *Vor dem Ortskern und Hafen* **Troulis**, C-Kat., moderne Apartmentanlage über der ersten Badebucht. Ordentliche Studios und Apts., jeweils mit TV. Kleiner Pool, Panoramaterrasse und Cafeteria. ✆ 28340-94289, ℻ 94189, www.troulis-apartments.com

Bali Star, C-Kat., 60-Zimmer-Anlage in der Nähe der ersten Badebucht. Großer Süßwasserpool, Restaurant. Leserempfehlung: „Netter Besitzer, familiär, sauber, schöne, neue Zimmer." DZ mit Frühstück ca. 35–60 €. ✆ 28340-94155, ℻ 94212, www.balistar.gr

Sofia, Pension auf der Hügelkuppe kurz vor dem Ortskern direkt an der Zufahrtsstraße, geführt von einer älteren Dame. Zimmer mit Du/WC, auch einige Studios und Apartments, auf der großen Terrasse Süßwasserpool und Taverne mit Meerblick. DZ ca. 25–45 €. Das gegenüber am Klippenhang oberhalb eines kleinen Sandstrands liegende Hotel **Mythos Beach** gehört ebenfalls dazu. Auch über Reiseveranstalter. ✆ 28340-94450, ℻ 94451.

Maria, gleich links neben Sofia, sehr sauber, schöne Terrassen, günstige Preise, Supermarkt unten im Haus. Maria und ihr Mann sprechen gut Deutsch.

• *Um den Hafen* **Villa Vasili's**, oberhalb vom Restaurant Panorama am Hafen (→ Essen & Trinken), wenige Jahre alte Apartmentanlage mit schönem Meerblick, Leserempfehlung. ✆ 28340-94107.

Valentino, weitere gute Wahl auf dem Hügel oberhalb vom Hafen.

Eva, schöne und ruhig gelegene Studios, am Hang landeinwärts vom Hafen.

• *Hinter dem Ort* **Sunrise**, oberhalb der Sandbucht nördlich vom Ort (→ Balí/Baden), ordentliche „Rooms" mit Marmorfußböden und ebensolchen Bädern, toller Blick auf die Bucht. Geführt vom freundlichen Ioannis Tziritas, dem auch die Taverne Karavostasis gehört (→ Essen & Trinken). DZ ca. 22–34 €. ✆ 28340-94267.

Evita, das einzige Haus direkt in der Sandbucht, geführt vom hilfsbereiten Vangelis. Gepflegte Anlage mit zehn einfachen Studios und hauseigener Taverne. Zu buchen z. B. über Poseidon Reisen (Berlin). ✆ 28340-94250.

Essen & Trinken

Da die Fischer von Balí noch ihrem Gewerbe nachgehen, gibt es häufig frischen Fisch. Im Sommer reicht das Angebot allerdings oft nicht mehr aus.

Panorama, das hübsch aufgemachte Lokal hat seinen Namen nicht von ungefähr, denn es liegt etwas erhöht links oberhalb vom Hafenplatz. Von der beschaulichen Terrasse unter Weinranken genießt man einen wunderbaren Blick auf den Hafen.

Karavostasis, freundliche Taverne in der Strandbucht nördlich von Balí. Man sitzt unter einem Schilfdach und unter Weinlaub. Geführt von Ioannis Tziritas mit deutscher Gattin, einfallsreiche Küche und meist gute Auswahl. Von mehreren Lesern empfohlen.

Psaropoula, nette, familiär geführt Taverne, etwas oberhalb des südlich vom Hafen gelegenen Strands an einer steil ansteigenden Straße, besonders Griechen gehen hier bisher gerne essen.

Sea View, toll gelegene Cafébar am Küstenweg zwischen Hafen und der Badebucht weiter nördlich – ein Balkon über dem Meer mit herrlichem Blick die Küste entlang.

Gold Sun, modernes Restaurant mit Rasenflächen und Bar an der neu angelegten Promenade des langen Strands am Ortsbeginn. Karibikflair, Blick aufs Meer und Balí, einige schattige Tamarisken – nette, entspannende Ecke.

Nachtleben/Sonstiges

• *Nachtleben* **Pirate's Club**, Abendbar mit Hafenblick in einem originellen „Piratenschiff" neben der Taverne Panorama.

Mehrere Discos arbeiten saisonweise, wechseln aber häufig Namen und Pächter, derzeit z. B. **Crazy Town**.

• *Sonstiges* **Captain Lefteris**, seit 1980 direkt im Hafen, Verleih von Segel-, Motor-, Ruder- und Tretbooten, Kanus, außerdem Ausflüge. ✆ 28340-94102.

Ippocampos, Tauchcenter in einer Seitengasse vom Hafen. ✆ 28340-94193, ✆ 94184, www.hippocampos.com

Medical Office, am Ortseingang, 24-Std.-Service. ✆ 28340-94353.

Bayern-Minigolf, 18-Loch-Anlage im rückwärtigen Ortsbereich, geführt von einem Ehepaar aus Bayern. In der Bar wird Oldiemusik gespielt, es gibt deutschen Kuchen, Leberkäs, Weißwürste, Wiener und Bratensemmeln, alles aus Deutschland importiert.

Schiffsausflüge mit der „Calypso" zu den Höhlen von Skaletá, nach Pánormo und Réthimnon. ✆ 28340-94478.

▸ **Balí/Baden**: Der etwa 500 m lange Strand namens *Paradise Beach* vor dem eigentlichen Ort wurde besandet, eine neue Promenade wurde angelegt, dahinter liegen Tavernen, Bars und Hotels. Drei große Tamarisken spenden etwas Schatten, Liegestuhlvermietung.

Ein Stückchen weiter in Richtung Balí liegt der *Kyma Beach*, eine kleine Kies-/Sandbucht, eingefasst von felsigen Klippenwänden. Tretboote/Kanus, Liegestühle und Sonnenschirme, im Umkreis viele Unterkünfte.

Unterhalb vom Bali Beach Hotel, etwas südlich vom Hafen, gibt es eine weitere kleine Sandbucht namens *Bali Beach* und auch direkt im *Hafen* liegt ein etwa 50 m langer Strand.

Einen besonders schönen Badeplatz findet man aber ein paar Kurven nördlich vom Ortskern, ein reiner *Sandstrand* in einer von Felsen eingefassten Bucht (Fußweg mit herrlichen Panoramablicken oberhalb vom Meer entlang oder Fahrstraße hinten herum, beschildert mit „Evita-Apartments"). Das grünlich schimmernde Wasser ist hier glasklar, nur wenige Meter vorgelagert liegt eine kleine Felseninsel, die wunderbar zum Sonnen und Herumklettern geeignet ist (auch FKK). Es werden Liegestühle, Sonnenschirme und Tretboote vermietet.

▸ **Kloster Ágios Ioánnis** (auch: Moní Atáli, Moní Balíou): architektonisch interessante Anlage aus dem 17. Jh. hoch über Balí am Hang, weiter Blick auf den Taleinschnitt und das Meer. Zu erreichen auf einer 400 m langen und steilen Piste ab der New Road. Während der Türkenkriege wurde das Kloster niedergebrannt und war bis 1982 eine Ruine. Seitdem wurde es einfühlsam und vorbildlich restauriert, ein Priester wohnt mit seiner Haushälterin im Kloster und kümmert sich um die Instandhaltung.. Beim Eingang befindet sich eine kleine Terrasse, dahinter ein Sitzraum mit Büchern und Ikonen. Der lang gestreckte Innenhof hinter der ersten Hausfront wird von Steinbögen überspannt, dekoriert von liebevoll drapierten Blumenkübeln und üppigem Pflanzenschmuck. Die kleine doppelschiffige Kirche *Ágios Ioánnis Baptísta* steht mit ihrer klassizistischen Fassade in einem eigenen Hof. Im Inneren sind einige Fresken des späten 17. Jh. erhalten, dahinter liegt eine überdachte Terrasse mit herrlichem Blick zur Bucht von Balí. Kirchenfeste gibt es am 24. Juni und 29. August.

Öffnungszeiten Sa–Do 9–12 und 16–19 Uhr, Fr geschl. (Tor ist aber oft nicht versperrt).

Von Balí in Richtung Iráklion

Die New Road führt östlich von Balí anfangs durch bizarre Felslandschaft dicht am Meer entlang, direkt an der Straße steht die Kapelle der *Panagía*. Vorbei an schroffen Abbrüchen, Klippen und vorgelagerten Inselchen biegt die Straße bald ins Landesinnere ab, links der Straße liegt der kleine Ort *Síses* mit seinen weißen Würfelhäusern lang gestreckt auf einem Hügelkamm (→ S. 215). Landeinwärts kann man auf guter Asphaltstraße durch eindrucksvolle Berglandschaft über Aloídes zur *Old Road* hinauffahren. Erst kurz vor Iráklion taucht *Agía Pelagía* auf, der einzige Ort weit und breit an diesem Küstenstrich.

Ausführlich zu dieser Region unter Iráklion/Umgebung → S. 208 ff.

Réthimnon/Hinterland

Das Hinterland ist zum großen Teil geprägt vom mächtigen Ída-Massiv, das die Region zwischen Réthimnon und Iráklion beherrscht. In seinen Ausläufern liegen einige interessante Ziele für Tagesausflüge, darunter das berühmte Kloster Arkádi, Symbol des Widerstands gegen die jahrhundertelange türkische Besetzung.

Von Réthimnon nach Plakiás und Agía Galini

An die Südküste gelangt man von Réthimnon aus über zwei Hauptrouten. Die Straße über Arméni und Spíli ist die zügigste Verbindung, auf der auch die Busse fahren. Landschaftlich reizvoll, aber langwieriger ist die Fahrt über Kloster Arkádi, Klisídi und Fourfourás durch das schöne *Amári-Becken*, das im letzten Krieg eine wichtige Rolle als Durchgangsroute für britische Agenten und kretische Partisanen spielte (→ Agía Galíni/Hinterland).

Die im Folgenden beschriebene Nekropole von Arméni liegt an der ersten der beiden genannten Straßen. Die Schlucht des Ágios Antónios an der anderen, ebenso der Einstieg zur „Wanderung durch die Prassanó-Schlucht".

▸ **Minoische Nekropole von Arméni**: riesiger, umzäunter Friedhof aus spätminoischer Zeit (etwa 1400 v. Chr.), etwa 9 km landeinwärts von Réthimnon, in einem Eichenhain direkt an der Straße nach Agía Galíni (beschildert). 1969 wurde die Nekropole per Zufall entdeckt und über Jahrzehnte hin wurden immer neue Gräber gefunden, erst 1989 die letzten außerhalb des umzäunten Geländes. Bisher sind es schon mehr als 200, alles Familiengräber. Wahrscheinlich handelte es sich um den Friedhof einer Kleinstadt. Die Größe der Nekropole ist ein Indiz für die voll entwickelte Zivilisation des dicht bevölkerten minoischen Kreta. Die in den Gräbern gefundenen Tonsarkophage sind z. T. im Arch. Museum von Réthimnon ausgestellt. Die Grabkammern sind alle in den Stein gehauen, ihre Eingänge sind nach Osten gerichtet und konnten mit einer Steinplatte versperrt werden. Zu jedem Grab führt eine Art Korridor (*dromos*). Das größte Grab am Südende des Geländes wurde vor zwölf Jahren entdeckt – ein 16 m langer Dromos führt hinunter in die quadratische Kammer mit 5 m Seitenlänge. In der Mitte steht ein massiver Pfeiler, rundum läuft eine Steinbank.

Öffnungszeiten/Preise Di–So 8.30–14.30 Uhr, Mo geschl., Eintritt frei.

▸ **Goulediana**: wenige Kilometer südlich von Arméni weist ein Schild ins 4 km entfernte Gouledianá zu den so genannten „Gouledianá Antiquities". Gemeint sind damit die spärlichen Ruinen der antiken Siedlung *Falanná*, etwa 1 km südlich von Gouledianá, zu erreichen auf einer Schotterpiste. Noch ein Stück weiter auf der Piste kommt man zu den Grundmauern der frühchristlichen Basilika *Panagía i Kerá* mit einem Mosaikboden.

Tipp: Die Straße über Gouledianá kann man auch nehmen, wenn man das reizvolle *Amári-Becken* durchqueren will.

• *Essen & Trinken* **Pirgos**, großes burgartiges Gemäuer an der Straße nach Spíli, wenige Kilometer nördlich der Abzweigung durch die Kotsifoú-Schlucht nach Plakiás. Weiter Blick in die Berge, freundliche Bedienung, gutes Essen, nachmittags auch leckerer Kuchen – und nette Atmosphäre.

Hinweise zu den weiteren Orten und Sehenswürdigkeiten an der Strecke nach Agía Galíni und Plakiás auf S. 380 ff.

Tal der Mühlen und Umland

▸ **Kloster Agía Iríni**: Das äußerlich fast festungsartige Kloster thront auf einem Felsvorsprung über dem gleichnamigen Örtchen im Hinterland von Réthimnon, direkt an der Straße nach Roussospíti. Von der Terrasse genießt man einen weiten Blick ins Umland. Die Ursprünge des Klosters gehen bis ins frühe Mittelalter zurück, doch wurde es mehrfach zerstört. Seit den siebziger Jahren wurde der lange Zeit leer stehende Bau auf Initiative einiger Nonnen und des damaligen Bischofs von Réthimnon, Theodóros Tzedákis, umfassend und geschmackvoll restauriert. Seit 1989 leben und arbeiten hier wieder einige Nonnen, die Besucher gerne individuell herumführen, die Novizin Dimitra spricht hervorragend Englisch.

Zunächst betritt man den idyllischen *Innenhof* mit einer großen Araukarie und vielen, teils seltenen Pflanzen, unter einem Orangenbaum ist auch ein alter Brunnen erhalten. Von hier aus wird man in die heutige *Kirche* geführt, deren ursprüngliche Funktion als Viehstall an den Futternischen und Wandringen zum Festmachen der

Tiere zu erkennen ist. Etwas oberhalb steht die mittelalterliche Ruine der *historischen Klosterkirche,* die in den nächsten Jahren restauriert werden soll. Dahinter sind mehrere große, alte *Zisternen* in den Fels gehauen, Indiz dafür, dass das Kloster einst von deutlich mehr Menschen bewohnt war als heute. Bischof Theodóros, der seinen Amtssitz im Kloster hatte und auch hier lebte, konnte sein Werk nur noch wenige Jahre erleben, er starb 1996 im Alter von 63 Jahren und liegt am Vorplatz der alten Kirche begraben. Zum Schluss der Führung kann man von den Nonnen gefertigte *Stickereien* bewundern und gegebenenfalls auch kaufen.

Öffnungszeiten Tägl. 9–13, 16 Uhr bis Sonnenuntergang, Eintritt frei. Die Nonnen bieten ihren Besuchern nach der Führung selbst gemachte Limonade und Gebäck an.

▶ **Chromonastíri**: Das Dorf ist mit seinen z. T. hervorragend restaurierten venezianischen und türkischen Häusern einen Bummel wert. Die *Panagía-Kirche* etwa 1 km nach Ortsende wird derzeit komplett renoviert, sehenswert sind hier vor allem die Pilatusfresken aus dem 14. Jh.

Wanderung durchs „Tal der Mühlen"

Sehr reizvolle Wanderung von *Míli* (oder bereits weiter oben ab Chromonastíri) das wasserreiche und schattige Tal des Milonianós-Bachs zur New Road östlich von Réthimnon hinunter, Höhenunterschied ca. 290 m. Das Besondere sind neben der herrlichen Vegetation die zahlreichen verlassenen Wassermühlen, die im Talgrund stehen und einst Réthimnon mit Mehl versorgten. Zur Taverne von Evangelos werden allerdings mittlerweile schon Bustouristen hingefahren, die dann das stille Tal bevölkern.

- *Dauer* ca. 2,5–3 Std.
- *Wegbeschreibung* Der Einstieg in **Míli** (neue Siedlung) liegt direkt an der Straße nach Chromonastíri, durch ein Holzschild **„Farángi Mílou"** (Mühlental) und einen Aussichtspunkt mit Sitzecke leicht zu finden. Von hier aus sieht man auf der anderen Talseite Teile der alten Siedlung **Páno Míli** (= Obermühlbach). Vom Aussichtspunkt aus steigt man auf einem mit üppigem Grün überwucherten Saumtierpfad in 15 Min. hinunter zum bereits von der Straße aus sichtbaren Restaurant von **Evangelos**, wo ein schönes Faltblatt über das Mühlental erhältlich ist. Evangelos ist hier aufgewachsen und hat sein Geburtshaus renoviert, der Ausbau mit Übernachtungsmöglichkeit ist geplant (✆ 28310-75005). Trotzdem wird die verlassene Siedlung langsam, aber stetig von der Natur zugewuchert.

Der weitere Weg ist mit roten Pfeilen auf Holzpfählen gekennzeichnet, z. T. ist er durch Quellwasser sehr feucht, wuchernde Brombeerranken zeigen an, dass er nur selten benutzt wird. Häufig muss der Kopf eingezogen oder über umgestürzte Bäume geklettert werden. Unterhalb des Restaurants liegt die Ruine eines größeren Gehöfts. Der Weg führt nun am rechten Ufer flussabwärts an der **Kirche Ágii Pénte Párthenes** mit Friedhof und Quelle vorbei. Unterhalb der Kirche stehen einige besonders gut erhaltene **Mühlenruinen**, hier lohnt es sich, etwas in den Häuserresten zu stöbern. Der schattige Weg überquert mehrfach den Bach, man springt über im Wasser liegende Steine. Wir bleiben im Tal und etwa eine Stunde nach dem Abmarsch erreichen wir die **Kirche Agía Paraskeví** in der Siedlung **Káto Míli** (= Untermühlbach), aber zuvor wird der Bach neben den Resten einer Holzbrücke überquert. 10 Min. später kommen wir an den Resten von zwei Wohnhöhlen vorbei. Nach weiteren 10 Min. trifft der Fußweg auf einen betonierten **Fahrweg**. Zwei Lastseilbahnen überqueren das Tal, in dem hier Orangen, Zitronen und Obstbäume kultiviert werden. Wir befinden uns jetzt 50 m ü. M. Hier hat man den schönsten Teil des Tals hinter sich, und ein Ausstieg nach **Agía Pelagía** am Westufer des Tals (Holzpfeil) oder nach **Xiró Chorió** am Ostufer ist möglich.

Weiter geht es am rechten Flussufer. Der Weg folgt einem Wasserkanal und führt geradewegs durch ein bewohntes **Gehöft** hindurch. Ab jetzt gibt es keinen eindeutigen Weg mehr und das Trockental des Bachs war beim letzten Check so dicht mit Bambus überwuchert, dass ein weiteres Vordringen nicht möglich war. Vor dem Gehöft führt jedoch eine beschilderte **Asphaltstraße** bequem in Richtung Réthimnon.

Wanderung durch die Prassanó-Schlucht

Einfache Wanderung in einem schmalen, durchweg grünen Flusstal bis zum Vorort *Missíria* östlich von Réthimnon. Etwa 255 Höhenmeter müssen dabei überwunden werden. Achtung: Diese Wanderung ist nur in den Monaten Juni bis September möglich, sonst führt der Fluss zuviel Wasser.

- *Dauer* etwa 3,5–4 Std.
- *Wegbeschreibung* Von Réthimnon nimmt man zunächst die Old Road nach Osten und biegt in **Perivólia** landeinwärts in Richtung Prassiés, Apóstoli, Fourfourás, Agía Galíni ein (diese Straße, die durchs schöne Amári-Becken führt, ist nur schlecht beschildert, notfalls durchfragen).

Etwa 1,5 km südlich der Ortschaft **Prassiés** zweigt kurz hinter der Gabelung nach **Mírthios** und **Goudelianá** (→ S. 516) linker Hand ein **Fahrweg** zum östlich der Straße sichtbaren **Schluchteinschnitt** ab. Gewaltig und eindrucksvoll wirkt der Eingang zur **Prassanó-Schlucht** von hier aus. Auf dem anfangs betonierten Weg folgt nach 300 m ein **Viehgatter**, danach rechts ein **Schafstall**. Hinter dem Schafstall sieht man eine kleine, baumbewachsene **Seitenschlucht**, die nach Osten zum linken Flussufer führt. Durch Farnwiesen geht man auf sie zu und erreicht das Flussbett etwa 20 Minuten nach dem Start. Der zwischen schattigen Platanen liegende Fluss bildet im Sommer nur einige Wasserlöcher und versiegt später. Nach etwa einer Stunde Wanderung müssen einige **mannshohe Stufen** bergab überwunden werden, man rutscht dabei über Felsbuckel im trockenen Bachbett. Nach 2 Std. weitet sich das Tal, 30 Min. später versperrt ein **Viehzaun** den Weg, Tür an der linken Talseite. Im Folgenden sieht man an der wenige Meter höher gelegenen linken (westlichen) Talseite Ölbäume und bewirtschaftete Flächen. Wir laufen nun nicht mehr im Tal, sondern an der Kante an den Olivenbäumen entlang. Nach wenig mehr als drei Stunden erreichen wir einen **Fahrweg**. Die hier sichtbaren „Bunker" sind fest installierte **Kohlenmeiler**, eine aus Kalksteinen gemauerte **Bogenbrücke** überspannt das Tal. Den Müllablagerungen am Weg folgen und nach 3,5 Std. erreicht man die Old Road in **Missíria**.

Rundwanderung von Xiró Chorió durch die Míli-Schlucht

Attraktive Tour in der näheren Umgebung von Réthimnon. Ausgangs- und Endpunkt ist das Örtchen *Xiró Chorió,* von dort wandern wir über die interessante Ágios Eftíchios-Kapelle in das Dorf Chromonastíri und durch das „Tal der Mühlen" wieder zurück.

GPS-Wanderung 11

- *Dauer* ca. 5 Std.
- *Streckenlänge* 12,7 km
- *Höhenmeter* Aufstieg/Abstieg: 590 m.
- *Wegbeschreibung* Von Réthimnon nimmt man zunächst die Old Road nach Osten und biegt in **Perivólia** landeinwärts in Richtung Prassiés, Apóstoli, Fourfourás, Agía Galíni ein (diese Straße, die durchs schöne Amári-Becken führt, ist nur schlecht beschildert, notfalls durchfragen). Bald geht rechts eine Straße nach **Xiró Chorió** ab.

Wir können das Auto am Hauptplatz bei der Dorfkirche stehen lassen und gehen ein kleines Stück die Asphaltstraße zurück. Nach einer Linkskurve biegt rechts ein aufwärts führender Betonweg ab **(WP 01)**. Kurz darauf kommen wir zu einer **Gabelung (WP 02)**, ein Weg geht rechts nach oben, wir halten uns geradeaus. Die Landschaft ist üppig mit Olivenbäumen bewachsen, an den Wegrändern sieht man Zistrosen, Wolfsmilch und Ginsterbüsche. Wir treffen auf ein **Gatter (WP 03)**, kurz danach geht ein anderer Weg rechts hinauf, wir gehen aber weiter geradeaus. Auf der gegenüberliegenden Hangseite kann man die neue Trasse der Straße in das Amári-Becken erkennen. Wir folgen dem Fahrweg, bis wir an der linken Seite eine Tafel mit der Aufschrift „Ágios Eftíchios" **(WP 04)** sehen und besuchen die byzantinische **Kirche** aus dem 14. Jh. **(WP 05)** auf einen kleinen Pfad, der links hinunterführt.

Nach dem Besuch gehen wir die Strecke zurück und folgen unserem Fahrweg links weiter, bis wir auf die **Hauptstraße** nach Rethimnon treffen **(WP 06)**. Wir halten uns

GPS-Wanderung 11:
Rundwanderung von Xiró Chorió durch die Míli-Schlucht
Réthimnion
Xiró Chorió
Start
Míli-Schlucht
200
300
400
0275.
3914.
Míli
Ikonostase
0274.
3913.
Ágios Eftíchios
Chromonastíri
Villa Claudius
Brücke
0273.
3912.
Panagía Kerá
350m
Nordrichtung: Geogr. Nord
Maßstab: 1:20000
Projektion: UTM
Zone: 35 S
Datum: WGS84
Äquidistanz: 20 m
400
300
200
100
70

links bis zum Ortsanfang von **Chromonastíri (WP 07)**. Beim kleinen Hauptplatz bleiben wir auf der linken Seite und folgen einem Weg vorbei an der neu renovierten venezianischen **Villa Claudius (WP 08)**, bis wir wieder auf eine breite Straße kommen. Wir verlassen die **Hauptstraße** bei der Ausschilderung „Panagía Kerá" **(WP 09)** nach rechts hinauf, bei der nächsten Kreuzung halten wir uns links **(WP 10)**. Bei der übernächsten Kreuzung gehen wir wieder links **(WP 11)** und kommen zur **Kapelle Panagía Kerá (WP 12)**, die romantisch eingebettet in einem Olivenhain liegt. Wir kehren zurück zur Ortsmitte, wo es ein nettes kleines Restaurant gibt. Der Chef heißt Vardis und kocht vorzüglich kretische Spezialitäten, ihn kann man auch um den Weg fragen, wem es durch die kleine Ortschaft zu verwirrend wird.

Hinter dem Lokal geht es zuerst nach links, vor der Kirche hält man sich nach rechts hinunter und kommt auf eine breitere Dorfstraße. Hier folgen wir der Dorfstraße bis zu einer **Kreuzung (WP 13)**. Wir überqueren die Straße geradeaus und folgen einem kleinen gepflasterten Weg hinunter. Nach einer Brücke halten wir uns nach rechts hinauf, einen Weg folgend bis zu **WP 14**, hier rechts, bis wir wieder auf die Asphaltstraße von Rethimnon kommen **(WP 15)**. Dieser folgen wir nach links. Nach einem kurzen Stück **Asphaltstraße** sieht man auf der rechten Seite eine kleine weißgetünchte Ikonostase **(WP 16)**. Hier verlassen wir die Straße rechts hinunter auf einer steilen Betontreppe in die **Míli-Schlucht**, genannt „Tal der Mühlen". Der Weg verläuft gut erkennbar bis in die kleine verlassene Ortschaft **Míli (WP 17)**. Im Weiteren bleiben wir am Anfang auf der rechten Seite der Schlucht und queren im unteren Teil der Schlucht mehrmals das ganzjährig Wasser führende Bachbett. Am Ende der Schlucht treffen wir auf eine **Betonstraße**, der wir steil rechts hinauf folgen und wieder zu unserem Ausgangspunkt **Xiró Chorió** zurückkommen.

▸ **Schlucht des Ágios Antónios** (Farángi Agíou Antóniou): Die wilde und felsige Schlucht des Flüsschens Tsiríta liegt inmitten üppig grüner Baumvegetation beim Dorf *Patsós*. Sie ist ein empfehlenswertes Ziel für eine kleine Wanderung mit anschließender Einkehr in einer nahen Taverne.

- *Dauer* ca. 1–1,5 Std.
- *Wegbeschreibung* Von Réthimnon nimmt man zunächst die Old Road nach Osten und biegt in **Perivólia** landeinwärts in Richtung Prassiés, Apóstoli, Fourfourás, Agía Galini ein (diese Straße ist nur schlecht beschildert, notfalls durchfragen). Kurz hinter Prassiés liegt der Einstieg zur im vorherigen Abschnitt beschriebenen Wanderung durch die **Prassanó-Schlucht**. Wir fahren aber weiter und biegen nach einer weiten Senke mit großem Zementwerk kurz hinter einer Tankstelle rechts nach **Patsós** ab. Es geht durch den Ort hindurch, dessen Platia mit seinen Tavernen zur Rast verlockt. Einige hundert Meter nach Ortsende zweigt rechts eine Asphaltstraße in die Schlucht ab (beschildert: Farángi Agíou Antoníou). Die Straße endet an einem **Parkplatz** vor einer Gartentaverne.

Hier beginnt linker Hand der gut ausgebaute **Fußweg** in die steilwandige Schlucht, die dicht von Laubbäumen umstanden ist. Schon nach wenigen hundert Metern erreichen wir einen **Picknickplatz**, wo unter turmhohen Platanen eine eingefasste Quelle munter sprudelt. In den Fels gehauen steht die kleine **Kapelle des Ágios Antónios**. Gläubige haben davor ihre Krücken und Gehprothesen an die Felswand gehängt, um die Hilfe des Heiligen zu erflehen. Zwischen den senkrecht nach oben ragenden Schluchtwänden gehen wir rechts des Baches weiter und passieren bald den Aufstieg zu einem **Aussichtspunkt** (Paratiritírio) mit überdachtem Rondell und herrlichem Rundblick über die Schlucht. Steigt man von dort noch etwas höher, gelangt man zu einem Loch in der Schluchtwand, genannt **Spílio Fournáre**.

Der Hauptweg unten folgt weiter dem Flusslauf, bis er steil zum Schluchtgrund hinuntersteigt. Hier wird das Weiterkommen etwas beschwerlich, man muss die Hände zu Hilfe nehmen und ein wenig über die riesigen, abgeschliffenen Felsbrocken turnen. An einer Engstelle endet der Weg schließlich bei einer hölzernen **Brücke**. Am Boden der Schlucht könnte man zwar noch ein Stück weiterlaufen, doch ist dies recht beschwerlich, teils glitschig und je nach Jahreszeit wegen zu hohem Wasserstand auch unmöglich. Zurückgekehrt zum Parkplatz, kann man in der dortigen Taverne einkehren oder im nahen Dorf Patsós.

Von Réthimnon zum Kloster Arkádi

Das berühmte Kloster Arkádi steht 23 km südöstlich von Réthimnon auf einer kleinen Ebene in den Bergen, 500 m über dem Meer. Die beschilderte Straße zweigt im Badeort *Platanés* (→ S. 506) ins Inselinnere ab. In vielen Kurven geht es durch Olivenhaine und kleine Dörfer über *Loútra* hinauf in die Berge bis nach *Kiriána*, einem kleinen, malerischen Dorf, dessen Häuser den Hang hinaufdrängen. Ein Stopp lohnt, um die etwas von der Hauptstraße zurückgesetzte Kirche zu betrachten: blendend weiß gekalkter Bau unter Zypressen, die Fassade mit schönem Glockenträger, antikisierendes Portal. Gegenüber auf der anderen Straßenseite liegt eine altertümliche Schmiedewerkstatt. Im Weiteren herrliche Fahrt in die bewaldete Felslandschaft – die Straße schraubt sich in Kurven immer höher ein Flusstal hinauf, weite Ausblicke über tiefe Schluchten und Steilwände, hinter *Amnátos* herrlicher Blick zurück über die Landschaft. Das letzte Stück der Straße folgt einer gewundenen Schlucht.

▸ **Kapsalianá**: 3 km vor dem Kloster liegt links der Straße beim Dorf *Kapsalianá* die ehemalige Olivenölmanufaktur des Klosters, die noch bis 1958 in Betrieb war. Die alten Gemäuer aus dem 18. Jh. werden derzeit restauriert und bilden ein reizvolles Ensemble. Ein Olivenölmuseum soll eingerichtet werden.

Verbindungen Mo–Fr 3 x tägl. **Bus** von Réthimnon zum Kloster Arkádi und zurück, Sa/So 2 x. Eine einfache Fahrt kostet ca. 2 €, Fahrtzeit ca. 1 Std.

Hinweis: Vom Kloster Arkádi führt eine neue, vollständig asphaltierter Straße über Klisídi und Kalógeros ins Amári-Becken, von wo man rasch zur Südküste gelangt (Agía Galíni, Mátala etc.). Nach dem harten Winter von 2003 ist ein Teil dieser Straße abgerutscht, außerdem hapert es mit der Beschilderung. Leser hatten Schwierigkeiten mit der Wegführung, also Vorsicht!

Kloster Arkádi

Kloster Arkádi ist für die Kreter einer der wichtigsten Bauten ihrer Insel und Symbol für ihren unbedingten Freiheitswillen sowie eine ständige Mahnung und Erinnerung an die furchtbare Zeit der Türkenherrschaft und den Heldenmut der Vorfahren. Wegen ihrer Bedeutung war die Klosterkirche von Arkádi auf dem früheren 100-Drs-Schein abgebildet.

In dem äußerlich unscheinbaren Kloster hat sich eine der grausigsten Tragödien des kretisch-griechischen Freiheitskampfs abgespielt. Am 9. November 1866 begingen hier Hunderte von Männern, Frauen und Kindern gemeinsam Selbstmord, um nicht den anstürmenden türkischen Truppen in die Hände zu fallen. Doch obwohl die Nachricht von dem schrecklichen Ereignis viele Menschen in aller Welt aufrüttelte, dauerte es noch über dreißig Jahre, bis die Insel endlich mit Hilfe der Großmächte vom türkischen Joch befreit wurde.

Von außen ist der heutige quadratische Bau aus roh behauenen Steinen einer Festung nicht unähnlich. Er stammt aus dem 16./17. Jh., doch wahrscheinlich stand hier bereits fünfhundert Jahre früher ein Kloster oder eine Kirche. Reizvoll ist die Lage Arkádis auf einer kleinen Hochfläche inmitten einsamer Bergrücken, Schluchten und Klippen. Die Umgebung ist teils kahl, in den Talmulden gibt es aber ab und zu Waldoasen mit Pinien, Zypressen und Eichen. In der unmittelbaren Nachbarschaft

... wir schreiben das Jahr 1866. Ganz Kreta befindet sich im Aufruhr gegen die Türken. Zentrum des Widerstands ist das Kloster Arkádi. Am 1. Mai versammeln sich hier 1500 Aufständische und wählen ihre Führer für die verschiedenen Provinzen. Für Réthimnon und Umgebung wird Abt Gavriíl (Gabriel) gewählt, der Gastgeber und Abt des Klosters Arkádi. Das Kloster selbst wird zum Sitz des revolutionären Komitees der Provinz Réthimnon bestimmt.
Dem türkischen Pascha von Réthimnon bleiben diese Aktivitäten nicht verborgen. Er fordert Abt Gabriel auf, das revolutionäre Komitee aufzulösen und sich aus der Führung zurückzuziehen. Im anderen Fall würden seine Truppen das Kloster zerstören. Abt Gabriel weigert sich – trotz vieler warnender Stimmen, die die Vernichtung des Klosters durch die türkische Übermacht befürchten. Auch der griechische Offizier Pános Koronéos, der mit 150 Mann vom Festland kommt, um die Kreter zu unterstützen, übersieht die Lage mit einem Blick – sie ist aussichtslos. Kloster Arkádi ist nicht zu verteidigen, und da er die sichere Niederlage vor Augen hat, rät er noch einmal Abt Gabriel einzulenken und zieht mit seinem Trupp wieder ab. Inzwischen haben sich zahlreiche Bewohner aus Réthimnon und der Umgebung des Klosters aus Angst vor den türkischen Soldaten in die Klostermauern geflüchtet. Am 7. November sind es genau 964 Menschen – davon nur 325 Männer, der Rest Frauen und Kinder. Am 8. November marschieren 15.000 Türken vor den Toren des Klosters auf! Die Eingeschlossenen wissen, was ihnen bevorsteht, wenn sie kapitulieren und den Türken lebend in die Hände fallen. Sie wissen aber auch, dass der Kampf aussichtslos ist. Trotzdem verteidigen sie sich verzweifelt – die Türken rennen wieder und wieder an, sie beschießen die alten Gemäuer mit schweren Geschützen, versuchen, die Mauern zu besteigen. Im Innern der Festung kämpfen Frauen und Kinder Seite an Seite mit den Männern, sie laden die Waffen und pflegen die Verwundeten. Am Abend ist noch keine Entscheidung gefallen. Der Platz um das Kloster ist von den Leichen der Türken übersät, aber auch die Verteidiger haben schwere Verluste.
Nachts können heimlich zwei Botschafter zu Koronéos losgeschickt werden. Aber Koronéos kommt nicht – dafür kehrt einer der beiden ausgeschickten Mönche freiwillig wieder zurück, den sicheren Tod vor Augen. Die Verteidiger halten ihren letzten Gottesdienst ab, sie wissen, dass es keine Rettung mehr gibt. In diesem Moment wird der Gedanke geboren, das Pulvermagazin des Klosters in die Luft zu sprengen und gemeinsam den Tod zu suchen. Abt Gabriel und die meisten der Anwesenden, auch die Frauen und Kinder, stimmen zu, Kóstas Giampoudákis, der Bürgermeister des nahen Örtchens Ádele, wird es tun.
Am Morgen des 9. Novembers beginnt die entscheidende Schlacht. Die zahlenmäßig weit unterlegenen Kreter verteidigen sich verbissen, aber es ist nur noch eine Frage der Zeit, bis die Türken die Oberhand gewinnen. Abt Gabriel gibt die letzte Parole aus: „Alle ins Pulvermagazin, es ist Zeit!". Diesen Moment nutzen die Türken und dringen durch das Westtor ins Kloster ein. Die paar hundert überlebenden Kreter haben sich währenddessen im Arsenal um die Pulverfässer versammelt. Mit einer der letzten Patronen lädt Kóstas

Kloster Arkádi: Blick auf die filigrane Fassade der Klosterkirche

Giampoudákis seine Pistole. Er hört die Türken vor dem verschlossenen Tor des Arsenals brüllen, sie dringen ein – und im selben Moment schießt Giampoudákis mitten zwischen die Fässer. In einer ungeheuren Stichflamme fliegt das Arsenal in die Luft und reißt die verzweifelte Schar der Verteidiger in den Tod, mit ihnen Dutzende von Türken. Aber die Schlacht ist noch nicht beendet. 36 junge Kreter haben sich ohne Munition im Refektorium verschanzt – die Türken brechen die Tür auf und metzeln sie nieder. Am Abend des Tages sind 750 Kreter tot, unter ihnen auch Abt Gabriel und Kóstas Giampoudákis, der „Sprengmeister von Arkádi". Nur 114 Kreter bleiben am Leben und werden von den Türken gefangen genommen. Die Türken haben doppelt so hohe Verluste – 1500 Tote liegen im und um das Kloster.

Die Verteidiger von Arkádi haben ein Zeichen gesetzt, denn trotz ständiger Überflutung mit Schreckensmeldungen horcht die Weltöffentlichkeit auf. Man wird auf das Leid der Kreter unter der türkischen Gewaltherrschaft aufmerksam, Gelder werden für den kretischen Freiheitskampf gesammelt, eine Welle der Empörung geht durch Europa. Die Regierungen haben allerdings eigene Sorgen, der deutsch-österreichische Krieg findet gerade statt, vier Jahre später marschieren die Preußen in Frankreich ein.

Erst viele Jahre später, nach wiederholten Aufständen, greifen Russland, Italien, Frankreich und Großbritannien ein und die Türken müssen sich von Kreta zurückziehen. Ihre Taten sind bei den Kretern bis heute nicht vergessen.

Am 8. November wird alljährlich der Nationalfeiertag Kretas gefeiert. Eine große Prozession zieht dann zum Kloster hinauf und in Réthimnon und im Kloster werden feierliche Messen gelesen.

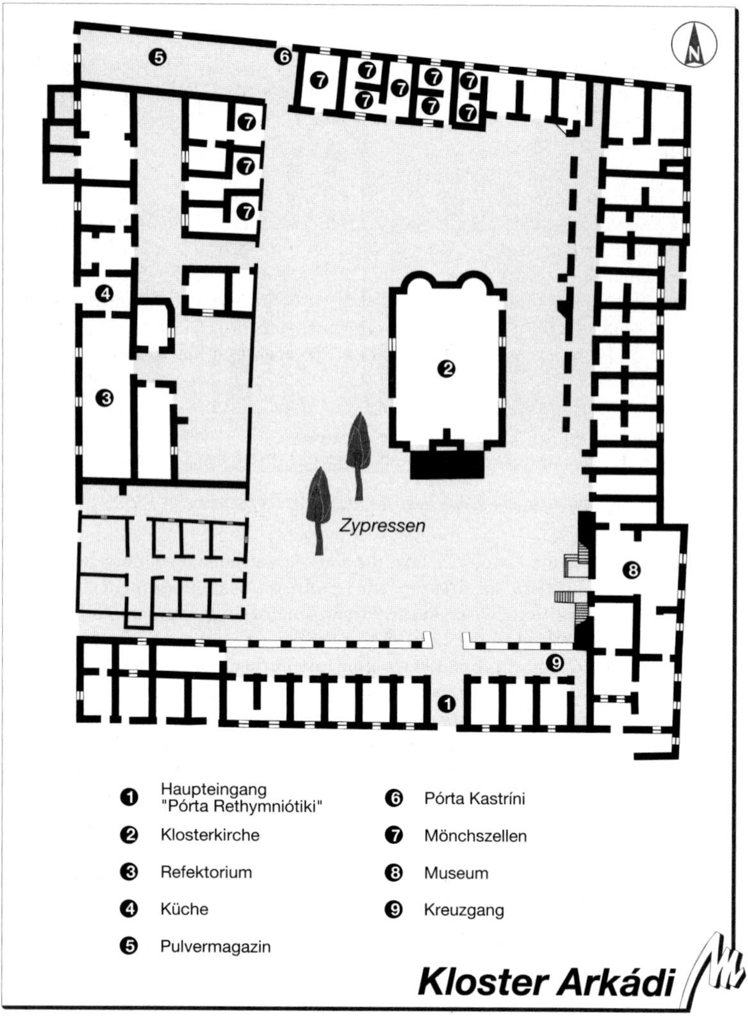

des Klosters betreiben die wenigen Mönche etwas Landwirtschaft – es gibt Felder und kleine Weingärten, außerdem werden Schweine gehalten. Linker Hand vor dem Kloster liegen eine Taverne und ein Souvenirshop. Derzeit wird das Kloster auf Betreiben des rührigen Abts grundlegend restauriert. Alle begehbaren Räume wurden renoviert, die Blumenvielfalt erfreut das Auge, alles ist sehr gepflegt und es stehen sogar mehrere Trinkwasserspender bereit.

Öffnungszeiten/Preise tägl. 8.30 Uhr bis Sonnenuntergang, Eintritt ca. 2 €, EU-Stud. die Hälfte.

Besichtigung

Noch vor dem Eingang zum Kloster dient eine ehemalige Windmühle als makabres *Beinhaus.* Die Schädel einiger Dutzend Gefallener des Massakers von 1866 werden hier säuberlich aufgereiht in einer Vitrine verwahrt, man sieht noch die Einschusslöcher und Schwerteinstiche.

Durch den 1866 völlig zerstörten, aber 1870 wieder aufgebauten Torbogen des Haupteingangs, die *Pórta Rethimniótiki (1),* kommt man ins Innere des festungsartigen Baus. Geradeaus erblickt man die hübsche, verspielt anmutende Fassade der *Klosterkirche (2)* aus dem 16. Jh. Sie ist die wohl gelungenste Fassade im kretisch-venezianischen Stil, die auf Kreta erhalten ist – mit ihrer reichhaltigen Mischung aus Renaissance- und Barockelementen wirkt sie fast wie eine lateinamerikanische Kirche im spanischen Kolonialstil. Im zweischiffigen Inneren gibt es eine schöne *Ikonostase* (Altarwand) aus Zypressenholz, die aber erst nach 1866 eingesetzt wurde, da die alte beim Sturm des Klosters zerstört wurde. Links vor der Fassade steht eine hoch gewachsene *Zypresse,* in deren Zweigen sich angeblich ein Kreter beim Sturm der Türken versteckte und so überlebte.

An der linken Längsfront des Klosters, etwa in der Mitte des Flügels, liegt der Eingang zum *Refektorium (3),* zum Speisesaal also. Durch einen Vorhof gelangt man hinein, im Inneren stehen lange, rohe Tische und Bänke, die deutlich tiefe Hieb- und Schnittspuren zeigen. Diese sollen noch von dem Gemetzel stammen, in dessen Verlauf die Türken hier 36 Aufständische töteten. Gleich daneben kann man die düstere *Küche (4)* betreten, die mit ihrer archaischen Einrichtung fast wie eine mittelalterliche Burgküche wirkt. Eine (verschlossene) Tür führt ins Freie, draußen gibt es ein paar Schweinegehege und landwirtschaftliche Gerätschaften.

Durch einen mit Weinlaub überrankten Gang kommt man ins berühmte *Pulvermagazin (5)* im hinteren Eck des Flügels. Das Gewölbe wurde bei der gewaltigen Explosion völlig zerfetzt, noch heute gähnt der lang gestreckte Raum ohne Decke in den freien Himmel. Eine kleine Gedenktafel besagt auf Griechisch: *„Die Flammen, die in dieser Krypta entzündet wurden und welche mit ihrem Feuerschein das ganze glorreiche Kreta erleuchteten, waren die Flammen Gottes, in denen die Kreter für ihre Freiheit starben."* Die benachbarte *Pórta Kastríni (6)* ist heute verschlossen. An der Rückseite und an der rechten Seite des Klosters liegen einige Mönchszellen *(7),* die noch bewohnt werden. Das kleine *Museum (8)* liegt im ersten Stock des rechten Flügels. Hier findet man vieles, was den Türkensturm überdauert hat oder daran erinnert. Die bestickten Messgewänder und Sakralgefäße waren z. B. von den Mönchen kurz vor dem Angriff der Türken in den Krypten des Klosters versteckt worden. Weiter sind untergebracht das von Gewehrkugeln zerfetzte Freiheitsbanner der Aufständischen, das während des Kampfes über dem Westtor aufgezogen war, die von Schwerthieben durchlöcherte Tür des Refektoriums, Zeitungsartikel, Fotos und Porträts der Aufständischen, die Haarlocke einer Frau aus dem Kloster, Reste der alten Ikonostase und das Gewand des Abtes Gabriel.

Zu guter Letzt kann man noch in den *Kreuzgang (9)* im ersten Stock der Vorderfront des Klosters hinaufsteigen, unter den dortigen Arkaden bietet sich ein optimaler Blick auf die Kirchenfassade und ein hervorragender Platz zum Fotografieren.

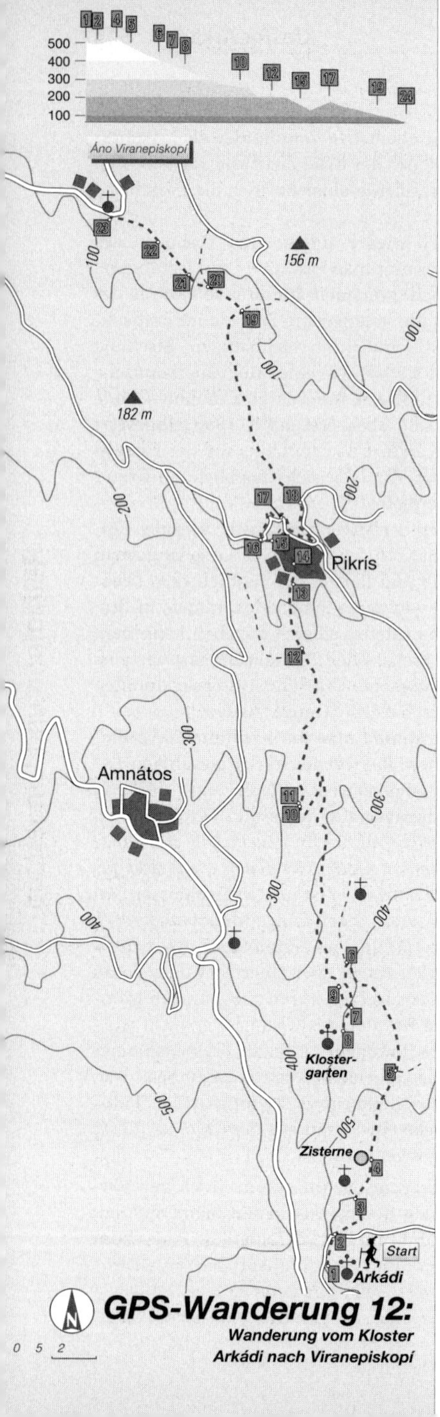

Wanderung vom Kloster Arkádi nach Viranepiskopí

Vom berühmtesten Kloster Kretas in Richtung Nordküste, leichte Wanderung auf kräutergesäumten Feldwegen.

GPS-Wanderung 12

- *Anfahrt/Verbindungen* Mit Taxi bis **Viranepiskopí** oder mit Mietauto bis **Arkadi** (Fahrzeug dort stehen lassen und mit Taxi ab Áno Viranepiskopí zurück).
- *Dauer* etwa 2,5 bis 3 Std.
- *Streckenlänge* 9,2 km
- *Höhenmeter* 462 m Abstieg
- *Wegbeschreibung* Vom **Kloster Arkadi (WP 01)** gehen wir ungefähr 50 m auf der Hauptstraße in Richtung Eléftherna. Dort durchqueren wir linker Hand ein großes **Gittertor (WP 02)** und folgen einem Feldweg bis zu einer **Kreuzung (WP 03)**, wo wir uns rechts halten. Rechts geht es vorbei an einer **Wasserzisterne (WP 04)**, dann haben wir das erste Mal Sicht auf die Nordküste. Von hier aus geht es bergab, wir kommen wieder zu einer **Kreuzung (WP 05)**, wo wir uns geradeaus halten. Nach ca. 10 min. erreichen wir wieder eine **Kreuzung (WP 06)**, hier geht es links hinunter, bis wir wieder nach ca. 10 min. auf eine **Kreuzung (WP 07)** treffen. Hier gehen wir geradeaus weiter, um den großen **Klostergarten** zu besuchen. Auf schön angelegten Terrassen wachsen Orangen und Mandarinen sowie im unteren Teil des Gartens große Apfelplantagen. Mittelpunkt der Anlage ist eine **Kirche (WP 08)**. Nach einer kurzen Pause gehen wir wieder zur Kreuzung (WP 07) zurück und halten uns links, dem Feldweg folgend. Einige Zeit später sind wir bei einem großen **Quellgebiet (WP 09)**, wo große Eichenbäume zur Rast einladen. Der Weg geht weiter hinunter, vorbei an großen klebrigen Alant-Büschen (ca. 50 cm bis 1,80 m hohe Pflanze mit gelben Blüten). Nach ca. 20 Min. erreichen wir ein **Gittertor (WP 10)**, das wir passieren (bitte schließen), ein paar Minuten später erreichen wir ein **Bachbett (WP 11)**. Bei der nächsten **Kreuzung (WP 12)** halten wir uns links, bei der folgenden **Kreuzung (WP 13)** rechts, und erreichen bald den Ortsanfang von

Píkris (WP 14), wo ein **Freiheitsdenkmal (WP15)** steht. Wir erreichen die **Hauptstraße (WP 16)**, wenden uns nach rechts und passieren eine **Brücke (WP 17)**. Bei der dritten Kehre verlassen wir die Strasse nach links (**WP 18**) und folgen dem gut erkennbaren, breiteren Feldweg bis zu einer **Kreuzung (WP 19)** und wenden uns nach links. Bei einer weiteren Kreuzung **(WP 20)** gehen wir geradeaus, bei folgenden **Kreuzung (WP 21)** links hinunter. Bei der nächsten **Kreuzung (WP 22)** bleiben wir geradeaus bis wir auf die Asphaltstraße nach Áno Viranepiskopí treffen. Auf der gegenüber liegenden Straßenseite steht hier eine interessante **byzantinische Kirche (WP 23)**. Auf der Asphaltstraße erreichen wir rechter Hand nach ca. 2 km den Ort **Áno Viranepiskopí**. Hier gibt es an der Kreuzung mehrere Kafenia, wo sich leicht ein Taxi bestellen lässt.

Archéa Eléftherna

Vom Kloster Arkádi führt eine asphaltierte Straße zu den Überresten der dorisch-römischen Stadt Eléftherna, die auf einem exponiert zwischen zwei Flussbetten emporragenden Kalksteinkamm am Ortsrand des heutigen Dorfes Archéa Eléftherna liegt. Im Tal östlich davon wurden weitere römische Siedlungsreste ausgegraben, im Nordwesten ein minoischer Friedhof.

Eléftherna wurde bereits von den Minoern gegründet. Den Höhepunkt seiner Ausdehnung erlebte es aber erst unter den Dorern im 1. Jt. v. Chr.: Die isolierte, extrem wehrhafte Lage hoch über dem Meer ist ein typisches Merkmal der dorischen Siedlungen auf Kreta. Die Römer nutzten die Stadt weiterhin und auch in byzantinischer Zeit blieb sie bis ins 9. Jh. bewohnt. Dann eroberten sie sarazenische Piraten, Eléftherna wurde verlassen und verfiel. Ausgegraben wurde Eléftherna 1929 von der British School of Archaeology und seit 1984 bis Mitte der 1990er Jahre von der Archäologischen Fakultät der Universität von Kreta unter Prof. Nikolaos Stambolidis, heute Direktor des Museums für kykladische Kunst in Athen, erneut intensiv untersucht.

▸ **Dorisch-römische Siedlung**: Von Réthimnon kommend, durchfährt man zunächst den Ort *Eléftherna* (hier Abfahrt zur minoischen Nekropole, → unten) und kommt erst kurz darauf nach *Archéa Eléftherna*. Dort orientiert man sich am besten im Ortskern am Hinweisschild „Taverna Acropolis", die kurz vor den ersten Gebäuderesten auf dem Felsengrat liegt. Das Gelände wird derzeit grundlegend Die Lage Eléfthernas ist herrlich – die Umgebung ist mit Oliven, Johannisbrotbäumen, wildem Wein, Stein- und Kermeseichen üppig bewachsen und der Blick vom steilen Grat reicht bis zum Meer hinunter. Das Gelände ist nicht eingezäunt, Eintritt ist immer möglich.

Eine aus dem Fels gehauene, teilweise gepflasterte *Straße* beginnt kurz nach der Taverne und führt zum *Pírgos*, dem turmartigen Rest der ehemaligen Maueranlage aus römischer Zeit, auf den ersten Blick die augenfälligste Ruine der antiken Stadt. Auf der glatten Fläche vor dem Pírgos erkennt man eigenartige rechtwinklige *Einkerbungen*. Etwa 10 m hinter dem Turm passiert man am Weg eine mutmaßliche *Zisterne*, deren Öffnung von einem Felsbrocken abgedeckt ist. Oberhalb auf dem Grat sind hier überall rechteckige Fundamente von ehemaligen Häusern aus dem Fels gehauen, man erkennt Räume und Wasserleitungen.

Die tief eingegrabene antike Straße zieht sich links vom Turm leicht den Hang hinunter. Nach wenigen Metern führen *rechter Hand* mit Holz befestigte Stufen auf das Plateau hinauf und auf der anderen Seite wieder hinunter zu einem langen, mannshohen *Gang*, in dessen Boden eine Steinrinne gehauen ist. Er endet an einem kleinen Loch in Kopfhöhe, vielleicht der Wasserzulauf zu einer der Zisternen unter der Stadt.

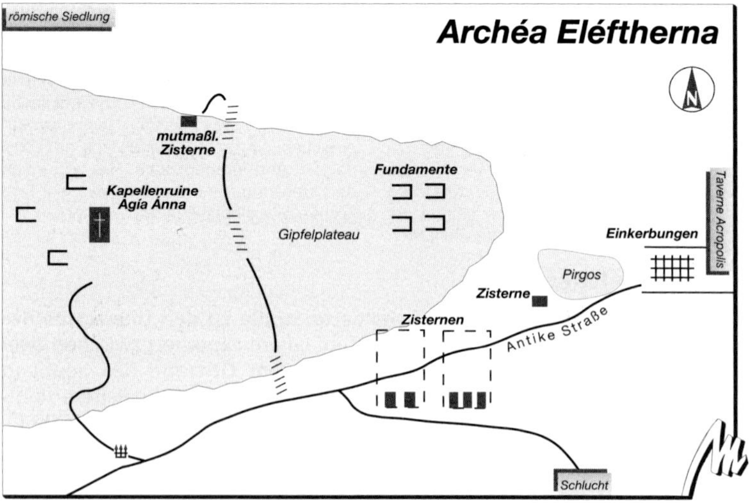

Wenn man die antike Straße weiterläuft, kommt man zu einem Abzweig nach links (→ übernächster Abschnitt). Geht man hier geradeaus weiter, trifft man bald auf einen Pfad, der rechts auf das mit Phrygana überzogene *Gipfelplateau* hinaufführt. Dabei passiert man das meist offen stehende Gatter eines Ziegenhirten, der die Ruinen als Verschlag für seine Tiere nutzt. Am höchsten Punkt steht die kleine, dachlose Kapelle *Agía Ánna*. An Stelle des Altars steht ein antiker Säulenstumpf, links in der Front sieht man einen behauenen Stein mit Schriftzeichen.

Fantastischer Höhepunkt der Besichtigung sind jedoch die beiden gigantischen *Zisternen* am Weg zum Schluchtgrund! Man erreicht sie, wenn man am oben erwähnten Abzweig nach links geht. Die Römer hatten sie im Westhang unterhalb der Stadt aus dem weichen Kalkstein gehauen und mit unterirdischen Quellen auf der anderen Hügelseite verbunden. Durch zwei Einlassöffnungen gelangt man ein paar Meter hinunter in den ersten Saal. Er ist ca. 20 m breit und 40 m lang, zwei Reihen unglaublich massiver Pfeiler tragen das Gewölbe, Moosflechten bedecken die feuchten Wände. Die zweite Kammer wirkt noch gewaltiger, die Pfeiler haben hier bis zu 5 m Durchmesser. Ein großartiger Höhepunkt, der einem die Ausmaße der antiken Stadt bewusst macht.

▸ **Römisch-byzantinische Siedlung**: Am Ortsausgang von Archéa Eléftherna in Richtung Margarítes führt linker Hand eine beschilderte, reichlich steinige Piste zu den eingezäunten Ausgrabungen mit Resten von Fußbodenheizungen, Mauerbögen, Wasserröhren, Kanalisation und einigen schönen Mosaiken, aber auch den Grundmauern einer Basilika aus frühchristlicher Zeit. Am Weg zur römischen Stadt kommt man am Friedhof mit der alten Doppelkirche *Naós Sotéra Christoú kai Agías Ánnas* vorbei, im Inneren sind einige Fresken erhalten. An einem Brunnen kann man sich genussvoll erfrischen.

Öffnungszeiten nur selten geöffnet, durch den Zaun sieht man aber auch recht viel.

Blick auf den Strand von Pachiá Ámmos ▲▲
Strandtaverne am Ánidri Beach ▲

Die Kreter sind geschäftstüchtig und kunsthandwerklich geschickt:
Souvenirs, Ikonenmalerei, Webteppiche

▲▲ Komfortable Uferbar im Golf von Eloúnda

Zugang zur Ausgrabung von Archéa Eléftherna

▸ **Minoische Nekropole**: Im Flusstal nordwestlich der dorischen Stadt hat der Archäologe Stambolidis einen Friedhof entdeckt, auf dem die gestorbenen Einwohner Eléfthernas eingeäschert wurden. Gefunden hat man aber auch ein unverbranntes Skelett, in dessen Halsbereich ein 30 cm langes Messer lag – unter Umständen ein Hinweis darauf, dass hier ein Mensch geopfert worden war. Die Zufahrt ist am Ortsausgang von Eléftherna mit „Ancient Eleutherna" beschildert. Das Gelände wurde beim letzten Besuch mit schwerem Gerät grundlegend aufbereitet und soll wahrscheinlich touristisch erschlossen werden.

• *Essen & Trinken* **Acropolis**, in Archéa Eléftherna vor der Ausgrabung. Reiner Familienbetrieb, kaum Touristen, ordentliche Küche und wunderbares Panorama, die Plastikbestuhlung ist allerdings nicht besonders attraktiv.

Panorama, zwischen Eléftherna und Archéa Eléftherna rechts oberhalb der Straße, schöner Blick und recht gastfreundlich. Kleine Karte, aber alles lecker zubereitet.

Über Kinigianá kann man auf asphaltierter Straße ins Töpferdorf Margarítes weiterfahren (→ nächster Abschnitt). Natürlich kann man auf diesem Weg auch nach Archéa Eléftherna hinauffahren und z. B. eine Rundtour Margarítes – Archéa Eléftherna – Kloster Arkádi machen.

Von Réthimnon nach Anógia

Abwechslungsreiche Fahrt durch baumreiche Regionen ins Ída-Gebirge. Der Beruf des Köhlers ist hier noch nicht ausgestorben und häufig sieht man die rauchenden Holzkohlenmeiler.

Beliebte Ziele sind das Töpferdorf *Margarítes* und die *Melidóni-Höhle* (Gerontospiliós) bei Pérama. Weiter kann man über *Axós* (lohnend, um Schafwollteppiche zu kaufen!) nach Anógia, ins höchste Bergdorf Kretas fahren und den Psilorítis besteigen. Zu Anógia ausführlich unter Iráklion/Umgebung.

Mit dem eigenen Fahrzeug von Réthimnon die New Road nach Osten nehmen. Beim *Kloster Arseníou* (beschildert, Beschreibung bei Réthimnon/Küstenebene) auf die Old Road ins Landesinnere nach Pérama abbiegen. Zwischen *Viranepiskopí* und *Cháni Alexándrou* durchschlängelt die schmale Straße ein riesiges Terrain, auf dem fast nur Johannisbrotbäume wachsen. Um Cháni Alexándrou dann viele Orangen, Wein und Oliven. 2 km vor Pérama führt rechts die Asphaltstraße nach Margarítes hinauf, ca. 4 km.

Margarítes

Das Töpferdorf liegt hoch über der Uferebene inmitten ausgedehnter Olivenhaine. Verwinkelte Gassen mit lichtblauen Wänden, weiß gekalkte Häuschen, Treppenwege und üppiger Blumenschmuck animieren zum Bummeln. Doch vieles ist aufgegeben, steht leer.

Vor Jahren waren hier noch zahlreiche Töpfer aus Tradition am Werk. In riesigen Brennöfen aus roh zusammengeschichteten Steinbrocken wurden hauptsächlich die riesigen *Tonpithoi* gebrannt, die schon die Minoer benutzt hatten. Aus grauem Ton geformt, stehen sie weit außerhalb vom Ort am Straßenrand, daneben steigt der schwarze Qualm der Öfen in die Höhe. Doch Margarítes präsentiert sich heute im Umbruch: Viele Einwohner sind abgewandert, die wenigen übrig gebliebenen Töpfer produzieren außer den Pithoi vor allem einfache Gebrauchskeramik für Verkaufsläden im Tiefland. Da inzwischen aber immer mehr Ausflugsbusse das Dorf ansteuern, hat man sich auch auf touristische Wünsche eingestellt und so werden mittlerweile in vielen Geschäften zierliche Vasen, Teller und Gefäße angeboten, die sich als Mitbringsel eignen. Vieles davon ist allerdings nicht selber hergestellt, gegebenenfalls auf die Signatur achten.

• *Anfahrt/Verbindungen* mit **eigenem Fahrzeug** problemlos über Cháni Alexándrou oder vom Kloster Arkádi über Archéa Eléftherna (→ oben).
Busse ab Réthimnon fahren Mo–Fr 2 x tägl. über Pérama (frühmorgens und mittags) und werden hauptsächlich von Schülern benutzt. Sa und So keine Verbindung.

• *Übernachten/Essen & Trinken* am Ortseingang links kleine **Taverne**, deren Wirtin zwei Zimmer vermietet.
Weitere **Rooms** direkt an der Hauptstraße, wenn man aus Pérama kommt, auf der linken Seite. Zimmer im Erdgeschoss, keine besondere Aussicht, Atmosphäre etwas kühl, DZ mit Du/WC ca. 22 €.
Sehr schön sitzt man im oberen Ortsteil in einer **Taverne** an der Durchgangsstraße unter Maulbeerbäumen, weiter Blick bis zur Küste.

▸ **Pérama**: größerer Ort und Landwirtschaftszentrum, fast schon eine Kleinstadt. An der langen Hauptstraße viele Werkstätten, Läden und Kafenia. Die Pizzeria-Cafeteria-Konditorei „Amanta" besitzt einen hübschen Garten (von Réthimnon kommend kurz nach dem Ortseingang rechts eine kleine Gasse hinein).
Pérama ist Ausgangspunkt für eine Fahrt zur nahe gelegenen Höhle *Gerontospiliós* bei Melidóni, die wegen eines Massakers aus der Zeit der türkischen Besatzung in die kretische Geschichte eingegangen ist. Der Weg ist beschildert. Am östlichen Ortsausgang führt die Straße zum Küstenort Pánormo über die Geropotamós-Brücke. Gleich rechts danach kommt der Abzweig nach Melidóni (in den Ort 4 km, zur Höhle 7 km).

An der Straße von Pérama nach Melidóni liegt die private **Olivenölfabrik** von Manolis Paraschakis. Sie ist für Besucher tägl. 9–18 Uhr geöffnet. Manolis' Frau stammt aus England und erklärt Interessierten gerne alles über die Produktion. Das Olivenöl kann in 1-Ltr.-Kanistern gekauft werden (✆ 28430/22412).

▸ **Melidóni**: Verfallene Hausruinen, überwucherte Innenhöfe, Trümmergrundstücke und leere Türöffnungen dominierten bis vor einigen Jahren das Ortsbild des 450-Einwohner-Dorfs, dessen Name vom griechischen Wort méli (= Honig) herrührt. Mittlerweile ist dank der nahen Höhle auch hier ein wenig Tourismus eingekehrt. Am Dorfplatz liegen ein, zwei nette Tavernen und Cafés, eine Bäckerei backt Brot im Holzofen und auch Übernachtungsmöglichkeiten gibt es.
Eine beschilderte Straße zieht sich von Melidóni zwischen mächtigen, alten Oliven- und Johannisbrotbäumen in weiten Kurven hinauf zur 300 m hoch im Berghang gelegenen Höhle. Sie endet bei einem Parkplatz und einer Taverne mit Blick über die Ebene von Pérama, wo man auch den Eintritt bezahlt. Ein paar Stufen steigt man hinauf, vorbei an einer Kapelle und hinunter zum Höhleneingang, der in einer kraterähnlich abfallenden Doline liegt, einst eine eingestürzte Vorkammer der Höhle.

• *Übernachten* **Alonia**, Apartmentanlage am Ortseingang von Melidóni, 2000 qm großes Grundstück mit Swimmingpool, schöner Blick in die Umgebung und auf das Dorf. Zu mieten über www.ferienhausmiete.de oder E-Mail: sopasudakis@yahoo.gr

Gerontospiliós (Melidóni-Höhle)

Die gut ausgeleuchtete Tropfsteinhöhle, die sich steil nach unten zieht, ist mit Stufen und Geländer gut ausgebaut. In der Mythologie gilt sie als Wohnung des Riesen Talos, Sohn des Hephaistos (Gott des Feuers und der Schmiedekunst). In minoischer Zeit und auch später war sie ein Kultort für verschiedene Götter. Man hat hier zahlreiche Gegenstände von der Jungsteinzeit bis zur römischen Epoche gefunden.

Die zentrale, etwa 65 m lange, 30 m breite und 25 m hohe Höhlenkammer kann besichtigt werden, die beiden dahinter liegenden Kammern sind nicht zugänglich. Ein steinerner Schrein erinnert an das grausige Massaker, das hier während der Freiheitskriege gegen die Türken stattfand: 1824 hatten sich 370 Kreter im Inneren der Höhle versteckt. Als die Türken die Höhle nicht erobern konnten, warfen sie brennende Kleider und Buschwerk hinein und zündeten Sträucher vor dem Höhleneingang an, sodass die Eingeschlossenen elend erstickten. Im Schrein sind Knochen der Getöteten gelagert – die Türken hatten sie einfach in der Höhle gelassen und diese als Massengrab betrachtet. Später sammelte man die Gebeine und bettete sie in den Schrein. Bitte öffnen Sie keinesfalls den Deckel, er ist durch die vielen Neugierigen schon stark zerstört worden und viele Knochen sind bereits verschwunden.

Öffnungszeiten/Preise April bis September tägl. 9–20 Uhr, Eintritt ca. 3 €. Besucher erhalten ein ausführliches deutschsprachiges Informationsblatt und einen Grundriss der Höhle.

Von Pérama nach Anógia

Zwei Straßen führen in die Berge, von denen die südlichere höher und einsamer verläuft. Vor allem die Gebirgsdörfer um *Livádia* und *Zonianá* wirken vom Tourismus noch völlig unberührt. In den Kafenia und auf den Straßen sieht man mehr Kreter als sonst mit Saríki und schweren Stiefeln. Steinbrüche und -bearbeitung stellen einen wichtigen Teil der Wirtschaft dar.

▸ **Kloster Dioskoúri**: kleines Kloster an einer asphaltierten Nebenstraße, 4 km nordwestlich von Axós. Begrünter Innenhof mit der Kirche *Ágios Geórgios*, schöner Blick in die umgebende Landschaft.

Herr und Frau Patelaros freuen sich über jeden Besucher

Axós

Hübsches Dorf am Berghang. Bekannt für die Produktion von Schafwollteppichen und -decken, außerdem Anlaufpunkt für Jeep-Safaris und Bustouren à la „Cretan Nights".

Die Geschäfte gruppieren sich hauptsächlich um den Dorfplatz mit seiner gewaltigen Platane und einem venezianischen Löwenbrunnen. Wer etwas kaufen will, sollte vielleicht bei Herrn und Frau *Patelaros* vorbeischauen, an der Durchgangsstraße etwas unterhalb vom Platz. Die beiden sind ausnehmend freundlich, nicht hartnäckig darauf fixiert, unbedingt etwas zu verkaufen und bieten zudem tatsächlich handgewebte Teppiche mit sehr interessanten byzantinischen Mustern. Frau Patelaros hat für ihre Webkunst schon sechs Diplome der EOMMEX (griech./kret. Handwerksorganisation) erhalten.

535 wurde Axós Bischofssitz. Einige der vielen byzantinischen Kirchen, die Axós in venezianischer Zeit besaß, sind noch erhalten, teils verfallen, teils restauriert. Das Kreuzkuppelkirchlein *Agía Iríni* steht neben der Hauptkirche an der Durchgangsstraße. Es stammt aus dem 14. Jh. und ist ein hübscher Bruchsteinbau mit bemerkenswerten Blendarkaden um die Kuppel. Im einschiffigen Innenraum sind einige fast völlig zerstörte Fresken erhalten. *Ágios Ioánnis* ist die Friedhofskirche oberhalb vom Ort, sie steht auf den Grundsmauern einer frühchristlichen Basilika und besitzt einige Fresken aus dem 14./15. Jh. (nach den Schlüsseln zu den Kirchen in den Kafenia nachfragen).

In dorischer Zeit war Axós eine mächtige Stadt mit großer *Akropolis,* laut der Mythologie gegründet von Oaxós, dem Sohn einer Tochter des Mínos. Spärliche Ruinen wurden 1899 von italienischen Archäologen auf dem Hügel über dem Ort ausgegraben. Der beschwerliche, etwa 500 m lange Aufstieg beginnt hinter der Kirche Agía Iríni, zu sehen ist allerdings kaum noch etwas.

Anfahrt/Verbindungen Mo–Fr fahren zwei Busse täglich von Réthimnon über Axós nach Anógia und zurück.

Übernachten/Essen & Trinken **Yakinthos**, gepflegte Anlage im oberen Ortsteil, schöner Blick und freundlich geführt. Drei Studios (ca. 45–50 €) und drei Apts. für bis zu 6 Pers. (ca. 90–100 €), jeweils mit TV. Der Sohn spielt ausgezeichnet Mandoline. Zu buchen über www.crete-hotels-rooms.com/Reservations/Yakinthos_Hotel.htm

Dafermos, Privatzimmer gegenüber der Agía-Iríni-Kirche, Nähe Ortsausgang Richtung Anógia. Herrlicher Blick ins Tal Richtung Westen.

Axos Place, große Taverne am Ortsausgang Richtung Anógia, ebenfalls herrlicher Blick ins Tal.

Sonstiges Lassen Sie sich beim Frisör **Iannis Dafermos** die Haare schneiden. Wenn man Glück hat, spielt Iannis ein paar Lieder auf der Lyra, bevor er zur Schere greift.

Tropfsteinhöhle von Sfentóni (auch: Sendóni, Sfendónia oder Sfendóni)

Nordöstlich von Zonianá, etwa 3 km oberhalb von Axós, liegt in 630 m Höhe diese 3000 qm große Tropfsteinhöhle, die als eine der schönsten ihrer Art auf Kreta gilt. Ihr Name stammt von einem sfakiotischen Freiheitskämpfer namens Sfentonis, der sich hier einst versteckt hatte.

Vor einigen Jahren hat man damit begonnen, sie zur Schauhöhle auszubauen und ein System von Laufstegen eingerichtet. Etwa 20 Min. lang wird man 270 m weit durch einige der vierzehn Innenräume geführt und kann dabei schöne Tropfsteinformationen mit teils fantasievollen Namen betrachten: „Schiefer Turm von Pisa", „Niagara-Fälle", „Pantheon", „Bestie", „Musikspiel" usw. Bei letzterem handelt es sich um Felsgestein, das, sobald man mit den Fingern darüberstreicht, musikalische Klänge von sich gibt (Berühren ist allerdings verboten). Es gibt etliche große Löcher im Boden – die Führer erzählen von einen Kinderskelett, das gefunden wurde und hier wahrscheinlich viele Jahrzehnte unentdeckt gelegen hat.

Öffnungszeiten/Preise April bis Oktober tägl. 9–18 Uhr, übrige Zeit nur Fr, Sa & So 9.30–16 Uhr nach Vereinbarung unter ✆ 2834-0-61734. Führungen meist auf Englisch, gelegentlich Deutsch. Ein dreisprachiges Faltblatt wird außerdem verteilt. Eintritt ca. 4 €.

Anógia und Nída-Hochebene → Iráklion/Umgebung S. 240 ff.

Von Réthimon nach Argiroúpolis

Reizvolle Fahrt zu einer der wasserreichsten Stellen Kretas, eins der beliebtesten Ausflugsziele im Raum Réthimnon – sogar der touristische „Talos Express" aus Georgioúpolis kommt regelmäßig herauf. Im Tal von Argiroúpolis entspringen unter turmhohen Platanen kräftige Quellen, die zum großen Teil die Wasserversorgung von Réthimnon gewährleisten. Zudem liegt Argiroúpolis an der Stelle der antiken Stadt Lappa, von der noch so manches erhalten ist.

Für An- und Rückreise ab Réthimnon gibt es mehrere Möglichkeiten, z. B. über das Dorf *Atsipópoulo* (6 km von Réthimnon), wo man auf der blumengeschmückten Terrasse der alt eingesessenen Taverne „O Kompos", die seit vielen Jahren einen guten Ruf genießt, hervorragend essen kann. Auch vom Badeort Georgioúpolis kann man die Fahrt leicht unternehmen. Verbinden lässt sich die Tour mit einem Abstecher zur venezianischen Festung *Bonripári* und einem Besuch des Örtchens *Roústika* mit seiner freskengeschmückten Kirche und dem Kloster *Profítis Ilías.*

▸ **Bonripári**: Die Festung Bonripári thront südöstlich des Dorfs Monopári auf einem steil abfallenden Hügel oberhalb des Flusses Pétres. Sie wurde Anfang des 13. Jh. erbaut und ist eine der wenigen Burgen der Genueser, die damals vergeblich versuchten, den Kretern gegen die venezianische Eroberung beizustehen. Sicherlich war der strategisch bedeutsame Rundblick nach allen Seiten verantwortlich für den Bau der Anlage. Doch bereits fünf Jahre nach ihrer Fertigstellung wurde Bonripári von den Venezianern eingenommen. Heute ist die Burg im grünen Hinterland von Rethimnon kaum noch bekannt und wird nur selten besucht. Ausgehend von der Nekropole von Arméni (→ S. 516) lässt sich eine reizvolle Wanderung zur Festung unternehmen, von Monopari kommt man in ca. einer Std. hinüber.

Wanderung von Arméni zum Kástell Bonripári

GPS-Wanderung 13

- *Route* Réthimnon, Nekropole von Arméni – Kástelos – Monopári – Áno Valsamóneros.
- *Dauer* ca. 4 Std. 30 Min.
- *Streckenlänge* 9,8 km
- *Höhenmeter* Aufstieg/Abstieg: 440 m.
- *Wegbeschreibung* Von Rethimnon kommend biegen wir vor der Ortschaft Arméni nach rechts (ausgeschildert) auf eine Asphaltstraße zum minoischen **Friedhof von Arméni (WP 01)** ein (→ S. 516). Wir folgen der Straße noch ein kurzes Stück weiter und verlassen sie nach einem eingezäunten Gebiet bei einer **Gabelung (WP 02)** nach links. Auf beschaulichen Feldwegen geht es weiter durch ein Waldgebiet aus großen Mooseichenbäumen – das sind Eichen, die einst aus China importiert wurden und nur an wenigen Stellen der Insel wachsen. Bei einer Abzweigung nach rechts **(WP 03)** halten wir uns geradeaus. Bei der nächsten **Gabelung (WP 04)** gehen wir links, kurz darauf **(WP 05)** nach rechts. Wir folgen dem Feldweg, bis wir wieder auf die Asphaltstraße treffen **(WP 06)**. Der Asphaltstraße nach rechts folgend, kommen wir zu einer **Kreuzung (WP 07)**, wo wir links hinauf zur Ortschaft Kástelos gehen. Wir wandern in die Ortschaft hinein und gehen am Telegraphenmast mit dem „E-4"-Schild vorbei. Etwa 10 m weiter, beim nächsten Telegraphenmast, biegen wir links ab **(WP 08)**. Einen Betonweg folgend, geht es nach einem kurzen Stück rechts ab **(WP 09)**. Bei einer **Gabelung (WP 10)** nach links gehen wir rechts hinunter. Kurze Zeit später sehen wir an unserem Fahrweg einen Ziehbrunnen, wir folgen dem Weg bis zu einer Gabelung nach rechts und überqueren dabei ein kleines Rinnsal im Betonrohr **(WP 11)**. Kurz darauf folgt eine Kreuzung, links sehen wir den Friedhof, wir gehen geradeaus weiter. Bald erblicken wir einen Schafstall, hinter dem wir die Betonstraße verlassen, die rechts hinauf weiterführt, und links hinunter gehen, am **Schafstall** vorbei **(WP 12)**. Wir kommen zu einer Gabelung und halten uns rechts, auf diesem Weg überqueren wir eine kleine Betonbrücke, kurz darauf treffen wir auf eine breitere **Fahrstraße**, wo wir uns nach links wenden **(WP 13)**. Linker Hand kann man ein Wohnhaus sehen, etwa 20 m danach führt ein Feldweg nach links hinunter durch schön angelegte Felder, wiederum gesäumt von Mooseichenbäumen. An einer **Wegkreuzung (WP 14)** halten wir halten uns rechts. An der nächsten **Kreuzung (WP 15)** wieder rechts, bis wir zu einem romantischen Rastplatz und einer alten **Kapelle** aus dem 14. Jh. kommen **(WP 16)**. Oberhalb der Kirche (mit Farbpunkten und Steinmännchen markiert) treffen wir auf eine Fahrstraße und gehen nach links. Nach etwa 100 m biegt die Fahrstraße nach links ab, wir gehen aber geradeaus hinauf, bis wir nach etwa 50 m auf der linken Seite eine neue, grob ausgeschobene **Straße** (Rodung) sehen. Wir folgen dieser **(WP 17)** ein Stück hinauf und gehen vor ihrem Ende nach rechts, durch einen Gitterzaun hindurch und ein Stück auf einem alten verwachsenen Fahrweg hinauf. Oben treffen wir auf einen anderen Fahrweg und halten uns links **(WP 18)**, durch einen Gitterzaun hindurch. Kurz darauf treffen wir auf eine Kreuzung und folgen der Fahrstraße scharf nach links hinunter **(WP 19)**. Unterhalb davon sehen wir bereits einen großen Schafstall, den wir der Straße folgend, umrunden. Durch einen Pferch hindurch folgen wir der vor uns liegenden Straße, vorbei an mannsgroßem Riesenrutenkraut. Nun ist das genuesische Kastell auf dem Hügel vor uns schon gut zu erkennen. Wir verlassen die **Straße (WP 20)** und folgen einen kleinen Pfad hinauf zur Burg. Man kann sie auf dem Plateau umrunden und genießt den herrlichen Blick auf die Bucht von Georgioúpolis und die **Weißen Berge (WP 21)**. Nun kehren wir wieder zur Straße zurück

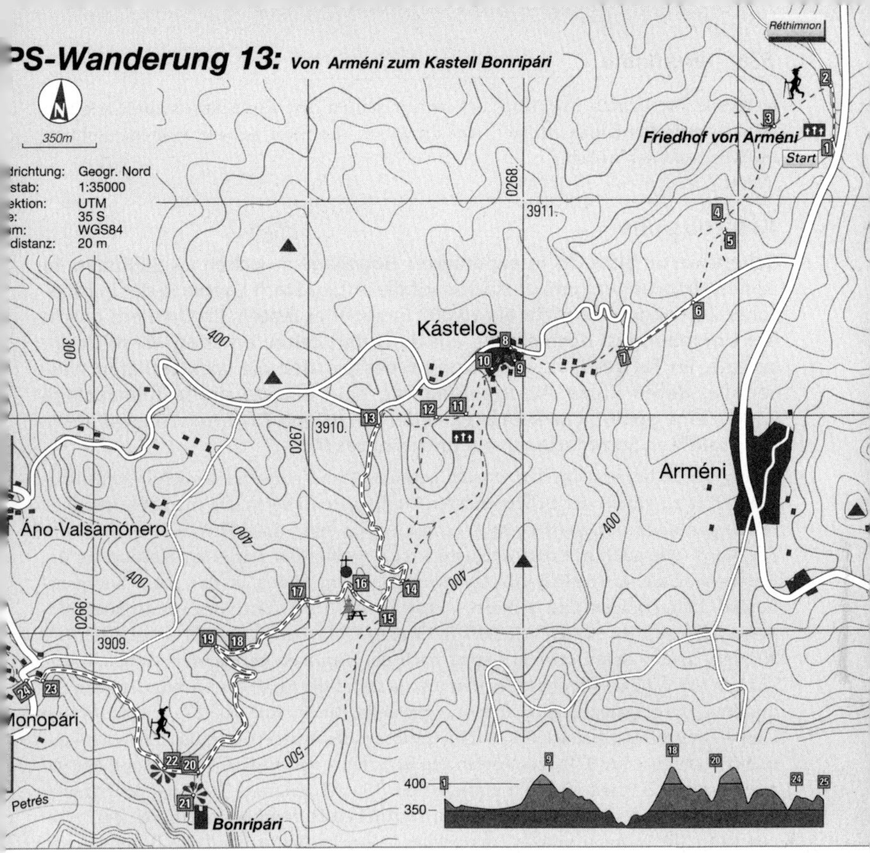

und gehen nach links, durchqueren ein großes **Gittertor (WP 22)** und bleiben auf dieser Straße. Wir kommen zu einer **Kreuzung (WP 23)**, wo wir uns rechts halten, kurz darauf folgt eine weitere Kreuzung. Nun sind wir am Anfang der Ortschaft **Monopári (WP 24)**, treffen auf die Asphaltstraße und halten uns rechts hinauf durch die Ortschaft. Wenn wir auf der Asphaltstraße weiter gehen, kommen wir nach ca. 15 Minuten zur Ortschaft **Áno Valsamónero (WP 25)**, wo man sich im Kafenion ein Taxi für die Rückfahrt nach Rethimnon bestellen kann.

- **Roústika**: Schönes, altes Dorf mit überraschend reichhaltiger venezianischer Bausubstanz. Die kleine Kirche *Panagía ke Sotíros Christoú* aus dem 14. Jh. steht auf einer Platia im Ortskern. Das Nordschiff ist vollständig mit vielgestaltigen, teils gut erhaltenen Fresken ausgemalt. Durch die Kirche führt Georgios Polopetrakis, dessen gemütliche Taverne „Ta Roustika" hinter der Kirche liegt. Der Innenraum seines historischen Hauses ist mit kretischer Volkskunst und alten Musikgeräten und -instrumenten dekoriert, besonders stolz ist Georgios auf seine originale und nach wie vor funktionierende Musikbox aus den fünfziger Jahren.
- **Kloster Profítis Ilías**: Der festungsartige Komplex steht am Ortsende von Roústika, im großen Innenhof wachsen Oleanderbüsche, Orangen- und Zitronenbäume. Am Eingang ist die Jahreszahl 1641 eingraviert, damals begann man mit dem Bau. Während der Türkenzeit hatte das Kloster stark unter den Besatzern zu leiden,

wertvolle alte Ikonen usw. sind hier nicht erhalten. Die Kuppelkirche besitzt einen schön verzierten Glockenträger. Abt Efmenios und zwei weitere Mönche wohnen im Westtrakt der Anlage.

Öffnungszeiten 7–12, 15–19 Uhr.

Argiroúpolis

Sehenswerter alter Ort in exponierter Hügellage zwischen zwei Flüssen. In seinen Ursprüngen geht er zurück auf die antike Stadt Lappa, in der in römischer Zeit angeblich mehr als 10.000 Einwohner lebten. Im Ortskern und in der Umgebung ist noch einiges aus den alten Zeiten erhalten. Westlich unterhalb, im Tal des Flusses Moussélas, entspringen die spektakulären Wasserfälle, deren kühle Ausstrahlung wie eine einzige große Klimaanlage wirkt – eine gemütliche Rast in einer der schattigen Tavernen ist an sonnendurchglühten Sommertagen ein unbedingtes Muss.

Lappa wurde bereits von den Dorern gegründet und entwickelte sich in hellenistischer Zeit zu einem der bedeutendsten Stadtstaaten Kretas. Da man Schiffsankerplätze gefunden hat, wird vermutet, dass Lappa einst über Flussläufe sowohl mit der Nord- wie auch mit der Südküste Kretas verbunden war – im Norden lag der Hafen bei Drámia (östlich von Georgioúpolis), im Süden in der Fínix-Bucht bei Loutró. Unterworfen und zerstört wurde Lappa 67 v. Chr. vom römischen Feldherrn Metellus, da es sich mit seinem Gegner Octavian verbündet hatte. Mehr als 30 Jahre später ließ Octavian Lappa nach der siegreich verlaufenen Schlacht von Actium (31 v. Chr.) wieder aufbauen und gestand der Stadt als Verbündeter im römischen Bürgerkrieg gegen Antonius partielle Autonomie zu. 27. v. Chr. erhielt Lappa ein großes, über 1000 Kubikmeter fassendes Wasserreservoir, das noch heute in Betrieb ist. Im 9. Jh. zerstörten die Sarazenen den Ort, doch während der venezianischen Zeit war die nun einfach Polis (Stadt) genannte Siedlung bereits wieder recht bedeutend, was man aus den stattlichen Herrenhäusern dieser Zeit ersehen kann, die in Argiroúpolis noch stehen. Manche Bauten sind aus Bruchstücken aller Epochen zusammengesetzt, im Untergrund vermutet man Ruinen der antiken Stadt. Den Namen Argiroúpolis (árgiros = Silber) erhielt das Dorf 1822, da hier im Altertum Silbermünzen geprägt wurden, vielleicht auch, weil hier einst Silber gefunden wurde.

• *Übernachten* Da es in Argiroúpolis und der Umgebung viel zu sehen und zu tun gibt, vermieten mittlerweile etliche Einwohner Zimmer und verlangen etwa 18–30 € fürs DZ.

Argiroupolis (1), an der Straße zu den Wasserfällen. Maria Romana vermietet neue, saubere Zimmer in einem schönen Anwesen mit Garten, Terrasse und Blick über das grüne Tal. ✆ 28310-81148, ✆ 81149.

Zografakis (4), empfehlenswerte Taverne (→ Essen & Trinken) in Richtung südlicher Ortsausgang, die auch einige nette und saubere Zimmer vermietet, Tochter Joanna spricht gut Englisch. ✆ 28310-81269.

Agnantema (2), ein Stück nach Zografakis, modernes Haus am Ortsausgang, ruhige Lage, herrlicher Blick über das Gebirge zum Meer. Fünf große Zimmer mit Balkon, kleiner Salon, Küche, alles blitzsauber und gut geführt. Mit preiswerter Taverne. ✆ 28310-81172.

Lappa, Apartments in einem 400 Jahre alten, geschmackvoll restaurierten Bauernhaus. Der Besitzer, Herr Douris, spricht sehr gut Englisch. ✆ 28310-81204.

• *Essen & Trinken* Bei den Wasserfällen laden mehrere Tavernen und Cafés zum Rasten ein, auf den großen Terrassen sitzt man schattig und erfrischend kühl.

Agia Dinamis, unterhalb der gleichnamigen Kapelle (→ Sehenswertes), Taverne mit mehreren Terrassen unter dichtem Blätterdach, gute kretische Küche.

Archaia Lappa, weitläufig verwinkelt stehen die Tische um eine alte Wassermühle unterhalb der Straße.

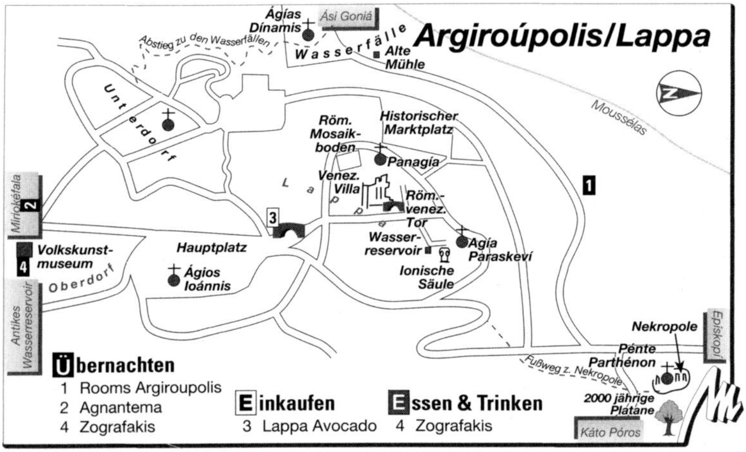

Athivoles, am Ende der Wasserfälle links oberhalb der Straße, spezialisiert auf Forellen.

Palaios Milos (Vieux Moulin), ein Stück unterhalb der Straße, Zufahrt gegenüber von Athivoles. Große Taverne inmitten von dschungelartig wucherndem Grün und Wasserläufen, besonders schön zum Sitzen (→ Sehenswertes).

Zografakis (4), oben im Ort, Nähe südlicher Ortsausgang. Gute und preiswerte traditionelle Küche, Zutaten hauptsächlich aus eigener Produktion, geführt von Familie Zografakis mit vier Töchtern. Zum Haus gehört ein hübsches volkskundliches Museum (→ Sehenswertes).

Am Ortsausgang in Richtung Süden bietet die Bäckerei **Katrizidakis** ofenwarmes kretisches Landbrot und andere Backwaren an.

Lappa Avocado: Kosmetische Produkte aus Kreta

Im Torbogen neben der zentralen Platia von Argiroúpolis **(3)** versteckt sich ein kleiner Laden. Die kanadische Besitzerin Joanna und ihr Mann Stelios Manousakas, der früher Bürgermeister von Argiroúpolis war, bieten hier ein interessantes Sortiment von Körpermilch, Seife, Shampoo, Sonnen- und Gesichtscreme auf Avocadoölbasis – wohlriechend, angenehm zum Auftragen, schnell einziehend und ideal für trockene, rissige, aber auch sonnenbelastete Haut, z. B. nach einem Sonnenbrand. Auch bei Psoriasis (Schuppenflechte) sollen die Avocadoprodukte nützlich sein – Joanna war selber lange daran erkrankt, entdeckte die heilende Wirkung des Avocadoöls auf ihrer kleinen Plantage, die bis dahin kaum Gewinn abwarf. 1992 eröffnete sie daraufhin den Laden.

Das Öl der Avocado wird in der Kosmetik sehr geschätzt, da es nicht wie viele andere Pflanzenöle nur als Mischgrundlage, sondern selber als Wirkstoff verwendet wird. In Kreta ist die Avocado mittlerweile eine sehr populäre Anbaupflanze. Allein Argiroúpolis besitzt nach Aussage von Joanna mehr als 2000 Avocadobäume. Plantagen findet man außerdem beispielsweise bei Doulianá im Bezirk Apokorónou (→ S. 553) und in der Messará-Ebene.

Weitere Infos auf der Website von Joannas Tochter, die das Sortiment in Kanada vertreibt (www.lappaavocado.com).

Sehenswertes

Alter Ortskern: Einen Rundgang beginnt man am besten an der großen zentralen Platia mit der Kirche *Ágios Ioánnis* (17. Jh.), in deren Umkreis Fundamente verschiedener Epochen ausgegraben wurden. Durch einen Torbogen gelangt man in den Ortskern. Linker Hand liegt hier das Kräutergeschäft „Lappa Avocado" (→ Kasten), in dem man einen kostenlosen Übersichtsplan zu den Sehenswürdigkeiten erhält. Allerdings sind die Relikte teilweise sehr versteckt gelegen und nur schwer aufzuspüren. Realistischer gibt sich da schon die Hinweistafel auf der Platia mit deutlich weniger Eintragungen.

An der Kreuzung nach dem Torbogen hält man sich links und steigt den Hügel hinauf zu einem überdachten römischen *Mosaikboden*, der aus 7000 Teilen in sechs Farben zusammengesetzt ist. Der zweiteilige Boden gehörte vielleicht zu einem Badezimmer mit marmorverkleideten Wänden. Weitere Mosaike werden im Umkreis vermutet. Der schmale Weg führt weiter am oberen Ortsrand entlang, vorbei an der Panagía-Kirche und am früheren Marktplatz, von dem aber nichts mehr erhalten ist. An der Nordseite senkt er sich und man kann bis zur Kirche *Agía Paraskeví* gehen. In ihrem Vorhof stehen verschiedene Säulenstümpfe und die Eingangsschwelle besteht angeblich aus dem Deckel eines Kindersarkophags. Zurück in Richtung Torbogen passiert man eine schmale Sackgasse, die zu einem *Wasserreservoir* führt, das allerdings nicht genau lokalisierbar und zudem verschlossen ist. Einige Schritte weiter findet man jedoch das elegant wellenförmig dekorierte Stück einer *Säule*. Besonders eindrucksvoll ist schließlich an der Hauptgasse im alten Ortskern das hohe *venezianische Tor* mit der Inschrift „Omnia mundi fumus et umbra" (Alles in der Welt ist Rauch und Schatten). Es bildet den Zugang zum Garten einer oberhalb der Straße stehenden venezianischen Villa, am Weg unten soll eine antike Inschrift erhalten sein.

Am Südende des Dorfs kann man nun noch das hübsche *Volkskunstmuseum* von Eleftheria Zografakis besuchen, die hier zahlreiche Stücke aus der ländlichen Vergangenheit des Orts und ihrer Familie zusammengetragen haben. Frau Zografakis betreibt auch eine Schreiner- und Drechslerwerkstatt und fertigt stilvolle Möbel mit handgeschnitzten Ornamenten.

Etwas außerhalb von Argiroúpolis liegt die große antike *Zisterne*. Der Weg beginnt hinter der Kirche, doch muss man sich durchfragen, da es keine Beschilderung gibt (Zisterne = stérna).

Öffnungszeiten/Preise **Volkskunstmuseum**, tägl. 10–19 Uhr, frei.

Nekropole: 1,5 km nordöstlich vom Zentrum liegt in einem grünen Flusstal der antike Friedhof der Stadt. Zu erreichen ist er auf markiertem Fußweg (Info im Laden „Lappa Avocado") oder per PKW auf der Straße in Richtung Episkopí. Das Auto lässt man an der Straße stehen und folgt einem Fußweg ins baumreiche Tal hinunter (beschildert: „Pros I. N. Pente Parthenon"). Im Umkreis der kleinen „Kirche der fünf Jungfrauen" sind hier Hunderte von Gräbern in die Kalkfelsen gehauen, teils geräumige Einzelräume, teils labyrinthisch ineinander verschachtelt. Der Name der Kirche spielt auf fünf Frauen an, die hier im 3. Jh. n. Chr. christliche Riten pflegten und von den Römern getötet wurden. Tatsächlich hat man hinter der Apsis eine Gruft mit fünf Einzelkammern entdeckt.

Wenige Schritte unterhalb der Kirche steht eine himmelhohe *Platane*, die angeblich 2000 Jahre alt sein soll und zu den ältesten Kretas gehört. In ihrem Schatten entspringt eine eingefasste Quelle und der kühle Ort ist ein angenehmer und viel genutzter Rastplatz. Zum Namenstag ihres Patrons Ágios Geórgios kommen hier alljährlich am 23. April die Schafhirten zusammen, lassen ihre Tiere segnen, melken sie und bieten die frische Milch allen Mitfeiernden an.

Die Wasserfälle: Von Norden kommend, führt noch vor Argiroúpolis eine Straße schräg rechts den Berg hinunter, auf der man nach etwa 800 m zu den Kaskaden kommt. Alternative: von der zentralen Platia im Ortskern zu Fuß in den unterhalb liegenden Ortsteil hinuntersteigen, von dort weiter auf holprigem Kieselweg in Serpentinen in etwa 5 Min. zu den Wasserfällen (→ Skizze).
Eine kräftig plätschernde Oase breitet sich hier im Tal des Moussélas aus. Mehrere Wasserfälle, steinerne Kanäle und schwere Rohre leiten das unermüdlich strömende Wasser aus der Felswand und weiter bis Réthimnon. Riesige Platanen und üppige Grünpflanzen gedeihen überall und spenden reichen Schatten, dazwischen entdeckt man Ruinen von alten Aquädukten und historische Wassermühlen. Über wenige Stufen kann man von der Straße zur kleinen Höhlenkapelle *Ágias Dínamis* (Heilige Kraft) unter der überhängenden Felswand hinaufsteigen, durch die sich ein kräftig strömender Wasserlauf seinen Weg bahnt. Bei der Taverne „Palaios Milos“ (→ Essen & Trinken) ist die Ruine einer historischen Teppichwaschanlage erhalten, dort steht außerdem eine pittoreske Kapelle.
Das Wasser hat beste Qualität, man kann es bedenkenlos trinken – und sogar im Hochsommer ist für Réthimnon meist genügend Wasser vorhanden. Argiroúpolis selber wird durch eine alte römische Wasserleitung versorgt.

▶ **Miriokéfala**: Die Straße vom oberen südlichen Ortsausgang erreicht nach etwa 8 km Miriokéfala mit der schönen, 1998 renovierten und vom Putz befreiten Kreuzkuppelkirche der *Panagía Antifonítria*. Die frühere Klosterkirche besitzt Fresken aus dem 12. Jh. und eine alte Ikone der Panagía (Schlüssel in einem nahe gelegenen Kafenion). Der Namenstag des Ágios Ioánnis o Xenós, der das Kloster im 10. Jh. gründete, wird am 8. September mit einem großen Fest gefeiert, er war maßgeblich an der Neuchristianisierung Kretas nach der Rückeroberung von den Arabern beteiligt.

Von Argiroúpolis weiter

Von den Wasserfällen aus windet sich die Straße panoramareich durch eine nur im Winter Wasser führende Schlucht bis ins 6 km entfernte *Así Goniá*, auf deutsch etwa „Rebellenecke“. Dieser an drei Seiten von Bergen umgebene Ort mit seinen uralten Bruchsteinhäusern ist vom Tourismus völlig unentdeckt, hier leben die Kreter noch unter sich, die meisten als Viehzüchter. Es gibt keine Unterkünfte und nur einige Kafenia, keine Taverne. An der großen Platia stehen Büsten bedeutender kretischer Politiker und Freiheitskämpfer, denn Así Goniá war immer ein Zentrum des Widerstands gegen die Türken. Auch im Zweiten Weltkrieg fanden die Partisanen hier viel Rückhalt, George Psychoundakis, der Autor des berühmten Buchs „The Cretan Runner“ (→ S. 66) stammt von hier. Wie in Argiroúpolis werden auch hier am 23. April die Viehherden gesegnet.

> Die frühere Piste von Así Goniá nach **Kallikrátis** wurde asphaltiert – eine besonders reizvolle Variante, um aus Réthimnon nach Chóra Sfakíon zu fahren, kurvenreich geht es durch fantastische Berglandschaften.

Zwischen Réthimnon und Chaniá

Die New Road führt von Réthimnon aus dicht am Meer entlang. Anfangs dominiert ausgeprägte Fels- und Klippenküste, schöne Fahrt halbhoch über dem Meer. Ab und zu sind kleine Badestrände eingelagert, z. B. in der *Bucht von Geráni*, der Mündung eines im Sommer ausgetrockneten Flusses, die mit einigen Bäumen, Kiesstrand und einer Taverne direkt unterhalb der Straße liegt. Eine Zufahrt führt von der New Road hinunter. Im rückwärtigen Hang der Bucht liegt direkt unter der New Road die verschlossene *Tropfsteinhöhle von Geráni* (Fundstücke im Archäologischen Museum von Réthimnon).

Anfahrt/Verbindungen auf der **New Road** sehr häufige Busverbindungen zwischen Réthimnon und Chaniá (jede halbe Stunde, ca. 26 x tägl.). Die **Old Road** wird nur von wenigen Bussen befahren (ca. 2 x tägl.), die Fahrt dauert zudem wesentlich länger.

Strand von Georgioúpolis

Kurz vor dem Abzweig nach *Episkopí* geht es über das tief eingeschnittene Tal des Flusses Pétris hinunter in die Ebene. Von hier bis Georgioúpolis zieht sich auf etwa 9 km Länge ein ununterbrochener Sand- und Kiesstrand, die Straße führt parallel dazu. Ab und zu sind Einfahrten mit Parkplätzen angelegt, wo hier und dort Tavernen stehen, die meist auch Zimmer vermieten, z. B. gleich zu Beginn die Taverne „Petrís". 5 km östlich von Georgioúpolis liegt Kávros, das nur aus Hotels und touristischen Einrichtungen besteht. Aber auch im näheren Umkreis von Georgioúpolis entstehen fast jährlich neue Großanlagen.

▶ **Kávros**: kein historisch gewachsener Ort, sondern lediglich eine Ansammlung recht hübscher Strandhotels zwischen New Road und Strand, um die sich eine touristische Infrastruktur mit Shops, Autovermietungen und Tavernen herausgebildet hat. Hauptsächlich Pauschaltouristen kommen hier unter. Besonderer Pluspunkt: die üppigen Gartenanlagen sowie jeweils Pool und Taverne direkt am Strand. Achtung: am Meer unbedingt die rote Flagge beachten, denn obwohl es nur ganz allmählich tiefer wird, ist es hier bei Wind und ungünstigen Strömungen schon mehrfach zu Todesfällen gekommen.

• *Übernachten* **Akti Manos** (Manos Beach), C-Kat., 1979 erbaut und somit das erste der Hotels von Kávros. Viele Stammgäste schätzen die hübsche und familiär geführte Anlage, die aufmerksame Wirtin Sofia Kouratorakis spricht gut Deutsch. Kleine, einfache Zimmer ohne Klimaanlage in Reihenbungalows im üppigen Garten, den Wasserreichtum verrät ein Springbrunnen, Pool und Taverne liegen am Strand. DZ ca. 35–50 €, im Sommer nur Halbpension. Pauschal über Jahn Reisen. ✆ 28250-61221, 📠 61205.

Happy Days Beach, C-Kat., lang gestrecktes Gelände Richtung Meer, rustikal eingerichtetes Hauptgebäude, einfache Zimmer ohne Klimaanlage in kleinen Bungalows, die ringsum fast zugewachsen sind, riesige Bananenstauden und Efeu, sehr schattig und ruhig. Am Strand unten schöner Pool und Taverne mit guter Küche. Für Nebensaison Heizgerät im Zimmer. Freundlich geführt, aufmerksamer Service. DZ mit Frühstück ca. 40–75 €, im Sommer nur Halbpension. ✆ 28250-61201, 📠 61203.

Sofia, C-Kat., schönes, durchdacht konzipiertes Haus, etwa 700 m vom Meer. Bungalowartig angelegte Gebäude mit ansprechenden Zimmern und Apartments, Süßwasserpool mit Kinderbecken. Laut Leserzuschrift sehr familiäre Atmosphäre, netter Wirt Josef Siledakis, abwechslungsreiches Essen (dank Koch Iannis), viele Stammgäste. ✆ 28250-61060, 📠 61560, www.georgioupoli.net

Paladion, hervorragende, neue Unterkunft, etwa 300 m vom Meer. Kleine, sorgfältig gestaltete Anlage mit vielen baulichen Details, schöner Pool, Studios und Apartments. Wochenpreis ca. 260–520 €. Zu buchen z. B. über Minotours Hellas.

Nikos, Taverne mit Privatzimmern, auf der New Road aus Réthimnon kommend bei der BP-Tankstelle einbiegen, dann 50 m links.

• *Essen & Trinken* Die Taverne **Asimenia** liegt neben dem Hotel Akti Manos, hier finden mehrmals wöch. „Beachparties" statt.

• *Shopping* **Johann's Bio Shop**, Johann Nolden lebt seit vielen Jahren auf Kreta. Früher war er Reiseleiter, nun betreibt er diesen Laden an der landseitigen Straßenseite. Verkauf von Olivenöl, Thymianhonig, Wein und Rakí, alles direkt von lokalen Produzenten. ✆/℻ 28250-61843.

• *Sonstiges* **Happy Holidays**, von Lesern empfohlene Autovermietung. ✆ 28250-61745, ℻ 61746.

Funpark, von der New Road ein Stück landeinwärts (beschildert), kleiner Streichelzoo mit Hasen und Katzen, außerdem Kinder-Scooter, Minigolf und Billard sowie eine nette Bar. Geführt von Familie Malindretos, die dreißig Jahre in Deutschland gelebt hat. ✆ 28250-61154, www.kreta-shop.com

Georgioúpolis

Das kleine, ländlich wirkende Örtchen liegt fast versteckt unter himmelhohen Eukalyptusbäumen. Links steigen die schroffen Felshänge der Halbinsel Drápanos auf, rechts erstreckt sich ein schier endloser Sandstrand, im Hintergrund prunkt das großartige Panorama der Weißen Berge.

Was Georgioúpolis aber vor allem attraktiv macht, ist der glasklare, eiskalte Fluss Almirós, der hier in mehreren Ausläufern im Meer mündet. Auf dem breitesten Arm schaukelt eine Flotte bunter Fischerboote im Wasser – eine kleine Idylle. Die Sumpf- und Feuchtgebiete der Umgebung mit ihren großen Schilfrohrzonen sind ein Rückzugsgebiet für Vögel und Schildkröten. Dass diese Reize nicht verborgen bleiben konnten, liegt auf der Hand. In den wenigen Gassen um den großen, rechteckigen Dorfplatz übersteigt die Zahl der Häuser mit „Rooms to Rent" bei weitem diejenigen, die noch nicht auf das Geschäft mit den Touristen setzen. Waren es bis Ende der 1980er fast ausschließlich Rucksacktouristen, die das Örtchen entdeckt hatten, sind es jetzt immer mehr Pauschalreisende, die die Cafébars am Platz bevölkern und in den neuen Großhotels am Strand außerhalb vom Ort unterkommen. Trotzdem hält sich alles in erträglichen Grenzen und Georgioúpolis ist ein sympathischer Badeort geblieben, der zudem eine interessante Umgebung besitzt.

Noch im 19. Jh. war die Gegend um Georgioúpolis eine menschenleere Moorlandschaft. Moskitos gab es zuhauf und die wenigen Menschen erkrankten an Malaria. Erst 1893 siedelte sich, angelockt durch die niedrigen Grundstückspreise, ein umtriebiger Kaufmann an und die Stadt *Almirópolis* begann zu entstehen. 1899 wurde sie nach Prinz Georg, dem Hochkommissar von Kreta, in Georgioúpolis umbenannt. Anfang des 19. Jh. pflanzte man die noch heute platzbeherrschenden Eukalyptusbäume, die den Sumpfgebieten Wasser entzogen. Weitere Moore wurden durch Kanäle zum Meer hin entwässsert, die Bewohner erhielten Chinin. So konnte die Malaria endgültig besiegt werden.

Hinweis: Wer empfindlich auf Mückenstiche reagiert, sollte sich unbedingt entsprechend ausrüsten – Mittel zum Einreiben, Öllämpchen und/oder Moskitonetz! Gibt es auch im Supermarkt am Dorfplatz zu kaufen.

Anfahrt/Verbindungen

• *Busse* Zwischen Réthimnon und Chaniá pendeln KTEL-Busse halbstündig. Sie halten an der **New Road**, eine kleine Stichstraße führt in den Ort, ca. 200 m. An der Bushaltestelle ein Häuschen, wo man Busfahrscheine und Tickets nach Omalós zur Durchquerung der Samariá-Schlucht kaufen kann (ca. 14 € hin/rück).

Bei Georgioúpolis mündet ein kräftiger Fluss

Die wenigen Busse über die **Old Road** halten direkt am Dorfplatz. 1 x tägl. gegen Mittag fährt ein Bus nach **Kournás** (unterwegs kann man in der Nähe des Kournás-See aussteigen), von dort kommt ein Bus um 6 Uhr morgens nach Georgioúpolis (→ unten).

• *Taxi* am Dorfplatz, ✆ 28250-61477.

• *Schiffsausflüge* **Iannis** bietet mit seinem Schiff Sofia mehrstündige Fahrten zur Halbinsel Akrotíri. ✆ 28250-61462.

Touristische Rundfahrt: Der „Talos Express" **(16)**, eine Sightseeing-Bahn auf Autoreifen, fährt verschiedene Ziele im Kreis Apokóronas an: Kournás, Argiroúpolis, Vámos, Gavalochóri (Volkskunstmuseum), Kefalás, Kalíves u. a. Infos und Start gegenüber vom Hotel „Corissia" oder unter ✆ 28250-61456.

Adressen (siehe Karte S. 545)

• *Ärztliche Versorgung* **Georgioúpolis Medical Unit (38)**, an der Straße vom Dorfplatz zum Kournás-See. Bereitschaftsdienst rund um die Uhr. ✆ 28250-61677.

• *Apotheke* an der Ostseite vom Dorfplatz **(23)**.

• *Auto-/Motorradverleih* **Ethon (14)**, an der Nordseite des Platzes, Leserempfehlung für den freundlichen Stavros, es wird Deutsch gesprochen. Auch Ausflüge kann man hier buchen. ✆/℻ 28250-61432, ℻ 61269. **Moto Park (15)**, geführt vom unaufdringlichen Manolis, ebenfalls an der nördlichen Platzseite. Leserkommentar: „Vom Scooter über Enduros bis zum (Soft-)Chopper gibt's alles, dazu eine Auswahl von Jet-Helmen – und im Gegensatz zu manch anderem Verleih funktionieren die Bikes." ✆ 28250-61515, ℻ 61798.

• *Mountainbikes* bei **Ethon (14)**, ideal, um zum Kournas-See zu radeln.

• *Geld* mittlerweile zwei Banken mit Geldautomaten zwischen Platz und New Road **(32** und **33)**.

• *Internationale Presse* bei **Cretan Traditional Products (31)** an der Südseite des Dorfplatzes, auch Bücher sind dort zu haben.

• *Internet* **Georgioupolis Internet Station (30)**, an der Südseite des Platzes. ✆ 28250-61732, ℻ 61733, www.alchemist.gr
Ausführliche Website zum gesamten Apokóronas-Gebiet: **www.georgioupoli.net**

• *Kino* Freilichtkino in der Nähe vom Platz, nur in der Hochsaison geöffnet.

• *Shopping* u. a. mehrere Supermärkte (hohe Preise), diverse Läden mit kretischen Naturprodukten, zwei Ledergeschäfte (gleiche Preise wie in Chaniá) und Souvenirshops.

Bäckerei (25), von der New Road kommend, am Kiosk links, nach einigen Metern unscheinbares Haus auf der rechten Seite. Bekannt für ihr ausgezeichnetes Brot. Viele Kreter kommen extra hier vorbei, um Brot zu kaufen.

Braoudakis (21), seitlich vom Dorfplatz, gut sortierter Laden einer alteingesessenen Weinbauernfamilie. Fassweine aus eigenem Anbau (rot, weiß, rosé), dazu eine große Auswahl an Flaschenweinen, Kräuter, Gewürze, Olivenöl, Honig usw. ✆ 28250-61551, www.braoudakis.gr

Palace of Nature (17), die Konkurrenz unmittelbar gegenüber, ähnliches Angebot an kretischen Naturprodukten, aufmerksam geführt.

Kritiki Oikotechnia (12), Muscheln in rauen Mengen.

Kiosk (28), eine Institution am Dorfplatz – ob Kaugummi, Kekse oder Cola, für wenig Geld gibt's hier alles. Daneben breiten die Fischer von Georgioúpolis oft ihren Fang aus, auch Obst wird verkauft.

• *Wäscherei* an der Straße von der New Road zum Dorfplatz **(40)**. Mo–Sa 9–17 Uhr. ✆ 28250-61140.

Übernachten (siehe Karte S. 545)

Obwohl es fast kein mehr Haus gibt, in dem keine Zimmer vermietet werden und obwohl jährlich Neubauten hochgezogen werden, ist Georgioúpolis im August oft völlig ausgebucht. Tipp: Außerhalb vom unmittelbaren Ortszentrum ist es nachts deutlich ruhiger.

Corissia Beach (19), C-Kat., modernes Haus im Ortszentrum, wenige Meter vom Strand. Schöner Blick auf Strand und Hafen, 40 Zimmer, jeweils Musikanlage, Klimaanlage und Telefon. Über die Straße in Richtung Strand liegt die zum Hotel gehörige Anlage **Edem (11)**, satte Rasenflächen mit großem Süßwasserpool, Poolbar und Taverne. Es wird Deutsch gesprochen, das Personal ist freundlich. Zu buchen z. B. über TUI. DZ ca. 30–50 €. ✆ 28250-61490, ✆ 61389, www.corissia.com

Drossia (24), C-Kat., beim Hauptplatz links ab, nach ca. 50 m rechter Hand. Ordentliche Pension, gute Qualität und sehr sauber, im Umkreis schattige Bäume, z. T. schöner Blick auf den Fluss. In den Zimmern Kühlschrank, Safe, Telefon und Heißwasserkocher. Laut Leserbericht freundliche Leute. DZ ca. 25–35 €. ✆ 28250-61326, ✆ 61636.

Deep Blue Sea (4), D-Kat., 2002 eröffnet, kleiner Familienbetrieb direkt am Strand, herlicher Blick aufs Meer und die kleine Kapelle. Die nette Besitzerin Athina Aretaki und ihr Mann Nikos vermieten saubere und gut eingerichtete Studios und Maisonette-Apartments. Aufmerksamer und unaufdringlicher Service, Taverne mit leckerem Essen zu vernünftigen Preisen, Vermietung von Sonnenschirmen und Liegen. Studio für 2 Pers. für ca. 30–40 €. ✆/✆ 28250-83009, www.deepblue-gr.com

Nicolas (37), E-Kat., am Ortseingang von Georgioúpolis, an der Straße zum See von Kournás. Angenehmes, kleineres Haus mit Natursteinfassade, Terrasse und gemütlichem Aufenthaltsraum mit Hausbar. Rustikal eingerichtet, unten ganz in hellem Holz gehalten, Zimmer alle mit eigener Du/WC und (z. T. sehr kleinen) Balkons, alles blitzsauber. Die nette Wirtin Maria spricht etwas Deutsch. DZ ca. 40–55 €. Kann über Neckermann auch pauschal gebucht werden. ✆ 28250-61375, ✆ 61011.

Fereniki (39), riesige Anlage mit vielen hundert Zimmern am östlichen Ortsrand von Georgioúpolis, trotzdem sehr familiär und leger von der Bäckerfamilie geführt (prima Brot). Zimmer einfach und Improvisationstalent erfordernd, mit Pool. Über viele Reiseveranstalter (z. B. Attika) und auch individuell günstig zu buchen. Tipp ist die neu erbaute Taverne am Meer, das reichhaltige und preiswerte Abendbuffet (All-you-can-eat) steht bisher jedermann offen. ✆ 28250-61297.

• *Privatzimmer* Es gibt zahllose Möglichkeiten.

Markakis Villa (27), zentrale Lage, vor der Sunset-Bar am Dorfplatz geht es rechts ab Richtung Strand, das nächste Haus auf der linken Seite ist es. Kostas und seine Frau sind beide sehr nett, hier ist noch etwas von der typisch griechischen Gastfreundschaft zu spüren. DZ und Dreibettzimmer mit Du/WC und Balkon, z. T. mit Kochnische, ca. 22–30 €.

Stelios Kokolakis (8), am Ende des Dorfplatzes rechts, nach 50 m links abbiegen, das erste Haus links und das Haus gegenüber.

Mit rosafarbenen Bougainvilleen wunderschön überrankte Vorderfront, 15 nette Zimmer und Studios für ca. 20–35 €, großteils mit Balkon oder Terrasse. Tägliche Reinigung (außer sonntags), sehr sauber. Frau Vroni Kokolakis („Mama Vroni") und ihr Mann Stelios haben fünf Jahre in Deutschland gewohnt und sprechen gut Deutsch. Gegenüber vom Haus liegt die kleine dazugehörige Taverne, wo man frühstückt und Stelios reichhaltige Salate zaubert. Manchmal geht er angeln und bereitet in mühevoller Kleinarbeit die Fische schmackhaft zu. ✆ 28250-61308.

The Egeon (9), 15 Zimmer und Studios unter hohen, Schatten spendenden Eukalyptusbäumen direkt am kleinen Hafen an der Ostseite des Flusses, in unmittelbarer Nähe zum Badestrand. Ansprechende, funktional eingerichtete 2- und 3-Bett-Zimmer, gute Betten, Ventilatoren, große Balkone (zusätzliche Moskitoschutz-Türen), Kochecke, Du/WC. Frau Politemi Mavroulis, die freundliche Besitzerin, ist amerikanisch-griechischer Abstammung und spricht ausgezeichnet Englisch. DZ ca. 20–35 €. ✆ 28250-61161, ℻ 61171.

Paradise (29), gegenüber Hotel Drossia (→ oben), Pension mit guter Taverne, große Terrasse neben dem Haus. Schattige Lage unter Eukalyptusbäumen, ordentlich eingerichtete Zimmer, Pflanzen in den Gängen, kleine Balkons. Zimmerreinigung in der Regel täglich. Nachts laut wegen der umliegenden Bars. DZ ca. 25-40 €, teils mit Kochgelegenheit. ✆ 28250-61313, ℻ 61662.

Anna (6), größeres Haus mit Garten an der Westseite vom Fluss, schöne Lage, ruhig. Zimmer mit ebenerdigen Terrassen oder großen Balkons, jeweils Kühlschrank und Kochgelegenheit, teilweise Meerblick. DZ mit Du/WC ca. 20-40 €. ✆ 28250-61279.

River House (5), neben Anna, ebenfalls mit Garten, geführt von der Deutsch sprechenden Familie Polakis. Vier saubere und helle Zimmer mit Gemeinschaftskühlschrank, fünf Studios und ein Apartment. Fünfköpfiges deutsch-griech. Team, tägl. Reinigung. DZ ca. 20–40 €. ✆/℻ 28250-61194, http://users.otenet.gr/~nikosp6

Kalivaki (2), sehr ruhig gelegene Anlage mit Pool direkt am Strand westlich vom Fluss (→ Baden). 20 Studios (Wohn-/Schlafzimmer/Kochecke/Bad/Terrasse) in fünf Gebäuden, umgeben von vielen Blumen, Taverne und Kinderspielplatz benachbart, ein Flussarm mündet neben dem Grundstück. Ins Zentrum läuft man 10 Min.

Cretan Cactus (36), östlich vom Zentrum, etwa 100 m vom Strand, unverbaute, ruhige Lage. Nette Anlage mit zwei Studios und sieben Apartments, gut geeignet für Familien mit Kindern. ✆ 28250-61027.

• *Außerhalb* **Pilot Beach**, A-Kat., komfortable Großanlage, 15 Fußminuten östlich vom Ort, zum 150 m entfernten Strand kommt man durch eine Unterführung. Reines Bungalowhotel, Wohneinheiten verteilen sich auf acht einstöckige Häuser, dazwischen gepflegte Rasenflächen, Zimmer hübsch eingerichtet mit Terrasse/Holzbalkon und jeweils Kühlschrank. Diverse Außenpools und ein Hallenbad. Am Strand Taverne, Kinderspielgeräte und deutsch geführtes Wassersportzentrum. Wird von diversen Reiseveranstaltern pauschal angeboten und ist zu empfehlen. Halbpension pro Pers. ca. 32–70 €. ✆ 28250-61002, ℻ 61397, www.pilot-beach.gr

Villa Kapasa, Tipp für Individualisten, sehr ruhige Wohnlage im Hügeldorf Mathés, ca. 3 km landeinwärts. Andreas Kapasakis und sein Bruder haben das alte Haus der Familie sehr schön und stilecht renoviert. Zehn Zimmer mit herrlichem Blick in die Natur, im Hof gemütliche Taverne unter Schilfdach, ausgezeichnetes, nicht ganz billiges Essen, freundliche Leute. ✆ 28250-61050.

Essen & Trinken/Nachtleben

Zahlreiche Tavernen bieten ihre Dienste um den Dorfplatz an, in den meisten wird der lokale Roséwein vom Fass serviert. Auch am langen Sandstrand östlich vom Ort entstehen immer mehr Lokale. Nachts erschallt im Ortszentrum fast überall laute Discomusik und die Bars plärren die neuesten Charts über den Dorfplatz.

Valentino (7), beliebte Taverne hinter dem Dorfplatz in Richtung Strand, sehr schöne Sitzplätze zwischen vielen Pflanzen, große Portionen, freundliche Bedienung und günstige Preise, dementsprechend jeden Abend voll.

Babis (20), die Tochter von „Mama Vroni" (→ Übernachten) hat mit ihrem Mann Babis unweit der Pension eine Taverne aufgemacht. Die beiden kochen selbst und das sehr gut, z. B. ein sensationelles Imam, dazu gibt es leckeren Wein, zwar etwas stärker, aber garantiert selbst gemacht.

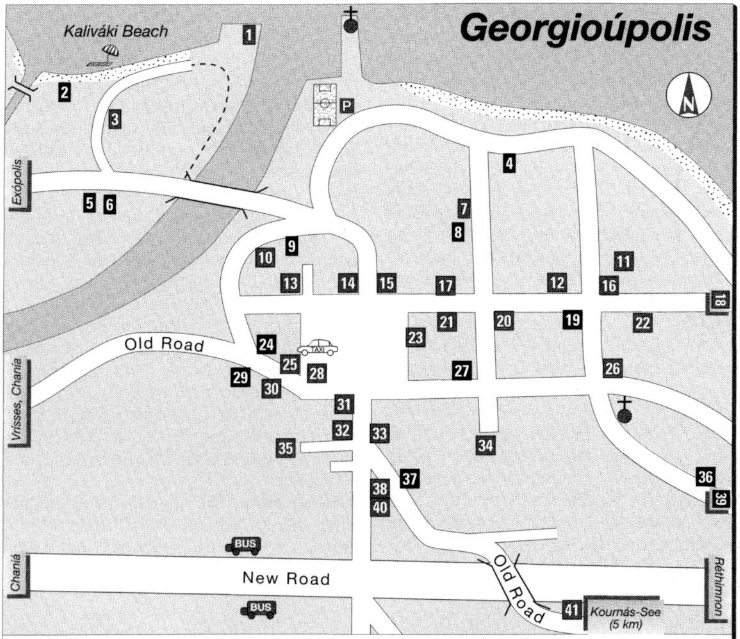

Übernachten
2 Kalivaki
4 Deep Blue Sea
5 River House
6 Anna
8 Kokolakis
9 The Egeon
19 Corissia Beach
24 Drossia
27 Markakis Villa
29 Paradise
36 Cretan Cactus
37 Nicolas
39 Fereniki

Essen & Trinken
1 To Arkadi
3 O Filos
7 Valentino
10 Blue Moon
11 Edem
13 Risko
18 Perastikos River, Mike's Oasis
20 Babis
22 Georgia's Home Cooking
26 Arolithos
35 Poseidon
41 Relax

Sonstiges
12 Kritiki Oikotechnia (Muscheln)
14 Ethon (Fahrräder)
15 Moto Park
16 Talos Express
17 Palace of Nature
21 Braoudakis
23 Apotheke
25 Bäckerei
28 Kiosk
30 Internet
31 Cretan Traditional Products (Bücher)
32 Bank
33 Bank
34 Friendly (Sportzentrum)
38 Arzt
40 Wäscherei

Poseidon (35), kurz vor dem Platz links einen kleinen Weg hinein, sehr gemütliches Fischlokal, familiär geführt.

Georgia's Home Cooking (22), Gartentaverne in der Nähe vom Hotel Corissia, man sitzt ruhig und isst preiswert, jeden Tag gibt es ein spezielles Tagesgericht. Georgia steht in der Küche, ihre vier Töchter bedienen.

Arolithos (26), gegenüber der Kirche im östlichen Ortsbereich. Freundliche Bedienung, große Portionen, viel für Vegetarier, dazu kräftiger roter Hauswein, alles zu vernünftigen Preisen.

Paradise (29), in der gleichnamigen Pension (→ Übernachten), die Frau des Hauses kümmert sich aufmerksam um die Qualität des Gebotenen.

To Arkadi (1), exponierte Lage auf der Landzunge direkt am Meer, toller Blick. Die Wirtsleute haben lange in Deutschland gelebt und sprechen sehr gut Deutsch. Zu Küchenqualität, Preisen etc. widersprüchliche Lesermeinungen.

O Filos (3), kleine Fischtaverne hinter dem halbrunden Sandstrand westlich vom Ort, ein wenig abseits (über die Brücke und nach hundert Metern Weg hinein). Wirt Nikos Kokolakis kümmert sich nett um seine Gäste, etwas Zeit muss man allerdings mitbringen. Der Verlobte von Roula spielt gelegentlich auf der Lyra.

Perastikos River (18), idyllisches Plätzchen östlich vom Ort, etwas zurück vom Strand, direkt am gleichnamigen Flussausläufer. Ruhig gelegen und familiär geführt, gutes Standardessen, 1–2 x wöch. abends Bouzouki- und Lyramusik live, der Wirt spielt selber. Lesertipp: „Abends kann man die Wasserschildkröten füttern, eine echte Attraktion für Kinder."

Fereniki (39), Taverne einer großen Hotelanlage am Strand (→ Übernachten), prima Abendbuffet, bislang für jedermann offen (Stand 2005).

Lesertipps „Am Hafen, gleich nach der Brücke Richtung Exópolis rechts, hat jemand um einen alten **Wohnwagen** einen wunderschönen grünen Garten angelegt. Man sitzt auf Holzbänken, kann Rakí oder Oúzo trinken und bekommt dazu einige kleine Snacks gereicht."

„Die Taverne **Relax (41)** liegt an der New Road, dort wo die Old Road sie überquert. Freitags häufig Hausmusik mit griechischen Tänzen, Liedern und Späßen, man sitzt unter Einheimischen und feiert mit. Gutes und preiswertes Essen."

• *Cafés/Bars* **Risko (13)**, an der Nordwestecke vom Platz, von einer ehemaligen deutschen Krankenschwester geführt. Reichhaltige Speisekarte: prima Frühstücksteller mit frisch gepresstem Saft, Müsli, Kuchen, Cornflakes und diverse Omeletts, exzellenter Kaffee (Tipp: Latte macchiato) abends auch alkoholfreie Drinks. Deutsche Zeitungen/Zeitschriften, Leihbücherei, am Samstagabend ruhige Gitarrenmusik live.

Edem (11), großflächige Bar mit saftigen Rasenflächen, Liegestühlen, Swimmingpool, Kinderspielgeräten und Taverne gegenüber vom Hotel Corissia.

Blue Moon (10), gemütliche Sitzplätze direkt oberhalb vom Fluss (vor der Brücke links), ruhig und preislich günstiger als am Hauptplatz.

Mike's Oasis (18), gemütliche Strandbar etwa 500 m östlich (Nähe Mare Monte Hotel), in der auch abends oft Feten stattfinden – eine Institution in Georgioúpolis.

Sport

Am Strand werden Surfbretter verliehen, ansonsten bieten die Großhotels östlich vom Ort ein umfassendes Wassersportangebot. Empfehlung außerdem für den örtlichen Reitstall.

Am Strand vor dem Hotel **Pilot Beach** gibt es ein deutsch geführtes Sport-Center – Windsurfen, Wasserski, Parasailing, Tretboote, Kanus, Motorboote.

Friendly (34), beschildert ab Dorfplatz, „Sport- und Spielzentrum" mit Minigolfanlage (ca. 3 €) und allerlei Spielgerät für Kinder. Tägl. 10 Uhr vormittags bis 1 Uhr nachts.

Zoraida's, der Reitstall von Kristel aus Belgien und ihrem griechischen Mann ist an der New Road zwischen Georgoúpolis und Vrísses beschildert. Die beiden besitzen bestens gepflegte Pferde und sind sehr auf die Sicherheit ihrer Kunden bedacht. Geboten werden Reitstunden und schöne Reitausflüge in die Umgebung, z. B. zum Kournás-See. Es wird Deutsch und Englisch gesprochen. Bei Bedarf wird man mit dem Auto im Hotel abgeholt. ✆ 28250-61745 oder 0030-6947-185656 (Handy).

▸ **Georgioúpolis/Baden**: Westlich vom Fluss Almirós liegt die fast geometrisch geformte, halbrunde Badebucht *Kaliváki* mit schönen Sanddünen und einer Strandkneipe im Karbikflair. Gleich dahinter steigen die karg bewachsenen Felshänge des Kap Drápanos empor. Am Westende der Bucht mündet das Flüsschen Gría Vlicháda, dessen seitliche Zuflüsse man bei genauer Suche entdecken kann. Das Wasser ist glasklar, leicht salzhaltig und eiskalt. Auf einer Fußgängerbrücke kann man es überqueren und bis zu einer Kapelle wandern.

Unmittelbar unterhalb vom Ort liegt rechts neben dem Fluss eine karge Gras- und Sandfläche. Ein schmaler, künstlich aufgeschütteter Damm führt zu einer Kapelle auf einer Felsklippe. In Richtung Réthimnon zieht sich ein kilometerlanger Sandstrand, der im Ortsbereich ganz flach ins Wasser abfällt und deshalb sehr gut für

Kinder geeignet ist. Je weiter man läuft, desto leerer wird es, jedoch haben sich mehrere große Hotelkomplexe angesiedelt. Auch hier münden kleine Flüsse, von denen man einen auf einer Fußgängerbrücke überqueren kann, die anderen muss man durchwaten, um weiter vorzudringen. Parkplätze liegen an der New Road, die hinter dem Strand entlangführt.

Achtung: bei der Strandwanderung in Richtung Réthimnon unbedingt feste Schuhe anziehen, denn der Stich des hier im Sand lebenden **Dragonfish** ist zwar nicht lebensgefährlich („non-septic and non-allergic, a very clean fish"), aber äußerst schmerzhaft.

Georgioúpolis/Umgebung

Das Kap Drápanos steht im eindrucksvollen Kontrast zum kilometerlangen Sandstrand der Ebene, im Hinterland lockt der einzige Süßwassersee Kretas.

▸ **Mathés**: winziges Hügeldorf in 150 m Höhe zwischen Georgioúpolis und Kournás-See, gerade noch zwanzig Menschen leben hier. Zentraler Bau ist die Friedhofskirche *Ágios Geórgios*, am Ortsrand liegt mit herrlichem Blick die Villa Kapasa mit zehn Gästezimmern und Taverne. Eigentümer Andreas Kapasakis hat sich und seiner Familie hier ein idyllisches Heim geschaffen (→ Georgioúpolis/Übernachten). Am Ortseingang gibt es eine weitere Taverne, betrieben von einem deutsch-griechischen Ehepaar.
Wer die knapp 4 km zu Fuß machen will, verlässt Georgioúpolis vom Dorfplatz aus in Richtung New Road. An der Weggabelung geht man rechts zur Bushaltestelle (also nicht links die Straße zum Kournás-See nehmen), überquert die New Road und geht auf einer Asphaltstraße bergauf nach Mathés. Hinweis: Der weitere Weg zum Kournás-See ist nur querfeldein zu machen, dabei müssen diverse Zäune überstiegen werden – nicht zu empfehlen.

See von Kournás

Knapp 5 km südöstlich von Georgioúpolis fühlt man sich fast in die Alpen versetzt – tiefblaues Wasser am Fuß steiler Berghänge, drum herum Phrygana- und Dornengestrüpp, vereinzelt ein paar Bäume. Die Szenerie wirkt ganz und gar unkretisch.

Der See von Kournás ist der einzige natürliche Süßwassersee Kretas – nicht groß, aber glasklar und mittlerweile ein beliebtes Wochenendziel der Bewohner von Chaniá und Réthimnon. Während der Woche kann man dagegen auf den Wiesenflächen in aller Ruhe in der Sonne liegen. Der See wird hauptsächlich zur Bewässerung der umliegenden Felder genutzt. Sein Durchmesser beträgt etwa 1,5 km, bis zu 45 m ist er tief. Gespeist wird er von Quellen, deren Wasser mit hohem Druck an den tiefsten Stellen des Sees aus dem Boden schießt. Man vermutet, dass sich unterirdische Höhlensysteme bis weit in die Berge der Umgebung ziehen. Im und um den See leben Enten, handtellergroße Krabben, harmlose Wasserschlangen (fingerdick, ca. 80–100 cm lang), Schildkröten und sogar Eisvögel. Das Ufer ist teils steinig und etwas matschig, da es hauptsächlich aus Lehm besteht. Baden macht trotzdem Spaß, denn das Wasser ist herrlich klar und wunderbar warm. Zwar zieht sich ein etwa 2 m breiter Algenstrang quer durch den See, lässt aber noch genügend Platz zum Schwimmen. Allerdings sinkt in den trockenen Monaten der Wasserspiegel oft erheblich, da das wertvolle Nass zum Bewässern der Felder gebraucht wird. Wer sich aber einen Weg durch die zum Teil scharfkantigen Ufersteine bis ins Wasser getastet hat, kann hier ein reizvolles Badeerlebnis genießen – besonders schön am Abend, wenn die Sonne Schatten- und Glitzerspiele aufs Wasser zaubert. Erschlossen ist der See von Kournás nur an der langen Nordostseite, hier führt die Straße vorbei und hier stehen auch einige große Tavernen, die bisher einzigen Häuser am Seeufer. Die Hügel ringsum sind dicht bewachsen, ein Weg führt zwar ein ganzes Stück am Ufer entlang, aber an der Rückseite ist das Gestrüpp hart und fast undurchdringlich, der Boden sumpfig. Eine Seeumrundung zu Fuß ist deshalb kaum möglich.

Von Georgioúpolis aus ist der See zu Fuß nur sehr schlecht zu erreichen, da Zäune von anliegenden Bauern das Weiterkommen erschweren. Jedoch führt von **Kávros** (→ S. 540) ein 4 km langer Fußweg zum See. Er beginnt an der Old Road bei einer Brücke in der Nähe der Apartments Vardis, dort steht auch ein Wegweiser.

• *Anfahrt/Verbindungen* Mit dem **eigenen Fahrzeug** ist der See von Georgioúpolis und der New Road aus in wenigen Minuten zu erreichen. Eine gute Asphaltstraße führt am Hotel Nicolas vorbei direkt zum See (beschildert). Dabei darf man aber nicht den Abzweig zum See verpassen, der Ort „Kournás" liegt noch ein ganzes Stück weiter (→ unten). Reizvoller ist es sicherlich, die Strecke **zu Fuß** zurückzulegen, umso erfrischender ist dann das Bad.
Bus, 1 x täglich gegen 6 Uhr morgens fährt ein Bus vom Dorf Kournás, etwas oberhalb vom See, über Georgioúpolis nach Chaniá, Rückkehr mittags.

• *Essen & Trinken* Mehrere Tavernen mit großen Terrassen liegen hübsch am Seeufer und sind ganz auf die Besuchermassen eingestellt, die an Wochenenden aus Chaniá und Réthimnon kommen. Als Spezialität gelten die *mizithrápittes*, Blätterteigtaschen mit lockerer Frischkäsefüllung und Honig.
Von Georgioupolis kommend, trifft man zunächst auf das Schild zur Taverne **Korissia**, zu der eine etwas langwierige Piste hinunterkurvt (Vorsicht: enge Durchfahrt in einem Gehöft!). Hier sitzt man ganz besonders schön unter schattigen Maulbeerbäumen.
Am See entlang kann man in wenigen Minuten auf breiter Piste zu zwei weiteren Tavernen fahren, **I Omorfi Limni** und **To Mati tis Liminis**, diese sind auch auf asphaltierter Zufahrt von der Straße nach Kournás zu erreichen.
Empire Café, ein Stück weiter in Richtung Kournás, bei fetziger Popmusik sitzt man unter einem tropisch anmutenden Schilfdach und genießt „The best view in Crete". Beliebter Jugendtreff.

• *Übernachten* Zimmer vermieten die Tavernen **Korissia**, ✆ 28250-96367, und **I Omorfi Limni**, ✆ 28250-61665.
Rucksackreisende, vor allem Motorradfahrer, übernachten gelegentlich am See, die Zelte verteilen sich aber recht dezent. Sogar im August herrscht vergleichsweise wenig Rummel.

• *Wassersport* Bei den Tavernen kann man **Kajaks** für ca. 5 € und **Tretboote** für 7 € pro Std. ausleihen. Bester Einstieg zum Baden bei der Taverne I Omorfi Limni.

▸ **Kournás**: Das noch recht ursprünglich wirkende Dorf liegt auf einem Hügel, 3 km südlich oberhalb vom See. Im Zentrum gibt es eine Reihe gemütlicher Tavernen (Kali Kardia, Agrimia und Kanarinia), wo sich tagsüber immer viele Mietwagenfahrer treffen. Die teilweise restaurierte Kirche *Ágios Geórgios* besitzt Fresken aus dem 14. Jh. (Schlüssel in der nahe gelegenen Taverne „Kanarinia"). Keramik und kulinarische Produkte der Region bietet Kostas Tsakalakis, Mitglied einer alt eingesessenen Keramikerfamilie, in seinem Laden zwischen Dorfplatz und Ortsende Richtung Kournás-See.

• *Essen & Trinken* **Kali Kardia**, gutes Grilllokal, alles hausgemacht, preiswert und freundliche Bedienung durch die Töchter des Hauses. Eine besondere Spezialität sind die selbst gemachten Würste namens *loukanikó*.

▸ **Spilíon Kournás**: An der Straße vom See nach Kournás passiert man die Taverne „I Oreía Théa" (Der schöne Blick). In der Nähe liegt eine Tropfsteinhöhle, die man mit der Hilfe des Tavernenwirts Elias besichtigen kann (ca. 3 €), der auch Taschenlampen bereitstellt. In einem engen Schacht steigt man in die Höhle hinunter, von der vermutet wird, dass sie bis zum See hinunter reicht.

Achtung: Es erreichten uns einige Leserbriefe, die nahe legen, dass weibliche Besucher die Höhle nur ohne Führer betreten sollten, da die Enge des Einstiegsschachts für unsittliche Berührungen ausgenutzt wird.

Halbinsel Drápanos

Das Kerngebiet des Bezirks Apokóronas präsentiert sich nach außen als großer Felsklotz mit zum Meer hin teils senkrecht abfallenden Wänden. Im Inneren erstrecken sich dagegen sonnendurchflutete, üppig grüne Zypressen- und Ölbaumlandschaften. Bescheidene Weinfelder, etwas Obst und Oliven bilden die wirtschaftliche Grundlage. Die kleinen Dörfer sind oft halb verfallen, wurden allerdings teilweise restauriert und besitzen noch viele Reste venezianischer und türkischer Architektur.

Die Jugend ist großteils in die Städte abgewandert, doch die Daheimgebliebenen versuchen engagiert, alte Traditionen wiederzubeleben, z. B. die hier früher weit verbreitete Seidenraupenzucht sowie die Spitzenklöppelei. Viele alte Dorfhäuser wurden zudem mit EU-Mitteln im traditionellen Stil restauriert, sodass Apokóronas recht attraktive Wohnverhältnisse bietet. Nicht wenige Ausländer auf der Suche nach Ruhe und Ursprünglichkeit haben sich hier niedergelassen, darunter etliche Deutsche, die oft kreativ oder künstlerisch tätig sind.

Eine asphaltierte Straße führt von Georgioúpolis über *Exópolis*, *Kalamítsi-Amigdáli* und den Hauptort *Vámos* durch das zentrale Hügelland der Halbinsel, in *Gavalochóri* kann man ein hübsches Volkskunstmuseum besuchen. *Kefalás*, *Palelóni* und *Drápanos* liegen in der einsamen Osthälfte der Halbinsel. An der Nordküste finden sich der beliebte Badeort *Kalíves*, in der Nachbarschaft *Almirída* sowie die Bergdörfer *Kókkino Chorió* und *Pláka*.

▸ **Exópolis & Argiromoúri**: zwei kleine, fast verlassene Bergdörfer oberhalb von Georgioúpolis, am Beginn des Kap Drápanos. Zu Fuß ist man in einer knappen Stunde oben. In Argiromoúri (unterhalb von Exópolis) gibt es eine Reihe von Tavernen und Unterkünften mit tollem Blick auf Georgioúpolis und die Weißen Berge, schön sitzt man bei Georgia im „Panorama" und, ein paar Meter weiter, auf der Terrasse des „Astrofegia". Wer Kraft hat, kann nach dem Aufstieg die unten skizzierte Rundwanderung anschließen.

• *Übernachten/Essen & Trinken* **Alkion**, familiär geführte, moderne Anlage in Panoramalage, Sonnenterrasse mit schönem Pool und Poolbar. Sechs Studios und acht Apartments, zu buchen über Minotours Hellas.

Irida, neue Anlage mit vier Studios (ca. 25–35 €), sieben Apartments (ca. 30–36 €) und Terrassentaverne in Argiromoúri direkt an der Straße, herrlicher Blick, üppiges kontinentales Frühstück, freundlich geführt von Kostas Vlathakis und seiner Frau Maria, Leserlob. ✆ 28250-22710, ℻ 61640, http://georgioupoli.net/acc/irida/irida_gb.htm

Astrofegia, große Terrasse mit Maulbeerbäumen und gelben Sonnenschirmen (mit guten Augen von Georgioúpolis aus zu erkennen). Nach dem Tod von Maria hat Kostas seine Taverne an Harry Gypakis verpachtet, einen netten Menschen, der sein Metier ebenfalls vortrefflich versteht und sehr wohlschmeckende griechische Küche und gute Weine anbietet. Es werden auch einige schöne und geräumige Zimmer mit herrlicher Aussicht vermietet. ✆ 28250-61401, E-Mail: georgima@acn.gr

Rundwanderung Georgioúpolis – Exópolis – Likotinaría – Selía – Exópolis – Georgioúpolis

Lange, aber weitgehend einfache Wanderung auf gut markierten Wegen, z. T. auf Asphaltstraße, insgesamt etwa 18 km. Verpflegung mitnehmen, nicht allzu viele Tavernen am Weg.

- *Dauer* ca. 4 Std. 30 Min. (Georgioúpolis – Argiromoúri ca. 45 Min., Argiromoúri – Likotinaría 1 Std. 30 Min., Likotinaría – Seliá – Argiromoúri ca. 1 Std. 30 Min., Argiromoúri – Georgioúpolis ca. 45 Min.).
- *Wegbeschreibung* vom Hafen in **Georgioúpolis** die Straße über die Brücke nach Exópolis nehmen, nach ca. 1 km rechts ab zwischen Olivenhainen zur **Disco Time** (seit der Saison 2000 geschlossen). Unterhalb der Disco schmalen Weg nach links (beschildert: „Argiromouri Exopolis"), mit vereinzelten blauen und roten Punkten durch Gattertore aufwärts nach **Argiromoúri**.

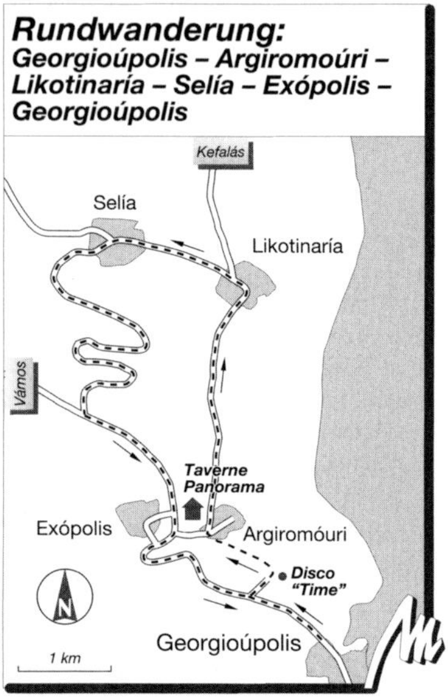

Wenn man auf die Straße kommt, an der Kirche vorbei bis zur **Taverne Panorama** von Georgia. Rechts neben der Taverne führt ein Weg (beschildert mit „Likotinaría") durch die Gärten zu einem neu gebauten Haus hinauf, rechts daran vorbei weisen Steinmäuerchen und vereinzelte blaue bzw. rote Markierungen den Weg auf den Berg. Oben dem Hauptweg folgen, nach einiger Zeit führt rechts ein schöner Fußpfad ins 3 km entfernte **Likotinaría**. Das kleine, fast verlassene Dorf liegt hoch über dem Meer mit herrlichem Ausblick auf den Golf in Richtung Réthimnon.

Eine wenig befahrene Straße führt nach Westen ins 1 km entfernte **Seliá**. (Alternative: ins nördlich gelegene **Kefalás** wandern. In Likotinaría bis zur Ortskirche, dort schmaler Pfad steil hinauf, wenn man Glück hat, sieht man Wegmarkierungen. Tolle Panoramastrecke mit Sicht auf die Küstenlinie von Réthimnon). Am Ortsende von Seliá geht links eine neue **Asphaltstraße** in Kurven hinunter zur Hauptstraße von Georgioúpolis nach Vámos. Ihr folgt man nach links bis Exópolis und **Argiromoúri**. Dort kann man sich stärken, bevor man den Rückweg nach Georgioúpolis antritt.

▸ **Kalamítsi-Amigdáli**: kleines, unscheinbares Örtchen am Weg nach Vámos. Die Frauen im Dorf beschäftigen sich intensiv mit der Seidenraupenzucht und Weiterverarbeitung der Seide (→ Kasten). Von Mitte Juni bis Anfang Juli kann man den Aktivitäten im alten Schulgebäude hinter der Kirche im Ortszentrum zusehen. In einem kleinen Laden an der Hauptstraße stehen zwei Webstühle, man kann dort u. a. Flickenteppiche, Makramee-Blumenampeln und Häkelarbeiten erstehen, gelegentlich wird auch geklöppelt (geöffnet in der Regel tägl. 10–17 Uhr).

Wiederbelebte Tradition: Die Seidenraupenzucht

Die stecknadelkopfgroßen Eier werden aus Asien importiert. Im Mai schlüpfen die Räupchen und nähren sich einen Monat lang von riesigen Mengen Maulbeerblättern, bis sie etwa 10 cm lang sind. Dann kommt der entscheidende Augenblick: Die Raupen spinnen sich mit einem selbst produzierten Seidenfaden vollkommen ein, um sich zu verpuppen und als Schmetterling auszuschlüpfen. Sie schlingen den Faden viele tausend Male um ihren Körper, dabei entstehen so genannte „Kokons". Diese werden gesammelt, in der Sonne getrocknet und anschließend in heißes Wasser gelegt. Dabei löst sich der Spinnfaden. Mehrere davon zusammengezwirbelt, ergeben einen Faden Seidengarn. Faustregel: Für 1 kg Garn braucht man etwa 3 kg Kokons. Einige der Kokons werden auch auseinandergeschnitten, gefärbt, zu Mustern arrangiert und auf schwarzen Stoff genäht – so entstehen wunderschöne Blumenmotive u. ä.

▸ **Kivotos Park**: Etwas unvermittelt trifft man am Weg nach Vámos auf den Wegweiser zu dieser Straußenfarm mit Kinderspielgeräten – fraglich, ob sich dieses Angebot hier im touristischen Niemandsland wird halten können.

Öffnungszeiten/Preise Sa/So 9–18 Uhr, Eintritt ca. 2 €, Kinder 1 €.

Vámos

Die Hauptstadt des Bezirks Apokóronas liegt inmitten von Pinien malerisch am Hang. Im 19. Jh. war Vámos Hauptstadt der Provinz Sfakiá und Sitz der türkischen Kommandantur. Damals standen hier viele türkische Bauten, doch 1896 eroberten kretische Revolutionäre den Ort und zerstörten sie vollständig, Vámos wurde damit ein bedeutendes Zentrum der kretischen Freiheitsbewegung.

Der örtliche Kulturverein „Vamos s.a." hat sich seit 1995 das Ziel gesetzt, den allmählich verfallenden Ort wieder zu beleben. Seitdem wurden mit Hilfe der EU zahlreiche Häuser im Ort restauriert und stehen als „Traditional Guest Houses" zur Vermietung. Neben der Taverne an der Durchgangsstraße zweigt ein Weg ins alte Ortszentrum ab, dort findet man einen Naturkostladen und ein hübsches Kafenion. Wenn man vom Café und Laden noch ein Stück weitergeht, ist linker Hand noch ein Teil der ehemaligen steingepflasterten Hauptgasse erhalten. In der „Fabrica", einer einstigen Olivenölfabrik, sind Kopien von Stücken aus vielen Museen Griechenlands ausgestellt (und zu erwerben).

• *Übernachten* **Vamos s.a.** vermietet im alten Ortszentrum eine Reihe von restaurierten Häusern als traditionelle Gästevillen, außerdem 8 DZ mit Bad im **Parthenagogio**, einer ehemaligen Mädchenschule, die 1883 von den Türken erbaut wurde. Die gemütlich ausgestatteten Landhäuser haben jeweils Platz für 4–6 Pers. und kosten ca. 60–80 €. Kamin oder Ofen sind jeweils vorhanden, auch TV, die Möbel sind aus Zypressenholz von örtlichen Tischlern gefertigt. Unter dem Namen Vamos Cottages kann man sie auch über TUI, Attika oder Neckermann buchen. Ein **Informationsbüro** liegt im Ortszentrum von Vamos, gegenüber der Taverne eine Gasse hinein. ✆ 28250-23251, 📠 23100, http://vamossa.gr

Vamos Palace, exzellente Unterkunft an einer Seitengasse am Ortsausgang in Richtung Chaniá. Familie Limantzaki bietet hier individuell geschnittene Studios und Apartments mit tollem Swimmingpool und tiefgrünem Rasen sowie netter, familiärer Betreuung. Das alles mit der eindrucksvollen Kulisse der Weißen Berge. Leserzuschrift: leider massenhaft Moskitos. Pauschal über Attika. Studio ca. 60–80 €, Apt. 67–90 €. ✆ 28250-23331.

• *Essen & Trinken* **I Sterna tou Blumosifis**, hübsches Mezedopólion mit Terrasse unter einer alten Platane an der Durchgangsstraße. Bezüglich Qualität und Preisgestaltung derzeit gemischte Leserzuschriften.

• *Cafés* **Café-Techni (Art-Café) To Liakoto**, neben dem Mezedopólion die Gasse in den Ortskern nehmen, dort liegt das Café neben dem Laden „To Myrovolon". Stilvolles Ambiente, Fotos lokaler Künstler, herrlich ruhig und wunderschöne Sicht auf Vámos und Umgebung bis zu den weißen Bergen.

• *Shopping* **To Myrovolon**, im alten Zentrum, kleiner Feinkostladen mit örtlichen Produkten wie Käse, Honig, Kräuter, Wein und Olivenöl.

• *Sonstiges* **Health Center Vamos**, modernes Krankenhaus mit verschiedenen Fachärzten (Gynäkologie, Innere Medizin, Zahnarzt, Kinderarzt) etwas außerhalb, beschildert ab Ortszentrum. ✆ 28250-22580.

▶ **Kloster Karídi**: Südwestlich außerhalb von Vámos an der Straße nach Vrísses (die Durchgangsstraße an der Taverne vorbei hügelaufwärts fahren) stehen die Ruinen eines großen Klosterkomplexes. Ursprünglich war es ein venezianisches Dorf gewesen, das von den Türken zerstört wurde. Danach wurde es zusammen mit seinen umfangreichen Ländereien ein Gutshof des Klosters Agía Triáda auf Akrotíri. Anfang des 19. Jh. wurde der Klosterbetrieb eingestellt. Restauriert sind heute die byzantinische Kirche *Ágios Geórgios* aus dem 12. Jh. sowie ein Wohnhaus, in dem ein Priester lebt. Etwas unterhalb liegt eine mächtige *Ölmühle* mit zwölf eleganten Kuppelbögen.

Öffnungszeiten werktags (außer Mi) 8–13, 16.30–19.30 Uhr, So und Mi nur 16.30–19.30 Uhr.

▶ **Litsárda**: In diesem Dorf östlich von Vámos gibt es eine im ganzen Apokóronas-Gebiet bekannte Taverne (die einzige im Ort), die hervorragende und riesengroße Pizzen serviert.

Gavalochóri

In diesem kleinen Ort sind noch besonders viele architektonische Relikte aus venezianischer und türkischer Zeit erhalten. Am gemütlichen Dorfplatz steht ein Denkmal an die Türkenkriege, hier ist auch der Weg zum historischen *Volkskunstmuseum* ist beschildert, in dessen Nähe noch ein altes türkisches Kaffeehaus erhalten ist. Dieselbe Gasse führt weiter zu einer Anhöhe mit der Kirche des *Ágios Geórgios*. Daneben findet man unter Platanen eine Reihe alter Zisternen aus dem 11. Jh. Auch in Gavalochóri ist ein Kulturverein tätig, vermietet Zimmer und betreibt einen Handwerksladen.

Volkskunstmuseum: Das ehemalige venezianisch-türkische Wohnhaus wurde von den Besitzern der Gemeinde übereignet, die es liebevoll restaurierte und zum Museum umbaute. Vom Innenhof gelangt man in die einzelnen Räume, deren größter die Küche mit Natursteinbögen ist. Hier gibt es eine Feuerstelle mit Kamin, einen Webstuhl und eine Weinpresse, wo zur Erntezeit die Trauben durch Stampfen mit den Füßen ausgepresst wurden – in der restlichen Zeit des Jahres wurde das Becken als Bett (!) genutzt. Im nächsten Raum findet man traditionelle Seiden- und Klöppelarbeiten, danach Keramik und Steinmetzarbeiten (für die Gavalochóri früher bekannt war), im Obergeschoss religiöse Holzschnitzereien, alte Waffen, Gemälde, Fotos und historische Münzen.

Öffnungszeiten/Preise Mo–Sa 10–13.30, 17–20, So 10–12, 17–20 Uhr, Eintritt ca. 1,50 €. Einzel- und Gruppenführung nach Vereinbarung unter ✆ 28250-23222.

• *Übernachten* Der **Kulturverein** vermietet Zimmer, Studios für 2–4 Pers. und Häuser für 5–8 Pers. (z. T. historisch). Auskunft unter ✆/℻ 28250-22038 oder im Laden der Kooperative (→ Shopping).

• *Essen & Trinken* **Aposperitis**, im schattigen Gastgarten der Brüder Salevouraki isst man überdurchschnittlich gut, einfallsreiche Küche.

- *Shopping* **Women Agrotouristic Cooperative**, Laden der örtlichen Frauenkooperative am Dorfplatz – Klöppel-, Häkel- und Webarbeiten sowie Stickereien aus Seidenkokons, die so genannten *kopanéli*. ✆ 28250-22038.

▸ **Doulianá**: hübsches, blumenumranktes Dörfchen in einem Meer von Grün westlich von Gavalochóri. Mit Zuschüssen der EU wurden in den letzten Jahren viele Häuser stilgerecht renoviert. Am Ortseingang arbeitet ein Ikonenmaler, kurz danach passiert man einen gut sortieren Minimarket und trifft an einer kleinen Platia auf ein friedliches Kafenion. Auch mehrere gepflegte Privatunterkünfte und eine gute Taverne gibt es mittlerweile.

Doulianá ist ein idealer Ausgangspunkt für lange Spaziergänge und Wanderungen durch den Apokóronas. Zum kaum besuchen *Strand von Kerá*, der etwa 4 km entfernt ist, führt ein guter Weg, der auch per Jeep zu befahren ist (Wegbeschreibung siehe Abschnitt Doulianá – Kalíves der Rundwanderung auf S. 557).

- *Übernachten* **Iliopetra**, neues Hotel mit Swimmingpool und freundlich eingerichteten Studios/Maisonettes am Dorfrand neben Taverne Douliana (am Ortseingang links abbiegen). Beim letzten Check von der Londoner Reiseagentur Chacet Travel belegt, www.cachet-travel.co.uk
Weitere schöne Unterkünfte im Ort kann man über www.freelance-holidays.co.uk buchen, z. B. **Niki**, **Raphael** und **Ioanida** (letzteres mit Pool).

- *Essen & Trinken* **Douliana**, kurz nach dem Ortseingangsschild schmalen Weg nach links fahren (beschildert). Highlight für Liebhaber kretischer Küche. Urige Taverne mit baumbestandenen, schattigen Hof und einladenden Innenräumen. Eliza und Jannis kochen traditionelle Gerichte, zu empfehlen z. B. Lamm in Ei-Zitro-nensoße, Boureki, Fawa und Kaninchen-Stifado. Preiswert.

Wanderung durch das Umland von Doulianá

Dieser Spaziergang führt u. a. über einen uralten Maultierpfad und durch einen fast dschungelartigen Wald – Kreta einmal ganz anders.

- *Dauer* ca. 1 Std. 30 Min.
- *Wegbeschreibung* Es geht los an einem kleinen **Platz** in der Ortsmitte. Beim Haus mit dem Schild „Metapódia" führt ein schmaler **Maultierpfad** in Serpentinen in ein Bachtal hinunter. Unten angekommen, links gehen. Am Wegesrand stehen hohe, mit Schlingpflanzen zugewucherte Bäume. Bald erreicht man eine kleine Höhlenkirche, die dem **Ágios Ioánnis** geweiht ist. Der Weg, von zahlreichen Lorbeerbüschen gesäumt, führt geradeaus am Kirchhof vorbei, bis er auf eine Schneise trifft. Auf dem Weg bleiben und weiter geradeaus gehen. Linker Hand passiert man eine Art Terrasse aus großen Steinen. Der Weg trifft schließlich auf ein **Gatter** (bitte wieder schließen). Es geht über große, wie Platten in den Boden eingelassene Steine noch einmal 5 Minuten geradeaus, bis der Pfad auf einen **breiten Weg** und ein kleines Häuschen stößt. Hier links abbiegen und immer geradeaus gehen, bergauf und bergab, vorbei an Zypressen, Oliven- und Weinfeldern sowie an einem Schrein für die **Panagía**, bis hin zu

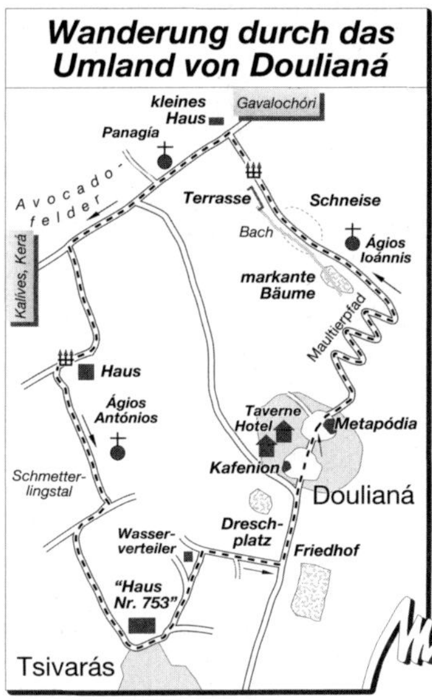

einer **Wegkreuzung**. Wer nicht mehr weiterlaufen möchte, kann hier linker Hand den asphaltierten Weg nehmen, der binnen 10 Minuten zurück nach Doulianá führt (man kommt unterhalb der Taverne raus). Ansonsten geht es wieder den Berg hinunter, vorbei an mehreren Avocadoplantagen, bis in der Talsohle links ein schmaler **Feldweg** abgeht. Dieser Pfad führt durch ein kleines, fruchtbares **Tal**, das auch im Hochsommer bemerkenswert grün und voller „Schmetterlinge" (Nachtfalter) ist. Nach einigen Minuten geht der Weg nach rechts und ein Gatter muss passiert werden. Wenig später steht links eine weitere Felsenkirche, gewidmet dem **Ágios Antónios**. Einige Minuten später kommt eine **Weggabelung**. Hier rechts und nach wenigen Metern sofort wieder links gehen, gerade auf das Dorf **Tsivarás** zu. Nach etwa 100 m ist die Hauptstraße Kalíves-Vámos erreicht. Kurz vorher geht jedoch bei dem **Haus Nr. 753** links ein Weg ab, der eine Weile parallel zur Hauptstraße verläuft. Restliche Wegbeschreibung siehe „Rundwanderung Kalíves – Tsivarás – Doulianá – Kalíves" (mittlerer Teil), S. 557.

- **Kefalás**: in der einsamen Osthälfte der Halbinsel, pittoreske Lage hoch über dem Meer. Im lang gestreckten Ortsbereich noch viel historische Bausubstanz und mehrere alte Kirchen, am nördlichen Ausgang die Ruine einer Windmühle. An der Platia im Ortszentrum kann man in der Kafe-Ouzerie „I Melas" einkehren.
- **Palelóni**: Baden und äußerst stimmungsvoll essen lässt es sich in der einsamen kleinen Taverne „Omprosgialos" in der Bucht von *Káto Akrotíri* (auch: Órmos Katevàti), die von Palelóni auf einer Asphaltstraße zu erreichen ist.
- **Drápanos**: Die Taverne „Sergogiannis" am Ortsausgang nach Kókkino Chorió bietet authentisches Essen zu niedrigen Preisen, es kocht die herzliche Eleny, ihre Tochter hilft. Vom Dach herrlicher Blick auf die Soúda-Bucht.

Kalíves

Lang gestreckter Urlaubsort an der Soúda-Bucht, eingebettet zwischen Weinplantagen und Olivenpflanzungen, davor erstreckt sich ein kilometerlanger Sandstrand. Das Flüsschen Mesó Potamós mündet direkt im Ortszentrum ins Meer, hier schwimmen Forellen und tummeln sich Enten.

Kalíves besteht im Kern nur aus der langen Hauptstraße und den vielen weiß gekalkten Seitengässchen, die sich mit ein paar Stufen den dahinter ansteigenden Hang hinaufziehen. Hier sitzen die Frauen vor den Türen, während sich die Männer unter der dicken Platane am gemütlichen Dorfplatz treffen. Wenige Schritte entfernt steht die schmucke Pfarrkirche, die mit ihrer typisch byzantinischen Kuppel und dem Glockenturm weithin sichtbar ist. Das Innere ist vollständig mit modernen Fresken bemalt. Vor allem Szenen aus der Leidensgeschichte Christi sind dargestellt und aus der Kuppel blickt der Pantokrator mit strengen Augen auf die versammelten Gläubigen. Landeinwärts vom Dorfplatz sind noch einige Mauerreste der venezianischen Festung *Apricorno* (auch: Bicorna) erhalten.

Die touristische Infrastruktur von Kalíves ist seit Jahren im steten Ausbau begriffen und überall wird heftig gebaut. Viele Einheimische und Stammgäste des einst ruhigen Küstendorfs bedauern das. Neben deutschen Gästen sind vor allem britische Urlauber zahlreich vertreten. Besonders voll wird es an Wochenenden, da dann viele Einwohner aus der nahen Stadt Chaniá zum Baden kommen. Pluspunkte sind die guten Ausflugsmöglichkeiten: auf die ländlich-ruhige Halbinsel Drápanos, zum See von Kournás, zur antiken Stadt Áptera oder nach Chaniá und auf die reizvolle Halbinsel Akrotíri.

Bauboom an der Sonnenküste

Die Umgebung von Kalíves und Almirída sowie die landschaftlich reizvolle Region um den nahen Tafelberg Drapanokéfala sind seit einigen Jahren ein bevorzugtes Baugebiet geworden und werden – vor allem auch dank der Nähe zum attraktiven Chaniá – immer mehr zersiedelt. Hauptsächlich sonnenhungrige Nordeuropäer, meist Rentner, lassen sich hier nieder oder kaufen Ferienwohnungen und -häuser, teilweise sind ganze Siedlungen neu entstanden. Immobilienmakler finden hier derzeit ein reiches Betätigungsfeld.

Verbindungen/Adressen

• *Anfahrt/Verbindungen* Die Busse Chaniá – Réthimnon und umgekehrt halten an der New Road, zu Fuß ins Zentrum sind es knapp 2 km.

• *Adressen* **Apotheke**, schräg gegenüber von Thamiris Suites.

Crete Island Estates, am Fluss neben Kalives Beach Hotel. Vermietung/Verkauf von traditionellen Landhäusern und Villen (Buchung auch von Deutschland). ✆ 28250-83155, ℻ 83166, www.crete-island.net

Geld, Bankfiliale mit Geldautomat neben Hotel Kalives Beach und an der Platia (gegenüber Rest. Akrogiali).

Volta, Autovermietung im östlichen Ortsbereich. Josch und Isolde Kraus-Feiler aus Deutschland haben sich einen Traum verwirklicht und sich hier niedergelassen. Ihr schmuckes Häuschen ist ebenso gut gepflegt wie ihre Wagen. Man kann ein Auto mit Vorreservierung bereits am Flughafen in Empfang nehmen. ✆/℻ 28250-31086, ✆ 6976-272575 (Handy).

Kalives Travel, Reisebüro an der Hauptstraße, gegenüber dem Dorfplatz,, Fahrzeugvermietung. ✆ 28250-31473.

Floppy Café, Internetcafé neben der Reinigung, ein weiteres gegenüber den Thamirakis Suites.

Post, an der Hauptstraße in Richtung Westen, Mo–Fr 7.30–14 Uhr.

Taxi, Leserlob für Vardis Karadakis, sehr verlässlich und preislich korrekt, ✆ 6973-055685 (Handy), www.karas-taxi.gr; auch Georgios Terezakis ist eine absolut zuverlässige Adresse, seiner Fahrkompetenz haben sich schon Javier Solana und Peter Struck anvertraut, ✆ 6944-463470 (Handy).

Übernachten

Hauptsächlich Studios und Apartments sind in den letzten Jahren entstanden.

Thamiris Suites, schöne Lage am Strand und neben dem Flüsschen, gegenüber Kalives Beach Hotel. 14 geräumige und saubere Studios und Apartments, tägliche Zimmerreinigung, üppig grüner Garten. Herr Stelios Vlachakis, der sehr engagierte Besitzer, kümmert sich zusammen mit seinem netten Bruder Iannis zuvorkommend um seine Gäste. Zur Straße hin Mopedlärm, am besten zur Meerseite hin buchen. Positive Leserkommentare. Auch pauschal über Attika. Herrn Vlachakis gehören außerdem die nahe gelegenen, ebenfalls sauber und freundlich eingerichteten **Studios Thamirakis**, im Ortszentrum direkt am Strand. Studios ca. 25–40 €, Apts. ca. 40–60 €. ✆ 28250-31637, ℻ 31170, www.thamiris.georgioupoli.net

Emilia, Studios/Apartments an der steilen Hangstraße im östlichen Ortsbereich, saubere Zimmer mit Kühlschrank/Kochgelegenheit, in Naturholz verkleidet und eingerichtet, teilweise Balkon mit seitlichem Meerblick, nette, Englisch sprechende Vermieterin. In der Umgebung wurde viel gebaut. ✆ 28250-31939.

Maria, an der Uferstraße östlich von Kalíves (von Chaniá kommend die erste Abfahrt nach Kalíves nehmen). Schöne Lage mit Meerblick, ordentliche Zimmer mit kleiner Küche, hinter dem Haus eine Wiese, daran anschließend der Strand. Maria Katsanikakis spricht zwar nur wenig Englisch, ist aber sehr hilfsbereit. ✆ 28250-31748.

Galazio Kyma, schöne Anlage mit Garten, Pool und Kinderbecken, direkt am östlichen Strand, Studios und Apartments. Zu buchen über britische Reiseveranstalter (siehe Website www.galazio-kima.com). ✆ 28250-31692.

Kastro Kera, hübsches Gemäuer in burgartiger Architektur, 2 km außerhalb, unterhalb der Straße nach Almirída, sehr ruhig. Neun geräumige Studios, sieben davon mit herrlichem Meerblick, sauber und nett eingerichtet, draußen schilfgedeckte Terrasse. Die Besitzer Vassilis und Andreana Androulakis sind sehr engagiert und hilfsbereit. 5 Fußminuten zu einem wenig besuchten Strand. Für 2 Pers. etwa 30–40 €. ✆ 28250-31918, http://mitglied.lycos.de/kastrokera und www.kastrokera.gr

Leserempfehlung für Studios **Dimitra** am Ortsausgang in Richtung Kalámi: Sehr freundliche Aufnahme, auf Wunsch Frühstück im Wohnzimmer der Familie mit Produkten aus dem eigenen Garten.

Essen & Trinken/Nachtleben

Alexis Zorbas, seit 1974 an der Platia gegenüber der Kirche, schöne Lage, zur Qualität gemischte Leserstimmen.

Akrogiali, unmittelbar am Dorfplatz gelegen, mit Garten zum Strand hinaus. Obwohl recht touristisch, gutes Essen, im Garten kleiner Kinderspielplatz.

Iraion, hübsch aufgemachtes Restaurant an der Hauptstraße, 50 m vom Dorfplatz Richtung Westen, hinten raus gleich das Meer.

Blue Bay, an der Hauptstraße neben dem Schmuckladen Rodamos, griechischer als der Name erwarten lässt, geführt von Familie Mavraki. Schmackhafte, lokal orientierte Küche, dazu gute Nudelgerichte, selbst gemachte Pizzen und pikante Omeletts (Tipp ist Gemüseomelett nach Art des Chefs).

Kritiko, Grilllokal in einem historischen Bruchsteinhaus, schön im alten Stil aufgemacht, gedeckte Terrasse zum Strand hin.

Medusa, an der Promenade im östlichen Strandbereich, auch nach kürzlichem Besitzerwechsel (nun geführt vom griechisch-englischen Paar Michalis und Michele, die vorher eine Taverne auf der Insel Ikaría hatten) gibt es nach wie vor gute, hausgemachte Küche und morgens englisches Frühstück. Gastfreundliche Aufnahme, das Personal ist dasselbe geblieben.

Il Forno, Pizzeria an der Promenade im östlichen Strandbereich, u. a. leckere Pizzen aus dem Steinofen, nette Bedienung.

Mistrali, ebenfalls am Oststrand, von Lesern empfohlen, schöne Lage, freundliche Kellner, preiswert, jeden Abend ein günstiges „special offer".

Peperia, etwa 300 m hinter dem westlichen Ortsausgang. Traditionelles Ambiente, schöne Terrasse zum Meer hinaus. Spezialität des Hauses ist mit verschiedenen Käsesorten und Garnelen gefüllte Paprika.

Kiani Akti, alteingesessene, aber vollständig modernisierte Strandtaverne etwa 1 km westlich von Kalíves, wo der Potamós Kiliáris ins Meer mündet. Bei den Einwohnern von Chaniá als sonntägliches Ausflugsziel sehr beliebt, dann immer viel Trubel. Zufahrt ab Kalámi.

Das Dörfchen Arméni mit mehreren beliebten Tavernen ist etwa 3 km entfernt (→ S. 562).

• *Kafenia/Cafés* Die beiden **Kafenia** am Dorfplatz sind der allgemeine Treffpunkt der Männerwelt.

Potamos, idyllische Lage bei der Brücke direkt am Flussufer. Man sitzt in einer Art Garten unter Weinreben, der Wirt ist ein freundlicher, junger Mann.

Giorgio, hübsches, superkleines Café-Bistro unmittelbar an der Platia, am Weg zum Strand. Leckere kleine Snacks, auch Salat und Tee vom Psiloritis.

Shopping/Tanzen/Wandern

• *Shopping* **Kritika Krasia**, der junge, sympathische Küfer Stávros Chatzidimitríou verkauft zusammen mit seinem Vater Dímitri an der Hauptstraße, schräg gegenüber vom Hotel Kalives Beach, gehaltvolle weiße und rote Weine aus selbst gezimmerten Fässern. ✆ 28250-31039.

Elias Ravtopoulos, neben dem Küfer, seit 1981 ist der leidenschaftliche Maler (Jahrgang 1958) an den Rollstuhl gefesselt. Seitdem malt er mit dem Mund. Interessierte sind eingeladen, seine Arbeiten anzusehen. ✆ 28250-31997.

Markogiannakis, Supermarkt beim Dorfplatz, internationale Presse.

Papyros, gut sortierter Schreibwarenladen an der Straße nach Arméni, geführt von der Österreicherin Judith Brilaki, u. a. deutsche Presse und Bücher.

Rodamos, seriös und kompetent geführter Shop zwischen Dorfplatz und Brücke. Keramik, handgefertigte Geschenke, Schmuck aus edlen Metallen (teils Unikate) und ausgesuchte Webarbeiten.

To Monastiri, Second-Hand-Shop von Josch (→ Autovermietung Volta), große

Am Strand von Kalíves, im Hintergrund der markante Tafelberg Drapanokéfala

Vielfalt an Waren, z. B. Bücher, Kleidung und Dekoartikel. Ganzjährig geöffnet, Mo–Fr 9–13, 17.30–20.30, Sa 9–13 Uhr.

• *Wandern* Während der Sommermonate bieten **Bob** und **Anne Scott** aus England jeden Donnerstag eine geführte Wanderung ins Hinterland von Kalíves. Anne und Bob wohnen seit 1997 auf der Insel und haben über 20 Touren ausgearbeitet. ✆ 28250-32363.

▶ **Kalíves/Baden**: Der lange Sandstrand zieht sich die ganze Bucht entlang, ist aber in der Ortsmitte recht unschön von einem Fahrdamm mit aufgeschichteten Felsbrocken unterbrochen. Eindrucksvoll ist der Blick nach beiden Seiten: rechts der abgeplattete Tafelberg am Kap Drápanos, links die mächtige Anlage des ehemaligen türkischen Forts Izzedin, darüber thronen die Ruinen der antiken Stadt Áptera.

Im westlichen Bereich des Strandes mündet kurz vor einer Taverne (→ Essen & Trinken) der eiskalte Potamós Kiliáris ins Meer. Im östlichen Ortsbereich schließt der teilweise von schattigen Bäumen flankierte Strand mit dem Fischerhafen am Fuß einer Felswand ab. Für zwei Strandliegen mit Schirm werden vor den Hotels 6 € pro Tag kassiert. Zum nächsten, kaum besuchten Strand in einer einsamen Bucht kommt man von der Straße, die auf das Kap Drápanos führt. Bis zum Hotel „Kastro Kera“ kann man fahren, von dort führt ein Pfad zum Meer.

Rundwanderung Kalíves – Tsivarás – Doulianá – Kalíves

Einfache Wanderung durch das wunderschöne Hinterland von Kalíves. Der Weg führt vorbei an Olivenhainen, hohen Zypressen und prächtigen Blumen. Zwischenstopp im Kafenion von Doulianá, zum Ende der Wanderung schöne Bademöglichkeit am Strand von Kerá.

• *Dauer* ca. 2 Std. 30 Min. bis 3 Std.

• *Wegbeschreibung* Ausgangspunkt ist das **Ende der Sackgasse**, die am östlichen Ende von Kalíves steil den Berg hinaufführt (auf Schilder zum Haus Karoline achten). Sie endet mit einer Absperrung für Autos und trifft auf die **Hauptstraße nach Almirída**. Wir überqueren die Hauptstraße und biegen rechts in einen **Feldweg** ein. Nach einigen Metern befindet sich linker Hand ein Schrein für die **Panagía**. Ein paar Schritte weiter eröffnet sich ein toller Blick auf

Kalíves und die Soúda-Bucht. Der Weg ist gesäumt von üppigen Olivenbaumfeldern. Kurz nach der **Wasserleitung 213** trifft der Pfad auf einen breiten landwirtschaftlichen Weg. Hier links halten und dann immer geradeaus laufen. Es geht bergauf, vorbei an einer **Hühnerfarm** bis zu einer Kreuzung. Weiter geradeaus gehen (den linken Weg, der nach Ágii Pántes verweist, außer Acht lassen), vorbei an den Wasserleitungen 223 und 222. Bei der **Leitung 221** befindet sich eine weitere Kreuzung, hier rechts halten, bis sich der Weg nach einigen Metern gabelt und es links weitergeht.

Nach etwa 100 m ist die Hauptstraße Kalíves-Vámos erreicht. Kurz vorher geht jedoch bei dem **Haus Nr. 753** links ein We… Weile parallel zur Hauptstraße … etwa 5 Min. gabelt sich der … Wieder links halten und … hinunterlaufen. Nach der Talso… geradeaus gehen (dem ersten Abzw… links keine Beachtung schenken), … auf einen **Querweg** trifft, auf der linke… befindet sich eine **Wasserleitung** … **Nummer**. Hier muss man rechts abb… und gleich darauf wieder rechts. Im… weiter geradeaus gehend, erblickt man … Ende des Pfads einen kleinen **Friedhof** u… trifft auf die Zufahrtsstraße nach **Doulian**… der man nach links in Richtung Dorf folgt.

Rundwanderung: Kalíves–Tsivarás–Doulianá–Kalíves

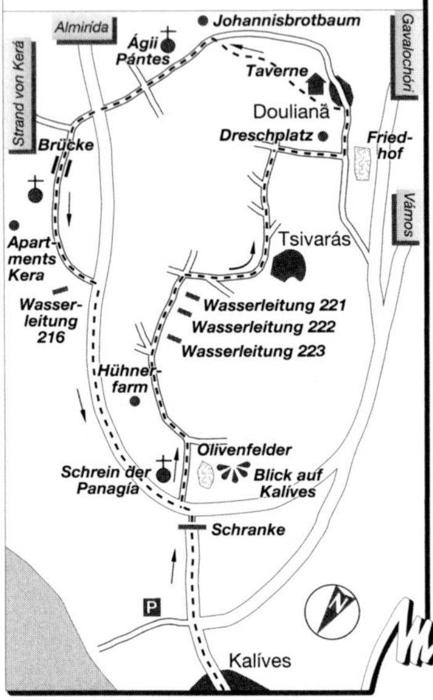

Beim Tavernenschild am Ortseingang von **Doulianá** den breiten Fahrweg nach links nehmen, vorbei an der vorzüglichen **Taverne** (→ S. 553). Von hier aus eröffnet sich ein wunderbarer Blick aufs Meer, Akrotíri und die weißen Berge. Wir bleiben noch etwa 20 Min. auf diesem Weg, der sich in etlichen Kurven weiterzieht. Bald sieht man links oben die Kapelle **Agii Pántes** und folgt dem Weg bergauf. Die Kapelle steht, einer Blumenoase gleich, auf der rechten Wegseite.

Von hier aus geht es weiter geradeaus, bergauf und bergab. Bei **Wasserleitung 202A** rechts einen stark verwilderten Fahrweg nehmen (nur schwer zu erkennen) und bei der nächsten Kreuzung links halten, bis die Hauptstraße Kalíves-Almirída erreicht ist. Die Straße überqueren und den breiten Weg zu den **Apartments Kera** hinuntergehen. Wer nun baden will, hält sich unten angekommen rechts. Nach etwa 100 m erreicht man das Wasser und den schönen, kaum besuchten **Sandstrand von Kerá**. Ansonsten den Schildern zu den Apartments folgen und links über eine Brücke gehen. Auf dem Weg bleiben, vorbei an einer Kapelle und der Apartmentanlage, bis er einen scharfen Linksknick macht und bei der Wasserleitung 216 schließlich wieder auf die **Hauptstraße Kalíves-Almirída** trifft. Hier geht es rechts nochmal ein Stück den Berg hoch, bis man sich nach einigen Metern wieder am Ausgangspunkt befindet.

Von Kalíves nach Osten

Die Küstenstraße von Kalíves führt zwischen Weinbergen oberhalb weißer Kalkfelsen entlang. Eingestreut liegen kleine Strände, Feldwege führen hinunter. Vorne thront der eindrucksvolle, einsam aufragende Tafelberg *Drapanokéfala* (527 m). Zwischen Kalíves und Almirída gibt es auch einen etwa 4 km langen Fußweg entlang der Küste.

Almirída

Kleiner Badeort an einer verzweigten Kies- und Sandbucht, eingerahmt von weißen Kalkfelsen. War lange Zeit als Ausflugsziel hauptsächlich den Einwohnern von Chaniá bekannt, wird aber mittlerweile zusehends als Badeziel in der Nähe von Chaniá vermarktet und mit Hotelneubauten „beglückt". Im Winter allerdings verwandelt sich Almirída in das zurück, was es ursprünglich einmal war – ein verträumtes Fischerdorf.

Der Sandstrand ist einige hundert Meter lang, in den Tavernen und Cafés sitzt man gemütlich am Wasser und kann den Blick auf die Halbinsel Akrotíri genießen, eine französische Surf- und Segelschule bietet sportliche Betätigung. Am westlichen Ortsrand hat man direkt neben der Straße die Grundmauern einer frühchristlichen *Basilika* ausgegraben, beachtenswert ist vor allem der gut erhaltene Mosaikboden. Auf der Halbinsel westlich vom Strand liegt der *Talking Rock*, der bei richtiger Windrichtung gurgelnde und seufzende Geräusche von sich gibt.

• *Übernachten* **Almirida Beach Hotel**, C-Kat., westlich vom Hauptstrand an einer eigenen kleinen Badebucht, von den Eigentümern des Kalives Beach Hotel neu erbaut und 2001 eröffnet. Komfortable und geschmackvoll eingerichtete Zimmer mit TV und Klimaanlage zum stolzen Preis von ca. 70–105 € das DZ. ✆ 28250-31285, ℻ 32139.

Dimitra, A-Kat., 1995 erbaut, etwa 100 m vom Meer entfernt. Zimmer mit Balkon, breites Sportangebot, Tennis und Pool. DZ ca. 50–70 €. ✆ 28250-32062, ℻ 32063.

Villa Dina, gepflegtes Apartmenthaus mit Garten am Hang nördlich oberhalb vom Strand. Poppy und Vasilli bieten ordentlich eingerichtet Apartments mit ein oder zwei Schlafzimmern, alle mit Balkon und herrlichem Blick. Apt. ca. 45–70 €, Penthaus (bis zu 8 Pers.) 60–90 €. ✆ 6944-705672 (Handy), www.villa-dina.com

• *Essen & Trinken* **O Lagos**, gleich am Ortseingang, originelle Wandverkleidung aus Felsbrocken, üppige Pflanzenpracht, gutes Essen.

Dimitri, gemütliche Taverne an der Durchgangsstraße, direkt am Wasser gelegen. Ist über die Ortsgrenzen hinaus bekannt für seine frische und gute Küche mit Produkten aus eigenem Anbau.

Psaros, seit 1954, ausgezeichnete Fischtaverne am Ende der Promenade, auch Vegetarisches wird geboten, freundliche Bedienung. Auch im Winter geöffnet.

O Erotokritos, direkt neben dem Kiosk, schön überdacht, freundlich geführt, leckeres Essen.

• *Sonstiges* **Flisvos**, Autovermietung an der Straße nach Gavalochóri. ✆/℻ 28250-32213.

Einkaufen, es gibt mehrere Supermärkte und eine gute Bäckerei.

• *Wandern* Von Mai bis September bieten **Ann** und **Bob Scott** geführte Wanderungen in und um Almirída an (weitere Infos unter Kalíves).

Die Straße klettert von Almirída den Berg hinauf nach Pláka, das bereits ein ganzes Stück über dem Meer liegt.

▸ **Pláka**: ein Dorf, das fast völlig aus neu gebauten Häusern besteht. Ein alter Ortskern ist nicht auszumachen, der Dorfplatz ist von hohen Eukalyptusbäumen umgeben. Eine interessante Beschreibung können Sie im Buch „Wind auf Kreta" nachlesen (→ S. 68). Der Autor, David McNeil Doren, hat mit seiner Frau Inga Mitte der 1960er Jahre mehrere Jahre lang in Pláka gewohnt. Er beschreibt einen verheerenden Wirbelsturm, der eine breite Schneise der Zerstörung durch das Dorf zog. Innerhalb dieser Spur blieb so gut wie kein Stein auf dem anderen. Von Pláka kann man einen Abstecher ins nur einen Katzensprung entfernte Dorf *Kambiá* machen, wo der deutschstämmige Maler Antónios Santorínios-Santorinákis sein Atelier hat. Ende Juli wird in Pláka ein großes Fest gefeiert, um an den Lyraspieler Michalis Papadakis zu erinnern. Auf dem Schulhof werden lokale Gerichte angeboten, es wird zum Tanz aufgespielt und ein Musikwettbewerb findet statt (Eintrittsgebühr).

• *Übernachten* **Bicorna**, neues Hotel mit nettem Café in einem schönen Garten. Vermietet werden sechs hübsch eingerichtete Zimmer, jeweils mit Balkon und Meerblick, unten liegen Gemeinschaftsräume mit TV, Internet und Kamin. Seit kurzem gibt es auch einen Swimmingpool. In der Saison 2 x wöch. griechische Livemusik, nette Atmosphäre und gute *mezédes*. Die freundliche Familie Gustis spricht gut Englisch. DZ mit Frühstück ca. 40–56 €. ✆ 28250-32073, ✆ 31060, www.bicorna.gr

Koukouros, die Studios von Evangelia liegen rechter Hand vom Dorfplatz. Das Besondere ist der grüne, fast dschungelartig üppige Garten, auch eine Dachterrasse gibt es. Studio ca. 30–40 €. ✆ 28250-31145, ✆ 31879.

• *Essen & Trinken* **O Charokopos**, Taverne am zentralen Dorfplatz, gute Küche und nette Atmosphäre.

Elpis, ebenfalls an der Platia, Terrasse mit tollem Blick auf die Bucht von Almirída.

Antónios Santorínios-Santorinákis: Griechisches Inselleben, präsentiert in Hinterglasmalerei

Der deutsche Maler Antónios, 1941 als Wernhart Pittinger in Regensburg geboren, lebt bereits seit vielen Jahren mit seiner englischen Frau Jill (Archäologin, Übersetzerin, Autorin, von ihr stammt z. B. das Kochbuch „Ein göttliches Gastmahl“, auf Kreta erhältlich) in Griechenland, zuerst auf Santoríni – wo er seinen Künstlernamen bekam – und jetzt auf Kreta im *„House of the Olives“* in der kleinen Ortschaft Kambiá. Bekannt ist er besonders für seine farbenprächtigen Hinterglasbilder, die das dörfliche Leben auf den griechischen Inseln zeigen. Mit dieser Maltechnik hat er eine wunderschöne griechische Kunstform wiederbelebt, die praktisch ausgestorben war. Außerdem stellt er Radierungen und Siebdrucke her. Seine Arbeiten wurden in fast neunzig Ausstellungen in zehn Ländern gezeigt. Interessierte Besucher können gern bei ihm hineinschauen und die Bilder ansehen (10–14, 17–20 Uhr).

• *Anfahrt* Man fährt über Kalíves nach Almirída, dann nach Pláka und folgt der Straße hinauf nach Kókkino Chorió. Auf dem Weg passiert man die winzige Ortschaft Kambiá – das **House of the Olives** liegt direkt gegenüber vom Ortsschild.

• *Adresse* **Antónios Santorínios-Santorinákis**, House of the Olives, GR-73008 Kambiá Apokorónou, Chaniá/Kreta, Griechenland. ✆ 28250-32178, ✆ 32068, E-Mail: santant@cha.forthnet.gr, www.cretedirect.com

- **Kap Drápanos**: Von Pláka führt die Straße noch durch einsame, karge Felslandschaft bis zu einer Radaranlage der NATO. Die Weiterfahrt ist zwar nach einigen Kilometern verboten, doch die Fahrt bis zum Schild lohnt trotzdem wegen der Einsamkeit und Stille und wegen des Blicks über die gesamte Soúda-Bucht. Bei der Rückfahrt erheben sich die Weißen Berge majestätisch in voller Größe und Schönheit.
- **Kókkino Chorió**: Das winzige Dörfchen liegt hoch oben, direkt am Fuß des steilen Tafelbergs *Drapanokéfala*. Touristen verirren sich nur selten hierher, obwohl Kókkino Chorió Filmgeschichte gemacht hat: 1964 wurden hier die Dorfszenen des weltberühmten Films „Aléxis Zórbas" gedreht, die in der Steinigung der jungen Witwe vor der Kirche nach ihrer Liebesnacht mit dem englischen Schriftsteller Basil gipfelten. Leider hat der seit einigen Jahren herrschende Bauboom das Dorf stark verändert. Der alte Ortskern ist aber noch einigermaßen intakt geblieben. An der Platia gibt es ein kleines Lokal, das einfache Gerichte anbietet, am Wochenende spielt oft Musik auf.
  Am Ortseingang hat sich Andréas Tsombanákis mit seiner großen Glasbläserei *Cretaglas* niedergelassen. Für die mundgeblasenen Vasen, Schalen und Lampen wird hier ausschließlich Altglas verwendet. Den Glasbläsern zusehen kann man von 8–15 Uhr, der Verkaufsraum ist tägl. 8–20 Uhr geöffnet (✆ 28250-31194).

Weiterfahrt über Drápanos in Richtung Georgioúpolis ist problemlos möglich *(→ S. 554).*

Von Georgioúpolis nach Chaniá

Die *New Road* umgeht die Halbinsel Drápanos landeinwärts und erreicht erst wieder an der fast fjordartig eingeschnittenen Bucht von Soúda das Meer. Ein prächtiges Waldgebiet wird durchquert, eins der wenigen auf Kreta. Hohe Zypressen, mächtige Kiefern und Laubbäume stehen zu beiden Seiten der Straße, im Hintergrund immer das Panorama der Weißen Berge. Wer auf der reizvollen *Old Road* fährt, erlebt die Reize der üppigen Waldlandschaft noch intensiver, kann außerdem interessante Abstecher ins ländlich-grüne Hinterland einschieben.

Vrísses

Wichtiger Knotenpunkt und Busumsteigestation etwas abseits der New Road, hier zweigt die Straße nach Chóra Sfakíon an der Südküste ab. Die mächtigen alten Platanen am meist ausgetrockneten Dorfbach Voutakás bilden einen idealen Rastplatz mit viel Schatten.

Kein Wunder, dass sich zu beiden Seiten der Brücke diverse Tavernen etabliert haben, um von den Touristenbussen zu profitieren. Leider gehören die Geschäftspraktiken nicht gerade zu den vorbildlichsten, denn überzogene Preise und mittelmäßige Qualität des Gebotenen kommen häufig vor.

Ein wenig östlich außerhalb passiert man an der Old Road das Anwesen der Familie *Braoudakis*, die in Georgioúpolis (→ S. 541) einen gut sortierten Laden mit kulinarischen Produkten der Region betreibt. Auch hier gibt es einen großen Verkaufsraum, außerdem eine volkskundliche Sammlung (✆ 28250-51594, 📠 83252, www.braoudakis.gr). Vor der Tür steht eine schöne alte Olivenpresse mit schweren Mahlsteinen.

In Vrísses beginnt eine der malerischsten Bergstraßen zur Südküste, die auch gleichzeitig die kürzeste Nord-Südverbindung im Westen Kretas ist (Vrísses – Chóra Sfakíon 40 km). Es geht über die Askífou-Hochebene und dann in atemberaubenden Serpentinen hinunter nach Chóra Sfakíon (→ Kasten). Details zur Strecke nach Chóra Sfakíon sowie zu Chóra Sfakíon und Umgebung auf S. 697 ff.

▸ **Máza**: In dem kleinen Ort 2 km südöstlich von Vrísses steht die Kirche *Ágios Nikólaos*, die 1325 vom bedeutenden Maler Pagomenos vollständig ausgemalt wurde. Die Fresken sind gut erhalten.

▸ **Vafés**: Das abgelegene Dörfchen liegt 4 km südwestlich von Vrísses am Fuß der Weißen Berge, zu erreichen auf schmaler kurviger Straße. Hier gibt es eine der letzten Olivenölfabriken Kretas, die noch mit der alten Technik der Mattenpressung arbeitet (am Ortseingang rechts hinauf), das Ergebnis hat uns allerdings nicht überzeugt. Schön ist die Taverne „Kourtsa" am Ortsende in einem restaurierten Bruchsteingebäude mit Terrasse und mehreren kleinen Speiseräumen.

▸ **Pemónia und Umgebung**: Wenn man in Nípos von der Old Road abbiegt, kann man durch ein dichtes Waldgebiet über die hübschen Orte *Frés* und *Tzitzifés* nach Pemónia fahren. Hinter der Kirche arbeitet der Korbmacher Michális Koukourákis. Er ist der letzte seiner Zunft hier, früher sollen es mehrere Dutzend gewesen sein. Michális stellt hauptsächlich verschiedene Korbvarianten, Korbflaschen und Lampenschirme her, das Material stammt aus den nahen Feuchtgebieten um Georgioúpolis. Von Pemónia sind es dann noch 3 km nach *Ágii Pándes*, wo die Old Road wieder erreicht wird. Kurz nach dem Ortsausgang passiert man rechter Hand die Tischlerwerkstatt von Jórgos Nikiforákis, der hier die typischen kretischen „Kafenion"-Stühle fertigt. Er verwendet dafür ausschließlich Zypressenholz, die Sitzflächen bestehen aus Schilfgeflecht. Besonders schön sind die Exemplare mit Schnitzereien. Von Pemónia kann man außerdem noch den Abstecher ins 3 km entfernte *Melidóni* machen, ein sehr ursprünglich gebliebenes Dorf abseits jeglicher Touristenpfade mit fantastischem Blick auf Apokóronas.

• *Essen & Trinken* **Tzitzifes**, in einem waldähnlichen Gebiet am unteren Ortsrand von Tzitzifes (ausgeschildert), schöner Blick un die Umgebung. Traditionell gebautes Natursteinhaus mit Holzbalkendecke und Brotbackofen. Katerina serviert hausgemachtes dunkles Brot, gefüllte Zucchiniblüten (frisch gepflückt aus dem Garten), Kaninchen-Stifado und *kotópoulo* (Hühnchen) mit schmackhafter Soße, dazu köstlichen Hauswein. ✆ 28250-71380.

▸ **Néo Chorió**: schöner Dorfplatz mit Platane und Brunnen. Rechts oberhalb vom Ortsausgang in Richtung Arméni die Ruine einer türkischen Festung.

▸ **Macherí**: westlich von Néo Chorió, kleines Örtchen in einem Tal voller Olivenbäume. Hier gibt es ein interessantes Projekt des „grünen Tourismus", nämlich Ferienwohnungen in einem venezianischen Gutshaus.

• *Übernachten* **Kamares**, die Apartments in dem liebevoll restaurierten Haus besitzen jeweils Kamin und Küchenzeile, im ökologisch angelegten Garten gibt es einen Swimmingpool. Fewo pro Woche ab ca. 420 €. Ganzjährig. ✆ 28250-41111, Fax 41224, http://kamares-houses.gr

▸ **Arméni**: kleines, wasserreiches Dorf im Grünen, unter hohen Platanen an der Old Road. Am Ortsausgang in Richtung Kalíves liegt die Werkstatt des über 80-jährigen *Glockenmachers* Charálambos Parakoudákis. Er gießt die Glocken nicht, sondern bearbeitet sie wie ein Schmied – aus Eisenblech hämmert er kleine und große Glocken für Schafe und Ziegen.

• *Essen & Trinken* **Platanos**, Garten mit uralten Platanen, rundum sprudeln kräftige Quellen. Alteingesessene Taverne, deren Besitzer sich neuerdings nur noch an Touristen orientiert. Abends gelegentlich „Kretische Abende" mit Tanz, Showeinlagen usw. Ganzjährig geöffnet. ✆ 28250-41655.

I Kardia, im Ortskern, geführt von einer alten Frau. Es gibt bei ihr nur griechischen Salat und Souvláki, das von ihr aber frisch über dem Holzkohlegrill zubereitet wird, lecker schmeckt und sehr preiswert ist.

Gut essen kann man auch das ganze Jahr über in der neuen **Taverne** schräg gegenüber der Kirche.

Aussterbender Beruf: Stuhlmacher auf Kreta

▸ **Kalámi**: winziges Nest am Westende der Bucht von Kalíves, am Hang zwischen New und Old Road. Vom kleinen Kafenion am Ortseingang, das von einer netten, älteren Dame bewirtschaftet wird, hat man einen wunderschönen Ausblick über die Soúda-Bucht und kann den Fährschiffen bei der Ein- und Ausfahrt zusehen – besonders stimmungsvoll, wenn die Sonne über der flachen Halbinsel Akrotíri untergeht. Hier an der engsten Stelle der eigentümlichen Soúda-Bucht schirmen die drei kleinen „Weißen Inseln" die Einfahrt ab – so benannt nach ihren weißen Steilhängen. Kein Wunder, dass die Türken das mächtige *Fort Izzedin* an diese strategisch äußerst wichtige Stelle gesetzt haben. Es beherrscht das Ortsbild und die ganze Bucht von Kalíves und erhebt sich mit seiner rundum laufenden Mauer und den Wachtürmen direkt neben der New Road. Heute ist eine Kaserne darin untergebracht, während der Junta-Diktatur in den sechziger und siebziger Jahren diente es dagegen als Kerker für politische Gefangene. Vor dem Eingang zum Fort liegt noch ein großer Block mit türkischem Text aus dem Jahr 1884, auf einem kleinen Weg um die Mauer kann man bis zum heutigen Wärterhäuschen laufen (Fotografieren verboten).

• *Übernachten* **Akrimios**, schönes Apartmenthaus mit Blick auf die Soúda-Bucht direkt an der New Road, nicht weit von Kalámi. Freundlich geführt vom österreichisch-kretischen Ehepaar Ingrid und Petros Kokotsakis. Speisen aus eigenem Garten und Schafszucht, an Wochenenden häufig kretische Abende (Hausherr ist Musiker) mit Livemusik und Tanz. Pool vorhanden, außerdem 10 Min. unterhalb kleine Kiesbucht zum Baden. Geräumige Apartments mit voll eingerichteter Küche und Terrasse für 2–6 Pers., ca. 30–40 € (2 Pers.) bzw. 50–70 € (6 Pers.). ✆ 28250-31483, 32196 oder in Wien: 0043-1-4703748, www.cretedirect.com/akrimios.htm

• *Essen & Trinken/Cafés* **Vigla**, große Taverne an der Durchgangsstraße, Ambiente zwar nicht so ansprechend, dafür aber lecker zubereitete Speisen. An den Wochenenden proppenvoll mit Tagesausflüglern aus Chaniá. Schräg gegenüber ein behagliches **Kafenion**.

Kalíves →S. 554

Blick über die türkische Festung von Áptera auf die Halbinsel Akrotíri

Áptera

Die weit verstreuten Ruinen der antiken Stadt Áptera liegen hoch über der strategisch und wirtschaftlich interessanten Einfahrt zur Soúda-Bucht auf einer Bergkuppe gegenüber von Kalámi. Sie wurde im 7. Jh. v. Chr. von dorischen Einwanderern gegründet und wuchs in den folgenden Jahrhunderten zu einer der wichtigsten Handelsstädte Kretas heran. Auch in „klassischer" griechischer und römischer Zeit blieb Áptera bedeutend und wurde bis in byzantinische Zeit als Siedlung genutzt. 824 n. Chr. plünderten und zerstörten die Sarazenen die Stadt, erst 1816 erbauten die Türken das weithin sichtbare Kastell am Rand des Plateaus.

Die Ausgrabungen von Áptera sind auch für Laien hochinteressant, denn hier kann man Geschichte über Jahrtausende wirklich ganz hautnah erleben. Doch auch wegen des umfassenden Blicks lohnt sich der Weg hinauf. Wie ein riesiger, blauer Teppich erstreckt sich die Soúda-Bucht, das silbrig-graue Band der New Road zieht sich durch die gesprenkelten Hügel mit Olivenkulturen, Feldern und Weinplantagen, im Süden erhebt sich die mächtige Kette der Weißen Berge. Unten erkennt man das mächtige Fort Izzedin, geradeaus im Norden liegen die abgebrochenen, weißen Klippenränder der Akrotíri-Halbinsel – wie die Kreidefelsen von Dover. Dahinter sieht man den Flughafen, ganz im Westen drüben Chaniá und Soúda mit seiner hohen Zementfabrik. Das Ganze wirkt umso eindrucksvoller, weil man hier oben oft fast ganz allein ist.

• *Anfahrt* Wenige Kilometer westlich von Fort Izzedin führt eine kurvige Straße von der New Road hinauf. Am Ende des kleinen Orts **Megála Choráfia** zweigt die beschilderte Straße links ab, noch ca. 2 km.

• *Öffnungszeiten/Preise* Di–So 8–14.30 Uhr, Mo geschl., Eintritt ca. 1,50 €.

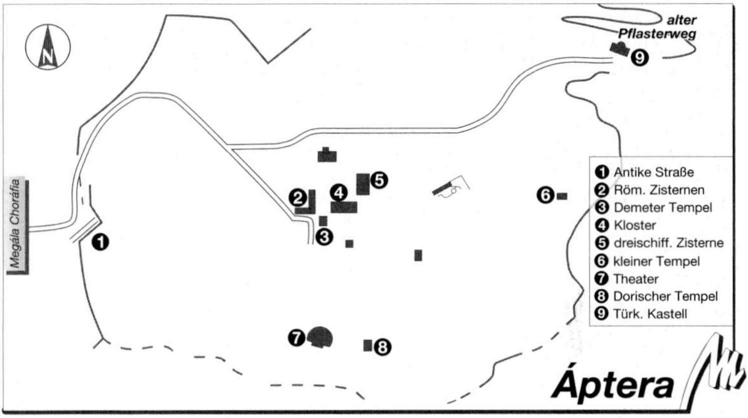

▸ **Rundgang**: Die Ruinen Ápteras stammen aus den verschiedensten Epochen und liegen in einer sanften Senke weit verstreut auf dem Plateau.

Schon bei der Auffahrt passiert man eine *antike Straße (1)* mit den umgestürzten Säulen eines *Heroon*. Bei der Weggabelung auf dem Plateau hält man sich rechts und kommt zum Parkplatz am Eingang des umzäunten Ausgrabungsgeländes. Links unterhalb erkennt man eine große römische *Zisterne (2)* aus dem typischen Backsteinmauerwerk. Vorbei an den Grundmauern eines doppelräumigen *Demeter-Tempels (3)* aus hellenistischer Zeit kommt man zum byzantinischen *Kloster des heiligen Johannes von Patmos (4)*. Von den ehemaligen Gebäuden stehen nur noch eine Kapelle, die hohen Außenmauern und einige Hausruinen. Sehr eindrucksvoll ist unterhalb vom Kloster die monumentale dreischiffige *Zisterne (5)* aus römischer Zeit. Die drei gut erhaltenen, hohen Hallen wirken fast unheimlich dunkel, kein Laut ist zu hören. Weit im Osten liegt ein weiterer kleiner *Tempel (6)*, der aus dem 1. Jh. v. Chr. stammt. Im Süden der Anlage ist ein *Theater (7)* aus vorrömischer Zeit erhalten, außerdem sind dort Felsengräber und ein *dorischer Tempel (8)* zu sehen.

Außerhalb des Geländes liegt die türkische *Festung (9)*, sie ist auch mit dem Wagen zu erreichen. Der eindrucksvolle Rechteckbau besitzt einen prächtig erhaltenen Zinnenkranz, runde Ecktürme und einen halbkreisförmigen Vorbau. Im Hof liegt eine Zisterne, von den Innenbauten stehen nur noch die Mauern mit einigen hübschen Fensterbögen. In einem Haus hat man eine Betondecke und eine Treppe eingezogen, sodass man bis zu dem Zinnenrundgang hinaufklettern kann. Am Osthang des Plateaus ist noch ein längeres Stück der antiken *Stadtmauer* erhalten. Ein alter Pflasterweg führt hier zur Küste hinunter.

Soúda

Typischer Hafenort mit wenig Atmosphäre, gleich neben den Kais ragt eine turmhohe Zementfabrik empor, zudem ist Soúda Standort einer großen Marinekaserne.

Schön ist dagegen das Panorama der dahinter ansteigenden Küstenberge und auch in den Kafenia an der palmenbestandenen Platia kann man es gut aushalten. Am

21. Dezember 1898 setzte Prinz Georg hier erstmals seinen Fuß auf kretischen Boden und unter dem Jubel der Kreter proklamierte er die Autonomie der Insel. Die Jahre der türkischen Knechtschaft waren damit endgültig vorbei (→ Geschichte). Allerdings währte der Jubel nicht lange, denn Prinz Georg machte sich mit seinem autokratischen Führungsstil schnell unbeliebt.

• *Anfahrt/Verbindungen* **Schiff**, nach Piräus geht das ganze Jahr über täglich um 21 Uhr eine Autofähre der ANEK, Ankunft gegen 5.30 Uhr am nächsten Morgen (Fahrtdauer 9 Std.). Im Sommer wird oft noch eine zweite Fähre eingesetzt, die in der Regel morgens abfährt. Von und zu allen Fähren Bustransfer nach Chaniá. Ungefähre Preise (identisch mit Iráklion): Kabinenplatz je nach Kategorie und Anzahl der Schlafplätze (2–4 Pers.) 49–90 €, Deckplatz/Pullmannsitz Economy Class 21–25 €, Motorrad 12–17 €, Kfz je nach Länge ca. 80–96 €, Camper 105–140 €. Büro der ANEK an der Platia Soudas, ✆ 28210-80051/2, ℻ 28210-89856.
Weiterhin fährt zu ähnlichen Preisen und ebenfalls mit Fahrzeugtransport in nur 4 Std. 30 Min. das Schnellboot „Highspeed 4" bzw. „Highspeed 5" von Hellenic Seways nach Piräus (Hellenic Seaways, Paleologos SA, 25 Avgousto Str. 5, GR-71202 Iráklion, ✆ 2810-346185, ℻ 346208, (www.ferries.gr).
Bus, etwa alle 20 Min. fahren Stadtbusse vom Hafenplatz nach Chaniá und zurück (Abfahrt und Ankunft in Chaniá vor der großen Markthalle), ca. 0,80 €. Die Durchgangsbusse Chaniá – Réthimnon fahren nur zum Teil über Soúda, vorher erkundigen.

• *Übernachten* **Knossos**, D-Kat., ein Stück unterhalb der Kafenia unter den schattigen Bäumen an der westlichen Hafenplatzfront. Einfach, aber alle Zimmer mit Balkon. DZ ca. 22–28 €. ✆ 28210-81230.
Parthenon, D-Kat., über der Taverne an der Oberseite des Hafenplatzes. Sechs saubere Zimmer, allerdings nur zwei mit Balkon nach vorne raus. Derselbe Preis. ✆ 28210-89245.

• *Essen & Trinken* **Paloma**, in der Nähe des englischen Soldatenfriedhofs, Tische am Strand, man kann die Füße ins Wasser tauchen, Blick auf den Hafen von Soúda. Wenig Auswahl, aber gut – am besten nach der Spezialität des Hauses fragen.
Vor dem Eingang zum Soldatenfriedhof steht ein putziger **Wohnwagen** mit Getränkeverkauf und Tischen im Grünen.

▸ **Soúda Bay Cemetery:** Der britische Soldatenfriedhof befindet sich in wunderbar friedvoller Lage am Scheitel der Bucht von Soúda. Mit grünen Grasflächen erstreckt sich das leicht geneigte Gelände bis zum Wasser, umgeben von mächtigen Eukalyptusbäumen. Zweifellos handelt es sich um einen der schönsten Soldatenfriedhöfe, die nach dem Zweiten Weltkrieg angelegt wurden – auch wenn ästhetische Kriterien hier sicherlich fehl am Platz sind. Die gesamte Anlage strahlt Ruhe und Würde aus. Über 1500 Soldaten aus aller Welt, die Kreta gegen den Angriff der deutschen Wehrmacht verteidigten, liegen hier unter langen Reihen von aufrecht stehenden Grabsteinen, die meisten zwischen 18 und 35 Jahren jung – 862 Engländer, 197 Australier, 446 Neuseeländer, neun Südafrikaner, fünf Kanadier, ein Inder, ein Pole, ein Jugoslawe ... Hunderte konnten nicht identifiziert werden, ihre Gräber tragen die Aufschrift, „A soldier of the 1939–45 War, known unto God". In der Mitte steht ein hohes Marmorkreuz mit eingelassenem, schmiedeeisernem Schwert. Es symbolisiert den „ewigen Widerstand gegen Feinde des Friedens". Im *Cemetery Register* der „Common Wealth War Graves Commission" in der Eingangshalle kann man die Geschichte des deutschen Angriffs auf Kreta aus englischer Sicht nachlesen.

Nördlich vom Soldatenfriedhof zieht sich die Straße mit herrlichen Blicken zurück auf die Soúda-Bucht zur Akrotíri-Halbinsel hinauf.

Im venezianischen Hafen von Chaniá

Chaniá

Kretas zweitgrößte Stadt – und nach Meinung der allermeisten Besucher die schönste. Wer allerdings das erste Mal anreist, könnte in Versuchung kommen, gleich wieder Reißaus zu nehmen. Lange Autoschlangen hupen sich ihren Weg durch die viel zu engen Straßenzüge, Busse quälen sich in Zentimeterarbeit um die Ecken – die Stadt erstickt förmlich im Verkehr. Laut aktuellen Untersuchen besitzt der Bezirk Chaniá derzeit die meisten Motorfahrzeuge pro Kopf in ganz Griechenland.

Doch bereits wenige Meter von den abgasgeschwängerten Durchgangsstraßen entfernt ist alles vergessen. Schnell taucht man in die autofreien Gassen der Altstadt ein und kann die unvergleichliche Atmosphäre rund um den *venezianischen Hafen* genießen. Auf Schritt und Tritt trifft man hier auf Geschichte: An der runden Hafenmole drängen sich historische Hausfassaden, gleich dahinter klettern verwinkelte Treppenwege mit Torbögen hügelan, teilweise sind die Häuser übereinander geschachtelt auf antike Gemäuer gebaut, Stücke der venezianischen Stadtmauer sind ebenso einbezogen wie türkische Minarette, Reste der alten Hafenbefestigungen und die mächtigen Arsenale. Obwohl deutsche Bomben 1941 fast die Hälfte aller Gebäude in der Altstadt in Schutt und Asche legten, ist Chaniá das bedeutendste bauhistorische Ensemble Kretas. Rund ums stimmungsvolle Hafenbecken drängen sich heute zahllose Bars, in den jahrhundertealten venezianischen Palazzi haben sich stilvolle Pensionen etabliert und jedes Jahr entstehen neue, aufwändig konzipierte Restaurants. Trotzdem findet man noch immer ruhige versteckte Winkel, wenn man nur ein paar Schritte von den gängigen Touristenpfaden abweicht.

Auch außerhalb vom historischen Zentrum gibt es einiges zu sehen: den ruhigen *Stadtpark*, das einstige Diplomatenviertel *Chalépa* – Überbleibsel der Zeit, als Chaniá noch Hauptstadt Kretas war – und die großzügige Grabanlage von *Elefthérios Venizélos*, unter deren weit ausladenden Pinien einem die ganze Stadt zu Füßen liegt. Wer vom Stadtleben genug hat, kann schließlich schnell an einen der vielen Strände westlich der Stadt hinausfahren. Zudem ist Chaniá ein guter Ausgangspunkt für die Durchquerung der grandiosen *Samariá-Schlucht* und für Ausflüge zu den Klöstern auf der einsamen Halbinsel *Akrotíri*.

Geschichte

Wahrscheinlich gab es bereits in der *Jungsteinzeit* an der Stelle des heutigen Chaniá eine Siedlung. Spätestens in spätminoischer Zeit entstand hier eine Stadt namens *Kydonía*. Sie muss recht einflussreich gewesen sein und lebte hauptsächlich vom Seehandel. Auf dem *Kastélli-Hügel* neben dem venezianischen Hafen hat man in den 1960er Jahren umfangreiche Reste aus minoischer Zeit entdeckt – ein einwandfrei als solcher lokalisierter „Palast" steht aber bisher noch aus.
Nach der römischen und byzantinischen Epoche erobern die *Araber* im 9. Jh. die Stadt. Schon damals muss hier die Schafs- und Ziegenzucht dominiert haben, denn die Araber nannten ihre Festung „Kastell des Käses". Unter den Kretern beginnt sich jetzt allmählich der Name „Chaniá" herauszubilden (der Ursprung dieser Bezeichnung ist ungeklärt und stammt vielleicht aus dem Arabischen).
1252 kommen die *Venezianer*. Sie nennen die Stadt „La Canea" und errichten eine Festungsanlage um den Kastelli-Hügel, auf dem sie ihre Regierungsgebäude erbauen. Mitte des 16. Jh. erweitert und verstärkt man unter dem Eindruck der drohenden Türkengefahr die Mauern: Der bedeutende oberitalienische Baumeister *Michele Sanmicheli* lässt einen langen Festungsgürtel um die stark gewachsene Stadt ziehen, von dem große Teile noch heute stehen. In diese Zeit fällt die Blüte der Stadt. Die meisten der venezianischen Palazzi werden erbaut und auch der Hafen erhält sein heutiges Gesicht.
1645 kommen die *Türken* und erobern Chaniá als erste Stadt Kretas nach nur zweimonatiger Belagerung. Sie machen die Stadt zunächst zur Hauptstadt eines Regierungsbezirks, im 19. Jh. zur Hauptstadt ganz Kretas. Die zahlreichen Moscheen, Minarette und Häuser mit Holzerkern verändern das Gesicht der Stadt. Aber gerade in Chaniá und im gebirgigen Westen Kretas sind die *Aufstände* der Kreter gegen die Türkenherrschaft am heftigsten. 1897 greifen die *europäischen Großmächte* ein und ein Jahr später landen ihre Truppen in der Soúda-Bucht bei Chaniá. Die Türken müssen Kreta verlassen, die Insel erhält einen autonomen Status unter dem Protektorat der Großmächte. *Prinz Georg* von Griechenland wird als Hochkommissar der Insel in Chaniá eingesetzt, das weiterhin Hauptstadt bleibt. Doch erneut brechen Unruhen aus. Die Kreter fordern den Anschluss an Griechenland und *Elefthérios Venizélos* aus dem Dorf Mourniés bei Chaniá wird ihr Wortführer. 1905 kommt es zum Putsch, Prinz Georg muss zurücktreten. 1910 wird Venizélos griechischer Premierminister und 1913 kann sich Kreta endlich mit dem Mutterland vereinigen – die erste griechische Fahne wird von Venizelos und König Konstantin über dem Fort Firkas im venezianischen Hafen von Chaniá gehisst. Venizélos liegt heute bei Chaniá begraben (→ Sehenswertes).
Im *Zweiten Weltkrieg* ist das Gebiet um Chaniá 1941 die entscheidende Region beim Angriff der deutschen Fallschirmjäger auf Kreta. Mit der Eroberung des Flug-

platzes von Máleme, westlich von Chaniá, beginnt die mehrjährige Besetzung der Insel. Chaniá wird durch deutsche Luftbombardements schwer beschädigt, wobei auch viele historische Bauten unwiederbringlich zerstört werden, und ist bis Mai 1945 von deutschen Truppen besetzt.
Bis 1971 bleibt Chaniá Inselhauptstadt, dann löst Iráklion es ab.

Anfahrt/Verbindungen

• *Flug* Der moderne Flughafen **Daskalojannis** liegt nördlich von **Stérnes** auf der Halbinsel Akrotíri, ca. 16 km östlich vom Stadtzentrum. Auch er wird von Mitteleuropa direkt angeflogen, ausländische **Chartermaschinen** landen und starten hier aber wesentlich seltener als in Iráklion und es geht wesentlich ruhiger zu.
Flüge nach Athen bieten mehrmals täglich **Olympic Airways** und **Aegean Airlines**, Preis ca. 70–95 € (Nachtflüge sind die günstigsten). An Wochenenden sind die Flüge oft voll belegt, rechtzeitig Tickets sichern.
Achtung: Es gibt keine Linienbusverbindung zwischen Flughafen und Chaniá, man muss ein **Taxi** nehmen (offiziell ca. 16 €, meist wird bis zu 20 € verlangt). **Zubringerbusse** für Olympic Airways starten 90 Min. vor Abflug vom Stadtbüro der Olympic Airways, Tzanakaki Str. 88, gegenüber vom Stadtpark.

• *Schiff* Der Hafen von Chaniá ist **Soúda** in der großen gleichnamigen Bucht östlich von Chaniá (→ oben, S. 565). Täglich fahren ganzjährig eine Fähre der **ANEK** und das Schnellboot „Highspeed 4" bzw. „Highspeed 5" von **Hellenic Seaways** nach Piräus. Näheres siehe unter Soúda.
Stadtbusse pendeln ständig zwischen Chaniá/Markthalle und Soúda/Hafen.

• *Eigenes Fahrzeug* Um in der Nähe der Altstadt zu parken, fährt man am besten westlich vom Zentrum bis zum Meer hinunter. An der Stadtmauer und der Gritti-Bastion unterhalb vom **Topanas-Viertel** kann man problemlos parken und ist in 5 Min. im venezianischen Hafen.

• *Überlandbusse* Der große **Busbahnhof** liegt im neueren Teil des Zentrums auf einem großen Platz zwischen Kidonias und Smirnis Str., Nähe Platia 1866 (→ Stadtplan). Häufige Busverbindungen nach **Réthimnon** (stündlich), **Iráklion** (stündlich), **Kolimbári** (halbstündlich), **Kíssamos** (stündlich), **Stavrós/Akrotíri-Halbinsel** (5 x tägl.), **Omalós/Samariá-Schlucht** (4 x tägl.), **Paleochóra** (3–5 x tägl.), **Chóra Sfakíon** (3 x tägl.), **Falassarná** (3 x tägl.), **Soúgia** (2 x tägl.), **Mesklá** (2 x tägl.), **Thérissos** (2 x tägl.), **Kloster Chrissoskalitíssa/Elafonísi** (1 x tägl.) u. a.
Die Busse haben Nummern (auf den Tickets ausgedruckt), mit englischen Lautsprecherdurchsagen werden die Abfahrten angekündigt. Großes Kafenion, das gleichzeitig als Wartesaal dient, **Gepäckaufbewahrung** (6–21 Uhr, etwa 2 € pro Stück). Wer ihn noch nicht hat, sollte sich hier den kostenlosen **Busfahrplan für Westkreta** besorgen.

• *Stadtbusse* fahren ab östlicher Seitenfront der **Platia 1866** zu den westlichen Vororten und Stränden – EOT-Beach, Ágii Apóstoli (Campingplatz), Káto Galatás, Agía Marína u. a.
Gegenüber der **Markthalle** liegt die Haltestelle für Stadtbusse nach Osten und Norden, z. B. in den Hafen Soúda und hinauf zum Venizélos-Grabmal.

• *Taxi* Hauptstandplatz an der **Platia 1866**/Ecke Chatzimichali Gianari Str., außerdem an der **Platia Sofoukli Venizelou** (schräg gegenüber der Markthalle), an der **Platia Eleftheriou Venizelou** (venezianischer Hafen) und beim **Busbahnhof**. ✆ 28210-98700.

• *Kutschenrundfahrten* Standplatz an der Platia Eleftheriou Venizelou am Hafen. Nichts Besonderes, zu Fuß bekommt man genauso viel mit. Kostet ca. 8–10 € pro Fahrt.

The Little Train: Eine Sightseeing-Bahn auf Autoreifen startet an der Landspitze vor dem Fort Firkas, streift dann aber nur die Altstadt und fährt auf relativ langweiliger Route durch die Peripherie weiter. Kindern gefällt's, aber die Tour in Réthimnon ist deutlich besser. ✆ 28210-68782.

Information/Adressen

• *Information* **Städt. Informationsbüro**, im Rathaus, Kydonias Str. 29. Mo–Sa 9–14 Uhr, Sa/So geschl. Infomaterial recht bescheiden. ✆ 28210-36155, 92624, 📠 36205, E-Mail: chania@ofcrete.gr

EOT (Griechische Zentrale für Fremdenverkehr), Megaron Pantheon, bei der Platia 1866. Noch weniger Infos. Mo–Fr 11–14 Uhr. ✆ 28210-92943.

Internet: Unter der städtischen Website **www.chania.gr** finden sich vor allem interessante Details zu Geschichte und Baudenkmälern Chaniás.

• *Ärztliche Versorgung* **Dr. Kerstin Rausch-Grigorakis**, Sfakion Str. 2 (3. Stock), Nähe Stadtpark. Deutsche Allgemeinärztin, die mit ihrem Mann seit mehr als zehn Jahren auf Kreta lebt. ✆ 28210-52706, priv. 96708.

Dr. Yiannis Bitzakis, Michali Giannari Str. 33, wenige Meter von der Platia 1866. Netter Zahnarzt, der in Deutschland studiert hat und sehr gut Deutsch spricht, geschmackvoll eingerichtete Praxis. ✆ 28210-93316.

Iatriko Kritis (Medical Crete), I. Hatzidakis Str. 5, Platia Dikastirion. Modernes, privat geführtes medizinisches Zentrum. ✆/📠 28210-59034, www.medicalcrete.gr

• *Ausflüge* Von allen großen Hotels und dem Campingplatz bei Chaniá kann man mit der Linienbusgesellschaft **KTEL** preiswerte Tagesausflüge zur Samariá-Schlucht unternehmen. Preis ca. 10–14 €, je nach Entfernung (Boot muss extra bezahlt werden) und damit günstiger als über Reisebüros.

Mehrere Boote fahren täglich ab venezianischem Hafen zu den Inseln **Ágii Theódori** und **Lazarétta** (→ S. 592) sowie zur Bucht von **Stavrós**. Infostände im Hafen.

• *Auto-/Zweiradverleih* **Summertime ST Rentals**, Daskalojannis Str. 7, schräg gegenüber Pension Ekali, Verleih von Autos, Motorrädern und Mountainbikes. Gepflegte Fahrzeuge, ehrliche Leute. ✆/📠 28210-45797, www.strentals.gr

Kydon, Anapafseos Str. 2, in der Neustadt, südöstlich vom Busbahnhof, mehrere Leserempfehlungen, moderate Preise, es wird Deutsch und Englisch gesprochen. Filiale am Flughafen. ✆ 28210-93776, 📠 73433, www.kydonrentacar.gr

• *Botschaften* **Deutsches Honorarkonsulat**, Michail Kaitatzidis, Paraliaki, Stassi Nr. 13, Agía Marína (Badeort westlich von Chaniá). Zuständig für die Präfekturen Chaniá und Réthimnon. ✆/📠 28210-68876.

• *Flug- und Schiffslinien* **Olympic Airways**, Tzanakaki Str. 88, gegenüber vom Stadtpark. Hier fahren auch die Zubringerbusse zum Flughafen ab. Geöffnet Mo–Fr 8–15.15 Uhr. Reservierung Mo–Fr 7–20 Uhr, Sa 8–16 Uhr unter ✆ 28210-57701-3, sonntags am Airport, ✆ 63264.

Aegean Airlines, Eleftheriou Venizelou Str. 12, Reservierung Mo–Fr von 8.30–18 Uhr, Sa 9–13 Uhr. ✆ 28210-51100, 📠 51222, Airport ✆ 63366.

ANEK, Platia Sofoukli Venizelou, gegenüber der Markthalle (neben Nationalbank). ✆ 28210-27500-4, 📠 27505.

• *Geld* eine Bank neben dem Busbahnhof, zwei gegenüber der Markthalle, eine weitere an der Platia 1866, alle mit Geldautomat.

• *Gepäckaufbewahrung* im **Busbahnhof** (6–21 Uhr, jedoch 18.30–19,30 Uhr geschl., ca. 1,50 €).

• *Gottesdienste* **röm-kath. Kirche** an der Chalidon Str. (gegenüber griech.-orthodoxe Kathedrale), Messe jeweils Mo–Sa 19 Uhr, sonntags 10 Uhr. ✆ 28210-93443.

Freie Evangelische Kirche, Dimokratias Str. 107 (Dikastiria-Platz), Gottesdienst sonntags 10.30 Uhr. ✆ 28210-81051.

• *Internet* **Café Manos**, am Beginn der Zambeliou Str.;

Café Notos, im Hotel Lukia (→ Übernachten), www.notoscafe.gr;

Cyber Café, im Erdgeschoss von Vranas Studios, Agion Deka Str., südlich der Kathedrale, www.vranas.gr;

k@d'odon, Isodion Str. 10, ebenfalls südlich der Kathedrale, Nachbarstraße der Agion Deka.

• *Kinder* **Spielplatz** bei der Sabbionara-Bastion (→ Stadtplan);

Wasserpark Limnoupolis, Spaßbad mit Riesenrutschen bei Varípetro, 7 km südwestlich von Chaniá. Mit Kinderbeaufsichtigung. In den Sommermonaten tägl. 10–18.30 Uhr, Restaurant bis 24 Uhr. Bus ab Platia 1866. ✆/📠 28210-33246, www.limnoupolis.gr

• *Post* Hauptstelle in der leicht ansteigenden Geschäftsstraße von der Markthalle zum Stadtpark, Tzanakaki Str. 3. Mo–Fr 7.30–20 Uhr.

• *Reisebüros* **Diktynna Travel**, Sfakion Str. 36, spezialisiert auf Vermittlung von traditionellen Unterkünften in Westkreta. ✆ 28210-41458, 📠 43930, www.diktynna-travel.gr

• *Sprachkurse* **Lexis**, Sprachschule in der Daskalojannis Str. 48/Platia 1821 (Splantzia-Viertel), zweiwöch. Intensivkurse oder zehnwöch. Standardkurse. ✆/℻ 28210-55673, www.lexis.edu.gr

• *Tauchen* **Blue Adventures Diving**, Archoleon Str. 11, ✆ 28210-40608, www.blueadventuresdiving.gr

Chania Paradise Dive Center, Selinou Str. 114, ✆ 28210-88571, www.haniadive.com

• *Telefon* **OTE-Zentrale** in der Tzanakaki Str. 5 (linke Seite, neben der Post). Tägl. 6–24 Uhr (Nebensaison 7–23 Uhr).

• *Toiletten* neben der Markthalle und unter der Platia 1866.

• *Vereine* **Informationsladen „Noahs Kleine Arche", (18)**, Daskalojannis Str. 35 (Platia 1821), Informationsbüro von Silke Wrobel, die erfolgreich ein gut funktionierendes Tierheim initiiert hat (→ S. 595). ✆/℻ 28210-55030, 6946-881155 (Handy), www.tierfreunde-kreta.de

Deutsch-Griechischer Verein Chania, Iroon Polytechniou 7, GR-73133 Chania, ✆/℻ 28210-55111. Der Verband ist Träger zahlreicher kultureller Veranstaltungen und trifft sich 2 x monatlich.

• *Wandern* **Griechischer Bergsteigerverein EOS**, Tzanakaki Str. 90 (gegenüber vom Stadtpark), Vermittlung von Führern und Auskunft über Nutzung von Berghütten. ✆ 28210-44647.

Alpine Travel, Boniali Str. 11–19. George Antonakakis bietet geführte Touren in den Weißen Bergen. ✆/℻ 28210-50939, E-Mail: info@alpine.gr

• *Wäscherei* eine ganze Reihe in den Gassen hinter dem Hafen, z. B. **Oscar** am Beginn der Kanevaro Str. (Platia El. Venizelou); **Fidias** im gleichnamigen Hotel hinter der Kathedrale und **Afroditi**, Agiou Deka Str. 32.

Übernachten

Chaniá bietet zahllose Unterkunftsmöglichkeiten vom Hotel der A-Kat. bis zum Privatzimmer direkt am Busbahnhof. Die „Traditional Hotels" im Umkreis des venezianischen Hafens gehören zu den schönsten der Insel – liebevoll restaurierte und oft mit Antiquitäten eingerichtete, venezianisch-türkische Häuser in toller Lage und mit stimmungsvollem Blick, die zwar in der Regel nicht direkt angefahren werden können, doch gelangt man mit dem Auto relativ nah heran (→ Anfahrt/Verbindungen). Nachts muss man allerdings wegen des Rummels im nahen Hafen eine gewisse Geräuschkulisse in Kauf nehmen. Unterkünfte um die Kathedrale sollte man während der Osterfeiertage besser meiden, denn bis 3 Uhr nachts werden die Gottesdienste mit Lautsprechern ins Freie übertragen.

Siehe Karten **S. 573** (Chaniá Übersicht, Legendenpunkte 1–25)
S. 577 (Topanas- und Evraiki-Viertel, Legendenpunkte 26–52)

• *Oberklasse* **Casa Delfino (42)**, A-Kat., Theofanous Str. 9, Schmuckstück hinter dem venezianischen Hafen. Der freundlich geführte und exquisit ausgestattete Palazzo einer venezianischen Adelsfamilie aus dem 17. Jh. besitzt einen eleganten Innenhof mit vielen Pflanzen, prächtigem Kieselsteinmosaik und einer gemütlichen Café-Bar. Im Haus ist alles mit Marmor ausgelegt. Es gibt vier unterschiedlich große Studios (1–2 Pers.) und acht Maisonette-Apts. (2–4 Pers.), alle in individuellem Design und mit marmorgefliesten Bädern, die Betten stehen oft auf einer Galerie. Vorhanden sind jeweils Kühlschrank, Sat-TV, Minibar und Aircondition. Die zwölf Suiten haben keine Balkons, aber es gibt eine kleine Dachterrasse mit Blick über den Hafen. Frühstück im Innenhof (auch abends sitzt man dort, was für ruhebedürftige Gäste unter Umständen störend wirken kann). Weitere neun De-luxe-Suiten befinden sich in einem Nebengebäude. Für kretische Verhältnisse sehr teuer, DZ ca. 130–190 €, Studio ca. 150–200 €, Apt. ca. 200–280 €. Pauschal z. B. über Attika. ✆ 2821-0-93098, ℻ 96500, www.casadelfino.com

Pandora (37), A-Kat., Lithinon Str. 29, östlich oberhalb vom Hafen, historisches Gebäude aus dem 19. Jh., 14 Suiten mit alten Holzdecken, Antiquitäten, TV und Klimaanlage. Kleiner, begrünter Atriumhof, schöne Dachterrasse mit herrlichem Hafenblick. Mit Frühstück ca. 110–170 €. Pauschal über TUI. ✆ 28210-43588, ℻ 57864, www.pandorahotel.gr

Amphora (39), A-Kat., 2nd Parodos Theotokopoulou, historisches Haus aus dem 14. Jh. an der Westseite des venezianischen Hafens, z. T. herrlicher Blick auf Hafen und Meer, z. T. auf den Innenhof, schöne Dachterrasse. Sehr gepflegt, edle Holzböden und ausgesuchtes Mobiliar, alle Zimmer unterschiedlich gestaltet, eins sogar mit Himmelbett. Terrasse mit herrlichem Hafenblick. Kann nachts allerdings relativ laut werden – Bummelpromenade, Tavernen und Disco-Bars liegen gleich darunter. DZ mit Frühstück ca. 75–120 €. Gutes eigenes Restaurant vorhanden. ✆ 28210-93224, ℻ 93226, www.amphora.gr

Casa Leone (34), C-Kat., 1st Parodos Theotokopoulou 18, 1998 an der Westseite des venezianischen Hafens eröffnet. Prof. Dr. E. Kausch empfiehlt diese Unterkunft: „Ein venezianischer Palazzo, der alle Höhen und Tiefen der kretischen Geschichte miterlebt hat – zeitweise diente er sogar als Ziegenstall. Die Familien Maravelakis und Papadakis unter der tatkräftigen Führung des jungen Nikos Maravelakis haben die beiden Obergeschosse mit großer Liebe zum Detail restauriert. Nikos zeigt gerne und mit berechtigtem Stolz die Bilder der jüngsten Baugeschichte. Es gibt fünf große Zimmer, die mit Stilmöbeln geradezu prachtvoll ausgestattet sind, z. T. hat man einen wunderbaren Blick auf den Hafen." DZ mit Frühstück ca. 70–150 €, ohne Hafenblick günstiger, Rabatt bei Onlinebuchung. Nikos' Vater spricht gut Deutsch. ✆ 28210-76762, ℻ 56372, www.casaleone-hotel.com

Porto Veneziano (1), B-Kat., Akti Enoseos, modernes Hotel in wunderbarer Lage am Ende des Fischerhafens. Alle 51 elegant eingerichteten Zimmer haben Balkon, die meisten zum Hafen hin mit Blick auf den Sonnenuntergang. Im Haus Café-Bar mit Internetanschluss, hinten schön begrünter Innenhof. Kostenlose Parkmöglichkeit in der Nähe. Auch über Reiseveranstalter, z. B. Attika. DZ mit Frühstück ca. 100–130 €. ✆ 28210-27100, ℻ 27105, www.portoveneziano.gr

Porto del Colombo (43), A-Kat., Theofanous/Ecke Moschon Str. Historischer Bau mit hohen Räumen und schön eingelassenen Holzböden und -decken, etwas schummrig, aber sorgfältig restauriert. Im frühen 20. Jh. Sitz der französischen Botschaft, später wohnte hier angeblich zeitweise Eleftherios Venizelos. 10 Zimmer, von einigen Blick auf den Hafen. DZ mit Frühstück ca. 50–75 €. ✆ 28210-70945, ℻ 98467, www.ellada.net/colombo

Minoa (23), B-Kat., Tzanakaki Str. 23, komfortable Bleibe in der Neustadt, direkt neben dem Stadtpark, allerdings an einer belebten Verkehrsstraße. Die stilvoll renovierte Art-déco-Villa mit modernem Anbau, edler Eingangshalle und Fitness Center (u. a. Sauna, Jacuzzi und Hamam) besitzt 15 hervorragend ausgestattete Zimmer und fünf Suiten, alle mit Blick auf den Park. DZ mit Frühstück ca. 110–140 €. ✆ 28210-27970, ℻ 27973, www.minoa-hotel.gr

Samaria (24), B-Kat., Kidonias Str., alteingesessenes Stadthotel unmittelbar neben dem Busbahnhof, 1992 vollständig renoviert. Die getönten Scheiben lassen die Hitze draußen, außerdem Aircondition. Gediegener Kaffee-Salon, schöner Dachgarten, Parkplatz. Alle Zimmer mit Balkon. DZ mit Frühstück ca. 95–120 €. ✆ 28210-71271, ℻ 71270, www.samaria-hotel.gr

● *Mittelklasse* Eine ganze Reihe stilvoller Adressen in alten venezianischen Häusern findet man in der malerischen Fußgängergasse Theotokopou.

Casa di Pietra (38), B-Kat. Theotokopoulou Str. 37, ruhig gelegen und sauber, freundlich und zuvorkommend geführt. Vier geräumige und helle DZ mit Bad, Kühlschrank und TV, teilweise Balkon, täglicher Room-Service mit Wäschewechsel. DZ ca. 45–70 €. ✆/℻ 28210-88541, www.chania-guide.gr

El Greco (33), B-Kat., Theotokopoulou Str. 49, nett geführtes und kürzlich renoviertes Haus mit 16 ordentlichen Zimmern, oben Dachgarten mit Blick, unten Frühstücksraum in einem venezianischen Gewölbe, Frühstück relativ gut. DZ ca. 45–70 €. ✆ 28210-90432, ℻ 91829, www.elgreco.gr

Casa del Amore (32), Theotokopolou Str. 52, kleine Pension mit sechs Zimmern in einem 600-jährigen venezianischen Palazzo. Die beiden netten Besitzer Elleni und George Alexandrakis haben viel Zeit, Geld und Liebe in die Instandsetzung des Hauses investiert – ein echtes Schmuckstück mit viel altem Charme. Zimmer gepflegt und geräumig, alle besitzen TV, Kühlschrank und Klimaanlage, z. T. Balkon. Dachterrasse mit fantastischem Blick. DZ ca. 30–50 €. ✆ 28210-64895 o. 692378, ℻ 86206.

Palazzo (27), A-Kat., Theotokopoulou Str. 54, schönes kleines Hotel, eingerichtet mit traditionellem kretischem Mobiliar, elf Zimmer mit Kühlschrank und Klimaanlage. DZ inkl. Frühstück ca. 55–75 €. ✆ 28210-93227, ℻ 93229.

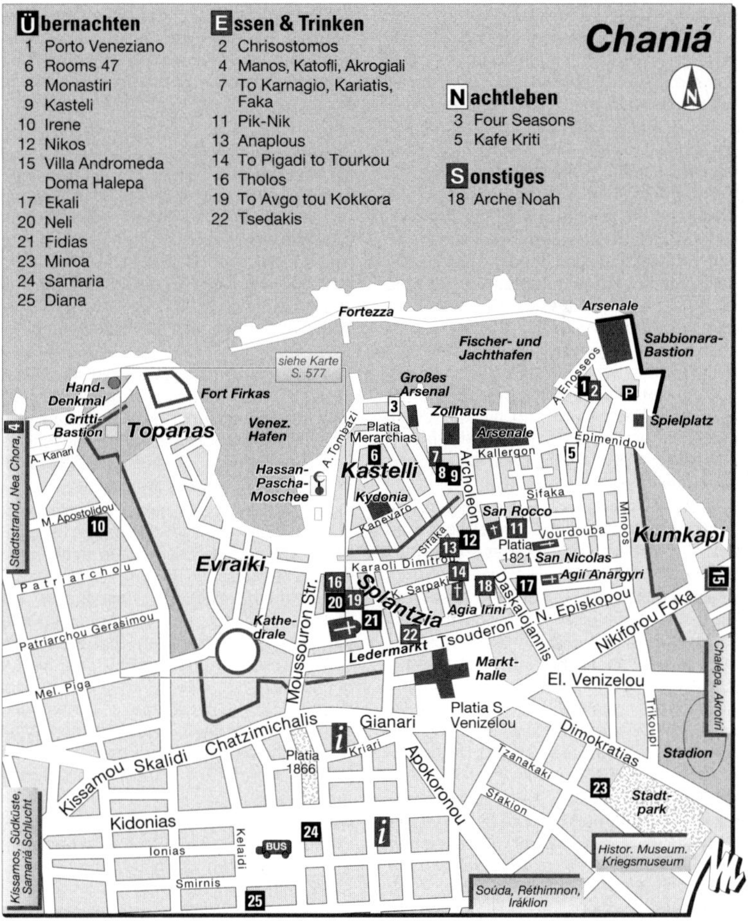

Casa Veneta (28), B-Kat., Theotokopoulou Str. 57, gepflegtes venezianisches Haus mit hübschen Studios und Maisonetten, teilweise Balkon und Meerblick. DZ ca. 45–78 €. Pauschal über Attika. ✆ 28210-95930, 📠 75931.

Madonna (35), Andoniou Gamba Str. 33, Parallelstraße unterhalb der Theotokopoulou Str. Fünf gepflegte Studios mit schönen Holzböden, ca. 50–70 €. ✆/📠 28210-94747.

Helena (36), C-Kat., 1st Parodos Theotokopoulou 14, altes venezianisches Haus in zweiter Reihe im Hafen, im sachlichen Stil behutsam renoviert, von Antonis freundlich geführt. Blick auf den venezianischen Hafen. DZ ca. 45–60 €. ✆ 28210-95516, 📠 46265.

Lucia (44), C-Kat., größeres Hotel an der Mitte der Hafenfront, solide, ohne Extras, aber sauber und geräumig, deshalb auch in der Hochsaison meist noch Platz. DZ mit Bad und kleinem Balkon ca. 40–60 €. ✆ 28210-90302, 📠 91843.

Irene (10), C-Kat., Apostolidi Str. 9, westlich der Stadtmauer und ganz nah am Topanas-Viertel, gut in Schuss, sauber und ruhig. DZ mit Frühstück ca. 60–80 €. ✆ 28210-94667, 📠 94668.

Domenico (45), Zambeliou Str. 71, mitten im Herz der Altstadt, fünf Zimmer in zweistöckigem Haus. Im ersten Stock zwei Zimmer mit kleinen Balkonen und Blick auf den Hafen, der gleiche Blick von der Frühstücksveranda. Geführt von der netten, jungen Anna Tatarakis und ihrem Mann Ioannis, beide sehr zuvorkommend. DZ ca. 35–50 €. ✆ 28210-55019, Fax 53262.

Kasteli (9), Kanevarou Str. 39, zentral gelegen, DZ und Studios gruppieren sich um einen Hof mit Bananenstauden, jeweils TV, Kühlschrank und Klimaanlage, ca. 30–45 €. Vorne im Haus eine Bar für die Gäste. In einem separaten Anwesen schräg gegenüber werden sehr hübsche Apartments im traditionellen Stil vermietet, gut geeignet für Familien, ca. 45–60 €. Besitzer Alekos kennt sich bestens aus in Chaniá und hilft gerne weiter. Nachts ist es auf der Straße recht laut. ✆ 28210-57057, Fax 45314, www.kastelistudios.gr

• *Preiswert* Nicht auf die Schlepper am Busbahnhof einlassen, ihre Zimmer liegen oft weit vom Schuss, und erst einmal angekommen, werden gerne stolze Preise gefordert.

Thereza (26), Angelou Str. 2, am Nordwestende der Hafenpromenade (beim Nautischen Museum). Pension in einem ehemaligen türkischen Haus mit Holzfassade, kürzlich renoviert. Zimmer auf drei Stockwerken, z. T. Hafenblick, schön mit traditionellem Mobiliar eingerichtet, vom Dachgarten super Blick auf den Hafen. DZ ca. 32–47 €. ✆ 28210-92798.

Artemis (49), Kondilaki Str. 13, John Gouverakis vermietet neben seinem Juwelierladen fünf renovierte Zimmer mit Teppichboden, TV, Kühlschrank und Telefon. DZ ca. 35–45 €. ✆ 28210-91196.

Monastiri (8), E-Kat., Ag. Markou Str. 18, oberhalb vom Fischerhafen auf die Trümmer eines ehemaligen venezianischen Klosters gebaut (→ Sehenswertes). Malerischer Torbogen, schöne Terrasse und toller Blick auf den Hafen. 16 renovierte Zimmer mit Bad, sauber und teils geräumig. DZ ca. 25–40 €. ✆ 28210-54776.

Rooms 47 (6), Kandanoleon Str. 47, nette Unterkunft in einer kleinen Seitengasse der Kanevaro Str., die vor dem Hof der Technischen Uni endet. Einfach, aber sehr ruhig, alle Zimmer mit Meerblick, aber drei ohne Balkon, die oberen nur mit Etagendusche. DZ ca. 25–40 €. ✆ 28210-53243.

Ekali (17), Daskalojannis Str. 28, nordöstlich der Markthalle. Einfache Pension mit deutscher Zimmerwirtin Claudia. Das alte, schmale Haus besitzt eine steile Holztreppe, es gibt vier renovierte Zimmer mit Holzböden/-decken und Nasszellen. Hinten kleiner Innenhof. DZ ca. 25–40 €, keine Frühstücksmöglichkeit. ✆/Fax 28210-50396, www.ekali-chania.com

Nikos (12), Daskalojannis Str. 58–63, gut geführtes Haus, allerdings an einer lauten Straße. Saubere und geräumige Zwei- und Dreibettzimmer mit Kochecke und Klimaanlage, Du/WC und Balkon, z. T. Meerblick, Fahrstuhl vorhanden. Ungewöhnlich: im Kellergeschoss sind hinter Glas minoische Ausgrabungen zu betrachten, darunter eine bemalte Säule. DZ ca. 30–45 €. ✆ 28210-54783.

Neli (20), Isodion Str. 21–23, wenige Meter nördlich der Kathedrale, geschmackvoll renoviertes Altstadthaus, 16 hübsche Studios mit TV, Klimaanlage, Internetanschluss und Balkon, ca. 30–45 €. ✆ 28210-55533, Fax 56249, www.nelistudios.com

Fidias (21), E-Kat., Kallinikou Sarpaki Str. 8, gute, zentrale Lage an der neuen Fußgängerzone hinter der Kathedrale (nicht weit vom venezianischen Hafen). Herberge mit 20 Zimmern, beliebter Anlaufpunkt für Rucksacktouristen, geführt von einem netten „alternativen" Kreter, lockere Atmosphäre, sauber, aber etwas improvisiert und abgewohnt. Alle Zimmer mit Balkon, nur eine Du/WC pro Etage, kein Anspruch auf Handtücher oder Toilettenpapier. Wohl die günstigsten Preise in Chaniá, DZ etwa 15–25 €, auch Einzel- und Mehrbettzimmer. ✆ 28210-52494.

Diana (25), Parth. Kelaidi Str. 33, ordentliche Privatzimmer mit Bad direkt beim Busbahnhof, nach hinten ruhig. DZ ca. 25–35 €. ✆ 28210-97888.

• *Außerhalb vom Zentrum* Drei hervorragende Häuser findet man in den ehemaligen Botschaftsresidenzen von Chalépa, dem ehemaligen Diplomatenviertel von Chaniá. Sie liegen direkt an der Küstenstraße – von der Markthalle in Chaniá nimmt man die Hauptstraße nach Osten, bis sie ans Meer stößt.

Doma (15), B-Kat., Eleftheriou Venizelou Str. 124, 1890 erbaute klassizistische Villa, diente zunächst als österreichische Botschaft, später als britisches Vizekonsulat. Unter der aufmerksamen Leitung der beiden Schwestern Dora und Irene Valirakis bietet das Doma in den Aufenthaltsräumen folkloristisch-antiquierte Inneneinrichtung mit Polstermöbeln, Antiquitäten und kretischem

Kunsthandwerk. Die Zimmer sind solide und elegant eingerichtet, wunderbar ist die Suite mit Terrasse im Dachgeschoss. Ausgezeichnete allabendliche Küche, die im Speisesaal mit Panoramablick serviert wird – Spezialität des Hauses ist u. a. Milchzicklein mit Wein und frischen Kräutern. Im Haus eine Ausstellung von Hüten aller Art aus Asien. DZ mit Frühstück ca. 90–100 €. ✆ 28210-51772, 📠 41578, www.hotel-doma.gr

Villa Andromeda (15), B-Kat., Eleftheriou Venizelou Str. 150. Klassizistisches Herrschaftshaus, durch eine Mauer von der Straße abgeschirmt, 1898–1912 Sitz des deutschen Konsulats. Schöner Garten mit Pool, weiter Blick übers Meer, herrliche Sonnenuntergänge. 8 gepflegte Suiten (zwei Zimmer und Bad, jeweils für 3–4 Pers.) mit Minibar, TV und Klimaanlage. Suite mit sehr gutem Frühstück ca. 110–120 €. ✆ 28210-28300, 📠 28303, www.villandromeda.gr

Halepa (15), B-Kat., Eleftheriou Venizelou Str. 164, die 1856 erbaute britische Botschaft ist heute ein komfortables und ruhiges Hotel etwa 50 m vom Meer, geführt von amerikanischen Griechen. Vollständig restauriert und gediegen möbliert, idyllischer Palmengarten, Dachterrasse mit herrlichem Blick auf Chaniá, oft ertönt klassische Musik. 46 Zimmer und drei Suiten, jeweils Minibar, TV und Klimaanlage/Heizung. Zimmer im traditionellen Haus verlangen, der moderne Flügel ist unspektakulär. DZ mit Frühstück ca. 80–130 €. ✆ 28440, 📠 28439, www.halepa.com

• *Camping* Ein Zeltplatz liegt wenige Kilometer westlich der Stadt (→ Baden).

Essen & Trinken

Die früher zahlreichen Speiselokale am venezianischen Hafen sind in den letzten Jahren zusehends durch Bars und Cafés abgelöst worden. In den romantisch engen Gassen hinter dem Hafenrund findet man dagegen viele interessante Tavernen, oft untergebracht in restaurierten venezianischen Palazzi. Die Qualität des Gebotenen kann allerdings mit der reizvollen Optik nicht immer mithalten. Stimmungsvoll sitzt man auch in den alteingesessenen Fischlokalen im benachbarten Fischer- und Jachthafen, allerdings liegen die Preise hier am oberen Rand des Akzeptablen für die oft eher mittelmäßige Küche.

Siehe Karten **S. 573** (Chaniá Übersicht, Legendenpunkte 1–25)
S. 577 (Topanas- und Evraiki-Viertel, Legendenpunkte 26–52)

• *Hinter dem venezianischen Hafen* **Tamam (47)**, Zambeliou Str. 49. Markos und Eva servieren im stimmungsvollen Gewölbe eines ehemaligen türkischen Bades hervorragende Hausmannskost, teils vegetarisch, darunter auch gehaltvolle Suppen. Seit Jahren konstante Qualität, große Portionen und faire Preisen. Ganzjährig geöffnet und sehr beliebt bei der studentischen Jugend, mittlerweile auch bei Touristen. Geräuschpegel allerdings relativ hoch. So geschl.

To Konaki (51), geräumiges Straßenlokal zwischen Kondilaki Str. und dem ruhigen, baumbestandenen Parodos Kondilaki, direkt vor der ehemaligen jüdischen Synagoge. Ganz nach touristischem Geschmack aufgemacht, oft Gitarrenspieler und griechische Volksmusik live, immer gut besetzt, gutes Essen zu etwas höheren Preisen.

Semiramis (50), Skoufon Str. 8, nett und geschützt gelegen in einer Art begrüntem Innenhof, abends dezente Livemusik. Ausgewählte Spezialitäten zu normalen Preisen. Nette Bedienung und keine Anmache beim Vorbeigehen.

To Paradodiako (41), Theotokopoulou 25, obwohl mitten im touristischen Zentrum gelegen, hat sich diese kleine Taverne etwas Ursprüngliches erhalten. Überwiegend griechisches Publikum, gute Küche.

Kalderimi (31), Theotokopoulou 53, neben Casa Veneta (→ Übernachten). Kleines Mezedopólion mit leckeren *mezédes* und oft fröhlicher Stimmung, Livemusik und Gesang.

Moutouraki (48), Portou Str. 60, etwas versteckte Lage, nicht weit von der Schiavo-Bastion. Selbst wenn die Tavernen um den Hafen überfüllt sind, bekommt man hier meist noch ein ruhiges Plätzchen. Leserkommentar: „Kretische Küche, einfallsreiche Vor- und Hauptspeisen, aufmerksame Bedienung. Beim Bezahlen wurde uns ein

Dessert gereicht." Andere Leser bestätigen die positive Wertung.

• *Fischer- und Jachthafen* Direkt am Wasser keine Empfehlung unsererseits.

To Karnagio (7), Platia Katechaki 8, etwas versteckte Lage in einer Außenecke der alten Stadtmauer der Promenade zwischen venezianischem Hafen und Fischerhafen. Gute Küche und nette Bedienung, zum Abschluss Nachtisch und Rakí gratis.

Kariatis (7), neues italienisches Restaurant in der Nachbarschaft des „To Karnagio", ganz in weiß gehalten, große Auswahl an Pizza und Pasta, derzeit sehr „in" bei den Chanioten.

Faka (7), neben „Kariatis", seit 1979, gute Küche, nicht zu teuer, lockere Atmosphäre.

Chrisostomos (2), neues, stilvoll eingerichtetes Haus am Ende des Fischerhafens rechts hoch, nach knapp 100 m gegenüber einem Parkplatz. Traditionelle Küche der Sfakiá, vieles wird im großen Steinofen zubereitet, auch das leckere Brot. Dem Besitzer gehört die kleine Taverne am Ausgang der Arádena-Schlucht (→ S. 697). Achtung: beim letzten Check war nur in der Wintersaison geöffnet. ✆ 28210-57035.

• *Chalidon Str. und Umfeld* Die Chalidon Str. führt von der Platia 1866 zum Hafen.

To Avgo tou Kokkora (19), Sarpaki Str./ Ecke Agion Deka, gleich neben der Kathedrale. Das „Ei des Hahnes" bietet Bistroambiente mit europäischem Flair und leckeres internationales Essen: verschiedene Salate, Pizza und Pasta, sogar Paella, auch mehrere gute Biere. Beliebt bei studentischem Publikum und deutschen „Residenten".

Tholos (16), Agion Deka 36, originelle Szenerie in und auf den Ruinen eines venezianischen Palazzo. Die Kellner sind geschult und sprechen mehrere Sprachen, wirken aber auch manchmal sehr gestresst. Die Küche ist international und wird gelobt, Tipp ist das Cordon bleu.

• *Splantzia-Viertel* **To Pigadi tou Tourkou (14)** (The well of the turk), Platia Rouga/Kallinikou Sarpaki Str. 1–3. Reizvolle und ungewöhnliche Taverne am zentralen Platz des ehemaligen Türkenviertels, vis-à-vis der unterirdischen Kirche Agía Iríni (→ Sehenswertes). Die Besitzerin Jenny Pagania hat mit ihrer Familie lange in Tanger (Marokko) gelebt und sich in die Geheimnisse der dortigen Küche einführen lassen. Die arabischen, aber auch türkisch-mediterran inspirierten Gerichte bieten eine leckere Abwechslung, dazu werden griechische und französische Weine serviert, das Ganze garniert mit der entsprechenden Musik. Man kann auf der Gasse sitzen oder im Innengewölbe mit einem alten Ziehbrunnen (Name). Im Inneren kann man auch eine alte Tradition wiederaufleben lassen, das Rauchen der Wasserpfeife (nargile). Der Tabak stammt aus Ägypten, ist mit Fruchtaromen versetzt und mit Melasse vermischt, einem Nebenprodukt bei der Zuckergewinnung, wodurch er an Schärfe verliert und angeblich beinahe teerfrei ist. Ohne Reservierung Wartezeit einplanen. Di geschl. ✆ 28210-54547.

Anaplous (13), Sifaka Str. 34/Melchisedek Str. Nach mehrjähriger Schließung kürzlich wiedereröffnet, malerisches Restaurant in einem alten Ruinenhaus ohne Dach, viel Platz auf mehreren Ebenen, mit indirektem Licht romantisch beleuchtet.

Pik-Nik (11), Platia 1821, schlichte saubere Taverne mit gutem und preiswertem Essen, sehr freundlich.

• *Markthalle* In der Handvoll kleiner Tavernen mitten in der Markthalle kann man sicher sein, Fleisch und Fisch stets frisch zu bekommen.

• *Stadtstrand* Die Strandpromenade Akti Papanikoli im Stadtteil Nea Chora, knapp 10 Min. westlich der Altstadt, bietet lange nicht so viel Touristenrummel wie der venezianische Hafen. Erfreulich: Während der Sommermonate ist die Hafenstraße ab 20 Uhr für Fahrzeuge gesperrt.

Manos (4), Tische in reizvoller Lage unterhalb der Straße, direkt am Kai des Fischerhafens, gleich daneben flicken die Fischer ihre Netze.

Katofli (4), schräg gegenüber vom Fischerhafen neben einem kleinen Minimarkt. Bekannt als eine der besten Tavernen Chaniás. Zu empfehlen: gefüllter Tintenfisch und kretischer Salat.

Akrogiali (4), Akti Papanikoli, weitere gute Fischtaverne fast am Ende der Promenade, zum Nachtisch wird gratis reichlich Obst oder Eis serviert.

• *Akti Miaouli* Die Promenade östlich vom Fischer- und Jachthafen ist Zentrum des Nachtlebens, aber es gibt auch ein paar Restaurants, gut essen kann man im **Nama**, z.B. Oktopus mit Pasta.

• *Chalépa* **Thalassino Ageri**, im ehemaligen Diplomatenviertel von Chaniá, Nähe Hotel Doma (→ Übernachten). Vorzügliche Fischtaverne direkt am Meer, Nectarios versteht sein Handwerk und serviert Fisch und anderes Seegetier in hauchdünnem Teig frittiert, wobei der Eigengeschmack wun-

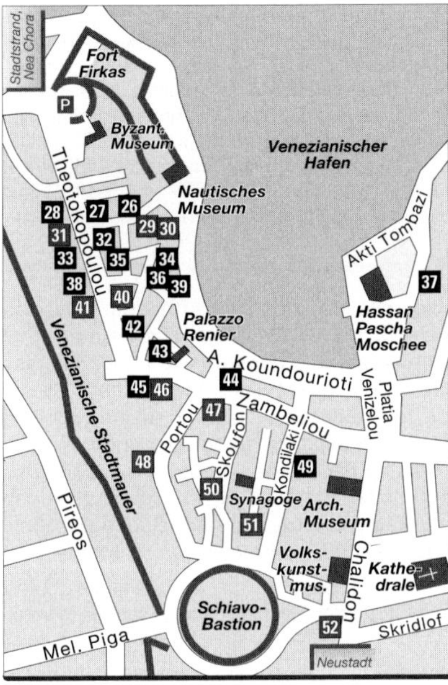

Übernachten

26 Thereza
27 Palazzo
28 Casa Veneta
32 Casa del Amore
33 El Greco
34 Casa Leone
35 Madonna
36 Helena
37 Pandora
38 Casa di Pietra
39 Amfora
42 Casa Delfino
43 Porto del Colombo
44 Lucia
45 Domenico
49 Artemis

Essen & Trinken

31 Kalderimi
40 O Kormoranos
41 To Paradodiako
47 Tamam
48 Moutouraki
50 Semiramis
51 To Konaki

Sonstiges

29 Top Chanas
30 Mediterraneo Bookstore
46 Roka
52 Pelekanakis

Topanas- und Evraiki-Viertel

derbar erhalten bleibt. Kaum ein Tourist verirrt sich hierher. Wegen der unmittelbaren Nähe des stürmischen Meeres nur im Sommer geöffnet.

• Kafenia & Cafés Die schönsten Cafés finden sich in den Gassen des ehemaligen jüdischen Viertels Evraiki hinter dem venezianischen Hafen.

1900, Kondilaki Str. 6, gediegenes, mit Liebe eingerichtetes Café im alten Zentrum – der richtige Platz, um mal ganz unter Griechen sein Bier zu trinken, es gibt immerhin 120 Sorten.

Dodoni, Eiscafé im venezianischen Hafen. Eis nur aus natürlichen Zutaten, viele Geschmacksnuancen, täglich selbst gebackene Waffeln, zum vielfältigen Kaffeeangebot der Zimtstreuer und das zusätzliche Glas Wasser. Nicht billig, aber das Geld allemal wert.

Meltemi, gemütliches und immer gut besuchtes Tages- und Abendcafé am Nordende vom venezianischen Hafen, neben dem Nautischen Museum.

Psychagogion, Kondilaki Str., das originell eingerichtete Kafenion besitzt die einzige Schattentheaterbühne Kretas (→ Sehenswertes, S. 583).

O Kormoranos (40), Theotokopolou Str. (bei Pension „Casa del Amore"), kleines, adrettes Café, geführt von der Wirtin Urania. Mit Blick auf die venezianischen Palazzi der Umgebung kann man leckere *mezédes* kosten und prima frühstücken, guter Filterkaffee.

Platanos, ruhige Sitzplätze unter einer Platane an der Platia 1821, gut geeignet zum Ausspannen beim Stadtrundgang.

Tzedakis (22), Tsouderon Str. 9, Nähe Markthalle. Konditorei mit Café mitteleuropäischen Zuschnitts, Riesenauswahl an Torten, Kuchen und Teilchen (dazu wird ein Glas Wasser gereicht), viele Kaffeezubereitungen, allein zehn Sorten Espresso. Allerdings nicht billig und keine Sitzplätze im Freien. Lesertipp: „Noch größere Auswahl bei freundlicher Bedienung hat die Konditorei **Kronos** in der Moussouronstr. 22, westlich der Markthalle."

Kipos, im Stadtpark, traditionelles Kaffeehaus im Kolonialstil, kürzlich schön renoviert, Parkettboden und Kamin. Vor allem abends ein beliebter Treff für die Einwohner von Chaniá, im Wintergarten spielen die Männer Távli oder Karten. Spiele kann man ausleihen. Spezialität des Hauses ist das Blätterteiggebäck *hanum burek* mit zerstoßenen Nüssen, Honig und Schlagsahne. Täglich 6–23 Uhr.

Kafe Vafe, Platia Vafe, im Herzen von Nea Chora, westlich vom Zentrum. Gemütliches Kafenion abseits vom Touristenrummel, wo sich Chaniá noch von seiner ursprünglichen Seite zeigt. Geführt von Jill, Debra und Margret. Ideal auch für allein reisende Frauen.

Proxenio, El. Venizelou/Vivilaki Str., großes, restauriertes Archontenhaus am Eingang des Stadtviertels Chalepa. Edles Szenecafé mit wechselnden Ausstellungen, im Sommer gelegentlich Live-Musik im gemütlichen Garten.

Bougatsa Jordanis, Kidonias Str 96, gegenüber der Busstation. Beste Adresse, um das leckere Blätterteiggebäck „Bougátsa" zu kosten (→ S. 137) – sogar die Athleten der Olympischen Spiele 2004 wurden in Athen mit den Käsetaschen von Jordanis versorgt.

Nachtleben/Feste

Herzstück des Nachtlebens sind die zentrale Hafenplatia Eleftheriou Venizelou (auch: Platia Santrivani) und die sich beiderseits anschließenden Uferpromenaden. Abends trifft sich hier alles, man flaniert auf und ab, Touristen wie Chanioten gleichermaßen – die „Volta" am venezianischen Hafen ist sicher die ausgeprägteste der Insel. Ein weiterer Schwerpunkt der einheimischen Jugend ist die Sarpidon Str. am Ende des Fischer- und Jachthafens, wo eine Bar neben der anderen liegt. Geht man von dort weiter am Wasser entlang nach Osten, gelangt man zum Akti Miaouli, der Promenade des ehemals türkischen Stadtviertels Kumkapi, wo in den letzten Jahren neue, schicke Bars und Cafés wie Pilze aus dem Boden geschossen sind. An Wochenenden trifft sich dort die „jeunesse dorée" von Chaniá zum Flanieren.

• *Musikbars* **Point Music Bar**, im ersten Stock an der Platia Eleftheriou Venizelou, hoch über den Massen, schöner Blick vom Balkon, Rock- und Jazzmusik.

Fagotto, Angelou Str.16, kleines Gässchen am Ende der Hafenpromenade. Alteingesessene Jazzkneipe, gelegentlich Piano-Musik live.

Konstantinopolo, Ep. Dorotheou Str., hinter der Kathedrale. Gemütliche Kneipe mit überwiegend orientalischer Musik. Es können Wasserpfeifen gemietet werden. Schön sitzt man draußen in der kürzlich renovierten Fußgängerzone.

Praxis, Skoufon Str. 3, nett aufgemachter In-Treff, überwiegend studentisches Publikum, jeden Montag Livemusik.

El Mondo, Kondikali Str. 35, die Decke dieser lauten Abendbar zieren die Käppis von US-Soldaten.

Four Seasons (3) (Tesseris Epoches), große, beliebte Disco-Bar am Fischerhafen. Schön zum Draußensitzen, auch tagsüber, dann gibt es bis spätnachmittags reichlich Schatten.

Duo Lux, in Kumkapi, Serapidon Str., gemischtes, eher alternatives Publikum mit hohem Gay-Anteil. Witziges Design mit verschiedenen Lichtquellen.

• *Disco-Bars/Diskotheken* Die Szene wird nicht nur durch die Einheimischen, sondern auch durch NATO-Soldaten verschiedener Nationalitäten geprägt. Im Hochsommer trifft sich die Jugend auch gerne im westlich von Chaniá liegenden Badeort Plataniás (→ S. 593).

Ein ganzes Bündel brüllend lauter Disco-Bars liegt am Nordwestende vom venezianischen Hafen, kurz vor dem Nautischen Museum. Renner der letzten Jahre war die **Kirki-Bar**, die mit ihrer aufwändigen Lichtanlage zum Tanzen animiert. Alternativen sind z. B. der **Street Club** und das benachbarte **Mythos**.

Notabene, Kondilaki Str. 8, hinter der Hafenfront. Bunte, etwas düstere Kneipe mit lauter Rockmusik (www.notabene.to).

DAZ (früher: NRG), die größte Disco Chaniás liegt bei der Schiavo-Bastion seitlich der Chalidon Str. Im Sommer ist allerdings nur einen Monat lang geöffnet, in der kalten Jahreszeit jeweils von Mi bis Sa.

• *Kinos* Im Sommer gibt es zwei Open-Air-Kinos, nämlich **Kipos** im Stadtpark und **Attikon**, El. Venizelou Str. 118. Gespielt werden internationale Filme im O-Ton mit griechischen Untertiteln.

• *Livemusik* täglich im **Kafe Kriti** (→ Kasten); Open-Air-Veranstaltungen finden im Sommer oft auf der hoch gelegenen **Platia Merarchias** im Viertel Kastelli statt.

• *Feste* Alljährlich vom 20. bis 27. Mai **Gedenkfeier** für die kretischen Widerstandskämpfer in der „Schlacht um Kreta" vom Mai 1941, als deutsche Fallschirmspringer die Insel überfielen (→ Geschichte).

Kreta live

Im urigen **Kafe Kriti (5)** in der Kalergon Str. 22, die parallel zum Fischer- und Jachthafen verläuft, wird täglich ab 20.30 Uhr mit Bouzouki oder Laouto und Lyra Livemusik gemacht. In der Mitte ist Platz zum ausgelassenen Tanzen, auch Wirt Christos schwingt hier mit Touristinnen gerne das Tanzbein. Oft geht es hoch her, hier kann man wirklich noch Kreta erleben. Eintritt frei.

Shopping

Ein Einkaufsbummel in Chaniá macht dank der vielen liebevoll eingerichteten und eleganten Geschäfte viel Spaß, besonderer Wert wird auf Tradition gelegt. Webteppiche, Keramik und gediegenes Kunsthandwerk findet man vor allem in den Vierteln Evraiki und Topanas, hinter dem venezianischen Hafen. Traditionell ist Chaniá für seine Lederwaren bekannt, da hier Rohstoffe dank ausgeprägter Schafzucht in den Weißen Bergen immer genügend vorhanden waren. Einen ganzen „Leder-Basar" findet man in der Skridlof-Straße.

• *Bücher/Presse* **Mediterraneo Bookstore (30)**, neue, sehr gut sortierte Buchhandlung am Ende des venezianischen Hafens, kurz vor dem Nautischen Museum.

Pelekanakis (52), Chalidon Str. 98. Buchhandlung seit 1932, gute Auswahl an Kretaliteratur.

• *Ikonen* **Mount Athos**, Kondilaki Str. 12, traditionsgetreu angefertigte Ikonen, dazu handgemachter Schmuck aus Ioanínna (Nordgriechenland).

• *Kulinarisches* **La Boutique** (www.boutiqueencrete.com), Kondilaki Str. 17, Maryse und Hervé aus Frankreich leben seit 12 Jahren auf Kreta, Maryse spricht Deutsch. In ihrem neu eröffneten Laden verkaufen sie biologisches Olivenöl, gute Weine, Honig (auch offen), Kräuter, Olivenölseife, traditionelle Keramik, Stickereien etc.

To Meli, Kondilaki Str. 45, weiterer schön aufgemachter Laden mit guten offenen Weinen, hervorragendem, doppelt gebranntem Rakí, Honig und verschiedenen Olivenölen.

• *Kunsthandwerk* Diverse Werkstätten und Läden liegen verstreut in den engen Gassen des Viertels **Topanas** hinter der Hafenpromenade – Zambeliou, Theotokopoulou Str. und Seitengassen.

Lichnari, Douka Str. (auch: Portou), Lampen, Glas, Keramik, Schreibwaren, nicht günstig, aber alles sehr schön und originell.

Chantra, Zambeliou/Theofanousstr. 1, mundgeblasene Glas- und Kristallgegenstände, handgeschmiedeter Silberschmuck, Kopien von Museumsexponaten.

Mat, Potie Str. 5. „Das Schachspiel, wie die Musik, wie die Liebe, hat die Kraft, die Menschen glücklich zu machen". Für Herrn Athanasios Diamantopoulos, den netten Besitzer des originellen Ladens, scheint dieser Wahlspruch sichtlich zuzutreffen. Er bietet Schach- und Távlispiele aller Art an, dazu die verschiedensten Figuren aus Messing, Ton und Holz, z. T. mythologischen Inhalts. Die meisten Figuren stammen aus der eigenen Werkstatt. Vor allem seine Frau spricht hervorragend Deutsch.

Metamorphosis, Theotokopoulou Str. 50, handgearbeitete Silberschmuckunikate aus ganz Griechenland.

Lithos, Sarpaki Str. 49 (Splantzia-Viertel), Bildhauerwerkstatt mit Laden, hergestellt werden originelle Steinskulpturen.

• *Leder* Die **Skridlof-Str.** ist die „Ledergasse" von Chaniá. Ein gutes Dutzend Läden, „Stivanadiká" genannt, bietet hier eine Riesenauswahl an Stiefeln (ab ca. 25 €), großen Taschen (ab ca. 30 €), Sa4ndalen, Brustbeuteln, Handschuhen usw. Vor allem in der Nachsaison gute Preise, wenn die Lager geräumt werden. Schuhwerk auch als Maßanfertigung möglich. Die Skridlof-Str. zweigt von der Chalidon-Str. rechts ab, wenn man zum Hafen hinuntergeht.

• *Markt* Die große, kreuzförmige **Markthalle** von Chaniá ist nach dem berühmten Marseiller Vorbild entworfen. Sie liegt im Zentrum der lärmenden Neustadt, Platia Sofoukli Venizelou (→ Sehenswertes).

Ein **Straßenmarkt** findet jeden Samstag 7–13 Uhr an der Minoosstraße statt (östlich der Altstadt parallel zur Stadtmauer), ein weiterer donnerstags im Stadtteil Neo Chora um die Metaxaki Str.

• *Messerschmiede* Messer waren früher sehr wichtig für die Kreter, man trug sie als Statussymbol und um die eigene Wehrhaftigkeit zu zeigen. Einige authentische Läden der **Macherádes** (Messerschmiede), die noch nicht um Touristengunst buhlen, findet man in der Sifaka Str. 13 und 14. Apostolos Pachtikos (Nr. 14) fertigt seit vielen Jahrzehnten Messer und erklärt Besuchern gerne seine Arbeit.

• *Second Hand* **To Basari**, Daskalojannis Str. 46, an der Ecke zur Platia 1821 (gegenüber von Arche Noah). Hier kann jeder seine Siebensachen verkaufen, im Schaufenster steht, wie's funktioniert. Es gibt nichts, was es hier nicht gibt, z. B. auch eine Auswahl deutschsprachiger Bücher.

Monastiraki, Kissamos Str. 125. Bücher, Geschirr, Bilder u. v. m., manchmal sind auch alte kretische Möbel erhältlich.

• *Teppiche/Webwaren* **Top Chanas (29)**, Angelou Str. 3, beim Nautischen Museum die Gasse hoch. Kostas Liapakis führt den sehr schönen Laden mit authentischen handgewebten Teppichen, Decken und Kelims, darunter auch wertvolle historische Stücke.

Penelope House, A. Ritsou Str. 3 (Topanas-Viertel), kleiner, sehr ansprechender Webladen mit engagiert gefertigten Stücken. Sofia Achmetoglou gelingt es auf wohltuend dezente Art, den Betrachter für ihren Stil zu gewinnen. Mitten im Laden ein älterer Webstuhl mit vier Schäften (statt mit zwei, wie heute zumeist nur noch üblich).

Saita, Sarpaki Str., direkt neben der Pension Fidias. Traditionelle kretische Teppiche, Wandbehänge usw., alles handgewebt. Preiswert.

Teppichweben – nicht nur Frauensache

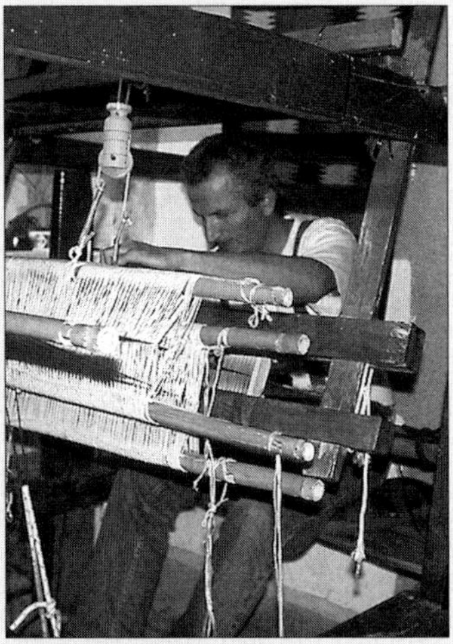

Michalis Manousakis bei der Arbeit

In der Zambeliou Str. 61, gegenüber der Pension Nostos, liegt der Teppichladen Roka **(46)**. Seit vielen Jahren sitzt hier Michalis Manousakis am Webstuhl. Er gilt als einer der ganz wenigen Männer in Griechenland, die noch die Kunst des Teppichwebens beherrschen. Sein Webstuhl ist über 400 Jahre alt und er arbeitet nach Jahrhunderte alten Methoden und Vorbildern. Für die farbenfrohen Wandbehänge, Teppiche und Rucksäcke (sakoúlis) verwendet er die Wolle seiner eigenen Schafe, die er hauptsächlich mit Pflanzenmaterialien färbt. Bei Michalis können Sie sicher sein, noch authentisch kretische Stücke zu bekommen. Er spricht Englisch und etwas Deutsch, gerne darf man ihm etwas bei der Arbeit zusehen. So geschl.

Sehenswertes

Chaniá ist reich an Historie. Vor allem die alten Viertel um den venezianischen Hafen laden zum ziellosen Umherstreifen ein. Leider wurde durch das deutsche Bombardement im Zweiten Weltkrieg vieles unwiderruflich zerstört, was bis dahin Jahrhunderte überdauert hatte. Noch heute sind überall zerbombte Ruinen zu sehen, denn staatliche Unterstützung für den Wiederaufbau ihrer Häuser wurde den Besitzern nicht gewährt und so blieb vieles, wie es war.

Der britische Historiker **Tony Fennymore** bietet von April bis Juli und September/Oktober detailreiche Führungen durch die Altstadt von Chaniá. Treffpunkt ist das „Hand Monument" an der Uferstraße nördlich von Fort Firkas, Preis ca. 11 € pro Pers. Begleitende Lektüre: „Fenny's Hania", erschienen im Eigenverlag Fenny's Crete Publications. Weitere Informationen unter ✆/℡ 2821-0-87139 und www.fennyscrete.ws

Altstadt

Das historische Zentrum gruppiert sich um den Hafen, der aus zwei nebeneinander liegenden Becken besteht. Das westliche, „Venezianischer Hafen" genannt, ist heute der eigentliche touristische Teil mit breiter Flanierzone, das rechte wird als „Fischer- und Jachthafen" genutzt. Umgeben war die Altstadt seit dem 16. Jh. von einer Stadtmauer, die im Westen und Osten noch erhalten ist. Im Süden verläuft an ihrer Stelle die breite Chatzimichali Gianari Str., die die Trennungslinie zur Neustadt bildet.

Chalidon Str.: Die geschäftige Straße beginnt an der Platia 1866 und verläuft leicht abwärts zum Hafen. Links zweigt nach wenigen Metern das Gässchen Emmanuel Baladinou zur großen *Schiavo-Bastion* ab, zu der ein Weg hinaufführt. Oben hat man einen herrlichen Blick auf die alten Schindeldächer um den Hafen, das hüglige Kastelli-Viertel und die Weißen Berge im Süden. Rechts zweigt von der Chalidon Str. die *Skridlof-Str.* ab, ein schmales Gässchen, wo man alles bekommt, was aus Leder ist (→ Shopping). Ein Stück weiter die Straße hinunter komnmt man zum Platz mit der großen dreischiffigen *Kathedrale Trimartýri* (drei Märtyrer). Sie wurde Ende des 19. Jh. an der Stelle einer ehemaligen Seifenfabrik errichtet, die einem wohlhabenden Türken gehört hatte. An der westlichen Straßenseite liegt der leicht zu übersehende Eingang in einen Hof, in dem die *römisch-katholische Kirche* der Stadt steht. Die hell und freundlich wirkende Kirche ist frisch renoviert, in die ehemaligen Fensternischen sind Ölbilder eingesetzt. Im Hof führen Stufen zu einem kleinen privaten *Volkskunstmuseum* (Laografiko Museio) hinauf. Wenige Schritte weiter trifft man auf die äußerlich unauffällige Fassade der früheren venezianischen San-Francesco-Kirche, die heute das *Archäologische Museum* Chaniás beherbergt (→ Museen). Schräg gegenüber erkennt man die Kuppeln eines ehemaligen türkischen *Badehauses*, in dem nun Boutiquen ihren Platz gefunden haben.

Venezianischer Hafen

Das große Hafenbecken ist von pastellfarbenen venezianischen Häusern umgeben, in denen früher Lagerräume die ankommenden Waren aufnahmen. Heute sind sie fast vollständig von Tavernen und Bars in Beschlag genommen. Auffallendstes Gebäude ist allerdings rechter Hand die markante ehemalige *Hassan-Pascha-Moschee* mit ihrer großen zentralen Kuppel, nach den osmanischen Elitetruppen auch *Janitscharen-Moschee* genannt. Erbaut wurde sie gleich nach der türkischen Eroberung im 17. Jh., die seitlichen Portikos mit den kleinen Kuppeln wurden aber erst 1880 angefügt, das Minarett wurde im Weltkrieg zerstört. Im 20. Jh. waren hier u. a. ein Café und ein Museum untergebracht, seit den 1970er Jahren dann das Informationsbüro, danach stand die ehemalige Moschee lange leer. Vor einigen Jahren wurde sie endlich renoviert und wird nun für Ausstellungen genutzt. An der östlichen Innenwand ist noch die Gebetsnische, der so genannte Mihrab, erhalten.

Am Nordwestende der Hafenpromenade steht das große Hafenkastell *Fort Firkas* mit dem sehenswerten *Nautischen Museum* (→ Museen). Die Befestigung mit

Die Janitscharen-Moschee am venezianischen Hafen

hoher Zinnenmauer und Rundturm wurde anfangs als Kaserne, dann von den Türken lange als Gefängnis verwendet, auch die deutschen Besatzer machten davon noch Gebrauch. 2005 hat man mit einer umfassenden Restaurierung begonnen. Schön ist der Blick auf Hafen und Stadt, besonders vom kleinen Türmchen am nördlichsten Punkt. Hier wurde nach der Wiedervereinigung Kretas mit Griechenland von Eleftherios Venizelos und König Konstantin am 1. Dezember 1913 erstmals wieder die griechische Flagge auf Kreta gehisst.
Hinter der **westlichen Hafenfront** findet man die zwei malerischsten Viertel der Stadt: Evraiki und Topanas. Die restaurierten Palazzi in den engen Gassen beherbergen heute kleine Hotels und Pensionen und sind oft richtige Schmuckstücke, vieles liegt jedoch seit langem in Trümmern. Die *Zambeliou Str.* und die sich anschließende *Theotokopoulou Str.* bilden die Hauptachse dieses Stadtteils. Verstreut findet man hier historische Kostbarkeiten, so erhebt sich in der Zambeliou Str. 45 die einst stolze Fassade eines herrschaftlichen Hauses. Über dem Portal prangt der edle Spruch: *Nulli parvus est census, cui magnus est animus* („Keiner wird gering geschätzt, der einen großen Geist besitzt"). Am Beginn der Skoufon Str. steht ein *Marmorbrunnen,* der früher zu einer türkischen Moschee gehörte, das Lokal Tamam (→ Essen) in der Zambeliou Str. 49 ist in einem türkischen *Badehaus* untergebracht.

Evraiki-Viertel

Das ehemalige jüdische Viertel liegt hinter der Zambeliou Str. um die Kondilaki Str. Seit venezianischer Zeit wurden die Juden gezwungen, hier zusammen zu leben. Die deutsche Wehrmacht hatte im Juni 1944 fast alle der knapp dreihundert jüdischen Chanioten inhaftiert und wollte sie in die Vernichtungslager Mitteleuropas schicken. Das Schiff namens „Tanais", das sie zusammen mit 600 weiteren Gefangenen nach Piräus bringen sollte, wurde aber irrtümlich von einem britischen U-Boot torpediert und sank. Es gab keine Überlebenden. Hauptsächlich Tavernenwirte und Hoteliers haben mittlerweile den Reiz der alten Gassen entdeckt, denn das Viertel ist zum Ausgehen eine der schönsten Ecken der Stadt.

Die Synagoge *Etz Hayyim* befindet sich im Parodos Kondilaki, einer von der Kondilaki Str. abgehenden Sackgasse. Lange Zeit verrottet und verriegelt, wurde sie in den neunziger Jahren restauriert und im Oktober 1999 feierlich wieder eröffnet. Durch das Tor gelangt man in einen schönen, traditionell gestalteten Innenhof. Linker Hand liegt der Zugang zum *Etz Hayyim* (Gebetsraum der Männer), oberhalb der *Mechiza* (Gebetsraum der Frauen). Durchquert man den Etz Hayyim, gelangt man in einen weiteren Innenhof, in dem vier Gräber von Rabbinern erhalten sind, u. a. das Grab von *Chilel Aschkenasi*, der als Heiliger und Mystiker verehrt wird. An den Untergang der Tanais mit der gesamten jüdischen Gemeinde Chaniás an Bord erinnert eine kleine Gedenktafel. Vom Innenhof hat man auch Zugang zum *Mihkve*, einem mit Wasser gefüllten Steinbassin, das Frauen zur Reinwaschung benutzen.
Die nahe gelegene venezianische Ruine, in der sich heute die Taverne Ela eingerichtet hat, fiel in den 1980er Jahren einem Brand zum Opfer. Früher war hier eine Seifenfabrik untergebracht.

• *Öffnungszeiten/Preise* **Synagoge**, Mai bis Mitte Okt. Mo–Mi 9–20, Do/Fr 9–17.30 Uhr, übrige Zeit Mo 9.30–20, Di 9.30–17.30, Mi–Fr 9.30–14 (wegen Personalknappheit können die Öffnungszeiten kürzer ausfallen, vorher anrufen), Eintritt ca. 2 €. ✆ 28210-86286 oder www.etz-hayyim-hania.org

O Karagiozis: griechisches Schattentheater in Chaniá

In der Kondilaki Str. liegt das gemütliche, mit Kunstwerken und Nippes eingerichtete Kafenion *Psychagogion*. Seit 2005 ist hier die einzige Bühne Kretas für das traditionelle griechische Schattentheater eingerichtet, das in seinen Ursprüngen aus China stammt und in Griechenland schon beinahe ausgestorben war. Der Musiker und Maler Nikos Blazakis bedient die Stabpuppen um den so genannten „Karagiozis“, der zwar nur ein einfacher Mann aus dem Volk ist und ein wenig lächerlich wirkt mit seiner übergroßen Nase, dem Buckel, der Flickenkleidung und den nackten Füßen, aber immer bereit ist, Ungerechtigkeiten der Behörden bloßzustellen. Nikos spielt bei seinen teils recht lautstarken Theaterstücken bis zu zwanzig Rollen und muss dabei buchstäblich mit „Händen und Füßen“ agieren. Geöffnet ist das Kafenion tägl ab 18 Uhr, man kann sich dort wegen Aufführungen erkundigen oder unter ✆ 28210-87560.

Topanas-Viertel

An ihrem Westende steigt die Zambeliou Str. mit Stufen ins Topanas-Viertel um die Theotokopoulou Str. hinauf. Vorher zweigt rechts ein schmales Gässchen ab (beschildert: Ag. Nikolaos), das durch einen Torbogen zum Palazzo der venezianischen Familie *Renieri* in der Moschon-Gasse führt. Über dem Bogen sind noch das Baudatum 1608 und eine Inschrift erhalten: *Multa tulit fecitque et studavit dulces pater, sudavit et alsit, semper requies serenat* („Vieles ertrug, vollbrachte und studierte der liebe Vater, er schwitzte und fror, möge er in Frieden ruhen“). Gleich hinter dem Torbogen steht heruntergekommen *Agios Nikolaos*, die winzige Privatkapelle der Renieris. Auch die angrenzende Taverne „Sultana's“ gehört zu dem Anwesen.

Im Topanas-Viertel

Der nördlichste Teil der Altstadt besteht aus malerischen, kleinen Gassen mit schiefen Fassaden, versteckten Durchgängen, verwinkelten Treppen, schmiedeeisernen Balkonen und türkischen Holzerkern. Vor den Eingängen stehen üppige Topfpflanzen, überall spielen Kinder, Autos passen nicht hindurch. Das ganze Viertel wirkt stellenweise fast dörflich, es gibt zahlreiche hübsche Pensionen und Kunsthandwerksläden. Benannt ist der Stadtteil wegen des nahen Hafenkastells *Firkas* nach dem türkischen Wort „top" (= Kanone). Im 19. Jh. lebten hier die wohlhabenden Familien der Stadt und während der autonomen Phase Kretas hatten die Schutzmächte hier ihre Konsulate. Am Nordende der Theotokopoulou Str. steht die Kirche San Salvatore mit der *Byzantinischen und Nachbyzantinischen Sammlung* der Stadt Chaniá (→ Museen).

Vom Fort Firkas nach Westen

Wenn man nördlich vom Fort Firkas um das Kap in Richtung Westen am Wasser entlanggeht, kommt man am kaum beachteten und mit Graffiti verunstalteten *Hand-Denkmal* vorbei, das an das schreckliche Schiffsunglück vom 8. Dezember 1966 erinnert. Damals sank eine Fähre auf dem Weg von Piräus nach Kreta und riss Hunderte von Passagieren mit in den Tod. Das Monument zeigt eine Hand, die sich aus den Wellen hebt und verzweifelt versucht, den Rumpf der umgekippten Fähre zu ergreifen. Die Katastrophe war damals Anlass für die Gründung einer eigenen kretischen Schifffahrtslinie namens ANEK.

Südlich davon liegen die Reste der *Bastion Gritti* mit dem ehemaligen Xenia-Hotel, kein Schmuckstück für die Stadt, sie soll aber renoviert werden. Die venezianische Stadtmauer und der ehemalige Graben verlaufen hier landeinwärts, in ihrem Schatten kleben Wohnhäuser.

Etwa 10 Min. weiter westlich liegt der saubere *Stadtstrand* von Chaniá (→ Baden), dahinter das Stadtviertel *Nea Chora*, wo man nur wenige Touristen antrifft.

Fischer- und Jachthafen

Wenn man vom venezianischen Hafenbecken die breite Promenade am Wasser entlang nach Osten geht, trifft man am Beginn des östlichen Hafenbecken auf das *Große Arsenal*, ein mächtiges, zweistöckiges Gebäude aus dem 16. Jh. Es wurde vor einigen Jahren sehr gekonnt restauriert und beherbergt nun das Zentrum für Mittelmeerarchitektur. Im Rahmen einer Architekturausstellung kann man das Innere besichtigen.

Danach folgen das ehemalige *Zollhaus* und eng nebeneinander sieben von einst 17 mächtigen *Arsenalen*. In venezianischer Zeit waren sie direkt mit dem Meer verbunden und dienten als „Garagen“ und Reparaturbetriebe für Frachtschiffe. Heute nutzen sie die Fischer als Trockendocks und Lagerhallen, eines wurde restauriert und dient als städtischer Ausstellungsraum. In zwei weiteren Arsenalen am Ostende des Hafens ist eine Bootswerft untergebracht. Schön ist ein Spaziergang hinaus auf die lange befestigte *Hafenmole* mit einem schlanken Leuchtturm an der Spitze, besonders stimmungsvoll zur Zeit des Sonnenuntergangs. Bei klarer Sicht genießt man von hier ein herrliches Panorama der Weißen Berge. In der Mitte der Mole liegen die Ruinen eines Forts, in der sich das Restaurant „Fortezza“ eingerichtet hat. Von der gegenüberliegenden Hafenpromenade verkehrt eine kleine Pendelfähre hinüber.

Kastelli-Viertel

Der Hügel über dem heutigen Fischerhafen ist das älteste Siedlungsgebiet der Stadt und wahrscheinlich seit dem 4. Jt. v. Chr. durchgehend besiedelt. An der Kanevaro-Str./Ecke Kandanoleon Str. haben schwedische Archäologen an der Stelle einer durch deutsche Bomben zerstörten Kirche in den 1970er Jahren die minoische Siedlung *Kydonía* entdeckt. Ausgegraben wurden die Grundmauern von vier Villen, die vielleicht sogar Teil eines minoischen Palastes gewesen sein könnten. Man sieht sie heute hinter einem Drahtzaun direkt an der Straße. Da die venezianischen Häuser der Umgebung unter Denkmalschutz stehen, können jedoch keine weiteren Grabungen durchgeführt werden. Die reichhaltigen Funde sind heute im Archäologischen Museum zu bewundern (→ unten), in einer der Villen hat man allein knapp 200 Vasen gefunden.

In venezianischer Zeit, vielleicht sogar bereits während der byzantinischen Epoche, war Kastelli von einer eigenen Mauer umgeben. Ein längerer Abschnitt ist noch entlang der *Sifaka Str.* erhalten, man erkennt darin verarbeitete antike Säulentrommeln, später wurden Wohnhäuser obenauf- und hineingebaut.

Heute wirkt in Kastelli alles kunterbunt durcheinander gewürfelt. Zwischen venezianischen Torbögen und altrömischen Hausruinen liegen Trümmergrundstücke und die leeren Hüllen historischer Palazzi – Folge der deutschen Bombenangriffe im Weltkrieg, die weite Teile von Kastelli verwüsteten. Am oberen Ende der Lithinon Str. (Nr. 45), die östlich der Hafenplatia Eleftheriou Venizelou auf den Hügel führt, steht noch ein Teil des früheren *Rektorenpalastes*, der einst als Amtssitz des venezianischen Statthalters diente, laut Inschrift erbaut im Jahre 1624. An der sich auf der Hügelkuppe anschließenden *Platia Merarchias*, dem zentralen Platz in Kastelli, hat sich die Technische Fakultät von Chaniá in einem ehemaligen türkischen Verwaltungsgebäude etabliert. Vom Platz hat man einen schönen Panoramablick auf den Hafen, oft finden hier oben Veranstaltungen mit Livemusik statt. Östlich der Platia mündet die von der Kanevaro Str. aufsteigende Agiou Markou Str., an der die Ruinen des Dominikanerklosters *Santa Maria dei Miracoli* aus dem 17. Jh.

erhalten sind, darunter ein Teil des Kreuzgangs. Heute ist hier eine einfache Pension untergebracht (→ Übernachten). Auf einer ehemaligen Mauleseltreppe kann man zu den Arsenalen und dem Zollhaus am Hafen hinuntersteigen.

Splantzia-Viertel

Das ehemalige Türkenviertel liegt ein Stück landeinwärts vom Fischerhafen. An der Platia 1821 steht die große Kirche *Ágios Nikólaos*, die in ihren Ursprüngen Teil eines Dominikanerklosters aus venezianischer Zeit war. Während der türkischen Besetzung wurde sie zur Hauptmoschee der Stadt umgebaut, seitdem ist ihr rechter Glockenturm ein Minarett. An der Ecke zur Daskalojannis Str. entdeckt man außerdem die kleine Kirche *San Rocco*, laut Inschrift von 1630. Sie ist allerdings stark renovierungsbedürftig und nicht zu besichtigen. Die Platia ist ein netter Platz zum Rasten, im Café „Platanos" sitzt man abseits vom Verkehrslärm unter schattigen Platanen. Schräg gegenüber liegt an der Daskalojannis Str. 35 das Informationsbüro der *Arche Noah*, Kretas bekanntestes Tierheim, initiiert von Silke Wrobel aus Deutschland (→ S. 595). Weiter östlich steht an einem Seitengässchen des Odos Nikiforou Episkopi (nicht weit von der östlichen Stadtmauer) die doppelschiffige Kirche der *Ágii Anárgyri*. Diese unscheinbare Kirche war während der türkischen Besetzung (ab 1646 bis Ende des 19. Jh.) die einzige, die innerhalb der Stadtmauern geöffnet blieb. Im Inneren zwei großflächige Ikonen (1,50 x 2,50 m), das „Jüngste Gericht" stammt von Amvrosios, einem Schüler des berühmten Damaskinós.
Von der Daskalojannis Str. östlich und der Sifaka Str. nördlich eingerahmt, findet man heute ein schönes, kleines Wohnviertel, das vom Tourismus noch gänzlich unberührt ist. Kleine Sackgassen, verfallene und teils wiederhergerichtete Häuser, Topfpflanzen und ruhige Gärtchen geben dem Viertel den Charakter einer ursprünglichen Oase in der Großstadt. An der Platia Rouga (Verbreiterung der Kallinikou Sarpaki Str.) steht die erst in den 1990er Jahren durch Zufall entdeckte „Untergrundkirche" *Agia Irini*. Ein paar Stufen steigt man hinunter in das versteckte Gewölbe, das vor den türkischen Besatzern verborgen blieb. In der Chatzimichali Daliani Str. steht noch das gut erhaltene türkische Minarett der ehemaligen Achmed-Aga-Moschee.

Kumkapi-Viertel

Wenn man am Ostende des Fischerhafens – dort, wo die lange Mole beginnt – am Wasser entlang weiter nach Osten geht, kommt man zu einem Durchbruch durch die ehemalige Stadtmauer neben der mächtigen *Sabbionara-Bastion*, an der noch der Markuslöwe und venezianische Wappen erhalten sind. Davor lag einst das türkische Viertel *Kumkapi* („Tor zum Sand"), wo sich heute eine weite Bucht mit befestigtem Uferkai und schönem Blick auf die östlichen Vorbezirke von Chaniá ausbreitet. In den letzten Jahren wurden hier zahlreiche Cafés und Nachtbars eröffnet, doch dank der fast kompletten Abwesenheit von Touristen ist es gemütlich und die Preise liegen deutlich niedriger als im venezianischen Hafen.

Neustadt

Sie umschließt das historische Zentrum um den Hafen und beherbergt die meisten öffentlichen Einrichtungen wie Post, Banken, Telefonzentrale, Flug- und Schiffsagenturen, Reisebüros usw. Dem Verkehr, Lärm und Trubel kann man nur im Stadtpark entgehen.

Platia 1866: neben dem Busbahnhof. Schöner Fußgängerplatz mit viel Grün, den Büsten einiger wehrhafter Kreter und einem sprudelnden venezianischen Brunnen mit acht Wasserhähnen zum Erfrischen.

Platia Sofoukli Venizelou: Am zentralen Verkehrsknotenpunkt der Stadt steht die kreuzförmige *Markthalle*, die ihresgleichen in Griechenland sucht. 1911-1913 wurde sie nach dem Vorbild der Marseiller Markthallen errichtet, für ihren Bau riss man den zentralen Turm der Stadtmauer ab. Sowohl architektonisch als auch vom Angebot wird fürs Auge einiges geboten. Die Atmosphäre ist geschäftig, teilweise laut, aber nicht hektisch. Hervorzuheben sind die Stände der Fisch- und Fleischhändler und die winzigen Tavernen, wo man sehr lecker und preiswert essen kann.

Öffnungszeiten **Markthalle**, Mo–Sa 8–13.30 Uhr, 17–20 Uhr, Mo, Mi und Sa am Nachmittag geschlossen.

Tzanakaki Str.: Wenn man von der Platia Sofoukli Venizelou die Tzanakaki Str. hinaufgeht, kommt man zum *Stadtpark*, einer schattigen Oase abseits vom Verkehrslärm, erbaut im 19. Jh. auf Wunsch eines türkischen Paschas. Hier gibt es einen Spielplatz und ein schönes Kaffeehaus (→ Cafés), ein Freilichtkino und einen kleinen Zoo, in dessen Käfigen sich allerlei Federvieh, Hasen und Affen tummeln. Sogar einige kretische Wildziegen („Agrími") mit ihren prächtig geschwungenen Hörnern schauen traurig durch den Maschendraht.

Wenn man vom Stadtpark der Sfakianaki Str. weiter folgt, kommt man zunächst zum *Kriegsmuseum* und wenig später zum *Historischen Museum* von Chaniá (→ Museen).

Außenviertel

Chalépa: Das ehemalige Diplomatenviertel östlich der Stadt durchquert man, wenn man die Halbinsel Akrotíri besuchen will. Seine große Zeit hatte es, als Chaniá seit Ende des 19. Jh. Hauptstadt der Insel war. Zahlreiche, ehemals prächtige klassizistische Villen fristen heute als vernachlässigte Ruinen ihr Dasein. Doch allmählich erkennen die Chanioten den Wohnwert Chalépas. Da und dort regt sich neues Leben, wird eifrig restauriert und investiert. Nicht von ungefähr gibt es in Chalépa bereits mehrere stilvolle Hotels (→ Übernachten). Auch Eleftherios Venizelos besaß hier ein *Wohnhaus*, das zur Besichtigung offen steht. Zu erreichen ist Chalépa vom Zentrum auf der breiten Eleftheriou Venizelou Str.

Öffnungszeiten **Haus des Eleftherios Venizelos**, Mo–Fr 11.30–13.30, 18–20 Uhr, Eintritt frei.

Museen

Archäologisches Museum: Die unscheinbare Fassade der venezianischen San-Francesco-Kirche an der Chalidon Str., gegenüber vom Platz mit der Kathedrale, ist nahtlos in die Häuserzeile eingefügt und von außen fast zu übersehen. Umso lohnender ist dafür der weitläufig überwölbte Innenraum der hübschen Pfeilerbasilika, ein würdiger Rahmen für die größte archäologische Sammlung Westkretas. Funde vom Neolithikum über die Minoer und die griechisch-hellenistische Antike bis zur römischen Besetzung sind hier ausgestellt.

Zunächst fallen die vielen gut erhaltenen *Sarkophage* aus spätminoischer Zeit auf. Sie stammen hauptsächlich aus der Nekropole Arméni bei Réthimnon. Auf ihren reich bemalten Außenwänden sind neben maritimen Motiven auch eine Hirschjagd und Bergziegen dargestellt. Im rückwärtigen Teil des Raumes sieht man eine Reihe von griechisch-hellenistischen Skulpturen und Grabstelen. Zwei schöne *Fußbodenmosaike* aus dem 3. Jh. n. Chr. zeigen Dionysos und Ariadne auf Náxos, Dionysos und den Hirtengott Pan sowie den Meeresgott Poseidon mit seiner Gespielin Amymone.

In den zahlreichen Vitrinen sind hauptsächlich Kleinfunde ausgestellt. Die teils sehr gut erhaltene *minoische Keramik* stammt zum großen Teil von Ausgrabungen, die in den sechziger und siebziger Jahren in Chaniá selber durchgeführt wurden. Weiterhin gibt es aus spätminoischer Zeit eine umfangreiche Sammlung von *Siegeln* und *Täfelchen* mit Linear-A-Schrift. Besonders eindrucksvoll ist ein Tonstempel, der eine hoch gewachsene Person darstellt, die auf dem Dach eines großen, mehrstöckigen Gebäudes, vielleicht eines minoischen Palastes, steht. Auch die Schrifttäfelchen weisen inhaltlich auf die Existenz eines minoischen Palastes in Chaniá hin. Dazu kommen rot- und schwarzfigurige Vasen aus griechischer Zeit, Salbölgefäße aus farbigem Glas, Öllämpchen, Schmuck, Münzen und vieles mehr. Besonders schön sind die Glasgefäße aus römisch-hellenistischer Zeit in Vitrine 38. Auch ein Brocken grünlich-türkis schimmerndes Rohmaterial ist dort ausgestellt. Im Museumsgarten bildet ein elegantes, zylinderförmig zulaufendes türkisches *Brunnenhaus* den Blickfang. Dahinter sieht man das Portal eines venezianischen Palazzo und den Stumpf eines Minaretts aus der Zeit, als die Türken die Kirche als Moschee benutzten.

Öffnungszeiten/Preise Di–So 8.30–15 Uhr, Mo geschl., Eintritt ca. 2 €, Stud./Schül. ca. 1 €.

Volkskunstmuseum: im Vorhaus der röm.-kath. Kirche an der Chalidon Str. In etwas muffiger Atmosphäre sind diverse Stickereien, Teppiche und andere kretische Utensilien ausgestellt, Miniaturpuppen stellen Szenen aus der Landarbeit dar, eine alte Küche ist vorhanden, ebenso ein traditionelles Himmelbett.

Öffnungszeiten/Preise Mo–Fr 9-15, 18-21 Uhr, Sa/So geschl., Eintritt ca. 1,50 €.

Nautisches Museum: am Nordwestende der Hafenpromenade, zu erkennen an dem großen, schwarz angestrichenen Anker am Eingang. Soúda, der Hafen von Chaniá, hatte immer eine große strategische Bedeutung und auch heute ist die Halbinsel Akrotíri noch geprägt von militärischer Präsenz – deshalb hier diese martialische Anhäufung von Stücken aus der griechischen Marine-Vergangenheit.
Gleich im Eingang lehrt ein 7 m langer Torpedo den Besucher das Fürchten, im Inneren steht eine lebensgroße Poseidonstatue aus Bronze. Es folgen historische Gemälde, Landkarten und Stadtpläne sowie Modelle und Fotos von Kriegsschiffen, Torpedobooten und U-Booten. Die alten Navigationsinstrumente stammen teilweise noch aus der Zeit vor dem Ersten Weltkrieg. Man findet den Steuerplatz eines Kriegsschiffs rekonstruiert, uralte MGs, Kompasse, Teleskope, eine Schiffsschraube ... Interessant sind das Modell der Stadt Chaniá und ein Modell der Hafenarsenale, in denen eine Reparaturwerft untergebracht war. Ein Raum ist auch historischen Seeschlachten gewidmet, u. a. ist die berühmte Schlacht von Salamis zwischen Griechen und Persern (480 v. Chr.) mit kleinen Modellschiffen rekonstruiert. Nach all diesem säbelrasselnden Kriegszierrat bildet der letzte Raum mit einer Sammlung von Muscheln, Korallen, Seesternen und konservierten Seetierskeletten einen willkommenen Kontrast.
Der ersten Stock ist dem Kampf um Kreta im Zweiten Weltkrieg gewidmet. Anhand zahlreicher Fotos werden der Angriff der deutschen Truppen und die folgende Besatzerwillkür dokumentiert sowie Partisanenwiderstand und Leid der Zivilbevölkerung. Eine Vitrine beinhaltet, was die Kreter den Soldaten entgegenzusetzen hatten – Felsbrocken, Beil, Stock und Messer. Ein Modell zeigt den geplanten Museumskomplex „Memorial Center of the Battle of Crete", dessen Grundstein 1991 in Anwesenheit des damaligen Kanzlers Kohl südwestlich von Chaniá auf der Anhöhe von Galatás gelegt wurde (Fertigstellung ungewiss).

Öffnungszeiten/Preise April bis Okt. tägl. 10–16 Uhr, Nov. bis März 10–14 Uhr, geschl. an Feiertagen; Eintritt ca. 2,50 €, Stud./Schül. ca. 1,50 €, Kinder bis 6 Jahre frei.

Byzantinische und Nachbyzantinische Sammlung: In der schlichten venezianischen Kirche *San Salvatore* (Theotokoupoulou Str. 82), die einst zu einem Kloster gehörte, werden im ansprechenden Rahmen gut dokumentierte Stücke aus dem Bezirk Chaniá von den frühchristlichen Jahrhunderten bis zum Beginn der türkischen Besetzung Kretas präsentiert – Wandmalereien, Inschriften, Architektur- und Meißelarbeiten, Skulpturen, Kleinkunst, Schmuck, Ikonen, Keramik und Münzen, außerdem der Mosaikboden einer frühchristlichen Basilika und die bedeutende Ikone des hl. Georg von Emmanuel Tzane (17. Jh.).
Öffnungszeiten/Preise Di–Fr 8.30–15, Sa/So 8.30–14 Uhr, Mo geschl., Eintritt 2 €.

Kriegsmuseum: an der Sfakianaki Str., unmittelbar oberhalb vom Stadtpark. Die in einem Militärgebäude untergebrachte Dependance des Kriegsmuseums in Athen zeigt historische Fotos, Waffen und viele weitere Exponate von den kriegerischen Auseinandersetzungen, in die Kreter verwickelt waren: von den Freiheitskämpfen gegen die Türken über Balkankrieg (1912–1913) und Kleinasienfeldzug (1919–1922) bis zum Ersten und Zweiten Weltkrieg.
Öffnungszeiten/Preise Di–Sa 9-13 Uhr, So/Mo geschl., Eintritt frei.

Historisches Museum und Archiv: untergebracht in einer klassizistischen Villa an der Sfakianaki Str./EckeYiannari Str., nicht weit von der eleganten Platia Eleftherias mit dem großen Gerichtsgebäude. Das Erdgeschoss ist Eleftherios Venizelos gewidmet, im zweiten Stock lebt die ruhmreiche jüngere Vergangenheit Kretas wieder auf. Martialische Gemälde, Waffen, zerbombte Fahnen und vieles mehr zeugen vom Freiheitskampf der Kreter gegen die Türken bis zur „Battle of Crete“ im Zweiten Weltkrieg. Die heroisierende Darstellung der Gräuel ist heute kaum noch nachzuvollziehen (Beispiel: Die Fahnenstange einer griechischen Abteilung ist abgeschossen, ein Soldat stellt sich als lebende Fahnenstange zur Verfügung). Trotzdem und gerade deswegen eine zeithistorisch wertvolle Ausstellung mit vielen interessanten Details, beispielsweise einer truhengroßen Kaffeemühle von 1866.
Öffnungszeiten/Preise Mo–Fr 9–13 Uhr, Sa/So geschl., Eintritt frei.

▸ **Chaniá/Baden**: Der etwa 400 m lange *Stadtstrand* liegt knapp 10 Min. westlich vom venezianischen Hafen im Stadtteil Nea Chora. Man geht die ruhige Uferpromenade immer am Wasser entlang, kommt an einem großen Schwimmbad vorbei und gelangt zum neuen Fischer- und Jachthafen. Benachbart liegt der Strand, dahinter einige Hotels, Bars und das übliche touristische Zubehör. Der Strand wird sauber gehalten, das Wasser allerdings weniger (Abwasserrohre münden im Meer). Zu mieten sind Surfbretter, Kanus und Tretboote, Sonnenschirme und Liegestühle.
Nach Westen schließt sich ein ungepflegter, etwa 400 m langer Strand ohne Einrichtungen an, der kaum besucht wird. Weitere Strände siehe unter Chaniá/Umgebung.

Insbesondere am Wochenende, wenn der Strand von Nea Chora proppenvoll ist, lohnt sich ein Ausflug per Tretboot oder Kanu zur vorgelagerten Insel **Lazarétta**. Bis auf zwei Stunden am Nachmittag, wenn die Ausflugsboote vor der Insel anlegen, kann man sich hier tatsächlich wie auf einer unbewohnten und völlig einsamen Insel fühlen.

Strandspaziergang nach Kalamáki

Eine gute Alternative zum überfüllten Strand von Nea Chora ist ein ausgedehnter Strandspaziergang nach *Kalamáki*, westlich von Chaniá. Dabei passiert man mehrere reizvolle Halbinseln. Zurück nach Chaniá (Platia 1866) kann man sowohl von Ágii Apóstoli als auch von Kalamáki mit dem Linienbus fahren. Infos zu den Stränden, die unterwegs passiert werden, im nächsten Abschnitt (→ Chaniá/Umgebung).

• *Dauer* reine Laufzeit von Chania bis Kalamaki (ohne Abstecher auf die Halbinseln) etwa 1 Stunde.

• *Wegbeschreibung* Immer am Meer entlang kommt man zunächst zum so genannten **EOT-Strand**. Am Ende der Bucht beginnt die **erste Halbinsel von Ágii Apóstoli**. Im Gegensatz zu den Stränden rechts und links davon herrscht hier völlige Ruhe. Überall riecht es wunderbar nach würzigen Kräutern. Auf der Ostseite der Halbinsel trifft man auf bizarre Steinformationen und türkisfarbene, flache Buchten, in denen sich eindrucksvoll das Licht bricht. Die Nordseite besteht aus schroffer Felsküste, gegen die wild und laut die Wellen donnern. Im Westen der Halbinsel befinden sich einige (leider verschmutzte) Höhlen. Daran vorbei gelangt man zum ersten Strand von Ágii Apóstoli. An seinem Ende beginnt gleich die bewaldete **zweite Halbinsel von Ágii Apóstoli**. Man kann jedoch auch durch den Wald direkt zum nächsten Strand hinüberlaufen, über den man, immer am Meer entlang, schließlich **Kalamáki** erreicht.

Chaniá/Umgebung

Richtung Westen flach und über weite Strecken unattraktiv. Jeder Quadratmeter wird allmählich für touristische Zwecke genutzt. Dank der leichten Bebaubarkeit des Terrains wird die Strandebene bis Kolimbári wohl nach und nach zu einer einzigen Hotelzone verkommen.

Interessanter sind da schon östlich von Chaniá die *Halbinsel von Akrotíri* mit ihren Klöstern und das allmählich zu den Weißen Bergen ansteigende *Hinterland* von Chaniá. Die weltberühmte *Schlucht von Samariá*, deren Durchwanderung nahezu jeder Besucher Westkretas in Angriff nimmt, wird täglich von Chaniá aus mit Bussen der KTEL angefahren – der populärste und damit natürlich auch überlaufenste Wanderweg Kretas (→ S. 675).

Westlich von Chaniá

Mehrere Sandstrände liegen nur wenige Kilometer außerhalb Richtung Westen nahe der Küstenstraße (Old Road) nach Kíssamos. Natürlich sind sie wegen der unmittelbaren Stadtnähe meist sehr voll, bieten aber gute Möglichkeiten, rasch dem lauten Stadtleben zu entfliehen. Hier liegt auch der einzige Campingplatz in Stadtnähe.

Die folgenden Ortschaften *Agía Marína* und *Plataniás* sind die wichtigsten Badeorte westlich von Chaniá und stark für den Pauschaltourismus erschlossen. Landschaftlich ist die erheblich zersiedelte Region wenig reizvoll, denn überall werden Apartments, Villen und Hotels hochgezogen. Die viel befahrene Durchgangsstraße nach Kíssamos bestimmt weitgehend die Atmosphäre.

Auf der Ausfallstraße nach Kíssamos kommen Sie etwa an der Stadtgrenze über einen im Sommer ausgetrockneten Fluss. Links zweigt hier die beschilderte Straße nach Omalós und zur berühmten Samariá-Schlucht ab (→ S. 678 ff). Nach etwa 1,5 km erreichen Sie die schnellstraßenähnlich ausgebaute *New Road*, die seit kurzem bis Kíssamos fertig gestellt wurde. Wer es eilig hat, in den äußersten Westen zu kommen, sollte diese Straße nehmen, auf der Old Road verpasst er bis Kolimbári nicht viel.

Nationalsozialistisches Kriegerdenkmal

Bis 2002 stand an der Old Road nach Kíssamos, etwa 1 km außerhalb der Stadtgrenze von Chaniá linker Hand (gegenüber der BP-Tankstelle) ein recht zwiespältiges Zeugnis der jüngsten Geschichte Kretas – ein grimmiger Bergadler aus Stein, der pfeilschnell auf sein Opfer niederstößt. Wenn man, neugierig geworden, näher trat, erkannte man bald, woher der Wind wehte: „Euch Toten gebührt der Dank, die ihr fern der Heimat getreu eurem Fahneneid das Leben gabet unserem Großdeutschland". Der kräftige Vogel war dem II. Bataillon des deutschen Sturmregiments gewidmet, das von 20. –28. Mai 1941 im Raum Máleme/Kíssamos/Galatás/Chaniá im Kampf stand und unter extrem hohen Verlusten maßgeblich an der Eroberung der Insel beteiligt war (→ Kreta/Geschichte). Jahrelang war dieses Denkmal mit dem unüberhörbar nationalsozialistischen Tenor ein Ärgernis für viele Reisende. Doch dies gehört nun der Vergangenheit an, denn seit Winter 2001 steht der Sockel leer. Angeblich soll der agressive Vogel durch heftige Stürme heruntergeweht worden sein (www.fallschirmjaeger-denkmal.de), zudem war der dreißigjährige Pachtvertrag des Grundstücks ausgelaufen und wurde nicht mehr verlängert. Das Gelände ist nun verwahrlost, nur die graffitiübersäte Inschrift ist noch zu lesen.

- **Áptera-Strand**: Schräg gegenüber vom Fallschirmjägerdenkmal liegt die Zufahrt zu mehreren hundert Metern Strand ohne Einrichtungen und ohne Schatten (beschildert: „To the beach"). Links daneben, durch ein felsiges Kap getrennt, ein weiterer schöner Sandstrand, an dessen Anfang ein etwas in die Jahre gekommenes Hotel liegt.
- **EOT-Strand und Ágii Apóstoli-Strand**: Der EOT-Strand erstreckt sich nach dem nächsten Hügel, nur ein kleines Stück weiter in Richtung Kíssamos. Er ist feinsandig und schattenlos, Strandtaverne und Vermietung von Liegestühlen. Im Umkreis bieten diverse Apartmenthäuser und Camping Chania Unterkunft.
  Es gibt zwei Zufahrtsstraßen, die östliche (die erste von Chaniá aus) ist mit „EOT" beschildert. Die andere Zufahrt, beschildert mit „Camping Haniá", führt zur schönen Sandbucht *Ágii Apóstoli*, hinter der etwas landeinwärts der Campingplatz liegt. Eine Straße zieht sich nach rechts über den Hügel zum EOT-Strand, nach links geht es zu einem Pinien- und Tamariskenwäldchen auf einer weit ins Meer vorspringenden Halbinsel. Eine weiße Kapelle setzt hier eine markante Landmarke. Westlich der Halbinsel folgen die Strände Gláros und Óasis.

• *Übernachten* **Camping Chania**, der einzige Platz in Stadtnähe, etwa 4 km westlich vom Zentrum, Bus ab Platia 1866/Kidonias Str. nach Agía Marína nehmen oder den häufigeren Bus nach Kolimbári. Der Platz ist beschildert und liegt etwa 5 Fußminuten von der Badebucht Ágii Apóstoli entfernt. Flaches Gelände mit schattigen, recht niedrigen Olivenbäumen, zum Teil mit festen Zelten eines niederländischen Veranstalters belegt. Taverne/Bar mit schöner Terrasse im ersten Stock, Minimarket, Waschmaschine, Kinderspielgeräte und ein großer, recht gepflegter Swimmingpool mit Poolbar (nur in der Hochsaison). Sanitäranlagen einfach, aber sauber, immer warmes Wasser. April bis Oktober. ✆ 28210-31138, 📠 33371.

- **Gláros-Strand und Óasis-Strand**: weißer, feinsandiger Strand mit diversen Einrichtungen direkt an der Straße. Am Westende Tavernen und Busstopp.
- **Káto Galatás**: Küstensiedlung beim Abzweig nach Galatás, laute Durchgangsstraße, der Strand sehr voll. Das Großhotel „Panorama" liegt oberhalb der Straße (✆ 28210-31700, 📠 31708, www.panorama-hotel.gr).

Ab Káto Galatás durchgehender Strand bis Plataniás. Die Straße führt z. T. direkt dahinter entlang, dichte Bebauung.

▸ **Káto Stalós**: zahlreiche Hotels, Studios und Apartments, die meisten durch Reiseveranstalter in Beschlag genommen.

• *Übernachten* **Santa Marina**, B-Kat., großes, gut geführtes Badehotel zwischen Straße und Meer, ein weiterer Komplex liegt landeinwärts der Straße, dort auch der Süßwasserpool mit Kinderbecken. Restaurant, Taverne am Strand, Zimmer mit Meerblick. Über viele Reiseveranstalter zu buchen. DZ mit Frühstück ca. 80–140 €. ✆ 28210-68570, 📠 68571, www.santamarina-hotels.gr

• *Sport* **Trekking Plan**, Nähe Santa Marina Hotel, seit mehr als 12 Jahren Veranstalter von Bike- und Wandertouren, allerdings häufig durch Gruppen aus den umliegenden Hotels ausgebucht kompetent und freundlich, auch Verleih von Rädern. ✆ 28210-60861, 📠60785, www.cycling.gr

Agía Marína

Auf den ersten Blick ein Ort, der nur aus Durchgangsstraße, zahlreichen Hotels sowie den üblichen touristischen Einrichtungen zu bestehen scheint. Doch landeinwärts der unruhigen Straße liegt der alte Dorfkern auf einem Hügel, dort haben sich einige nette Tavernen etabliert.

Der Sandstrand unterhalb der Straße ist schön und feinsandig, meist aber sehr voll. Vorgelagert liegt malerisch die kleine Felseninsel *Ágii Theódori* mit Resten venezianischer Festungsbauten des 16. Jh. Der Legende nach wurde sie einst von einem Ungeheuer bewohnt, das Kreta verschlingen wollte, doch der Meeresgott Poseidon verwandelte es in Stein. Seine Höhle ist im Westen der Insel zu sehen. Heute ist Ágii Theódori ein Reservat für kretische Wildziegen. Ein Schiffsausflug zur Insel kostet je nach Jahreszeit ca. 13–18 €, Kinder frei. Man ist ca. 5–6 Stunden unterwegs, dabei stoppt man zum Schnorcheln und Tauchen bei einem alten Flugzeugwrack und besucht die kleine, unbewohnte Insel *Lazarétta*, etwa 2 km vor Chaniá (→ Chaniá/Baden). Betreten werden darf Ágii Theódori nur einmal im Jahr, zum Fest des hl. Theodoros am 8. Juni.

• *Anfahrt/Verbindungen* ab **Busbahnhof** in Chaniá Bus nach Kolimbári nehmen (etwa alle halbe Stunde), letzter Bus um 21.30 Uhr. Genaue Zeiten auf dem Busfahrplan, den man im Busbahnhof erhält.

Agia Marina's Train, Rundfahrten durchs Hinterland mit einem kleinen Touristenzug. ✆ 28210-60632.

• *Übernachten* **Haris**, B-Kat., am westlichen Ortsende direkt am Strand, modern und gepflegt, Süßwasserpool. DZ ca. 47–78 €, auch über Reiseveranstalter. ✆ 28210-60173, 📠 68393.

Amalthia Bungalows, B-Kat., gepflegte Studioanlage zwischen Straße und Strand, mehrere zweistöckige Bungalowhäuser, alle Studios mit Bad, Kochecke und Balkon, schattige Restaurantterrasse am Strand. Studio ca. 50–90 €. In der Hochsaison weitgehend durch Reiseveranstalter belegt, z. B. Kreutzer und TUI. ✆ 28210-68542, 📠 68004, www.amalthia-hotel.gr

Ta Thodorou, C-Kat., Hotel gleich neben den Amalthia-Bungalows. Kleiner, überschaubarer und persönlicher, sogar mit etwas Rasen und einigen schattigen Bäumen. DZ etwa 42–65 €. ✆ 28210-68510, 📠 68511.

Manias, C-Kat., sehr gut ausgestattete Studios und Apartments, von Lesern empfohlen, ca. 40–70 €. ✆ 28210-60288, 📠 68838.

• *Essen & Trinken* Am besten die Durchgangsstraße bei der Tankstelle verlassen, oberhalb davon liegt der alte Ortskern, hier sitzt man hübscher und ruhiger als unten.

Aletri, bei der Tankstelle hinauf, nach 50 m rechts. Leserempfehlung: „Man sitzt schön unter Wein, nette Bedienung".

Manolis, weiter oben, direkt am Dorfplatz, ordentliche Taverne mit Blick auf das benachbarte Bachtal.

Petrino, oberhalb vom neuen Zentrum mit Blick auf die Kirche des Dorfes, nach unten über Wein- und Olivenplantagen zum Meer.

Noch nicht allzu bekannt, deshalb bisher gutes Essen zu anständigen Preisen. Bei der Tankstelle hinauf und gleich rechts einbiegen, ca. 500 m durch Wohnbezirke und Gärten.

Plataniás

Plataniás ähnelt Agía Marína, mit dem es schon fast zusammengewachsen ist, ist aber größer und voller. Unterkünfte, Beach Bars und Restaurants gibt es zu Dutzenden. Idyllisch wirkt dagegen Páno Plataniás, der alte Ortskern auf dem steilen Hügelkamm hoch über der Straße.

Der graue Sand-/Kiesstrand ist durch Stichstraßen zu erreichen. Tamarisken sorgen teilweise für Schatten, Liegestühle, Sonnenschirme und Duschen sind vorhanden. Während Plataniás am Meer noch teilweise ländlich geprägt ist und auch einen Fischerhafen besitzt, ist der neue Ort an der Durchgangsstraße voll dem Verkehr ausgesetzt. Trotzdem spielt sich hier das ganze Leben ab, vor allem abends herrscht großer Trubel, wenn die Touristen aus den umliegenden Badehotels und Apartments zum Essen kommen.

• *Anfahrt/Verbindungen* Die häufigen Busse von und nach **Chaniá**, **Kíssamos** und **Kolimbári** halten in Plataniás. Morgens natürlich, wie von allen Badeorten im Umkreis von Chaniá, auch Verbindungen zur Samariá-Schlucht.

Western Union Express Train, Fahrten mit einem Touristenzüglein entlang der Küste und zu verschiedenen Zielen im Hinterland, Abfahrt am zentralen Platz an der Durchgangsstraße. ✆ 28210-60817.

• *Übernachten* **Geraniotis Beach**, B-Kat., große, geschmackvolle Hotelanlage am westlichen Ortsausgang, direkt am Strand, moderne Zimmer mit dunklen Holzmöbeln und Meerblick, großer Garten, Pool mit Kinderbecken. Gut für Kinder geeignet. Über Reiseveranstalter ✆ 28210-68681-2, ✆ 68683, www.geraniotisbeach.com

Agrimia, Studio/Apartmentanlage am Hügel von Páno Plataniás, sehr ruhige Lage, schöner Blick, Pool. Studio ca. 25–40 €, Apt. ca. 30–50 €. ✆ 28210-68732.

Katerina Seaside Rooms, Zimmer mit Balkon und TV in zentraler Lage direkt am Strand. ✆ 28210-68710, E-Mail: katerinarooms@hotmail.com

• *Essen & Trinken* Besonders schön isst man zweifellos auf der Hügelkuppe von Páno Plataniás, allerdings ballen sich dort mittlerweile die Lokale mit „fantastic view".

O Milos tou Kerata („Die Mühle des gehörnten Ehemanns"), eine Wassermühle am westlichen Ortsausgang wurde zu diesem stimmungsvollen Restaurant umgebaut. Der große, schattige und angenehm kühle Terrassengarten liegt neben dem alten Mühlenbach, im Wasser tummeln sich Enten und Gänse. Große Auswahl an kretischen, griechischen und mediterranen Gerichten. Der Name bezieht sich übrigens auf die vielen Tierhörner in der Dekoration.

To Kantari, schönes Gartenlokal an der Durchgangsstraße, etwa 200 m vom Hauptplatz.

The Olive Tree, beim Restaurant Pirgos in der Nähe des östlichen Ortsausgangs zum Meer hinunter, dort liegt das Restaurant direkt am Strand. Sonnig und schön zum Sitzen, gute kretische Küche, gekocht wird ausschließlich mit Olivenöl.

Gregory's, beliebte Bar mit Restaurant und Pool von olympischer Größe direkt am Strand.

• *Nachtleben* Plataniás ist im Sommer das beliebteste Discoziel im Umkreis von Chaniá.

Milos Club, vom westlichen Ortsausgang in Richtung Strand, reizvolle Disco (nur Juni bis Sept.), tagsüber Beach Bar mit Pool.

Neromilos, neben Milos Club, herrlicher Meerblick, Sitzgelegenheiten im Pool!

Utopia, große, fantasievoll auf Dschungel gestylte Open-Air-Bar mit Hängebrücke und Disco im Innenbereich.

Rock House, Nähe östlicher Ortsausgang, gepflegter Pub mit klassischer Rockmusik.

• *Kino* Während der Sommermonate ist ein **Freilichtkino** geöffnet, von der Durchgangsstraße beim Restaurant To Kantari den Weg in Richtung Strand einschlagen.

Die weiteren Orte an der Straße nach Kíssamos (Geráni, Máleme, Tavronítis, Kolimbári) weiter unten →S. 609 ff.

Östlich von Chaniá

Interessanter als der westliche Teil. In erster Linie lohnt ein Tagesausflug auf die Halbinsel Akrotíri, die sich nordöstlich von Chaniá erstreckt.

An der Südseite der Bucht von Soúda liegen der britische *Soldatenfriedhof*, die Ruinen der dorischen Stadt *Áptera*, das Küstendorf *Kalíves* und die reizvolle, ländliche Halbinsel *Drápanos*. Diese Orte sind im Abschnitt „Halbinsel Drápanos „ beschrieben (→ S. 549). Bei Touristen bisher wenig bekannt ist das Kloster *Chrissopigí* an der Straße nach Soúda.

▸ **Kloster Chrissopigí**: von Chaniá in Richtung Soúda fahren und nach ca. 3 km rechts abbiegen, direkt neben der Straße nach Maláxa (beschildert). Das ummauerte Kloster erreicht man über eine malerische Alleestraße mit Eukalyptusbäumen. Chrissopigí ist der „Muttergottes des Leben spendenden Quells" geweiht (Zoodóchou Pigí) und stammt aus dem 16. Jh. Die Anlage gruppiert sich mit einem schönen, großen Hof um die reich ausgestattete Kirche und wird seit etwa 30 Jahren von Nonnen bewirtschaftet. Auf 36 Hektar Grund betreiben sie den biologischen Anbau von Gemüse, Zitrusfrüchten und Avocados, produzieren außerdem ein eigenes Olivenöl, das – nicht ganz billig – im Kloster zu erwerben ist. Die Nonnen sind künstlerisch tätig, bemalen Kirchen und Klöster mit Fresken (in Deutschland z. B. Agios Andreas in Düsseldorf) und stellen auf Kreta sehr geschätzte Ikonen her. Es gibt eine kirchliche und volkskundliche Sammlung im Kloster, die Besichtigung der Ikonenwerkstatt ist nur mit spezieller Erlaubnis möglich. Eine der Ordensschwestern spricht lupenreines Oxford-Englisch. Das Klosterfest findet am Freitag nach Ostern statt.
Öffnungszeiten tägl. 8.30–14, 15.30–18 Uhr. ✆ 28210-91125, www.imx.gr

Akrotíri-Halbinsel

Das flache, leicht wellige Plateau nordöstlich von Chaniá wird im äußersten Norden von einer steilen Bergwand abgeschirmt. Der rostrote Boden ist nur spärlich bewachsen – Olivenbaumpflanzungen, Weinplantagen, einige wenige Bäume und viel dornige Phrygana bilden die karge Vegetation. Dementsprechend dünn besiedelt ist die Halbinsel.

Früher war Akrotíri ein idealer Zufluchtsort für Mönche, denn gleich vier Klöster stehen in der Einsamkeit. Seit Anfang der 1970er Jahre leider auch Raketen: Trotz heftiger Proteste der Bevölkerung hat die NATO im Osten der Halbinsel eine Abschussbasis für Cruise Missiles errichtet (hier überall bekannt als Namfi = *NATO missile firing base*). An den kleinen Stränden nahe der Basis sonnen sich nicht wenige deutsche Bundeswehrsoldaten. Die Buchten der Westküste sind dagegen mit Ferienhäusern und Apartments der Einwohner von Chaniá stark erschlossen. Der schönste Strand liegt im Örtchen Stavrós an der äußersten Nordwestspitze, bekannt vor allem dadurch, dass große Teile des Films „Aléxis Zórbas" dort gedreht wurden. Eindrucksvoll ist das kahle Gebirge am nördlichen Ende der Halbinsel, das bis zu einer Höhe von 530 m ansteigt. Interessante Ziele sind das Kloster *Agía Triáda*, das Kloster *Gouvernéto* und mitten in der Bergeinsamkeit die Ruinen des ehemaligen Klosters *Katholikó*.

Hinweis für Urlauber auf Akrotíri: Wegen der massiven Militärpräsenz ist Tieffluglärm über Akrotíri obligatorisch.

Arche Noah: ein Tierheim bei Chaniá

1989 reiste die deutsche Krankenschwester Silke Wrobel, die seit 1980 an Krebs erkrankt war, nach Kreta. Sie war von den Ärzten aufgegeben worden und wollte eigentlich ihr letztes Lebensjahr auf der ihr gut bekannten Mittelmeerinsel verbringen. Doch eine angeschossene Möwe, die in ihre Küche flog, änderte alles. Sie pflegte sie gesund, wobei ihr ihre medizinischen Kenntnisse gute Dienste leisteten. Von da an widmete sie sich vollständig der Aufnahme und Pflege von Tieren, deren unglaubliches Elend auf Kreta ihr immer mehr in die Augen stach. Aus dem verwahrlosten städtischen Tierasyl von Chaniá holte sie alle noch lebenden Hunde und baute gegen große Widerstände in Bevölkerung und Administration ihr eigenes Tierheim auf, die „Arche Noah", in der Nähe des Kloster Agía Triáda auf der Halbinsel Akrotíri. Mit Hilfe des engagierten Tierarztes Thomas Busch (seit 1996) und zahlreicher ehrenamtlicher Helfer konnten von dort viele hundert Tiere in ein neues Zuhause vermittelt werden. Der „Förderverein Arche Noah Kreta e.V." wurde 1996 gegründet und im Jahre 2001 wurde Thomas Busch zum ersten Vorsitzenden gewählt. Ende 2001 lief der Pachtvertrag für das Grundstück der Arche Noah aus und der Eigentümer war unter keinen Umständen gewillt, ihn zu verlängern. Silke Wrobels Tierheim stand vor dem Aus. Unerwartete Hilfe brachte jedoch die TV-Dokumentation „Ich will sie alle retten", ein einfühlsames Porträt der Arche Noah und ihrer Gründerin, das am 20. November 2001 im ZDF ausgestrahlt wurde. Dieser Filmbeitrag setzte eine wahre Kettenreaktion in Gang, hunderte von Tierfreunden spendeten große Summen und internationale Schutzorganisationen schalteten sich ein, sodass die Arche Noah erstmals seit Bestehen über gesicherte Finanzen verfügte. Anfang Januar 2002 musste das Grundstück der Arche verlassen werden. Da sich der geplante Neubau eines modernen Tierheims in der Kürze der Zeit als schwer realisierbar erwies, wurde auf Betreiben des Vorstands des Fördervereins das alte städtische Tierheim in Nerokoúros (bei Soúda) umfassend renoviert und diente fortan als Auffangstation. Über diesen Aktivitäten kam es zu erheblichen Differenzen zwischen Silke Wrobel und dem Vereinsvorstand, die auf der außerordentlichen Mitgliederversammlung im Februar 2003 voll ausbrachen und zur Trennung Silke Wrobels vom „Förderverein Arche Noah Kreta e.V." führten. Ihre Interessen werden seitdem vom Verein „Tierfreunde Kreta e.V." vertreten – es gibt nun also zwei rührige Vereine, die sich um die Tiere Kretas kümmern. Silke Wrobels selbstlose Arbeit wurde am 2. Februar 2004 von der Bundesrepublik mit dem höchsten Orden honoriert: Im Rathaus von Chaniá verlieh ihr Dr. Albert Spiegel, der damalige deutsche Botschafter in Athen, im Auftrag von Bundespräsident Johannes Rau das Bundesverdienstkreuz.

Förderverein Arche Noah Kreta e.V., Thomas Busch, Neritzer Weg 6, D-23867 Sülfeld, ✆/📠 04533/61555, www.archenoah-kreta.com

Tierfreunde Kreta e.V., Dieter Fischer, Norderstr. 20, D-24848 Kropp, ✆ 04624-8688, www.tierfreunde-kreta.de

Von Chaniá nach Stavrós

Mit dem eigenen Fahrzeug nimmt man von der Markthalle in Chaniá die breite Eleftheriou Venizelou Str. nach Osten. Den Schildern nach geht es durch *Chalépa*, das ehemalige Diplomatenviertel, von der einstigen Atmosphäre ist zwischen den klassizistischen Bauten noch etwas zu spüren. Die Straße führt danach den Berg hinauf, dort kommt bald die Abzweigung zum Grabmal von Elefthérios Venizélos in Sicht (→ Kasten). Im Umkreis der Grabstätte gibt es mehrere Cafés mit herrlichem Blick auf Chaniá.

Kurz nach der Abzweigung zum Grab von Venizélos muss man die Straße nach *Kounoupidianá* nehmen, die links von der Hauptstraße abzweigt (die Hauptstraße führt weiter zum Flughafen, zur Namfi-Base und nach Stérnes). In Kounoupidianá gabelt sich die Straße, dort rechts halten. Gleich nach dem Ortsausgang kommt die Abzweigung nach Stavrós, 7 km.

Verbindungen **Busse** fahren ab Busbahnhof in Chaniá etwa 4 x täglich nach Stavrós und zum Kloster Agía Triáda.

Würdevoller Platz: die Grabstätten von Elefthérios und Sófoklis Venizélos

Eine schönere Stelle für die Gräber des bedeutendsten Politikers Kretas und seines Sohnes hätte man wohl kaum finden können. Die weitläufige Anlage aus weißem Alabaster thront unter buschigen Aleppokiefern hoch über der ehemaligen Hauptstadt Chaniá wunderschön am Berghang – herrlicher Blick auf die ausgebreitete Stadt tief unten und bis hinüber zur Rodópou-Halbinsel im Westen. Wenn nicht gerade Touristenbusse anrollen, liegt tiefe Stille über der Anlage. *Elefthérios Venizélos* (1864–1936) wird noch heute fast wie ein Heiliger verehrt, denn unter seiner maßgeblichen Beteiligung wurde 1913 der von ganz Kreta ersehnte Anschluss an Griechenland vollzogen (→ Geschichte). Sein Sohn *Sófoklis* war nach dem Zweiten Weltkrieg griechischer Ministerpräsident. Er starb 1964.

▸ **Kaláthas**: ein Ort, der nur aus Apartments, Ferienvillen und Bungalows zu bestehen scheint. Recht annehmbarer Sandstrand, ca. 200 m lang, aber ohne Schatten, in der Hochsaison sehr voll, starker Wochenendverkehr aus Chaniá. Es geht ganz flach ins Wasser, gut geeignet für Familien mit kleinen Kindern. Tretboote, Kanus, Liegestühle und Sonnenschirme werden vermietet. Gegenüber eine kleine, vorgelagerte Insel, zu der man leicht hinüberschwimmen kann. Wenn man in Richtung Süden über ein paar Felsen klettert, kommt man zu einem wenig besuchten, kleinen Strand.

▸ **Tersanás**: kleine, malerische Bucht unterhalb des Dorfes *Chorafákia*, etwas ruhiger als die Strände von Kaláthas und Stavrós. Ebenfalls flacher Zugang zum Wasser, Beachvolleyball, Wasserski.

• *Essen & Trinken* Fisch und Gegrilltes gibt es in der stimmungsvollen Taverne **Rose**.

• *Sport* **Reitstall Tersanas** mit dazugehöriger Taverne, Poolbar und Studios. Wirkt ein wenig ungepflegt, Pferde sind aber okay. Ausritte über eine und drei Stunden in die nähere Umgebung sowie Tour quer durch Akrotíri. ✆ 28210-39966.

Stavrós

Stavrós besitzt eine nahezu kreisrunde Badebucht, die durch eine kleine Halbinsel fast völlig vom Meer abgeschlossen ist: Badewannenatmosphäre am Fuß vom „Zórbas"-Berg, quellgrünes Wasser und feiner Muschelsand – ideal für Kinder, allerdings keinerlei Schatten.

Einen Ort im eigentlichen Sinn gibt es nicht, Häuser und Ferienkomplexe stehen weit auseinander gezogen in der fast wüstenhaft wirkenden Einöde. Zum Meer hin schließen bizarr geformte Klippen ehemaliger Steinbrüche die Küste ab, aber auch kleine Buchten und einen Sandstrand mit Dünen findet man dort. Unmittelbar hinter der „Lagune" von Stavrós erhebt sich ein markanter Berghang – hier war es, wo im Film „Aléxis Zorbás" mit Anthony Quinn in der Hauptrolle die Transportseilbahn gebaut wurde, um die wertvollen Baumstämme hinunterzutransportieren. Doch die Bahn bricht wie ein Kartenhaus zusammen („He Boss, hast Du jemals erlebt, dass etwas so bildschön zusammenkracht?") und alles ist verloren. Die grandiose Schlussszene des 1964 gedrehten Films, in der Aléxis am Fuß des Bergs den Sirtáki tanzt, hat sicher jeder Filmfan noch in Erinnerung. Kameramann Walter Lassally erhielt damals den Oskar für seine eindrücklichen Schwarz-Weiß-Bilder, er lebt heute bei Stavrós.

In etwa 250 m Höhe liegt eine Höhle im Hang, die in der Antike als Heiligtum verehrt wurde, heute allerdings als geruchsintensiver Schafstall genutzt wird. In 45 Minuten kann man hinaufklettern und den prächtigen Ausblick genießen.

- *Anfahrt/Verbindungen* 6 x täglich **Busse** von und nach Chaniá/Busbahnhof, letzter zurück ca. 20.30 Uhr.
- *Übernachten* Auf den niedrigen Hügeln und Dünen stehen weit verstreut Apartments und Ferienwohnungen, zu denen Wegweiser führen.

Zorbas, D-Kat., üppig begrünte Bungalowanlage an der flachen Klippenküste, kleiner Sandstrand 200 m entfernt. Schöner Garten, Kinderspielplatz, Restaurant, Tennis, Pool. Studios und Apartments meist mit Meerblick. Pauschal über Attika. ✆ 28210-52525, 📠 42416.

Kavos Beach, vor dem Ort Abzweig zum „Blue Beach" nehmen und auf Beschilderung achten, Bucht mit einigen Metern Sand. Gepflegte Anlage mit prächtigem Garten, Swimmingpool, Taverne und Bar, netter Besitzer Vassilis. 12 Studios und 6 Apartments, ca. 30–60 €. Morgens reichhaltiges Frühstück. ✆ 28210-39155, 📠 39255, E-Mail: kavos@otenet.gr

Blue Beach, schöne Anlage mit Villen und Apartments für zwei bis sechs Personen, Swimmingpool, Taverne und Bar mit Panoramablick, zum Strand zwei Minuten. ✆ 28210-39404/5, 📠 39406, www.bluebeach-villas.com

Maximilian, exklusive Ferienvillen in herrlicher Lage, Veranda mit Holzboden und direktem Zugang zum beheizbaren Swimmingpool, hochwertige Ausstattung, viele Details, oberste Preisklasse. ✆ 6945-431966 (Handy), www.villa-maximilian.de

- *Essen & Trinken* **Elena's Garden**, große Gartentaverne 100 m vom Strand. Warme Leserempfehlung: „Katerina, die die Bestellung aufnimmt und u. a. auch kocht, ist voller herzlicher Fröhlichkeit. Das überträgt sich schon vor dem Essen auf den Gast, alles hat sehr gut geschmeckt." Mit Kinderspielgeräten.

Thanasis, schöne Lage an einer Badebucht neben der Anlage „Zorbas".

Charama, an der Straße nach Stavrós, gute Küche, herrlicher Blick auf Meer und Sonnenuntergang.

▸ **Zum Kloster Agía Triáda**: von Chaniá bequem auf asphaltierter Straße zu erreichen – bei der Abzweigung hinter Kounoupidianá rechts halten. Von Stavrós muss man bis *Chorafákia* zurückfahren und dort die neue Asphaltstraße hinüber zum Kloster nehmen. Vorsicht: Auf manchen Karten und Wegweisern heißt das Kloster nach den Gründern „Moní Tzangarólou". Das letzte Stück fährt man durch eine schattige Zypressenallee, kurz vor dem Eingang steht ein riesiger Eukalyptusbaum.

Kloster Agía Triáda

Im 17. Jh. im venezianischen Renaissancestil erbaut, schmiegt sich die große, harmonische Anlage in Quadratform an die ersten Erhebungen des dahinter ansteigenden Bergmassivs. Die Klosterszenen des Films „Aléxis Zorbás" wurden hier gedreht.

Die Mönche produzieren Wein und ihr eigenes, inselweit bekanntes Olivenöl (Herstellung linker Hand vom Kloster), brennen außerdem im Oktober Rakí unter freiem Himmel. Hinter der monumentalen Außenfassade mit ihrem Renaissanceportal verbirgt sich ein schmucker Innenhof mit hübschen Treppen und Brüstungen. Im Eingangsbereich ist ein kleines *Museum* eingerichtet, in dem Ikonen, liturgische Gewänder, Kreuze und kultisches Gerät ausgestellt sind, herausragend sind die drei Ikonen von Emanuel Skordális (17. Jh.). Im Klosterladen gegenüber verkaufen die Mönche Olivenöl, Rotwein und Rakí.

Das Hauptportal von Kloster Agía Triáda

Der Hof wird dominiert von der eindrucksvollen *Klosterkirche* mit ihrer prächtigen, rötlich-gelben Kalksteinfassade im antikisierenden Stil (Halbsäulen und viele Verzierungen). Rechts vor der Kirche steht das botanische Wunder von Agía Triáda: ein gepfropfter *Orangenbaum,* der viererlei verschiedene Früchte und Blätter trägt, nämlich Orangen, Zitronen, Mandarinen und Limonen. Links und rechts vom Kircheneingang sind Schrifttafeln in Lateinisch und Griechisch eingelassen. Ihr Text bezieht sich auf die beiden venezianischen Brüder Jeremias und Laurentzios Tzangarólo, die Anfang des 17. Jh. zum orthodoxen Glauben übertraten und das bereits bestehende Kloster völlig erneuerten und vergrößerten. Der Innenraum beherbergt eine reich verzierte Altarwand mit restaurierten Ikonen und schönes altes Chorgestühl. Die Decke ist himmelblau gestrichen und mit Sternen verziert, in der Kuppel ist der „Pantokrator" (Jesus Christus) zu sehen.

Über eine Treppe kann man zum *Glockenturm* über dem Eingang hinaufsteigen und den wunderschönen Blick über die Ländereien des Klosters genießen. In den Gebäuden um die Kirche sind Reste von Kreuzgängen zu erkennen, hier liegen außerdem die Mönchszellen. Bis 1973 fungierte das Kloster Agía Triáda als großes *Priesterseminar,* in dem der Nachwuchs der Diözese Chaniá ausgebildet wurde. Die leer stehenden, hohen Unterrichtsräume liegen in dem Gebäudetrakt hinter der

Kirche (heute ist das Seminar im Klosterkomplex Ágios Mathéos über Chalépa untergebracht, die Straße zum Flughafen führt daran vorbei).

• Anfahrt/Verbindungen 1 x tägl. fährt ein Bus von Chaniá zum Kloster.

• Öffnungszeiten/Preise tägl. 7.30–14 und 17–19 Uhr, Eintritt ca. 1,50 €.

▶ **Von Agía Triáda zum Kloster Gouvernéto**: Eine durchgehend asphaltierte Straße führt am Kloster Agía Triáda vorbei in die Berge. Sie schraubt sich durch eine immer enger werdende Schlucht, deren Hänge links und rechts steil ansteigen, auf eine kleine Ebene, auf der das Kloster steht. Distanz etwa 4 km, zu Fuß braucht man etwa 1 Std.

Kloster Gouvernéto

Mit seinen wehrhaften Mauern liegt Kloster Gouvernéto mitten in steiniger Einöde und gleißender Sonne. Hier ist eigentlich die Welt fast schon zu Ende, denn nur noch wenige Kilometer trennen das festungsartig gebaute Kloster vom schroffen Felsrand der Halbinsel.

Erbaut wurde Gouvernéto im 16. Jh. von Mönchen des in der Schlucht unterhalb liegenden Klosters Katholikó (→ unten), die dort unter ständigen Piratenüberfällen zu leiden hatten. So errichteten sie ihr neues Kloster als Festung auf einer Ebene mit freiem Blick in alle Richtungen. Türme, Schießscharten und eine Pechnase über dem Eingang sollten Angreifer fernhalten. 1821 wurde es trotzdem zerstört und geplündert und erst in den 1950er Jahren wieder restauriert.

Innerhalb der massiven Mauern ist Kloster Gouvernéto eine Insel für sich. Faszinierend wirkt die Fassade der *Klosterkirche* in der Mitte des blumenüberwucherten Hofs, die mit Monsterköpfen, Halbsäulen und Ornamenten eigentümlich fremdartig verziert ist. Im Vorraum der Kirche hängt rechts neben dem Eingang zum Kirchenraum eine Ikone, auf der die berühmte Geschichte zum Tod des Einsiedlers Johannes dargestellt ist, der in der Schlucht unterhalb des Klosters lebte (→ nächster Abschnitt und Azogíres, Paleochóra/Umgebung, S. 655). Zu den *Mönchszellen* führen Treppen an allen Seiten hinauf. Beim großen Klosterfest am 7. Oktober (→ unten) kann man vielleicht einen Blick hineinwerfen. Sie sind erstaunlich gemütlich eingerichtet, teilweise sogar mit Holztäfelung, ein Bollerofen steht in der Ecke. Trotzdem ist das Leben am Rande der Zivilisation für die wenigen Mönche und ihren Abt nicht einfach. Vor allem im Winter quälen Einsamkeit und Langeweile. Der aufgeschlossene Abt Ananéas war 28 Jahre lang Militärpriester und spricht gut Englisch. Sein größtes Problem ist es, Nachwuchs für das einsame Kloster zu finden.

Öffnungszeiten tägl. 7–13, 16–20 Uhr, Eintritt frei.

Detail der Kirchenfassade von Gouvernéto

Fest des heiligen Johannes

Einmal im Jahr, am 7. Oktober, wird im Kloster Gouvernéto feierlich des Eremiten Johannes gedacht. In Gouvernéto herrscht dann so etwas wie ein „Tag der Offenen Tür". Ganze Blechkarawanen quälen sich von Chaniá die kleine Bergstraße hinauf, das Kloster wimmelt von Menschen, überall wird Kaffee getrunken, Decken für die Nacht werden ausgebreitet, man tratscht, scherzt, betet. Mitten drin die Mönche, ein offenes Ohr für jeden, ihrer Würde voll bewusst. Gegen Abend kommt der Bischof von Chaniá in seiner schwarzen Limousine herauf. Jeder will seine Hände küssen, die er auch bereitwillig darbietet. Dann der feierliche Gottesdienst – die kleine Kirche ist zum Bersten voll, endlose liturgische Gesänge und ein ständiges Kommen und Gehen. Alles wirkt herzlich und sogar in Augenblicken höchster Feierlichkeit immer noch natürlich. Ein weiterer Höhepunkt des Tages: Alle Gläubigen klettern den steilen Pfad zur Johannes-Höhle und zu den Ruinen des Kloster Katholikó hinunter. Ein etwas beschwerlicher Marsch, aber eine wirkliche Pilgerfahrt – Weihrauchgeruch und religiöse Inbrunst erfüllen gleichermaßen die Luft. Wer allerdings etwas von der Schönheit des Weges erleben will, sollte für seinen Besuch besser einen anderen Tag wählen.

Bärenhöhle, Eremitenhöhle des Johannes und Kloster Katholikó

Ein mit Natursteinen gepflasterter und in Stufen angelegter Fußpfad windet sich in Richtung Meer eine tiefe Schlucht hinunter, in der die Höhle des heiligen Johannes und die Ruinen des alten Klosters Katholikó liegen. Der Einsiedler Johannes lebte während des 10. Jh. in dieser Höhle und ist auch dort gestorben – erschossen von einem Bauern, der ihn für ein wildes Tier hielt (→ Azogíres, Paleochóra/Umgebung). Man läuft etwa 30 Minuten hinunter.

Etwa an der Hälfte des Weges trifft man auf die *Arkoudiótissa-Höhle* (= Bärenhöhle), eine dunkle Tropfsteingrotte, die schon fast schwarz ist vom Kerzenruß. Am Eingang ist eine kleine Marienkapelle aus dem 16. Jh. in den Fels gehauen, in der Mitte steht ein unförmiger Stalagmit, in dem man mit etwas Fantasie die Gestalt eines Bären erkennen kann. In der Antike war die Höhle der Göttin Artemis geweiht, die angeblich die markante Bärenskulptur geformt haben soll. In christlicher Zeit verehrte man dann hier die Panagía (Maria). Sie soll der Legende nach auf eindringliche Gebete der Bewohner hin einen riesigen Bären in Stein verwandelt haben.

Etwa 20 Min. später nähert man sich dem Schluchtgrund mit den Ruinen des *Klosters Katholikó*. Ein schöner Platz: Links und rechts ragen die fast senkrechten Felswände empor, die Sonne dringt hier kaum noch hinein, dementsprechend ist es meist angenehm kühl. Kurz bevor man unten ist, liegt links am Weg die tief in den Berg vorstoßende *Höhle des Eremiten Johannes*. Sie steigt allmählich an, ist etwa 150 m lang und bis zu 20 m hoch, zahlreiche schwere Stalaktiten hängen von der Decke. Im hintersten Raum soll der Einsiedler seinen Schusswunden erlegen sein, dort steht auch ein kleiner, natürlicher Altar aus Tropfstein (Achtung: Taschenlampe unbedingt notwendig).

Die unterhalb liegenden Klostergebäude in schöner, gotisch anmutender Architektur sind halb in den Fels hineingetrieben und überspannen mit einer Steinbrücke die Schlucht, ein großer, freier Platz lädt zur Rast ein. Das Kloster Katholikó muss-

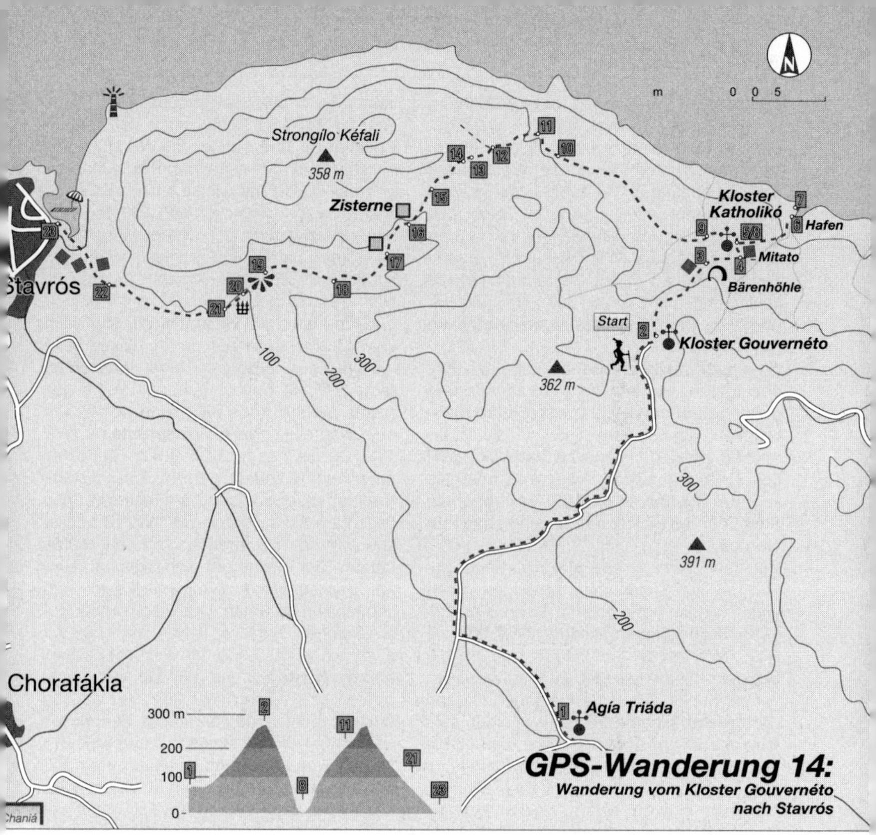

te im 16. Jh. wegen der ständigen Überfälle sarazenischer Piraten aufgegeben werden und wurde einige hundert Meter weiter oben wieder aufgebaut.
Wer baden möchte: Die steinige Bucht des alten Hafens von Katholikó liegt am Schluchtausgang und ist in etwa 15 Min. zu erreichen.

Wanderung vom Kloster Gouvernéto nach Stavrós

Im ersten Teil gehen wir den oben beschriebenen Weg bis zum *Kloster Katholikó*, weiter geht es zum Hafen und wieder zurück zum Kloster. Hier folgen wir dann der Schlucht aufwärts und wandern durch wildromantische Landschaft zum Badeort *Stavrós* (→ S. 597).

GPS-Wanderung 14

• *Anfahrt/Verbindungen* Anfahrt mit Mietauto bis Agía Triáda, von Stavrós zurück mit Taxi, oder mit Mietauto zum Flughafen, ab dort mit Taxi hin und retour. Startet man bereits beim Kloster Agía Triáda, braucht man dafür ca. 1 Stunde.

• *Weglänge* ab Agía Triáda ca. 14 km, ab Gouvernéto ca. 10 km.

• *Höhenmeter* Abstieg zum Strand 160 m, Auf- und Abstieg nach Stavrós 260 m.

• *Dauer* ab Agía Triáda ca. 4,5 bis 5 Std., ab Gouverneto ca. 3,5 Std.

• *Wegbeschreibung* Bei **Kloster Agía Triáda** liegt **WP 01**. Unsere Wanderung beginnt bei **Kloster Gouvernéto (WP 02)**. Links neben dem Kloster beginnt ein schön gepflasterter Wanderweg, dem wir folgen. Nach ungefähr 10 Min. sehen wir auf der rechten Seite einen kleinen Gebäudekomplex, hinter dem sich die **Bärenhöhle (WP 03)** befindet (→ oben). Wir folgen weiter dem gut ausgebauten Weg hinunter, wo wir bald rechter Hand ein neu erbautes **Steinhaus (WP 04)** sehen können, genannt „mitáto". Der Weg wird jetzt etwas steiler und nach kurzer Zeit erreichen wir über eine Treppe das alte **Kloster Katholikó (WP 05)**.

Unterhalb der in die Felsen gebauten **Kirche** folgen wir dem Weg geradeaus und gehen unten durch die große **Steinbogenbrücke** in die Schlucht. Nach ca. 15 Min. erreichen wir den **Hafen von Katholikó (WP 06)**. Ein kurzes Stück weiter links oberhalb liegt der **Steinbruch (WP 07)**, wo früher die Steine für die Klöster der Gegend abgebaut wurden.

Wir gehen die gleiche Strecke wieder zurück bis zur Steinbogenbrücke und durch diese wieder unten durch. Doch jetzt folgen wir den **blauen Punkten (WP 08)**, die uns nach dem Steinbogen rechts die Schlucht hinauf weisen. Später verlassen wir die Schlucht den Markierungen folgend nach **rechts hinauf (WP 09)**, um einen steilen Abbruch zu umgehen. Kurz darauf folgen wir wieder dem Bachbett weiter hinauf. Bei **WP 10** verlassen wir das Bachbett, das sich nun zu einem kleinen Hochtal verbreitet hat. Bald sehen wir rechts vor uns eine **restaurierte Anlage (WP 11)**, die zu den Klöstern gehört hat. Wir halten uns links davon, dem Tal folgend. Hier ist es angebracht, sehr genau nach den **blauen Punkten** zu sehen, da wir bei **WP 12** diesen einladend vor uns liegenden Pfad verlassen und uns **scharf nach links** hinauf auf einen Sattel halten (weglos). **WP 013** ist eine **blaue Markierung** zum Sattel hinauf. **WP 14** ist der **Sattel**. Von hier aus sieht man südwestlich unterhalb ein sehr schönes Tal. Der Weg ist gut erkennbar und markiert und führt uns zum **Talboden (WP 15)**. Nach etwa 10 Min. sieht man auf der linken Seite im steinigen Erdboden eine **Wasserzisterne (WP 16)**. Danach geht der Weg etwas rechts oberhalb des Bachbetts weiter. Wir erreichen eine **zweite Wasserzisterne (WP 17)**, hier geht es leicht hinunter. Wir erreichen den Talboden, wo drei Täler zusammentreffen, und folgen dem rechts vor uns liegenden Tal hinunter. Bei **WP 18** verlassen wir das Bachbett und gehen **rechts hinauf**. Hier beginnt ein sehr schöner, zum Teil gepflasterter Fußweg mit Mastix- und Johannisbrotbäumen. Der Weg ist sehr gut zu erkennen. Nach ca. 10 Min. erreichen wir auch schon das Ende der Schlucht und sehen die **Küste** vor uns **(WP 19)**. Wir durchqueren einen **Zaun (WP 20)**. Kurz danach beginnt rechts eine Fahrstraße, der wir folgen. Wir erreichen eine **Kreuzung (WP 21)**, bei der wir uns geradeaus halten. Kurz darauf macht die Straße einen scharfen Knick nach links, wo wir nach etwa 50 m auf der rechten Seite einen **Punkt (WP 22)** erkennen können. Jetzt geht es weglos auf den Strand zu, den wir bei **WP 23** erreichen.

Akrotíri/Osten und Südosten

Hier hat das Militär das Sagen. Wenn man mit dem eigenen Fahrzeug unterwegs ist, wird man meist auf trampende junge Männer treffen, die von oder zur „Base" unterwegs sind.

Ein guter Anlaufpunkt ist der öffentliche Namfi-Beach. Von Chaniá kommend, muss man nach dem Grabmal von Venizélos auf der Hauptstraße in Richtung Flugplatz bleiben, vorbei an *Korakiés*, *Aróni* und *Stérnes*. Ansonsten kann man kurz nach Korakiés am Scheitel der Soúda-Bucht nach Süden abbiegen und am englischen Soldatenfriedhof vorbei nach Soúda oder auf die New Road Richtung Chaniá gelangen (Details unter Soúda → S. 566).

> Umweltschäden machen auch vor Kreta nicht Halt. Nach allem, was über die amerikanische Basis erzählt wird, sollte man im Südosten von Akrotíri vorsichtshalber auf das Baden verzichten. Die Krebsrate der Bewohner von Maráthi und Aróni soll im Vergleich zum übrigen Kreta besonders hoch sein.

▸ **Kloster Kalogréon**: Das erst im 19. Jh. erbaute Kloster liegt etwas westlich vom Dorf *Korakiés*, die Zufahrt ist an der Durchgangsstraße groß beschildert (etwa 1 km). Es ist eins der wenigen kretischen Klöster, das voller Leben ist – obwohl es auf kaum einer Kretakarte namentlich verzeichnet ist. Dreißig Nonnen leben in den weiß gekalkten, niedrigen Häuserreihen um den lang gestreckten Innenhof mit Kirche. Alles ist bestens in Schuss, üppiger Blumenschmuck gedeiht überall, die Gottesdienste sind von den Bewohnern der Umgebung gut besucht. Zum Verkauf stehen schöne Stickereien und Webarbeiten, ein kleines liturgisches Museum kann besichtigt werden. Großes Klosterfest am 29. August, am Nachmittag des Ostersonntags mehrsprachiger Gottesdienst im Innenhof.

Öffnungszeiten tägl. 6–13, 16–19 Uhr.

▸ **Strände im Südosten**: Beim Dorf *Stérnes* teilt sich die Hauptstraße. Wenn man sich rechts (südlich) hält, erreicht man verschiedene stille Strände. Ein beschilderter Abzweig führt nach *Marathí* zum so genannten „Namfi Beach". Obwohl ringsum alles militärisch abgeriegelt ist, ist es ein schönes Fleckchen Erde mit herrlichem Blick auf das Festland und die vorgelagerte Insel *Palía Soúda*. Die Mole eines kleinen Fischerhafens trennt den Strand in zwei Bereiche. Die Osthälfte ist öffentlich, es gibt einige Rooms to rent, Tretboote und Kanus werden vermietet. Die westliche Seite ist vom Militär in Beschlag genommen. Neben den Tavernen, in denen man gut Fisch essen kann, hat man fast unmittelbar am Strand Fundamente einiger Häuser aus römischer und frühbyzantinischer Zeit entdeckt. Einst lag hier die Hafensiedlung *Minóa*.
Leser K.-P. Aigenmann schreibt: „Besonders zu empfehlen ist der Strand östlich vom Minihafen *Malavia*. Folgt man dem Fahrweg, in den die Asphaltstraße ausläuft, dann findet man viele Exemplare des Dracunculus vulgaris (Drachenwurz), der im Frühjahr blüht."

▸ **Flugplatz und Militärsperrgebiete**: Vorbei am Flugplatz Stérnes (→ Chaniá/Verbindungen) gelangt man in den völlig untouristischen Teil der Akrotíri-Halbinsel. Außer einigen Steinbrüchen und kleinen Dörfern mit weiß und lichtblau gekalkten Gassen – *Chordáki* ist sehr hübsch – gibt es hier nichts mehr. Alle Straßen, die zur Ostküste führen, münden an Gittertoren mit der Aufschrift „Namfi Missile Launching Area".

Chaniá/Hinterland

Dominierend ist das allgegenwärtige Panorama der Lefká Óri, der Weißen Berge. Doch das unmittelbare Hinterland von Chaniá ist flach, grün und fruchtbar. Das größte Orangenanbaugebiet der Insel breitet sich hier aus.

In der Battle of Crete war diese Region hart umkämpft, Kriegsdenkmäler und der Soldatenfriedhof von Máleme an der Küste zwischen Chaniá und Kíssamos (→ S. 610) deuten darauf hin. Die griechische Armee ist in der verwundbaren Ebene heute mit mehreren großen Kasernen präsent.
Abgesehen von der grandiosen Samariá-Schlucht, dem wohl populärsten Ausflugsziel von Chaniá (→ S. 675), bietet die malerische *Díktamos-Schlucht* zwischen Katochóri und Stílos eine weitere reizvolle Wandermöglichkeit. Ansonsten kann man die Dörfer *Mesklá, Thérissos* und *Zoúrva* am Fuß der Weißen Berge besuchen. Der Besuch lässt sich auch gut mit einer Wanderung verbinden. Thérissos war 1905 Ausgangsort des Putsches gegen Prinz Georg, der Kreta im Auftrag der Großmächte als Hochkommissar regierte. Anführer der Revolutionäre war Elefthérios Venizélos, der spätere grie-

chische Premierminister. Und schließlich kann man die von Lesern empfohlene Panoramastrecke von *Mourniés* über *Maláxa* zur dorischen Stadt Áptera ausprobieren.

Von Chaniá nach Messklá

Vom Zentrum nimmt man die Ausfallstraße nach Kíssamos und biegt bei dem im Sommer ausgetrockneten Fluss nach Omalós und zur Samariá-Schlucht ab (beschildert). Beiderseits der Straße stehen lange Reihen von dicht belaubten Orangenbäumen mit ihren im Sommer erst dunkelgrünen Früchten – das größte Orangenanbaugebiet der Insel wird hier durchquert, etwa eine Million Bäume sollen es sein.
Kurz vor *Agiá* sieht man rechts der Straße den weiß gekalkten Flachbau einer großen *Haftanstalt.* Sie wurde kurz vor dem Zweiten Weltkrieg errichtet und von der deutschen Wehrmacht als Militär- und Partisanengefängnis benutzt. Hunderte von Kretern wurden hier von Deutschen gefoltert und erschossen. Heute sitzen auch straffällig gewordene Ausländer ein.
Wenige Kilometer weiter steht an der Kreuzung nach Alikianós ein *Denkmal* für die 118 am 1. August 1941 von den Deutschen erschossenen Widerstandskämpfer aus den umliegenden Gemeinden. An vier Seiten sind die Namen der Toten mit Altersangaben zu lesen. Vom 15-jährigen Knaben bis zum 70-jährigen Greis ist alles vertreten. Im Unterbau sind die Schädel und Knochen der Getöteten in einer gläsernen Vitrine zu sehen.

▸ **See von Agiá**: Zur Bewässerung der zahllosen Orangenplantagen hat man bei Agiá einen der wenigen Stauseen Kretas angelegt, weitere gibt es z. B. bei Zarós, Ierápetra und Anógia. Der dicht mit Schilf und Grünpflanzen umwachsene See wird u. a. von einem Seitenarm des Xekolimenós gespeist und liegt nur wenige hundert Meter von Agiá entfernt (Abzweig beschildert mit „Limni" in der Nähe der schmucken Kirche). Er hat sich zu einem wichtigen Lebensraum für Wasservögel entwickelt. Mit einem Fernglas kann man sie gut beobachten. Die Weißen Berge bieten im Hintergrund ein prächtiges Panorama. Naturschützer bemühen sich um den Erhalt der Oase, die durch Einleitung von Abwässern gefährdet ist.

• *Essen & Trinken* Als Wochenendziel ist der See mittlerweile recht beliebt, an seiner Westseite liegt das moderne Café **Erasma** mit einer Promenade, ein weiteres am Nordufer, dort in der Nähe auch das populäre Musiklokal **Vareladiko**.

▸ **Alikianós**: 1 km abseits der Route nach Omalós. Im Ort steht die Kirche *Ágios Geórgios* aus dem 13. Jh. mit schlecht erhaltenen Wandmalereien aus dem 15. Jh. 1570 heiratete hier der Sohn des Widerstandskämpfers *Georgios Kandanoleon* die Tochter des venezianischen Adligen Francesco Molini ohne dessen Einverständnis. Beim anschließenden Festmahl in der nahen Burg Molinis – heute nur noch Ruinen – mischten die Venezianer ein Betäubungsmittel ins Essen und ermordeten alle Gäste samt Bräutigam und dessen Familie.
Etwa 1 km außerhalb an der Straße nach Koufós steht die Kreuzkuppelkirche *Ágios Ioánnis* rechter Hand zwischen eingezäunten Grundstücken. Im üppigen Grün der Umgebung geht sie fast unter – beim Suchen langsam fahren, damit man sie nicht übersieht, ein Fußweg führt von der Straße aus hin. Ágios Ioánnis wurde wahrscheinlich im 14. Jh. an Stelle eines zerstörten Vorgängerbaus errichtet. Beim Herumgehen um den Bau kann man die harmonische Fassadengestaltung betrachten – auffallend sind die großen, geschlossenen Seitenapsiden, die fünfeckige Apsis an der fast zugewucherten Rückfront und die große Vorhalle, die später angebaut wurde. Im Inneren gibt es einige spärliche Reste von Fresken.

Am See von Agiá

▸ **Fournés**: hübsches Örtchen zwischen Orangenbäumen, die Dächer verschwinden in einem Schwall von Grün, malerisch gelegene Kirche. Hier gabelt sich die Straße – geradeaus geht es über Lákki weiter zur Omalós-Hochebene (→ S. 678), links ein 6 km langes Flusstal hinauf bis Mesklá. Leserempfehlung für die Taverne am Ortseingang, von Chaniá kommend: „Erst wurden die Orangen für den Saft vom Baum und dann die Zutaten für den Bauernsalat aus dem Garten geholt, frischer geht's nicht mehr."

▸ **Lákki**: Das malerisch gelegene Bergdorf war immer ein Zentrum des kretischen Widerstands – gegen Venezianer, Türken und Deutsche. In der Ortsmitte erinnert daran ein Denkmal mit drei Männern, die sich übereinander tragen. Chatzimichális Jannáris, einer der wichtigsten Anführer im Freiheitskampf gegen die Türken, ist hier geboren (→ Omalós/Ort). Die Häuser stehen weit verstreut auf einem Hügelkamm zwischen dichtem Nadel- und Laubwald, schön ist die markante, leuchtend rote Kuppel der Kirche. Dass es im Winter hier oben empfindlich kalt werden kann, sieht man an den Bolleröfen in den Kafenia, deren Rohre sich durch den halben Gastraum ziehen.

• *Übernachten/Essen & Trinken* **Kri Kri** und **Nikolas**, zwei Tavernen gleicher Ausstattung, liegen einander gegenüber an der Hauptstraße. Zimmer mit Etagendusche gibt es bei Nikolas, DZ ca. 20 €. ✆ 28210-67232.
To Kefali, Ausflugstaverne 3 km südlich von Lákki (beschildert).

Das Kirschfestival von Karános

Wenige Kilometer von Lakki entfernt liegt das Dorf *Karános*. Seit über zwanzig Jahren findet hier zur Zeit der Kirschenernte in der ersten Junihälfte (um den 10. des Monats) ein großes Fest statt. Mit traditioneller Musik, spontanen Gesängen und Tänzen wird bis lange nach Mitternacht gefeiert, danach geht es in den Tavernen bis zum Morgengrauen weiter. Beginn abends gegen 19 Uhr, Eintritt ca. 15 €, Essen und Trinken frei.

Mesklá

Im dicht bewachsenen, hügligen Flusstal eine grüne Oase mit Orangenbäumen und viel Wasser. Am oberen Ortsende sprudelt der Bach gleich an mehreren Stellen von den Hängen herunter und wird mittels Kanälen die Hauptstraße entlang geleitet. Gleich am Ortseingang steht links oberhalb der Straße die Kapelle *Sotíros Christoú* (Rettender Heiland). Manchmal steckt der Schlüssel, und wenn man die Fledermaus vorbeigelassen hat, die einem aufgeschreckt entgegenflattert, kann man einen Blick hineinwerfen. Das einschiffige Innere besteht aus Vor- und Hauptraum. Beide sind mit Fresken des 15. Jh. ausgemalt, die aber großteils bis zur Unkenntlichkeit verwittert sind. Am Ende des Dorfes thront der klassizistisch anmutende Kuppelpalast der *Panagía-Kirche* von Mesklá. Der Bau besteht zwar aus neuzeitlichem Beton, ist aber trotzdem äußerst eindrucksvoll. Im Inneren dominieren roter und grüner Marmor, moderne Fresken beleben die Wände.
Lohnend ist der 1,5- bis 2-stündige Aufstieg ins nahe *Lákki* (→ Wanderung Thérissos – Mesklá – Lákki), auch per Motorrad oder Mountainbike ist die Tour möglich. Der Wander-/Fahrweg zweigt etwa 300 m unterhalb der Hauptkirche ab. In Lákki kann man auch übernachten (→ S. 605).

• *Anfahrt/Verbindungen* **Busse** nach Mesklá fahren ab Chaniá und zurück 2 x tägl.

• *Übernachten/Essen & Trinken* **Ta Lefka Ori**, an der Hauptstraße, uriges Kafenion, das gleichzeitig als Gemischtwarenhandlung fungiert und einige, beim letzten Check ungepflegte Zimmer vermietet. Am Ortsausgang neben der Hauptkirche große **Taverne** am Fluss, der hier kanalisiert ist. Sitzplätze unter einer riesigen, mehrstämmigen Platane, sehr schön und kinderfreundlich. In der Nebensaison allerdings nicht immer offen – sonst keine Möglichkeit, im Ort eine warme Mahlzeit zu bekommen.

▸ **Zoúrva**: die allerletzte Siedlung vor den Bergen und vom Tourismus kaum unberührt, jedoch mit guter Taverne. Die wenige Kilometer lange Straße von Mesklá ist inzwischen asphaltiert, ebenso die von Thérissos. Herrlicher Blick in die Lefká Óri, hinüber nach Lákki und bei etwas Glück sogar bis zum Meer. Auf einer schlechten Schotterpiste (mit Pkw möglich, aber nicht angenehm) kann man weiter nach Thérissos und von dort auf Asphalt zurück Richtung Chaniá gelangen.

• *Essen & Trinken* **Emilia** (Aimilia), geführt von Nikolaos Manolarakis, dem Sohn von Emilia, die hier lange Jahre ein Kafenion führte. Mittlerweile sehr schön renoviert und modernisiert, innen weiß gedeckt, außen folkloristisch bunt. Lamm, Souvláki, special Omelett u. a.

Von Chaniá nach Thérissos

Mit eigenem Fahrzeug in Chaniá die Ausfallstraße nach Kíssamos nehmen, aber schon vor der Abzweigung nach Omalós Richtung *Perivólia* abfahren. Im Nachbarort *Mourniés* wurde 1864 Elefthérios Venizélos geboren, der Mann, der als Premierminister den Anschluss Kretas an den neugriechischen Staat vollbracht hat. Sein Geburtshaus wurde als kleines Museum eingerichtet, erkundigen Sie sich im Informationsbüro von Chaniá oder unter ✆ 28210-95250.
Von Perivólia bis Thérissos sehr schöne Strecke durch eine kurvige Schlucht mit fast senkrechten Wänden und viel Baumbestand, vor allem große, schwere Platanen, Esskastanien und Maulbeerbäume säumen den Bach, im Frühjahr auch viele Drachenwurzen. 1821 tobten heftige Kämpfe zwischen den Türken und kretischen Freiheitskämpfern, die sich in der Schlucht verschanzt hatten. 1866 brannten die Türken Thérissos nieder. Kurz vor dem Ort herrlicher Blick in die Weißen Berge.

Thérissos

Wunderbar ruhiges Bauerndorf mit viel Grün. Kaum Autoverkehr, dafür meckernde Ziegen. In Thérissos hatte Elefthérios Venizélos 1905 sein Hauptquartier im Putsch gegen Prinz Georg aufgeschlagen (→ Geschichte). Das Haus ist als *Museum* eingerichtet und steht kurz vor dem Ortsausgang linker Hand. Vormittags kann es besichtigt werden (ca. 1 €), Giannis Vidakis beantwortet gerne alle Fragen. Nicht weit davon findet man eine malerische zweischiffige Kapelle, hingeduckt unter eine riesige Platane. Keine Übernachtungsmöglichkeit im Ort.
Am Ortsende führt eine Asphaltstraße mit tollen Ausblicken nach *Zoúrva* und von dort nach Mesklá.

- *Anfahrt/Verbindungen* **Busse** nach Thérissos fahren ab Chaniá und zurück 2 x tägl.
- *Essen & Trinken* Es gibt mehrere Tavernen, die am Wochenende beliebte Ausflugsziele für die Bewohner von Chaniá sind.

O Andartis (Der Rebell), links der Durchgangsstraße, hier wird die typisch ländliche Küche Kretas serviert, z. B. geräuchertes Schweinefleisch.

O Madares, Kafenion beim Venizélos-Haus, hübsche Terrasse unter Maulbeerbäumen am Bach.

Wanderung von Thérissos über Mesklá nach Lákki

Schöne und abwechslungsreiche, dabei nicht sonderlich schwierige Wanderung. Unterwegs herrliche Ausblicke auf das Hinterland von Chaniá und die Lefká Óri. Die folgenden Tipps von Leser J. Haas.

- *Route* (Chaniá) – Thérissos – Zoúrva – Mesklá – Lákki.
- *Anfahrt* nach Thérissos 6.30 Uhr Frühbus ab Busbahnhof in Chaniá oder Taxi für ca. 10 €.
- *Dauer* ab Thérissos ca. 5 Std. (2 Std. Thérissos – Zoúrva; 1 Std. Zoúrva – Mesklá; 2 Std. Mesklá – Lákki).
- *Wegbeschreibung* In Thérissos folgt man zunächst der **Straße** Richtung Zoúrva. Schon kurz hinter dem Ortsausgang zweigt aber links ein **Fußweg** in das lauschige Flusstal ab. Nachdem man ihm eine Viertelstunde gefolgt ist, gelangt man wieder zurück auf die Straße, die hier nach wenigen Metern den Fluss in östliche Richtung überquert. Man geht aber nicht über die Brücke, sondern nimmt den kleinen **Fußweg** geradeaus, der weiter dem Flusstal folgt. Nach einer weiteren Viertelstunde öffnet sich das Tal und man steht direkt vor der Nordflanke der Lefká Óri. Der Weg scheint sich immer neu zu verzweigen. Hier schlägt man sich rechts in Zickzacklinien auf Ziegenpfaden den Hang hinauf – etwas anstrengend, aber nicht sonderlich schwierig, da der Hang nur mäßig steil abfällt und nur niedriges Gestrüpp besitzt. Welchen Weg man auch nimmt, man landet unweigerlich auf einer breiten **Straße**, die oben auf dem Grat entlangführt. An einer nahe gelegenen Gabelung biegt man nach Westen ab und erreicht nach 100 m eine kleine Passhöhe mit herrlichem Blick auf Zoúrva und das am Hang gegenüberliegende Lákki. Vorne rechts blickt man in eine sich verengende Schlucht, an deren Ausgang man die ersten Häuser von Mesklá erkennt. Wer möchte, kann nach etwa 10 Min. den rechts abzweigenden und von oben gut zu erkennenden, breiten Weg einschlagen, der durch die Schlucht direkt hinunter nach Mesklá führt (Zeitersparnis ca. 1 Std.). Schöner ist es aber, zunächst geradeaus weiter in das verschlafene Bergdorf **Zoúrva** zu laufen, dort in der Taverne „Emilia" in aller Ruhe ein Omelett zu verspeisen und erst dann den gut einstündigen Abstieg nach **Mesklá** in Angriff zu nehmen. Mit herrlichen Ausblicken läuft man weitgehend auf der asphaltierten Straße in langen Serpentinen ins Tal. In Mesklá gibt es nur die seit Jahren ungeputzten Zimmer im „Ta Lefka Ori" (→ Mesklá), deshalb sollte man mit dem Bus nach Chaniá zurückkehren oder noch den 1,5- bis 2-stündigen problemlosen Aufstieg nach **Lákki** anfügen: Der kaum benutzte **Fahrweg** zweigt etwa 300 m unterhalb der Hauptkirche von der Asphaltstraße ab und überquert zunächst ein kleines Flusstal. Infos zu Lákki (→ Samariá-Schlucht/Anfahrt).

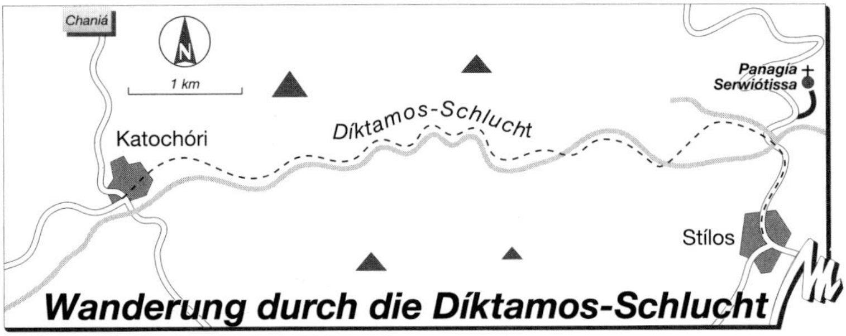

Wanderung durch die Díktamos-Schlucht

Mittelschwere Schluchtwanderung von Katochóri nach Stílos, südöstlich von Chaniá. In der Schlucht teilweise nasse und glatte Steine, im Frühjahr und Herbst nach Regenfällen unpassierbar. Am Anfang viele Orangenbäume und andere Vegetation, in der Schlucht farbenreiche Felsen und große Platanen, aber auch so manche tote Bergziege. Durchgängig rote Markierungen. Genügend Wasser mitnehmen, unterwegs gibt es keine Quelle. Im Folgenden Hinweise von Anthony Pruissen, der in Réthimnon ein auf Wanderungen spezialisiertes Reisebüro leitet.

- *Route* (Chaniá) – Katochóri – Stílos – (Chaniá).
- *Anfahrt* nach Katochóri Frühbus ab Chaniá Richtung Kámbi (Abfahrt 6 Uhr). Aussteigen in **Katochóri** an der Haltestelle bei der Brücke, Kafenion Dimitris Koutrouvakis. Laut Leserzuschrift fährt der Bus morgens nicht mehr, Taxi kostet ca. 13–15 €. Nach der Wanderung Bus ab **Stílos** zurück nach Chaniá: ca. 16 und 18 Uhr.
- *Dauer* ca. 3,5-4 Std. reine Gehzeit.
- *Wegbeschreibung* von der Bushaltestelle 400 m zurückgehen über die Asphaltstraße bis zur ersten Kurve nach links. Dort geradeaus wandern, dem weißen Schild **„Díktamos-gorge“** und einer betonierten Piste folgen. Bei der Abzweigung rechts halten, etwas weiter an einer kleinen weißen **Kirche** vorbeigehen. Nach 300 m wieder der Richtung eines gelben Schilds folgen, hier liegen links eine zweite Kirche und rechts eine Taverne und ein Wasserpumpenhaus. Dann einem schmalen Landweg folgen (250 m) bis zu einem **Bachbett**, 50 m nach links gehen (bei letztem gelben Schild) und dann das Bachbett diagonal überqueren. Auf dem rechten Ufer jetzt dem Pfad folgen. Hier fängt die **rote Markierung** an. Auf den verrosteten, großmaschigen Weidezaun achten, dann durch eine Tür einen Drahtzaun passieren (wieder schließen!), der Markierung folgen und das Bachbett entlang – mal quer durch, dann hoch und runter ins Bachbett gelangt man in die Schlucht. Unter hohen Platanen wandert man am Schluchtgrund gut 2,5 Std. entlang. Wo die Schlucht endet – letzte Bergwand an der rechten Seite –, 10 Min. im Bachbett weiterlaufen, dann sieht man an der rechten Seite ein **Wasserleitungsrohr**. Dort das Bachbett verlassen und auf dem rechten Ufer einem Landweg folgen. Bei einer Gabelung nach links und das Bachbett überqueren. Sofort rechts hoch, blauer Markierung folgen und nach 80 m trifft man links auf wenige Häuser. Zwischen zwei Häusern durch erreicht man eine schmale Betonpiste. Hier nach rechts bis zu einer Asphaltstraße. Dort wiederum rechts und nach 1 km erreicht man **Stílos**.

▸ **Panagía Serwiótissa**: ehemalige Klosterkirche aus dem 11./12. Jh., nördlich von Stílos. Sie gehörte einst zum Johanneskloster von Pátmos und ist eine der schönsten ihrer Art in Kreta. Man kann den Abstecher leicht bei der Wanderung einbauen (→ Skizze). Im Innenraum der Bruchsteinkirche sind einige Freskenreste erhalten.

Von Chaniá nach Soúgia

Panoramastraße an der Flanke der Lefká Óri, mittlerweile sehr gut ausgebaut. Bis zur Kreuzung kurz vor Alikianós dieselbe Strecke wie oben beschrieben (→ S. 604). Dann Abzweig über *Alikianós* und die kurvenreiche Straße über das wasserreiche Dorf *Skinés* in die Berge. Je höher man kommt, desto einsamer wird die Straße. Bei der Abzweigung zur Omalós-Ebene höchster Punkt der Strecke und einer der herrlichsten Rundblicke in diesem Teil Kretas, den man zusammen mit den hier immer präsenten Bergziegen genießen kann.

In den Tälern an der Straße fallen im Folgenden überall die mächtigen Kastanienbäume auf. Bei *Agía Iríni* Einstieg in die gleichnamige Schlucht, eine besonders reizvolle Wanderung (→ S. 669). Bei *Epanochóri* erblickt man bereits das Libysche Meer. Zum Schluss noch die schöne Abfahrt das weite Tal über Rodováni (Reste der antiken Stadt Éliros) und *Moní* zum Meer hinunter. 1994 ist die Vegetation bis Soúgia großteils einer Brandkatastrophe zum Opfer gefallen, doch das sieht man heute kaum mehr (Details zu Soúgia → S. 663 ff.).

▸ **Abzweig zur Omalós-Ebene**: Auf der Paßhöhe vor Agía Iríni zweigt nach Osten eine breite Straße Richtung Osten ab. Schöne Tour durch wilde Berglandschaft mit Kiefern und Wacholder. Über einen Pass gelangt man in die Omalós-Ebene, dort passiert man eine weit verstreute Hirtensiedlung mit Apfelbäumen. Ein kleines Kafenion und die Taverne „To Agrimi“ sind die einzigen Einrichtungen. Leserzuschrift: „Im Frühjahr (Mai) passiert man den Rest des Schmelzwassersees, der die Ebene bedeckt, bewachsen mit schwimmendem Hahnenfuß – ein zauberhaftes Bild und herrlich zum Waten.“ Details zur Omalós-Ebene → S. 678 ff.

Von Chaniá nach Kíssamos

Ein wahrer Wildwuchs von Apartments, Tavernen, Autoverleihern, Snackbars und Tourist-Shops prägt bis Plataniás die flache Küstenlandschaft mit ihren zahlreichen Sandstränden. Westlich von Plataniás löst sich die dichte Bebauung abrupt auf. Um *Geráni*, wo der Fluss Xekolimenós mündet, erstreckt sich eine Landwirtschaftsebene und sanftes Hügelland – im sumpfigen Mündungsgebiet viel Schilf, ansonsten Obst- und Gemüseanbau, Weinplantagen, inzwischen aber auch sporadische Hotelneubauten am hier recht schönen Sand-/Kiesstrand. Weiter westlich dominiert dagegen Kies bis Kolimbári.

Beschreibung der Strände und Orte bis einschließlich Plataniás → Chaniá/Umgebung, S. 590.

• *Übernachten* **Aegean Palace**, A-Kat., 1996 erbaute und kürzlich erweiterte Großanlage mit schönem Garten, großem Süßwasserpool und Kinderbecken, in ruhiger und ländlicher Umgebung, etwa 200 m vom Strand und 1 km vom Dorf Kontomári entfernt (5 km von Platánias). Ansprechend eingerichtete Zimmer mit TV, die Junior Suites gegen Aufpreis sogar mit eigenem Pool. Pauschal über Attika. ✆ 28210-62668, ℻ 62647, www.aegean-palace.gr

Louis Creta Paradise, A-Kat., komfortable Anlage im kretischen Dorfstil direkt am Strand unterhalb des Örtchens Geráni, schön aufgemacht und bisher noch weitgehend allein auf weiter Flur. Süßwasserpool mit Kinderbecken, Animation, Kinderclub. Nach Umweltkriterien konzipiert: biologische Kläranlage, Energiesparlampen usw. Das lebhafte Plataniás liegt ca. 2 km entfernt. DZ ca. 100–220 €. Pauschal über Reiseveranstalter. ✆ 28210-61315, ℻ 61134, www.cretaparadise.gr

• *Essen & Trinken* **Aidonisos**, Gourmettipp an der landeinwärts gelegenen Seite der Hauptstraße von Geráni. Jossif Apostolakis hat früher beim bekannten Klaus Feuerbach in Athen gekocht und zwei Jahre lang an der Akademie in Chaniá Köche ausgebildet. Jossifs Philosophie: die traditionell-kretische Küche mit der Kreativität europäisch-mediterraner Elemente zu verfeinern, ohne ihr den ursprünglichen Charakter zu nehmen. Umfangreiche Speisekarte, z. B. gefülltes Hühnchen mit frischen Pilzen, dazu Bauernbrot mit Knoblauch und Olivenöl oder gefüllte Tomaten mit frischen Kräutern, Reis und Shrimps sowie Oliven aus Gerani. Jossifs Frau Christina bedient freundlich und unkompliziert.

Máleme

Weit unterhalb der Durchgangsstraße erstreckt sich ein langer, schattenloser Strand aus feinem Kies, dahinter liegen moderne Apartmentanlagen mit viel Grün. Aber auch ein Treibstofflager und ein Militärflughafen prägen das Bild.

Das Gebiet um Máleme war bei der Landung der deutschen Fallschirmjäger und Lastensegler im Mai 1941 eine erbittert umkämpfte Stellung – vor allem wegen des strategisch wichtigen Flughafens der Alliierten, der schließlich eingenommen werden konnte. Auf der damaligen Höhe 107 liegt heute der deutsche Soldatenfriedhof von Kreta.

• *Übernachten* Am Strand unten wohnt man schöner und viel ruhiger als an der Durchgangsstraße.

Louis Creta Princess, A-Kat., etwas älterer Riesenkomplex mit allen Einrichtungen direkt am Strand. Großer Swimmingpool, gepflegte Rasenflächen, Tennis, Basket- und Volleyball, Disco, griechische Abende, Animationsprogramm. Sehr großzügig und weiträumig angelegt. Hauptsächlich über Reiseveranstalter. ✆ 28210-62702, ℻ 62406, www.louishotels.com

Maleme Mare, B-Kat., neue, große Anlage am Strand, gepflegte Rasenflächen, zwei Pools und Kinderbecken, Sauna, Internetzugang. Studio für 2 Pers. ca. 55–85 €, Apt. für 2 Pers. 85–130 €. ✆ 28210-62121, ℻ 62099, www.maleme-mare.gr

Mike's Apartments, die freundlich geführte Anlage von Mike und Eleni liegt ebenfalls direkt am Strand, schöne, große und helle Apartments, Pool mit Kinderbecken und „Mike's Pool Bar". ✆ 28210-62088, ℻ 62347, www.hotel-mike.com

Catrin Beach, moderne Apartments, sehr ruhig und etwas zurück vom Strand, ebenfalls mit Pool. ✆ 28210-62568, ℻ 98982.

• *Essen & Trinken* Am Strand unten findet man einige moderne Tavernen mit Rasenflächen und Kinderspielgeräten, z. B. **Maleme** und **Estia**.

Vakchos, an der Durchgangsstraße, aus Richtung Chaniá kommend kurz hinter dem Ortseingang. Lokale Spezialitäten zu fairen Preisen, pikobello sauber, nette Atmosphäre. Herr Koukouvitakis serviert und kassiert, seine Frau, die sehr gut Deutsch spricht, kocht.

• *Sonstiges* **Mike's Pool-Bar**, schön gestaltete Bar mit Schwimmbad, direkt am Meer.

Deres, Reitstall 9 km landeinwärts (beschildert). Reitunterricht und geführte Ausritte. ✆ 28240-31339, ℻ 31900.

▸ **Deutscher Soldatenfriedhof**: Die leicht ansteigende Anlage liegt inmitten ausgedehnter Weinplantagen auf einer Anhöhe hinter Máleme, im Hintergrund die Weißen Berge. Der weite Blick aufs Meer reicht bis zur Halbinsel Rodópou, man kann das Kloster Goniá erkennen. 4465 deutsche Soldaten aus den Kriegsjahren 1941–45 ruhen in langen Reihen auf diesem Friedhof. Auf den schlichten Grabplatten sind Namen und Lebensdaten von jeweils zwei Gefallenen eingraviert. Die Gräber sind in vier Komplexen angeordnet – die Hauptkampfzonen Chaniá, Máleme, Réthimnon und Iráklion sollen damit deutlich gemacht werden. Auf dem Gedenkplatz in der Mitte sind die Namen von 400 Gefallenen verzeichnet, die auf See gefallen sind und nicht geborgen werden konnten. Am Eingang kann man das Namensbuch der durchweg 20- bis 25-Jährigen einsehen, außerdem gibt es einen PC mit Suchregister und ein Besucherbuch, in dem man seine Eindrücke zu Papier bringen kann.

Leserzuschrift: „In der ausliegenden Dokumentation kann man leider immer noch den Eindruck bekommen, als sei der Krieg wie eine Epidemie über Kreta gekommen." Am 20. Mai 2005 kam es auf dem Gelände zu Auseinandersetzungen zwischen ehemaligen Fallschirmjägern, Angehörigen und Nachkommen, die sich hier alljährlich zum Jahrestag des Angriffs auf Kreta treffen, und protestierenden Antfaschisten (http://de.indymedia.org/2005/05/117393.shtml).

▸ **Minoisches Tholos-Grab**: Kurz bevor man den Friedhof erreicht, weist linker Hand ein Schild zu diesem über 3000 Jahre alten Grab. Ein langer Zugang, der so genannte Dromos, führt zur nach oben kuppelförmig zulaufenden, allerdings eingestürzten Grabkammer im Olivenhain.

Tavronítis

Ländlich-ruhiges Dorf zwischen Gemüsefeldern und Schilf. Touristen sieht man nur an der Bushaltestelle, denn hier zweigt die Straße zur Südküste nach Paleochóra ab.

Den Strand unterhalb vom Ort erreicht man auf einer Stichstraße mit neu erbauten Unterkünften und einer großen Pflanzschule. Er ist kilometerlang, besteht aber ausschließlich aus faust- bis kopfgroßen Kieselsteinen und ist zudem nicht besonders sauber. Das hat aber auch seine Vorteile, denn selbst im Hochsommer herrscht Einsamkeit vor. Ob der kürzlich eröffnete Campingplatz daran viel ändern wird, kann bezweifelt werden.

Östlich von Tavronítis mündet der im Sommer völlig ausgetrocknete gleichnamige Fluss im Meer. Die strategisch wichtige Brücke war nach der Fallschirmjägerlandung im Mai 1941 ebenso heftig umkämpft wie das benachbarte Máleme – Reste der alten Metallkonstruktion sind bis heute erhalten geblieben.

• *Anfahrt/Verbindungen* Die Busse von Chaniá nach Kíssamos halten, etwa 13 x täglich in beiden Richtungen.

5 x täglich geht der Bus von Chaniá nach **Paleochóra**. Etwa 30–45 Min. später ist der Bus in Tavronítis.

• *Übernachten* An der Stichstraße, die vom Ortskern zum Meer führt, gibt es einige Unterkünfte.

Irini, die Straße zum Meer etwa 750 m entlang, dort auf der rechten Seite. Pension mit ordentlichen Zimmern und familiärer Atmosphäre. Herr Kokolakis hat lange in Stuttgart gearbeitet und spricht gut Deutsch.

Lykasti, C-Kat., schräg gegenüber von Irini, gepflegte Anlage mit palmenumstandenem Pool, Apartments (teils im Maisonettestil) und Studios, zum Strand ca. 500 m, ca. 45–90 €. ✆ 28240-22822, ℻ 22358.

Camping Coco Beach, östlich vom Ort, der einzige Zeltplatz, der in den letzten Jahren auf Kreta neu eröffnet wurde. Schmales, schlauchförmiges Gelände, hübsch gemacht mit Grasflächen und Palisadenhütten. Vor dem Platz verläuft eine asphaltierte Uferstraße, davor liegt der steinige Strand, der nach Auskunft von Nikos, dem griechisch-französischen Mitbesitzer, besandet werden soll. Nette Bar und Taverne, mit angepflanzten Palmen wird ein wenig Karibikfeeling vermittelt. ✆ 28240-22940, ℻ 23220, www.eurocamps.net/cocobeach

• *Essen & Trinken* Am Strand unten gibt es einige ruhig gelegene Tavernen, z. B. **To Deilino**.

▸ **Zwischen Tavronítis und Kolimbári**: Der Tourismus hält sich bisher in Grenzen, trotzdem herrscht erhebliche Bautätigkeit – Studios, Suiten, Apartments, Villen, durchweg in der Entfernung von 100-200 m zum Meer. Mit neuen Ortsschildern gibt man den Hotellandschaften Namen, bis vor wenigen Jahren stand hier kein einziges Haus. *Minothianá*, wenige Kilometer östlich von Kolimbári, ist einer dieser neu gegründeten „Orte". Er besteht aus einigen größeren Badehotels am Strand, z. B. Arion und Kolimbari Beach.

• *Übernachten* **Arion**, B-Kat., hübsche Anlage mit gepflegtem Garten direkt am Strand, etwa 1 km vom Ort. 20 Zimmer, Pool mit Kinderbecken, Taverne. Familie Fotiadis spricht Deutsch. DZ mit Frühstück ca. 47–72 €. ✆ 28240-22942, ✆ 23393, www.arionhotel.de

Kastalia Suites, aufmerksam geführte Apartmentanlage unterhalb von Kamisianá, zwar direkt an der Straße, die Wohnungen in Richtung Strand sind aber relativ ruhig. Üppiger Garten, Pool mit Kinderbecken. Die geräumigen Apartments besitzen Wohn- und Schlafraum, Kochnische, Kühlschrank, Du/WC. Der Besitzer, Herr Markoulakis, sitzt auch gerne mal mit seinen Gästen am Pool und spendiert einen Rakí. Der Strand ist 5 Gehminuten entfernt. Apt. ca. 45–72 €. ✆ 28240-22268.

Ältester Ölbaum der Welt?

Wenn man zwischen Tavronítis und Kolimbári ins Inselinnere abbiegt, kommt man über Darmachóri nach *Áno Voúves.* Hier steht –mittlerweile eingefasst und beschildert – ein Olivenbaum, der laut Besitzer weit über 2000 Jahre alt sein soll (→ S. 25). Griechische Wissenschaftler haben dies kürzlich bestätigt. Der Umfang dieses wunderschönen Baumes beträgt unten 13 m und oben 11 m, der Durchmesser 3,64 m. In seiner Baumhöhle können acht Menschen stehen. Bei den Olympischen Spielen in Athen erhielten die Sieger im Marathonlauf Zweige von diesem Baum („kótinos").

Kolimbári

Lang gestreckter Fischer- und Badeort am Fuß der einsamen Halbinsel Rodópou. Der Fischerhafen ist durch eine große Mole geschützt, vor der betonierten Uferpromenade beginnt ein Kies-/Sandstrand, der sich kilometerweit nach Osten zieht.

An der Promenade reihen sich nett aufgemachte Fischtavernen, trotzdem lässt die touristische Nachfrage bisher zu wünschen übrig, denn der geschwungene, teils grobsteinige Strand ist wenig ansprechend. Ein viel besuchtes Ausflugsziel ist dagegen das *Kloster Goniá* hinter dem Ort, malerisch am Felshang liegt gleich dahinter die *Orthodoxe Akademie von Kreta* (→ unten).

Im Hinterland von Kolimbári erstrecken sich Olivenhaine über viele Kilometer, neben Sitía im Osten gilt diese Region als bestes Ölanbaugebiet Kretas.

• *Anfahrt/Verbindungen* Die Busse Chaniá–Kíssamos halten am Platz an der Durchgangsstraße. Von hier sind es etwa 500 m eine schattige Baumallee entlang in den Ortskern. Die Busse Chaniá-Kolimbári fahren in den Ort hinein.

• *Übernachten* **Irini Beach**, etwas außerhalb am Strand, George und Irene vermieten saubere Studios mit Küche. ✆ 28240-22534, ✆ 40030.

Dimitra, E-Kat., ruhig gelegen, das letzte Haus im Ort. Gleich dahinter beginnt der felsige Steilhang, nur ein paar Schritte sind es noch zum Kloster Goniá. Weiß getünchtes Haus, schlichte Zimmer. Freundliche Besitzer, Wirtin spricht Deutsch. DZ mit Du/WC ca. 30–35 €, gutes und preiswertes Frühstück. ✆ 28240-28240, ✆ 22244.

Lefka, Fischtaverne mit nettem Wirt an der Straße in den Ort, wenige Meter vom Busstopp. 24 kleine Zimmer am rundum laufenden Balkon über dem Lokal. ✆/✆ 28240-22211.

Elia, C-Kat., der Tipp im Hinterland, 200 Jahre altes Landhaus inmitten eines Olivenhains oberhalb von Ano Vouves, 8 km vom Meer, idyllisch und ruhig gelegen, herrlicher Blick. Geschmackvoll restauriert, neun Zimmer, teils mit Antiquitäten eingerichtet, jeweils Klimaanlage, TV und Kühlschrank, Terrasse oder Balkon. Frühstücksraum mit gemütlicher Terrasse, Garten mit uralter Platane, Pool und kleines „Spa-Zentrum" gegen Gebühr (Thalasso, Sauna, Jacuzzi, Hamam, Massage). DZ ca. 90–140 €. Pauschal über Attika. ✆ 28240-83056/7 o. 6932-454464 (Handy), www.elia-crete.com

• *Essen & Trinken* **Lefka**, vom Platz, wo die Busse an der Durchgangsstraße halten, ein paar Schritte die Straße hinunter. Gutes,

Der Fischerhafen von Kolimbári am Fuß der Halbinsel Rodópou

preiswertes und freundlich geführtes Fischlokal, schattiger Hof mit Wein überrankt, auch Einheimische kommen gerne hierher.
Diktlna, in der Ortsmitte, gegenüber der Bäckerei, schöne Terrasse zum Meer. Leserkommentar: „Hier haben wir herrlichen Tzatziki gegessen, aber auch alles andere, was wir in zwei Tagen kosten konnten, war hervorragend. Besonders erwähnt seien die frittierten Zucchini und der preiswerte Hauswein." Gemütlich mit Meerblick sitzt man auch in den anderen Fischtavernen auf der Betonmole am langen Kiesstrand.

Mylos tou Tserani, stilvolles Café in einer umgebauten Mühle Nähe Fischerhafen. Exponierte Lage am Meer, nette junge Bedienung, lecker sind die Blätterteigtaschen namens *kalitsoúnia*, gefüllt mit Mizíthrakäse oder Spinat.

• *Sonstiges* Ausflüge mit dem Schiff **Creta Sun** zum Heiligtum der Díktynna in der Bucht von Ménies, zum Strand von Bálos auf der Halbinsel Gramvoúsa und zur Venezianischen Festung auf Ímeri Gramvoúsa. ✆ 6937-970581 (Handy).

Kloster Goniá

Eins der meistbesuchten und bekanntesten Klöster Kretas, hinter Kolimbári unmittelbar an der niedrigen Klippenküste. Sehenswert ist vor allem die große Ikonensammlung im Museum.

Die Ursprünge des Klosters gehen bis ins 9. Jh. zurück. Damals gründeten Eremiten an der Spitze der Halbinsel Rodópou das kleine Kloster Ágios Geórgios, seine Ruinen stehen noch heute (→ oben). Wegen der andauernden Piratenüberfälle verlegte man das Kloster schließlich an die Stelle, wo heute das Kloster Goniá steht. In der ersten Hälfte des 17. Jh. wurde es erbaut. In der Folgezeit war Goniá eins der wichtigsten Zentren im Kampf gegen die türkische Fremdherrschaft. Es wurde von den Türken fünfmal geplündert und zerstört, aber immer wieder aufgebaut. Im griechischen Freiheitskampf war es 1897 dann eins der ersten Klöster, die von der griechischen Armee befreit wurden. Im Zweiten Weltkrieg fungierte das Kloster Goniá als Zentrum des Widerstands gegen die deutsche Besatzungsmacht, wurde 1941 von den deutschen Truppen besetzt und als Lazarett genutzt. Die Mönche wurden zum Tod verurteilt, aber noch im gleichen Jahr begnadigt. Nach dem Krieg erklärte sich der Klosterabt dazu bereit, die Gebeine gefallener deutscher Soldaten so lange aufzubewahren, bis sie 1965 auf dem Soldatenfriedhof von Máleme endgültig beigesetzt werden konnten. Wichtigster Feiertag des Klosters ist der 15. August, an dem die *Theotókos-Odigítria* (Gottesmutter-Führerin) verehrt wird, der das Kloster geweiht ist.

Öffnungszeiten/Preise Mo–Fr 8–12.30 Uhr, 16–20 Uhr, Sa 16–20 Uhr (Winter 15.30–17.30 Uhr). Kein Einlass mit Shorts. Ein deutschsprachiger **Prospekt** liegt am Eingang der Kirche aus, eine kleine Spende wird erwartet. Das Museum kostet ca. 2 € Eintritt.

Besichtigung: Kloster Goniá ist von außen ein schmuckloser, quadratischer Bau mit wehrhaften Mauern. Vor dem Eingang steht ein gemauerter *Brunnen* von 1708, am Hang oberhalb davon die *Friedhofskirche*, die anfangs die eigentliche Klosterkirche war. Man betritt zunächst den schmucken, gepflasterten Innenhof mit Weinstöcken, Zitronenbäumen und Araukarien. In der Mitte steht die hübsche, kleine Kirche mit byzantinischer Kuppel, Glockenturm und einer dreigeteilten Apsis (Dreikonchenkirche). Im weihrauchduftenden Inneren prangt eine prächtige *Ikonostásis* (Altarwand), deren Bildwerke hauptsächlich vom berühmten Mönch und Ikonenmaler Parthenios aus dem 17. Jh. stammen. Weitere Ikonen hängen an den Längswänden. Zweifellos am beeindruckendsten ist das farbenprächtige Gemälde an der linken Wand, das das *Jüngste Gericht* darstellt: Jesus mit Waage in der Bildmitte, Tausende von Menschlein braten in der Hölle, darunter auffallend viele mit Kronen auf dem Kopf, schwarze Teufelchen mit Spießen holen sich ihre Opfer, ein Feuer speiender Drache verbrennt die Sünder mit seinem Glutstrom – im Himmel sitzen die Heiligen und gucken zu.

Seitlich der Kirche liegt das *Klostermuseum* mit liturgischen Schriften, Priestergewändern, vor allem aber einer großen Anzahl wertvoller nachbyzantinischer Ikonen. Die meisten stammen von Konstantinos Paleokapas und dem Mönch Parthenios (beide 17. Jh.), es sind aber auch einige wesentlich ältere dabei. Bemerkenswert das vielfigurige Menschengewimmel der „Geschichte des Josef", außerdem „Christi Kreuzigung", „Die immerblühende Rose", „Der heilige Nikolaos", „Johannes der Eremit" u. v. a. Alle Ikonen sind deutsch beschriftet.

Hinter der Kirche liegt eine Terrasse, von der eine Stützmauer steil zum Meer abfällt. In der Rückwand steckt seit dem 14. Juni 1867 die Kanonenkugel eines türkischen Kriegsschiffs, weitere sind auf dem Geländer der Brüstung platziert.

▸ **Orthodoxe Akademie**: Die moderne, mit Mitteln der Kirche und der EU erbaute Akademie liegt ein Stückchen nördlich vom Kloster. Sie wurde 1965 von Bischof *Irinäos*, dem Metropoliten des Bezirks Kíssamos, gegründet, der auch heute im hohen Alter noch sehr aktiv seine Gemeinden besucht (→ Kasten). Für den Aufbau wurden auch Gelder aus Deutschland verwendet, wohin Direktor Dr. Alexandros Papaderos, seines Zeichens Theologe, Philosoph und Soziologe, seit seiner Studienzeit gute Verbindungen hat. In der griechischen Orthodoxie ist die Kretische Akademie einzigartig, denn ihr erklärtes Anliegen ist es, in einen umfassenden Dialog mit der Welt zu treten, und zwar keineswegs nur in geistlichen Angelegenheiten. So finden internationale ökumenische Tagungen statt, aber auch Mediziner, Naturwissenschaftler und Sportler kommen hier zusammen, es werden Weiterbildungskurse für die Bevölkerung angeboten, die Akademie setzt sich außerdem für die landwirtschaftliche Fortentwicklung Kretas, für Ökologie und Denkmalpflege ein, ist auch selber Initiator vieler weltlicher Projekte.

• *Öffnungszeiten* Informationsbüro Mo–Fr 9–13, 16.30–20 Uhr, ✆ 28240-22245, 📠 22060.
• *Übernachten* Wenn keine Tagungen und Kurse laufen, werden ernsthaft interessierte Touristen in der Akademie nach vorheriger Anmeldung gerne aufgenommen.

Sozialreformer und Modernisierer: Irinäos, Bischof von Kíssamos

Der heute über 90-jährige Irinäos (geb. 1911) ist eine der bedeutendsten Persönlichkeiten der kretisch-orthodoxen Kirche. Seine entschiedene Forderung nach sozialer Gerechtigkeit hatte ihn schon im Zweiten Weltkrieg den deutschen Besatzern als „Kommunist" verdächtig gemacht, er wurde zum Tode verurteilt und entging seiner Hinrichtung nur knapp. Trotzdem studierte er später in Deutschland. 1958 wurde er Bischof der Diözese Kíssamos, doch die griechische Militärdiktatur (1967–74) wollte den unbequemen Kirchenmann loswerden. Auf Druck der Junta berief ihn 1972 das Patriarchat von Konstantinopel zum Metropoliten von Deutschland mit Sitz in Bonn. 1979 war die Stelle des Bischofs von Kíssamos vakant. Die Synode von Kreta betraute damals einen Kandidaten mit dem Amt, der nicht aus der Gegend stammte. Doch die Gemeinde spielte nicht mit: Überall wurde die Forderung nach „Bischof Irinäos" laut, Kirchentüren wurden versperrt mit der Aufschrift „Wir wollen Irinäos" und ganz besonders Eifrige entführten den Überraschten sogar, als er gerade Urlaub in Kíssamos machte. Die Bischofssynode und das Patriarchat gaben nach, unter dem Jubel der Bevölkerung wurde Irinäos 1980 zum Metropoliten der Bezirke Kíssamos und Sélinos bestellt.

In seiner langen Amtsperiode hat er viel erreicht. Obwohl die Diözese sehr arm ist, gibt es kaum Arbeitslosigkeit, in den Dörfern hat er überall den Bau von Schulen und Ausbildungsstätten für Handwerker vorangetrieben, er ließ Altersheime und die einzige Schule Kretas für Sprech- und Hörbehinderte bauen, initiierte außerdem die Zucht von Ölbäumen, die wie Sträucher wachsen und stehend abgeerntet werden können und kultivierte einen bislang öden und unfruchtbaren Küstenstreifen. Als Antwort auf die skrupellose Schifffahrtspolitik der Reeder von Piräus, die im Jahre 1966 in einem schrecklichen Schiffsunglück kumulierte (→ Chaniá, S. 584), gründete er mit den Geldern seiner Gemeindemitglieder die kretische Schifffahrtsgesellschaft ANEK, an der noch heute Tausenden von kretischen Kleinaktionären Anteil haben. Und er hat die Orthodoxe Akademie bei Kolimbári geschaffen (→ oben), wo die Orthodoxie in einen Dialog mit der heutigen Welt treten will. Christen aus Ost und West treffen sich hier alljährlich zum Gedankenaustausch. Eine solche Institution ist in der Orthodoxie etwas sehr Ungewöhnliches.

Von Kolimbári nach Episkopí

▸ **Spiliá**: Etwa 4 km südlich von Kolimbári liegt inmitten von ausgedehnten Olivenhainen das ländliche Spiliá, das seinen Namen der Höhle des *Ioánnis Xénos* (Johannes der Eremit) verdankt – jenes Einsiedlers, der auf der Akrotíri-Halbinsel von einem Bauern erschossen wurde, der ihn für ein wildes Tier hielt (→ S. 600). Die Höhle liegt etwas oberhalb vom Dorf, der Weg ist beschildert (ca. 20 Min.), ins hallenartige Höhleninnere ist eine Kapelle hineingebaut. Wie auf Akrotíri wird auch hier am 7. Oktober der Todestag des Heiligen gefeiert. Südlich vom Ort steht zwischen schattigen Pinien außerdem die kleine Kapelle der *Panagía Nerianá* mit Fresken des 14. Jh.

Spiliá ist ein Zentrum des Olivenanbaus, am Ortseingang arbeitet eine der modernsten Ölfabriken der Region (Erntebeginn Ende November).

• *Übernachten* **Spilia Village**, restaurierte Ölmühle (1880–1978), die 2002 zu einem komfortablen „Traditional Hotel" im kretischen Landhausstil umgebaut wurde. Es besteht aus sechs Natursteingebäuden, die miteinander verbunden sind, mit 19 Wohneinheiten, zusätzlich gibt es 10 Wohneinheiten unterhalb vom Poolbereich. Zur schönen Anlage gehört die Taverne „Chalara", die hausgemachte kretische Spezialitäten anbietet. DZ mit Frühstück ca. 50–80 €. Zu buchen über Attika und TUI. Auto notwendig. ✆ 28240-83300, 📠 83333, www.spiliavillage.gr

▶ **Episkopí**: Etwa 6 km weiter südlich von Spiliá steht in einem vegetationsreichen Tal außerhalb des früheren Bischofssitzes Episkopí die auch für Laien interessante Kirche *Michaíl Archángelos* (Erzengel Michael), die wahrscheinlich aus dem 10. Jh. stammt. Sie besitzt eine auf Kreta einzigartige Kuppel mit fünf treppenartigen Abstufungen (Rotunde) und steht auf den Fundamenten einer frühchristlichen Basilika. Vom Vorgängerbau sind noch Reste des Mosaikbodens erhalten. Angebaut sind Klosterbauten aus venezianischer Zeit. Archäologen haben begonnen, im Umkreis Gräber freizulegen, wahrscheinlich aus frühchristlicher Zeit. Leider ist die Kirche, wenn überhaupt, nur in der Hochsaison geöffnet.

Halbinsel Rodópou

Bergig, schroff und abweisend – so wirkt die Halbinsel von außen. Doch im südlichen Teil breitet sich ein Meer von Olivenbäumen aus, der Hauptort Rodopós lebt sogar von seinen üppigen Weinfeldern. Der einsame Norden ist dagegen wild, felsig und fast völlig unerschlossen.

Eine Asphaltstraße führt von Kolimbári nach *Afráta* und weiter über die zwei winzigen Nester *Astrátigos* und *Áspra Nerá* bis zum Hauptort *Rodopós*, der auch auf einer Stichstraße ab Old und New Road zu erreichen ist. Eine weitere Asphaltstraße führt nach *Ravdoúcha* hoch über der Westküste. Der Rest der Halbinsel ist unbesiedelt und nur über Pfade und schlechte Schotterwege begehbar. Ein reizvolles Wanderziel ist die Kirche *Ágios Ioánnis* (→ unten), mit dem Fahrzeug oder per Ausflugsboot kann man die Bucht *Ménies* mit dem antiken Heiligtum der Nymphe *Díktynna* erreichen. Vor allem im Norden um *Kap Spátha*, den nördlichsten Punkt Kretas, nisten und rasten (auf ihrem Weg nach Afrika) bis zu 47 seltene Vogelarten, darunter der im ganzen Mittelmeerraum vom Aussterben bedrohte Eleonorenfalke.

▶ **Afráta**: Ein Stopp lohnt im Kafenion am Dorfplatz, dessen Interieur sich seit der Eröffnung vor Dekaden von Jahren kaum verändert hat. Herrlicher Blick aufs Meer. Die kleine, von Felsen eingefasste Kiesbucht unterhalb bleibt auch im Hochsommer vom Tourismus so gut wie unberührt, meist kann man hier ganz alleine baden. Man erreicht sie, wenn man von Kolimbári kommend, die am Dorfplatz abgehende Asphaltpiste steil nach unten nimmt. Unterwegs passiert man eine alte Felsenkirche.

▶ **Ravdoúcha**: kleines Dorf an der Westseite der Halbinsel, etwa 100 m über dem Meer. Von der Küste kommend, liegt am Ortseingang gegenüber der neuen Kirche der Friedhof mit Beinhaus. Eine Serpentinenstraße führt vorbei am Kirchlein *Agía Marína* mit Fresken und altem Waschplatz hinunter zum Meer und teilt sich dort – rechts geht es zu einigen Tavernen und dem kleinen Hafen, links steil hinunter zur einsamen kleinen Taverne/Pension „Wrachos to kyma" direkt an einer malerisch-bizarren Kies- und Felsenbucht.

• *Übernachten/Essen & Trinken* **Wrachos sto kyma** („Waves to the Rocks"), von netten, jungen Leuten geführt, im ersten Stock drei Zimmer mit Klimaanlage, Kühlschrank und Kochplatten, wunderbar ruhig. Gutes Essen an schattigen Tischen neben dem Haus, schöner Blick, preislich sehr korrekt, steinige Bademöglichkeit 50 m entfernt. An Sonntagen kommen auch viele Einheimische. ✆ 28240-23133.

▸ **Rodopós**: hübsches Örtchen, flach zwischen die Hänge gebettet, viel Weinanbau. An der großen Platia findet man mehrere Kafenia und Tavernen. Ausgangspunkt für die Wanderung nach Ágios Ioánnis.

Wanderung von Rodopós zur Kirche Ágios Ioánnis

Schöne, jedoch anstrengende Strecke mit herrlichen Ausblicken über die Halbinsel. Für Nicht-Schwindelfreie ungeeignet, Wanderschuhe sind obligatorisch. Am 29. August findet bei der Kirche eins der größten religiösen Feste Westkretas statt (→ Kasten).

• *Dauer* ca. 5,5 bis 6 Std.

• *Wegbeschreibung* Vom Dorfplatz in **Rodopós** geht man in nördlicher Richtung auf der Asphaltstraße, an einer blau-weiß gestrichenen Kirche vorbei, bis zum Ortsende. In einer Linkskurve (hier endet der Asphalt) geht es einen Abkürzungspfad rechts aufwärts zur **Schotterpiste**, der man jetzt leicht aufwärts folgt. Nach ca. 50 Min. führt die Piste zwischen zwei Betonpfeilern hindurch, von denen der rechte umgestürzt ist. Immer dem Hauptweg folgend, passiert man nach weiteren 40 Min. etwa 10 m links neben der Straße eine **Zisterne**, nach weiteren 20 Min. erreicht man erneut eine **Zisterne** mit zwei Deckeln und einem Wegweiser „Prós Ágios Ioánnis „. Hier biegt man nach links auf einen Schotterweg ab, der, vorbei an einem Stall, nach ca. 10 Min. zu einem Pass führt. Bei einem hellblauen **Gebetsstock** (proskinitírio) auf einer Mauer hat man einen schönen Blick auf die Kirche Ágios Ioánnis, die Bucht von Kíssamos und zur Halbinsel Gramvoúsa. Von hier beginnt der ca. 45 Min. lange **Abstieg** auf schmalem, gut sichtbaren Pfad zur Kirche.

Man verlässt die Kirche auf dem **Schotterweg**, an einem Schafspferch vorbei, in südlicher Richtung. Hinter der Schlucht mit der weit unterhalb des Fahrwegs liegenden Kirche **Ágios Pávlos** endet der Weg nach einer scharfen Spitzkehre. Im Scheitelpunkt – mit großem Steinmann markiert – beginnt ein schmaler **Pfad**, der oberhalb der Westküste der Halbinsel leicht ansteigend nach Süden verläuft. Markierung: rote Punkte und Steinmännchen. Später verändert der Pfad seine Richtung landeinwärts und nach Erreichen des Passes trifft man etwas unterhalb auf eine **Schotterstraße**. Bei einer Gabelung umgeht man einen Weinberg und sieht bald darauf die ersten Häuser von **Rodopós**. Oberhalb vom Sportplatz geht rechts ein Pfad abwärts bis zu einem Fahrweg, der direkt ins Dorf führt.

Der Tod Johannes des Täufers

Am 29. August findet auf der Halbinsel Rodópou das größte religiöse Fest der Diözese statt. In einer einen Tag und eine Nacht währenden Askese wird der Enthauptung Johannes des Täufers gedacht. Dieser Heilige, der als Eremit am Jordan lebte, gilt in der griechisch-orthodoxen Kirche als erster Mönch und ist Vorbild für alle Gläubigen. Mindestens einmal im Leben soll jeder dem heiligen Johannes seine Aufwartung machen. Tausende brechen jedes Jahr am Morgen des 29. August von Rodopós zu dem beschwerlichen, fast dreistündigen Fußmarsch zur Kapelle *Ágios Ioánnis* in der Nordhälfte der Halbinsel auf, die dem Täufer geweiht ist. Für die Nacht werden Decken mitgenommen, zurück geht es erst wieder am nächsten Tag. Einige rutschen den langen Weg auf den Knien, damit der Heilige ihr Beten erhöre oder weil sie für die Erfüllung einer Bitte danken. Andere bringen dem Täufer meterweise

Kerzen mit, die sie um seine Kapelle herumwickeln. Ungeachtet seines Alters von über neunzig Jahren leitet Bischof Irinäos jedes Jahr die Festlichkeiten. Ágios Ioánnis liegt in einer fruchtbaren Talsenke, die sich zum Meer öffnet, es gibt Wasser und um die Kapelle wachsen Schatten spendende Eukalyptusbäume. Im Inneren hängt als Mittelpunkt der Verehrung eine Johannes-Ikone. Nach dem gemeinsam eingenommenen Mittagsmahl tauft Bischof Irinäos Dutzende von Neugeborenen im Marmorbecken vor der Kapelle. Danach weiht er Brot, Wein und Öl, dazu gibt es salzige Fische in Erinnerung an die Brotvermehrung Christi. Messen und Gebete schließen sich an.

▸ **Heiligtum der Díktynna**: Die schöne, tief eingeschnittene und meist traumhaft ruhige Sandbucht *Ménies* liegt fast gänzlich unberührt am äußersten Ende der Rodópou-Halbinsel. Die gut 15 km lange Zufahrtspiste ab Rodopós ist schlecht und steinig, jedoch befahrbar. In der kargen und menschenleeren Landschaft, in der nur dornige Phrygana und duftende Kräuter wachsen, ist man allerdings völlig auf sich allein gestellt. Etwa 2 km, bevor man die Bucht erreicht, kann man auf einer rechts abzweigenden Piste nach etwa 500 m die Ruinen des ehemaligen Kloster *Ágios Geórgios* finden, einst Keimzelle des Klosters Goniá.

Auf dem Hügel am Südrand der Bucht stehen auf den Grundmauern eines dorischen Heiligtums aus dem 7. Jh. v. Chr. die Reste eines Tempels aus römischer Zeit. Es handelt sich bei dieser Terrassenanlage um das Hauptheiligtum der Nymphe *Díktynna*, der Vorgängerin der Jagdgöttin Artemis Vritomartis, die hauptsächlich im Westen Kretas verehrt wurde. Angeblich soll sie sich hier ins Meer gestürzt haben, um den lüsternen Nachstellungen des Minos zu entgehen. Weitere antike Ruinen sind im Strandbereich erhalten, z. B. ein großes Gebäude am Nordrand der Bucht.

Im Sommer werden ab Chaniá und Kolimbári Schiffsfahrten nach Ménies angeboten. Einer der Anbieter ist „Creta Sun", ✆ 6937-970581 (Handy).

▸ **Akrotíri Spátha**: Die äußerste Nordspitze der Halbinsel Rodópou ist der nördlichste Punkt Kretas, landschaftlich außerordentlich wild und reizvoll. Sie ist auf einer schlechten Piste zu erreichen, die etwa 3 km vor der Bucht Ménies vom Fahrweg nach Norden abzweigt. Am Kap steht noch der *Germanikó Paratiritírio*, ein Wachturm aus Beton, von dem aus die deutschen Soldaten während der Besetzung Kretas die Schiffsbewegungen kontrollierten. Erhalten sind auch noch die Unterstände und Höhlen, in denen das Wachpersonal Schutz vor Bombenangriffen suchte. Der Blick reicht im Westen hinüber bis zur Halbinsel Gramvoúsa und der vorgelagerten Insel Ágria Gramvoúsa, im Osten sieht man die Halbinsel Akrotíri.

Von Kolimbári nach Kíssamos

Bei etwas Zeit und Muße sollte man die *Old Road* nehmen, die als Serpentinenstrecke über die Ausläufer der Rodópou-Halbinsel führt. Die Berg- und Hügellandschaft ist mit Olivenbäumen gesprenkelt, kleine, weiße Nester liegen verstreut. Bei der Abfahrt hat man immer wieder großartige Panoramablicke auf den ganzen Golf von Kíssamos bis hinüber zur lang gestreckten Halbinsel Gramvoúsa. Wer schnell vorwärtskommen will, kann landeinwärts von Kolimbári auf die *New Road* abzweigen, die als komfortable Schnellstraße mittlerweile bis Kíssamos fertig gestellt ist. Die antike Stadt *Mithímna*, auf die man beim Bau stieß, hat man zwar elegant umrundet, doch eine Ausgrabung lässt auf sich warten.

▸ **Nochiá**: kleines Örtchen an der Old Road, die große Töpferwerkstatt „Gaia" (✆ 28240-91503, ℻ 91664) hat ihren Workshop in der Ortsmitte. Die Stilrichtung der Keramiken ist schlicht und zweckbetont, gleichzeitig wirken die Stücke aber liebevoll geformt.

Golf von Kíssamos

Traumhafte Lage zwischen den beiden langen Fingern der Halbinseln Ródopou und Gramvoúsa. Außer der kleinen Stadt Kíssamos bisher sehr ländlich und ruhig, langer Kiesstrand.

Man lebt von Olivenbäumen und Landwirtschaft. Tourismus spielt noch nicht die Hauptrolle. Die beiden Zeltplätze wenige Kilometer östlich von Kíssamos (→ unten) gehören für Camper zu den besten Anlaufpunkten an der Nordküste Kretas. Zudem eignet sich die Region hervorragend für -Ausflüge an die unberührte Westküste. Der Strand am Golf ist eine recht durchwachsene Mischung aus Sand und Kies, auch Angeschwemmtes wie Wurzeln, Tang und Teer sieht man. Dafür ist er kilometerlang und auch in der Hochsaison weitgehend einsam – und im Wasser besteht der Boden an vielen Stellen aus Sand (z. B. beim Hotel Galini Beach, S. 621). Bei Camping Mithimna hat man die Steine weggeräumt und Sand aufgeschüttet. Eine schöne Sandbucht liegt außerdem im westlichen Ortsbereich von Kíssamos.

Kíssamos (auch: Kastélli Kissamou)

Kleine Provinzstadt, überschaubar, wenig Rummel. Zu sehen gibt es nicht viel, aber die Stadt hat sich ihren kretischen Charakter bewahrt. Kíssamos ist ein ideales Standquartier für Fahrten auf die Halbinsel Gramvoúsa, zum langen Sandstrand von Falássarna und für Ausflüge zum Strand von Elafonísi im Südwesten Kretas.

Das Zentrum bildet die große, freie Platia Eleftheriou Venizelou, an deren Oberkante sich eine weiße Kapelle, ein abends bunt beleuchteter Springbrunnen und einige Cafés befinden, deren Stühle auf der Platia stehen. Dort verläuft auch die Hauptgeschäftsstraße mit Läden aller Art, Reisebüros, Banken und Kafenia. Vom Platz führt eine Stichstraße zu einer großzügigen Uferpromenade hinunter, in deren Osthälfte ein langer Kiesstrand beginnt, westlich der Promenade erstreckt sich die halbrund geschwungene Sandbucht *Mávro Mólos* (Schwarzer Kai). Der heutige bildhübsche Fischerhafen liegt einige Kilometer westlich vom Ort, noch 2 km weiter kommt man zum Fähr- und Handelshafen *Kavounisíou*. Hier landen mehrmals wöchentlich die Passagierschiffe vom Peloponnes und bringen etwas Abwechslung in das ruhige Städtchen, das bis vor wenigen Jahren noch „Kastélli" hieß. Der antike Name Kíssamos wurde offiziell eingeführt, um Verwechslungen mit Kastelli bei Iráklion zu vermeiden.

In der Antike diente Kíssamos der dorischen Stadt *Polirrinía* (→ S. 626) als Hafen, das Hafenbecken lag an der Stelle des heutigen Sandstrandes Mávro Mólos. Es heißt, dass Agamemnon mit seinen Soldaten nach dem Trojanischen Krieg durch einen Sturm nach Kreta verschlagen wurde und hier an Land gegangen sein soll. Die Stadt war damals recht groß und wohlhabend, prägte sogar eigene Münzen. Vor allem aus römischer Zeit, als sie am größten war, hat man im Stadtgebiet zahlreiche Funde gemacht, u. a. mehrere Bäder, Häuser mit Mosaiken, einen Friedhof und eine Zisterne. Sogar ein großes Theater soll hier gestanden haben. In byzantinischer Zeit war Kíssamos Bischofssitz, wegen der Piratengefahr wurde der aber nach Episkopí verlegt (→ S. 616). Später erbauten die Venezianer ein Kastell, von dem noch einige Mauern erhalten sind. Ein neues archäologisches Museum an der zentralen Platia soll demnächst Funde aus allen Epochen ausstellen.

Anfahrt/Verbindungen

• *Schiff* Die **Schiffsverbindungen** von und nach Kíssamos sind interessant für die An- oder Abreise von Kreta. 1–2 x wöch. fährt ANEN Lines, eine Tochtergesellschaft von ANEK, mit ihrem Schiff „Mirtidiotissa" über Antikythira und Kythíra nach **Gýthion** am Peloponnes und z. T. weiter nach Piräus (ebenso in umgekehrter Richtung. Preise: von und nach Gýthion pro Pers. ca. 20 €, Auto 60–95 €. Fahrkarten gibt es bei **Emmanoulis Ksirouxakis** in der Papagiannaki Str., ✆ 28220-22655, E-Mail: exirouxa@otenet.gr; Hauptsitz von ANEN: Piräus, Leocharous Str. 1/Akti Possidonos 32, ✆ 210-4197430, www.anen.gr; Niederlassung in Chaniá: N. Plastira/Apokoronou Str. 4, ✆/℻ 28210-28200.

• *Bus* Die Busstation mit Kartenverkauf liegt an der großen Platia direkt im Zentrum. Etwa 14 x täglich nach **Chaniá**, 6 x nach **Paleochóra** (mit Umsteigen und Wartezeit in Tavronítis), 4 x nach **Plátanos**, 3 x nach **Falássarna**, **Sfinári**, **Kámbos** (Westküste), **Polirrinía** und **Omalós**, außerdem

1 x zum **Kloster Chrisoskalítissa** und zum Strand von **Elafonísi**.

Die tägliche Fahrt mit KTEL-Bussen zur **Samariá-Schlucht** kostet ab Kíssamos ca. 13 €, zuzügl. 5,40 € für die Bootsfahrt Agía Rouméli-Chóra Sfakíon. Mit anderen Veranstaltern etwas teurer.

• *Taxi* ebenfalls am **Hauptplatz** bei der Kapelle, ✆ 28220-22069.

Ausflug nach Gramvoúsa

In der Hauptsaison werden bei gutem Wetter und genügend Nachfrage fast täglich (Nebensaison mehrmals wöch.) Bootsausflüge zur Festung auf *Ímeri Gramvoúsa* und zur gegenüberliegenden „Piratenbucht" auf der Halbinsel *Gramvoúsa* veranstaltet. Abfahrt ist im Fährhafen von Kíssamos, Kostenpunkt ca. 20 €, Kinder von 5–12 Jahre 10 €. Anbieter ist die „Gramvousa-Balos Maritime Company" mit ihren komfortablen Schiffen „Gramvousa Express" und „Balos Express". Bei der Umrundung des Kaps Voúxa an der Nordspitze der Halbinsel Gramvoúsa ist die See oft sehr rau, eine gewisse Seefestigkeit sollte man mitbringen. Reizvoll ist die Landung am Lagunenstrand, denn man wird ausgebootet. Abfahrt ca. 11.30, Rückkehr 17.30 Uhr. ✆/℻ 28220-24344, E-Mail: gramvousa@in.gr

Adressen

• *Auto-/Zweiradverleih* **Moto Fun (11)**, am Hauptplatz, unterhalb der Kapelle. Motorräder, Scooter und Fahrräder, letztere für 5–7 € pro Tag. ✆ 28220-23440, www.motofun.info

Kissamos, Autoverleih am Hauptplatz. ✆ 28220-23740, ℻ 23460, www.kissamosrentacar.com

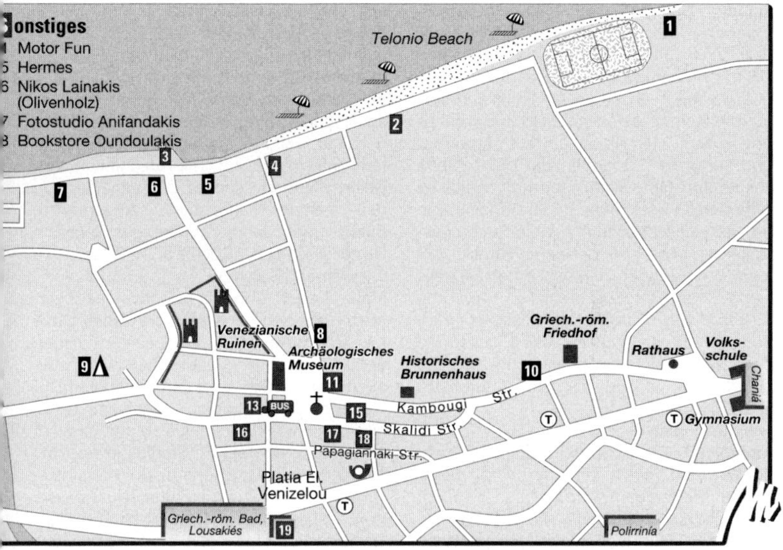

Hermes (15), Skalidi Str., Autovermietung wenige Meter von der Platia. ✆ 28220-23678, ℻ 22980, www.hermesrentacar.net

• *Feste* großes **Weinfest** an den ersten zwei Augusttagen, zur selben Zeit wird die Vertreibung der Türken aus dem **Kastell Gramvoúsa** im Jahr 1825 gefeiert.

• *Geld* **Emporiki Trapeza**, mit Geldautomat, neben Reisebüro Choreftakis, an der Hauptstraße im Zentrum.

• *Internet* im **Babel Café** und am **Camping Kissamos**, örtliche Website ist www.kissamos.net

• *Post* an der Durchgangsstraße, die Kíssamos oberhalb vom Zentrum durchquert.

• *Shopping* **Fotografias Anifandakis (17)**, Skalidi Str., wenige Schritte östlich der zentralen Platia. Georgios Anifandakis hat zahlreiche Fotos von der Region gemacht und verkauft sie in seinem Laden.

Bookstore Ountoulakis (18), ein paar Schritte weiter, Literatur zu Kreta und internationale Presse.

Nikos Lainakis (16), an der Straße westlich der Platia, schöne Schnitzereien aus Olivenholz, darunter auch tolle Tische und Stühle zu günstigen Preisen (werden auch nach Deutschland verschickt). Netter Familienbetrieb. Bei echtem Interesse darf man vielleicht auch die Werkstatt beim Hafen besichtigen. ✆ 28220-22327, ℻ 23473, www.olivewoodproducts.gr

Inka, großer Supermarkt in der Nähe von Camping Kissamos, umfangreiches Sortiment zu korrekten Preisen.

• *Wandern* **Strata Tours**, Stelios Milonakis und seine englische Frau Angela organisieren Wandertouren im Umkreis von Kíssamos. ✆/℻ 28220-24336, www.stratatours.com

Übernachten

Zahlreiche Unterkünften bieten sehr guten Standard und werden freundlich geführt. Auch im Hochsommer ist hier kaum jemals alles ausgebucht.

Galini Beach (1), geräumiges Haus etwas östlich vom Ort, direkt am langen Kies-/Sandstrand (im Wasser Sandboden), auch in der Hochsaison meist noch Kapazitäten frei. 2002 grundlegend renoviert und modernisiert. 25 sehr ordentlich und stilsicher eingerichtete Zimmer mit Balkon, Kühlschrank und Aircondition/Heizung, zwei davon mit Küche, tägliche Reinigung. Seit vielen Jahren geführt von den freundlichen Brüder Manolis und Jacobos. Hervorzuheben das ausgezeichnete Frühstück mit Eiern vom eigenem Bauernhof und Brot vom holzbefeuerten Ofen. Abendessen auf Anfrage, dazu Wein und Rakí aus eigenem Anbau. DZ mit Frühstück je nach Saison und Aufenthaltsdauer ab ca. 38 €, aktuelle Preise auf der Homepage, nach Rabattmöglichkeiten fragen. Manolis ist ein aufmerksamer und sensibler Gastgeber, der gerne Tipps zur Region gibt. Seine Frau Katy weiht interessierte Gäste gerne in die Geheimnisse der kretischen Küche ein. Viele Stammgäste kehren immer wieder gerne zurück. Hinweis: seit einigen Jahren richtet Manolis keine Hochzeitsfeiern mehr aus. Am Ortseingang von Kíssamos beschildert, vom Zentrum ca. 15 Min. zu Fuß (Stichstraße zum Wasser hinunter, dann rechts die Uferpromenade entlang bis zum Sportplatz). ✆ 28220-23288, 📠 23388, www.galinibeach.com

Mandy (5), D-Kat., vom Hauptplatz Stichstraße zum Meer hinunter und gleich rechts. Modernes Apartmenthaus, gepflegt und stilvoll, für kretische Verhältnisse gute Qualität. Die geräumigen Zweizimmer-Wohnungen sind mit rustikalem Mobiliar ausgestattet, besitzen Küchenzeile mit Kühlschrank und Herd, dazu gut instand gehaltene Bäder. Aufmerksam geführt von Soula Varouchakis. Apt. mit Wohn-/Schlafzimmer, Balkon und Bad ca. 30–45 €. ✆ 28220-22825, 📠 22830, www.kissamos.net/mandysuites.html

Stavroula Palace (7), C-Kat., die Stichstraße zum Meer hinunter und links. Schönes Apartmenthotel mit Pool, gehört den Besitzern des Mandy und wird von Soulas Töchtern Stavroula und Mandy geführt. Obwohl auch pauschal zu buchen, keine „Touristenhotel"-Atmosphäre. Studios und Apartments jeweils mit TV. Apt. ca. 40–60 €. Pauschal über Neckermann und Kreutzer. ✆ 28220-22315, 📠 22830.

Argo (6), freundlich geführtes, sauberes Hotel, schräg gegenüber der Taverne Papadakis, die zum Hotel gehört. Große Zimmer mit Meerblick, Balkon und Kühlschrank. DZ ca. 25–35 €. ✆/📠 28220-23563, www.papadaki.biz

Mirtilos (8), neue, gepflegte Anlage unterhalb vom Hauptplatz, 35 Studios und Apartments, Garten mit Pool mit Poolbar, z. T. von polnischen Reiseveranstaltern belegt. Apt. ca. 30–45 €. ✆/📠 28220-23079, www.mirtilos.com

Bikakis (10), vom Hauptplatz die Kambougi Str. 300 m nach Osten. Von außen eher unscheinbare Stadtpension, 15 Zimmer mit Bad, Kühlschrank und Ventilator, außerdem fünf Apartments, z. T. mit Aircondition. Von vielen Räumen schöner Blick auf die von den beiden Landzungen eingegrenzte Bucht. Sohn Jannis spricht gut Englisch. DZ ca. 22–35 €. ✆ 28220-24257, 📠 22105, www.familybikakis.gr

Maria Beach (12), Familie Kastanaki vermieten 16 Zwei- und Mehrbettzimmer (die meisten mit eigenem Bad, einige mit Etagendusche) sowie sieben Studios in insgesamt drei Häusern direkt am Sandstrand im westlichen Ortsbereich. Das architektonisch reizvolle Studiohaus wurde erst im Jahr 2000 fertig gestellt, Studios jeweils mit TV. Familiäre Atmosphäre, im Haupthaus zum Strand hin große Frühstücksterrasse. Vom Hauptplatz ca. 10 Min. zu Fuß (zum Campingplatz und noch ein kleines Stück weiter). DZ ca. 35–43 €, Studio ca. 40–50 €. ✆ 28220-22610, 📠 23626, www.mariabeach.gr

Elena Beach, B-Kat., 1,5 km westlich von Kíssamos, größeres, aber gemütliches Hotel mit 40 Zimmern, ruhige Lage am Westende vom geschwungenen Sandstrand, viele Zimmer mit Meerblick. Restaurant, „Beach Bar", am Strand Liegestühle/Sonnenschirme, 100 m entfernt gibt es Surfbretter, Tretboote und Kanus zu leihen. DZ mit Frühstück ca. 30–50 €, auch über Reiseveranstalter. ✆ 28220-23300, 📠 23304.

Unterkünfte in der Umgebung siehe S. 625.

• *Camping* **Kissamos (9)**, kleiner Platz mitten in der Stadt, nicht sonderlich malerisch gelegen, Öltanks für Kraftwerk benachbart, aber nur 5 Min. zum Sandstrand. Insgesamt hübsch gestaltet: Rasenplatz mit niedrigen Bäumen und bunten Blumen, großer Swimmingpool, Grillplatz, Bar, Selbstkocherküche mit Kühltruhe. Auch Zimmervermietung. ✆ 28220-23444, 📠 23464.

Zwei weitere Campingplätze liegen wenige Kilometer östlich direkt am Strand. Details siehe Kíssamos/Umgebung.

Essen & Trinken (siehe Karte S. 620/621)

Papadakis (3), das älteste Lokal an der Promenade, zentrale Lage direkt am Meer. Traditionelle Küche, sehr freundliche Bedienung, nicht teuer. Man wird auch in die Küche gebeten, um auszuwählen, zum Nachtisch gibt es oft eine kleine, süße Spezialität als Dank des Hauses.

Dionysos (4), an der Promenade neu eröff-

Blick vom Hotel Galini Beach auf den langen Strand von Kíssamos

net, gleich dahinter hat der größte Fischhändler der Region seinen Sitz, deshalb gibt es hier stets frischen Fisch.

Korakas (2), gemütliches Bruchsteinhaus, ganz ruhig am Kiesstrand, draußen ein paar Tische unter Tamarisken. Die nette Wirtin Katerina bereitet sehr leckere Hausmannskost zu fairen Preisen (Tipp für Kinder sind z. B. die hausgemachten Pommes). Ganzjährig geöffnet.

Romeiko (14), Taverne und Bar direkt am Sandstrand westlich vom Ort, gestyltes Outfit mit etwas südamerikanischem Ambiente. Schöne Atmosphäre auf der überdachten Terrasse und im kleinen Garten davor, ausgezeichnetes Essen zu teilweise etwas höheren Preisen. Auch gut geeignet für größere Gesellschaften. Alexis, der das Restaurant zusammen mit seiner Mutter führt, spricht perfekt Deutsch (www.kissamos.net/romeiko.html).

Castello (13), kleine Grilltaverne im Zentrum, wenige Meter vom Hauptplatz, nette Kiesterrasse, ruhig.

Kissamos, am Meer in Richtung Fischerhafen, 20 m nach Hotel Peli: „Herzliche Atmosphäre, gute typische Gerichte, geführt von Georgios Babounakis und seiner Familie."

• *Außerhalb* **To Gero Tsegkas**, die linke Taverne im Fischerhafen gehört einer alteingesessenen Familie, aus der ein bekannter Musiker stammt. Kürzlich haben die Kinder das Lokal übernommen, seitdem weht ein frischer Wind. Lockere Bedienung, ordentliche Qualität. Man kann schön auf der Terrasse sitzen und die Fischerboote beobachten.

To Akrogiali, bei der großen Seifenfabrik direkt am Strand, 2 km östlich von Kíssamos. Gute Fischgerichte direkt am Meer, große Auswahl zu etwas höheren Preisen.

I Agatho (19), familiär geführte Taverne an der Straße nach Lousakiés, etwa 1 km von der Abzweigung von der Hauptstraße in Kíssamos (langsam fahren, nur kleines Schild). Immer nur drei bis vier Gerichte, aber sehr lecker und preiswert, die *dolmadákia* (gefüllte Weinblätter) sind die besten im ganzen Umkreis. Da Agatho auch einen Bauernhof betreibt, wird abends oft erst etwas später geöffnet.

• *Bars & Cafés* An der breiten Promenade unterhalb vom Ortskern hat sich eine Reihe moderner **Bars** etabliert, die teilweise recht stolze Preise verlangen.

Sehenswertes: gibt es im herkömmlichen Sinn nur wenig in Kíssamos, doch findet man bei einem Stadtbummel einige interessante alte Läden und Werkstätten. Da das antike Kíssamos direkt unter dem heutigen Stadtzentrum lag, sind die Reste

der griechischen, römischen und byzantinischen Hafenstadt großteils überbaut worden. Doch an mehreren freien Stellen hat man mit Ausgrabungen begonnen und bereits einiges entdeckt: im östlichen Ortsbereich an der Kambougi Str. liegt z. B. ein griechisch-römischer *Friedhof* (beschildert) und landeinwärts der Hauptstraße ein griechisch-römisches *Bad* mit Mosaikboden (beschildert). Ganz wunderbar erhalten ist die hier gefundene Darstellung eines Jägers mit seinem Hund, die wohl im neuen Archäologischen Museum zu sehen sein wird. Weitere Ausgrabungen hat man an der Durchgangsstraße zu beiden Seiten des Ortskerns vorgenommen. Es deutet sich an, dass Kíssamos eine durchaus bedeutende Ausgrabungsregion ist, wo noch viele Überraschungen warten könnten. Im großen Gebäude am Hauptplatz wurde für die zahlreichen Funde ein *Archäologisches Museum* eingerichtet, das ab 2006 geöffnet sein soll.
Aus venezianischer Zeit gibt es an der Stichstraße vom Hauptplatz zum Wasser hinunter und neben Camping Kissamos wenige, aber eindrucksvolle Überreste der ehemaligen *venezianischen Stadtmauer*, deren Zinnen z.T. dekorativ ergänzt wurden. In der Kambougi Str., die östlich vom zentralen Platz parallel unterhalb der Hauptstraße verläuft, steht außerdem ein gut erhaltener venezianischer *Brunnen* aus dem Jahr 1520.
Kurz nach dem hübschen Fischerhafen kommt man an der schmucken Kirche *Ágios Ioánnis Pródromos* vorbei. Sie ist pittoresk unter eine überhängende Felswand gebaut, in der Höhle daneben ist mit großen, farbigen Figuren eine Kreuzigung dargestellt. Ein kleiner Tunnel führt unter der Straße hindurch zu einem winzigen Strand.
Einige Kilometer östlich von Kíssamos liegt an der Old Road die Werkstatt eines *Fassmachers*, beschildert mit „Varelopaio". Sofern man mit den Hunden klar kommt, sicher einen Blick wert.

▸ **Kíssamos/Baden**: Im westlichen Ortsbereich liegt der etwa 300 m lange, geschwungene Sandstrand *Mávro Mólos*, von der befestigten Promenade aus ist er auf einer Fußgängerbrücke über einen kanalisierten Bach zu erreichen. Sonnenschirme und Liegestühle kann man bei den Strandtavernen „Plaka Beach" und „Romeiko" sowie bei der Pension „Maria Beach" leihen. Vorsicht jedoch beim Baden, im Wasser gibt es scharfkantige Felsen.
Östlich der Promenade beginnt der lange Kiesstrand *Telónio*, der sich den ganzen Golf entlangzieht. Was man von außen gar nicht bemerkt – im Wasser besteht der Boden zum großen Teil aus Sand, z. B. beim Hotel „Galini Beach" (→ Übernachten).

Kíssamos/Umgebung

Ein Spaziergang am Meer vermittelt die Ländlichkeit der Region. Ziegen und Maulesel weiden zwischen den Feldern und Plantagen, östlich vom Camping Mithimna mündet ein Fluss mit viel Schilf. Das Panorama ist wundervoll: Eingebettet zwischen die beiden langen Halbinseln wiegt sich das tiefblaue Meer mit Schaumkronen. Im Hinterland winken markante Bergzacken. Wer auf einem der beiden Campingplätze unterkommen will, sollte beachten, dass die Busverbindungen nur spärlich sind. Ein eigenes Fahrzeug ist sinnvoll. Jeder Platz hat einen Laden (etwas teurer als normal), Obst und Gemüse kann man im Örtchen Nopígia kaufen.
Entlang der bizarren Küstenlinie an der Westseite der Halbinsel Rodópou könnte man eine reizvolle Wanderung zur Badebucht bei Ravdoúcha (→ S. 616) unternehmen. Das Gelände ist unproblematisch, allerdings sind feste Schuhe und lange Ho-

sen zu empfehlen, denn es geht teilweise durch dornige Phrygana. Wer nicht am selben Tag zurück will, kann in Ravdoúcha in der Pension „Wrachos sto kyma" übernachten, sollte allerdings vorher anrufen.

▶ **Kaloudianá**: Hier beginnt die Inlandsroute zum Sandstrand von Elafonísi. Details → S. 631.

▶ **Drapaniás**: wenige Kilometer östlich von Kíssamos, oberhalb der New Road. An der Durchgangsstraße einige Kafenia, dahinter der alte Ort mit seinen engen Gassen. 1,5 km unterhalb liegt der Campingplatz Mithimna direkt am Strand.

• *Übernachten* **Kissamos Windmills**, vier Windmühlen zwischen New Road und Strand wurden zu originellen Apartments umgebaut. Wirken rein äußerlich mit der weißen Bespannung vielleicht ein wenig kitschig, bieten aber tolles Ambiente und eine gute Unterkunft mit TV, Küche und Schlafgalerie. Zur Anlage gehört ein schöner Pool. Nicht ganz billig, ca. 40–70 €. ✆/℻ 28220-31752, www.anemomyloi.gr

Mouses, moderne Apartments an der Zufahrtspiste zum Campingplatz, ca. 25–40 €. Auskunft an der Campingrezeption.

Thalassa, Apartments an der Uferpiste, etwas östlich von Camping Mithimna. Gut eingerichtet, Pool und Kinderspielgeräte. ✆ 28220-31231.

Camping Mithimna, lohnender Halt etwa 6 km östlich von Kíssamos. Lohnend wegen der tollen Lage zwischen den beiden Halbinseln und der netten, persönlichen Atmosphäre, die hier herrscht. Der aufgeschlossene Manoussos aus Zourva hat die Leitung zusammen mit Michalis (verheiratet mit Sabine aus Deutschland), beide sprechen sehr gut Englisch. Dichte Rasenflächen mit schattigen Stellplätzen unter hohen, weit ausladenden Tamarisken, ein eigener Platzteil ist für Gruppen reserviert. Abends trifft sich alles unter dem Schilfdach der Taverne – Essen meist lecker, Musik vom Band, gelegentlich auch kretisch/griechische Musik live. Kleiner Laden vorhanden, es werden Zweiräder vermietet. Einige Duschen liefern 24 Stunden lang warmes Wasser, der Rest wird solar betrieben. Der Strand vor dem Platz ist z. T. sandig, allerdings weitgehend schattenlos (einige Bäume wurden gepflanzt), eine Dusche ist installiert. Sonnenschirme werden gratis verliehen. Anfahrt: Bus von Chaniá nach Kíssamos bzw. umgekehrt, die beschilderte Haltestelle an der New Road ist nur ca. 300 m vom Platz entfernt (wird aber nicht immer angefahren). Falls der Bus über die Old Road fährt, gibt es von Drapaniás eine beschilderte Zufahrt durch Olivenhaine und Weinplantagen, für Fußgänger auch eine Abkürzung, die bei der Tankstelle etwas östlich der Hauptzufahrt beginnt. Geöffnet April bis Oktober. ✆ 28220-31444, ℻ 31000.

▶ **Nopígia**: ein fast verlassenes Dörfchen direkt am Strand, zum Teil kommen Familien aus Athen, um hier Urlaub zu machen. Es gibt zwei kleine Fischtavernen und einen Obst- und Gemüseladen.

• *Übernachten* **Camping Nopigia**, 7 km östlich von Kíssamos am Strand bei Nopígia, geführt von Giorgos, sehr ruhig. Leicht abfallendes Gelände mit reichlich Schatten durch Eukalyptus und Tamarisken. Sanitäranlagen okay, warme Duschen, günstige Taverne (Familienbetrieb), gut eingerichtete Bar, Laden. Der Strand ist ziemlich steinig, wird aber immer wieder besandet, außerdem gibt es einen schönen und geräumigen Swimmingpool (12 x 25 m). Giorgios und seine Frau sind liebe und freundliche Menschen, die ihre ganze Energie in diese Tätigkeit stecken. Etwas preiswerter als der andere Platz. Anfahrt: Bus von Chaniá nach Kíssamos bzw. umgekehrt hält stündlich an der New Road (Haltestelle Nopígia), man läuft durch den kleinen Ort und erreicht nach einigen hundert Metern den Platz. ✆ 28220-31111.

▶ **Mithímna**: Die antike Stadt Mithímna wurde bei Ausschachtungsarbeiten für die Trasse der New Road entdeckt und ist an der Straßenkreuzung bei Nopígia/Koléni groß beschildert. Die genaue Stelle ist allerdings kaum auszumachen, da bisher Ausgrabungen wegen fehlender Geldmittel nicht stattfinden. Dabei liegen die Überreste teilweise nur 30 cm unter der Erdoberfläche, vieles wurde bereits durch die Traktoren der Bauern zerstört.

Euromediterranean Youth Center

Am Westfuß der Halbinsel Rodópou hat die Orthodoxe Akademie von Kreta (→ Kolimbári) bereits 1990 ein interessantes Projekt begonnen, das seitdem mit Hilfe vieler Freiwilliger nach und nach fertig gestellt wird. Es handelt sich dabei um ein großes Jugendcamp im kretischen Dorfstil mit günstigen Übernachtungsmöglichkeiten in Zelten. Schwerpunkte der Aktivitäten sind Workshops für kreative Tätigkeiten sowie interkulturelle Kommunikation. Zielgruppe sind in erster Linie Kinder von ausgewanderten Kretern, die in der „Diaspora" leben und mit dem kretischen Leben vertraut gemacht werden sollen, aber auch griechische und ausländische Jugendliche. Das angeschlossene Freilufttheater, das schon seit längerem fertig ist, fasst bis zu 1000 Personen. Das Jugenddorf kann auf einer Zufahrt direkt von der New Road erreicht werden. Weitere Infos auf der Website www.oac.edu.gr/artman/publish/article_35.shtml

▸ **Rókka**: Von Koléni nimmt man die Straße nach Kotsianá, biegt dort links ab und erreicht über Falelianá das kleine Örtchen Rókka, dessen wenige Häuser sich an den eigenwillig geformten Plateauberg *Troúli* schmiegen. Auf dem Plateau sind noch Reste einer antiken Akropolis erhalten, ein Fußpfad führt hinauf. Weitere Ruinen sind am Südhang des Bergs zu finden, dort verläuft auch die bis zu 200 m tiefe, aber nur etwa 1 km lange Schlucht von Rókka.

Polirrinía

Die Dorer hatten 6 km landeinwärts von Kíssamos auf einer 320 m hohen Bergspitze oberhalb der heutigen Ortschaft Polirrinía eine größere Stadt errichtet. Kíssamos war der Hafen dieser Siedlung. Viel ist davon heute allerdings nicht mehr auszumachen, die Ruinen liegen weit verstreut: Reste von Zyklopenmauern, Ruinen von Tempeln und Grabkammern sowie die Mauern eines späteren venezianischen Kastells.

Historisch interessant ist, dass Polirrinía (der Name bedeutet etwa „viele Schafe") eine der wenigen Städte Kretas war, die der Eroberung durch die Römer wohlwollend gegenüberstand – dies sicherlich wegen ihrer jahrhundertealten Feindschaft gegenüber dem nahen Kydonia (Chaniá). So bezeichnet eine in Polirrinía gefundene Inschrift den römischen Feldherren Quintus Caecilius Metellus, dem man auch ein Denkmal errichtete, als „Retter und Wohltäter für die Stadt" und Polirrinía erscheint auch nicht auf einer Liste der kretischen Stadtstaaten, die gegen Rom kämpften.

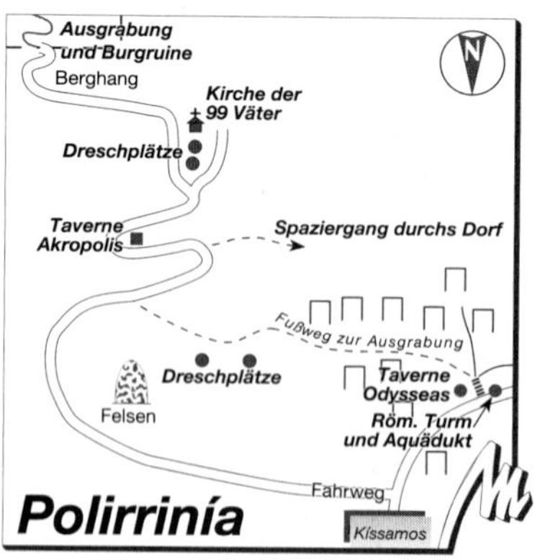

Ein Abstecher nach Polirrinía lohnt in erster Linie wegen des herrlichen Blicks von der exponierten Ausgrabungsstelle auf den gesamten Golf, aber auch wegen des kleinen Spaziergangs durch das heutige verwinkelte Dorf. Die schmalen Wege sind für Fußgänger und Saumtiere ausgelegt, Transportmittel für die meist älteren Bewohner ist noch immer der Esel. Die Häuser – oft in allen Stadien des Verfalls – sind nicht selten mit Steinen antiker Bauten errichtet. Ihr Fahrzeug lassen Sie am besten am Ortseingang stehen. Wenige Meter weiter, am kleinen Platz mit dem Brunnen, sieht man gegenüber der Taverne „Odysseas“ die Ruinen eines *römischen Turms* und einen *Aquädukt*. An der Taverne mit ihrer schönen Aussichtsterrasse führen Stufen vorbei ins Dorf. Hier ein Stück hinauf und bei der nächsten Kreuzung links halten. Zwischen den Häusern hindurch geht es an einigen runden Dreschplätzen vorbei aus dem Ort hinaus, bis man auf einen breiten Fahrweg trifft, der von der Straße heraufkommt. Ihn nimmt man nach rechts. Nach einigen Kurven passiert man die Taverne „Akropolis“ und bald darauf auf einer Art Terrasse die hübsche *Kirche der 99 Väter* (→ S. 657) mit Friedhof, die an der Stelle eines hellenistischen Tempels steht und für deren Bau antike Inschriftenplatten verwendet wurden. Geradeaus sieht man den dornigen Terrassenhang mit den spärlichen Überresten der Stadt und den Überresten eines venezianischen Kastells an der Spitze. Beim Rückweg kann man dann noch ein wenig durchs Dorf schlendern.

• *Anfahrt/Verbindungen* Die beschilderte Straße nach Polirrinía beginnt in Kíssamos an der Durchgangsstraße südlich oberhalb vom Zentrum. Nach wenigen Kilometern passiert man links am Weg über Kíssamos ein modernes Nonnenkloster (→ Kíssamos/ Sehenswertes).
Busse nach Polirrinía fahren von Kíssamos etwa 2 x täglich.

• *Essen & Trinken* **Akropolis**, hübsch in die Landschaft eingefügte Taverne in der Nähe der Kirche der 99 Väter, betrieben von einer jungen Familie, Tochter spricht Englisch, schöner Blick (Sonnenuntergang). Einfache Küche in ausgezeichneter Qualität, wunderbare *bifteki* aus Lamm- und Schweinefleisch mit Minze, hervorragend auch *kalitsoúnia*, mit Ziegenkäse gefüllt und einer Spur Honig übergossen.

Halbinsel Gramvoúsa

Ein unbewohnter, felsiger Sporn, der sich weit nach Norden ins Meer schiebt und im 762 m hohen Geroskínos gipfelt. Nahe der Nordwestspitze am Kap Tigáni liegt der fantastische Lagunenstrand Bálos, dessen seichtes und glasklares Wasser in allen Türkistönen schimmert. Wie die gesamte Westküste leidet die Bucht allerdings unter Ablagerungen von Teerschlamm, die durch die stetigen Westwinde angeschwemmt werden – verursacht durch Öltanker, die auf offener See verbotenerweise ihre Tanks reinigen.

In der Vergangenheit war die Halbinsel belebter als jetzt. Bereits die Dorer hatten im 1. Jh. v. Chr. ein Heiligtum des Apollo an die äußerste Spitze der Halbinsel gesetzt, auch eine Siedlung soll existiert haben. Bei der Schiffsfahrt von Kíssamos zur Lagune von Bálos kommt man an einer großen Höhle namens *Tarsanás* vorbei, die in der Antike als Schiffswerft gedient haben soll. Und auf der nordwestlich vorgelagerten Insel *Ímeri Gramvoúsa* liegen die Ruinen eines großen Kastells der Venezianer, das später von Piraten und kretischen Freiheitskämpfern als Stützpunkt benutzt wurde.

Noch Mitte der 1990er Jahre traf man nur vereinzelte Wanderer und Badegäste in dieser einsamen Ecke. Doch inzwischen verkehren ab Kíssamos große Ausflugsboote, außerdem wurde vom einzigen Ort *Kaliviani*, der zwischen Olivenbäumen am Ostfuß der Halbinsel liegt, eine Fahrpiste immer weiter nach Norden vorangetrieben. Eine der letzten unversehrten Ecken Kretas wurde damit dem Tou-

Die abgelegene Lagune von Bálos

rismus „geopfert". Obwohl der Weg sehr schlecht ist, testen ihn mittlerweile immer mehr mutige Fahrer.

Tigáni bedeutet übrigens „Bratpfanne", was auf die Rundform des Kaps anspielt. „Stiel" der Pfanne ist der schmale, sandige Isthmus, der das Kap mit dem Festland verbindet.

• *Anfahrt/Verbindungen* den **Bus** nach Plátanos nehmen, dieser hält 1 km vor Kalivianí an einer Straßenkreuzung. Hier beginnt die Straße/Piste nach Bálos.

In der Saison gibt es **Bootsausflüge** ab Kíssamos zum Strand. Dabei wird auch die Insel Ímeri Gramvoúsa mit der venezianischen Festung angelaufen. Weitere Informationen unter Kíssamos.

• *Übernachten/Essen & Trinken* **Balos Beach Hotel**, B-Kat., vollkommen ruhig gelegener Neubau an der Straße zur „Piratenbucht" Bálos, nur wenige Meter vom Meer. Pool und Kinderbecken, 29 Studios, 9 Apartments und 2 Suiten, herrlicher Blick. Studio ca. 70–90 €. ✆ 28220-24106, ℻ 23528, www.balosbeach.gr

Gramvousa Bay Hotel, B-Kat., allein stehende Anlage beim Abzweig von der Durchgangsstraße nach Kalivianí, direkt am einsamen Sandstrand. Großer, schön bepflanzter Garten, 4 Studios und 10 Apartments. Studio ab ca. 40 €. ✆ 28220-24476, ℻ 24473.

Olive Tree Apartments, Stelios Milonakis und seine englische Frau Angela führen ein Apartmenthaus in Kalivianí am Beginn der Halbinsel. Vermietet werden sechs schön gestaltete Apartments, teils im Maisonettestil, sowie ein Studio, davor liegt ein kleiner Swimmingpool mit Blick in die Umgebung. Preis je nach Größe und Saison ca. 30–65 €. ✆/℻ 2822-0-24336, ausführliche Informationen und Buchung unter www.stratatours.com

Kaliviani, ausgezeichnete Taverne mit Zimmervermietung direkt in Kalivianí, geführt von der netten Eftichia Diktaki, ihrem Mann und den beiden erwachsenen Kindern Tula und Jannis. Leserempfehlung: „Eingerichtet mit sehr viel Liebe zum Detail, verbindet die Familie alte griechische Tradition mit modernem Stil. Großzügig gestaltetes Haus mit ausgedehnter Terrasse und schönem Meerblick, große, behaglich ausgestattete Gästezimmer, täglicher Zimmerservice." DZ ca. 25–40 €. ✆/℻ 28220-23204.

O Gero Skinos, Kafenion an der zentralen Platia von Kalivianí, schöner Frühstücksplatz.

Ausflug zur „Piratenbucht“ Bálos

Fast der gesamte, etwa 11 km lange Weg ab Kalivianí zum herrlichen Sandstrand beim Kap Tigáni, weit vorn an der Westseite von Gramvoúsa, kann mittlerweile motorisiert bewältigt werden. Die früher essenzielle Fußwanderung ist kaum mehr zu empfehlen, da man dabei nur den Staub der Fahrzeuge schluckt.

Ausgangspunkt ist das kleine Dorf *Kalivianí* inmitten von Olivenbäumen. Wer zu Fuß weitergehen will, kann sich von Kíssamos mit dem Taxi hierher fahren lassen (ca. 5 €) oder den Bus nach Plátanos nehmen, der 1 km vor Kalivianí an einer Straßenkreuzung hält. Die Straße auf die Gramvoúsa-Halbinsel zweigt mitten im Ort von der Hauptstraße ab (Wegweiser: „Bálos“ und/oder „Hotel Balos“) und führt an der Kirche vorbei Richtung Norden. Der Asphalt verschwindet bald, weiter geht es auf breiter Schotterpiste zum Hotel „Balos Beach“, danach führt der Fahrweg an der Ostküste der Halbinsel entlang (Hinweis: das gestrandete Frachtschiff, das hier jahrelang lag, wurde in Einzelstücke zerlegt und abtransportiert). Während des gesamten Wegs hat man einen herrlichen Blick auf den Golf von Kíssamos und die Halbinsel Rodópou. Nach etwas mehr als der Hälfte der Strecke erreicht man die Kapelle *Agía Iríni*, etwa 100 m danach liegt rechter Hand eine *Quelle* zwischen üppigen Oleanderbüschen und Johannisbrotbäumen – Möglichkeit für eine kurze Rast. Die Piste führt noch ein Stück weiter und endet an einem Parkplatz für Pkw. Im Anschluss läuft man etwa 15 Min. auf einem gut ausgebauten Trampelpfad, bis auf einmal der überwältigende Blick auf die Piratenbucht frei wird – Fotoapparat mitnehmen, außerdem Jacke und Pullover, denn der Westwind kann hier ganz schön kalt werden. Auf einer neuen Steintreppe gelangt man in weiteren 15 Min. zum Strand hinunter.

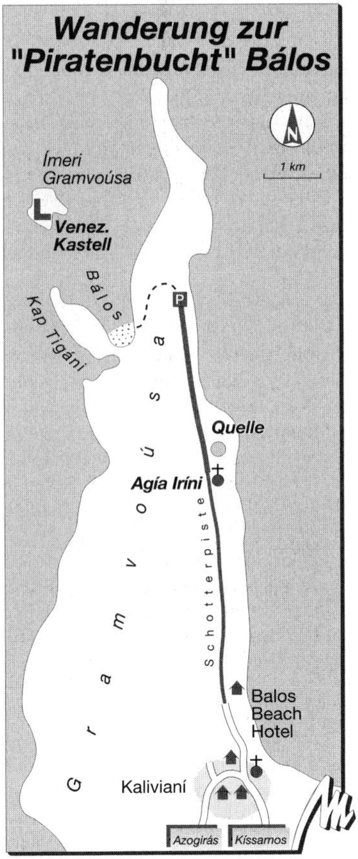

Die seichte Lagune mit weißen Dünen und puderfeinem Muschel-, Schnecken- und Korallensand, verbindet die Halbinsel mit dem vorgelagerten Kap Tigáni. In Richtung Norden erkennt man die markanten Inseln *Ímeri Gramvoúsa* („Die Zahme“) und *Ágria Gramvoúsa* („Die Wilde“). Fast Südsee-Atmosphäre liegt über der Bucht – doch trüben oft heftige

Teerablagerungen in dicken Klumpen die Idylle. Am Strand liegen einzelne Felsbrocken, die gegen die häufigen Westwinde willkommenen Schutz bieten. Am Südende der Bucht stehen einige kleine Häuschen, von denen eines im Sommer als urige Taverne dient (geführt von Nikos und Georgios), außerdem gibt es einen verdreckten Brunnen und eine wilde Müllkippe. Das vorgelagerte *Kap Tigáni* mit einer Kapelle lässt sich zu Fuß erreichen, die Verbindung besteht aus spitzem Lavagestein, Sandverwehungen und vielen Wasserlöchern. Schöner ist es natürlich, durch die Lagune zu waten oder zu schwimmen.

In der Saison werden fast täglich Schiffsausflüge von Kíssamos zur Lagune veranstaltet (→ S. 620). Wer die Bucht also für sich allein haben will, muss früh morgens oder spät nachmittags kommen.

▸ **Insel Ímeri Gramvoúsa**: Die große Insel liegt etwa 1 km vor der Piratenbucht und ist nur mit dem Boot zu erreichen (Ausflugsboote von Kíssamos legen an). Die weitflächigen Ruinen einer fünfeckigen venezianischen Festung bedecken das Inselplateau, 140 m über dem Meer. Auf schmalem Pfad steigt man hinauf, ringsum fallen die Hänge fast senkrecht zum Meer ab. Wo der steile Fels keinen natürlichen Schutz bietet, ziehen sich lange Mauern entlang, überall liegen Trümmer verstreut, man erkennt Ruinen von Häusern und Zisternen. Relativ gut erhalten sind der Eingangsbereich, eine *Kapelle* und eine türkische *Moschee.*

Geschichte einer Inselfestung

Die Venezianer erbauten die Festung Gramvoúsa 1579-82 für den Schutz der Schiffe, die zwischen Venedig und dem östlichen Mittelmeer verkehrten. Dank ihrer exponierten Lage war sie fast uneinnehmbar und die Venezianer konnten sie wesentlich länger halten als die Verteidigungsstellungen am kretischen „Festland". 1669 fiel Iráklion, aber erst über zwanzig Jahre später übergaben die Venezianer Gramvoúsa an die Türken. Diese benötigten den abgelegenen Außenposten allerdings kaum und 130 Jahre lang passierte hier so gut wie gar nichts. Als jedoch in den zwanziger Jahren des 19. Jh. auf dem Peloponnes die griechische Revolution entbrannte, beschlossen die kretischen Aufständischen, Gramvoúsa als befestigten Rückzugsort zu nutzen. Doch erst beim zweiten Mal klappte die Eroberung kampflos mit Hilfe einer List: Die Kreter hatten türkische Kleider angezogen und die Signale der Türken untereinander in Erfahrung gebracht. So setzten sich die Freiheitskämpfer in der Festung fest. Doch da sie von Kreta weitgehend isoliert waren, mussten sie sich als Piraten ernähren und griffen über Jahrzehnte hinweg die vorbeifahrenden Schiffe an. Zeitweise sollen damals bis zu dreitausend Menschen in Gramvoúsa gelebt haben. Es heißt, dass sie große Reichtümer anhäuften und diese in den Höhlen der Bucht von Bálos versteckten – deshalb der heutige Beiname „Piratenbucht". Schließlich gelang es der britisch-französischen Flotte in einer Überraschungsaktion, die Festung zu stürmen und die Piraten zu vertreiben. Ihre Schätze konnten sie auf der überstürzten Flucht nicht mehr mitnehmen – sie sollen noch immer in den Felsen von Bálos versteckt liegen. Also, halten Sie die Augen offen ...

Von Kíssamos zum Strand von Elafonísi

Die 44 km lange Inlandroute von Kíssamos in den Südwesten Kretas führt durch die baumreichste Region Kretas. Das kräftige Grün der Kastanienwälder wirkt vor allem im Hochsommer herrlich erfrischend. Im Bereich der Schlucht von Topólia lässt es sich gut wandern (→ S. 633)

Vorschlag für einen Tagesausflug: von Kíssamos morgens durchs Inland zum Strand von Elafonísi, spätnachmittags an der Westküste zurück – dann versinkt die rote Sonne wunderschön im Meer. Tipp für Besucher ohne eigenes Fahrzeug: den täglichen Bus von Kíssamos zum Strand von Elafonísi nehmen und auf demselben Weg zurück – oder mit dem im Sommer ebenfalls täglich fahrenden Badeboot weiter nach Paleochóra (Details zu den Verbindungen → unten).

Bei *Kaloudianá*, wenige Kilometer östlich von Kíssamos, liegt die Abzweigung von der küstennahen Old Road, die zuerst nach *Potamída* führt. Etwa auf Höhe der Kirche erkennt man dort links der Straße bizarr aufgeworfene Erosionshügel. Ab *Voulgáro* schraubt sich die Straße höher in die Berge. Immer wieder hat man herrliche Ausblicke auf die üppig grünen Talhänge mit Oliven, Zypressen und verschiedenen Laubbäumen. Weit vorne erkennt man den scharfen Schluchteinschnitt der eindrucksvollen *Topolianó Farángi*, die südlich von *Topólia* ähnlich hohe Steilwände wie die berühmte Samariá-Schlucht besitzt. Vor Schluchtbeginn kann man von der Snackbar „Topolia" aus den Blick genießen, unten sieht man einen Wanderweg. Die Straße verläuft am Westhang der Schlucht, ein kleiner, dunkler Tunnel wird durchquert. Etwa 300 m nach dem Tunnelausgang steigt rechts der Straße eine gut ausgebaute Treppe zur Agía-Sofía-Höhle hinauf (Eintritt frei, ca. 5 Min.).

▸ **Agía Sofía**: Überall tropft es, bizarre weiße Tropfsteinsäulen bilden eine saalartige Grotte, eine winzige Kapelle ist in den Eingang geklemmt. Wie man aus Funden geschlossen hat, wurde die Höhle schon im Neolithikum als Kultstätte genutzt. Am Osterdienstag findet das Fest der heiligen Sofía statt.

▸ **Katsomatádos**: Kurz nach der Höhle passiert man zunächst die Taverne „Panorama" (Fußweg zur Höhle und weiter nach Mília, ca. 1 Std.), danach die Taverne „Archondas" unterhalb der Straße – hier stehen die wenigen Häuser von Katsomatádos, Ausgangspunkt für verschiedene Wanderungen (→ S. 633).

• *Essen & Trinken* **Neratzoula**, blumenüberwucherte Taverne in Voulgáro, ruhig und bisher wenig besucht, macht guten Eindruck.

Romantza, Grilltaverne beim Beginn der Treppenstufen zur Höhle, Qualität okay.

Oinochoos, Dorftaverne mit ordentlicher Grillküche in Topólia, gemütliche Terrasse an der Durchgangsstraße, hinten Blick auf die Schlucht.

Panorama, kurz nach der Höhle in einer Straßenkurve. Grüne Laube mit Bougainvillea und Weinranken. Auch nett zum Kaffeetrinken. Antonia, die Frau von Manolis Motakis, ist Holländerin. Mit preiswerter Zimmervermietung, DZ mit Frühstück ca. 25–30 €. ✆ 28220-51163.

Archondas, nach „Panorama" links, die einfache Taverne am ausgetrockneten Flusslauf ist eine grüne Oase unter hohen Bäumen, im großen Garten stehen zwanglos Tische zwischen Orangenbäumen verstreut, es gibt Hängematten und Liegestühle, eine Babyschaukel, eine Rutsche und einen Kletterbaum. Vassilis und seine brasilianische Frau Christina, die als Lehrerin in Kíssamos arbeitet, haben vier Kinder. Schlichte traditionelle Küche, leckere *kalitzoúnia* (Teigtaschen mit Mizithra-Käse gefüllt), als Hauswein gibt es Rosé. Guter Ausgangs- und Endpunkt für Wanderungen.

• *Shopping* **Pnoi – The house of art**, in Kaloudianá direkt an der Kreuzung. Früher wurde Manolis Tsouris belächelt, heute ist er ein anerkannter Künstler und fertigt eigenwillige Skulpturen aus verschiedenen Steinarten, Granit, Marmor und Olivenholz. ✆ 6945-280275 (Handy).

▸ **Abstecher über Vlátos**: Etwa 6 km vor dem Ort Élos (→ unten) kann man den reizvollen Umweg über *Vlátos, Rogdiá* und *Límni* nehmen. Die durchgehend asphaltierte Straße schlängelt sich über Berghänge mit weiten Ausblicken. Die drei Orte verschwinden fast im leuchtenden Grün der turmhohen Platanen, Kastanien, Oliven und Steineichen. Etwas südlich von Vlátos führt eine 4,5 km lange Erdpiste vorbei am „Friedenspark" zum traditionellen Dorf Mília, einer in ganz Kreta einzigartigen Ferienanlage. Es geht dabei hoch in die Berge, man genießt herrliche Ausblicke in die umliegenden Täler und bis zur Nordküste.

• *Essen & Trinken* **Ta Platania**, kurz nachdem man von der Hauptstraße in Richtung Vlátos abzweigt, führt linker Hand ein asphaltierter Seitenweg in einen urwaldähnlichen Hain aus knorrigen Olivenbäumen. Nach etwa 500 m erreicht man unter einer ungeheuer weit ausladenden Platane, die 1400 Jahre alt sein soll, diese große Ausflugstaverne, die auch als „Exochiko Kentro" dient, also als kretisches Musiklokal. Ein selten schönes, absolut schattiges und reizvolles Plätzchen, bei den Kretern beliebt für Hochzeitsfeiern und andere große Feste. ✆ 28220-51406.

• *Shopping* **Organic Oil Vlátos**, ausgeschildert ist der Weg zu einem traditionell eingerichteten Bauernhaus in einem herrlichen Olivenhain. Verkauft wird hier „Organic Oil", das aus reifen Tsounati-Oliven gewonnen wird, die bereits zu Boden gefallen sind und deshalb – nach unseren eigenen Messungen – einen hohen Prozentsatz an freien Fettsäuren enthält und nicht als „extra nativ" (oberste Güteklasse) eingestuft werden darf. ✆ 28220-51655.

▸ **Arboretum Vlátous** („Friedenspark"): 1,6 km oberhalb von Vlátos liegt dieses Aufforstungsgebiet, das Ende der 1970er Jahre u. a. mit Finanzmitteln der bayerischen Staatsforstverwaltung angelegt wurde. Transportmaschinen der Bundeswehr flogen damals kleine Bäumchen samt Forstmeister ein. Das Gelände hat sich mittlerweile zum schattigen Waldpark entwickelt. Die Aktion kann als späte Art der Wiedergutmachung verstanden werden, deswegen auch die Bezeichnung „Friedenspark".

Urlaub in der Vergangenheit: „Traditional Village" Mília

In einem versteckten Hochtal, 4,5 km von Vlátos entfernt, liegt diese höchst ungewöhnliche Unterkunft. Es handelt sich dabei um ein kleines, altes Dorf, das vor mehr als hundert Jahren wegen seiner isolierten Lage aufgegeben wurde. Anfang der 1990er Jahre haben es einige Familien liebevoll restauriert und zu Ferienwohnungen umgebaut. Mitten in der Bergeinsamkeit, weitab von jeder Ortschaft, kann man nun in dreizehn mit viel Holz traditionell eingerichteten Bruchsteinhäusern wohnen, die zwei bis vier Personen Platz bieten und jeweils ein eigenes Bad besitzen. Strom erzeugen Solaranlagen, Licht spenden Petroleumlampen, Warmwasser wird durch holzbefeuerte Boiler erzeugt (nur abends), als Heizung dienen Holzöfen und offene Kamine, in der rustikalen Taverne wird mit Gas gekocht. Fast fühlt man sich wie in einem Dorf des 19. Jh., denn die Errungenschaften der Moderne sind ganz bewusst weitgehend ausgeklammert worden. Für die Speisen werden weitgehend Produkte aus eigener Tierhaltung und ökologischem Anbau verwendet. Bei ausgedehnten Wanderungen kann man die bergige, ländliche Umgebung kennen lernen. Auch bei verschiedenen landwirtschaftlichen Tätigkeiten kann man sich einbringen, im Herbst wird im Dorf sogar Rakí gebrannt. Die Ruhe und die Naturnähe machen einen Aufenthalt hier zu einem ungewöhnlichen Erlebnis.

• *Information/Reservierung* ✆/℻ 28210-46774, www.milia.gr; DZ mit Frühstück ca. 45 €, Suite ca. 70 €; ganzjährig geöffnet. Die Taverne ist täglich mittags und abends geöffnet, man kann auch nur zum Essen hierher kommen (muss aber vorher anrufen).

Wanderung durch die Schlucht von Topólia

▸ **Straße nach Paleochóra**: Kurz nach dem Abzweig nach Vlátos kann man links über Strovlés nach Paleochóra fahren.

▸ **Élos**: Der stimmungsvolle Ort besitzt mehr Kastanienbäume als Menschen. Auf der Terrasse der zentralen Taverne „Kastanofolia" kann man schön neben einem Wasserlauf sitzen, dahinter liegt ein überwucherter römischer Aquädukt (beschildert). Am dritten Sonntag im Oktober wird ein großes „Kastanienfest" gefeiert.

• *Übernachten/Essen & Trinken* Frau Kokolakis, die Wirtin des **Kastanofolia**, vermietet einige Zimmer über ihrer Taverne. ✆ 28220-61258.

Leserempfehlung für Taverne **Philoxenia** (nomen est omen) mit angeschlossener Bäckerei: „In Preis und Qualität hervorragend, z. B. der Lammbraten aus dem Ofen, die *jemistés* (mehrere gemischte Gemüse, z. B. gefüllte Zucchini) oder Käsekuchen und Backwaren, dazu der Hauswein, der nach Rosinen schmeckte."

Von Élos sind es noch etwa 5 km bis zur Abzweigung zum Kloster Chrissoskalítissa an der Küste. Wenn Sie an der Abzweigung sind, lesen Sie bitte auf S. 631 weiter.

Wanderung durch die Schlucht von Topólia (Topolianó Farángi)

Kurze, aber eindrucksvolle Wanderung durch die üppig bewachsene, steilwandige Schlucht des Flusses Tiflós, parallel zur Straße zwischen Katsomatádos und Topólia. Danach Aufstieg nach Topólia und auf der Straße zurück zum Ausgangspunkt. In der Schlucht ist wegen Geröll und großer Felsbrocken Trittsicherheit nötig.

GPS-Wanderung 15, Karte S. 635

• *Route* Katsomatádos – Topólia – Katsomatádos.

• *Dauer* ca. 2,5 Std. hin und zurück.

• *Wegbeschreibung* Wir starten am Parkplatz **(WP 01)** der **Taverne Archondas** (→ oben) und gehen etwa 50 m zurück bis zu einem **Fahrweg (WP 02)**, der parallel zum Bachbett Richtung Norden in die Schlucht hineinführt. Links oben erkennt man bald die Öffnung der **Höhle Agía Sofía**. Der Weg folgt dem Bach, wir durchqueren ein **Gat-**

ter, das wir nach uns wieder schließen. Ab etwa **WP 03** beginnt die eigentliche Schlucht, ein schmaler Pfad führt hindurch, teilweise wird es unwegsam, ein Geröllfeld behindert das Fortkommen. Kurz danach folgt ein Gatter **(WP 04)** und wenig später muss man über große Felsbrocken und Steine abwärts klettern **(WP 05)**. Wir bewegen uns nun in Richtung Schluchtausgang und erblicken rechts oben eine Höhle.

Etwa 1 Std. nach Beginn der Wanderung verlassen wir durch ein **Gatter (WP 06)** die Schlucht nach links und steigen auf einem Fahrweg durch Olivenhaine hinauf. Bei einer markanten **T-Gabelung (WP 07)** gehen wir links. Steil geht es weiter hinauf, vorbei an der Dorfkirche Ágii Pándes und dem Friedhof, bis wir knapp 30 Min. nach Verlassen der Schlucht in **Topólia** auf die Hauptstraße treffen **(WP 08)**. Genau gegenüber der Einmündung unseres Wegs liegt die **Dorfbäckerei**, auf ein paar Stühlen an der Straße kann man hier Pause machen oder man läuft noch ein Stück an der Straße entlang nach Norden bis zur Taverne **Oinochoos (WP 09)**. Dann gehen wir in etwa 45 Min. auf der Straße zurück zur Taverne Archondas, wobei wir den engen **Straßentunnel** rasch durchqueren, doch der Verkehr ist hier in der Regel sehr gering.

Rundwanderung Katsomatádos – Mourí – Topólia – Katsomatádos

Mittelschwere Wanderung mit Auf- und Abstiegen durch abwechslungsreiche Landschaften. In den höheren Lagen schöne Panoramen, auch sonst interessante Streckenabschnitte, z. B. Durchquerung einer engen Schlucht und Abstieg auf altem Eselspfad.

GPS-Wanderung 16

- *Route* Katsomatádos – Mourí – Latsianá – Kapsanianá – Topólia – Katsomatádos.
- *Dauer* ca. 5 Std.
- *Wegbeschreibung* Wir starten wie bei der vorherigen Wanderung bei der **Taverne Archondas (WP 01)**, folgen nun aber dem Fahrweg nach Katsomatádos hinein. Wir passieren die wenigen Häuser und durchqueren einen malerischen alten Olivenhain. Nach etwa 10 Min. passieren wir ein **Gatter (WP 02)**, gleich darauf noch eines, der Weg steigt nun an und ist teilweise betoniert. Kurz darauf kommen wir an eine **Gabelung (WP 03)**, wo wir scharf nach links gehen. Nun beginnt der schattenlose **Anstieg** aus dem Tal, gesäumt von üppigen Oleanderbüschen, die im späten Frühjahr herrlich blühen. Vorbei an einem Platz mit Viehtränken gehen wir in Serpentinen immer höher und halten uns bei einer **Abzweigung** nach rechts bergauf **(WP 04)**. Kurz darauf kommen wir auf einem Sattel an eine erneute **Wegkreuzung (WP 05)**, wo wir dem Wegweiser nach Ágios Athanásios durch ein Gatter folgen (der Fahrweg nach rechts führt ins Dorf Sássalos). Wir folgen dem schönen, breiten Weg, der sich vorbei an Weinfeldern allmählich senkt. Nach einem eingezäunten Feld biegen wir in einer **Kurve** nach links ab **(WP 06)** und kommen zu einem Bachbett mit hohen Bäumen und der **Kirche Ágios Athanásios (WP 07)**. Vom Beginn der Wanderung bis hierher sind wir etwa 1 Std. 15 Min. unterwegs.

Nun folgen wir dem Bachbett, das bald zu einer engen **Schlucht** wird. Der schmale, holprige Pfad läuft teilweise im steinigen Bachbett, teilweise links und rechts oberhalb davon, immer wieder stehen hier die auffallenden purpurfarbenen Drachenwurzgewächse. Dieses etwas unangenehme Streckenstück, auf dem man teilweise auch über die Steine klettern muss, endet bei einem Gatter am Schluchtende, hier treffen wir auf einen breiten **Fahrweg (WP 08)**, den wir nach links weitergehen, bis wir in einer Kurve auf die **Asphaltstraße** nach **Mourí** treffen **(WP 09)**. Wir folgen ihr nach rechts in den Ort hinein. Wir sind nun etwa 2,5 Std. unterwegs. Wenn man Glück hat, ist das Dorf-Kafenion für eine Rast geöffnet.

In der Nähe der Kirche verlassen wir die Straße und nehmen einen mehrfach beschilderten Weg, der nach links den Hang hinaufsteigt **(WP 10)**. An der nächsten **Gabelung (WP 11)** gehen wir rechts und umrunden den Berghang nördlich. Wir gehen bis zur Kirche **Ágios Antónios**, wo wir einen Abzweig nach links nehmen **(WP 12)**. Dieser Fahrweg führt uns bald durch den kleinen Weiler **Latsianá** mit seinen blumenüberwucherten Häusern **(WP 13)**. Auf Asphalt gehen wir bis zu einer scharfen **Kurve** unter hohen Platanen am Ortsende **(WP 14)**. An der Straße geradeaus ist eine

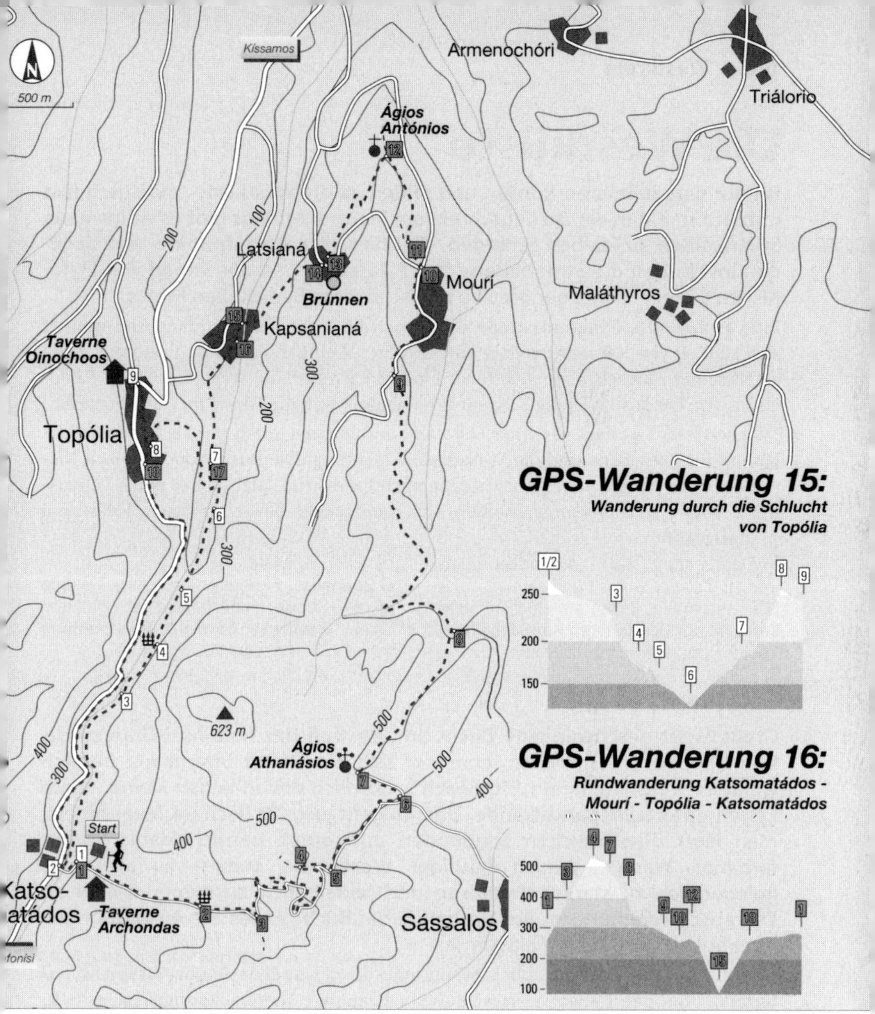

betongefasste **Wasserstelle** mit erfrischend kaltem Wasser und rechts unterhalb liegen der Friedhof und die Kirche Agía Varvára, zu der ein markierter Weg hinunterführt. Zwischen der Straße mit der Wasserstelle und dem Weg zur Kirche führt ein malerischer, teilweise überwucherter **Eselspfad** in die Schlucht des Tiflós hinunter. Unten treffen wir auf die Bauernhäuser von **Kapsanianá**, wo nur noch wenige Menschen wohnen, und gehen an der **Kreuzung** im Ort links **(WP 15)**, bis wir auf eine **Betonbrücke** über das Flussbett treffen **(WP 16)**. Bis hier sind wir etwa 3 Std. 15 Min. unterwegs.

Wir überqueren die Brücke und halten uns danach links, um nach Topólia hinaufzuwandern. Der Weg steigt zwischen Olivenbaumpflanzungen an und trifft schließlich auf die **T-Gabelung (WP 17)**, wo der Weg aus der Schlucht von Topólia heraufkommt (siehe vorhergehende Wanderbeschreibung, WP 07). Der weitere Wegverlauf entspricht der dortigen Beschreibung und nach etwa 4 Std. ab Ausgangspunkt der Wanderung treffen wir in **Topólia** auf die Hauptstraße **(WP 18)**. Zurück nach Katsomatádos brauchen wir nun noch etwa 45 Min.

Die Westküste

Bis auf den äußersten Norden und Süden ist die Westküste touristisch fast unberührt. Kaum ein Ort liegt direkt am Meer, allerdings gibt es einige neue Stichstraßen zu kleinen Stränden. Viel besuchte Anlaufpunkte sind dagegen im Norden die Strandebene von Falássarna und der Strand von Elafonísi im Süden – beide gehören zu den schönsten Badestellen Kretas.

Eine asphaltierte Panoramastraße führt hoch über der Küste entlang und wendet sich südlich von Keramotí wieder landeinwärts – eine interessante Rundtour ist so ab Kíssamos möglich, aber auch (über Élos und Stróňes) die Weiterfahrt nach Paleochóra. Am schönsten ist die Küstentour abends, wenn die Sonne im Meer versinkt.

▸ **Plátanos**: Der Ort liegt vor einer Felswand und hat eigentlich nur als Busumsteigestation für Falássarna und die Westküste Bedeutung. Die Busse von und nach Kíssamos halten direkt an der Abzweigung nach Falássarna. Hier gibt es einen Lebensmittelladen, Selbstversorger sollten sich eindecken, bevor sie nach Falássarna hinunterfahren.

• *Übernachten/Essen* **Archodisa**, mitten im Ort, Zimmer einfach und sauber, ca. 20–30 €, sehr ruhig. Essen auf einer hübschen Terrasse auf der anderen Straßenseite, die Tochter des Hauses spricht sehr gut Englisch. ✆ 28220-41437.

O Zacharias, farbenfroh gestaltete Taverne an der Straße nach Falássarna, nett zum Sitzen. Zacharias vermietet auch ordentliche Zimmer mit Du/WC für ca. 20–25 €.

Falássarna

Große, weit geschwungene Bucht am Westfuß der Halbinsel Gramvoúsa. Von Klippen unterbrochen, erstreckt sich ein langer Strand mit herrlich weißem, weichem Sand („Big Beach"), nördlich davon liegen kleine, durch Felsen unterteilte Sandstrände. Überall geht es ganz flach ins Meer hinein, man läuft über weichen Sandboden und durch herrlich klares, türkisfarbenes Wasser. Wegen häufiger Westwinde kommt es allerdings gelegentlich zu starker Brandung und leider auch zu immer wieder zu Teeranschwemmungen. Am Nordende der Bucht liegen die Ausgrabungen der antiken Hafenstadt Falássarna.

Grandios ist der Panoramablick, wenn man die gewundene Asphaltstraße hinunterfährt. Von den Einwohnern wird die weiträumige Ebene allerdings intensiv für den Treibhausanbau von Tomaten, Gurken und sogar Bananen genutzt – unübersehbar sind die gelblichen Planen, auf die die Sonne Tag für Tag herunterprallt. Überlaufen ist Falássarna wegen seiner Abgelegenheit im äußersten Westen Kretas noch nicht. Einen Ort im eigentlichen Sinn gibt es nicht, Unterkünfte und Tavernen sind aber reichlich vorhanden – und dies, obwohl die ganze Bucht unter Naturschutz steht und nicht bebaut werden darf, viele Häuser sind „schwarz" entstanden. Wohnmobilfahrer kommen ebenfalls gerne hierher und auch Zelte sieht man gelegentlich am Strand stehen, was leider einiges an Müll verursacht. Auch Kinder finden viele Betätigungsmöglichkeiten, dazu folgender Leserkommentar: „Im nördlichen Bereich sind durch Felsen im Meer richtige Traum-Kinderbecken entstanden, gerade mal 50 cm tief und auch bei hohem Wellengang ruhig. Rechter Hand sieht man den Berg, der wie ein schlafender Indianer aussieht. Besonders schön sind auch Strandwanderungen mit Kletterpartien." Die eigenartigen Felswände, die unmittelbar hinter dem Strand ansteigen, gelten als sichtbarer Beweis dafür, dass sich die Insel Kreta im Westen gehoben hat, während sie im Osten mehrere Meter im Meer versank. Der obere Rand der Felsen bildete früher die Küste, während der jetzige Sandstrand im Lauf der Jahrhunderte durch Ablagerung neu entstand.

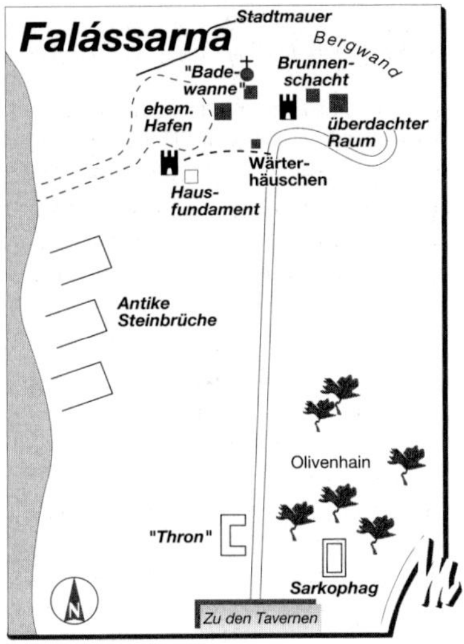

Anfahrt/Verbindungen

Zwei bis drei Busse fahren täglich von **Chaniá** über **Kíssamos** direkt hinunter nach **Falássarna** und nach der Ankunft gleich wieder zurück. Mindestens ein weiterer Bus fährt von Kíssamos nach **Plátanos**, dem letzten Ort vor Falássarna. Von hier sind es noch ca. 5 km die gewundene Panoramastraße zum Strand hinunter, Trampen gut möglich, **Taxi** ab Kíssamos ca. 10 €. Achtung: Nur die Straße Richtung Norden führt zum Strand, der südliche Abzweig geht zu einem kleinen Hafen, wo die landwirtschaftlichen Produkte verschifft werden.

Übernachten/Essen & Trinken/Sonstiges

Oberhalb vom Strand führt eine lange, asphaltierte Straße zum Hotel Falassarna und zu der unterhalb davon liegenden Taverne Sun Set und weiter als Piste zu den Ausgrabungen von Falássarna. Entlang dieser Straße finden sich die folgenden Unterkünfte, die oft eine Taverne besitzen.

Plakures, oberhalb der Straße, ca. 300 m vom Strand. Moderne und geschmackvoll eingerichtete Anlage mit Pool (integriertes Kinderbecken und Poolbar), schöner Sonnenterrasse, Taverne und gemütlicher Hausbar. Die quicklebendige Beate aus Deutschland führt das beliebte Haus mit ihrem Mann Georgios Vagionakis. Vermietet werden 26 moderne Zimmer und 9 Apartments mit hellen Marmorböden/-bädern, Minibar, Safe, Telefon und Radio. Einige der Zimmer haben gemeinsame Balkone und sind z. B. gut geeignet für befreundete Familien. Die Bilder im Haus hat Beate selber gemalt. Hervorzuheben ist die ausgezeichnete Küche mit Zutaten aus Eigenanbau und hausgemachtem Wein sowie die sehr nette Bedienung. Auch Nicht-Hausgäste können zum (nicht ganz billigen) Essen in die Taverne kommen und z. B. die Fischsuppe *kakaviá* genießen, die in gusseisernen Pfannen auf den Tisch kommt, die Spaghetti mit Krabben, Fisch mit Kartoffelkruste oder Lamm aus eigener Schlachtung. Morgens reichhaltiges Buffet mit Orangen, Joghurt, Müsli, Marmelade und Ziegenkäse. DZ mit Frühstück ca. 65–80 €, Apt. (2 Erw., 2 Kind.) mit Frühstück ca. 110–130 €, auch Halbpension möglich. Reservierung in der HS nötig. Mai bis Oktober. ✆ 28220-41581, ✆ 41781, www.plakures.de; Kontakt in Deutschland: Familie Kramer, ✆ 09332/ 8744, ✆ 3873.

Aqua Marine, ebenfalls oberhalb der Hauptstraße, zehn helle und saubere Zimmer mit Bad. Warm empfohlen von Leser H. Bögemann: „Die Möblierung zeigt Liebe zum Detail und strahlt Gemütlichkeit aus. Der Besitzer, Herr Michalis Perathorakis, ist ein ausgesprochen freundlicher und zuvorkommender Mensch, der die Geselligkeit mit seinen Gästen schätzt". Weiterer Kommentar: „Michalis ist absolut nett, fair und großzügig. Oft haben wir gemeinsam gekocht und viel Spaß gehabt". ✆ 28220-41414 oder 23001, ✆ 23737, www.kissamos.net/aquamarine.html

Romantica, ca. 100 m oberhalb vom Aqua Marine. 4 Apartments mit Meerblick, freundliche Besitzerin, tägliche Reinigung. Im Garten Grillplatz mit Sitzgelegenheiten. ✆/✆ 28220-41740 (Sommer), ✆/✆ 28210-93849 (Winter), www.kissamos.net/romantica.html

Golden Sun, ebenfalls oberhalb der Straße, 8 DZ und 4 Apartments, großer Garten mit Kinderspielgeräten, der freundliche Besitzer Antonis Triantafillakis spricht gut Deutsch. ✆/℻ 28220-41485, www.hotelgoldensun.net

Anastasia & Stathis Psarris, oberhalb vom Golden Sun (gleiche Zufahrt, Weg bis zum Ende hochfahren). 20 Zimmer (seitlicher Meerblick, Kühlschrank und Ventilator) und 7 Apartments, sehr sauber, tägliche Reinigung. Ausgezeichnetes Frühstück für 5 € mit frisch gepresstem O-Saft und Filterkaffee. Anastasia spricht etwas Englisch, Stathis hat als Maurer fast alle Häuser in Falássarna mitgebaut. ✆ 28220-41480, ℻ 41069.

Panorama, Taverne mit Zimmervermietung oberhalb vom Hauptstrand, ziemlich am Anfang der Straße, zu erreichen auf beschilderter Zufahrtspiste. Preiswertes und gutes Essen, nette Wirtsleute, Zimmer mit Kühlschrank, neuer Pool. ✆ 28220-41336, ℻ 41777, E-Mail: panorama@chania-cci.gr

Adam, unterhalb der Straße, etwa 200 m vom Strand. Familiäre und freundlich geführte Pension mit zwei separaten Häusern im maurischen Stil. Es gibt sieben hübsche DZ mit Balkon und Kühlschrank, dazu eine unverbaute Terrasse, wo man herrliche Sonnenuntergänge genießen kann. In der Taverne Essen mittlerer Qualität. ✆ 2822-0-41551, ℻ 41729, www.kissamos.net/adam.html

Petalida, relativ neue Bungalowanlage etwa 300 m vor Ende der Asphaltstraße, oberhalb vom Hotel Falassarna, geführt von Familie Likakis. DZ und Studios. In der hauseigenen Terrassentaverne mit Meerblick gibt es oft fangfrischen Fisch, Nikos fährt noch selbst hinaus. ✆ 28220-41449, www.petalida-crete.com

Sun Set, beliebte Taverne am Ende der Asphaltstraße oberhalb vom Klippenrand, vor vierzig Jahren von den Eltern der jetzigen jungen Betreiber gegründet. Unter den Feigenbäumen auf der Terrasse kann man den schönen Küstenblick und herrliche Sonnenuntergänge über dem Meer genießen. Gute Küche zu erfreulich günstigen Preisen, Tipp sind die großen *garídes* (Garnelen), zur Begrüßung eine Karaffe mit Quellwasser. Unterhalb des Hauses ist eine Kapelle in den Fels getrieben, daneben entspringt eine Quelle, Wasserhähne und Dusche für Hausgäste. In den oberen Stockwerken 13 DZ, in der Nachbarschaft neu erbaute Studios. Reinigung tägl., Wäschewechsel wöchentlich. ✆ 28220-41204 (Winter ✆ 28220-22155), ℻ 41440, www.kissamos.net/sunset.html

Galasia Thea, schön gelegene Taverne oberhalb der Küste (beschildert), ebenfalls gut und günstig, netter, junger Wirt.

Alea, moderne Snackbar direkt an der Sandbucht unterhalb vom „Sun Set", schattige Terrasse, große Auswahl an kleinen Gerichten und Getränken.

• *Cafés* **Jimmy's Bar** (auch „Oneiro"), ein wenig nördlich der Taverne „Sun Set" in prächtiger Sonnenuntergangslage, man sitzt zwischen Fächerpalmen unter schattigen Schilfschirmen, geöffnet ist bis spätnachts, Dancing in the moonlight ...

• *Sonstiges* Es gibt mehrere **Supermärkte** am Ort, aber keinen **Geldautomaten** (der nächste in Plátanos). Am Strand werden **Sonnenschirme**, **Paddel-** und **Tretboote** vermietet, eine **Snackbar** mit Generator steht am Hauptstrand „Megali Paralia" (Abzweig: Pachiá Ámmos).

Aufruf an alle Wildzelter und Wohnmobilfahrer: Bitte nehmt bei Eurer Abfahrt einen Sack mit Müll bis zum nächsten Mülleimer mit, so kann man vielleicht ein Minimum an Sauberkeit erreichen!

Sehenswertes

Die Überreste der antiken Hafenstadt *Falássarna* liegen heute am Nordrand der Bucht am Fuß einer Felswand, etwa 6 m über dem Meeresspiegel. Man erreicht sie, wenn man vom Ende der Asphaltstraße die Piste nach Norden weiterfährt (→ Skizze). Die Stadt wurde erst nach den Minoern gegründet und war auch noch in hellenistischer und römischer Zeit bewohnt. Wahrscheinlich wurde sie aufgegeben, als sich irgendwann in den ersten nachchristlichen Jahrhunderten die Küstenlinie allmählich hob. Noch vor der eigentlichen Ausgrabung kommt man an einem klobigen *„Thron"* vorbei, der unmittelbar am Wegesrand steht. Seine Funktion ist ungeklärt, vielleicht war er dem Meeresgott Poseidon geweiht. Im Olivenhain auf der anderen Seite des Wegs liegt ein *Sarkophag*. Ein Stück weiter wendet sich die

Piste landeinwärts, dort kann man parken. Malerisch zwischen riesigen lilafarbenen Disteln verstreut, findet man den Hang hinauf zahlreiche, gut erhaltene Fundamente der Stadt, darunter einige *Turmruinen*, die zur Stadtbefestigung gehörten, eine *Sitzbadewanne* unter einem Kunststoffdach, eine Art tiefen *Brunnenschacht* und einen überdachten, gut erhaltenen Raum. Markantester Blickfang ist linker Hand der Piste die Ruine eines *Rundturms*, der einen Durchmesser von etwa 10 m hatte (Weg neben leerem Wärterhäuschen nehmen). Daneben hat man das Fundament eines größeren Hauses ausgegraben. Von hier aus in Richtung Wasser kann man ein wenig über die Felsen klettern und kommt zu einigen annähernd rechteckigen Ausschachtungen im Fels. Die Deutungen darüber gehen auseinander – wurden sie lange Zeit als Hafenbecken der antiken Stadt interpretiert, erkennt man heute *Steinbrüche* darin. Die tatsächlichen *Hafenbecken* liegen nördlich vom Turm näher am Berghang und waren durch einen Kanal mit dem Meer verbunden.

Von Plátanos nach Elafonísi

Die gut ausgebaute Asphaltstraße windet sich in Serpentinen über die felsigen Berge, die Aussicht ist überwältigend.

▸ **Sfinári**: Das Örtchen liegt inmitten von Olivenbäumen, etwa 1,5 km vom Meer entfernt. Unterhalb erstreckt sich ein kaum besuchter Steinstrand, der durch eindrucksvolle Felsen eingerahmt ist. Man lebt von der Landwirtschaft, denn Touristen verirren sich nur wenige hierher. Es gibt Gewächshäuser, mehrere Bäche rinnen über den Strand, dahinter weiden Ziegen. Am Strand gibt es drei Tavernen, die alle freies Zelten anbieten sowie Sonnenschirme und Liegen kostenlos verleihen. Erwartet wird natürlich, dass man dort isst.

• *Anfahrt/Verbindungen* seltene Busse ab **Kíssamos**. Von Sfinári fährt morgens ein Schulbus nach Kíssamos.

• *Übernachten/Essen & Trinken* im Ort oben ist man voll auf Durchreisende eingestellt, Vorsicht mit den Preisen.

Antonis, am nördlichen Ortseingang weist ein Schild („Resturant, Rooms for rent, sprehen Deutse") auf eine Taverne hin. Die Küche ist nicht besonders, man sitzt jedoch schattig unter Weinranken. Kleine, schlichte Zimmer mit schönem Blick.

Taverne zur Weinlaube, südlicher Ortsausgang, hier bekommt man „kretische Spezialitäten" = Nescafé, Frühstück und Pommes frites.

Am Strand unten liegen die drei Tavernen **Dilina**, **Sunset** und **Captain Fidias**.

▸ **Kámbos**: verstreut liegendes Straßendorf in einem tief eingekerbten Tal mit üppiger Vegetation, vor allem Kastanien und Oliven. Eine neue Asphaltstraße (Schild: „Beautiful Beach") führt zur kleinen Siedlung *Afrotolákous*, nahebei eine völlig einsame Kiesbucht von ca. 400 m Länge.

• *Übernachten/Essen & Trinken* **Lefteris**, oben im Ort, „Café-Taverna" mit Zimmervermietung, hübsch eingerichtete Zimmer mit Terrasse und Du/WC. Leserin U. Jehle schreibt: „Die Familie ist sehr gastfreundlich. Lefteris setzt sich gerne zu seinen Gästen an den Tisch und spendiert auch schon mal einen Rakí." Man kann auch Olivenöl günstig kaufen. ✆ 28220-41445.

Sun Set, Café-Bar und Taverne mit Zimmervermietung, Leserempfehlung.

Agria Fisi, nettes Restaurant mit Rooms in Afrotolákous. Giorgios und sein teilweise in Deutschland lebender Sohn Robert vermieten moderne DZ (ca. 20–25 €) und zwei Studios (ca. 30–40 €), sehr ruhig und erholsam. ✆ 28220-41470.

▸ **Keramotí**: Nördlich vom Ort führt eine neu asphaltierte Straße zur Küste und über „Playa" nach *Livádia*. Dort endet der Asphalt, eine Schotterstraße führt weiter nach *Stómio*. Baden kann man an dem weitgehend felsigen Küstenabschnitt hier unten allerdings kaum, gelegentlich sind einsame, windige Strandflecken eingelagert.

▸ **Kefáli**: der letzte Ort vor der Abzweigung nach Chrissoskalítissa/Elafonísi. Hier gibt es mittlerweile eine ganze Reihe von Tavernen bzw. Cafés, die u. a. leckeren Joghurt und selbst gemachten Honig anbieten, ein beliebter Fleck zum Rasten.

• *Übernachten/Essen & Trinken* **Polakis**, nette Taverne mit blumenüberwucherter Terrasse. Im oberen Stockwerk vermietet Georgios drei Zimmer mit Gemeinschaftsdusche an einer herrlichen Terrasse mit Panorama und Sonnenuntergang. DZ ca. 20–30 €. ✆ 28220-61260.

▸ **Von der Westküste nach Paleochóra**: Von Kefáli kann man über Élos nach Paleochóra fahren – 5 km nördlich von Élos die Asphaltstraße über *Strovlés* nehmen, problemlose Fahrt bis zur Asphaltstraße nach Paleochóra, auf die man in *Plemenianá* trifft. Der Umweg über *Voutás* ist ebenfalls asphaltiert.

Kloster Chrissoskalítissa/Strand von Elafonísi

Schon lange kein Geheimtipp mehr, trotzdem noch immer eine besonders schöne Ecke der Insel. Früher fast menschenleer, gibt es mittlerweile sogar tägliche Busverbindungen von Kíssamos und Chaniá, die weidlich genutzt werden. Aber vor allem Mietwagenfahrer finden zuhauf herunter, denn eine gut ausgebaute Asphaltstraße führt mittlerweile am Kloster Chrissoskalítissa vorbei bis kurz vor den Strand.

Anfahrt/Verbindungen

• *Eigenes Fahrzeug* Von der Nordküste fährt man am kürzesten von **Kaloudianá** an der Straße Kíssamos-Kolimbári über Topólia und Élos quer durchs Inland (→ S. 631). Alternative dazu ist die Fahrt an der *Westküste* entlang, die ebenfalls vollständig asphaltiert ist (→ vorheriger Abschnitt).
Bei **Kefáli** beginnt ein 11 km langes Tal über Váthi hinunter zum Kloster Chrissoskalítissa. Terrassenförmig abgestuft liegen die Dörfer mit den roten Ziegeldächern. In **Váthi** steht nach dem Kafenion ein Denkmal für die hingerichteten Widerstandskämpfer von 1941-44. Kurz darauf passiert man das malerische, aber halb entvölkerte Ruinendorf **Plokamianá**. Unten angelangt, öffnen sich die erodierten Talhänge zu einer hügligen Uferebene. Kurz vor der Küste führt rechts eine Piste zu Steinbruch und Verladestation von **Stómio**. Ein Kiesstrand lädt hier zum Baden ein, doch der Strand von Elafonísi ist weitaus schöner, wenn auch noch gut 7 km entfernt. Wenn man auf der Asphaltstraße bleibt, kommt man bald zu den weit verstreuten Häusern um das Kloster.

• *Bus* Von etwa Mai bis Ende September kommt mindestens 1 x tägl. ein Bus aus **Chaniá** und einer von **Kíssamos** (Verbindung natürlich auch zurück). Ab Kíssamos ca. 1,5 Std. Fahrtzeit, ca. 7 € einfach. Die Busse halten nicht immer beim Kloster, vorher danach fragen, wenn man hier aussteigen will. Auf Anfrage außerdem Stopp bei den neu erbauten Pensionen und Apartments ca. 500 m vor dem Strand.

Kloster Chrissoskalítissa

Das blendend weiße Kloster steht dekorativ auf einem Felsen über dem Meer. „Goldene Treppe" lautet etwa die Übersetzung von Chrissoskalítissa: Die Klostertreppe hat nämlich eine Stufe, die aus reinem Gold bestehen soll. Wer ohne Sünde ist, kann sie sehen.

Das abgelegene Kloster wurde im Lauf seiner Geschichte selten von vielen Menschen bewohnt. Heute leben und arbeiten hier nur noch ein einziger Mönch namens Nektários und die mit ihm verwandte Nonne Theodóti – wegen Mangels an männlichem Nachwuchs musste man zu dieser „unorthodoxen" Lösung greifen. Das Kloster betrachten sie gewissermaßen als ihr Kind. Seit vor einigen Jahren Gegenstände von Touristen gestohlen wurden, sind die beiden allerdings zurückhaltender geworden. Das kleine *Museum* kann deshalb nicht immer besichtigt werden. Es enthält alte Ikonen und verschiedene in Silber getriebene Kleinigkeiten. Außerdem kann man die *Kirche* mit ihrem markanten Tonnengewölbe besuchen, im Inneren gibt es einige Ikonen, die mit zahlreichen Votivtäfelchen behängt sind. Tipp: Am 15. August kommen die Bewohner aus der ganzen Region zum Kloster, um hier *Mariä Entschlafung* zu feiern.

Elafonísi: Traumstrand an der Westküste

Aus der Geschichte von Chrissoskalítissa ist nicht viel bekannt. Die spärlichen Quellen geben auch keinen Aufschluss darüber, ob es sich um ein Mönchs- oder Nonnenkloster handelte. In venezianischer Zeit soll hier bereits ein Kloster gestanden haben, ebenso in türkischer Zeit. Legenden berichten, dass die Panagía die Türken an der Eroberung hinderte, indem sie sie zu Stein erstarren ließ (die steinernen Skulpturen der Angreifer sollen sogar noch unter Wasser zu sehen sein). Lange Zeit war das Kloster verlassen, im 19. Jh. lebte hier zunächst ein Mönch von der Insel Kithíra, später einer aus der Sfakiá, der wegen einer Blutrache hierher geflohen war. Im Zweiten Weltkrieg diente Chrissoskalítissa wie viele andere Klöster auf Kreta zunächst als Zufluchtsort für alliierte Soldaten, bis diese nach Ägypten evakuiert werden konnten. Danach besetzte die deutsche Wehrmacht das Kloster und nutzte es ab 1943 als Gefängnis (auch für deutsche Soldaten).

• *Öffnungszeiten* tägl. 9–12, 15–17 Uhr.

• *Übernachten/Essen & Trinken* Im Umkreis gibt es mehrere Kafenia/Tavernen, in denen Zimmer angeboten werden. Zwei davon gehören Einheimischen und sind ganzjährig geöffnet.

Glykeria, linke Straßenseite, neu erbaut, acht Zimmer mit guten Badezimmern und Blick auf die Bucht. Nach hinten Terrasse mit tollem Panoramablick, die mit Planen vor Wind geschützt werden kann. Vermietung in der Taverne gegenüber. ✆ 28220-61292.

Pizza 12/Monastiri, rechte Straßenseite, Taverne mit vier Doppelzimmer-Bungalows nach hinten hinaus. Die Wirtsleute haben längere Zeit in Kanada und USA gelebt und sprechen sehr gut Englisch. ✆ 28220-61429.

Golden Step, fünf einfache und saubere DZ, jeweils mit Du/WC, an der Zufahrt zum Kloster. Leser F. Milla: „Georgios Tekakis besitzt einige Ziegen und Hühner, entsprechend gut und frisch sind die Produkte, auch frischen Fisch gibt es oft. Elefteria und George sind einfache, ehrliche Gastgeber und sehr nett. Vom Frühstückstisch herrliche Sicht auf das gegenüberliegende Kloster." ✆ 28220-61110.

Das Traumziel aller Mietwagenfahrer Westkretas ist nun nicht mehr weit. 5 km geht es auf neuer Asphaltstraße noch über niedrige, rostrote Hügel. Dann öffnet sich unvermutet der Blick auf ein fast unwirklich anmutendes Bild.

Strand von Elafonísi

Kretas „Südseestrand", zweifellos eine der schönsten Badestellen der Insel. Hier kommt man leicht ins Schwärmen: Lagunenatmosphäre zwischen der verzweigten Küste und der malerisch vorgelagerten Insel, lichtblaue Wasserbecken, weicher, weißer, z. T. rötlich schimmernder Sandstrand, prächtige Dünen, schattige Wacholderbäume.

Die flache Strandlandschaft ist ein wahres Badeparadies, das weitgehend nur knöcheltiefe, wunderbar warme und glasklare Wasser wie geschaffen für lange „Wat"-Spaziergänge, selbst zur vorgelagerten Insel kann man problemlos hinüber gelangen (→ Kasten). Auch Kleinkinder finden optimale Bedingungen. Es werden Liegestühle und Sonnenschirme verliehen, außerdem kann man Tretboote mieten.

Noch in den 1980er Jahren verhinderten die abgeschiedene Lage weitab der gängigen Routen und die damals katastrophal schlechte Zufahrt jeglichen Tourismus in größerem Maßstab. Seit dem Bau der neuen Straße hat sich die Situation jedoch drastisch verändert: Schon im Frühjahr und noch im Spätherbst finden täglich viele Dutzende Mietwagenfahrer herunter, die Busse von Kíssamos und Chaniá sind ebenfalls immer gut gefüll, und von Paleochóra kommt täglich mindestens ein Badeboot. Bis vor wenigen Jahren hatte diese Invasion höchst unerfreuliche Auswirkungen: Mit Plastiktüten und Glasscherben übersät, von Teerbatzen und Fäkalien garniert, stank die einzigartige Naturlandschaft gen Himmel, auch der Meeresgrund lag voller Zivilisationsmüll. Mittlerweile wird der Strand aber regelmäßig und gewissenhaft vom Unrat der Besucher gesäubert, sodass man den Aufenthalt wieder in vollen Zügen genießen kann. Am Hügel im Hinterland gibt es einige Tavernen mit Rooms, so dass auch längere Aufenthalte möglich sind. Das ganze Gebiet steht unter Naturschutz, ein Schild weist darauf hin. Die Bebauung der strandnahen Zone ist untersagt, auch die früheren Strandbars waren beim letzten Besuch verschwunden, Zelten ist streng verboten.

> Bitte nehmen Sie Ihren Abfall wieder mit oder nutzen Sie die aufgestellten Mülleimer. Hinterlassen Sie alles mindestens so (oder besser noch sauberer), wie Sie es vorgefunden haben, und machen Sie kein offenes Feuer. Die wenigen Toilettenhäuschen am Strand sind leider oft verschlossen, bitte benutzen Sie die Tavernen im Hinterland.

• *Anfahrt/Verbindungen* Abgesehen von den Bussen aus **Kíssamos** und **Chaniá** (→ oben) kommt im Hochsommer bis zu 3 x tägl. ein **Badeboot** aus Paleochóra, Mai/Juni und September/Oktober 1–2 x tägl. (Achtung: Bei mangelnder Nachfrage fallen die Fahrten aus!). Einfache Fahrt kostet ca. 5 €. Tipp: Hinweg zu Fuß, zurück per Boot (→ Infos unter Paleochóra, S. 660).

• *Übernachten/Essen & Trinken* Etwa 1 km oberhalb des Strands, wo bisher die Asphaltstraße endet, findet man einige Tavernen mit Zimmervermietung.

Panorama, exponierte Lage auf der Anhöhe oberhalb vom Strand, mit Flaggen auffällig aufgemacht, große Terrasse mit Karibikfeeling, herrlicher Strandblick, über die Küche gemischte Lesermeinungen.

Elafonisi, etwas weiter zurück auf einem Hügel, gut ausgestattete Zimmer mit Blick auf den Strand, dazu ein kleines Häuschen, ebenfalls mit Blick auf den Strand, Taverne, die nette Betreiberfamilie Kalomirakis spricht Englisch. ✆ 28220-61274, Fax 61587.

Innachorio, auch diese Taverne liegt ein wenig zurück, ist aber bekannt für ihre gute kretische Küche. ✆ 28220-61111.

• *Shopping* in einigen improvisierten **Läden** gibt es Strand- und Badezubehör, Filme, Getränke etc.

• *Wandern* Eine sehr schöne Wanderung führt von **Paleochóra** um die Südwestspitze

Kretas zum Strand von Elafonísi. Es geht fast immer dicht an der Küste entlang (Wegbeschreibung mit Details → Paleochóra). Wer in **Elafonísi** loslaufen will, sollte von der Anlegestelle der Badeboote zunächst einfach Richtung Osten über die Felsbrocken und danach den Strand entlanggehen. Zwischen Zedern und malerischen Felsbrocken stapft man durch den weichen Sand, bis man links hinaufsteigen muss, um einige senkrechte Abstürze zu umgehen. Auf halber Höhe geht's weiter entlang der Küste, weit voraus erkennt man die Kapelle **Ágios Ioánnis**, an der der Pfad vorbeiführt.

Weitere Wanderroute: auf gut erkennbarer Fahrpiste ca. 7 km hinauf nach **Sklavopoúla** (→ S. 659), dort im urigen Kafenion einkehren und auf demselben Weg wieder zurück.

Einzigartiges Sandparadies: Die Insel Elafonísi

Die lang gestreckte *Insel Elafonísi* liegt nur etwa 100 m vor der Küste. Keinesfalls sollte man sich entgehen lassen hinüberzuwaten, das Wasser reicht einem dabei höchstens bis zu den Oberschenkeln. Drüben kann man an der lang gestreckten Südostseite entlanggehen, wo sich zwischen schwarzen, lavaartigen Felsen flache Sandbuchten erstrecken. Je weiter man kommt, desto einsamer wird es. Am meerseitigen Ende von Elafonísi erhebt sich ein steiler Felskamm, der eigentliche Kern der Insel. Zwischen ihm und der Küste ist durch Jahrtausende lange Anschwemmungen die heutige Insel entstanden, die wie eine einzige große Sandwüste wirkt. Die prachtvollen Dünen, die mit zahllosen Strandnelken und anderer üppiger Vegetation überzogen sind, sollten keinesfalls betreten werden. Bitte bleiben Sie immer auf dem Weg, der auf unserer Inselskizze eingezeichnet ist!

Die felsige, mit duftendem Oregano bewachsene Anhöhe am Ende von Elafonísi kann leicht bestiegen werden, dort genießt man einen fantastischen Blick über Insel und Küste. An der Nordwestspitze steht ein mit Solarenergie betriebener, verrosteter *Leuchtturm*, daneben eine schlichte *Kapelle*, laut Inschrift 1971 gestiftet von Georgios Koundourakis. Ein wenig weiter südlich findet man ein kleines *Denkmal* in Form einer Kirche, das an ein schreckliches Ereignis im Jahr 1824 erinnert. Angeblich fanden damals hier sechshundert Kinder und Frauen sowie vierzig Widerstandskämpfer den Tod, ermordet von den türkischen Truppen des Ibrahim Pascha. „Vom Blut der Getöteten färbte sich der Sand wie die Morgenröte", heißt es auf der griechischen Inschrift. An der Südwestseite steht schließlich ein großes *Holzkreuz* für die australischen Segler, die hier 1907 im gestrandeten Wrack der „Imperatrice" ihr Leben verloren – eins von vielen Schiffen, die an der windigen Südwestecke Kretas zerschellten, als es noch keinen Leuchtturm gab.

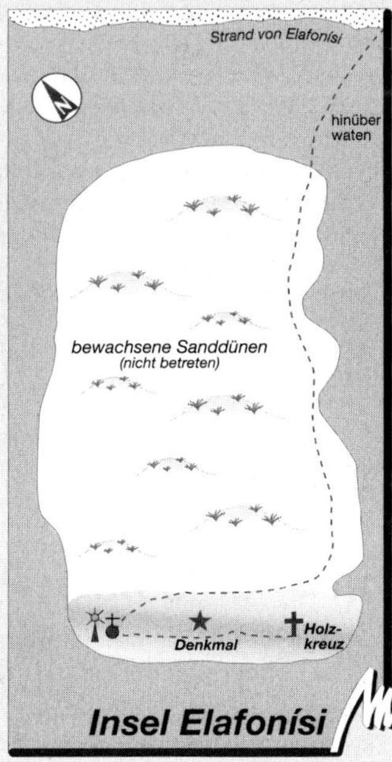

Der Südwesten

Die gewaltigen Steilhänge der Lefká Óri (Weiße Berge) stürzen steil ins Libysche Meer. Von Paleochóra bis Chóra Sfakíon prägen sie das Bild der westlichen Südküste.

Charakteristisch sind die tiefen Schluchten (*farángi*), die sich durch die Weißen Berge ziehen und am Meer münden. Die *Samariá-Schlucht* ist die bekannteste und größte, aber es gibt noch viele mehr: Arádena, Eligiás, Ímbros, Agía Iríni, Tripití u. a. An den geschützten Steilwänden haben sich zahlreiche seltene Pflanzen erhalten können, die nur hier wachsen. Die versteckten Badeorte und Buchten an den Schluchtausgängen sind vor allem bei Rucksacktouristen beliebt. Aber auch zwischen den Orten drängen sich überall schöne Sand- und Kiesstrände in die Nischen, die oft nur zu Fuß zu erreichen sind.

Die Anfahrt von der Nordküste ist unproblematisch, jedoch langwierig. Kurvige Stichstraßen schlängeln sich hoch durch die Berge zu einigen der kleinen Badeorte. *Loutró* und *Agía Rouméli* sind jedoch nur per Boot oder zu Fuß zu erreichen. Die Hunderte von Metern tiefen Schluchten sind dafür verantwortlich, dass es in diesem Teil der Küste keine durchgehende Uferstraße gibt. Die Verbindung wird von April bis Oktober durch kleine Passagierdampfer und eine Autofähre aufrecht erhalten. Im Winter fahren die Boote nicht, dann kann man höchstens eine Mitfahrt in einem Fischerboot arrangieren. Neben den guten Bademöglichkeiten hat die Region vor allem Wanderern enorm viel zu bieten. Reizvolle Küstenpfade führen vom Strand von Elafonísi an der Südwestspitze Kretas fast durchgehend bis Chóra Sfakíon, nur zwischen Koundourás und Paleochóra muss man mit der Asphaltstraße vorlieb nehmen. Als schwierig gilt dabei nur östlich von Soúgia das Teilstück vom Kap Tripití nach Agía Rouméli, für erfahrene Wanderer ist es aber durchaus zu machen (→ S. 671 ff). Vor Jahren wurde der Weg entlang der Küste mit gelb-schwarzen „E 4“-Schildern markiert, z. T. sind davon leider nur noch die Stangen erhalten.

Schließlich kann man zur vorgelagerten Insel *Gávdos* übersetzen, wo man sich – auf halbem Weg nach Afrika – am südlichsten Fleck Europas befindet.

• *Anfahrt/Verbindungen* Stichstraßen mit regelmäßigen Busverbindungen gibt es von der Nordküste nach **Paleochóra**, **Soúgia** und **Chóra Sfakíon**. Agía Rouméli ist von der Omalós-Hochebene zu Fuß durch die **Samariá-Schlucht** zu erreichen. Entlang der Südküste pendeln Fähren (z. T. mit Autotransport) von April bis Oktober täglich mehrmals zwischen **Paleochóra**, **Soúgia**, **Agía Rouméli**, **Loutró** und **Chóra Sfakíon**.

Geführte Wandertouren an der Südküste und in den Lefká Óri bietet **Jean Bienvenu**. Der gebürtige Franzose kennt Kreta seit 1973 und spricht fließend Deutsch. Informationen und Buchung unter www.sfakia-walks.com

Von Chaniá nach Paleochóra

Großartige Bergfahrt mit langen Serpentinen, unterwegs immer wieder herrliche Panoramen der Lefká Óri.

Mit dem Bus ab Chaniá ist man gut 2,5 Std. unterwegs (etwa 4 x täglich, ca. 5,80 €). In *Tavronítis* biegt man von der Küstenstraße, die von Chaniá nach Kíssamos führt, in Richtung Süden ab. Die Straße ist vor allem anfangs breit ausgebaut, wird aber auch im weiteren Verlauf an immer mehr Stellen verbreitert, z.B. auf den letzten Kilometern vor Paleochóra. Erst hinter *Voukouliés* steigt sie allmählich an und schraubt sich durch ein Meer von Olivenbäumen in die zerklüftete Felslandschaft des *Bezirks Sélinos* mit dem Hauptort Kándanos.

Flória

Wie die meisten Gebirgsregionen der Insel war auch der Bezirk *Sélinos* während der Besetzung durch die deutsche Wehrmacht ein Aktionsgebiet kretischer Partisanen. Zahlreiche Denkmäler erinnern daran, ein Gedenkstein besonderer „Güte“ ist in Flória auf der linken Straßenseite zu bestaunen.

Darf das wahr sein: Nazi-Denkmal, originalgetreu restauriert

Am 23. Mai 1941 gerieten deutsche Fallschirmjäger und Gebirgspioniere bei Flória in einen Hinterhalt von kretischen Partisanen, unterstützt durch Einwohner des Nachbardorfs Kándanos. 14 Gebirgspioniere und 25 Fallschirmjäger wurden dabei getötet. Zur Vergeltung zerstörte die Wehrmacht zwei Wochen später Kándanos völlig (→ Kándanos) und erschoss acht Männer. Den gefallenen Deutschen setzte die 5. Gebirgsdivision in Floriá damals ein Denkmal in bester faschistischer Manier. Ein steinernes Halbrelief zeigte Handgranaten schwingende Landser, die kühnen Blicks durch Feindesland robben, dazu die Aufschrift „gefallen für Großdeutschland“. In den Nachkriegsjahren verfiel das schnell gebaute Denkmal rasch, das Relief bröckelte und wurde durch eine symbolische Darstellung der Gebirgsjäger ersetzt (Gämse). Doch 1990 kam ein wackerer Hauptmann aus dem Süddeutschen auf die Idee, das Nazi-Monument wieder in den ursprünglichen Zustand zu versetzen – angeblich auf ausdrücklichen Wunsch des Gemeinderats von Flória und des Bürgermeisters von Kándanos. So brachte er den Gedenkstein unter großem persönlichem Einsatz wieder „auf Vordermann“ (O-Ton Bundeswehr) und ließ die martialischen Wehrmachtskämpfer wieder auf dem Sockel einmeißeln. Dass man das Totengedenken auch anders lösen kann, zeigt das unaufdringliche Kriegsopferdenkmal der Kreter auf der gegenüberliegenden Straßenseite. Die schlichte Marmorstele kommt ohne martialische Kampfszenen aus, sondern beklagt schlicht die Toten. Eine Dokumentation zur Geschichte des Denkmals und zu den Restaurierungsarbeiten von 1990 kann man im Kafenion gegenüber einsehen.

Kándanos

Hauptort des Bezirks Sélinos. Hier beginnen die bewaldeten Südhänge der Lefká Óri zum Libyschen Meer hinunter. Kándanos liegt inmitten großer Olivenhaine mit uralten, knorrigen Bäumen links und rechts der Straße.

Der Ort hat in Kreta traurige Berühmtheit erlangt, weil ihn deutsche Truppen als Vergeltung für einen Partisanenangriff, dem 39 Soldaten zum Opfer fielen (s. o.), am 3. Juni 1941 bis auf die Grundmauern zerstört haben. Bei dem Hinterhalt hatten Frauen, Kinder und sogar der Pfarrer von Kándanos mitgewirkt – ein Beispiel von vielen, wie tief der Widerstandswille gegen die Naziherrschaft in der Bevölkerung verankert war. Dementsprechend besteht Kándanos heute fast völlig aus neu erbauten Häusern. Am Dorfplatz an der Durchgangsstraße weisen noch heute die

Kopien von Steintafeln in Griechisch und Deutsch, die die deutschen Besatzer damals von einheimischen Steinmetzen als „Warnung“ für die Kreter hatten anfertigen lassen, auf die Tragödie des Ortes hin (die Originaltafeln sollen mit Dokumentation einen Platz im Rathaus finden). Die Zerstörung ganzer Dörfer und die Exekution der gesamten Bevölkerung war viel geübte Praxis der deutschen Wehrmacht (→ Anógia im Ída-Gebirge). In den Jahrzehnten nach dem Krieg waren an verschiedenen Orten Griechenlands Deutsche tätig, die im Rahmen der Aktion Sühnezeichen eine bescheidene Wiedergutmachung für die Kriegsverbrechen versuchten. In Kándanos haben sie 1963 ein *Wasserwerk* errichtet. Es steht am nördlichen Ortsausgang unmittelbar an der Straße, ebenfalls mit einer Gedenktafel in Griechisch und Deutsch.

Südlich von Kándanos führt die Straße das dicht bewaldete Tal des Flusses Kakodikianós hinunter nach Paleochóra.

Paleochóra

Paleochóra liegt auf einer fast völlig von Wasser umgebenen Halbinsel mit Ausblicken nach allen Seiten. Gleich dahinter stürzen die schroffen Felshänge steil herunter. Ein Wald von silbriggrünen Olivenbäumen rundet das Bild ab.

Die Lage Paleochóras kann man wirklich schön nennen. Und schön ist auch der kilometerlange Sandstrand *Pachiá Ámmos* an der Westseite der Halbinsel. Kein Wunder also, dass Paleochóra das Touristenzentrum der westlichen Südküste ist. Was früher ein Dorado für Rucksackreisende war, hat sich zusehends zu einem Urlaubsort entwickelt, in dem sich von „pauschal“ bis „alternativ“ alles tummelt, was sich Westkreta als Ziel auserkoren hat. Dank des langen, flach ins Wasser abfallenden Sandstrandes sind auch junge Familien mit Kindern häufige Gäste.

Die symmetrisch angelegten Straßen mit den gelb und weiß getünchten Häusern sind zwar nicht über die Maßen attraktiv. Jedoch gibt es bisher keinerlei überdimensionale Hotelbauten und so hat sich Paleochóra seine typische kretische Art erhalten können. Besonders abends, wenn die hübsch illuminierte Hauptstraße für den Verkehr gesperrt ist, wird es hier richtig gemütlich und man kann in den Tavernen unter schattigen Bäumen angenehm sitzen. Ein besonders reizvoller Fleck ist das niedrige Plateau an der Südspitze der Halbinsel. Vom einstmals hier gebauten venezianischen Kastell ist zwar nur noch wenig zu sehen, aber alles steht voller duftender Kräuter und man kann Ort, Strand und die weite Küstenlinie nach Westen in aller Ruhe aus der Vogelperspektive überblicken.

Der Name Paleochóra (= alte Stadt) bezieht sich auf die antike Siedlung *Kalamídi*, die einst nordöstlich von Paleochóra gelegen haben soll. Viele Hinweise zur Ortsgeschichte, erstellt von einem örtlichen Lehrer, finden Sie auf der Website www.paleochora.de/sites/history.htm.

Für Betonungsspezialisten: Heißt es Paleóchora oder Paleochóra? Auf den Ortsschildern wird mehrheitlich „Paleochóra“ geschrieben, dem haben wir uns angeschlossen.

Anfahrt/Verbindungen

- *Bus* Haltestelle an der Hauptstraße etwa in Höhe der Tankstelle. Von und nach **Chaniá** je nach Saison 4–5 x tägl. auf der direkten Strecke über Kándanos und Tavronítis.

Ein weiterer Bus fährt 2–3 x wöch. die Strecke über **Azogirés**, Teménia und Rodováni nach Chaniá. Jeden Morgen um 6.15 Uhr geht außerdem ein Bus zum Einstieg in die **Samariá-Schlucht**, mit Führung ca. 28 € (incl. Eintritt und Fähre).

• *Schiff* Zwischen den Küstenorten an der Südküste der Lefká Óri pendeln täglich ein Passagierboot und eine Fähre mit Autotransport von „Anendyk Lines" (✆ 28210-95511). Von April bis Oktober starten sie jeden Morgen (ca. 9.30 Uhr) von **Paleochóra** über **Soúgia** nach **Agía Rouméli** am Ausgang der Samariá-Schlucht. Von dort kann man bis zu 5 x tägl. weiterfahren nach **Loutró** und **Chóra Sfakíon** (→ Agía Rouméli). Für die Rückfahrt nach Paleochóra legt sie in Agía Rouméli etwa um 16.45 Uhr ab.

Fahrtzeiten/Preise: **Soúgia** (1 Std., ca. 4,50 €), **Agía Rouméli** (1,5 Std., ca. 7,20 €), **Loutró** (2 Std. 15 Min., ca. 9 €), **Chóra Sfakíon** (2,5 Std., ca. 10 €).

Tipp: Die Mitnahme eines Autos nach Chóra Sfákion per Schiff ist möglich (Auto ca. 20 €) und spart einen großen Umweg. Um die Lefká Óri zu umgehen, durch die es keine durchgehende Straße gibt, müsste man nämlich zunächst bis zur Nordküste und von dort wieder nach Chóra Sfákion an die Südküste zurück. Allerdings hat man in Agía Rouméli einige Stunden Aufenthalt.

Zum berühmten **Strand von Elafonísi**, westlich von Paleochóra, fährt ein Badeboot im Hochsommer bis zu 3 x tägl., Mai/Juni und September/Oktober 1–2 x tägl. (ca. 5 € einfach). In der Saison finden auch geführte Bootsfahrten in die Bucht von **Lissós** statt, wo man die Reste eines Asklepios-Heiligtums ausgegraben hat. Außerdem kann man mehrmals wöchentlich von Booten aus **Delfine** und sogar **Wale** beobachten. Tierschützer warnen allerdings vor solchen Aktivitäten, da die Tiere durch den zunehmenden Bootsverkehr in ihrem Lebensraum immer mehr eingeschränkt werden.

Paleochóra ist zudem wichtigster Hafen für Ausflüge zur vorgelagerten Insel **Gávdos**. Von Mai bis Okt. fährt 1–2 x wöch. (meist Mo, Di) um 8.30 Uhr ein Schiff über **Soúgia** zum südlichsten Punkt Europas, Kostenpunkt etwa 10–12 €, Dauer ca. 3–4 Std. (je nach eingesetztem Schiff). Zurück geht es am selben Tag um 15 Uhr. Für alle Fahrten gibt es die Tickets in den Reisebüros am Hafen und direkt an Bord.

Achtung: Alle Fahrpläne sind saison- und wetterabhängig. Änderungen sind jederzeit möglich, bei hohem Seegang können Fahrten auch ausfallen. Vor Ort erkundigen!

• *Taxi* In Paleochóra arbeiten zwei Taxifahrer, die ihr Geld bevorzugt mit Touren nach Chaniá verdienen, weniger mit dem Lokalverkehr im Umkreis von Paleochóra. Laut Leserzuschrift sind die beiden deutlich teurer als im übrigen Kreta, Handeln zwecklos. Fahrten muss man mindestens einen Tag vorher reservieren. Standplatz und Büro beim Hafen (→ Stadtplan). ✆ 28230-41128 (Büro), 41061 (Wohnung), außerdem ✆ 28230-83033.

Ausführliche Informationen zur Insel Gávdos auf S. 739ff.

Adressen (siehe Karte S. 649)

• *Ärzte* **Sanitätsstation** neben OTE, ✆ 28230-41211; **Praktischer Arzt**, in der Hauptstraße, Nähe Ortseingang, gemischte Leserkommentare, ✆ 28230-41380; zwei **Zahnärzte** ✆ 28230-41229 und 42360. Außerdem **Medical Center** im nahen Kándanos.

• *Apotheken* drei im Ort (→ Stadtplan).

• *Fahrzeugverleih* **Notos (21)**, an der Hauptstraße gegenüber vom Rathaus. Olga und Akis vermieten Autos, Motorräder, Roller und Mountainbikes, außerdem kann man Ausflüge buchen. ✆ 28230-42110, ✆ 41838, www.notoscar.com

• *Geld* Mehrere **Banken** mit Geldautomaten an der Hauptstraße, Nähe Busstopp.

• *Information* Das kleine Infobüro ist vom Rathaus an der Hauptstraße zum Hafen umgezogen (→ Stadtplan). Es gibt selbst gefertigtes Kartenmaterial von Paleochóra und dem Sélinos-Bezirk. Dimitris spricht ausgezeichnet Deutsch. Mi–Mo 10–13, 18–21 Uhr, Di geschl. ✆ 28230-41507.

Die private Website **www.paleochora.de** bietet umfangreiche Informationen über Paleochóra.

• *Internet* **Internet Café Erato (43)**, an der Hauptstraße, von Eftichis freundlich geführt, günstige Preise.

Außerdem **Notos (21)** im zentralen Teil der Hauptstraße und **Zygos Café (45)** an der Strandstraße.

• *Internationale Presse* in einem **Kiosk (20)** an der Hauptstraße und im **To Delfini (16)**, einem kleinen, gut geführten Laden am Beginn der Stichstraße zum Strand rechts. Hier gibt es auch eine nette Auswahl von Büchern zu Kreta.

• *Kinder* **Spielplatz (37)** am Sandstrand (→ Stadtplan).

• *Post* an der Strandstraße, schräg gegenüber Elman Apartments. Mo–Sa 7.30–14 Uhr.

• *Reisebüros* **Sabine Travel (24)**, deutsch geführt, an der Hauptstraße gegenüber dem Rathaus. ✆/℻ 08230-42105.

Selino Travel (14), am Hafen, Bootstickets für alle Boote. ✆ 28230-42272.

Alle Agenturen bieten Vermittlung von Unterkünften, Bootstickets und Buchung von Ausflügen, z. B. Schluchtwanderungen und das sehr populäre Beobachten von Delfinen.

• *Shopping* **Petrakis**, großer Supermarkt neben der Tankstelle an der Strandstraße.

„Supermarkt", uriger Laden an der Hauptstraße, Herr Papatzanakis, der sehr freundliche Besitzer hat alles, sogar Diafilme.

• *Sport* **Aqua Creta (13)**, die erste und einzige Tauchschule im Südwesten Kretas, alle PADI-Kurse, auch deutschsprachige Tauchlehrer. ✆ 28230-41392, ℻ 41050, www.aquacreta.gr

• *Tankstellen* am Ortseingang, an der Hauptstraße und an der Strandstraße.

• *Telefon* **OTE-Büro** an der Hauptstraße, davor und dahinter mehrere öffentliche Apparate.

• *Wäscherei* ein Waschsalon mit Trockner und Bügelmöglichkeit gehört zu **Notos Bikes (21)**, eine weitere **Self Service Wäscherei** liegt gegenüber vom Restaurant Dionysos.

Übernachten

Riesenangebot an Hotels und Privatzimmern, so gut wie jede Familie vermietet Zimmer. Auch in der Hauptsaison hat man meist noch genügend Auswahl.

• *Stichstraße zum Strand Pachiá Ámmos* geht in Hafenhöhe von der Hauptstraße rechts hinunter. Kann unter Umständen etwas lauter werden.

Polydoros (11), C-Kat., ansprechend aufgemachtes Hotel mit begrüntem Innenhof und Snackbar, geführt von einer freundlichen Wienerin mit ihrem griechischen Mann, ordentliche Studios und Apartments in zentraler Lage, ab ca. 40 €. ✆ 28230-41150, ℻ 41578, www.palbeach.gr

Dictamos (12), C-Kat., einfaches und sauberes Haus, kurz nach Hotel Polydoros. Geführt von einer freundlichen, älteren Dame, die im Haus gegenüber wohnt. Unten großer Frühstücksraum, hinten Innenhof. DZ mit Du/WC ca. 30–45 €. ✆ 28230-41569, ℻ 41581, www.paleochora-holidays.gr

Kalypso (15), Pension gegenüber Dictamos, etwas eng, hat aber Flair. Fassade mit wildem Wein bewachsen, roter Keramikboden, liebevoll eingerichtet mit Muscheln am Rand des Treppenabsatzes, ordentliches Mobiliar, nette Studios mit kleinen Treppen und Küche für ca. 30–40 €, DZ 25–35 €. Der ältere Besitzer spricht etwas Deutsch, die nette Wirtin Französisch. ✆ 28230-41429.

Blue Sky (18), kleine, blumengeschmückte Oase etwas abseits der Straße, recht schöne Zimmer mit Balkon, jedoch Leserkritik am völlig fehlenden Roomservice. DZ ca. 25–30 €, Klimaanlage 5 €, kein Frühstück möglich. ✆ 28230-41373.

• *Strandstraße und Umgebung* **Castello (5)**, Rooms in halber Höhe am Hang zum Kastell, hübscher Platz und netter Besitzer, schöne Terrasse und Café unter Tamarisken, nach vorne herrlicher Blick (Zimmer nach hinten günstiger). ✆ 28230-41143.

Elman (48), B-Kat., direkt am langen Sandstrand. Geräumige und komfortabel eingerichtete Apartments (Schlafz./Wohnz./Küche/Bad), in der Küche allerdings nur Spüle und Frigo-Bar. Täglicher Roomservice, ruhige Lage, hervorzuheben das prima Frühstücksbuffet,. Gut geeignet für Familien mit Kindern. Apartment mit Frühstück in der warmen Jahreszeit 55–105 €, im Winter 35–60 €. ✆ 28230-41414, ℻ 41412, www.elman.gr

Villa Marise (41), gepflegte Apartments mit schönem Garten und Pool neben dem Strandcafé Jetee, guter Standard, prima Lage. Anna Marise stammt aus Australien, ist sehr nett und ausgeglichen. Preis mit reichhaltigem Frühstück ca. 35–45 €, Drinks an der Strandbar allerdings teuer. ✆ 28230-41162; E-Mail: jetee@otenet.gr

Zygos (45), über dem gleichnamigen Café (→ Essen & Trinken) an der Strandstraße, sehr aufmerksam geführt von Vangelis und seiner Familie. Gepflegte DZ, Studios und Apartments, alle mit Klimaanlage und Balkon. Innenbereich zur Straße hin abgeschlossen, auch für Familien mit Kinder geeignet. Zu buchen über Reiseladen. ✆/℻ 28230-41489.

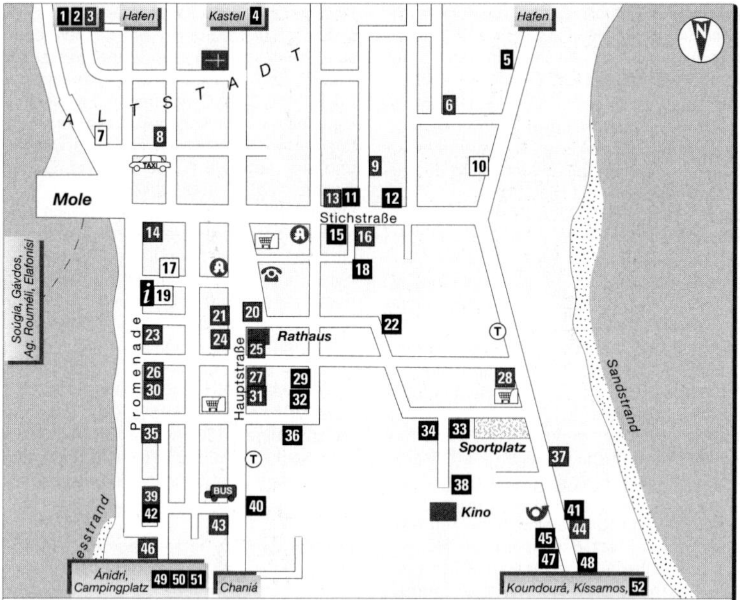

Ü bernachten

1 Haris Studios
2 Aris
4 Margarita
5 Castello
11 Polydoros
12 Dictamos
15 Kalypso
18 Blue Sky
22 Anonymous Homestay
29 Rea
32 Glaros
33 Villa Anna
34 Anthea
36 Oasis
38 Aghas
40 Lissos
41 Villa Marise
42 Manolis
45 Zygos
47 Relax
48 Elman
49 Loupasis, Olive Tree Cottages
50 Oriental Bay
51 Alexia
52 Villa Glykeria

N achtleben

7 Skala
10 Atoli
17 Nostos Club
19 Sunrise

E ssen & Trinken

3 Almyrida
6 The Third Eye
8 Pantelis
9 Niki
23 Captain Jim
26 Odyssia
27 Dionysos
28 Ostria
30 Corali
35 Calypso
39 Christos
44 Jetee
45 Zygos
46 To Kyma
50 Oriental Bay

S onstiges

13 Aqua Creta
14 Selino Travel (Bootstickets)
16 Buchhandlung To Delfini
20 Kiosk
21 Notos Bikes & Wäscherei
24 Sabine Travel
25 Bank
31 Bank
37 Kinderspielplatz
43 Erato Internet Café

Paleochóra

Relax (47), einfache Studios und Apartments in der Nachbarschaft vom Zygos, schön überwachsener Hof. Pauschal über Minotours Hellas. ✆ 28230-41140, ℻ 41838.

Villa Anna (33), 100 m vom Sandstrand (neben der Schule ein Gässchen hinein), hübsche Lage inmitten von Blumen und Bäumen. Acht gut ausgestattete Apartments mit ein oder zwei Schlafzimmern in einem 1000 qm großen Garten, ca. 40–60 €/Tag. ✆ 2810-346428 (✆ 28230-41349), ℻ 242802, E-mail: anna@her.forthnet.gr

Anthea (34), neue Anlage wenige Meter von Villa Anna, 17 Zimmer, Studios und Apartments, sauber, gut eingerichtet, Klimaanlage und schöner Garten. Marianna und Eftichis Sfinarolakis besitzen ein ganzes Arsenal von Spielgeräten, die man für den Strand kostenlos ausleihen kann. Man spricht Englisch und (Schwyzer-)Deutsch. ✆/℻ 28230-41594, www.anthea-paleochora.gr

Aghas (38), C-Kat., neu erbautes Haus in ruhiger Lage kurz vor dem Kino, zwei Minuten zum Strand. Leserempfehlung:

„Freundlich geführt, gutes Frühstück, täglicher Zimmerservice." Zimmer z. T. mit Klimaanlage. DZ ca. 40–56 €. Pauschal über Minotours Hellas. ✆ 28230-41155, ✆ 41503.

• *Im alten Ortskern* Südlich der Bootsanlegestelle, wo sich hauptsächlich ehemalige Bewohner der Insel Gávdos niedergelassen haben, kann man besonders schön und ruhig wohnen, z. T. mit Meerblick.

Haris Studios (1), neben Café Almyrida (→ Essen & Trinken), geführt von Flora und Haris Arkalakis, Studios mit tollem Meerblick, jeweils Balkon oder Terrasse, ca. 30–45 €. ✆ 28230-42438, ✆ 41318, www.paleochora-holidays.com/harisstudios.htm

Margarita (4), an der Kirche vorbei Richtung Kastell, die nächste Abzweigung hinter der Kirche rechts und nach ca 10m wieder rechts. Georgios und Maria Varelakis führen das sehr saubere Haus, in dem – obwohl zentrumsnah gelegen – erholsame Ruhe herrscht. Ebenerdig gibt es fünf DZ, drei davon blicken auf ein schönes Blumengärtchen und haben je eine kleine Terrasse, zwei schauen auf den begrünten Hof mit Sitzgelegenheiten und Open-Air-Küche. Im Obergeschoss sind vier weitere Zimmer. DZ ca. 30–40 €. ✆ 28230-41092.

Aris (2), C-Kat., gemütliches und gut geführtes Haus in ruhiger Lage am südlichen Ortsende, 25 Zimmer in zwei Gebäuden, sonnige Frühstücksterrasse, 5 Min. ins Zentrum. DZ mit Frühstück ca. 50–65 €. Pauschal über Attika und Minotours Hellas. ✆ 28230-41502, ✆ 41546, www.aris-hotel.gr

• *Verstreut im Ort* **Rea (29)**, C-Kat., Peraki Str., rechts von der Zufahrtstraße, wenn man in den Ort kommt. Sehr hübsches Haus, üppiger Garten und überrankte Balkone, schöne, schattige Frühstücksterrasse, freundliche Wirtsleute. Zimmer nicht sehr groß, aber gepflegt, mit TV, Klimaanlage und Kühlschrank. DZ mit Balkon ca. 40–70 €, im Souterrain (ohne Balkon) etwas günstiger. ✆ 28230-41307, ✆ 41605.

Glaros (32), C-Kat., benachbart zum Rea, ebenfalls angenehmes und begrüntes Haus, freundliche Bedienung, schöne Frühstücksterrasse. DZ mit Frühstück ca. 40–70 €. ✆ 28230-41613, ✆ 41298, www.hotelglaros.gr

Oasis (36), E-Kat., Xenaki Str. 4, eine ruhige Seitengasse, westlich parallel zur Hauptstraße. Vor dem Haus schattige Bäume und Blütenduft, Zimmer mit Kühlschrank, Ventilator und Balkon. DZ ca. 20–35 €. ✆ 28230-41328.

Anonymous Homestay (22), einfaches, preisgünstiges Haus in der Ortsmitte, von Manolis und Sofia Klironomakis freundlich geführt. Sieben Zimmer mit Küchenbenutzung, zwei liegen an der Straße (mit je drei Betten) und sind durch eine gemeinsame Küche und Du/WC verbunden. Hinter dem Haus ein „verwunschener" (Leserkommentar) Garten, dort gibt es ebenfalls Zimmer und eine separate Küche und Bad. DZ ca. 18–25 €. ✆ 28230-41509, ✆ 42333.

Lissos (40), E-Kat., gepflegte, kürzlich vollständig renovierte Unterkunft direkt am Ortseingang, der freundliche Besitzer Manolis Sfinarolakis spricht gut Englisch. Vermietet werden drei Zimmer und sieben Studios, alle sehr sauber und mit Klimaanlage. Hinter dem Haus schöner Garten. Verkehr stört kaum. DZ ca. 30–45 €. ✆ 28230-41266, 41122, E-Mail: hotel-lissos@chania-cci.gr

• *Ostpromenade* **Manolis (42)**, über der gleichnamigen Taverne (→ Essen & Trinken), saubere Zimmer mit Kühlschrank und Klimaanlage, größtenteils Balkon mit Blick auf Promenade und Meer. DZ ca. 20–35 €. ✆ 28230-41521.

Oriental Bay (50), ruhige Lage am südöstlichen Ende der Promenade (allerdings könnte die Disco vom Camping zu hören sein). Alle Zimmer haben Balkon und Kühlschrank, im schattigen Vorgarten hauseigene Taverne, gleich davor liegt ein Kiesstrand. DZ ca. 25–40 €. ✆ 28230-41076.

Alexia (51), ebenfalls am äußersten Ende der Ostpromenade, sehr freundlich, Meerblick. Im Garten Ziegen, Schafe, Katzen und Hühner. DZ ca. 20–35 €.

• *Außerhalb* **Villa Glykeria (52)**, etwa 1 km von Paleochóra in Richtung Koundourás. Schön gelegenes Haus, nicht weit vom Westende des Sandstrands, Meerblick, nette Leute. 7 Zimmer, Studios und ein Apartment. DZ ca. 25–35 €. ✆ 28230-41039.

Loupasis (49), schöne Lage beim Campingplatz oberhalb vom Steinstrand. Ordentlich eingerichtete Bungalows mit jeweils zwei Schlafzimmern, Wohnraum mit Einbauküche und Terrasse für ca. 30–45 €. Allerdings Disco benachbart. In den Ortskern und zum Strand läuft man 20 Min. Auskunft bei Peter an der Rezeption vom Campingplatz. ✆/✆ 28230-41744, 41255.

Olive Tree Cottages (49), kurz nach dem Campingplatz vermieten Georgia und Thomas sieben gut eingerichtete Bungalows in einem Olivenhain, teils mit einem, teils mit zwei Schlafzimmern. Besonders hübsch: Schlafzimmer unter dem Holzgiebeldach, von der Terrasse Blick über die Bäume bis zum Meer. Wochenpreis für 2 Pers. (1 Schlafzimmer) ca. 455–560 €. ✆ 28230-42305, 📠 41792, www.accomodation-crete.com

• *Camping* **Paleochora**, etwa 20 Min. vom Zentrum. Einfaches Gelände, nur durch eine wenig befahrene Straße vom langen Steinstrand getrennt. Schatten durch niedrige, aber breite Olivenbäume, harter Boden. Auf einem separaten Platzteil stehen die Zelte von „Saga Team Travelling" – Tipp für unternehmungslustige junge Menschen ab 18 (www.saga-team.de). 2004 waren es genau fünfundzwanzig Jahre, seit „Camping-Peter" seine Gäste an der Rezeption begrüßt: Glückwunsch! Sanitäre Anlagen in Ordnung, Wassertemperatur allerdings je nach Tageszeit verschieden. Von Susi aus Bochum gut geführtes, kleines Restaurant/Bar mit schönem Blick auf die Halbinsel von Paleochóra, vielseitiges Frühstück. Minimarket (nur Hochsaison) und Kinderspielgeräte vorhanden. Günstige Übernachtungspreise. Vom Ort auf einer Asphaltstraße zu erreichen, indem man an der östlichen Längsseite der Halbinsel nach Norden geht oder fährt (vom Zentrum beschildert). Achtung: Die platzeigene frühere Freiluftdisco ist nun in einem festen Bau untergebracht, keine Beschallung des Geländes mehr! Der Platz ist offen von April bis Ende Oktober. ✆ 28230-41220.

Essen & Trinken (siehe Karte S. 649)

Abends ist die Hauptstraße für den Autoverkehr gesperrt und alles sitzt in den anliegenden Tavernen. Ein anderer Schwerpunkt hat sich an der Ostseite der Halbinsel entwickelt, wo eine Art Uferpromenade mit Bänken und Beleuchtung entstanden ist. Die dortigen Lokale werden der schönen Lage allerdings nicht immer gerecht.

• *Verstreut im Ort* **Dionysos (27)**, zentral an der Hauptstraße, gibt es seit dreißig Jahren und ist immer noch gut und preiswert, Wirt freundlich und großzügig. Das Lokal wird ab 19 Uhr schnell voll.

Niki (9), an der Straße zum Strand, seit vielen Jahren werden hier Pizzen gebacken, man sitzt im schönen Hinterhof mit loderndem Feuer im offenen Pizzaofen.

The Third Eye (6), etwas versteckt seitlich der Stichstraße zum Strand (auf kleines Schild achten). Fantasievolle Küche mit täglichen Variationen, viel Vegetarisches, preiswert. Besitzer Eftikis hat von seinen Asienreisen viele Anregungen mitgebracht, ist in seiner Art allerdings etwas gewöhnungsbedürftig. Dazu Musik von indischer Sitar über Jazz und New Age bis Jimi Hendrix. Zum Abschluss laden Obst und Rakí zum Wiederkommen ein. Nicht allzu groß, frühzeitig kommen.

Ostria (28), freundliches Lokal an der Strandstraße neben dem Supermarkt, auch Plätze auf einer Terrasse an der Strandseite. Gute Küche und große Portionen zu mäßigen Preisen, zum Abschluss Rakí und selbst gemachter Kuchen. 1 x wöch. kretischer Abend mit Livemusik.

Pantelis (8), kleines Mezedopólion in einer ruhigen Ecke in Hafennähe, geführt von einem jungen Ehepaar, leckere *mezédes*, z. B. *patatokeftédes* und *soupiés* (Tintenfisch).

• *Hafen und östliche Uferpromenade* **Captain Jim (23)**, wenige Schritte weiter, wechselnde Backofengerichte (in der Theke ausgestellt) und Spezialitäten vom Holzkohlengrill, Fisch, Fleisch und Hähnchen.

Odyssia (26), gute italienische Küche, vor allem die großen Pizzen sind lecker, Sitzplätze bis fast zum Strand.

Corali (30), schon seit 1977 bietet Familie Kalogridis griechische Küche in großer Auswahl, hier kocht noch die Mama.

Calypso (35), geführt von Barry und Jenny aus England, mit Liebe zum Detail eingerichtet. Täglich wechselnde Karte mit frischen, teils originellen Gerichten, gelegentlich werden „Steak Nights" veranstaltet.

Christos (39), die erste Taverne an dieser Ortsseite, Mitte der 1970er Jahre eröffnet. Freundlich geführt, traditionelle Küche. Mit Zimmervermietung.

Günstig und gut isst man am Nordende der Promenade, z. B. bei **Manolis**, in der kleinen Fischtaverne **To Kyma (46) (The Wave)** oder im **Oriental Bay (50)**, wo man unter Tamarisken auch sehr schön sitzt.

• *Cafés/Bars* Die meisten Kafenia liegen um die zentrale Kreuzung im Ort, z. B. die legendäre Bar von **Iannis**, Treffpunkt vieler Langzeiturlauber, und das **Alaloom** gegenüber, eine freundlich geführte, deutschsprachige Bar.

Castello, Cafébar mit schöner Terrasse unter Tamarisken und traumhaftem Blick über dem Weststrand, gehört zur gleichnamigen Pension (→ Übernachten).

Jetée (44), große, tropische Bar am Strand

neben Elman Apartments, gemütliche Schilfschirme, viel Holz, abends beliebte Cocktailbar.
Zygos Café (45), von Vangelis und seiner Familie freundlich geführtes Café/Snackbar an der Strandstraße, große Terrasse, innen bequem eingerichtet, leckere Salate zu günstigen Preise, Internet, Zimmer (→ Übernachten).
Almyrida (3), direkt an der felsigen Küste im Fischerviertel, ruhige Lage weitab vom Rummel, Terrasse unter einer weit ausladenden Tamariske. Katharina und Stelios bieten kleine Gerichte.

Nachtleben (siehe Karte S. 649)

Um die zentrale Kreuzung, von der die Zufahrt zum Strand bzw. zum Hafen abgeht, liegt das Zentrum des Nachtlebens. Nach einem Cocktail lohnt sich der Weg zum Campingplatz mit einer der beliebtesten Diskotheken im Südwesten Kretas.

• *Nachtbars* **Skala (7)**, im Hafen beim Anleger, Musik eher jazzig, hier soll es besonders gute Cocktails geben.
Sunrise (19), große Pop- und Rockbar nur wenige Schritte weiter, an der östlichen Uferpromenade.
Atoli (10), der ehemalige DJ der Disco am Campingplatz hat diese großzügige Bar an der Strandstraße eröffnet – Lounge, Bar und Café.
• *Kino* **Attikon**, Freiluftkino hinter dem Strand, von der Strandstraße Gässchen bei der Schule hinein (beschildert mit „Cinema").
• *Discos* **Paleochora Club**, die Disco auf dem Campingplatz ist nun in einem festen Bau untergebracht. Im Sommer täglich, sonst nur an Wochenenden geöffnet.
Nostos Club (17), vor wenigen Jahren am Hafen erbaut (Nähe Café Port), Disco mit nettem Ambiente in Stein und Holz und guter Klimaanlage. Gemischte Musik, auch griechische Popmusik. Eintritt im Sommer ca. 5 €.

Sehenswertes: Die südliche Verlängerung der Hauptstraße führt an der schmucken, abends schön illuminierten Kirche und dem frei stehenden Glockenturm vorbei auf das völlig ebene Plateau mit den spärlichen Resten des Kastells *Sélinos*, dessen Namen heute für den gesamten Bezirk Südwestkreta verwendet wird (früher hieß er „Orina", was so viel wie gebirgig bedeutet). Es wurde 1282 von den Venezianern erbaut und 1539 vom berüchtigten Piraten Chaireddin Barbarossa zerstört. Im Zweiten Weltkrieg hatten die deutschen Besatzer die Bewohner Paleochóras zwangsverpflichtet und das strategisch wichtige Plateau befestigen lassen, u. a. standen hier Luftabwehrgeschütze und ein 40 m hohes Radar. Die Burg ist heute praktisch verschwunden, nur einen Teil der Befestigungsmauer hat man neuerdings recht pittoresk wieder aufgebaut. Hinter der Mauer sieht man ein paar zerzauste Tamarisken und einige Grundmauern, wo anscheinend auch Ausgrabungen stattgefunden haben. Weiter südlich steht eine Navigationsanlage (Funkfeuer) für die Zivilluftfahrt. Das gesamte Plateau ist mit Büscheln von wildem Thymian überzogen und bietet einen herrlichen Blick auf den Ort, die lange Küstenlinie und den großen *Fischerhafen*, der an der vordersten Spitze der Halbinsel liegt. Vor allem zum Sonnenuntergang finden sich immer zahlreiche Gäste ein.
Südlich der kleinen Hafenmole, also direkt unterhalb vom Kastell, liegt der alte Ortskern *Gavdiótika*. In den schmalen Gässchen mit ihren weiß gekalkten Häusern leben hauptsächlich Fischer und Bauern, zum großen Teil ehemalige Einwohner der Insel Gávdos, die auf der kargen Insel ihren Lebensunterhalt nicht mehr bestreiten konnten. Einige der typischen „Gávdos-Häuschen" sind noch erhalten.
Dort, wo die Stichstraße vom Ortszentrum auf die Straße am Sandstrand *Pachiá Ámmos* stößt, steht eine auffallende Metallskulptur mit dem Namen „The Traveller". Sie stellt einen Reisenden mit Maulesel dar und wurde 1992 vom australischen Künstler Robert Bunck geschaffen – sein Dank an Paleochóra, das er lange vor der touristischen Expansion kennen und lieben lernte. Wenn man nun noch am Südende des Sandstrands am Café Castello vorbeigeht, trifft man nach ein paar Metern

Bei Paleochóra liegt einer der schönsten Sandstrände der Südküste

auf die markant geformten Felsbrocken „Krokodil“ und „Ziege“, die bereits in Hippiezeiten beliebte Anlaufpunkte waren.

Paleochóra/Baden

▸ **Im Westen**: Der lange Sandstrand *Pachiá Ámmos* an der Westseite der Halbinsel gehört zu den schönsten der Südküste. Wegen seiner Länge ist er eigentlich nie richtig überlaufen. Es werden Liegestühle und Sonnenschirme verliehen (ein Schirm und zwei Liegen ca. 6 €). Pachiá Ámmos gehört zu den Stränden mit den stärksten Winden im Süden Kretas und ist deshalb bei Surfern beliebt. Da der Wind zumeist aus Westen kommt, also anlandig bläst, besteht keine Gefahr, abgetrieben zu werden – den Strandgästen wird dann allerdings der Sand heftig in die Augen getrieben. Etwas Vorsicht mit Kleinkindern, denn im seichten Wasser liegen große Felsblöcke und -platten.
Weitere kleine Strände liegen an der Straße ins 7 km entfernte *Koundourás* (→ Paleochóra/Umgebung).
Tägliche Badeboote fahren ab Hafen zum schönen Strand von *Elafonísi* an der äußersten Südwestspitze Kretas (→ S. 642).

▸ **Im Osten**: An der Ostseite der Halbinsel kommt man in Richtung Campingplatz zunächst zum Steinstrand *Chalíkia*, der wegen seiner geschützten Lage vor allem bei starken Westwinden gut besucht ist. Vor dem Zeltplatz stehen einige schattige Tamarisken direkt am Strand.
Zu den beiden beliebten Stränden *Prótos Potamós* und *Thrafterós Potamós* am Kap Dialiskári unterhalb von Ánidri geht man zu Fuß eine knappe Stunde. Seit einigen Jahren führt aber auch eine breite Autopiste dorthin, die vielen ein Ärgernis ist, weil damit ein weiteres Stück Natur auf Kreta zerstört wurde und die früher nur Wanderern vorbehaltenen Strände zum Massenziel wurden (→ Wandern „Von Pa-

leochóra nach Soúgia"). Unterwegs kommt man an weiteren, meist menschenleeren Stränden vorbei. *Prótos Potamós* ist ca. 200 m lang und besteht aus Kies mit teils recht großen Brocken, durch den Kies sickert Grundwasser ins Meer. Eine urige Kneipe bietet Getränke und einfache Gerichte an, es gibt Liegen, Sonnenschirme und eine Dusche. Der östlich benachbarte Sandstrand ist genauso lang und besitzt mit Sträuchern bewachsene Dünen. Dort wurde früher viel FKK betrieben, mittlerweile werden aber auch hier Schirme und Liegen verliehen und Nacktbaden ist kaum noch üblich.

Paleochóra/Umgebung

Paleochóras zentrale Lage an der bergigen Südwestecke Kretas bietet vor allem Wanderern ideale Möglichkeiten. Kulturinteressierte finden außerdem im Umkreis zahlreiche, mit Wandmalereien geschmückte byzantinische Kirchen.

Reizvoll sind die Küstenwanderungen von Paleochóra zum Strand von *Elafonísi* (nach Westen) und von Paleochóra über die *Strände von Ánidri* und die Ausgrabungsstätte *Lissós* in das kleine Küstenörtchen *Soúgia* (nach Osten). Unterwegs findet man an beiden Wegen schöne, teils einsame Badestellen. Weitere Ziele sind *Ánidri* mit einem beliebten Terrassenlokal und *Azogirés* nordöstlich von Paleochóra mit den Wohnhöhlen von 99 Eremitenmönchen und einem Museum. Beide Orte kann man auch per Wanderung miteinander verbinden.

Von Paleochóra nach Westen

Eine asphaltierte Straße führt entlang der flachen Küstenlinie mit Klippen, karger Buschmacchia und Kiesstränden. Nach etwa 6 km trifft man auf die weit vorspringende Landzunge *Akrotíri Trachíli*. An der Ostseite liegt ein Kiesstrand, im Westen der schöne, weiche Dünenstrand *Graméno*. Im Sommer 2000 veranstaltete hier Rainer Frenkel (www.creteconcerts.net) ein Konzert mit „Manfred Mann's Earthband", zu dem 6000 Gäste kamen. Die sandige Halbinsel ist dicht mit Wacholderbäumen bestanden, an der Spitze gibt es bizarre Felsformationen – ein urwüchsiges Stück Natur, in dem es sich lohnt, etwas umherzustreifen. An der Straße gibt es einige Unterkünfte und einen neuen, noch nicht ganz fertig gestellten Campingplatz.

Kurz danach kommt man nach *Koundourás*, einer unansehnlichen Streusiedlung mit zahllosen Gewächshäusern, in denen vor allem Gurken und Tomaten angebaut werden. Hier geht die Asphaltstraße in Erdpisten über, auf denen Lkws die Ernte transportieren. Am Meer entlang erreicht man schließlich den Sand-/Kiesstrand im *Órmos Krioú*, Ausgangspunkt für den Fußmarsch hinüber nach Elafonísi (→ weiter unten). Über Ágii Theódori und Azogirés führt eine neu asphaltierte Straße in die Berge nach *Voutás* (→ S. 659).

• *Übernachten* **Yiannis Villas**, Yianis Psichopedas vermietet mehrere geräumige Häuser mit Meeresblick und Garten für jeweils 6–8 Pers. Waschmaschine, Klimaanlage, TV. Je nach Saison ca. 70–145 €, www.yiannisvillas.com

Vienna, C-Kat., begrünte Anlage mit Pool und Café in Koundourás nah am Meer (beschildert), Studios und Apartments. ✆ 28230-41478.

Camping Grameno, großer Platz mit wenigen Bäumen direkt zwischen Straße und Sandstrand. Noch im Aufbau, Baustellencharakter, ist aber schon geöffnet, bisher sehr günstige Preise. ✆ 28320-42125.

Südlich anschließend stehen bislang noch Wohnwagen und Zelte frei am Strand.

• *Essen & Trinken* **To Grameno**, schattige Taverne an der Straße, freundliche Wirtsleute, die stets frische Tagesgerichte servieren, zu empfehlen z. B. Zicklein und *salingária* (Schnecken).

Ánidri

Das kleine Örtchen 5 km östlich von Paleochóra besteht nur aus einer Hand voll Häuser mit üppigen Gärtchen. Vom Campingplatz führt eine Asphaltstraße leicht bergauf durch eine Schlucht, später durch Olivenhaine.

Interessant ist die Geschichte des Orts. Ánidri wurde von zwei Brüdern namens Vardoulakis aus Chóra Sfakíon gegründet, die vor der Blutrache aus ihrem Heimatort flüchten mussten. Alle späteren griechischen Bewohner waren und sind Nachfahren der Brüder und miteinander verwandt – unschwer zu sehen auf dem kleinen *Friedhof*, ein paar Schritte unterhalb vom Café, denn die dortigen Grabstätten tragen alle den Namen Vardoulakis. Am Friedhof steht auch das sehenswerte Doppelkirchlein *Ágios Geórgios*. Ioannis Pagomenos hat es im 14. Jh. vollständig mit Fresken ausgemalt. Wenn man die teilweise recht gut erhaltenen Wandbilder genauer betrachtet, fällt auf, dass bei nicht wenigen Personen in Höhe der Augen der Putz zerstört ist – man sagt, dass es die Türken waren, die ihnen die Augen ausgestochen haben. Thematisch erkennt man mehrmals den heiligen Georg, Maria Magdalena mit dem Salbungsgefäß, die Geburt Jesu, eine stillende Maria, Christus in der Mandorla u. v. m.

Entlang einer etwas beschwerlichen Felsenschlucht kann man in ca. 50 Min. zum *Strand von Ánidri* hinunterlaufen (→ Paleochóra/Baden) und auch ins oberhalb gelegene Bergdorf *Azogirés* kann man hinaufwandern (→ Azogirés).

• *Übernachten* **MetaCom**, Mario Sommer vermietet bei Ánidri eine nach ökologischen Gesichtspunkten erbaute und betriebene Ferienanlage aus Naturstein, Holzständerwerk und Strohlehm, die z. B. für Seminare genutzt werden kann. Zur Verfügung stehen zwei Gästehäuser mit je drei DZ sowie eine Gemeinschaftsküche. Die Abwasserentsorgung findet in einer Mehrkammerfaulgrube mit Schilfkläranlage statt. Preis pro Pers. ca. 18–23 €. ✆ 28230-42188, ℻ 83003, www.meta-com.de.

Villa Sophia, komfortables Ferienhaus inmitten eines Olivenhains, Platz für bis zu 6 Pers., Fußbodenheizung, Klimaanlage, Kamin. Von Lesern empfohlen. Pro Woche ganzjährig ca. 490 €. Buchung in Dtl.: ✆ 0641/493605, ℻ 493695, www.ferienhaus-privat.de/loehmer-standhardt

• *Essen & Trinken* **To Scholeio**, vor einigen Jahren hat Christos Vardoulakis mit Simone aus Deutschland in der ehemaligen Volksschule des Örtchens ein hübsches Café eröffnet. Täglich von 10 bis 19 Uhr gibt es hier leckere griechische Gerichte, z. B. Salate, Kuchen und Kaffee, auch guten Fasswein und selbst produzierten Honig. Eine kleine Karte von Ánidri und Umgebung ist ebenfalls erhältlich. Von der idyllischen Terrasse des Hinterhofs mit Olivenbaum hat man einen herrlichen Blick das dicht bewaldete Tal entlang.

Wanderung Paleochóra – Ánidri – Paleochóra

Schöne Rundwanderung mit Einkehrmöglichkeit in Ánidri und Badeaufenthalt.

• *Dauer* Etwa 3 Std. 15 Min. (Paleochóra – Ánidri ca. 1,5 Std., durch die Schlucht zum Strand ca. 50 Min., an der Küste zurück nach Paleochóra ca. 1 Std.)

• *Wegbeschreibung* Von Paleochóra am **Campingplatz** vorbei und auf der Asphaltstraße durch ein enges Tal bis **Ánidri**. Der Abstieg **zum Strand** und die Rückkehr nach **Paleochóra** entspricht dem zweiten Abschnitt der Wanderung „Von Azogirés über Ánidri nach Paleochóra" (→ S. 658).

Azogirés

Das stille Bergdorf liegt nordöstlich von Paleochóra hoch in den wasserreichen Bergen zwischen üppig grünen Olivenbäumen, Zypressen und Pinien.

2 km oberhalb im Fels findet man die tiefen Wohnhöhlen der 99 „Heiligen Väter" *(Ágii Patéres)*, die im 12. Jh. in Kleinasien missioniert hatten, hier den Rest ihres Lebens verbrachten und schließlich auf rätselhafte Weise starben. In einer der Höhlen

sollen sich angeblich noch ihre Knochen befinden. Ihr Führer war der heilige Johannes, der auf der Halbinsel Akrotíri als Eremit hauste und dort auch starb (→ Akrotíri/Kloster Gouvernéto). Unterhalb des Orts steht eine immergrüne Platane, dahinter gibt es eine Höhlenkirche und ein kleines historisches Museum. Auch der Bach am hinteren Ortsausgang ist die paar Schritte wert. Zwischen Felsbrocken und Platanen bildet er kleine Teiche und Wasserfälle, an denen man sich herrlich erfrischen kann.

• *Anfahrt/Verbindungen* von Paleochóra etwa 3 km die Straße in Richtung Nordküste zurück. Dann führt rechter Hand eine beschilderte Asphaltstraße nach Azogirés hinauf. Achtung: Es gibt noch ein zweites Azogirés, nordwestlich von Paleochóra, nicht verwechseln! Von Azogirés geht die Straße über **Teménia** und **Rodováni** zur Straße von Chaniá nach Soúgia.
Von Paleochóra fährt 2 x wöch. frühmorgens ein **Bus** über Azogirés, Teménia und Rodováni nach Chaniá.

• *Übernachten* Das einfache **Hotel Alfa** liegt am hinteren Ortsausgang, geführt von Tony (Antonis), der früher als Gastronom in Chicago tätig war. Nur Etagendusche, vorne großer Balkon mit Blick auf das Tal am Meer, sehr ruhig. DZ ca. 15–20 €. ✆ 28230-41620.

• *Essen & Trinken* **Michalis**, am Ortseingang, schlichtes Lokal mit Terrasse, ältere Besitzer, winziger Ententeich.
Alfa, wenige Meter weiter, gehört zum gleichnamigen Hotel, geführt von Tony, Harriet, Lucky und Eftichis. Neben griechischen Speisen und amerikanischen Hamburgern gibt es hier das berühmte Omelett der Großmutter, genannt „Sofia's Special Omelett". Eftichis hat einen Ortsplan gezeichnet, den man auf kopierten Blättern erhält.

Sehenswertes: Wenn man kurz vor dem Ortseingang rechts abzweigt, kommt man auf leidlich befahrbarer Piste zur immergrünen *Platane*, deren Äste in Kreuzform gewachsen sind. Daneben steht eine Olivenölfabrik und wenige Schritte weiter auf der anderen Flussseite zwischen Platanen und Wildzypressen die Kirche *Ágii Patéres*, halb in den Fels gebaut, in der einer der heiligen Väter gepredigt haben soll. Die Altarwand besitzt wertvolle alte Ikonen, eine besonders alte hat man erst kürzlich entdeckt. Auf ihr sind die heiligen Väter gemalt und sie ist in einem hölzernen Ständer separat ausgestellt. Oberhalb der Kirche liegt ein kleines Höhlenheiligtum im Fels, im Hof das Grabmal eines Führers der Widerstandskämpfer gegen die Türken. Im kleinen *Museum* neben der Kirche sind in drei Räumen Relikte aus der kretischen Geschichte von 1770 bis 1945 untergebracht. Darunter Bilder von Widerstandskämpfern und politischen Führern, ein Porträt des Premierministers Venizélos, kretische Kostüme, Urkunden, Waffen und historische Mauersteine, die in Azogirés gefunden wurden. Auch der Kampf gegen die deutschen Besatzer ist thematisiert.

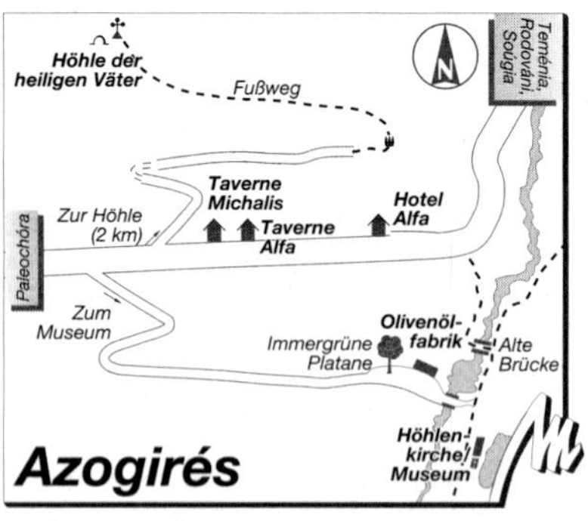

Tipp: Bis zur immergrünen Platane kann man mit dem Fahrzeug hinunterfahren. Reizvoller ist es aber, den Wagen oben im Ort abzustellen, zu Fuß hinunterzulaufen und für den Rückweg den Pfad zu nehmen, der über die *alte Brücke* verläuft (→ Ortsplan).

Öffnungszeiten Das **Museum** ist in der Regel geschlossen, wegen Besichtigung muss man vorher in der Taverne Alfa fragen.

▸ **Höhle der Heiligen Väter**: Am Ortseingang führt links ein Fahrweg hinauf (beschildert: „Spilio/Cave"). Die ersten Meter sind zwar sehr steil, doch der Rest ist mit dem

Fahrzeug problemlos zu machen. Nach etwa 2 km endet die Piste am Fuß einer Felswand. 50 m weiter steht ein Schild mit Pfeil, das den kurzen Fußweg zur Höhle weist. Den Pfad entlang gelangt man zu einem Felsspalt, markiert durch ein großes weißes Kreuz, das bereits von weitem zu sehen ist, und steigt hinunter zu einer Art Plattform zwischen den hohen Felswänden. Rechter Hand gähnt der Eingang zur Höhle – ein riesiger Spalt zwischen zwei Wänden, die sich oben berühren und nach unten einen Hohlraum bilden. Über drei steile und wacklige Leitern kann man hinuntersteigen. Äußerste Vorsicht, nur für geübte Kletterer und ganz auf eigene Gefahr! Auf dem ersten Sockel steht ein schlichter Altar, der weitere Abstieg ist ohne Taschenlampe nicht zu machen. Licht dringt nur noch schwach von Öffnungen hoch oben im Fels herunter. Ein tolles Erlebnis.

Die Geschichte der 99 heiligen Väter (wie sie mir vor Ort erzählt wurde)

Die 99 Väter kamen unter der Führung des heiligen Johannes aus Ägypten, Zypern und der Türkei nach Azogirés. Der erste Platz, an dem sie sich hier niederließen, war unter einer großen Platane. Sie wünschten sich, der Baum möge immer grün bleiben, im Sommer wie im Winter. Und seine Äste sollten sich zu Kreuzen formen. Beides ist tatsächlich eingetreten. Ferner sagten sie, der Baum solle erst sterben, wenn er 99 Kreuze habe.

Anfangs schliefen die heiligen Väter in der Höhle, in der heute die ihnen geweihte Kirche steht. Johannes dagegen schlief in der Höhle oberhalb vom Ort. Eines Tages beschloss er, Richtung Norden auf die einsame Halbinsel Akrotíri bei Chaniá zu gehen und dort als Eremit zu leben. Die heiligen Väter ließen sich in der Höhle nieder, in der ihr Führer genächtigt hatte. Bevor Johannes ging, schworen sie sich, sobald einer von ihnen sterbe, wollten alle anderen auch sterben.

Johannes ernährte sich auf Akrotíri von Früchten und Gemüse aus verschiedenen Gärten. Zum Schutz vor der Kälte hängte er sich dabei ein Fell um. Einer der Bauern entdeckte ihn in gebückter Stellung und dachte, es sei ein wildes Tier, das ihm seine Vorräte weg fräße. Er legte sich auf die Lauer, schoss mit Pfeil und Bogen auf das vermeintliche Tier und traf. Johannes schleppte sich, schwer verwundet, zurück in seine Höhle. Am nächsten Tag folgte der Farmer den Blutspuren. In demselben Moment, in dem er die Höhle betrat, begann diese in einem unwirklichen Licht zu erstrahlen. Er sah Johannes sterbend am Boden liegen und erkannte, dass er einen heiligen Mann getroffen hatte. Er bat Johannes, ihm zu vergeben. Johannes tat dies, jedoch nur unter der Bedingung, dass der Bauer nach Azogirés gehe und seinen 99 Brüdern mitteile, dass er im Sterben liege und sie mit ihm sterben sollten. Der Mann tat dies auch – doch als er nach Azogirés kam, waren die 99 heiligen Väter bereits alle zusammen an einem Tag gestorben ...

Die wirkliche Höhle der Ágii Patéres liegt unter der heutigen Höhle. Vor einigen Jahrzehnten starb der letzte alte Einwohner, der sie kannte. Es soll einen Eingang gegeben haben und vor über hundert Jahren soll dort ein Stein in Form eines Tisches gestanden haben. Im Umkreis gruppierten sich andere Steine wie Stühle – und auf ihnen sollen die Skelette der heiligen Väter gesessen haben mit all ihren Habseligkeiten und Wanderstöcken. Aus Furcht vor plündernden Türken soll damals der Eingang verschlossen worden sein. Bis heute ist das Höhlensystem nicht vollständig erforscht.

Wanderung von Azogirés über Ánidri nach Paleochóra

Von der Höhlenkirche unterhalb von Azogirés führt ein schmaler, stellenweise mit dornigem Gestrüpp eingewachsener Pfad durch reizvolle Wald-, Phrygana- und Felslandschaft hinunter nach Ánidri. Lange Hosen sind auf diesem Stück sinnvoll. Der Weg verläuft an einem Westhang, ist also am Vormittag schattig. Weiter geht es durch eine felsige Schlucht zum Strand von Ánidri und auf einer Fahrpiste am Meer entlang nach Paleochóra. Achtung: In der Schlucht liegen große Felsblöcke, die teilweise mittels leichter Kletterpassagen umgangen werden müssen – für ältere Menschen und Kleinkinder ist dieser Streckenabschnitt eher nicht geeignet. Vorschlag: hinauf per Taxi oder Bus, runter per pedes.

- *Route* Azogirés – Ánidri – Strand von Ánidri – Paleochóra.
- *Dauer* ca. 3 Std. 15 Min. (Azogirés – Ánidri 1,5 Std., Ánidri – Strand 40 Min., Strand – Paleochóra 1 Std.)
- *Wegbeschreibung* An der **Durchgangsstraße** in Azogirés beginnt in einer Linkskurve unterhalb vom Hotel Alfa (→ Skizze) ein **Fußpfad** zur Höhlenkirche. An der Straße steht ein Strommast mit blauer Markierung und dem Hinweis „Church". Unter schattigen Zypressen und Platanen kommt man in 5 Minuten zu einer alten **Bogenbrücke**, überquert den Bach, der auch im Hochsommer etwas Wasser führt, und erreicht die **Höhlenkirche**.

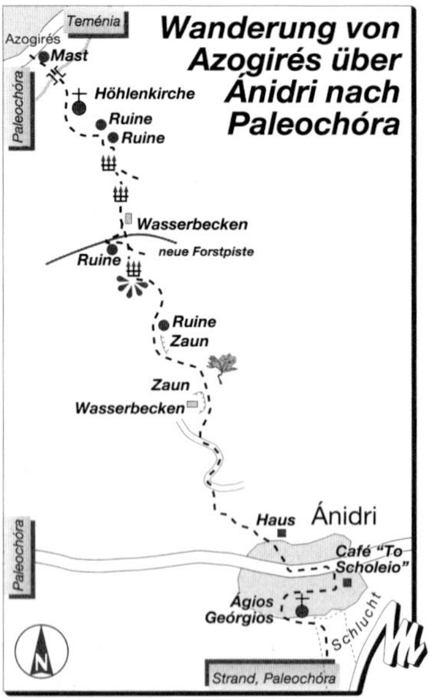

Hinter der Kirche (am Südende der Anlage) geht man am Toilettenhäuschen vorbei und links hinauf zu **zwei Ruinen**. Bei der zweiten Ruine durchquert man ein **Gatter**, hält sich bei der folgenden Gabelung rechts und folgt dem von Büschen flankierten, halbschattigen Weg leicht bergab. Der Weg führt anfangs auf der linken Hangseite immer auf einer Höhe entlang. Nach 15 Min. passieren wir Reste eines **Wasserbeckens**, das laut einer verwitterten Inschrift von 1877 stammt. Ca. 10 m nach dem Becken mündet der Pfad in der Kurve einer neu gebauten **Forstpiste**. Hier folgt man dem rechten Ast der Piste etwa 50 m leicht bergab und erkennt dann anhand der blauen Markierungen den alten Pfad, der auf der linken Seite leicht bergauf weiterführt und oberhalb einer **Ruine** verläuft. Die Landschaft wird jetzt steiniger, wird steigen durch helle Kalkfelsen um einen **Bergkamm** herum. Etwa 45 Min. nach der Höhlenkirche sehen wir zum ersten Mal das Meer. Durch dornige Phrygana geht es weiter, eine knappe Stunde ab der Höhlenkirche passieren wir eine weitere **Ruine**. Nun erreichen wir einen Zaun und kurz darauf eine **Erdpiste**, die zu einem exponierten, auf einer Kuppe stehenden **Olivenbaum** führt. Am Baum wenden wir uns rechts, kommen an einem Zaun und **Wasserbecken** entlang und stoßen auf einen **Fahrweg** (rote Markierungen). Wir folgen dem Fahrweg einige Kurven weit und verlassen ihn in einer **Linkskurve** (nach dem Ende eines Zauns) nach **rechts unten**. Auf steinig-schmalem Pfad steigen wir abwärts, bis wir auf das ersten Haus von **Ánidri** stoßen. Wir gehen direkt am Haus rechts entlang und auf der betonierten Zufahrt zur Hauptstraße von Ánidri. Ein kurzes Stück weiter treffen wir auf das schöne **Café** von Christos Vardoulakis im ehemaligen Schulgebäude – der Rastplatz schlechthin bei dieser Wanderung.

Nach einer ausgiebigen Stärkung geht es weiter zur Küste, **rechts vom Kafenion** (mit Blick auf die Küste) hinunter und das nächste Gässchen rechts. Nach wenigen Schritten erreichen wir den Friedhof mit dem sehenswerten Kirchlein **Ágios Geórgios** (→ Ánidri, S. 655). 100 m weiter kommen wir zu einer **Gabelung**, hier gehen wir links den betonierten Weg hinab, der uns direkt zum Beginn der **Schlucht** führt, die sich bis zur Küste zieht. An einer Gabelung sieht man dort das Schild „Beach" sowie blaue Markierungen, außerdem bald darauf eine Tonne mit der Aufschrift „Ánidri". Wir folgen dem gewundenen Kiesbett, in dem meterhohe Felsblöcke liegen. Nach 15 Min. ab Schluchteinstieg kommen wir zur ersten **Kletterstelle**, die wir rechts umgehen. Weitere leichte Kletterpassagen folgen, die Umgehungen sind mit Steinmännchen markiert. 50 Min. nach Ánidri erreichen wir die zwei **Strände von Ánidri** mit einer Kneipe, die kalte Getränke und kleine Gerichte anbietet (→ Paleochóra/Baden, S. 653).

Nach einem erfrischenden Bad geht es auf einer vor wenigen Jahren angelegten **Fahrpiste** in etwa 1 Std. nach **Paleochóra**. Dieses Streckenstück ist leider recht monoton und ohne Schatten. Beim Campingplatz erreichen wir Paleochóra, von dort sind es noch 15 Min. ins Zentrum.

Durch das Pelekianotikós-Tal nach Sklavopoúla

Reizvoller Ausflug in die einsamen Berge nordwestlich von Paleochóra. Von der Küstenstraße nach Koundourás nimmt man kurz hinter dem Ortsausgang von Paleochóra den Abzweig nach Voutás.

Auf guter Asphaltstraße (nur am Anfang ein Stück ohne Belag) geht es das Tal des Flusses *Pelekaniotikós* entlang, wobei man weite Ausblicke in die z. T. üppig bewachsenen Berghänge hat. Im Sommer meist völlig ausgetrocknet, schwillt er nach langen winterlichen Regenfällen oft immens an, wobei die reißenden Fluten immer wieder große Zerstörungen anrichten.

Etwa 2 km vor Voutás weist linker Hand ein Schild („Pros Ieró Náo Micháli Archángelou") auf die Kirche des *Archángelos Michális* hin, die am Schluchthang unterhalb der Straße steht. Ein Fahrweg führt hinunter, nach drei Kehren trifft man auf das winzige, halb überwucherte Kirchlein, das meistens offen steht. Im Inneren erkennt man verwitterte Reste von Wandmalereien und eine Ikone. Ein neues Dach hält immerhin den Regen ab, sodass der Verfallsprozess der Fresken gestoppt ist.

In *Voutás*, einem Ort mit großer Kirche und Olivenölfabrik, könnte man geradeaus über Archontikó zur Straße weiterfahren, die nach Süden zum Strand von Elafonísi (→ nächster Abschnitt) führt, nach Norden zur kretischen Nordküste bei Kíssamos. Wir nehmen jedoch linker Hand das schmale Sträßchen, das durch das Flusstal führt und hinauf nach *Sklavopoúla*.

▸ **Sklavopoúla**: Das abgelegene Dörfchen besteht nur aus wenigen Häusern. Es liegt pittoresk inmitten windgepeitschter und glatt gebürsteter Bergkuppen und ist bekannt für seine freskengeschmückten Kirchen, soll außerdem der Standort der dorischen Stadt *Doúpolis* gewesen sein.

Gleich am Ortseingang steht linker Hand neben der Schule die kleine Kirche *Ágios Geórgios* mit Fresken aus dem 13. und 14. Jh. (Schlüsselbewahrer wohnt hinter der Schule). Die anderen beiden Kirchen – *Panagiá* und *Sotíros Christoú* – liegen unterhalb des Dorfs und sind schwerer zu finden. In der Ortsmitte steigt bei einem Kafenion ein Pfad einige hundert Meter hinunter bis zum Haus des Schlüsselwärters. Die Fresken der Panagía-Kirche sind deutlich besser erhalten, u. a. ist hier auch der Stifter der Kirche verewigt.

Am Ortsende von Sklavopoúla führt eine mittlerweile vielleicht weitgehend asphaltierte Straße nach Koundourás, eine Piste zweigt außerdem zum Strand von Elafonísi ab.

• *Essen & Trinken* **Aposperida**, ein Erlebnis ist die Einkehr im urigen Kafenion von Dimitra Klonizakis am Ortsende rechts. Der winzige Raum besteht aus ein, zwei Tischchen, einem Fernseher und einer Spüle, an der Dimitra hantiert. Von dem exponierten Platz sind abends sicherlich die Sterne (Aposperida) hervorragend zu sehen.

Von Paleochóra zum Strand von Elafonísi

▶ **Mit eigenem Fahrzeug**: bis *Plemenianá* die Straße Richtung Chaniá zurückfahren, dort links ab auf Asphalt über Drís, Psarianá und Aligí nach *Strovlés* in einem grünen Tal inmitten von Kastanienbäumen. 3 km weiter trifft man auf die Hauptverbindung von Kíssamos nach Elafonísi, über Élos zur Abzweigung bei Kefáli fahren, von dort noch elf asphaltierte Kilometer hinunter zum Kloster Chrissoskalítissa und weiter zum Strand von Elafonísi (Details zu der Strecke ab Kefáli → S. 640).
Alternative ist die besonders schöne, ebenfalls fast vollständig asphaltierte, aber deutlich längere Route über Voutás bis Strovlés. Von der Küstenstraße nach Koundourás den Abzweig nach *Voutás* nehmen (→ vorheriger Abschnitt) und das Tal des Flusses Pelekaniotikós entlangfahren. Ab *Archontikó* geht es unterhalb eines Kamms entlang durch kahle, vom Wind glatt gebürstete Regionen. Am Kamm angelangt, überwältigender Blick in Richtung Norden, die Hänge mit Phrygana und violett blühendem Heidekraut bewachsen. Die Straße windet sich um eine blendend weiße Kirche mit tiefblauer Kuppel herum und trifft 1 km vor *Strovlés* auf den Abzweig nach Plemenianá bei Kándanos (11 km) an der Hauptstraße nach Paleochóra.

▶ **Mit dem Schiff**: Von Paleochóra verkehrt von Mai bis Oktober je nach Bedarf 1–3 x tägl. ein Badeboot, ca. 5 € einfach. Achtung: Bei hohem Wellengang fallen die Fahrten aus!

Wanderung von Paleochóra zum Strand von Elafonísi

Mittelschwere Wanderung mit schönem Ziel, unterwegs einsame Sandbuchten, die zum Baden einladen. Der zweite Teil der Strecke ist schwieriger zu begehen, da Geröllfelder umgangen werden müssen. Weitertransport von Elafonísi per Bus nach Kíssamos/Chaniá oder mit dem Badeboot zurück nach Paleochóra (Achtung: Fahrten können ausfallen!). Wer in Elafonísi die Wanderung starten will, findet Hinweise zum Einstieg unter Elafonísi. Der Weg ist mit gelb-schwarzen „E 4"-Schildern gut markiert.

• *Route* Paleochóra – Koundourás – Kapelle Ágios Ioánnis – Strand von Elafonísi – Kloster Chrissoskalítissa.

• *Dauer* ab Koundourás (7 km westlich von Paleochóra) bis zum Strand von Elafonísi ca. 3,5 Std., zum Kloster Chrissoskalitíssa eine gute weitere Stunde.

• *Wegbeschreibung* Ausgangspunkt ist die Streusiedlung **Koundourás**, 7 km westlich von Paleochóra. Eine Asphaltstraße führt hin und man sollte versuchen, per Autostopp oder Taxi dorthin zu kommen (leider rümpfen die beiden örtlichen Taxifahrer meist die Nase, wenn es nur nach Koundourás geht).
In Koundourás hält man sich zuerst in 200–300 m Entfernung vom Wasser und geht auf einer Schotterpiste an den zahlreichen Gewächshäusern vorbei. Man nähert sich erst dem Wasser, wenn der Kiesstrand im **Órmos Krioú** in Sicht ist, und läuft ihn entlang. Der **markierte Weg** nach Elafonísi beginnt kurz dahinter am Ende einer kleinen Bucht, die sich an den Strand anschließt.
Der Weg steigt zunächst 45 Min. steil auf das bergige **Kap Kriós** an, bis man auf einem Sattel endlich den Schweiß abtrocknen darf. Wenn man zurückblickt, hat man eine prächtige Aussicht auf die Gewächshäuser und das in weiter Ferne liegende Paleochóra. Kurz nach der Anhöhe geht es bergab zu einer dicht mit Wacholdermacchia bewachsenen **Bucht**. Unten angekommen, läuft man zwischen ausgehöhlten Felsbrocken entlang, bis der Weg wieder zu einer Anhöhe aufsteigt. Nun hat man bereits die Bucht von Elafonísi vor Augen. Weiter führt der markierte Weg in der Höhe hinter dem Kap entlang zur bereits gut sichtbaren Kapelle des **Ágios Ioánnis**, die

man ca. 1,5–2 Std. ab Koundourás erreicht. Etwa 100 m südöstlich befindet sich eine Wasserstelle zwischen Bäumen im Tal.
Der Pfad verläuft im Weiteren halbhoch über der Küste, wird aber teils etwas unwegsam. Elafonísi ist immer in Sicht. An einer Stelle muss ein größerer **Geröllhang** umgangen werden, der einen Strand umschließt. Etwa 3 Std. ab Beginn der Wanderung steigt man zum Wasser hinunter. Die letzte halbe Stunde läuft man zwischen prächtigen Zedern und riesigen Felsbrocken einen weichen **Sandstrand** entlang und erreicht die **Anlegestelle** der Badeboote von Paleochóra. Von dort sind es 5 Min. zum Elafonísi-Strand. Wer nun noch weiterlaufen will, benötigt bis zum Kloster Chrissoskalítissa noch etwa 45 Min. (weitgehend Asphalt).
Rückkehr: Vom Strand in der Saison Badeboot nach Paleochóra, vom Strand und vom Kloster 1 x täglich Busverbindung nach Kíssamos und Chaniá an der Nordküste.

Infos zum Strand von Elafonísi und Kloster Chrissoskalítissa → S. 640 ff.

Von Paleochóra nach Soúgia

- **Mit dem eigenen Fahrzeug**: Es gibt keine direkte Küstenstraße , jedoch kann man von Paleochóra nach Soúgia die schöne Straße über *Azogirés* (→ S. 655) und Teménia nehmen, die mittlerweile durchgehend asphaltiert ist. Vom Tourismus sind die Orte an der Straße noch kaum berührt.
Teménia liegt in einer fruchtbaren Senke und besitzt eine Limonadenfabrik. Nach dem Ortsausgang (etwa 400 m nach der Kreuzung) führt rechts (beschildert) ein zementierter Feldweg zur Kirche *Sotíros Christoú* aus dem 13. Jh. Man fährt etwa 100 m bis zu einem Gehöft, kurz davor sieht man rechts auf einem Hügel zwischen Bäumen das bildhübsche Kreuzkuppelkirchlein mit seitlich angeschlossenem Tonnengewölbebau. Im meist geöffneten Innenraum sind Fresken aus dem 16./17. Jh. erhalten, allerdings großteils stark beschädigt. Derselbe Weg führt weiter zu den spärlichen Überresten der dorischen Stadt *Hyrtakína*, jedoch verhindert ein Gatter die Weiterfahrt und man muss zu Fuß gehen.
In *Rodováni* trifft man auf die Straße, die von der Nordküste nach Soúgia führt (→ Chaniá/Hinterland, S. 609). Hier hat man einen herrlichen Blick auf das lange, teils üppig grüne Tal Richtung Soúgia.
Eine Alternative zu der Route über Azogirés ist die Strecke über *Kándanos* (→ S. 645). In der Nähe vom Wasserwerk am nördlichen Ortsausgang nimmt man dort die Asphaltstraße über Anisaráki und Teménia. Zuerst führt die Straße in Serpentinen hoch hinauf, toller Blick auf Kándanos und die Berge. In den Olivenhainen um *Anisaráki* liegen mehrere Kapellen aus dem 14./15. Jh. mit wertvollen Fresken aus derselben Zeit: *Agía Ánna, Ágios Geórgios, Panagía* und *Agía Paraskeví.*
- **Mit dem Schiff**: eindrucksvolle Fahrt an den fast senkrecht abfallenden, grau bis rostrot gefärbten Felswänden entlang, vor allem im zweiten Teil der Fahrt. Es gibt keinerlei Ortschaften oder Häuser, nur schroffe Steineinöde. An dem dunklen Streifen oberhalb der Wasserlinie erkennt man deutlich, dass der Meeresspiegel früher mindestens 5-6 m höher gelegen haben muss. Ein Indiz dafür, dass sich der Westen Kretas (wahrscheinlich auf Grund heftiger Erdbeben) im 6. Jh. n. Chr. gehoben hat.

Wanderung von Paleochóra nach Soúgia

Diese Wanderung ist bis auf den anstrengenden Aufstieg aufs *Kap Flomés* nicht allzu schwer und führt durch abwechslungsreiche Gegenden. Die Strecke ist bis Kap Flomés gut mit gelb-schwarzen „E 4“-Schildern markiert, der weitere Weg ist ebenfalls nicht zu verfehlen. In *Lissós* hat man eine antike Hafensiedlung ausgegraben, die eine berühmte Heilquelle und ein *Asklepios-Heiligtum* besaß. Hinweise dazu auf S. 668.

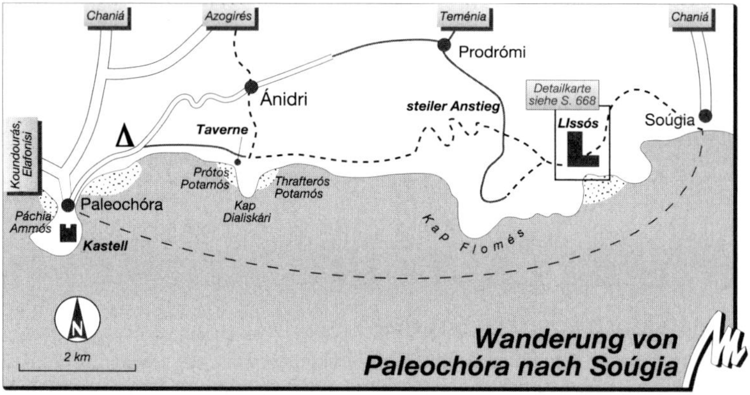

• *Route* Paleochóra – Kap Flomés – Lissós – Soúgia.

• *Dauer* ohne Gepäck insgesamt knapp 4 Std. 30 Min. (Paleochóra – Lissós 3 Std., Lissós – Soúgia 1 Std. 30 Min.).

• *Wegbeschreibung* Vom Zentrum in Paleochóra geht man zunächst an der Ostseite der Halbinsel entlang auf der Asphaltstraße in 15 Min. zum **Campingplatz**. Kurz nach dem Platz verlässt man an einer **Kurve** (Leserhinweis: vor der kleinen **Kapelle**, die links in einem Olivenhain steht, rechts abbiegen) die Teerstraße und biegt auf einen anfangs betonierten **Fahrweg** ein, der dicht an der Küste entlang in etwa 45 Min. zu den beiden **Stränden von Ánidri** am Kap Dialiskári führt. Am ersten Strand steht eine Kneipe, der zweite ist ein schöner Sandstrand mit buschbewachsenen Dünen. Ab hier führt der Weg als leicht zu erkennender **Fußpfad** weiter (weithin sichtbare „E 4"-Stangen und schwarz-gelb-rote Farbmarkierungen). Wir gehen entlang der wilden, felsigen Küstenlinie, in der nächsten Bucht steigt der Weg halbhoch übers Meer an. Etwa 2 Std. ab Paleochóra erreichen wir das steile **Kap Flomés**, das senkrecht ins Wasser abfällt. Kurz vorher passieren wir eine winzige **Kiesbucht**.

Der Weg steigt jetzt in Serpentinen steil an und nach etwa 30 anstrengenden Minuten sind wir auf dem **Plateau** von Kap Flomés angelangt – schöner Blick auf die Lefká Óri und zurück auf die vom Meer umspülte Halbinsel von Paleochóra. Der Weg wird nun zum **Fahrweg** und trifft nach wenigen Minuten auf eine **Querpiste**. Hier gehen wir querfeldein **geradeaus weiter** (zwei aus Steinen zusammengesetzte Pfeile zeigen in diese Richtung). In der folgenden Ebene mit roter Erde und spitzem Felsgestein sind die Markierungen zwar etwas spärlich gesät (auf Steinmännchen und Farbkleckse achten), doch wenn man sich einfach geradeaus hält, trifft man bald auf einen **Geröllpfad**, der in einer halben Stunde in die Bucht von **Lissós** hinunterführt. Der Weg endet im Mittelteil der Bucht bei einigen verstreuten Häusern und ehemals bebauten Terrassen. Vorbei an einer runden **Dreschtenne** kommt man zu einem Bachlauf und überquert ihn auf einer kleinen Brücke. Wenige Meter weiter in Richtung Strand liegt eine **Wasserstelle**, gegenüber das **Haus des Wärters** der archäologischen Ausgrabung. An der Westseite des Bachs führt ein Weg in wenigen Minuten zum **Strand**, der allerdings stark verschmutzt ist.

Der Weg nach Soúgia verläuft nicht am Wasser weiter, sondern im Hintergrund der Bucht. Von der Wasserstelle geht man bachaufwärts zu einer byzantinischen **Kapelle** und von dort in nordöstlicher Richtung bis zum eingezäunten **Asklepios-Tempel** am Fuß der östlichen Talwand. Am Zaun beginnt der schmale Weg, der in Serpentinen die Felswand hinauf bis zu einer **Hochebene** über dem Tal führt (Aufstieg ca. 20 Min., ausreichend markiert). Die Hochebene überquert man auf gut sichtbarem Pfad aus rostroter Erde. Dann steigt man auf einem befestigten **Maultierpfad** durch einen Wald von Aleppokiefern hinunter, bis man nach 20 Min. zum Grund einer **Schlucht** mit anfangs überhängenden Felswänden kommt. Wenn man 20 Min. das mit Felsbrocken übersäte, im Sommer ausgetrocknete Bachbett hinuntergelaufen ist, steht man plötzlich vor der Hafenanlage von **Soúgia**. Von hier sind es noch ca. 5 Min. in den Ort.

Soúgia

Eine Handvoll Häuser, wie hingeworfen in eine weite Felsbucht, davor eine Tamariskenpromenade und ein langer Strand aus Kies und grauem Sand. Nach dem vergleichsweise turbulenten Leben in Paleochóra findet man hier eine fast unwirklich erscheinende, friedvolle Atmosphäre.

Obwohl über eine Straße von der Nordküste zu erreichen, wirkt Soúgia, das am Ausgang eines langen Tals liegt, von der Außenwelt nahezu abgeschlossen. Es herrscht erholsame Stille, nur ab und zu schreit ein Esel und der Schrei wird mehrfach verstärkt von den hohen Felswänden zurückgeworfen. Eine kleine Idylle also. Das konnte natürlich nicht verborgen bleiben und das Dorf hat sich zu einem beliebten Anlaufpunkt für meist junge Leute entwickelt, die überwiegend aus Deutschland stammen, darunter viel Stammpublikum. Natürlich beginnt auch hier allmählich eine verstärkte touristische Expansion. Soúgia ist in den letzten Jahren rasant gewachsen, Hotels und Pensionen wurden gebaut, fast jedes Haus vermietet Zimmer, Restaurants und Bars entstehen, an Wochenenden herrscht reger Ausflugsverkehr aus Chania. Trotzdem ist Soúgia nach wie vor ein lohnendes Ziel, wenn man ein kleines Dorf nah an der Natur sucht, aber trotzdem auf individuelle Kontakte und Ablenkung nicht verzichten will. Die Menschen sind außerdem bisher sehr freundlich und man hat nie das Gefühl, in „Touristenfallen" zu geraten. Freies Zelten wird bisher toleriert.

Verbindungen

• *Eigenes Fahrzeug* Schöne Alternative zur Anfahrt ab Chaniá (→ S. 610) ist folgende Variante: Straße ab **Tavronítis** in Richtung Paleochóra nehmen, in **Siríli** in Richtung Derés abbiegen. Landschaftlich reizvoll, Strecke etwas holprig, das letzte Schotterstück zwischen **Papadianá** und **Nea Roúmata** wurde erst kürzlich geteert.
Achtung: In Soúgia gibt es keine Tankstelle, die nächste ist in Agía Iríni!

• *Bus* täglich 1 x von **Chaniá** (Mo–Sa 13.30 Uhr, So 8.30 Uhr), in der Hauptsaison eventuell 2 x. Schöne Strecke an der Flanke der Lefká Óri entlang, unterwegs im Dorf Agía Iríni Einstiegsmöglichkeit zur gleichnamigen Schlucht (→ Wanderung weiter unten). Ab **Soúgia** nach Chaniá Mo–Sa 7 Uhr, So 14.30 Uhr. Morgens fährt in der Saison mehrmals wöchentlich ein Bus zum Eingang der **Samariá-Schlucht**.
Bushaltestelle beim Kiosk an der Strandstraße. Tickets im Café Lotos beim Taxifahrer Vangelis (hat sich die Lizenz für den Verkauf besorgt) oder direkt im Bus.

• *Schiff* Jeden Morgen kommt eine Fähre von **Paleochóra** und fährt nach **Agía Rouméli** und weiter nach **Loutró** und **Chóra Sfakíon** (u. U. muss man in Agía Rouméli umsteigen). Von **Agía Rouméli** kommt das Schiff am Spätnachmittag zurück und fährt weiter nach **Paleochóra**. Etwa 1–2 x wöch. geht von Mai bis Okt. außerdem morgens ein Schiff von Paleochóra über Soúgia zur Insel **Gávdos**. Infos zu Gávdos auf S. 739 ff.
Fahrzeiten/Preise: **Paleochóra** (1 Std., ca. 3,50 €), **Agía Rouméli** (1 Std., ca. 3,20 €), **Loutró** (1,5 Std., ca. 5,50 €), **Chóra Sfakíon** (2 Std., ca. 6 €), **Gávdos** (ca. 4 Std., ca. 11 €).
Tickets gibt es jeweils etwa 30 Min. vor der Abfahrt in einem weißen Kiosk im Hafen am Westende der Bucht.

• *Taxi* Es gibt zwei Taxis, die man z. B. nach der Durchquerung der Samariá-Schlucht für die Rückfahrt reservieren kann ✆ 28230-51485 (Jorgos) oder 51484 (Supermarkt Polifimos).

• *Taxiboot* Transport zu schwer erreichbaren Stränden und Buchten zwischen Agía Rouméli und Paleochóra bietet Captain George (→ Übernachten) mit einem Taxiboot für 12 Pers. **Lissós** (ca. 20 €), **Pikilássos** (ca. 25 €), **Tripití** (ca. 30 €). Tipp für Wanderer: hin fahren und zurück laufen. Außerdem gibt es Touren zum herrlichen Strand von **Elafonísi** (→ S. 642).

Adressen

• *Fahrzeugvermietung* gibt es bisher nicht in Soúgia. Man muss aber nur bei Sabine Travel in Paleochóra anrufen und die stellen einen Wagen auf die Fähre (Rückgabe auf die gleiche Art).

• *Geld* Neuerdings existiert ein **Geldautomat** am Ortseingang.

• *Internationale Presse* im Supermarkt **Pelican**.

• *Internet* im **Café Lotos**, wo die Zufahrtsstraße auf die Uferstraße trifft. Infos unter **www.sougia.info**

• *Kiosk* an der Promenade, wo der Bus hält. Frau Roxana Pateraki spricht ausgezeichnet Deutsch, weiß zu fast allem Rat und Hilfe und verkauft schon frühmorgens Kaffee, Gebäck, Getränke etc. ✆ 28230-51362.

• *Lebensmittel* drei kleine Supermärkte an der Zufahrtsstraße, der mittlere namens **Pelican** wird von einer Holländerin mit ihrem griechischen Mann geführt.

Übernachten

Rooms gibt es überall, sie kosten in der Regel je nach Saison ca. 20/25–35/40 €. Deutlich überhöhte Preise sollte man nicht akzeptieren.

Galini, gepflegtes Haus am Ortseingang, etwa 500 m vom Meer entfernt. 13 saubere Zimmer und zwei Studios mit Du/WC, TV, Terrasse oder Balkon. Straße führt direkt am Haus vorbei, ist nachts aber nur wenig befahren. Tägliche Zimmerreinigung. ✆/℻ 28230-51488, www.sougia.info

Aretousa, benachbart zum Galini, 20 m zurück von der Straße. Nette Zimmer und Studios mit pastellfarbenen Möbeln und Klimaanlage. Da etwas ab vom Schuss, achtet man auf Qualität. Tägliche Zimmerreinigung. ✆/℻ 28230-51178, www.sougia.info

Captain George, rechter Hand etwas zurück von der Zufahrtsstraße. Gepflegtes Anwesen mit Rasenflächen, ruhige, unverbaute Lage, 2 Min. zum Strand. 14 helle, geräumige DZ und Studios mit Kühlschrank, Telefon, Radio, Ventilator, Balkon und Du/WC, z. T. Meerblick. Jeden zweiten Tag auf Wunsch frische Bettwäsche und Handtücher. Eigener Parkplatz. Captain George ist ebenso weltgewandt wie ortskundig. ✆ 28230-51133, ℻ 51194, ✆ 694-7605802 (Handy).

El Greco, hinter Captain George, nette Pension im ersten Stock, ruhig, mit schöner Sicht ringsum. Zehn klimatisierbare Zimmer, jeweils mit Balkon. Elias und Anthoula Kandanoleon begrüßen Gäste freundlich mit einem selbst gebrannten Rakí. Küchenbenutzung und Kinderbetten auf Wunsch. ✆ 28230-51186, ℻ 51026, www.sougia.info

Irtakina, im Erdgeschoss desselben Hauses wie „El Greco", geführt von Dimitri Kandanoleon und seiner Frau, separater Eingang, ebenfalls zehn Zimmer, jeweils mit Terrasse, um das Haus ein kleiner Garten mit üppigem Grün. ✆/℻ 28230-51130, www.sougia.info (Alle Kandanoleons haben lange in Kanada gelebt und sprechen sehr gut Englisch).

Elias, gegenüber der Polizeistation geht rechts eine kleine Straße ab, die zur hübschen Pension führt, freundlich geführt und ruhig, Leserlob. Sechs DZ und drei Studios, alle mit TV, gemeinsame Terrasse und Hof, etwas teurer. ✆ 28230-51476, www.sougia-info

Santa Irene, C-Kat., das teuerste Haus am Ort, geschmackvoll aufgemachtes Hotel direkt an der Ecke, wo die Zufahrtsstraße auf die Strandstraße stößt. 14 Apartments um einen hübsch bepflanzten Innenhof, pro Wohneinheit ca. 35–55 €. Snackbar fürs Frühstück. Nach Michalis fragen. ✆ 28230-51342, ℻ 51182, www.sougia.info

Gabi's, an der Uferstraße Richtung Hafen, über die kaum befahrene Straße kommt man mit zehn Schritten zum Strand. Gabi aus Deutschland lebt schon seit vielen Jahren in Soúgia. Sie vermietet in ihrem schönen Haus acht moderne Zimmer, fünf davon mit Meerblick, jeweils Kühlschrank und Wasserkocher. DZ ca. 25–40 €. ✆/℻ 28230-51561, ✆ 69460-36395 (Handy).

Zorbas, neben Gabi. Kleine Zimmer mit Du/WC, Selbstkochmöglichkeit, Bar mit Frühstücksraum, Sitzgelegenheiten oberhalb vom Strand unter schattigen Tamarisken. ✆ 28230-51353.

Ririka, direkt an der Uferpromenade, unmittelbar neben der „Café-Bar/Taverne Maria" (→ Essen & Trinken), vermietet die Tochter Marias schlichte, teils etwas beengte Räume mit Nasszellen. Vorteil: die zentrale Lage wenige Meter vom Strand und die große Terrasse vor dem Haus. Zimmer nach hinten sind günstiger. Handeln angebracht. ✆ 28230-51167.

Am Strand von Soúgia

• *Östlicher Ortsbereich* schöne Ecke am ausgetrockneten Flussbett, die nahe Disco ist allerdings nachts deutlich zu hören und die Stechmücken sind zu spüren.

Eliros, mehrere Stockwerke übereinander, fünf Zimmer mit Balkon und Kühlschrank, z. T. Klimaanlage, weiter Blick über das Flussbett. ✆ 28230-51477, www.sougia.info

Lissos, völlig zugewucherter Vorgarten mit einer Fülle von Blumen, einfache Räume mit hellen Holzmöbeln und Fliesenböden, kleine Balkons mit Markisen. Geführt von den beiden Damen Sofia und Eleftheria, letztere spricht hervorragend Deutsch. ✆ 28230-51244 (im Winter ✆ 28210-31915).

Paradisos, das Haus neben Lissos, schattige Terrasse voller Pflanzen, betrieben von der Schwester von Eleftheria, die ebenfalls Deutsch spricht. Früher als Pizzeria in Betrieb, der ehemalige Gastraum wird auch vermietet. ✆ 28230-51358.

• *Freies Zelten* Einen Campingplatz gibt es nicht, aber das freie Zelten am Strand wird von den Einwohnern toleriert. Die Plätze unter den wenigen Tamarisken sind zwar oft von Langzeiturlaubern belegt, aber zwischen den Felsbrocken im östlichen Strandbereich findet man immer noch ein Plätzchen. Auf den Terrassen darüber keinesfalls zelten, antike Ausgrabung! Am Strand stehen mehrere Süßwasserduschen. Wertsachen kann man bei Frau Roxana Pateraki im Roxana Travel deponieren.

Achtung: Bitte niemals Wäsche oder die Haare in Viehtränken waschen, die Tiere (Bergziegen und Schafe) vertragen kein Seifenwasser oder Shampoo.

Essen & Trinken/Cafés/Nachtleben

Omikron, direkt an der Strandstraße, in den letzten Jahren häufiger Pächterwechsel, derzeit geführt von Jean Luc aus Frankreich, der hier früher als Koch gearbeitet hat. Kretisch angehauchte internationale Küche, gute Qualität und große Portionen, die die etwas höheren Preise wettmachen.

Galini, gleich daneben, relativ preiswert, freundlicher und großzügiger Wirt.

Polifimos, die Ouzerie von Iannis liegt ein wenig versteckt abseits der Straße. Unter einer großen Tamariske sitzt man gemütlich im Hof. Gute griechische Küche mit täglich wechselnder Speisekarte, viel vom Holzkohlengrill.

Anchorage, an der Zufahrtsstraße, wenige Meter zurück vom Strand. Gemütliches Lokal mit offenem Kamin und Terrasse mit Pergola, netter, fröhlicher Wirt namens Michalis.
Rembetiko, Terrassenlokal über der Zufahrtsstraße, geführt von der holländischen Wirtin Wanda samt fröhlicher Crew. Interessante Auswahl an Vorspeisen, auch etliche vegetarische Gerichte, z. B. Gemüsesuppe. Leserzuschrift: „Prima waren die gemischte Fischplatte und das leckere, warme Knoblauchbrot."
Livikon, letzte Taverne in Richtung Hafen, angenehm, gutes Essen und freundlich geführt, im Umkreis viel Platz für Kinder, die hier gefahrlos tollen können.

• *Café* **Lotos**, an der zentralen Kreuzung, tagsüber Dreh- und Angelpunkt, leckere Snacks, sehr nette Bedienung durch junge Griechen.
• *Nachtleben* Die erholsame Ruhe, die tagsüber herrscht, wird etwas durch die beiden Discos beeinträchtigt, die bis mindestens 3 Uhr das Tal beschallen.
Raki Bar, direkt an der Zufahrtsstraße, gegenüber vom Anchorage. Netter Platz mit guter Musik, „der" Treff am früheren Abend, bevor es in die Disco geht.
Disco Alabama, östlich vom Ort, jenseits vom ausgetrockneten Flussbett, nette Leute und ebensolche Atmosphäre.
Disco Fortuna, an der Ausfallstraße Richtung Chaniá, kurz nach dem Ortsausgang.

Sehenswertes: Die kleine neuzeitliche Kirche des *Ágios Panteleímonas* findet man am Friedhof, etwas zurück von der westlichen Uferstraße. Sie steht auf den Fundamenten einer einst wesentlich größeren byzantinischen Basilika. Der historische *Mosaikboden* ist im Inneren der heutigen Kirche ausgezeichnet erhalten, auf etwa 5 x 10 m Größe findet man sehr schöne Motive von Pfauen, Fischen und geometrischen Mustern. Den Schlüssel muss man im Hotel Pikilassos (seitlich der Zufahrtsstraße) holen, dort beginnt auch der Weg zur Kirche. Aufpassen: 20 m westlich vom Hotel passiert man den bescheidenen Rest eines weiteren, allerdings fast zertrampelten *Mosaikbodens*. An der Uferstraße in Richtung Hafen steht das urige Gebäude einer stillgelegten Olivenölfabrik.
Die spärlichen Mauern der antiken Siedlung *Syia* – Hafen der dorischen Stadt Éliros (→ S. 667) – liegen auf den Terrassen östlich vom Fluss. Noch vor 400 Jahren soll hier ein Ort existiert haben. Mit scharfem Auge kann man im Schatten der Johannisbrotbäume Reste von Rundgewölben, Hausruinen und Teile von Mosaikböden entdecken.
Etwas westlich oberhalb der Bucht steht die kleine, verschlossene Kreuzkuppelkirche *Agía Iríni*, wahrscheinlich aus dem 12. Jh. Man erreicht sie, wenn man am Ortsausgang die Straße links am Wasserwerk vorbei hinaufgeht – ein schöner halbstündiger Spaziergang den baumreichen Hang mit mächtigen Kiefern und Olivenbäumen hinauf. Wenn man von der Kapelle den Fahrweg etwa 100 m Richtung Westen geht, kommt man zu einer beim letzten Besuch kräftig sprudelnden Quelle unter einer Platane.

▸ **Soúgia/Baden**: Der etwa 1 km lange und sehr breite Strand besteht aus grobem Kies. Im Ostteil wird er durch eindrucksvolle, fast senkrechte Steilwände abgeschlossen. Schatten findet man nur unter den wenigen Tamarisken an der Uferstraße, Süßwasserduschen gibt es eine ganze Reihe. Soúgia ist wasserreich – wie an vielen Stränden dieser Region (→ Glikanéra-Strand bei Chóra Sfakíon) fließen unter dem Kies Süßwasseradern. Wenn man ein ca. 1,5 m tiefes Loch gräbt, füllt sich dieses schnell mit brackigem Süßwasser.
Unbestritten schönste Badestelle ist die *Kiesbucht* am Ostende des Strands. Umrahmt von malerisch ausgehöhlten Felsen und überhängenden Abbrüchen gibt es hier kleine Höhlen und schattige Plätzchen, wo man den Tag in aller Ruhe an sich vorbeiziehen lassen kann. Da hier zum großen Teil (aber nicht ausschließlich) FKK betrieben wird, nennen die Einwohner von Soúgia die Bucht die *„Schweinebucht"*. Sie ist auch ein bekannter Homosexuellentreff.

Soúgia/Umgebung

Soúgia liegt am Südausgang eines mächtigen Tals mit einem ehemals prächtigen Bestand an Aleppokiefern. Während der westliche Küstenverlauf Richtung Paleochóra eher sanft ist, türmen sich in Richtung Agía Rouméli hohe, bizarre Felsflanken – besonders schön vom Boot aus zu sehen.

Im Hinterland von Soúgia liegt das antike Éliros, das man auf der Straße nach Chaniá erreicht. Ansonsten erschließt sich die Umgebung am besten zu Fuß. Eine ganze Reihe von reizvollen Wanderungen kann man in alle Himmelsrichtungen unternehmen:

- kurze Fußwanderung Richtung Westen in die Bucht von **Lissós** mit den Resten einer antiken Siedlung (→ S. 668). Weiterlaufen nach Paleochóra möglich, Details dort in umgekehrter Richtung;
- Durchquerung der Schlucht von **Agía Iríni** nördlich von Soúgia (→ S. 669);
- Küstenwanderung nach Osten zum venezianischen Kastell **Tripití**. Weitermarsch nach **Agía Rouméli** ist nur Wanderern zu empfehlen, die bereits reichlich Kreta-Erfahrung haben (→ S. 671).

▶ **Moní**: Das kleine Dorf wurde von den Deutschen 1943 fast vollständig zerstört. Erhalten ist im Bachtal unterhalb der Straße die Kirche *Ágios Nikólaos* (14. Jh.) mit Fresken des berühmten Malers Pagoménos. Wandertipp: Vom unteren Dorfende zu einem alten Kloster hinunter und weiter zur (leider derzeit geschlossenen) Taverne „Oasis" (→ S. 670) am unteren Ende der Agía Iríni-Schlucht (ca. 1 Std.), von dort auf asphaltiertem Fahrweg nach Soúgia (ca. 1 ½ Std.).

▶ **Éliros**: In *Rodováni* zweigt die Straße nach Teménia und Paleochóra ab. Direkt an der Hauptstraße steht eine alte Ölfabrik. Auf dem Hügel Kefála am südlichen Ortsausgang sieht man eine Kirche und einen Windmühlenstumpf. Hier liegen die überwucherten Mauern der dorischen Stadt *Éliros*, deren Hafen die Küstensiedlung Syia war. Noch in römischer und byzantinischer Zeit war Éliros bewohnt, doch heute ist fast nichts mehr erhalten. Das Ausgrabungsgelände ist eingezäunt, es gibt allerdings Möglichkeiten, ins Innere zu gelangen. Die Lage der Stadt am Südhang mit weitem Blick über die Berge muss fantastisch gewesen sein.

▶ **Koustogérako**: Am Ortseingang des kleinen Bergdorfs nordöstlich von Soúgia steht ein modernes Denkmal für die in den umliegenden Bergen gefallenen Partisanen, dort gibt es auch eine Taverne. Mit Koustogérako verbindet sich eine Geschichte aus dem Zweiten Weltkrieg, die George Psychoundakis in seinem Buch „The Cretan Runner" beschreibt.

In Koustogérako hatten die Alliierten eine wichtige Funkzentrale stationiert, von wo sie Verbindung ins nahe Afrika aufnahmen. Als die Deutschen davon hörten und im September 1943 nach Koustogérako kamen, fanden sie nur Frauen und Kinder vor, die Männer waren offensichtlich in die Berge geflohen. Bei den nun folgenden Verhören, die sich vor allem um den Verbleib der wichtigen Funkanlage drehten, schwiegen die Frauen. Die deutschen Soldaten bereiten daraufhin alles zur Exekution vor und stellten die Frauen in einer langen Reihe auf der zentralen Platia auf. Doch bevor der Schießbefehl gegeben werden konnte, ertönten plötzlich Schüsse und zehn deutsche Soldaten wurden tödlich getroffen. Die vermeintlich geflohenen Männer hatten sich am Berghang oberhalb des Dorfs versteckt und konnten so jedes

Detail beobachten. Der Rest der Deutschen nahm die Beine in die Hand und ließ dabei einen Großteil ihrer Waffen zurück. Die Männer von Koustogérako erhielten Verstärkung von Partisanen und verfolgten die Deutschen über mehrere Tage, wobei sie weitere Soldaten töteten. Wenige Tage später kamen die Deutschen mit einer starken Truppe nach Koustogérako. Doch das Dorf war verlassen, alle Einwohner waren in die Berge geflohen. Die Soldaten machten daraufhin mit Feuer und Dynamit den Ort dem Erdboden gleich.

Wanderung von Soúgia nach Lissós

Einfache Wanderung, brauchbar als erster Test und um zu sehen, ob man auch den Anforderungen einer längeren Kreta-Wanderung gewachsen ist.

• *Dauer* einfach ca. 1 Std. 15 Min., hin und zurück knapp das Doppelte.

• *Wegbeschreibung* Der Weg beginnt im **Hafen** von Soúgia. Man geht zunächst Richtung Nordwesten eine felsige **Geröllschlucht** hinauf, Oleander und feuchte Stellen zeigen an, dass hier im Frühjahr wahrscheinlich ein Bach fließt. Das Tal zeigt sich üppig grün, Mastixsträucher und mächtige Aleppokiefern säumen den allmählich ansteigenden Weg, dichte Polster von Nadeln bedecken den Boden. Nach 25 Min. kommt man zu einer hohen, fast überhängenden **Felswand**, ca. 70 m ü. M. Fast canyonartig rücken die Schluchtwände hier zusammen. Nach 10 weiteren Min. verlässt man die Schlucht und steigt linker Hand einen **Saumpfad** mit roter, gelber und grüner Markierung hinauf. Die Stelle ist deutlich kenntlich gemacht, indem der weitere Weg in die Schlucht mit Steinen abgetrennt ist. Der Pfad ist ein alter **Maultierpfad**, teilweise befestigt und noch sehr gut erhalten. Über rote Erde geht es in engen Serpentinen zwischen Aleppokiefern hinauf. 45 Min. ab Soúgia erreicht man eine mit Felsbrocken übersäte **Hochebene** in 145 m Höhe. Zwischen Dornenbüschen und anderer Vegetation geht es quer über den Kamm, der Pfad ist an der rostroten Erde und gelegentlichen Steinmännchen zu erkennen. Nach 1 Std. **Abstieg** in Serpentinen nach Lissós hinunter, herrlicher Blick ins Tal. Der Weg mündet unten fast direkt am **Asklepios-Heiligtum** unter weit ausladenden Johannisbrotbäumen.

▸ **Lissós**: grüne Oase in einem wasserreichen Tal. Man hat hier die Reste einer antiken Hafensiedlung ausgegraben, die eine berühmte Heilquelle und ein *Asklepios-Heiligtum* besaß. Letzteres war noch in römischer Zeit in Betrieb und weithin bekannt.

Etliche Ruinen stehen heute verstreut, vieles ist jedoch von Gestrüpp überwuchert. Zudem ist das Terrain ziemlich unübersichtlich, weil es von Viehhirten genutzt wird und mit Einzäunungen versehen ist. Auch der Asklepios-Tempel ist umzäunt, der Zaun ist jedoch z. T. heruntergetreten. Im Inneren des rechteckigen Baus aus mächtigen Quadern findet sich ein noch gut erhaltener *Mosaikfußboden* mit Tierdarstellungen und geometrischen Ornamenten. Halbhohe Mauern, Säulenreste und griechische Inschriften sind noch erkennbar. Links von der Treppe, die vom Tempel abwärts führt, entspringen auch heute noch Quellen.

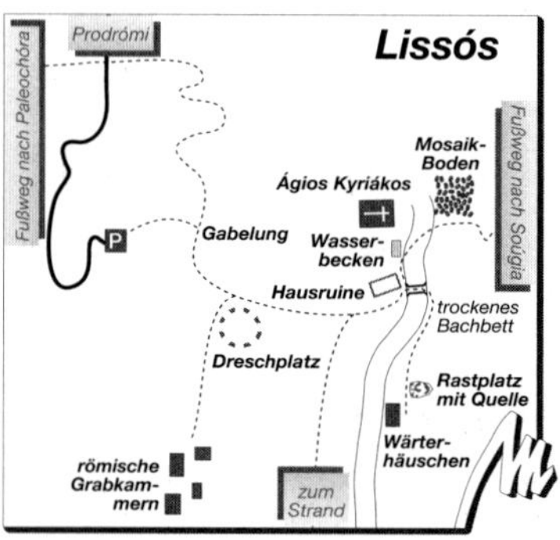

In der Kirche *Ágios Kyriákos*, nur wenige Schritte von der Ausgrabungsstätte, sieht man stark beschädigte Fresken, u. a. ein Abbild des heiligen Georg. Das bis dato undichte Dach wurde vor kurzem erneuert, doch Schimmel, Ruß und Nässe

Lissós: Kapelle aus antiken Säulenresten

haben bereits viel zerstört. Vor der Kirche Reste eines Mosaikbodens. Unterhalb der Kapelle wird das Quellwasser in einem offenen Becken gesammelt.

In Richtung Strand kommt man am Haus des Wärters Adonis vorbei, gegenüber eine willkommene *Wasserstelle* mit Sitzgelegenheiten. Um zum Meer zu kommen, geht man am westlichen Bachufer entlang. Unten steht eine weitere Kapelle, geweiht der *Panagía*, erbaut aus römisch-byzantinischen Säulenresten und Marmorfriesen. Ein rostiges Schild verbietet das Schlafen am stark teerverschmutzten Strand.

Am Westhang des Tals von Lissós (vom Dreschplatz aus links, siehe Skizze) ziehen sich etwa zwanzig kleine, gemauerte Häuschen mit Tonnengewölbe entlang, ca. 1,5 x 2 m. Die Dächer sind mit Ziegelschrot bedeckt, die fensterartigen Nischen sind zugemauert. Es soll sich dabei um römische *Grabkammern* handeln, in denen alte Leute beerdigt wurden, die im Heiligtum von Lissós hatten sterben wollen.

• *Zurück nach Soúgia* Ausgangspunkt **Asklepios-Tempel**. Am Ausgrabungszaun ein Schild, das den Weg nach Soúgia weist. Dicht am Zaun des Heiligtums halten und über einige Terrassen hinauf. Rote und gelbe Markierungen, auch Steinmännchen weisen den besten Weg auf die Hochebene hinauf, die man auf gut sichtbarem Pfad überquert, um auf der anderen Seite in die Schlucht zum Hafen von Soúgia abzusteigen.

• *Weiter nach Paleochóra* Nördlich von Wärterhäuschen und Wasserstelle den Bach auf einer kleinen **Brücke** überqueren, wenige Meter weiter nach rechts bergauf gehen und an dem runden **Dreschplatz** rechts vorbei, danach findet man die Markierungen. Hinweis: An der auf der Skizze eingetragenen **Gabelung** kann man auch nach links abbiegen. Hier trifft man bald auf eine **Fahrstraße**, die auf das Kap Flomés hinaufführt. Auf dem Plateau angelangt, muss man in den Fahrweg einbiegen, der nach links (Westen) abzweigt und als Pfad zur Küste hinunterführt.

Weitere Details in umgekehrter Richtung bei Paleochóra.

Wanderung durch die Schlucht von Agía Iríni nach Soúgia

Wanderung durch eine reizvolle Schlucht im Hinterland von Soúgia, besonders schön im Frühjahr wegen der riesigen blühenden Kräuterfelder im Mittelteil und der zartgrünen Bäume im oberen Abschnitt. Der Weg ist befestigt und wurde massentauglich ausgebaut, an schwierigen Stellen sind Stufen angelegt, Brücken führen über den mäßig rinnenden Wasserlauf des *Ageriniótis*, die einzelnen Kilometer werden mit Schildern angezeigt. Es gibt eine Wasserleitung, Klohäuschen und mehrere Rastplätze mit Wasserstellen. Mittlerweile wird Eintritt verlangt (ca. 1,50 €). Achtung: Im unteren Bereich gibt es laut neuer Leserzuschrift einige anstrengende Teilstücke und Felsstürze, wo man teilweise sogar etwas kraxeln muss.

Der gut beschilderte Einstieg liegt ziemlich genau in der Mitte zwischen *Agía Iríni* (Tankstelle) und *Epanochóri*, beide an der Straße nach Chaniá. Gut möglich als Tagesausflug ab Soúgia, kann man aber auch bei einer Busfahrt von Chaniá nach Soúgia als letzte Etappe zu Fuß machen. Man kann die Schlucht auch in drei bis vier Stunden bequem *von unten nach oben* durchwandern, in der Taverne am oberen Schluchteinstieg eine Pause machen und wieder hinuntergehen. Bei dieser Variante hat man keine Probleme mit der Anfahrt, da man das Auto auf einem großen Parkplatz am Schluchtausgang abstellen kann (Zufahrtsstraße zweigt von der Straße nach Livadás ab).

• *Route* Agía Iríni (bzw. Epanochóri) – Soúgia.

• *Dauer* ca. 4 Std., in der eigentlichen Schlucht läuft man nur 2,5–3 Std. Achtung, einige Leser brauchten deutlich länger.

• *Anfahrt/Einstieg* mit Frühbus ab Soúgia oder Chaniá bis **Agía Iríni**. Man kann sich direkt am Schluchteingang absetzen lassen, ca. 1 km südlich der Tankstelle in Agía Iríni bzw. 1 km nördlich von Epanochóri (560 ü. M.). Nach etwa 50 m kommt man zur Taverne **Porofarango** (früher „Kri-Kri"), wo man vor Beginn der Wanderung ab 7 Uhr morgens frühstücken kann (falls die Taverne in der Nebensaison nicht geschlossen ist).

Man kann auch nur bis **Epanochóri** fahren, was vor allem nachmittags sinnvoll ist. Bus hält unmittelbar am Einstieg mit großer Hinweistafel und Treppen zur Schlucht. Direkt an der Straße liegt eine **Taverne** mit weitem Blick, die auch Zimmer vermietet (✆ 28230-51330). Wer hier übernachtet und frühmorgens aufbricht, hat die Schlucht noch für sich allein. In Agía Iríni keine Unterkunft.

• *Wegbeschreibung* Vom Einstieg ca. 50 m zur Taverne **Porofarangó**, dann beginnt die Schluchtwanderung. Der Weg folgt dem linken Ufer unter schattigen Platanen durch üppige Vegetation. Der im Frühjahr stark angeschwollene und rauschende Fluss ist im Sommer nur ein dünnes Rinnsal. Unterhalb einer Taverne wird der Bach auf einem Holzsteg überquert, kurz vorher muss man 1,50 € Eintritt zahlen (laut Aufdruck für „sanitary service"). Auf einem Holzsteg überquert man den Bach und läuft weiter auf dem Fahrweg oder direkt am Ufer. Etwa eine halbe Stunde nach Abmarsch trifft man auf einen verfallenen Brunnen in Bienenkorbform. Wenig später erreichen wir das Seitental **Fygoús** („Tal der Flucht"). Es erinnert an die Frauen und Kinder, die hier 1821 vor den Türken flohen. Sichtbar sind noch Reste von Steinhütten und Pferchen. Der Weg geht weiter im trockenen Flussbett. Ein **Rastplatz** folgt (45 Min.), danach der Bildstock **Ágios Joánnis** in der Spalte eines frei stehenden Felsbrockens. Nach einer Stunde wird die Schlucht eng, es geht über Felsbrocken. Nach 1,5 Std. erreichen wir den **Rastplatz Fournáki** (370 ü. M.) unter schattigen Platanen. Ein weiterer schattiger **Rastplatz** folgt in 310 m Höhe. Wenig später, etwa zwei Stunden nach dem Aufbruch endet die Schlucht, das Tal weitet sich.

Hier wurde ein großer **Parkplatz** angelegt und ein kürzlich asphaltierter **Fahrweg** führt nun an der linken Talseite oberhalb des Flussbetts entlang. Diese Straße nimmt man am besten für die weitere Strecke bis Soúgia, da das Flussbett sehr steinig ist und kein richtiger Weg existiert. Oberhalb des Parkplatzes liegt die **Taverne Oasis** mit Tischen im Freien, war aber beim letzten Check mangels Pächter geschl.

Ab jetzt ist das Tal grau und steinig, ohne Schatten geht es weiter. Noch eine halbe Stunde und wir kommen zu einer venezianischen **Bogenbrücke**, von der nur noch ein Bogen erhalten ist (87 m ü. M.). An der weiß gekalkten Kirche etwas oberhalb gibt es einen Wasserhahn. Nach 10 Min. gelangt man an eine **Betonbrücke** mit Pumpstation, hier mündet der Fahrweg auf die Straße über Livadás nach Koustogérako.

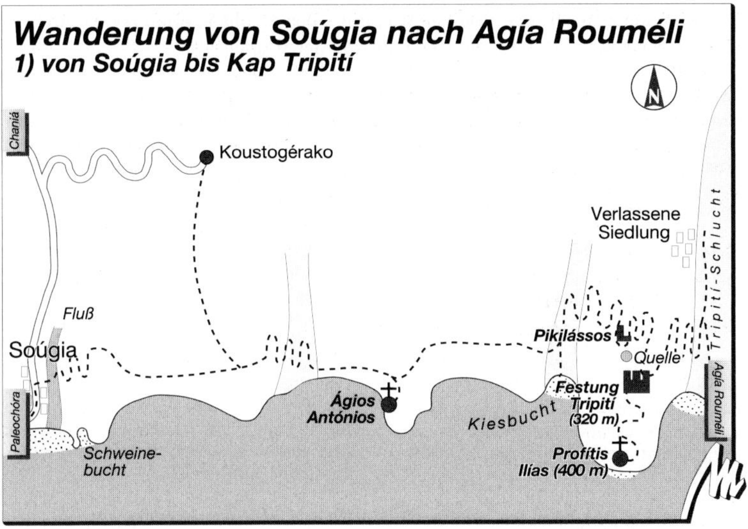

Wanderung von Soúgia nach Agía Rouméli

Anspruchsvolle Wanderung durch menschenleeres Gebiet, zu der man Kondition und Ausdauer braucht. Mittlerweile durchgehend mit „E 4"-Schildern markiert, leider stehen z. T. nur noch die Pfähle. Im Teilstück zwischen Tripití und Agía Rouméli gibt es einige schwierige Stellen, gute Trittsicherheit ist dort erforderlich. Tipp: Auf fast der gesamten Strecke hat man Handyempfang (vorher Nummer einer Taverne oder Taxibootfahrers eintippen und gleich testen).

- Route Soúgia – Kap Tripití – Tripití-Schlucht – Sentóni-Strand – Domáta-Strand – Kap Kalotrivídis – Agía Rouméli.
- Dauer reine Laufzeit etwa 12–13 Std., eine Übernachtung ist sinnvoll.

Die Tour lässt sich in **zwei deutlich unterschiedene Abschnitte** einteilen. Viele Wanderer machen nur den ersten Teil bis zur venezianischen Festung und laufen von dort wieder zurück nach Soúgia, das ist an einem früh begonnenen Tag zu schaffen. Wem die ganze Strecke zu lang erscheint, kann aber auch das erste Stück elegant vermeiden, indem er sich **per Taxiboot** zur Tripití-Schlucht oder zum Sentóni-Strand bringen lässt. Captain George, der in Soúgia eine Pension führt, bietet solche Fahrten an (→ S. 664). Vorsicht: Bereits bei leichtem Seegang wird das Landen schwierig – und es ist abenteuerlich, sich mit Gepäck vom schwankenden Boot aus zu den Uferfelsen zu hangeln.

1) Von Soúgia zum Kap Tripití: Diese Strecke ist weitgehend problemlos zu laufen und gut markiert, lediglich einige steile Ab- und Aufstiege müssen überwunden werden. Ein leicht zu verfolgender Pfad führt von Soúgia zum steil aufragenden *Kap Tripití* (400 m) mit einem malerischen venezianisch/türkischen Kastell am Sattel unterhalb des Gipfels. Direkt auf der Spitze steht exponiert die einsame Kapelle des *Profítis Ilías*. Sie ist von der Hafenmole in Soúgia aus sichtbar. Von der antiken Stadt *Pikilássos*, die am Berghang des Kaps gelegen haben soll, ist so gut wie nichts mehr erhalten. Gleich dahinter kann man in die tiefe *Tripití-Schlucht* absteigen. Wer weiter nach Agía Rouméli will, muss den Steilhang hinunter. Es gibt nur eine einzige Quelle am Weg, die meist nur spärlich tröpfelt.

• *Dauer* ca. 3,5–4 Std.

• *Wegbeschreibung* Vom Ostende der Promenade in Soúgia den ortsseitigen Weg neben dem **Flussbett** hinauf und es dort überqueren, wo eine Schotterstraße rechts vom Fluss zu der Einfahrt eines allein stehenden **Hauses** führt (etwa 100 m nach der Disco). Der Fahrweg endet am Haus, man geht auf einem ansteigenden Pfad links (nördlich) an Haus und Einzäunung entlang („E 4"-Schilder, Steinmännchen, Farbkleckse), bis man weiter oben auf einen nicht asphaltierten **Fahrweg** trifft, dem man nach rechts folgt. Nach wenigen hundert Metern ist ein Gatter zu öffnen. Man folgt dem Fahrweg weiter bis auf die Hügelspitze (Achtung: „E 4"-Stangen von einer früheren Wegführung stehen unterwegs etwas irreführend im Gelände). Dort geht er in einen durch Farbkleckse und Steinmännchen gekennzeichneten **Trampelpfad** über (Beginn 30 m links von einem Ziegenpferch), der auf ein **Hochplateau** oberhalb vom Strand führt.

Am **Ostende** des Plateaus öffnet sich ein weiter Blick bis zum hoch aufragenden Kap Tripití. Durch eine weit geschwungene **Bucht** führt der Weg über heute unbewirtschaftete Terrassen hoch über dem Meer entlang. Der Pfad ist leicht zu verfolgen und ausreichend markiert. Nach der ersten großen Bucht kommt man zu einer markanten **Schlucht**, in die man auf einem alten, teilweise noch gepflasterten Mauleselpfad hinuntersteigt. Am Grund angelangt, läuft man ein Stück in Richtung Meer, dann führt der Weg wieder hinauf auf eine leichte Anhöhe, darüber senkrechte Hänge. Man durchquert ein Waldgebiet, bis man auf eine schön geschwungene Bucht trifft, an der man oberhalb entlanggeht. Tief unten am Wasser erblickt man die zweischiffige Kirche **Ágios Antónios**. Am Ende der Bucht führt der Weg in Richtung Agía Rouméli über ein Geröllfeld. Wer zur Kirche absteigen will, halte sich am Ende des **Geröllfelds** in Gegenrichtung abwärts (auf Steinmännchen achten). Auf diesem relativ schlecht markierten und teilweise zugewucherten Pfad kommt man in ca. 20 Min. direkt zur Kirche. Das letzte Stück geht an einer steil abfallenden Felswand entlang, ab hier wieder deutliche Markierungen.

Um Agía Rouméli zu erreichen, steigen wir über das **Geröllfeld** am Buchtende aufwärts bis zur nächsten großen Bucht, die schon unterhalb des gewaltigen Kap Tripití liegt, dem Ziel unserer Wanderung. Am Fuß des Felsmassivs laufen wir eine **Schlucht** landeinwärts (am Ausgang der Schlucht schöner Kiesbadestrand zwischen Felsen) und beginnen schließlich in Serpentinen den steilen Anstieg. Bereits ziemlich weit oben am Hang trifft man auf eine kleine **Quelle**, aus der, wenn überhaupt, nur ein winziges Rinnsal tröpfelt (nicht darauf verlassen!) und kurz darauf auf eine weiß gekalkte **Steinsäule** (250 m ü. M.). An dieser Stelle soll sich die antike Stadt **Pikilássos** befunden haben, die einst zusammen mit Irtakina, Éliros und Syia einen Städtebund an der Südküste bildete. Zu sehen ist heute praktisch nichts mehr, die Ruinen sollen durch Erdrutsche verschüttet sein. Der Weg steigt weiter steil an und nach insgesamt ca. 4 Std. erreichen wir in ca. 320 m Höhe einen **Sattel** mit einer kleinen Betonsäule (trigonometrischer Punkt). Wenige Meter oberhalb steht die venezianisch/türkische **Festung Tripití**. Die Festungsmauern sind samt Putz noch beeindruckend gut erhalten. Ein Rundturm und Reste eines Kamins sind zu erkennen. Mit der Felsszenerie der Umgebung ein schöner Rastplatz. Unterhalb der Burg sind noch Ruinen zweier in Bienenkorbform gemauerter Zisternen sichtbar. Richtung Osten hat man einen herrlichen Blick auf den weiteren Küstenverlauf bis zum hohen Kap Kalotrivídis in der Ferne. Direkt unterhalb liegt die majestätische **Tripití-Schlucht** mit teils fast senkrechten Steilwänden. Hier muss man hinunter, falls man weiter nach Agía Rouméli wandern will.

Bevor man den Rückweg antritt, sollte man noch den kleinen Abstecher zur Wallfahrtskirche **Profítis Ilías** machen, die am Gipfel des Kap Tripití in fast 400 m Höhe steht. Die Wallfahrer landen alljährlich am 20. Juli mit Booten unterhalb des Kaps und steigen zu der kleinen Kirche hinauf. Von der Festung in Richtung Meer halten, ca. 10 Min. Anstieg. Der Bau besitzt eine eigenartige Form mit einem rund gemauerten Längsschiff, im Inneren drei Räume mit einfachen Heiligenbildern, die hauptsächlich den Propheten Elias darstellen. Hinter ein Bild sind Wunschzettel gesteckt. Auf dem Zementdach der Kirche haben sich die Bauarbeiter verewigt. In der **Zisterne** bei der Kapelle befindet sich nach der Regenzeit sauberes Wasser, im Sommer ist sie wahrscheinlich ausgetrocknet.

Ruhige Küstentaverne im Südosten Kretas ▲▲
Vom Préveli Beach mit dem Tretboot stromaufwärts ▲

▲▲ Stürmische Brandung in der Bucht von Mátala
▲ Tiefblaues Wasser am Préveli-Beach
▲ An vielen Stränden kann man noch ganz ungestört sein

Warten auf Kundschaft: ▲
Tretbootfahren auf dem See von Kournás

Ruhige Badebucht bei Plakiás ▲▲
Türkisfarbenes Wasser bei Ístro (Ostkreta) ▲

Die Arbeit der kretischen Fischer ist mühselig und hart, denn das Meer ist überfischt

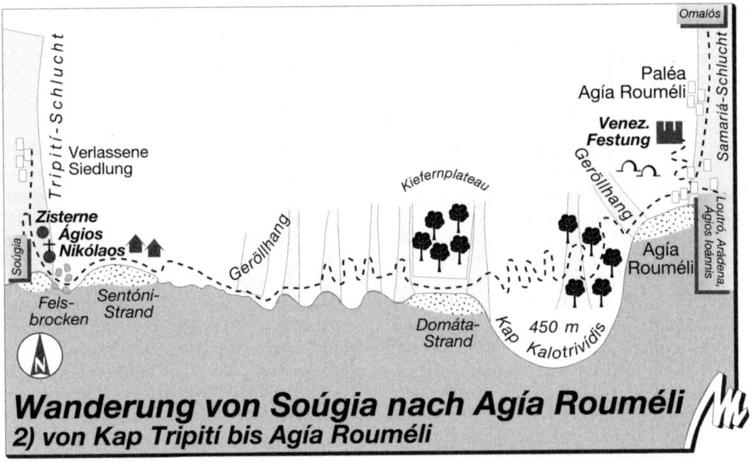

2) Vom Kap Tripití nach Agía Rouméli: Diese Strecke führt durch unzugängliches Gebiet, das auch von den Einheimischen nicht mehr begangen wird. Im Fall einer Verletzung, Wassermangels usw. gibt es keinerlei Rettungsmöglichkeit. Der Weg geht über Steilhänge auf- und abwärts, über Geröllhalden und an Abbruchkanten vorbei. An einigen Stellen wird er im Winter immer wieder durch Erdrutsche zerstört, hier ist Trittsicherheit unbedingt erforderlich. Es gibt *keine Quelle* am Weg! Ein ausreichend großer Wasservorrat (ca. 5 Liter pro Person), Verpflegung und ein Schlafsack (Übernachtung sollte eingeplant werden), feste Wanderschuhe und eine lange Hose (zwischendurch gibt es dornenreiche Abschnitte) sind notwendig. Bedacht werden muss auch der frühe Einbruch der Dunkelheit in Frühjahr und Herbst. Von einer Wanderung im Sommer ist abzuraten, da es auf der ganzen Strecke kaum Schatten gibt.

• *Dauer* insgesamt 8,5 Std. (Festung Tripití bis Domáta-Strand ca. 4 Std., Domáta bis Agía Rouméli ca. 4,5 Std.).

• *Wegbeschreibung* Der Abstieg von der venezianisch/türkischen Festung in die **Tripití-Schlucht** dauert ca. 40 Min. Der Weg folgt einem Eselspfad, der größtenteils im Geröll verschwindet. Anstrengend, weil ständig Rutschgefahr. An der Talsohle angelangt, geht man rechts zum Meer weiter, zum **Ausgang der Schlucht**. Wer Interesse hat, kann vorher noch ca. 10 Min. nach links die Schlucht hinauflaufen. Am Westhang des Tals liegt die ehemalige Ziegenzüchtersiedlung **Tripití**. Sie wurde vor fast 20 Jahren endgültig verlassen. Die Ruinen bieten nichts Besonderes, aber es ist schon faszinierend, dass in dieser Einsamkeit Menschen lebten. Der Unterschied zu den größeren Siedlungen Chóra Sfakíon, Anópolis, Arádena, Ágios Ioánnis und Agía Rouméli, die alle entweder Straßen oder Schiffsanschluss besitzen, ist bemerkenswert.

Vom Abstieg von der venezianischen Festung erreicht man in ca. 20 Min. den Schluchtausgang mit der Kapelle **Ágios Nikólaos** (bei schlechtem Wetter kann man hier übernachten) und einer kleinen **Kiesbucht**. Schräg gegenüber der Kirche ein neu erbautes **Haus**, in dem ein amerikanischer Grieche oft seinen Sommerurlaub verbringt (gegenüber eine neue Leiter bis zur Oberkante des Felsens – ein Fluchtweg, falls der Schirokko den Küstenweg und Transport per Boot unmöglich macht). Eine **Zisterne**, die durch einen Schlauch aus den Bergen gespeist wird, befindet sich rechts am Meer. Wasser mit Filter und/oder Tabletten okay, Zisternen nach Gebrauch unbedingt wieder mit Deckel verschließen!

Man geht nun an der **linken Buchtseite** unmittelbar an den Felsen am Meer entlang („E 4"-Markierung). Der Weg führt über und durch ein Gewirr von riesigen Felsbrocken, unterwegs einige in Höhlen gebaute Ziegengehege, auch zwei Gatter (bitte wieder

Der Südwesten

schließen!). Achtung: Bei stürmischem Meer schlägt die Brandung meterhohe Fontänen, z. T. bis gegen die senkrechte Felswand, sodass die Fläche mit den Felsbrocken kaum überquert werden kann. Eine Lösung bietet ein **Ziegengatter**, etwa 30 m landeinwärts der Bootsanlegestelle. Hier geht man durch und gelangt am Schluss durch einen freien Durchgang unter dem Küstenfelsen wieder zum Meer.

Nach 20 Min. erreicht man den **Sentóni-Strand** mit einigen Fischerhütten und einer **Zisterne** sowie großen, markanten Felsbrocken im seichten Wasser. Unterhalb der Hütten tritt an einem Felsen **Süßwasser** mit salzigen Beimischungen aus: Dies sind die letzten Wasserstellen bis Agía Rouméli.

Am Anfang des Sentóni-Strands steigt ein mit „E 4" deutlich markierter Weg leicht aufwärts und führt an der **Abbruchkante** oberhalb des Strands entlang. Er führt allmählich ansteigend dicht an der Küste entlang, schönes Streckenstück, aber Vorsicht, rechts geht es steil hinunter. Durch duftende Gewürzfelder gelangt man bis in etwa 60 m Höhe. Linker Hand am Hang Reste ehemaliger **Terrassen**, im Berg oberhalb zahlreiche Grotten. Etwa 150 m nach einem provisorischen **Pferch** kommt man zu einem **Kap** mit herrlichem Rückblick (ca. 30 Min. ab Sentóni-Strand). 20 Min. später **große Bucht** mit Geröllhang und einigen Felsbrocken im Wasser (90 m ü. M.). Gleich danach die einzige wirklich heikle Stelle: schmal, über einer Felswand, mit Gefälle zum Abgrund – kleine Schritte machen und möglichst hoch halten. Etwa 1,5 Std. nach dem Sentóni-Strand geht es in steilen Serpentinen auf das etwa 150 m hohe **Kap** vor dem Domáta-Strand. Auf der anderen Seite führt der Weg erst steil am Hang hinab, später verliert man die Markierung leicht, doch vor uns liegt gut sichtbar ein breites trockenes Flussbett, das uns in Richtung Meer zum Domáta-Strand führt (Hinweis: Wer in umgekehrter Richtung läuft, muss nach der Überquerung des Flussbetts auf der Uferböschung nach einem „E4"-Zeichen suchen).

Der **Domáta-Strand** besteht aus grauem Kies und ist ca. 500 m lang. Auf der Landseite ist er von einem eigenartigen, ca. 20 m hohen Plateau aus verbackenen Kieseln begrenzt, das mit senkrechten Wänden zum Strand abfällt. Obenauf gedeihen üppige Kiefernwäldchen. Spätestens hier am Domáta-Strand sollte man sich für die Nacht einrichten.

Der Einstieg zum Weg über das Kap Kalotrivídis ist am **Ostrand** des Strands durch ein „E 4"-Schild gut zu erkennen. Ab hier beginnt ein schweißtreibender Aufstieg, für den man ca. 2 Std. benötigt, bis man die Hochebene in etwa 450 m erreicht. Der Weg ist durch „E 4"-Schilder und Steinmännchen gut markiert. Wer die Markierung verlieren sollte, halte unbedingt auf den **höchsten Punkt** des Kaps zu (so schwer das auch fällt) und gehe nicht den kürzesten Weg auf die Küste zu. Dort findet man nur Steilhänge und muss sich mühevoll querfeldein nach oben kämpfen.

Auf der Hochebene nördlich von Kap Kalotrivídis kommen wir in einen **Kiefernwald**. Der weitere Weg verläuft auf den Resten eines **Eselspfads**. Nach ca. 40 Min. steigt man in eine Schlucht hinunter und auf der anderen Seite wieder hinauf. Weiter geht der Pfad am Osthang des Kaps entlang durch Dornenbüsche bis zu einem weiteren **Kiefernwäldchen**. 2 Std. nach dem höchsten Punkt des Kaps erblickt man erstmals **Agía Rouméli**. Nun trifft man auf ein gewaltiges **Geröllfeld**, das sich aus 300 m Höhe bis zum Meer hinunter zieht Unmittelbar westlich davon führt ein mit „E4"-Schildern markierter **Eselspfad** im Schatten von Kiefern in Serpentinen hinunter. In 70 m Höhe überquert man dann den Hang und hält auf Agía Rouméli zu. Man läuft parallel zum Hang, unterhalb einiger markanter **Höhlen** vorbei und steigt das letzte Stück über rutschiges Geröll durch ein **Kiefernwäldchen** hinunter. Das Wäldchen ist am unteren Ende eingezäunt, durch ein **Tor der Absperrung** gelangt man endlich in den Ort.

• *Einstieg in Agía Rouméli* Im Ort geht man kurz vor dem Hotel Agia Roumeli die Straße landeinwärts bis zu einem **Tor** im Zaun des Kiefernwäldchens (auffallend markiert!). Der Weg führt durch das **Wäldchen** hinauf zum Hang, dort unterhalb der Höhlen, deren Eingänge man vom Strand aus sehen kann, bis zum **Geröllfeld**, das man hinaufsteigen muss.

Tipp: Man kann die Wanderung natürlich auch in Agía Rouméli starten. Dies hat den Vorteil, dass man die großen Aufstiege zum Kap Kalotrivídis und vom Grund der Tripití-Schlucht zur venezianischen Festung hinauf ausgeruht am Morgen machen kann. Details zu Agía Rouméli am Ausgang der berühmten Samariá-Schlucht finden Sie auf S. 687.

Samariá-Schlucht und Umgebung

Ein großartiges Erlebnis – aus über 1200 m Höhe mitten in den Weißen Bergen hinunter bis zum Libyschen Meer! Aus fast alpiner Hochgebirgslandschaft mit dichtem Baumbestand, fast senkrecht ansteigenden Felswänden und turmhohen Felsbrocken windet sich der tiefe Einschnitt dem Blau des Meeres zu: 16 km Strapaze, Marathonmarsch gegen die Uhr, um noch das letzte Schiff in Agía Rouméli zu erreichen. Kaum jemand lässt sich das Erlebnis entgehen, Europas angeblich längste Schlucht zu Fuß zu durchmessen.

Sagenhafte Gerüchte eilen voraus: dass man in aller Herrgottsfrühe los muss, um überhaupt bis zum Abend am Meer zu sein, dass man von Chaniá mindestens zwei Tage einplanen muss usw. Mancher Verzagte gibt angesichts dieser gigantischen Dimensionen das Unternehmen gleich auf und bleibt lieber am Strand. Aber es sind noch immer mehr als genug Abenteuerlustige, die die 5- bis 6-stündige Wanderung mitmachen. Und sie haben recht: dieses Erlebnis gehört einfach dazu, wenn man auf Kreta ist. Kein Wunder also, im Sommer karren viele Dutzend Busse aus ganz Kreta ihre Ladung zum Schluchteingang, bis zu 3000 Menschen (!) durcheilen täglich den gesamteuropäischen Trimmpfad. Das tut der Natur keinesfalls gut, doch der Boom ist ungebrochen. Was man verstehen kann, denn die Schlucht von Samariá bietet nun mal einige der schönsten Landschaftseindrücke Kretas: angefangen vom grandiosen *Omalós-Plateau,* auf dem sich der Einstieg befindet, bis hin zu den *Sideropórtes,* der „Eisernen Pforte", wo die anfangs so breite Schlucht mit ihren bis zu 600 m hohen Seitenwänden auf 3 m Breite zusammenrückt. Fast die ganze Schlucht entlang fließt ein kräftiger Bach, der zwischen den Felsbrocken herrlich klare Teiche bildet oder, in der kühleren Jahreshälfte, bis tief in den April die Schlucht völlig überschwemmt. Es macht Spaß, den im Sommer nur mäßig rinnenden Bach immer wieder zu überqueren, immer das Gefühl zu haben, dass Wasser in der Nähe ist – wunderbar sauberes Quellwasser, herrlich erfrischend sowohl zum Trinken wie auch beim (verbotenen) Baden. Und dann wankt man endlich mit zittrigen Knien, aber voll Erleichterung, auf die einladenden Tavernen des kleinen Nestes *Agía Rouméli* am Ausgang der Schlucht zu. Man sieht die flirrende

Die Samariá-Schlucht ist eine der großen Naturschönheiten Kretas

Sonne auf den blendenden Kiesstrand brennen, schaut ins fantastisch tiefblaue Meer und freut sich, dass man diese Tour mitgemacht hat.

• *Geschichte* Immense Bedeutung hatte die damals schwer zugängliche Schlucht während des kretischen **Befreiungskampfes** gegen die Türken. Sie diente als Schlupfwinkel und Stützpunkt der Rebellen und konnte trotz mehrerer Versuche nie eingenommen werden (Näheres → Agía Rouméli, weiter unten). Im **Zweiten Weltkrieg** flüchtete die griechische Regierung durch die Schlucht zur Südküste, wo sie ein britisches Schiff nach Ägypten brachte.

• *Flora* In erster Linie ist der reiche Baumbestand zu nennen, u. a. wachsen prächtige Zypressen, Pinien, Platanen, Kiefern, Kermeseichen und kretischer Ahorn an den Hängen der Samariá. Die **Zypressen** wurden von den Minoern für ihre Palastsäulen verwendet und in der Antike aufs griechische Festland exportiert. Auch die Venezianer hielten sich daran schadlos und bis ins 20. Jh. gab es große Sägewerke in der Schlucht. Erst mit der Schaffung des Naturparks Samariá-Schlucht wurde 1962 das Abholzen verboten. Dank der jahrhundertelangen Isolation der Schlucht wachsen hier allein 14 endemische Pflanzenarten. Am berühmtesten ist der kretische Bergtee **Díktamos**, der an den Steilhängen der Schlucht gedeiht. In den Seitentälern blühen auch seltene **Orchideenarten**.

• *Fauna* Es gibt 51 Vogelarten in den Weißen Bergen, von denen allein 28 in der Schlucht nisten. Dazu leben hier zwölf Arten von Säugetieren auf freier Wildbahn. Die kretischen Wildziegen, die **Agrimiá** (wissenschaftlicher Name „capra aegagrus Cretica"), sind die berühmtesten. Sie stehen unter strengem Naturschutz und waren bis vor kurzem vom Aussterben bedroht. Doch viele Jäger schert das wenig. Nach neueren Schätzungen sollen inzwischen wieder mehrere tausend Tiere im Gebiet der Schlucht leben. Da sie nachts weiden und sich tagsüber meist in den Seitentälern verstecken, bekommt man sie auf freier Wildbahn nur selten zu Gesicht – allerdings zeigen sie sich oft spät nachmittags, wenn es in der Schlucht ruhig geworden ist. Sie haben ein rehbraunes Fell und kurze Haare, die männlichen Tiere tragen ein großes, geschwungenes Gehörn. Im Altertum sollen sich die sfakiotischen Krieger ihre Bögen daraus gefertigt haben. Im Stadtpark von Chaniá sind einige Agrími in Käfigen untergebracht. Weiterhin gibt es Dachse und Hasen in großer Zahl, auch Rebhühner und Adler. Vier Reptilien- und zwei Schlangenarten sind außerdem in der Schlucht heimisch.

Um die großartige Bergwelt mit ihrer einzigartigen Flora und Fauna zu schützen, erklärte die griechische Regierung das Gebiet der Samariá-Schlucht 1962 zum **Nationalpark** und zäunte es ein. 1964 kaufte sie allen Privatgrund auf, enteignete die wenigen Bewohner des Ortes Samariá und siedelte sie aus der Schlucht aus. 1980 erhielt Griechenland vom Europarat eine Auszeichnung für die Schlucht als hervorragend geschütztes Naturreservat von höchster Bedeutung. Mittlerweile ist der Zaun leider an vielen Stellen beschädigt, so dass der Schutz der Pflanzen und Tiere nicht mehr gewährleistet ist.

Anfahrt/Verbindungen

In fast jedem größeren Küstenort werden organisierte Ausflüge zur Samariá-Schlucht angeboten. Preiswerter ist die Tour auf eigene Faust. Die kretische Busgesellschaft KTEL fährt täglich mehrmals von *Chaniá* zur Omalós-Hochebene, wo die Schluchtwanderung beginnt. Weitere Verbindungen gibt es von *Kíssamos, Geráni, Plataniás* sowie von den Südküstenorten *Paleochóra* und *Soúgia*. Von *Iráklion, Réthimnon* und *Georgioúpolis* fahren Zubringerbusse nach Chaniá. Nach der Wanderung setzt man von Agía Rouméli am Ausgang der Schlucht mit dem Schiff nach Chóra Sfakíon über, wo abends Busse wieder zur Nordküste zurückfahren. Gäste aus Paleochóra und Soúgia können dagegen per Fähre direkt wieder in ihre Orte zurückfahren. Die meisten Wanderer starten morgens in Chaniá. Das funktioniert folgendermaßen: Bus ab Chaniá/Busbahnhof bis Hochebene von Omalós (ca. 1,5 Std.), Schluchtwanderung bis Agía Rouméli (4,5–6,5 Std., zuzüglich Pausen), Bootsfahrt Agía Rouméli-Chóra Sfakíon (ca. 1 Std.), Bus zurück nach Chaniá (1,5 Std.). Mit dem *eigenen Auto* oder *Mietfahrzeug* ist die Schluchtdurchquerung nur bedingt zu machen, es sei denn, man lässt das Auto am Schluchteinstieg auf der Omalós-Ebene stehen, läuft die 16,7 km hinunter zum Meer und an einem der nächsten Tage wieder zurück. Andere Möglichkeit: Man bildet eine Fahrgemeinschaft, setzt nach der Schluchtwanderung nach *Soúgia* über und und lässt sich per *Taxi* zum Schluchteingang fahren (am Hafen in Soúgia stehen zwei Taxis, ca. 35 €). Ein Taxi ab Chaniá kostet ca. 40-45 €. Preis unbedingt vor der Fahrt fest ausmachen und das Ziel genau definieren (Omalós bzw- Schluchteingang etc.). Wenn der Taxifahrer für Sie in Omalós ein Zimmer besorgt, wird es teurer, da er vom Hotelbesitzer Provision erhält.

- *Busse ab Chaniá* Abfahrt ab **Chaniá/ Busbahnhof** mit dem frühestmöglichen Bus. Abfahrtszeiten 6.15, 7.30, 8.30 und 13.45 Uhr (in der Nebensaison oft nur 7.30 und 8.30 Uhr!). Am besten schon einen Tag vorher zum Busbahnhof gehen, um die aktuellen Zeiten zu erfahren und die Fahrkarten zu besorgen, denn die Plätze sind in der Hochsaison schnell ausverkauft. Wegen des großen Andrangs fahren aber jeweils mehrere Busse zu den einzelnen Terminen. Die **Tagesrückfahrkarte** kostet ca.10 €, darin ist die Busfahrt von Chaniá zum Schluchteingang und die Rückfahrt von Chóra Sfakíon nach Chaniá enthalten. Die Tickets gibt es nur am Schalter, nicht in den Bussen. Es dürfen pro Bus nur so viele Passagiere mitfahren, wie Sitzplätze vorhanden sind. Das Schiff muss dann in Agía Rouméli separat gezahlt werden.
- *Schiffspassage* Nach der Schluchtwanderung muss man in Agía Rouméli eins der Nachmittagsboote nach **Chóra Sfakíon** nehmen, um die Busse nach Chaniá zu erwischen, die spätnachmittags und am frühen Abend starten. Fahrtzeit der Boote nach Chóra Sfakíon ca. 1 Std. Es empfiehlt sich, **sofort nach Ankunft** in Agía Rouméli die Schiffskarten zu kaufen, da der Andrang groß ist. Achtung: Das letzte Boot nach Chóra Sfakíon fährt um 18 Uhr. Wer mit diesem Boot fährt, erreicht den Bus um 19.15 Uhr nach **Chaniá**. Nach **Réthimnon** gibt es entweder einen eigenen Bus oder man muss in Vrísses umsteigen.

Weitere Details unter **Agía Rouméli**.

> Die Abfahrtszeiten von Bussen und Schiffen können von Jahr zu Jahr variieren. Vorab deshalb in den Informationsbüros von Chaniá, Réthimnon und Iráklion die genauen Angaben besorgen, wie man die Schluchtwanderung von Chaniá in einem Tag machen kann! Leider kann es auch vorkommen, dass Schiffsverbindungen vom einen auf den anderen Tag storniert werden (Lesererfahrung: Am Schluchteingang hieß es, das Schiff nach Paleochóra fährt heute, unten angekommen dann die Auskunft: „No boat today.").

▶ Wer die ganze Tour nicht in einen Tag packen oder an der Südküste bleiben will, hat mehrere Möglichkeiten:

- Mit dem **Frühbus** von Chaniá kommen, die Nacht nach der Schluchtdurchquerung in **Agía Rouméli** verbringen und erst an einem der nächsten Tage mit dem Schiff weiterfahren oder die **Küstenwanderung** über Loutró nach Chóra Sfakíon anschließen (→ Chóra Sfakíon). Vorteil: Man kann völlig ohne Eile die Schlucht durchwandern und muss nicht fürchten, die Fähre zu verpassen.
- Mit dem **Bus** am späten Vormittag (ca. 11 Uhr) von Chaniá kommen, dann fast ohne andere Mitwanderer die Schlucht durchwandern und in **Agía Rouméli** übernachten. Gute Wanderer können sogar noch die letzte Fähre erreichen.
- Mit dem **Nachmittagsbus** (ca. 14 Uhr) von Chaniá in aller Ruhe zum Schluchteingang fahren und im nahe gelegenen Dorf **Omalós** übernachten (→ Anfahrt). Dann am nächsten Tag in aller Frühe los, bis mittags die Schlucht durchqueren und am frühen Nachmittag ein Schiff nach Chóra Sfakíon oder Paleochóra, Soúgia oder Loutró nehmen. Zwei Vorteile: Die Schluchtwande-

rung ist am frühen Morgen und Vormittag wesentlich angenehmer als in der Mittagshitze. Und frühmorgens, bevor die Busse kommen, hat man die Schlucht noch für sich allein.

- Interessante Variante: die Samariá-Schlucht **von unten nach oben** laufen! Also in Agía Rouméli übernachten und im Morgengrauen loslaufen, auch dann ist man weitgehend allein in der herrlichen Schlucht, nur mittags kommt einem der Schwarm der Wanderer von oben entgegen. Ist natürlich ein ganzes Stück anstrengender als in der Gegenrichtung und dauert, je nach persönlicher Kondition, gut 6–7,5 Std., vor allem wegen des Aufstiegs im letzten Wegstück zur Omalós-Hochebene.
- Bequeme Alternative -"**Samaria, The Lazy Way**": von Agía Rouméli nur bis zur **Eisernen Pforte** (ca. 1 Std.) oder weiter bis Siedlung **Samariá** laufen. Auch so erhält man einen schönen Eindruck von der Schlucht.

Anfahrt ab Chaniá

Schon die Fahrt hinauf in die Weißen Berge ist ein Erlebnis. Obwohl die Entfernung bis Omalós nur 40 km beträgt, dauert die Busfahrt 90 Min. Der Busbahnhof in Chaniá wimmelt morgens von Schluchtfahrern. Tipp im Hochsommer: Wenn man mit dem Frühbus hinauffährt, möglichst rechts sitzen, denn die Schattenseite wird man vor allem in den höheren Lagen zu schätzen wissen, wenn die Sonne unbarmherzig auf den Bus herunterstícht.

Die Route folgt bis *Fournés* der Beschreibung im Kapitel Chaniá/Hinterland (→ S. 604). Zuerst wird das größte Orangenanbaugebiet Kretas durchquert, überall links und rechts der Straße stehen die langen Reihen der dicht belaubten Bäume mit ihren im Sommer erst dunkelgrünen Früchten. Bei Fournés beginnt die Bergstrecke. Anfangs sind es nur sanft gerundete Hügel mit Olivenpflanzungen, dann schraubt sich der Bus in langen Serpentinen immer höher die Hänge hinauf. Die baumreichen Hügelregionen sind zum großen Teil terrassenförmig abgestuft. Wo nur möglich, hat man die Flächen für Obst-, Wein- und Olivenanbau genutzt. Immer höher geht die Fahrt, bis man das malerisch gelegene *Lákki* erreicht (→ S.605). Noch höher schraubt sich jetzt der Bus, es beginnen die fast kahlen und wild zerfurchten Felshänge der Weißen Berge. Nur noch Distelgestrüpp, Farn und Phrygana wächst zwischen den windgegerbten Gesteinszinken, überall liegen gewaltige Brocken verstreut. Dann wieder Hänge, in die der Bergwacholder seine Wurzeln krallt. Fast wie Alpenlandschaften wirken die steinigen Grate, auf denen hohe Nadelbäume wachsen. Immer wieder großartige Blicke zurück zur Nordküste, plötzlich öffnet sich unvermutet die brettflache Hochebene von Omalós – direkt bei der Abzweigung zur Ebene sieht man gleichzeitig Chanía und die Südküste, neben Kalamáfka im Osten Kretas (→ S. 417) die einzige derartige Stelle, wo man Nord- und Südküste zusammen sehen kann. In Omalós stoppt der Bus für eine kurze Frühstückspause.

Hochebene von Omalós

Ein kreisrunder Teller in 1200 m Höhe, von Bergen gänzlich eingeschlossen. Wie die Lassíthi-Hochebene im Osten Kretas ist auch der Omalós während der Schneeschmelze im Frühjahr völlig überschwemmt. Riesige Karstschlünde sorgen für den Abfluss der Wassermassen.

Während der kretischen Befreiungskriege gegen die Türken fungierte der Omalós, wie die ganze Region der Lefká Óri, als Rückzugsgebiet der Aufständischen. Heute gibt es kaum ständige Bewohner. Außer der winzigen Siedlung Omalós in der Mitte wohnen nur Schafhirten den Sommer über in Steinhütten. Zahlreiche Pisten durchqueren das Weideland, auf einer kann man zur Straße nach Soúgia gelangen (→ S. 609).

Beim Aufstieg zum Gíngilos: Panoramablick auf die Hochebene von Omalós

▸ **Tsanís-Höhle**: Wenn man über den Tellerrand in die Ebene hineinfährt, liegt rechts neben der Straße ein tiefes, dunkles Loch. Ein etwas mulmiges Gefühl beschleicht einen, wenn man sich ein Stück hineinwagt. Dieser „grundlose", schräg nach unten abfallende Schlund ist nämlich dafür verantwortlich, dass die Omalós-Ebene heute kein See ist. Die Wassermassen, die nach der Schneeschmelze die ganze Ebene meterhoch überschwemmen, laufen hier in unerforschte Karstgründe ab – wie in den Abfluss einer überdimensionalen Badewanne. 1967 sind kretische und französische Höhlenforscher 2500 m weit in die Höhle vorgedrungen, ohne ein Ende zu finden. Zahlreiche Legenden ranken sich um das geheimnisvolle Felsenloch. In stillen Neumondnächten soll man einen Schäfer die Lyra spielen hören, der einst von Bergfeen seines Verstandes beraubt und hinuntergezogen wurde. Und vor den zahlreichen Bergteufeln (Farangiten) kann man sich schützen, indem man mit einem Messer ein Kreuz in den Boden ritzt und das Messer in die Mitte stößt.

▸ **Omalós-Ort**: Unter weit ausladenden Bäumen eine Hand voll Häuser und Zucchinifelder. In den letzten Jahren wurde viel gebaut, mehrere Hotels bieten gute Zimmer. Abends werden die wenigen Tavernen fast ausschließlich von den Bewohnern der Hochebene besucht. Dabei geht es oft hoch her – ein Erlebnis für die wenigen unternehmungslustigen Touristen aus Chaniá, die über Nacht bleiben und die Schlucht am Vormittag durchqueren wollen. Am nächsten Morgen wird dann die erholsame Stille des kleinen Orts jäh unterbrochen, wenn Dutzende Reisebusse für eine Frühstückspause Halt machen. Das Grab und Haus von *Chatzimichális Jannáris*, einem bedeutenden Anführer des kretischen Widerstandskampfs, steht am nördlichen Ortseingang von Omalós auf einer Anhöhe links der Straße. Jannáris (1851–1916), der aus Lákki stammt (→ oben), wurde von den Türken mehrmals gefangen genommen, konnte aber immer wieder entkommen und wurde nach dem siegreichen Ende der Revolution 1912 Präsident der kretischen Nationalversammlung (Inselparlament). Am 1. Dezember 1913 war er es, der dem griechischen König die griechische Flagge übergab, die als Zeichen der Vereinigung Kretas mit Griechenland in der Festung Firkas von Chaniá gehisst wurde. Sein weiß gekalkter Grabschrein befindet sich in dem unscheinbaren Häuschen neben seinem Wohnhaus. Auf der anderen Seite steht die *Panteleímonas-Kapelle*, die seine Anhänger aus Dank errichten ließen, als Jannáris einmal erfolgreich aus dem türkischen Kerker im Fort Firkas fliehen konnte.

• *Übernachten/Essen & Trinken* **Neos Omalos**, C-Kat., unter den Bäumen im Zentrum. Geführt vom freundlichen George Drakoulakis aus Lákki, geschmackvoll eingerichtet, Mobiliar aus gemasertem Olivenholz, unten Böden aus dunklem Schiefer, oben gefliest, sehr sauber. 26 Zimmer mit TV, Balkon, Heizung und Du/WC für ca. 20–30 €. Unten eine große, holzgetäfelte Taverne, die auch den Einheimischen als beliebter Treffpunkt dient. Spezialitäten sind Lamm mit Kartoffeln und Ziegenfleisch. Für Gäste kostenloser Transport zum Schluchteingang. ✆ 28210-67269, ℻ 67190, www.neos-omalos.gr

To Exari, C-Kat., am südlichen Ortsausgang, größeres, kürzlich modernisiertes Hotel in Bungalow-Bauweise, geführt von Familie Koutroulis. Derselbe Preis wie im Neos Omalos, ebenfalls mit Restaurant. ✆ 28210-67180, ℻ 67124.

Gingilos, Zimmer mit Balkon und TV, freundlich geführt, gutes Restaurant und Frühstückscafé an der Straße. Etwas günstiger als die anderen. ✆ 28210-67181.

Elliniko, etwas südlich außerhalb vom Ort, ebenfalls Zimmer mit TV, freundlich geführt. Die Taverne ist ein beliebter Abendtreff der Männer des Dorfes, ideal auch nach dem Essen für einen Wein oder ein spätes Bier. ✆ 28210-67169.

Weiterhin werden auch einige **Privatquartiere** angeboten. **Freies Zelten** wird toleriert, allerdings ist es in dieser Höhe nachts ziemlich kalt.

Leserempfehlung für die Taverne **Maria** am nördlichen Ortsausgang, etwas zurückgesetzt auf der rechten Straßenseite.

▸ **Schluchteinstieg**: Etwa 2,5 km nach Omalós/Ort erreicht der Bus sein Ziel, den Einstieg zur Schlucht. Rechter Hand liegt halbhoch am Hang das frühere Xenia-Gästehaus, heute als Restaurant betrieben (keine Zimmervermietung). Vom Balkon hat man einen wunderbaren Blick auf die steil aufragende Wand des *Gíngilos* (2080 m) und den dicht bewaldeten Beginn der Schlucht. In Richtung Osten erheben sich die höchsten Gipfel der Lefká Óri, allen voran der *Páchnes* mit 2453 m.

• *Übernachten* keine Unterkunft am Schluchteingang. **Freies Zelten** wird toleriert, oft finden sich Rucksacktouristen ein, die am nächsten Tag die Schlucht durchwandern wollen.

• *Essen & Trinken* Das ehemalige **Xenia-Hotel** wurde zu einem geschmackvollen Bergrestaurant umgebaut, vom Balkon herrlicher Schluchtblick, gute Küche zu normalen Preisen.

Direkt an der Straße gibt es einen **Coffee-Shop**, zu etwas angezogenen Preisen werden dort bescheidene Ansprüche an Souvenirs und Essen erfüllt.

Wandern im Umkreis von Omalós

Vom Südrand des Omalós-Plateaus kann man zahlreiche Wanderungen auf die benachbarten Gipfel unternehmen, nicht nur die populäre Schluchtdurchquerung. Warme Kleidung muss immer sein: Vor allem bei Wetterumschwüngen sinken die Temperaturen schnell und radikal.

Wanderung auf den Gíngilos

Sehr schöne und eindrucksvolle Wanderung vom Schluchteinstieg auf den 2080 m hohen *Gíngilos*, der majestätisch über dem Beginn der Samariá-Schlucht aufragt. Ein Hinweisschild mit Zielen und Zeitangaben steht hinter dem Restaurant am

Hang. Dort beginnt ein alter Maultierpfad, der über die kräftige *Linoséli-Quelle* auf den Gipfel führt. Der Aufstieg ist bis zum Sattel zwischen Gíngilos und Psiláfi mit gelb-schwarzen „E 4"-Schildern markiert. Achtung: Oben kann es häufig zu Wetterstürzen kommen. Urplötzlich zieht dichter Nebel auf und man erkennt fast die Hand vor Augen nicht mehr. Im frühen Frühjahr gibt es außerdem noch größere Schneefelder am Aufstieg zwischen Quelle und Sattel.

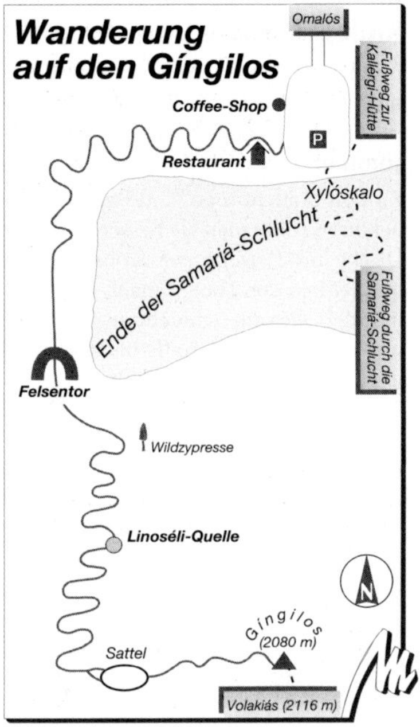

• Dauer bis zur Linoséli-Quelle 1 Std. einfach, auf den Gipfel 2,5 Std. einfach ab Xenia-Haus, ca. 2 Std. zurück.

• Wegbeschreibung Hinter dem **Restaurant** beginnt der gute und viel begangene Pfad und zieht sich in steilen Serpentinen den Hang hinauf. Je höher man steigt, desto weiter wird der Blick aufs gegenüberliegende Páchnes-Massiv. Der Weg windet sich schließlich nach links hinüber in den Anfangsteil der Samariá-Schlucht. Dort verläuft er nahezu eben am Schluchthang, senkt sich schließlich etwas und führt durch ein riesiges Felsentor, den **Spilion tou Xepitira**. Massive Zacken und Steilwände ragen in den Himmel, darüber kreisen schwarze Bergdohlen und sogar Adler kann man hin und wieder sichten. Bei einer großen **Wildzypresse** beginnt der eigentliche Anstieg auf den Gíngilos. Nach 10 Min. erreicht man die eingefasste **Linoséli-Quelle** mit herrlich erfrischendem, eiskaltem Wasser. Hier Pause machen.

Von der Quelle steigt man auf einem schmalen, ausgetretenen Pfad in Serpentinen durch ein steiles **Geröllfeld** hinauf, das Restaurant am Einstieg zur Samariá-Schlucht ist immer im Blickfeld. Nach 30 Min. erreicht man einen windigen **Sattel** zwischen Gíngilos und dem Nachbarberg Psiláfi (1963 m). Jetzt Anstieg nach links knapp 30 Min. durch steiles **Felsgelände** ohne erkennbaren Weg. An roten Punkten, Pfeilen und Steinmännchen kann man sich grob orientieren. Man klettert über Felsplatten und Geröll, teilweise scharfkantig und mit Spalten, ab und an muss man die Hände zu Hilfe nehmen. Danach bis zur Spitze ein mit senkrechten Steinplatten markierter **Pfad**. Vom Sattel zum Gipfel braucht man 45 Min.

Das **Gipfelplateau** (2070 m) besteht völlig aus Schieferplatten, um zum allerhöchsten Punkt zu gelangen (2080 m), müsste man noch ein kleines Stück hinüberturnen, ist aber nicht unbedingt nötig. Für den Aufstieg auf den mit 2116 m höheren Nachbargipfel **Volakiás** braucht man auf dem weglosen Geröllhang mindestens eine weitere, sehr anstrengende Stunde.

Hinweis: Oberhalb des Sattels befindet sich abseits der ausgewiesenen Route ein tiefer **Schacht** mit Stalaktiten. Er ist mittlerweile eingezäunt und mit einem Kreuz markiert, weil 1997 ein deutscher Urlauber hineinstürzte und starb. Da die Umzäunung nicht für die Ewigkeit gemacht ist, sollte man vorsichtig sein und sich unbedingt an die **Wegmarkierung** halten.

Kallérgi-Hütte und Umgebung

Etwa 1 km vor dem Ende der Fahrstraße am Schluchteinstieg zweigt links eine Geröllpiste ab (beschildert). Sie führt in steilen Serpentinen zur im alpinen Stil eingerichteten Berghütte in 1680 m Höhe hinauf. Selbst im Hochsommer liegen die Höchsttemperaturen oben nur zwischen 15 und 20 Grad.

Zu Fuß braucht man vom Beginn der Piste unten an der Straße ca. 1 Std. 15 Min., befahren sollte man sie besser nur mit einem Wagen mit Allradantrieb. Alternative: Direkt am *Eingang zur Samariá-Schlucht* steigt linker Hand ein schmaler Pfad querfeldein den Hang hinauf, der nach ca. 30 Min. auf die Piste zur Kallérgi-Hütte mündet. Wer am Schluchteingang aus dem Bus steigt, muss also nicht den Kilometer auf der Asphaltstraße bis zur Einmündung der Piste zurücklaufen. Am Wegbeginn gibt es einen Wasserhahn mit gutem Trinkwasser.

Da die Hütte hoch über der Omalós-Ebene auf der anderen Seite des Kamms steht, ist sie bis zuletzt nicht zu sehen. Vom Hüttenvorplatz hat man einen fantastischen Blick auf die Samariá-Schlucht und ihre Seitentäler. Leider hat die Zivilisation begonnen, sich von der Kallérgi-Hütte rücksichtslos eine Bresche quer durch die Lefká Óri zu schlagen: Eine Fahrpiste wurde in die Berghänge gesprengt und endet derzeit nach etwa 4 km am Sattel *Poriá* (1500 m) am Fuß des Bergs *Psári* (1849 m). Geplant war ursprünglich, diese Piste dicht am Berg Páchnes vorbei nach Anópolis (bei Chóra Sfakíon) oberhalb der Südküste zu führen. Allerdings haben sich die Widerstände gegen dieses ökologisch höchst fragwürdige Projekt massiv verstärkt, sodass für die nähere Zukunft keine Fertigstellung zu erwarten ist.

Die Kallérgi-Hütte liegt am „E 4"-Wanderweg. Er kommt von Omalós herauf und führt quer durch die Weißen Berge weiter zur *Askífou-Hochebene* an der Straße von Vríses nach Chóra Sfakíon (→ S. 697). Diese Zweitages-Tour ist nur erfahrenen Bergwanderern zu empfehlen, unterwegs gibt es zwei weitere, in der Regel verschlossene Berghütten (Infos beim griech. Bergsteigerverein EOS in Chaniá, Adresse siehe dort).

• *Übernachten/Essen & Trinken* Die **Kallérgi-Hütte** wird von April bis Oktober durch die Alpinschule Innsbruck (ASI) bewirtschaftet und hauptsächlich von deren Gästen genutzt. Wirt Josef Schwemmberger verfügt über sechs Vierbettzimmer und ein Matratzenlager mit acht Schlafstellen, Übernachtung mit Frühstück kostet ca. 10–12 €, Halbpension (Frühstück, Lunchpaket, Abendessen) ca. 18 €. Suppe ist immer zu haben, eine vollständige Mahlzeit nicht immer. Wichtig: Einzelwanderer, die oben übernachten wollen, sollten sich vorher anmelden, sonst kann es sein, dass kein Platz verfügbar ist. ✆ 28210-74560.

Wanderung von der Kallérgi-Hütte auf den Melindaoú

Bergtour zum Gipfel des *Melindaoú* (2133 m) und wieder zurück. Unterwegs wunderbare Ausblicke in den Samariá-Park und bis zur Nordküste. Im Folgenden nur einige Anhaltspunkte, Details kann man auf der Hütte erfragen bzw. von dort eine geführte Tour mitmachen. Wichtig: genügend Wasser mitnehmen, es gibt keine Quellen unterwegs.

• *Route* Kallérgi-Hütte – Hirtensattel Poriá – Psári – Mávri – Melindaoú.
• *Dauer* hin/rück ca. 6 Std.
• *Markierung* Farbpunkte und „E 4"-Schilder.
• *Wegbeschreibung* Man läuft zunächst den o. g. **Fahrweg** Richtung Osten entlang, der sich in zahlreichen Windungen durch die kahlen Hänge schraubt. An einer Stelle öffnet sich ein langer Einschnitt mit herrlichem Blick bis hinunter zur Nordküste. Nach ca. 1 Std. trifft man auf den farnbestandenen Hirtensattel **Poriá** (1500 m) am Fuß des Bergs **Psári** (1849 m). Kurz darauf beginnt bei einem Schild direkt an der Straße der **Gipfelpfad** durch niedrige Farne und Distelgewächse, die erste rote Markierung

entdeckt man aber erst 50 m nach dem Schild. Aufstieg dauert eine knappe Stunde. Anschließend geht es in einer Gratwanderung auf den Gipfel des benachbarten **Mávri** (2030 m) und weiter auf dem Grat bis zum **Melindaoú**.

Wanderung durch die Samariá-Schlucht

Die Samariá-Schlucht ist vom Einstieg bis zum Kassenhäuschen am Ausgang exakt 14,3 km lang (die Kilometer sind auf Kilometersteinen angegeben), danach läuft man bis zur Anlegestelle in Agía Rouméli am Libyschen Meer noch 2,4 km, insgesamt also 16,7 km.

Die Marschdauer beträgt ohne Pausen und je nach persönlicher Kondition ca. 4,5–6,5 Std. Geschlossene und gut eingelaufene Schuhe (mindestens stabile Turnschuhe) sind notwendig. Zu essen kann man unterwegs nichts kaufen, also sollte man genügend Proviant einpacken. Wasser braucht man dagegen nicht mitzunehmen, da man entlang der Schlucht in regelmäßigen Abständen Wasserhähne und einen Bach mit Trinkwasserqualität findet. Ein leeres Gefäß zum Auffüllen könnte jedoch nützlich sein, da es zum Ende der Wanderung keine Wasserstellen mehr gibt. Je früher man aufbricht, desto besser. Unterwegs steigen die Temperaturen ständig – beim Abstieg um 100 Höhenmeter erhöht sich die Temperatur jeweils um exakt 0,6 °C Celsius, unabhängig von der tageszeitlichen Erwärmung. Die letzten 2 km läuft man durch eine schattenlose Flussebene. Trinken Sie ausreichende Mengen! Kopfschmerzen können ein Zeichen dafür sein, dass nicht genug Flüssigkeit aufgenommen wurde. Verboten ist das Wandern in den Seitentälern der Samariá-Schlucht, die nicht von Forstbeamten überwacht werden und Rückzugsgebiete der Agrími-Ziegen sind.

• *Öffnungszeiten* je nach Witterungsverhältnissen etwa **Anfang Mai bis Ende Oktober** tägl. 6 Uhr bis Sonnenuntergang. Falls nicht zuviel Wasser in der Schlucht steht, ist die Schlucht auch schon vor dem 1. Mai offen – aber auch das Gegenteil kann der Fall sein, d. h. Öffnung erst 5.–10. Mai. Dasselbe gilt für die zweite Oktoberhälfte. Auch wenn der obere Eingang noch geschlossen ist, kann es sein, dass man bereits von unten in die Schlucht hineinlaufen kann. Nach 16 Uhr bis Sonnenuntergang darf die Schlucht jedoch nur noch 2 km weit begangen werden.

• *Eintritt* derzeit etwa 5 €, Eintritt frei für Behinderte, Kinder unter 15 J. und Studentengruppen, die einen Ausweis der Forstbehörde haben. Eintritt für Kinder unter 15 J. nur in Begleitung eines Erwachsenen. Je ein **Kassenhäuschen** steht an beiden Schluchtanfängen: am Abstieg von der Omalós-Ebene und am unteren Schluchtende, etwas nördlich der aufgegebenen Siedlung Paléa Agía Rouméli. Die Eintrittskarten werden am Kassenhäuschen wieder eingesammelt (allerdings nicht immer mit der gebotenen Sorgfalt). So kann kontrolliert werden, dass niemand in der Schlucht übernachtet.

• *Informationen* bei der **Forstbehörde** unter ✆ 28210-67179.

• *Bestimmungen* Bevor man die Wanderung beginnt, sollte man die Tafel am Eingang lesen. Hier sind in Griechisch und Englisch die Bestimmungen niedergelegt, die in der Schlucht zu beachten sind. Da in der Hochsaison täglich mehrere tausend Besucher hindurchgehen, sollte man sie auf jeden Fall einhalten, denn nur so kann die Schönheit und Unberührtheit der Schlucht erhalten bleiben!

• *Einrichtungen* mehrere **Rastplätze** mit eingefassten **Quellen** und **Toiletten** am Weg; organisierter **Rastplatz** mit Toiletten und ärztlich besetzter **Sanitätsstation** in der Ortschaft Samariá; teurer **Getränkeverkauf** in Kiosken am unteren Ausgang der Schlucht.

• *Rettungsmöglichkeiten* Theoretisch wird der gesamte Wegverlauf von **Forstbeamten** kontrolliert. In der Ortschaft **Samariá** Stützpunkt der Schluchtaufseher, dort und an weiteren Stellen in der Schlucht stehen **Maultiere**, die Verletzte nach Agía Rouméli transportieren können. Außerdem gibt es in Samariá einen **Hubschrauberlandeplatz**, eine **Telefonleitung** und **Funkverbindung** nach unten. Ein **Hubschrauber** kann von Chaniá angefordert werden, ein weiterer Landeplatz ist am Hafen von Agía Rouméli.

Die Schluchtwanderung ist kein Spaziergang auf befestigtem Weg!
Immer wieder sieht man Menschen mit ernsthaften Kreislauf- bzw. Sonnen- und Hitzeproblemen, außerdem Wanderer mit Fußblasen bzw. angeschwollenen Füßen und offenen Wunden. Jeder Einheimische weiß zu berichten, dass pro Jahr mehrere Touristen in der Schlucht sterben. Unsere dringende Bitte an alle Senioren und Menschen, die keinerlei Wandererfahrung haben: Machen Sie besser eine kleine Wanderung von Agía Rouméli aus in die Samariá-Schlucht – der Weg ist dort flach und ohne größere Steigung, ohne Mühe kann man jederzeit wieder umkehren. Wer von Omalós aus wandert, hat zwar die psychologische Unterstützung „bergab dem Ziel entgegen", sollte aber die Belastung der Knie und Knöchel nicht unterschätzen. Eine Umkehr über den Xylóskalo ist weitaus anstrengender als Weiterlaufen und damit ausgeschlossen!

Wegbeschreibung

Die folgenden Zeitangaben sind Durchschnittswerte. Wenn Sie bei den ersten Angaben schneller oder langsamer sind, können Sie Ihre etwaige Gesamtzeit hochrechnen.

▶ **Vom Einstieg bis zur Siedlung Samariá** (7,5 km): Wie von einem gewaltigen Tellerrand steigt man am Ende der Straße den *Xylóskalo* („Holzleiter") hinunter – ein steiniger Weg mit Holzgeländer, der sich in engen Serpentinen 600 m tief in die Schlucht windet. Hart an der Felswand zwischen riesigen, knorrigen Zypressen und übermannshohen Brocken klettert man heute über angedeutete Stufen und grobe Steine langsam zum Grund der oberen Schlucht – Vorsicht beim Abstieg, die Felsen sind durch die zahllosen Wanderfüßen glatt und rutschig geworden (hier oben passieren die meisten Unfälle)! Rechts steigt das gigantische Massiv des Gíngilos 2000 m empor. Schon bei diesem Abstieg kommt man an mehreren eingefassten *Quellen* mit Sitzbänken vorbei – ideal, um ein paar Minuten auszuruhen.
Der Name des Pfads weist auf die Jahrhunderte der Freiheitskämpfer zurück. Schon im 17./18. Jh. verwendeten die kretischen Partisanen große Holzleitern, um aus der Samariá-Schlucht auf die Omalós-Ebene hinauf zu gelangen und ihre Überraschungsschläge gegen die türkischen Besatzer durchzuführen. Im 19. Jh. nutzten vor allem Hirten den steilen Aufstieg, indem sie Holzpflöcke und Baumstämme in das Erdreich rammten und so hölzerne Stufen anlegten. Erst Anfang des 20. Jh. wurde der heutige Weg gebaut, der aber seinen ehemaligen Namen beibehielt.
Nach etwa **1 Std. 30 Min.** ist man unten angelangt und trifft in 650 m ü. M. auf die schlichte Kapelle des *Ágios Nikólaos*. Sie steht unter turmhohen Zypressen und ist von außen mit Beton abgestützt, im Inneren eine karge, hölzerne Altarwand und Bilder des heiligen Nikolaus. In der Antike lag hier vielleicht eine dorische Siedlung namens *Kenó* mit einem Heiligtum der Naturgöttin Artemis Vritomartis. Heute ist ein *Rastplatz* mit Sitzbänken angelegt, erstmals weitet sich das Tal zu einer terrassierten Fläche mit Ölbäumen und Resten von Pferchen und Terrassen.
Der weitere Weg führt über Geröll leicht auf und ab. Man kreuzt dabei mehrmals den Bach, der auch im Hochsommer Wasser führt und zwischen den glatten, runden Felsblöcken immer wieder glasklare Teiche bildet. Obwohl Baden streng verboten

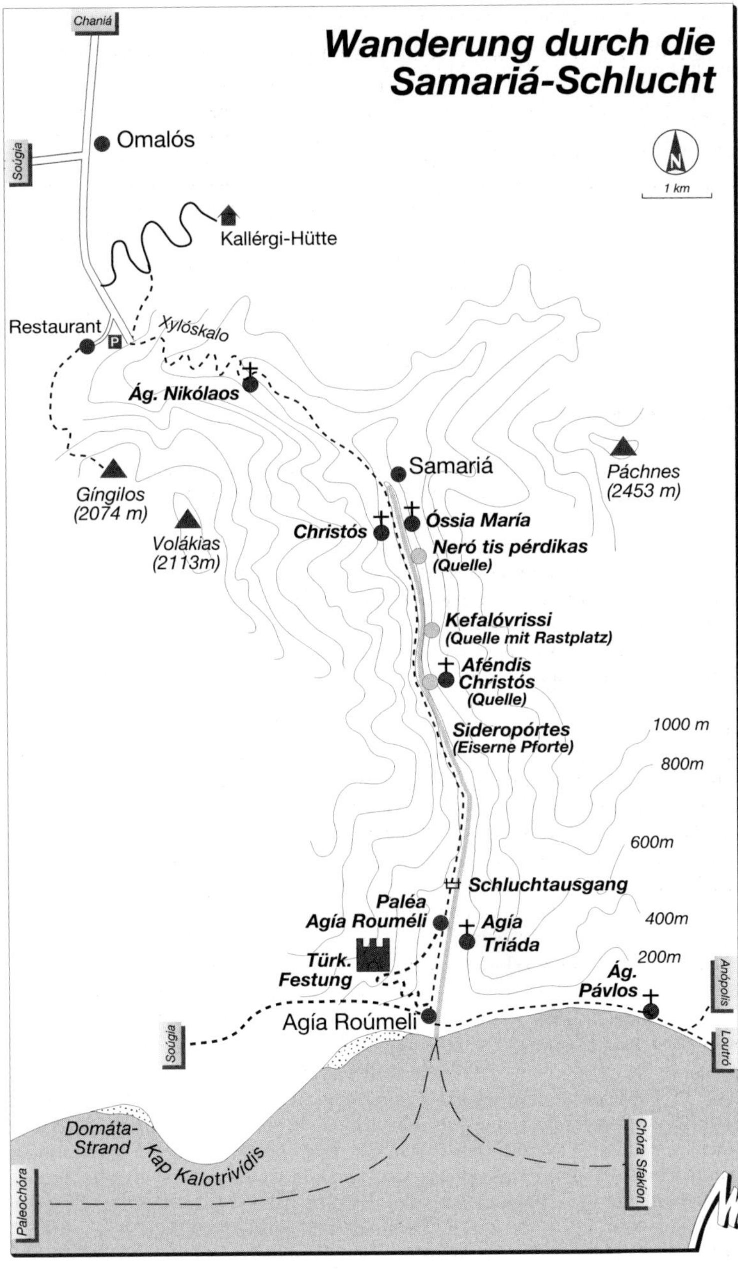
Wanderung durch die Samariá-Schlucht
Chaniá
Omalós
Soúgia
1 km
Kallérgi-Hütte
Restaurant
P
Xylóskalo
Ág. Nikólaos
Samariá
Páchnes (2453 m)
Gíngilos (2074 m)
Volákias (2113m)
Christós
Óssia María
Neró tis pérdikas (Quelle)
Kefalóvrissi (Quelle mit Rastplatz)
Aféndis Christós (Quelle)
Sideropórtes (Eiserne Pforte)
1000 m
800m
600m
Schluchtausgang
Paléa Agía Rouméli
Agía Triáda
400m
200m
Türk. Festung
Ág. Pávlos
Anópolis
Agía Roúmeli
Soúgia
Loutró
Domáta-Strand
Kap Kalotrivídis
Chóra Sfakíon
Paleochóra

ist, kommt man leicht in Versuchung. Die Schlucht ist hier noch weit und ohne Steilwände, sie wirkt eher wie ein Waldpark. Nach etwa **1 Std. 45 Min.** erreicht man den Rastplatz *Vríssi* (540 m ü. M.) mit Wasser und Bänken. Etwa **2 Std. 45 Min.** ab Xylóskalo sieht man in einer Erweiterung des Tals links die verlassene Siedlung *Samariá* in eine Nische unterhalb einer steilen Felswand gedrängt.

▸ **Samariá** (300 m ü. M.): nur wenige Häuser aus rohen Bruchsteinen inmitten von schattigen Platanen, Feigen-, Mandel- und Olivenbäumen. Vor vielen Jahren, als das Übernachten in der Schlucht noch erlaubt war, war Samariá der traditionelle Übernachtungsplatz für Schluchtwanderer. Heute ist es der wichtigste Rastplatz in der Schlucht, der frühere morbide Charme ist dahin, alles ist sauber und renoviert. Abfallkörbe sind immer auf Sichtweite, es gibt ein Toilettenhaus, ein paar Bänke und Tische, eine Quelle, ein (oft unbesetztes) Wärterhaus und eine Sanitätsstation (von Mai bis Oktober mit drei im Wochenturnus wechselnden Ärzten besetzt). Für die Bergrettung sind (theoretisch) Maultiere im Ort vorhanden. Kein Verkauf von Lebensmitteln und Reiseandenken.
In der Siedlung Samariá lebten bis 1962 Holzfäller und Fischer, die laut Beschreibungen hochgewachsen und hellhaarig waren – vielleicht Nachfahren der Dorer. Fern jeglicher Staatsgewalt hatten sie ihre eigenen Gesetze und die Blutrache soll verbreitet gewesen sein. Als der griechische Staat aus der Samariá-Schlucht einen Naturpark machte, hatten die staatlichen Organe endlich einen guten Vorwand, das „Tal der Gesetzlosen“ zu säubern und die Bewohner nach Agía Rouméli umzusiedeln.

▸ **Von Samariá zum Kassenhäuschen am Schluchtausgang** (6,8 km): Kurz nach dem Ort sieht man rechts am Weg die weiß gekalkte *Christós-Kapelle* unter einer überhängenden Felswand. Im Inneren eine Kiste mit Knochen und diverse Ikonen: Johannes der Täufer, Maria mit Kind, der Evangelist Johannes, die Muttergottes.
Auf der anderen Seite vom Bachbett steht, etwas erhöht unter Zypressen, die venezianische Kapelle *Óssia María* aus dem Jahr 1379, gewidmet einer Heiligen namens Maria, die aus Ägypten kam. Sie gab dem Ort und damit der Schlucht ihren Namen (Ossia Maria – Sia Maria – Samariá). Um sie zu finden, muss man beim Hubschrauberlandeplatz auf die andere Bachseite hinüberwechseln (beschildert). Früher führte eine Brücke hinüber, jetzt sucht man den Weg durch das Bachbett etwas unterhalb der Kirche in Höhe eines Gehöfts am linken Ufer. Ohne Klettern geht es nicht, alte Pfade sind nur zu ahnen. Am jenseitigen Ufer geht es noch über einige von Sturzbächen ausgewaschene Gräben zur Kirche. Über dem Portal eine Schiefertafel von 1888, Restaurierungsversuche sind erkennbar. Im Innern verwitterte Fresken, die u. a. Maria und einen weiteren Heiligen bei der Kommunion zeigen. Die Kirche ist nicht verschlossen, der Eingang mit einer Schnur vor Ziegen gesichert.
Jetzt ist allmählich die Hälfte des Wegs erreicht und der dramatischste Teil der Strecke beginnt. Ab der Wasserstelle *Neró tis pérdikas* (Rebhuhnquelle), die man etwa **3 Std.** nach Beginn der Wanderung erreicht, wird die Schlucht enger, und die Wände rücken zusammen. Turmhohe, bedrohlich überhängende Gesteinsschichten ragen in den Himmel, nur wenige Büsche klammern sich in Vorsprünge und Nischen. Unten tastet man sich im Geröll vorwärts, nur noch wenig Sonne dringt herunter. In zahllosen Kurven windet sich der Weg zum Meer, immer wieder muss man auf improvisierten Holzbrücken den Bach durchqueren, der im Winter zum reißenden Fluss wird. Nach etwas mehr als **4 Std.** passiert man *Christós*, die letzte Quelle mit Rastplatz unter hohen Platanen. Gigantische Felsblöcke liegen überall verstreut, die Wände sind teilweise bis zu mehrere hundert Metern hoch! Ganz

markant ist schließlich etwa 20 Min. später die engste Stelle der Schlucht, die *Sideropórta* („Eiserne Pforte"). Von oben nach unten laufen die Felsen hier handtuchschmal zusammen, auf einem Holzbohlenweg tapst man eng an der Felswand hindurch. Ganze 3 m misst hier der Abstand an der Sohle.

Etwa 1,5 km weiter kommt endlich der offizielle *Ausgang* der Schlucht, etwa. **5 Std.** ab Xylóskalo, hier werden die Tickets eingesammelt. In wenigen Minuten erreicht man jetzt die alte Siedlung *Paléa Agía Rouméli*, die 30 Min. landeinwärts vom neuen Ort am Meer liegt, 1952 durch ein schweres Hochwasser zerstört und aufgegeben wurde. In mehreren Kiosken werden hier Getränke und Postkarten verkauft, sozusagen die ersten Vorposten der Zivilisation. Die Häuser sind heute vollständig eingezäunt, sodass kein neugieriges Herumstreifen in den Ruinen mehr möglich ist. Paléa Agía Rouméli ist über einen Fahrweg zu erreichen, gebaut wohl für die Versorgungsfahrzeuge der Imbissbuden.

Nach der Siedlung wird das Terrain weit und schattenlos. Links am Weg steht das malerische Kirchlein *Agía Triáda*. Schutzlos brütet es in der prallen Sonne, drum herum ist ein kleiner Friedhof angelegt. In der Felswand dahinter erkennt man die kleine Höhlenkapelle *Ágios Antónios*. Noch wenige Kilometer sind es jetzt durch die Ebene am Ausgang der Schlucht, wo im Frühsommer wunderschön der Oleander wächst, bis man ca. **5,5 Std.** nach Beginn der Wanderung die ersten Häuser der neuen Siedlung Agía Rouméli direkt am Meer erreicht.

Agía Rouméli

Die Häuser kauern in einer weiten Bucht mit langem, völlig schattenlosem Kiesstrand. Dahinter ragt der mächtige Einschnitt der Samariá-Schlucht empor, umgeben von der Kulisse steiler Fels- und Geröllhänge, auf dem Kamm über dem Ort eine dekorative türkische Festung. Dazu das Wasser, das hier so tiefblau wirkt wie kaum irgendwo auf Kreta.

Wie der Nachbarort Loutró ist Agía Rouméli durch keinerlei Straßen mit der Außenwelt verbunden. Die wenigen Familien, die hier wohnen, leben alle vom Wandertourismus – es gibt keine andere Erwerbsquelle. In fast jedem Haus hat sich eine Taverne und/oder eine Pension etabliert. In den mittlerweile asphaltierten Gassen lockert z. T. Begrünung die wüstenhafte Atmosphäre von grauem Gestein und praller Sonne auf.

Samariá: „The Lazy Way"

Wer die Wanderung vom Omalós mitsamt der langwierigen Anfahrt ins Hochgebirge nicht auf sich nehmen will, aber trotzdem einen schönen Eindruck von der berühmten Schlucht erleben möchte, kann sie auch von unten angehen. Zu Fuß hinauf zur Eisernen Pforte dauert der Weg ca. 1 Std., zurück etwas kürzer, Eintritt ca. 5 €. Wenn man das erste Boot nach Agía Rouméli nimmt, ist das Ganze auch gut als Tagesausflug ab Chóra Sfakíon zu machen.

Jeden Nachmittag der gleiche Countdown: Tausende erschöpfter Wanderer trudeln in Agía Rouméli ein und nehmen sämtliche Tavernenplätze in Beschlag. Jetzt wird der Tagesumsatz gemacht, und erst wenn alle Schiffe abgefahren sind, kehrt wieder Stille ein. Nur wenige bleiben über Nacht – und so ist Agía Rouméli ein wirklicher Tipp für „antizyklisch" Reisende geblieben. Abends werden die Einheimischen gesprächig, man sitzt beim Rakí zusammen und wenn man Glück hat, hört man den Schotten Alex auf seinem Dudelsack blasen, der jeweils im Frühjahr und Herbst für zwei Wochen kommt. Dem Schluchtrummel am Nachmittag kann man am Kiesstrand östlich von Agía Rouméli entgehen, der sich kilometerweit vor den Berghängen entlang zieht. Hier trifft man höchstens ein paar Wanderer.

Geschichte

In der Antike stand in der Bucht von Agía Rouméli eine Stadt namens *Tárra*. Wahrscheinlich von den Dorern gegründet, hatte sie ihre Blütezeit in der römischen Epoche und war damals ein bedeutendes Zentrum der Glasbläserei. Jedoch hat man auch vereinzelte minoische Funde gemacht. Zu sehen ist heute von Tárra so gut wie nichts mehr.

Während der *venezianischen Epoche* war Agía Rouméli wegen der großen Holzvorkommen der Lefká Óri ein wichtiges *Schiffsbauzentrum*. Raubbau und ausgedehnte Flächenbrände zerstörten diese Ressourcen jedoch nachhaltig. Die Schlucht selber blieb weitgehend in der Hand der sfakiotischen Rebellen.

Seit dem 18. Jh. diente Agía Rouméli, wie die ganze Samariá-Schlucht, als wichtiger Stützpunkt im *kretischen Widerstandskampf* gegen die Türken. Die Rebellen hatten hier eins ihrer größten Waffenlager. 1770 wählte der berühmte Widerstandsführer *Daskalojánnis* aus Anópolis die Samariá-Schlucht als Stützpunkt. Als die Türken versuchten, die Schlucht zu stürmen, konnte sie der Partisanenführer *Iánnis Bonátos* mit nur 200 Mann an der Eisernen Pforte abwehren. Auch die folgenden Versuche der Osmanen, vom Omalós-Plateau in die Schlucht einzudringen, scheiterten an der Verteidigung durch die ortskundigen sfakiotischen Rebellen.

Auch im 19. Jh. konnten die türkischen Soldaten die Samariá-Schlucht nicht in ihre Gewalt bringen. Als sie beim großen kretischen Aufstand von 1866 versuchten, Agía Rouméli zu erobern, wurden sie vernichtend geschlagen und mussten 600 Tote zurücklassen. 1867 kamen sie mit 4000 Mann zurück und brannten das Dorf nieder. Die etwa 300 Aufständischen konnten unversehrt in die Schlucht fliehen, Frauen und Kinder entkamen auf einem Schiff. Als aber schließlich im ganzen übrigen Kreta der Aufstand niedergeschlagen wurde, mussten sich auch die Kämpfer in der Samariá-Schlucht ergeben, da sie im Winter von jeglichem Nachschub abgeschnitten gewesen wären. Zur Überwachung der Schlucht erbauten die Türken danach im Gebiet um Agía Rouméli eine Reihe von Festungen und Türmen, mussten sie aber bereits zehn Jahre später wieder aufgeben.

Als schließlich 1941 Kreta durch die deutsche Wehrmacht besetzt wurde, benutzte die griechische Regierung, nämlich König *Georg II.* und der Ministerpräsident *Emanuel Tsoudéros*, die Samariá-Schlucht für ihre Flucht nach Agía Rouméli, von wo sie ein britisches Kriegsschiff nach Ägypten evakuierte. Die deutsche Wehrmacht errichtete später einen Kontrollpunkt auf Omalós, um die kretischen Partisanen zu kontrollieren, die mit den Alliierten zusammenarbeiteten – allerdings vergeblich.

Anfahrt/Verbindungen

Von Mai bis Oktober fahren bis zu 5 x tägl. Autofähren mit hoher Aufnahmekapazität über **Loutró** nach **Chóra Sfakíon**. Nachmittags stoppen die Fähren nicht in Loutró, sondern fahren direkt bis Chóra Sfakíon durch, wo die Busse auf die Rückkehrer zur Nordküste warten. Danach fährt aber mindestens ein Boot nach Loutró zurück, wo es über Nacht ankert. Mindestens eine Fähre (im Hochsommer auch zwei) geht in die andere Richtung, über **Soúgia** nach **Paleochóra**. Egal, in welcher Richtung, eine wunderschöne Fahrt an den kahlen, zerfurchten Steilhängen der Südküste entlang erwartet Sie! Die schroffen Ausläufer der Weißen Berge gleiten hier direkt ins geradezu atemberaubend blaue Wasser.

• *Fahrtzeiten* (Änderungen möglich!) Agía Rouméli – (Loutró) – Chóra Sfakíon 9 Uhr, 10.30 Uhr, 15.45 Uhr, 17 Uhr und 18 Uhr. **In der Nebensaison fahren weniger Schiffe!**
Agía Rouméli – Soúgia – Paleochóra 16.45 Uhr.

• *Fahrtdauer/Preise* **Loutro** (40 Min., ca. 3,20 €), **Chóra Sfakíon** (1 Std., ca. 5,40 €), **Sougia** (45 Min., ca. 3,70 €), **Paleochóra** (90 Min., ca. 7,20 €).

Kaufen Sie sofort nach Ankunft in Agía Rouméli Ihre Schiffsfahrkarten. Der Verkaufskiosk liegt an der zentralen Gasse in der Ortsmitte.

Übernachten

Sicher jedes zweite Haus vermietet Zimmer (ca. 20–35 €), vor allem die Tavernen. Da nur selten alles belegt ist, kann man meist handeln, vor allem in der Nebensaison. Auch im Winter kann man in Agía Rouméli übernachten, da immer mindestens ein Hotelbesitzer im Ort überwintert.

Agia Roumeli, C-Kat., weiß getünchter Bau mit großer Restaurantterrasse am westlichen Ortsende, direkt am Strand, ideal zum Baden, ruhige Lage. Ordentlich ausgestattet, alle neun Zimmer mit Du/WC, kleinem Balkon und Meerblick. DZ ca. 25–35 €, Frühstück extra. ✆ 28250-91241, ℻ 91232.

Paralia, direkt an der Anlegestelle, einfache saubere Zimmer mit Du/WC, abends beliebter Treffpunkt (→ Essen & Trinken). ✆ 28250-91394.

Tara, Taverne oberhalb der Schiffsanlegestelle. Die Zimmer einfach, aber alle mit Du/WC und Balkon, umgänglicher junger Wirt. Vorne raus toller Blick. ✆ 28250-91231, ℻ 91431.

Kalypso, ordentliche Pension, Zimmer mit Klimaanlage, teilweise Kühlschrank. Auskunft im Restaurant Tara.

Livikon, am hinteren Ortsende, kurz vor dem Steilhang. Ruhige Lage, sehr sauber und hübsch aufgemacht, Grün und Hibiskusstauden bis zum Dach. Schattiger Balkon, alles recht gepflegt. ✆ 28250-91363.

Artemis, gepflegte Studioanlage etwas außerhalb, 50 m vom Kiesstrand, geführt von Spiros und Roussos Viglis sowie Roussos' schwedischer Frau Eva. 12 Studios (Wohnzimmer und Schlafzimmer mit Kochnische und Empore) für 2–5 Pers., Klimaanlage, ein oder zwei Balkons. Preis für 2 Pers. ca. 38–45 €. Das gleichnamige Lokal im Ort gehört ebenfalls dazu. ✆ 28250-91321, ℻ 91373, www.agiaroumeli.com

Paradise, am Fluss, mit schöner Aussichtsterrasse.

Essen & Trinken

Paralia, hier sitzt man fast direkt am Anleger, abends nach dem letzten Schiff treffen sich hier die Einheimischen einschließlich Kapitän. Essen okay, danach oft Rakí gratis, Wirt ist freundlich und großzügig.

Tara und **Zorbas**, 50 m oberhalb der Schiffsanlegestelle, von den schattigen Terrassen dieser benachbarten Restaurants hat man den schönsten Blick aufs Meer. Im Tara Frühstück ab 6.30 Uhr, auch kleine warme Küche.

Artemis, schattige Terrasse unter Bäumen in zentraler Lage, leckere kretische Küche, z. B. gute Fischsuppe und Gerichte aus dem Tontopf, gegart über Holzkohle.

Kri-Kri, eins der ersten Lokale, wenn man von der Schlucht kommt. Hauptanlaufpunkt von Reisegesellschaften. Leserkommentar: „Preise annähernd doppelt so hoch wie sonst auf Kreta, wohl auch deswegen nicht auf der Speisekarte erwähnt".

• *Sonstiges* kein **Geldautomat**; **Kartentelefon** vorhanden, außerdem Telefon im Restaurant Samaria; zwei vergleichsweise teure **Lebensmittelläden**; **Sanitätsstation** im Gebäude der ehemaligen Grundschule am Weg zur Schlucht.

Sehenswertes

Am Ortsende (bzw. am Ortsanfang, wenn man aus der Schlucht kommt) passiert man die byzantinische Kirche der *Panagía Kyrá*. Sie ist aus großen Steinen errich-

Die Kapelle Ágios Pávlos am Libyschen Meer

tet, wahrscheinlich Mauern eines älteren Bauwerks. Reste eines antiken Mosaikfußbodens liegen daneben, einst soll hier ein Heiligtum des Apollo gestanden haben. Am Fluss sieht man noch Reste einer *venezianischen Brücke* und die Ruine einer wasserbetriebenen *Kornmühle*. An vielen Stellen in der Schlucht sind noch Kanäle und Fundamente von ehemaligen Wassermühlen erhalten. Die mittlerweile vollständig eingezäunte Siedlung *Paléa Agía Rouméli* liegt 20 Min. schluchteinwärts (→ S. 687).

Türkische Burg: In ca. 30 Min. kann man rechts von der Kirche Panagía Kyrá auf einem schmalen, schweißtreibenden Serpentinenpfad den schattenlosen Steilhang hinauf zur malerisch platzierten Burg am Felsgrat klettern. Der Einstieg ist wegen der Ziegen abgesperrt, aber leicht zur Seite zu schieben. Aus der Bauweise lässt sich leicht erkennen, dass die Burg nicht für eine Belagerung konzipiert war. So befindet sich die Zisterne außerhalb der Mauern und die niedrigen, dünnen Mauern bieten kaum Schutz vor Kanonen. Es handelte sich vielmehr um eine Kaserne, die hier am exponierten Schluchtausgang immer Truppen in Bereitschaft liegen hatte. Der Blick auf das verlassene Dorf, das Tal und die neue Siedlung am Meer ist herrlich. Wer will, kann oben parallel zur Küstenlinie noch ein Stück nach Westen laufen. Auf den Spuren eines nur noch an wenigen Stellen sichtbaren Saumpfads gelangt man nach ca. 45 Min. zur Ruine eines zur Burg gehörigen *Wachturms* mit Blick ins Landesinnere und die Schlucht hinauf. Die Türken hatten in strategisch wichtigen Regionen Kretas ein ganzes Netz dieser Wachtürme aufgebaut, mit optischen Signalen hielten sie untereinander Kontakt und konnten so innerhalb kürzester Zeit Nachrichten bis in die Städte Chaniá, Réthimnon und Iráklion übermitteln. Auch östlich vom Schluchteingang stehen am Berg noch Festungsruinen (von unten nicht zu sehen).

Tipp von Leser E. Mehde: „Zum Abstieg ist der Weg, der von der Kirche heraufkommt, nicht zu empfehlen, da er wegen des Gerölls sehr glatt ist. Besser und nur etwa 15 Min. länger ist der Weg hinunter zum alten Dorf Paléa Agía Rouméli und dann weiter zum Meer. Ich würde die Strecke auch für den Aufstieg empfehlen, da man dort am späten Nachmittag Schatten hat. Ist einfach zu finden: schluchtaufwärts vor dem alten Dorf direkt nach der Brücke links dem Pfad folgen."

Eligiás-Schlucht: Etwa 45 Fußminuten östlich von Agía Roumelí mündet die touristisch völlig unerschlossene und dementsprechend einsame Eligiás-Schlucht am Meer. Sie zieht sich bis auf etwa 1500 m Höhe hinauf, hat zwar nicht so enge Wände wie die Samariá-Schlucht, wirkt aber trotzdem sehr beeindruckend und urtümlich. Für die Begehung ist sie allerdings nicht geeignet: Im Winter 1998/99 haben sich in etwa 900–1000 m Meereshöhe von den westlichen Begrenzungswänden einige haushohe Blöcke gelöst und sind in den Schluchtgrund gedonnert, müssten also überklettert werden. Überdies hängt noch weiteres loses Felsmaterial drohend und absturzbereit über der Schlucht. Ein Stück weiter befindet sich außerdem ein etwa 30 m hoher, *senkrechter Abbruch*, der kletternd umgangen werden muss. Bergsteigerische Erfahrung und Kletterkenntnisse sind für diese Schlucht unbedingt nötig.

Wandern von Agía Rouméli aus

Es gibt keine Straße von und nach Agía Rouméli. Einzige Landverbindungen sind Wanderwege, die aber wegen der wilden Landschaft und z. T. großen Einsamkeit sehr lohnen.

Wanderungen

- Richtung Norden durch die **Samariá-Schlucht**, Beschreibung in umgekehrter Richtung s. oben, S. 683
- Nach Osten die Küste entlang nach **Loutró** und **Chóra Sfakíon**, Beschreibung in umgekehrter Richtung unter Chóra Sfakíon, S. 711
- Ebenfalls nach Osten, anfangs an der Küste, später durch die Berge über **Ágios Ioánnis** und **Arádena** nach **Anópolis** bzw. **Loutró** oder **Chóra Sfakíon**. Beschreibung im Folgenden.
- Von **Agía Rouméli** nach **Soúgia**, lange Strecke, wegen Geröllrutschen teilweise sehr unwegsam und steil. Mit zwei Tagen Marschzeit muss man rechnen. Beschreibung in umgekehrter Richtung unter Soúgia, S. 671

Wanderung von Agía Rouméli über Ágios Ioánnis und Arádena nach Anópolis

Der bergige Weg über Ágios Ioánnis und Arádena nach Anópolis (und weiter nach Chóra Sfakíon) ist zwar anstrengender, aber insgesamt lohnender als die reine Küstenwanderung nach Loutró. Zum einen geht es durch sehr verschiedene Landschaften (Küste und Berge), zudem trifft man dabei auf die unterschiedlichsten Wege (vom Sandstrand über einen gepflasterten Maultierweg bis zum Pfad über eine Hochebene), außerdem ist der Kontrast von völlig abgelegenen Gebieten (Ágios Ioánnis) und der „Zivilisation" (Anópolis) sehr reizvoll. Markiert ist der Weg bis zur Weggabelung 25 Min. östlich der Kirche Ágios Pávlos mit schwarz-gelben „E 4"-Schildern, von denen leider teils nur noch die Stangen stehen (Der E 4 führt an der Küste weiter nach Loutró/Chóra Sfakíon). Bei Ágios Pávlos gibt es – in respektvollem Abstand zur Kapelle – seit wenigen Jahren das recht gemütliche Restaurant „Saint Paul", das seit einiger Zeit auch drei Zimmer vermietet (in der Regel bis Ende Okober geöffnet).

Hinweise zur Wanderung in umgekehrter Richtung unter Anópolis.

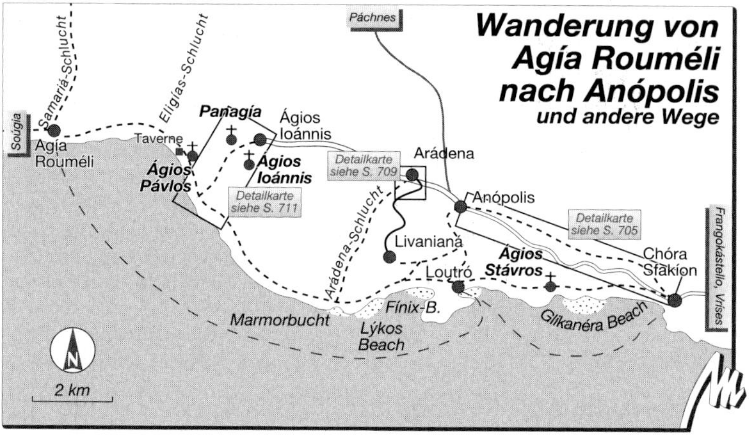

• *Route* Agía Rouméli – Kapelle Ágios Pávlos – Ágios Ioánnis – Arádena – Anópolis – Chóra Sfakíon.

• *Dauer* Alles in allem muss man mit Gepäck einen ganzen Tag einplanen, obwohl die reine Gehzeit von Agía Rouméli nach Anópolis nur etwa 6–7 Std. beträgt. Nach Chóra Sfakíon sind es weitere 2 Std.

• *Wegbeschreibung* Von **Agía Rouméli** durchquert man Richtung Osten das im Sommer ausgetrocknete Flussbett am Ausgang der Samariá-Schlucht (im März/April muss man meist durch mindestens kniehohes Wasser waten). Anfangs geht man über Geröll und dann immer am Strand entlang. Der Weg ist mit „E 4"-Schildern, roten und gelben Punkten markiert und folgt einer Stromleitung. 45 Min. nachdem man Agía Rouméli verlassen hat, kommt man an den Ausgang der **Eligiás-Schlucht** (→ S. 691), wo zwei riesige Felsbrocken à 10 x 10 m im Wasser liegen. Hier steigt man in feinem Sand hinauf, bis man ca. 20 m über dem Meer angelangt ist. Die Schlucht kann in diesem Sand leicht durchquert werden. Auf der anderen Seite geht der Weg gut markiert in dieser Höhe weiter (teilweise von heruntergefallenem Gestein überlagert). Jetzt kommt man in einen ausgedehnten **Kiefernwald** und sieht bald die hübsche Bruchsteinkapelle des **Ágios Pávlos**, die unterhalb des Wegs steht. Erbaut wurde sie im 11. Jh. zu Ehren des Apostels Paulus, der bei seiner Romreise im nahen Fínix (beim heutigen Loutró) gelandet sein soll. Im (meist geöffneten) Inneren sind Wandmalereien erhalten. Unterhalb der Kapelle liegt ein langer Strand. Es lohnt sich, hier im Meer zu baden, angenehme Wechselbäder durch kalte Süßwasserströmungen. Gut 1,5 Std. ab Agía Rouméli und ca. 25 Min. östlich der Kapelle kommt mitten im Kiefernwald die wichtige **Weggabelung**, wo sich der Küstenweg vom bergaufwärts steigenden Pfad nach Ágios Ioánnis trennt. Geradeaus geht es mit E 4 markiert an der Küste in ca. 3 Std. nach Loutró (→ Wegbeschreibung unter Chóra Sfakíon), links landeinwärts steil bergauf nach **Ágios Ioánnis**, das auf einem hohen Plateau liegt. Zwei neue, gut lesbare **Hinweisschilder** machen auf die Gabelung aufmerksam, sind aber leider schon wieder beschädigt.

Der **Aufstieg** in Richtung Ágios Ioánnis ist mit Abstand das anstrengendste Stück der Wanderung, denn es geht von Meereshöhe bis auf fast 700 m ü. M. Man kann sich von unten gar nicht vorstellen, dass die steilen Felswände irgendwie zu besteigen sind. Dennoch führt ein guter Weg in vielen Serpentinen nach oben. Immer wieder hat man herrliche Ausblicke auf Agía Rouméli und das Libysche Meer. Anfangs hat man noch ausreichend Baumschatten, später prallt die Sonne gnadenlos auf die kahlen Felsen. Etwa1 Std. 15 Min. ab Gabelung kommt die erstaunlich gut erhaltene, alte Pflasterung des **Maultierwegs** zum Vorschein, 15 Min. später hat man die Kante des **Plateaus** erreicht. Von Agía Rouméli sind wir jetzt ca. 3 Std. unterwegs.

Von der Plateaukante führt der Weg **geradeaus** durch ein bewirtschaftetes Waldgebiet in etwa 45 Min. weiter nach Ágios Ioánnis. Schöner Blickfang ist im Hintergrund die Silhouette der Lefká Óri. Zunächst kommen wir an einem **Zaun** entlang und überqueren sofort danach eine **Piste**, im Anschluss geht es quer durch eine niedrige **Schlucht** (rechter Hand Schafs- und Ziegengehege). Weiter geradeaus treffen wir an einer Kurve auf eine **Forstpiste** und gehen auf dieser entlang. Kurz darauf wendet sich der Hauptweg nach rechts in Richtung **Arádena**. Wenn man sich zuerst Ágios Ioánnis ansehen will, geht man aber geradeaus weiter. Der Weg steigt allmählich den Hang hinauf. Im letzten Stück ist er von Steinmäuerchen eingefasst und führt zwischen der **Kapelle der Theotókou** (links) und der **Kapelle des Ágios Ioánnis** (rechts) hindurch, bevor wir reichlich erschöpft die Asphaltstraße genau am Ortseingang von Ágios Ioánnis bei der Café-Taverne **O Giannis** (→ S. 710) erreichen. Der Ort besteht aus vielen Ruinen und mehreren Kirchen, nur noch wenige Häuser sind bewohnt.

Auf der **Asphaltstraße** kann man Ágios Ioánnis nun in östlicher Richtung verlassen und erreicht nach etwa 5 km den fast ausgestorbenen Ort **Arádena** am Rand der gleichnamigen Schlucht. Die **Arádena-Schlucht** wird in 80 m Höhe auf einer **Stahlträgerbrücke** mit Holzbohlen überquert. Am westlichen Brückenkopf steht ein **Getränkekiosk** (falls nicht besetzt, Geld hinlegen und sich selbst bedienen). Interessante Variante hier: in die Schlucht absteigen und am Meer entlang nach Loutró wandern (Beschreibung auf S. 709) oder kurz nach der Schlucht rechts nach Livanianá abzweigen und von dort zur Fínix-Bucht absteigen.

Wenn wir nach Anópolis wollen, können wir die nächsten 4 km entweder auf der **Asphaltstraße** bleiben oder den alten **Maultierpfad** nehmen, der kurz nach der Abzweigung nach Livanianá von der Straße rechts abzweigt und die Strecke etwas abkürzt (weitere Details auf S. 708). **Anópolis** ist ein weit verstreutes Dorf ohne festen Kern, jedoch mit Tavernen und Unterkünften. Man muss es ganz durchqueren und kann in weiteren 2 Std. nach **Chóra Sfakíon** hinunterlaufen. Dafür muss man etwa 5-10 Min. nach Ortsende eine **Schotterpiste** nehmen, die links von der Asphaltstraße abzweigt, weiter unten in einen alten Hirtenpfad übergeht und die Ilíngas-Schlucht überquert. Man kann aber auch auf der Straße weiterlaufen, der Blick aufs Meer und das tief unten liegende Chóra Sfakíon ist einmalig, diese Variante dauert 30 Min. länger. Weitere, besonders reizvolle Möglichkeit: in ca. 2 Std. nach **Loutró** absteigen, das direkt unterhalb von Anópolis liegt (→ Anópolis, S. 704). Es fahren auch Busse die Strecke Anópolis-Chóra Sfakíon, allerdings nur um ca. 6.30 Uhr hinunter (weiter nach Chaniá) und um 16 Uhr hinauf – bleibt also nur, sein Glück per Anhalter zu versuchen.

Loutró

Ansprechend herausgeputztes Örtchen, eingeschmiegt in eine tiefe Bucht zwischen dem Meer und der unmittelbar dahinter ansteigenden Felswand, mittendrin ein kleiner Kiesstrand. Wunderschön die Kontraste der Farben: das glasklare Türkis des Wassers, die weiß gekalkten Häuschen, tiefblaue Türen und Fenster, üppiger Blumenschmuck.

Das Kuriosum: Loutró ist bisher durch keine einzige Straße mit der Außenwelt verbunden! Nur per Schiff oder zu Fuß kann man hierher gelangen. Trotzdem – bzw. gerade deshalb – ist im Sommer eine Menge los: Fast alle Häuser vermieten Zimmer, die Tavernen haben sich zu Touristenlokalen entwickelt, der „Geheimtipp" Loutró hat sein Publikum gefunden. Trotzdem ist es immer noch ein malerischer Fleck, an dem man es gut ein paar Tage aushalten kann. Am schmalen Kiesstrand mitten im Ort werden Sonnenschirme, Liegen und Paddelboote vermietet, ein Getränkekiosk und Tavernen liegen gleich benachbart. Doch beachten Sie bitte: „Nudism prohibited" und „No topless please on this beach".

Auf der Internationalen Tourismusbörse in Berlin erhielt Loutró eine Auszeichnung in der Kategorie „Faulenzerferien". Aber eigentlich gibt es reichlich zu tun, denn die felsige Umgebung verlockt zu Ausflügen. Wer sich von der „Hafenpromenade" entfernt, steht schon nach wenigen Schritten am Fuß des niedrigen Bergrückens, der den Ort von der nächsten Bucht trennt. Über schmale Pfade kann man nach oben klettern, die verfallene Burg ansehen, zu Badestränden westlich und östlich vom Ort wandern oder sogar zum Bergdorf Anópolis hinaufsteigen – der steile Zickzackpfad ist in der Bergwand über Loutró gut zu erkennen.

Keine Straße nach Loutró!

Man möchte es nicht glauben, doch es soll tatsächlich eine Straße nach Loutró gebaut werden! Der Plan sieht vor, vom nur wenige Kilometer entfernten Weiler Livanianá, der bereits durch eine Piste mit der Asphaltstraße von Anópolis nach Ágios Ioánnis verbunden ist, eine Straße nach Loutró zu ziehen. Ein Parkplatz soll dann bei der Festung über Loutró angelegt werden. Man erhofft sich damit einen stärkeren Zustrom von Urlaubern. Doch der einzigartige Charakter Loutrós wäre zerstört. In den letzten Jahren kursierten vor Ort Unterschriftenlisten gegen dieses Vorhaben, erkundigen Sie sich bei Alison im Hotel Porto Loutro.

• *Anfahrt/Verbindungen* **Schiff**, Loutró-Chóra Sfakíon je nach Saison 3–5 x tägl. (ca. 20 Min., ca. 2,20 €), Loutró-Agía Rouméli ebenfalls (ca. 40 Min., ca. 3,20 €). Bei Bedarf noch mehr Schiffe, vor allem im August. Es gibt einen betonierten Anleger, z. T. laufen die Schiffe aber auch direkt den Kiesstrand an. Mitte Mai bis Mitte Okt. fährt 2–4 x wöch. etwa um 8.30 Uhr ein Schiff von Loutró nach Chóra Sfakíon und weiter zur Insel Gávdos. Tickets gibt es in einem **Kiosk** am Fähranleger .

Badeboot, in der Saison tägl. zu den Buchten Fínix, Mármara und Glikanéra („Sweetwater") ,11 Uhr hin, 17 Uhr zurück.

Taxiboot, nach Chóra Sfakíon ca. 22 €, zum Glikanéra-Beach und zur Mármara-Bucht ca. 12 € (2 Pers.).

Ausflugsfahrten, Stavros vom Hotel Porto Loutro veranstaltet bei genügend Nachfrage schöne Bootsausflüge, z. B. Delfine beobachten oder Fahrten zur Insel Gávdos.

Zu Fuß, vom Bergdorf Anópolis (von Chóra Sfakíon über Asphaltstraße zu erreichen) führt ein Weg hinunter nach Loutró, bergab etwa 2–2,5 Std. (→ S. 706). Ebenso ist Loutró von Agía Rouméli und Chóra Sfakíon zu Fuß zu erreichen (→ S. 711).

• *Übernachten* Es gibt ein Hotel in Loutró und sogar schon Pauschaltouristen. Ansonsten vermieten alle Tavernen an der Uferfront Zimmer, die allerdings den entsprechenden Geräuschpegel besitzen. Die Häuser in Richtung östliches Buchtende sind deutlich ruhiger. Preisklasse ca. 20–40 € fürs DZ, je nach Saison, ob mit Meerblick, eigener Du/WC usw. Hinweis: Da im Sommer Wassermangel herrscht, kann es vorkommen, dass Salzwasser aus der Dusche kommt.

Porto Loutro, C-Kat., das einzige Hotel (was sich sonst Hotel nennt, ist offiziell keines) besteht aus zwei Häusern – eines direkt am Strand, das andere oberhalb der Anlegestelle. Ende der Achtziger eröffnet, wird es seitdem freundlich geführt von Stavros und seiner britischen Frau Alison. Im unteren Haus nette Zimmer mit Vollholzmobiliar, Schieferböden, Bad, Ventilator und Balkon sowie eine schöne Gemeinschaftsterrasse mit Bar, in der es sogar Kuchen gibt. Als Bedienung meist britische Mädchen, Verleih von Büchern und Spielen. Die Dependance oberhalb vom Fähranleger bietet einen tollen Meerblick, auf jedem Stockwerk gibt es eine große Terrasse, dazu eine große Dachterrasse. DZ mit Frühstück ca. 35–55 €, auch einige Studios und zwei Apartments werden vermietet. Pauschal über Minotours Hellas u. a. ✆ 28250-91433, ℻ 91091, www.hotelportoloutro.com

Sifis, beim Anleger, geführt vom amerikanischen Griechen Paul Kantounatakis und seiner australischen Frau Natalie. Nette Inhaber, 14 Zimmer mit herrlichem Blick, gute Fischtaverne. ✆ 28250-91346, natalie@cha.forthnet.gr

Daskalojannis, Nähe Anleger, recht hübsch aufgemachtes Haus mit Holzdecken, in den Zimmern Kühlschrank, Klimaanlage, TV und Balkon. Unten im Haus Café/Snackbar mit Internetbetrieb und Großbild-TV. Nach Leserzuschrift relativ laut. ✆ 28250-91514, ℻ 91516, www.loutro.com

Madares, empfohlen von Leser W. Botta, die Apartments 15–19 (2. Stock) und 20–23 (3. Stock) haben große Terrassen, gut eingerichtet, jeden zweiten Tag Reinigung. ✆ 28250-91509.

Villa Niki, erhöht über Loutró, traditionelles Familienhaus mit begrüntem Vorhof, drei Schlafzimmern mit Holzböden (jeweils Du/WC) und großem Wohnraum, geeignet für bis zu 8 Pers., ideal für Familien, herrlicher Buchtblick. **Apartments Niki**, gleich neben Villa Niki, zwei stilvoll eingerichtete Apartments und vier Studios mit schattigen Balkonen. Villa ca. 73–90 €, Studio ca. 30–35 €, Apt. ca. 40–55 €. Auskunft und Buchung in Chóra Sfakíon bei Frau Stamatakis im „Sofia Souvenir Shop" neben Hotel Sofia. Villa Niki kann man auch über Minotours Hellas buchen. ✆ 28250-91259, ✆ 91222, www.loutro-accomodation.com

Pantelitsa Manousoudaki, benachbart zur Villa Niki, in der Mitte von Loutró, höchstes Haus, blaue Türläden. Sehr schöne DZ mit ebenso schönem Buchtblick. ✆ 28250-91348.

Xenofina's House, kurz nach dem Kiesstrand, der hilfsbereite Manolis Giomakis und seine Mutter vermieten geräumige und gut gegen die Hitze isolierte Dreibettzimmer mit Kühlschrank und Ventilator. Schöne Dachterrasse mit tollem Buchtblick (hier ist die Webcam für Loutró installiert). Manolis hat die Website www.loutro.net installiert, man kann bei ihm auch online buchen. ✆ 28250-91581.

To Kri Kri, vom Bootssteg gesehen eins der letzten Häuser vor dem Ende der Bebauung. Acht Zimmer, sehr netter Wirt, der perfekt Englisch spricht (war 20 Jahre in Australien), allerdings kein Roomservice. ✆ 28250-91380.

Faros, gleich nach Kri-Kri. Stratos und Zambia bieten neue, gute Räumlichkeiten mit Klimaanlage, Kühlschrank und Balkon. ✆ 28250-91334.

Scirocco, nach dem Faros, Giorgios und seine Frau sind sehr nette Vermieter und kennen auch die Bedürfnisse von Familien. Besonderer Tipp sind oben die drei Zimmer mit großer Dachterrasse. ✆/✆ 28250-91479.

Keramos, das vorletzte Haus der Bucht. Vermieter sind Manolis und seine deutsche Frau Eike, die seit Ende der 1970er Jahre in Loutró wohnen. Schlichte Zimmer mit schönem Meerblick, überall im Haus liebevolle Wandmalereien mit minoischen Motiven. DZ mit und ohne Kochnische, auch Familienzimmer. Morgens Frühstück auf der Terrasse, abends Fischtaverne. ✆ 28250-91356 (in Chaniá ✆ 28210-59828), www.keramos.de, www.loutro.de

Nikolas, Nikolas Padrouakis, ein freundlicher, älterer Mann, bewohnt das letzte Haus der Bucht, seine Zimmer sind sauber, ruhig gelegen und preiswert. ✆ 28250-91352.

Frei gezeltet wird am langen Sandstrand **Glikanéra** eine Fußstunde östlich vom Ort, Richtung Chóra Sfakíon. Vom Schiff aus ist er gut zu sehen.

• *Essen & Trinken* Alle Tavernen besitzen schöne, blumengeschmückte Terrassen am Wasser. Die Auswahl ist groß, dazu legt man Wert auf traditionelle kretische Gerichte. Besonders lecker sind die reichhaltigen Gemüseaufläufe aus dem Ofen.

Sifis, beim Anleger, gute Fischgerichte, Tipp ist der exquisite Fischteller.

Blue House, leckere Küche mit originellen Variationen von Moussaká und anderen griechischen Speisen, viel feines Gemüse, Reisgerichte, gefüllte Auberginen, Kräuter usw. Im Inneren hängt ein Bild von Antonios o Santorinios (→ S. 560).

Notos, Mezedopólion am Ende des Kiesstrands, leckere Mezédes, „vegetable balls" mit Wildgemüse Chórta, gebackene Kartoffeln in Alufolie usw.

Ilios, professionell und trotzdem nett geführt, Tagesgerichte (Aufläufe) in hervorragender Qualität.

Limani, ebenfalls Leserlob: „Unsere Stammtaverne, bester Service, moderate Preise, große Portionen, besonders zu empfehlen Gyros, Saganaki und Lamm."

Pavlos, östlich vom Strand, hauptsächlich Fleisch- und Fischgerichte vom Grill, aber auch vegetarische Standards wie gefüllte Weinblätter und Tomaten. „Der Chef, der im Winter in New York lebt und dort als Künstler tätig ist, kocht selbst und ist jederzeit für einen Small Talk zu haben."

• *Cafés & Bars* **Café Maria** (früher: To Loutro), zu erkennen an den knallgelben Korbsesseln. Die nette Maria bietet eine Riesenauswahl an selbst gebackenen Kuchen und Torten, dazu guten Filterkaffee und konkurrenzloses Frühstück – alles nicht billig, aber sicherlich die beste Konditorei an der westlichen Südküste.

Maistrali, am Anleger, abends lange offen, fetzige Musik (gelegentlich sogar Live-Jazz). Cocktails, Frühstück, Obstsalat.

Daskalojannis, Nähe Anleger, Café mit Internetanschluss.

Nachts herrscht weitgehend Ruhe, es gibt keine Disco im Ort. Allerdings spielen die Bars in der Nähe vom Anleger abends recht lang laute Musik.

• *Sonstiges* Loutró hat eine recht umfangreiche Website mit Webcam: **www.loutro.net**

Loutró/Baden und Umgebung

Loutró/Wandern

Wie in allen Orten im Südwesten gibt es reichlich Möglichkeiten, die man auf vielfältige Art kombinieren kann.

- Küstenwanderung nach **Chóra Sfakíon** → in umgekehrter Richtung unter Chóra Sfakíon. Wer in Loutró loslaufen will: Einstieg zwischen Taverne „Pavlos" und Rooms „To Kri Kri". Hinter dem Haus beginnt der Pfad, der sich später in 20–30 m Höhe über dem Meer entlangzieht.
- Küstenwanderung nach **Agía Rouméli** → unter Chóra Sfakíon.
- Aufstieg nach **Anópolis** → in umgekehrter Richtung (Abstieg) unter Anópolis. Von Loutró aus: Weg nach Chóra Sfakíon nehmen und bei einer Hausruine mit Olivenbaum (→ Skizze) Abzweig hinauf nach Anópolis. 600 m Höhenunterschied, Dauer ca. 1,5–2 Std. Achtung: Nicht in der Mittagshitze gehen, der Weg ist absolut schattenlos!
- Wanderung durch die **Arádena-Schlucht** → Chóra Sfakíon/Umgebung.

Östlich von Loutró liegt der lange Kiesstrand von Glikanéra (→ Chóra Sfakíon, S. 702), auf einem schmalen Trampelpfad etwas oberhalb der Küstenlinie ist er durch Felsen und Geröllhänge in einer Fußstunde zu erreichen. Weitere Strandbuchten findet man hinter dem Bergrücken westlich von Loutró. Zwar wurde ihr Reiz durch intensive Bebauung in den letzten Jahren gemindert, doch nach wie vor ist hier die Ruhe daheim. Besonders schön ist die Mármara-Bucht am Ausgang der Arádena-Schlucht. Man kann zu Fuß hinüberlaufen oder mit dem Paddelboot fahren, die Tavernenwirte holen Übernachtungsgäste auf Anruf auch in Loutró mit dem Boot ab. Manoussos bietet außerdem tägliche Fahrten mit dem Badeboot nach Fínix und Mármara an.

Von Loutró nach Westen

Etwa 30 Min. läuft man von Loutró zur nächsten Bucht auf der Westseite des Bergrückens. Aufstieg gegenüber vom Anleger, neben Restaurant Madares oder ab Kirche beim Minimarkt Sofia vorbei (→ Skizze). Einen markanten Blickfang bildet oben das alte, verfallene venezianische *Kastell*. Mit seinen Rundtürmen wirkt es noch echt mittelalterlich, im Schatten daneben weiden oft zottelige Schafe mit bimmelnden Glocken. 50 m hinter der Burg liegt eingezäunt ein mächtiger Komplex, der heute als *Zisterne* genutzt wird und meist gut mit Wasser gefüllt ist. Vorne am Kap steht die weiße Kapelle *Sotíros Christoú*, zwischen dem grauschwarzen Gestein lugen überall duftende Kräuterbüschel hervor.

▶ **Fínix-Bucht**: Hier soll einst der Hafen des antiken Anópolis gewesen sein. Apostel Paulus wollte auf seiner Romreise hier überwintern (→ Kalí Liménes, S. 331), wurde aber von heftigen Winden abgetrieben, an Gávdos vorbei und erreichte nach langer Irrfahrt schließlich Malta. Um den kleinen Kiesstrand ist viel gebaut worden, mehrere Bauten umgeben mittlerweile die ruhige Bucht.

Übernachten/Essen & Trinken **The Old Phönix**, 28 Zimmer in drei Gebäuden, Zimmer mit teils großen Balkonen, Taverne mit schattiger Terrasse, familiär geführt. DZ ca. 20–35 €. ✆/℻ 28250-91257, www.old-phoenix.com

▶ **Von der Fínix-Bucht nach Livanianá und weiter**: Auf einem weitgehend fertig gest ellten Fahrweg kann man in das kleine Bergdorf *Livanianá* hinauflaufen, dort gibt es eine Café-Taverne mit fantastischer Aussicht (→ S. 708), der Weg dauert höchstens eine Stunde. Von Livanianá kann man dann im Anschluss nach *Anópolis* wandern oder in die *Arádena-Schlucht* absteigen und zur *Marmorbucht* am Meer hinunterlaufen (ca. 2 Std. ab Livanianá). Orientierung und Schluchteinstieg in Livanianá: Von Fínix kommend auf die Kirche zuhalten und an ihr links vorbei gehen. Nach der Kirche den mit Steinmauern eingerahmten Weg nach rechts nehmen, er führt auf eine Anhöhe, von wo aus eine Kapelle auf dem nächsten Hügel sichtbar wird. Vor dieser Kapelle befindet sich eine Art natürliches Amphitheater mit alten Terrassen. Hier muss man links (unterhalb einer Felswand) dem nun wieder markierten Weg in Serpentinen nach unten in die Schlucht folgen.

▸ **Lýkos Beach**: Über den nächsten Hügel kommt man zu einer größeren Bucht mit steinigen Terrassen, vereinzelten Olivenbäumen, einem Kiesstrand und flachen Felsplatten im Wasser. Drei einfache Tavernen mit Zimmervermietung stehen nebeneinander und bieten entspannendes Urlaubsleben. Blick auf den oberhalb liegenden Bergort *Livanianá*, zu dem man zwischen Lýkos- und Mármara-Bucht auf blau markiertem Weg hinaufsteigen kann (ca. 45 Min.), oben Rast in der Taverne.

• *Übernachten/Essen & Trinken* Im Angebot der Tavernen: Tsatsiki, Käsekuchen aus der Sfakia, Ziegenfleisch und offener Rotwein.

Niko's Small Paradise, von Loutró kommend das erste Lokal, ein Altbau und ein Neubau, letzterer bisher noch recht gut in Schuss und sauber, beliebt und oft recht voll. ✆ 28250-91125.

Akrogiali, von Giorgios und Maria Manousoudakis freundlich geführte Taverne mit acht großen, sauberen Zimmern. Sfakiotische Gerichte, auch vegetarisch, Zutaten aus eigener Herstellung. Bei Zimmeranmietung kostenloser Bootstransfer von Loutró durch Sohn Pavlos. ✆ 28250-91446, 📠 83403, ✆ 6972-147367 (Handy).

George's, ebenfalls nett geführt, einfache Zimmer. ✆ 28250-91457.

• *Sonstiges* Wie in Loutró kann man **Kanus** mieten.

▸ **Mármara-Bucht** *(Marmorbucht)*: Die schönste der drei Badebuchten liegt noch ein Stück westlich vom Lýkos Beach, direkt am Ausgang der tiefen Arádena-Schlucht. Kleiner Kiesstrand, eingefasst von malerisch-bizarren Marmorfelsen und ins Wasser abgleitenden Felsplatten – ideal zum Sonnen und vormals beliebt bei Individualisten und Nacktbadern, inzwischen ein ordentlicher Familienbadestrand („Please no nudism“) und ziemlich voll mit Bootsgästen aus Loutró. Reizvoll: Es gibt einige, z. T. miteinander verbundene Felshöhlen, in die man hineinschwimmen kann. Zu erreichen mit dem täglichen Badeboot oder in etwa 70 Fußminuten ab Loutró. Hinter dem Strand kann man die eindrucksvolle Schlucht hinauflaufen (→ Wanderung durch die Arádena-Schlucht, S. 709) oder man steigt nach einem Drittel der Strecke nach Livanianá hinauf und kehrt von dort über die Fínix-Bucht nach Loutró zurück.

• *Übernachten/Essen & Trinken* Eine kleine **Snackbar** auf den Felsen über dem Strand bietet einen herrlichen Panoramablick und kleine Gerichte wie Omeletts, Bauernsalat usw.

Chrisostomos, hinter der Bar stehen eine Hand voll Häuschen mit netten Zimmern für ca. 20–25 €, allerdings ohne Strom. Besitzer Chrisostomos ist zu erreichen unter ✆ 6932-300445 (Handy) oder zu Hause, ✆ 28250-91387. Er führt auch eine gute Taverne in Chaniá.

Von Vríses nach Chóra Sfakion

Vom Norden Kretas zweigt in Vríses eine breite Straße zur Südküste ab. Bis Chóra Sfakíon sind es zwar nur 40 km, doch die Tour vom üppigen Grün um Vríses hinauf in die karstigen Berghänge der Lefká Óri bietet Landschaft pur und interessante Abstecher.

Vor *Alíkambos*, 6 km südlich von Vríses, steht auf einem Friedhof links unterhalb der Straße die verschlossene *Panagía-Kirche* aus dem 10. Jh. Wer die Fresken von

Blick auf Chóra Sfakíon und die kahle Südküste der Sfakiá

Ioánnis Pagoménos (14. Jh.) sehen will, muss versuchen, im Ort den Priester aufzutreiben und erhält mit etwas Glück sogar eine „geführte Tour".
Nach der *Katré-Schlucht*, die mehrmals Schauplatz der Vernichtung türkischer Truppen durch kretische Widerstandskämpfer war, gelangt man bald über einen Pass in die malerische *Askífou-Ebene.* Gleich nach der Passhöhe zwei Tavernen mit toller Aussicht.

▸ **Ebene von Askífou**: Auf der fruchtbar-grünen Ebene in 700 m Höhe liegen mehrere Dörfer, linker Hand sieht man am Nordrand der Ebene die Ruine eines türkischen *Kastells* auf einem markanten Doppelhügel. Zunächst fährt man an *Karés* vorbei, wo ein „War Museum" mit Relikten aus dem Zweiten Weltkrieg – großteils zurückgelassen von den alliierten Truppen auf ihrer Flucht vor den deutschen Angreifern im Mai 1941 nach Chóra Sfakíon – auf interessierte Besucher wartet (✆ 28250-95211). An der Tankstelle beginnt dann der Hauptort *Ammoudári.* Vom Dorfplatz zeigt ein Wegweiser nach rechts, es gibt eine Infotafel und 200 m weiter oben beginnt der E 4"-Fernwanderweg, auf dem man in etwa 2,5 Std. zur 8 km entfernten *Hochebene von Niáto* aufsteigen kann, gegebenenfalls weiter zum *Kástro* (2218 m) oder über das verlassene Dorf *Kalí Lákki* nach Anópolis oberhalb der Südküste (ca. 14 km) wandern kann. Es gibt mehrere Kafenia und Tavernen, unterhalb des Platzes liegt die Taverne „Stratis Zoulakis" mit netter Wirtin und günstigen Preisen. Kurz nach dem Dorfplatz sieht man recht etwas erhöht das venezianische Herrenhaus der Familie Perraki, vor dem die größte Tanne Kretas steht. Ammoudári geht nahtlos über in den letzten Ortsteil, *Petrés.* Das einzige Lokal ist dort das Restaurant/Kafenion „Manousos", betrieben von Manousos Douraoundakis und seiner Gattin Marion, die aus Offenburg stammt. Nach Petrés liegt am Hang oberhalb das große „Lefkoritis Resort", das sich vor allem an die kretische Jagdleidenschaft wendet, aber auch ein guter Standort für Bergwanderungen ist.

▸ **Von Ammoudári nach Chóra Sfakíon**: Südlich der Ebene gelangt man über einen weiteren Pass nach Ímbros. Hier beginnt die steilwandige *Ímbros-Schlucht,* die sich hoch über der Küste zum Libyschen Meer öffnet und mittlerweile zum populären Wanderziel entwickelt hat. Kurz vorher zweigt eine kaum befahrene Straße in die einsamen Bergdörfer *Asféndou* und *Kallikrátis* ab, von wo sich ebenfalls Schluchten zur Südküste hinunterziehen. Details dazu unter Chóra Sfakíon/Umgebung. In unglaublichen Haarnadelkurven geht es abschließend die kahl gefegten Hänge zur karstigen Südküste bei Chóra Sfakíon hinunter. Von vielen Panoramapunkten aus kann man die Küste fast bis Plakiás überblicken.

• *Übernachten* **Lefkoritis Resort**, Mischung aus Jagdhütte und Berghotel, bisher einzigartig auf Kreta, neu erbaut oberhalb von Ammoudári, Panoramablick auf die Ebene von Askífou. Acht komfortable Zwei- und Drei-Raum-Apartments aus Naturstein (die größeren mit Kamin), dazu Restaurant, Billard und Einrichtungen für Jäger. Apt. mit einem Schlafzimmer ca. 70–82 €, Apt. mit zwei Schlafzimmern ca. 82–150 €. Ganzjährig geöffnet. ✆ 28250-95454, 📠 95455, www.crete-hotels-rooms.com

Katsivéli-Schutzhütte, die verschlossene Hütte liegt am „E 4"-Trail nördlich vom Páchnes und kann nach Absprache mit dem Griech. Bergsteigerverein EOS in Chaniá eventuell genutzt werden (✆ 28210-44647).

Chóra Sfakíon

Beschaulicher, kleiner Fischerhafen, eingerahmt von schroffen Küstenbergen. Von den Einheimischen wird er wie die ganze Region einfach „Sfakiá" genannt.

Mehrmals am Tag wird die Ruhe jäh unterbrochen, wenn die aus allen Nähten berstenden Boote aus Agía Rouméli die erschöpften Wanderer zu ihren Bussen bringen, die hier oft zu Dutzenden warten. Dank seiner verkehrsgünstigen Lage nahe der Samariá-Schlucht ist Chóra Sfakíon zur Drehscheibe und zum fast reinen Durchgangsort geworden. Nur wenige Besucher haben einen Blick für den Ort, der zudem nur einen kleinen, in die Felsen gesprengten Kiesstrand am westlichen Dorfrand besitzt. Wer trotzdem bleibt, sitzt abends in der Tavernengasse an der halbrunden Hafenbucht, schaut ins leise gluckernde Wasser oder guckt den Touristen zu, die zwischen den Tavernentischen an der Uferpromenade hindurchschlendern. Die wenigen steil ansteigenden Gassen und die kleine „Basargasse" parallel hinter der Promenade hat man schnell durchbummelt. Das eigentlich Reizvolle ist jedoch die Umgebung von Chóra Sfakíon, die für Wanderer eine unerschöpfliche Menge von Möglichkeiten bietet, sei es an der Küste oder im gebirgigen Hinterland. So kann man zu den schönen Stränden in Richtung Loutró laufen oder hinauf ins Bergdorf Anópolis, kann die Ímbros-Schlucht durchwandern oder sogar den Páchnes besteigen, den zweithöchsten Berg Kretas. Etwas Kondition sollte man also mitbringen.
Ein weiteres Highlight ist natürlich der Ausflug zur *Insel Gávdos*. In der warmen Jahreszeit fährt das Boot an jedem Wochenende hinüber zur südlichsten Insel Europas.

Anfahrt/Verbindungen

• *Bus* Der große Parkplatz, wo die **Charterbusse** auf die organisierten Schluchtbezwinger warten, liegt rechts oberhalb des OTE-Gebäudes mit den Parabolantennen und ist vom Hafen über eine Treppe zu erreichen. Tickets gibt es im KTEL-Büro am südlichen, unteren Ende des Platzes oder im Bus.

Die **Linienbusse** stehen am oberen Ende des Dorfplatzes (vom Hafen geradeaus). Tickets gibt es im Bus. Nach **Chaniá** gehen Busse etwa 5 x tägl. (Dauer ca. 2 Std.), nach **Réthimnon** 3 x (Bus nach Chaniá bis Vríses, dort nach Réthimnon umsteigen). Nach **Plakiás** und **Agía Galíni** geht ein Bus, wenn überhaupt, nur 1 x nachmittags, in der Nebensaison meist gar nicht. Rechtzeitig da sein, es wird schnell voll. Ansonsten muss man erst nach Réthimnon fahren und von dort weiter nach Plakiás (6–7 x tägl., Nebensaison weniger, der letzte spätnachmittags). Ein Taxi von Chóra Sfakíon nach Plakiás kostet ca. 40 €. Außerdem geht ein Bus mehrmals wöch. von und nach **Anópolis**, ist allerdings auf einheimische Pendler eingestellt – nachmittags hinauf, frühmorgens hinunter.

• *Schiff* Chóra Sfakíon ist neben Agía Rouméli wichtigster Hafen und Drehscheibe des Schiffsverkehrs an der Sfakiá-Küste. 3–5 x tägl. fährt ein Schiff nach **Agía Rouméli** und zurück (ca. 1 Std., ca. 5,40 €), in der Regel wird dabei Stopp in **Loutró** gemacht (20 Min., ca. 2,20 €). In der Nebensaison weniger Fahrten.

Man kann auch ein Fahrzeug mitnehmen und 1 x tägl. von Agía Rouméli nach **Paleochóra** weiterfahren (eventuell in Agía Rouméli umsteigen), Auto ca. 15 €, Pers. ca. 9 €.

Zur **Insel Gávdos** fährt ein Boot von Mitte Mai bis Mitte Juni und im Okt. 2 x wöch. (Sa und So), von Mitte Juni bis Ende September gibt es ein bis zwei zusätzliche Abfahrten (Do und Fr). Abfahrt etwa 10.30 Uhr (startet teilweise bereits in Loutró), zurück ca. 17 Uhr, ca. 10–11 € einfach.

Alle **Schiffstickets** werden in einem Häuschen am oberen Ende des Dorfplatzes verkauft, da wo die Linienbusse halten.

Die Fähren haben einen **eigenen Anleger** im Ostteil der Bucht. Die ankommenden Massen der Samariá-Wanderer müssen so nicht durch den Ort laufen, was diesem sehr zugute kommt.

• *Eigenes Fahrzeug* großer, kostenpflichtiger **Parkplatz** östlich der Promenade, 2 Std. ca. 0,70 €, 1 Tag ca. 3 €, 2 Tage ca. 5,50 €, 3–4 Tage ca. 2,50 €/Tag. Wer in Chóra Sfakíon übernachtet, erhält vom Hotel in der Regel einen Gratisparkplatz für sein Auto.

• *Taxi* Reservierung in ersten Supermarkt an der Hafengasse, neben Restaurant Livikon (Vorsicht, rechtzeitig bestellen!).

• *Bootstaxi* **Captain Yiannis** fährt nach Loutró, Agía Rouméli und zu den Stränden der Umgebung, Auskunft im Restaurant Samaria an der Hafengasse oder unter ✆ 28250-91261.

Übernachten

Außer den unten erwähnten Adressen gibt es noch diverse Privatzimmer im Ort. Vor allem die Tavernen an der Uferfront vermieten alle Zimmer, z. B. das Samaria/Livikon, das dem Bürgermeister gehört.

Xenia, C-Kat., beim alten Hafenbecken, geführt von Jorgos Braoudakis mit netter bulgarischer Partnerin. Schöner, pflanzenüberwucherter Eingang mit Café, zwölf Zimmer verschiedener Güte – von ganz schlicht mit dünnen Holzwänden bis zu recht ordentlichen Zimmern verschiedener Größe mit Betonmauern und tollem Blick aufs Meer. Die guten Zimmer kosten je nach Saison und Größe ca. 25–40 €, die einfachen zwischen 20 und 30 € (kein eigenes Bad). ✆ 28250-91238, ℻ 91490, E-Mail: braos@otenet.gr

Sofia, einfaches Haus in der Parallelgasse hinter der Hafenpromenade. Geräumige Zimmer mit dunklen Holzmöbeln, Linoleumboden und Du/WC, laut Prospekt tägl. Room-Service. Etwa 20–30 € mit Meerblick (im obersten Stock), ohne etwas günstiger. ✆ 28250-91259, ℻ 91222.

Stavris, alteingesessenes Haus mit freundlichen Besitzern am Ende der Parallelgasse hinter der Promenade. Exponierte Lage mit schönem Meer- und Küstenblick vom oberen Stockwerk, 34 einfache Zimmer, hübsche Frühstücksterrasse, eigener Parkplatz. Pauschal über Attika oder Reiseladen. ✆ 28250-91220, ℻ 91152, www.hotel-stavris-chora-sfakion.com

Eleana, ruhige und familiär geführte Apartmentanlage an der wenig befahrenen Straße nach Anópolis, 200 m oberhalb vom Hafen, schöne Lage. Studios, 2- und 3-Zimmer-Apartments, alles sehr geräumig. Auskunft bei Frau Stamatakis im „Sofia Souvenir Shop" neben Hotel Sofia. ✆ 28250-91259, ℻ 91222.

Hotels außerhalb siehe unter Chóra Sfakíon/Baden.

Sonstiges

• *Adressen* am großen Platz östlich vom Ort **Post**, **Taxi** und **Geldautomat** (bislang nur Visa), außerdem **Gepäckaufbewahrung** im „Travellers Service Center" (ca. 2 € für 24 Std.); Töpferei mit recht schönen Stücken in der Gasse bei Hotel Stavris.

• *Essen & Trinken* Die Tavernen drängen sich alle an der Hafenfront, angefangen beim großen Dorfplatz und endend am alten Hafen. Man sitzt hübsch, allerdings gleicht ein Spaziergang die Tischreihen entlang einem Spießrutenlaufen, denn lautstark weisen die Kellner auf die Vorzüge des „grilled fish" oder „fried chicken" hin. Die Qualität ist überall ähnlich und die Preise sind durchweg recht günstig.

Warme Leserempfehlung für **Nikos Taverna**. Nikos Braoudakis hat acht Jahre in New York gelebt und spricht fließend Englisch. Er verwendet nur Produkte von der eigenen Farm und hat sich zum Ziel gesetzt, die traditionelle Küche der Sfákia wieder zu beleben.

• *Cafés* **Xenia**, mit Bougainvillea überwachsene Terrasse vor dem Hotel Xenia im alten Hafen, freundliche Bedienung.

Embarko, an der Serpentinenstraße östlich oberhalb von Chóra Sfakion, herrlicher Panoramablick auf Ort und Küste.

• *Shopping* **Internationale Presse** im Souvenirladen an der Ecke zum neuen Hafen.

Kulinarische Spezialitäten aus der Sfakiá, z. B. Thymianhonig, Rakí und Kräuter, bieten mehrere Läden an der Uferpromenade und in der „Basargasse".

• *Sport* **Notos Mare** (www.notosmare.com), Tauchbasis von Damulis Tsirintanis, sehr guter persönlich Service, Besitzer hat in Wien studiert und spricht Deutsch. Sehr positive Leserzuschrift sowie zahlreiche Empfehlungen unter www.taucher.net

Daskalojánnis: Wegbereiter der kretischen Freiheitsbewegung

Chóra Sfakíon, der kleine Küstenort am Fuß der Lefká Óri, hat eine bewegte Vergangenheit. Das raue, unwegsame Bergland der Sfakiá konnte von den Eroberern und wechselnden Herren Kretas nie völlig erobert werden. Schon die Venezianer setzen deshalb die mächtige Festung Frangokástello nur wenige Kilometer östlich von Chóra Sfakíon in die Küstenebene. Auch in den finsteren Zeiten der türkischen Besetzung war die Sfakiá ein Zentrum des kretischen Widerstands. Einer der bedeutendsten Anführer war der Schiffseigner Ioánnis Vláchos aus Anópolis, der sein ganzes, nicht geringes Vermögen in den Dienst des Aufstands stellte. Wegen seiner Klugheit und Umsicht nannte man ihn *Daskalojánnis*, Ioánnis den Lehrer. Im April 1770 begannen die Sfakioten sich gegen die türkischen Truppen zu erheben, kämpften in den Bergen und Schluchten der Sfakiá. Doch der extrem harte Winter machte ihre Hoffnungen auf raschen Erfolg zunichte, zudem zerschlugen sich die Pläne Daskalojánnis', der von Russland Hilfe gegen die Türken erhofft hatte. Im März 1771 ergab sich Daskalojánnis in der Festung Frangokástello den Türken, die ihm Friedensverhandlungen und Schonung seiner Mitkämpfer in Aussicht gestellt hatten. Doch dies war nur eine List des Paschas von Chandax (Iráklion) gewesen – am 17. Juni 1771 wurde Daskalojánnis unter den Augen seines Bruders, der darüber den Verstand verlor, bei lebendigem Leib die Haut abgezogen. Sein Denkmal steht heute in Anópolis (→ Chóra Sfakíon/Umgebung).

Sehenswertes: Ein unscheinbares *Denkmal* am Weg zum Hafen erinnert an die Flucht der letzten alliierten Truppen auf Kreta nach dem deutschen Überfall vom 28. Mai bis zum 1. Juni 1941. Über die Hochebene von Askífou waren sie in Eilmärschen nach Chóra Sfakíon gelangt, wo sie an Bord von eilig zusammengezogenen Schiffen nach Afrika evakuiert wurden. Etliche tausend Soldaten konnten nicht mehr rechtzeitig eingeschifft werden und gerieten in Chóra Sfakíon in deutsche Gefangenschaft. Auf dem bewaldeten Hügel östlich vom Ort sind die spärlichen Mauerreste einer ehemaligen *venezianischen Festung* erhalten. Der Aufstieg lohnt sich wegen des Blicks auf das tiefblaue Meer, auf den Ort und die kahlen, graubraunen Bergrücken der Küste. An der Straße unterhalb der Festung steht ein *Denkmal*, das die von den deutschen Barbaren („Barbarou Germanou") zerschossenen Schädel sfakiotischer Widerstandskämpfer aus dem Zweiten Weltkrieg beherbergt – exekutiert, weil sie den Alliierten zur Flucht nach Afrika verholfen hatten.

Chóra Sfakíon/Baden

Im Hafen gibt es einen halbrunden Kiesstrand, wesentlich besser ist aber der kleine, 1995 in die Felsen gesprengte *Kiesstrand* unmittelbar westlich vom Ort, der zudem abends sehr lange in der Sonne liegt.

▶ **Ilíngas Beach**: etwa 1 km westlich von Chóra Sfakíon an der Straße nach Anópolis. Kiesbucht zwischen hohen Felswänden mit einigen schattigen Höhlen. Vor einigen Jahren wurde hier die Pension „Ilingas" mit Taverne errichtet, die den Strand als quasi hoteleigen betrachtet. Die Bucht ist Endpunkt der langen, einsamen *Ilíngas-Schlucht*, die sich bis in die Nähe des verlassenen Dorfes *Mourí* (→ S. 707) hinaufzieht. Im Dezember 2001 war sie Schauplatz einer heftigen Sturzflut, die massenweise Geröll aus den Bergen mit sich brachte und in der Schlucht ablagerte. Auch die Bucht selber wurde dadurch in Mitleidenschaft gezogen, ein Teil der Seitenwand ist eingestürzt.

Übernachten **Ilingas**, einsame Lage oberhalb vom Strand, 15 Zimmer, z. T. Meerblick, Taverne. DZ ca. 25–35 €. ✆ 28250-91239, www.greekhotel.com/crete/chania/ilingas

▶ **Glikanéra Beach** (= süße Wasser), meist ausgeschildert als „Sweetwater Beach": gut 800 m langer, schattenloser Kiesstrand, eine Fußstunde westlich von Chóra Sfakíon, eingeschlossen von fast senkrecht abfallenden Steilwänden, das östliche Drittel ist durch einen Erdrutsch verschüttet. 1991 wurde der Westteil verschüttet, zwei Touristen kamen dabei ums Leben. Seinen Namen hat der Strand von den unterirdischen Quellen, die an manchen Stellen unterhalb der Felswände aus dem Boden fließen. Gräbt man etwa 1 m tiefe Löcher in den Kiesstrand, so füllen sich diese mit kühlem Süßwasser, das nicht brackig schmeckt. Es gibt jedoch keinerlei Pflanzenbewuchs, also auch keinen Hinweis auf Süßwasservorkommen. Die Süßwasserbäche spürt man aber beim Baden im Meer als kühle Strömungen. Reste einer byzantinischen Kirchenruine sind zu sehen. Auf einem vorgelagerten Felsen hat sich auch ein kleines Mini-Café etabliert, wo man einfache Mahlzeiten, kalte Getränke und Frühstück bekommt. Das Zelten am Strand ist erlaubt, Schatten jedoch Mangelware. In Flaschen lässt sich Wasser zum Duschen erwärmen.

• *Wegbeschreibung* Von Chóra Sfakíon ist der Glikanéra-Strand auf der Straße nach Anópolis zu erreichen. Wo sich die Straße bei der ersten Spitzkehre hangwärts vom Wasser entfernt, führt ein steiniger, mit „E 4"-Schildern markierter **Pfad** hinunter und an der Küste entlang weiter nach Loutró (→ Wandern). Wem der Fußweg zu anstrengend ist: Theo Deligiannakis und Sohn Jorgos fahren von etwa Mitte Mai bis Mitte Oktober vormittags mit ihrem **Badeboot** ab Chóra Sfakíon und Loutró zum Strand. Die Felsen der Umgebung sind oberhalb der Wasserlinie völlig ausgehöhlt – macht Spaß, hier mit dem Boot entlang zu fahren.

▶ **Filáki Beach**: Wenige Kilometer östlich von Chóra Sfakíon führt ein Fahrweg von der Straße hinunter zu einer felsigen Bucht. Hier steht das einzige FKK-Hotel Kretas.

• *Übernachten* **Vritomartis**, B-Kat., weit und breit das komfortabelste Hotel an der westlichen Südküste, äußerst ruhige Lage. Inmitten der dornigen Steinwüste eine Oase, ansprechend gestaltetes Gelände mit sattem Rasen, Büschen, Hibiskus und großem Pool. Restaurant, schöne Bar, außerdem Tennis, Tischtennis, Strandeinrichtungen und Wassersport. DZ mit Frühstück ca. 70 €. Pauschal buchen kann man über Oböna Reisen (www.oboena.de) oder Minotours Hellas. ✆ 28250-91112, 📠 91222, www.naturism-crete.com

Chóra Sfakíon/Umgebung

Abgesehen von den schönen Stränden (→ Chóra Sfakíon/Baden) kann man vor allem westlich vom Ort reizvolle Wanderungen unternehmen, aber auch mit dem Fahrzeug über eine Stahlträgerbrücke die tiefe *Arádena-Schlucht* überqueren und bis ins abgelegene Dörfchen *Ágios Ioánnis* vordringen.

- **Von Chóra Sfakíon zur Nordküste**: grandiose Fahrt auf der einzigen Zufahrtsstraße aus Norden, vor allem das erste Stück ist beeindruckend. In unglaublichen Haarnadelkurven quält sich die Straße die kahlen Berghänge hinauf, immer wieder tolle Ausblicke! Ab *Ímbros* lohnende Wanderung durch die gleichnamige Schlucht. Später durchquert man die schöne *Hochebene von Askífou*. Näheres zur Strecke → S. 697.
- **Imbros**: Das nur im Sommer bewohnte Dorf besitzt mittlerweile sechs bis sieben Tavernen. Die älteste ist die dritte von unten, in der scharfen Straßenkurve. Sie wird vom alten Spyros Tsikourakis betrieben, der mal bei Opel in Rüsselsheim gearbeitet hat, und ist noch sehr rustikal und preiswert. Achtung: in Ímbros ist es fast immer kalt.

Wanderung durch die Ímbros-Schlucht

Reizvolle, etwa 7 km lange Schlucht zwischen Ímbros und Komitádes. Teilweise sehr enge Durchlässe, an der engsten Stelle kann man mit ausgebreiteten Armen die steil aufragenden Felswände berühren. Noch im 19. Jh. verlief hier der Hauptverbindungsweg von der Nordküste nach Chóra Sfakíon, Teile der alten Pflasterung des Maultierpfads sind noch erhalten. Selbst im Frühjahr führt die Schlucht kein Wasser, besitzt aber trotzdem eine erstaunlich üppige Vegetation. Der Weg ist für ungeübte Wanderer und auch Kinder bestens geeignet, da es kein starkes Gefälle gibt und er insgesamt sehr leicht zu laufen ist. Allerdings gibt es reichlich Geröll, festes Schuhwerk ist unbedingt erforderlich. Auch einen Pullover sollte man mitnehmen, da man aus etwa 700 m ü. M. überwiegend im Schatten hinuntersteigt. Hinweis: Die Schlucht ist fester Programmpunkt zahlreicher Bustouren und beginnt allmählich, eine zweite Samariá-Schlucht zu werden – keine Einsamkeit erwarten, sondern Wanderer im Gänsemarsch. Mittlerweile muss man etwa 2 € Eintritt zahlen (zwar ist das Tickethäuschen am Schluchtbeginn nicht immer besetzt, aber am Brunnen weiter unten wartet häufig ein Kassierer). Natürlich kann man auch von *Komitádes* aus etwa 1,5–2 Std. die Schlucht hinauflaufen, bis sie sich wieder weitet. Die Steigungen sind dabei verhältnismäßig moderat,

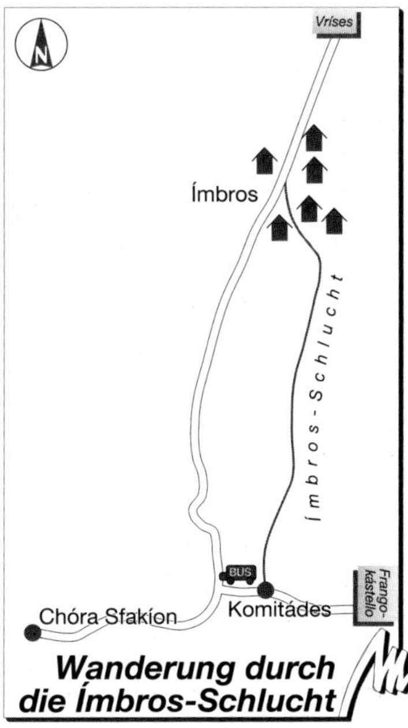

man kommt nach wenig mehr als einer Stunde zu den engsten Stellen der Schlucht und kann beim Rückweg bergab gehen. Informationen zu Komitádes (→ S. 713).

- *Verbindungen/Anfahrt* Nach Ímbros fahren mehrmals tägl. Busse ab **Chaniá**, **Réthimnon** (Umsteigen in Vrísses), **Vríses** und **Chóra Sfakíon**. Zurück zur Nordküste nachmittags nur 1 x tägl. (ca. 17.30 Uhr).

Achtung: Nach der Schluchtwanderung muss man von **Komitádes** noch etwa 2 km in Richtung Westen zum Busstopp laufen. Dieser liegt an der Einmündung der Straße von Komitádes auf die Straße von Chóra Sfakíon nach Vríses. **Taxifahrer** verlangen sehr hohe Preise für den Rücktransport nach Ímbros oder Chóra Sfakíon (15–20 €).

Lesertipp: „Mit dem Mietwagen bis zur Kreuzung fahren, wo die Straße nach Frangokástello abzweigt, und dort abstellen. In den Bus nach Chóra Sfakíon einsteigen (vorher nach Zeit erkundigen) und auf dem Rückweg nach Chaniá bzw. Réthimnon in Ímbros aussteigen. Vom Schluchtende muss man dann noch 2 km bis zum Auto laufen, ist aber auf keinen Bus mehr angewiesen."

- *Dauer* ca. 2,5–3 Std.
- *Wegbeschreibung* Am **Ortsende von Ímbros** in Richtung Chóra Sfakíon steht an der letzten Taverne ein Schild mit der Aufschrift „Schlucht". Hier ist der Einstieg und schnell erreicht man den Talgrund, der vorwiegend von Affodil (Liliengewächs) bestanden ist, was auf sehr nährstoffarmen Boden hinweist. Vom Tickethäuschen aus ist der Weg sehr leicht zu finden, da es stetig das Tal hinuntergeht, das sich bald zu einer schmalen Schlucht verengt. Die **Vegetation** ist üppig und vielfältig: Eichen, Ginster, Ahorn, Johannisbrotbäume, Zypressen, Keuschbäume u. v. m. säumen den Weg. An schattigen Plätzen findet man Alpenveilchen, Aronstab und den während der Blütezeit sehr auffälligen Schlangenwurz. Nach 60 Min. erreicht man einen **Brunnen** mit Ziegenstall (Getränke, Toilette, eventuell Ticketkontrolle bzw. -verkauf), 45 Min. später einen imposanten **Torfelsen** und kurz darauf eine **Höhle**, deren Größe ohne Taschenlampe nicht festzustellen ist. Bald weitet sich die Schlucht und gibt den Blick zum Meer frei, rechts steigt man hinauf in die Ortschaft **Komitádes**. Zahlreiche Tavernen warten dort auf die Wanderer, am Ende der Schlucht gibt es ebenfalls bereits mindestens zwei Tavernen. Von Komitádes aus kann man **Chóra Sfakíon** auf der Straße in einer guten Stunde erreichen, zum Busstopp sind es etwa 2 km.

Anópolis

Lang gestreckte Streusiedlung auf einem Plateau hoch über Chóra Sfakíon. Zwischen Oliven, mit Steinmäuerchen eingezäunten Weiden und spärlichen Weinreben hat man einen fantastischen Blick auf die Weißen Berge. Am Ortsende steht auf dem runden Dorfplatz das Denkmal von Daskalojánnis, dem berühmtesten Widerstandskämpfer der Sfakiá.

Eine asphaltierte Straße windet sich von Chóra Sfakíon 12 km lang in Steilkehren hinauf, überwältigende Panoramablicke bieten sich dabei. Zu Fuß braucht man gut 2,5 Std., man kann aber auch auf einem alten Hirtenpfad und einer Schotterpiste wandern. Im Ort gibt es mehrere Tavernen, Kafenia und Privatzimmer, die Preise sind günstig. In der Antike soll Anópolis eine bedeutende Stadt gewesen sein, in der heutigen Fínix-Bucht, wo einst der Apostel Paulus überwintern wollte, lag ihr Hafen (→ Loutró/Fínix-Bucht).

Von der Platia am Ortsende gibt es verschiedene Möglichkeiten der Weiterfahrt. Geradeaus geht es weiter nach *Arádena*, wo sich der Einstieg in die gleichnamige Schlucht befindet. Linker Hand führt eine 1 km lange Asphaltpiste (zum Ende hin Schotter) auf den Höhenrücken über dem Ort mit der noch ein Stück höher gelegenen Kirche *Agía Ekateríni*. Hier hat man einen spektakulären Blick die mehr als 600 m hohe Steilküste hinunter nach Loutró und hier beginnt ein alter Mauleselpfad nach Loutró und Livanianá (→ Anópolis/Wandern). Kurz nach der Platia zweigt außerdem rechts die Piste ab, die in die Nähe des *Páchnes* führt, des höchsten Bergs der Lefká Óri.

Hinweis: Mehrere Leser haben uns von Diebstählen berichtet. Lassen Sie nicht PKW, Motor-/Fahrräder etc. über längere Zeiträume hinweg unbeaufsichtigt stehen.

• *Anfahrt/Verbindungen* Der einzige **Bus** fährt etwa um 16 Uhr von Chóra Sfakíon hinauf. Von Anópolis hinunter fährt er aber nur morgens gegen 6.30 Uhr. Am besten hinauffahren und hinunterlaufen.

Taxi ab Chóra Sfakíon kostet ca. 13 €.

• *Übernachten/Essen & Trinken* **Panorama**, das zweite Gebäude auf der nördlichen Straßenseite, betrieben von einer Witwe mit ihren Söhnen. Schöne Aussichtsterrasse, meist nur zwei oder drei Gerichte, Omelett, Lammkotelett und griechischer Salat.

Ta Tria Adelphia, 200 m weiter linker Hand, Taverne mit schöner, schilfgedeckter Panoramaterrasse und ordentlichen Zimmern. ✆ 28250-91150.

Platanos, Taverne mit Zimmervermietung am Dorfplatz, einen guten Kilometer weiter. Gute Zimmer im Obergeschoss und ordentliche Küche, man kann auch Honig und Olivenöl kaufen. Leserkommentar: „Die nette, gut Englisch sprechende Dame bekochte ihre Kinder und uns in einem Aufwasch mit Kaninchen-Stifado. Es wimmelte von Hirten, Hunden und Kindern. Freundlicherweise nahm man das Gewehr vom Stuhl, sodass wir uns setzen konnten." ✆ 28250-91169.

Kostas, die vorletzte Taverne, kurz nach der Platia am Abzweig der Piste zum Páchnes. Auch hier legen die einheimischen Hirten gerne mal eine Pause ein, ansonsten treffen sich hungrige Wanderer, die von der Arádena-Schlucht kommen.

Neue **Taverne** ganz am Ortsende rechts, schöne Terrasse.

Tipp: Mal *anopolitikó* versuchen, ein Gebäck mit Sesam und Koriander.

• *Shopping* Es gibt zwei Lebensmittelläden und ein, zwei Bäcker in Anópolis.

Wanderung von Chóra Sfakíon nach Anópolis

Aufstieg auf altem Mauleselweg, der zeitweise in einer Schlucht bis Anópolis hinaufführt. Oben angekommen, kann man nach Loutró absteigen (→ S. 709). Hinweis: im Dezember 2001 hat eine heftige Sturzflut die Ilíngas-Schlucht durchspült und dabei haufenweise Geröll verteilt. Der bisherige Einstieg in die Schlucht ist dabei weggebrochen. Festes Schuhwerk ist notwendig.

• *Dauer* Chóra Sfakíon – Anópolis ca. 2 Std.

• *Wegbeschreibung* Da der alte Eselspfad durch die Sturzflut zerstört wurde, geht man etwa 1 km auf der **Fahrstraße** von Chóra Sfakíon nach Anópolis, bis man oberhalb des **Ilíngas Beach** steht. Hier steigt man in die Schlucht ab und geht in der Talsohle hinauf, bis man die Querung des alten **Verbindungswegs** in der Schlucht erreicht (ca. 10 Min. ab Straße). Dabei müs-

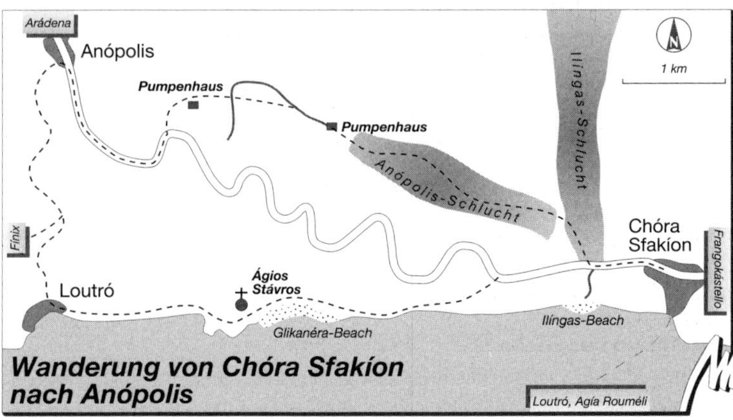

sen allerdings mehrere leichte Kletterstellen über Geröll überwunden werden. Der Eselspfad führt nach Westen aufwärts und trifft auf die **Anópolis-Schlucht**, ein Seitental der Ilíngas-Schlucht. Diese Schlucht gehen wir ca. 30 Min. bergauf, dann gabelt sich der Weg nach links und rechts. Wir gehen jedoch geradeaus in eine Rinne, die wir nach etwa 30 m queren und auf einem Pfad am linken Rand weiterlaufen, bis wir auf eine von einer Dreidraht-Leitung versorgte **Pumpstation** treffen. Von hier folgt man einer Schotterstraße, bis linker Hand (Steinmännchen) ein alter **Maultierpfad** links aufwärts führt. Man überquert die Schotterstraße und geht geradeaus das Bachbett aufwärts, an einer weiteren **Pumpstation** (430 m ü. M.) vorbei. 10 Min. später treffen wir auf die **Asphaltstraße** nach Anópolis. Der Saumpfad führt 5 m höher weiter, passiert aber drei fest verschlossene Zauntore, die man nur kletternd überwinden kann. Tipp von Leser R. Winkler: „Von einer Straßenkurve aus hat man die Möglichkeit, den 'sweet water beach' zu sehen. Man erkennt hier, welches Gefahrenpotential durch das nach wie vor vorhandene lose Geröll, gekrönt durch Sperrmüll, vorhanden ist, das bei einem Unwetter wie 1991 (→ S. 702) heruntergespült werden könnte." Nach 15 Minuten auf der Asphaltstraße erreicht man **Anópolis** (540 m ü. M.). Hier kann man die allererste Piste nehmen, um nach **Loutró** abzusteigen.

Anópolis/Wandern

Anópolis ist Ausgangspunkt mehrerer Wanderungen. Man kann in relativ kurzer Zeit nach *Loutró* oder zur benachbarten *Fínix-Bucht* absteigen, nach *Livanianá* laufen, den Berg *Páchnes* erklimmen oder auf einem alten Maultierpfad geradeaus weiter bis *Arádena* gehen und dort die *Arádena-Schlucht* zum Meer hinunter bezwingen. Reizvoll ist auch die Weitwanderung von Anópolis über Arádena und Ágios Ioánnis nach *Agía Rouméli*, wobei von Vorteil ist, dass es an den Steilstellen bergab geht. Bis Ágios Ioánnis kann man die Straße nehmen und dort am Ortseingang links den Weg in Richtung Küste einschlagen (→ Ágios Ioánnis). Infos zur gesamten Wanderung in umgekehrter Richtung unter Agía Rouméli.

Wanderung von Anópolis nach Loutró

Steiler, absolut schattenloser Abstieg auf altem Mauleselweg mit herrlichen Panoramen – eine klassische, viel begangene Route.

• *Dauer* Von der Platia in Anópolis bis zur Kirche Agía Ekaterini ca. 30 Min., der folgende Abstieg nach Loutró ca. 2–2,5 Std.; wenn man den ersten Einstieg nimmt, etwas kürzer.

• *Wegbeschreibung* Für den Einstieg gibt es mehrere Möglichkeiten.

1) Von Chóra Sfakíon aus kommend, kann man am Ortseingang gleich den **ersten Fahrweg** links in Richtung Meer nehmen (gegenüber OTE-Sendemasten). Die Piste führt am südlichen Ortsrand entlang zu einem weiter unten liegenden **Gehöft** und kreuzt den **Pfad** nach Loutró. Etwa 20 m nach der letzten Straßenkurve zieht sich der Pfad nach Westen und am Hang entlang allmählich nach unten.

2) Von der **Platia** am Ortsende von Anópolis steigt linker Hand eine 1 km lange **Asphaltpiste** (zum Ende hin Schotter) auf den Höhenrücken über dem Ort. Am kleinen **Aussichtspunkt** am Straßenende unterhalb der Kirche Agía Ekateríni (Aufstieg ca. 5 Min., herrlicher Blick) beginnt der Eselspfad, erkennbar durch einen **Gebetsstock**. Es geht in Kurven steil hinunter, etwas schwer zu laufen, da das Pflaster locker ist und man auf jeden Schritt achten muss. Bald kreuzt man die oben erwähnte Zufahrtspiste zum Gehöft und verlässt die Straße in westlicher Richtung. Beim letzten Felsrücken vor Loutró gabelt sich der Weg. Wer westlich (rechts) geht, kommt zur **Fínix-Bucht** oder – bei einer erneuten Gabelung – nach **Livanianá**. Wir bleiben auf dem linken Pfad und erreichen nach 1,5 Stunden **Loutró**. Einstieg in Loutró → dort.

Besteigung des Páchnes

Der *Páchnes* ist mit 2453 m der zweithöchste Berg Kretas und nur 3 m niedriger als der Tímios Stavrós in Zentralkreta. Die Wanderung auf den Gipfel ist mit Anfahrt ab Chóra Sfakíon bzw. Anópolis an einem Tag zu bewältigen. Möglich macht das die *Forst- und Hirtenpiste*, die vor einigen Jahren von Anópolis quer durch die Weißen Berge geschlagen wurde und südöstlich vom Páchnes etwa 2 km vor dem Pass *Roussiés* endet, von dem aus man nach links 5 km zum Gipfel aufsteigt. Man kann also mit einem strapazierfähigen Fahrzeug bis zum Straßenende am Fuß des Páchnes fahren (ca. 18 km ab Anópolis), in etwa 3 Std. hinauf- und hinuntersteigen und am Abend wieder zurück in Chóra Sfakíon sein.

Achtung: Einen Aufstieg sollte man nur in den Monaten Juni bis September unternehmen, sonst liegt zu viel Schnee. Brechen Sie in jedem Fall frühmorgens auf, damit Sie nicht Probleme mit der einbrechenden Dämmerung bekommen. Bei schlechtem Wetter, z. B. Nebel oder Wolkeneinbruch, ist die Orientierung im gesamten Gebiet der Léfka Óri höchst problematisch! Bei entsprechendem Wind kann es in den Bergen zu jeder Jahreszeit sehr kalt werden – warme und winddichte Kleidung sollte man deshalb sicherheitshalber auch im Hochsommer mitnehmen.

• *Wegbeschreibung* in **Anópolis** kurz nach der Platia mit dem Denkmal bei der Taverne **Kostas** (gegenüber ärztliches Zentrum) die rechts abzweigende Asphaltstraße nehmen und immer auf dem **Hauptweg** in Richtung Norden bleiben, auf die Berge zu. Nach etwa 1 km muss man bei der Gabelung links fahren. Kurz darauf endet der Asphalt und die Forstpiste führt durch einen Kiefernwald. Man bleibt immer auf dem Hauptweg und fährt an zwei Linksabbiegungen vorbei. In 1100 m Höhe passiert man rechter Hand eine Abzweigung ins verlassene Dorf **Mourí**. Am Ende der Piste, etwa 18 km ab Anópolis, stellt man das Fahrzeug ab und geht zu Fuß in derselben Richtung (westlich bis nordwestlich) weiter. Knapp 30 Min. nach Straßenende kommt man zum Pass **Roussiés** in 2050 m Höhe (Name auch laut manchen Karten: „Koumi" oder „Koumous"). Hier steht ein **Wegweiser**: „Pachnes, 2453 m, 2.30 hours". Gemeint ist damit die Zeit für Hin- und Rückweg, doch sollte man besser mit 3 Std. rechnen. Wichtig also: Beginnen Sie allerspätestens drei Stunden vor der Dämmerung mit dem Aufstieg ab Roussiés! Durch eine bizarre Mondlandschaft steigt man in etwa 1,5 Std. die 5 km zum Gipfel auf: teils deutlicher Steig, teils nur Steigspuren, teils Steinmänner, keine Markierung. Am **Gipfel** gibt es einen trigonometrischen Punkt. Man genießt einen überwältigenden Rundblick auf die Berge im Umkreis. Weit drüben im Osten grüßt sogar der meist schneebedeckte Psiloritis.

Von Anópolis über Arádena nach Ágios Ioánnis

Vom Platz mit dem Denkmal führt eine Asphaltstraße nach Arádena und weiter nach Ágios Ioánnis. Dort endet die Straße. Bei Arádena überquert man die gleichnamige Schlucht auf einer in den achtziger Jahren erbauten Stahlträgerbrücke. Gestiftet haben sie vier Brüder, die aus Ágios Ioánnis stammen und in der Ölindustrie zu Vermögen gekommen sind. Dank der Holzbohlen holpert der Wagen lautstark über das bizarre Bauwerk, was ein leicht kitzliges Gefühl in der Magengrube verursacht, fantastischer Blick hinunter. Ein sportlicher Deutscher hat hier vor Jahren kurzzeitig eine Bungee-Sprungstation betrieben. Am westlichen Brückenkopf sorgt im Sommer ein Getränkekiosk für Erfrischungen (falls nicht besetzt, Getränke nehmen und Geld hinlegen). Sehr beliebt auf dieser Route ist die Weitwanderung von Anópolis nach Agía Rouméli bzw. umgekehrt. Wanderer können von Anópolis bis Ágios Ioánnis auf der neuen Straße bleiben oder die 3 km bis kurz vor Arádena den alten *Maultierpfad* nehmen, der südlich davon verläuft. In Ágios Ioánnis steigt man zur Küste hinunter, erreicht östlich der Kirche Ágios Pávlos das Meer und kann weiter nach Agía Rouméli laufen.

Eine kürzere Alternativwanderung ist der im Folgenden beschriebene Weg die Arádena-Schlucht hinunter und am Meer entlang zurück nach Loutró.

• *Maultierpfad von Anópolis nach Arádena* Etwa 700 m nach der Platia von Anópolis macht die Straße nach Arádena eine scharfe Rechtskurve. Zwischen der hier stehenden kleinen Kirche **Ágios Dimítrios** und ein paar bescheidenen Bauernhäusern beginnt ein anfangs betonierter Weg. Nach kurzem Anstieg erreicht man den **Maultierweg**, der streckenweise noch seine alte Pflasterung besitzt und sich mitten durch eine Weide zieht. Kurz vor der **Brücke** über die Arádena-Schlucht trifft er auf die Straße, überquert sie und führt zum Einstieg in die Schlucht, auf der anderen Seite wieder hinauf nach **Arádena**.

▸ **Livanianá**: Das früher nur über Maultierpfade erreichbare Dorf in einem schluchtartigen Einschnitt am Hang oberhalb der Bucht von Fínix besteht nur aus wenigen Häusern. Seit einigen Jahren kann es auf einer schmalen, 7,5 km langen Fahrpiste erreicht werden, die kurz vor der Brücke über die Arádena-Schlucht von der Asphaltstraße nach Ágios Ioánnis abzweigt. Zunächst geht es über ein kahles Hochplateau, danach in Serpentinen hinunter. Zum Wandern bringt die etwas öde Piste nicht viel, schöner ist der Abstieg von Anópolis (→ S. 706). In Livanianá gibt es eine Café-Taverne mit fantastischer Aussicht, die zur genussvollen Rast einlädt. Von Livanianá aus kann man in die *Arádena-Schlucht* hinuntersteigen oder über *Fínix* nach *Loutró* (Wegweiser) wandern.

Arádena

Pittoresker Ruinenort unmittelbar am Rand der hier senkrecht abfallenden Schlucht, seit einer Blutrachefehde Ende der vierziger Jahre so gut wie verlassen. Inzwischen regt sich neues Leben, einige Häuser wurden mit EU-Unterstützung renoviert.

Auslöser der Vendetta war ein Dummer-Jungen-Streich gewesen: Ein Junge hatte einer Ziege, die einer anderen Dorfsippe gehörte, die Glocke abgenommen. Kurz darauf brachen einige bewaffnete Familienmitglieder zur Sippe des Jungen auf. Dort kam es zu einem Streit, der so weit ausartete, dass man sich gegenseitig umbrachte. Um weiteres Blutvergießen zu vermeiden, zogen beide Sippen aus dem Dorf weg.

Die Brücke über die Arádena-Schlucht

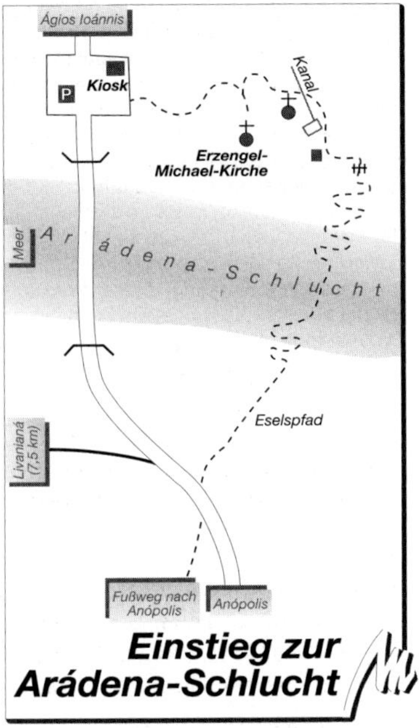

Die aus rohen Brocken gefügten Häuser bilden eine bizarre Kulisse, in der es sich lohnt, ein wenig herumzustöbern: interessante Kaminformen, Kollergänge (Mahlwerke), Becken zum Auspressen von Trauben, Zisternen und Ähnliches mehr. Die Kreuzkuppelkirche des *Erzengels Michael* (auch: Ágios-Efstrátios-Kirche) ist leicht zu erkennen an ihrer markanten Form und der ziegelgedeckten Kuppel. Wer früher in der Sfakiá des Viehdiebstahls verdächtig war, wurde nicht vor Gericht gestellt, sondern vor die Ikone des Erzengels Michael, wo er seine Unschuld beschwören musste. Um die Kirche liegen einige Gräber aus den Jahren 1948–50, das neueste stammt von 1999. Am Weg zum Tor, wo der Eselspfad, im traditionellen Sprachgebrauch „Kalderími" genannt, in die Schlucht hinunterführt (→ nächster Abschnitt), durchquert man eine bizarre Ansammlung der unheimlich wirkenden, purpurvioletten Pflanzen namens „Dracunculus vulgaris", auf deutsch Drachenwurz (→ S. 30). Tipp: Wer nicht die ganze Schlucht durchwandern will, kann hier hinuntersteigen, auf der anderen Seite wieder hinauf und über die Brücke zurücklaufen.

Wanderung durch die Arádena-Schlucht

Von Arádena zum Meer hinunter. Eindrucksvolle Wanderung zwischen steilen Felswänden, an einer Stelle musste man früher etwa 12 m auf zwei Eisenleitern hinunterklettern, noch früher sich sogar an Ketten und Seilen hinunterlassen. Mittlerweile wird die Stelle durch einen in die Felswand gehauenen Treppenweg komplett umgangen, wodurch das „Abenteuer"-Flair bzw. der Reiz des Besonderen verloren gegangen ist. Am Meer angelangt, kann man, falls man nicht übernachten will (vorher telefonisch abklären), an der Küste entlang in wenig mehr als einer Stunde nach *Loutró* laufen oder bequem mit dem nachmittäglichen Badeboot fahren (vorher in Loutró nach Abfahrtszeit erkundigen!). Wichtig: Wanderstiefel sind unbedingt erforderlich. Taxi ab Chóra Sfakíon kostet nach Arádena ca. 16 €. Achtung: Nach längeren Regenfällen und durch kletternde Ziegen kommt es hin und wieder zu Steinschlag. Bei Regen deshalb die Schlucht nicht begehen!

Falls man ein eigenes Fahrzeug und Kondition hat, kann man folgende Tour ausprobieren: *Anópolis – Arádena – Marmorbucht – Loutró – Anópolis*. Eine kürzere Variante ist *Arádena – Marmorbucht – Livanianá* (zwischen Lýkos- und Mármara-Bucht auf blau markiertem Weg hinauf) und weiter auf der Fahrpiste, die kurz vor der Arádena-Brücke auf die Straße mündet, zum Ausgangspunkt zurück. Auch in umgekehrter Richtung ist die Schlucht problemlos zu erwandern. Vorschlag: Von *Loutró* mit dem Taxiboot in die *Marmorbucht*, dann die *Schlucht* hinauf, von *Arádena* nach *Anópolis* und wieder hinunter nach *Loutró*.

• *Dauer* ca. 2,5 Std. von Arádena zur Marmorbucht, von dort 1 Std. 15 Min. nach Loutró.

• *Wegbeschreibung* Von **Anópolis** kommend, sieht man kurz vor der Brücke links den Abzweig nach **Livanianá** (7,5 km). Wenige Meter vorher führt rechts der Straße ein schmaler Weg (der auf der anderen Straßenseite weiter nach Anópolis führt) auf die Schlucht zu, wo etwa 500 m flussaufwärts der Brücke ein gut ausgebauter alter **Eselspfad** in Serpentinen zum Schluchtgrund absteigt. Achtung: Dieser Weg führt auf der anderen Schluchtseite hinauf in den Ort **Arádena** – auch dort kann man also hinuntergelangen und dabei noch Arádena besichtigen. Wer diese Variante wählt, überquert die Brücke und geht am **Parkplatz** unmittelbar nach der Brücke rechts in den heute fast unbewohnten Ort Arádena. Vorbei an der markanten **Erzengel-Michael-Kirche,** hält man sich parallel zur Schlucht in Richtung einer weiteren, weiß gekalkten Kirche. Im Folgenden überquert der Weg einen schmalen Kanal und führt bis zum Schluchtrand. Etwa 10 Min. ab Brücke erreicht man ein **Tor**, wo der gut befestigte **Saumpfad** in die Schlucht beginnt – genau gegenüber dem Pfad auf der anderen Schluchtseite. Für den **Abstieg** benötigt man etwa 15 Min.

Am Schluchtboden angelangt, führt der ausgetretene, aber nicht markierte Weg über Feinkies. Immer wieder kommt man an Kadavern von Ziegen vorbei – vielleicht abgestürzt oder von Felsbrocken erschlagen. Nach einer halben Stunde kommt man an den etwa 12 m hohen **Felssturz**, den man früher kletternd überwinden muss und der seit kurzem mittels eines in die Felswand gehauenen **Treppenwegs** mit Geländer umgangen wird. Nicht besonders schön zu laufen, aber für Nicht-Kletterer natürlich sicherer.

Nach weiteren 30 Min. kommt links ein mit roten Punkten markierter **Abzweig**, der den Hang hinauf zur Kirche **Ágios Geórgios** führt. An der Kirche vorbei gelangt man hier über verlassene, mit Ölbäumen bestandene Terrassen in den Ort **Livanianá**. Auf dem Berg an der anderen Schluchtseite sieht man die Kirche **Ágios Vasílios**.

Geht man die Schlucht stattdessen weiter flussabwärts, so ist der Weg bald mit Steinmännchen und blauen Punkten markiert (ca. 30 Min. nach der Abzweigung). 10 Min. später liegt links am Hang eine **Quelle** (Viehtränke), deren Wasser aber durch eine Rohrkonstruktion vollständig ins Tal abgeleitet wird, sodass man hier seinen Durst kaum stillen kann. Nach einer weiteren halben Stunde sieht man bereits das Meer. Zuvor noch rechts die Ruine einer gemauerten Zisterne in Bienenkorbform, am Schluchtausgang in der linken Felswand eine **Höhle**. Lesertipp: „Im unteren Teil der Schlucht gibt es einen ausgedehnten und wunderschönen **Oleander-"Wald"**, der zur Blütezeit im Juni/Juli ein bezauberndes Bild bietet „ (W. Zeppenfeld). Wenig später steht man am Grobkiesstrand der **Marmorbucht**, wo man sich in einer Snackbar erfrischen kann, auch Übernachtungsmöglichkeiten sind vorhanden (→ S. 697).

Von der Marmorbucht gelangt man in östlicher Richtung in 15 Min. zum **Lýkos-Beach** mit drei Tavernen und Rooms (→ S. 697). Bei Niko's Restaurant steigt man vom Strand eine Treppe hinauf und weiter hoch. Ein eingezäuntes Grundstück umgeht man im Uhrzeigersinn, In der **Fínix-Bucht** ist ein geschotterter Fahrweg nach Livanianá sichtbar. Auf Sicht geht es jetzt den Hügel zur **Festung von Loutró** hinauf. Danach kurzer Abstieg.

▶ **Ágios Ioánnis**: nur eine Hand voll Häuser stehen hier inmitten von dichtem Kiefern- und Wacholderwald. Die wenigen alten Einwohner leben hauptsächlich von ihren Ziegen und erst seit wenigen Jahren gibt es Stromanschluss. Am Ortseingang, 760 Meter ü. M., eine Wendeplattform, ein Gatter quer über die Straße und die meist geschlossene Café-Bar „O Giannis" (beim letzten Check Kühlschrank in Betrieb, man konnte Geld hinlegen und sich selbst bedienen). Hier beginnt der reizvolle Abstieg zur Küste, wo man nach Agía Rouméli oder Loutró weiterlaufen kann. Beschreibung der Wanderung von Anópolis über Ágios Ioánnis nach Agía Rouméli in umgekehrter Richtung bei Agía Rouméli.

• *Abstieg zur Küste* Direkt am Ortseingang beginnt linker Hand gegenüber der Café-Bar ein beiderseits von Mäuerchen eingefasster **Hohlweg** zur Küste hinunter (gelegentlich rote Pfeile und andere farbige Markierungen). Nach wenigen Metern kommt man zwischen zwei erhöht stehenden Kirchen hindurch, links **Ágios Ioánnis**, rechts

die Kapelle der **Theotókou (Panagía)**. Ohne Orientierungsschwierigkeiten geht es durch eine bewirtschaftete **Waldebene** immer geradeaus zur Abbruchkante des Plateaus, **Sellouda** genannt. Wichtig: Wenn die Forstpiste nach links abbiegt, **geradeaus** weitergehen – die Stelle ist markiert! Im Weiteren quert man eine kleine **Schlucht** und steht bald in etwa 600 m Höhe über dem Meer an der senkrecht abbrechenden **Plateaukante**. Herrlicher Blick die Küste entlang bis Agía Rouméli am Ausgang der Samariá-Schlucht! Hier beginnt ein eindrucksvoll erhaltener **Pflasterweg**, der einzige in diesem Teil der Steilküste, der durch teils brandgeschädigte Kiefern steil zur Gabelung im Kiefernwald hinunterführt, etwa 100 m ü. M.
Dauer von Agios Ioánnis bis zur Plateaukante ca. 45 Min., Abstieg bis zur Gabelung im Kiefernwald ca. 1 Std.

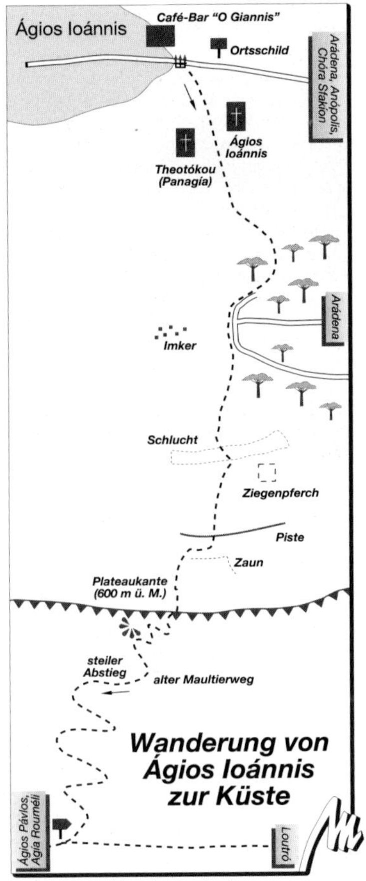

Küstenwanderung von Chóra Sfakíon über Loutró nach Agía Rouméli

Nicht allzu schwere, jedoch lange Küstenwanderung, einige kurze Steilabschnitte müssen überwunden werden. Ausdauer und früher Aufbruch erforderlich, jedoch kann man auch in Loutró unterbrechen und in zwei Etappen laufen. Durchgehende Markierung durch schwarz-gelbe „E 4"-Schilder.

- *Route* Chóra Sfakíon – Ágios Stávros – Loutró – Marmor-Bucht – Ágios Pávlos – Agía Rouméli.
- *Dauer* mit leichtem Gepäck insgesamt 7,5 Std. (2 Std. Chóra Sfakíon – Loutró, 5,5 Std. Loutró – Agía Rouméli).
- *Wegbeschreibung* Der **Küstenpfad** nach Loutró beginnt knapp 30 Min. westlich von Chóra Sfakíon an der **ersten Spitzkehre** der Straße nach Anópolis. Hinter den Leitplanken (deutlich sichtbares „E 4"-Schild) führt der Weg abwärts in Wassernähe. Teilweise ragen rechts die Felswände fast senkrecht in die Höhe und fallen auf der anderen Seite steil zum Meer ab. Nach knapp 30 Min. kommt man zum Wasser, dort gibt es keinen Weg mehr, man steigt über Felsbrocken und Geröll, mit Rucksack nicht sehr angenehm. Bald darauf ist man am **Glikanéra-Strand** (→ Chóra Sfakíon/Baden), dessen östliches Drittel verschüttet ist, man kann aber problemlos laufen. Am Ende der Bucht führt der Weg rechts treppenartig hinauf. Nach kurzem Aufstieg kommt man ca. 45 Min. ab Asphaltstraße zur Kapelle **Ágios Stávros**. Der Weg führt 50 m nördlich der Kapelle vorbei, bald darauf ist schon Loutró zu sehen und man kommt an einer kleinen Badebucht vorbei. In einer Höhe von 40 m führt nun der Weg mit roter Markierung nach **Loutró**, das man ca. 2 Std. ab Chóra Sfakíon erreicht. Dort durch ein Gattertor und schon erreicht man neben der Taverne „Pavlos" das Wasser. In Loutró hat man noch nicht ganz ein Drittel des Wegs hinter sich.
Vom Fähranleger steigt man zu der Ruine des Kastells hinauf. Oben angelangt, kann man am Berg in Richtung Westen bald das Dorf **Livanianá** erkennen. Von der Festung

Der Küstenweg ist mit „E4"-Schildern gut markiert

steigt man zur **Fínix-Bucht** mit Hotel und Taverne hinunter (→ Loutró/Umgebung). Hinter der Taverne geht es einen Weg hinauf, der bald zu einem Zaun führt. Hier entlang, bis sich der Weg an der rechten oberen Ecke des Zauns an einem Baum gabelt. Wir steigen links in die nächste Bucht hinunter, zum **Lýkos Beach**. Hier gibt es mittlerweile drei Tavernen mit Rooms (→ Loutró/Umgebung). Am Ende der Bucht Aufstieg, für den man etwas Trittsicherheit braucht. Im Weiteren ist der schmale **Küstenweg** nicht zu verfehlen, außerdem mit „E 4"-Schildern markiert. Schwindelfreiheit sinnvoll, da die Felsen steil zum Meer abfallen! Etwa 70 Min. ab Loutró trifft man auf eine dritte Bucht, die **Marmorbucht** (→ Loutró/Umgebung). Diese Bucht ist herrlich zum Baden, besitzt außerdem eine sehr schön, halbhoch über dem Meer gelegene Snackbar. Hier mündet die steilwandige **Arádena-Schlucht**, die man auf dem Weg durch die Berge über Arádena und Ágios Ioánnis auf einer neuen Brücke überquert und hinunterlaufen kann (→ Chóra Sfakíon/ Umgebung).

Nach dem markierten Aufstieg hat man einen tollen Blick auf die zurückliegenden Buchten und das Kastell von Loutró. Das folgende Stück ist nicht schwer zu gehen, aber etwas monoton und es gibt keinerlei Schatten. 1,5 Std. nach der Arádena-Bucht sieht man vor sich Agía Rouméli. Man kommt in einen **Kiefernwald**, der sich vom Hang bis kurz vor Agía Rouméli zieht. Der Weg ist gut kenntlich, ab und zu geht man auf einem Polster von Tannennadeln, dazu kommen reichlich Schatten und der süßliche Kieferngeruch – eine angenehme Abwechslung. 30 Min. nachdem man den Wald betreten hat, kommt man an einer **Zisterne** vorbei (3 m Durchmesser, 1 m hoch). 300 m weiter geht in spitzem Winkel nach rechts hinten der **Weg nach Arádena** ab (aus Richtung Agía Rouméli kommend), beschrieben auf S. 712. Zwei neue, gut lesbare Hinweisschilder weisen auf die Gabelung hin. 20 Min. später führt der Weg etwas abwärts und auf schwarzem Sand oberhalb der Kapelle **Ágios Pávlos** vorbei (Achtung: 100 m von der Kirche neues Restaurant „Saint Paul", mit Zimmervermietung). Von hier aus geht der Weg am Hang im Sand weiter (gelbe und rote Markierungen) und nach weiteren 20 Min. erreicht man die **Eligiás-Schlucht**. Nach der Schlucht empfiehlt es sich, auf den Strandkies hinunterzusteigen und nicht auf der Höhe zu bleiben. 45 Min. nach der Schlucht erreicht man das Bett des **Samariá-Flusses**. Im Frühjahr kommt man hier nicht umhin, Schuhe und Strümpfe auszuziehen und die Hose hoch zu krempeln. Nach ca. 7 Std. reiner Gehzeit hat man **Agía Rouméli** erreicht.

Kastell und Strand von Frangokástello

Von Chóra Sfakíon nach Plakiás

Panoramastrecke durch eine der reizvollsten Küstenregionen Kretas. Nach der kilometerweiten Ebene um Frangokástello, hinter der im gewaltigen Bogen die Ausläufer der Lefká Óri aufsteigen, folgt eine Serpentinenfahrt durch fast alpenähnliche Felsmassive. Höhepunkt ist der Blick auf die einzigartige Bucht von Plakiás.

• *Anfahrt/Verbindungen* Die Busverbindungen auf dieser Strecke sind leider sehr schlecht. Von Chóra Sfakíon nach **Plakiás** fährt ein Bus nur 1 x tägl. (nachmittags) in der Hochsaison 2 x. In der Nebensaison gibt es z. T. gar keine Verbindungen, dann muss man unter Umständen den Umweg über Réthimnon machen. Ein Taxi von Chóra Sfakíon nach Plakiás kostet ca. 30 €.

▸ **Komitádes**: Hier mündet die schöne *Ímbros-Schlucht*, die sich zu einer der beliebtesten Wanderschluchten Kretas entwickelt hat (→ S. 703). Dementsprechend viel ist mittlerweile los, trotzdem ein netter Ort, der sich auch für eine Übernachtung anbietet (viele Zimmervermieter) – man kann z.B. von Komitades morgens die Imbros-Schlucht hinaufgehen, in Ímbros eine Pause machen und nachmittags in aller Ruhe zurückzukehren. Diverse Tavernen warten auf hungrige Wanderer, allerdings sollte man vor allem in den Lokalen in Schluchtnähe die Preise überprüfen, bevor man Platz nimmt. Infos zu Busverbindungen und Taxi auf S. 704.
Östlich vom Ort führt eine 3 km lange Asphaltpiste hinunter zur *Paralía Koútelos* (→ Frangokástello).

• *Essen & Trinken* **Giorgos**, Terrassentaverne mit Zimmervermietung am Ortseingang, von Chóra Sfákion kommend. Giorgos bietet leckere Hausmannskost sowie saubere Studios (ca. 25 €) und Apartments (ca. 30 €) mit Blick auf die Küste. ☏/✆ 28250-91005, ✆ 91152, www.taverna-giorgos-komitades.com

The Cave, originell in den Fels gehauene Taverne, etwa in der Ortsmitte direkt an der Durchgangsstraße.
Weiter östlich liegen mehrere Terrassenlokale, z. B. **Komitades**, **Dionysos** und **Ostria**, alle mit herrlichem Blick zum Meer.

Frangokástello

Einsames, weithin sichtbares venezianisches Kastell direkt am Meer, in einer weiten, fast steppenartigen Ebene mit Gemüsefeldern und knöchelhoher Phrygana. Dahinter türmen sich drohende Felsmassive, weiße Bergdörfer kleben am Hang. Vor dem Kastell ein Sandstrand mit Lagune, im Umkreis weit verstreut Ferienhäuser und Tavernen, deren Zahl in den letzten Jahren kräftig zugenommen hat.

Vielleicht findet man hier oder dort Gelegenheit, die eigentümliche Stille zu spüren, die über der Landschaft liegt: Nur ein paar Vögel zwitschern, die Zikaden zirpen, der Wind säuselt, fast schon unheimlich. Nicht verwunderlich also, dass es in Frangokástello spukt: Während der Befreiungskriege gegen die Türken stellte sich hier im Mai 1828 der vom griechischen Festland abkommandierte Truppenführer *Chatzimichális Daliánnis* trotz dringender Warnungen der Sfakioten mit 600 Mann den zahlenmäßig weit überlegenen Türken in offener Feldschlacht. Binnen kurzem waren mehr als 200 Griechen gefallen, unter ihnen Daliánnis selbst. Die restlichen 385 Partisanen flüchteten in die verlassene Festung, konnten sich trotz der türkischen Übermacht tagelang verteidigen und erreichten in Verhandlungen schließlich den ehrenvollen Abzug. Die gefallenen Widerstandskämpfer liegen seitdem im Küstensand begraben und alljährlich Anfang Juni ziehen sie in der Morgendämmerung langsam an der Festung vorbei. Sie werden *Drosoulítes* genannt, „Seelen des Taus". Wissenschaftler vermuten hinter dem Phänomen Luftspiegelungen von der gegenüberliegenden libyschen Küste, die wegen des Zusammentreffens verschiedener atmosphärischer Faktoren nur zu dieser Jahreszeit auftreten. Das gruselige Ereignis dauert etwa 10 Min. und findet nur bei absoluter Windstille und hoher Luftfeuchtigkeit statt, z. B. wenn es mehrere Tage hintereinander geregnet hat.

Der Strand vor dem Kastell ist heute bei all denen beliebt, die die Stille und Weite der Landschaft, aber auch das bisherige Fehlen des Massentourismus anzieht, „Nachtleben" findet nur in den Tavernen statt. Da der Sand ganz flach ins Wasser abfällt, ist der Aufenthalt auch Familien mit Kindern zu empfehlen. Leserzuschrift: „Man teilt sich die einzelnen Strandabschnitte oft nur mit drei oder vier anderen Badenden und hat – weil das Meer durch den Sand so schön türkis ist – teilweise ein richtiges „Karibik"-Feeling." Eindrucksvoll ist auch, dass das Wasser wegen der Süßwasserströme aus den Bergen oft überraschend von warm zu kalt wechselt und umgekehrt. Nachteil ist allerdings der sumpfige Charakter der Uferregion, was reichlich Stechmücken anzieht. Und: Zumindest im September ist Frangokástello (neben Plakiás, S. 719) das Windloch im südlichen Westen – die Stürme sind teilweise so heftig, dass der Sand meterhoch aufgewirbelt wird und man nicht an den Strand kann.

Frangokástello eignet sich durch seine zentrale Lage sehr gut für Ausflüge: im Westen nach Chóra Sfakíon, Anópolis und Loutró, im Osten nach Plakiás sowie zum Strand und Kloster Préveli. Die Ímbros-Schlucht liegt ebenfalls ganz nah und sogar eine Tagestour zur Samariá-Schlucht mit einer Wanderung von unten in die Schlucht hinein („the lazy way") kann problemlos unternommen werden, wenn man das Frühboot von Chóra Sfakíon nimmt.

• *Anfahrt/Verbindungen* schlechte Verbindungen. Nur in der Hochsaison fahren die 1–2 Busse zwischen **Chóra Sfakíon** und **Plakiás/Agía Galíni** auf einer Asphaltstraße bis zum Kastell hinunter. Oben an der Durchgangsstraße halten sie in den beiden kleinen Nestern **Patsianós** und **Kapsodásos**. Von beiden Orten kann man in ca. 30

Min. zum Kastell und Wasser laufen. Im Frühjahr und Spätherbst oft keine Verbindung nach Plakiás!

• *Übernachten* Im weiten Umkreis um das Kastell sind Neubauten entstanden, in denen überall Zimmer und Apartments zu haben sind.

Blue Sky, das gepflegte Apartmenthaus liegt etwa 150 m vom Strand und wird von Theo mit seiner deutschen Frau Gaby geführt. Vermietet werden sechs großzügig geschnittene sowie geschmackvoll und modern eingerichtete Ferienwohnungen mit langen, teils rundum laufenden Balkonen und jeweils zwei Schlafzimmern (auf Wunsch Kinderbett), die Betten sind mit Moskitonetzen geschützt. Hinter dem Haus liegt ein großes, hübsches Schwimmbecken mit Whirlpool (ideal an windigen Tagen) und es wurde ein gemütliches Restaurant-Café eingerichtet, in dem neben griechischen Standardspeisen auch täglich wechselnde Gerichte sehr guter Qualität serviert werden, außerdem gibt es 16 Sorten Eis, Kuchen und Kaffee sowie diverse Cocktails. Leserempfehlung für das Frühstücksbuffet. Die Besitzer sind kinderlieb und stets hilfreich zur Stelle. Apt. pro Woche für 4–5 Pers. ca. 450–500 €, tageweise Vermietung auf Anfrage. Verleih von Autos und Motorrädern, Fahrräder auf Anfrage. Kartenzahlung möglich. ✆ 28250-92095, 📠 92090, www.blue-sky-kreta.de

Babis & Popi, Taverne, kleiner Supermarkt und Rooms westlich vom Kastell, in Meeresnähe, direkt an der Straße. 1971 von den Eltern (Babis & Popi) der heutigen Wirte unter dem Namen Koukounari eröffnet, heute geführt von drei kretischen Brüdern mit ihren drei deutschen Ehefrauen. Unmittelbar neben der Taverne (→ Essen & Trinken) liegen die ordentlichen Zimmer (DZ mit Balkon ab ca. 22 €, ohne Balkon ab ca. 18 €), in zwei weiter entfernten, ruhig liegenden Häusern sind auch vier große Apartments mit zwei Schlafzimmern und viel Platz im Außenbereich zu haben (ca. 55–60 €). Gut geeignet für Familien mit Kindern: ein privater Fußweg führt direkt zum Strand, außerdem gibt es einen Kinderspielplatz. ✆ 28250-92092, 📠 92093, www.frangokastello.de

Artemis, westlich vom Kastell, geräumige und helle Zimmer mit Kühlschrank und Bad, Balkon z. T. mit Meerblick, gute Taverne mit Terrasse (→ Essen & Trinken), nur 50 m zum Sandstrand. DZ ca. 20–35 €. ✆/📠 28250-92096.

Corali, Pension mit Taverne in besonders schöner Lage am Meer, familiär geführt von Nikos und Maria Panagiotakis (Maria ist die Schwester der drei Brüder von „Babis & Popi"). 14 einfache Zimmer. Nikos fischt selber und Maria ist für die Taverne zuständig. Man darf in die Töpfe gucken und sich etwas aussuchen. Essen gut, Auswahl nicht immer groß. ✆ 28250-92033, 📠 92368, www.pension-corali.com

Milos (kein Schild draußen), tolle Lage am kleinen Lagunenhafen unterhalb vom Kastell. Vermietet werden eine Hand voll schlichter Apartments in den ehemaligen Nebengebäuden einer Mühle, der Windmühlenstumpf ist noch erhalten. ✆ 28250-92160.

Castello, gepflegte Anlage an der Straße westlich vom Kastell, ca. 80 m zum Strand. Mit Minimarkt, Snackbar und Garten. Studios und Apartments, jeweils mit TV. ✆ 28250-92068.

Stavris, neues Haus mit großzügigen Studios am Westende von Frangokástello direkt am Strand, ein Ableger des gleichnamigen Hotels in Chóra Sfakíon. Leider wurden im Garten die Schatten spendenden Bäume stark gestutzt. Studio ca. 35–55 €. Zu buchen über Attika. ✆ 28250-92250 oder 91420, 📠 91152, www.studios-stavris-frangokastello.com

Fata Morgana, moderne und ruhig gelegene Bungalowanlage mit zehn Studios unmittelbar oberhalb vom Dünenstrand Órthi Ámmos, Garten mit niedrigen Ölbäumen. ✆ 28250-92074.

• *Essen & Trinken* **Babis & Popi**, stimmungsvolle Terrasse unter Weinlaub mit Meerblick, leckere Küche, darunter viele traditionelle Gemüsegerichte, sehr sauber, Bier vom Fass, für Kinder sind auch Hochstühle zu haben, Internetzugang.

Blue Sky, gute Taverne in der gleichnamigen Apartmentanlage (→ oben).

Artemis, Leserlob: „Maria kocht gutes griechisches Essen, das Lamm kommt aus eigener Herde, ebenso stammen das Olivenöl und der Wein aus eigener Produktion."

Flisvos, westlich vom Kastell, hier hat man einen besonders schönen Blick auf den Sonnenuntergang.

Orthi Ammos, allein stehende Taverne, etwa 200 m östlich vom Kastell.

Faros, direkt oberhalb vom Dünenstrand Órthi Ámmos, herrlicher Blick aufs Meer.

Kriti, exponierte Großtaverne vis-à-vis vom Kastell an der Straße, wendet sich vor allem an Busgesellschaften, was man an den Preisen merkt. Der kunstvoll verkitschte

Bau mit künstlichen Bögen und malerisch drapierten Tongefäßen wirkt ziemlich übertrieben und deplatziert.

• *Sonstiges* Es gibt derzeit vier **Lebensmittelgeschäfte**, aber bislang keinen **Geldautomaten** (der nächste ist in Chóra Sfakíon).

Sehenswertes: Vor der Festung stehen das einsame *Denkmal* des gefallenen Truppenführers Chatzimichális Daliánnis sowie die Bronzebüste eines weiteren Strategen der Befreiungskriege. Das *Kastell* stammt aus dem 14. Jh. und ist ein mächtiges Rechteck mit prachtvoll erhaltenen Außenmauern, Zinnen und Wachtürmen. Von den Häusern im Inneren stehen jedoch nur noch die Grundmauern. Der unvermeidliche venezianische Löwe brüllt über dem Tor zum Strand. Der bullige Vierungsturm in der Südwestecke ist am besten erhalten, auf die Brüstung kann man leider nicht hinaufklettern. Nach den Venezianern nutzten auch die Türken die Festung als Garnison – nach dem gescheiterten Sfakiá-Aufstand von 1770 ergab sich hier Daskalojánnis (→ S. 701).

200 m nördlich der Festung steht links der Straße Richtung Plakiás die kleine Kirche *Ágios Nikítas* in strenger Ost-West-Ausrichtung, malerisch hängt die Glocke in Kniehöhe in einem Johannisbrotbaum. Um die Kirche wurden die Grundmauern und der Mosaikfußboden einer deutlich größeren frühchristlichen Basilika freigelegt – geometrische Muster und Pflanzen aus grauem, schwarzem und weißem Marmor und gebranntem Ton. Am 15. September findet hier ein populäres Kirchenfest statt.

Richtung Osten am plateauartigen Steilufer entlang kommt man zum verlassenen Kloster *Ágios Charalámbos* mit zweischiffiger Kirche und Friedhof. In der Kirchenfassade sind Bruchstücke einer frühchristlichen Basilika eingemauert.

▸ **Frangokástello/Baden**: Unterhalb der Festung liegt ein flacher, meist stark besuchter Strand aus hellem Sand, daneben eine Art Lagune mit Fischerbooten. Es geht ganz seicht ins Wasser, günstig für Urlaub mit Kindern, Verleih von Sonnenschirmen und Liegen. Fast schon ein Naturphänomen ist die tiefe Bucht *Órthi Ámmos* („steiler Sand“), die etwa 500 m östlich vom Kastell inmitten der malerischen Steilküste mit senkrechten Abbrüchen und hinuntergepolterten Steinbrocken liegt. Gewaltige Sanddünen ziehen sich vom Wasser bis zur Abbruchkante hinauf, darunter erstreckt sich ein flacher Sandstrand der feinsten Sorte. Zwar gibt es hier mittlerweile zwei Tavernen, doch überlaufen ist die Bucht noch nicht.

Weiter östlich gibt es noch unterhalb von Skalotí einen Strandabschnitt mit mehreren Tavernen, z. B. „Galini“. Die kleine, malerische Badebucht *Agía Marina* liegt am Ausgang eines Flusstals und ist auf schlechter Piste zu erreichen. Das moderne Hotel „Mary Beach“ vermietet dort neun geräumige Apartments mit Klimaanlage, zur Anlage gehören ein schöner, grüner Garten und eine Taverne (✆ 28310-55289).In Richtung Chóra Sfakíon liegt der ruhige und touristisch noch unentdeckte Kiesstrand von *Koutélos*, zu erreichen auf asphaltierter Zufahrt. Er ist etwa 200 m lang, vor der kleinen, freundlich geführten Taverne „Koutelos Beach“ von Manos und seiner Frau (mit Zimmervermietung, ✆ 28310-55181) stehen Schatten spendende Tamarisken.

Frangokástello/Hinterland

Südlich der Askífou-Ebene (→ S. 698) zweigt an der Straße von Vríses nach Chóra eine steile Bergstraße in die abgelegenen Dörfer Asféndou (9 km) und Kallikrátis (15 km) ab.

Die einsame Region wird von Touristen kaum besucht, die Orte sind weit auseinandergezogene Streusiedlungen und werden nur im Sommer von Viehzüchtern bewohnt. Es gibt in Kallikrátis etwa vier Tavernen, gut und preiswert ißt man in der obersten.

Falls geöffnet, lohnt auch ein Besuch im urigen Lokal von Manolis und Angeliko, in dem sich die Hirten treffen. Wenn es kalt ist, wird der offene Kamin befeuert.
Von beiden Orten ziehen sich Schluchten hinunter zur Südküste. Wanderungen können sowohl auf- wie abwärts unternommen werden und sind landschaftlich sehr reizvoll, allerdings sind die Pfade teilweise mit größeren Steinen und Geröll verschüttet. Gute Wanderer können beide Schluchten auch im Rahmen einer Rundtour von Frangokástello aus begehen.

▸ **Asféndou-Schlucht** (Farángi Asfendoú): Durch diese Schlucht führt ein alter Verbindungsweg von der Askífou-Ebene zum Meer hinunter. Der Einstieg zur etwa 5 km langen Wanderung von *Asféndou* am oberen Schluchtende bis *Ágios Nektários* am Schluchtausgang liegt etwas östlich von Asféndou an der Straße nach Kallikrátis. Dauer etwa 1,5 Std., schon nach etwa 40 Min. kommt die Küste in Sicht. Unten angekommen, kann man in etwa der gleichen Zeit nach Frangokástello weiterlaufen.

▸ **Kallikrátis-Schlucht** (Farángi Kallikratianó): Diese 7 km lange Schlucht zieht sich vom Bergdorf *Kallikrátis* bis *Patsianós* an der Durchgangsstraße oberhalb von Frangokástello. Dauer der Schluchtwanderung ca. 2,5 Std., in einer weiteren Stunde kommt man nach Frangokástello.
Da die Einwohner von Kallikrátis den Weg durch die Schlucht nach Patsianós traditionell häufig nutzten, im Winter hier sogar in die wärmere Ebene hinunterzogen, gibt es seit kurzem eine neu angelegte, allerdings sehr schlechte Schotterpiste, die sich östlich der Kallikrátis-Schlucht in etwa zwanzig Kehren eindrucksvoll 500 Höhenmeter durch die schroffen Berghänge hinunterwindet (mit Mietauto nicht zu empfehlen). Wanderer nehmen vom Ortsende in Kallikrátis diese Piste ins nahe Örtchen *Kataporiá*, dort steigt in Richtung Südwesten der alte Weg in die Schlucht hinunter. Da er vor dem Bau der Straße viel genutzt wurde, ist er stellenweise betoniert und gepflastert.

> Von Kallikrátis ist die Straße inzwischen bis Así Goniá (→ S. 539) durchgehend asphaltiert und gut ausgebaut, sodass man auf dieser panoramareichen Gebirgsstrecke mit prächtigen Aussichtspunkten bis nach Réthimnon fahren kann.

Von Frangokástello nach Plakiás

Die Küstenstraße führt Richtung Plakiás in die Berge. Die steinigen Hänge sind über und über mit Kräutern bedeckt, bizarre Felstürme ragen an beiden Seiten der Straße empor. Kurz vor der Bucht von Rodákino wunderbarer Blick bis hinüber zu den weißen Felsen von Mátala. Warme Leserempfehlung für die Taverne „Strofi" in *Argoulés*, 6 km östlich von Frangokástello: „Ursprüngliches, herzhaftes und wunderbares Essen aus eigenen Erzeugnissen, Blick auf die grandiose Bergkulisse der Léfka Óri."

▸ **Áno Rodákino**: noch großteils ursprünglich wirkendes Bergdorf mit uralten Steinhäusern und einer reich ausgestatteten Kirche. Malerische Lage auf einem Plateau über dem Meer.

▸ **Káto Rodákino**: von Áno Rodákino durch eine steilwandige Schlucht getrennt, die sich nach unten verbreitert und im Kóraka-Beach endet. In einigen haarsträubenden Serpentinen wird die Schlucht überquert. Eine gemütliche Taverne an der Hangseite der Straße lädt zum Rasten ein.

▸ **Strände von Kóraka und Polyrízos**: Am westlichen Ortsanfang von Káto Rodákino führt eine asphaltierte Straße hinunter zum 2 km entfernten, etwa 400 m langen und schattenlosen *Kóraka Beach*, bestehend aus Sand und Kies. Von hier wurde im Mai 1944 der entführte General von Kreipe mit Hilfe eines U-Boots nach Ägypten gebracht (→ S. 258). Am östlichen Ende bilden einige bizarre, schwarze Klippenwände eine separate Bucht. Einige Studios bieten Quartier.

Wenn man der Straße nach Westen bis zum Ende folgt, findet man den *Polyrizos Beach*, einen weiteren Strand aus feinem Sand, der von Felsen eingerahmt wird. Hier gibt es ein größeres Hotel, außerdem eine Handvoll Tavernen, trotzdem ist alles bislang ruhig geblieben.

• *Übernachten/Essen & Trinken* **Polyrizos**, C-Kat., in leichter Hügellage in einem Olivenhain am Westende des gleichnamigen Strands, 50 modern eingerichtete Zimmer in einer Reihe separater Gebäude. Restaurant mit guter Küche und Meerblick, Bar, Laden. DZ ca. 40–50 €. Auch pauschal über Attika. ✆ 28320-31334, ✆ 32170.

Nikos & Anna, Taverne am Westende des Polyrízos-Strands, unterhalb des Hotels. Überdachte Tische in schöner Lage oberhalb vom Strand, sehr gute kretische Küche zu günstigen Preisen.

Sunrise, Apartmentanlage am Kóraka Beach, schöner Garten mit Pool, DZ, Studios und Apartments. Zum Haus gehört eine gute Taverne mit Produkten aus eigener Herstellung. Zu buchen auch über Minotours Hellas. ✆ 28320-31787.

Arokaria, Taverne mit Zimmervermietung in der Ostbucht, gutes, typisches Essen und aufmerksamer Service. Leserzuschrift: „Man hat auch die Möglichkeit zu erfahren, wo das Ziegenfleisch herkommt, denn 1–2 x wöch. wird vor der Taverne geschlachtet." ✆ 28320-32161.

Akropolis, allein stehendes Haus oberhalb vom Meer auf einer steil abfallenden Klippe, Ausblick vom Balkon nur für Schwindelfreie. Etwas abenteuerliche Anfahrt ab Kóraka Beach, etwa 1,5 km. Vier Studios, absolut ruhig, nur die Brandung ist zu hören. Unterhalb einige kleine Sandbuchten, zu erreichen über einen Fußweg. Geführt von Nikos Androulidakis. Studio ca. 25–32 €. ✆ 28320-31532 (Nikos), ✆ 28320-31473 (Chris, spricht Deutsch), http://akropolis.kreta-sun.com/details-de.html

▶ **Von Rodákino nach Plakiás**: Nach Plakiás geht es auf weitgehend breiter und neu ausgebauter, teils schmaler und kurviger Landstraße. Zwischen menschenleeren, wüsten Mondlandschaften, scharfkantigen Felsbrocken und dünner Distel- und Kräuternarbe wechseln ständig die Eindrücke. Der erste Blick auf Plakiás ist grandios. Unbeschreiblich weit recken sich die gewölbten grauen Bergrücken des *Kédros-* und dahinter des *Ída-Gebirges* in die Ferne. Tief unten zwischen wilden Felsspitzen liegt die kreisrunde Bucht von Plakiás mit ihrem breiten Sandstrand. Draußen im Meer schwimmen die beiden felsigen *Paximádi-Inseln*, im Dunst kann man noch die Umrisse der Insel Gávdos erahnen. Hingekleckst zwischen die strohfarbenen Weideflächen und Olivenbäume an den lang gezogenen Hängen kleben die Bergorte *Séllia* und *Mírthios* – wie ein Gemälde wirkt das Ganze.

Seit 1998 gibt es von Séllia eine asphaltierte Straße hinunter zur Küstenstraße zwischen Plakiás und Soúda Beach. Wer aus Richtung Westen kommt und schnell nach Plakiás will, kann so die Fahrt deutlich abkürzen. Die übliche Route nach Plakiás führt aber über Mírthios. Am südlichen Ausgang der steil aufragenden *Kotsifoú-Schlucht* gabelt sich die Straße. Geradeaus kommt man rasch nach Mírthios, jedoch Vorsicht: Vor allem Busse müssen hier in einer extrem steilen Serpentine komplizierte Rangiermanöver veranstalten. Das weiße Bergdorf Mírthios klebt oberhalb von Plakiás am Hang, darunter erstreckt sich ein Meer von Olivenbäumen (→ Plakiás/Umgebung).

Die Straße durch die Kotsifoú-Schlucht führt nach Norden in die fruchtbare Ebene um *Ágios Ioánnis*. Ein ganzer Wald breitet sich dort aus: Zypressen, Oliven, Äpfel, Wein, Feigen, Sonnenblumen. Über *Agouselianá* trifft man auf die Hauptstraße, die von Réthimnon nach Agía Galíni ein breites Tal hinunterführt (→ Agía Galíni).

Plakiás

Plakiás, das war lange Jahre der Geheimtipp an der Südküste. Ein riesiger Talkessel, eingeschlossen von steilen Bergzacken, ein Wahnsinnsstrand aus feinem Sand, der Ort nur wenige bescheidener Häuschen mit zwei Kafenia und einer Taverne, darüber am Hang zwei ursprüngliche Bergdörfer.

Heute ist Plakiás entdeckt. Zwar ist der Strand noch genauso schön, ebenso wie die archaische Berg- und Schluchtenlandschaft der Umgebung, aber der alljährliche Touristenstrom ist für die Dorfbewohner zum beherrschenden Element ihres Lebens geworden. Überall wird gebaut und investiert. Ein ganzes Neubauviertel mit Hotels und Privatzimmern ist entstanden, mehr als zwanzig Tavernen bieten ihre Dienste an. Plakiás hat den Schritt vom einsamen Küstenörtchen über den Geheimtipp von Rucksackreisenden bis zum begehrten Ziel für Pauschalreisende in wenigen Jahren geschafft – der Rubel rollt. Trotzdem ist die Freundlichkeit der Bewohner geblieben.

Dank seiner landschaftlichen Schönheit ist Plakiás ein lohnendes Ziel für Urlauber aller Couleur. Vor allem Badefans werden auf ihre Kosten kommen. Das Wasser ist sauber und inzwischen gibt es hinter dem Ort sogar eine Kläranlage. Auch die Ausflugsziele in der näheren und weiteren Umgebung sind zahlreich und vielseitig, für Wanderer gibt es ebenfalls reiche Betätigungsfelder. Bleibt noch zu erwähnen, dass Plakiás als Windloch gilt: Wenn die heftigen Böen den Strand entlangfegen, sticht der Sand wie tausend Nadeln – doch länger als zwei, maximal drei Tage halten solche Phasen nicht an.

Anfahrt/Verbindungen (siehe Karte S. 720/721)

• *Bus* von und nach **Réthimnon** ca. 6–7 x tägl. (Nebensaison deutlich weniger), **Agía Galíni** 4 x (2 x direkt, 2 x mit Umsteigen in Bále an der Straße Réthimnon-Agía Galíni), **Kloster Préveli** 1–2 x, **Frangokástello** und **Chóra Sfakíon** 1–2 x (je nach Saison, am Wochenende nur 1 Bus). Bushaltestelle an der Erweiterung der Strandstraße vor der kleinen Brücke. Tickets im Bus.

• *Schiff* Täglich mindestens ein Badeboot über **Damnóni** zum **Préveli-Beach** (ca. 12 € hin/rück). Buchung im Reisebüro Monza Travel (→ unten) oder direkt am Boot. In der Saison sonntags Fahrt zur Insel **Gávdos** (ca. 40 €).

• *Taxi* ✆ 28320-31610, 31910, 31287 u. a. Nach Réthimnon 27–30 €, Chania 63–66 €, Iráklion ca. 70–75 €.

Schöne Rundfahrten durch die Umgebung von Plakiás bietet der **Alianthos Express (48)**, eine Bimmelbahn mit Benzinmotor und Autoreifen. Tägliche Tour über den Strand von Damnóni nach Mírthios, weiter nach Soúda und zurück nach Plakiás. Außerdem tägliche Abendfahrt nach Mírthios, weitere Fahrten nach Damnóni und Soúda. Abfahrt beim Busstopp, kurz vor der Brücke.

Adressen (siehe Karte S. 720/721)

• *Ärztliche Versorgung* **Dr. Emmanuel Alexandrakis (29)** hat seine Praxis in einer Seitengasse der Uferstraße (bei Monza Travel einbiegen). ✆ 28320-31170.
Das **Health Center** von Spíli ist in 20 Min. mit dem Auto zu erreichen. ✆ 28320-22222.

• *Apotheke* neben der Arztpraxis.

• *Auto-/Zweiradverleih* **MotoPlakias (37)**, vor der kleinen Brücke zum alten Ortskern. Bei Haris gibt es freundlichen Service, hier werden auch Landkarten von Plakiás und Umgebung verkauft. ✆ 28320-31785, ℻ 31632, E-Mail: maplakia@otenet.gr

Alianthos (36), 10 m nach MotoPlakias, etwas zurück von der Straße. Großer Verleiher mit mehreren Filialen an Süd- und Nordküste. ✆ 28320-31851, 📠 31197.

Monza Travel (38), an der Uferstraße (Hotel Lamon), ebenfalls mehrere Filialen, z. B. in Mátala, Agía Galíni und Léntas. Kein Aufpreis bei Ablieferung des Autos in einer anderen Filiale. ✆ 28320-31882, 📠 31883.

Easy Ride (19), bei Monza Tavel einbiegen, kurz nach der Apotheke, neue Motorräder und Mountainbikes, engagiert geführt. ✆ 28320-20052, www.easyride.gr

• *Fahrräder* **Asklepias (12)**, Seitenstraße im Ortskern, Verleih von Mountainbikes (je nach Rad ca. 5–12 € pro Tag) sowie geführte Touren mit Odysseas, dem „cyclist of peace", einem leidenschaftlichen Radfahrer und Kenner der Region um Plakiás, dem nach einem Verkehrsunfall ein Teil des rechten Beines amputiert werden musste. ✆ 6948-279506 oder 279306 (Handy).

Tipp: mit dem Bike zum Kloster Préveli, eine gute Stunde schweißtreibende Fahrt.

• *Geld* mehrere Geldautomaten am Ort, z. B. am Rathaus (Townhall), neben Infozentrum „Neckermann/James Cook", bei der Bäckerei „Candia" (→ Essen & Trinken) und am Hotel „Alianthos Beach" (vor „Alianthos Garden").

• *Internet* im Ostraco (→ Nachtleben). Website: www.plakias.de, www.plakias-filoxenia.gr

• *Post* neben Zweiradverleih „Easy Ride".

• *Reisebüros* **Monza Travel** (→ Auto/Zweiradverleih), Ausflüge, Bootsfahrten, Autovermietung. ✆ 28320-31214.

Alianthos (→ Auto/Zweiradverleih), bestes Ausflugsangebot im Ort, organisiert außerdem den Alianthos Express **(48)**. ✆ 28320-31851, 📠 31197.

• *Reiten* **Horse Riding Center**, geführt von Nikos Brokalakis und Petra Flakus, Informationen bei „Nikos Souvlaki" (→ Essen & Trinken). ✆ 28320-31772.

• *Shopping* Die Supermärkte bieten ein umfassendes Sortiment für Selbstversorger, hier gibt es fast alles für Groß und Klein.

Acrovatis (28), etwas zurück von der Promenade, Nähe Brücke, hübscher Laden mit diversem Kunsthandwerk, Schmuck und Souvenirs, Olivenholz, Windspiele, Keramik.

Nature Collection-exclusive (16), im Neubauviertel, kurz hinter der Arztpraxis und Apotheke, niveauvolle Reisemitbringsel in einem geschmackvoll gestalteten Laden, unaufdringliche Bedienung.

Mythos (30), an der Promenade, Nähe Brücke, ausgefallene Keramik und Schmuck.

Photo Plakias, bei der Brücke, über Restaurant Lysseos. Große Auswahl an Filmen, 1 Std. Entwicklung.

• *Tauchschulen* **Kalypso Rock's Palace (26)**, gehört zur gleichnamigen Tauchschule in Réthimnon. Tauchbasis im außerhalb liegenden Kalypso Hotel, Tauchgründe in verschiedenen Buchten der Umgebung. ✆ 28310-20990, 📠 20992, www.kalypsodivingcenter.com

Dive2gether (40), holländische Tauschschule neben MotoPlakias. ✆ 28320-32313, 📠 32151, www.dive2gether.com

• *Telefon* drei **Kartentelefone** im Ort, ein weiteres vor der Taverne am Damnóni-Beach.

• *Wäscherei* **(45)** gegenüber Taverne Christos.

• *Internationale Presse* im großen **Supermarkt** vor der Brücke.

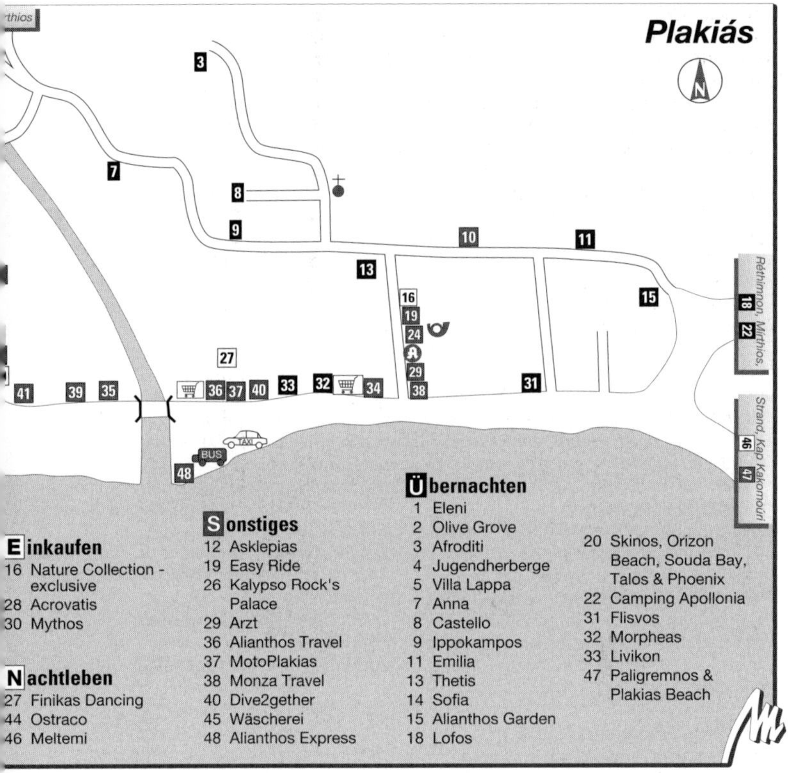

Übernachten

Da so gut wie jedes Haus zum Zweck der Vermietung erbaut wurde, ist die Zimmerauswahl riesig.

Alianthos Garden (15), B-Kat., großes Badehotel, dominierend am Ortsanfang, moderner, weiß gekalkter Bau mit Rundbögen. Insgesamt recht gepflegt und architektonisch ansprechend – verwinkelte Gänge, dicht bewachsener Innenhof (nicht zugänglich), Blumen auf Brüstungen und Balkonen. Zimmer und Apartments geräumig, einfaches Mobiliar. Vor dem Haus großer Swimmingpool mit Schilfdach und Bar inmitten gepflegter Rasenflächen, auch Kinderpool (leider ohne Schatten). Trotz der Größe familiär geführt, im Gästebuch recht widersprüchliche Meinungen zum Service. Eleni ist die gute Seele des Hauses, an der Rezeption auch deutsche Mitarbeiter. Pauschal z. B. über Attika und Jahn. ✆ 28320-31280, ℻ 31282, www.alianthos.gr

Sofia (14), C-Kat., im Ortskern, geführt von deutsch-griechischem Paar. Nett eingerichtete Zimmer, z. T. mit Kühlschrank und Klimaanlage, geklagt wurde über Hellhörigkeit sowie Geräusche von laufenden Klimaanlagen (auch vom Nachbarhaus), zu empfehlen sind die ruhigen Studios und Apartments in den Nebengebäuden, teilweise mit schöner Aussicht, dort gibt es auch einen Pool. Laut Zuschrift etwas eintöniges Frühstück unter einer Araukarie im hübschen Innenhof. Esoterisch orientiert, es werden auch Reiki-Fußmassage, Yoga, Bachblütentherapie u. ä. angeboten. Pauschal über Attika oder Jahn. ✆ 28320-31251, ✆ 31252, www.kreta-sun.de

Lofos (18), C-Kat., Abzweigung kurz vor Ortsbeginn, schöne Lage auf einem Hügel (Lofós = Hügel). Familiäres Haus, hübscher, kleiner Aufenthaltsraum mit Bar, Zimmer mittelgroß mit solidem Holzmobiliar. Besitzer Marcos Zambetakis und seine Familie sprechen gut Englisch, herrlicher Panoramablick. DZ ca. 35–55 €. ✆ 28320-31422, ✆ 31967.

Livikon (33), C-Kat., an der Uferstraße, kurz vor der Bushaltestelle. Einfach, aber okay. In den Zimmern helle Holzmöbel, Duschen im Zimmer abgetrennt, Balkon. DZ ca. 25–35 €, auch Dreibettzimmer zu haben. Laut Leserzuschrift tägliche Zimmerreinigung und Wäschewechsel. Unten gemütliche Frühstückstaverne. ✆/✆ 28320-31216.

Flisvos (31), C-Kat, an der Uferstraße, ziemlich am Ortseingang, neben der Patisserie. Von Lesern empfohlen: neu, sauber, komfortabel und preiswert, dazu gastfreundliche Wirte. ✆ 28320-31988, ✆ 31421.

• *Privatzimmer* Die ersten drei der folgenden Unterkünfte liegen in einer Parallelgasse zur Uferstraße, etwas zurück vom Strand. Um hinzukommen, direkt neben Reisebüro Monza Travel die Straße rein. Hier herrscht eine nette, nachbarschaftliche Atmosphäre, laut Leserbrief kann nachts Lärmbelästigung durch die nahe Disco „Finikas" möglich sein.

Thetis (13), größeres Gebäude mit schönem Kiesgarten und kleinen Balkonen zur Südseite (im Erdgeschoss hübsch überwachsen und schattig). Aspasia und Nikos Pandelidakis vermieten Studios und Rooms, vom Schnitt her ziemlich verschieden, vorher anschauen. Im ersten Stock ein Zimmer mit großer Dachterrasse, ansonsten DZ mit Gemeinschaftsküche. Unten liegen die Studios mit Schlafzimmer, Du/WC und kleiner Küche (Kühlschrank, Gaskocher und Spüle). Zimmer an der Nordseite etwas feucht. Wegen des Gartens geeignet für Kinder. Etwa 22-32 €. ✆ 28320-31430, ✆ 31987, www.angelfire.com/hi/kisnet/kreta

Ippokampos (9), das gepflegte und freundlich geführte Haus von Angelos und Georgia Moutsos liegt wenige Meter weiter. Alle 10 Studios sind weiß gefliest, besitzen helle Holzmöbel, Kühlschrank, Gaskocher und Spüle sowie einen großen Balkon mit Blumen. Herr und Frau Leidinger schreiben: „Unsere mit Abstand beste und unschlagbar sauberste Unterkunft, die Dame des Hauses putzt den ganzen Tag, die Sauberkeit ist ihr ganzer Stolz!" Andere Leser bestätigen das. Studio ca. 28–35 €. ✆ 28320-31525 (außerhalb der Saison in Athen: 210-5061860), www.users.in.gr/cb4000, E-Mail: moutsos@otenet.gr

Anna (7), vom Ippokampos noch ein Stück die Straße weiter. Hübsche Anlage mit sechs Studios und einem Apartment, geführt von Anna und Amalia. Studio ca. 26–32 €, Apt. ca. 35–40 €. ✆ 28320-31150, ✆ 29069, www.c-v.net/hotel/plakias/anna-apts

Castello (8), direkt hinter dem Parkplatz von Ippokampos, Zugang gegenüber der Kirche bei Pension Stella. Sehr schöner Garten, Studios und Zimmer mit schattig überwachsenen Balkons, netter Wirt Christos. Studio ca. 25–35 €. ✆ 28320-31113, ✆ 31112.

Afroditi (3), etwa fünf Minuten landeinwärts der Uferstraße an einem Berghang (nach Ippokampos die nächste Straße rechts nehmen), umgeben von einem wahren Blumenparadies, es herrscht wohltuende Stille. Nikos pflegt sein Haus mit Hingabe, täglich wird geputzt. Zimmer mit Kühlschrank und wunderschönen Balkonen. Im ganzen Haus nette Plätzchen zum Verweilen. DZ mit üppigem Frühstück ca. 35–40 €, zwei Apartments kosten ohne Frühstück dasselbe. ✆ 28320-31266, ✆ 31567, E-Mail: kasel@hol.gr

Morpheas (32), Olga Koumentaki vermietet schöne, neue Studios hinter dem Supermarkt Plakias an der Uferstraße, gegenüber Busstopp. Sehr große, überdachte Balkons mit Blick nach Westen (Séllia). Zur Straße hin ältere und billigere Zimmer. Studio ca. 28–40 €, DZ ca. 22–35 €. ✆ 28320-31583, ✆ 31642, www.morpheas-apartments-plakias-crete-greece.com

Emilia (11), hinter dem Alianthos Beach Hotel in einem Olivenhain gelegen, von mehreren Lesern empfohlen. Geführt von netter Dame. Ruhig und sauber, alle zwei Tage Handtuchwechsel, unten fünf Studios (inkl. Kochecke), oben fünf DZ mit Du/WC. ✆ 28320-32252, ✆ 32253.

Villa Lappa (5), ansprechendes Haus in schöner Hügellage hinter dem Ortskern. Hübscher Frühstücksraum, davor Balkon mit herrlichem Ausblick. Gut eingerichtete Zimmer, darunter auch ein Familienzimmer mit vier Betten. Freundlich geführt von Irene und Iannis Papazachariou sowie Sohn Nikos. DZ ca. 35–46 €, Familienzimmer 45–53 €. ✆ 28320-31475, ✆ 31675.

Olive Grove (2), in ruhiger Lage, etwas erhöht im Olivenwäldchen, 5–10 Fußminuten hinter dem Ort. Maria und Nikos Katsaragakis vermieten Zimmer und Studios, von den oberen Stockwerken schöner Blick über die Bäume auf die Bucht. ✆/℻ 28320-32218.

Eleni (1), bei der Bäckerei am Hafen die Straße hoch nach Séllia, sauber, ansprechend und ruhig gelegen mit Superblick über Plakiás. Vermietet werden acht DZ und einige Studios. Eleni Goumenakis ist sehr nett und spricht Englisch. Viele Stammgäste. ✆ 28320-31655.

Skinos (20), am Ortsausgang in Richtung Soúda-Strand, vor dem Haus zwei Palmen, fünf saubere Studios, drei davon mit Meerblick, weitere vier Studios in „Skinos 2", 500 m entfernt am Hang, traumhafte Aussicht und wunderbar ruhig. Geführt von der sehr herzlichen, kontaktfreudigen und hilfsbereiten Familie Costoula und Lefteris mit Kindern Manoli und Jana. ✆ 28320-31737, ℻ 31801, www.skinos.net

• *Westlich außerhalb* **Orizon Beach (20)**, schöne Lage an der Uferstraße zum Soúda-Strand, etwa 500 m westlich von Plakiás. Gute Studios und Zimmer. Deutsch-griechisch geführt. DZ mit Frühstück ca. 35–55 €. Auch pauschal zu buchen. ✆ 28320-31476, ℻ 31154.

Talos (20), ca. 800 m westlich von Plakiás, an der Straße nach Soúda. Sechs Studios in schöner Lage mit herrlicher Terrasse und Meerblick. Freundlich geführt von Pagona Adreadaki. ✆/℻ 28320-31741, www.webgreece.gr/crete/talosstudios

Souda Bay (20), wenige Jahre alte Anlage, 1 km westlich von Plakiás, ruhige Lage. Apartments mit Balkon oder Terrasse, Meerblick, schöne Gartenanlage mit Liegestühlen, Waschmaschine. Die zuvorkommende Wirtin Christina spricht gut Englisch. Zu buchen auch über Minotours Hellas. ✆/℻ 28320-31911, www.roomstorent.info

Phoenix (20), C-Kat., 2 km westlich von Plakiás, knapp 1 km vor dem Soúda-Strand, ebenfalls sehr ruhig. Angenehmes Hotel, architektonisch einfallsreich, elegantes Mobiliar, Marmortreppen, in der Lobby viel Platz. Geflieste Zimmer mit Rauputz, vorne raus herrlicher Meerblick (nicht alle Zimmer). Sifis Dridakis freut sich auf deutsche Gäste, seine Mutter kocht ausgezeichnet, auch gutes Frühstück. DZ ca. 30–40 €, Frühstück ca. 5 €/Pers. ✆ 28320-31331, ℻ 31831.

• *Östlich außerhalb* **Paligremnos (47)**, am Ostende des langen Sandstrands, kurz vor der Felswand des Kaps Kakomoúri, hübsch angelegte Taverne mit Studios für ca. 30–45 €, davor Rasenflächen und Kinderspielgeräte. ✆ 28320-31835, ℻ 31003, www.paligremnos.com

Plakias Bay (47), C-Kat., am Ostende des langen Strands von Plakiás, etwas erhöht am Hang, ca. 20 Min. in den Ort. Gepflegte Anlage, sehr ruhig, da kein Autoverkehr, in den Zimmern Telefon. Wirtin Natascha Moraitis spricht Deutsch, Englisch, Französisch und Italienisch. Beliebt bei Familien, kann über Vamos-Eltern-Kind-Reisen gebucht werden (jedoch ohne Kinderbetreuung). DZ ca. 35–60 €. ✆ 28320-31215, ℻ 31951.

• *Jugendherberge* **(4)** ein Stück hinter dem Ort, am Weg zur „Old Mill" (→ Sehenswertes). Der JH-Tipp Kretas – sympathisches Anwesen in schöner, ruhiger Lage zwischen Olivenbäumen, 60 gute Holzbetten in kleinen Häuschen (je 8 Betten), großer Garten, Du/WC sauber, gemütliche Snackbar, Internetzugang. Stammgäste aus aller Welt fühlen sich hier wohl, viele Partys. Gehört dem Kreter Fredericos, geführt wird die JH von Chris aus England. Übernachtung kostet ca. 6 €, Rabatt bei Aufenthalt länger als eine Woche. Geöffnet Ende März bis Anfang November. ✆ 28320-32118, www.yhplakias.com

• *Camping* **Apollonia (22)**, am Ortseingang, etwa 500 m vom Zentrum, zu erkennen am pompösen Eingangstor. Stellplätze unter Schilfdächern und niedrigen Olivenbäumen, Auto muss man z. T. separat abstellen. Sanitäranlagen recht großzügig bemessen (immer warmes Wasser), kaum genutzter Swimmingpool (mit Gebühr), Snackbar, Minimarket, Waschraum, Vermietung von preiswerten, laut Leserzuschrift aber schlecht gewarteten Mountainbikes. Leider wirkt der Platz etwas unaufgeräumt. Linienbus fährt direkt am Eingang vorbei, zum Strand sind es 2 Min. zu Fuß. ✆ 28320-31318, ℻ 31607, www.apollonia-camping.gr

Essen & Trinken (siehe Karte S. 720/721)

Entsprechend der zunehmenden Zahl an Pauschaltouristen haben die Tavernen ihr Angebot qualitativ deutlich gesteigert. Man isst gut in Plakiás.

Sofia (42), benannt nach der Wirtin, der legendären „Mama Sofia", eröffnet in den siebziger Jahren. Inzwischen hat Familie Drimakis das Lokal völlig modernisiert und die Sitzplätze vervielfacht. Professionell geführt, gute Küche mit Riesenspeisekarte, alle Arten von Fleischgerichten, auch im Tontopf, ebenso viel Vegetarisches, meist große Portionen. Sehr gut z. B. *Sofía foúrnou*, eine Art Gulasch aus scharf gewürzten Fleischstückchen mit Käse. Vor dem Ortskern wurde ein riesiges Lokal namens „Sofia B" eröffnet.

Lysseos (35), vor der kleinen Brücke an der Uferstraße, etwas tiefer gelegen. Mittlere Qualität, zur Auswahl stehen auch einige zypriotische Spezialitäten. Urige Wirtin, normale Preise, zum Bezahlen muss man sich an der Theke anstellen.

Harakas (39), nett aufgemachte Taverne mit leckeren Spezialitäten aus dem Ofen, z. B. *bekrí méze*, *briám* und *spetsofái*. Die Schweizer Gattin des Besitzers bedient flink und aufmerksam.

Siroco (25), westlich vom Hafen, nach der Taverne „Christos" um die Ecke, der häufige Wind wird durch Plastikschutzwände abgefangen, toller Blick bei Sonnenuntergang. Von Stavros Mastorantonakis mit Familie sehr freundlich und äußerst korrekt geführtes Fischlokal. – Kilopreis wird mitgeteilt, danach der selbst gewählte Fisch vor den Augen des Gastes gewogen. Auch sonst gute Auswahl, z. B. *bekrí mezé* und *spetsofái*. Preislich günstig.

Tassomanolis (21), ebenfalls westlich vom Hafen, gute Fischtaverne mit eigenem Fang, geführt vom Geschwisterpaar Tassos und Manolis, auch prima Vorspeisen. Empfehlung: Spinattaschen und rote Beete.

Apanemo (17), 200 m westlich vom Hafen, am Weg nach Soúda. Kleiner Familienbetrieb mit preiswerter und sehr guter Kretaküche. Vater ist Grillmeister und Sohn Stelios serviert mit einmaligem, kretischem Humor. Gratis als Vorspeise: *psomí skordió* (Knoblauchbrot vom Grill).

Manoussos (10), im Neubauviertel vor dem Ort, nette Gartentaverne mit Olivenbäumen, preiswert und ruhig, Geflügel und Lamm wird draußen am offenen Grill zubereitet.

Secret Nest (6), etwas versteckt im hinteren Ortsteil.

• *Außerhalb* **Paligremnos (47)**, hübsche Taverne am Ostende vom Strand, kurz vor der Felswand. Schattige Speiseterrasse, davor Rasenflächen und Kinderspielgeräte.

• *Cafés/Snacks* **Souvlaki House (41)**, zentrale Lage kurz nach der Brücke, beliebte Kontaktbörse, oft fröhliche Atmosphäre.

Gialia (23), nach der Brücke rechts kleine Gasse hinein, hübsches Kafenion, auf rustikal getrimmt, gemütliche Terrasse, auch *mezédes* werden serviert.

Nikos Souvlaki (24), Gasse bei Monza Travel wenige Meter hinein, lecker, günstig und nett zum Sitzen.

Fournos Bakery (43), zwischen den Tavernen und Cafés am Hafen, leckeres, ofenfrisches Gebäck, aber teuer.

Candia (34), neu eröffnetes Café mit Bäckerei, engagiert geführt von Markos Brokalakis. Köstlicher Kaffee in allen Varianten, herrliche Croissants, gemütliche Holzterrasse mit für Kreta ungewöhnlich bequemen Sesseln.

Nachtleben (siehe Karte S. 720/721)

Ostraco (44), in der kleinen Tavernenzeile am Hafen, beliebte Musikbar hoch über den Köpfen der Flanierenden, seit kurzem auch Internetcafé.

Meltemi (46), nette Disco in freistehendem Holzhaus am Strand, nicht zu verfehlen. Innen lange, rundum laufende Bar, Ventilatoren schaffen Kühlung, ab Mitternacht geht's los, tagsüber Strandbar.

Finikas Dancing (27), moderne Disco, beim Supermarkt etwas zurück von der Uferstraße. Sechseckige Tanzfläche, mehrere Bars.

Sehenswertes: Begrenzt ist der lange Strand von Plakiás am Ostende vom turmhohen, fast senkrechten Felshang des Kaps *Kakomoúri* (207 m). Am Fuß der Wand kann man einen kleinen Pfad entlanglaufen. Er endet an einem künstlich angelegten, dunklen *Gang*, der etwa 50 m in den Berg hineinführt und an zwei ebenfalls künstlichen Einbrüchen in den Felsen mündet. Der Gang ist mit Taschenlampe nur bis zum zweiten Einbruch zu begehen, dort große Vorsicht, es geht gut 10–15 m in die Tiefe. Nach Aussagen von Leuten, die es miterlebt haben, wurde hier während der deutschen Besatzungszeit im Zweiten Weltkrieg von Kriegsgefangenen Braunkohle in geringen Mengen abgebaut und auf Loren über Schienen in den Ort transportiert.
Weiterhin stehen im üppig grünen Bachtal hinter Plakiás die eindrucksvollen, bizarren Ruinen zweier *Wassermühlen* (→ Plakiás/Wandern).

Der lange Strand von Plakiás

Über der Straße von Plakiás nach Mírthios (ca. 2 km vor Mírthios) ist auf einem Berg eine Ruine zu sehen. Laut Karte soll es sich dabei um eine *venezianische Burg* handeln. Aufstieg von der Straße in ca. 10 Min. über den zerfurchten Süd- und Osthang. Erhalten sind die Umfassungsmauer und Reste eines zweigeschossigen Wohnhauses, an der Spitze ein trigonometrischer Punkt (195 m ü. M.).

Plakiás/Baden und Umgebung

Alle Strände und Badebuchten im Umkreis von Plakiás sind mit Sonnenschirmen und Liegen ausgestattet. Am Hauptstrand werden auch Surfbretter verliehen, denn dank der oft heftigen Winde ist Plakiás ein begehrter Surfspot.

▸ **Ortsstrand**: Der breite *Kies-/Sandstrand* ist gut 1,5 km lang und ca. 30 m breit. An den meisten Stellen fällt er ziemlich flach ins Wasser ab, der Meeresboden besteht die ersten 50 bis 100 m aus reinem Sand. Je weiter man nach Osten geht, desto feiner und weicher wird der Sand, sogar ein paar schöne Dünen gibt es dort. Am Ostende, kurz vor der Felswand des Kaps Kakomoúri, vermietet die ansprechende Taverne „Paligremnos“ Studios. Davor findet man einige schattige Strandplätze unter Tamarisken, außerdem zwei Duschen (eine am Strand, eine bei der Taverne). Lesertipp: „Ganz am Ende der Bucht haben wir ein nettes Plätzchen zum FKK-Baden gefunden, gut besucht, vorwiegend sehr angenehmes Publikum und ein lustiger und freundlicher Liegenverleiher.“

▸ **Skínos** (auch: Gaviótolimano): künstlich aufgeschütteter Sandstrand, unmittelbar westlich vom Ortskern und Fischerhafen, etwa 150 m lang, mit einigen schattigen Tamarisken.

▸ **Soúda**: etwa 3 km westlich von Plakiás, zu erreichen auf guter Asphaltstraße. Abgelegene, 300 m lange Sand-/Kiesbucht vor einer hohen Felswand, an der ein im

Sommer ausgetrockneter Fluss mündet. Im Hintergrund der Bucht wachsen Palmen, dort liegen auch zwei hübsche Tavernen mit weinüberwucherten Terrassen, einige Duschen sind installiert. Ein kleiner Spaziergang den Flusslauf hinauf bietet sich an, üppig bewachsen mit Bambus und Palmen.

Tipp: Von der Straße zur Soúda-Bucht zweigt eine asphaltierte Straße hinauf ins Bergdorf Séllia ab.

• *Übernachten* **Souda Mare**, etwas oberhalb der Bucht, schönes Haus mit 17 Zimmern, freundlich geführt von Michalis und Raissa Sourbaki. Mit ordentlicher Taverne. DZ ca. 35–47 €. ✆ 28320-31931, ℻ 31763, www.kreta-sun.de

Villa Elgini, kurz vor der Bucht von Soúda am Hang, geräumiges Ferienhaus mit herrlichem Meerblick. Platz für bis zu 8 Pers., 135 qm Wohnfläche, 4 Schlafzimmer, Klimaanlage, Heizung, Waschmaschine, TV, große Terrasse. Etwa 105–145 € pro Tag. Auch Studios sind erhältlich. Zu buchen auch über Minotours Hellas. ✆ 28320-32093, www.kreta-sun.de

▶ **Kalypso Cretian Village**: Eine steile Abfahrt führt östlich von Plakiás zu diesem großen Ressort der A-Kat., das sich über einen fjordartigen Bucht mit hübschen Bademöglichkeiten in die Felsen schmiegt (www.kalypso-holidaysvillage.com).

▶ **Damnóni**: wenige Kilometer östlich von Plakiás, zu erreichen von der Straße nach Lefkógia (beschildert). Feiner Kies-/Sandstrand, etwa 500 m lang, ein kleiner Bach mündet ins Meer und kann am Strand auf einer Holzbrücke überquert werden. Eine große, blumengeschmückte Taverne liegt am Ende der Zufahrtsstraße, eine weitere gleich dahinter. Am Strand werden Liegen und Sonnenschirme verliehen, es gibt mehrere Duschen und ein Wassersportcenter im Westteil der Bucht bietet Tret- und Paddelboote, Wasserski, Surfbretter, Parasailing und Jet-Ski. Noch Ende der 1980er Jahre war Damnóni so gut wie unbebaut. Heute erstreckt sich am Westhang der Bucht eine große, gepflegte Time-Sharing-Anlage von „Hapimag", die – im Gegensatz zu vielen schwarzen Schafen der Branche – einen guten Ruf genießt. Außerdem gibt es noch das Hotel Damnoni Bay und verschiedene weitere Zimmervermieter. An der Zufahrtsstraße liegt ein ausgezeichneter, wenngleich nicht ganz preiswerter Naturkostladen mit Ausflugsagentur. Im Osten wird der Strand seit langem durch die Ruine einer Hotelanlage verunstaltet.

Am westlichen Strandende beginnt ein Fußweg nach Plakiás, ca. 45 Min. (→ S. 731).

• *Anfahrt/Verbindungen* Das **Badeboot** zum Préveli Beach stoppt hier und lädt Badegäste ein und aus. Damnóni ist außerdem Stopp des **Alianthos Express** aus Plakiás.

• *Übernachten/Essen & Trinken* **Hapimag Damnoni**, üppig bepflanzt, ansprechend und gut geführt, auch aus ökologischen Gesichtspunkten. Wer sich dafür interessiert, sollte mal reinschauen und Info-Material holen. ✆ 28320-31991, ℻ 31895, www.hapimag.com

Damnoni Bay, C-Kat., größere Anlage am Berghang oberhalb von Hapimag, 50 Zimmer, alle mit herrlicher Aussicht auf die Bucht, Swimmingpool. DZ mit Frühstück ca. 40–60 €. Auch pauschal zu buchen. ✆ 28320-31373, ℻ 31002.

Sokrates, an der Straße, etwa 500 m vom Strand. Gepflegte Anlage mit Zimmern, Studios und Apartments in einem herrlichen Gartengrundstück mit Palmen und Bougainvillea, ein kleiner Bach durchfließt das Gelände. Beliebt bei Familien mit Kindern. Mit Spielplatz, benachbart ein Fußballplatz. ✆/℻ 28320-31480, www.kreta-sun.de

Mythos, neu eröffnete Taverne mit Zimmervermietung schräg gegenüber der Einfahrt zur Hapimag-Anlage, geführt von Manolis Stavianoudakis, seiner Frau und den drei Kindern. Der älteste Sohn Andreas spricht sehr gut Deutsch. Man sitzt schön unter schattigen Bäumen, Andreas unterhält die Gäste (bes. Kinder) und bittet in die Küche, um zu zeigen, was Mama Leckeres gekocht hat. Besonders der von Manolis 1–2 x wöch. frisch gefangene Fisch ist sehr zu empfehlen. 10 große und helle Studios, freundlich eingerichtet, alle mit TV, Klimaanlage, Balkon/Terrasse, ca. 35–50 €. ✆ 28320-32150, E-Mail: damnoni@otenet.gr

Akti, Taverne mit Zimmervermietung wenige Meter vom Strand, aufmerksam geführt von Nikos Christonakis. Die von Palmen umgebene Taverne liegt in einem großen gepflegten Garten, gute Vorspeisenplatten und Fischgerichte, Bedienung spricht Deutsch, korrekte Preise. ✆ 28320-31258.

Damnoni, große, blumengeschmückte Taverne direkt am Strand unter Tamarisken, stets gut besucht.

Unterkünfte und Tavernen im Hinterland von Damnóni:

Giorgios, an der Auffahrt zu Kakares, nach 100 m links, geführt von netter Familie, fünf saubere Studios mit Klimaanlage und Heizung, dazu Taverne. ✆ 28320-31404, ✆ 31004, www.giorgiosdamnoni.com

Kakares, ca. 1,5 km vom Meer, vis-à-vis von der Zufahrt nach Damnóni führt von der Straße zwischen Plakiás nach Lefkógia eine Nebenstraße landeinwärts nach Marioú. Die freundliche Gastgeberin Astrid aus Deutschland betreibt das Haus mit ihrem Mann Manolis. Die ruhige Anlage gruppiert sich in L-Form um Rasenflächen. Die Zimmer sind mit gemauerten Schränken und Bögen versehen und besitzen eine Terrasse, für Familien gibt es doppelstöckige Räume. Morgens reichhaltiges Frühstück mit Filterkaffee, abends kocht Astrid für die Hausgäste, viele Zutaten stammen vom eigenen Hof. Es gibt eine Teeküche und eine Waschmaschine. Zu empfehlen wegen der ruhigen Lage und der ungezwungenen, herzlichen Atmosphäre. DZ ca. 20–36 €. ✆ 28320-31340, ✆ 31558, www.kreta-sun.de

Marilena, gemütliche Apartmentanlage mit Panoramablick am Ortsausgang von Marioú, komplett eingerichtete Apartments mit zwei Schlafzimmern, von Lesern empfohlen, geführt von Kostas und Asiminia Violakis. ✆/✆ 28320-31855.

• *Sonstiges* **Creta 2000**, Adonis Mougiakakos führt gegenüber der Abzweigung zur Hapimag-Anlage den sehr gut sortierten Naturkostladen **I Elia** mit Produkten, die weitgehend aus ökologischem Anbau stammen, sowie die Agentur **Damnoni 4x4 Tours** mit umfangreichem Ausflugsangebot und Fahrzeugverleih. Er spricht hervorragend Deutsch und beschäftigt auch deutschsprachiges Personal. Leserzuschrift: „Adonis veranstaltet Fahrten mit Off-Road-Jeeps auf Schotterwegen und Pisten ins unbekannte Kreta, zu Beginn der Fahrt gibt es ein Rakí-Frühstück in einer typischen Taverne." ✆ 28320-20045, ✆ 32312, www.creta2000.gr

▸ **Buchten östlich von Damnóni**: Zwei reizvolle kleine Buchten mit feinem Kies liegen etwa 10 Fußminuten östlich vom Damnóni-Strand, eine Fahrpiste führt hinüber und weiter nach Ammoúdi. In der ersten Bucht, der so genannten „Schweinebucht", wird das Wasser schnell tief, aufpassen mit Kindern. Inzwischen wird in der früheren FKK-Bucht bekleidet und unbekleidet gebadet.

Die andere Bucht namens *Mikró Ammoúdi* (auch: Ammoudáki), liegt gleich dahinter, nur durch eine Felswand getrennt. Spezieller Tipp: Unter Wasser gibt es in etwa 3 m Tiefe ein großes Loch im Fels, das eine Verbindung zwischen beiden Buchten herstellt. Ein geübter Schwimmer kann problemlos hindurchtauchen – aber bitte nicht allein versuchen, immer jemanden mitnehmen, der notfalls helfen kann! Wenn man nachmittags zur Felswand schwimmt, sieht man unten das Loch als hellen Fleck, durch den die Sonnenstrahlen fallen.

▸ **Ammoúdi**: von Damnóni ein Stück in Richtung Osten, auf Asphalt von der Straße nach Lefkógia zu erreichen (oder auf einer Piste ab Damnóni). Schöne Bucht mit feinem, weißem Kies, einigen Tamarisken und ein paar Duschen. An beiden Seiten ist der Ammoúdi Beach begrenzt von scharfkantigen Klippen, toll zum Klettern. In der Mitte der Bucht liegt eine große Felsplatte im Wasser. Leider ist diese wie auch die ganze Bucht wegen der Abwässer aus dem Hinterland durch Algen verunreinigt.

• *Übernachten/Essen & Trinken* **Ammoudi**, etwas versteckt links der Zufahrtsstraße zum Strand. Sympathische Pension mit freundlichen Wirtsleuten, saubere Zimmer mit Du/WC und Balkon, im ersten Stock Restaurant mit palmenbeschatteter Terrasse, stets frischer Fisch, die Söhne des Hauses fischen selber. DZ mit großem Frühstück ca. 35–40 €. Zum Strand etwa 200 m. ✆ 28320-31355, ✆ 31755.

▸ **Skinária**: abgelegene Sandbucht mit Dünen inmitten bizarrer Klippenlandschaft. Zu erreichen auf schmaler Asphaltpiste ab Lefkógia. Das Hotel im oberen Bereich der Bucht hat seine Pforten seit langem geschlossen. Am Strand unten liegt der Betonbau des Restaurants „Libyan Sea".

Mírthios

Das hübsche Bergdorf klebt hoch am Hang über Plakiás, ca. 2,5 km vom Meer entfernt. Viele Gäste kommen zum Essen herauf, denn von der terrassenförmig erweiterten Durchgangsstraße hat man einen großartigen Blick auf die Bucht – einer der schönsten Aussichtsbalkons Kretas! Auch Unterkünfte gibt es mittlerweile reichlich. Die engen Wege oberhalb der Durchgangsstraße wurden mit Schieferplatten neu gepflastert, was das Bummeln sehr erleichtert.

• *Anfahrt/Verbindungen* Die **Busse** nach Plakiás fahren zum großen Teil über Mírthios und halten am Platz im Ortskern.

• *Übernachten* **Stefanos Village**, C-Kat., sehr schöne, neue Anlage am Ortsrand mit herrlichem Buchtblick und Pool. 14 geschmackvoll eingerichtete Apartments und Studios. ✆ 28320-32252, ℻ 32253, www.plakias.com

Stella Velonaki, von Plakiás kommend gleich am Ortseingang links. Stella und ihre junge Familie haben in ihrem Haus einige Zimmer und Apartments zu vermieten, sogar eine Heizung wurde installiert (selten auf Kreta). Von der Veranda herrlicher Blick auf Bucht und Meer. DZ ca. 20–35 €.

Villa Stella, großzügige, für kretische Verhältnisse fast luxuriöse Anlage mit sechs Ferienwohnungen (bis zu 5 Pers.) am Hang über dem Ort, gehört ebenfalls Stella Velonaki. Pro Wohnung eine komplett eingerichtete Küche, ein Wohnzimmer mit Schlafcouch, ein Schlafzimmer, ein schönes Bad und eine große Terrasse mit traumhaftem Blick auf die Buchten von Plakiás und Damnóni. Auch hier gibt es Heizungen und vor den Fenstern Moskitonetze. Pro Einheit ca. 32–50 €. ✆/℻ 28320-31821, www.villastella-crete.com

Anna Maragoudaki, von Plakiás kommend, am Ortseingang rechts, von Lesern empfohlen, vier schöne Apartments mit Meerblick, ca. 20–35 €. ✆ 28320-31580.

• *Essen & Trinken* Zwei Lokale liefern sich an der Platia im Zentrum einen harten Kampf.

Platia, schöne Aussichtsterrasse mit herrlichem Blick auf die Bucht. Fredericos, dem auch die beliebte JH in Plakiás gehört, bietet exzellente einheimische Küche, z. B. *bekrí mezé* oder *papoutsáki* (mit Hackfleisch gefüllte Auberginen). Zum Essen wird nach guter alter Sitte Wasser gereicht, zum Abschied oft Rakí oder ein Stück Kuchen.

Panorama, ebenfalls prächtiger Blick vom Balkon, hier kochen Toni und Edi aus Bayern und kombinieren gekonnt deutsche und griechische Küche.

Dionysos (Mirthios), erhöhte Terrasse an der Durchgangsstraße, etwas unterhalb vom Platz, ansprechend aufgemacht und liebevoll hergerichtetes Essen, auch hier wird Wasser gereicht, zum Abschluss Rakí.

• *Shopping* **Lithos**, direkt an der Platia, Sifis Petrakis bietet Schmuck, Leder, Handarbeiten und Keramik in hervorragender Qualität.

▸ **Séllia**: Das ursprünglich gebliebene Bergdorf wird gekrönt von einer markanten Kirche (Baujahr 1886) auf einem Felsklotz. Herrlicher Blick hinunter auf die Bucht von Plakiás, zu der auch ein Landwirtschaftsweg durch Olivenhaine hinunterführt. Im Herbst destillieren die Männer überall ihren Rakí, wenn man Glück hat, darf man das noch warme Getränk kosten. Eine neue Taverne mit kretischer Küche, eigenem Rotwein und Panoramablick lädt an der Platia zum Essen ein, im Laden von Pinelopy und Yannis Mexis gibt es besonders schöne Objekte, die aus Fundstücken der Natur zu Kunstwerken zusammengesetzt wurden.

Eine asphaltierte Straße führt hinunter zur Küstenstraße zwischen Plakiás und Soúda Beach. Wer aus Richtung Westen kommt, kann so die Fahrt nach Plakiás deutlich abkürzen.

▸ **Lefkógia**: Das kleine Bauerndorf östlich von Plakiás wird meist nur auf der Fahrt zum Kloster Préveli durchfahren. Die kleinen, schlichten Tavernen und Kafenia im Zentrum kann man zur Rast nutzen, auch Zimmer werden vermietet. Eine steile, beschilderte Betonpiste führt hinauf zur abgelegenen Bucht von Skinária (→ oben). Neu ist das im Ort ausgeschilderte „Donkey Sanctuary" von Kostas Youkakis, ein Heim für herrenlose Esel, die von ihren Besitzern vertrieben wurden und oft krank und halb verhungert gefunden wurden. Man darf sich einen Esel für einen Spaziergang mitnehmen (egal wie lange, ca. 10 €), Kinder können auf dem Rücken reiten – vor allem für Familien eine schöne Abwechslung.

Öffnungszeiten **Donkey Sanctuary**, tägl. 9–13.30, 16–18.30 Uhr. ✆ 28320-32286, ℻ 31197.

▸ **Asómatos**: ruhiges Dorf am Ausgang der Kourtalíotis-Schlucht, durchflossen vom Megalopótamos, der am Palmenstrand von Préveli ins Meer mündet. Da es einige Unterkünfte gibt, gut geeignet für erholsame Tage abseits vom Rummel. Wandertipp: In drei Fußstunden ist man unten am Préveli Beach.

Seit 1999 gibt es hier das *historische Heimatmuseum* von Papás Michalis Georgoulakis. Sein Leben lang hat der mittlerweile in den Achtzigern stehende „Papa Michalis" alles gesammelt, was ihm zwischen die Finger kam. So entstand im Wohnhaus seiner Familie ein einzigartiges Museum, das acht Räume umfasst. Zu sehen sind eine komplett eingerichtete kretische Küche, das Arbeitszimmer des Vaters von Michalis, der alte Webstuhl der Familie, traditionelle Handwerkszeuge und Kirchenutensilien sowie Gegenstände und Dokumente aus beiden Weltkriegen. Auch der liebevoll angelegte Innenhof mit seinem üppigen Pflanzenschmuck ist einen Blick wert. Die Führung durch die Räume übernimmt Schwiegertochter Romi (→ Übernachten). Dabei erfahren Sie auch einiges über die Familiengeschichte des Hauses.

Öffnungszeiten/Preise **Museum**, tägl. 10–15 Uhr, Eintritt ca. 2,50 €.

• *Übernachten* **Antigoni**, Privatzimmer bei der Tankstelle an der östlichen Ortseinfahrt, ordentlich eingerichtet und sauber. ✆ 28320-31372.

Anthoula Soumbasaki, gemütliche Apartments neben Antigoni, ruhig, offene Terrasse mit kleinem Garten, herrlicher Blick auf das Tal. Die freundliche Wirtin spricht Englisch. ✆/℻ 28320-31006.

Villa Faragi, abgelegenes Haus mit schwäbischer Gemütlichkeit am Dorfrand inmitten von Olivenhainen. Romi aus Stuttgart, die Schwiegertochter von Papás Michalis, vermietet zusammen mit ihrem Mann Giorgios Georgoulakis vier DZ mit Kochgelegenheit, Kühlschrank und Heizung. Anfahrt: Asómatos am östlichen Ortsausgang verlassen, nach 800 m rechts hinunter abbiegen (vor einer Kurve) und der Beschilderung in südlichen Richtung folgen. ✆ 28320-31158, ℻ 31674, www.plakias.net, E-Mail: faragi@ret.forthnet.gr

• *Essen & Trinken* **Despina**, mit Blumen hübsch aufgemachte Taverne an der Straße zwischen Asómatos und Lefkógia, preiswert.

• *Sonstiges* **Ydria**, Töpferwerkstatt in zentraler Lage von Asómatos, hier kann man Stavros und Eleftheria Kalonaki beim Formen der Stücke zusehen. ✆ 28320-32225.

Plakiás/Wandern

Das hüglige Gelände um Plakiás, die grüne *Kotsifoú-Schlucht* mit dem fast immer Wasser führenden, gleichnamigen Bach und die *Kourtalíotis-Schlucht* mit der Kirche Ágios Nikólaos und den benachbarten Wasserfällen bieten sich für Spaziergänge und Halbtagswanderungen geradezu an. Die Fahrwege, Trampelpfade und Schleichwege sind allerdings nicht immer einfach zu finden. Hilfe bietet dabei die Broschüre „10 Wanderungen im Plakias-Gebiet" mit einer Wege- und Straßenkarte, erstellt Mitte der neunziger Jahre von Lance Chilton. Sie wird in den Geschäften von Plakiás angeboten.

Fußweg von Plakiás nach Mírthios

Es gibt von Plakiás nach Mírthios einen schönen Fußweg durch die Olivenhaine, der mittlerweile durchgehend asphaltiert bzw. betoniert ist. Von Plakiás startet man bei der Jugendherberge in Richtung zur alten Mühle („Old Mill"). Kurz nach der JH gabelt sich der Weg und ein Schild weist nach Mírthios. Der relativ schmale und zum Teil sehr steile Weg wird wahrscheinlich von Landwirten zur Bewirtschaftung der Olivenhaine genutzt. Nach ca. 15 bis 20 Minuten kann man zu einer Taverne abzweigen (beschildert), von der man einen wunderbaren Blick auf Plakiás und die Bucht hat und außerdem günstig und gut essen kann. In Mírthios endet der Weg dann kurz vor dem Hauptplatz neben der Kirche (Tipp von Leser H. Zauner).

Wanderung von Plakiás nach Séllia

Einfacher Spaziergang durch die Olivenhaine zum Nachbarort.

- *Dauer* etwa 50 Min.
- *Wegbeschreibung* In Plakiás nimmt man von der Uferstraße nach der **Brücke** die erste Abzweigung rechts und geht in Richtung **Jugendherberge** (beschildert). An der Abzweigung vor der JH nimmt man den **westlichen Weg**, der am Westufer des Flusses Kótsifos entlang nach Norden führt. 8 Min. später kommen wir an der **Kläranlage** von Plakiás vorbei. Einige hundert Meter weiter überqueren wir eine **Betonbrücke** über einen von Westen kommenden Bach, bei der nach der Brücke liegenden Abzweigung gehen wir westlich (links). Hinweis: An dieser Betonbrücke ist der Abzweig zu einer der beiden alten Wassermühlen im Tal des Kótsifos (nach 100 m Schild „Zur Mühle OLD MILL"). Beschreibung der Mühle, die auch über die Jugendherberge zu erreichen ist, im Rahmen der folgenden Wanderung.

Der Weg nach **Séllia** führt jetzt im Zickzack den Talhang hinauf. Wenige Minuten später ist die Kirche von Séllia im Blick und etwa 20 Min. später haben wir das Ortszentrum erreicht. Zurück nach Plakiás geht es auf demselben Weg oder auf der weiter westlich verlaufenden **Fahrpiste**, die in Plakiás auf die Straße mündet, in der das Hotel Sofia liegt.

Wanderung von Plakiás zu zwei Wassermühlen (und weiter nach Mírthios)

Der Weg ist mit „Old Mill" beschildert, wird allerdings im letzten Stück vor der zweiten Mühle ziemlich unübersichtlich. Mit kleinen Irrwegen muss man rechnen.

- *Dauer* bis Mírthios etwa 1 Std. 15 Min.
- *Wegbeschreibung* In Plakiás nimmt man von der Uferstraße nach der **Brücke** die erste Abzweigung rechts und geht in Richtung **Jugendherberge** (beschildert). Der Weg führt an ihr vorbei (beschildert: „Old Mill") und nach 10 Min. durch die Olivenhaine stehen wir vor der Ruine der **ersten Mühle**. Erkennbar ist der auf einer hohen Mauer befindliche Zulaufkanal, ebenfalls der turmförmige Wasserfallschacht. Ein/Auslauf und das Mühlengebäude fehlen.

20 Min. später kommen wir zur **zweiten Mühle**, im letzten Stück muss man den Fahrweg verlassen und auf engem, überwuchertem Pfad den Lauf des Kótsifos entlanggehen. Zur Mühle selbst gehörten zwei Mahlwerke, die Wasserfallschächte lagen hintereinander, die Fallhöhe beträgt über 20 m. Im oberen Mühlengebäude sind noch Reste des Mahlsteins erhalten. Am Wohngebäude lassen sich noch Reste der ursprünglichen, für Kreta typischen Flachdachkonstruktion erkennen: Auf krumme, eben gelegte Baumstämme werden Steinplatten gelegt, die mit Lehm verfugt sind. Darüber eine ca. 30 cm dicke Schicht von Feinkies und gestampftem Lehm. Vom alten Gemäuer hat man einen schönen Blick auf die Bucht von Plakiás. Wenn man die **Bogenbrücke** überquert, gelangt man nach wenigen Minuten zu der in eine Felsnische gemauerten, schmucklosen **Kapelle** der Mühle.

Um nun nach **Mírthios** zu kommen, muss man rechts der Mühle einen schmalen, überwucherten **Pfad** entlang eines Wasserkanals nehmen. Dieser wendet sich nach wenigen Metern scharf nach rechts. Weiter oben treffen Sie auf einen **Feldweg**, diesen geht man rechts und unterhalb vom Dorf nach oben, bis man die Asphaltstraße erreicht.

Wanderung von Plakiás zum Strand von Damnóni

Einfache Tour über Feldwege und Pisten zum nächsten Strand in Richtung Osten (→ Plakiás/Baden).

GPS-Wanderung 17

• *Dauer* ca. 45 Min.

• *Wegbeschreibung* Wir starten am Ostende des langen Sandstrands von Plakiás vor der Taverne **Paligremnos (WP 01)**, wo man gegebenenfalls parken kann, und steigen hinauf zum Hotel **Plakias Bay (WP 02)**. Auf der rechten Seite führt ein ausgewaschener Feldweg um das Gebäude herum und weiter geradeaus. Vor uns liegt ein **Olivenhain** an der Landseite des Kaps Kakomoúri. Nach wenigen Minuten zweigt rechts ein Weg ab, markiert durch aufgehäufte Steine **(WP 03)**, und führt zwischen den Olivenbäumen hindurch. Ein **Gatter (WP 04)** wird geöffnet und wieder verschlossen. Wir treffen auf eine **Fahrpiste**, der wir nach rechts bis zu einem **Gehöft** folgen, wo die Piste endet **(WP 05)**. Hier gehen wir auf einem Fußpfad rechts um den Zaun des Anwesens herum und treffen auf die Zufahrtspiste zum **Hotel Calypso Cretian Village (WP 06)**, hier muss wieder ein Gatter geöffnet und verschlossen werden. Gegenüber zweigen zwei Pisten ab, wir nehmen diejenige, die **schräg nach rechts** in Richtung Meer führt. Bald erreichen wir das Hotel **Damnoni Bay** und gehen an der großen **Hapimag-Anlage** entlang bis zum Westrand der Bucht von Damnoni **(WP 07)**. Dort steigen wird zum Strand hinunter, passieren das **Wassersportzentrum (WP 08)**, überqueren den Bach auf einer **Brücke (WP 09)** und beenden die Wanderung an der Taverne **Damnoni**, wo wir uns stärken können **(WP 10)**.

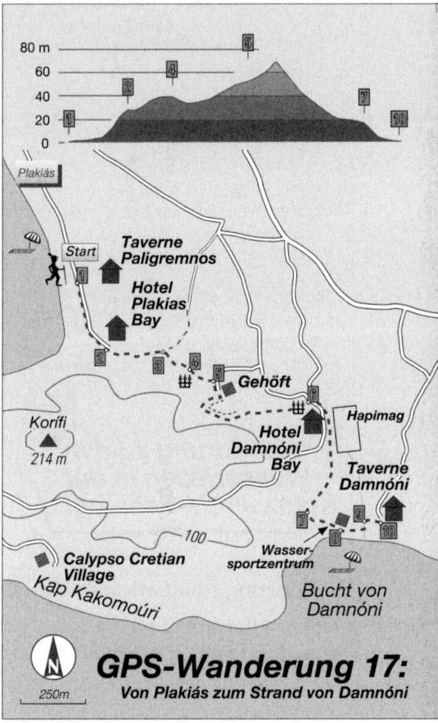

Wanderung zu den Wasserfällen in der Kourtalíotis-Schlucht

Diese eindrucksvolle, aber nicht viel mehr als 2 km lange Felsenschlucht, durch die der *Megalopótamos* fließt (im Sommer nur ein dünnes Rinnsal), verbindet die Region um Préveli mit der Hauptstraße von Réthimnon nach Agía Galíni. Die Straße verläuft anfangs oberhalb des Schluchtgrunds. Dieser steigt jedoch allmählich an, bis er am Schluchtende, wo die Straße nach *Fratí* abzweigt, fast auf gleichem Niveau wie die Straße liegt. Einstiegsmöglichkeiten gibt es unterwegs mehrere. Oft sieht man über der Schlucht Bartgeier (fälschlicherweise auch Lämmergeier genannt) kreisen.

• *Dauer* hin und zurück ab Parkplatz ca. 1 Std.

• *Wegbeschreibung* Von **Asómatos** nehmen wir die Ausfallstraße nach Osten und

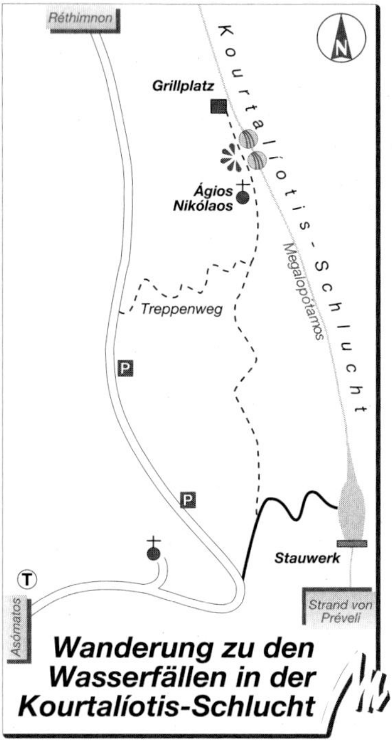

fahren nach einer markanten Linkskurve in die Schlucht ein. Kurz nach Beginn liegt rechts an der Straße ein kleiner **Parkplatz**. Hier parken wir und gehen ein Stück die Straße zurück, bis eine breite **Fahrpiste** zu einem Stauwerk im Flusstal hinunterführt. Davon zweigt bald ein deutlich sichtbarer Weg ab, der sich nach Norden in die Schlucht zieht. Nach etwa 1,5 km treffen wir auf das kleine, an den Felshang geschmiegte Kirchlein **Ágios Nikólaos tou Kourtalíoti Enoriás Asomátou**. Ein kurzes Stück weiter kommt man zu einer Beobachtungsplattform, wo sich gut zehn kleine, aber kräftige **Wasserfälle** einige Meter tief nach unten stürzen. Sie werden gemeinhin als **Quellen** des Megalopótamos bezeichnet, allerdings gibt es auch weiter nördlich in der Schlucht noch Wasser. Dieses idyllische Plätzchen ist eine ausgiebige Rast wert. Wiederum ein paar Meter weiter liegt eine Art **Grillplatz** unter der ausgehöhlten Felswand. Wer hier noch weiter in die Schlucht vordringen will, muss vielleicht teilweise durch das Wasser waten bzw. es mehrfach überqueren – im Sommer sollte das kein Problem sein.

Kürzerer Einstieg: Kurz nach dem **zweiten Parkplatz** an der Straße steigt ein gut ausgebauter **Treppenweg** ins Flusstal. Unten hält man sich links und kommt nach wenigen Metern zur Kirche **Ágios Nikólaos**.

Wanderung von Lefkógia über Gianioú zum Kloster Préveli

Einfache Wanderung rund um den südlich von Lefkógia gelegenen Aussichtsberg *Tímios Stavrós* (433 m), der dabei auch leicht bestiegen werden kann.

- Dauer ca.1 Std. 30 Min.
- Wegbeschreibung Mit Bus bis **Lefkógia**, dort beginnen wir unseren Weg. Von Plakiás aus kommend, gehen wir bei der zentral gelegenen **Taverne Stelios** (im ersten Stock) rechts (nach Süden) in Richtung Skinária-Strand (vielleicht beschildert). Nach der Dorfkirche und dem Friedhof wählen wir an der Gabelung den bergseitigen Weg, vorbei am **Brunnenhaus**. Der Weg, eine Schotterstraße, führt nun mit leichter Steigung durch aufgegebene Felder und ohne Schatten westlich um den **Tímios Stavrós** („Heilig Kreuz") herum, den von allen Seiten sichtbaren, kegelförmigen Berg. Es dauert nicht lange und man sieht auf der rechten Seite eine **Kapelle**. Wir gehen den Hauptweg weiter bis zu einer kleinen **Gabelung**. Hier geht es links in Serpentinen zur **Gipfelkapelle** hinauf (an der Gabelung steht ein verblichenes Schild: „To the holy temple on the holy cross"). Oben großartiger Blick.

Wenn wir auf dem Weg nach Gianioú bleiben, erreichen wir etwa 30 Min. nach Aufbruch die am Berghang gelegene Kapelle **Ágios Antónios**, in der Nähe stehen auch Neubauten von Häusern. Nach einer weiteren halben Stunde erreichen wir **Gianioú**. Der Weg nach Préveli führt nicht an der Kirche vorbei, sondern am Hang des südöstlich vom Ort gelegenen **Bergs** (180 m) entlang. Nach etwa 50 m kommt man an einem **Brunnenhaus** vorbei (Quellwasser genießbar), die Straße wird zu einem geschotterten Fahrweg. Etwa 50 m hinter dem Brunnenhaus wählen wir an der Gabelung den **bergseitigen Weg**. Dieser folgt mit Abstand einer Zweidraht-Telegrafenleitung. Eine halbe Stunde nach Gianioú haben wir das **Kloster Préveli** erreicht.

Von Plakiás zum Kloster Préveli

Etwa 1 km östlich von Lefkógia zweigt eine beschilderte Asphaltstraße von der Durchgangsstraße ab. Es geht in das fruchtbare Flusstal des Megalopótamos (= großer Fluss). Die üppige Vegetation aus prächtigen Zedern, Zypressen, Johannisbrotbäumen und Platanen ist wirklich sehenswert.

Nach etwa 2 km trifft man links der Straße auf eine venezianisch anmutende *Brücke*, die allerdings, wie man einer Inschrift entnehmen kann, erst Mitte des 19. Jh. erbaut wurde. Als formvollendeter, eleganter Bogen schwingt sie sich über das breite und sogar im Sommer recht kräftige Flüsschen. Deutlich ist das hervorragend erhaltene Kopfsteinpflaster auf der Oberseite zu erkennen, Hochwassermarken zeigen den Wasserstand zur Zeit der Schneeschmelze an. Hier gabelt sich die Straße: Geradeaus geht es auf Asphalt weiter zum Kloster Préveli, nach links führt eine Schotterpiste über den Fluss zum Strand von Ammoúdi (auch: Strand von Drímiskos), der unmittelbar benachbart zum Palmenstrand von Préveli liegt (→ unten). Glasklares Wasser und kräftige Zedern machen die Brücke zum idealen Rastplatz, auf der anderen Flussseite kann man in der gemütlichen Taverne „I Gefyra" einkehren, leckere Vorspeisenteller und guten Bauernsalat genießen. Wenn wir auf der Asphaltstraße zum Kloster Préveli bleiben, passieren wir wenig später, nach einer Steigung, links der Straße die schwarz-grauen Ruinen des Klosters Káto Préveli.

▸ **Káto Préveli** (eigentlicher Name: Moní Tímiou Prodrómou) Die weitläufige, Johannes dem Täufer geweihte Anlage liegt von einem Zaun umgeben etwas erhöht am Rand des fruchtbaren Flusstals. Sehr schön ist der Blick auf die dahinter aufragenden Steilhänge der Kourtalíotis-Schlucht (→ S. 731). Káto Préveli war einst ein Nebenkloster des eigentlichen Klosters Préveli. Hier lebten Mönche zusammen mit Landarbeitern, die die umliegenden Ländereien des Klosters bestellten. Anfang des 19. Jh. wurde es während der Aufstände gegen die Türken völlig niedergebrannt und war seitdem verlassen. In den 1970er und –80er Jahren ließen sich Hippies in den überdachten Ruinen nieder, dann wurde das Kloster eingezäunt. Noch ausgezeichnet erhalten sind die Mauern der Gebäude, die Kirche und die markanten, spitz zulaufenden Kamine. Das Betreten ist streng verboten.

▸ **Von Káto Préveli bis Kloster Préveli**: Ein paar Kurven nach Káto Préveli liegt die Kapelle *Ágios Nikólaos* mit einer Quelle. Die Straße entfernt sich jetzt im Bogen vom Flusstal und schraubt sich hinauf in die rostbraunen, kahlen Felshänge. Landschaftlich großartig ist vor allem der tiefe Schluchteinschnitt, an dessen Grund der Megalopótamos fließt. Schöne Blicke weit übers Wasser, an klaren Tagen bis hinüber nach Mátala und auf die vorgelagerten *Paximádi-Inseln*. Am Ende der Straße liegt das Kloster Préveli, etwa 170 m über dem Meer.

> Kurz vor dem Kloster steht ein neu erbautes *Denkmal*, es zeigt einen Soldat und einen Bischof mit Gewehren in der Hand – Erinnerung an die bedeutende Rolle, die Kloster Préveli im Zweiten Weltkrieg spielte.

▸ **Alternativanfahrt über Gianioú**: Für Wanderer interessant ist auch die andere Möglichkeit, das Kloster Préveli zu erreichen, nämlich bis *Gianioú* (südlich von Lefkógia) gehen oder trampen und von dort in einer bequemen halben Stunde auf breiter Fahrpiste über den Berg zum Kloster laufen. Auch mit einem Fahrzeug ist diese Variante möglich.

Im Zweiten Weltkrieg war das Kloster Préveli ein Zentrum des Widerstands

Kloster Préveli (auch: Píso Préveli)

Das dekorativ über der Küste thronende Kloster liegt weitab von jeder Ortschaft inmitten der felsigen Küstenlandschaft. Ringsum gibt es nur spärlichen Baumwuchs, verkarstete Steilhänge ziehen sich zum Meer hinunter. Vor allem für Urlauber in Plakiás ist es eins der populärsten Ausflugsziele.

Durch ein großes Tor betritt man die luftige Anlage aus terrassenförmig versetzten Höfen, die zum Hang hin von Wirtschaftsgebäuden und Mönchszellen begrenzt sind. Vor den Eingängen zu den Wohnungen ziehen sich hübsche Lauben mit Weinranken und Steinbänken. Im oberen Hof steht die zweischiffige *Klosterkirche.* Gegenüber ihrem Haupteingang liegen das ehemalige Gästehaus und die Abtwohnung unter einer weit ausladenden Aleppokiefer. Derzeit bewohnen nur noch zwei Mönche das Kloster, doch die Besichtigung ist mit eigens dafür eingestelltem Personal organisiert.

Erstmalig erwähnt wurde Préveli Ende des 17. Jh. Da Kreta damals bereits von den Türken besetzt war, errichtete man es nicht als Wehrbau. Durch Zusammenschluss mit anderen Klöstern wurde Préveli rasch eins der wohlhabendsten Klöster der Insel mit umfassendem Grundbesitz und der besten wirtschaftlichen Organisation. Die Mönche und ihre weltlichen Helfer produzierten Olivenöl, bauten Obst, Getreide und Gemüse an, betrieben Ziegen- und Schweinezucht und züchteten sogar Seidenraupen. Doch im Verborgenen glomm der Widerstand gegen die Besatzer – im 18. und 19. Jh. wurde Kloster Préveli eins der wichtigsten Zentren des kretischen Partisanenkampfs gegen die Türken. Es besaß eine Geheimschule und einen verborgenen Versammlungsraum, den man durch eine Tür in der Rückmauer des Klosters betreten konnte. Hier trafen sich die Widerstandskämpfer aus den Bergen mit den Mönchen, die sie mit Lebensmitteln, Waffen und Munition ausstatteten und ihnen die neuesten Nachrichten zukommen ließen. Aus diesem Grund wurde es mehrmals

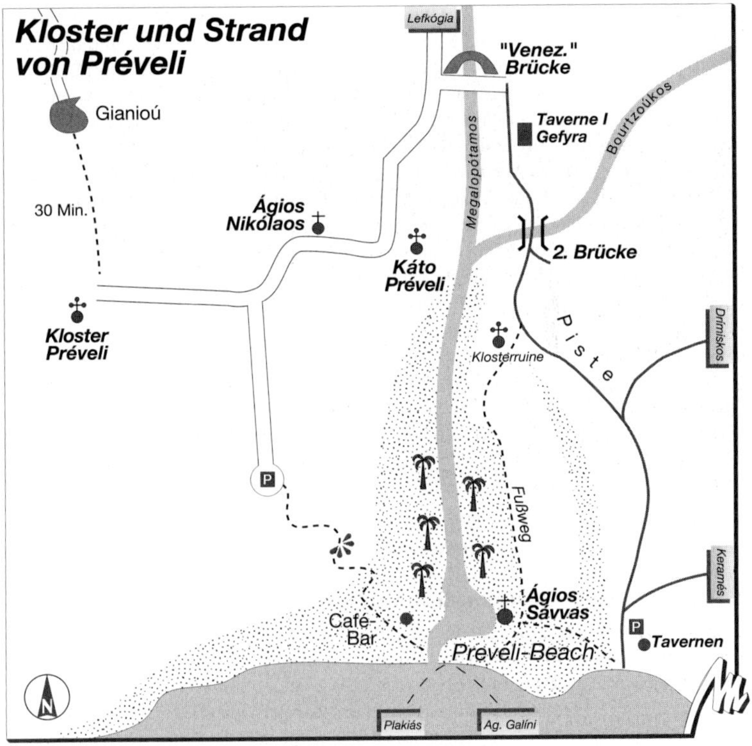

niedergebrannt und verwüstet, das letzte Mal 1867. Damals halfen die Mönche Prévelis vielen verfolgten Kretern, mit Schiffen von der Südküste aus nach Griechenland zu entkommen. Für den kretischen Freiheitskampf opferte das Kloster den Großteil seines Kirchenschatzes. Auch im Zweiten Weltkrieg diente Préveli als geheimer Schlupfwinkel für zahlreiche englische, australische und neuseeländische Soldaten, die sich hier mit tatkräftiger Hilfe der Mönche vor den deutschen Truppen solange versteckten, bis sie mit U-Booten der Alliierten vom Strand an der Mündung des Megalopótamos nach Ägypten evakuiert werden konnten. Die Deutschen inhaftierten daraufhin die Mönche und beschlagnahmten sämtlichen Besitz des Klosters.

• *Anfahrt/Verbindungen* Es gehen 1–2 x täglich **Linienbusse** ab Plakiás und zurück. Außerdem wird das Kloster von einer **Bimmelbahn** angefahren (→ Plakiás). Vor dem Kloster ein neuer **Parkplatz**.

• *Öffnungszeiten/Preise* Ende März bis Ende Mai tägl. 8–19 Uhr, Juni bis Ende Okt. Mo–Sa 8–13.30, 15–19, So 8–20 Uhr. Eintritt ca. 2,50 €, EU-Stud. die Hälfte. Neuerdings wird nicht mehr auf das Einhalten der klostertypischen Kleiderordnung bestanden, also keine langen Hosen für Männer bzw. Röcke für Frauen.

• *Essen & Trinken* Neben dem Kloster wurde eine neue **Taverne** errichtet.

▸ **Besichtigung**: Gleich nach dem Eingang rechts steht ein moderner *Brunnen*, der von zwei dankbaren Australiern gestiftet wurde, die im Zweiten Weltkrieg zu den letzten gehörten, die evakuiert werden konnten. Im Hof unterhalb der Kirche ist ein hübscher, 1826 restaurierter *Quellbrunnen* erhalten. Er trägt den alten orthodoxen Sinnspruch: Niψon Anomimata Mi monan Oψin („Reinige deine Seele und nicht nur dein Äußeres"), der auch rückwärts gelesen werden kann, ein so genanntes „Palindrom" (vgl. „Retsinakanister"). Das benachbarte *Museum* beherbergt in einem lang gestreckten Gewölbe die sakralen Schätze des Klosters, u. a. vergoldete Kelche und Kreuze, Weihegaben von Gläubigen, reich bestickte Abtgewänder und alte Ikonen. Die zweischiffige *Klosterkirche* wurde 1836 erbaut und 1911 restauriert. Im Inneren findet man eine prächtige Altarwand aus Zypressenholz (wegen seiner Dauerhaftigkeit ein Symbol der Ewigkeit), einen reich geschnitzten Bischofssitz und eine ebenso üppig verzierte Kanzel. Auch das wertvollste Stück des Klosters wird hier verwahrt, das goldene und mit Edelsteinen besetzte *Kreuz des Evraim Prevelis,* das einen Splitter des Kreuzes Jesu enthält. Mit ihm werden alljährlich am 8. Mai, dem höchsten Feiertag des Klosters, Augenkranke gesegnet, für deren Heilung Préveli bekannt ist. Sowohl türkische als auch deutsche Besatzer versuchten, das Kreuz zu entwenden, doch gelang ihnen das nie. Zahlreiche Legenden ranken sich um diese Begebenheiten – einmal soll es sogar schon auf dem Weg nach Deutschland gewesen sein, wurde jedoch wieder gestohlen und kam wie durch ein Wunder ins Kloster zurück.

Palmenstrand von Préveli (auch: Finikodásos oder Límni Préveli)

Ein krönender Abschluss. Der Strand tief unten am Ende des Flusstals ist ohne Zweifel eine der schönsten Badestellen der Insel. Die in den letzten Jahren durch „Langzeiturlauber" arg mitgenommene Bucht ist auf dem Weg zur Besserung, Schutzmaßnahmen scheinen vorerst gegriffen zu haben.

Wer die Straße durch die kargen Felsen zum Kloster Préveli fährt, ahnt nicht, was ihm nur wenige hundert Meter darunter entgeht. Ein nahezu subtropisch anmutender Dschungel aus Palmen, Eukalyptus, Mastix, Oleander und vielen anderen Baum- und Straucharten breitet sich dort zu beiden Seiten des glasklaren Flusses aus. Am Ausgang zum Meer bildet er einen Lagunensee, auf dem Enten schwimmen, davor liegt ein grauer Sandstrand, wo Liegen und pittoreske Bastschirme vermietet werden. In der östlichen Buchthälfte ragt im seichten Wasser ein bizarr geformter Felsblock auf, etwas zurück steht das kleine, in der Regel verschlossene Kirchlein *Ágios Sávvas.* Das Ganze ist eingeschlossen von turmhohen Felswänden, die einen vor allem im hinteren Teil des Tals beim Hinaufblicken fast schwindlig werden lassen. Vergleiche wie „paradiesisch" oder „Garten Eden" drängen sich förmlich auf, zumindest in den Monaten von November bis April, wenn es hier oft völlig leer ist.
Bis Mitte der 1990er Jahre war der „Palm Beach" von Préveli fest in der Hand von Rucksackreisenden, die zum Teil Wochen oder Monate in der vielleicht faszinierendsten Bucht Kretas verbrachten. Sein Zelt schlug man unter einer Palme am Rand des Flusses auf oder baute sich eine provisorische Hütte. Die Menge der Freizeit-Hippies brachte jedoch erhebliche Probleme mit sich: So manches lauschige Plätzchen im Schatten einer Palme wurde zur Müllhalde umfunktioniert, Palmwedel wurden gleich büschelweise abgerissen, überall Dreck und Unrat, Geruchsbelästigung inklusive, auch zu Bränden kam es mehrmals. Ergebnis: Das Übernachten im Tal ist seit 1994 verboten, die Hütten wurden abgerissen. Heute ist das Paradies entdeckt. Seit einigen Jahren kommen scharenweise Tagestouristen, die täglich mit Badebooten aus Plakiás und Agía Galíni herüberschippern. Dazu gesellen sich die zahlreichen Ausflügler, die ihren fahrbaren Untersatz oberhalb vom Tal oder in der Nachbarbucht abstellen und herüberlaufen. Laut Leserzuschrift entdeckt man auch

Blick auf den Palmenstrand von Préveli

hin und wieder Zelte von Kurzzeitcampern. Wer nicht nur Baden will, kann auf recht gut ausgebauten Wegen an beiden Flussseiten zwischen wuchernden Palmen und üppigem Oleander spazieren gehen, außerdem können knallrote Tret- und Ruderboote gemietet werden.

Anfahrt/Verbindungen

Es gibt für Motorisierte drei Möglichkeiten, in die Nähe des Prévelistrands zu gelangen, die im Folgenden unter (1) beschriebene ist die gängigste. Für Fußwanderer gibt es noch eine weitere Variante. Auch per Linienbus kommt man leicht in die Nähe (1). Wer es sich ganz leicht machen will, fährt mit den täglichen Badebooten ab Plakiás (ca. 12 € hin/rück, einfach ca. 7 €) und Agía Galíni (ca. 20 € hin/rück).

1) Bequeme Autofahrt, dafür etwas mühsamer Ab-/Aufstieg: die Asphaltstraße zum Kloster Préveli nehmen und etwa 1,5 km vor dem Kloster (allerletzter Seitenweg!) nach links in einen asphaltierten Seitenweg auf ein kahles Hügelplateau über dem Flusstal abbiegen. Nach einigen hundert Metern kostenpflichtiger Parkplatz (Pkw ca. 1,50 €), von dort kann man auf einem steilen Serpentinenweg mit 434 aus dem Fels herausgehauenen Stufen und herrlichen Ausblicken in etwa 15 Min. nach links in die Bucht hinuntersteigen. Besonders an heißen Tagen ist der Aufstieg dann recht anstrengend.

Tipp für **Busfahrer**: der Bus zum Kloster hält an der Abzweigung zum Parkplatz, den man in zehn Minuten erreicht.

2) Zufahrt auf schlechter Piste, dafür nur kurzer Fußweg: bei der oben erwähnten „venezianischen" Brücke über den Megalopótamos fahren und gleich nach dem Fluss rechts abbiegen. Die Piste führt zunächst an der Taverne „I Gefyra" vorbei, dann im weiten Bogen über dem Flusstal zum Ammoúdi Beach in der östlichen Nachbarbucht des „Palm Beach". Gesamtstrecke etwa 5 km.

Etwa 500 m nach der „venezianischen" Brücke überquert man eine weitere Brücke über den Nebenfluss Bourtzoúkos. Danach wird der Fahrweg sehr schlecht und steinig, man sollte sehr langsam und keinesfalls ohne intakten Reservereifen fahren! In der Bucht stehen zwei ordentliche Tavernen am wenig ansehnlichen Kiesstrand (→ unten). Nach rechts kann man auf einem gut ausgebauten und mit Holzzaun gesicherten Fußweg in wenigen Minuten in die Nachbarbucht hinübersteigen. **Hinweis (ohne Gewähr):**

Laut Leserzuschrift wurde der Weg neu planiert und ist nun besser zu befahren.

3) Pisten aus Richtung Westen: 4,5 km südöstlich von Spíli führt über Kissoú Kámbos eine gewundene Asphaltstraße zum Meer hinunter. In Kerамés nimmt man die Abfahrt nach Agía Fotiní und biegt im unteren Drittel der Strecke auf eine Schotterpiste nach rechts ab (Wegweiser nach Ammoúdi). Nach einem Gewächshaus gabelt sich der Weg, hier muss man rechts fahren und gelangt nach etwa 5 km zur östlichen Nachbarbucht des Palmenstrands mit seinen zwei Tavernen (im vorherigen Abschnitt beschrieben). **Hinweis: Laut Leserzuschrift ist diese Piste zurzeit unpassierbar**. Kurz vor dem Ziel ist sie mit großen Felsen verschüttet, einige Meter daneben ist der Weg vollständig weggebrochen und ins Meer gestürzt.

Auch vom weiter landeinwärts gelegenen Dorf Drímiskos führt eine befahrbare Holperpiste Richtung Westen. Sie mündet einige Kilometer landeinwärts auf die im vorherigen Abschnitt beschriebene Zufahrtsstraße zu dieser Bucht.

4) Fußweg durch die Schlucht Von der „venezianischen" Brücke kann man in ca. 2 Std. entlang des Flusstals zum Strand wandern. Man nimmt dazu den oben unter „2" beschriebenen Fahrweg über den Megalopótamos (nach der Brücke rechts) und erreicht nach etwa 500 m eine zweite gepflasterte Brücke. Wiederum etwa 500 m weiter zweigt bei einer Klosterruine rechts ein schmaler Fußweg ins Flusstal ab. **Hinweis: Mehrere Leser schreiben, dass der Weg ab der Klosterruine durch Zäune versperrt ist, sodass kein Weiterkommen möglich ist. Andere hatten keine Probleme (Zäune sollen in der Regel verhindern, dass die Schafe und Ziegen entkommen, man kann meist durch ein Gatter hinein und hinaus, aber bitte stets wieder schließen!).** Man überquert eine seichte Furt, danach führt der Weg am östlichen Talhang entlang und steigt bis zum Plateau hoch über dem Fluss an. Im Folgenden läuft man mit tollem Blick in das palmengesäumte Tal des Megalopótamos und auf die Nachbarbucht immer oben am Schluchtrand entlang, bis man schließlich auf den Verbindungsweg zwischen Ammoúdi und Préveli Beach stößt.

Essen & Trinken/Übernachten/Sonstiges

• *Essen & Trinken/Übernachten* Bereits vor mehr als 20 Jahren hatte Jorgos unten am Strand eine **„Café-Bar"** eröffnet, inzwischen wird sie von seiner Tochter „Mamada" und ihrem Mann Stavros geführt. Während Jorgos früher mit seinem Maulesel herunterstapfte und Nachschub brachte, fährt Stavros einfach mit seinem Lieferwagen in die östliche Nachbarbucht und von dort mit dem Motorboot zum Palmenstrand.

In der östlich benachbarten Bucht von **Ammoúdi**, wo man sein Auto parkt, stehen zwei **Tavernen** mit schönen, schattigen Terrassen, die zum Verweilen und Essen einladen. Auch Zimmer kann man hier mieten.

• *Sonstiges* Am Lagunensee werden **Tret- und Ruderboote** vermietet. Allerdings kann man nur etwa 150 m landeinwärts fahren, dann versperren ein Wasserfall und Felsbrocken die Weiterfahrt.

▸ **Östlich vom Palmenstrand**: Bis zur Bucht *Ágios Pávlos* (→ S. 374) ist die Küste kaum erschlossen und weitgehend einsam, lange Strandpartien und Steilhänge wechseln einander ab. Unbedingter Tipp ist hier kurz vor Ágios Pávlos der herrliche *Strand von Akoúmia*, flankiert von drei Felsnadeln, die *Triopétra* genannt werden. Von *Akoúmia* an der Straße von Spíli nach Agía Galíni führt eine bequeme Asphaltstraße hinunter. Eine Küstenstraße ist in Vorbereitung. Weitere Details siehe S. 374.

Weitere Ausflugstipps ab Plakiás

Folgende Ziele im Inselinneren können von Plakiás mit einem Fahrzeug gut erreicht werden, sind aber bereits in anderen Buchabschnitten beschrieben:

- Wasserfälle von *Argiroúpolis* und antike Stadt *Láppa* (→ S. 536),
- *Spilí, Lambiní* und das verlassene Dorf *Mixórrouma* (→ S. 382), von Plakiás durch die Kourtalíotis-Schlucht fahren und nach Fratí abzweigen
- *Schlucht des Ágios Antónios* (→ S. 520), zu erreichen über Lambiní und Patsós

Nur noch wenige Inselbewohner können von der kargen Landwirtschaft leben

Insel Gávdos

Gávdos, knapp 40 km vor der Südküste Kretas, ist die südlichste Insel Europas – und zweifellos eine der ungewöhnlichsten Ecken Griechenlands. Hier gibt es keinen Urlaub von der Stange: Gávdos ist eine Insel für Individualisten, die mit einfachsten Verhältnissen zufrieden sind. Während sich im Sommer schon einiges tut, herrscht im Winter die große Stille. Nur einige Dutzend Menschen wohnen ganzjährig hier – vor hundert Jahren waren es noch über vierhundert, um die Zeitenwende sogar achttausend. Vorherrschende Elemente sind Wind, Wald und Felsen und so ist ein Besuch der Insel mit ihren einsamen Sandstränden und prachtvollen Kiefern- und Wacholderwäldern ein Erlebnis der ganz besonderen Art.

Der britische Admiral Spratt, der 1859 Gávdos besuchte, beschrieb die Bewohner als typisch für Inseln, die viele Jahrhunderte mit der ständigen Angst vor Piraten leben mussten. Auch heute liegen die Dörfer der Insel noch weit weg von der Küste, fast versteckt hinter den Wäldern, nach bewirtschafteten Feldern muss man oft suchen. Der Boden ist zwar nicht durchweg schlecht, doch viele Felder sind mit Traktoren nicht zu erreichen, Landwirtschaft lohnt kaum. Auch die Ziegen werden immer weniger und die einstmals berühmte Schafzucht auf Gávdos (die auf den Export nach Westkreta ausgerichtet war) ist Ende der 1980er Jahre fast aufgegeben worden. Die meisten Gavdioten sind deshalb nach Athen oder aufs kretische „Festland" hinübergezogen, vor allem nach Paleochóra. Nur etwa vierzig dauerhafte Einwohner hat Gávdos derzeit. Diese Zahl ist aber relativ stabil und man kann mit einer Geburtenrate von einem Kind pro Jahr rechnen. So gibt es auch einige schulpflichtige Kinder auf Gávdos, allerdings fehlt schon seit einigen Jahren ein Lehrer. Das alte Schulgebäude südlich von Kastrí wurde frisch renoviert, auch ein kleiner Kin-

dergarten mit Erzieherin ist dort integriert. Der langsam wachsende Tourismus beginnt mittlerweile, vieles zu verändern: Am Sarakíniko-Beach wurden moderne Steinhäuser für Tavernen und „Rooms" errichtet, und mittlerweile versuchen fast alle jungen Insulaner, ihr Auskommen im Geschäft mit den Urlaubern zu finden. Bereits Ende der 1980er Jahre hat man mit massivem Straßenbau begonnen, es gibt einen Inselbus und schon etwa 70 Fahrzeuge – im Sommer ergänzt durch nicht wenige motorisierte Griechen, die einige Urlaubstage auf dem abgelegenen Eiland verbringen.
Landschaftlich ist Gávdos eine Insel der Gegensätze. Der einsame Süden ist absolut steinig und kahl, der Boden erodiert. Im Norden und an der Westküste fallen die kahlen Felsen mehr als 100 m steil ab, weite Teile der Landschaft im Norden gleichen afrikanischen Steinwüstenszenen bis ins Detail. Aber in der Mitte der kleinen Insel finden wir ausgedehnte Waldbiotope mit niedrigen *Brutia*-Kiefern, in einigen Tälern sogar mit richtig großen Bäumen. Im Norden erstrecken sich weite, mit Wacholderarten und niedrigen Kiefern bewachsene Sanddünen, dort gibt es oasenartige Süßwasserbiotope und Wasserfälle, im sumpfigen Gelände bei der Kirche Ágios Geórgios leben sogar noch Süßwasserschildkröten. Heimisch sind auf Gávdos auch viele Insektenarten, Geckos, Wildkaninchen und nicht weniger als 27 Arten von Schnecken. Nicht zuletzt dient die kleine Insel, die nur 260 km von der libyschen Küste entfernt ist, im Frühjahr und Herbst als Rastplatz für tausende von Zugvögeln (über siebzig Arten) auf ihrem langen Flug über das Libysche Meer.
Archäologische Untersuchungen sind auf Gávdos nie systematisch vorgenommen worden, doch gibt es mittlerweile etwa ein Dutzend Ausgrabungsstellen (u. a. am Sarakíniko- und Kórfos-Beach), die allerdings oft nur schwer zu finden sind. Vieles wurde durch Achtlosigkeit in den letzten Jahrzehnten zerstört oder von Interessierten einfach mitgenommen, auch die uralten Pfade vergangener Jahrhunderte hat man beim Anlegen von Pisten an vielen Stellen durch Planierraupen vernichtet. Trotzdem liegt wohl noch so manches unter den Sanddünen im Norden versunken und wartet auf seine Entdeckung.

Geschichte

Zu den vielen Inseln, die für sich den sagenhaften Geburtsort *Ogygia* der Nymphe Kalypso beanspruchen, gehört auch Gávdos. Von der Nymphe soll der schiffbrüchige Seefahrer Odysseus hier sieben Jahre lang gefangen gehalten worden sein, selbstverständlich wissen die Inselbewohner auch, wo genau.
Gávdos war seit dem *Neolithikum* besiedelt, als die aus dem Vorderen Orient oder Nordafrika kommenden Menschen zum ersten Mal nach Kreta vorgedrungen waren. Auch in den folgenden Jahrhunderten war Gávdos bewohnt. Es gibt einige *minoische Fundstellen*, später existierte eine kleine *hellenistische Stadt* im Norden der Insel, der Hafen lag bei Lavrákas. Geschätzt wird, dass in der Antike etwa 8000 Menschen hier lebten. Vor allem in *römischer Zeit* hatte die Insel große Bedeutung als Seehafen und war – auf halber Strecke zwischen Sizilien und Ägypten – ein im östlichen Mittelmeer gut bekannter Anlaufpunkt. Die Distanz zwischen Gávdos und der afrikanischen Küste war dem Geograf Strabo (um die Zeitenwende) genau bekannt, und sogar Lukas erwähnt Gávdos in der Apostelgeschichte. Von einer Landung des Apostels Paulus auf Gávdos spricht Lukas nicht direkt, aber selbstverständlich reklamieren dies die Inselbewohner. Da das Schiff mit Paulus wegen des Nordsturms (*vorías*) offenbar nicht mehr manövrierfähig war, dürfte eine Landung auf Gávdos nicht möglich gewesen sein. Auch der Wortlaut von Lukas' Text lässt eine Landung auf der damals „Clauda" genannten Insel nicht wahrscheinlich erscheinen.

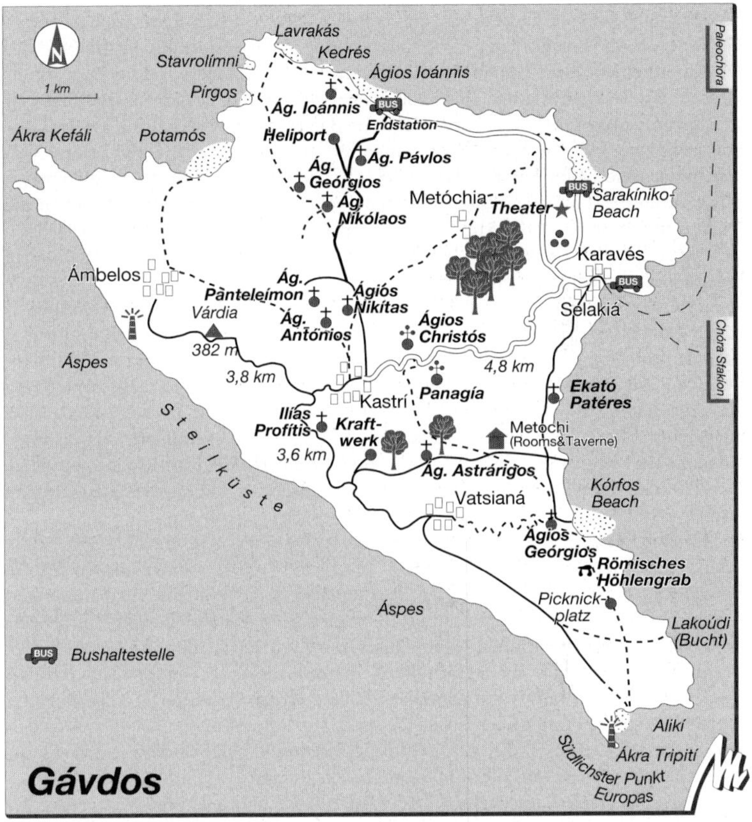

Auch von der ersten *byzantinischen Periode* wird angenommen, dass damals viele Menschen auf Gávdos lebten. So war die Insel im Jahr 535 eines von 22 Bistümern Kretas und auch um 810 ist das Bistum Gávdos erwähnt. Bischofssitz war Ágios Ioánnis im Norden der Insel. Noch heute stehen auf Gávdos 16 weitere byzantinische Kirchen, die einen Eindruck von der damaligen Bevölkerungszahl geben.

Nach der Eroberung Kretas durch *arabische Seeräuberbanden* (824, Abu Hafs Omar) taucht Gávdos nie wieder in den Bistumslisten auf. Gávdos dürfte in der Zeit danach vollständig entvölkert gewesen sein. Die Siedlungsanlagen im Norden verfielen oder wurden vom Sand der Dünen zugeweht. Der Hafen von Lavrákas musste zwangsläufig aufgegeben werden, da sich das Land in den vergangenen Jahrhunderten tektonisch um mehrere Meter angehoben hatte und die Hafenbecken zu flach wurden. In diesen Zeiten wurde begonnen, die Sarakíniko-Bucht als Hafen zu benutzen. Benannt ist sie nach den Sarazenen, den arabischen Seepiraten. Bis weit in die *venezianische Zeit* prägte die Piraterie das Bild der Insel. Nach einem venezianischen Dokument von 1630 (Francesco Basilicata) begann die Bevölkerung der Sfakiá, auf Gávdos Getreide anzubauen, allerdings in ständiger Angst vor den Piraten, auf versteckten und weit von den Stränden entfernten Feldern.

Eine ständige Besiedlung fand erst zur Zeit der *Türken* wieder statt. Damals wurde Gávdos von der Bevölkerung der Sfakiá als eine Art Steueroase benutzt (wie das Dokument eines wütenden türkischen Pascha von 1745 belegt) und im Zuge dieses Geschehens wiederbesiedelt. Eine Volkszählung von 1881 ermittelte 417 Einwohner, darunter keine Moslems, eine Zahl, die das gespannte Verhältnis der Inselbevölkerung zu den Türken gut dokumentiert. Unter der türkischen Herrschaft schenkten viele Landbesitzer ihren Grund "freiwillig" der Kirche, da sie die Enteignung durch die Türken fürchten mussten – das Land in Kirchenbesitz ließen die Türken aber unangetastet. Vor ihrem Abzug soll die türkische Verwaltung jedoch die Grundbücher verbrannt haben. Daraus entwickelten sich dann häufig betrügerische Manipulationen.

Zwischen Erstem und Zweitem Weltkrieg war Gávdos *Verbannungsinsel* für politische Gefangene, meist Kommunisten. Am Sarakíniko-Strand steht noch immer das so genannte „Kommunistenhaus“, ein weiteres gibt es am Südkap Ákra Tripití. Stelios aus Kastrí hat gegen Bezahlung mitgeholfen, Häftlingen die Flucht nach Kreta zu ermöglichen. Solche Aktionen waren aber selten und nur wichtige Leute sind ausgerissen. Der prominenteste Gefangene war 1940 Adis Velousotis, ein späterer General der kommunistischen ELAS-Armee. Er gilt als Held im Kampf gegen die Nazis und kämpfte im Bürgerkrieg gegen die englische und königstreue griechische Armee.

Im *Zweiten Weltkrieg* besetzte die deutsche Wehrmacht auch Gávdos. Eine Stuka schoss dabei den Leuchtturm zwischen Kastrí und Ámbelos in Trümmer, für die Bewohner ist das nach wie vor eine Erzählung wert. Etwa 300 deutsche Soldaten waren damals auf der Insel stationiert. Sie befestigten – wahrscheinlich, um nicht dem Müßiggang zu verfallen – den Pfad zwischen Kastrí und Ámbelos. Einige Inselbewohner waren in die Sfakiá nach Kreta geflüchtet, der Rest soll sich mit den Besatzungstruppen relativ gut arrangiert haben. Einige Personen sprechen etliche Jahrzehnte später immer noch etwas Deutsch. Die Kommunisten haben sich in den Jahren danach immer wieder auf Gávdos getroffen und auch heute noch ist die Insel ein beliebter Treffpunkt für Linke und Intellektuelle.

1996 geriet das kleine, unscheinbare Gávdos in die Schlagzeilen der Weltpresse: Im Rahmen ihrer ständigen Reibereien mit Griechenland hatten die *Türken* kurioserweise Ansprüche auf die Insel erhoben und rasselten drohend mit den Waffen. Eilends konnte der gerade in Griechenland urlaubende Ex-US-Präsident George Bush (der Ältere) dazu bewegt werden, die Insel per Hubschrauber zu besuchen und damit symbolisch den Status Quo zu untermauern. 1998 gab es dann viel Wirbel um einen geplanten Containerhafen auf der Nachbarinsel *Gavdopoúla*, der jedoch glücklicherweise nicht realisiert wurde.

Das Gavdos-Project

Dabei handelt es sich um ein Projekt zur Landvermessung der Erde, genauer zur exakten Höhenbestimmung durch Satellitenempfang. Ein Container mit Messgeräten steht etwa 50 m westlich der Straße zwischen Karavés und dem Kórfos-Strand, etwa gegenüber dem blauen Würfel der Diskothek. Sichtbar ist ein dreiflügeliges Windrad mit etwa 1 m Durchmesser. Technisch Interessierte finden Details auf der englischsprachigen Website www.gavdos.tuc.gr

Anfahrt/Verbindungen

Chóra Sfakíon und **Paleochóra** (über **Soúgia**) sind die Häfen für Fahrten nach Gávdos mit der Schifffahrtslinie Anendyk Maritime SA. Die Überfahrtsdauer hängt vom eingesetzten Schiff ab, in den letzten Jahren gab es im Sommer zeitweise sogar ein „Speed Boat". Auch Fähren mit Autotransport sind im Sommer im Einsatz, was junge Griechen zum Anlass nehmen, auf Gávdos „Highlife" zu machen. Die Entfernung von Chóra Sfakíon ist etwas geringer als von Paleochóra, dort starten auch häufiger Schiffe. Im Winter gibt es Überfahrten nur ab Paleochóra.

Wichtig: Regelmäßige Überfahrten mit größeren Schiffen finden nur etwa von Mitte Mai bis Mitte Oktober statt. Im Herbst und Winter, wenn schwere Stürme über das Meer fegen, kann Gávdos wegen des hohen Seegangs nur noch selten angelaufen werden. Oft fallen dann fahrplanmäßige Überfahrten ersatzlos aus. Für einen Besuch sollte man sich den Sommer aussuchen, sonst muss man unter Umständen länger auf Gávdos bleiben, als einem lieb ist! Im Notfall kann man versuchen, für die Rückfahrt ein privates Boot zu mieten.

Abfahrten von Paleochóra: Anfang Mai bis Mitte Oktober 2–3 x wöch. (2005: Mo, Di und Mi 8.30 Uhr), in der Hochsaison nach Bedarf ergänzt durch zusätzliche Abfahrten (1–2 x wöch.). Dauer je nach eingesetztem Schiff, meist 3–4 Std., Kostenpunkt etwa 12–14 €. Unterwegs wird **Soúgia** angelaufen, so dass man auch dort zusteigen kann. Im Winter fährt nur 1 x wöch. ein kleines Postschiff, das eine Handvoll Passagiere mitnehmen kann.

Abfahrten von Chóra Sfakíon: Mitte Mai bis Mitte Juni und erste Oktoberhälfte 2 x wöch. (Sa und So), Mitte Juni bis Mitte Juli 3 x wöch. (Fr, Sa, So), August/September 4 x (Do, Fr, Sa, So). Abfahrt jeweils 10.30 Uhr, Dauer ca. 2–2,5 Std., etwa 10 €. Zurück fahren die Schiffe am selben Nachmittag (15 Uhr nach Paleochóra, 17 Uhr nach Chóra Sfákion), es sind also auch **Tagesausflüge** möglich. Man kann natürlich auch kombinieren, also z. B. von Paleochóra hin und zurück nach Chóra Sfakíon. Eine **Autofähre** verkehrt von Mai bis November 1 x wöch. von Chóra Sfakíon (Abfahrt: montags 19.30 Uhr, zurück Di 7.30 Uhr).

Achtung: Die Abfahrtstermine sind häufigen Änderungen unterworfen, vor Ort erkundigen!

Adressen und nützliche Informationen

- *Ärztliche Versorgung* Ein **Arzt** ist während des Sommers hier stationiert, meist ein junger Mediziner, der im Rahmen seines Militärdienstes hierher abkommandiert wird. Seinen Sitz hat er im Hauptort Kastrí. Schwere Fälle werden mit dem **Hubschrauber** nach Kreta gebracht.
- *Geld* keine Bank und kein Geldautomat auf Gávdos.
- *Internet* www.gavdos-online.com und http://gavdosisland.tripod.com
- *Radio* **Gavdos FM 88.8** – the lighthouse of south – ist die südlichste Radiostation Europas. Gesendet wird 24 Std. vom Leuchtturm Fáros bei Ámbelos. ✆ 28230-83037, www.gavdosfm.gr
- *Telefon* Es gibt eine Handvoll Telefonanschlüsse auf Gávdos, außerdem öffentliche Kartentelefone im Hafen **Karavés** und am **Sarakíniko Beach**. Vorwahl 28230 (wie Paleochóra).
- *Transport auf Gávdos* Wenn eine Fähre angelegt hat, fährt ein **Bus** zuerst zum **Sarakíniko Beach** und weiter zur Taverne „Kapetan Theofilos" kurz vor dem **Ágios Ioánnis Beach**. Den gleichen Weg fährt er etwa 1 Std., bevor die Fähren nachmittags wieder ablegen, in umgekehrter Richtung. Eine Fahrt kostet 3 €. Außer diesen Fahrten gibt es keinen Busverkehr auf Gávdos.

Wenn ein Schiff ankommt, warten aber meist auch einige Pickup-Trucks, Lieferwagen und ein Traktor und transportieren Neuankömmlinge zum Sarakíniko und Kórfos Beach.

Mittlerweile kann man im Hafen Karavés **Roller** mieten und am Sarakíniko Beach sogar **Autos** (Benzin bei den Verleihern). Man kann auch motorisierte Fahrzeuge von Kreta mitbringen, jedoch sollte der Tank randvoll sein, es gibt keine Tankstelle auf Gávdos. Ansonsten geht man zu Fuß. Entfernungen ab Hafen: Hauptort **Kastrí** ca. 1 Std. 15 Min.; **Sarakíniko Beach** ca. 30 Min; **Ágios Ioánnis Beach** 45 Min.; **Kórfos Beach** ca. 40 Min.

• *Übernachten* Einige Dutzend einfache Privatzimmer stehen im **Hafenort**, am **Kórfos Beach** und am **Sarakíniko Beach** bereit, die meisten mittlerweile mit Dusche. Sie kosten je nach Saison ca. 20–35 €. Am Strand von **Ágios Ioánnis** und weiter nördlich am **Lavrákas Beach** schlafen viele Besucher in Zelten oder mit Schlafsäcken im Freien.

• *Verpflegung* Die Versorgungslage ist völlig von den Lieferungen der Schiffe abhängig. Die Tavernen bieten nur einfache Speisen und Getränke und gelegentlich geht etwas aus, sodass das nächste Schiff abgewartet werden muss. Vor allem in der Nebensaison ist es unter Umständen sinnvoll, sich einige Vorräte von Kreta aus selber mitzubringen, z. B. Obst und frisches Brot. Auch Raucher sollten ausreichend „Stoff" mitnehmen.

• *Wasser* gibt es auf Gávdos nur aus wenigen Brunnen und Zisternen – **bitte unbedingt sparsam damit umgehen!** Das Wasser sollte nicht getrunken werden, da es häufig verunreinigt ist. Die Preise für Mineralwasser sind recht hoch. Strom ist Mangelware, sodass Getränke oft nicht gekühlt werden können.

Energiewirtschaft auf Gávdos

Ende der 1980er Jahre wurde ein von der griechischen Regierung und der EG-Behörde Interatom (!) finanziertes Solarkraftwerk der Firma Siemens auf den Berg zwischen Vatsianá und Kastrí gebaut. Den Haushalten, die sich nicht an das Kraftwerk anschließen lassen wollten, wurden Solarzellen geschenkt, die inzwischen alle verfallen sind. Auch das Kraftwerk funktionierte die meiste Zeit nicht, da das Wartungspersonal zu selten auf die Insel kam. So sind es seit 1990 Dieselgeneratoren, die die Stromerzeugung übernehmen. Das an der Straße vom Kórfos-Strand nach Vatsianá im Wald liegende Elektrizitätswerk versorgt jedoch nur Teile der Insel mit Strom. Zu den Stränden Kórfos, Sarakíniko und Ágios Ioánnis führen zwar bereits Leitungen, aber Strom wird erst fließen, wenn ein zusätzlicher Generator im Kraftwerk installiert ist. So wird an den Stränden Strom bisher ausschließlich mit Hilfe von lautstarken Generatoren hergestellt.

Ziele auf der Insel

Beliebteste Anlaufpunkte sind der Dünenstrand von Sarakíniko und der benachbarte Strand von Ágios Ioánnis, die beide auf Asphalt zu erreichen sind. Die Orte im Inselinneren werden dagegen meist nur im Rahmen von Tagesausflügen besucht, es existieren befahrbare Pisten von ca. 30 km Länge, asphaltiert ist lediglich die durch den Pinienwald führende Trasse von Karavés nach Kastrí.

Der Westen von Gávdos besteht aus unzugänglicher Steilküste, dort liegt mit 382 m auch die höchste Erhebung der Insel. Auch im Norden gibt es steile Felswände, teilweise fallen sie über 100 m fast senkrecht zum Meer ab. Darin versteckt liegen aber einige schöne Strandbuchten. Das Kap Tripití ist der südlichste Punkt Europas und natürlich ein „Muss".

Gávdos eignet sich gut zum Wandern, da das Inland nur leicht hüglig ist bzw. aus einer zentralen Hochebene besteht und nicht zuletzt die alten Maultierpfade zum Entdecken der Insel einladen. Allerdings muss man damit rechnen, öfters in die Irre zu laufen, denn kartografisch ist Gávdos noch nicht zufrieden stellend erfasst. Einfach zu machen ist die Rundwanderung von *Karavés* über *Kastrí* nach *Vatsianá*, von dort hinunter zum *Kórfos-Beach* und zurück zum Hafen. Dauer ca. 3,5–4 Std. Über dreißig Kirchen und Kapellen stehen auf Gávdos, die meisten unverschlossen.

Karavés

Der winzige Hafenort besteht aus einer Taverne und einigen Privatzimmern, die z. T. neu erbaut sind. Vor allem, wenn die Fähren ankommen und abfahren, lässt sich hier jeder mal sehen. 2004 haben russische Arbeiter die Hafenbucht durch vorgelagerte Molen geschützt, sodass Schiffe dort auch bei schlechten Wetterverhältnissen festmachen können, was früher unmöglich war. 2005 wurde das Hafenbecken zudem ausgebaggert, um Schiffen mit größerem Tiefgang das Anlegen zu ermöglichen. Oberhalb vom Hafen liegt *Selakiá*, eine locker angeordnete Neubausiedlung mit Ferienwohnungen.

Blickt man vom Hafen nach Süden, so sieht man am Strand die kleine Kapelle *Ekató Pátres*, die Kapelle der hundert Kirchenväter, zu Fuß in 20 Min. immer am Felsstrand entlang zu erreichen. An der Straße oberhalb davon kann man im schön gelegenen Freiluftcafé „Sea View" einkehren.

• *Übernachten/Essen & Trinken* **Tsigonakis**, Taverne mit Zimmervermietung rechts vom Anleger, Jorgos und Evangelia vermieten sieben DZ, drei mit Du/WC, vier mit Gemeinschaftsdusche. ✆ 28230-41104.

Calypso, ordentliche Rooms etwas oberhalb vom Hafen. ✆ 28230-42118.

• *Sonstiges* Neben der Taverne werden **Roller** verliehen; es gibt ein **Kartentelefon**; die früher in Kastrí stationierte **Polizei** ist jetzt in Selakiá zu finden, ✆ 28230-41111.

• *Von Karavés weiter* Vom Anlegekai in Karavés sind es etwa 30 Fußminuten nach **Sarakíniko**. Man muss anfangs die Straße in den Hauptort Kastrí nehmen, sich dann an der Gabelung rechts halten, über eine Anhöhe und hinunter zum Meer.

Nach **Kastrí** läuft man auf der breiten Straße etwa 1 Std. 15 Min. Nach etwa zwei Dritteln der Strecke stehen sich direkt an der Straße zwei Kirchen gegenüber: rechts **Ágios Christós** mit einfacher Altarwand und diversen Christusbildern, links die Kirche der **Panagía** mit alten Anbauten, im Inneren Marienbilder und Votivtäfelchen. Hier beginnt ein Fußweg zum Kórfos Beach.

Von Karavés nach **Kórfos** läuft man ca. 40 Min. auf schöner Höhenpiste mit Blick auf Kastrí und bis zum Sarakíniko Beach.

Sarakíniko

Der schönste Sandstrand der Insel ist für die meisten Gäste der wichtigste Anlaufpunkt. Im Freien wird allerdings kaum noch geschlafen, die Szene ist zum Strand von Ágios Ioánnis weitergezogen. Diverse einfache Tavernen sind in den Sand gebaut geworden, inzwischen gibt es auch neue, feste Steinhäuser, in denen Zimmer vermietet werden. Strom wird mittels lautstarker Generatoren erzeugt, die bis spät in die Nacht hinein laufen.

Hunderte von Metern ziehen sich die Dünen landeinwärts, doch von den früher am Strand wachsenden Tamarisken- und Wacholderzedernbäumen gibt es nur noch wenige. Es geht ganz flach ins Wasser, in der Ferne kann man bei klarer Sicht die Konturen der Weißen Berge erkennen, nachts sogar die erleuchteten Küstenorte. Im Hochsommer sind einige hundert Leute vor Ort, darunter größtenteils griechi-

sche Urlauber, die mit ihren Autos direkt an den Strand fahren – im Gemeinderat wird mittlerweile beraten, ob er für Kraftfahrzeuge gesperrt werden soll.
Auf dem Weg von Karavés zum Sarakíniko-Strand liegt westlich unmittelbar neben der Straße eine kleine, eingezäunte Ausgrabung. Die Grundmauern von drei Räumen und zwei zerbrochene, große Tonkrüge sind dort zu sehen. Ein neues Amphitheater dient der Universität von Kreta, die sich auf Gávdos stark engagiert, für Symposien. Das „Kommunistenhaus" (→ Geschichte) ist das letzte Haus an der Fahrstraße parallel zum Sarakíniko-Strand nach Ágios Joánnis. Eine Marmorschrifttafel weist darauf hin. In einer Felsspalte nördlich davon hat der Maler Themis seine Klause eingerichtet.

• *Fahrzeugverleih* **Gavdos Travel**, direkt am Ortseingang rechts, Stephanos Bikogiannakis verleiht Autos (ca. 25–30 €) und Motorroller (ca. 15–18 €). Autos werden mit vollem Tank vermietet, bei Mopeds ist das Benzin frei, man kann aber nur nachtanken, wenn offen ist, also Öffnungszeiten erfragen. Mitte Mai bis Okt. ✆/✆ 28230-42458.

• *Übernachten* **To Sarakiniko**, Manolis Vailakakis und seine deutsche Frau Gerti vermieten einige Studios mit Kochgelegenheit und Du/WC in neuen Häusern, die in traditioneller Bauweise errichtet wurden (ca. 30–45 €), außerdem einige Zimmer für ca. 20–35 €. ✆ 28230-41103.

Sarakiniko Studios, zweistöckige Reihe von kleinen Studios, jeweils mit Nasszelle, außerdem einige allein stehende Häuschen („Villas"). ✆ 210-3240968, www.gavdostudios.gr

Weitere Vermieter sind z. B. **Stratis Lampakis** (✆ 28230-41106) und **Nikos Arkalakis** (✆ 28230-42120).

• *Essen & Trinken/Unterhaltung* Die Tavernen bieten einfache Mahlzeiten, pro Tag meist nur ein, zwei Gerichte.

To Sarakiniko, geführt von Manolis und Gerti, hier treffen sich immer viele Urlauber.

The Third Eye, das vegetarische Restaurant ist ein Ableger des gleichnamigen Lokals in Paleochóra.

Savvas, links von Manolis, bereits 1971 eröffnet und damit die älteste Taverne am Strand.

Notos, gehört zu den Sarakiniko Studios.

• *Sonstiges* Im Sommer hat ein kleiner **Minimarkt** geöffnet, es gibt ein (beim letzten Besuch defektes) **Kartentelefon** sowie einen **Briefkasten**.

• *Von Sarakíniko weiter* Nach **Kastrí** kann man problemlos auf der **Fahrstraße** gehen. Es gibt aber auch einen alten **Maultierweg**, der durch den dichten Pinienwald im Hinterland des Strands verläuft (→ Karte). Zum Strand von **Ágios Ioánnis** gibt es eine Straße, weiter nach Lavrákas kann man entlang der Küste gehen.

Ágios Ioánnis

Der Strand von Ágios Ioánnis ist heute das, was der Sarakíniko-Beach noch vor fünf Jahren war – ein Paradies für Wildcamper. Er besteht aus Verwehungen von extrem feinem Sand, die sich weit die Hänge hinaufziehen.

Während in der Vorsaison bis Ende Juni nur sehr wenige Menschen hier leben, kommen im Hochsommer schon einige Hundert, vor allem griechische Urlauber. Es gibt jedoch am Strand keinerlei sanitäre Einrichtungen. Die verfallene Kirche *Ágios Ioánnis*, zu der einst ein Kloster gehört haben soll, steht westlich oberhalb auf einem Hügel mit schönem Panoramablick.
Von Ágios Ioánnis aus geht man etwa 20 Fußminuten direkt am Strand und durchs Wasser nach Lavrákas, nasse Füße sind dabei nicht zu vermeiden. Man passiert dabei den *Kedrés-Strand*, die dort im Wasser liegenden Riffe namens *Parasoníssi* werden auch als "Green Island" bezeichnet. An dem etwa 1 km langen Strand gibt es eine tröpfelnde Süßwasserquelle, bitte unbedingt sauber halten.

• *Anfahrt/Verbindungen* Die Straße nach Ágios Ioánnis endet an der Taverne **Kapetan Teofilos**, hier liegt auch die Busendstation. Bis zum Strand läuft man noch etwa 10 Min.

• *Essen & Trinken/Sonstiges* **Kapetan Teofilos**, die Besitzer der Taverne sind sehr nett und geschäftstüchtig. Das Essen ist hervorragend und auch im Hochsommer ist die Auswahl recht groß. Seit Sommer 2005 gibt es sogar Bier vom Fass. Angeschlossen ist ein **Minimarkt**, der die Versorgung der Kurz- und Langzeiturlauber sichert (Lebensmittel, Brennspiritus, Batterien). Vor der Taverne gibt es eine freistehende **Dusche** sowie einen Wasseranschluss. Die Taverne verfügt über die einzigen beiden **Toiletten** der Umgebung. Mitte Mai bis Mitte Okt. ✆ 28230-41418.

Lavrákas

Die eindrucksvolle Bucht von Lavrákas liegt an der äußersten Nordspitze von Gávdos. Einst hatte hier der antike Inselhafen seinen Standort: In den heute mit Wacholder und „Brutia"-Kiefern bewaldeten Sanddünen der Talebene müssen wir uns eine kleine Stadt mit vielleicht 8000 Einwohnern vorstellen, um sie herum bewirtschaftete Felder, viele Tiere und Schiffe im Hafen. Auch hier haben sich im Sommer bereits etliche Strandschläfer niedergelassen. 2005 wurde ein nicht zu übersehender Brunnen errichtet, das Wasser sollte man allerdings nicht unbedingt trinken. Weiterlaufen kann man inseleinwärts über Ágios Geórgios in den Hauptort Kastrí (→ nachstehende Wanderung), wobei ein Pfad zur Bucht von *Pírgos* abzweigt.

Wanderung durchs Oleandertal

Einfache Wanderung von Lavrákas an den Kapellen Ágios Geórgios und Ágios Nikólaos vorbei nach Kastrí. Nicht immer markiert, aber ohne große Orientierungsschwierigkeiten.

• *Wegbeschreibung* Von **Lavrákas** aus sieht man ein **Trockental** mit Pfützen, hier gehen wir bergauf. Nach 20 Minuten verengt sich das Tal und wir wechseln auf das linke Ufer. Über Terrassen und Tonscherben geht es bergauf, bis wir auf die mit Steinmännchen markierte **Abzweigung** nach Westen zum Pírgos-Strand treffen. Hier wählen wir den nach Osten führenden Weg. 10 Min. später (etwa 30 Min. ab Strand) sieht man am rechten Ufer oben die Kirche **Ágios Geórgios**. Durch Pferche, Oleander und Pfützen geht es in 5 Min. zur Kapelle. Die letzten 50 m muss man den Weg suchen, er ist durch Hochwasser weggespült worden. Nach Regenfällen entstehen hier Wasserfälle, oberhalb davon gibt es ein Feuchtbiotop, wo Wasserschildkröten selbst im Hochsommer überleben können. Von Ágios Geórgios geht man am rechten Ufer ein kurzes Stück etwa 50 m talabwärts und sucht sich den nächsten Hügel zur Orientierung, denn die weiter südöstlich liegende Kapelle Ágios Nikólaos ist nur von der Hochebene aus zu sehen. Man geht auf ein südlich liegendes Trockental zu (grandioser Ausblick), das man an der Meerseite umgeht. 30 Min. nach Ágios Geórgios erreichen wir die Kapelle **Ágios Nikólaos**, einen schmucklosen Steinbau mit Tonnengewölbe, die Glocke hängt außerhalb. Im Innenraum sieht man hinter der Altarwand zwei Kapitelle und zwei Halbsäulen aus hellenistischer Zeit (?), eins der wenigen Zeugnisse antiken Kunsthandwerks auf Gávdos. Etwa 50 m oberhalb der Kapelle überqueren wir einen Viehzaun und erreichen 10 Min. später ein östlich liegendes, lehmgelb verputztes **Bauernhaus**, das als Viehstall genutzt wird. Ein Fahrweg führt hier östlich nach **Metóchia** Richtung Sarakíniko-Strand, südwestlich an der Kirche Ágios Panteleímonas vorbei nach Kastrí. Die **Straße Kastrí-Karavés** erreicht man 30 Min. später.

Für den Rückweg könnte man die Fahrstraße am **Heliport** vorbei nach Ágios Ioánnis nehmen.

Variante: Man geht oberhalb der "Wasserfälle" bei Ágios Geórgios das Oleandertal weiter bergauf. Es folgt ein Pferch mit einer Wasserquelle (Becken mit frischem Wasser!). Man hält sich weiter südlich, läuft auf einem Grat bei einer Gabelung östlich und bergauf und erreicht nach etwa 1 Std. einen Pferch mit Ziegen an einer Fahrstraße. Nach weiteren 15 Min. erreicht man einen Fahrweg, der nach **Kastri** oder zu dem sichtbaren lehmgelben Bauernhaus führt.

Kastrí

Der kleine Hauptort von Gávdos liegt zentral auf einer Anhöhe im Inselinneren und ist eine mit Schrotthaufen durchsetzte Streusiedlung. Weniger als zehn Häuser sind bewohnbar, etwa ebenso viele alte Menschen leben hier noch, zusammen mit ihren gackernden Hühnern und meckernden Ziegen. Ein Bauer aus Athen züchtet Rinder, außerdem gehören ihm die zahlreichen Bienenvölker auf der Insel, denn die beiden Thymianarten, die auf Gávdos gedeihen, ermöglichen die Produktion eines besonders reinen *Honigs*. Während der Erweiterungsarbeiten im Hafen wohnen in Kastrí außerdem noch russische und albanische Arbeiter. An öffentlichen Einrichtungen gibt es lediglich das bescheidene „Rathaus", das nur aus einem einzigen Raum besteht. Außerdem lebt ein Arzt in Kastrí, der mehrmals in der Woche in den anderen Orten der Insel Sprechstunde hält.

• *Übernachten* **George Papadakis** vermietet ein Ferienhaus. ✆ 210-4954888, www.gavdosprincess.gr

• *Essen & Trinken* **To Steki tis Gogo's**, am Ortseingang, die sympathische Wirtin Gogo verwöhnt ihre Gäste mit guter Küche, eine Spezialität ist ihr selbst gemachter Käse. Ganzjähriger Treffpunkt der Insulaner. ✆ 28230-41932.

• *Von Kastrí weiter* Die Fahrpiste nach **Vatsianá** führt von Kastrí in etwa 35 Fußminuten völlig schattenlos über eine Hochebene. Vorbei an der kleinen **Inselschule** kommt man an der Hauptstation des **Solarkraftwerks** entlang, die Kastrí mit Strom versorgte. Ebenfalls am Weg nach Vatsianá steht die Kapelle des **Profítis Ilías**, in deren Schatten man Pause machen kann.

Wer nach **Kórfos** will, muss nicht über Vatsianá laufen, sondern kann eine Abkürzung nehmen – 100 m oberhalb der Kirche der **Panagía** beginnt ein Fußweg nach Kórfos, der in der zweiten Hälfte mit Steinmännchen markiert ist. Zunächst in die Schlucht hinunter und dem deutlichen **Fahrweg** folgen. Bei einem Betonfundament rechts ab, den Hang hinauf bis zu einem umzäunten Grundstück, dort links abbiegen, am **Zaun** entlang und auf einer ebenen Terrasse bis zu einer niedrigen **Schlucht**. Auf einem Pfad hindurch, auf der anderen Seite eine **Terrassenmauer** entlang, in diagonaler Richtung quer über einen **Acker** und dem mit Steinmännchen gut markierten Weg folgen, der kurz vor der Bucht von Kórfos auf die Küstenpiste von Karavés mündet.

Ámbelos

Der nördlichste Inselort besteht fast nur noch aus Bruchsteinruinen und einer Kirche, hier leben gerade mal noch zwei, drei Familien. An der 2 km entfernten Nordküste liegen zwei einsame Sandbuchten, nämlich *Potamós* und *Pírgos*, die beide auf Fußwegen zu erreichen sind. Nahe dem höchsten Punkt der Insel, bei Várdia an der Westküste südlich von Ámbelos, haben drei Mobiltelefongesellschaften ihre Sendemasten gebaut. Sie ermöglichen den Mobilfunkbetrieb an der Südwestküste Kretas.

Der Leuchtturm von Ámbelos

Der bei einem Luftangriff im Zweiten Weltkrieg zerstörte Leuchtturm südlich von Ámbelos wurde vor einigen Jahren wiederaufgebaut und im Winter 2003 fertig gestellt, aber noch nicht in Betrieb genommen. Aus seiner Höhe von 340 m ü. d. M. wäre das Leuchtfeuer bis zu 40 Seemeilen weit sichtbar – der Leuchtturm gehört damit zu den höchstgelegenen Leuchtfeuern Europas. Die Anlage ist verschlossen, die Nebengebäude stehen leer, sind aber bestens hergerichtet.

Taxi zum Kórfos Beach

Pírgos

Die einsame Bucht mit ihrem roten Sandstrand ist am besten zu Fuß von Lavrákas zu erreichen. Es geht sehr flach ins klare Wasser, allerdings gibt es so gut wie kein schattiges Plätzchen.

Potamós

Ein Höhepunkt jeder Gávdos-Reise ist ein Besuch dieses von steilen Felswänden eindrucksvoll eingerahmten Strands, wo man wunderbare Sonnenuntergänge erleben kann.

Der Strand besteht aus gelbrotem Sand und Geröll, im Wasser herrscht Feinkies vor, Brutia-Kiefern spenden Schatten, hier und dort sieht man von Strandschläfern errichtete Schutzecken. Ins Inselinnere öffnen sich schmale Schluchten, die man unbedingt erwandern sollte. Nicht nur für Geologen gibt es hier einiges zu entdecken. So haben sich findige Strandschläfer diverse Systeme zur Wassergewinnung ausgedacht, das aus den verschiedenen Gesteinsschichten nach unten sickert. Allerdings ist der Weg nach Potamós nicht ganz einfach, von Ámbelos aus geht es über schattenlose Felder und Terrassen, Dauer des Abstiegs ca. 1 Std., gutes Schuhwerk ist dringend empfohlen.

Die gefährlichen, weit über 100 m fast senkrecht abfallenden Felsen bei Potamós gehören der so genannten „Ambelos Section" an, einer geologisch bedeutsamen Schichtenfolge, die vor ca. 12–15 Mio. Jahren als marine Flachwassersedimente abgelagert wurden.

• *Weg von Ámbelos* In **Ambelos** nordwestlich halten, es gibt nur einen Weg, der in Frage kommt. Er führt westlich um ein noch bewohntes, zweigeschossiges Bauernhaus herum in Richtung Norden. Der geschotterte Fahrweg führt am Nordhang der Insel bergab. Nach 15 Min. erreicht man die Ruine eines Bauernhauses. Etwa 50 m unterhalb des Hauses geht man in Richtung des sichtbaren Gavdoupoúla durch ein **Gatter**, der weitere Weg über ehemalige Terrassen ist mit Steinmännchen markiert. Östlich des Wegs sieht man die "Ambelos Section" (→ Kasten). Der richtige Weg führt über Trampelpfade im Gebüsch bergab, also eher westlich Richtung Meer, entfernt von der graublauen Kante des Felsabbruchs. Der Abstieg in der Schlucht führt über blanken Fels und ist nicht zu empfehlen.

Kórfos

Nur wenige Kilometer südlich vom Hafen Karavés liegt diese Bucht mit schönem Kiesstrand und kristallklarem Wasser.

Auf einem Hügel über dem Strand steht seit vielen Jahren die „Korfos Beach Taverna“ von Jorgos, am Strand unten die Taverne „Akrogiali“. Beide vermieten Zimmer und holen ihre Gäste vom Hafen aus mit dem Traktor oder Boot ab. Hinter dem Strand erstreckt sich ein ausgetrockneter Flusslauf mit zerzausten Pinien und Wacholder, wo auch heute noch im Hochsommer Touristen ihre Zelte aufschlagen. Wenn man dem Flussbett folgt, kommt man nach etwa 10 Min. zur renovierten Kirche *Ágios Geórgios* mit einer spärlich tröpfelnden Quelle. Jorgos Familie lebte bis etwa 1950 noch südlich der Bucht. Nach einem Erdbeben gaben seine Eltern das unbewohnbar gewordene Haus auf und zogen zur Quelle im Kórfos-Tal, wo Jorgos' Vater bis 1980 wohnte.

• *Übernachten/Essen & Trinken* **Korfos Beach**, die freundlichen Gastgeber Jorgos und Maria Michelarakis bieten gute griechische Küche und vermieten einige, teils neu gebaute Zimmer mit Bad und Seeblick (2005 noch ohne warmes Wasser). DZ ca. 13–25 €. ✆ 28230-42166 (im Winter in Chaniá: ✆ 28210-81678).

Akrogiali, unmittelbar am Strand, ebenfalls Taverne und Rooms mit Dusche. ✆ 28230-42384.

Metochi, Rooms mit kleinem Pool (!),Taverne und Mini-Cinema im Hinterland, zu erreichen auf einer Piste nördlich der Bucht (ca. 30 Fußminuten). Nur im Sommer geöffnet. DZ ca. 20–35 €. ✆ 28230-42457 o. 6945-796978 (Handy),
E-Mail: Metoxi@internet.gr

• *Von Kórfos weiter* Um nach **Kastrí** zu kommen, nimmt man zunächst die Piste nach Karavés. Etwa 50 m nach dem Serpentinenaufstieg aus der Bucht zweigt links ein breiter Fahrweg ab. Daneben führt ein schmaler, mit Steinmännchen markierter **Pfad** landeinwärts zur Straße von Karavés nach Kastrí. Weitere Hinweise zu der Strecke unter Kastrí.

Der Einstieg nach **Vatsianá** liegt bei der Kirche **Ágios Geórgios**. Gegenüber vom Eingang stehen in 100 m Entfernung zwei Häuserruinen, dahinter muss man ein Trockental überqueren, dort beginnt der Pfad.

Zum **Kap Tripití**, der südlichsten Landspitze Europas, führt ein 3,5 km langer Pfad mit herrlichen Blicken (→ Wanderung, S. 751). Variante für den Rückweg: Über aufgegebene Felder nach **Vatsianá** hinauf, von dort nach **Kastrí** weiter auf der Straße oder wieder nach **Kórfos** zurück über einen der zwei Pfade. Für die gesamte Tour mit einer Laufzeit von 4–5 Std. rechnen.

Windmühlen auf Gávdos

Im Gelände des Dieselkraftwerks an der Straße vom Kórfos-Strand nach Vatsianá im Wald ist eine alte Windmühle verbaut, die andere erkennt man von dort als Ruine im Inselinneren – so muss heute mit der Handmühle Brotgetreide zu Mehl gemahlen werden.

Vatsianá

Die südlichste Ortschaft Europas liegt auf einer kahlen Hochebene mitten in der prallen Sonne. Niedrige Bruchsteinhütten aus bröseligem Kalkstein ducken sich aneinander, armselig und unverputzt, z. T. Ruinen, nur das Haus des hier lebenden Inselpopen Papás Manolis ist getüncht. Er hat ein kleines *Heimatmuseum* eingerichtet, das auf der ganzen Insel beschildert, aber geschlossen ist. Jorgos hat in Vatsianá vor Jahren das südlichste Café Europas betrieben, seit seinem Tod ist es ebenfalls geschlossen.

• *Von Vatsianá weiter* Über einen Weg, vorbei an aufgegebenen Feldern, kann man in ca. 1 Std. 30 Min. zum **Kap Tripití** laufen. Dabei lohnt sich ein Blick herab auf die schroffe Steilküste **Aspes**. Weiterhin kann man auf einem befestigten, noch ganz ursprünglichen Eselspfad zwischen grünen Kiefern den felsigen Hang zum Kórfos Beach hinuntersteigen und von dort auf der Piste zum Hafenort **Karavés** zurückkehren.

Ákra Tripití

Das steile, mit drei bogenförmigen Öffnungen pittoresk unterhöhlte Felsenkap am südlichsten Punkt der Insel ist der südlichste Punkt Europas. Nach Nordwesten setzt es sich in einer unzugänglichen Steilküste fort.

Auf dem Felsen sieht man die Ruinen dreier Leuchttürme: ein großer, geknickter Turm, ein liegender Turm und die Ruine eines solarbetriebenen Turmes. Der benachbarte Kiesstrand *Alikí* ist im Frühjahr und Herbst beliebter Rastplatz für tausende von Zugvögeln. Es gibt diverse Salzpfannen und eine Zisterne für Ziegen. In einer kleinen Steinhütte am Nordende wurden kommunistische Gefangene seinerzeit völlig abgeschieden von den Siedlungen der Gavdioten untergebracht (→ Geschichte). Nach Tripití kann man vom Hafen oder vom Kórfos-Beach aus per Boot fahren. Ansonsten muss man zu Fuß gehen: reine Gehzeit ab Sarakíniko-Beach ca. 4–5 Std.

Wanderung vom Strand von Kórfos zum Kap Tripití

Von Kórfos führt ein 3,5 km langer Pfad mit herrlichen Ausblicken zur südlichsten Landspitze Europas. Das Forstamt Chaniá hat den Wanderweg gut ausgebaut: durchgehende Steinbegrenzungen rechts und links, Rastplätze mit Tischen und Bänken, Tafeln zur Information am Anfang und Ende, alle 500 m schwarze Steine mit eingravierten Entfernungsangaben, schwierige Stellen sind durch Treppen mit Geländer gesichert. Dauer ca. 1 Std. 30 Min., unterwegs keine Wasserquellen und wenig Schatten.

• *Wegbeschreibung* Der Weg beginnt gegenüber vom Zimmertrakt der Taverne **To Akrogiali** direkt am Strand von Kórfos. Es geht zunächst steil nach oben, nach etwa 200 m sieht man links ein rotes Schild "Tripiti". Etwa 8 m hinter dem Schild weisen rechts (Westseite) Steinmännchen ins Inselinnere. Nach etwa 60 m auf gleicher Höhe trifft man auf ein **Höhlengrab**. Der tiefer gelegene Eingang ist vom Weg aus allerdings nicht sichtbar. Es soll sich um die Grabkammer eines wohlhabenden Römers handeln, darauf deuten die vermutlich für drei Bestattungen ausgelegten Kammern hin. Irgendwelche Reste einer Ausstattung sind aber nicht mehr zu erkennen. Zurück am Weg gehen wir weiter nach Südosten durch den immer lichter werdenden Pinienwald, vorbei an uralten, längst aufgegebenen Feldern und schließlich durch eine Strauchsteppe. Nach etwas mehr als einer Stunde ist man am Meer an einem ausgetrockneten Salzwasserbecken angelangt, westlich der Bucht ragt der Felsen von Kap Tripití empor.

Variante für den Rückweg: Über aufgegebene Felder nach **Vatsianá** hinauf und auf einem Eselspfad den felsigen Hang nach **Kórfos** hinuntersteigen. Für die gesamte Tour mit einer Laufzeit von 4–5 Std. rechnen.

Etwas Griechisch

Keine Panik: Neugriechisch ist zwar nicht die leichteste Sprache, lassen Sie sich jedoch nicht von der fremdartig wirkenden Schrift abschrecken – oft erhalten Sie Informationen auf Wegweisern, Schildern, Speisekarten usw. auch in lateinischer Schrift, zum anderen wollen Sie ja erstmal verstehen und sprechen, aber nicht lesen und schreiben lernen. Dazu hilft Ihnen unser "kleiner Sprachführer", den wir für Sie nach dem Baukastenprinzip konstruiert haben: Jedes der folgenden Kapitel bietet Ihnen Bausteine, die Sie einfach aneinander reihen können, sodass einfache Sätze entstehen. So finden Sie sich im Handumdrehen in den wichtigsten Alltagssituationen zurecht, entwickeln ein praktisches Sprachgefühl und können sich so nach Lust und Notwendigkeit Ihren eigenen Minimalwortschatz aufbauen und erweitern.

Wichtiger als die richtige Aussprache ist übrigens die Betonung! Ein falsch betontes Wort versteht ein Grieche schwerer als ein falsch oder undeutlich ausgesprochenes. Deshalb finden Sie im folgenden jedes Wort in Lautschrift und (außer den einsilbigen) mit Betonungszeichen.

Viel Spaß beim Ausprobieren und Lernen!

Das griechische Alphabet

Buchstabe groß	Buchstabe klein	Name	Lautzeichen	Aussprache
Α	α	Alpha	a	kurzes a wie in Anna
Β	β	Witta	w	w wie warten
Γ	γ	Gámma	g	g wie Garten (j vor Vokalen e und i)
Δ	δ	Delta	d	stimmhaft wie das englische "th" in the
Ε	ε	Epsilon	e	kurzes e wie in Elle
Ζ	ζ	Síta	s	stimmhaftes s wie in reisen
Η	η	Ita	i	i wie in Termin
Θ	θ	Thíta	th	stimmloses wie englisches "th" in think
Ι	ι	Jóta	j	j wie jagen
Κ	κ	Kápa	k	k wie kann
Λ	λ	Lámbda	l	l wie Lamm
Μ	μ	Mi	m	m wie Mund
Ν	ν	Ni	n	n wie Natur
Ξ	ξ	Xi	x	x wie Xaver
Ο	ο	Omikron	o	o wie offen
Π	π	Pi	p	p wie Papier
Ρ	ρ	Ro	r	gerolltes r
Σ	ς/σ	Sígma	ss	ss wie lassen
Τ	τ	Taf	t	t wie Tag
Υ	φ	Ipsilon	j	j wie jeder
Φ	w	Fi	f	f wie Fach
Χ	χ	Chi	ch	ch wie ich
Ψ	ψ	Psi	ps	ps wie Kapsel
Ω	ω	Omega	o	o wie Ohr

Da das griechische und lateinische Alphabet nicht identisch sind, gibt es für die Übersetzung griechischer Namen in die lateinische Schrift oft mehrere unterschiedliche Schreibweisen, z. B.: Chorefton (auf Pilion) - auch Horefto, Horefton, Chorefto; Kalkis - auch Chalkis oder Halkida.

Elementares

Grüsse

Guten Morgen/guten Tag (bis Siesta)	kaliméra
Guten Abend/guten Tag (ab Siesta)	kalispéra
Gute Nacht	kaliníchta
Hallo! Grüß' Sie!	jassoú! oder jássas!
Tschüss	adío
Guten Tag und auf Wiedersehen	chérete
Alles Gute	stó kaló
Gute Reise	kaló taxídi

Minimalwortschatz

Ja	nä
Nein	óchi
Ja, bitte? (hier, bitte!)	oríste?/!
Nicht	dén
Ich verstehe (nicht)	(dén) katalawéno
Ich weiß nicht	dén xéro
In Ordnung (o.k.)	endáxi
Danke (vielen Dank)	efcharistó (polí)
Bitte(!)	parakaló(!)
Entschuldigung	sinjómi
groß/klein	megálo/mikró
gut/schlecht	kaló/kakó
viel/wenig	polí/lígo
heiß/kalt	sässtó/krío
oben/unten	epáno/káto
ich	egó
du	essí
er/sie/es	aftós/aftí/aftó
das (da)	aftó
(ein) anderes	állo
links	aristerá
rechts	dexiá
geradeaus	ísja
die nächste Straße	o prótos drómos
die 2. Straße	o défteros drómos
hier	edó
dort	ekí

Fragen und Antworten

Wie geht es Ihnen?	ti kánete?
Wie gehts Dir?	ti kánis?
(Sehr) gut	(polí) kalá
So lala	étsi ki étsi
Und Dir?	ke essí?
Wie heißt Du?	pos se léne?
Ich heiße ...	to ónoma mou íne ...
Woher kommst du?	apo pu ísse?
Gibt es (hier) ... ?	ipárchi (edó) ... ?
Wissen Sie ... ?	xérete ... ?
Wo?	Pu?
Wo ist ... ?	pu íne ... ?
... der Hafen ...	... to limáni
... die Haltestelle	... i stási
Wohin ...?	jia pu ...?
nach /zum ...	tin/stin ...
Ich möchte (nach) ...	thélo (stin) ...
... nach Athen	... stin Athína
Von wo ...?	ápo pu?
... von Iraklion	...ápo to Iráklio
Wann?	Póte?
Wann fährt (fliegt)...?	pote féwgi...?
Wieviel(e)...?	pósso (póssa) ...?
Um wie viel Uhr?	ti óra?
Wann kommt ... an?	póte ftáni ...?
stündlich	aná óra
um 4 Uhr	tésseris óra
Wie viel Kilometer sind es?	pósa kiliómetra íne?
Wie viel kostet es?	póso káni?
Welche(r), welches?	tí?
Ich komme aus ...	íme apo ...
... Deutschland	... jermanía
... Österreich	... afstría
... Schweiz	... elwetía
Sprechen Sie Englisch (Deutsch)?	mílate angliká (jermaniká)?
Ich spreche nicht Griechisch	den miló eliniká
Wie heißt das auf Griechisch?	pos légete aftó sta eliniká?
Haben Sie ... ?	échete ... ?

Unterwegs

Abfahrt	anachórisis
Ankunft	áfixis
Gepäckaufbewahrung	apotíki aposkewón
Information	pliroforíes
Kilometer	kiliómetra
Straße	drómos
Fußweg	monopáti
Telefon	tiléfono
Ticket	isitírio
Reservierung	fílaxi

Flugzeug/Schiff

Deck	katástroma
Fährschiff	férri-bot
Flughafen	aerodrómio
das (nächste) Flugzeug	to (epómene) aeropláno
Hafen	limáni
Schiff	karáwi
Schiffsagentur	praktorío karawiú

Auto/Zweirad

Ich möchte ...	thélo ...
Wo ist die nächste Tankstelle?	pu íne to plisiésteron wensinádiko?
Bitte prüfen Sie ...	parakaló exetásete ...
Ich möchte mieten (für 1 Tag)	thélo na nikiásso (jiá mia méra)
(Die Bremse) ist kaputt	(to fréno) íne chalasménos
Wie viel kostet es (am Tag)?	póso káni (jia mía méra)?
Benzin (super/normal/bleifrei)	wensíni (súper/apli/-amóliwdi)
Diesel	petréleo
1 Liter	éna lítro
20 Liter	íkosi lítra
Auto	aftokínito
Motorrad	motossikléta
Moped	motopodílato
Anlasser	mísa
Auspuff	exátmissi
Batterie	bataría
Bremse	fréno
Ersatzteil	andalaktikón
Keilriemen	imándas
Kühler	psijíon
Kupplung	simbléktis
Licht	fos
Motor	motér
Öl	ládi
Reifen	lásticho
Reparatur	episkewí
Stoßdämpfer	amortisér
Wasser (destilliertes)	to (apestagméno) neró
Werkstatt	sinergíon

Bus/Eisenbahn

Bahnhof	stathmós
(Der nächste) Bus	(to epómene) leoforío
Eisenbahn	ssideródromos
Haltestelle	stásis
Schlafwagen	wagóni ípnu
U-Bahn	ilektrikós
Waggon	wagóni
Zug	tréno

Bank/Post/Telefon

Post und Telefon sind in Griechenland nicht am selben Ort! Telefonieren kann man in kleineren Orten auch an manchen Kiosken und Geschäften.

Wo ist	pu ine?
Ich möchte ...	thélo ...
... ein Tel.-Gespräch	... éna tilefónima
... (Geld) wechseln	... na chalásso (ta chrímata)
Wieviel kostet es (das)?	póso káni (aftó)?
... eine Bank	... mia trápesa
... das Postamt	... to tachidromío
... das Telefonamt	to O. T. E.
Bank	trápesa

Brief	grámma
Briefkasten	grammatokiwótio
Briefmarke	grammatósima
eingeschrieben	sistiméno
Euro-/Reisescheck	ewrokárta
Geld	ta leftá, ta chrímata
Karte	kárta
Luftpost	aeroporikós
Päckchen	paketáki
Paket	déma
postlagernd	post restánd
Tel.-Gespräch (anmelden) (nach)	(na anangílo) éna tilefónima (jia)
Telefon	tiléfono
Telegramm	tilegráfima
Schweizer Franken	elwetiká fránka

Übernachten

Zimmer	domátio
Bett	krewáti
ein Doppelzimmer	éna dipló domátio
Einzelzimmer	domátio me éna krewáti
mit ...	me ...
... Dusche/Bad	dous/bánjo
... Frühstück	proinó
Haben Sie?	échete?
Gibt es ...?	ipárchi ...?
Wo ist?	pu íne?
Wie viel kostet es (das Zimmer)?	póso kani (to domátio)?
Ich möchte mieten (...) für 5 Tage	thélo na nikásso (...) jia pénde méres
Kann ich sehen ... ?	bóro na do ...?
Kann ich haben ... ?	bóro na écho ... ?
ein (billiges/gutes) Hotel	éna (ftinó/kaló) xenodochío
Pension	pansión
Haus	spíti
Küche	kusína
Toilette	tualétta
Reservierung	enikiási
Wasser (heiß/kalt)	neró (sässtó/krió)

Essen & Trinken

Haben Sie?	échete?
Ich möchte ...	thélo...
Wieviel kostet es?	póso káni?
Ich möchte zahlen	thélo na pliróso
Die Rechnung (bitte)	to logariasmó (parakaló)
Speisekarte	katálogos

Getränke

Glas/Flasche	potíri/boukáli
ein Bier	mía bíra
(ein) Mineralwasser	(mia) sóda
Wasser	neró
(einen) Rotwein	(éna) kókkino krassí
(einen) Weißwein	(éna) áspro krassí
... süß/herb	glikós/imíglikos
(eine) Limonade (Zitrone)	(mia) lemonáda
(eine) Limonade (Orange)	(mia) portokaláda
(ein) Kaffee	(éna) néskafe
(ein) Mokka	(éna) kafedáki
... sehr süß	... varí glikó
... mittel	... métrio
... rein (ohne Z.)	skéto
Tee	sái
Milch	gála

Griech. Spezialitäten

Fischsuppe	psaróssupa
Suppe	ssúpa
Garnelen	garídes
Kalamaris	kalamarákia
Fleischklößchen	keftédes
Hackfleischauflauf mit Gemüse	musakás
Mandelkuchen mit Honig	baklawás
Gefüllter Blätterteig	buréki
Gefüllte Weinblätter (mit Reis & Fleisch)	dolmádes
Nudelauflauf mit Hackfleisch	pastítsio
Fleischspießchen	suwlákia

Sonstiges

Hähnchen	kotópulo
Kartoffeln	Patátes
Gemüse	lachaniká
Spaghetti (mit Hackfleisch)	makarónia (me kimá)
Hammelfleisch	kimás
Kotelett	brísola

Einkaufen

Haben Sie?	échete?
kann ich haben?	bóro na écho?
geben Sie mir	dóste mou
klein/groß	mikró/megálo
1 Pfund	misó kiló
1 Kilo/Liter	éna kiló/lítro
100 Gramm	ekató gramárja
Apfel	mílo
Brot	psomí
Butter	wútiro
Ei(er)	awgó (awgá)
Essig	xídi
Gurke	angúri
Honig	méli
Joghurt	jaoúrti
Käse/Schafskäse	tirí/féta
Klopapier	hartí igías
Kuchen	glikó
Marmelade	marmeláda
Milch	gála
Öl	ládi
Orange	portokáli
Pfeffer	pipéri
Salz	aláti
Seife	sapúni
Shampoo	sambuán
Sonnenöl	ládi jia ton íljon
Streichhölzer	spírta
Tomaten	domátes
Wurst	salámi

Sehenswertes

Wo ist der/die/das?	pu íne to/i/o?
Wie viel Kilometer sind es nach ...?	póssa chiliómetra íne os to ...?
rechts	Dexiá
links	aristerá
dort	ekí
hier	edó
Ausgang	éxodos
Berg	wounó
Burg	kástro (pírgos)
Dorf	chorió
Eingang	ísodos
Fluss	potamós
Kirche	eklisiá
Tempel	naós
Platz	platía
Stadt	póli
Strand	plas
Höhle	spilíon, spilía
Schlüssel	klidí

Hilfe & Krankheit

gibt es (hier) ...?	**ipárchi (edó) ...?**
wo ist (die Apotheke)?	**pu íne (to farmakío)?**
Ich habe Schmerzen (hier)	**écho póno (edó)**
Ich habe verloren ...	**échassa ...**
helfen Sie mir bitte!/Hilfe!	**woithíste me parakaló!/woíthia!**

Arzt	jatrós
Deutsche Botschaft	presvía jermanikí
Krankenhaus	nossokomío
Polizei	astinomía
Tourist-Information	turistikés pliofories

Unfall	Atíchima
Zahnarzt	odontíatros
Ich bin allergisch gegen ...	egó íme allergikós jia ...
Ich möchte (ein)...	thélo (éna) ...
Abführmittel	kathársio
Aspirin	aspiríni
die "Pille"	to chápi
Kondome	profilaktiká
Penicillin	penikelíni
Salbe	alifí
Tabletten	hapía
Watte	wamwáki
Ich habe ...	écho ...
Ich möchte ein Medikament gegen...	thélo éna jiatrikó jia ...
Durchfall	diária
Fieber	piretós
Grippe	gríppi
Halsschmerzen	ponólemos
Kopfschmerzen	ponokéfalos
Magenschmerzen	stomachóponos
Schnupfen	sináchi
Sonnenbrand	égawma
Verstopfung	diskiljótita
Zahnschmerzen	ponódontos

Zahlen

½	misó	9	ennéa	60	exínda
1	éna	10	déka	70	efdomínda
2	dío	11	éndeka	80	ogdónda
3	tría	12	dódeka	90	eneninda
4	téssera	13	dekatría	100	ekató
5	pénde	20	íkosi	200	diakósia
6	éxi	30	triánda	300	trakósia
7	eftá	40	sarránda	1000	chília
8	ochtó	50	penínda	2000	dio chiliádes

Zeit

Wann?	póte?
Stunde	óra
Um wie viel Uhr?	piá óra (ti óra)?
Wie viel Uhr (ist es)?	tí óra (íne)?
Es ist 3 Uhr (dreißig)	íne trís (ke triánda

Achtung: nicht éna, tría, téssera óra (1, 3, 4 Uhr), sondern: mía, trís, tésseris óra!! Sonst normal wie unter Kapitel "Zahlen".

Morgen(s)	proí
Mittag(s)	messiméri
Nachmittag(s)	apógewma
Abend(s)	wrádi
Heute	ssímera
morgen	áwrio
übermorgen	méthawrio
gestern	chtés
vorgestern	próchtes
Tag	méra
jeden Tag	káthe méra
Woche	ewdomáda
Monat	mínas
Jahr	chrónos
Stündlich	aná óra
Wann?	póte?

Wochentage

Sonntag	kiriakí
Montag	deftéra
Dienstag	tríti
Mittwoch	tetárti
Donnerstag	pémpti
Freitag	paraskewí
Samstag	sáwato

Monate

Ganz einfach: fast wie im Deutschen + Endung "-ios"! (z.B. April = Aprílios). Ianuários, Fewruários, Mártios, Aprílios, Máios, Iúnios, Iúlios, 'Awgustos, Septémwrios, Októwrios, Noémwrios, Dekémwrios.

Verlagsprogramm

Ägypten
- Ägypten
- Sinai & Rotes Meer

- **Baltische Länder**

Belgien
- *MM-City* Brüssel

- **Bulgarien** – Schwarzmeerküste
- **Dominikanische Republik**

Deutschland
- Allgäu
- Altmühltal & Fränk. Seenland
- Berlin & Umgebung
- *MM-City* Berlin
- Bodensee
- Franken
- Fränkische Schweiz
- Mainfranken
- Nürnberg, Fürth, Erlangen
- Oberbayerische Seen
- Ostseeküste – von Lübeck bis Kiel
- Ostseeküste – Mecklenburg-Vorpommern
- Rügen, Stralsund, Hiddensee
- Schwäbische Alb
- Usedom

- **Ecuador**

Frankreich
- Bretagne
- Côte d'Azur
- Elsass
- Haute-Provence
- Korsika
- Languedoc-Roussillon
- *MM-City* Paris
- Provence & Côte d'Azur
- Südfrankreich
- Südwestfrankreich

Griechenland
- Athen & Attika
- Chalkidiki
- Griechenland gesamt
- Griechische Inseln
- Karpathos
- Kefalonia & Ithaka
- Korfu
- Kos
- Kreta
- Kykladen
- Lesbos
- Naxos
- Nord- u. Mittelgriechenland
- Peloponnes
- Rhodos
- Samos
- Santorini
- Skiathos, Skopelos, Alonnisos, Skyros – Nördl. Sporaden
- Thassos, Samothraki
- Zakynthos

Großbritannien
- Cornwall & Devon
- England
- *MM-City* London
- Südengland
- Schottland

- **Irland**
- **Island**

Italien
- Abruzzen
- Apulien
- Chianti – Florenz, Siena
- Dolomiten – Südtirol Ost
- Elba
- Friaul-Julisch Venetien
- Gardasee
- Golf von Neapel
- Italien
- Italienische Riviera & Cinque Terre
- Kalabrien & Basilikata
- Liparische Inseln
- Marken
- Mittelitalien
- Oberitalien
- Oberitalienische Seen
- Piemont & Aostatal
- *MM-City* Rom
- Rom & Latium
- Sardinien
- Sizilien
- Südtirol
- Südtoscana
- Toscana
- Umbrien
- *MM-City* Venedig
- Venetien

Kroatien
- Istrien
- Kroatische Inseln & Küste
- Mittel- und Süddalmatien
- Nordkroatien – Kvarner Bucht

- **Malta**, Gozo, Comino
- **Niederlande**
- *MM-City* Amsterdam
- Niederlande

Norwegen
- Norwegen
- Südnorwegen

Österreich
- *MM-City* Wien
- Wachau, Wald- u. Weinviertel
- Salzburg & Salzkammergut

Polen
- Polen
- Polnische Ostseeküste

Portugal
- Algarve
- Azoren
- *MM-City* Lissabon
- Lissabon & Umgebung
- Madeira
- Nordportugal
- Portugal – gesamt

Schweden
- Südschweden

Schweiz
- Genferseeregion
- Graubünden
- Tessin

Serbien und Montenegro
- Montenegro

- **Slowenien**

Spanien
- Andalusien
- *MM-City* Barcelona
- Costa Brava
- Costa de la Luz
- Gomera
- Gran Canaria
- *MM-Touring* Gran Canaria
- Ibiza
- Katalonien
- Lanzarote
- La Palma
- *MM-Touring* La Palma
- Madrid & Umgebung
- Mallorca
- Nordspanien
- Spanien – gesamt
- Teneriffa
- *MM-Touring* Teneriffa

Tschechien
- *MM-City* Prag
- Südböhmen
- Tschechien – gesamt
- Westböhmen & Bäderdreieck

- **Tunesien**
- **Türkei**
- *MM-City* Istanbul
- Türkei – gesamt
- Türkei – Mittelmeerküste
- Türkei – Südküste
- Türkei – Westküste
- Türkische Riviera – Kappadokien

- **Ungarn**
- **Zypern**

Aktuelle Informationen zu allen Reiseführern finden Sie im Internet unter www.michael-mueller-verlag.de

Michael Müller Verlag GmbH, Gerberei 19, 91054 Erlangen, Tel. 0 91 31 / 81 28 08-0; Fax 0 91 31 / 20 75 41; E-Mail: mmv@michael-mueller-verlag.de

Sach- und Personenregister

Herzlichen Dank für Briefe, Faxe und E-Mails zur 16. Auflage 2006:

M. Weder, C. Garvens, F. Valta, H. Zauner, B.-A. Crome, M. Schatke, K. Korte, L. Holtzem, B. Kirres, R. Kerber, D. Walter, P. Bartke, M. Glas, A. Krist, P. Balsen, I. & J. Weller, U. Koopmann, P. Kintzel, Dr. A. Meier, St. & Y Härke, E. Pöcho, G. Daschowski & H. Gerstl, P. Wingert, A. Polleschner, K. Ludwig, W. Cornely, M. Knobloch, A. Pfeifer, H. Minkenberg, E. Gorka und P. Marx, L. Nogai, M. & D. Baumgärtner, S. & L. Lorenz, S. Eisenreich, J. Rosenkötter, B. Assmann, A. Henning, H. H. Riedel, U. & W. Walkhoff, N. Preiß-Phillips, G. Woelki, J. Jakob, P. Bendel-Trapp, Th. Krüger, G. Neubarth, V. Lepin, R. Gierkes, R. Neukam, M. Goldbach, S. Fahrenholz, M. Pfaff, M. Claessen, J. Fiegler & A. Busch, Fam. Jungtow, Fam Schwarzer, B. Sahli & B. Arnold, J. Wölck, M. & K. Stroh, S. Lemke, F. Schemainda, R. Bergmann, M. Klingelhöfer, D. Zetschke, M. Bukowski, Y. Lingstädt, K. Ziegenbein, U. Schnock, H. Dalhoff, B. Brisch, E- Mehde, Prof. Dr. R. Bähr, K. Krebs, M. Seeger, U. Widmer, M. Schimmel, F. Suter, A. Brandstetter, E. Peters, J. Eiche, B. Tröstl, G. Wolff, F. Thorausch & S. Freigang, B. Mehl & B. Städtner, D. Kamm, E. & M. Bischoff, Ch. Landgraf, U. Höpken, U. Lenz, G. Hahn, R. Simmler, E. Heim, P. Stutz, M. Nägeli, E. & K. Weinowski, P. Steininger, F. Roch, M. Graw, S. Warnecke, I. Maier, S. & Ch. Wolters, A. & H. Zawodnik, K. Lewinski, I. Duwe, G. Kalka, G, Wamser, J. & K. Gläsmann, D. Pfadenhauer, M. Fankhauser, A. Simon, S. Hucketewes, K. Artmann, K. Tscharnke, Dr. C. & R. Califice, W. Leisch, Fam. Schuhböck, M. Guba, K. Hoffsten, Th. Haberer, Ariane, Karla, A. Engerer, G. & A. Brückner, E. Höfler, U. Stieler, K. Kruyskamp, M. Riegler, E. Rucki, P. Weigl, Ch. Meyer, S. Röhrig, Dr. O. Oswald, H. & M. Kohues, G. Reichenbach, G. Cervenka, W. Hörmaier, H.-D. Kiel, Malakka, Dr. R. Hausmann, J. & H. Riedel, A. Endres, K. Weigert,M. Lankarany, A. Berndt, G. Meseck-Freywald & D. Freywald, R. Schmidt

Geographisches Register